Trentin-Haut-Adige
Pages 160-169
Vénétie et Frioul
Pages 132-159
Venise
Pages 80-131
Émilie-Romagne
Pages 246-261
Ombrie
Pages 338-353
Marches
Pages 354-363
Abruzzes, Molise et Pouille
Pages 484-497
Basilicate et Calabre
Pages 498-505
Naples et Campanie
Pages 466-483
Sicile
Pages 506-527
Ancona
Pescara
L'Aquila
ROMA
Rome et le Latium
Campobasso
Foggia
Bari
Italie du Sud
Napoli
Salerno
Potenza
Taranto
Catanzaro
Messina
Reggio di Calabria
Palermo
Catania
Agrigento

GUIDES VOIR

ITALIE

GUIDES VOIR

ITALIE

HACHETTE

CE GUIDE VOIR A ÉTÉ ÉTABLI PAR
Ros Belford, Susie Boulton, Christopher Catling, Sam Cole, Paul Duncan, Olivia Ercoli, Andrew Gumbel, Tim Jepson, Ferdie McDonald, Jane Shaw

GUIDES DE VOYAGE HACHETTE
43, quai de Grenelle, 75905 Paris Cedex 15

DIRECTION
Isabelle Jeuge-Maynart

DIRECTION ÉDITORIALE
Catherine Marquet

ÉDITION
Hélène Gédouin

TRADUIT ET ADAPTÉ DE L'ANGLAIS PAR
Dominique Brotot
avec la collaboration de Richard Migné

MISE EN PAGES (PAO)
Anne-Marie Le Fur

Publié pour la première fois en Grande-Bretagne en 1996 sous le titre :
Eyewitness Travel Guides : Italy

Imprimé et relié par Dai Nippon Printing Co. (Hong Kong) Ltd.

DÉPÔT LÉGAL : 6973 janvier 2000
ISBN : 2-01-243149-6
ISSN : 1246-8134
Collection 32 – Édition 01
N° DE CODIFICATION : 24-3149-2

Aussi soigneusement qu'il ait été établi, ce guide n'est pas à l'abri des changements de dernière heure. Faites-nous part de vos remarques, informez-nous de vos découvertes personnelles : nous accordons la plus grande attention au courrier de nos lecteurs.

◁ **Fertile campagne viticole aux environs de Panzano in Chianti en Toscane**

SOMMAIRE

***David* par le Bernin, Rome**

Petit magasin traditionnel à Volterra en Toscane

Gondoles sur un canal vénitien

La basilique San Francesco entreprise en 1228 à Assise

COMMENT UTILISER CE GUIDE

Ce guide a pour but de vous aider à profiter au mieux de votre séjour en Italie. L'introduction, *Présentation de l'Italie*, situe le pays dans son contexte géographique et historique. Dans les quinze chapitres consacrés aux provinces italiennes, ainsi que dans ceux décrivant *Rome, Florence* et *Venise*, plans, textes et illustrations présentent en détail tous les principaux sites et monuments. Les *Bonnes adresses* vous fourniront des informations sur les hôtels et les restaurants, et les *Renseignements pratiques* vous donneront des conseils utiles dans tous les domaines de la vie quotidienne.

ROME

Nous avons divisé le centre de Rome en cinq quartiers. À chacun correspond un chapitre qui débute par une description générale et une liste des monuments présentés. Des numéros situent clairement ces monuments sur un plan. Ils correspondent à l'ordre dans lequel ils sont décrits en détail dans le corps du chapitre.

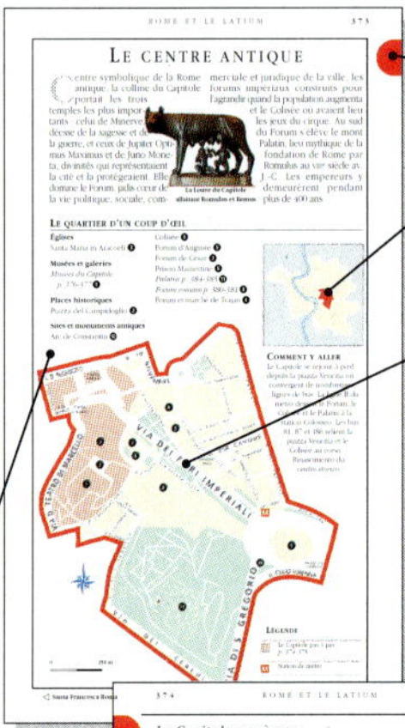

Un repère rouge signale toutes les pages concernant Rome.

Une carte de localisation indique la situation du quartier dans la ville.

1 Plan général du quartier
*Un numéro indique sur ce plan les monuments et sites de chaque quartier. Ils apparaissent également sur les plans de l'*Atlas des rues*, pages 433-441.*

Le quartier d'un coup d'œil donne une liste par catégories des centres d'intérêt : églises, musées, rues, places et édifices.

2 Plan du quartier pas à pas
Il offre une vue aérienne détaillée du quartier.

Le meilleur itinéraire de promenade apparaît en rouge.

Des étoiles signalent les sites à ne pas manquer.

3 Renseignements détaillés
Les sites et les monuments sont décrits un par un. Les adresses, heures d'ouverture ou accès en fauteuil roulant sont fournis. La légende des symboles se trouve sur le dernier rabat de couverture.

1 Introduction

Elle décrit les paysages et la personnalité de chacune des régions du guide en montrant l'empreinte de l'histoire, et présente ses principaux attraits touristiques.

L'Italie région par région

Nous avons divisé l'Italie (hors Rome, Florence et Venise) en quinze régions, qui font chacune l'objet d'un chapitre séparé. Sur la *Carte touristique*, un numéro indique les localités et sites les plus intéressants.

Un repère de couleur correspond à chaque région. Le premier rabat de couverture en donne la liste complète.

2 La Carte touristique

Elle offre une vue d'ensemble de toute la région et de son réseau routier. Les sites principaux sont répertoriés et numérotés. Des informations pour visiter la région en voiture, en car ou en train sont fournies.

3 Renseignements détaillés

Les localités et sites importants sont décrits un par un, dans l'ordre de la numérotation de la Carte touristique. *Les notices présentent en détail ce qu'il y a d'intéressant à visiter dans chaque région.*

Des encadrés approfondissent certains sujets.

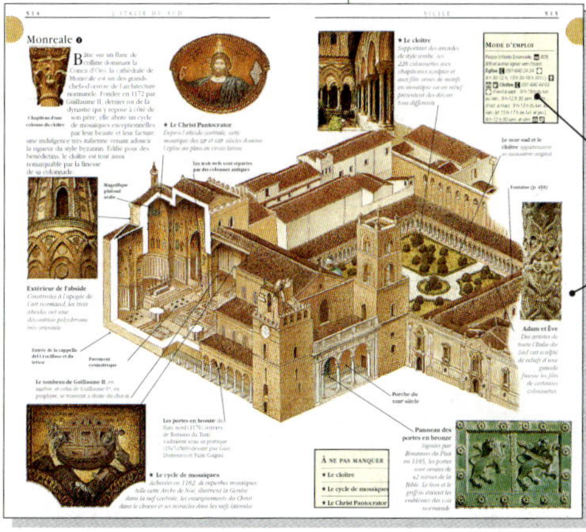

Le Mode d'emploi vous aide à organiser votre visite.

4 Les principaux sites

Deux pleines pages, ou plus, leur sont réservées. La représentation en coupe des édifices historiques en dévoile l'intérieur. Les plans des musées, par étage, vous aident à localiser les œuvres les plus intéressantes.

PRÉSENTATION DE L'ITALIE

La péninsule italienne

La célèbre botte italienne s'enfonce de plus de 1 000 kilomètres dans la Méditerranée. Sur toute sa longueur, de Gênes à la Sicile, la chaîne des Appenins sépare ses deux littoraux, tandis qu'au nord, les Alpes l'isolent du reste de l'Europe et dominent sa plus grande plaine, celle du Pô. D'une superficie de 301 268 km², y compris la Sicile et la Sardaigne, le pays compte 57,5 millions d'habitants.

Vue aérienne de Venise et de son Grand Canal

◁ **Richement décorés, le Duomo et son campanile (XVe siècle) dominent les toits de Florence**

Image satellite de l'Europe du Sud et la Méditerranée

L'Italie du Nord

Des liaisons aériennes régulières relient les principales villes d'Europe à Milan, Turin, Bologne, Pise, Vérone et Venise. En voiture depuis la France, le seul itinéraire qui n'emprunte pas de cols ou de tunnels de montagne longe le littoral entre Nice et Vintimille. C'est dans la plaine du Pô et le long des deux côtes que les réseaux ferroviaire et autoroutier sont les plus performants. Circuler se révèle plus difficile dans les Appenins.

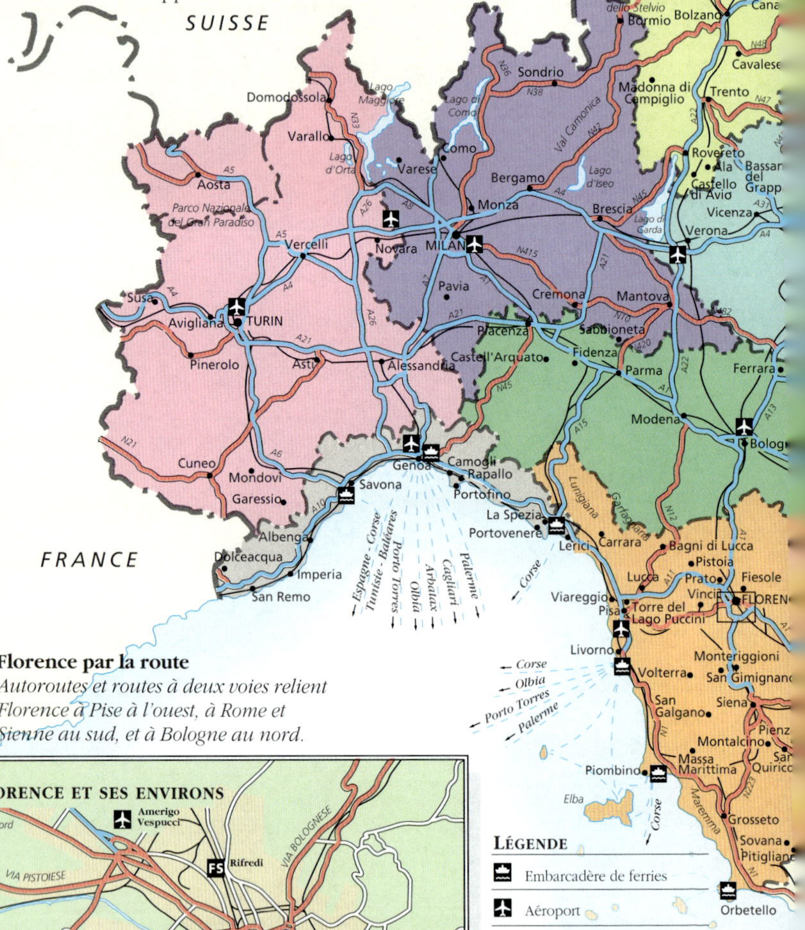

Florence par la route

Autoroutes et routes à deux voies relient Florence à Pise à l'ouest, à Rome et Sienne au sud, et à Bologne au nord.

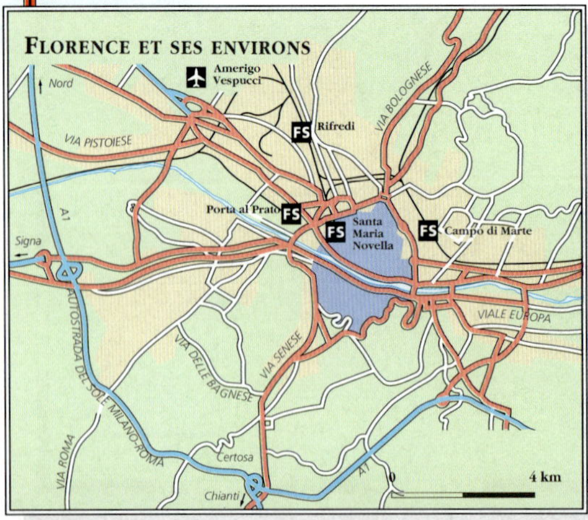

LÉGENDE

- Embarcadère de ferries
- Aéroport
- Gare principale
- Frontière internationale
- Frontière régionale
- Autoroute
- Route principale
- Voie ferrée

Venise par la route
La chaussée qui relie la ville au continent permet de rejoindre l'autoroute pour Padoue et Vérone.

LES CODES DE COULEUR

L'Italie du Nord-Est
- Venise
- Vénétie et Frioul
- Trentin-Haut-Adige

L'Italie du Nord-Ouest
- Lombardie
- Val d'Aoste et Piémont
- Ligurie

L'Italie centrale
- Émilie-Romagne
- Florence
- Toscane
- Ombrie
- Marches

L'Italie du Sud

Rome, Naples et Palerme possèdent des aéroports internationaux. Des autoroutes longent les côtes adriatique et tyrrhénienne et franchissent les Appenins pour relier Rome à Pescara et Naples à Bari. Mais à l'intérieur des terres, notamment en Sicile et en Sardaigne, le réseau routier n'est pas aussi bon que dans le nord. Le train dessert toutes les grandes villes du littoral.

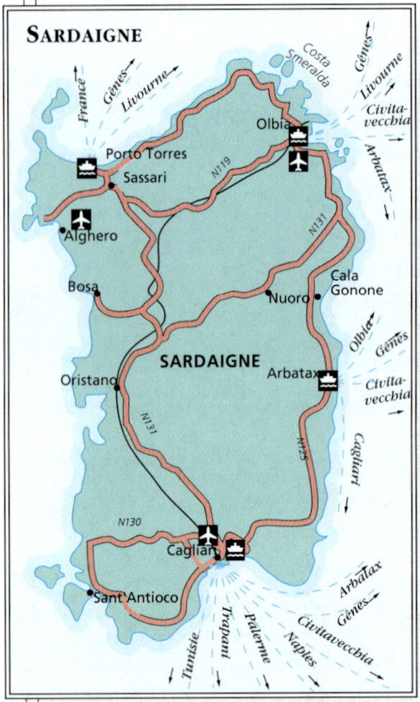

Sicile et Sardaigne

Des ferries desservent la Sicile au départ de Naples, Villa San Giovanni et Reggio di Calabria. Depuis l'île, il est possible de poursuivre son voyage vers Malte et la Tunisie. Des liaisons régulières au départ de nombreux ports, notamment Gênes et Livourne, permettent de se rendre en Sardaigne.

Légende

- Embarcadère de ferries
- Aéroport
- Frontière internationale
- Frontière régionale
- Autoroute
- Route principale
- Voie ferrée

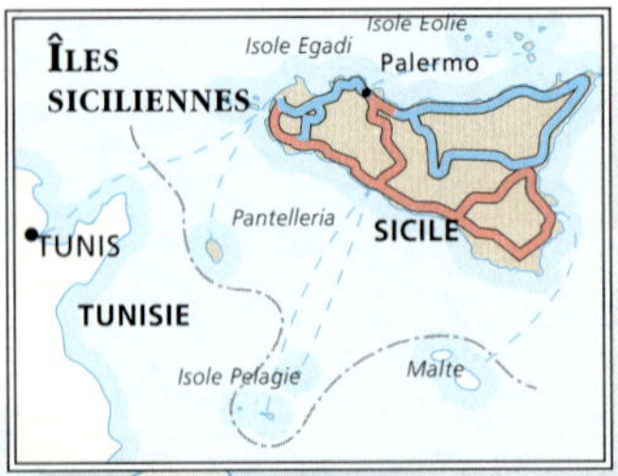

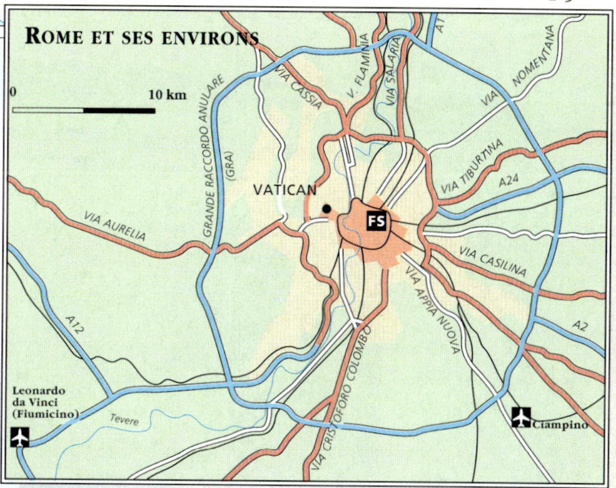

Rome par la route
Les autoroutes reliant Rome à Naples, Pescara et Florence convergent toutes vers le boulevard périphérique : le Grande Raccordo Annulare.

Les codes de couleur

Rome et le Latium

- Rome
- Latium

L'Italie du Sud

- Naples et Campanie
- Abruzzes, Molise et Pouille
- Basilicate et Calabre
- Sicile
- Sardaigne

PRIMA DEL MEZZODÌ
DOPO IL MEZZODÌ
23 DIC. 1829
PALAZZO
DEL
GOVERNATORE

UNE IMAGE DE L'ITALIE

Il y a une magie italienne. Aujourd'hui sixième puissance économique mondiale, un rang qui était inimaginable à la fin de la Deuxième Guerre mondiale, l'Italie a su entrer de plein pied dans l'époque moderne sans que ses habitants perdent rien de leur fantaisie, de leur amour de la beauté ou de leur attachement aux traditions. Le pays a ainsi préservé les trésors de son passé : vestiges classiques, chefs-d'œuvre Renaissance et centres-villes à l'architecture vieille de plusieurs siècles.

Un mariage en Ferrari

Malgré une histoire millénaire, l'Italie est un jeune État : l'achèvement de son unification ne date que de 1870. Divisées en 95 provinces, ses 20 régions conservent une large autonomie, reflet de la diversité des dialectes, des architectures et traditions culinaires d'un pays qui s'étend sur 1 300 km, des neiges des Alpes à la latitude de Tunis. Aucune ville n'y possède, comme Paris en France, d'hégémonie. Alors que Rome est la capitale politique, le moteur économique se trouve dans la vallée du Pô autour de Milan, tandis que Florence ou Venise gardent un rôle culturel de premier plan. Aux simples particularismes locaux s'ajoute cependant une profonde division qui conduit certains à parler de deux Italies : le Nord, riche et industrialisé, et le Sud, ou *Mezzogiorno*, comparativement sous-développé. La frontière entre les deux se situe entre Rome et Naples et, plus que la géographie ou le climat, c'est l'histoire qui est à l'origine de leurs différences. Alors qu'au Nord, dès la fin du Moyen Âge, les rivalités entre le pape, la France et l'Empire permettaient aux cités de développer leur autonomie et leur puissance

Villa et cyprès sur une colline toscane

◁ **Trois cadrans solaires ornent la façade du palazzo del Governatore sur la piazza Garibaldi de Parme**

commerciale, le Sud restait sous la domination de souverains étrangers qui y maintenaient le système féodal.

Les différences s'accrurent à la fin du XIXe siècle après l'unification, le jeune Royaume d'Italie préférant consacrer toutes ses forces à l'industrialisation des villes les plus dynamiques et les plus proches du reste de l'Europe. Malgré la création en 1950 d'une Caisse pour le Midi qui permit l'engagement de grands travaux, le chômage reste aujourd'hui nettement plus élevé au Sud, et c'est de Calabre ou de Sicile que sont parties les grandes vagues migratoires vers les États-Unis ou la France. Très surprenant dans un pays où la tolérance fait partie de l'art de vivre, un véritable antagonisme, avivé par l'importance des subventions détournées par les maffias du *Mezzogiorno*, a grandi entre Italiens du Sud et du Nord. Il est à l'origine des succès électoraux de la Ligue du Nord qui prône la transformation de l'État en fédération.

Conversation au Palazzo Farnese

Vie sociale et politique

Écrite juste après la guerre, la constitution italienne avait pour priorité d'éviter qu'une prise de pouvoir autoritaire comme celle de Mussolini puisse se reproduire. Elle limite donc grandement les prérogatives du pouvoir exécutif. Depuis 1970, le gouvernement partage de surcroît le pouvoir politique et législatif avec les conseils des vingt régions dont cinq, la Sicile, la Sardaigne, le Trentin-Haut-Adige, le Val d'Aoste et le Frioul-Vénétie Julienne, possèdent un statut d'autonomie renforcée.

Cette faiblesse de l'État se manifeste par une relative insuffisance des infrastructures : le réseau téléphonique, les chemins de fer, le système de santé manquent de fiabilité, et l'incompétence des fonctionnaires est de notoriété publique. Partout ailleurs qu'en Italie, ces maux pèseraient lourdement sur l'économie, alors qu'ils semblent au contraire stimuler l'imagination des habitants de la péninsule qui ont réussi malgré ces handicaps à faire de leur pays, en quelques décennies, un des moteurs de l'Europe. Et si l'on impute souvent ce succès à la *combinazione*, cet art d'esquiver les contraintes telles qu'impôts ou réglementations, il repose en réalité avant tout sur une énorme capacité de travail et de remarquables facultés d'adaptation. En dehors de quelques grands groupes comme Fiat et Olivetti, ce sont les petites et moyennes entreprises, souvent familiales, qui font la richesse de l'Italie avec des activités reposant principalement sur la main-d'œuvre et la créativité comme la confection, la maroquinerie ou la fabrication de meu-

Détente en terrasse à Marina di Pisa, Toscane

San Gimignano en Toscane a conservé ses tours médiévales

bles. L'agriculture n'emploie d'ailleurs plus que 10 % de la population active et les zones rurales et montagneuses se vident au profit des villes et du littoral.

Sophia Loren

Avec l'enracinement agricole recule également la ferveur religieuse qui associait souvent catholicisme et réminiscences de rites païens – la Vierge garde certains attributs des déesses de la fertilité antiques et les saints remplissent toujours la fonction d'anciennes divinités protectrices. Dans les villes, le nombre de pratiquants décline, maints fidèles oubliant souvent d'assister à la messe. Les fêtes religieuses restent néanmoins célébrées avec ferveur, mais elles sont avant tout l'expression de la cohésion du village ou du quartier, communauté à laquelle un Italien se sent attaché avant toute autre. Malgré la présence du pape à Rome, l'influence du clergé sur la société diminue elle aussi et s'il demeure de mise de se marier à l'église, divorces comme unions libres se multiplient. Car l'Italie n'a pas échappé au grand bouleversement des mœurs survenu en Europe dans les années 1960 et 1970, et notamment aux revendications féministes. Pour les visiteuses, le changement le plus visible est l'évolution du comportement des mâles transalpins : ils ne considèrent plus une femme seule dans la rue comme un défi à leur talent de séducteurs. Mais les Italiennes n'ont pas gagné que le droit de se promener sans être importunées, elles ont aussi

La fontaine du Triton du Bernin (XVIIe siècle) à Rome

Au bord de la route près de Positano, Campanie

imposé leur présence dans le monde du travail. Que ce soit une conséquence de cette prise d'indépendance ou simplement la conséquence de l'élévation du niveau de vie, la natalité a fortement baissé dans la péninsule pour atteindre un niveau équilibrant à peine les décès. L'enfant reste cependant roi et les voyageurs accompagnés de *bambini* recevront partout un accueil chaleureux.

Le chic italien par Armani

Tout comme la législation du travail, le code de la route possède au-delà des Alpes et, en particulier dans le Sud, une valeur vaguement indicative plutôt que contraignante. En ville notamment, la seule règle respectée paraît être l'interdiction de heurter un autre véhicule. Mais les Italiens se montrent beaucoup plus respectueux des usages et du qu'en-dira-t-on. Et la famille demeure le pivot de la société. Cette famille entretient traditionnellement des liens étroits avec le voisinage, ces habitants du quartier ou du village dont les sonneries du même campanile rythment la vie. Grâce à ces relations communautaires, la pauvreté prend beaucoup moins en Italie qu'ailleurs la forme d'une exclusion.

Les arts et la culture

Entre les sites archéologiques, les cathédrales, les églises, les maisons anciennes et les statues, le pays compte plus de 100 000 monuments, et il ne faut pas s'étonner que les fonds manquent pour leur entretien. De nombreux musées, en particulier dans le Sud, sont fermés ou partiellement fermés et vous rencontrerez plus d'une façade cachée derrière un échafaudage installé à demeure. Toutefois, le tourisme générant désormais 3 % du Produit Intérieur Brut, les collectivités augmentent leurs efforts pour rendre accessibles collections d'art et bâtiments historiques.

Plus que l'État, ce sont les villes qui financent les manifestations culturelles et elles se livrent dans ce domaine, comme au temps de la Renaissance, une fructueuse compétition dont témoigne la multiplicité des festivals organisés dans toute la péninsule. Peut-être parce que leur langue est d'elle-même si mélodieuse, les Italiens ont de tout temps privilégié le chant dans leurs créations musicales et toutes les agglo-

Statue de l'empereur Domitien, jardins du Vatican

Les deux-roues, comme ici piazza Barberini à Rome, se prêtent bien à la circulation en ville

mérations importantes possèdent aujourd'hui leur opéra, le plus célèbre étant la Scala de Milan. Toutes les couches de la population fréquentent les salles de spectacle : l'art en Italie appartient à tous. Une de ces formes les plus populaires, le cinéma, après avoir donné au monde certains de ses plus grands films, connaît une crise grave depuis les années 1970 et, malgré quelques jeunes auteurs comme Nanni Moretti, il ne semble pas réussir à résister à la concurrence de la télévision. La presse garde quant à elle une belle santé. Comme tout dans le pays, elle reste très décentralisée, les grands quotidiens nationaux étant chacun lié à une ville, *La Stampa* à Turin, *Il Corriere della Sera* à Milan et *La Repubblica* à Rome.

Promenade sous une arcade de Bologne

L'ART DE VIVRE

La cuisine italienne ne possède pas la richesse de la gastronomie française, mais l'amateur prêt à sortir des sentiers battus, notamment en zone rurale, découvrira que chaque région propose de savoureuses spécialités. La sieste après le déjeuner est une coutume millénaire et, surtout l'été, mieux vaut renoncer à faire du shopping en début d'après-midi. Magasins fermés, le pays vit au ralenti. Vers 18 h en revanche, rues et places se remplissent pour la *passegiatta*. Tradition originaire du Sud, cette promenade rituelle offre l'occasion à tout un chacun d'échanger les dernières nouvelles et de s'exposer dans ses plus beaux atours. Car l'élégance, la *bella figura*, est pour les hommes comme pour les femmes d'Italie la première expression de l'amour qu'ils portent à la beauté, cet amour qui a donné tant d'harmonie à leurs paysages ruraux et conservé intact à travers les siècles leurs centres-villes.

L'art du Moyen Âge et de la première Renaissance

C'est en Italie, du XIIIe au XVe siècle, qu'a eu lieu l'évolution sans doute la plus importante de l'art occidental. Simple support de la prière et de la contemplation, les œuvres du Moyen Âge n'aspiraient en effet qu'à évoquer la beauté idéale du royaume des cieux. Inspirés par la Rome antique, les artistes italiens de la Renaissance vont étudier l'anatomie et la perspective pour représenter des personnages réalistes et les placer dans des décors recréant l'espace à trois dimensions.

v. 1305 Giotto di Bondone, *La Rencontre d'Anne et de Joachim* (cappella degli Scrovegni, Padoue). Giotto s'éloigna du formalisme du style byzantin pour représenter avec naturel les émotions humaines. Son art jeta les bases de la Renaissance florentine.

1235 Bonaventura Berlinghieri, *Retable de saint François* (San Francesco, Pescia)

1285 Duccio di Buoninsegna, *Madone en majesté* (Uffizi, Florence). Par sa maîtrise de la composition et l'humanité, nouvelle pour l'époque, qu'il donna à ses personnages, Duccio domina la peinture siennoise.

1339 Ambroggio Lorenzetti, *Le Bon Gouvernement* (Sala dei Nove, Palazzo Pubblico, Sienne)

1220	1240	1260	1280	1300	1320	[illegible]
MOYEN ÂGE				PRÉCURSEURS DE LA RENAISSANCE		
1220	1240	1260	1280	1300	1320	[illegible]

v. 1259 Nicola Pisano, chaire du baptistère de la cathédrale de Pise

v. 1265 Coppo di Marcovaldo, *Vierge à l'Enfant* (Santa Monica dei Servi, Orvieto)

v. 1280 Cimabue, *Vierge en majesté* (Galleria degli Uffizi, Florence)

v. 1291 Pietro Cavallini, *Le Jugement dernier*, détail (Santa Cecilia, Trastevere, Rome)

v. 1316-1318 Simone Martini, *Vie de saint Martin* (église inférieure de San Francesco, Assise)

v. 1297 Giovanni Pisano, chaire de Sant'Andrea, Pistoia

v. 1336 Andrea Pisano, *Baptême de saint Jean-Baptiste*, panneau de la porte sud (baptistère, Florence)

v. 1425-1452 Lorenzo Ghiberti, *Portes du Paradis*, panneau des portes est (baptistère de la cathédrale de Florence). Les reliefs ornant ces portes marquent une transition entre le style gothique et la première Renaissance florentine.

v. 1435 Donatello, *David* (Museo del Bargello, Florence)

1357 Andrea Orcagna, *Christ triomphant* (chapelle Strozzi, Santa Maria Novella, Florence)

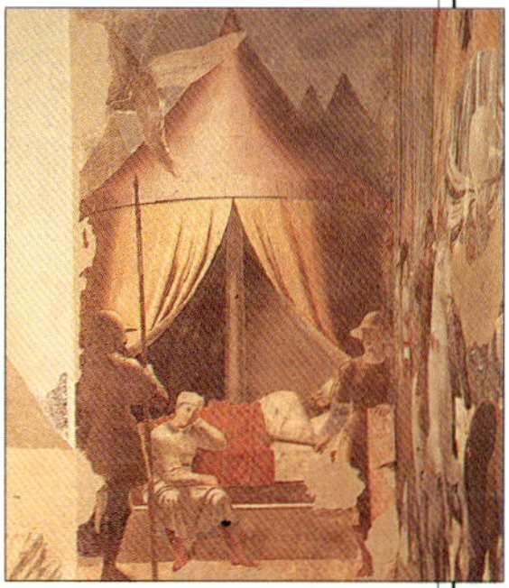

v. 1452-1465 Piero della Francesca, détail du *Rêve de Constantin* (San Francesco, Arezzo)

v. 1456 Paolo Uccello, *La Bataille de San Romano* (Uffizi, Florence)

v. 1410 Nanni di Banco, *Quatre Saints couronnés* (Orsanmichele, Florence)

1360 | 1380 | 1400 | 1420 | 1440 | 1460

PREMIÈRE RENAISSANCE

1360 | 1380 | 1400 | 1420 | 1440 | 1460

1423 Gentile da Fabriano, *Adoration des Mages* (Uffizi, Florence)

v. 1440 Fra Angelico, *Annonciation* (San Marco, Florence)

v. 1350 Francesco Traini, *Triomphe de la Mort* (Campo Santo, Pise)

v. 1463 Piero della Francesca, *La Résurrection* (Pinacoteca, Sansepolcro)

v. 1465 Fra Filippo Lippi, *Vierge florentine* (Uffizi, Florence)

v. 1465-1474 Andrea Mantegna, *Arrivée du cardinal Francesco Gonzaga* (Palazzo Ducale, Mantoue)

v. 1425-1428 Masaccio, *Le Paiement du tribut* (chapelle Brancacci, Florence)

v. 1470 Andrea del Verrocchio, *David* (Bargello, Florence)

La technique de la fresque

Les peintures *al fresco* étaient réalisées sur un enduit de chaux encore humide. En séchant, la chaux absorbait les pigments puis cristallisait, formant une couche dure aux couleurs vives. Cette technique offrit aux artistes de la Renaissance, tel Masaccio, l'espace nécessaire à de vastes compositions.

Le Paiement du tribut **par Masaccio (chapelle Brancacci, Florence)**

L'art de la Renaissance

À la fin du XVe siècle, la Renaissance voit s'affirmer le réalisme dans de nombreuses œuvres religieuses, tandis que des influences classiques communes n'empêchent pas l'affirmation d'écoles différentes. Clarté et fraîcheur marquent ainsi la peinture florentine, couleurs sensuelles et lumières chaudes donnant leur tonalité aux tableaux vénitiens. Des créateurs tels que Michel-Ange ou Raphaël acquièrent une extraordinaire maîtrise technique, la *bella maniera.* Au milieu du XVIe siècle, leurs disciples poussent cette virtuosité jusqu'à l'extrême dans le cadre du maniérisme.

v. 1480 Andrea Mantegna, *Christ mort* (Brera, Milan)

1481-1482 Plusieurs artistes décorent les murs de la chapelle Sixtine.

v. 1481-1483 Le Pérugin, *Christ remettant les clés à saint Pierre*, fresque murale (chapelle Sixtine, Rome)

v. 1483-1488 Andrea del Verrocchio, *statue équestre du condottiere Colleoni* (campo dei Santi Giovanni e Paolo, Venise)

v. 1487 Giovanni Bellini, *Retable de Job* (Accademia, Venise)

v. 1495 Léonard de Vinci, *La Cène* (Santa Maria delle Grazie, Milan)

v. 1503-1505 Léonard de Vinci, *La Joconde* (Louvre, Paris)

1505 Raphaël, *Vierge au chardonneret* (Uffizi, Florence)

1508-1512 Michel-Ange, *plafond de la chapelle Sixtine* (Vatican, Rome). Cette formidable évocation du pouvoir divin et de l'éveil spirituel de l'humanité exigea plus de 200 dessins préliminaires.

1519-1526 Titien, *Madonna di Ca' Pesaro* (Santa Maria Gloriosa dei Frari, Venise)

1480 | **1500** | **1520**

RENAISSANCE

1480 | **1500** | **1520**

1483 Léonard de Vinci, *Vierge aux rochers* (Louvre, Paris)

v. 1485 Sandro Botticelli, *La Naissance de Vénus* (Uffizi, Florence)

v. 1486 Léonard de Vinci, *Uomo Vitruviano* (Accademia, Venise)

1499-1504 Luca Signorelli, *Séparation des Élus et des Damnés* (Cappella Nuova, cathédrale d'Orvieto)

1501-1504 Michel-Ange, *David* (Galleria dell'Accademia, Florence)

1505 Giovanni Bellini, *Vierge à l'Enfant avec quatre saints* (Accademia, Venise)

v. 1508 Giorgione, *La Tempête* (Accademia, Venise)

1509 Raphaël, *L'École d'Athènes* (Chambre de la Signature, Vatican, Rome). Par sa somptuosité et son équilibre, cette fresque exprime l'aspiration à un idéal alliant foi chrétienne et philosophie néo-platonicienne de la Renaissance.

1512-1514 Raphaël, *Ange brisant les chaînes de saint Pierre*, détail de la *Délivrance de saint Pierre* (Chambre d'Héliodore, Vatican, Rome)

1516 Michel-Ange, *Esclave mourant* (Louvre, Paris)

1517 Sodoma, *Noces d'Alexandre et de Roxane* (Villa Farnesina, Rome)

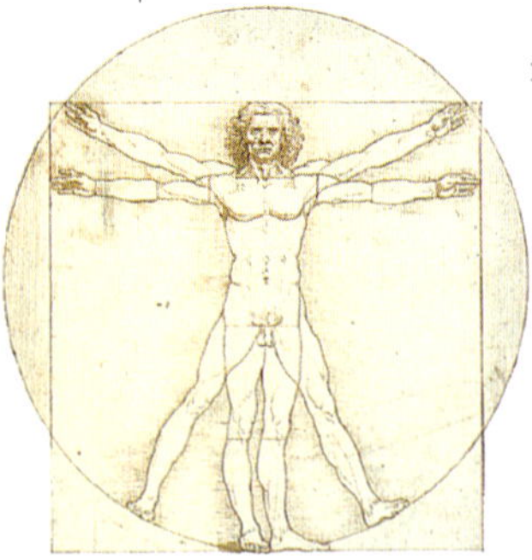

1523 Rosso Fiorentino, *Moïse défend les filles de Jethro* (Uffizi, Florence)

v. 1562-1566 Le Tintoret, *Miracle de la découverte du corps de saint Marc* (Brera, Milan)

1530-1532 Giulio Romano, *fresques de la salle des Géants* (Palazzo del Tè, Mantoue)

v. 1532 Michel-Ange, *Captif* (Galleria dell'Accademia, Florence)

1534-1535 Paris Bordone, *La Remise de l'anneau* (Accademia, Venise)

v. 1540-1542 Titien, *David et Goliath* (Santa Maria della Salute, Venise)

v. 1550 Moretto, *Christ et saint* (Pinacoteca Tosio Martinengo, Brescia)

	1540	**1560**
MANIÉRISME		
	1540	**1560**

1534-1541 Michel-Ange, fresque du *Jugement dernier* (chapelle Sixtine, Rome)

v. 1534-1540 Titien, *Portrait du pape Paul III avec ses neveux* (Museo di Capodimonte, Naples)

1556 Véronèse, *Triomphe de Mardochée* (San Sebastiano, Venise)

v. 1534-1540 Le Parmesan, *Madone au long cou* (Uffizi, Florence). Le jeu sur les proportions anatomiques et les contrastes de couleurs en font un bel exemple du style maniériste.

1538 Titien, *La Vénus d'Urbino* (Uffizi, Florence)

v. 1540 Agnolo Bronzino, *Portrait de Lucrezia Panciatichi* (Uffizi, Florence). L'élongation de certains traits anatomiques, comme ici les doigts, est typique du maniérisme.

v. 1526-1530 Le Corrège, *Assomption* (coupole de la cathédrale de Parme). Maître de l'illusion et de la perspective comme le montre cette fresque très colorée, le Corrège n'appartient ni au maniérisme ni à la Renaissance.

L'architecture italienne

Chapiteau corinthien

Trois mille ans d'influences multiples ont donné à l'Italie une architecture d'une grande variété. Les Romains et les Étrusques firent de nombreux emprunts à la Grèce antique, tandis qu'au Moyen Âge, les styles normand, mauresque et byzantin apportèrent une note particulière au roman et au gothique italiens. Les valeurs classiques inspirèrent la Renaissance qui ouvrit la voie aux innovations exubérantes du baroque.

***Le Duomo d'Orvieto**, comme beaucoup de cathédrales gothiques, présente une grande richesse de décoration, notamment sculptée. Sa construction s'étendit du XIIIe au XVIIe siècle.*

La Basilica di San Marco

***La Basilica di San Marco** (832-1094) de Venise associe styles classique, roman et gothique, mais est surtout d'inspiration byzantine* (p. 106-109).

200	400	600	800	1000
CLASSIQUE		BYZANTIN		ROMAN
200	400	600	800	1000

***Les arcs de triomphe**, tel l'arc de Constantin (313) à Rome, furent une invention latine. Les reliefs qui les décoraient représentaient en général des épisodes marquants des campagnes militaires victorieuses qu'ils célébraient.*

L'arc arrondi du style roman apparut au Moyen Âge dans des édifices tels que le Duomo de Modène. Dérivant des basiliques romaines, les églises avaient un intérieur dépouillé.

La construction de coupoles au-dessus d'espaces carrés ou rectangulaires remonte à l'époque byzantine.

L'ARCHITECTURE ÉTRUSQUE

Les Étrusques ne nous ont pas laissé d'autres vestiges architecturaux importants que leurs nécropoles bâties vers le VIe siècle av. J.-C. en Toscane, dans le Latium et en Ombrie. Le reste devait être construit en bois. Les liens culturels et commerciaux qu'ils entretenaient avec la Grèce autorisent cependant à penser que leurs édifices s'inspiraient de l'architecture hellène. Il est probable que les Romains s'inspirèrent à leur tour de leurs prédécesseurs et que leurs premiers bâtiments publics étaient de style étrusque.

Maquette de temple étrusque doté d'un portique classique grec

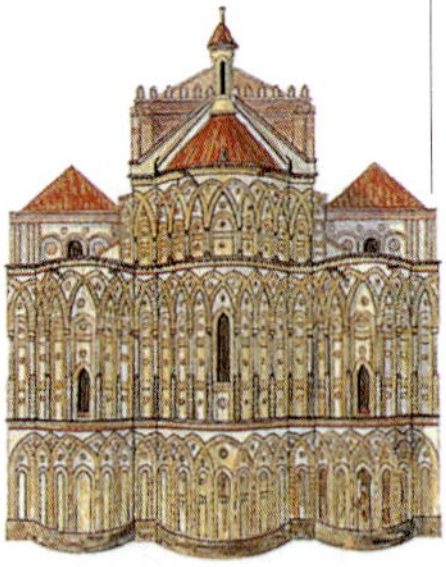

***La cathédrale de Monreale** en Sicile, construite au XIIe siècle, marie éléments normands et décors mauresques et byzantins* (p. 514-515).

Le Tempietto *entrepris à Rome entre 1502 et 1510 par Bramante à San Pietro in Montorio était un ommage de la Renaissance l'architecture de l'Antiquité* (p. 370).

Des façades baroques*, telle celle du Duomo de Syracuse (1728-1754), agrémentèrent souvent des églises plus anciennes.*

Les progrès techniques *de l'ère industrielle permirent des réalisations en verre et métal, comme la Galleria Vittorio Emanuele II (1865) élevée à Milan par Mengoni* (p. 188).

Les idéaux classiques de Rome et de la Grèce antique devinrent les bases de l'architecture italienne pendant la Renaissance.

Le mécénat pontifical et la vigueur de la Contre-Réforme donnèrent son dynamisme au baroque, période d'innovation et d'exubérance architecturale.

La Mole Antoneliana (1863-1889) de Turin, que domine une flèche de granite, fut un temps le plus haut bâtiment du monde *(p. 216).*

La Torre Velasca de Milan fut dans les années 1950 une des premières bâties en béton armé.

0	1400	1600	1800	2000
	RENAISSANCE	BAROQUE	XIXe SIÈCLE	XXe SIÈCLE
0	1400	1600	1800	2000

Le Duomo de Sienne (1136-1382), de styles roman et gothique, reflète deux siècles d'évolution architecturale *(p. 332-333).*

Santa Maria Novella, à Florence, a une façade Renaissance (1456-1470) réalisée par Alberti et un intérieur gothique.

Le Bernin (1598-1680), architecte de la place Saint-Pierre, fut une figure marquante du baroque romain.

Andrea Palladio (1508-1580) bâtit des villas et des palais de style classique. Son style fut imité en Europe pendant plus de deux siècles *(p. 76).*

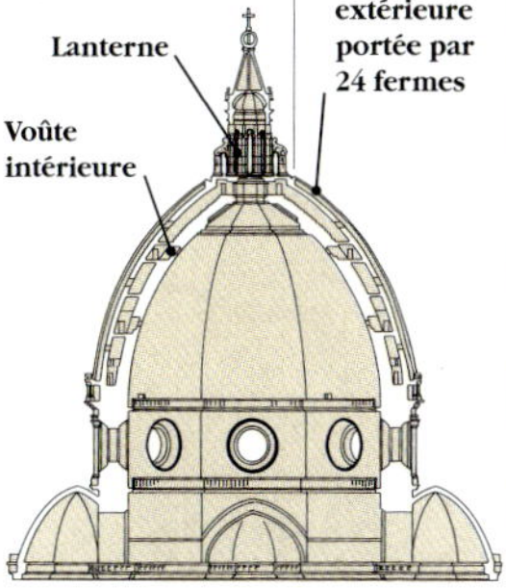

La coupole *achevée en 1436 par Brunelleschi pour le Duomo de Florence est un chef-d'œuvre Renaissance d'ingéniosité technique* (p. 245).

Le Gesù *de Rome, dessiné pour les jésuites en 1568 par Vignola, fut, avec sa façade puissante et sa somptueuse décoration, le prototype d'innombrables églises baroques* (p. 371).

La tour Pirelli *dessinée à Milan par Ponti et Nervi à la fin des années 1950 est un bel exemple d'architecture italienne* (p. 179).

Saints et symboles dans l'art italien

Dans l'art religieux, symboles et détails caractéristiques permettaient aux fidèles de reconnaître les saints qui ont de tout temps joué un rôle de premier plan dans le catholicisme italien, notamment parce qu'ils conservaient les pouvoirs protecteurs d'anciennes divinités païennes. Chaque ville et chaque corporation avait ainsi son patron, et les fêtes et les cérémonies données en son honneur revêtaient d'autant plus d'importance que la prospérité de la communauté dépendait de sa bienveillance.

Les Évangélistes

Évocation de leur mission divine, une créature ailée suit chacun des quatre évangélistes : Matthieu, Marc, Luc et Jean.

Aigle (saint Jean)

Saint Dominique porte en général la tenue de son ordre, mais possède aussi le lis comme attribut.

Saint Côme et saint Damien apparaissent toujours ensemble habillés en médecin.

Saint Marc tient souvent l'Évangile portant son nom.

Saint Jean porte lui aussi son Évangile.

Saint Thomas d'Aquin est souvent représenté avec une étoile – à peine visible sur cette peinture – sur son habit dominicain.

Saint Laurent porte une palme ainsi que le gril sur lequel il connut le martyre.

Cette Vierge à l'Enfant avec des saints *(v. 1450) fut peinte sur enduit sec par le dominicain Fra Angelico. Elle est exposée au museo di San Marco de Florence* (p. 268).

La Vierge, vêtue habituellement de bleu, est la *Mater Amabilis* – la « Mère digne d'amour ».

Saint Pierre martyr, ici avec une palme, a parfois une blessure à la tête et une épée.

Symboles

Sur les peintures et les sculptures chrétiennes, des attributs propres à chaque saint aident à les identifier. Il s'agit souvent de vêtements ou d'objets ayant joué un rôle dans leur vie, notamment pour les martyrs l'instrument de leur supplice. Voûte céleste, animaux, fleurs, couleurs et nombres ont également un sens symbolique.

L'agneau *symbolise le Christ, ou, dans l'art paléochrétien, le pêcheur.*

Le crâne *rappelle au spectateur la brièveté de la vie et l'inéluctabilité de la mort.*

Homme ailé (saint Matthieu)

Lion ailé (saint Marc)

Bœuf ailé (saint Luc)

***Vierge à l'Enfant entourée de saints* par Giovanni Bellini** **(p. 115)**

Saint Pierre l'apôtre, fondement de l'église chrétienne, détient les clés du ciel.

La Vierge avec l'Enfant Jésus symbolise l'humanité du Christ.

Sainte Catherine d'Alexandrie porte un morceau de la roue sur laquelle elle fut suppliciée.

Saint Jérôme, qui consacra sa vie à l'étude, a toujours les traits d'un vieil homme et souvent l'aspect d'un ermite.

La Vierge à l'Enfant avec quatre saints *peinte par Giovanni Bellini en 1505 pour un retable de San Zaccaria s'admire toujours dans cette église de Venise.*

L'ange, messager de Dieu, est représenté dans cette scène en musicien céleste.

Sainte Lucie, symbole de lumière et patronne des aveugles, porte ici ses yeux dans une coupe.

Le lis, *fleur de la Vierge, symbolise la pureté, la résurrection, la paix et la chasteté.*

Le coquillage *évoque le plus souvent le pèlerinage. C'est un attribut de saint Roch.*

La palme *représente dans l'art chrétien le triomphe sur la mort d'un martyr.*

Écrivains, poètes et dramaturges

De nombreux auteurs italiens ont acquis une gloire mondiale, en particulier parmi ceux de l'époque latine, et leurs récits nous donnent un aperçu intime et vivant de l'Italie à leur époque. Les œuvres de Virgile, Horace et Ovide font ainsi revivre les préoccupations de la Rome antique, tandis que la truculence et la spiritualité qui régnaient en Toscane au Moyen Âge marquent aussi bien la poésie de Dante et de Pétrarque que les récits grivois de Boccace. Ces trois grands écrivains inventèrent en moins d'un siècle un nouveau langage littéraire qui marqua l'Europe. Plus récemment, Umberto Eco a publié l'un des romans les plus lus de ce siècle : *Le Nom de la rose.*

Primo Levi *(1919-1987) a donné un récit fascinant de l'horreur concentrationnaire pendant la Deuxième Guerre mondiale dans* La Trêve *et* Si c'est un homme.

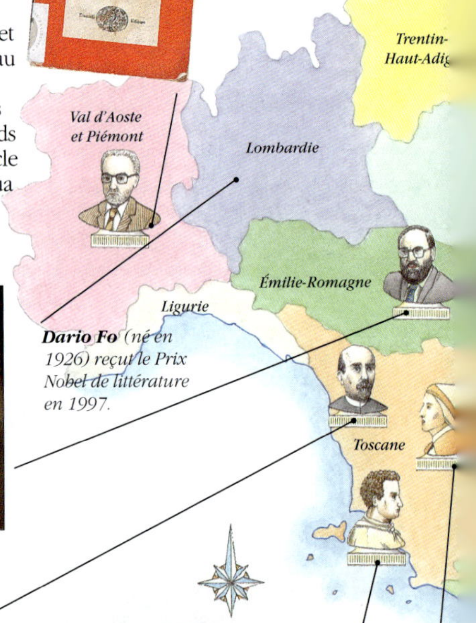

Dario Fo *(né en 1926) reçut le Prix Nobel de littérature en 1997.*

Umberto Eco *(né en 1932), professeur à l'université de Bologne, exprima sa passion pour le Moyen Âge dans* Le Nom de la rose. *Le livre devint un film en 1986.*

Carlo Lorenzini *prit pour écrire* Pinocchio *en 1911 – l'un des récits pour enfants les plus connus du monde – le nom du lieu de naissance de sa mère en Toscane : Collodi.*

Giovanni Boccace *(1313-1375) traça un portrait fascinant de la société de son époque dans* Le Décaméron, *recueil de cent nouvelles se déroulant pendant la peste de 1348 à Florence.*

Dante *fit dans* La Divine Comédie *(v. 1321), récit d'un voyage à travers l'Enfer, le Purgatoire et le Paradis, une terrible description des tourments des damnés.*

La littérature latine

Les textes en latin des philosophes, poètes, dramaturges et politiciens de la Rome antique appartiennent aux fondements de la culture occidentale. Près de 2 000 ans après leur mort, les œuvres de Virgile *(L'Énéide)*, Ovide *(Les Métamorphoses)* et Pline *(Histoire naturelle)* restent des références, tandis que des récits historiques comme l'*Histoire de Rome* de Tite-Live, les *Commentaires de la guerre des Gaules* de Jules César, les *Annales* de Tacite ou les *Vies des douze Césars* de Suétone évoquent un passé qui forgea le destin de l'Europe. Les *Satires* de Juvénal, les comédies de Plaute ou les tragédies de Sénèque en dressent un portrait plus humain. Ces œuvres païennes durent leur survie aux moines du Moyen Âge, puis retrouvèrent toute leur influence grâce aux humanistes de la Renaissance.

Détail d'une copie médiévale de l'*Histoire Naturelle* de Pline

Carlo Goldoni *(1707-1793), dramaturge vénitien, s'écarta de la tradition satirique de la* Commedia dell'Arte *pour écrire des pièces plus indulgentes pour la société de son époque.*

Pétrarque *(1304-1374), l'un des plus grands poètes lyriques de la Renaissance, fut aussi l'un des premiers humanistes.*

Saint François d'Assise *(1182-1226) fut le premier auteur à écrire en italien plutôt qu'en latin. Il rédigea des lettres et des sermons, mais aussi des poèmes et des chants comme le populaire* Cantique du soleil.

Alberto Moravia (1907-1990), écrivain romain habituellement considéré comme néo-réaliste, se concentre dans des œuvres comme *Les Indifférents* ou *Agostino* sur les problèmes de l'homme dans la société contemporaine.

Luigi Pirandello *(1867-1936), prix Nobel sicilien et auteur de* Six personnages en quête d'auteur, *était fasciné par les multiples facettes de la personnalité humaine.*

Musique et opéra en Italie

Violon Stradivarius

Avant l'unification italienne, en particulier pendant les XVIIe et XVIIIe siècles, chaque grande ville avait ses propres traditions musicales. C'est à Florence que le cercle d'artistes de la *Camerata Bardi* ouvrit la voie au lyrisme moderne en remettant en question le contrepoint à plusieurs voix hérité du Moyen Âge. Naples était réputée au XVIIIe siècle pour l'opéra bouffe et Venise pour ses grands concerts de musique d'église. Au XIXe siècle, Milan devint avec la Scala la capitale italienne de l'opéra, une forme d'expression à laquelle Rome, cité du pape, préférait l'oratorio.

Le Moyen Âge et la Renaissance

Par Boccace *(p. 30)*, entre autres, nous savons que le chant, la danse et la poésie étaient souvent associés dans l'Italie du Moyen Âge et de la Renaissance. La musique était une composante du spectacle plutôt qu'un art autonome.

Cela n'empêcha toutefois pas d'importantes contributions, notamment celle de Guido d'Arezzo (v. 995-1050), un moine qui perfectionna la notation musicale, et celle de Francesco Landini (1325-1397), organiste aveugle et maître de l'*Ars nova*, forme de musique polyphonique qui s'imposa en Europe au XIVe siècle. Elle se développa en *Ars perfecta* pendant les 150 ans suivants, pour atteindre la fluidité mélodique des œuvres de Giovanni Palestrina (1525-1594), des compositions religieuses pour la plupart mais aussi des madrigaux (pièces vocales sur un texte poétique).

Le début du XVIIe siècle vit des compositeurs italiens tels que Carlo Gesualdo (v. 1561-1613) et Claudio Monteverdi s'éloigner de la tradition du chœur polyphonique de leurs prédécesseurs pour introduire à la fois récitatifs et parties instrumentales.

L'époque baroque

L'œuvre de Claudio Monteverdi offre un bon exemple de la transition entre la tradition de la Renaissance et la musique baroque qui domina le XVIIe siècle. Les premiers madrigaux de Monteverdi prennent ainsi la forme de pièces classiques, *a cappella*, puis intègrent à partir de 1605 la basse continue. La voix perdant la fonction purement instrumentale qu'elle avait auparavant, la musique se doit de respecter le rythme du texte afin qu'il reste compréhensible. Cette évolution du chant favorise l'expression des sentiments et ouvre la voie à l'oratorio et à l'opéra. À la même époque se met en place l'orchestre de cordes.

La Pietà de Venise où joua Vivaldi

À Venise, Monteverdi exploitera aussi dans ses *Vêpres* les possibilités stéréophoniques offertes par la cathédrale Saint-Marc selon les places occupées par les interprètes dans l'édifice.

Les grands compositeurs italiens

***Claudio Monteverdi** (1567-1643), joua un rôle de premier plan dans l'évolution de la musique aussi bien par ses œuvres religieuses comme les* Vêpres *que par ses madrigaux et ses opéras.*

***Antonio Vivaldi** (1678-1741) écrivit plus de 600 concertos, la plupart pour violon. Ses* Quatre Saisons *restent un grand succès musical dans le monde entier.*

***Gioacchino Rossini** (1792-1868) acquit la célébrité par ses opéras bouffes comme* Le Barbier de Séville. *Malgré leur force expressive, ses œuvres plus sérieuses furent souvent méconnues.*

Représentation de Luciano Pavarotti

Vers 1680, Arcangelo Corelli (1653-1713) jette les bases du *concerto grosso* où un petit ensemble de musiciens, le *concertino*, s'oppose et répond au reste de l'orchestre. Cette forme musicale évoluera très vite vers le concerto de soliste. Antonio Vivaldi (1678-1741) lui donne dès l'origine sa forme traditionnelle : deux mouvements rapides encadrant un mouvement lent.

L'opéra

Joué tout d'abord aux mariages de riches familles italiennes, l'opéra prend avec l'*Orfeo* de Monteverdi, créé à Mantoue en 1607, sa forme aboutie de drame musical. À la fin du XVIIe siècle à Naples, Alessandro Scarlatti (1660-1725) définit le modèle de l'*opera seria* (opéra sérieux) qui se caractérise par une ouverture instrumentale suivie d'une succession de récitatifs et de parties chantées, notamment d'arias *da capo*, airs avec reprise mettant en valeur la virtuosité du chanteur, le *bel canto*. Les thèmes de l'*opera seria* sont généralement issus de la mythologie. Dans l'*opera buffa*, qui naît lui aussi à Naples, ils doivent beaucoup à la Commedia dell'Arte. Gioacchino Rossini, auteur du *Barbier de Séville*, s'illustrera dans ce genre et saura tirer, avec Vincenzo Bellini (1801-1835) et Gaetano Donizetti (1797-1848), le meilleur du bel canto.

Les deux compositeurs qui dominent la seconde moitié du XIXe siècle sont Giuseppe Verdi qui s'inspire de Shakespeare, Victor Hugo ou Alexandre Dumas fils, et Giacomo Puccini (1858-1924) qui s'inscrit, avec des créations comme *La Bohème* ou *Madame Butterfly*, dans la démarche réaliste et anti-romantique des compositeurs véristes.

***Giuseppe Verdi** (1813-1901), le compositeur d'opéras le plus important du XIXe siècle, donna ses premières créations à la Scala.* Rigoletto *et* Aïda *sont les œuvres les plus célèbres.*

Création de la *Tosca* de Puccini en 1900

Le XXe siècle

Au début du XXe siècle, Puccini fait monter des cow-boys sur scène avec *La Fille du Far-West*, se tourne vers l'Orient dans *Turandot* et confronte les spectateurs à la violence et à la torture dans *La Tosca*. Il est toutefois le dernier grand compositeur d'opéras italien et si certains de ses contemporains ont tenté de s'inspirer des maîtres français et allemands, peu d'entre eux, en dehors d'Ottorino Respighi (1879-1936), ont vu leurs œuvres régulièrement interprétées. Luciano Berio (né en 1925) s'affirme toutefois aujourd'hui comme un créateur de premier plan et ses techniques de collage ont suscité de nombreux imitateurs. Si son travail appartient souvent au genre du théâtre musical, il a récemment écrit *Un Re in Ascolto*, opéra dans la lignée de la tradition. La personnalité moderne certainement la plus célèbre reste Luciano Pavarotti, dont les représentations avec José Carreras et Placido Domingo ont contribué à rendre à l'art lyrique une popularité mondiale.

Lustres et velours au Teatro dell'Opera de Rome

Le design italien

Pour les Italiens, le progrès est aussi, et peut-être avant tout, une recherche de la beauté. Celle-ci, comme l'élégance, doit appartenir à la vie quotidienne et des stylistes aussi talentueux qu'Ettore Sottsass, soutenus par des industriels audacieux comme Olivetti, ont su au XXe siècle créer des objets usuels à la fois élégants, novateurs et adaptés aux techniques de fabrication modernes. Certains sont devenus de véritables références.

***Les pâtes** elles-mêmes ont inspiré les stylistes italiens. Le carrossier Giorgio Giugiaro créa cette Marille pour Voiello en 1983.*

***Les couverts Alessi** dessinés en 1988 par Ettore Sottsass possèdent une ligne d'une grande élégance mais restent fonctionnels.*

***La bouilloire Alessi** (1985) conçue par Michael Graves connut un tel succès qu'il s'en vendit plus de 100 000 la première année de fabrication.*

***La cafetière Moka Express** de Bialetti n'a pas pris une ride ni rien perdu de sa popularité, bien que sa conception remonte à 1930.*

***La chaise Selene** en plastique moulé créée en 1966 par Vico Magistretti pour Artemide était à la fois résistante, empilable et esthétique.*

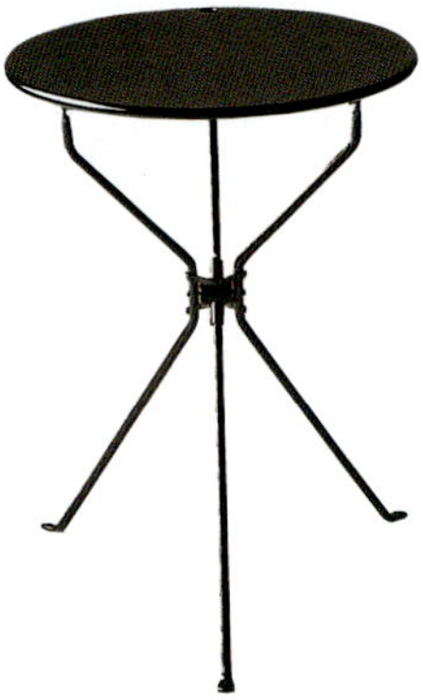

***La table pliante Cumano** dessinée par Achille Castiglione pour Zanotta en 1979 est devenue un « objet-culte ».*

***Le fauteuil Patty Difusa** à la silhouette inhabituelle est une œuvre de William Sawaya pour l'entreprise milanaise Sawaya & Moroni.*

***Avec la Ferrari Testarossa** (1986) carrossée par Pininfarina, la voiture appartient autant au domaine de la sculpture que de la mécanique.*

La machine à écrire Valentine *d'Olivetti, légère et compacte, révolutionna l'équipement de bureau. Dessinée par Ettore Sottsass en 1969, elle permettait de travailler n'importe où.*

Giorgio Armani*, styliste milanais, renouvelle avec art de grands classiques comme la veste pour inventer une mode flatteuse, confortable et décontractée.*

Valentino*, le plus célèbre des couturiers romains, a établi sa réputation grâce à des créations effrontées, superbement coupées… et terriblement chères.*

La police de caractères Bodoni *est toujours populaire 200 ans après sa création par l'imprimeur Giambattista Bodoni (1740-1813).*

Artemide *est réputé pour ses créations associant souvent métal et verre, en particulier ses lampes et luminaires.*

Florence *propose depuis des siècles un artisanat de grande qualité, notamment des accessoires de mode, tels que sacs à main, chaussures, ceintures, bijoux et bagages.*

Gucci *a su reconstruire son image et ses articles classiques, notamment les chaussures, sont redevenus une référence de l'élégance.*

Le scooter Vespa de Piaggio *offrit en 1946 aux Italiens un moyen de transport fiable et bon marché à une époque où peu d'entre eux pouvaient acheter une voiture. La silhouette que lui donna Corradino d'Ascanio inspire toujours des imitateurs.*

La Fiat 500 *(1957), comme la Vespa, devint un symbole populaire de la modernisation rapide de l'Italie après la dernière guerre.*

Savants, inventeurs et explorateurs

Pendant la Renaissance, la redécouverte des textes des grands penseurs antiques conduisit des hommes comme Galilée à se pencher avec un regard neuf sur les règles régissant l'univers. À la même époque, des explorateurs de la trempe de Christophe Colomb se lançaient à l'aventure avec la même audace qu'avant eux Marco Polo. Les chercheurs italiens s'illustrèrent également au XXe siècle avec l'invention de la radio et d'importantes découvertes en physique nucléaire.

***Guglielmo Marconi** mit au point le premier système efficace de liaison par ondes hertziennes. En 1901, il réussit à capter en Angleterre un signal émis de Terre-Neuve.*

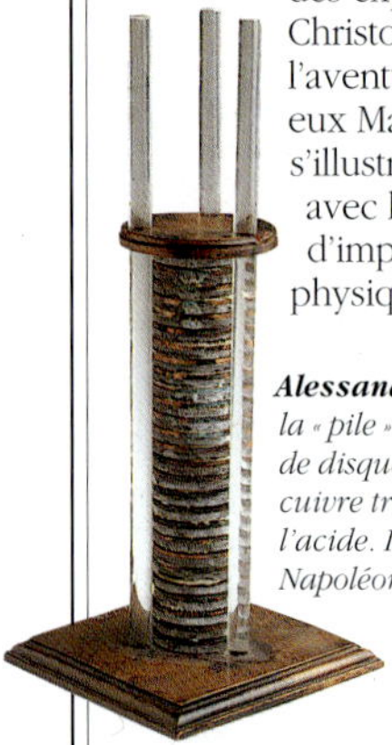

***Alessandro Volta** inventa la « pile » électrique composée de disques de zinc et de cuivre trempant dans de l'acide. Il la présenta à Napoléon en 1801.*

***Christophe Colomb**, né à Gênes, partit d'Espagne en 1492 et navigua pendant trois mois en s'aidant d'un astrolabe avant d'atteindre le Nouveau Monde.*

***L'explorateur Amerigo Vespucci** établit que le Nouveau Monde était un continent séparé. Un cartographe donna son nom aux Amériques en 1507.*

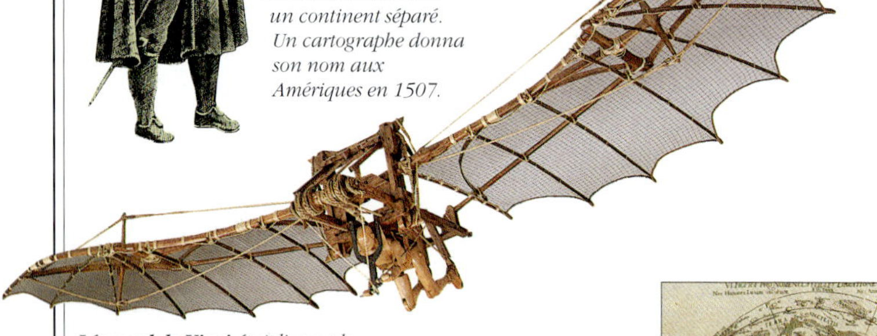

***Léonard de Vinci** était l'exemple même de l'homme de la Renaissance, aussi accompli dans les sciences que dans les arts. Cette maquette est basée sur l'un de ses dessins d'une machine volante qu'il commença à imaginer vers 1488, 400 ans avant le décollage du premier aéroplane.*

***Le télescope** permit de dresser des cartes précises de la lune. Dominique Cassini, professeur d'astronomie à l'université de Bologne avant de travailler à Paris, le perfectionna. En 1665, il traça la ligne du méridien dans l'église de San Petronio.*

0 200 km

L'université de Padoue, fondée en 1222, était un grand centre intellectuel pendant la Renaissance. Inventeur du télescope, Galilée y enseigna la physique depuis une chaire qui existe toujours.

Le Vénitien Marco Polo *partit en 1271 pour l'Orient et séjourna pendant près de vingt ans à la cour de l'empereur mongol Kublai Khan. Il est représenté ici arrivant des Indes à Ormuz dans le golfe Persique.*

Galilée *démontra que la Terre tourne autour du soleil et l'Église, contredite dans sa doctrine, le condamna pour hérésie en 1633. Il montre ici les anneaux de Saturne à des sénateurs vénitiens.*

Enrico Fermi*, prix Nobel de physique en 1938, dirigea la première réaction nucléaire en chaîne contrôlée à l'université de Chicago en 1942.*

Pline l'Ancien rassembla en 77 les connaissances de son époque dans son *Histoire naturelle*. L'éruption du Vésuve le tua deux ans plus tard, mais son livre resta d'actualité plus de 1 500 ans.

Invention italienne*, les lunettes sont mentionnées pour la première fois au* XIII*e siècle à Venise, ville qui reste un grand centre de la verrerie.*

Le mathématicien Archimède *naquit à Syracuse en Sicile alors colonie grecque vers 287 av. J.-C. Selon la légende, il découvrit le principe qui porte son nom en prenant un bain.*

TEMPLA DOMVM EXPOSITIS: VICOS FORA MOENIA PONTES:
VIRGINEAM TRIVII QVOD REPARARIS AQVAM.
PRISCA LICET NAVTIS STATVAS DARE COMMODA PORTVS:
ET VATICANVM CINGERE SIXTE IVGVM:
PLVS TAMEN VRBS DEBET: NAM QVAE SQVALORE LATEBAT:
CERNITVR IN CELEBRI BIBLIOTHECA LOCO.

HISTOIRE DE L'ITALIE

En tant qu'entité géographique, l'Italie existe depuis les Étrusques, mais son histoire est marquée par une longue succession de discordes et de divisions. Avant le XIXe siècle, la péninsule ne connut l'unité politique qu'une fois, sous les Romains, après qu'ils eurent soumis les autres tribus qui l'occupaient au IIe siècle av. J.-C. Sept siècles plus tard, l'empire romain qui avait imposé ses lois et sa langue à la majorité de l'Europe succombe devant des envahisseurs d'origine germanique.

Jules César

Son ancienne capitale reste toutefois la Ville sainte de la chrétienté et le Saint-Siège profite de son ascendant spirituel pour demander au VIIe siècle la protection des Francs face aux prétentions de Byzance et aux exactions des Lombards. Le sacre en l'an 800 de Charlemagne n'ouvre malheureusement pas l'ère de paix espérée. Pendant cinq siècles, papes et empereurs germaniques se disputeront le contrôle du pays. De nouveaux envahisseurs – Normands, Angevins et Aragonais – en profitent pour s'emparer du Sud et de la Sicile.

Au Nord, les villes tirent parti de la situation en se développant sous forme d'États indépendants. Le plus puissant est la République de Venise qui tire de fabuleuses richesses de son commerce avec l'Orient. D'autres cités telles que Gênes, Florence, Milan, Pise ou Sienne connaissent également leurs heures de gloire. Au XVe siècle, le nord de l'Italie est la région d'Europe occidentale la plus prospère et la plus cultivée et c'est à Florence que s'épanouit la Renaissance.

Trop petits, ces États-cités ne peuvent cependant tenir tête longtemps aux grandes puissances, et l'Espagne prend le contrôle du territoire au XVIe siècle. Napoléon le conquiert brièvement, puis c'est l'Autriche qui impose son hégémonie en 1815. Les patriotes italiens, les *carbonari*, refusent cette occupation. La guerre d'indépendance commence en 1848 à l'instigation du Piémont resté autonome. En 1870, la conquête de Rome achève l'unité italienne. Le pays devient un royaume. En 1922, Mussolini et les fascistes s'emparent du pouvoir. En 1946, la République est proclamée. En 1957, l'Italie participe à la création de la Communauté économique européenne en signant le traité de Rome.

Carte de l'Italie du XVIe siècle telle qu'en utilisaient les marins génois et vénitiens

◁ **La cour de Sixte IV (1471-1484), puissant pape de la Renaissance, peinte par Melozzo da Forli**

L'Italie des Étrusques

Les Étrusques, qui donnèrent son nom à la Toscane, se répandirent en Italie centrale à partir du IXe siècle av. J.-C. et ils régnaient sur Rome au VIe siècle. Leurs principaux rivaux étaient alors les Grecs installés dans le Sud. L'Étrurie ne fut toutefois jamais un État unifié, juste une confédération de cités. L'origine exacte de ses habitants et la langue qu'ils parlaient restent un mystère, mais les fresques, poteries et bijoux retrouvés dans leurs sépultures témoignent d'une culture raffinée.

L'Italie en 650 av. J.-C.

Royaumes étrusques

Colonies grecques

Chevaux ailés
Ce superbe relief en terre cuite (IVe siècle av. J.-C.) ornait à Tarquinia le fronton du temple Ara della Regina.

Foie de mouton en bronze
Les inscriptions servaient de guide à la divination d'après les entrailles d'animaux.

La flûte double, instrument spécifiquement étrusque, servait aux fêtes comme aux funérailles.

La tombe des Léopards
Des scènes de réjouissance, telle cette fresque ornant un tombeau (v. 500 av. J.-C.) découvert à Tarquinia *(p. 450)*, décorent souvent les sépultures étrusques.

Urne funéraire
Le couvercle montre le défunt portant des tablettes d'écritures. Les Étrusques introduisirent l'alphabet en Italie.

Chronologie

IXe siècle av. J.-C. Des communautés pré-urbaines s'établissent dans les vallées fluviales de l'Étrurie

753 av. J.-C. Date légendaire de la fondation de Rome par Romulus

v. 700 av. J.-C. Développement des cités étrusques. Premières inscriptions

616 av. J.-C. Les Étrusques règnent à Rome sous Tarquin L'Ancien

900 av. J.-C. | **800 av. J.-C.** | **700 av. J.-C.**

v. 900 av. J.-C. Premières traces de l'âge du fer en Italie ; époque villanovienne

v. 800 av. J.-C. Des Grecs s'implantent en Sicile et dans le sud de l'Italie

715-673 av. J.-C. Règne du sage Numa Pompilius, deuxième roi de Rome

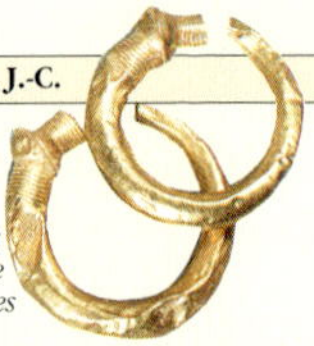

Boucles d'oreille étrusques

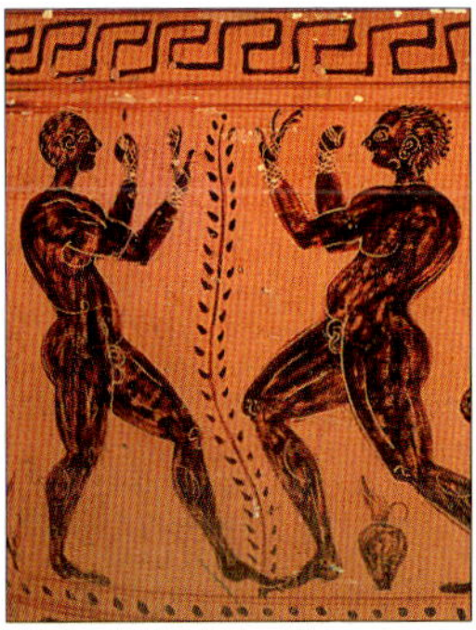

Pugilat
Des compétitions athlétiques avaient lieu aux funérailles. Ce vase, fabriqué en Étrurie vers 500 av. J.-C., imite la poterie à figures noires grecque.

Les musiciens et le danseur sont représentés avec un réalisme qui témoigne de l'influence de l'art grec.

La lyre, faite d'une carapace de tortue, se jouait avec un plectre.

Apollon de Veii
Apollon a sur cette magnifique statue les traits stylisés caractéristiques de l'art étrusque.

Miroir de bronze
Les riches Étrusques jouissaient d'un grand luxe. Les femmes utilisaient des miroirs de bronze poli au dos gravé. On voit ici Hélène de Troie et Aphrodite.

Où voir l'Italie étrusque

***Des tombes** creusées dans le tuf volcanique, comme ici à Sovana, abondent en Italie centrale.*

Dans le Latium, il existe d'immenses nécropoles à Cerveteri et Tarquinia *(p. 450)*. La Toscane et l'Ombrie sont également riches en vestiges étrusques, notamment en tombeaux. Parmi les musées les plus intéressants figurent celui de Tarquinia ; le Museo Gregoriano *(p. 412)* du Vatican et la villa Giulia *(p. 430)* de Rome, le Museo Archeologico *(p. 274)* de Florence, le Museo Civico *(p. 322)* de Chiusi et le museo Guarnacci *(p. 336)* de Volterra.

Temple de Neptune
Ce beau temple de Paestum (Ve siècle av. J.-C.) remonte à la colonisation grecque du Sud.

Vase importé de Grèce

Les oies du Capitole, relief découvert sur le forum de Rome

600 av. J.-C.

509 av. J.-C. Junius Brutus chasse le dernier roi étrusque de Rome, Tarquin le Superbe, et fonde la République

500 av. J.-C.

499 av. J.-C. Bataille du lac Regillus, victoire romaine sur une coalition de Latins et d'Étrusques

474 av. J.-C. Une défaite face aux Grecs au large de Cumes affaiblit la puissance navale étrusque

450 av. J.-C. Codification de la loi romaine en douze tables

v. 400 av. J.-C. Premières implantations gauloises dans la vallée du Pô

400 av. J.-C.

396 av. J.-C. Les Romains prennent Veies, importante cité étrusque du Latium

390 av. J.-C. Des Gaulois pillent Rome. Des oies sauvent le Capitole en donnant l'alerte

De la République à l'Empire

Masque et casque romains (Ier s. av. J.-C.)

Parmi la myriade de tribus habitant l'Italie antique, un peuple émergea et imposa son langage, ses coutumes et ses lois : les Romains, qui durent leur succès à leur sens de l'organisation aussi bien militaire que civile. Leur État avait à l'origine la forme d'une république dirigée par deux consuls élus chaque année, mais le pouvoir passa ensuite à des généraux comme Jules César dont l'héritier devint le premier empereur de Rome.

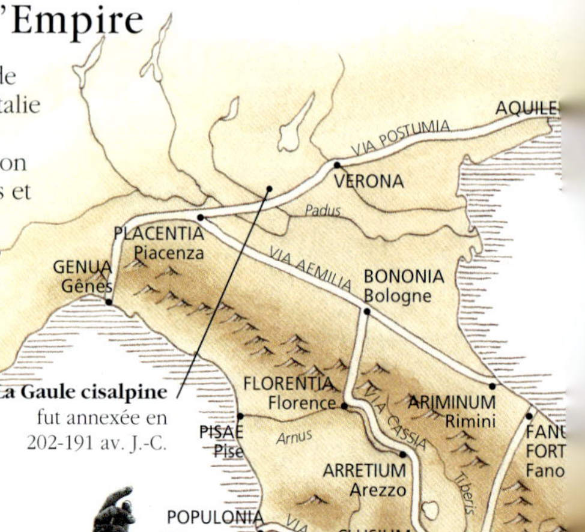

La Gaule cisalpine fut annexée en 202-191 av. J.-C.

L'Étrurie était romaine en 265 av. J.-C.

Jules César
Le conquérant de la Gaule rentra en Italie en 49 av. J.-C. pour vaincre son rival Pompée. Son accession au pouvoir absolu marqua la fin de la République.

Inscription osque
Les langues des peuples soumis par Rome résistèrent pendant des siècles au latin. Les Osques habitaient ce qui est désormais la Campanie.

Éléphant de guerre
En 218 av. J.-C., le général carthaginois Hannibal franchit les Alpes avec 37 éléphants qui devaient briser les lignes romaines.

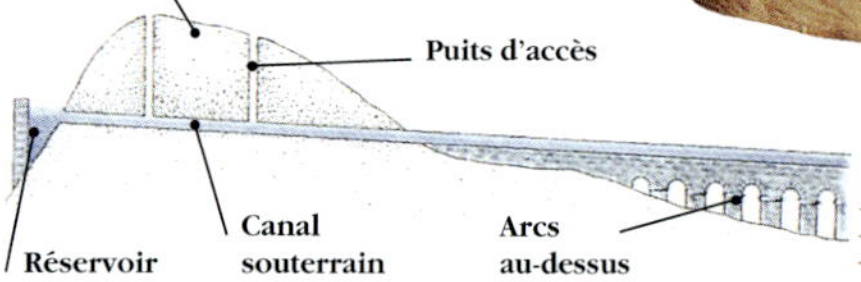

Aqueduc
Le talent de bâtisseur des Romains trouve sa plus spectaculaire expression dans leurs aqueducs. Certains avaient plus de 80 km de long dont une grande partie souterraine.

Chronologie

Via Appia

312 av. J.-C. Construction de la Via Appia et de l'aqueduc Acqua Appia

308 av. J.-C. Rome s'empare des Tarquin

300 av. J.-C.

287-212 av. J.-C. Vie d'Archimède, le grand mathématicien grec de Syracuse

275 av. J.-C. Les Romains battent le roi grec Pyrrhus à Beneventum

265 av. J.-C. Les Romains prennent la dernière cité étrusque

264-241 av. J.-C. Première guerre punique (avec Carthage)

250 av. J.-C.

237 av. J.-C. Les Romains occupent la Corse et la Sardaigne

Hannibal, général carthaginois pendant la deuxième guerre punique

218 av. J.-C. Deuxième guerre punique ; Hannibal franchit les Alpes

216 av. J.-C. Hannibal vainqueur à Cannes

200 av. J.-C.

191 av. J.-C. La Gaule cisalpine est conquise

Cicéron dénonce Catilina
Pour défendre la République, Cicéron (106-43 av. J.-C.) dénonça en 62 devant le sénat la conspiration de Catilina.

Légionnaire romain
Ce bronze montre l'équipement d'un légionnaire : casque, cuirasse, sandales, jambières et kilt de cuir garni de plaques de fer.

La Via Appia fut prolongée de Capoue à Brindisi en 190 av. J.-C.

La Sicile devint la première province romaine en 241 0av. J.-C.

Où voir l'Italie de la République romaine

En dehors de deux exceptions notables, les temples du IIe siècle av. J.-C. du forum Boarium *(p. 423)* de Rome, il ne subsiste quasiment pas d'édifices de l'époque républicaine, la plupart ayant été reconstruits sous l'Empire. En revanche, de très nombreuses villes et routes, telle la via Appia Antica *(p. 431)*, ont conservé leur tracé antique. Parmi les exemples frappants de cités à plan romain figurent Lucques *(p. 310-311)* et Côme *(p. 185)*.

***Ces énormes blocs de basalte** à Tharros* (p. 535) *pavaient une voie romaine.*

Les voies romaines

Pour asseoir leur domination, les Romains construisirent des routes permettant aux légions d'intervenir rapidement. Ils bâtirent aussi des villes. Beaucoup, comme Ariminum (Rimini), étaient des « colonies », implantations en terre conquise de citoyens romains, souvent d'anciens légionnaires.

Vue aérienne de Bologne
Le plan romain marque toujours certains centres-villes. L'ancienne Via Aemilia traverse ainsi le cœur de Bologne.

150 av. J.-C. — 100 av. J.-C. — 50 av. J.-C.

168 av. J.-C. Fin de la troisième guerre macédonienne ; la Grèce est conquise

146 av. J.-C. Fin de la troisième guerre punique ; Carthage détruite

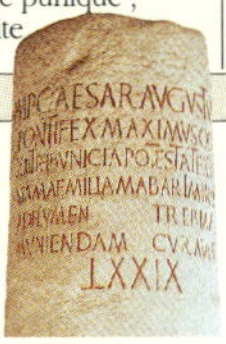

Borne de la Via Aemilia

104 av. J.-C. Révolte d'esclaves en Sicile

89 av. J.-C. Guerre sociale ; les alliés italiens de Rome obtiennent la citoyenneté

80 av. J.-C. Le premier amphithéâtre romain est entrepris à Pompei

73-71 av. J.-C. Révolte des esclaves conduits par Spartacus

49 av. J.-C. César franchit le Rubicon et chasse Pompée

45 av. J.-C. Introduction du calendrier julien de 12 mois

44 av. J.-C. Assassinat de Jules César ; fin de la République

31 av. J.-C. Octave bat Marc-Antoine à Actium

30 av. J.-C. Suicide de Marc Antoine et de Cléopâtre en Égypte

L'âge d'or de Rome

Du règne d'Auguste à celui de Trajan, l'Empire romain ne cesse de s'étendre jusqu'à dominer un territoire allant de l'Écosse à la mer Rouge. Les taxes et le butin des campagnes militaires alimentent les caisses de l'État. Réduits à l'esclavage, les prisonniers de guerre fournissent une main-d'œuvre bon marché et le commerce avec les colonies enrichit les citoyens qui, pour se distraire, se rendent aux bains, au théâtre ou aux jeux. Enterrée sous les cendres du Vésuve en 79, Pompei nous offre un tableau fascinant de la vie quotidienne à cette époque.

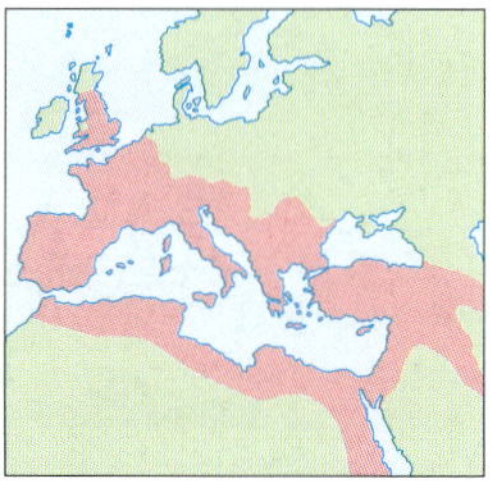

L'Empire romain en 117

Étendue maximum de l'Empire

Mosaïque de gladiateurs
Les gladiateurs qui luttaient à mort dans les jeux du cirque étaient pour la plupart des prisonniers de guerre.

Colonne de Trajan
Ses reliefs retracent les campagnes victorieuses de Trajan en Dacie (actuelle Roumanie) au début du IIe siècle.

Le triclinium (salle à manger) présente une superbe frise de cupidons.

Maison des Vettii
Cette reconstruction montre l'une des plus belles maisons de Pompei *(p. 478-479)*. Les Vettii n'étaient pas des aristocrates mais des affranchis enrichis dans le commerce. Fresques et sculptures ornaient les pièces.

Boutiques romaines
Fermées la nuit par des volets de bois, de petites échoppes ouvertes sur la rue, telle cette pharmacie, bordaient les bâtiments en ville.

Chronologie

9 av. J.-C. L'Ara Pacis *(p. 400)* de Rome célèbre la paix après les guerres de Gaule et d'Espagne

17 apr. J.-C. Tibère fixe la frontière de l'Empire le long du Rhin et du Danube

Marmites en bronze de Pompei

79 Une éruption du Vésuve détruit Pompei et Herculanum

50 av. J.-C. | **1 apr. J.-C.** | **50**

27 av. J.-C. Octave prend le titre d'*Augustus* et devient le 1er empereur de Rome

37-41 Règne de Caligula

43 Conquête de la Grande-Bretagne sous Claude Ier

67 Date légendaire du martyre de saint Pierre et de saint Paul à Rome

68 Déposition et suicide de Néron

80 Jeux inauguraux du Colisée

Auguste *Devenu le 1er empereur, le fils adoptif de Jules César réduisit le Sénat à l'impuissance et gouverna par décrets.*

Où voir la Rome impériale

De l'arc d'Auguste d'Aoste *(p. 207)* à la villa Casale *(p. 521)* en Sicile, il subsiste des vestiges de l'âge d'or de Rome dans toute l'Italie, notamment dans de nombreux musées locaux. Pompei *(p. 478-479)* et Herculanum restent toutefois les lieux les plus évocateurs de la vie quotidienne. Le Museo Archeologico de Naples *(p. 474-475)* renferme de nombreux objets découverts sur ces deux sites. À Rome et dans sa périphérie, ne pas manquer non plus le Panthéon *(p. 394)*, le Colisée *(p. 383)*, la villa Adriana et Ostie *(p. 451)*.

Le Forum (p. 380-381), *avec ses temples et tribunaux, était le centre de la vie sociale de la Rome antique.*

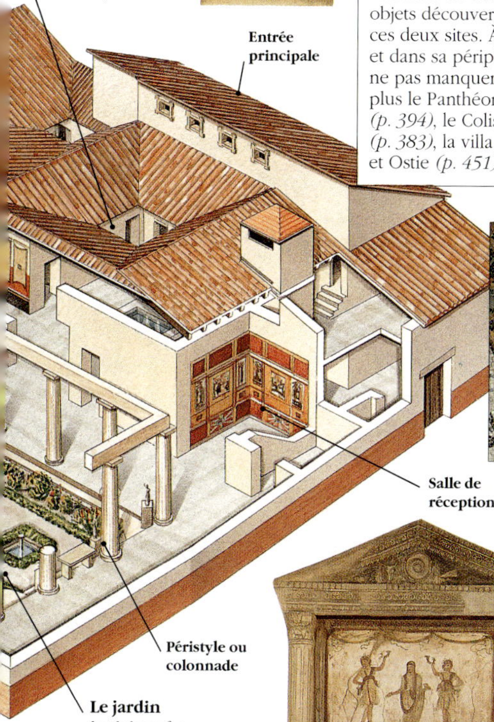

Dans l'atrium, un bassin recueillait les eaux de pluie.

Entrée principale

Salle de réception

Péristyle ou colonnade

Le jardin intérieur fut emprunté aux Grecs par les Romains.

Mosaïque d'un banquet *Les Romains mangeaient couchés. Le* garum, *une sauce salée à base de poisson séché, accompagnait de nombreux plats.*

Autel domestique *Les rites religieux se pratiquaient aussi en privé. Cet autel de la maison des Vettii était dédié aux Lares, divinités du foyer.*

7 L'Empire atteint sa plus grande étendue sous Trajan

161-180 Règne de Marc Aurèle

193-211 Règne de Septime Sévère

212 L'accès à la citoyenneté est ouvert à des habitants de toutes les régions de l'Empire

100 — 150 — 200

Fin du Ier siècle Amphithéâtre de Vérone

125 Hadrien reconstruit le Panthéon

134 Achèvement de la villa Adriana à Tivoli

L'empereur Septime Sévère

216 Construction à Rome des thermes de Caracalla

Le partage de l'Empire

Fiole en verre portant un symbole chrétien (IVe s.)

La conversion au christianisme de l'empereur Constantin en 312 marque un des grands tournants de l'Empire romain, et sa décision d'établir sa capitale à Constantinople (Byzance) un autre, car elle annonce la division de l'Empire en deux qui aura lieu au ve siècle. Sous la pression des tribus germaniques, l'Empire d'Occident s'effondre et les Goths puis les Lombards envahissent l'Italie. L'Empire d'Orient conserve un pouvoir nominal sur certaines régions depuis sa forteresse de Ravenne qui devient la plus puissante cité de la péninsule après la mise à sac de Rome.

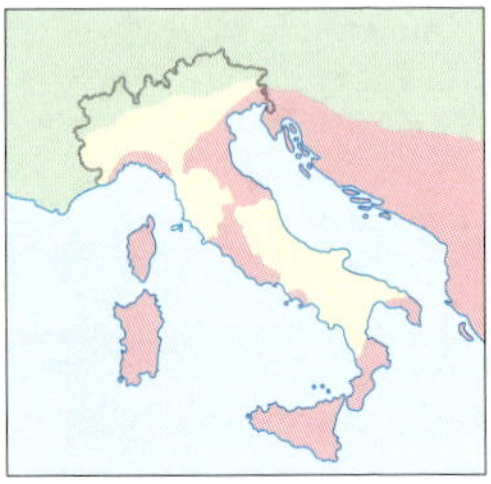

L'ITALIE EN 600

Territoires byzantins

Territoires lombards

La donation de Constantin
Selon une légende médiévale encouragée par l'Église, Constantin remit au pape Sylvestre Ier le pouvoir temporel sur Rome.

Bélisaire (500-565), le général de Justinien, reprit une grande partie de l'Italie aux Goths.

Justinien régna de 527 à 565. Il fut un grand législateur et l'un des plus puissants empereurs byzantins.

Théodelinde
Cette reine lombarde du VIe siècle convertit son peuple au christianisme. On voit ici fondre de l'or pour l'église qu'elle bâtit à Monza (p. 178).

CHRONOLOGIE

- **270** Mur d'Aurélien construit pour protéger Rome des Barbares
- **303-305** Persécutions des chrétiens sous le règne de Dioclétien
- 300
- **312** Constantin bat Maxence à la bataille du pont Milvius
- **313** L'édit de Milan accorde la liberté de culte
- **v. 320** 1re basilique Saint-Pierre de Rome
- **324** Le christianisme religion d'État
- 400
- **404** Ravenne capitale de l'Empereur d'Occident
- **410** Sac de Rome par le Wisigoth Alaric
- **476** Fin de l'Empire d'Occident
- **488** L'Ostrogoth Théodoric envahit l'Italie
- 500
- **535** Bélisaire débarque en Sicile ; reconquête de la majeure partie de l'Italie par Byzance
- **547** Église San Vitale de Ravenne
- **564** Les Lombards envahissent l'Italie et installent leur capitale à Pavie

Pièce d'or de Théodoric

Charlemagne
Après avoir écrasé les Lombards pour le pape, le roi des Francs fut sacré Saint Empereur romain en 800.

Sarrasins assiégeant Messine *(843)*
Au IXe siècle, les Arabes conquièrent la Sicile. Certains atteignent même Rome où le pape Léon IV bâtit un nouveau mur pour protéger le Vatican.

L'empereur tient une grande patène, plat portant le pain de messe, en or.

Maximien, archevêque de Ravenne

Prêtres

La cour de Justinien

De superbes mosaïques décoraient les sanctuaires byzantins. Achevée en 547 dans l'abside de l'église San Vitale de Ravenne *(p. 260)*, celle-ci représente des membres de la cour impériale.

Où voir l'Italie byzantine et paléochrétienne

Malgré les troubles et la dépopulation qui suivirent la chute de l'Empire romain, la survivance de l'Église catholique a permis la sauvegarde de nombreux monuments byzantins et du début du christianisme. Rome possède les catacombes *(p. 432)* et de grandes basiliques comme Santa Maria Maggiore *(p. 403)*. À Ravenne, siège de l'exarchat byzantin, se trouvent les églises San Vitale et Sant'Apollinare *(p. 260-261)* ornées de splendides mosaïques. La Sicile et le Sud conservent aussi de nombreux sanctuaires byzantins, mais le plus beau, de style tardif, est sans conteste la basilique Saint-Marc de Venise *(p. 106-109)*.

***Stilo** en Calabre possède une superbe église byzantine du Xe siècle, la Cattolica* (p. 504).

Santa Costanza (p. 431), *ancien mausolée des filles de Constantin bâti à Rome au IVe siècle, présente aux voûtes des mosaïques antiques.*

595 Les
…mbards
…minent les
…3 de l'Italie

Grégoire Ier le Grand régna de 590 à 604

599 Le pape Grégoire Ier négocie la paix entre les Lombards et Byzance

600

752 Le roi lombard Aistolphe prend la forteresse byzantine de Ravenne

700

754 Le pape demande l'aide des Francs ; Pépin le Bref défait les Lombards

774 Charlemagne conquiert l'Italie et coiffe la couronne lombarde

800 Sacre de Charlemagne à Saint-Pierre de Rome

800

878 Les Sarrasins prennent à l'Empire byzantin la ville de Syracuse et le contrôle de la Sicile

900

Casque lombard en or du VIe siècle au Bargello de Florence (p. 275)

L'essor de Venise

Enrico Dandolo, doge de Venise (v. 1120-1205)

L'Italie vit au Moyen Âge des nuées d'envahisseurs se mêler aux conflits entre empereurs germaniques et papes, et de nombreuses cités du Nord profitèrent de la confusion pour affirmer leur indépendance. La plus puissante fut Venise, république gouvernée par un doge et un Grand Conseil. Malgré sa rivalité avec des villes comme Gênes ou Pise, elle bâtit un véritable empire en Méditerranée.

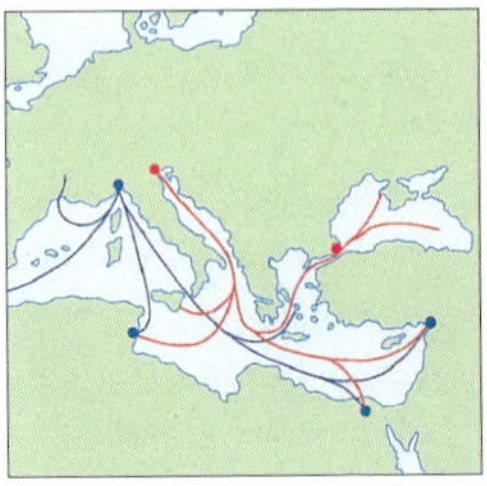

La Méditerranée en 1250

— *Routes commerciales génoises*

— *Routes commerciales vénitiennes*

Matilda de Toscane
Matilda, comtesse de Toscane (1046-1115), soutint le pape Grégoire VII contre l'empereur Henri IV. À sa mort, elle légua ses terres à l'Église.

Les colonnes de San Marco et San Teodoro furent dressées au XIIe siècle.

Les rames étaient le principal mode de propulsion.

Galère vénitienne
Les galères utilisées par Venise pour le commerce comme pour la guerre ressemblaient à celles de la Grèce antique.

Départ de Marco Polo pour la Chine

Venise importait du Moyen-Orient de la soie et des épices chinoises, mais aucun de ses habitants ne s'était rendu sur place avant le père de Marco Polo, Nicolò. Son fils partit avec lui en 1271, traversa toute l'Asie et passa 16 ans au service de Kublai Khan, empereur de la Chine mongole.

Chronologie

1000 Le doge Pietro Orsolo II défait les pirates dalmates en Adriatique

XIe siècle L'école de droit de Bologne devient la première université d'Europe.

Étudiants du Moyen Âge

1139 Naples intégrée au royaume de Sicile

1000 — 1050 — 1100

1030 Le duc de Naples accorde le comté d'Aversa au chevalier normand Rainulf

1061 Les Normands Robert Guiscard et Roger de Hauteville prennent Messine aux Arabes

1063 Reconstruction de Saint-Marc à Venise

1073-1085 Grégoire VII réforme l'Église et la papauté

1076 Les Normands prennent Salerne, dernière cité lombarde

1084 Sac de Rome par les Normands

1115 Mort de la comtesse Matilda

1130 Roger II couronné roi de Sic

Saint François d'Assise *(1181-1226) Dans le* Songe d'Innocent III *peint par Giotto vers 1290-1295, saint François soutient l'édifice chancelant de l'Église qu'un excès de richesse avait mise en crise. Le vœu franciscain de pauvreté apporta un réel renouveau au christianisme.*

OÙ VOIR L'ITALIE DU HAUT MOYEN ÂGE

L'époque vit s'élever de puissants châteaux forts tels le Castel del Monte *(p. 493)* dans la Pouille et le castello dell'Imperatore à Prato, ainsi que de superbes églises comme Saint-Marc à Venise *(p. 106)*, Sant'Antonio à Padoue *(p. 152)* et le Duomo de Pise *(p. 314)* et sa célèbre tour penchée *(p. 316)*.

***Le castello dell'Imperatore** de Prato bâti vers 1240.*

Monastère Sant'Apollonia

Actuelle riva degli Schiavoni

Nicolò Polo, son frère Maffeo et son fils Marco se préparent à embarquer pour Saint-Jean-d'Acre, leur première étape.

IVe croisade *Menée par le doge Enrico Dandolo, elle n'atteignit jamais la Terre Sainte mais pilla Constantinople en 1204.*

Frédéric II *(1194-1250) L'empereur entretenait érudits et poètes à sa cour en Sicile. Il obtint, par diplomatie, Jérusalem des Arabes, mais fut constamment en guerre avec le pape et les cités lombardes.*

1155 Frédéric Barberousse sacré Saint Empereur romain

1198 Frédéric II devient roi de Sicile

1204 Sac de Constantinople

1209 Création de l'ordre franciscain

1216 Création de l'ordre dominicain

1220 Frédéric II sacré Saint Empereur romain

1228 Grégoire IX excommunie Frédéric II ; luttes entre les partisans du pape (les guelfes) et ceux de l'empereur (les gibelins)

1237 La Ligue lombarde défait Frédéric à Cortenuova

1250 Mort de Frédéric II

1260 Urbain IV invite Charles d'Anjou à régner sur Naples et la Sicile

1265 Naissance de Dante

1271 Marco Polo part pour la Chine

150 | 1200 | 1250

Frédéric Barberousse vêtu en croisé

La fin du Moyen Âge

Crosse épiscopale siennoise

Le conflit entre papauté et Empire se poursuit pendant tout le XIVe siècle, partageant les Italiens en deux factions : les guelfes, partisans du pape, et les gibelins qui soutiennent l'empereur. Les villes de Toscane et de Lombardie profitent de la situation pour accroître leur puissance et leur prospérité. De riches mécènes permettent l'émergence d'un nouvel âge de la peinture initié par des artistes comme Duccio et Giotto, tandis que Dante et Pétrarque jettent les fondements de la littérature italienne.

L'Italie en 1350

- *États pontificaux*
- *Saint Empire romain*
- *Royaume angevin de Naples*

Place médiévale

Dans toute l'Italie centrale, c'était sur la grand-place que s'exprimaient la fierté et l'indépendance de la cité. Le centre de Pérouse *(p. 342-343)* a peu changé depuis le XIVe siècle, époque où elle s'efforçait de surclasser ses rivales, notamment Sienne, par la taille et la somptuosité des bâtiments publics.

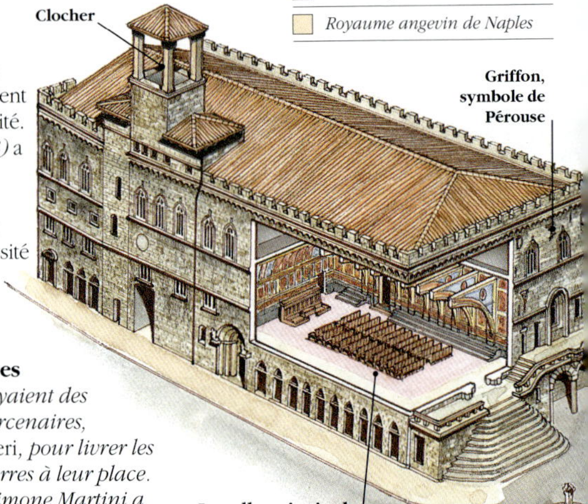

Clocher

Griffon, symbole de Pérouse

La salle principale de l'hôtel de ville, la sala dei Notari, est ornée des armoiries des maires de Pérouse.

La Fontana Maggiore, un symbole de la richesse de la ville, fut commencée en 1275 et décorée de panneaux par Nicola Pisano.

Condottieres
Les villes payaient des chefs de mercenaires, les condottieri, *pour livrer les guerres à leur place. Simone Martini a peint ici Guidoriccio da Fogliano (1330).*

L'Enfer de Dante
Dans sa vision de l'enfer, le poète réserve l'un des pires châtiments, un bain dans une fournaise, aux papes corrompus comme Boniface VIII qui régna de 1294 à 1303.

Chronologie

1282 Vêpres siciliennes : 2 000 soldats français tués à Palerme lors d'un soulèvement populaire

1296 Le Duomo de Florence est entrepris

1298 Retour de Marco Polo à Venise

1309-1343 Règne de Robert le Sage à Naples

1310 Le palais des Doges est entrepris à Venise

1313 Naissance de Boccace

1275 — 1300 — 1325

1282 Pierre d'Aragon débarque à Trapani, conquiert la Sicile et se fait couronner à Palerme

Pétrarque, poète et érudit

1304 Naissance de Pétrarque

1309 Clément V installe la papauté à Avignon

1321 Dante achève *La Divine Comédie* et meurt

1337 Mort de Giotto

La peste
Transmise par des marins génois arrivant de la mer Noire, la peste atteignit l'Italie en 1347. Elle tua plus d'un tiers de la population et frappa épisodiquement la péninsule jusqu'au XVIe siècle.

Où voir l'Italie de la fin du Moyen Âge

L'Italie centrale a conservé des édifices publics des XIIIe et XIVe siècles. Parmi les plus impressionnants figurent le Palazzo Vecchio de Florence *(p. 223)* et le Palazzo Pubblico de Sienne *(p. 330)*. Le Duomo d'Orvieto *(p. 348-349)* est un bel exemple de cathédrale gothique de la fin du XIIIe siècle. Volterra *(p. 324)* et Monteriggioni *(p. 324)* en Toscane, Gubbio *(p. 342)* et Todi *(p. 349)* en Ombrie et Viterbo *(p. 448-449)* dans le Latium ont gardé leur aspect médiéval.

La piazza dei Priori *de Volterra* (p. 324) *est l'une des plus belles places médiévales d'Italie.*

La cathédrale, entreprise en 1350, avait une chaire donnant sur la place.

Construction d'Alessandria
Des remparts entouraient presque toutes les villes. Cette fresque (1407) par Spinello Aretino offre un bon aperçu des techniques de construction.

Retour du pape Grégoire XI à Rome *(1378)*
Les papes vécurent 70 ans à Avignon protégés par le roi de France tandis que nobles et républicains se disputaient Rome.

1339 Simon Boccanegra premier doge de Gênes ; Jeanne Ire reine de Naples

1347-1349 Épidémie de peste

Médecin médiéval

1378-1417 Le grand schisme oppose papes et antipapes installés à Rome et Avignon

1380 La flotte génoise se rend aux Vénitiens à Chioggia

1350 | 1375 | 1400

1347 Cola di Rienzo tente de restaurer la république romaine

1357 Cola di Rienzo est tué à Rome

1378 Grégoire XI rentre d'Avignon à Rome

1385 Gian Galeazzo Visconti prend le pouvoir à Milan

1406 Florence annexe Pise

La Renaissance

Léonard de Vinci (1452-1519)

De riches mécènes, tels les Médicis de Florence, gouvernent les villes du nord et du centre de l'Italie. Ils soutiennent et financent aussi une véritable révolution artistique et intellectuelle : peintres, sculpteurs, architectes et érudits puisent dans l'Antiquité grecque et romaine pour faire « renaître » les valeurs classiques. L'étude de l'anatomie et de la perspective bouleverse la peinture tandis que les humanistes défendent le rôle de la connaissance et de la raison. Des génies comme Léonard de Vinci ou Michel-Ange incarnent l'idéal d'un homme ouvert à toutes les formes de savoirs.

L'Italie en 1492

- *République de Florence*
- *États pontificaux*
- *Possessions aragonaises*

Le Christ remettant les clés à saint Pierre
Dans la fresque peinte par le Pérugin dans la chapelle Sixtine (p. 416), *le Christ confère une autorité temporelle au premier des papes en lui remettant aussi la clé du royaume terrestre.*

Exécution de Savonarole *(1498)*
Après avoir gouverné Florence en 1494, ce moine fanatique fut pendu puis brûlé pour hérésie sur la piazza della Signoria.

Galeazzo Maria Sforza était le fils du maître de Milan.

Pierre de Médicis, père de Laurent, était surnommé le Goutteux.

Autoportrait de l'artiste

Chronologie

1420 Martin V rétablit la papauté à Rome

1435 Alberti publie *De Pictura* qui contient la première description d'un modèle de perspective

1436 Brunelleschi achève la coupole du Duomo de Florence

1458-1464 Les maisons d'Anjou et d'Aragon se disputent le royaume de Naples

1469 Laurent le Magnifique règne à Florence

1425

1450

1434 Cosme de Médicis accède au pouvoir à Florence

1442 Alphonse d'Aragon prend Naples

1452 Naissance de Léonard de Vinci

1444 Frederico da Montefeltro devient duc d'Urbino

1453 Chute de Constantinople

Cosme de Médicis

Filippo Brunelleschi

La Bataille de Pavie *(1525)*
L'empereur Charles Quint, un Habsbourg, y fit prisonnier François Ier de France et gagna le contrôle de l'Italie.

Le Cortège des Rois mages

La fresque de Benozzo Gozzoli (1459) au palazzo Medici-Riccardi de Florence met en scènes des notables de l'époque, notamment des Médicis, et contient de nombreuses références au grand concile de 1439.

Laurent le Magnifique de Médicis prête ses traits à l'un des Rois mages.

Où voir l'Italie de la Renaissance

L'art s'est épanoui dans bien des villes au XVe siècle et si aucune n'égale en richesse Florence *(p. 262-303)* avec ses palazzi et la Galleria degli Uffizi *(p. 278-281)*, Venise *(p. 80-131)*, Urbino *(p. 360-361)* et Mantoue *(p. 199)* conservent des trésors. À Rome, ne pas manquer la chapelle Sixtine et les Chambres de Raphaël *(p. 414-417)*.

Le Spedale degli Innocenti *de Brunelleschi illustre à Florence* (p. 269) *la retenue et le sens de la symétrie de l'architecture Renaissance.*

Humanisme
Carpaccio aurait donné à son saint Augustin les traits du cardinal Bessarion (v. 1395-1472), l'un des érudits qui remirent en vogue les philosophes classiques, notamment Platon.

Jules II
C'est en vieil homme d'État rusé que Raphaël représente ce pape ambitieux qui régna de 1503 à 1513 et fit des États pontificaux une puissance européenne.

1487 Naissance de Titien

1483 Sixte IV consacre la chapelle Sixtine

Raphaël

1494 Charles VIII de France envahit l'Italie

1503 Giuliano della Rovere devient le pape Jules II, le plus puissant des papes de la Renaissance

1527 Sac de Rome par les troupes impériales

Machiavel

1475 | **1500**

1475 Naissance de Michel-Ange

1483 Naissance de Raphaël

1498 Savonarole exécuté ; Machiavel secrétaire de la République de Florence

1512 Michel-Ange achève le plafond de la chapelle Sixtine

1513 Jean de Médicis devient le pape Léon X

1525 François Ier de France capturé à Pavie

1532 Publication du *Prince* de Machiavel 5 ans après sa mort

La Contre-Réforme

Le Bernin

Après le sac de Rome de 1527, l'Italie se retrouve à la merci de Charles Quint, roi d'Espagne, élu empereur germanique en 1519, que son ancien ennemi, le pape Clément VII, se voit contraint de sacrer à Bologne. En réaction au protestantisme, son successeur, Paul III, engage l'Église dans une série de réformes connue sous le nom de Contre-Réforme. Un nouvel ordre, les jésuites, s'emploie à reconquérir le terrain perdu, en Europe centrale notamment. L'esprit missionnaire de l'époque donne naissance à un style artistique théâtral et foisonnant : le baroque.

L'Italie en 1550

Possessions espagnoles

États alliés à l'Espagne

L'empereur Charles Quint et le pape Clément VII
Les deux ennemis réglèrent leurs différends et l'avenir de l'Italie par le traité de Barcelone (1529).

Les stucs baroques

Un foisonnement de stucs dorés caractérise les décorations baroques. Cette œuvre de Giacomo Serpotta (v. 1690) à l'oratoire de Santa Zita de Palerme témoigne de l'exubérance du baroque tardif. Elle a pour sujet la bataille de Lépante (1571), victoire navale des forces de la chrétienté sur la flotte turque.

La Vierge intervient au côté des chrétiens.

Une scène peinte en perspective constitue le centre de l'œuvre.

Le garçon pose la main sur un casque symbolisant les vainqueurs chrétiens.

Architecture baroque
Guarino Guarini acheva en 1694 la décoration de la coupole de la chapelle du saint suaire de Turin (p. 213).

Chronologie

1530-1537 Alexandre de Médicis gouverne Florence

1542 Établissement à Rome de l'Inquisition

1545-1563 Le concile de Trente définit le contenu de la Contre-Réforme

Andrea Palladio

1580 Mort de l'architecte Palladio

1589 Palestrina fixe la forme du cantique latin

1600 Le philosophe Giordano Bruno brûlé pour hérésie à Rome

1550 — 1575

1540 Fondation de l'ordre jésuite

1541 Michel-Ange achève *Le Jugement dernier* dans la chapelle Sixtine

1429 Sacre de Charles Quint à San Petronio, Bologne

1560 Saint Charles Borromée évêque de Milan

1564 Naissance de Galilée

1571 Victoire navale sur les Turcs à Lépante

Giovanni Pierluigi da Palestrina

Procès de Galilée
Convoqué à Rome par l'Inquisition en 1633, le grand astronome qui avait observé que la terre et les planètes tournaient autour du soleil dut renier sa découverte.

Ignace de Loyola
Rome officialisa en 1540 l'ordre des jésuites fondé par le saint espagnol.

Révolte de Masaniello *(1647)*
Un projet d'impôt sur les fruits provoqua à Naples cette révolte vite réprimée contre les Espagnols.

OÙ VOIR L'ITALIE BAROQUE

Le Ravissement de sainte Thérèse *du Bernin* (p. 402) *possède une théâtralité typique de la sculpture baroque.*

Avec de vastes espaces publics comme la piazza Navona *(p. 388-389)*, c'est à Rome, la ville des papes où Borromini et le Bernin élevèrent de nombreuses églises, qu'a le plus fleuri le baroque, mais il a également marqué des villes comme Turin *(p. 212-217)*, Lecce *(p. 496-497)* en Pouille et Palerme *(p. 510-513)*, Noto *(p. 527)* et Syracuse *(p. 526-527)* en Sicile.

1626 Consécration à Rome de la nouvelle cathédrale Saint-Pierre

1631 Les États pontificaux absorbent le duché d'Urbino

1669 Les Turcs prennent la Crête à Venise

1694 Andrea Pozzo achève la fresque de la voûte de l'église Sant'Ignazio de Rome

1678 Naissance de Vivaldi

1625 | 1650 | 1675

1633 Galilée condamné par l'Inquisition

1642 Le *Couronnement de Poppée* par Monteverdi

1647 Révolte contre les Espagnols à Naples

1669 Importante éruption de l'Etna

1693 Un tremblement de terre dans l'est de la Sicile tue 5 % de la population de l'île

1674 Révolte contre les Espagnols à Messine

Le voyage en Italie

Shelley, poète romantique, mourut en Italie

Le traité d'Aix-la-Chapelle signé en 1748 marque le début de cinquante ans de paix et l'Italie devient grâce à ses trésors artistiques et historiques, notamment les ruines de Pompei récemment déterrées, la destination préférée d'une espèce en voie d'apparition : les touristes. La visite de Rome, Florence et Venise devient une forme de pèlerinage pour les jeunes nobles anglais, tandis que poètes et artistes viennent chercher l'inspiration aux sources du classicisme. De 1800 à 1814, Napoléon réalise brièvement l'unité de l'Italie avant le retour des Autrichiens.

La flotte de Charles III à Naples *(1753)*
Avant de devenir roi d'Espagne en 1759, Charles III tenta de réelles réformes politiques à Naples.

Goethe dans la campagne romaine
Goethe visita l'Italie dans les années 1780. De grands poètes comme Keats, Shelley et Byron suivirent son exemple.

Hercule Farnèse ***(p. 475)***

Gaulois mourant ***(p. 376)***

Galerie de vues de la Rome antique par Pannini

Giovanni Pannini (1691-1765) peignait des vu de ruines pour les étrangers. Cette peinture es un *capriccio*, le rassemblement imaginaire de statues et décors classiques célèbres.

Carnaval vénitien
La puissance de la Sérénissime République appartenait au passé quand Napoléon la céda à l'Autriche en 1797, mais son carnaval restait grandiose.

Chronologie

1700

1707 Naissance du dramaturge Carlo Goldoni

1713 Le traité d'Utrecht donne la Sicile au Piémont, et Naples et la Sardaigne à l'Autriche

1718 La maison de Savoie unit le Piémont et la Sardaigne ; la Sicile passe à l'Autriche

1720

1725 *Les Quatre saisons* de Vivaldi

Armoiries des Médicis

1735 La paix de Vienne confirme Charles III à la tête des royaumes de Naples et de Sicile

1737 Fin de la dynastie des Médicis à Florence ; le grand-duché de Toscane passe à la maison de Lorraine

1740

1748 Premières fouilles à Pompei

Le grand compositeur vénitien Antonio Vivaldi

Vue du Forum romain par Piranèse
Le succès rencontré par la série d'eaux-fortes de Piranèse (1720-1778) intitulée Vedute di Roma *(Vues de Rome) renforça l'intérêt pour les ruines antiques.*

Où voir l'Italie du XVIIIe siècle

Le XVIIIe siècle orna Rome de deux des monuments préférés des visiteurs : l'escalier de la piazza di Spagna *(p. 399)* et la fontaine de Trevi *(p. 400)*. Il vit aussi s'édifier les premiers véritables musées, tel le museo Pio-Clementino *(p. 411)* du Vatican, tandis que le triomphe du néo-classicisme suscitait la construction d'édifices aussi imposants que le Palazzo Reale de Caserta *(p. 480)* et donnait une immense popularité à la sculpture d'Antonio Canova (1757-1822) dont la tombe se trouve à Santa Maria Gloriosa dei Frari à Venise *(p. 94-95)*.

***Pauline Borghese**, sœur de Napoléon, servit de modèle à la Vénus (1805) de Canova qui s'admire à Rome à la Villa Borghese* (p. 429).

Le Colisée était déjà un sujet de souvenir populaire au XVIIIe siècle.

Le Laocoon ***(p. 407)***

Vue du Panthéon ***(p. 394)***

Napoléon
Napoléon prétendait propager les idées de la Révolution française quand il conquit l'Italie en 1800, mais il pilla ses trésors artistiques.

Le congrès de Vienne *(1815)*
En décidant de laisser la Lombardie et Venise à l'Autriche, il sema le germe du mouvement pour l'unification.

L'opéra de la Scala, Milan (p. 187)

1778 La Scala ouvre à Milan

1796-1797 Première campagne d'Italie de Napoléon

1800-1801 Napoléon conquiert l'Italie

1808 Murat devient roi de Naples

1809 Le pape Pie VII exilé de Rome

1760 | **1780** | **1800**

1768 Gênes vend la Corse à la France

1773 Le pape dissout l'ordre jésuite

1765-1790 Règne de Léopold, grand-duc de Toscane réformateur

1780 Joseph II monte sur le trône autrichien ; réformes mineures en Lombardie

1797 Le traité de Campo Formio donne Venise à l'Autriche ; la France contrôle le reste de l'Italie du Nord

1806 Joseph Bonaparte devient roi de Naples

1815 Le congrès de Vienne rétablit l'ordre ancien en Italie mais laisse Venise à l'Autriche

Le Risorgimento

Victor-Emmanuel

Le terme « Risorgimento » (Résurrection) décrit le demi-siècle de luttes qui permit aux Italiens de se libérer des tutelles étrangères et d'accomplir l'unification de leur pays en 1870. Les premières révoltes patriotes eurent lieu en 1848, contre les Autrichiens à Milan et à Venise, contre les Bourbons en Sicile et contre le pape à Rome, où fut créée une république. Trop dispersés, ces soulèvements échouèrent et il fallut attendre 1859 pour que commence la véritable reconquête menée par le royaume du Piémont dirigé par Victor-Emmanuel II.

L'Italie en 1861

Royaume d'Italie

Giuseppe Mazzini
(1805-1872)
Comme Garibaldi, ce patriote qui passa la majeure partie de sa vie en exil rêvait d'une république italienne plutôt que d'un royaume.

Les fusils étaient de vieilles armes à silex bricolées.

La chemise rouge était l'uniforme des hommes de Garibaldi.

Le chemin de fer
Sans unité politique, l'Italie tarda à se doter d'un réseau de chemin de fer efficace. La courte ligne entre Naples et Portici ouvrit en 1839.

Révolte de Messine
Lors de cette révolte en 1848, Ferdinand II soumit la ville à un féroce bombardement qui lui valut le surnom de Re Bomba.

Chronologie

1820 La société secrète des carbonari s'organise dans les États pontificaux

1831 Insurrection contre le pape en Romagne et dans les Marches

1831 Mazzini fonde l'association Giovine Italia (Jeune Italie)

1840 Première grande liaison ferroviaire

Daniele Manin, héros de l'insurrection vénitienne de 1848

1847 Crise économique

1848 Révolutions dans toute l'Italie

1849 Victor-Emmanuel II monte sur le trône du Piémont

1849 Des troupes françaises écrasent la République de Rome

1852 Cavour devient premie ministre du Piémont

1820 | 1830 | 1840 | 1850

Bataille de Solferino *(1859)*
Avec l'aide d'une armée française menée par Napoléon III, les Piémontais prirent Milan et la Lombardie aux Autrichiens.

Deux vieux vapeurs à aubes transportèrent les 1 000 depuis Quarto près de Gênes.

Les chaloupes de débarquement furent prêtées par d'autres navires du port.

L'EXPÉDITION DES MILLE

Dirigés par le patriote Giuseppe Garibaldi (1807-1882), 1 000 volontaires débarquèrent à Marsala en 1860. Après la reddition de la garnison de Palerme, ils marchèrent sur Naples, conquérant ainsi pour Victor-Emmanuel la moitié de son royaume.

OÙ VOIR L'ITALIE DU RISORGIMENTO

Presque toutes les villes italiennes rendent honneur aux héros de l'unification avec une via Garibaldi, une via Cavour, une piazza Vittorio, une via Mazzini et une via XX Settembre (date de la chute de Rome en 1870). Beaucoup possèdent aussi un musée du Risorgimento. Le meilleur est celui de Turin *(p. 215)*.

Le monument de Victor-Emmanuel II (p. 374) *à Rome n'est pas une grande réussite.*

Comte Camillo di Cavour *(1810-1861)*
Inventeur du terme « Risorgimento » et fin diplomate, le premier ministre du Piémont sut assurer à la famille de Savoie la couronne d'Italie.

Giuseppe Verdi *(1813-1901)*
Auteurs d'œuvres patriotiques, des compositeurs comme Verdi, Donizetti et Rossini firent du XIXe siècle la grande époque de l'opéra italien.

Pie IX se retrouva prisonnier de fait au Vatican quand Rome devint capitale de l'Italie.

859 Batailles de Magenta et de Solferino ; e Piémont obtient la Lombardie et les luchés de Parme, de Modène et de Toscane

1860 Garibaldi et les 1 000 s'emparent du royaume des Deux-Siciles

1861 Proclamation d'un royaume d'Italie ; Turin est sa capitale

1866 L'Italie obtient Venise de l'Autriche

1870 Les royalistes prennent Rome et en font la capitale du jeune État ; Pie IX proclame le dogme de l'infaillibilité papale

1878 Mort de Victor-Emmanuel, sacre d'Umberto Ier

1882 Décès de Garibaldi et du pape Pie IX

1890 Un décret royal fonde la colonie italienne d'Érythrée

1893 Répression d'un soulèvement en Sicile

1860 | 1870 | 1880 | 1890

L'Italie du XXe siècle

Le parti fasciste de Mussolini promettait la grandeur aux Italiens, mais ne leur apporta qu'humiliation. Au sortir de la guerre, la monarchie, discréditée, est abolie et un parti de droite modéré, la démocratie chrétienne, porté au pouvoir. Il le conserve quasiment sans interruption jusqu'en 1994. Malgré de nombreuses crises gouvernementales et une corruption dont l'ampleur se révèle aujourd'hui, l'Italie s'affirme comme une grande puissance économique européenne.

1936 Fiat fabrique la première « Topolino »

1900 Assassinat du roi Umberto Ier

1911-1912 L'Italie conquiert la Libye

1915 L'Italie entre en guerre

1918 L'avance autrichienne est arrêtée sur la Piave, juste au nord de Venise

1922 Les fascistes marchent sur Rome ; Mussolini obtient le pouvoir

1940 L'Italie entre en guerre

1943 Les Alliés débarquent en Sicile ; le gouvernement de Badoglio signe un armistice

1900	1920	1940
1900	1920	1940

1908 Un tremblement de terre en Calabre et en Sicile orientale détruit presque entièrement Messine et fait plus de 150 000 victimes

1909 Dans son article *Le Futurisme*, Filippo Marinetti prône un art du mouvement en rupture avec le passé, comme en témoigne l'œuvre d'Umberto Boccioni *Formes uniques de la continuité dans l'espace* (1913)

1917 Défaite de Carporetto sur la frontière nord-est ; les troupes italiennes, tels ces *Alpini*, reculent

Années 20 De nombreux émigrants partent pour les États-Unis comme ces passagers du *Giulio Cesare* arrivant à New York

1936 L'Italie conquiert l'Abyssinie et signe le Pacte d'Acier avec l'Allemagne hitlérienne

1943 Emprisonné, Mussolini est libéré par les Allemands

1946 Un référendum établit la République ; la démocratie chrétienne forme le premier d'une longue série de gouvernements de coalition

1960 Sortie de *La Dolce Vita*, satire par Federico Fellini de la société romaine

1966 L'Arno inonde Florence et endommage de nombreuses œuvres d'art

1978 Les Brigades rouges enlèvent et abattent le premier ministre Aldo Moro

1990 L'Italie accueille la coupe du monde de football

1992 La justice révèle l'ampleur de la corruption dans le système politique

1992 Le juge Giovanni Falcone est tué par la Mafia en Sicile

1994 Chef d'un nouveau parti, Forza Italia, le magnat de l'audiovisuel Silvio Berlusconi devient premier ministre

1996 Un incendie détruit le théâtre de la Fenice à Venise

1996 Un tremblement de terre à Assise endommage la basilique et détruit les fresques de Giotto

2000 Rome accueille des millions de pèlerins pour l'Année sainte et le Jubilée

1960	1980	2000
1960	1980	2000

1960 Jeux olympiques de Rome

1969 Un attentat à la bombe sur la piazza Fontana de Milan tue 13 personnes

1978 Élection du pape Jean-Paul II

1982 L'Italie remporte la coupe du monde de football en Espagne

1983 Bettino Craxi est le premier socialiste à former un gouvernement en Italie

1997 Dario Fo remporte le Prix Nobel de littérature

1998 L'Italie adopte la monnaie européennne

1999 Roberto Benigni remporte trois Oscars pour *La Vie est belle*, dont le meilleur acteur et le meilleur film étranger

1957 Traité de Rome ; l'Italie est l'un des six membres fondateurs de la CEE

Le cinéma italien depuis la Deuxième Guerre mondiale

Après la guerre, une génération de jeunes réalisateurs se penche sur la vie quotidienne de leurs concitoyens. Ils fondent le néo-réalisme qui produira de grandes œuvres comme *Rome, ville ouverte* (1945) de Roberto Rossellini, *Le Voleur de bicyclette* (1948) de Vittorio de Sica. Cette école perd cependant les faveurs du public. À partir des années soixante, les cinéastes italiens développent chacun leur univers et leur style personnel comme Pierpaolo Pasolini, le raffinement de Luchino Visconti dans *Mort à Venise* (1971) contrastant avec la démesure de Federico Fellini dans *Roma* (1972). Sergio Leone impose jusqu'en Amérique son western. Roberto Benigni remporte trois oscars en 1999 avec *La Vie est belle*.

Vittorio de Sica (1901-1974)

L'Italie au jour le jour

Unifiée depuis à peine plus d'un siècle, l'Italie a conservé une étonnante diversité de couleurs et de particularismes locaux, spécialement dans le Sud. L'esprit de compétition entre localités ou quartiers voisins reste d'ailleurs si vivant qu'il porte un nom : le « campanilisme ». En ville comme à la campagne, en Sicile comme en Toscane, il prend toute sa dimension pour les fêtes locales, traditions souvent séculaires. Qu'il s'agisse d'un carnaval, d'une cérémonie religieuse ou d'une simple foire gastronomique, leur réussite et leur faste engagent toute la communauté.

Printemps

Le printemps commence tôt en Italie. Sauf à Rome, où les célébrations de Pâques attirent des milliers de catholiques, il n'y a généralement pas de foule à l'entrée des musées et des monuments. Dans le centre et le nord du pays, le temps peut toutefois se montrer imprévisible et humide. Sur les menus des restaurants apparaissent des spécialités de saison comme les asperges, les fèves fraîches ou les artichauts. De nombreuses fêtes marquent la sortie de l'hiver, notamment en Sicile.

Asperges toscanes

Mars

Mostra Vini Spumanti *(mi-mars)*, Madonna di Campiglio, Trentin-Haut-Adige. Fête du vin mousseux local.

Procession de la Vierge dans l'île de Procida

Sa Sartiglia, Oristano, Sardaigne. Carnaval de trois jours qui finit le mardi gras.

Su e zo per i ponti *(2e dim.)*, Venise. Sorte de marathon « sur et sous les ponts ».

Avril

Procession de la Vierge *(ven. saint)*, Procida, Campanie. Un défilé haut en couleur à travers toute l'île.

Semaine sainte. Du dimanche des Rameaux au dimanche de Pâques, célébrations religieuses dans tout le pays.

Bénédiction papale *(dim. de Pâques)*, place Saint-Pierre de Rome.

Danse des démons et de la mort *(dim. de Pâques)*, Prizzi, Sicile. Les forces du mal tentent de triompher de l'esprit divin.

Scoppio del Carro *(dim. de Pâques)*, Florence. L'Explosion du char : un feu d'artifice devant le Duomo.

Festa della Madonna che Scappa in Piazza *(dim. de Pâques)*, Sulmona, Abruzzes. Mise en scène d'une rencontre entre la Vierge et le Christ.

Festa degli Aquiloni *(1er dim. après Pâques)*, San Miniato, Toscane. Fête des cerfs-volants.

Festa di San Marco *(25 avr.)*, Venise. Une course de gondoles sur le bacino di San Marco en l'honneur de saint Marc.

Mostra Mercato Internazionale dell'Artigianato *(dernière semaine)*, Florence. Une foire artisanale attirant des exposants de toute l'Europe.

Scoppio del Carro (Explosion du char) à Florence

Sagra Musicale Lucchese *(avr.-juil.)*, Lucques, Toscane. Concerts de musique sacrée.

Mai

Festa di Sant'Efisio *(1er mai)*, Cagliari, Sardaigne. Parade en costumes traditionnels sardes.

Festa dei Ceri *(5 mai)*, Gubbio, Pérouse. Fête incluant une course entre quatre équipes portant de grands cierges.

Festa di San Domenico Abate *(6 mai)*, Cocullo, Abruzzes. Une statue de saint Dominique couverte de serpents vivants est portée en procession.

Un fruit de printemps

Festa della Mela *(fin mai)*, Ora (Auer), Trentin-Haut-Adige. La Fête de la pomme.

Festival de théâtre grec *(mai-juin)*, Syracuse, Sicile.

Maggio Musicale *(mai-juin)*, Florence. Musique, théâtre et danse, aussi bien classiques que modernes.

Rue tapissée de fleurs pour l'Infiorata de Genzano

ÉTÉ

Les villes se remplissent de touristes et il faut souvent faire la queue à l'entrée des musées ou des monuments, tandis que de nombreux hôtels affichent complet. En général plus authentiques, les fêtes de village, organisées notamment pour la Saint-Jean (24 juin), permettent de se mêler à la population locale. Août voit de nombreux magasins et restaurants fermer.

JUIN

Festa della Fragola *(1er juin)*, Borgo San Martino, Alessandria. La Fête de la fraise fournit le prétexte à des danses folkloriques.
Biennale *(juin-sept.)*, Venise. La plus grande manifestation d'art contemporain du monde n'a lieu que les années impaires.
Infiorata *(début juin)*, Genzano, Castelli Romani. Procession dans des rues tapissées de fleurs.
Festa di San Giovanni *(mi-juin-mi-juil.)*, Turin, Piémont. La fête de la Saint-Jean depuis le XIVe siècle.
Calcio Storico Fiorentino *(24 juin)*, Florence. Procession en costumes du XVIe siècle et feu d'artifice.
Festa di Sant'Andrea *(27 juin)*, Amalfi, Campanie. Feu d'artifice et processions.
Festa dei Due Mondi *(fin juin-déb. juil.)*, Spoleto, Ombrie. Festival de théâtre, de musique et de danse.
Gioco del Ponte *(der. dim.)*, Pise. Le Jeu du pont en armures Renaissance.
Tevere Expo *(fin juin)*, le long du Tibre, Rome. Art et artisanat, produits régionaux et musique folklorique.

JUILLET

Corsa del Palio *(2 juil.)*, Sienne. Course de chevaux pour la manifestation la plus célèbre de Toscane *(p. 331)*.
Festa della Madonna della Bruna *(1er dim.)*, Matera, Basilicate. Religieux et chevaliers en costume.
Festa dei Noantri *(2 der. sem. de juil.)*, Rome. Fête populaire et course d'attelages dans les rues.
Festa della Santa Maria del Carmine *(16 juil.)*, Naples. Une fête somptueuse ponctuée par l'embrasement du campanile.
Festival international du film *(juil.-août)*, Taormina, Sicile.
Le Festival d'opéra *(juil.-août)* de Vérone, en Vénétie, se déroule avec le **Festival Shakespeare** dans le superbe amphithéâtre de la ville *(p. 137)*.

Musicien du Calcio de Florence

Le Palio de Sienne

AOÛT

Palio *(1er week-end d'août)*, Feltre, Vénétie. Parades, courses de chevaux et jeux médiévaux.
Festa del Mare *(15 août)*, Diano Marina, Ligurie. Fête de la mer.
Corsa del Palio *(16 août)*, Sienne, Toscane. Voir juillet.
Festa dei Candelieri *(16 août)*, Sassari, Sardaigne. Une procession en souvenir de la fin de la peste.
Festival du film de Venise *(fin août-début sept.)*. Des stars sur le Lido.
Festival Rossini *(août-sept.)*, Pesaro, Marches. Sa ville natale célèbre le compositeur.
Settimane Musicali di Stresa *(fin août-fin sept.)*, Stresa, Lombardie. Quatre semaines de concerts.

Mer, sable et soleil sur une plage de Toscane

AUTOMNE

La fin de l'été ne signifie en rien la fin des fêtes et des réjouissances. Les Italiens se pressent aussi bien aux célébrations religieuses de cette période qu'aux foires gastronomiques organisées en l'honneur de produits locaux, tels que fromages, champignons, châtaignes ou charcuterie. La *vendemmia* (vendange) fournit à de nombreux villages le prétexte de faire couler le vin à flots.

Le climat *(p. 68-69)* de la fin de l'automne se révèle souvent froid et humide dans le Nord. Dans le Sud cependant, il fait souvent beau jusqu'en octobre.

Affiche publicitaire pour le Palio de septembre à Asti

SEPTEMBRE

Sagra dell'Uva *(déb. sept.)*, Rome. Vente de raisin et manifestations folkloriques.
Concours de chansons napolitaines *(7 sept.)*, piazza di Piedigrotta, Naples. En général, les concurrents se présentent en couples.
Festa di San Sebastiano et Santa Lucia *(1-3 sept.)*, Sassari, Sardaigne. Une fête qui comprend un concours d'improvisation poétique.
Procession de la Macchina di Santa Rosa *(3 sept.)*, Viterbe, Latium. Procession commémorant la translation du corps de sainte Rose en 1258.
Giostra del Saracino *(1er dim.)*, Arezzo, Ombrie.

L'olivier pousse dans toute l'Italie

La Joute du Sarrasin existe depuis le XIIIe siècle.
Regata Storica *(1er dim.)*, Venise. Un cortège de bateaux anciens précède une régate de gondoles.
Jeu d'échecs humain *(2e sem.)*, Marostica, près de Vicence. Les années paires.
Rassegna del Chianti Classico *(2e sem.)*, Chianti, Toscane. La plus grande fête du vin de la région.
Miracle de saint Janvier *(19 sept.)*, Naples. Messe très fréquentée au Duomo et représentation de la liquéfaction du sang du saint.
Palio *(3e dim.)*, Asti, Piémont. Procession en costumes médiévaux et course de chevaux.

OCTOBRE

Amici della Musica *(oct.-avr.)*, Florence, Toscane. Saison de concerts des « Amis de la musique ».
Fiera del Tartufo *(1er dim.)*, Alba, Piémont. Production locale, la truffe blanche donne lieu a des manifestations variées.
Festa di San Francesco *(4 oct.)*, Assise, Ombrie. Fête en l'honneur de saint François d'Assise.
Fête du vin *(1re sem.)*, Castelli Romani, Latium.
Sagra del Tordo *(der. dim.)*, Montalcino, Toscane. La Fête de la grive donne lieu à des concours d'archerie.
Festa dell'Uva *(date variable)*, Bolzano, Trentin-Haut-Adige. Chars allégoriques, procession en costumes et musique pour la Fête du raisin.

Marchand de marrons grillés

NOVEMBRE

Festa dei Popoli *(nov.-déc.)*, Florence, Toscane. Festival de cinéma international.
Festa della Salute *(21 nov.)*, Venise. Les Vénitiens empruntent un pont en bois pour rendre grâce à la Vierge de la fin de la peste de 1630 *(p. 101)*.

Jeu d'échecs humain sur la grand-place de Marostica

Un spectacle rare, Rome sous la neige

Hiver

Noël donne partout lieu à une longue préparation et à l'organisation de marchés de jouets et de santons, tandis que des crèches ajoutent à la magie de nombreuses églises, en particulier à Naples. Après un nouvel an fêté avec bruit commence la saison des carnavals, tous différents selon la personnalité de la ville où ils se tiennent.

Décembre

Festa di Sant'Ambrogio *(déb. déc.)*, Milan. L'ouverture officielle de la saison d'opéra à la Scala *(p. 187)*.
Festa della Madonna di Loreto *(10 déc.)*, Lorette, Marches. Anniversaire de la translation de la maison de la Vierge.
La Befana *(mi-déc.-mi-jan.)*, Rome. Pour préparer Noël, le marché des enfants sur la piazza Navona.
Miracle de saint Janvier *(19 déc.)*, Naples. Voir septembre.
Foire de Noël *(mi-déc.)*, Naples. Marché de santons et de décorations.
Fiaccole di Natale *(24 déc.)*, Abbadia di San Salvatore, Toscane. Processions en souvenir des bergers de la crèche.
Messe de minuit *(24 déc.)*, dans la plupart des églises.
Noël *(25 déc.)*, place Saint-Pierre, Rome. Bénédiction papale.

La Befana, piazza Navona, Rome

Janvier

Capodanno *(1er jan.)*. Partout, feux d'artifice et explosions de pétards chassent à grand bruit les fantômes de l'année écoulée.
La Befana *(mi-déc.-mi-jan.)*, Rome. Le marché des enfants et de Noël continue.
Pitti Immagine Uomo, Pitti Immagine Donna, Pitti Immagine Bimbo, Fortezza da Basso, Florence. Mois des défilés de mode pour hommes, femmes et enfants.
Festa di San Sebastiano *(20 jan.)*, Dolceacqua, Ligurie. Un laurier couvert d'hosties multicolores est porté à travers la ville.

Carnaval de Viareggio

Festa d'o' Cippo di Sant'Antonio *(17 jan.)*, Naples. Procession en l'honneur de saint Antoine, protecteur des animaux.
Carnevale *(22 jan.-7 fév.)*, Viareggio, Toscane. L'un des carnavals les plus appréciés pour l'humour de ses chars.
Foire de la Saint-Orsa *(30-31 jan.)*, Aoste, Val d'Aoste. Exposition d'art et d'artisanat traditionnels.

Février

Carnevale *(dix jours précédant le mardi des Cendres)*, Venise. Beauté des costumes et magie du décor font de ce carnaval un événement très couru. De nombreuses festivités sont organisées, mais il suffit d'acheter un masque et de se mêler à la foule.
Sagra delle Mandorle in Fiore *(1re ou 2e sem.)*, Agrigente, Sicile. La Fête des amandiers en fleurs.
Bacanal del Gnoco *(11 fév.)*, Vérone. Personnages masqués et chars allégoriques défilent pour cette bacchanale traditionnelle. Des bals masqués se tiennent sur les places de la ville.
Carnevale *(date variable)*, Mamoiada, Sardaigne. Les mamuthones portent de sinistres masques noirs.

Jours fériés

Nouvel an (1er jan.)
Épiphanie (6 jan.)
Lundi de Pâques
Anniversaire de la Libération (25 avr.)
Fête du Travail (1er mai)
Ferragosto (15 août)
Toussaint (1er nov.)
Immaculée Conception (8 déc.)
Noël (25 déc.)
Saint-Étienne (26 déc.)

Magie des masques au carnaval de Venise

Une année de sport

Veni, vidi, vici !

Le football est de loin le sport le plus populaire de la péninsule et l'Italie oublie toutes ses dissensions lorsqu'il s'agit de soutenir les *Azzurri*, l'équipe nationale. Beaucoup d'autres manifestations sportives, très variées, attirent également un public nombreux tout au long de l'année. Pour la plupart, les billets peuvent s'acheter sur place juste avant le début de la rencontre ou se réserver auprès d'agences de location. Ceux proposés par des vendeurs à la sauvette ne sont pas toujours valables.

Le calcio fiorentino *est d'après les Toscans l'ancêtre médiéval du football moderne.*

La saison de water-polo *professionnel dure de mars à juillet. L'équipe des Canottieri Napoli s'illustre pendant tout le championnat.*

Le Giro d'Italia *est une des courses cyclistes les plus prestigieuses du monde. Marco Pantani, à gauche, remporta cette course.*

Finale de la Coppa Italia de football

Memorial d'Aloia, course d'aviron en Ombrie

Internationaux de tennis de Rome

Janvier	Février	Mars	Avril	Mai	Juin

Championnats d'athlétisme indoor

Concours hippique de Rome

La natation *connaît une belle popularité et des championnats ont lieu en février. Médaillé olympique, Luca Sacchi est un des meilleurs nageurs italiens.*

Courses de moto *sur le Circuito Mondiale de Mugello. Luca Cadalora fut champion en 1991.*

Le Grand Prix de Saint-Marin *n'a officiellement pas lieu en Italie, mais Imola est bien près du siège de Ferrari* (p. 252).

es championnats de natation en extérieur *nt lieu en juillet. Ci-dessus, Giorgio Lamberti, ctuel recordman du 200 m nage libre, fête une ictoire à une course de relais.*

La coupe du monde de ski alpin*, que remporta Alberto Tomba en 1995, se déroule en partie en Italie qui possède de superbes stations.*

Le grand Prix de Formule 1 *de Monza permet aux tifosi d'acclamer les pilotes de Ferrari, comme ici, à droite, Giancarlo Fisichella.*

Au rallye de San Remo*, organisé en octobre, Micky Biason s'illustra dans une Lancia Delta Integrale.*

Trofeo dei Templi, course d'aviron en Sicile

et	Août	Septembre	Octobre	Novembre	Décembre

Palio de Sienne *(p. 331)* le 2 juillet et le 16 août

Roberto Baggio (à droite), pendant la coupe du monde de 1994

La saison de football *dure de septembre à juin et la finale de la Coppa Italia en marque l'apogée. Tous les quatre ans, la fièvre s'empare de l'Italie pour la coupe du monde.*

Le championnat d'athlétisme en extérieur *a récemment acquis une grande popularité. Francesco Panetta s'est imposé au steeple-chase.*

Légende des saisons

	Football
	Water-polo
	Rugby
	Basket-ball
	Volley-ball
	Ski

Les climats de l'Italie

Trois climats prédominent en Italie. Au nord, l'influence des Alpes donne sur les reliefs des hivers froids et des étés chauds et pluvieux, tandis que dans la vallée du Pô des étés arides contrastent avec des hivers rigoureux et humides. Le temps est plus clément dans le reste du pays où de longs étés chauds succèdent à des hivers doux. Les Appenins se couvrent cependant parfois de neige.

Trentin-Haut-Adige

Mois	Avril	Juil.	Oct.	Jan.
°C	16	28	17	5
°C	4	17	5	-5
	6 h	8 h	4 h	2 h
	67 mm	100 mm	83 mm	20 mm

Moyenne mensuelle des températures maximales

Moyenne mensuelle des températures minimales

Durée moyenne d'ensoleillement quotidien

Moyenne mensuelle des précipitations

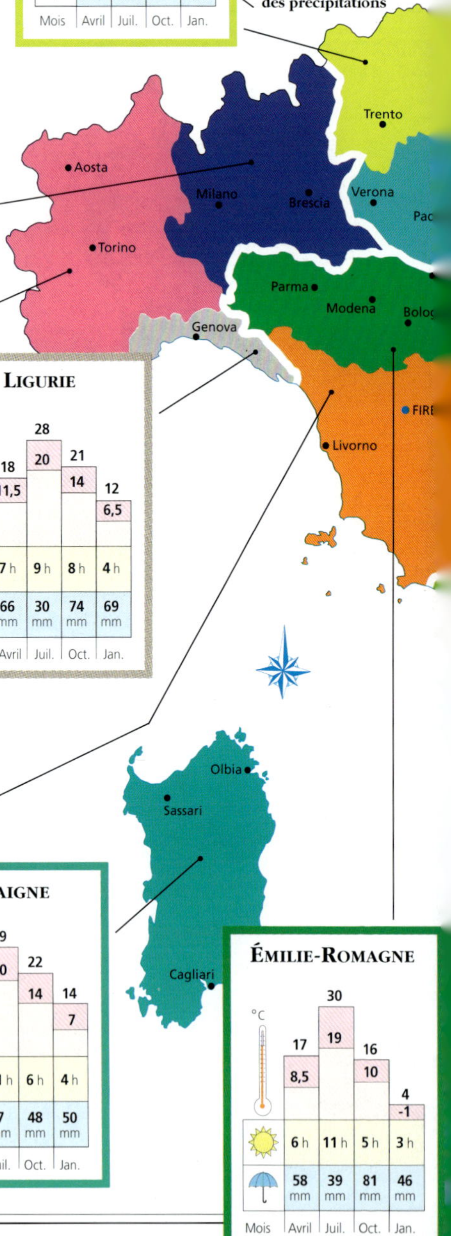

Lombardie

Mois	Avril	Juil.	Oct.	Jan.
°C	18	28	17	6
°C	8	18	10	-1
	5 h	9 h	5 h	3 h
	74 mm	78 mm	89 mm	64 mm

Ligurie

Mois	Avril	Juil.	Oct.	Jan.
°C	18	28	21	12
°C	11,5	20	14	6,5
	7 h	9 h	8 h	4 h
	66 mm	30 mm	74 mm	69 mm

Val d'Aoste et Piémont

Mois	Avril	Juil.	Oct.	Jan.
°C	17	26	17	7
°C	6	15	7	-2,5
	5 h	9 h	4 h	3 h
	95 mm	87 mm	85 mm	45 mm

Toscane

Mois	Avril	Juil.	Oct.	Jan.
°C	17	29	20	10
°C	8	16	15	2
	8 h	11 h	6 h	5 h
	72 mm	30 mm	90 mm	65 mm

Sardaigne

Mois	Avril	Juil.	Oct.	Jan.
°C	19	29	22	14
°C	10	20	14	7
	8 h	11 h	6 h	4 h
	31 mm	7 mm	48 mm	50 mm

Émilie-Romagne

Mois	Avril	Juil.	Oct.	Jan.
°C	17	30	16	4
°C	8,5	19	10	-1
	6 h	11 h	5 h	3 h
	58 mm	39 mm	81 mm	46 mm

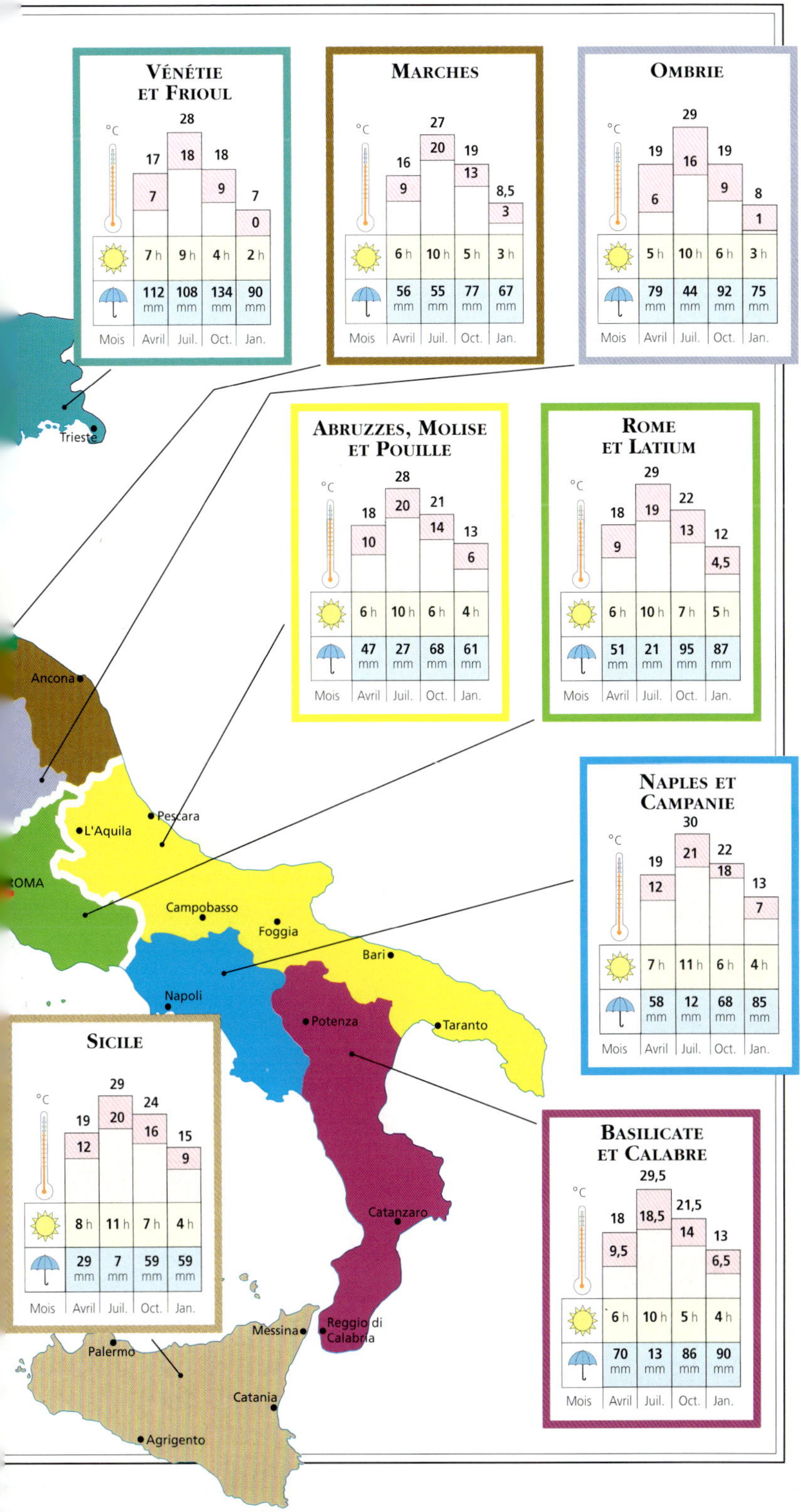

Vénétie et Frioul

Mois	Avril	Juil.	Oct.	Jan.
°C	17	28	18	7
	7	18	9	0
	7 h	9 h	4 h	2 h
	112 mm	108 mm	134 mm	90 mm

Marches

Mois	Avril	Juil.	Oct.	Jan.
°C	16	27	19	8,5
	9	20	13	3
	6 h	10 h	5 h	3 h
	56 mm	55 mm	77 mm	67 mm

Ombrie

Mois	Avril	Juil.	Oct.	Jan.
°C	19	29	19	8
	6	16	9	1
	5 h	10 h	6 h	3 h
	79 mm	44 mm	92 mm	75 mm

Abruzzes, Molise et Pouille

Mois	Avril	Juil.	Oct.	Jan.
°C	18	28	21	13
	10	20	14	6
	6 h	10 h	6 h	4 h
	47 mm	27 mm	68 mm	61 mm

Rome et Latium

Mois	Avril	Juil.	Oct.	Jan.
°C	18	29	22	12
	9	19	13	4,5
	6 h	10 h	7 h	5 h
	51 mm	21 mm	95 mm	87 mm

Naples et Campanie

Mois	Avril	Juil.	Oct.	Jan.
°C	19	30	22	13
	12	21	18	7
	7 h	11 h	6 h	4 h
	58 mm	12 mm	68 mm	85 mm

Basilicate et Calabre

Mois	Avril	Juil.	Oct.	Jan.
°C	18	29,5	21,5	13
	9,5	18,5	14	6,5
	6 h	10 h	5 h	4 h
	70 mm	13 mm	86 mm	90 mm

Sicile

Mois	Avril	Juil.	Oct.	Jan.
°C	19	29	24	15
	12	20	16	9
	8 h	11 h	7 h	4 h
	29 mm	7 mm	59 mm	59 mm

L'Italie du Nord-Est

L'Italie du Nord-Est d'un coup d'œil

Cette partie de l'Italie présente une variété qui rend sa visite fascinante. Au nord, châteaux médiévaux et stations de ski jalonnent le majestueux massif montagneux des Dolomites qui s'étend en Trentin-Haut-Adige et en Vénétie. À son pied, Vérone, Vicence et Padoue possèdent une architecture et des musées remarquables, tandis que de superbes villas parsèment la campagne. Dans la lagune, Venise offre un décor d'une magie sans équivalent dans le monde. Région la plus orientale, le Frioul conserve d'importants vestiges romains. Cette carte indique quelques sites parmi les plus marquants.

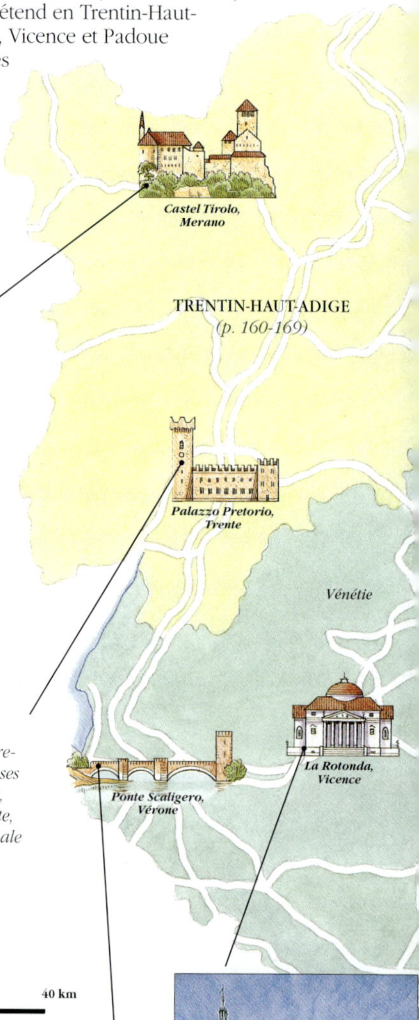

Le Haut-Adige *est une spectaculaire région de montagnes parsemée d'austères châteaux et d'églises coiffées de dômes en bulbe de style tyrolien* (p. 164-165).

Les Dolomites (p. 78-79) *se dressent à l'arrière-plan de nombreuses villes du Nord-Est, notamment Trente, la capitale régionale* (p. 168-169).

Vérone *est avec son Castelvecchio une des plus jolies cités de Vénétie. Son arène romaine accueille désormais des opéras* (p. 136-141).

Vicence*, modèle de cité Renaissance, est riche en édifices de Palladio tels que le palazzo della Ragione et la Rotonda* (p. 144-147).

◁ **Vérone au crépuscule**

Udine, au Frioul, est une ville intéressante qui s'organise autour de l'élégante piazza della Liberta qu'animent le porticato di San Giovanni et des statues comme cet *Hercule* (p. 156-157).

Aquileia garde de nombreux vestiges, tel ce mausolée, de son passé antique. Des mosaïques paléochrétiennes ornent sa basilique (p. 158).

Padoue attire pèlerins et touristes à sa basilica di Sant'Antonio et à la cappella degli Scrovegni aux murs couverts de fresques par Giotto (p. 148-153).

La basilique Saint-Marc, au décor somptueux, est l'un des plus beaux édifices byzantins d'Europe (p. 106-109).

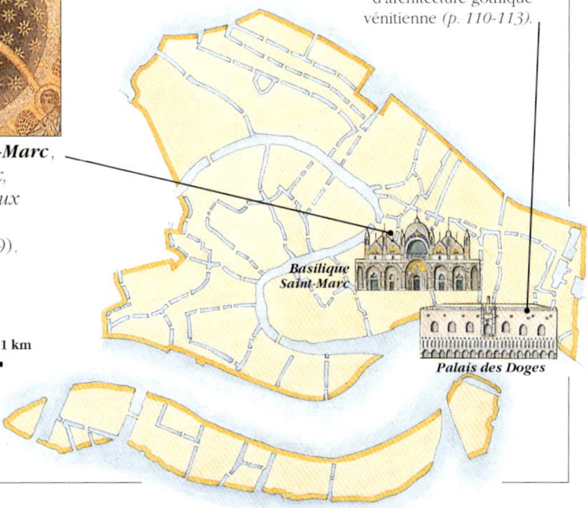

Le palais des Doges est un chef-d'œuvre d'architecture gothique vénitienne *(p. 110-113)*.

Les spécialités du Nord-Est

Gelati

Les viandes, fromages et charcuteries venant de l'arrière-pays, les poissons et fruits de mer pêchés dans la lagune et le lac de Garde forment la base de nombreux plats traditionnels. Souvent, ceux-ci prennent la forme de risottos ou s'accompagnent de polenta – semoule de maïs bouillie puis parfois grillée ou frite – plutôt que de pâtes. Des légumes de saison, petits pois, courgettes, asperges de Bassano del Grappa, radicchio de Trevise, apportent en garniture leur fraîcheur et leurs couleurs. Des montagnes jusqu'aux plages, l'influence de pays voisins ou de partenaires commerciaux se fait sentir dans des recettes aigres-douces ou épicées.

***Le radicchio alla griglia**, chicorée de Trévise aux feuilles rouges grillées à feu vif, présente une légère amertume.*

***L'antipasto di frutti di mare** est particulièrement apprécié à Venise, où il se compose de fruits de mer tout frais pêchés dans la lagune et assaisonnés d'huile d'olive et de jus de citron.*

***Les fiori di zucchini** sont de délicieux beignets de fleurs de courgette fourrées de mousse de poisson.*

***Le brodo di pesce**, soupe de poissons typique de la Vénétie servie sur toute la côte, se parfume parfois de safran du Frioul.*

***Le risotto alle seppie** doit à l'encre de seiche servant de fond de sauce sa saveur et sa riche couleur noire.*

***Le risi e bisi** associe riz, pois frais et petits dés de lard fumé en une pâte onctueuse à peine plus épaisse qu'une soupe.*

***Le carpaccio**, fines lamelles de bœuf cru mariné et arrosé d'huile d'olive, s'accompagne ici de roquette et de parmesan.*

***La zuppa di cozze** est une délicieuse recette de moules cuites avec du vin blanc, de l'ail et du persil.*

Les spaghetti alle vongole *aux praires fraîches en sauce pimentée apparaissent souvent sur les menus de la côte.*

La polenta*, semoule de maïs cuite à l'eau puis souvent grillée et servie en sauce, offre une alternative aux pâtes.*

Les sarde in saor*, sardines grillées nappées d'une sauce aigre-douce, sont une spécialité vénitienne.*

Les anguille in umido *sont des anguilles cuites à feu doux dans une sauce tomate au vin blanc et à l'ail.*

Le fegato alla veneziana*, ou foie de veau à la vénitienne, est légèrement revenu sur un lit d'oignons.*

Le tiramisù*, dessert le plus célèbre d'Italie, marie crème de mascarpone et gâteau de Savoie imbibé de café.*

LES VINS DE L'ITALIE DU NORD-EST

La Vénétie est un important producteur de vin de table, entre autres de rosé *(chiaretto)*. Parmi les blancs, issus le plus souvent des coteaux de Soave, nous vous conseillons les crus de pieropan et anselmi ou un bianco di Custoza. Le Trentin-Haut-Adige produit aussi quelques blancs nerveux, mais les meilleurs de l'Italie du Nord-Est proviennent du Frioul avec des viticulteurs comme Puiatti, Schiopetto, Jermann et Gravner. Les vignes de Bardolino et de la Valpolicella donnent des rouges légers et fruités mais de qualité variable. Essayez allegrini et masi. Le recioto della Valpolicella est un vin de dessert obtenu à partir de raisins séchés. Si la fermentation est prolongée, il perd sa douceur et prend le nom de recioto Amarone.

Le recioto Amarone *est un rouge sec et fruité riche en corps et d'un fort degré alcoolique.*

Le prosecco *est le mousseux de Vénétie, délicieux en apéritif. Il peut être* secco *(sec) ou* amabile *(demi-brut).*

Le bianco di Custoza *est le « soave » par excellence produit sur la rive orientale du lac de Garde. Parmi les bons blancs de Vénétie figurent ceux de pieropan, anselmi, maculan, tedeschi, allegrini et cavalchina.*

Bianco di Custoza

Collio Pinot Bianco

Pieropan *est un domaine réputé pour ses crus parmi les meilleurs de Soave.*

Le collio Pinot Bianco *est un blanc parfumé issu de coteaux proches de la frontière slovène. Puiatti est un bon producteur.*

L'architecture de Venise et de la Vénétie

Ses contacts commerciaux avec l'Orient amenèrent au Moyen Âge Venise à associer aux ogives et aux roses du gothique des coupoles byzantines et des minarets maures, créant ainsi un style original : le gothique vénitien. Au XVIe siècle, Palladio imposa en Vénétie son interprétation de l'architecture classique dans une série d'églises, d'édifices publics et de villas. Son influence tempéra au XVIIe siècle dans la Sérénissime République l'exubérance du baroque.

Andrea Palladio (1508-1580)

L'architecture vénitienne : du byzantin au baroque

***La basilique Saint-Marc**, qui abrite les reliques du saint dont elle porte le nom, est la plus belle église byzantine d'Europe occidentale. Achevée au XIe siècle, elle proclamait par sa somptuosité la puissance et les ambitions de Venise.*

Le génie de Palladio

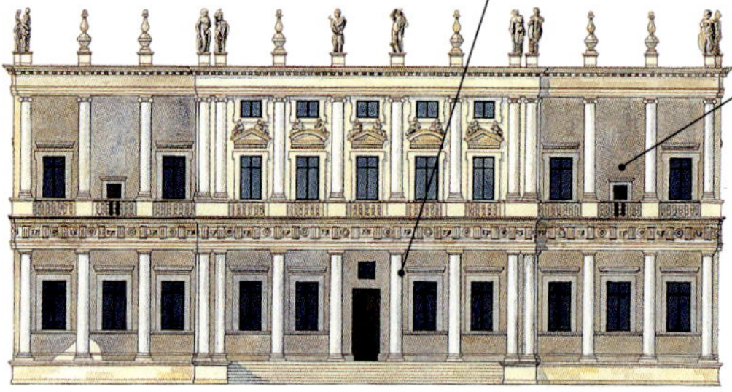

***Le palazzo Chiericati** (1550) est une immense demeure au style épuré emprunté à l'antiquité. Les statues de déesses romaines ornant son toit se reflétaient jadis dans le plan d'eau qui l'entourait* (p. 146).

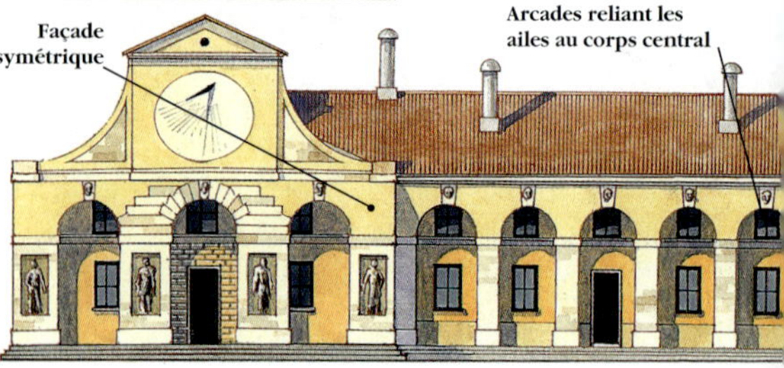

***La villa Barbaro** à Maser fut l'une de celles dessinées par Palladio dans les années 1550, où il devint à la mode pour les riches Vénitiens d'acheter des domaines sur la terre ferme. Elle associait une exploitation agricole, abritée dans les ailes, et une luxueuse maison de maître* (p. 143).

OÙ VOIR L'ARCHITECTURE VÉNITIENNE

À Venise, une croisière en vaporetto sur le Grand Canal *(p. 84-87)* offre un excellent moyen de découvrir un large aperçu de l'architecture de la ville. S'impose également une visite de la basilica San Marco, du palais des Doges et des Ca' Rezzonico, Ca' d'Oro et Ca' Pesaro, trois palais abritant chacun un musée. Palladio travailla dans toute la Vénétie et plusieurs des villas qu'il dessina bordent le canal de la Brenta *(p. 154)*. Il édifia à Vicence la célèbre villa Rotonda et de nombreux palais *(p. 144-147)*. La villa Barbaro, près d'Asolo *(p. 143)*, est un de ses plus grands chefs-d'œuvre.

Fenêtre typique du gothique vénitien

La Ca' d'Oro, *« Maison d'Or » du XVe siècle, révèle des influences maures dans ses épis de faîte et ses arcades* (p. 90).

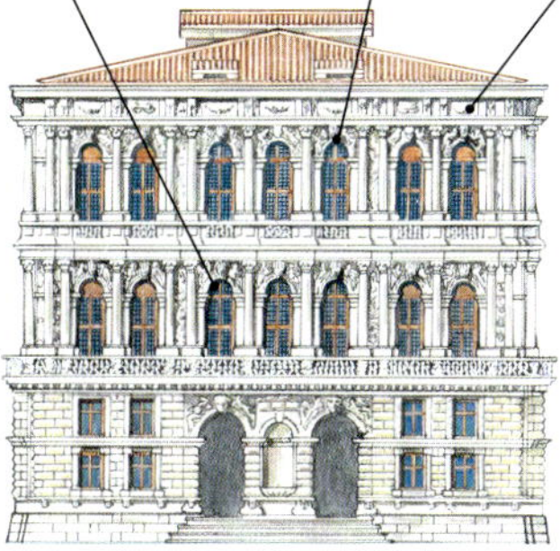

La Ca' Pesaro *(XVIIe siècle) offre un exemple typique du baroque vénitien à la riche et subtile ornementation* (p. 85).

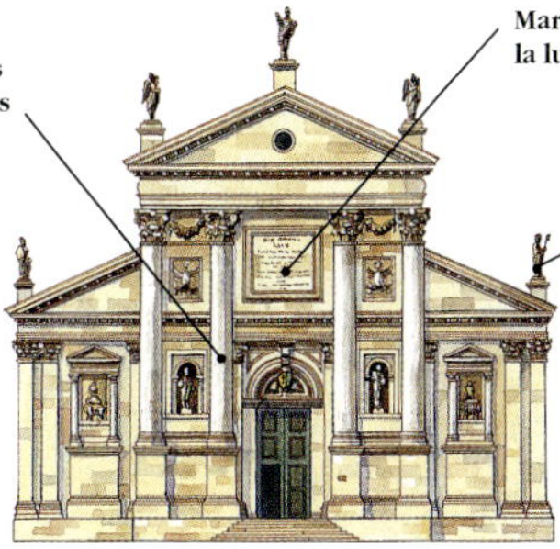

San Giorgio Maggiore, *bâtie de 1559 à 1580, occupe une superbe situation à l'entrée du port intérieur de Venise. Sa simplicité et l'harmonie de ses proportions classiques la font davantage ressembler à un temple antique qu'à une église chrétienne et tranchent sur le style gothique qui prévalait à l'époque de sa construction* (p. 116).

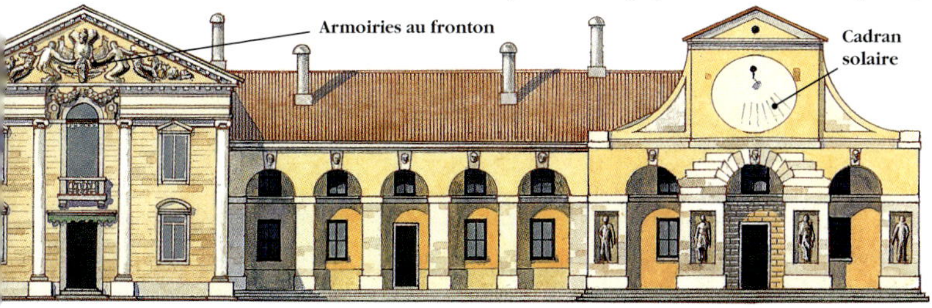

Les Dolomites

Le plus beau massif montagneux d'Italie porte le nom de Deodat Dolomieu qui découvrit en 1789 qu'il était formé de corail minéralisé au début de l'ère secondaire. Îles et fond marin soulevés il y a 60 millions d'années quand les plaques continentales européenne et africaine entrèrent en collision, il n'a pas subi la même érosion glaciaire que la majeure partie du reste des Alpes, et le gel et les ruissellements d'eau ont sculpté dans ses roches claires des aiguilles et des failles spectaculaires. Les Dolomites occidentales et orientales ont quelques caractéristiques différentes ; à l'est s'élèvent les montagnes les plus imposantes, notamment le massif du Catinaccio (ou Rosengarten), particulièrement beau quand il se teinte de rose au lever du soleil.

Dôme en bulbe typique de la région

Strada delle Dolomiti

Pics majestueux et belvédères jalonnent la route reliant Bolzano *(p. 166)* à Cortina d'Ampezzo *(p. 155)* au cœur des Dolomites, l'un des itinéraires à travers les Alpes offrant les plus beaux paysages.

Sommets caractéristiques des Dolomites

Dans les Dolomites orientales, plusieurs cimes parmi les plus hautes du massif possèdent une forme caractéristique qui les rend aisément identifiables.

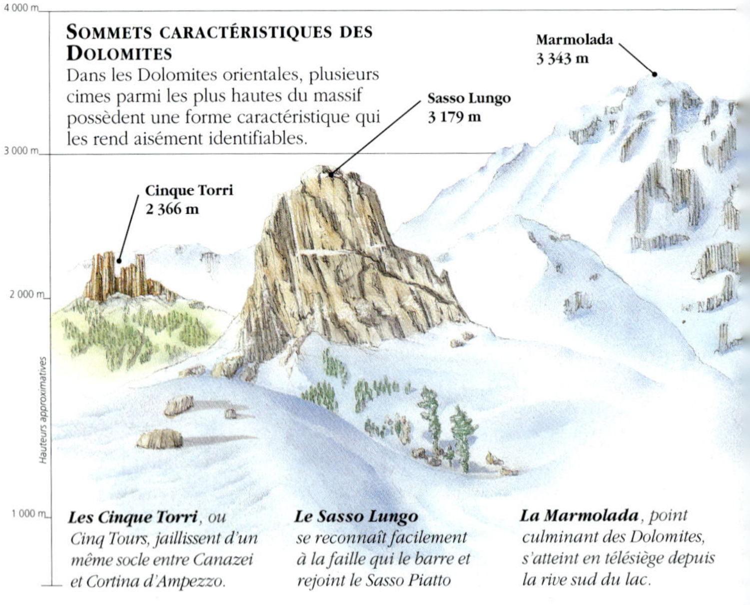

***Les Cinque Torri**, ou Cinq Tours, jaillissent d'un même socle entre Canazei et Cortina d'Ampezzo.*

***Le Sasso Lungo** se reconnaît facilement à la faille qui le barre et rejoint le Sasso Piatto*

***La Marmolada**, point culminant des Dolomites, s'atteint en télésiège depuis la rive sud du lac.*

Le lago di Misurina *est un vaste et superbe lac de montagne aux eaux cristallines où se mirent les sommets imposants, tel le caractéristique Sorapiss, qui domine la petite station touristique de Misurina.*

Les activités de plein air *proposées par la région comprennent le ski en hiver et la randonnée en été. De nombreux sentiers et aires de pique-nique ont été aménagés dans des décors spectaculaires, tandis que des télésièges permettent d'atteindre aisément les sommets et les panoramas qu'ils offrent.*

Les Torri del Vaiolet *appartiennent au Catinaccio, massif réputé pour sa couleur.*

Les Tre Cime di Lavaredo *dominent les vallées situées au nord du lago di Misurina.*

La nature dans les Dolomites

Les forêts et les prés abritent une faune et une flore d'une grande richesse. Souvent rases pour résister à la violence du vent en altitude, les plantes alpines fleurissent de juin à septembre.

La flore

Les graines de gentiane *parfument une liqueur locale.*

Le lis orange *fleurit sur les versants ensoleillés.*

Les saxifrages *poussent dans les fissures de rochers.*

La rainponce sauvage *aux fleurs à tête rose.*

La faune

Le lagopède des rochers *se nourrit de baies et de jeunes pousses. Le plumage brun tacheté assurant son camouflage en été devient blanc en hiver.*

Le chamois*, trophée trop convoité, ne peut être chassé dans les parcs nationaux.*

Les chevreuils *se sont multipliés depuis la disparition du loup et du lynx. Ils raffolent des jeunes arbres, au grand dam des gardes forestiers.*

VENISE

Protégée par sa lagune sur la côte nord de l'Adriatique, Venise, porte de l'Orient, devint une province byzantine indépendante au Xe siècle. Elle conquit au Moyen Âge un vaste empire qui assura sa richesse et sa puissance, mais attisa la convoitise des grandes puissances européennes et de l'Empire ottoman. Aujourd'hui, la cité entretient surtout des liens avec la Vénétie qui s'étend du Pô aux Dolomites.

Aucune ville au monde ne mérite peut-être autant que Venise le qualificatif d'unique. Fondée au cœur d'un marécage par des réfugiés fuyant les envahisseurs Goths, elle devint une république marchande qui, sous la direction de ses doges, étendit son pouvoir dans toute la Méditerranée. Pendant des siècles, les richesses produites par son commerce et son empire, auxquelles s'ajoutèrent celles pillées à Constantinople en 1204, financèrent la création de splendides édifices et œuvres d'art, monuments à la grandeur de la cité et de ses habitants. La somptuosité de Saint-Marc suffit seule à témoigner de la prospérité de l'État vénitien entre les XIIe et XIVe siècles. La concurrence de puissances maritimes comme l'Espagne et les revers subis face à l'empire turc entraînèrent cependant sa décadence et Napoléon n'eut pas à combattre pour conquérir Venise, intacte, en 1797. En un millénaire d'existence, cette capitale n'avait connu aucune destruction liée à la guerre.

Elle a peu changé depuis son entrée dans le royaume d'Italie en 1866 et les seuls engins à moteur à la parcourir sont les barges qui l'approvisionnent et les embarcations transportant des passagers sur les canaux sinuant entre ses palais aujourd'hui transformés en musées, boutiques et hôtels, et ses couvents devenus centres de restauration d'art. Sa magie et la gloire d'un passé présent à chaque coin de rue ou de placette attirent chaque année plus de douze millions de visiteurs.

Une rue de l'île de Burano typique avec ses maisons de couleurs vives

◁ Les proues, ou *ferri*, caractéristiques des gondoles, en face de Santa Maria della Salute

À la découverte de Venise

Venise est divisée en six arrondissements administratifs ou *sestieri* : Cannaregio, Castello, San Marco, Dorsoduro, San Polo et Santa Croce. La plupart des visiteurs commencent l'exploration de la ville par la place Saint-Marc que dominent la basilique et le palais des Doges. Par sa faible étendue, la ville se prête à la marche à pied, et des *vaporetti* desservent toutes les îles.

Venise d'un coup d'œil

Églises

Basilique Saint-Marc p. 106-109 18
Madonna dell'Orto 1
San Giacomo dell'Orio 6
San Giorgio Maggiore 31
San Giovanni Grisostomo 3
San Giovanni in Bragora 29
Santi Giovanni e Paolo 24
Santa Maria Formosa 26
Santa Maria Gloriosa dei Frari p. 94-95 8
Santa Maria dei Miracoli 4
Santa Maria della Salute 17
San Nicolò dei Mendicoli 13
San Pantalon 11
San Polo 7
San Rocco 10
San Sebastiano 14
Santo Stefano 23
San Zaccaria 27

Édifices et monuments

Arsenale 30
Campanile 21
Palais des Doges p. 110-112 19
Rialto 5
Scuola di San Giorgio degli Schiavoni 28
Statue de Colleoni 25
Torre dell'Orologio 20

Musées et galeries

Accademia p. 102-103 15
Ca' d'Oro 2
Ca' Rezzonico 12
Fondation Guggenheim 16
Museo Correr 22
Scuola Grande di San Rocco p. 96-97 9

Lagune

Burano 33
Murano 32
Torcello p. 118-119 34

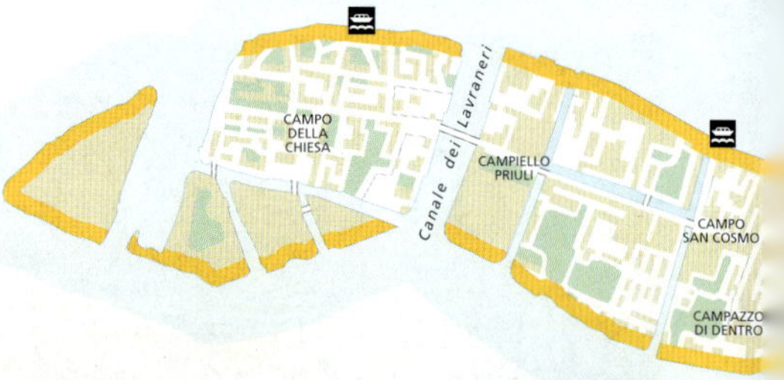

Légende

San Polo pas à pas *p. 92-93*
Dorsoduro pas à pas *p. 98-99*
Place Saint-Marc pas à pas *p. 104-105*
Aéroport international
Gare
Embarcadère de ferries
Embarcadère de *vaporetti*
Traversée en *traghetto (p. 636)*
Arrêt de gondole
Information touristique

Santa Maria della Salute à l'embouchure du Grand Canal

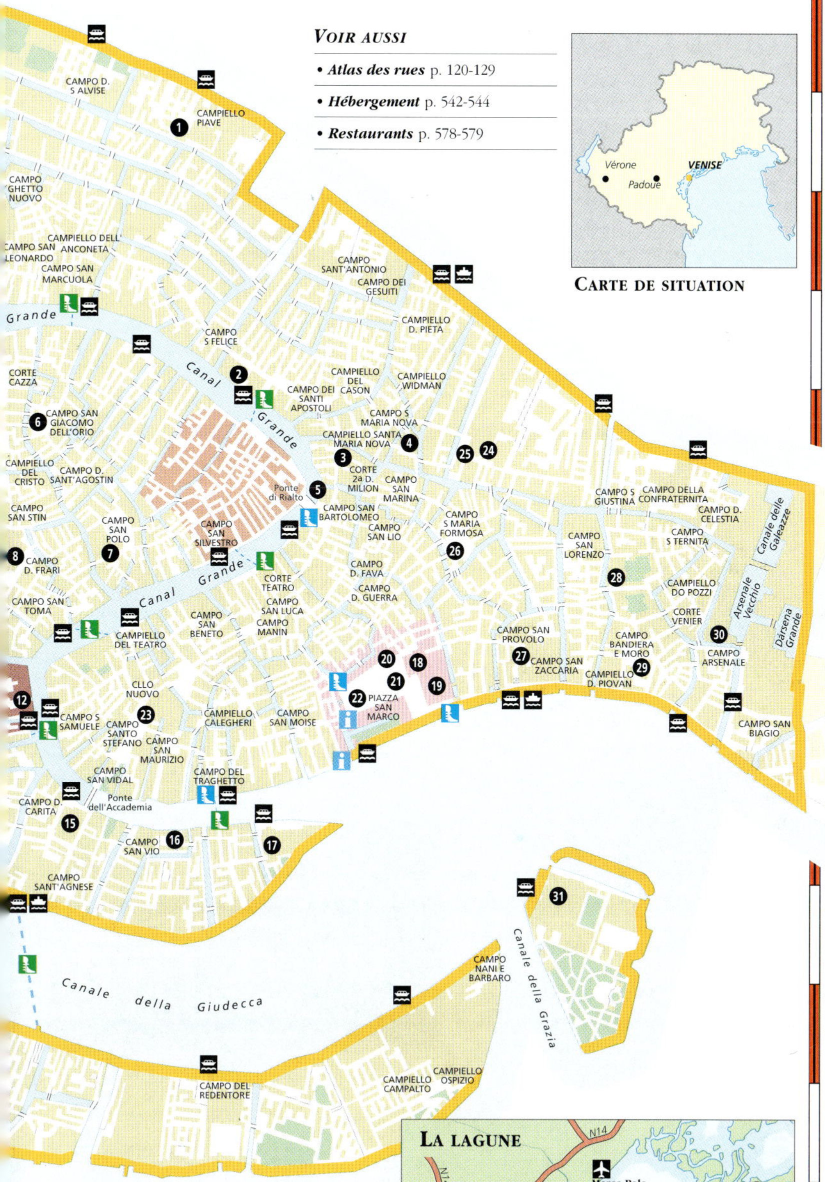

Voir aussi

- ***Atlas des rues*** p. 120-129
- ***Hébergement*** p. 542-544
- ***Restaurants*** p. 578-579

Carte de situation

Circuler à Venise

La seule route qui mène à Venise est la N 11 qui relie Mestre au Tronchetto et à la piazzale Roma où se trouvent les parkings de voitures et de cars. Les trains arrivent à la gare Santa Lucia sur le Grand Canal. Ce sont les *vaporetti*, des bateaux-bus, qui assurent en ville les transports publics. La ligne nº 1 est celle qui suit le plus bel itinéraire : le Grand Canal *(p. 130-131)*.

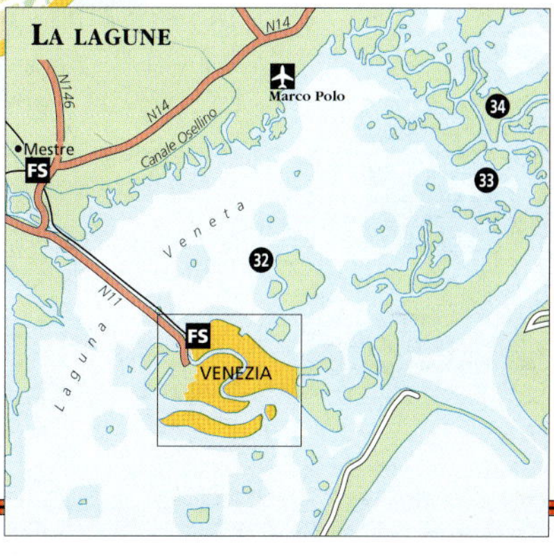

Le Grand Canal de Santa Lucia au Rialto

Plusieurs lignes de *vaporetti* empruntent le Grand Canal *(p. 623)* et ces bateaux-bus offrent le meilleur moyen de découvrir la superbe voie navigable qui sinue à travers la ville. Les palais qui la bordent portent presque tous le nom d'une famille jadis puissante et résument par leur architecture cinq siècles d'histoire vénitienne.

San Marcuola
Reconstruite au XVIIIe siècle, l'église ne reçut jamais sa nouvelle façade sur le canal.

San Geremia abrite les reliques de sainte Lucie jadis gardées dans l'église de Santa Lucia dont la gare a pris la place.

Palazzo Labia
Entre 1745 et 1750, Tiepolo orna sa salle de bal de scènes de la vie de Cléopâtre.

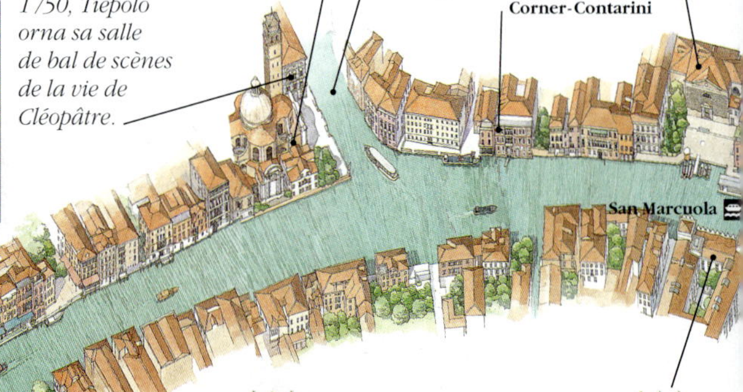

Fondaco dei Turchi
Entrepôt de marchands turcs au XVIIe siècle, ce palais abrite le muséum d'Histoire naturelle.

San Simeone Piccolo
Cette église du XVIIIe siècle s'inspire du Panthéon de Rome.

Les gondoles de Venise

Embarcations parfaitement adaptées à la circulation sur des canaux étroits et peu profonds avec leur ligne élancée et leur fond plat, les gondoles font partie du paysage de Venise depuis le XIe siècle. Et depuis les édits somptuaires de 1562, elles présentent toute la même couleur noire. Une seule rame les meut, ce que compense une légère asymétrie de leur coque. Les six dents du *ferro* qui orne leur proue symbolisent les six *sestieri.*

La gondole n'est toutefois plus un moyen de transport usuel. Hormis sur les traghetti qui permettent de traverser le Grand Canal, les tarifs demandés par les gondoliers réservent en général leur usage aux touristes *(p. 623).*

Gondoles au mouillage

Ca' d'Oro
Derrière une splendide façade gothique aux entrelacs délicats, sa collection d'art (p. 90) *comprend ce projet du Bernin pour une fontaine (v. 1648).*

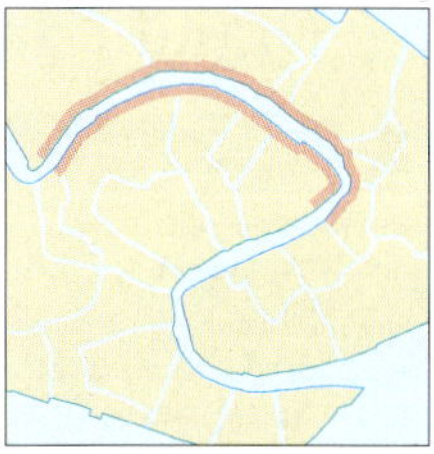

CARTE DE SITUATION

Voir l'atlas des rues de Venise, plans 1, 2 et 3

Palazzo Vendramin Calergi
Le compositeur Richard Wagner (à gauche) mourut en 1883 dans l'un des plus beaux des premiers palais Renaissance de Venise.

Palazzo Sagredo
Sa façade sur le canal associe arcs gothiques et vénéto-byzantins.

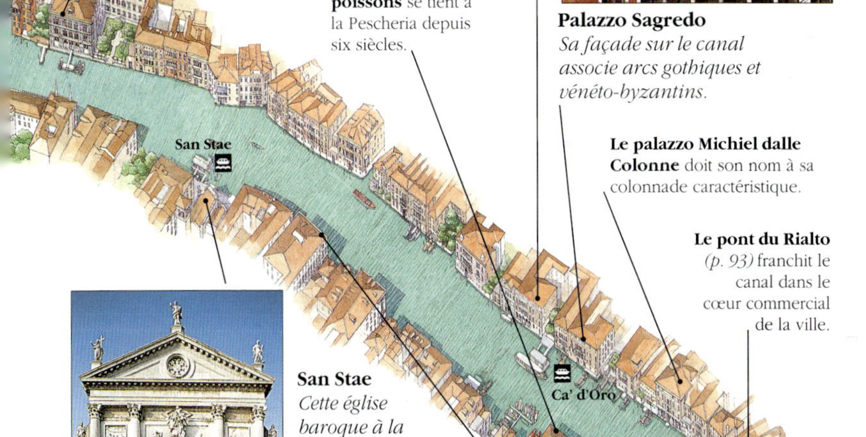

Un marché aux poissons se tient à la Pescheria depuis six siècles.

Le palazzo Michiel dalle Colonne doit son nom à sa colonnade caractéristique.

Le pont du Rialto *(p. 93)* franchit le canal dans le cœur commercial de la ville.

San Stae
Cette église baroque à la façade ornée de statues accueille des concerts.

Ca' Pesaro
Une galerie d'art moderne et le musée oriental occupent cet imposant palais baroque.

Le Grand Canal du Rialto à San Marco

Après le Rialto, le canal forme la boucle connue sous le nom de Volta. Il s'élargit alors et plus on approche de la place Saint-Marc, plus il offre un décor spectaculaire. Le temps a eu beau délaver les façades des palais et les marées affaiblir leurs fondations, le Grand Canal reste probablement comme le pensait Commines en 1495 « la plus belle rue en tout le monde ».

Palazzo Mocenigo
Ce palais du XVIIIe siècle abrite un centre d'étude du costume.

Ca' Rezzonico
La dernière résidence du poète Robert Browning, posant ici avec son fils, abrite meubles et œuvres d'art du XVIIIe siècle (p. 99).

Le palazzo Garzoni, palais gothique rénové, appartient désormais à l'université.

Palazzo Grassi
Bâti dans les années 1730 et acheté par Fiat en 1984, cet élégant palais accueille des expositions d'art.

Palazzo Capello Malipiero
Ce palais reconstruit en 1622 se dresse près du campanile (XIIe siècle) de San Manuele.

Accademia
Derrière une façade baroque de Giorgio Massari, l'ancienne Scuola della Carità (p. 102-103) *abrite la plus riche collection de peintures vénitiennes du monde.*

Palazzo Barbaro
Henry James y écrivit Les Papiers d'Aspern *en 1888.*

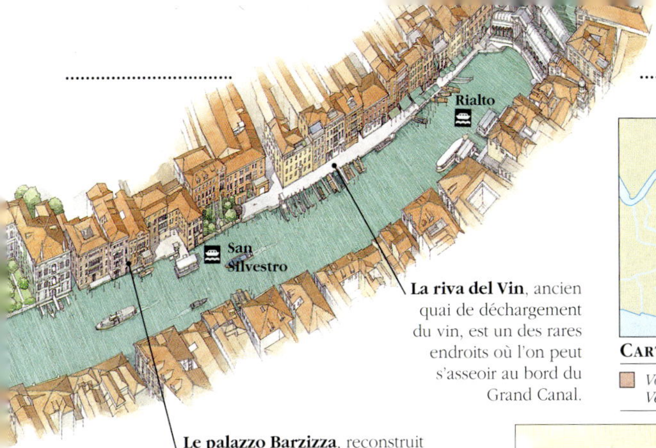

La riva del Vin, ancien quai de déchargement du vin, est un des rares endroits où l'on peut s'asseoir au bord du Grand Canal.

Le palazzo Barzizza, reconstruit au XVIIe siècle, conserve une façade du XIIIe siècle.

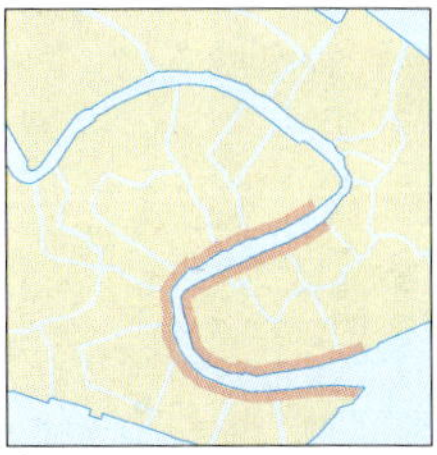

CARTE DE SITUATION

Voir l'atlas des rues de Venise, plans 6 et 7

Fondation Peggy Guggenheim
La femme de Max Ernst rassembla une superbe collection d'art moderne (p. 100).

Santa Maria della Salute
Plus d'un million de pilotis supportent le poids de cette majestueuse église baroque (p. 101).

Palazzo Gritti-Pisani
L'ancien domicile de la famille Gritti est devenu un palace (p. 544).

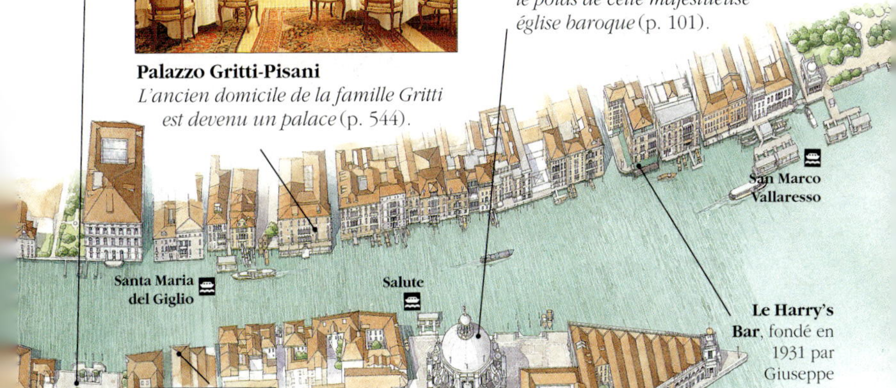

Le Harry's Bar, fondé en 1931 par Giuseppe Cipriani, est réputé pour ses cocktails.

Palazzo Dario
Des marbres polychromes animent la façade de ce palais de 1487 sur lequel pèserait une malédiction.

La Dogana di Mare (douane de mer) bâtie au XVIIe siècle est couronnée de deux Atlas portant un globe doré surmonté d'une girouette.

Le Grand Canal au rythme paisible d'une promenade en gondole ▷

Les statues de saint Christophe et des Apôtres (XVe s.) ornent la façade de la Madonna dell'Orto

Madonna dell'Orto ❶

Campo Madonna dell'Orto. **Plan** 2 F2. *041 275 04 62. Madonna dell'Orto. de 10 h à 17 h du lun. au sam. et de 13 h à 17 h le dim.*

À sa fondation au milieu du XIVe siècle, cette charmante église gothique fut consacrée à saint Christophe, patron des voyageurs, pour attirer sa protection sur les bateliers assurant le transport de passagers entre les îles du nord de la lagune. Récemment restaurée par le Fonds de sauvetage de Venise en péril, une statue du saint (XVe siècle) coiffe d'ailleurs toujours le portail principal. Au début du XVe siècle, le sanctuaire connut une reconstruction, et une nouvelle consécration, après la découverte dans un potager *(orto)* voisin d'une statue réputée miraculeuse. Attribuée à Giovanni de' Santi, cette *Vierge à l'Enfant* inachevée du XIVe siècle décore toujours la chapelle San Mauro au fond de la nef latérale droite.

Presque entièrement paré de briques, l'intérieur est vaste, lumineux et dépouillé. Immédiatement à droite de l'entrée se trouve une superbe peinture de Cima da Conegliano : *Saint Jean-Baptiste et autres saints* (v. 1493). L'espace vide dans la chapelle en face correspond à l'emplacement d'une *Vierge à l'Enfant* (v. 1478) par Giovanni Bellini dérobée pour la troisième fois en 1993.

Le Tintoret habitait la paroisse, et la chapelle à droite du chœur abrite sa tombe – marquée d'une plaque – et celle de ses enfants. Il a donné à la Madonna dell'Orto ses plus belles œuvres d'art, notamment les deux grands tableaux (1546) du chœur : un *Jugement dernier* sur le mur de droite et *L'Adoration du veau d'or* sur celui de gauche. Sur ce dernier, l'artiste aurait suivi une tradition de la Renaissance en se représentant dans l'un des personnages, celui qui porte le veau.

Ca' d'Oro ❷

Calle Ca' d'Oro. **Plan** 3 A4. *041 523 87 90. Ca' d'Oro. de 9 h à 13 h 30 t.l.j.*

En 1420, le patricien Marino Contarini commanda la construction d'un palais *(p. 77)* qu'il voulait le plus beau de Venise. Une équipe d'artisans vénitiens et lombards réalisa les sculptures délicates de sa décoration, tandis que vermillon, outremer et même feuilles d'or (d'où son nom de « Maison d'Or ») servaient à l'ornement de sa façade. La demeure connut au fil des ans de nombreux remaniements et tomba en décrépitude à la fin du XVIIIe siècle. Le prince russe Troubetzkoy l'acheta en 1846 pour la célèbre ballerine Maria Taglioni qui entreprit des aménagements catastrophiques, détruisant l'escalier et dispersant une partie du décor sculpté. C'est le baron Giorgio Franchetti, un riche mécène, qui sauva finalement l'édifice. Il le légua, ainsi que sa collection d'art, à l'État en 1915 pour en faire un musée.

Deux jeunes gens par Tullio Lombardo

Le premier étage de celui-ci réserve une place de choix, dans une alcôve, au *Saint Sébastien* (1506) d'Andrea Mantegna. Le reste de l'exposition s'organise autour du portego (patio intérieur). Parmi les plus belles pièces figurent le portrait de *Deux jeunes gens* (v. 1493) par Tullio Lombardo, une *Vierge à l'Enfant*, lunette peinte vers 1530 par Sansovino, et des reliefs en bronze du Padouan Andrea Briosco, « Il Riccio » (1470-1532).

Les salles en retrait à droite du portego renferment de nombreux bronzes et une intéressante collection de médailles. Les peintures exposées comprennent la célèbre *Madone aux beaux yeux* attribuée à Giovanni Bellini et une *Vierge à l'Enfant* attribuée à Alvise Vivarini, toutes deux de la fin du XVe siècle, ainsi que *L'Annonciation* et *La Dormition* (v. 1504) de Carpaccio. La salle à gauche du portego abrite des tableaux n'appartenant pas à l'école vénitienne, entre autres une *Flagellation* (v. 1480) par Luca Signorelli. C'est un ravissant escalier gothique qui conduit au deuxième étage. Il débouche dans une salle où voisinent tapisseries flamandes du XVIe siècle, bronzes d'Alessandro Vittoria, portraits par le Tintoret et peintures

La somptueuse façade gothique de la Ca' d'Oro ou « Maison d'Or »

de Titien et de Van Dyck. Dans le *portego* s'admirent des fresques (v. 1532) par Pordenone provenant du cloître de Santo Stefano et des fragments de celles peintes en 1508 par Titien et Giorgione au Fondaco dei Tedeschi.

Retable (1513) de San Giovanni Grisostomo par Giovanni Bellini

San Giovanni Grisostomo ❸

Campo San Giovanni Grisostomo. **Plan** 3 B5. *041 522 71 55.* *Rialto.* *9 h-9 h 30, 16 h-17 h lun.-sam., 10 h-11 h dim.*

Dernière œuvre de Mauro Coducci bâtie entre 1479 et 1504, cette jolie petite église ocre au plan en croix grecque se dresse dans un quartier animé proche du Rialto.

Une pénombre intime règne à l'intérieur, mais un éclairage payant permet d'admirer le superbe *Saint Christophe, saint Jérôme et saint Augustin* (1513) qui surmonte le premier autel à droite. Giovanni Bellini avait plus de 80 ans lorsqu'il l'exécuta et ce fut très probablement sa dernière peinture. *Saint Jean Chrysostome avec d'autres saints* (1509-1511) par Sebastiano del Piombo décore le maître-autel.

Santa Maria dei Miracoli ❹

Campo dei Miracoli. **Plan** 3 B5. *041 275 04 62.* *Rialto.* *10 h-17 h 30 lun.-sam., 15 h-17 h dim. et jours fériés.*

Discrète merveille de la première Renaissance qui se cache dans un dédale de ruelles et de canaux dans la partie orientale de Cannaregio, Notre-Dame-des-Miracles est l'église préférée de nombreux Vénitiens et celle où ils aiment se marier. C'est pour servir d'écrin à une *Vierge à l'Enfant* (1408) réputée posséder des pouvoirs miraculeux que Pietro Lombardo et ses fils édifièrent de 1481 à 1489 ce petit édifice marqueté de marbres polychromes et souvent comparé à un coffret à bijoux. Cette peinture par Nicolò di Pietro s'admire toujours au-dessus de l'autel de l'abside.

Sous une voûte en berceau présentant dans des caissons de bois dorés cinquante portraits de saints et de prophètes peints par Pennachi en 1528, des plaques de marbre rose, gris et blanc parent l'intérieur. Tullio Lombardo sculpta les statues de saint François, de l'archange Gabriel, de la Vierge et de sainte Claire qui ornent la balustrade entre la nef et le chœur. Il est également l'auteur de l'écran entourant le maître-autel et des quatre médaillons figurant les Évangélistes sur les pendentifs de la coupole. La galerie surplombant le porche principal permettait jadis aux nonnes du couvent voisin de venir assister aux offices sans se risquer dans la rue.

Santa Maria dei Miracoli a récemment connu une importante restauration financée par la fondation Sauver Venise.

Colonne intérieure de Santa Maria dei Miracoli

SANTA MARIA DEI MIRACOLI

Les baies vitrées et les marbres polychromes de la façade forment une composition d'un grand équilibre.

Sculpture de saint

Le fronton évoque par sa forme le couvercle bombé d'un coffret à bijoux.

Une loggia feinte fait alterner fenêtres et panneaux décoratifs entre des pilastres ioniques. Le marbre proviendrait d'un surplus du chantier de Saint-Marc.

***Vierge à l'Enfant* par Giorgio Lascaris**

Les panneaux de marbre sont fixés aux briques par des crochets métalliques qui les isolent des infiltrations d'eau salée dans les murs, un procédé inventé à la Renaissance.

San Polo pas à pas

Le pont et les marchés du Rialto attirent à San Polo de nombreux visiteurs. Ce quartier était jadis celui où banquiers, courtiers et négociants concluaient leurs affaires, mais des étals et des boutiques de produits alimentaires ont aujourd'hui remplacé les éventaires d'épices et de soieries. En s'éloignant du pont, les rues se vident et conduisent à de minuscules placettes et de paisibles églises.

Les marchés du Rialto, réputés pour leurs produits, existent depuis des siècles. À la Pescheria se vendent poissons et fruits de mer.

San Cassiano (XVIIe siècle) abrite un autel sculpté en 1696 et une *Crucifixion* du Tintoret (1568).

Sant'Aponal, fondée au XIe siècle mais aujourd'hui désaffectée, présente en façade des reliefs gothiques.

San Giovanni Elemosinario est une église discrète reconstruite au début du XVIe siècle mais dont le campanile date de la fin du XIVe siècle. Elle abrite d'intéressantes fresques du Pordenone.

Légende

– – – Itinéraire conseillé

0 75 m

À NE PAS MANQUER

★ **Le pont du Rialto**

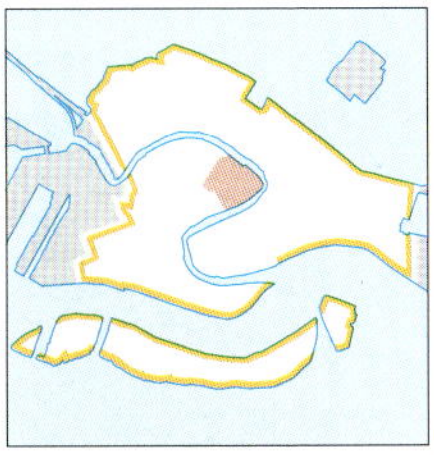

CARTE DE SITUATION
Voir l'atlas des rues de Venise, plans 2, 3, 6 et 7

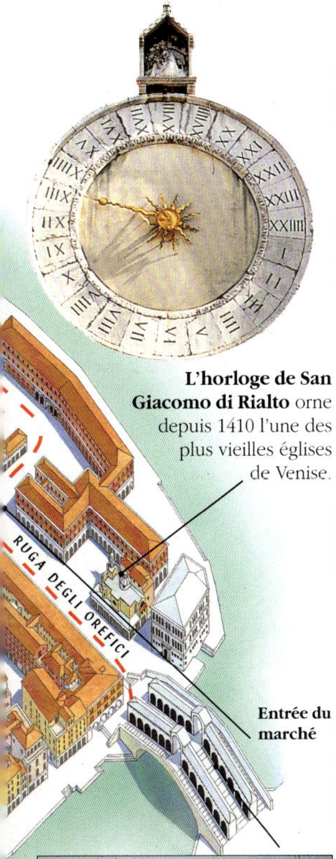

L'horloge de San Giacomo di Rialto orne depuis 1410 l'une des plus vieilles églises de Venise.

★ Le pont du Rialto
Au centre géographique de la ville, ce célèbre ouvrage d'art offre une vue privilégiée sur le Grand Canal. ❺

Éventaire de fruits et légumes de l'Erberia au Rialto

Le Rialto ❺

Ponte di Rialto. **Plan** 7 A1. *Rialto.*

D'une hauteur relativement élevée pour la lagune, le *rivo alto* fut l'un des premiers quartiers habités de Venise et joua longtemps le rôle de centre financier et marchand. Il reste très animé, et autochtones et touristes se mêlent devant les éventaires de fruits et légumes de l'Erberia et les étals des poissonniers de la Pescheria.

Les Vénitiens bâtirent leurs premiers ponts de pierre au XIIe siècle, mais jusqu'aux travaux entrepris en 1588 le Rialto n'eut que des structures en bois, telle celle représentée vers 1496 par Carpaccio dans *La Guérison d'un possédé (p. 103)*. La construction du nouveau pont s'acheva en 1591 et il resta le seul à franchir le Grand Canal jusqu'en 1854. Peu de visiteurs quittent Venise sans l'avoir emprunté car il offre un merveilleux point de vue d'où contempler l'activité qui règne sur le canal.

San Giacomo dell'Orio ❻

Campo San Giacomo dell'Orio. **Plan** 2 E5. *041 275 04 62. Riva di Biasio ou San Stae. 10 h-17 h lun.-sam., 13 h-17 h dim. et jours fériés.*

Située dans le paisible quartier Santa Croce, cette église tire peut-être son nom, « dell'Orio », d'un laurier *(alloro)* qui poussait jadis près d'elle. Fondée au IXe siècle, reconstruite en 1225 et souvent remaniée depuis, elle présente une originale juxtaposition de styles. Du sanctuaire du XIIIe siècle subsistent le plan basilical, le campanile et des colonnes byzantines, tandis que les absides sont Renaissance et que la voûte en carène de la nef date du XVIe siècle.

Il faut s'adresser au gardien pour admirer les peintures de la sagrestia Nuova (nouvelle sacristie), notamment le plafond décoré par Véronèse.

San Polo ❼

Campo San Polo. **Plan** 6 F1. *041 275 04 62. San Silvestro. 10 h-17 h lun.-sam., 13 h-17 h dim. et jours fériés.*

Fondée au IXe siècle, reconstruite au XVe et remaniée dans le style néo-classique au début du XIXe siècle, l'église San Polo possède un délicieux portail gothique. Deux lions de style roman ornent le pied de son campanile.

À l'intérieur, des panneaux vous guideront vers la *Via Crucis del Tiepolo*, quatorze stations du chemin de croix peintes par Giandomenico Tiepolo en 1749. Certaines comprennent des portraits colorés de la vie vénitienne. Le sanctuaire abrite également des peintures de Véronèse et Palma le Jeune, ainsi qu'une *Cène* très expressive du Tintoret.

Lion roman ornant le pied du campanile (XIVe siècle) de San Polo

Santa Maria Gloriosa dei Frari ❽

Cette majestueuse église gothique qui domine de sa masse imposante la partie orientale de San Polo est plus connue sous le diminutif de Frari. Ces « Frères » sont les franciscains qui l'élevèrent de 1250 à 1338, puis la reconstruisirent aussitôt, n'achevant les travaux qu'au milieu du XVe siècle. L'intérieur frappe par ses dimensions. Des chefs-d'œuvre, notamment par Titien, Giovanni Bellini et Donatello, le décorent.

Monument Foscari
Le doge Foscari mourut en 1457, après 34 ans de règne mouvementé.

★ **L'Assomption** *(1518)*
Derrière le maître-autel, ce superbe tableau de Titien entraîne le regard vers les cieux.

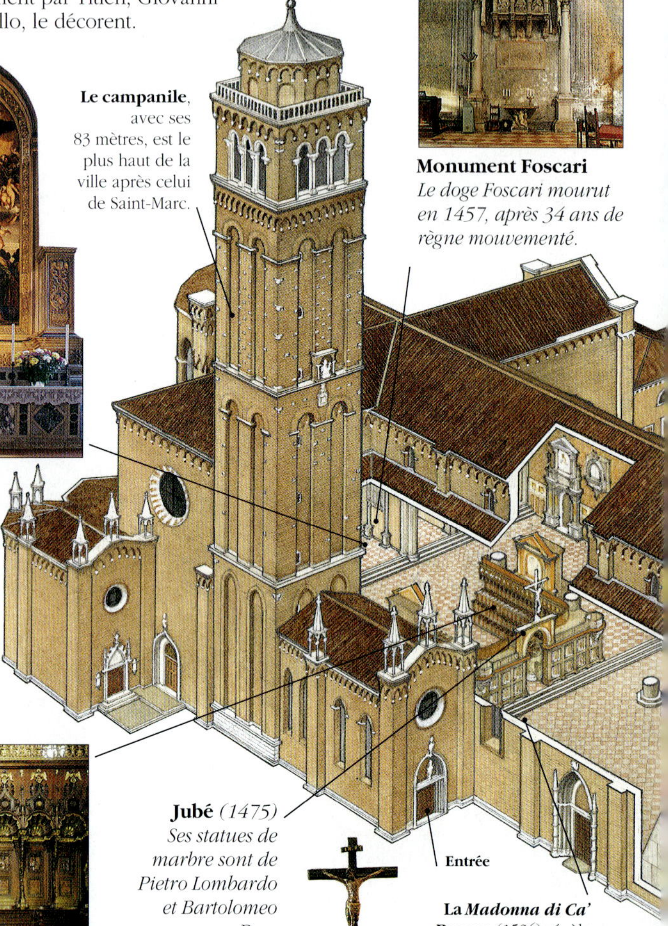

Le campanile, avec ses 83 mètres, est le plus haut de la ville après celui de Saint-Marc.

Jubé *(1475)*
Ses statues de marbre sont de Pietro Lombardo et Bartolomeo Bon.

Entrée

La *Madonna di Ca' Pesaro* (1526) révèle tout l'art de la couleur de Titien.

★ **Le chœur des frères**
Saints et scènes vénitiennes sculptés en 1468 par Mauro Cozzi ornent les trois rangs de stalles.

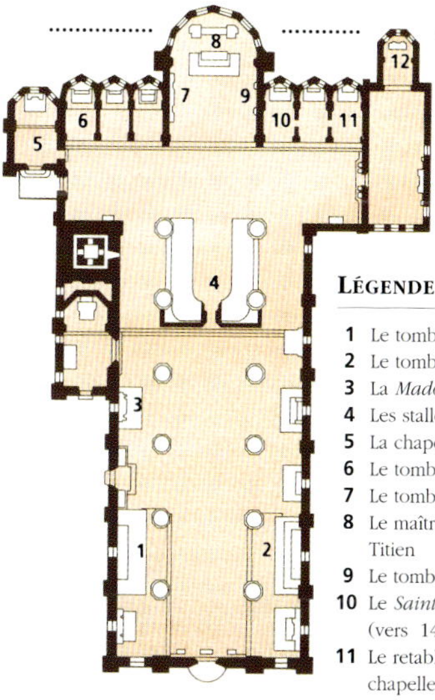

PLAN

Ces 12 points de repère indiquent les endroits à ne pas manquer dans une église longue de 90 mètres.

LÉGENDE

1 Le tombeau de Canova
2 Le tombeau de Titien
3 La *Madonna di ca' Pesaro* par Titien
4 Les stalles du chœur
5 La chapelle Corner
6 Le tombeau de Monteverdi
7 Le tombeau du doge Nicolò Tron
8 Le maître-autel et l'*Assomption* par Titien
9 Le tombeau du doge Francesco Foscari
10 Le *Saint Jean-Baptiste* de Donatello (vers 1450)
11 Le retable de Vivarini (1474), chapelle Bernardo
12 La *Vierge en majesté* (1488) de Giovanni Bellini

MODE D'EMPLOI

Campo dei Frari. **Plan** 6 D1. *041 275 04 62. San Tomà. de 9 h à 18 h du lun. au sam. ; de 13 h à 18 h le dim. et les jours fériés. sauf les jours fériés et pour les offices. fréquentes.*

★ Vierge en majesté *(1488)*
La richesse de la lumière et des couleurs fait de ce triptyque par Giovanni Bellini, ornant la sacristie, une des plus belles peintures Renaissance de Venise.

L'ancien monastère, aujourd'hui occupé par les archives, possède deux cloîtres, l'un dans le style de Sansovino, l'autre dessiné par Palladio.

Tombeau de Canova
Canova avait dessiné une pyramide néo-classique comme celle-ci pour un monument à Titien jamais réalisé. Ses élèves s'inspirèrent du projet pour le tombeau de leur maître.

À NE PAS MANQUER

★ **L'*Assomption* par Titien**

★ **La *Vierge en majesté* par Bellini**

★ **Le chœur des frères**

Scuola Grande di San Rocco ❾

Entrée principale, restaurée, de la Scuola di San Rocco

La confrérie charitable, ou *scuola*, placée sous l'égide de San Rocco (saint Roch) fit édifier son siège à partir de 1515 par Bartolomeo Bon. Scarpagnino poursuivit le chantier jusqu'à sa mort en 1549. Les généreuses donations effectuées par de riches Vénitiens soucieux de se concilier les faveurs du saint, invoqué pour se protéger des maladies infectieuses – elles augmentèrent encore avec l'épidémie de choléra de 1575 –, permirent en 1564 de commander au Tintoret la décoration des murs et des plafonds. Plus de cinquante œuvres de l'artiste en résultèrent. Les premières emplissent la petite sala dell' Albergo au niveau supérieur. Les dernières occupent la salle inférieure à l'entrée.

Le Tintoret peignit en 1565 la *Crucifixion* de la sala dell' Albergo de la Scuola di San Rocco

Salle inférieure

D'une *Annonciation* à une *Assomption* venant d'être restaurées, le cycle du rez-de-chaussée, exécuté de 1583 à 1587 alors que le Tintoret avait la soixantaine, comprend huit peintures illustrant les vies de la Vierge et du Christ. L'artiste a su donner à ses œuvres une luminosité qui joue de l'éclairage diffus de la salle pour renforcer l'ambiance surnaturelle de scènes d'une remarquable sérénité, comme *La Fuite en Égypte, Marie-Madeleine* et surtout *Sainte Marie l'Égyptienne,* trois œuvres où le paysage, rendu à larges coups de brosse, joue un rôle essentiel dans la composition.

Détail de *La Fuite en Égypte* (1582-1587) par le Tintoret

Salle supérieure et sala dell' Albergo

L'escalier monumental de Scarpagnino (1544-1546), que dominent deux grands tableaux évoquant la peste de 1630, conduit à la salle supérieure. Le Tintoret peignit les sujets bibliques qui la décorent de 1575 à 1581.

Le plafond présente des *Scènes de l'Ancien Testament.* Au centre, trois vastes peintures à la composition d'un grand dynamisme malgré une multitude de personnages représentent des événements du livre de l'Exode : *Le Frappement du rocher, Le Miracle du serpent d'airain* et *La Pluie de la manne.* Ils font référence aux buts charitables de la *scuola* : assouvir la soif, soulager de la maladie et calmer la faim.

Pour les murs, l'artiste a choisi des *Scènes du Nouveau Testament* en rapport avec les épisodes du plafond. Parmi les plus marquantes figure *La Tentation du Christ* qui montre un jeune et séduisant Satan offrir deux pains au fils de Dieu. Comme elle, *L'Adoration des bergers* possède une composition en deux registres. Elle sépare la Sainte Famille et les spectateurs, en haut, des bergers, du bœuf et d'une figure féminine, en bas.

Francesco Pianta ajouta au XVIIe siècle les superbes sculptures sous les peintures. Leurs sujets sont allégoriques et l'artiste s'est amusé à caricaturer le Tintoret, avec sa palette et ses pinceaux (près de l'autel), pour incarner la Peinture. Un autoportrait du peintre (1573) permet d'effectuer une comparaison.

Détail de *La Tentation du Christ* (1578-1581) par le Tintoret

Il se trouve près de l'entrée de la sala dell' Albergo qui contient le plus saisissant chef-d'œuvre de la Scuola di San Rocco : *La Crucifixion* (1565). Henry James pensait de cette œuvre « qu'aucune peinture n'est plus riche d'existence humaine, tout y est, même la plus exquise beauté ».

Mode d'emploi

Campo San Rocco. **Plan** 6 D1. *041 523 48 64. San Tomà. d'avril à oct. : de 9 h à 17 h 30 t.l.j. ; de nov. à mars : de 9 h à 13 h du lun. au sam., de 10 h à 16 h dim. 1er jan., Pâques, 25 déc.*

Le Tintoret commença en 1564 le cycle de tableaux ornant cette petite salle, après avoir remporté le concours ouvert pour sa décoration, en offrant à la Scuola le portrait de *Saint Roch en gloire* (au plafond). Un *Couronnement d'épines* et *Le Christ devant Pilate* font face à la Crucifixion, tandis que le *Portement de Croix* posé sur un chevalet, jadis attribué à Giorgione, l'est désormais à Titien.

Légende des peintures

Salle inférieure
1 L'Annonciation ; **2** L'Adoration des Mages ; **3** La Fuite en Égypte ; **4** Le Massacre des innocents ; **5** Marie-Madeleine ; **6** Sainte Marie l'Égyptienne ; **7** La Présentation au temple ; **8** L'Assomption.

Murs de la salle supérieure
9 Saint Roch ; **10** Saint Sébastien ; **11** L'Adoration des bergers ; **12** Le Baptême du Christ ; **13** La Résurrection ; **14** Le Christ au jardin des oliviers ; **15** La Cène ; **16** La Vision de saint Roch ; **17** La Multiplication des pains ; **18** La Résurrection de Lazare ; **19** L'Ascension ; **20** La Guérison du paralytique ; **21** La Tentation du Christ.

Plafond de la salle supérieure
22 Moïse sauvé des eaux ; **23** La Colonne de feu ; **24** Samuel et Saül ; **25** L'Échelle de Jacob ; **26** Élisée sur un chariot de feu ; **27** Élisée nourri par les anges ; **28** Daniel sauvé par les anges ; **29** La Pâque ; **30** La Pluie de la manne ; **31** Le Sacrifice d'Isaac ; **32** Le Miracle du serpent d'airain ; **33** Jonas sortant de la baleine ; **34** Le Frappement du rocher ; **35** Le Péché originel ; **36** Trois enfants dans la fournaise ; **37** Dieu apparaît à Moïse ; **38** Samson et la source miraculeuse ; **39** La Vision du prophète Ézéchiel ; **40** La Vision de Jérémie ; **41** Élisée distribue du pain ; **42** Abraham et Melchisédech.

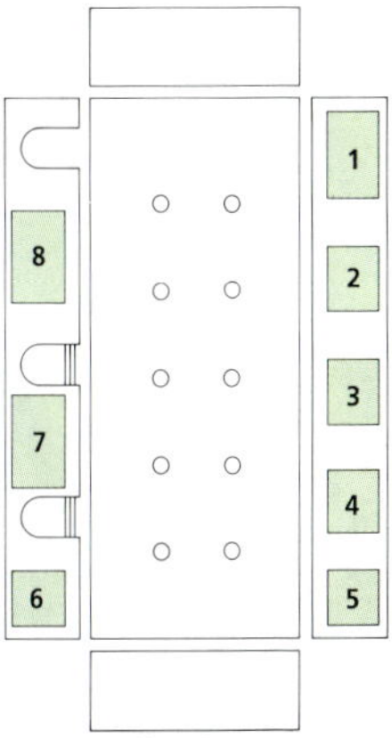

Salle inférieure

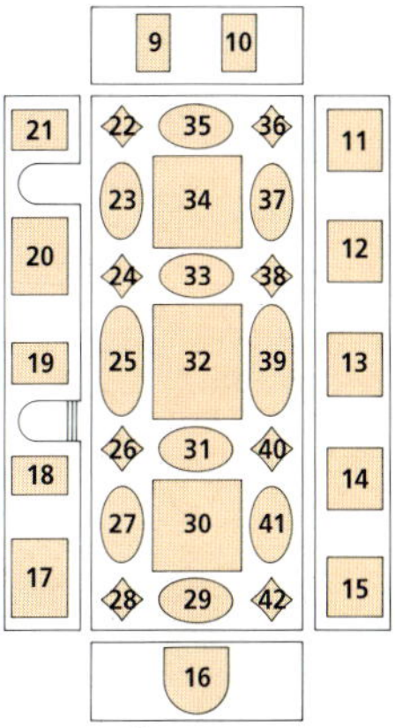

Salle supérieure

San Rocco ⑩

*Campo San Rocco. **Plan** 6 D1. San Tomà. 7 h 30-12 h 30, 15 h-17 h t.l.j. ; nov.-mars : 7 h 30-12 h 30.*

Sur la petite place dominée par la célèbre Scuola Grande di San Rocco se dresse l'église du même nom dessinée par Bartolomeo Bon en 1489, mais dont l'aspect extérieur a souffert d'un important remaniement en 1725. Inspirée de celle de la Scuola, la façade date de 1765-1771.

De nombreuses œuvres d'art décorent l'intérieur de l'église, notamment, dans le chœur, des peintures du Tintoret illustrant la vie de saint Roch.

San Pantalon ⑪

*Campo San Pantalon. **Plan** 6 D2. San Tomà. de 16 h à 18 h t.l.j.*

Le plafond de San Pantalon peint par Fumiani de 1680 à 1740

Derrière une façade de briques, cette église du XVIIe siècle recèle ce que ses admirateurs affirment être la plus vaste peinture sur toile du monde. Œuvre de Gian Antonio Fumiani, elle représente au plafond, en quarante scènes en trompe-l'œil, *Le Martyre et la Gloire de saint Pantaléon*, médecin chrétien persécuté au IVe siècle. Selon la légende, son auteur, à qui elle demanda 24 ans de travail de 1680 à 1704, trouva la mort à son achèvement en tombant de l'échafaudage.

Dorsoduro pas à pas

Santa Margherita

Le sestiere du Dorsoduro doit son nom de « dos dur » au sol, particulièrement stable pour Venise, sur lequel il s'étend. Il a pour cœur le campo Santa Margherita, place animée le matin par un marché et le soir par les étudiants de la Ca' Foscari, demeure patricienne devenue une annexe de l'université. Les rues qui l'entourent renferment quelques merveilles architecturales comme la Ca' Rezzonico et la Scuola Grande dei Carmini ornée de peintures par Tiepolo. Le quartier possède également de beaux canaux. Près du marchand flottant de primeurs, désormais une attraction, le ponte dei Pugni offre une jolie vue sur le délicieux rio San Barnaba, tandis que quelques cafés et une fascinante boutique de masques de carnaval bordent le rio Terrà. Les amateurs d'art ne sauraient manquer l'Accademia et la Fondation Guggenheim.

Le campo Santa Margherita offre un cadre idéal pour boire un café.

Le palazzo Zenobio, bâti à la fin du XVIIe siècle, est une école arménienne depuis 1850. Sur autorisation, sa belle salle de bal (XVIIIe siècle) se visite.

La Scuola Grande dei Carmini possède au premier étage un salon au plafond peint par Tiepolo pour les carmes.

Santa Maria dei Carmini a un portail latéral gothique sculpté de reliefs byzantins.

LÉGENDE

Itinéraire conseillé

0 50 m

Le rio San Barnaba, bordé par la fondamenta Gherardini, est un des plus jolis canaux du sestiere.

★ La Ca' Rezzonico
La salle de bal occupe toute la largeur de ce palais ⓬

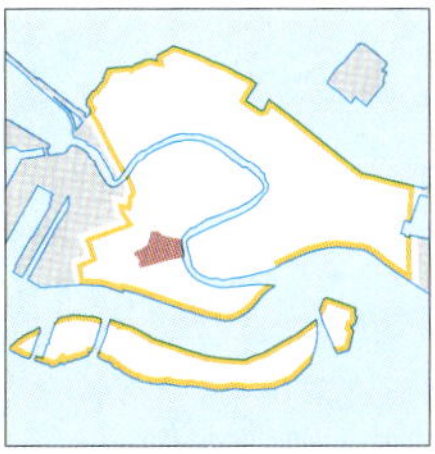

Carte de situation
Voir l'atlas des rues de Venise, plans 5 et 6

Le palazzo Giustinian (XVe siècle) logea Wagner en 1858.

La Ca' Foscari fut achevée en 1437 pour le doge Foscari.

Au ponte dei Pugni s'affrontaient aux poings des factions rivales. Trop violents, ces combats furent interdits en 1705.

San Barnaba reste un quartier vivant où autochtones et touristes se pressent au coude à coude pour acheter les fruits et légumes proposés par cette barge pittoresque.

À ne pas manquer

★ La Ca' Rezzonico

Détail du *Monde nouveau*, fresque de Tiepolo à la Ca' Rezzonico

Ca' Rezzonico ⓬

Fondamenta Rezzonico 3136.
Plan 6 E3. *041 520 40 36. Ca' Rezzonico. mai-oct. : 10 h-17 h t.l.j. ; nov.-avr. : 10 h-16 h sam.-jeu. en restauration jusqu'à mi 2000 ; 1er jan., 1er mai, 25 déc.*

Ce palais baroque abrite un musée consacré à la Venise du XVIIIe siècle où fresques, peintures, tapisseries et meubles provenant de plusieurs édifices composent un décor somptueux. Sa construction commença en 1667 sous la direction de Longhena, l'architecte de la Salute *(p. 101)*, mais ses commanditaires, la famille Bon, manquèrent de fonds avant même l'achèvement du premier étage. Originaire de Gênes, la famille Rezzonico l'acheta en 1712 et engagea Giorgio Massari pour terminer les travaux.

Ce dernier dota le palais d'une salle de bal qui en occupe toute la largeur et où l'exubérance baroque s'exprime librement dans les fresques en trompe-l'œil, le mobilier sculpté d'Andrea Brustolon et l'abondance de stucs et de dorures. Plusieurs pièces voisines présentent des fresques par Giambattista Tiepolo et son fils Giandomenico. La plus belle de ces compositions a donné son nom à la salle de l'allégorie nuptiale (1758). L'exposition comprend également des tableaux, notamment de Canaletto, et la reconstitution, au dernier étage, d'une boutique d'apothicaire et d'un théâtre de marionnettes du XVIIIe siècle.

La nef de San Nicolò dei Mendicoli

San Sebastiano ⓮

Campo San Sebastiano. **Plan** 5 C3. *041 275 04 62.* *San Basilio.* *10 h-17 h lun.-sam. ; 15 h-17 h dim. et jours fériés.*

C'est l'une des décorations intérieures les plus homogènes de Venise. De 1555 à 1560, puis dans les années 1570, Véronèse y a peint le plafond de la sacristie, celui de la nef, la frise, le chœur, le maître-autel et les vantaux de l'orgue.

Par la richesse des coloris et la somptuosité des costumes et des décors, toutes ces œuvres témoignent de l'extraordinaire sens de la narration de l'artiste maniériste. Celles du plafond de la sacristie représentent le *Couronnement de la Vierge* et les *Quatre Évangélistes*. À remarquer également les trois panneaux consacrés à Esther, jeune juive qui épousa le roi perse Assuérus et sauva son peuple du massacre.

À juste titre, Véronèse repose dans l'église. Sa tombe se trouve en face de la chapelle au superbe pavage située à gauche du chœur.

San Nicolò dei Mendicoli ⓭

Campo San Nicolò. **Plan** 5 A3. *041 275 03 82.* *San Basilio.* *de 10 h à 12 h et de 16 h à 18 h du lun. au sam., dim. ap.-m.*

Bien que située dans un quartier isolé et quelque peu délabré, cette église compte parmi les plus charmantes et merveilleuses de Venise. Fondée au VIIe siècle, elle a connu depuis plusieurs remaniements importants et le petit porche ouvrant au nord date du XVe siècle. Les mendiants, ou *mendicanti*, qui s'y installaient à l'époque ont donné son nom au sanctuaire.

Le dallage se trouvait jadis à 30 cm au-dessous du niveau de l'eau des canaux et les crues posaient un tel problème que le prêtre possédait un petit canot en osier pour rejoindre son église en cas de besoin. Le sol a toutefois été légèrement rehaussé après la terrible inondation de 1966, époque où San Nicolò a connu une remarquable rénovation. Les travaux ont également compris la reconstruction des toitures et du bas des murs, et la restauration des sculptures et des peintures.

L'intérieur présente une belle décoration, notamment des statues de bois doré du XVIe siècle et des scènes de la vie du Christ peintes vers 1553 par des élèves de Véronèse dont Alvise dal Friso.

Modeste rappel de la colonne de Saint-Marc de la Piazzetta, une colonne portant un lion de pierre se dresse à l'extérieur.

Accademia ⓯

Voir p. 102-103.

Fondation Peggy Guggenheim ⓰

Palazzo Venier dei Leoni. **Plan** 6 F4. *041 520 62 88.* *Accademia.* *de 11 h à 18 h du mer. au lun.* *25 déc.*

Entrepris au XVIIIe siècle, le palazzo Venier dei Leoni devait posséder trois étages, mais seul le rez-de-chaussée sortit de terre et l'édifice prit le surnom de « palazzo

Le « palazzo Nonfinito » abrite la fondation Peggy Guggenheim

Nonfinito ». Son étrangeté séduisit la millionnaire américaine Peggy Guggenheim (1898-1979) qui l'acheta en 1949 pour en faire sa demeure. Collectionneuse, mécène et marchand d'art, cette femme perspicace et excentrique entretint des relations d'amitié avec de nombreux artistes abstraits et surréalistes dont elle favorisa la carrière. L'un d'eux, Max Ernst, devint son deuxième mari.

***Oiseau dans l'espace* de Constantin Brancusi**

La collection comprend environ 200 peintures et sculptures représentatives de la plupart des grands courants de l'art du XXe siècle. Avec des toiles comme *Le Poète* (1911) de Picasso ou *Le Jeune homme triste dans le train* (1911) de Fernand Léger, la section consacrée au cubisme montre les voies explorées en France au début du siècle pour trouver de nouvelles formes de représentation. Un souci partagé à la même époque par les futuristes italiens que préoccupait avant tout l'évocation du mouvement, comme en témoigne la *Construction dynamique* (1913) d'Umberto Boccioni. À l'instar du surréalisme, dont des artistes comme Magritte, Mirò, Dali, Tanguy, Picabia, Man Ray et bien entendu Max Ernst illustrent de multiples facettes, l'expressionnisme abstrait est particulièrement bien représenté. Peggy Guggenheim tirait une grande fierté d'avoir découvert Jackson Pollock.

Réparties entre le jardin et la maison, les sculptures forment un ensemble remarquable avec des pièces comme *l'Oiseau dans l'espace* (vers 1923) de Constantin Brancusi et des œuvres de Calder, Giacometti, Arp, César et Henry Moore. La plus provocatrice reste encore aujourd'hui l'*Angelo della Città* (1948) de Marino Marini, cavalier au pénis dressé installé sur la terrasse dominant le Grand Canal.

Les cendres de Peggy Guggenheim sont conservées dans le jardin à côté de la tombe de ses chiens. La qualité des œuvres exposées et le cadre lumineux que leur offre le palazzo rendent la visite du musée agréable. Des expositions temporaires y sont organisées. Les renseignements s'obtiennent par téléphone.

L'église baroque de la Salute à l'embouchure du Grand Canal

Santa Maria della Salute ⓱

Campo della Salute. **Plan** 7 A4. *041 520 85 65.* *Salute.* *de 9 h à midi et de 15 h 15 à 18 h.* *pour la sacristie.*

L'imposante église baroque Santa Maria della Salute dresse à l'embouchure du Grand Canal une des silhouettes les plus célèbres de Venise. Alors qu'une terrible épidémie de peste sévissait depuis l'année précédente dans la ville, les Vénitiens entreprirent sa construction en 1631 afin d'implorer l'intervention en leur faveur de la Vierge, d'où son nom de « Salute », qui signifie à la fois santé et salut. L'épidémie finit par cesser et pour en rendre grâce, chaque année en novembre *(p. 64)*, une procession aux flambeaux rejoint le sanctuaire en traversant le Grand Canal sur un pont de bateaux.

Le cœur octogonal de Santa Maria della Salute

L'architecte de la Salute, Baldassare Longhena, consacra sa vie à son édification. Les travaux ne finirent toutefois qu'en 1687, cinq ans après sa mort.

L'intérieur, sobrement décoré, s'organise autour d'un vaste espace octogonal que surmonte la coupole. Des jeux de perspective la font paraître encore plus grande que ses soixante mètres de hauteur. Six chapelles latérales rayonnent depuis le déambulatoire. Juste le Court sculpta la *Vierge à l'Enfant protégeant Venise de la peste* qui orne le maître-autel.

À gauche de celui-ci s'ouvre la sacristie qui abrite les plus belles peintures du sanctuaire. Titien est l'auteur du *Saint Marc entouré des saints Côme, Damien, Roch et Sébastien* (1511-1512) et, au plafond, de *Caïn et Abel, Abraham et Isaac* et *David et Goliath* (1540-1549). En face de l'entrée se trouve une œuvre majeure du maniérisme : *Les Noces de Cana* par le Tintoret.

L'Accademia ⓯

Constituées à partir des œuvres réunies par l'académie des Beaux-Arts fondée en 1750 par le peintre Giovanni Battista Piazzetta et installées en 1807 par Napoléon dans trois bâtiments conventuels désaffectés, les collections des Gallerie dell' Accademia, riches en peintures religieuses, offrent un panorama unique de cinq siècles d'art vénitien, du Moyen Âge byzantin au baroque, en passant par la période particulièrement riche de la Renaissance.

La Tempête ***(vers 1507)***
Le symbolisme de ce chef-d'œuvre de Giorgione reste une énigme.

Légende

- Art byzantin et gothique international
- Renaissance
- XVIIe et XVIIIe siècles
- Cycles religieux
- Expositions temporaires
- Circulations et services

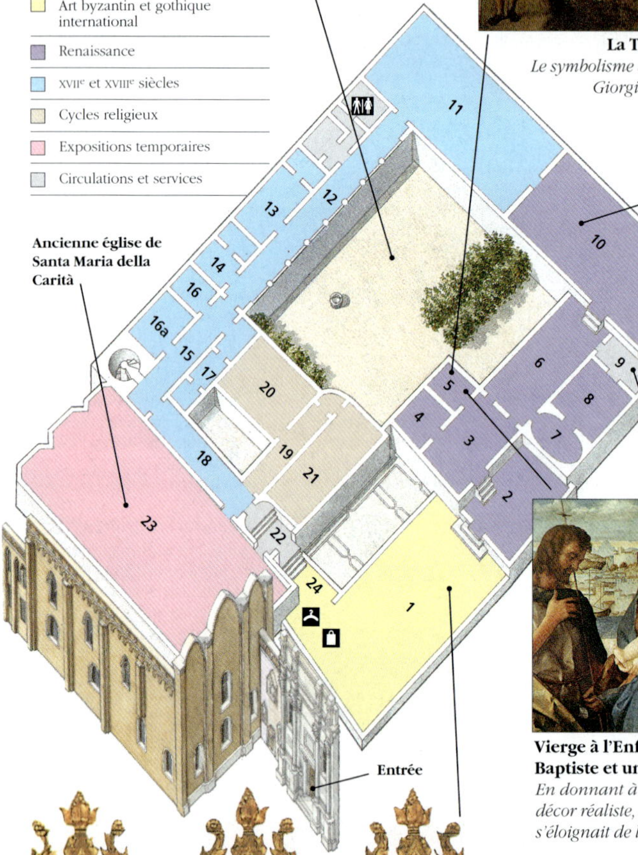

Vierge à l'Enfant entre saint Jean-Baptiste et une sainte *(vers 1504)*
En donnant à ce superbe tableau un décor réaliste, Giovanni Bellini s'éloignait de la tradition médiévale.

Le Couronnement de la Vierge *(1325)*
Ces panneaux du polyptyque de Paolo Veneziano représentent des scènes de la vie de saint François.

La Guérison d'un possédé (vers 1496) par Vittore Carpaccio

Mode d'emploi

Campo della Carità. **Plan** 6 E3.
041 522 22 47. Accademia. de 9 h à 22 h du mar. au dim., de 9 h à 14 h lun. (der. entrée 30 mn av. la ferm.). 1er jan., 1er mai, 25 déc.

Art byzantin et gothique international

Cette salle met en relief l'évolution des primitifs vénitiens. Dans le *Couronnement de la Vierge* (1325) de Paolo Veneziano, l'utilisation de l'or et le panneau central restent byzantins tandis que la fluidité des lignes est déjà gothique, une progression vers le naturalisme qui s'affirme dans le *Couronnement de la Vierge* peint en 1448 par Michele Giambono.

La Renaissance

La Renaissance se développa plus tard à Venise qu'à Florence ou à Rome, et dans la première moitié du xve siècle, la *Sacra Conversazione* réunissant dans une même composition la Vierge et des saints reste un des thèmes favoris de la peinture vénitienne. Le retable peint par Bellini vers 1487 pour San Giobbe en offre un bon exemple en salle 2.

Un siècle plus tard, le chemin parcouru est immense comme en témoigne le grand tableau du *Repas chez Lévi* (1573) de Paolo Véronèse. Il représentait à l'origine la *Cène*, mais son réalisme valut à son auteur de comparaître devant l'Inquisition. En salle 10 également, *Saint Marc libérant un esclave* (1548) du Tintoret marque le passage au maniérisme.

XVIIe et XVIIIe siècles

L'école vénitienne du xviiie siècle doit beaucoup à des artistes venus de l'extérieur comme le Génois Bernardo Strozzi (1581-1644) dont *Le Repas chez Simon* (1629) révèle en salle 11 l'admiration pour l'œuvre de Véronèse. Dans cette salle se trouvent également des toiles de Giambattista Tiepolo, le meilleur peintre vénitien du xviiie siècle, notamment une *Découverte de la Vraie Croix* (1745).

Avec des compositions pastorales de Francesco Zuccarelli, des tableaux de Marco Ricci et des scènes de la vie quotidienne de Pietro Longhi, paysages et peinture de genre sont à l'honneur dans le long couloir (12) et les salles qu'il dessert. Une vue de Venise (1763) par Canaletto témoigne de son sens et de sa maîtrise de la perspective. C'était son œuvre de réception à l'Accademia.

Cycles religieux

Deux grands cycles de peintures ramènent en fin de visite à la Renaissance. Ils offrent un aperçu fascinant de l'aspect de Venise et de la vie quotidienne de ses habitants à la fin du xve siècle.

En salle 20 s'admirent notamment *La Procession sur la place Saint-Marc* (1496) de Gentile Bellini et *La Guérison d'un possédé* (1494) par Vittore Carpaccio. Celui-ci réalisa également les huit grands tableaux exposés en salle 21 replaçant des épisodes de la légende de sainte Ursule dans l'Italie de son époque.

Le Repas chez Lévi (1573) par Paolo Véronèse

La place Saint-Marc pas à pas

Le lion de Saint-Marc

Au cours des siècles, d'innombrables cortèges, processions et carnavals ont témoigné par leur faste sur la piazza San Marco de la puissance et de la richesse de la Sérénissime République. Ce sont les touristes qui s'y pressent aujourd'hui par milliers pour visiter la basilique Saint-Marc, le palais des Doges ou le musée Correr. Des orchestres s'y produisent en plein air en été et les galeries des Procuratie abritent des cafés élégants, notamment le Quadri et le Florian, et des boutiques de luxe.

Torre dell'Orologio
La tour de l'horloge date de la Renaissance 20

Des gondoles s'amarrent dans le bacino Orseolo, nommé d'après le doge Pietro Orseolo qui fonda ici un hospice pour pèlerins en 977.

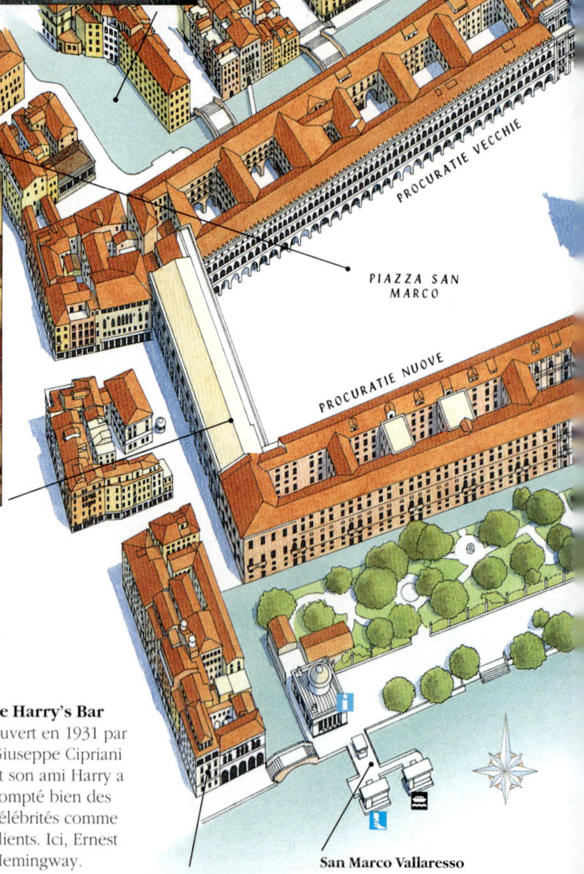

La piazza avait pour Napoléon l'élégance d'un « salon splendide ».

Museo Correr
La Pietà *(1455-1460) de Giovanni Bellini est un des nombreux chefs-d'œuvre exposés dans ce musée* 22

Le Harry's Bar ouvert en 1931 par Giuseppe Cipriani et son ami Harry a compté bien des célébrités comme clients. Ici, Ernest Hemingway.

San Marco Vallaresso

★ La basilique Saint-Marc
La translation du corps de saint Marc, mosaïque du portail nord, est du XIIIe siècle ⓲

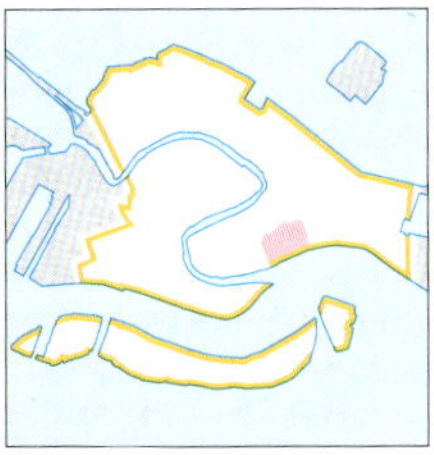

Carte de situation
Voir l'atlas des rues de Venise, plan 7

Campanile
Il s'écroula en 1902 et fut rebâti à l'identique ㉑

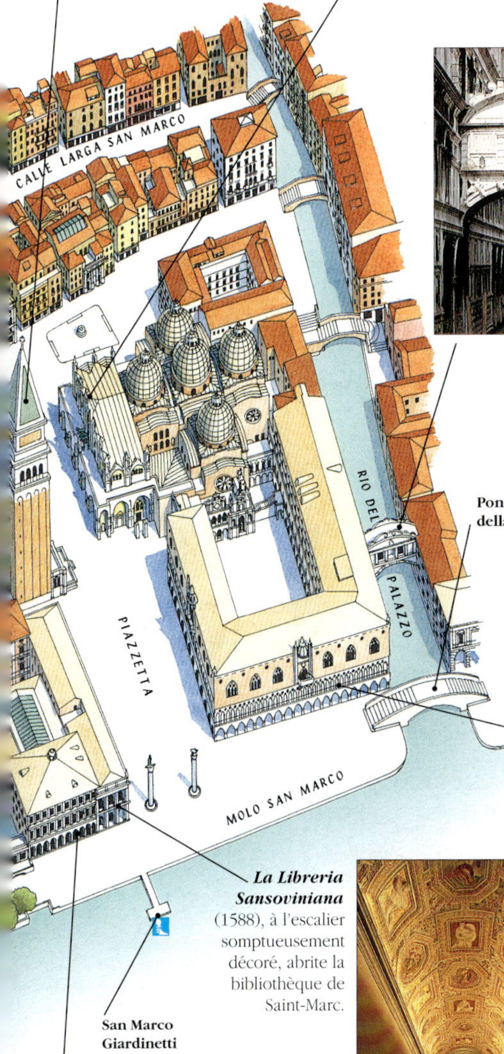

Le pont des Soupirs (1600) reliait le palais des Doges à la prison. Son nom viendrait des gémissements des détenus qui l'empruntaient.

Ponte della Paglia

★ Le palais des Doges
Ancien siège du pouvoir politique de la République, le Palazzo Ducale possède tout le raffinement du gothique vénitien ⓳

La Libreria Sansoviniana (1588), à l'escalier somptueusement décoré, abrite la bibliothèque de Saint-Marc.

San Marco Giardinetti

La Zecca, entreprise en 1537 sur des dessins de Sansovino, fut la Monnaie de Venise jusqu'en 1870 et donna son nom au *zecchino*, le sequin.

0 75 m

À NE PAS MANQUER

- ★ La basilique Saint-Marc
- ★ Le palais des Doges

La basilique Saint-Marc ⓲

La cathédrale de Venise, la basilica di San Marco, l'un des plus beaux édifices religieux d'Europe, jouit d'une célébrité méritée dans le monde entier. Splendide métissage de traditions occidentales et orientales, elle offre un étonnant reflet de l'histoire de la cité, notamment de ses conquêtes dont le butin l'embellirent d'œuvres d'art, tels que les chevaux de bronze rapportés de Constantinople en 1204. Des mosaïques de différentes époques décorent sa façade, dont le portail principal présente des sculptures romanes (1240-1265) parmi les plus belles d'Italie.

Saint Marc et les anges
Les statues couronnant l'arche centrale datent du début du XVe siècle.

La coupole de la Pentecôte, probablement la première à être décorée de mosaïques, montre la descente du Saint-Esprit sous forme de colombe.

Des arcs élancés rappellent ceux du rez-de-chaussée.

★ Les chevaux de Saint-Marc
Il s'agit de copies des bronzes dorés originaux désormais conservés dans le musée de la basilique.

Les reliefs romans du portail principal datent du XIIIe siècle.

Entrée

À NE PAS MANQUER
★ Les mosaïques de la façade
★ Les chevaux de Saint-Marc

★ Les mosaïques de la façade
Cette mosaïque du XVIIe siècle représente des marchands sortant d'Alexandrie le corps de saint Marc caché sous des morceaux de lard.

Baldaquin
Des scènes du Nouveau Testament ornent les colonnes d'albâtre du dais du maître-autel.

La coupole de l'Ascension est décorée par une superbe mosaïque du XIIIe siècle représentant la Vierge, les douze apôtres et des anges entourant le Christ.

Le corps de saint Marc, disparu lors de l'incendie de 976, fut retrouvé ici lors de la consécration de la nouvelle église en 1094.

Les motifs du pavage en mosaïque comprennent des oiseaux et des animaux allégoriques.

Trésor de Saint-Marc

Les Tétrarques
Égyptien, ce groupe de porphyre du IVe siècle représenterait Dioclétien, Maximilien, Valérien et Constance qui se partagèrent la direction de l'Empire romain à la fin du IIIe siècle.

MODE D'EMPLOI

Piazza San Marco. **Plan** 7 B2.
041 522 52 05.
San Marco. **Basilique**
de 10 h à 16 h du lun. au sam., de 13 h à 16 h dim. *visites limitées pendant les offices.*
Musée, Trésor et Pala d'Oro
mêmes horaires
(visites guidées.)

LA CONSTRUCTION DE SAINT-MARC

Construite sur un plan en croix grecque et coiffée de cinq coupoles, la basilique actuelle est la troisième église à se dresser sur ce site. En 976, un incendie détruisit la première, bâtie en 829 pour recevoir le corps de saint Marc. La deuxième s'avéra vite trop modeste et les travaux d'un sanctuaire témoignant mieux de la nouvelle puissance de Venise commencèrent en 1063. L'édifice reçut constamment des ajouts au fil des siècles et, à partir de 1075, tous les navires revenant de l'étranger devaient rapporter un ornement précieux pour la « Maison de saint Marc ». Les mosaïques intérieures couvrent 4 240 m² et remontent pour la plupart aux XIIe et XIIIe siècles, bien que certaines soient d'artistes tels que Titien et le Tintoret. Chapelle des doges, Saint-Marc ne remplaça qu'en 1797 San Pietro di Castello comme cathédrale de Venise.

Vendangeur (XIIIe siècle) sculpté au portail principal

À la découverte de la basilique Saint-Marc

L'or est partout à l'intérieur de San Marco et la douceur de la lumière le rend peut-être encore plus présent en créant une atmosphère empreinte de mystère. Les trésors accumulés en six siècles et la richesse du décor, du pavement de marbre et de verre jusqu'aux mosaïques ornant les murs et les coupoles, justifient plus d'une visite. Du narthex, un escalier conduit au Museo Marciano où s'admirent les célèbres chevaux de bronze doré. Parmi les œuvres d'art les plus précieuses de la cathédrale figurent également l'icône de la Vierge Nicopeia, les pièces d'orfèvrerie du Trésor et la Pala d'Oro, derrière le maître-autel.

Vierge Nicopeia
Rapportée de Constantinople en 1204, cette icône est l'objet d'un culte fervent.

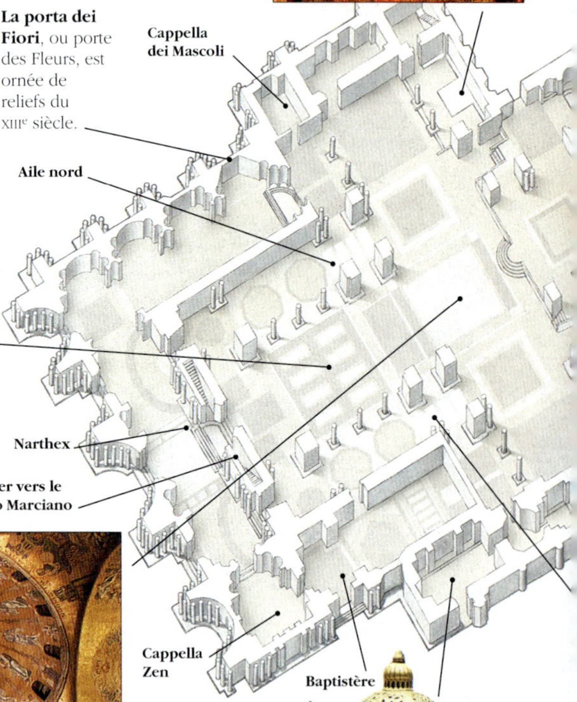

★ La coupole de la Pentecôte
Des langues de feu y symbolisent la descente du Saint-Esprit sur les Apôtres.

★ La coupole de l'Ascension
Chef-d'œuvre d'artistes vénitiens du XIIIe siècle, sa mosaïque du Christ en gloire reste très influencée par l'art byzantin.

★ Le Trésor
Parmi les nombreux objets précieux italiens et byzantins qu'il renferme figure ce reliquaire en argent doré du XIe siècle.

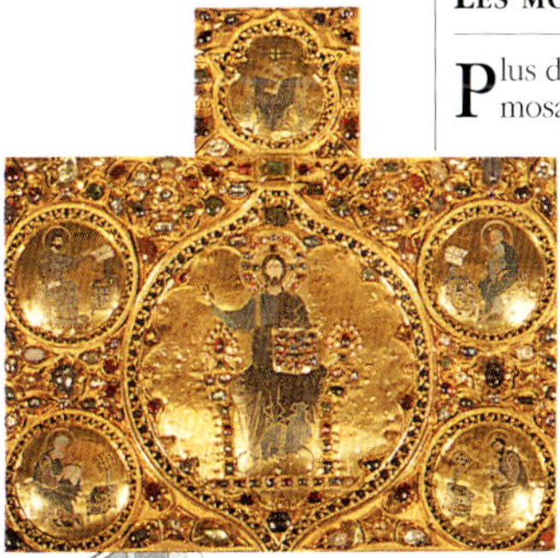

★ La Pala d'Oro *250 panneaux comme celui-ci forment le « retable d'Or » façonné au xe siècle.*

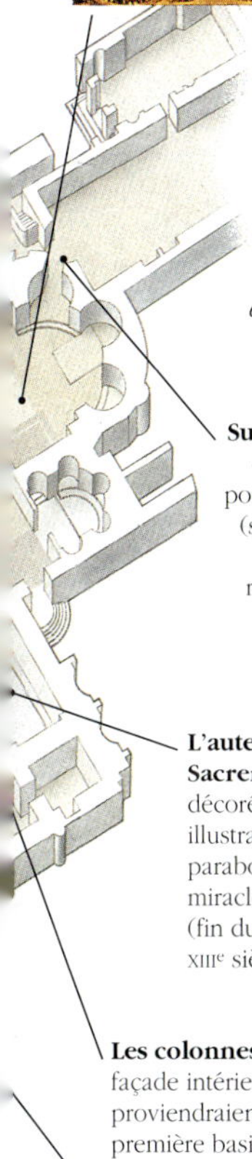

Sur les panneaux de bronze de la porte de la sacristie (souvent fermée), Sansovino s'est représenté à côté de Titien et de l'Arétin.

L'autel du Saint-Sacrement est décoré de mosaïques illustrant des paraboles et des miracles du Christ (fin du xiie-début du xiiie siècle).

Les colonnes de la façade intérieure proviendraient de la première basilique.

Aile sud

À NE PAS MANQUER

- ★ La Pala d'Oro
- ★ Le Trésor
- ★ Les coupoles de l'Ascension et de la Pentecôte

Les mosaïques

Plus de 4 000 m² de mosaïques à fond d'or couvrent les murs et les coupoles de la cathédrale. Des artistes levantins exécutèrent les premières au xie siècle, mais les Vénitiens assimilèrent leur technique et prirent graduellement en main la décoration de leur basilique, métissant la tradition byzantine de modes de représentation occidentaux. Au xvie siècle, ce sont les dessins d'artistes tels que Titien, Véronèse et le Tintoret qui servirent de modèles.

Des milliers de petits cubes de marbre, de porphyre et de verre composent les motifs du pavement. Certains ont une signification allégorique. Deux coqs emportant un renard symbolisent ainsi dans le transept gauche la victoire de la vigilance sur la ruse.

La Pala d'Oro

Il faut dépasser la cappella di San Clemente pour atteindre derrière le maître-autel l'accès au plus précieux trésor de Saint-Marc : la Pala d'Oro. Enchâssées dans un cadre gothique en argent doré, 250 plaques d'or émaillées composent ce retable commandé en 976 à des orfèvres byzantins puis enrichi au fil des siècles, notamment de joyaux tels que rubis, perles, saphirs et améthystes. En 1797, Napoléon s'empara de pierres précieuses mais n'osa pas les dérober toutes.

Le Museo Marciano

Des panneaux marqués « Loggia dei Cavalli » guident jusqu'à l'escalier qui monte du narthex au musée de la basilique. Installés dans une salle du fond, les chevaux de bronze ornaient jadis l'hippodrome de Constantinople et firent partie du butin lors du pillage de la ville en 1204. Leur origine première, romaine ou hellénistique, reste cependant inconnue. Le musée expose également des manuscrits médiévaux, des mosaïques et des étoffes et des tapisseries anciennes.

Le baptistère et les chapelles

Le doge Andrea Dandolo (1343-1354) fit bâtir le baptistère et il y repose avec Sansovino qui dessina les fonts. À côté, la cappella Zen devint en 1504 la chapelle funéraire du cardinal Giambattista Zen après qu'il eut légué ses biens à la République.

Dans le transept gauche, des scènes de la vie de la Vierge ornent la cappella dei Mascoli, tandis que la troisième chapelle renferme la Vierge de Nicopeia, icône portée jadis en tête de l'armée byzantine partant en guerre.

L'Arche de Noé, mosaïque du xiiie siècle ornant le narthex

Le palais des Doges ⓳

Mars par Sansovino

Forteresse à sa fondation au IXe siècle, le Palazzo Ducale, ancienne résidence des maîtres de Venise, a subi au cours de sa longue histoire de nombreux incendies et a pris son apparence actuelle aux XIVe et XVe siècles. Ce chef-d'œuvre gothique tire son élégance d'une habile inversion des masses architecturales : les volumes pleins (en marbre rose) ne se trouvent pas au rez-de-chaussée mais à l'étage et c'est une arcade très aérée en pierre blanche d'Istrie qui les supporte.

★ L'escalier des Géants
Symboles de la puissance de Venise, Mars et Neptune par Sansovino dominent cet escalier du XVe siècle.

★ La Porta della Carta
Entrée principale du palais, cette porte gothique du XVe siècle ouvre sur un passage voûté qui conduit à l'Arco Foscari et à la cour intérieure.

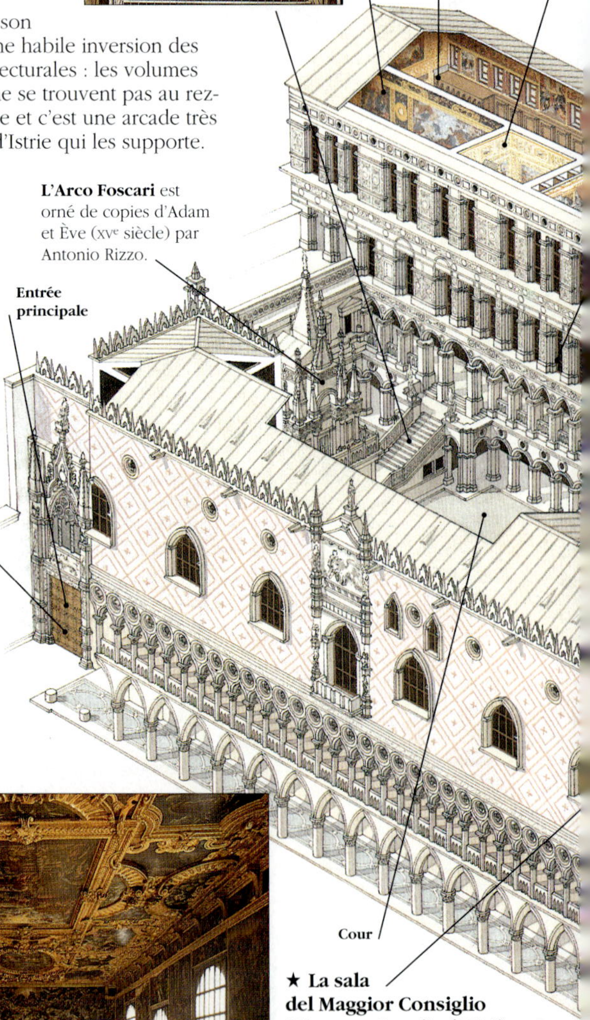

L'Arco Foscari est orné de copies d'Adam et Ève (XVe siècle) par Antonio Rizzo.

★ La sala del Maggior Consiglio
L'immense Paradis *(1590) du Tintoret occupe tout un mur de cette vaste salle où se réunissait le Grand Conseil de la République.*

Sala delle Scudo
Des cartes du monde couvrent les murs de cette pièce qui faisait partie des appartements du doge. Deux grands globes du XVIIIe siècle en occupent le centre.

Mode d'emploi

Piazzetta. **Plan** 7 C2. 041 522 49 51. San Marco. de avr. à oct. : de 9 h à 17 h t.l.j. ; de nov. à mars : de 9 h à 17 h t.l.j. (der. ent. 1 h 30 av. la ferm.). 1er jan., 25 déc.

La salle des Tortures
Les suspects y restaient suspendus par les poignets pendant leur interrogatoire.

L'Ivresse de Noé
Cette allégorie de la faiblesse humaine du XVe siècle orne un coin du palais.

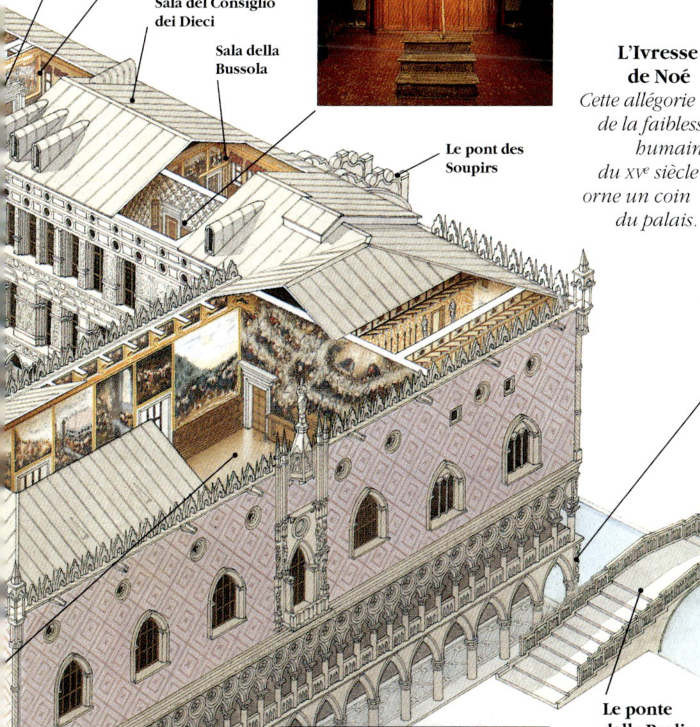

Sala delle Quattro Porte

Sala del Consiglio dei Dieci

Sala della Bussola

Le pont des Soupirs

Le ponte della Paglia est lui aussi construit en pierre d'Istrie.

Loggia
La loggia du premier étage laisse entrer la lumière à flots et offre une belle vue sur la lagune.

À ne pas manquer

★ L'escalier des Géants

★ La Porta della Carta

★ La Sala del Maggior Consiglio

À la découverte du palais des Doges

À moins que vous puissiez accéder aux appartements du doge, ouverts uniquement pour des expositions temporaires, la visite commence au dernier étage et vous entraîne sur trois niveaux à travers salles richement décorées et salons d'apparat. Elle emprunte le pont des Soupirs pour rejoindre les prisons.

L'une des plus grandes toiles du monde : le *Paradis* du Tintoret et de son fils Domenico dans la sala del Maggior Consiglio

Scala d'Oro et cour intérieure

Depuis la Porta del Frumento, un passage voûté conduit à la cour du palais. En face, l'escalier des Géants (XVe siècle) d'Antonio Rizzo s'élève jusqu'au palier où le nouveau doge coiffait la *zogia*, bonnet symbolisant son pouvoir. La billetterie et l'entrée du palais se trouvent à gauche. La Scala d'Oro, dessinée par Jacopo Sansovino, doit son nom d'« escalier d'or » à son décor en stuc par Alessandro Vittoria (1554-1558). Elle mène aux étages supérieurs.

De la sala delle Quattro Porte à la sala del Senato

Dessinée par Palladio, la première salle, la sala delle Quattro Porte, présente un plafond décoré de fresques par le Tintoret. Celui ci peignit aussi plusieurs des scènes mythologiques de la pièce suivante où s'admire, en face de la fenêtre, le superbe *Enlèvement d'Europe* (1580) de Véronèse. La visite conduit ensuite dans la sala del Collegio où travaillaient les 26 « sages » du gouvernement de la République. Onze tableaux (1577) par Véronèse ornent son plafond à caissons. Dans le cadre somptueux composé par des peintures du Tintoret et de Palma le Jeune, la sala del Senato voisine accueillait les réunions des membres du Sénat (120 au XVIIe siècle) chargé de décider de la politique étrangère.

***Bocca di leone* ouverte aux dénonciations**

De la sala del Consiglio dei Dieci à l'Armeria

Il faut repasser par la sala delle Quattro Porte pour atteindre la sala del Consiglio dei Dieci où travaillait le redouté Conseil des Dix fondé en 1310 et doté d'un pouvoir absolu en matière de sécurité de l'État. Deux belles œuvres de Véronèse ornent le plafond : *Vieil Oriental avec une jeune femme* et *Junon offrant à Venise la coiffure de doge*. Dans la sala della Bussola, nommée d'après sa contre-porte à tambour, un coffre recevait les dénonciations jetées dans une *bocca di leone* (gueule de lion). Une porte en bois mène à la salle des Inquisiteurs et, de là, à la salle des Tortures et aux prisons. Les collections d'armes et d'armures de l'Armeria occupent les salles suivantes. Elles font partie des plus belles d'Europe.

Sala del Maggior Consiglio

La scala dei Censori descend au premier étage où se trouve, après la sala del Guarantio et les statues d'Adam et Ève (1470) par Antonio Rizzo, la sala del Maggior Consiglio, salle aux proportions monumentales où se réunissait le Grand Conseil de la Sérénissime République. Celui-ci comprenait au milieu du XVIe siècle environ 2 000 membres. Tout Vénitien mâle de plus de 25 ans appartenant à une famille patricienne y siégeait de droit à moins d'avoir épousé une roturière. Long de près de 25 mètres, l'immense *Paradis* (1587-1590) que le Tintoret peignit aidé de son fils occupe le mur oriental. La visite prend ensuite un tour plus sombre, empruntant le pont des Soupirs pour rejoindre les geôles des Prigioni Nuove.

***La Dialectique* (vers 1577) par Véronèse dans la sala del Collegio**

Torre dell' Orologio ⓴

Piazza San Marco. **Plan** 7 B2. *San Marco.* *sur rendez-vous.*

Attribuée à Mauro Coducci, cette élégante tour Renaissance de la fin du xve siècle domine le nord de la piazza. Son cadran d'émail bleu et blanc indique les phases de la lune et les constellations du zodiaque. Selon la légende, les deux horlogers qui mirent au point son mécanisme complexe eurent ensuite les yeux crevés pour les empêcher d'en créer une réplique.

Le cadran de la Torre dell'Orologio

Au sommet de la tour, deux géants de bronze sonnent les heures. Ils doivent à leur patine le surnom de *Mori* (Maures). Le jour de l'Ascension, leur sonnerie fait apparaître les Rois mages qui viennent se prosterner devant les statues de la Vierge et du Christ.

Le campanile ㉑

Piazza San Marco. **Plan** 7 B2. 041 522 40 64. *San Marco.* *été : 9 h-21 h ; hiver : 9 h 30-15 h 45 t.l.j.* *jan.*

Du haut du campanile, 80 m au-dessus de la piazza, les visiteurs découvrent un panorama sublime de la ville, de la lagune et, par temps très clair, des sommets des Alpes. C'est de là que Galilée fit essayer son télescope au doge Leonardo Donà en 1609. Il avait dû pour cela emprunter l'escalier. Il existe aujourd'hui un ascenseur.

La première tour élevée sur le site en 1173 servait de phare et guidait les marins vers la lagune. Elle joua un rôle moins charitable pendant le Moyen Âge quand les condamnés restaient exposés, parfois jusqu'à la mort, dans une cage suspendue près de son sommet. L'édifice connut au xvie siècle une restauration par Bartolomeo Bon après un tremblement de terre, mais subsista sans autre dommage jusqu'au 14 juillet 1902 où il s'effondra subitement à dix heures du matin sur la Logetta et le chat du gardien, la seule victime. Les dons affluèrent et la première pierre d'un nouveau campanile *dov'era e com'era* (« où il était et comme il était ») fut posée dès l'année suivante. L'inauguration eut lieu le 25 avril (jour de la Saint-Marc) 1912.

Museo Correr ㉒

Procuratie Nuove. Entrée dans Ala Napoleonica. **Plan** 7 B2. *041 522 56 25.* *San Marco.* *avr.-oct. : 9 h-19 h ; nov.-mars : 9 h-17 h.* *1er jan., 25 déc.*

La vaste collection d'œuvres d'art léguée à la ville en 1830 par Teodoro Correr est à l'origine du musée qui porte son nom.

Les salles du premier étage offrent un cadre néo-classique particulièrement approprié aux statues d'Andrea Canova (1757-1822). Consacrée à l'histoire de la République de Venise, l'exposition propose en outre cartes, monnaies, armes, médailles, souvenirs et documents divers.

***Portrait d'homme au bonnet rouge* par Carpaccio au Museo Correr**

Le deuxième étage abrite une galerie de peintures, la Quadreria, d'une richesse dépassée à Venise seulement par l'Accademia. Accrochés dans l'ordre chronologique, les tableaux permettent de suivre l'évolution de l'école vénitienne et de discerner les influences qu'eurent sur elle des artistes de Ferrare, de Padoue et des Flandres.

Parmi les chefs-d'œuvre les plus célèbres figurent le *Portrait d'homme au bonnet rouge* (vers 1490) et *Les Courtisanes* (vers 1507) de Vittore Carpaccio.

Au même niveau, le museo del Risorgimento aborde au travers de documents variés les aspects de l'histoire de la ville liés à l'unification italienne en 1866.

Le plafond en triple carène de Santo Stefano

Santo Stefano ㉓

Campo Santo Stefano. **Plan** 6 F2. *041 275 04 62.* *Accademia ou Sant'Angelo.* *de 10 h à 17 h du lun. au sam., de 13 h à 17 dim.*

Désaffectée six fois à cause des violences qui s'y déroulèrent, la charmante, et aujourd'hui sereine, église gothique Santo Stefano, entreprise en 1294 et remaniée au xve siècle, possède un portail sculpté par Bartolomeo Bon, un campanile à l'inclinaison typiquement vénitienne et une superbe voûte en triple carène. La sacristie abrite trois peintures du Tintoret et un *Baptême du Christ* par Paris Bordone.

Santi Giovanni e Paolo ㉔

Élevée par les dominicains de 1240 à 1430, Santi Giovanni e Paolo, plus connue sous le diminutif de San Zanipolo, rivalise avec les Frari *(p. 94-95)* pour le titre de plus grande église gothique de Venise. Véritable Panthéon de la Sérénissime République, elle abrite dans un cadre austère les tombeaux de 25 doges. Certains sont de remarquables œuvres d'art exécutées par des sculpteurs de premier plan, notamment des membres de la famille Lombardo.

Nef
Dix colonnes en pierre d'Istrie séparent la nef centrale des bas-côtés.

Une statue de bronze rend hommage au doge Sebastiano Venier, commandant de la flotte à Lépante.

★ Le tombeau de Nicolò Marcello
Sculpté par Pietro Lombardo, ce magnifique monument Renaissance commémore le doge mort en 1474.

Le portail, sculpté par Bartolomeo Bon et orné de reliefs byzantins, est une des premières réalisations architecturales Renaissance de Venise.

★ Le tombeau de Pietro Mocenigo
Œuvre superbe de Pietro Lombardo (1481), il commémore les exploits militaires du doge, général en chef des forces vénitiennes.

★ Le polyptyque de Bellini
Peint vers 1465, il représente le dominicain espagnol saint Vincent Ferrier entre saint Sébastien et saint Christophe.

Mode d'emploi

Campo Santi Giovanni e Paolo (ou San Zanipolo). **Plan** 3 C5. *041 523 75 10.* *Fondamente Nuove ou Ospedale Civile.* *de 8 h à 12 h 30, de 15 h à 18 h 30 du lun. au sam. ; de 15 h à 18 h dim.*

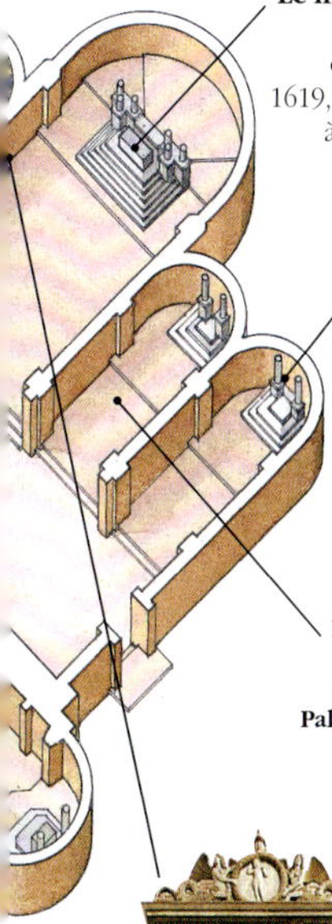

Le maître-autel baroque, entrepris en 1619, est attribué à Baldassare Longhena.

Statues du XVIe siècle par Vittoria

Fresques du XVIe siècle attribuées à Palma le Jeune

★ Le tombeau d'Andrea Vendramin
Ce chef-d'œuvre des Lombardo prend la forme d'un arc de triomphe.

Mode d'emploi

★ Les tombeaux des Doges

★ Le polyptyque de Bellini

La statue de Colleoni ㉕

Campo Santi Giovanni e Paolo.
Plan 3 C5. *Ospedale Civile.*

Célèbre condottiere qui mena souvent campagne pour Venise à la tête de ses mercenaires, Bartolomeo Colleoni légua en 1475 son immense fortune à la République à condition que sa statue se dresse « devant Saint-Marc ». L'État vénitien ne pouvait à l'époque refuser une telle manne, mais même l'effigie de l'évangéliste dont elle porte le nom ne se dresse pas sur la piazza San Marco. Pour sauver les apparences, on installa donc Colleoni devant la scuola di San Marco. Sculptée par le Florentin Andrea Verrocchio et fondue après sa mort par Alessandro Leopardi, sa statue équestre (1481-1488) n'en est pas moins un chef-d'œuvre de la Renaissance.

Santa Maria Formosa ㉖

Campo Santa Maria Formosa.
Plan 7 C1. *Rialto.* *10 h-17 h 30 lun.-sam., 15 h-17 h 30 dim. et jours fériés.*

Dessinée par Mauro Coducci en 1492, cette église a deux façades principales, l'une sur la place, l'autre sur le canal. Le campanile ne date que de 1688. À l'intérieur, deux tableaux ressortent de l'ensemble : le triptyque de la *Vierge* (1473) de Bartolomeo Vivarini et le polyptyque peint par Palma le Vieux vers 1510 en l'honneur de sainte Barbe, patronne des artilleurs.

San Zaccaria ㉗

Campo San Zaccaria. **Plan** 8 D2.
041 522 12 57. *San Zaccaria.* *de 10 h à 12 h, de 16 h à 18 h du lun. au sam., de 11 h à 12 dim.*

Dominant une place tranquille à un jet de pierre de la riva degli Schiavoni, cette église fondée au IXe siècle allie avec bonheur le style gothique et le classicisme de la Renaissance, notamment sur la façade commencée au XVe siècle par Antonio Gambello et achevée après sa mort en 1481 par Mauro Coducci.

De grandes peintures décorent l'intérieur, dont une *Vierge à l'Enfant entourée de saints* (1505) de Giovanni Bellini. Ce tableau serein et richement coloré est une de ses plus belles œuvres. Dans le bas-côté droit, une porte donne sur la cappella di San Anastasio qu'il faut traverser pour atteindre la cappella di San Tarasio. Le Florentin Andrea del Castagno peignit en 1442 les fresques de sa voûte. Trois magnifiques polyptyques (1443-1444) d'Antonio Vivarini et Giovanni d'Alemagna ornent le chœur.

Sainte Barbe (v. 1510) par Palma le Vieux à Santa Maria Formosa

Panneau Renaissance par Coducci sur la façade de San Zaccaria

Scuola di San Giorgio degli Schiavoni ㉘

Calle Furlani. **Plan** 8 E1. *041 522 88 28.* *San Zaccaria.* *d'avril à sept. : de 9 h 30 à 12 h 30, de 15 h 30 à 18 h 30 du mar. au sam., dim. mat. ; d'oct. à mars : de 10 h à 12 h 30, de 15 h à 18 h du mar. au sam., dim. mat.* *1er jan., 1er mai, 25 déc.*

Venise a très tôt accueilli une communauté de Dalmates, ou *Schiavoni* (Esclavons), originaires de la côte orientale de l'Adriatique. Celle-ci fit édifier en 1451 cette *scuola* pour y établir sa confrérie d'entraide. Il est surtout célèbre par les tableaux de Vittore Carpaccio qu'il abrite. Exécutés entre 1502 et 1508, ils offrent, au travers d'épisodes des vies de saint Georges, saint Tryphon et saint Jérôme, un portrait minutieux et superbe de la vie à Venise à la Renaissance. Parmi les plus beaux figurent *Saint Georges terrassant le dragon, Saint Jérôme et le Lion* et *La Vision de saint Jérôme.*

San Giovanni in Bragora ㉙

Campo Bandiera e Moro. **Plan** 8 E2. *041 520 59 06.* *Arsenale.* *de 8 h à 11 h, de 15 h à 19 h du lun. au ven., de 8 h 30 à 11 h sam. et dim.*

Entreprise en 1475, cette église essentiellement gothique offre un cadre intime à de belles peintures illustrant le passage de l'art du Moyen Âge à celui de la Renaissance. Retable incontestablement gothique, une *Vierge à l'Enfant entourée de saints* (1478) de Bartolomeo Vivarini contraste ainsi avec le grand *Baptême de Jésus* (1492-1495) de Cima da Conegliano qui orne le maître-autel.

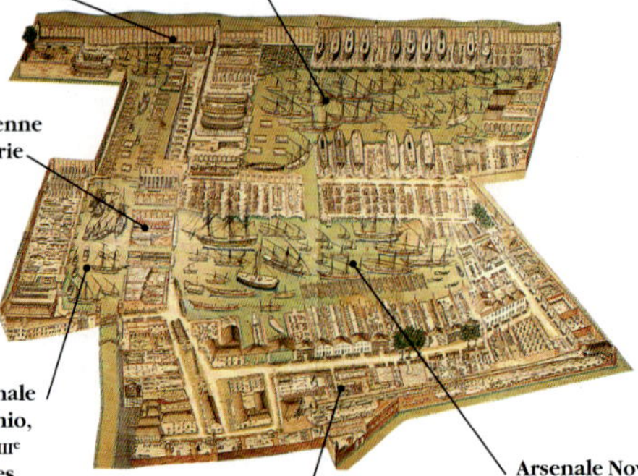

L'Arsenal d'après une gravure du XVIIIe siècle

L'Arsenal ㉚

Plan 8 F1. *Arsenale ou Tana.* **Museo Storico Navale** Campo San Biagio. **Plan** 8 F3. *041 520 02 76.* *de 9 h à 13 h du lun. au sam.* *1er jan., 1er mai, 25 déc. et fêtes religieuses.*

Fondé au XIIe siècle, l'Arsenal était devenu au XVIe siècle le plus grand chantier naval du monde, capable, disait-on, de fabriquer une galère par jour. Cerné de remparts de briques crénelés, dont Antonio Gambello exécuta en 1460 le portail principal gardé depuis 1687 par des lions de pierre rapportés du Pirée, il formait une véritable ville à l'intérieur de la cité et reste un endroit secret bien qu'en grande partie déserté. Prendre un *vaporetto* de la ligne 52 permet cependant de découvrir les bâtiments et les quais de l'Arsenale Vecchio.

Sur le campo San Biagio, le **Museo Storico Navale** retrace l'histoire de la marine vénitienne au travers de nombreux documents, armes et maquettes. Ne pas manquer les vestiges du *Bucentaure*, l'ancien navire de cérémonie des doges.

San Giorgio Maggiore ㉛

Plan 8 D4. *041 522 78 27.* *San Giorgio.* *9 h 30-12 h 30, 14 h 30-17 h t.l.j. (été : plus tard)* **Fondazione Cini** *041 528 99 00.* *lun.-ven. sur r.-v.*

L'image offerte par la petite île de San Giorgio Maggiore en face de la Piazzetta ressemble à un décor

Saint Georges terrassant le dragon **(1502-1508) par Carpaccio à la Scuola di San Giorgio degli Schiavoni**

de théâtre. Reconstruite en 1565 par Andrea Palladio, l'église est une de ses plus belles œuvres, Scamozzi ayant su respecter son style en exécutant la façade. L'équilibre des proportions intérieures du sanctuaire se retrouve dans l'église d'Il Redentore que Palladio éleva à partir de 1577 sur l'île de la Giudecca voisine.

Deux peintures (1594) du Tintoret ornent le chœur de San Giorgio Maggiore : la *Cène* et la *Manne dans le Désert*. Son dernier tableau, une *Déposition* achevée par son fils Domenico, orne la cappella dei Morti.

Le sommet du campanile offre une vue splendide de la ville et de la lagune. En baissant les yeux, vous découvrirez les cloîtres qui appartiennent désormais à la **Fondazione Cini**, centre culturel qui organise des expositions internationales d'art.

San Giorgio Maggiore par Palladio

Le chevet à colonnades de la basilica dei Santi Maria e Donato de Murano

Murano 32

41 depuis San Zaccaria; 12, 13, depuis Fondamente Nuove.

Comme Venise, Murano s'étale sur une myriade d'îlots reliés par des ponts. Le bourg est devenu un grand centre de la verrerie en 1291 quand il fut décidé que cette industrie créait trop de risques d'incendie à l'intérieur de la cité des Doges. Les meilleures manufactures y proposent toujours des pièces d'une grande qualité.

Museo Vetrario

Palazzo Giustinian, Fondamenta Giustinian. *041 73 95 86.* *de 10 h à 17 h (d'oct. à mars : 16 h) du jeu. au mar.*

Murano devint la capitale européenne de la verrerie aux XVe et XVIe siècles et cet artisanat continue d'y attirer de nombreux touristes. Installé dans le palazzo Giustinian, le Museo Vetrario présente une belle collection de pièces anciennes dont la coupe de mariage soufflée par Angelo Barovier au XVe siècle constitue le joyau.

Basilica dei Santi Maria e Donato

Fondamenta Giustinian. *041 73 90 56.* *t.l.j.*

Malgré une importante restauration au XIXe siècle, la basilique dei Santi Maria e Donato, bâtie au XIIe siècle dans le style vénéto-byzantin, a gardé toute sa grâce, notamment au chevet formé d'une abside à colonnades. À l'intérieur, un pavement en mosaïque exécuté en 1140 présente un superbe décor associant poissons, oiseaux, créatures fantastiques et motifs géométriques.

Burano 33

12 depuis Fondamente Nuove ; 14 depuis San Zaccaria.

Dans une partie isolée du nord de la lagune, Burano se reconnaît de loin au clocher penché de son église. Très peuplée, contrairement à Torcello, et célèbre par les maisons peintes de couleurs vives qui se mirent dans ses canaux, c'est la plus animée des îles proches de Venise.

L'artère principale, la via Baldassare Galuppi, porte le nom du compositeur né à Burano en 1705. Échoppes de dentelles et trattorie servant du poisson frais la bordent.

Scuola dei Merletti

Piazza Baldassare Galuppi. *041 73 00 34.* *du mer. au lun.* *jours fériés (téléphoner)*

Traditionnellement, les habitants de Burano vivent de la pêche et de la dentelle, mais si l'on voit toujours sur l'île des pêcheurs réparant leur bateau ou leurs filets, les dentellières y sont devenues rares, sauf dans l'école des dentellières, la scuola dei Merletti, où il reste possible de les regarder travailler. Fondée en 1872 pour relancer une production de qualité et sauver le délicat et réputé *punto di aria* (littéralement : le point fait d'air) dont le secret allait se perdre, cette institution comprend un musée. La véritable dentelle de Burano demande toutefois un tel travail qu'elle est devenue un luxe dispendieux.

Verrerie vénitienne

La casa Bepi, une des maisons multicolores de Burano

Torcello ㉞

Habitée dès le ve siècle, l'île de Torcello possède le plus vieil édifice de la lagune : la cathédrale Santa Maria dell'Assunta fondée en 639 et ornée de superbes mosaïques anciennes. De pur style byzantin, l'église attenante de Santa Fosca témoigne elle aussi de l'importance passée d'une île qui eut jusqu'à 20 000 habitants avant que Venise ne l'éclipse. Elle n'en compte plus aujourd'hui qu'une soixantaine.

★ La mosaïque de l'abside
Vierge à l'Enfant (XIIIe siècle) sur fond d'or, c'est l'une des plus émouvantes de la lagune.

★ La mosaïque du Jugement dernier
Du XIIe siècle, elle couvre le mur ouest de la cathédrale.

Chaire
La cathédrale date de 1008 mais contient des éléments plus anciens. La chaire incorpore des fragments du VIIe siècle.

Le sarcophage romain sous l'autel contiendrait les reliques de saint Héliodore.

★ L'iconostase
Paons, lions et fleurs ornent les délicats panneaux de marbre byzantins du jubé.

Colonne de la nef
Dix-huit colonnes aux chapiteaux sculptés datant du XIe siècle séparent les trois nefs.

Les derniers canaux de Torcello
L'envasement de ses voies navigables et la malaria ont hâté le déclin de l'île. L'un de ses derniers canaux relie l'arrêt du vaporetto à la basilique.

Mode d'emploi

N° 12 depuis Fondamente Nuove **Santa Maria** 041 73 00 84. avr.-sept. : 10 h 30-17 h 30 ; oct.-mars : 10 h 30-12 h 30, 14 h-17 h t.l.j. **Campanile** 041 270 24 64. t.l.j. **Santa Fosca** 041 73 00 84. pour groupes. **Museo dell'Estuario** de 10 h à 12 h 30 et de 14 h à 17 h 30 (d'oct.à avril : 16 h) du mar. au dim. jours fériés.

Santa Fosca
Bâtie aux XIe et XIIe siècles sur un plan en croix grecque, elle a conservé à l'intérieur son austérité byzantine.

L'autel, reconstruit en 1939, est dominé par un relief du XVe siècle représentant sainte Fosca endormie.

La calotte centrale repose sur des colonnes de marbre grec aux chapiteaux corinthiens.

Le portique qui entoure Santa Fosca sur cinq côtés date probablement du XIIe siècle.

Le museo dell'Estuario présente de nombreux vestiges de l'ancienne église.

À ne pas manquer

- ★ La mosaïque de l'abside
- ★ La mosaïque du Jugement dernier
- ★ L'iconostase

Trône d'Attila
Ce siège de marbre aurait servi au Ve siècle au roi des Huns.

ATLAS DES RUES

Les articles de ce guide décrivant monuments, restaurants et hôtels de Venise comportent des références cartographiques qui renvoient aux plans de cet atlas. Le premier chiffre de chaque référence indique le numéro du plan, la lettre et le deuxième chiffre situent le lieu sur le quadrillage du plan. Nous avons utilisé dans ce guide l'orthographe italienne courante, mais vous vous apercevrez que de nombreux panneaux portent en ville des noms en dialecte vénitien. La différence peut être grande, comme dans le cas de l'église Santi Giovanni e Paolo *(plan 3)* souvent désignée sous le nom de San Zanipolo, mais reste le plus souvent minime comme par exemple entre *Sotoportico* et *Sotoportego* *(voir ci-dessous)*. En pages 130-131, une carte indique les lignes de *vaporetti*.

DÉCHIFFRER LES PANNEAUX

Vous vous familiariserez facilement avec les panneaux signalant une rue *(calle)*, un canal *(rio)* et une place *(campo)*, mais les Vénitiens emploient un vocabulaire très précis pour désigner toutes les formes d'artères et de voies qui composent leur cité.

La fondamenta est une rue qui longe un canal et en porte souvent le nom.

Le rio terrà est un canal comblé. Ancien bassin, la *piscina* forme souvent une place.

Sotoportico ou sotoportego désigne un passage couvert.

La salizada est une rue principale (jadis une rue pavée).

La riva est une large *fondamenta*, souvent face à la lagune.

La ruga est une rue commerçante.

Corte signifie cour.

Rues et canaux portant plusieurs noms ne sont pas rares : o signifie « ou ».

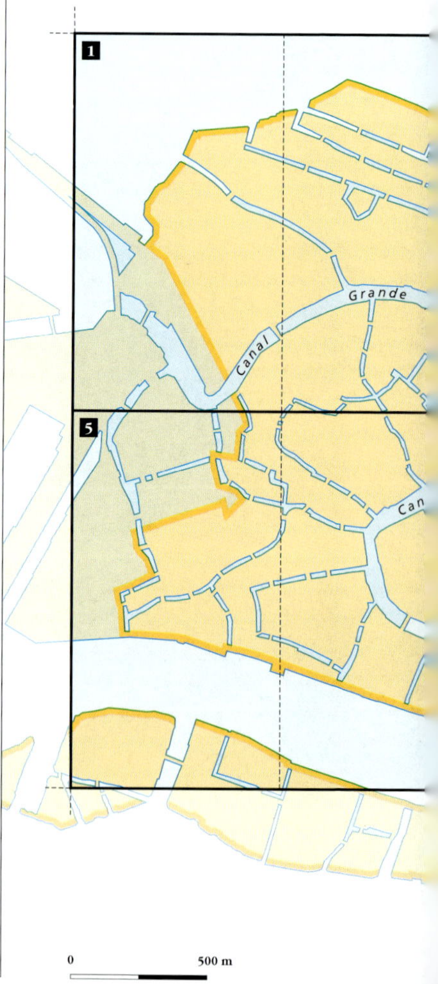

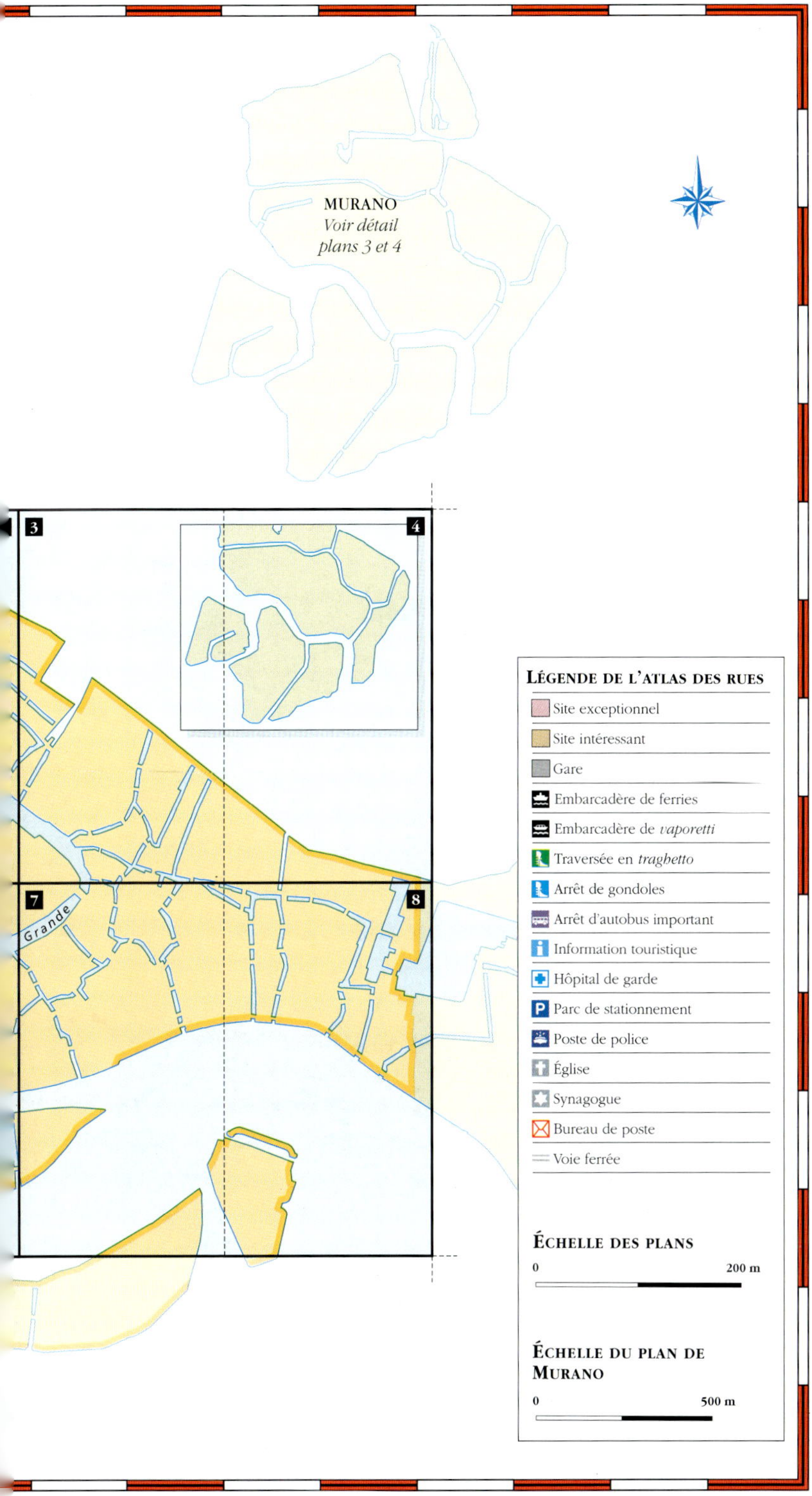

LÉGENDE DE L'ATLAS DES RUES

- Site exceptionnel
- Site intéressant
- Gare
- Embarcadère de ferries
- Embarcadère de *vaporetti*
- Traversée en *traghetto*
- Arrêt de gondoles
- Arrêt d'autobus important
- Information touristique
- Hôpital de garde
- Parc de stationnement
- Poste de police
- Église
- Synagogue
- Bureau de poste
- Voie ferrée

ÉCHELLE DES PLANS

0 — 200 m

ÉCHELLE DU PLAN DE MURANO

0 — 500 m

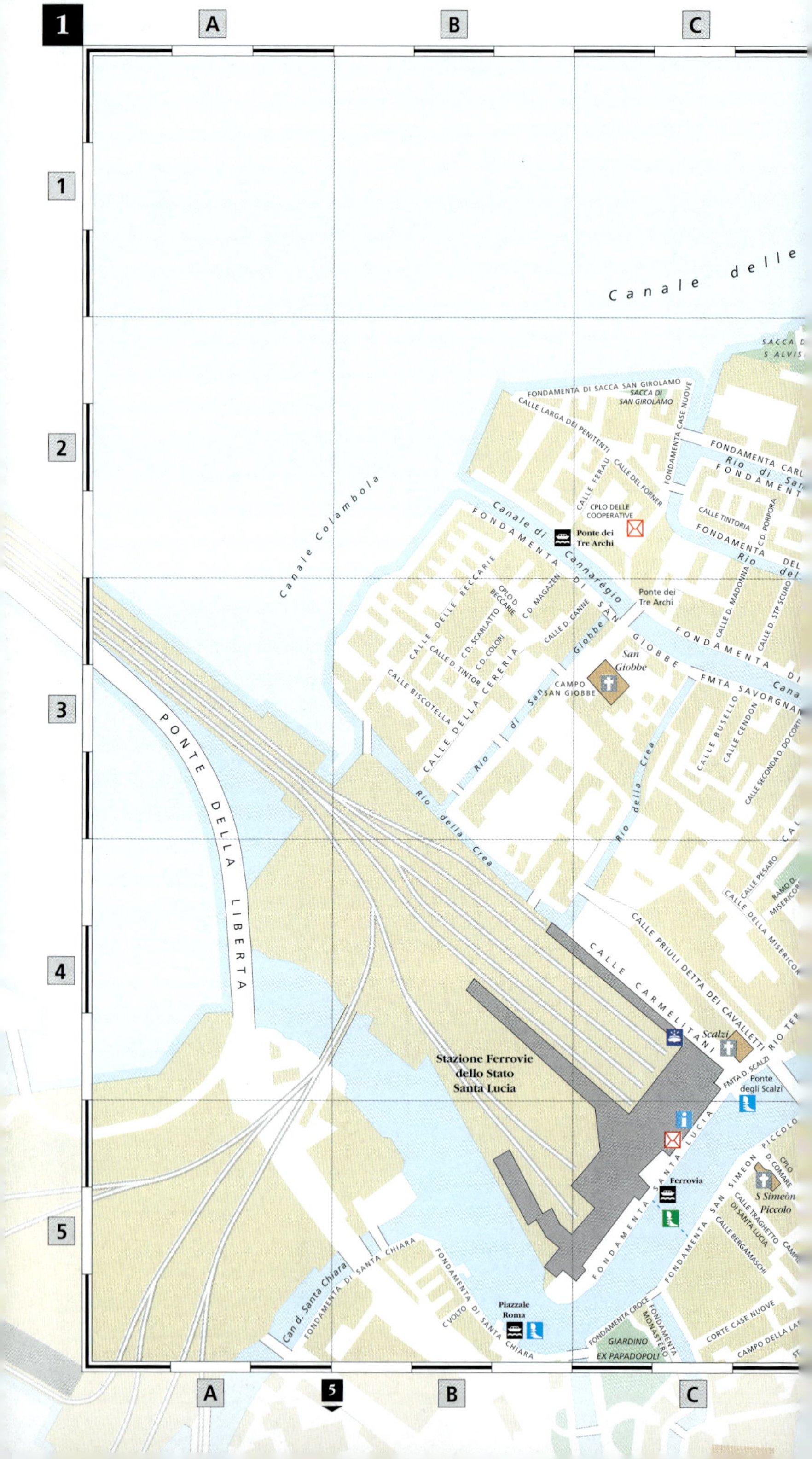
1
A
B
C
1
2
3
4
5
Canale delle
SACCA
S ALVIS
FONDAMENTA DI SACCA SAN GIROLAMO
SACCA DI SAN GIROLAMO
CALLE LARGA DEI PENITENTI
FONDAMENTA CASE NUOVE
FONDAMENTA CARL
Rio di San
FONDAMENT
CALLE FERAU
CALLE DEL FORNER
CPLO DELLE COOPERATIVE
Ponte dei Tre Archi
CALLE TINTORIA
FONDAMENTA
C.D. PORPORA
Canale Colambola
Canale di Cannaregio
FONDAMENTA DI SAN GIOBBE
CALLE DELLE BECCARIE
CPLO D. BECCARIE
C.D. MAGAZEN
CALLE D. CANNE
CALLE D. MADONNA
CALLE D. STP SCURO
FONDAMENTA
GIOBBE
San Giobbe
CAMPO SAN GIOBBE
FMTA SAVORGNAN
CALLE D. SCARLATTO
C.D. COLORI
CALLE D. TINTOR
CALLE BISCOTELLA
CALLE DELLA CERERIA
Rio di San Giobbe
Rio della Crea
CALLE BUSELLO
CALLE CENDON
CALLE SECONDA D. DO CORTI
PONTE DELLA LIBERTA
CALLE PESARO
RAMO D. MISERICORDIA
CALLE DELLA MISERICOR
CALLE PRIULI DETTA DEI CAVALLETTI
CALLE CARMELITANI
RIO TER
Scalzi
Stazione Ferrovie dello Stato Santa Lucia
FMTA D. SCALZI
Ponte degli Scalzi
FONDAMENTA SANTA LUCIA
Ferrovia
PICCOLO
FONDAMENTA SAN SIMEON
CPLO D. COMARE
S Simeòn Piccolo
CALLE TRAGHETTO DI SANTA LUCIA
CALLE BERGAMASCHI
CAMPO
Can d. Santa Chiara
FONDAMENTA DI SANTA CHIARA
FONDAMENTA DI SANTA CHIARA
C VOLTO
Piazzale Roma
FONDAMENTA CROCE
FONDAMENTA MONASTERO
GIARDINO EX PAPADOPOLI
CORTE CASE NUOVE
CAMPO DELLA LA
5

D
E
F
2
1
2
3
4
5
3
3
6
CANNAREGIO
SANTA CROCE
Canal Grande
Sacche
Sant'Alvise
Madonna dell'Orto
PARCO GROGGIA
Rio dei Riformati
Fondamenta dei Riformati
Rio di Sant'Alvise
Sant' Alvise
Palazzo Michiel
Rio della Sensa
Fondamenta della Sensa
Fondamenta Contarini
Fondamenta delle Cappuccine
Rio degli Zecchini
Fondamenta Madonna dell'Orto
Rio Madonna dell'Orto
Campiello Piave
Madonna dell'Orto
Fondamenta della Sensa
Campo dei Mori
Palzzo Mastelli
Casa del Tintoretto
Fmta dei Mori
Rio della Sensa
Fondamenta degli Ormesini
Rio della Misericordia
Fondamenta della Misericordia
Campo Ghetto Nuovo
Museo Ebraico
Rio del Ghetto
Sinagoga
Rio Terra Farsetti
Calle Farnese
Calle degli Ormesini
Calle Nuova
Rio di Cannaregio
Fondamenta Venier
Ponte delle Guglie
Rio Terra San Leonardo
Campo San Leonardo
Rio di Noale
Rio della Maddalena
Fondamenta Canal
Rio dei Servi
Rio di San Marcuola
San Marziale
Rio di Sta Fosca
Via Vittorio Emanuele
Strada Nova
Parco Vorgnan
Palazzo Làbia
Campo San Geremia
San Geremia
Fondamenta Labia
San Marcuola
Campo San Marcuola
San Marcuola
Palazzo Vendramin Calergi
Riva di Biasio
Riva di Biasio
Fóndaco dei Turchi
Rio del Fóndaco dei Turchi
San Zan Degolà
Rio di San Zan Degolà
San Stae
Campo San Stae
San Stae
Corte Barbaro
Ca' Mocenigo
Ca' Pésaro
Rio del Megio
S Simeone Grande
Campo San Simeon Profeta
Rio Marin
Fondamenta Rio Marin
San Giácomo dell'Orio
Cpo S Giacomo dell'Orio
Campo Nazario Sauro
Rio di San Giácomo dell'Orio
Rio di San Boldo
Sta Maria Mater Domini
Rio delle Do Torri
San Cassiano
Campo San Cassiano
Rio di San Cassiano
Rio di San Zuane
Rio delle Beccarie

3
A
B
C
1
2
3
4
5
2
2
7
Canale delle Fondamente Nuove
Canale degli Angeli
Sacca della Misericordia
Fondamenta Gasparo Contarini
Corte d. Muti
R d. Muti
Corte Vecchia
C e Cplo d. Trevisan
Fondamenta dell'Abazia
Santa Maria della Misericórdia
Calle Larga Lezze
Canale della Misericordia
Rio della Misericordia
Fmta Trapolin
Rio di Noale
Calle Salamon
Fmta San Felice
Rio di San Felice
Calle della Racchetta
Rio della Racchetta
Corte Sq Vecchio
Fmta Sant'Andrea
Fondamenta Santa Caterina
Rio di Santa Caterina
Calle Lunga Santa Caterina
C della Masena
Fondamente Nuove
Calle Marco Foscarini
Calle d. Cadene
C dei Legnami
Sal dei Specchieri
Campo Sant'Antonio
Oratorio dei Crociferi
Gesuiti
Campo dei Gesuiti
Fondamenta Zen
Rio dei Gesuiti
Fondamente Nuove
Ramo Dona
C d. Croci
Calle d. Vida
Calle Larga dei Botteri
Calle d. Magazen
C della Pietà
Calle dei Cordoni
Calle del Fumo
Calle Zanardi
Rio di Ca' Dolce
C d. Sartori
Sal Seriman
Calle dei Volti
Calle Venier
Fmta dei Sartori
Cplo d. Pietà
Corte Carità
Rio Terra Barba Fruttariol
C d. Volto
Calle Stella
C Larga Berlendis
San Lazzaro dei Mendicanti
C d. Stua
Fmta d. Chiesa
Calle Larga Doge Priuli
Calle d. Forno
Calle Zotti
Rio di Santa Sofia
C degli Albanesi
Ramo Albanesi
Calle Corrente
Ruga do Pozzi
Calle d. Squero
Sal L. Borgato
Calle del Remer
Calle dei Tagliapietra
C Moro
C d. Madonna
Calle d. Forno
Rio della Panada
Rio Terra dei Biri
Calle dello Squero
Corte d. Paludo
Campo S Felice
C S Felice
Calle d. Pistor
Calle delle Vele
Calle Priuli
Calle del Forno
C del Verde
Calle Bembo
R T d. Franceschi
C Larga d. Proverbi
C d. Posta
Calle Varisco
Calle del Traghetto
Rio dei Santi Apostoli
Campiello Widman
Calle Bondi
Ospedale Civile
Strada Nova
Ca' d'Oro
C d. Ca' d'Oro
C del Duca
C d. Oca
C d. Dragan
Salizzada del Pistor
Rio Terra d. Santi Apostoli
Santi Apostoli
Cplo d. Cason
C Comello
Calle Widman
Rio Terra
Calle Gabriella
Rio dei Mendicanti
Fondamenta dei Mendicanti
Ca' d'Oro
Campo Santa Sofia
Canal Grande
Campo dei Santi Apostoli
Rio dei Miracoli
Calle d. Magazen
Rio Terra
Salizzada San Canciano
Campo S Maria Nova
Fmta Piovan
C Larga G Gallina
C della Testa
Scuola di S Marco
Santi Giovanni e Páolo
Fmta dell'Olio
Pescheria
Campo d. Pescheria
Rio delle Beccarie
C Beccarie
C Primo d. Donzella
Ruga d. Speziali
Rio San Giovanni Crisostomo
Bagatin
C d. Forno
Cplo Santa Maria Nova
Santa Maria dei Miràcoli
C Castelli
Bartolomeo Colleoni
Fabbriche Nuove
Erberia
C Modena
San Giovanni Crisostomo
Corte 2ª d. Milion
Calle delle Erbe
Rio di San Marina
C d. Cavallo
Calle Bressana
C d. Madonna
Fmta Felzi
Calle d. Carrozze
Calle San Mattio
Calle del Bo
Calle Arco
Rg Vecchia S Giovanni
Ruga degli Orefici
San Giácomo di Rialto
Campo Rialto Nuovo
C Aseo
Sal San Giovanni Crisostomo
R di San Lio
C Scaletta
Calle d. Dose
Campo San Marina

D
E
F
1
2
3
4
5
MURANO
CAMPO SPORTIVO
Canale di San Donato
FONDAMENTA SEBASTIANO SANTI
FMTA SAN LORENZO
CALLE DEL CONVENTO
CALLE VOLPI
FONDAMENTA LORENZO RADI
SS Maria e Donato
Museo dell'Arte Vetraria
FONDAMENTA GIUSTINIAN
Ponte San Donato
Canale Ondello
Canale degli Angeli
FONDAMENTA SEBASTIANO VENIER
Venier
STRADA COM.D. CIMITERO
VIA BAROVIER
CALLE DEL CRISTO
CAMPO SAN BERNARDO
CALLE SAN BERNARDO
CALLE DELL'ARTIGIANO
CALLE BRUSSA
CAMPO SAN SALVADOR
CALLE CONTERIE
CALLE DEL MISTRO
FONDAMENTA CAVOUR
Museo
FONDAMENTA NAVAGERO
Ponte Vivarini
Canal Grande di Murano
FMTA ANTONIO COLLEONI
CALLE S GIACOMO
FONDAMENTA ANDREA
C PARADISO
Navagero
Canale Serenella
Serenella
CALLE VIVARINI
RAMO DA MULA
FMTA DA MULA
Palazzo da Mula
CPO STO STEFANO
San Pietro Martire
STRADA VICINALE ORTI
CALLE SAN CIPRIANO
MANIN
CPLO TURELLA
CPLO BIGAGLIA
FMTA SAN GIOVANNI DEI BATTUTI
C BERTOLINI
FONDAMENTA DEI VETRAI
Rio dei Vetrai
FONDAMENTA DANIELE MANIN
VIALE GARIBALDI
CALLE DELL'OLIO
CALLE MIOTTI
VIA BRIATI
FMTA PIAVE
Faro
CALLE BERTOLINI
FONDAMENTA SERENELLA
Colonna
Canale dei Marani
Canale delle Fondamente Nuove
FONDAMENTE NUOVE
Ospedale Civile
CALLE DELLE CAPPUCCINE
Rio di Santa Giustina
FONDAMENTA DI SANTA GIUSTINA
CALLE SAN FRANCESCO
Ospedaletto
CALLE D. MOSCHETTE
C D. CAFFETTIER
Celestia
FMTA CASE NUOVE
CALLE DEGLI ORTI
C SAGREDO
San Francesco della Vigna
8

5
A
1
B
C
1
2
3
4
5
SANTA CROCE
DORSODURO
GIUDECCA
CAMPO SANT'ANDREA
GIARDINO EX PAPADOPOLI
PIAZZALE ROMA
CORTE DEGLI AMAI
CAMPO DEI TOLENTINI
San Nicolò da Tolentino
Canale di Santa Chiara
Canale Scomenzera
Canale di Santa Maria Maggiore
FONDAMENTA SANT'ANDREA
R.T SANT'ANDREA
C. NUOVA D. TABACCHI
CAMPAZZO TRE PONTI
FONDAMENTA COSSETTI
FONDAMENTA PAPADOPOLI
FMTA CONDULMER
FONDAMENTA DEI TOLENTINI
FMTA MAGAZEN
FONDAMENTA MINOTTO
Rio del Malcanton
FMTA DEL GAFFARO
FONDAMENTA FABBRICA TABACCHI
Rio delle Burchielle
FONDAMENTA DELLE BURCHIELLE
CALLE DEI PENSIERI
RIO TERRA DEI PENSIERI
C. BERNARDO
FMTA TRE PONTI
FMTA RIO NUOVO
Rio Nuovo
C. D. MISERICORDIA
CALLE CREMONESE
FMTA PAGAN
CORTE CORRER
Rio della Cazziola
C. SORIANA
CORTE GALLO
C. DELLA SBIACCA
CALLE E CORTE BASSA
FMTA MALCANTON
FONDAMENTA DEL RIO NUOVO
Rio Nuovo
FMTA CAZZIOLA
FMTA DI S. M. MAGGIORE
FONDAMENTA RIZZI
FONDAMENTA DELLE PROCURATIE
FMTA DI SANTA MARIA MAGGIORE
CALLE LARGA RAGUSEI
CORTE CONTARINI
CALLE NUOVA
CALLE CAPPELLO
CALLE D. PROC
C. VIOTTI
C. SPORCA
FMTA D. MADONNA
FONDAMENTA DEI CERERI
Rio del Tintor
FONDAMENTA ROSSA
Rio Briati
CALLE RAGUSEI
C. CAMERINI
C. DELL'OLIO
FONDAMENTA DELL'ARZERE
Rio dell'Arziere
FMTA RUGHETTA
CALLE DEI GUARDIANI
FONDAMENTA FOSCARINI
Rio di S. Margherita
Scuola Grande d. Carmini
CAMPO DEI CARMINI
C. D. PAZIENZA
Santa Maria dei Carmini
Rio dei Carmini
FONDAMENTA DEL SOCCORSO
FONDAMENTA BRIATI
Collegio Armeno
RIO TERRA DEI SECCHI
FONDAMENTA SANTA MARTA
C. LARGA S. MARIA
CALLE NUOVA TERESE
CALLE DEL CRISTO
C. NUOVA
C. STRETTA
FONDAMENTA DELLE TERESE
Rio delle Terese
FONDAMENTA TRON
C. S. LORENZO
CT. MAGGIORE
CPLO TRON
C. RIELLO
FONDAMENTA BARBARIGO
Rio dell'Angelo Raffaele
FONDAMENTA
C. D. REMORCHIANTI
CPLO D. STENDARDO
CAMPO SAN NICOLO
San Nicolò dei Mendicoli
FMTA LIZZA
Rio di San Nicolò
FONDAMENTA DI PESCHERIA
CORTE LARDONA
CPO ANGELO RAFFAELE
Angelo Raffaele
CALLE MADDALENA
FMTA SAN SEBASTIANO
Rio di San Sebastiano
CORTE DEI VECCHI
Rio dell'Avogaria
CALLE DELL'AVOGARIA
CALLE LUNGA
CALLE DOGOLIN
Rio
C. DIETRO AI MEGAZZINI
FMTA DEI BARI
CALLE BEVILACQUA
CALLE NAVE
C. NUOVA
C. D. FRATI
San Sebastiano
FONDAMENTA SAN BASILIO
CALLE BALASTRO
Stazione Marittima
SALIZZADA SAN BASEGIO
CALLE CHIESA
FONDAMENTA
BANCHINA DEL PORTO COMMERCIALE
BANCHINA DI SAN BASEGIO
CALLE D. MORTI
C. DELLA MASENA
C. DEI CARTELLOTTI
FMTA ZATTERE PONTE LUNGO
San Basilio
Canale di Fusina
Sacca Fisola
FONDAMENTA BEATA GIULIANA
CALLE DEI FIGHERI
CALLE DEL VAPORETTO
CALLE FISOLA
C. MONFALCONE
CALLE DELLA SCUOLA
CALLE DELLA SACCA
Canale dei Lavraneri
Mulino Stucky
FONDAMENTA S.
CALLE RIMINI
CALLE LARGA DEI LAVRANERI
CAMPO DELLA CHIESA
C. SENIGALLIA
Rio di San Biagio
FMTA SAN GERARDO SAGREDO
Can Sacca Fisola San Biagio
CAMPIELLO PRIULI
Rio delle Convertite
FMTA DELLE CONVERTITE

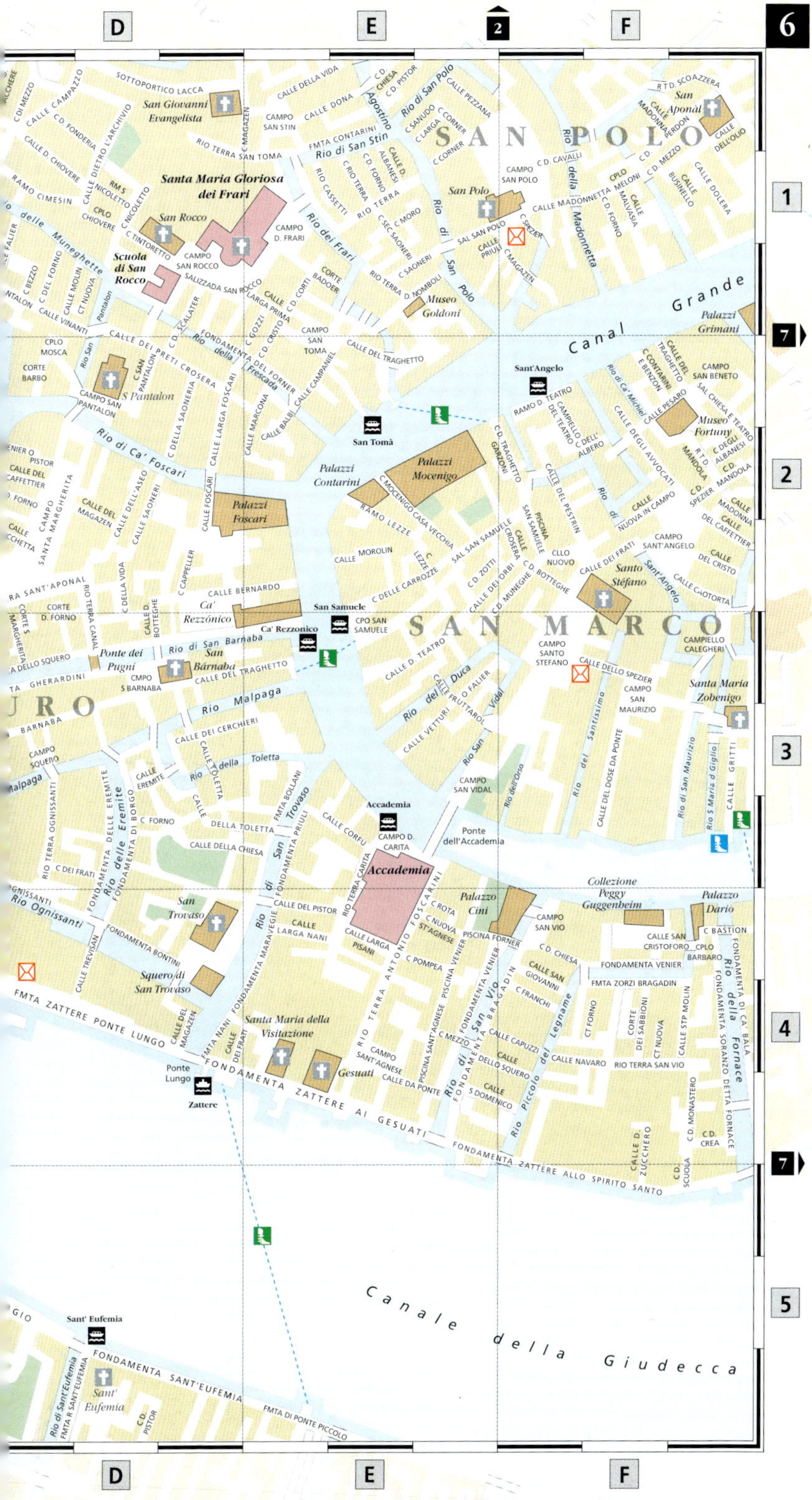

6
D
E
F
2
1
2
3
4
5
7
SAN POLO
SAN MARCO
Canal Grande
Canale della Giudecca
Santa Maria Gloriosa dei Frari
San Giovanni Evangelista
Scuola di San Rocco
San Rocco
S Pantalon
San Polo
San Aponal
Museo Goldoni
Palazzi Grimani
Sant'Angelo
Museo Fortuny
San Tomà
Palazzi Contarini
Palazzi Mocenigo
Palazzi Foscari
Ca' Rezzónico
San Samuele
Ca' Rezzonico
Ponte dei Pugni
San Bárnaba
Santo Stéfano
Santa Maria Zobenigo
Accademia
Ponte dell'Accademia
Collezione Peggy Guggenheim
Palazzo Cini
Palazzo Dario
San Trovaso
Squero di San Trovaso
Santa Maria della Visitazione
Gesuati
Ponte Lungo
Zattere
Sant' Eufemia
Sant' Eufemia
Rio di San Stin
Rio dei Frari
Rio di San Polo
Rio della Madonnetta
Rio delle Muneghette
Rio di Ca' Foscari
Rio della Frescada
Rio di San Barnaba
Rio Malpaga
Rio della Toletta
Rio di San Trovaso
Rio delle Eremite
Rio Ognissanti
Rio del Duca
Rio San Vidal
Rio del Santissimo
Rio di San Maurizio
Rio della Fornace
Rio di San Vio
Rio Piccolo del Legname
Rio di Sant'Eufemia
Fondamenta Zattere Ponte Lungo
Fondamenta Zattere ai Gesuati
Fondamenta Zattere allo Spirito Santo
Fondamenta Sant'Eufemia
Fmta di Ponte Piccolo
Campo San Polo
Campo San Stin
Campo D. Frari
Campo San Rocco
Campo San Tomà
Campo San Pantalon
Campo Santa Margherita
Campo San Beneto
Campo Sant'Angelo
Campo Santo Stefano
Campo San Maurizio
Campo San Vidal
Campo D. Carità
Campo San Vio
Campo Sant'Agnese
Campo Squero
Calle Larga Foscari
Calle del Traghetto
Calle dello Spezier
Calle della Toletta
Fondamenta Venier
Fmta Zorzi Bragadin
Rio Terra San Vio
Rio Terra Antonio Foscarini
Calle Nuova
Calle Gritti

7
A
B
C
3
1
2
3
4
5
6
Ponte di Rialto
Fóndaco dei Tedeschi
Rialto
San Silvestro
Palazzi Dandolo Sarsetti
San Bartolomeo
Santa Maria della Fava
S Maria Formosa
San Salvatore
Palazzo Loredan
Fondazione Querini Stampalia
San Zulian
Museo Guidi
SAN MARCO
Palazzo Contarini del Bòvolo
Museo Diocesano
Basilica San Marco
Torre dell'Orologio
Palazzo Ducale
Ponte dei Sospiri
Hotel Danieli
Ponte del Vin
PIAZZA SAN MARCO
Campanile
San Fantìn
La Fenice
Museo Corrér
Museo Archeologico
Zecca
Ponte della Paglia
San Zaccaria
Colonne di San Marco e San Teodoro
Libreria Sansoviniana
GIARDINETTI REALI
San Moisè
Ridotto
Harry's Bar
San Marco
Bacino di San Marco
Santa Maria del Giglio
Salute
Dogana di Mare
Santa Maria della Salute
FONDAMENTA ZATTERE AI SALONI
Zitelle
Le Zitelle
FONDAMENTA SAN GIOVANNI
FONDAMENTA DELLE ZITELLE
GIUDECCA
CAMPO NANI E BARBARO

8
D
E
4
F
1
2
3
4
5
TELLO
Rio di San Giovanni Laterano
RM CAPPELLO
C ZEN
CAMPO S GIUSTINA
CAMPO DELLA CONFRATERNITA
San Francesco della Vigna
C D. CIMITERO
CORTE D. MUNEGHE
CAMPO D. CELESTIA
Canale delle Galeazze
CALLE D. FONDACO
RM E PONTE S FRANCESCO
Rio di San Francesco
CALLE CAPPELLO
San Lorenzo
SALIZZADA SANTA GIUSTINA
CALLE DEL MORION
CAMPO S TERNITA
Rio della Celestia
ARGA S LORENZO
CAMPO SAN LORENZO
CALLE ZORZI
CALLE CAPPELLERA
SAL S FRANCESCO
C ERIZZO
C D. VIDA
CALLE
ORGOLOCO SAN LORENZO
CALLE SAN LORENZO
Rio di San Lorenzo
CORTE NUOVA
SAL D. GATTE
CALLE DELL'OLIO
C DONÀ
C CELSI
ARSENALE
Questura
FONDAMENTA DI SAN LORENZO
FMTA SAN GIORGIO D. SCHIAVONI
C DRAZZI
Rio di Santa Ternità
C MAGNO
Scuola di S Giorgio d. Schiavoni
CPO D. GATTE
C DELL' ANGELO
CALLE DEL LION
CALLE DEI FURLANI
CAMPIELLO DO POZZI
Arsenale Vecchio
CALLE DEI PRETI
Rio di San Lorenzo
C D. SCUDI
C D. FORNO
D. MUNEGHETTE
CAMPO DELLE GORNE
Rio delle Gorne
FMTA OSMARIN
CALLE D. MADONNA
CALLE DEL MAGAZEN
FMTA D. FURLANI
Rio
SAL DEI GRECI
A DELL'OSMARIN
San Giorgio dei Greci
SALIZZADA SANT'ANTONIN
CALLE D. ARCO
di San Martino
PISCINA S MARTIN
CORTE VENIER
CALLE VENIER
PENINI
Dàrsena Grande
CORTE BOSELLO
SALIZZADA DEL PIGNATER
C BOSELLO
Rio della Pietà
Rio dei Greci
FMTA
San Zaccaria
CALLE DIETRO LA PIETÀ
CAMPO BANDIERA E MORO
CALLE DEL PESTRIN
CALLE ARSENALE
CAMPO ARSENALE
CALLE GRITTI
San Martino
La Pietà
San Giovanni in Brágora
CALLE DEL FORNO
CALLE CROSERA
ERIZZO
C DELLA PEGOLA
CALLE D. PIETÀ
C.D. DOSE
CPLO D. PIOVAN
RM PESCARIA
CALLE D. DOCCE
CALLE MOROSINA
Rio dell'Arsenale
FMTA DELLA MADONNA
RIVA DEGLI SCHIAVONI
CALLE DEL CAGNOLETTO
Rio Ca' di Dio
C MALVASIA VECCHIA
CALLE DEI FORNI
C DELLA VIDA
Tana
CAMPO DELLA TANA
RIVA CA' DI DIO
Arsenale
FMTA DELL'ARSENALE
Museo Stórico Navale
C FIANCO LA CHIESA
CAMPO SAN BIAGIO
Rio della Tana
FMTA DELLA TANA
CORTE NUOVA
CALLE DEL FORNO
CALLE GRIMANA
RIVA SAN BIAGIO
VIA GIUSEPPE GARIBALDI
CALLE PEDROCCHI
RIVA DEI SETTE MARTIRI
Canale di San Marco
CAMPO SAN GIORGIO
San Giorgio Maggiore
SAN GIORGIO MAGGIORE
Teatro Verde
nale della Grazia

Venise en vaporetto

Les lignes de vaporetti

Le réseau ACTV assure un service régulier autour de la ville et vers la plupart des îles. Certaines lignes forment une boucle, d'autres sont rallongées entre juin et septembre. Pour plus de détails, consultez les pages 636-637.

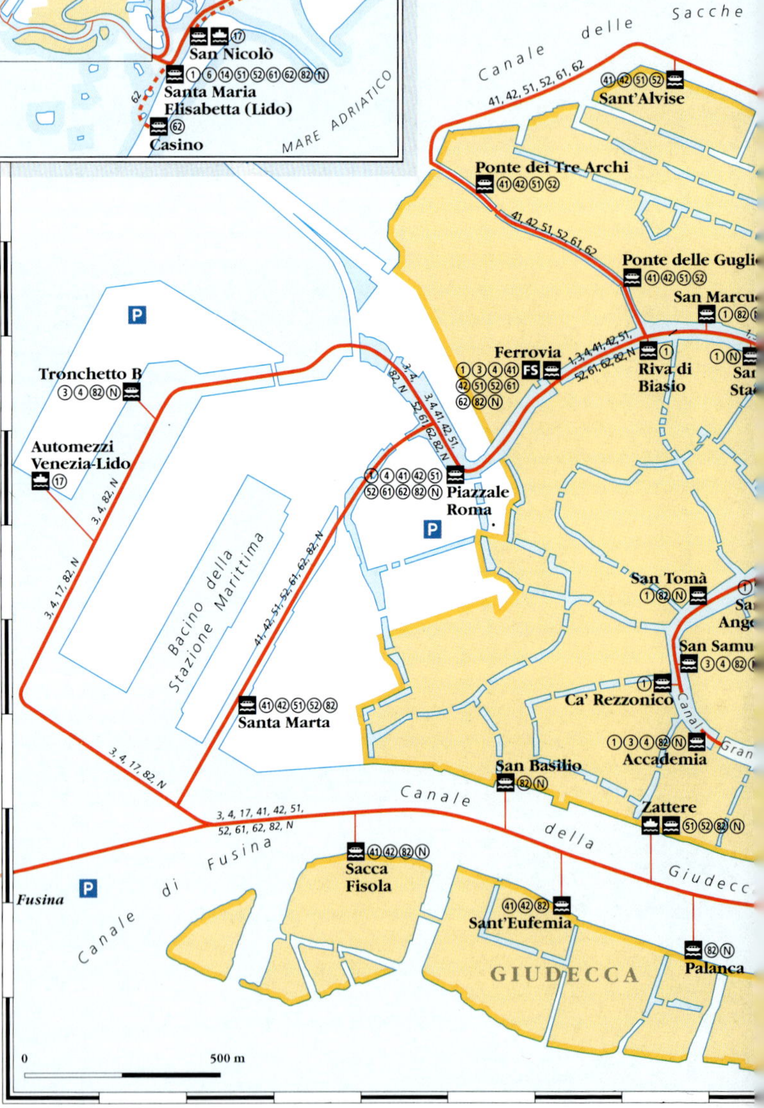

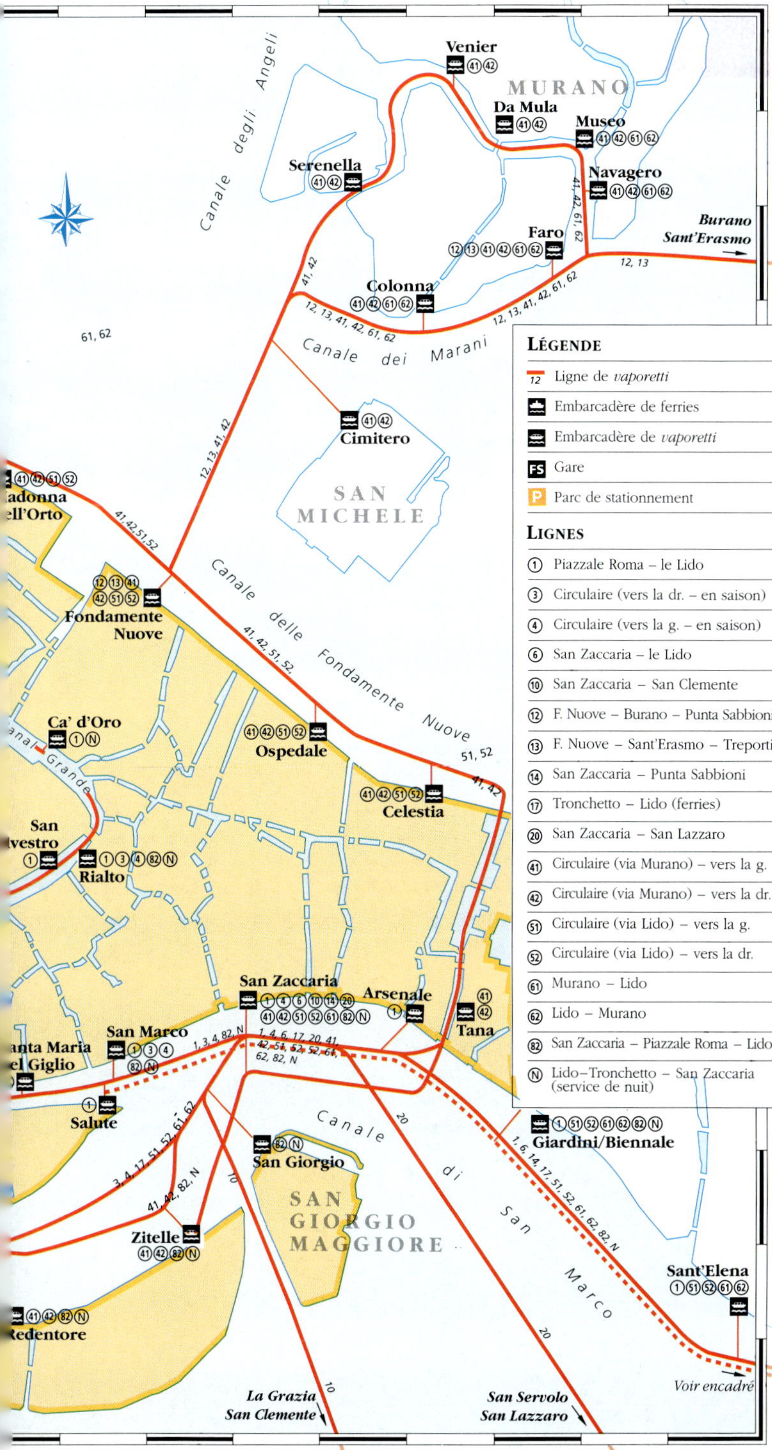
MURANO
Venier
Da Mula
Museo
Navagero
Serenella
Faro
Colonna
Burano
Sant'Erasmo
Canale degli Angeli
Canale dei Marani
Cimitero
SAN MICHELE
Madonna dell'Orto
Fondamente Nuove
Canale delle Fondamente Nuove
Ca' d'Oro
Canal Grande
Ospedale
Celestia
San Silvestro
Rialto
San Zaccaria
Arsenale
Tana
Santa Maria del Giglio
San Marco
Salute
San Giorgio
SAN GIORGIO MAGGIORE
Canale di San Marco
Giardini/Biennale
Zitelle
Redentore
Sant'Elena
Voir encadré
La Grazia
San Clemente
San Servolo
San Lazzaro
LÉGENDE
Ligne de vaporetti
Embarcadère de ferries
Embarcadère de vaporetti
Gare
Parc de stationnement
LIGNES
1 Piazzale Roma – le Lido
3 Circulaire (vers la dr. – en saison)
4 Circulaire (vers la g. – en saison)
6 San Zaccaria – le Lido
10 San Zaccaria – San Clemente
12 F. Nuove – Burano – Punta Sabbioni
13 F. Nuove – Sant'Erasmo – Treporti
14 San Zaccaria – Punta Sabbioni
17 Tronchetto – Lido (ferries)
20 San Zaccaria – San Lazzaro
41 Circulaire (via Murano) – vers la g.
42 Circulaire (via Murano) – vers la dr.
51 Circulaire (via Lido) – vers la g.
52 Circulaire (via Lido) – vers la dr.
61 Murano – Lido
62 Lido – Murano
82 San Zaccaria – Piazzale Roma – Lido
N Lido–Tronchetto – San Zaccaria (service de nuit)

VÉNÉTIE ET FRIOUL

La Vénétie est une terre de contrastes où le superbe massif montagneux des Dolomites domine le plus grand lac d'Italie et une plaine où des villes comme Vérone ou Padoue abondent en merveilles architecturales. La région voisine, le Frioul-Vénétie Julienne, s'étend jusqu'à la frontière avec la Slovénie. Le port de Trieste en constitue le pôle économique. À Aquileia, vestiges romains et paléochrétiens évoquent les premiers pas de notre civilisation.

Pour défendre la fertile plaine de la Vénétie, les Romains construisirent des postes frontière qui sont devenus les cités de Vicence, Padoue, Vérone et Trévise. Profitant de leurs positions stratégiques sur de grandes voies d'échanges, elles s'enrichirent sous l'Empire, mais offrirent après sa chute des proies de choix aux envahisseurs barbares du Ve siècle.

La République vénitienne leur rendit leur prospérité et elles commandèrent au Moyen Âge des routes commerciales aussi importantes que la Serenissima reliant Venise à Gênes ou le col du Brenner permettant le franchissement des Alpes vers l'Europe du Nord. Les produits du négoce financèrent à la Renaissance la construction de résidences particulières et d'édifices publics somptueux. Beaucoup furent l'œuvre d'Andrea Palladio, le grand architecte né à Padoue. Ses palazzi et ses villas témoignent de l'opulence de l'aristocratie vénitienne au XVIe siècle.

Aujourd'hui, cette partie de l'Italie reste très agricole, mais l'industrie s'y développe, la Vénétie tirant parti d'activités traditionnelles telles que le textile ou la lunetterie, tandis que le Frioul se tourne vers les technologies de pointe. La part du tourisme dans l'économie locale ne cesse elle aussi de croître, la variété des plaisirs que proposent ces deux régions y attirant de plus en plus de visiteurs.

La *passegiata*, traditionnelle promenade du soir, dans une rue de Vérone

◁ Le pont Renaissance bâti par Palladio à Bassano del Grappa en Vénétie

À la découverte de la Vénétie et du Frioul

Élevant vers la frontière autrichienne leurs reliefs spectaculaires au-dessus de la plaine de la Vénétie et de ses villes riches en trésors architecturaux et artistiques, les Dolomites se prolongent à l'est dans le Frioul par les Alpes Carniques dont les flancs boisés s'étendent jusqu'en Slovénie. Les deux régions bordent l'Adriatique où ports de pêches et stations balnéaires jalonnent leur côte sablonneuse ponctuée de lagunes. Les amateurs de sports nautiques apprécieront également le lac de Garde.

Vérone vue du Teatro Romano

Voir aussi

- ***Hébergement*** p. 544-547
- ***Restaurants*** p. 580-582

Circuler

L'Orient-Express s'arrête à Venise au bord du Grand Canal et un bon réseau ferroviaire et de nombreuses liaisons par autocar rendent la région aisée à découvrir en transports publics, bien que le train ne desserve pas le lac de Garde. En voiture, des autoroutes relient toutes les grandes villes hormis Cortina d'Ampezzo.

Le pont de Cividale del Friuli

Chalet à Cortina d'Ampezzo

La région d'un coup d'œil

Aquileia ⓳
Asolo ❹
Bassano del Grappa ❸
Belluno ⓬
Canal de la Brenta ❾
Castelfranco Veneto ❺
Cividale del Friuli ⓱
Collines Euganéennes ❽
Conegliano ⓫
Cortina d'Ampezzo ⓭
Gorizia ⓲
Lac de Garde ❷
Padoue p. 148-153 ❼
Pordenone ⓯
Tolmezzo ⓮
Trévise ❿
Trieste ⓴
Udine ⓰
VENISE p. 80-131
Vérone p. 136-141 ❶
Vicence p. 144-147 ❻

Vérone ❶

Statue équestre de Cangrande Ier

Établie dans un méandre de l'Adige, la cité de Roméo et Juliette est la plus importante de la Vénétie après Venise et l'une des plus prospères de l'Italie du Nord. L'Antiquité et le Moyen Âge l'ont parée de nombreux monuments, notamment, pour ne citer que les plus célèbres, des arènes romaines parmi les plus vastes d'Italie et un chef-d'œuvre de l'art roman : l'église San Zeno Maggiore *(p. 140-141)* aux superbes portes de bronze. Tout autour, des palazzi médiévaux construits en *rosso di Verona*, calcaire teinté de rose typique de la région, bordent les rues de la vieille ville dont le marché organisé sur la piazza delle Erbe rythme la vie.

Vérone vue depuis le Museo Archeologico

Les maîtres de Vérone

Les Scaligeri usèrent des pires moyens pour établir leur pouvoir sur Vérone en 1267, mais, une fois en place, ils apportèrent la paix et la prospérité à une cité que déchiraient les luttes intestines. Leur cour attira artistes et poètes, dont Dante qui y résida de 1301 à 1304 et dédia *Le Paradis*, conclusion de *La Divine Comédie*, à Cangrande Ier. La fin de la dynastie marque cependant une période de déclin pour la ville dont le Milanais Jean-Galéas Visconti s'empare en 1387. Avant que la Vénétie intègre le Royaume d'Italie en 1866, Venise, de 1405 à 1797, puis la France et l'Autriche imposeront à leur tour leur domination sur Vérone.

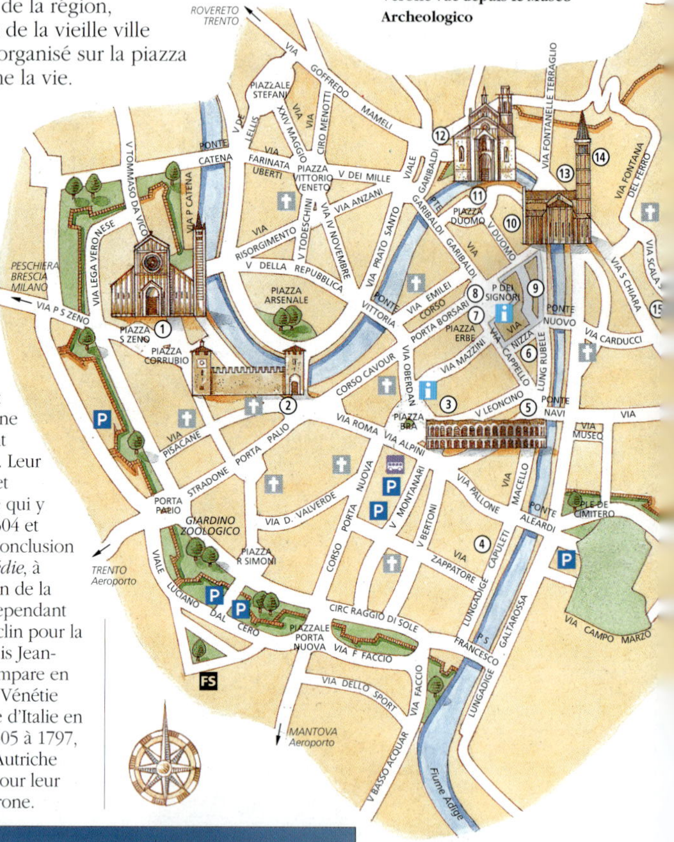

Les arènes de Vérone dominent la piazza Brà

LÉGENDE

- FS Gare
- Terminus des bus
- P Parc de stationnement
- i Information touristique
- Église

Le ponte Scaligero, ancien élément des défenses du Castelvecchio

Castelvecchio

Corso Castelvecchio 2. 045 801 54 35. du mar. au dim.

Construite pour Cangrande II de 1355 à 1375, cette imposante forteresse abrite l'une des plus belles galeries d'art de la Vénétie. À l'intérêt des collections s'ajoute celui de découvrir le bâtiment. Au rez-de-chaussée sont exposées les pièces les plus anciennes : bijoux, orfèvrerie et vitraux paléochrétiens, sarcophage des saints Serge et Bacchus (1179) et sculptures médiévales. Riche en chefs-d'œuvre de la fin du gothique, comme la *Madone à la caille* de Pisanello et une *Vierge dans la roseraie* par Stefano da Verona, le premier étage illustre l'évolution de la peinture italienne à l'approche de la Renaissance.

L'exposition du deuxième étage doit à cette période ses plus belles toiles, en particulier *La Sainte Famille* d'Andrea Mantegna, deux *Vierge à l'Enfant* par Giovanni Bellini et *Le Supplice d'Attilio Regolo* par Vittore Carpaccio. Avec le Tintoret et Véronèse s'affirme le maniérisme.

Prendre le chemin de ronde permet de découvrir l'Adige, le vieux **ponte Scaligero** et la statue équestre de Cangrande Ier (XIVe siècle), monument qui ornait jadis son tombeau.

VÉRONE D'UN COUP D'ŒIL

Les arènes

Piazza Brà. 045 800 32 04. du mar. au dim. 25-26 déc.

Achevé en 30 après J.-C., l'amphithéâtre de Vérone est le troisième du monde par la taille après le Colisée de Rome et les arènes de Santa Maria Capua Vetere *(p. 480)* près de Naples. L'intérieur, pratiquement intact, pouvait presque contenir la totalité de la population de la ville antique. Ce ne sont plus des combats de gladiateurs qui emplissent les gradins aujourd'hui mais de prestigieuses représentations d'opéra.

MODE D'EMPLOI

255 000. Villafranca 14 km au S.-O. FS Porta Nuova, Piazza XXV Aprile. Piazza Scaligeri. Contile ex. Tribunale, Palazzi Scaligeri (045 806 86 80.) t.l.j. billet valable pour les églises. avril : foire aux vins Vinltaly ; de juin à août : Estate Teatrale Veronese ; juil.-août : festival d'opéra.

San Fermo Maggiore

Via San Fermo. 045 801 54 35. t.l.j.

Comme le révèle clairement l'extérieur de l'abside, où des ogives gothiques s'élèvent au-dessus de robustes bases romanes, San Fermo Maggiore superpose deux sanctuaires. Des bénédictins entreprirent en 1065 la construction de l'église inférieure dont les arcades austères présentent une décoration à fresque.

L'église supérieure date de 1313 et possède une nef à voûte en carène. Des fresques la décorent également, en particulier, au premier autel, des *Anges* par Stefano da Zevio. La plus belle est sans doute l'*Annonciation* peinte par Pisanello en 1426 qui se trouve au-dessus du monument de Nicolò Brenzoni (1439) par Giovanni di Bartolo.

L'abside du XIe siècle de l'église inférieure de San Fermo Maggiore

À la découverte de Vérone

S'étendant sur le site de l'ancien forum romain, la piazza delle Erbe est depuis l'Antiquité le centre de la vie sociale de Vérone. Dans le cadre élégant que créent monuments et palais du Moyen Âge et de la Renaissance, le marché qui s'y tient reste très animé.

La fontaine érigée au XIVe siècle sur la piazza delle Erbe

Piazza delle Erbe

Contrairement à ce que laisse entendre le nom de la « place des Légumes », le marché qui s'y tient à l'abri de parasols ne propose pas que des primeurs mais aussi de savoureux en-cas comme les sandwichs à la *porchetta*, délicieux cochon de lait rôti.

À l'extrémité nord de la place se dresse le **palazzo Maffei** (1668), édifice baroque surmonté de statues. Devant lui, la **colonne de Saint-Marc** commémore, avec son lion ailé, l'intégration en 1405 de la ville à l'État vénitien. Sur le côté ouest, la **casa dei Mercanti**, aujourd'hui siège d'une banque, date de 1301 mais a connu une importante reconstruction au XVIIe siècle. En face, des fresques restent visibles au-dessus des cafés.

Au centre de la piazza, la statue romaine qui orne la **fontaine** rappelle que Vérone était déjà une cité animée et prospère il y a 2 000 ans.

Piazza dei Signori

Torre dei Lamberti 045 803 27 26. *du mar. au dim.* *jours fériés.*

Au centre de la place des Seigneurs, une **statue de Dante** érigée au XIXe siècle semble fixer du regard l'actuel tribunal, l'imposant **palazzo del Capitano**, bâti au XIVe siècle comme son voisin, le **palazzo della Ragione**. Ce dernier possède une cour intérieure à colonnade romane d'où s'élève un bel escalier gothique ajouté en 1446-1450. La **torre dei Lamberti** la domine de ses 84 mètres de hauteur. Un ascenseur conduit à son sommet d'où la vue porte jusqu'aux Alpes.

Derrière la statue de Dante se trouve la **loggia del Consiglio**, siège du conseil municipal achevé en 1493. Les statues de la corniche représentent des célébrités romaines nées à Vérone, entre autres Pline l'Ancien, auteur d'une *Histoire naturelle* en 37 tomes, et Vitruve qui écrivit un traité d'architecture. L'arco della Costa, vers la piazza delle Erbe, doit son nom à une côte de baleine qui y resta un temps suspendue.

Façade Renaissance de la loggia dei Consiglio sur la piazza dei Signori

Les tombeaux des Scaligeri

Via Arche Scaligeri.

La petite église romane **Santa Maria Antica** servait jadis de chapelle à la famille Scaligeri et les tombeaux des anciens maîtres de Vérone l'entourent. Celui de Cangrande Ier, mort en 1329, s'aperçoit dès l'abord. Lui-même surmonté de la copie de la statue équestre conservée au Castelvecchio *(p. 137)*, il domine le porche. Les autres occupent un enclos entouré de statues et fermé par une magnifique grille en fer forgé du XIVe siècle ornée de l'emblème de la dynastie : une échelle. Les Scaligeri portaient en effet à l'origine le nom de Della Scala. Splendidement décorés de gables, de statues et de baldaquins gothiques, les monuments de Mastino II (mort en 1351) et Cansignorio (mort en 1375) dépassent le sommet de la grille.

Tombeau d'un Scaligeri (XIVe siècle

Les autres membres de la famille, notamment Mastino Ier, assassiné en 1277, reposent dans des sépultures plus discrètes.

Sant'Anastasia

Piazza Sant'Anastasia. *045 800 43 25.* *t.l.j.*

La construction de cette immense église gothique commença en 1290 et s'étendit jusqu'au XVe siècle. Au portail, des bas-reliefs en terre cuite illustrent la *Vie de saint Pierre Martyr* au pilier droit. À l'entrée, portant des bénitiers, se trouvent les statues des *gobbis*, bossus fétiches des Véronais. La sacristie s'atteint depuis le transept gauche. Elle renferme le chef-d'œuvre gothique peint par Pisanello

La casa di Giulietta

Roméo et Juliette

C'est Luigi da Porto, auteur originaire de Vicence, qui écrivit dans les années 1520 la poignante histoire de Roméo et Juliette qui inspira la tragédie de Shakespeare (1594-1595), et après elle d'innombrables poèmes, films, pièces et ballets. La **casa di Giulietta** au nº 27 via Cappello n'est en réalité qu'une ancienne auberge du XIIIe siècle, mais quelle jeune fille en se penchant à son balcon pourrait s'empêcher de rêver de découvrir en bas Roméo ? Celui-ci s'est également vu attribuer une maison, à quelques rues de là, dans la via Arche Scaligeri à l'est de la piazza dei Signori. Dans une crypte sous le cloître de l'église où les deux amants se seraient mariés, San Francesco al Corso, un sarcophage de pierre fait une très romantique **tomba di Giulietta**.

entre 1433 et 1438 : *Saint Georges délivrant la princesse de Trébizonde du dragon.*

Duomo

Piazza Duomo. *045-59 56 27.* *t.l.j.*

Entreprise en 1139, la cathédrale de Vérone possède un superbe portail roman sculpté par maître Nicolò qui travailla également à la façade de San Zeno *(p. 140-141)*. Au milieu d'évangélistes et de saints, deux personnages portant l'épée représentent Olivier et Roland, les chevaliers de Charlemagne. Sculpté d'un relief de Jonas et la baleine et de cariatides cocasses, un autre portail roman perce le mur sud.

Au nord, après le cortile Santa Elena, le cloître (XIIe siècle) renferme les vestiges de sanctuaires plus anciens. Le baptistère, San Giovanni in Fonte, remonte au VIIIe siècle. Huit panneaux de marbre sculptés vers 1200 entourent la cuve.

À l'intérieur du Duomo, la première chapelle à gauche abrite une *Assomption* (1535-1540) par Titien.

Teatro Romano

Rigaste Redentore 2. *045-800 03 60.* *du mar. au dim.*

Si le mur de scène de ce théâtre bâti au Ier siècle av. J.-C. a disparu, le demi-cercle de gradins adossé à la colline en face de l'Adige reste bien conservé. Magnifique, la vue sur la ville inclut le Ponte Pietra, pont romain qui dut être reconstruit, à l'identique, après la dernière guerre.

Museo Archeologico

Rigaste Redentore 2. *045-800 03 60.* *de 8 h à 18 h 30 du mar. au dim.*

Un ascenseur conduit du Teatro Romano au monastère qui le domine et abrite aujourd'hui le musée archéologique. L'exposition comprend des mosaïques, des céramiques et des bronzes grecs, étrusques et romains. Parmi les bustes figure celui d'Auguste (63 av. J.-C.-14 apr. J.-C.), fils adoptif de Jules César qui devint le premier empereur romain en 27 av. J.-C. après sa victoire sur son rival Marc Antoine.

Parterres géométriques et statues au Giardino Giusti

Giardino Giusti

Via Giardino Giusti 2. *045-803 40 29.* *t.l.j.*

Créé en 1580, ce jardin Renaissance fait contraster la fantaisie désordonnée de la nature et les espaces façonnés par la main de l'homme. Un bois apparemment laissé à l'état sauvage domine ainsi les parterres soigneusement taillés qui bordent sur la terrasse inférieure des allées gravillonnées ornées de statues.

San Giorgio in Braida

Lungadige San Giorgio. *045-834 02 32.* *t.l.j.*

Œuvre du début du XVIe siècle de Michele Sanmicheli, cette belle église à coupole Renaissance renferme le célèbre *Martyre de saint Georges* (1566) par Véronèse et, au-dessus du portail ouest, un *Baptême du Christ* du Tintoret (1518-1594).

L'imposante façade du Duomo de Vérone, Santa Maria Matricolare

Vérone : San Zeno Maggiore

Détail de la façade

Bâtie entre 1123 et 1135 pour abriter les reliques du saint patron de Vérone, cette église romane particulièrement élégante possède une façade ornée de superbes reliefs en marbre que dépassent encore en beauté les panneaux de bronze qui décorent les portes. Le cloître renferme les tombeaux de plusieurs Scaligeri. La tour trapue au nord de San Zeno se dresserait sur la sépulture de Pépin (777-810), fils de Charlemagne et roi d'Italie.

Plafond de la nef
Datant, comme l'abside, de 1386, le plafond de la nef offre un superbe exemple de voûte à triple carène.

Le campanile entrepris en 1045 atteignit sa hauteur actuelle (72 m) en 1178.

Vierge et huit saints par Mantegna *(1457-1459)*
Sur ce célèbre triptyque d'Andrea Mantegna, le halo de la Vierge évoque le dessin de la rosace de l'église.

Lavabo

★ **Le cloître** *(1123)*
Les arcs sont de style roman d'un côté, en ogive gothique de l'autre.

Crypte
Saint Zénon, nommé premier évêque de Vérone en 362 et décédé en 380, repose dans l'abside centrale.

Nef et maître-autel
Le plan de San Zeno s'inspire de celui d'une basilique romaine, édifice qui abritait un tribunal pendant l'Antiquité. Le maître-autel se trouve à l'endroit où aurait siégé le juge.

Mode d'emploi

Piazza San Zeno. ☎ 045 800 61 20. ○ mars-oct. : 8 h 30-18 h lun.-sam., dim. ap.-m. ; nov.-fév. : 10 h-16 h (der. ent. 30 mn av. la ferm.). ● pendant les offices.

Les panneaux de bronze

Exécutés par trois artistes différents, les 48 panneaux de bronze des portes ouest illustrent des épisodes de la Bible et de la vie de saint Zénon avec une force d'évocation qu'accentue peut-être encore leur style primitif. Ceux de gauche datent de 1030 et proviennent d'une église qui se dressait jadis sur le site. Ceux de droite furent réalisés un siècle plus tard. Décors et costumes rappellent fortement Byzance. Si des scènes comme la danse de Salomé, Adam et Ève ou la descente aux limbes ne posent pas de problèmes d'interprétation, d'autres, telle une femme allaitant deux crocodiles, gardent un sens mystérieux.

Descente aux limbes — **Christ en gloire** — **Tête d'homme**

Les couches de briques roses alternant avec du calcaire ivoire sont typiques des édifices romans de Vérone.

La rosace (XIIe siècle) symbolise la roue de la Fortune. Le décor du pourtour décrit les hauts et les bas de la destinée humaine.

Le portail sculpté en 1138 de bas-reliefs des éléments est une des plus belles œuvres romanes d'Italie du Nord.

Les panneaux latéraux en marbre, sculptés vers 1140, représentent des épisodes de la vie du Christ (à gauche des portes) et des scènes de la Genèse (à droite).

★ Les portes ouest
Vingt-quatre reliefs de bronze revêtent chacun des vantaux. Le bas-relief polychrome qui les surmonte représente saint Zénon, assisté du peuple de Vérone, triomphant du diable.

À ne pas manquer

★ Les portes ouest

★ Le cloître

Le lac de Garde ❷

Trois provinces bordent le plus grand lac d'Italie : le Trentin au nord, la Lombardie à l'ouest et au sud et la Vénétie à l'est et au sud. Basses au sud, les rives de ce plan d'eau situé à 65 m d'altitude deviennent de plus en plus spectaculaires lorsqu'il s'enfonce au nord dans les montagnes. La douceur du climat, réputée depuis l'Antiquité, la beauté du décor et les nombreuses possibilités offertes par les installations balnéaires et nautiques en font un lieu de villégiature estivale très apprécié.

MODE D'EMPLOI

Brescia, Vérone et Trente. *Via Repubblica 39, Gardone Riviera (0365 203 47).* FS *Peschiera del Garda & Desenzano del Garda.* *pour toutes les villes.* **Villa il Vittoriale**, Via Vittoriale 12, Gardone. *0365-201 30.* *du mar. au dim.* **Rocca Scaligera**, Sirmione. *030-91 64 68.* *du mar. au dim.*

Pointe de la péninsule de Sirmione
Après la ville, un sentier littoral longe des sources d'eau chaude et sulfureuse.

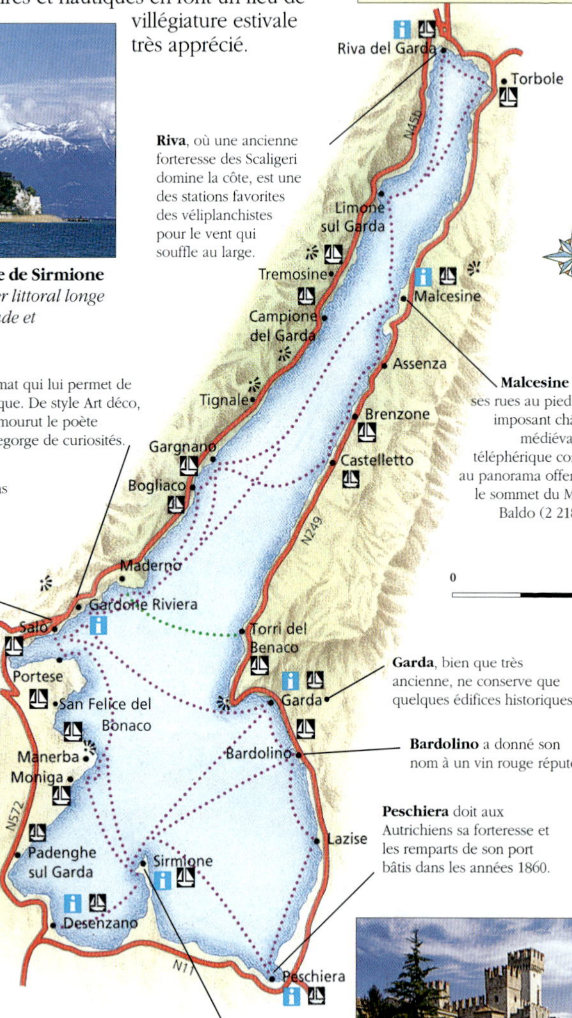

Riva, où une ancienne forteresse des Scaligeri domine la côte, est une des stations favorites des véliplanchistes pour le vent qui souffle au large.

Malcesine serre ses rues au pied d'un imposant château médiéval. Un téléphérique conduit au panorama offert par le sommet du Monte Baldo (2 218 m).

Gardone jouit d'un climat qui lui permet de posséder un parc exotique. De style Art déco, la Villa il Vittoriale, où mourut le poète Gabriele d'Annunzio, regorge de curiosités.

Salò, jolie ville aux maisons pastel, servit de siège à la République fondée par Mussolini en 1943. Un retable de Veneziano orne sa cathédrale.

Garda, bien que très ancienne, ne conserve que quelques édifices historiques.

Bardolino a donné son nom à un vin rouge réputé.

Hydroglisseurs
et catamarans permettent d'apercevoir depuis le lac villas et jardins, autrement cachés aux regards.

Peschiera doit aux Autrichiens sa forteresse et les remparts de son port bâtis dans les années 1860.

LÉGENDE

- ••• Liaison par bateaux
- ••• Liaison par car-ferries
- Club de voile
- Information touristique
- Point de vue

Sirmione
Un remarquable château médiéval, la rocca Scaligeri, domine la ville. À la pointe de la péninsule subsistent des ruines romaines.

Le pont de bois dessiné par Palladio à Bassano del Grappa

Bassano del Grappa ❸

Vicenza. 39 000. FS Largo Corona d'Italia 35 (0424 52 43 51). jeu. et sam.

Au pied du monte Grappa (1 775 m), cette cité paisible s'étend au bord de la Brenta, et Palladio dessina en 1569 le ponte degli Alpini qui franchit la rivière. Ce pont couvert en bois offre par sa souplesse l'avantage de bien résister aux à-coups du courant de printemps, saison de la fonte des neiges. Bien que l'étymologie du nom de la ville n'ait pas de rapport avec l'alcool le plus populaire d'Italie, la *grappa*, l'exposition du **museo degli Alpini** décrit la fabrication du digestif. Dans un registre moins anecdotique, le **palazzo Sturm** présente des majoliques, faïences à motifs Renaissance.

Palazzo Sturm
Via Schiavonetti. 0424 52 49 33. avr.-oct. : mar.-dim. ; nov.-mars : ven.-dim.

Museo degli Alpini
Via Anagarano 2. 0424 50 36 62. du mar. au dim.

Asolo ❹

Treviso. 2 000. Piazza d'Annunzio (0423 52 90 46). sam.

Dans un site magnifique au pied des pentes ponctuées de cyprès des Dolomites, cette petite ville fortifiée devint la retraite de Caterina Cornaro (1454-1510), Vénitienne devenue reine de Chypre après la mort de son mari, mais qui dut céder son royaume à la Sérénissime République. Le cardinal Pietro Bembo, un poète, inventa le verbe *asolare* pour décrire la vie d'oisiveté teintée d'amertume de l'exilée. Un autre poète, Robert Browning, tombé amoureux des belles demeures d'Asolo, nomma quant à lui un de ses livres *Asolanda* (1889).

Aux environs
C'est à Maser, à 10 km à l'est d'Asolo, que se trouve la splendide **villa Barbaro** *(p. 76-77)* dessinée par Palladio vers 1555. À la beauté de ses proportions maîtrisées s'ajoute celle des fresques somptueuses peintes par Véronèse dans de grandes pièces lumineuses. Des statues et un temple par Palladio ornent le parc.

Villa Barbaro
Villa Masér, Via Barbaro. 0423 92 30 04. mars-oct. : t.l.j. ap.-m. ; nov.-fév. : sam., dim. et jours fériés. 24 déc.-6 jan., Pâques.

Castelfranco Veneto ❺

Treviso. 30 000. Via Francesco M Preti 39 (0423 49 50 00). jeu. matin et ven. matin.

Fortifié en 1199 par Trévise pour se protéger des Padouans, le centre historique de la ville a conservé de beaux remparts. Giorgione (1478-1511) serait né à la **casa di Giorgione**, aujourd'hui occupée par un musée consacré à sa vie. L'auteur de la mystérieuse *Tempête* *(p. 102)* eut une influence primordiale sur la peinture vénitienne par le rôle qu'il donna aux paysages, mais il n'a laissé que peu d'œuvres à la paternité indubitable. L'une d'elles orne une chapelle du **Duomo** : *La Vierge avec saint François et saint Libéral* (1504).

Aux environs
À un peu moins de 8 km au nord-est de la ville, dans le village de Fanzolo, la **villa Emo** dessinée par Palladio vers 1555 se compose d'un corps principal d'habitation aux pièces décorées de fresques par Zelotti encadré de deux ailes destinées jadis à l'exploitation agricole du domaine.

Casa di Giorgione
Piazzetta del Duomo. 0423 49 12 40. mar.-dim. jours fériés.

Villa Emo
Fanzolo di Vedelago. 0423 47 64 14. avr.-oct. : lun.-sam. ap.-m., dim. mat. ; nov.-mars : sam. et jours fériés. 25 déc.

Fresque (vers 1561) par Véronèse à la villa Barbaro près d'Asolo

Vicence pas à pas ❻

Détail du nº 21, Contrà Porti

Vicence a pour titre de gloire d'avoir donné naissance à Andrea Palladio (1508-1580) qui y travailla comme simple maçon avant de devenir l'architecte le plus influent de son époque. Une promenade dans la ville permet d'étudier l'évolution de son style si particulier. Entourée des palais qu'il édifia pour les riches Vicençois, sa Basilica domine le centre, non loin du Teatro Olimpico, sa dernière œuvre.

Loggia del Capitaniato
Palladio dessina ces arcades couvertes en 1571.

Contrà Porti est bordée de certains des plus beaux palazzi de Vicence.

Palazzo Valmarana Braga
Pilastres monumentaux et décors sculptés ornent ce palais entrepris par Palladio en 1566 mais qui ne fut achevé qu'en 1680, un siècle après sa mort.

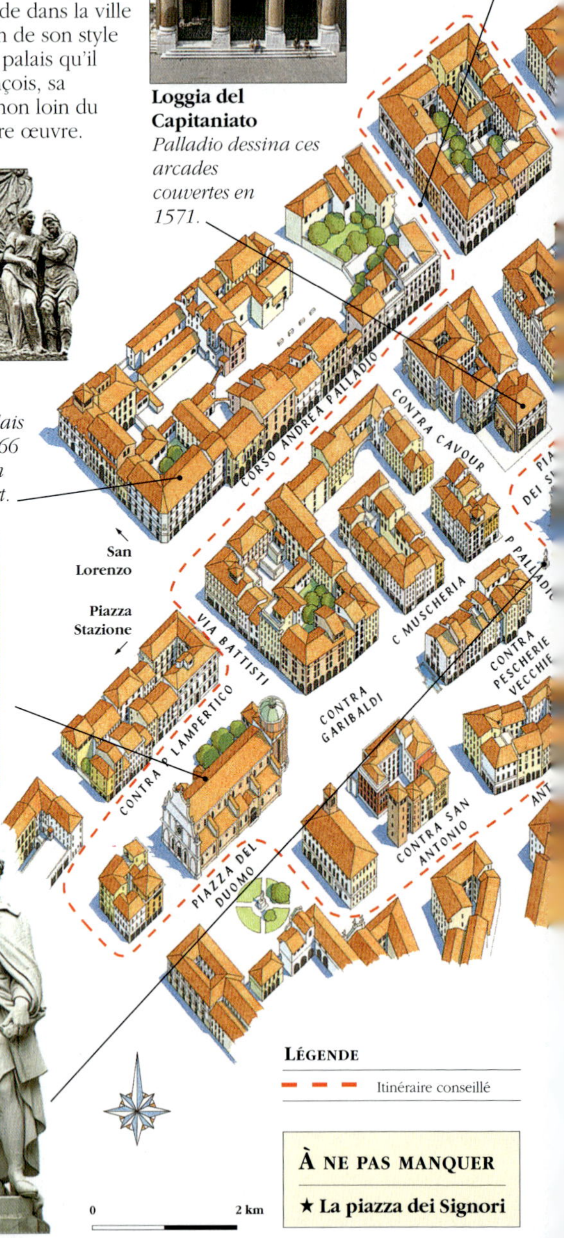

Duomo
Il a été en partie reconstruit, la dernière guerre n'ayant laissé intacts que la façade et le chœur.

Andrea Palladio
Ce mémorial au plus célèbre enfant de Vicence domine les étals du marché.

LÉGENDE

Itinéraire conseillé

À NE PAS MANQUER

★ **La piazza dei Signori**

MODE D'EMPLOI

115 000. FS Piazza Stazione. Piazza Matteoti 12 (0444 32 08 54). mar. et jeu. Épiphanie (6 jan.) ; saison théâtrale (mai-juin et sept.-oct.) ; foire de septembre.

Du palazzo della Ragione (XVe siècle) subsiste une grande salle gothique.

La torre di Piazza bâtie au XIIe siècle s'élève à 82 m de hauteur.

★ La piazza dei Signori
L'élégante colonnade élevée par Palladio autour du palazzo della Ragione pour créer sa Basilica flanque cette place très animée pendant le marché.

Le quartiere delle Barche renferme de nombreux palais élevés au XVe siècle dans le style gothique vénitien.

Ponte San Michele
Cet élégant pont de pierre bâti en 1620 commande une belle vue sur les alentours.

La piazza delle Erbe est dominée par la torre del Tormento (XIIIe siècle), une ancienne prison.

Casa Pigafetta
Dans cette belle maison du XVe siècle naquit Antonio Pigafetta qui partit en 1519 faire le tour du monde avec Magellan.

Le lion de Saint-Marc contemplant la piazza dei Signori

Piazza dei Signori

Basilica *0444 32 36 81. du mar. au dim. et fêtes religieuses.*

Souvent appelé la **Basilica**, le palazzo della Ragione domine les places du centre de Vicence de son toit en cuivre et en forme de carène renversée. Une balustrade ornée de statues de déités grecques et romaines coiffe les colonnades ajoutées par Palladio en 1549 pour le soutenir, sa première commande publique et son premier succès. Malgré sa masse et un décor dépouillé, l'édifice est d'une élégance caractéristique du style de son auteur. À côté s'élève la torre di Piazza du XIIe siècle.

C'est aussi Palladio qui bâtit au nord-ouest de la place la **loggia del Capitaniato** où se réunit le conseil municipal.

Contrà Porti

Le mot « *contrà* » (abréviation de *contrada* ou quartier) désigne une rue dans le dialecte de Vicence. Plusieurs édifices gothiques aux fenêtres peintes et aux balcons ouvragés bordent un côté de celle-ci. Leur style rappelle que Vicence appartint longtemps à l'empire vénitien. Au no 12, le palazzo Thiene bâti en 1489 dans le style Renaissance présente une façade intéressante par l'utilisation de briques imitant la pierre. Sa façade arrière est de Palladio, à l'instar du palazzo Porto Barbarano (no 11) et du palazzo Iseppo da Porto (no 21). Ces trois édifices montrent le talent de l'architecte à rester fidèle aux canons classiques tout en créant des bâtiments à chaque fois uniques.

À la découverte de Vicence

Célébrée dans le monde entier par son architecture, la ville de Palladio est aussi une des plus riches cités de Vénétie. Outre ses monuments, le visiteur appréciera ses boutiques élégantes et ses cafés.

Fresque de Carpione au plafond de l'entrée du Museo Civico

Museo Civico

Piazza Matteotti. 0444 32 13 48. *du mar. au dim.*

Le musée municipal de Vicence occupe le **palazzo Chiericati** *(p. 76)* entrepris en 1550 par Palladio. Des fresques décorent ses plafonds, notamment dans l'entrée une de Giulio Carpione symbolisant la course du soleil. Clou de l'exposition, la pinacothèque se trouve à l'étage. Célèbre par sa *Crucifixion* (1468-1470) de Hans Memling, panneau central (les autres sont à New York) d'un triptyque gothique, elle possède également des œuvres de Bartolomeo Montagna (v. 1450-1523), de Carpaccio et de Véronèse.

Santa Corona

Contrà Santa Corona. 0444 32 36 44. *t.l.j.*

Élevée en 1261 pour abriter la Sainte Épine censée provenir de la couronne du Christ, relique offerte par Saint Louis, cette grande église gothique est ornée de belles œuvres d'art, en particulier un *Baptême du Christ* (v. 1500) par Giovanni Bellini et une *Adoration des Mages* (1573) de Véronèse. Dans la cappella Porto repose l'auteur de *Giulietta e Romeo*, le récit dont s'inspira Shakespeare *(p. 139)*.

Teatro Olimpico

Piazza Matteotti. 0444 32 37 81. *mar.-dim.*

Le plus ancien théâtre couvert d'Europe est essentiellement construit en bois et en stuc patinés pour imiter la pierre et le marbre ou peints en trompe-l'œil pour agrandir l'espace. Palladio en dessina les plans en 1579, mais mourut l'année suivante. Son élève, Vincenzo Scamozzi, acheva l'édifice à temps pour la représentation d'inauguration le 3 mars 1585 : *Œdipe roi* de Sophocle.

Fresques de l'Odéon
Les dieux du mont Olympe dont le théâtre prit le nom ornent l'Odéon, salle réservée aux récitals de musique.

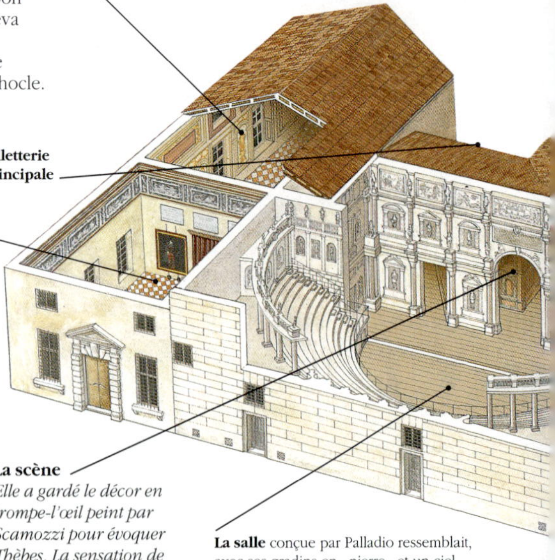

L'Antiodéon contient des fresques montrant la représentation d'ouverture et des lampes à huile provenant de la scène d'origine.

Billetterie principale

La scène
Elle a gardé le décor en trompe-l'œil peint par Scamozzi pour évoquer Thèbes. La sensation de profondeur est étonnante.

La salle conçue par Palladio ressemblait, avec ses gradins en « pierre » et un ciel peint au plafond, à un théâtre antique tel que celui de Vérone *(p. 137)*.

San Lorenzo

Piazza San Lorenzo. ☐ *t.l.j.*

Richement décoré, notamment d'une *Vierge à l'Enfant avec saint François et saint Laurent*, le portail de cette église offre un superbe exemple de sculpture gothique. De beaux tombeaux et des fresques endommagées ornent l'intérieur. Au nord, des fleurs emplissent le cloître.

Monte Berico

Basilica di Monte Berico. ☐ *t.l.j.*
Réfectoire ☐ *sur autorisation seulement.*

Jadis lieu de villégiature d'été des riches citadins, cette colline plantée de cyprès domine le sud de la ville. Depuis le centre, une large avenue bordée d'arcades et de chapelles conduit à la basilique qui se dresse à son sommet, endroit où la Vierge fit deux apparitions en 1426 et 1428 pour annoncer que la peste épargnerait Vicence.

La Rotonda (1550-1552), l'œuvre la plus célèbre de Palladio

De style baroque, le sanctuaire date du début du XVIIIe siècle mais incorpore des éléments d'une chapelle plus ancienne. À l'intérieur, une splendide *Pietà* (1500) par Bartolomeo Montagna orne l'autel de droite. Le cloître abrite une collection de fossiles et donne accès au réfectoire où s'admire la *Cène de saint Grégoire le Grand* (1572) par Véronèse.

La basilique baroque du monte Berico

Villa Valmarana ai Nani

Via dei Nani. ☎ *0444 54 39 76.*
☐ *de mi-mars à oct. : du mar. au dim.*

Depuis la basilica di Monte Berico, une agréable promenade de dix minutes permet de rejoindre cette magnifique demeure construite à partir de 1669 par Antonio Muttoni et achevée par son fils Francesco. Descendez la via Massimo d'Azeglio jusqu'au couvent marquant à droite la fin de la route, puis prenez la via San Bastiano. Les nains qui décorent le sommet d'un des murs du jardin ont donné son surnom à la villa.

À l'intérieur, les dieux de l'Olympe contemplent depuis leurs nuages les efforts des héros d'Homère et de Virgile. Giambattista Tiepolo est l'auteur de ces fresques, tandis que son fils, Giandomenico Tiepolo, a peint les scènes pastorales qui ornent la Foresteria, maison des hôtes indépendante.

La Rotonda

Via Rotonda 29. ☎ *0444 32 17 93.*
Villa ☐ *du 15 mars au 15 oct. : mer.*
Jardin ☐ *mar. et jeu. pendant toute l'année*

Le sentier qui longe la villa Valmarana conduit à la plus célèbre des œuvres de Palladio *(p. 76-77)* : La Rotonda, également connue sous le nom de villa Capra Valmarana.

La perfection géométrique de cette demeure, cube coiffé d'une coupole qui s'ouvre par un portique vers chacun des points cardinaux, lui a valu d'être imitée aussi bien à Londres qu'à Saint-Pétersbourg ou Delhi. Commencée en 1550, elle témoigne par sa rigueur et l'art avec lequel elle s'intègre au paysage de la quête des artistes de la Renaissance d'une forme de création en harmonie avec l'ordre divin de la nature.

Les cinéphiles s'amuseront à rechercher les lieux qui servirent de décor à Joseph Losey en 1979 quand il y reconstitua le faste vénitien pour *Don Giovanni.*

Padoue pas à pas ❼

Ancienne capitale de la Vénétie surnommée « la Docte » au Moyen Âge à cause de son université fondée en 1222, Padoue (Padova) est riche en art et en architecture, mais deux monuments y attirent plus particulièrement les visiteurs. Au sud de la cité, la basilica di Sant'Antonio est un des pèlerinages les plus populaires d'Italie. Au nord, les amateurs d'art se pressent dans la cappella degli Scrovegni *(p. 150-151)* pour admirer ses fresques par Giotto. Proche de la gare, elle fait partie du complexe comprenant l'église des Eremitani et le musée municipal.

Palazzo del Capitaniato
Reconstruit de 1599 à 1605 pour le gouverneur vénitien, il a conservé une horloge astronomique datant de 1344.

La piazza dei Signori est entourée d'arcades abritant boutiques spécialisées et anciens cafés et bars à vins.

Le corte Capitaniato, faculté d'art du XIVe siècle accueillant des concerts, abrite des fresques qui comprennent un des rares portraits de Pétrarque.

Loggia della Gran Guardia
Le Conseil des Nobles siégeait jadis dans ce bel édifice Renaissance de 1523 devenu un centre de conférences.

★ Le Duomo et le baptistère
Le cycle de fresques médiévales peint vers 1378 par Giusto de' Menabuoi dans le baptistère (XIIe siècle) de la cathédrale est un des plus complets d'Italie.

Le palazzo del Monte di Pietà est un édifice médiéval embelli d'arcades et de statues du XVIe siècle.

LÉGENDE

– – – Itinéraire conseillé

0 2 km

À NE PAS MANQUER

★ Le Duomo et le baptistère

Caffè Pedrocchi
Depuis son ouverture en 1831, étudiants et intellectuels se retrouvent dans ce café bâti sur le modèle d'un temple classique.

Mode d'emploi

250 000. FS Piazzale della Stazione. Piazza Boscetti. (049 875 20 77). t.l.j. saison de concerts d'oct. à avril.

Une statue en bronze (1973) d'une femme par Emilio Greco orne le centre de cette place en grande partie piétonnière.

Le palazzo della Ragione, l'ancienne cour de justice, renferme de superbes fresques.

Université
Elena Piscopia fut en 1678 la première femme diplômée de l'université la plus ancienne d'Italie après celle de Bologne.

Piazza delle Erbe
Bâtie au XVe siècle, la loggia du palazzo della Ragione (XIIIe siècle) offre une belle vue sur cette place de marché.

Duomo et baptistère

Piazza Duomo. **Baptistère** 049 66 28 14. t.l.j. (de nov. à mars : du mar. au dim.).

Michel-Ange aurait en partie dessiné les plans de la cathédrale de Padoue bâtie en 1552 sur un site où se dressait déjà un sanctuaire au IVe siècle. Giusto de' Menabuoi peignit vers 1378 les fresques pleines de sensibilité qui ornent son baptistère roman du XIIe siècle. Elles représentent des scènes de la vie de saint Jean-Baptiste (au mur sud), de celle de la Vierge (à l'est) et de celle du Christ (au nord et à l'ouest).

Palazzo della Ragione

Piazza delle Erbe. 049 820 50 06. mar.-dim. 1er jan., 1er mai, 25 déc.

La commune libre de Padoue fit construire en 1218 son « palais de la Raison » pour y installer son tribunal et y tenir les réunions du conseil municipal. L'édifice ne comprend qu'une seule et immense salle, il Salone, d'une longueur de 80 mètres et d'une hauteur et d'une largeur de 27 mètres. Giotto avait décoré sa voûte de fresques qui disparurent dans un incendie en 1420. Nicola Miretto exécuta de 1420 à 1425 la décoration actuelle : 333 panneaux muraux représentant les mois, les signes du zodiaque et les activités saisonnières.

Près de l'escalier se dresse une copie datant de 1466 du cheval du Gattamelata *(p. 152)* sculpté par Donatello. En bois, elle rappelle que c'est un Troyen, Anténor, qui aurait fondé Padoue.

Caffè Pedrocchi

Via VIII Febbraio 2. 049 878 12 31. t.l.j.

Ouvert en 1831, ce café de style néo-classique devint un centre politique pendant le Risorgimento et les Padouans continuent à s'y rendre autant pour discuter ou jouer aux cartes que pour boire ou manger. Les salles de l'étage, qui possèdent des décors exotiques, accueillent des concerts et des conférences.

Cappella degli Scrovegni

Enrico Scrovegni fit élever cette chapelle en 1303 dans l'espoir, dit-on, d'épargner la damnation éternelle à son père, usurier si notoire que Dante l'évoque dans son *Inferno*. Entre 1303 et 1305, Giotto en décora les parois d'un ensemble de fresques d'une telle force narrative et d'une telle intensité religieuse qu'elles eurent une influence majeure sur le développement de la peinture européenne.

La Nativité
L'attitude naturaliste de la Vierge et le ciel bleu, et non plus doré, s'écartent de la stylisation byzantine.

L'Expulsion des marchands du Temple
La représentation des émotions, colère et crainte, sont typiques du style de Giotto.

Les Coretti
Pour s'exercer à la perspective, Giotto peignit les deux petits panneaux appelés les Coretti qui représentent un arc ouvrant sur une pièce.

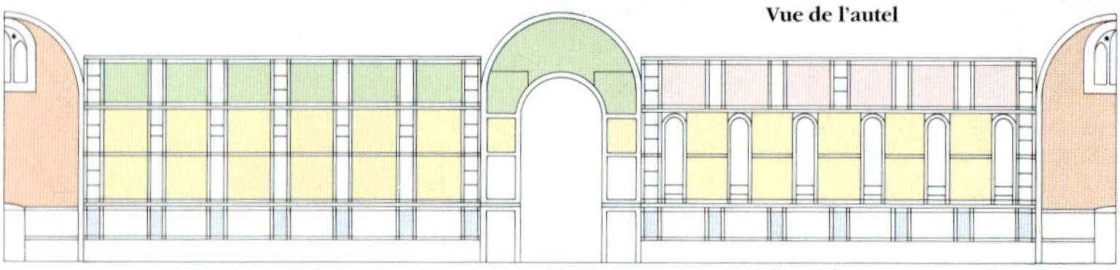

Suivez le guide !

Le nombre de personnes admises en même temps à l'intérieur de la chapelle étant limité, mieux vaut s'y rendre tôt (ou tard) dans la journée pour éviter la queue, d'autant que la durée de la visite est minutée aux heures d'affluence. Le gardien remet à l'entrée un texte en plusieurs langues expliquant les scènes. Celles-ci suivent un ordre chronologique. Elles commencent au haut du mur à gauche en entrant et se poursuivent au haut du mur de droite.

Légende

- Scènes de la vie de Joachim et Anne
- Scènes de la vie de Marie
- Scènes de la Passion
- Les Vertus et les Vices
- Le Jugement dernier

Le Jugement dernier
D'une composition qui reste marquée par la tradition byzantine, cette scène partiellement réalisée par des élèves de Giotto occupe tout le mur ouest. On y voit Scrovegni offrir une maquette de la chapelle à la Vierge.

MODE D'EMPLOI

Piazza Eremitani. *049 820 45 50.* *jusqu'à Piazzale Boschetti.* *fév.-oct. : 9 h-19 h t.l.j. ; nov.-jan. : 9 h-18 h t.l.j.* *jours fériés.*

La Présentation de la Vierge au Temple
Giotto aimait intégrer ses personnages à un décor architectural qui lui permettait de donner de la profondeur aux scènes.

Vue de l'entrée

L'Injustice
Les vices et les vertus sont peints en grisaille. Guerre, meurtre et vol accompagnent l'Injustice.

La Déposition
Les personnages partagent la même affliction mais présentent une large gamme d'expressions.

GIOTTO

Rompant avec la tradition byzantine des dix siècles précédents, ce grand artiste florentin (1267-1327) a laissé une œuvre qui, par son naturalisme et par son sens de la narration dramatique et de la représentation de l'espace, en fait le père de l'art occidental. Son génie fut reconnu de son vivant ; il est le premier peintre italien dont le nom passa à la postérité. L'absence de documents les concernant interdit toutefois de lui attribuer avec certitude maints de ses tableaux. Un doute qui n'existe pas pour les fresques de la chapelle des Scrovegni.

À la découverte de Padoue

Les collections du Museo Civico de Padoue témoignent de la riche histoire de la ville. Datant du XIVe siècle, les bâtiments qu'il occupe appartenaient au monastère attaché à l'église des Eremitani, et le prix du billet d'entrée inclut la visite de la cappella degli Scrovegni *(p. 150-151)*. L'autre grand monument de Padoue se trouve au sud de la cité médiévale. Mariant plusieurs styles architecturaux et décorée de nombreuses œuvres d'art, la basilica di Sant'Antonio est depuis le XIIIe siècle un haut lieu de pèlerinage.

***Anges en armes* (XVe siècle) par Guariento au Museo Civico**

Chiesa degli Eremitani et Museo Civico Eremitani

Piazza Eremitani. *049 820 45 50.*
mar.-dim. *1er jan., 24-26 déc.*

Bâtie de 1276 à 1306, l'église des Ermites de saint Augustin possède une superbe voûte en carène et abrite de beaux tombeaux, notamment le monument Renaissance sculpté par l'architecte florentin Bartolomeo Ammannati (1511-1592) pour Marco Bonavides (1489-1582), professeur de droit à l'université. Les bombardements de 1944 endommagèrent gravement la majeure partie des fresques dont Andrea Mantegna décora en 1454-1457 la cappella Ovetari (au fond du sanctuaire à droite). Trois scènes subsistent néanmoins : *Le Martyre de saint Jacques, L'Assomption* et *Le Martyre de saint Christophe.*

Installé dans l'ancien couvent attaché à l'église, le musée municipal présente un bel ensemble de vestiges archéologiques comprenant d'intéressantes mosaïques et des tombeaux romains. Riche collection numismatique, la donation Bottacin inclut un jeu presque complet des monnaies vénitiennes. C'est la galerie d'art qui constitue toutefois le clou de la visite. On y admire notamment le crucifix par Giotto provenant de la cappella degli Scrovegni et de nombreuses peintures vénitiennes et flamandes du XVe au XVIIIe siècle. Parmi les bronzes Renaissance figure un amusant *Satyre buvant* d'Il Riccio (1470-1532).

Tombe du Ier siècle dans la collection archéologique

Basilica di Sant'Antonio

Piazza del Santo.

Originaire de Lisbonne, saint Antoine de Padoue (la ville où il mourut à 36 ans) méprisait les richesses à l'instar de son modèle, saint François d'Assise. Cela n'empêcha pas les Padouans d'élever à partir de 1232 l'un des plus somptueux sanctuaires de la chrétienté pour abriter ses reliques.

Surnommée « Il Santo », l'église juxtapose hardiment tous les styles en vigueur à l'époque de sa construction : byzantin pour les coupoles, roman pour la façade et gothique pour les clochers.

À l'intérieur, le nombre des ex-voto témoigne de la popularité du saint invoqué pour sauver les malades et les blessés et retrouver objets, personnes et amours perdus. Sa tombe, dans le transept nord, est entourée de reliefs en marbre évoquant sa vie sculptés de 1505 à 1577 par plusieurs artistes, dont Jacopo Sansovino. De superbes bronzes (1444-1445) de Donatello décorent le maître-autel. Altichiero da Zevio peignit vers 1380 la *Crucifixion* du transept sud.

La basilica di Sant'Antonio et la statue du Gattamelata par Donatello

Statue du Gattamelata

Fils de boulanger né vers 1370, Erasmo da Narni devint un célèbre condottiere sous le nom de Gattamelata. Il rendit de grands services à la République de Venise qui décida, à sa mort en 1443, d'élever un monument à sa mémoire. Plus grande statue équestre réalisée depuis l'antiquité romaine, le bronze de Donatello est une œuvre marquante de la Renaissance.

Oratorio di San Giorgio et Scuola del Santo

Piazza del Santo. *049 875 52 35.* **Scuola del Santo**. *t.l.j.* *1er jan., 25 déc.* **Oratorio di San Giorgio**. *téléphoner.*

Chapelle votive bâtie au XIVe siècle, l'oratoire est décoré de fresques peintes de 1378 à 1384 par Altichiero da Zevio et ses élèves. Elles représentent des scènes de la vie du Christ et de plusieurs saints. Dans la scuola voisine, des épisodes de la vie de saint Antoine ornent la salle du premier étage. Titien peignit *Le Miracle du pied coupé, Le Miracle du nouveau-né* et *Le Miracle du mari jaloux* en 1511.

Orto Botanico

Via Orto Botanico 15. *049 65 66 14.* *t.l.j. (nov.-mars : lun.-sam. mat.).*

Fondé en 1545, ce jardin de plantes exotiques est le plus ancien d'Europe. C'est là que poussèrent les premiers lilas (1568), tournesols (1568) et pommes de terre (1590) d'Italie.

Palazzo del Bo

Via Marzolo 8. *049 827 33 00.* *avr.-nov. : mar.-ven.*

En 1493, l'université de Padoue, fondée en 1222, s'installa dans une ancienne auberge : *Il Bo* (le Bœuf). Réputée dans toute l'Europe, sa faculté de médecine eut notamment comme professeur Gabriele Fallopio (1523-1562) qui a donné son nom aux trompes de Fallope.

La cour bordée d'un portique du XVIe siècle mène à la chaire d'où Galilée enseigna de 1592 à 1610 et à la plus ancienne salle d'anatomie du monde, le Teatro Anatomico (1594) de F. d'Acquapendente.

Le théâtre anatomique (XVIe siècle) de la vieille faculté de médecine de l'université de Padoue au palazzo del Bo

Les collines Euganéennes d'origine volcanique

Les collines Euganéennes 8

FS *jusqu'à Terme Euganee, Montegrotto Terme.* *Viale Stazione 60, Montegrotto Terme (049 79 33 84).*

D'origine volcanique, elles dressent leurs formes coniques au-dessus de la plaine et culminent à 602 m à la Venda. De nombreuses sources d'eau chaude y ont suscité la création de plusieurs stations thermales telles qu'Abano Terme ou Montegrotto Terme déjà fréquentée à l'époque romaine comme en témoignent les vestiges d'un théâtre et de thermes antiques

Abbazia di Praglia

Via Abbazia di Praglia, Bresseo di Teolo. *049 990 00 10.* *mar.-dim. ap.-m.*

Le monastère bénédictin de Praglia, à 6 km à l'ouest d'Abano Terme, constitue un havre de paix où les moines cultivent des plantes aromatiques et restaurent des manuscrits. Ils proposent également des visites guidées de l'abbatiale Renaissance (1490-1548) réputée pour la beauté de ses cloîtres. À voir également, dans l'église et le réfectoire : des peintures et des fresques par Zelotti, artiste véronais du XVIe siècle, et des stalles richement sculptées.

Casa di Petrarca

Via Valleselle 4, Arquà Petrarca. *0429-71 82 94.* *du mar. au dim.*

Le bourg pittoresque d'Arquà Petrarca a pris le nom du poète et humaniste Pétrarque (1307-1374) qui y passa les dernières années de sa vie. Décorée de fresques inspirées de ses œuvres, la maison où il vécut renferme des souvenirs et domine un paysage où s'étagent oliveraies et vignobles. Simple sarcophage de marbre rouge, le tombeau où il repose se trouve sur la place devant l'église.

La maison de Pétrarque à Arquà Petrarca

Villa Barbarigo

Valsanzibio. *0444 913 00 42.* *de mars à nov.*

À Valsanzibio au nord d'Arquà, la villa construite en 1669 par Antonio Barbarigo, procurateur de la Sérénissime République, possède un des plus beaux jardins baroques de Vénétie. Longues allées, statues, cyprès, pièces d'eau et fontaines en font un superbe lieu de promenade.

La villa Foscari (XVIe siècle), ou Malcontenta, au bord du canal de la Brenta

Le canal de la Brenta ❾

Padoue et Venise. FS *Venezia Mestre, Dolo, Mira.* 🚌 *jusqu'à Mira, Dolo et Strà.* ℹ *Via Don Minzoni, Mira (041 42 49 73).* **Croisières sur le canal à bord d'*Il Burchiello* :** Via Trieste 42, Padua. ☎ *049 66 09 44.*

Pour éviter l'envasement de la lagune, les autorités vénitiennes s'efforcèrent de détourner les fleuves qui s'y jetaient. La Brenta fut ainsi partagée en deux bras. Le plus ancien, canalisé depuis le XVIe siècle, s'étend sur 36 km entre Fusina, juste à l'ouest de Venise, et Padoue. Profitant de la voie de circulation qu'il offrait, de riches patriciens élevèrent leurs villas sur ses rives.

Beaucoup existent encore aujourd'hui et s'admirent depuis la N 11 qui longe la majeure partie de la voie navigable. Trois ouvrent leurs portes au public. La plus vaste et la plus luxueuse, à Strà, la **villa Nazionale** (XVIIIe siècle), renferme une salle de bal au plafond exubérant peint par Tiepolo. Dans le joli village de Mira, la **villa Widmann-Foscari** date de 1719, mais a connu un remaniement au XIXe siècle et possède une décoration de style rococo français.

Aussi appelée la Malcontenta, la **villa Foscari**, bâtie de 1560 à 1572, est une œuvre de Palladio *(p. 76-77)* au décor par Zelotti.

Ces villas peuvent aussi se visiter dans le cadre d'une croisière sur le *Burchiello* qui circule un jour de Padoue à Venise et le lendemain dans l'autre sens. S'il offre le moyen le plus agréable de découvrir paysages et édifices, le prix du billet se révèle élevé.

Villa Nazionale
Via Pisani, Strà. ☎ *049 50 20 74.* ○ *mar.-dim.*

Villa Widmann-Foscari
Via Nazionale 420, Mira Porte. ☎ *0330-26 15 10.* ○ *du mar. au dim.*

Villa Foscari
Via dei Turisti, Malcontenta. ☎ *041 547 00 12.* ○ *mar. et sam. matin.* ● *de déc. à mars.*

Trévise ❿

82 000. 🚌 FS ℹ *Piazza Monte di Pietá 8 (0422 54 76 32).* *mar. et sam. matin.*

Souvent comparée à Venise, sa puissante voisine, Trévise, ville fortifiée aux rues historiques bordées de façades peintes, n'en possède pas moins sa propre personnalité.

Au cœur de la cité, la rue de la **Calmaggiore** relie au **Duomo** le palazzo dei Trecento bâti au début du XIIIe siècle et complété d'une loggia en 1552. Fondée au XIIe siècle mais plusieurs fois remaniée, la cathédrale renferme dans une chapelle à droite de l'autel une *Annonciation* (1520) de Titien. Une fresque maniériste du Pordenone lui fait face : *L'Adoration des Mages* (1520). D'autres peintures Renaissance s'admirent au **Museo Civico**.

Dans le quartier de la Peschiera, un marché aux poissons très animé se tient depuis le Moyen Âge sur une petite île entourée de belles maisons anciennes. De l'autre côté de la ville, l'église gothique **San Nicolò** ornée de fresques du XIVe siècle abrite le tombeau d'Agostino Onigo (vers 1500), œuvre d'Antonio Rizzo décorée par Lorenzo Lotto. Quarante portraits peints vers 1350 décorent la salle du Chapitre du séminaire voisin. Sur l'un d'eux figurent les premières lunettes jamais représentées en art.

Museo Civico
Borgo Cavour 24. ☎ *0422 59 13 37.* ○ *du mar. au dim.* ● *jours fériés.*

Canal de la vieille ville de Trévise

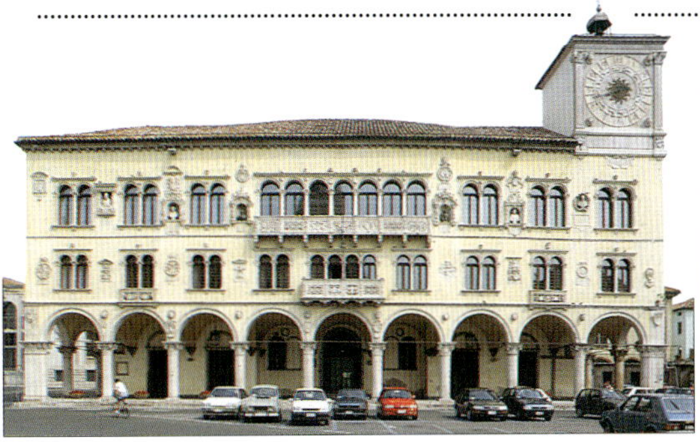
Façade Renaissance du palazzo dei Rettori à Belluno

Conegliano ⓫

Treviso. *35 000.* FS *Via Colombo 45 (0438 212 30).* *ven.*

Située au cœur des vignobles du Prosecco, cette petite ville possède une école d'œnologie qui forme des viticulteurs de toute l'Italie. De beaux palais datant du XVe au XVIIIe siècle dominent sa rue principale bordée d'arcades, la via XX Settembre. Beaucoup sont de style gothique vénitien ou décorés de fresques estompées. Le **Duomo** abrite la plus grande œuvre d'art de la cité : le retable de la *Vierge en majesté avec saints* peint en 1493 par Cima da Conegliano (1460-1518).

Sphinx au théâtre de Conegliano

La maison natale de l'artiste, la **casa di Cima**, présente des reproductions de la plupart de ses tableaux les plus célèbres. Les paysages des arrière-plans s'inspiraient des collines entourant la ville telles qu'on peut les découvrir depuis les jardins où se dresse le Castelvecchio (vieux château).

Casa di Cima

Via Cima. *0438 226 60. sur r.-v.* *sam. et dim. ap.-m.*

Belluno ⓬

36 000. FS *Piazza dei Martiri 9 (0437-94 00 83).* *sam.*

Chef-lieu pittoresque de la province du même nom, Belluno se trouve à la charnière de deux parties très différentes de la Vénétie : les plaines du sud et le massif des Dolomites. Ce contraste ajoute à la beauté du panorama offert par la **porta Ruga** (XIIe siècle), à l'extrémité sud de la via Mezzaterra, la rue principale. La vue offerte par le campanile baroque (1743) du **Duomo** bâti au XVIe siècle se révèle encore plus spectaculaire. Le baptistère voisin possède des fonts sculptés d'un *Saint Jean-Baptiste* par Brustolon (1662-1732) dont les œuvres décorent également les églises San Pietro (autel et anges) et Santo Stefano (chandelier et crucifix).

C'est au nord de la piazza del Duomo que se dresse l'édifice le plus élégant de la ville : le **palazzo dei Rettori** (1491), ancienne résidence des gouverneurs vénitiens. À côté s'élève la **torre Civica** (XIIe siècle), dernier vestige d'un château médiéval.

À quelques pas, le **Museo Civico** possède une section archéologique et quelques beaux tableaux, notamment par Bartolomeo Montagna (1450-1523) et Sebastiano Ricci (1659-1734). Au nord du musée s'étend la **piazza del Mercato**, la plus belle place avec ses palais Renaissance et sa fontaine de 1410.

Au sud de la ville se trouvent les stations de ski des Alpe del Nevegal. En été, un télésiège rejoint depuis Faverghera un point de vue à 1 600 m d'altitude.

Museo Civico

Via Duomo 16. *0437-94 48 36.* *du mar. au sam.* *sam. après-midi d'oct. à mi-avril, jours fériés.*

Cortina d'Ampezzo ⓭

Belluno. *7 000.* *Piazzetta San Francesco 8 (0436 32 31).* *mar. et ven.*

Le cadre extrêmement spectaculaire que créent au-dessus de pentes boisées les aiguilles et les pics escarpés des Dolomites *(p. 78-79)* dominant Cortina d'Ampezzo explique en partie qu'elle soit devenue une des stations de montagne les plus prisées de la haute société milanaise et turinoise.

Après avoir accueilli les Jeux olympiques en 1956, elle dispose de surcroît d'un équipement hors du commun. Outre le ski alpin et le ski de fond, les audacieux pourront ainsi pratiquer aussi le saut et le bobsleigh. La station offre également une patinoire olympique, plusieurs piscines, des courts de tennis et la possibilité de pratiquer l'équitation.

Cortina se transforme en été en centre de randonnée et l'office du tourisme et le Club Alpino Italiano *(p. 625)* peuvent vous renseigner sur les itinéraires d'excursion.

Flânerie sur le corso d'Italia à Cortina d'Ampezzo

Marmites anciennes en cuivre au museo Carnico de Tolmezzo

Tolmezzo ⓮

10 000. Via Umberto I 15, Arta Terme (0433 92 92 90). lun.

Dominé par les sommets des Alpes Carniques, notamment, à l'est, la pyramide formée par le monte Amariana (1 906 m), Tolmezzo est le chef-lieu de la province de la Carnia, nommée d'après la tribu celte qui habitait ce territoire vers le IVe siècle av. J.-C., et dont le **museo delle Arti Popolari** offre un bon point de départ à la visite avec son exposition sur les costumes, les techniques agricoles et les artisanats traditionnels de la région.

Au sud de la ville, un parcours pittoresque de 14 km conduit à la station de ski de **Sella Chianzutan**, centre de randonnée apprécié en été. D'autres stations jalonnent la N 52 qui mène à l'ouest de Tolmezzo jusqu'à **Ampezzo** d'où une route secondaire rejoint au nord, par les gorges du Lumiei, le **lago di Sauris**, excellente introduction aux Alpes Carniques. Au delà, la route est souvent impraticable en hiver mais traverse en été des prés fleuris jusqu'à Sella di Riazo puis, par la **vallée de la Pesarina**, Comeglians et Ravascletto. En revenant vers Tolmezzo, la N 52 bis passe par **Zuglio**, en face d'Arta Terme. Ancienne cité romaine commandant l'accès du col, Zuglio a conservé les vestiges d'un forum, d'une basilique et de thermes antiques.

Museo delle Arti Popolari
Piazza Garibaldi 2. *0433 432 33. du mar. au dim. 1er jan., 1er mai, 25 déc.*

Pordenone ⓯

Udine. 49 000. FS Corso Vittorio Emanuele II 38 (0434 52 12 18). mer. et sam.

Le vieux Pordenone se réduit essentiellement à une longue rue, le **corso Vittorio Emanuele** bordé de belles maisons à arcades dont les façades portent encore pour certaines des traces de fresques. Édifice gothique du XIIIe siècle doté d'une tour d'horloge du XVIe siècle, le *Palazzo Comunale* en marque le terme. En face, le palazzo Ricchieri date du XVIIe siècle mais incorpore des éléments plus anciens. Il abrite le **Museo Civico** qui présente notamment des peintures de l'enfant le plus célèbre de la ville : le Pordenone (1484-1539), auteur également, au **Duomo**, de la *Vierge de la Miséricorde* (1515) de l'autel et des fresques des piliers. Un élégant campanile roman à décorations en terre cuite flanque la cathédrale.

Lago di Sauris, lac artificiel près de Tolmezzo dans les Alpes Carniques

Museo Civico
Corso Vittorio Emanuele 51. *0434 39 23 11. du mar. au ven. jours fériés.*

Udine ⓰

99 000. FS Piazza I Maggio 7 (0432 29 59 72). sam.

Ville à l'architecture d'une grande variété, Udine s'organise autour de la **piazza della Libertà**, où le palazzo del Comune (1448-1456) construit en briques dans le style gothique vénitien se dresse à côté du Caffè Contarena (1915) Art déco. En face, la torre dell'Orologio (1527) brise la symétrie de l'arcade Renaissance du porticato di San Giovanni. À son sommet, deux Maures de bronze sonnent les heures. À noter aussi la fontaine datant de 1542 et la colonne portant le lion de Saint-Marc.

Derrière la place s'élève une colline haute de 26 mètres offrant un large panorama de la cité. Il faut franchir l'**arco Bollani** dessiné par Palladio en 1556 pour grimper l'escalier menant au Castello. Ce château du XVIe siècle abrite désormais les collections d'art et de pièces archéologiques des **Musei Civici e Galleria di Storia e Arte Antica**.

Au sud de la piazza della Libertà se trouve l'**oratorio della Purità** et le **Duomo** qui renferment, comme le **palazzo Arcivescovile**, des peintures et des fresques par Giambattista Tiepolo (1696-1770). Le marché se tient devant l'église baroque San Giacomo sur la piazza Matteotti entourée d'arcades.

Aux environs
À Codroipo, à 24 km à l'ouest d'Udine, la vieille route de

Le portico di San Giovanni sur la piazza della Libertà d'Udine

Palmanova conduit à Passiarano et à l'imposante **villa Manin**, villégiature du dernier doge de Venise, Ludovico Manin (1725-1802), et à ses magnifiques jardins. Même hors des heures de visite, elle reste visible depuis la route qui traverse le parc.

Musei Civici e Galleria di Storia e Arte Antica
Castello di Udine. *0432-50 28 72.* *du mar. au sam. (dim. matin).* *1er jan., 1er mai, 25 déc.*

Palazzo Arcivescovile
Piazza Patriarcato. *0432 250 03.* *mer.-dim.* *1er jan., Pâques, 25 déc.*

Villa Manin
Passariano. *0432 90 66 57.* *mar.-dim.* *1er jan., 25 déc.* **Jardins** *Pâques-oct. : mar.-dim.*

Cividale del Friuli 17

11 000. *Corso Paolino Aquileia 10 (0432 73 13 98).* *sam.*

Une porte dans les remparts médiévaux de Cividale donne sur la grand-rue qui conduit droit au spectaculaire ravin où coule le Natisone. Il coupe la ville en deux et l'arche d'un pont datant du Moyen Âge, le **ponte del Diavolo**, le franchit. Au-dessus de la rive nord, le **Tempietto Longobardo** (« Chapelle lombarde »), oratoire du VIIIe siècle décoré de reliefs en stuc, mêle styles byzantin et roman.

Sur la place principale, le remarquable **Museo Archeologico Nazionale** retrace l'histoire de la ville et présente entre autres des vestiges d'édifices romains et une collection d'objets lombards comprenant des bijoux et des armes.

À côté, le **Duomo**, reconstruit en 1453 après un incendie, abrite un superbe retable en argent du XIIIe siècle. Le **Museo Cristiano** ouvre sur la nef sud. Il expose des sculptures de l'église originale, en particulier l'autel offert par Ratchis, duc lombard du Frioul qui devint roi d'Italie (737-744). Des scènes de la vie du Christ, dont une charmante Nativité, ornent ses panneaux de marbre. À voir aussi : la cuve baptismale du patriarche Callisto (737-756) de forme octogonale.

Le lion de Saint-Marc à l'entrée du château de Gorizia

Tempietto Longobardo
Piazzetta San Biagio.

L'intérieur du Tempietto Longobardo de Cividale del Friuli

Museo Archeologico Nazionale
Palazzo dei Provveditori Veti, Piazza del Duomo 13. *0432 70 07 00.* *t.l.j. le matin.* *1er jan., Pâques, 1er mai, 25 déc.*

Museo Cristiano
Piazza del Duomo. *0432 73 11 44.* *t.l.j.*

Gorizia 18

40 000. *Via Roma 9 (0481 38 62 25).* *jeu. et ven.*

En 1947, le traité de Paris céda la partie orientale de Gorizia à la Yougoslavie et la ville est donc aujourd'hui traversée par la frontière avec la Slovénie. L'épisode le plus sanglant eut toutefois lieu pendant la Première Guerre mondiale, et si elle ne porte plus trace des batailles, elle en entretient le souvenir. Le rez-de-chaussée du **Museo Provinciale** abrite ainsi le Museo Provinciale della Grande Guerra qui évoque les épreuves subies par les soldats au moyen de photos, documents audiovisuels et reconstitutions grandeur nature de tranchées, de postes d'artillerie et de casemates. Les salles de l'étage présentent des peintures d'artistes locaux et servent à l'organisation d'expositions temporaires.

En face du Duomo du XIVe siècle, le viale D'Annunzio gravit le Borgo Castello, colline fortifiée par la République de Venise au XVIe siècle. Au sommet, le château offre un superbe panorama sur le plateau du Carso et la ville.

Aux environs
Au sud-ouest de Gorizia, de jolies routes serpentent jusqu'à Trieste sur les contreforts du plateau calcaire du **Carso** creusé de grottes et de rivières souterraines. Des murs en pierres sèches y séparent toujours champs et prés.

Museo Provinciale
Borgo Castello 3. *04831-53 39 26.* *mar.-dim.* *1er jan., Pâques, 25 déc.*

Le port de Grado au sud d'Aquileia

Aquileia ⑲

3 500. Piazza Capitolo 4 (0431 91 94 91) été seul. mar.

Ruines de villas, de thermes, de temples et de magasins rappellent à Aquileia, bourgade aujourd'hui à peine plus importante qu'un village, la splendeur perdue de la cité romaine fondée en 181 av. J.-C. et qui devint la capitale de la province de Vénétie-Istrie.

Ce fut là qu'Auguste reçut Hérode Ier le Grand, roi de Judée, en 10 av. J.-C., et là aussi que saint Jérôme et saint Ambroise participèrent en 381 à un grand concile. La ville ne résista toutefois pas aux invasions barbares du Ve siècle. Heureusement, les destructions laissèrent intact le superbe pavement de mosaïque de la basilique paléochrétienne.

Basilica

Piazza del Capitolo. *0431 910 67.* *t.l.j.*

Il ne reste de la première basilique d'Aquileia, fondée vers l'an 313, que les magnifiques pavements de mosaïque paléochrétiens de la nef et de la **cripta degli Scavi** au-dessous. Leur décor mêle motifs géométriques, épisodes bibliques et scènes de la vie quotidienne au IVe siècle.

L'église actuelle, élevée dans le style roman au début de ce millénaire, a connu un important remaniement gothique au XIVe siècle. L'aménagement intérieur date de la Renaissance.

Museo Archeologico Nazionale

Via Roma 1. *0431 910 16.* *mat. t.l.j. (et ap.-m. l'été)* *1er jan., 1er mai, 25 déc.*

Les mosaïques de la basilique entretenaient une tradition artisanale déjà florissante à Aquileia au IIe siècle comme le montre l'exposition de ce musée qui comprend des sculptures de l'époque classique (du Ier au IIIe siècle) ainsi que de la verrerie, des pièces d'ambre et une remarquable collection de mouches en or, ancienne parure du voile d'une élégante Romaine.

Museo Paleocristiano

Località Monastero. *0431 911 31.* *t.l.j. le matin.* *1er jan., 1er mai, 15 août, 25 déc.*

Installé près de l'ancien port au bord de la Natissa jadis navigable, il expose les vestiges sauvés des premiers édifices chrétiens (du IVe au VIe siècle), notamment mosaïques et bas-reliefs.

Aux environs

Fondée au IIe siècle pour servir de port maritime à Aquileia, **Grado**, qui s'étend comme Venise sur des îlots d'une lagune de la côte adriatique, se développa au Ve siècle quand elle servit d'asile aux populations fuyant les invasions barbares. Reliée à la terre ferme par une belle chaussée de 5 km de long, c'est aujourd'hui une des stations balnéaires les plus populaires de la région grâce à sa longue plage de sable et son port de plaisance.

Au centre de la vieille ville se dresse le **Duomo** qui a conservé des piliers de marbre à chapiteaux byzantins et un pavement de mosaïque du VIe siècle. À proximité, le baptistère et la petite basilique **Santa Maria delle Grazie** restent eux aussi ornés de mosaïques du VIe siècle.

Le symbolisme dans l'art paléochrétien

Victimes des persécutions romaines, les premiers disciples du Christ utilisaient entre eux des signes de reconnaissance, souvent des motifs traditionnels de l'art classique interprétés en fonction de leur foi. Nombre des symboles qui figurent sur les mosaïques et les sarcophages d'Aquileia ont au fil des siècles évolué dans leur signification.

Détail du pavement en mosaïque (IVe siècle) de la basilique d'Aquileia

***L'allégorie de la Victoire antique**, jeune femme ailée tenant une branche de laurier, en vint à représenter la résurrection du Christ, puis, plus généralement, le triomphe sur la mort.*

Trieste 20

218 000. FS Via San Niccolò (040 42 01 82). lun.-sam.

Port de l'Adriatique proche de la frontière slovène, cette ville animée, riche d'un passé qui remonte à l'Antiquité, possède une atmosphère qui lui est propre.

Acquario Marino

Riva Nazario Sauro 1. 040 30 62 01. du mar. au dim. (de nov. à mars : seult le matin). jours fériés.

Installé sur le port près du marché aux poissons, l'aquarium de Trieste offre un remarquable aperçu de la faune de l'Adriatique.

Castello di San Giusto

Piazza Cattedrale 3. 040 31 36 36. du mar. au dim. 1er jan., 25 déc.

Entrepris par les Vénitiens en 1368, ce château fort domine le port depuis une colline commandant un large panorama du golfe de Trieste. Il abrite désormais un musée dont l'exposition comprend du mobilier, des peintures, des dessins et des gravures du XIXe siècle, ainsi qu'une belle collection d'armes et d'armures anciennes.

Basilica Paleocristiana

Via Madonna del Mare 11. 040 436 31. t.l.j.

À côté du château s'étendent les ruines d'une basilique romaine datant du tournant du Ier siècle. Remarquez les sièges de pierre des magistrats.

Duomo

Piazza Cattedrale. 040 30 96 66. t.l.j.

La cathédrale **San Giusto** présente en façade une grande rosace gothique, ornement de la nef centrale bâtie au XIVe siècle entre deux basiliques romanes du XIe siècle, aux absides décorées de belles mosaïques du XIIIe siècle. Celle de gauche, une *Vierge en majesté*, offre un superbe exemple du style vénitien. L'abside de droite abrite en outre des fresques évoquant la vie de saint Just.

Vierge en majesté au-dessus des 12 Apôtres (XIIIe siècle), Duomo de Trieste

Le castello del Miramare sur la baie de Trieste

Museo di Storia ed Arte ed Orto Lapidario

Via della Cattedrale 15. 040 31 05 00. mar.-dim. jours fériés.

L'importance de sa collection archéologique vient des relations commerciales entre Trieste et la Grèce pendant l'Antiquité.

Aux environs

À 9 km au nord de Trieste, **Villa Opicina** offre depuis son belvédère un splendide panorama du port, de sa baie et de la côte jusqu'en Slovénie. Un peu plus loin, Borgo Grotta Gigante doit son nom à la **grotta del Gigante**, immense salle souterraine aux spectaculaires concrétions calcaires.

À Grignano, à 8 km au nord-ouest deTrieste, le **castello del Miramare** dresse sur un promontoire sa silhouette blanche mise en valeur par la luxuriance de son jardin. Bâti de 1856 à 1860 pour l'archiduc Maximilien d'Autriche qui mourut fusillé au Mexique en 1867, il a conservé son mobilier et sa décoration d'époque.

Grotta del Gigante

Borgo Grotta Gigante. 040 32 73 12. du mar. au dim. (juil.-août t.l.j.)

Castello del Miramare

Miramare, Grignano. 040 22 41 43. t.l.j.

***La tortue**, comme l'ignorance, s'enferme dans sa carapace. Le coq, en chantant à l'aube, annonce l'arrivée de la lumière apportée par la foi.*

***ICHTHUS (poisson)** était un acronyme du grec Iesous CHristos THeou Uios Soter (« Jésus Christ, Fils de Dieu, Sauveur »).*

***Les paons** symbolisaient l'âme immortelle dont toute la beauté se révèle à son arrivée au paradis.*

TRENTIN-HAUT-ADIGE

Nommée d'après sa capitale, Trente, la province italophone du Trentin diffère grandement par sa culture de la haute vallée de l'Adige souvent appelée Sud-Tyrol et dont la population, au débouché du principal col vers l'Autriche, le Brenner, parle allemand. Toutes deux ont cependant en commun les montagnes majestueuses qui dominent chaque ville ou village. Couverts de neige pendant six mois, leurs flancs se tapissent les six suivants de fleurs alpines.

Les glaciers ont creusé dans les montagnes du Trentin-Haut-Adige de profondes et larges vallées. Pour la plupart exposées au sud, elles jouissent d'un climat exceptionnellement doux à cette altitude. Voie d'accès au col du Brenner, principal point de passage dans les Alpes entre le sud et le nord de l'Europe, la région a de tout temps été parcourue par des voyageurs comme l'a confirmé en 1991 la découverte d'un corps prisonnier de la glace depuis 5 000 ans. Chaussé de bottes en cuir garnies de paille, l'homme s'aidait dans sa progression d'un pic en cuivre.

Les sentiers empruntés au néolithique devinrent des routes à l'époque romaine où les premières villes se développèrent. La haute vallée de l'Adige acquit sa culture germanophone au Moyen Âge sous le gouvernement des comtes de Tyrol dont le territoire, qui passa ensuite sous le contrôle des Habsbourg, s'étendait des deux côtés de la frontière actuelle. Pour protéger cols et vallées, la noblesse tyrolienne construisit les châteaux qui jalonnent toujours la province.

La tradition d'accueillir les visiteurs chez l'habitant est un autre héritage tyrolien. Les chambres louées par des particuliers se trouvent souvent dans des maisons typiques avec leurs balcons en bois. Feux dans la cheminée en hiver et solide cuisine de montagne en font des bases idéales d'où découvrir les pentes enneigées ou les sentiers de randonnée.

Skieurs dans le massif du monte Spinale, près de Madonna di Campiglio dans le Trentin

◁ **Paysage typique des Dolomites entre Bressanone et Ortisei dans le Haut-Adige**

À la découverte du Trentin-Haut-Adige

Province entièrement montagneuse offrant à la fois équipements sportifs et nature préservée, le Trentin-Haut-Adige s'étend des Dolomites, au sud, jusqu'aux Alpes Atésines et la frontière autrichienne qui les traverse. L'Adige court dans la vallée la plus large et arrose les deux villes principales : Bolzano-Bozen et Trente. Le long de ses affluents, vignobles, champs fleuris, alpages et pentes boisées abritent une faune d'une grande richesse.

La via Ponte Aquila à Bressanone

Légende

- Autoroute
- Route principale
- Route secondaire
- Parcours pittoresque
- Cours d'eau
- Point de vue

0 — 25 km

La région d'un coup d'œil

- Bolzano (Bozen) 6
- Bressanone (Brixen) 5
- Brunico (Bruneck) 4
- Canazei 8
- Castello di Avio 15
- Cavalese 9
- Cembra 11
- Madonna di Campiglio 12
- Malles Venosta (Mals im Vinschgau) 1
- Merano (Meran) 2
- Ortisei (Sankt Ulrich) 7
- Rovereto 14
- San Martino di Castrozza 10
- Trente 13
- Vipiteno (Sterzing) 3

Le castel Tirolo au-dessus de Merano

Les Dolomites vues de Madonna di Campiglio

Circuler

Autocars et train desservent les villes principales, mais la voiture reste le moyen de déplacement le plus pratique. Venant d'Autriche, l'autoroute A 22 franchit le col du Brenner et passe par Bolzano et Trente avant de rejoindre Vérone. Une route nationale la double et ces deux artères constituent la voie de passage la plus fréquentée d'Europe. Il arrive qu'elles s'engorgent, tout comme les autres routes, pendant la saison de ski. En hiver, prévoir des chaînes.

Voir aussi

• ***Hébergement*** p. 547-549

• ***Restaurant*** p. 582-584

L'abbazia di Monte Maria fondée au XIIe siècle près de Malles Venosta

Malles Venosta ❶

MALS IM VINSCHGAU

4 600. Via San Benedetto 1 (0473 83 11 90). mer.

À plus de 1 000 m d'altitude près de la source de l'Adige, Malles Venosta ne se trouve qu'à quelques kilomètres des frontières suisse et autrichienne. Poste douanier au Moyen Âge, elle a conservé de cette époque plusieurs églises gothiques, dont les flèches se dressent au-dessus des toitures. **San Benedetto** date du IXe siècle. Des fresques byzantines et carolingiennes ornent ses murs.

Aux environs

Construit au XIIIe siècle pour garder la route du Val Venosta, autre nom de la haute vallée de l'Adige, le **castel Coira** (Churburg) domine Sluderno (Schluderns) à 4 km au sud-est de Malles Venosta.

À cinq kilomètres au nord de Malles Venosta, c'est une abbaye bénédictine, l'**abbazia di Monte Maria** (Marienberg), qui s'accroche au rocher au-dessus de Burgusio (Burgeis). Agrandie au XVIIIe et au XIXe siècles, elle garde de l'époque de sa fondation, le XIIe siècle, une remarquable série de fresques décorant la crypte de l'église.

Castel Coira

Churburg, Sluderno. *0473 61 52 41. de mi-mars à nov. : du mar. au dim. seulement pour visites guidées*

Abbazia di Monte Maria

0473 83 13 06. avr.-oct. : lun.-sam. mat. ; nov.-mars : sur r.-v. jours fériés. visites guidées.

Merano ❷

MERAN

35 000. FS Corso della Libertà 35 (0473 23 52 23). mar. et ven.

Jolie station thermale au pied de superbes montagnes, Merano attire de nombreux curistes séduits par la douceur de son climat et les vertus de ses eaux. Sur le corso Libertà bordé d'hôtels et de boutiques chic se dresse la **Kurhaus**, ancien centre de cure bâti en 1914 et aujourd'hui transformé en salle de concert. Datant du XVe siècle, le **Castello Principesco**, résidence de l'archiduc Sigismond de Habsbourg, a conservé son mobilier d'époque.

De beaux jardins s'étendent le long du Passirio qui sinue à travers la ville. Sur sa rive nord, la passeggiata d'Inverno (Promenade d'hiver) aboutit au ponte Romano. Sur la rive sud, la passegiatta d'Estate (Promenade d'été) se termine au ponte Passirio élevé au Moyen Âge.

Façade Art nouveau de la Kurhaus de Merano

Aux environs

À 4 km au nord de Merano se dresse le **castel Tirolo** construit au XIIe siècle par les comtes de Tyrol qui donnèrent son nom à la région. Il abrite un musée d'histoire locale.

Castello Principesco

Via Galilei. *0473 22 29 31. mar.-dim.*

Castel Tirolo

Via Castello 24, Tirolo. *0473 22 02 21. Pâques à oct. : du mar. au dim. visites guidées.*

Vipiteno ❸

STERZING

5 500. FS Piazza Città 3 (0472 76 53 25). jours différents chaque mois.

À quelques kilomètres du col du Brenner, une atmosphère très tyrolienne règne à Vipiteno. De belles maisons, la torre dei Dodici, symbole de la ville, et le **Palazzo Comunale**, de style gothique, mais abritant des œuvres d'art Renaissance, dominent la via Città Nuova. Le **museo Multscher** présente des sculptures sur bois d'Hans Multscher, l'artiste bavarois qui réalisa en 1456-1458 l'autel de l'**église** paroissiale qui se dresse au sud de la ville.

Enseigne à Vipiteno

À l'ouest, des chutes d'eau et un pont naturel ajoutent au charme du **val di Racines**.

Palazzo Comunale

Via Città Nuova. *0472 76 51 08. du lun. au ven. jours fériés.*

Museo Multscher

Via della Commenda. *0472 76 58 79. avr.-oct. : sam.-mar. jours fériés.*

Le château médiéval dominant Brunico

Brunico ❹

BRUNECK

12 000. FS Via Europa (0474 55 57 22). mer.

Jolie base d'excursions d'où découvrir la valle della Pusteria, Brunico étend sous la silhouette massive de son château médiéval (remanié au XVe et XVIe siècles) un réseau de ruelles qui ne s'explorent qu'à pied. Elle a conservé des remparts du XIVe siècle et au nord-ouest de la porte Santa Ursula, l'**église** du même nom présente à l'autel un splendide relief de la Nativité (XVe siècle). Le **museo Etnografico di Teodone** propose une exposition sur la vie rurale traditionnelle et les costumes folkloriques locaux et offre la possibilité de visiter des bâtiments agricoles du XVIe siècle.

Museo Etnografico di Teodone

Via Duca Teodone 24. *0474 55 20 87.* *de mi-avril à oct. : du mar. au sam. dim. mat.* *rez-de-chaussée.*

Reconstruit au XVIIIe siècle, le **Duomo** possède une décoration intérieure baroque, mais a conservé son cloître du XIIe siècle qu'ornent des fresques du XVe siècle. De style Renaissance, le palazzo Viscovile abrite l'extraordinaire collection de figurines de crèches du **museo dei Presepi** et le **Museo Diocesano** qui présente notamment de belles sculptures sur bois.

Cadran solaire d'une porte de Brunico

Bressanone ❺

BRIXEN

17 000. FS Viale Stazione 9 (0472 83 64 01). lun.

Les ruelles médiévales de Bressanone se serrent autour de la cathédrale et du palais des princes-évêques qui dirigèrent la ville pendant une longue partie de son histoire.

Aux environs

À 8 km au sud-ouest de la ville, Velturno (Feldthurns) renferme le **castello di Velturno**, résidence d'été Renaissance des princes-évêques aux pièces ornées de peintures murales. À un peu plus de 3 km au nord de Bressanone se dressent les bâtiments fortifiés de l'**abbazia di Novacella**. De belles fresques décorent son cloître gothique. Un peu plus au nord dans la vallée, les vestiges d'un mur du XVIe siècle appartenant jadis au poste de douane de la frontière séparant le Tyrol du canton de Görz se remarquent à l'est de **Rio di Pusteria** (Mühlbach). Loin au-dessus du village, au sud-est, se découpe la silhouette massive du **castello di Rodengo** (Rodeneck). Il abrite de magnifiques fresques du XIIIe siècle représentant des scènes de bataille, le Jugement dernier et des épisodes d'*Iwein*, ballade du poète médiéval Hartmann von Aue.

Museo Diocesano

Palazzo Vescovile, Piazza Palazzo Vescovile 2. *0472 83 05 05.* *de mi-mars à oct. : du mar. au dim.*

Museo dei Presepi

Palazzo Vescovile, Piazza Palazzo Vescovile 2. *0472 83 05 05.* *mi-mars-oct. : mar.-dim. ; déc. et jan. : t.l.j.* *24, 25 déc.*

Castello di Velturno

Velturno. *0472 85 55 25.* *mars-nov. : mar.-dim.*

Abbazia di Novacella

Varna. *0472 83 61 89.* *du lun. au sam.* *jours fériés.*

Castello di Rodengo

Rodengo. *0472 45 40 56.* *de mai à mi-oct. : du mar. au dim.*

Le cloître du Duomo de Bressanone orné de fresques du XVe siècle

L'intérieur baroque de l'église Sankt Ulrich d'Ortisei

Bolzano 6

BOZEN

98 000. FS Piazza Walther 8 (0471 97 06 60). sam.

Chef-lieu du territoire autonome du Haut-Adige, Bolzano appartint aux comtes de Tyrol à partir du XIIIe siècle, puis à l'Autriche jusqu'en 1919. La langue la plus parlée par la population y est l'allemand et une nette influence tyrolienne marque l'architecture.

Flèche du Duomo de Bolzano

Le **Duomo** gothique (XVe siècle) domine de son toit de tuiles polychromes la **piazza Walther**, cœur du centre historique. À l'intérieur du sanctuaire, le porticina del Vino (petit portail du Vin) témoigne par son décor sculpté de l'importance pour l'économie locale des vignobles. Au milieu de la place se dresse la statue du troubadour du XIIIe siècle dont elle porte le nom : Walther von der Vogelweide.

Au nord de la piazza Walther, le marché commence piazza Grano et s'étend jusqu'à la piazza delle Erbe d'où part la via dei Portici, la plus belle rue de Bolzano, bordée de maisons à arcades datant pour les plus anciennes du XVe siècle. Elle conduit au **Museo Civico** qui présente une exposition de costumes et d'objets artisanaux illustrant la vie du Tyrol du Sud. Le Museo archeologico abrite le fameux homme des glaces vieux de 5 000 ans.Des fresques des XIVe et XVe siècles ornent la **chiesa dei Domenicani** (église des Dominicains) et son cloître.

Museo Civico
Via Cassa di Risparmio 14.
0471 97 46 25. du mar. au sam. Noël et Pâques

Museo Archeologico
Via Museo 43. *0471 98 20 98. mar.-sam. 1er jan., 1er mai, 25 déc.*

Ortisei 7

SANKT ULRICH

4 200. Via Rezia 1 (0471 79 63 28). ven.

Chef-lieu de la belle vallée du Val Gardena, Ortisei s'étend au cœur des Dolomites au pied de hautes montagnes. Importante station de sports d'hiver et de villégiature d'été, elle entretient une très ancienne tradition de sculpture sur bois qui, après avoir paré de retables et de statues typiques les églises de la région, telles que **Sankt Ulrich**, alimente aujourd'hui en souvenirs ses boutiques d'artisanat. Le **museo della Val Gardena** présente également de nombreuses pièces. Il possède en outre une section archéologique.

Au sud d'Ortisei s'élève le superbe massif de l'**Alpe di Siusi** (Seiser Alm). Un téléphérique mène au sommet du Monte Seceda (2 518 m).

Museo della Val Gardena
Via Rezia 83. *0471 79 75 54. mar. et ven. (juil.-août. : mar.-dim.).*

Canazei 8

1 700. Via Roma 34 (0462 60 11 13). sam.

Riche en hôtels et située au pied de trois groupes rocheux parmi les plus hauts et les plus imposants des Dolomites, Canazei offre une bonne base d'où explorer la région, d'autant que plusieurs remontées mécaniques continuent de fonctionner en été et permettent de rejoindre de superbes point de vue. L'un des plus populaires, le Belvedere I, s'atteint grâce au téléphérique de la via Pareda. Il offre un panorama spectaculaire des falaises de la

Skieurs jouissant du panorama au-dessus de Canazei

Sella au nord, du Sasso Lungo à l'ouest et, au sud, de la Marmolada culminant à 3 342 m.

Aux environs
À **Vigo di Fassa**, à 13 km au sud-ouest, le **Museo Ladino** est dédié aux traditions, pour certaines, comme la musique, encore vivantes, des habitants du val de Fassa dont le dialecte d'origine latine, le ladin, est en voie de disparition.

Museo Ladino
Frazione San Giovanni, Vigo di Fassa.
0462 76 42. *en restauration.*

Vignobles en terrasses sur les coteaux du Val di Cembra

Cavalese 9

3 600. *Via Fratelli Bronzetti 60 (0462 24 11 11).* *dernier mardi du mois (sauf juil.)*

Façade peinte du palazzo della Magnifica Comunità

Station de montagne bien équipée et plus gros bourg du Val di Fiemme, jolie vallée que ponctuent prés fleuris et pentes boisées, Cavalese s'étend autour du **palazzo della Magnifica Comunità**. Construit au XIIIe siècle et remanié au XVIe, ce palais abrita au Moyen Âge le siège de la « Magnifique Communauté », association de onze communes jouissant d'une semi-autonomie. Il renferme aujourd'hui une collection de peintures et de pièces archéologiques.

Au sud de la ville s'élève l'**Alpe Cermis**. Un téléphérique conduit à son sommet à 2 229 mètres d'altitude.

Aux environs
Tesero, le premier village à l'est, possède une église gothique datant de 1450 ornée d'une fresque anonyme du XVe siècle et d'une Crucifixion moderne utilisant une vue du village comme arrière-plan.

À environ 13 km à l'est, l'exposition du **Museo Geologico e Mineralogico** de **Predazzo** permet de mieux comprendre l'histoire géologique de la région.

Palazzo della Magnifica Comunità
Piazza Cesare Battisti 2. *0462 34 03 65.* *juil.-août : lun.-sam. ap.-m.* *15 août.*

Museo Geologico e Mineralogico
Piazza Santi Filippo e Giacomo 1.
0462 50 23 92. *horaires variables (téléphoner).*

San Martino di Castrozza 10

Trento. *470.* *Via Passo Rolle 165 (0439 76 88 67).*

Station de montagne attirant skieurs en hiver et randonneurs et grimpeurs en été, San Martino occupe un cadre splendide dans une des vallées les plus spectaculaires et les plus accessibles des Dolomites méridionales. Des télésièges grimpent jusqu'aux sommets de l'**Alpe Tognola** (2 163 m), au sud-ouest, et de la **Cima della Rosetta** (2 609 m), à l'est. Tous deux offrent une vue superbe sur les Pale di San Martino, aiguilles vertigineuses jaillissant d'une mer de prés et de forêts. Ces dernières, qui entourent entièrement San Martino, fournissaient jadis en bois d'œuvre la flotte de la République vénitienne mais sont aujourd'hui protégées. Elles permettent de découvrir papillons, oiseaux et flore alpine.

Cembra 11

2 500. *Piazza Toniolli 2 (0461 68 31 10).* *mer.*

Ce paisible bourg viticole se niche sur les coteaux du Val di Cembra, charmante vallée jalonnée de villages fleuris. À environ six kilomètres à l'est se dressent les **Piramidi di Segonzano**, bel ensemble de cheminées de fées, colonnes argileuses coiffées du rocher qui les a protégées de l'érosion. Certaines ont plus de 30 mètres de hauteur.

Le long du sentier qui y conduit, des panneaux expliquent la formation de ces curiosités géologiques.

La montée jusqu'au site est raide mais permet d'atteindre des bois emplis d'oiseaux. Une autre récompense attend au sommet les courageux : la vue offerte sur le Val di Cembra. Elle porte à l'ouest jusqu'au massif de Brenta dans les Dolomites.

Piramidi di Segonzano près de Cembra

Piramidi di Segonzano
Strada Statale 612 to Cavalese.
0461 68 31 10. *t.l.j.*

La cascate di Nardis près de Madonna di Campiglio

Madonna di Campiglio ⓬

1 100. Via Pradalago 4 (0465 44 20 00). de juin à sept. : mar. et jeu.

Principale station climatique du Val Meledrio entre les massifs de Brenta et d'Adamello, Madonna di Campiglio, équipée de remontées mécaniques permettant d'atteindre de nombreux sommets et un immense domaine skiable, constitue une base idéale d'où découvrir les paysages des Dolomites.

Aux environs

À environ 14 km au sud, une fresque bien conservée datant de 1539 orne l'église de **Pinzolo**. Elle représente une *Danse macabre* commentée par un texte en dialecte local. Remonter vers le nord depuis Pinzolo permet de prendre à Carisolo la route qui pénètre à gauche dans le **Val Genova** et conduit dans un décor grandiose et préservé jusqu'à la **cascate di Nardis** plongeant d'une hauteur de 90 m. Les deux rochers au pied de la chute d'eau seraient des démons pétrifiés.

Trente ⓭

105 000. FS Via Alfieri 4 (0461 98 38 80). jeu.

Cité offrant à la fois les plaisirs de la ville et ceux des sports de montagne, la capitale de la région autonome du Trentin-Haut-Adige s'étend sur un site occupé dès la préhistoire. C'est à l'époque romaine qu'elle se développe sous le nom de Tridentum. Duché lombard au VIe siècle, elle est dirigée de 1027 à 1803 par des princes-évêques.

Le concile qui s'y déroula à partir de 1545 la fit entrer dans l'histoire. En réaction au protestantisme, l'Église catholique y jeta en effet les bases de la Contre-Réforme qui lui donna son visage actuel. Une grande partie des séances se déroulèrent dans l'église Santa Maria Maggiore bâtie en 1520. Derrière son chevet, la via Colico rejoint la **via Belenzani**. Bordée de palais Renaissance de style vénitien, certains peints de fresques, celle-ci s'ouvre à droite sur la place principale, la **piazza Duomo** dominée par la **cathédrale** entreprise dans le style roman au début du XIIIe siècle mais achevée seulement en 1515. Sous le chœur se trouvent les vestiges d'une basilique paléochrétienne du VIe siècle. Au centre de la place se dresse la fontaine de Neptune (XVIIIe siècle) dont le trident rappelle l'origine du nom de la ville.

Cour intérieure du Magno Palazzo

Museo Diocesano Tridentino

Piazza Duomo 18. 0461 23 44 19. du lun. au sam. 1er jan., Pâques, 25 déc.

Imposant bâtiment médiéval dominant la piazza Duomo, le **palazzo Pretorio** abrite ce musée diocésain qui présente notamment des tapisseries flamandes, des reliquaires émaillés du XIIIe siècle et des souvenirs du concile de Trente.

Castello del Buonconsiglio

Via Bernardo Clesio 5. 0461 23 37 70. du mar. au dim. 1er jan., 1er nov., 25 déc.

Intégré dans les défenses de la ville, ce vaste corps de bâtiments réunit des constructions datant d'époques différentes. Au nord, le Castelvecchio surmonté du cylindre massif de la torre Grande remonte au XIIIe siècle mais connut en 1475 un remaniement dans le style gothique vénitien. Au centre, le **Magno Palazzo** (1530) Renaissance servait de résidence aux princes-évêques. Il a conservé ses plafonds à caissons et une décoration somptueuse, notamment des fresques peintes en 1531-1532 par Gerolamo Romanino. Remarquez les nymphes et les satyres.

Le « château du Bon Conseil » abrite désormais le **Museo Provinciale** dont la section archéologique présente de belles pièces préhistoriques, étrusques et romaines. Les collections d'art comprennent des céramiques, des monnaies, des sculptures sur bois

Le palazzo Pretorio et le Duomo sur la place principale de Trente

Le mémorial de la campana dei Caduti à Rovereto

du XVe siècle et des tableaux du XVIe au XVIIIe siècle.

À droite du Magno Palazzo, la **torre dell'Aquila** de section carrée contient des fresques gothiques pleines de grâce représentant les *Travaux des mois* (vers 1400).

Aux environs

À l'ouest de Trente, une route pittoresque et sinueuse gravit le flanc nord du **Monte Bondone**, dont elle permet au retour, par **Vezzano**, de découvrir le côté occidental. De splendides points de vue, en particulier à Vaneze et Vason, jalonnent le trajet.

À l'est de Trente, Pergine marque l'entrée du **Val Sugana**, large vallée ponctuée de lacs. Dans les collines au nord du lac de Levico, **Levico Terme** est une belle station thermale aux bâtiments néo-classiques.

Rovereto ⓮

33 000. FS Via Dante 63 (0464 43 03 63). mar.

De féroces batailles se déroulèrent près de Rovereto pendant la Première Guerre mondiale et la ville décida de transformer en **Museo Storico della Guerra** sa forteresse médiévale construite en 1416 et la tour dont la dota Venise en 1492. L'exposition, très détaillée, occupe plus de 30 salles et aborde l'histoire de la guerre sous de nombreux angles, notamment, parmi les plus originaux, celui de l'espionnage, de la propagande et de l'humour, à travers entre autres des photos.

Près de l'entrée du musée, des escaliers montent au toit d'où la vue porte jusqu'à la **campana dei Caduti** (« Cloche des morts »). Faite du métal de canons fondus après la Deuxième Guerre mondiale, cette cloche de 22 tonnes sonne tous les soirs au coucher du soleil.

Sous le musée de la Guerre, le **Museo Civico** présente des collections d'art, d'archéologie, de folklore et d'histoire naturelle.

Aux environs

À un peu plus de 8 km au nord de Rovereto, l'impressionnant **castel Beseno** coiffe une colline à l'est. Cette immense forteresse, de loin la plus importante de la région, occupe une position stratégique à la jonction de trois vallées et elle connut plusieurs reconstructions du XIIe au XVIIIe siècle. Elle est en restauration, mais on peut y contempler des fresques du XVIe siècle.

Au sud de Rovereto, la route de Vérone longe un grand éboulis surnommé **Ruina Dantesca** car Dante l'évoqua dans son *Enfer* (XII, 4-9).

Quatre km au sud, à Lavini di Marco, des empreintes de dinosaures ont été découvertes récemment.

Museo Storico della Guerra
Via Castelbarco 7. *0464 43 81 00. mi-mars-nov. : mar.-dim.*

Museo Civico
Borgo Santa Caterina. *0464 43 90 55. mar.-dim. jours fériés.*

Castel Beseno
Besenello. *0464 83 46 00. de mars à nov. : du mar. au dim.*

Le castello di Avio

Castello di Avio ⓯

Via Castello, Sabbionara d'Avio. *0464 68 44 53. FS jusqu'à Vo, puis 2 km de marche. de fév. à sept. : de 10 h à 13 h, de 14 h à 18 h du mar. au dim. ; oct.-nov. : de 10 h à 13 h, de 14 h à 17 h du mar. au dim.*

C'est le château le plus accessible de la vallée jusqu'au col. Fondé au XIe siècle, mais très agrandi au XIIIe, la vue y est superbe. Parmi les fresques à sujets séculiers qui le décorent, une série particulièrement intéressante montre dans la casa delle Guardie (salle des gardes) des scènes de bataille au XIIIe siècle.

La forteresse du castel Beseno au nord de Rovereto

L'Italie du Nord-Ouest

L'Italie du Nord-Ouest d'un coup d'œil

Le littoral escarpé que crée la montagne ligure au contact de la Méditerranée, la plaine fertile du Pô et les Alpes marquant la frontière avec la Suisse et la France donnent au nord-ouest de l'Italie des paysages variés restés pour certains inviolés. Sa riche histoire a en outre doté la région de nombreux monuments. Cette carte indique les sites les plus intéressants du Val d'Aoste, du Piémont, de la Ligurie et de la Lombardie.

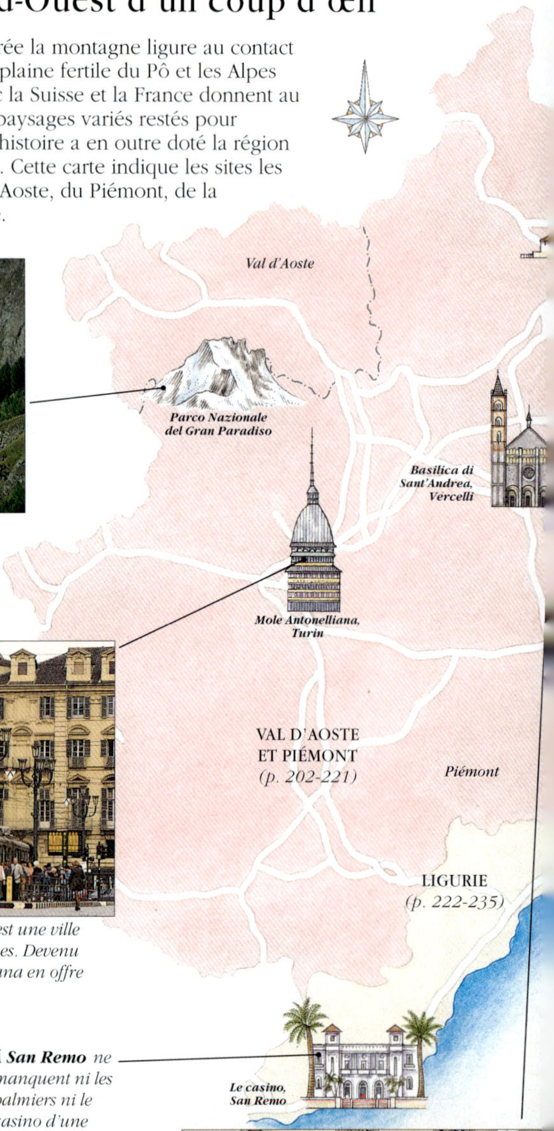

Le parc national du Grand-Paradis *protège, dans un cadre superbe, une faune et une flore rares* (p. 208-209).

Turin*, la capitale du Piémont, est une ville animée riche en édifices baroques. Devenu son emblème, la Mole Antonelliana en offre une vue magnifique* (p. 216).

À San Remo *ne manquent ni les palmiers ni le casino d'une station balnéaire typique de la Riviera. L'église russe ajoute une note d'exotisme supplémentaire* (p. 226).

La basilica di Sant'Andrea *de Vercelli fut un des premiers grands édifices romans à incorporer des éléments gothiques* (p. 220).

◁ **Façade à persiennes typique de la Ligurie, Santa Margherita Ligure**

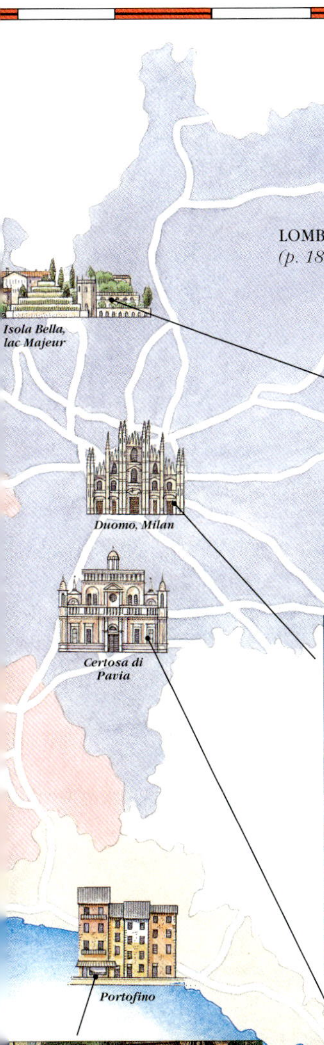

L'isola Bella est une île enchanteresse sur le romantique lac Majeur proche du lac de Côme (p. 184-185).

Le Duomo de Milan, *hérissé de flèches caractéristiques, est l'un des nombreux joyaux architecturaux de la ville* (p. 187).

Portofino, *ancien village de pêcheurs au fond d'une baie, accueille désormais surtout des yachts dans son port* (p. 233).

La Certosa di Pavia, *chartreuse d'une beauté rare, comprend une église gothique richement décorée et dotée d'une magnifique façade Renaissance* (p. 196-197).

0 50 km

Les spécialités de l'Italie du Nord-Ouest

Gressins

La variété qui marque les paysages du Nord-Ouest apparaît aussi dans la cuisine. Riches et robustes dans les Alpes, souvent à base de riz dans la plaine du Pô, apprêtant les produits de la mer en Ligurie, les spécialités varient selon le climat et les productions agricoles de chaque région : truffes, gibier et fromages dans le Piémont et le Val d'Aoste, poisson d'eau douce, charcuterie ou veau en Lombardie. Certains ingrédients tels que l'ail, le basilic, le safran ou le vin se retrouvent cependant partout dans les sauces, et les gressins, originaires de Turin, figurent sur toutes les tables de restaurant.

La focaccia *à la pâte enrichie d'huile d'olive se mange nature ou garnie d'olives, de tomates ou, comme ici, d'oignons et d'aromates.*

La bresaola*, fines lamelles de bœuf marinées, se sert en entrée nappée d'huile d'olive et de jus de citron.*

La bagna cauda*, spécialité du Piémont, est une crème d'anchois additionnée d'ail, d'huile d'olive, de beurre et parfois de truffe. Servie chaude, souvent même sur un réchaud, elle se mange en y trempant des légumes crus.*

La farinata*, pain plat à l'huile et à la farine de pois chiches de l'épaisseur d'une crêpe, se déguste en en-cas.*

Le risotto alla milanese *est parfumé à l'oignon, au vin blanc et au safran et saupoudré de parmesan râpé.*

Les trenette al pesto*, une spécialité génoise, s'arrosent d'une sauce au basilic, à l'ail, aux pignons et à l'huile d'olive.*

Les pansôti *ligures marient une farce aux œufs et aux épinards avec une sauce aux noix, à l'ail, à l'huile d'olive et à la ricotta.*

Le manzo al barolo *est un ragoût piémontais de bœuf mijoté à feu doux après une marinade au vin rouge et à l'ail.*

Le cacciucco *de Livourne associe poisson et fruits de mer cuits au vin et aromatisés à l'ail et aux fines herbes.*

Les costolette alla milanese*, côtelettes de veau panées servies avec du citron, ont conquis les assiettes de toute l'Europe.*

L'ossobuco *accompagne jarret de veau et os à moelle d'une sauce au vin et à la tomate plus anchois, citron et ail.*

Le fagiano tartufato*, faisan farci à la graisse de porc et aux truffes blanches, rôtit enveloppé de bardes de lard.*

Le spezzatino di pollo *est un quart de poulet cuit dans une sauce tomate contenant du vin et, parfois, de la truffe.*

Fromages

Grâce aux riches pâturages des Alpes, le Nord-Ouest produit certains des meilleurs fromages d'Italie. Parmi les spécialités lombardes figurent notamment le gorgonzola, célèbre bleu crémeux, le mascarpone, fromage blanc, et le taleggio qui se consomme frais. Fabriquée dans le Val d'Aoste et le Piémont, la fontina entre dans la composition d'une fondue locale.

Les spinaci alla piemontese *accompagnent de croûtons des épinards aux anchois, au beurre et à l'ail.*

Les amaretti*, à base d'amandes et de blanc d'œuf, évoquent les macarons. Souvent enveloppés de papier multicolore, ils se mangent en général avec le café.*

La torta di nocciole*, tarte piémontaise, comprend entre autres ingrédients des noisettes, des œufs et du beurre.*

Lo zabaione*, un œuf battu dans du marsala sucré, se sert chaud ou froid et s'accompagne de boudoirs.*

Le panettone *milanais, pâte levée garnie de fruits confits, est traditionnellement une pâtisserie de Noël et de Pâques.*

Les vins de l'Italie du Nord-Ouest

Le foulage du raisin, estampe médiévale

Des falaises de Ligurie jusqu'aux pentes alpines du Val d'Aoste, la vigne pousse partout dans le nord-ouest de l'Italie. Les meilleurs vins proviennent cependant du Piémont, en particulier des collines des Langhe au sud de Turin, origine de deux des meilleurs rouges de la péninsule : le barolo et le barbaresco. Crus de garde riches et charpentés, ils témoignent de l'intérêt porté ces dernières années à la vinification et des progrès permis par une saine utilisation des techniques modernes. Parmi les vins de table plus légers adaptés à la cuisine locale figurent le bolcetto et le populaire barbera. Célèbre mousseux, l'asti spumante est aussi une spécialité du Piémont.

Castiglione Falletto au cœur du Piémont

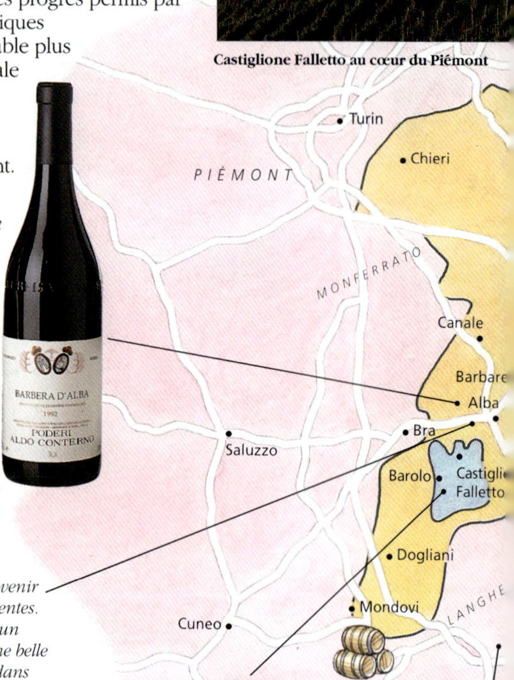

Le barbera d'Alba *est produit avec le cépage barbera si adaptable qu'il peut pousser sur des terrains extrêmement variés et donner aussi bien des vins légers et fruités que des crus riches et corpulents. Parmi les bons producteurs figurent Aldo Conterno, Voerzio, Pio Cesare, Altare, Gaja, Vaira et Vietti.*

Le dolcetto *peut provenir de sept régions différentes. Celui d'Alba associe un bouquet délicat et une belle robe rouge. À boire dans les deux premières années, il est généralement frais et fruité, mais les meilleurs crus, tels ceux de Giuseppe Mascarello, offrent richesse et profondeur.*

LÉGENDE

- Barolo
- Barbaresco
- Autres régions vinicoles

0 — 25 km

Le barolo*, réputé dans le monde entier pour la complexité de son bouquet et l'équilibre de ses tanins, est issu du cépage nebbiolo et exige parfois 20 ans de vieillissement. Produit seulement les meilleures années, le Vigna Colonello provient d'Aldo Conterno.*

La truffe blanche d'Alba ramassée dans les collines des Langhe se marie à merveille avec un bon barolo.

***Le moscato d'Asti**, issu d'un cépage fruité, le moscato, est excellent en apéritif ou comme vin de dessert. Doux et peu chargé en alcool, parfois légèrement pétillant, il offre le moyen idéal de se rafraîchir le palais après un robuste repas piémontais. Nous vous recommandons celui d'Aradilca servi bien frais.*

***Le barolo**, avant sa mise en bouteille, mûrit en fût au moins pendant deux ans soit dans une grande* botte *traditionnelle, soit dans une* barrique *plus petite où il prend un goût de bois plus marqué.*

LES CÉPAGES DU NORD-OUEST

Grappe de nebbiolo

De culture délicate, le cépage nebbiolo, qui donne deux des meilleurs rouges d'Italie, le barolo et le barbaresco, et quelques crus régionaux dans la Valtellina et au nord de Turin, exige une longue saison de maturation pour adoucir sa forte acidité. Les bonnes années, il offre cependant dans les collines des Langhe des vins au bouquet complexe, amples en bouche et aux tanins structurés. Moins exigeants, le dolcetto et le barbera sont tous deux originaires de la région de Monferrato. Sauf pour les meilleurs, très proches des crus issus du nebbiolo, ils donnent en général des rouges plus légers et fruités. L'asti spumante se fabrique à partir du moscato, un cépage blanc dont les meilleures grappes sont réservées à la production du moscato d'Asti.

LIRE L'ÉTIQUETTE

Le nom du cru apparaît au centre : *bricco* est un terme local pour un bon vignoble de coteaux.

Nom du producteur

Emblème du producteur

Millésime

Degré

Contenance

Dénomination officielle ; ici un vin de table de la région des Langhe.

Nom et adresse de l'embouteilleur

Bons millésimes
Pour le barolo et le barbaresco : 1993, 1990, 1989, 1988, 1985.

Comprendre l'architecture de l'Italie du Nord-Ouest

Depuis la fin de l'époque romane où le style lombard connut une large diffusion, il n'existe plus dans le Nord-Ouest de ligne architecturale aussi significative que celles qui s'épanouirent à Venise, Florence ou même Rome. La région est au contraire parsemée d'édifices de styles variés, souvent des emprunts extérieurs : délicieux châteaux médiévaux, extraordinaires églises gothiques et Renaissance, surprenantes constructions baroques. Depuis son développement industriel, elle compte également de nombreux bâtiments tirant parti des possibilités offertes par les matériaux modernes. Certains, dans leur inspiration, jettent un pont entre passé et futur.

Castello Sforzesco, 1451-1466 *(p. 186)*

Caractéristiques de l'architecture de l'Italie du Nord-Ouest

***Le castello di Fénis**, forteresse du XIVe siècle à l'asymétrie marquée, est l'un des plus beaux châteaux du Val d'Aoste. De superbes fresques décorent l'intérieur* (p. 207).

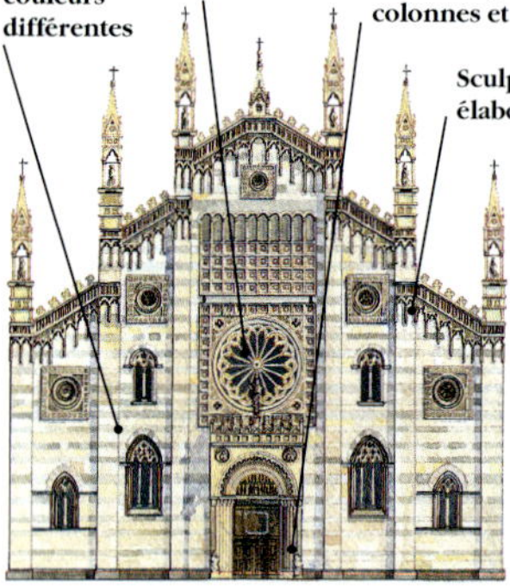

***Le Duomo de Monza** (XIVe siècle) offre, avec ses bandes polychromes, un exemple typique du style roman lombard* (p. 193).

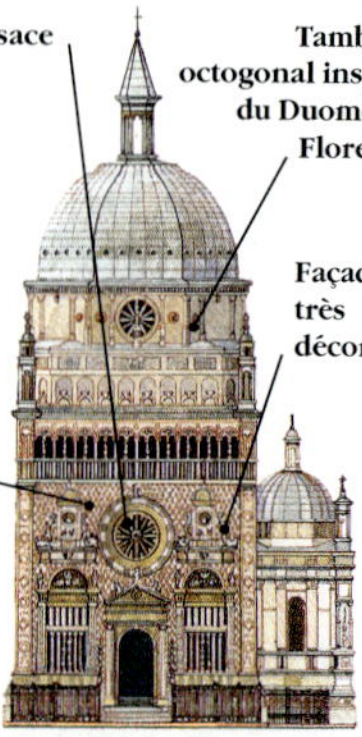

***La cappella Colleoni** (1476) de Bergame présente une exubérante décoration Renaissance* (p. 193).

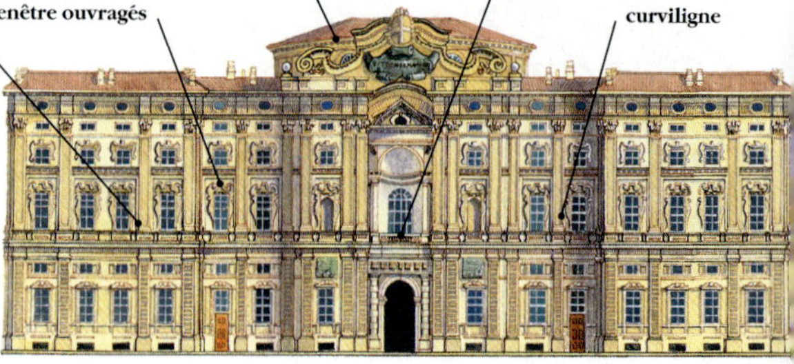

***Le palazzo Carignano** est peut-être la plus belle réussite de l'école baroque turinoise. Guarini lui a donné en 1679 une façade très animée rythmée par une belle rotonde* (p. 215).

OÙ VOIR L'ARCHITECTURE DU NORD-OUEST

De nombreux châteaux médiévaux *(p. 206)* jalonnent la route d'Aoste, tandis que la Lombardie renferme de superbes églises romanes et gothiques, notamment à Monza *(p. 193)*, Pavie *(p. 195)*, Milan *(p. 186-193)* et Côme *(p. 184-185)*. Une visite de la chartreuse de Pavie *(p. 196-197)* et de la charmante ville de Mantoue *(p. 199)* s'impose. L'originalité de l'école baroque de Turin *(p. 212-216)* est réputée, tout comme l'exubérance de Bergame. L'architecture des deux derniers siècles a surtout marqué Milan et Turin, mais Gênes a entrepris d'intéressants projets de modernisation portuaire.

Grue (1992) par Renzo Piano dans le port rénové de Gênes

L'ARCHITECTURE DU XIXe ET DU XXe SIÈCLES

La Galleria Vittorio Emanuele II *de Milan, dessinée par Mengoni en 1865, était le premier édifice italien à structure de verre et d'acier* (p. 188).

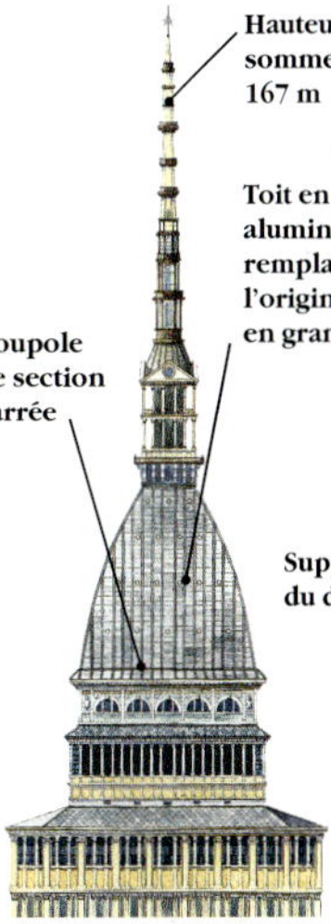

La Mole Antonelliana *(1863-1897) dessinée par Antonelli était le plus haut bâtiment du monde à sa construction* (p. 216).

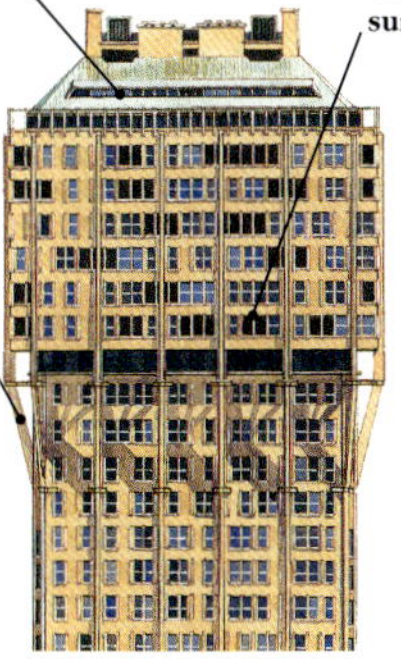

La torre Velasca *dresse ses 26 étages au sud du Duomo de Milan. Sa conception date des années 1950 et s'inspire de châteaux médiévaux.*

L'immeuble Pirelli*, élégant gratte-ciel de Milan par Ponti et Nervi, date de 1959.*

Le Lingotto de Turin*, construit de 1915 à 1918 pour abriter une usine Fiat fut le premier bâtiment moderne d'importance en Italie. La structure de la rampe qui conduit au toit imite celle de la coupole baroque de l'église San Lorenzo par Guarini.*

LOMBARDIE

Occupant au nord plus du tiers de la Lombardie, les Alpes, creusées par les superbes plans d'eau du lac de Côme et du lac Majeur, dévalent de la frontière suisse jusqu'à la plaine du Pô. C'est là, au carrefour des voies de circulation entre l'Orient et l'Occident et entre l'Europe du Sud et celle du Nord, que s'est développé autour de Milan le centre économique de l'Italie. Dans les villes, le luxe des palazzi et de la décoration des églises témoigne de la richesse de la région.

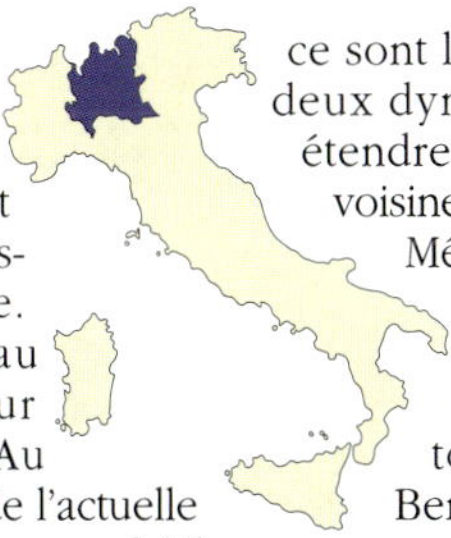

D'origine germanique, les Lombards (ou Logombards) qui ont donné son nom à la région envahissent l'Italie au VIe siècle et établissent leur capitale à Pavie. Charlemagne les bat au VIIIe siècle et intègre leur territoire à son empire. Au Moyen Âge, les habitants de l'actuelle Lombardie profitent de la prospérité que leur donne une position privilégiée entre la Vénétie et la France, et sur la route menant vers l'Europe du Nord par le col du Gothard, pour accroître leur autonomie.

Au XIIe siècle, malgré leurs rivalités, les principales cités fondent la Ligue lombarde qui bat l'empereur germanique Frédéric Barberousse en 1176. De puissantes familles patriciennes s'emparent alors du pouvoir. À Milan, ce sont les Visconti puis les Forza, deux dynasties qui parviennent à étendre leur autorité sur les villes voisines entre les XIVe et XVIe siècle. Mécènes éclairés, ils financent œuvres d'art, palais et églises. Beaucoup nous sont parvenus et parent toujours des villes comme Bergame, Mantoue et Crémone… Pour ne rien dire de Milan où s'admire notamment la fresque de la *Cène* par Léonard de Vinci *(p. 192)*.

Mais la Lombardie n'offre pas seulement au visiteur le plaisir de découvrir ces trésors artistiques et historiques. Les stations de villégiature du lac de Côme et du lac Majeur attirent depuis des siècles poètes, aristocrates et joueurs, tandis que les montagnes recèlent des paysages magnifiques encore sauvages.

La Galleria Vittorio Emanuele II à Milan

◁ **Au bord du lac de Côme au sud-ouest de Bellagio**

À la découverte de la Lombardie

La Lombardie est une région de contrastes. Au nord, les Alpes s'élèvent jusqu'à plus de 3 000 mètres et offrent aux skieurs et aux randonneurs de vastes espaces sauvages et pour certains protégés comme dans le Parco Nazionale dello Selvio autour de Bormio, de Sondrio et de Val Camonica. Au pied des montagnes, le lac de Côme et le lac Majeur jouissent à la fois d'un cadre magnifique et d'un climat privilégié. La plaine du Pô a vu se développer le poumon industriel de l'Italie autour de Milan. Elle devient toutefois plus agricole en descendant vers le sud, là où des villes comme Pavie, Crémone et Mantoue proposent leurs merveilles architecturales et artistiques.

LA RÉGION D'UN COUP D'ŒIL

Bergame 5
Brescia 9
Certosa di Pavia p. 196-197 12
Crémone 13
Lago d'Iseo 8
Lac de Côme 1
Lac Majeur 2
Lodi 10
Mantoue 15
Milan p. 186-193 3
Monza 4
Parco Nazionale dello Stelvio 6
Pavie 11
Sabbioneta 14
Val Camonica 7

VOIR AUSSI

• **Hébergement** p. 549-551
• **Restaurants** p. 584-586

Le passo di Gavia, un col dans le Parco Nazionale dello Stelvio

L'isola Bella sur le lac Majeur

La façade colorée de la capella Colleoni à Bergame

LÉGENDE

- Autoroute
- Route principale
- Route secondaire
- Parcours pittoresque
- Cours d'eau
- Point de vue

CIRCULER

Milan possède deux aéroports internationaux qui offrent le moyen le plus rapide de rejoindre l'Italie du Nord. Dans la plaine, autoroutes et liaisons ferroviaires rendent les transports aisés. Le train ne rejoint toutefois que deux des villes au bord des lacs et, malgré les dessertes par autocars ou par bateaux, la voiture se révèle le moyen le plus pratique pour circuler sur leurs rives. C'est encore plus vrai pour se déplacer en montagne où les visiteurs trouvent néanmoins un bon équipement touristique.

Le lac de Côme ❶

Les hauts sommets qui dominent ce plan d'eau long de 50 km et profond par endroits de 400 m ne lui donnent pas qu'un cadre spectaculaire. En arrêtant les vents, ils créent en outre un climat particulièrement doux où citronniers et plantes exotiques parent les jardins des belles villas bâties au bord de l'eau. Aux pointes sud des bras formés par le lac, Côme et Lecco sont deux villes prospères.

Vue du lac près de Côme

Le nord offre aux visiteurs le calme d'une zone peu peuplée.

Menaggio est l'une des nombreuses stations de villégiature de la rive ouest.

Varenna est une jolie petite ville dominée par les ruines d'un château du XIe siècle. Au sud, à Fiumelatte, une cascade blanche comme du lait se jette dans le lac.

La villa Carlotta se niche dans un superbe jardin offrant des vues splendides.

Cernobbio servit d'asile à Caroline d'Angleterre répudiée par son mari George IV.

Bellagio

Cette ravissante station à la pointe de deux bras du lac propose promenades et cafés élégants.

Le bras sud-est du lac est aussi appelé lago di Lecco.

La route d'Erba, au sud de Bellagio, commande de vastes panoramas.

C'est à Lecco que vécut l'écrivain Alessandro Manzoni (1785-1873).

Côme

La ville qui a donné son nom au lac possède une belle cathédrale à la façade sculptée qui mêle styles gothique et Renaissance.

LÉGENDE

- Ligne de car-ferries
- Ligne de ferries
- Centre de navigation de plaisance
- Information touristique
- Autoroute
- Route principale
- Route secondaire
- Point de vue

MODE D'EMPLOI

Como. FS Como, Lecco. toutes villes. Piazza Cavour 17, Como (031 26 97 12). Via Sauro 6, Lecco (0341 36 23 60).

Copie (1834) par Tadoline de l'*Éros et Psyché* de Canova à la villa Carlotta

À la découverte du lac de Côme

Au cœur de **Côme**, l'élégante piazza Cavour s'étend au bord du lac. Par la via Plinio, on rejoint le **Duomo** entrepris au XIVe siècle et orné de peintures et de reliefs des XVe et XVIe siècles. Élevée au XVIIIe siècle, sa coupole octogonale est de Juvarra, le célèbre architecte baroque de Turin. À côté de la cathédrale, le Broletto (hôtel de ville) et la torre del Comuna, commencés tous deux en 1215, associent styles roman et gothique.

Près de Tremezzo, la **villa Carlotta**, élégante résidence du XVIIIe siècle à l'intérieur décoré de sculptures, accueille des ballets et des concerts. Un somptueux jardin fleuri de rhododendrons et d'azalées l'entoure.

Petite cité industrielle au débouché de l'Adda, à la pointe sud-est du lac, **Lecco** est surtout connue par Alessandro Manzoni (1785-1873). L'écrivain y passa son enfance dans la **Casa Natale di Manzoni**, aujourd'hui transformée en musée, et il situa dans la ville une partie de son roman *Les Fiancés*.

Villa Carlotta
Tremezzo, Como. *0344 404 05. t.l.j. de nov. à mi-mars.*

Casa Natale di Manzoni
Via Guanella 1, Lecco. *0341 48 12 47. du mar. au dim. 1er jan., Pâques, 1er mai, 15 août, 25 déc.*

Le lac Majeur ❷

Verbania. FS Stresa, Verbania, Baveno et les îles. Via Principe Tommaso 70/72, Stresa (0323 304 16).

À la frontière entre la Lombardie et le Piémont, le lago Maggiore s'étend sur 65 km et s'enfonce dans les Alpes jusqu'en Suisse. Ses stations climatiques possèdent une ambiance plus détendue que celles du lac de Côme et offrent aux visiteurs des paysages encore plus romantiques. Une promenade en bateau représente le moyen le plus agréable de les découvrir. Sur les rives abonde la verveine qui valut au lac le nom de lacus Verbanus à l'époque romaine, ainsi que les plantes exotiques, dont la douceur de son climat a permis l'implantation.

La puissante famille Borromée a longtemps régné sur la région. Elle a aussi donné un saint à l'église catholique, le cardinal Charles Borromée dont une statue colossale en cuivre se dresse au-dessus de la ville d'**Arona** où il naquit en 1538. Un escalier intérieur permet de grimper jusqu'à la vue offerte par les trous des yeux et des oreilles. En ville, l'église Santa Maria mérite une visite.

Statue de Charles Borromée à Arona

Longeant la côte occidentale, la N 33 conduit au nord jusqu'à **Stresa**, charmante station de villégiature aux belles villas et aux jardins luxuriants. Un funiculaire permet d'atteindre le sommet du mont Mottarone d'où la vue porte jusqu'au mont Rose et Milan.

Sur les **îles Borromées**, en face de Stresa, jardins et édifices ajoutent à la beauté naturelle de sites déjà exceptionnels. Sur l'**isola Bella** s'étend le **palazzo Borromeo** (XVIIe siècle), somptueuse résidence baroque qu'entoure un parc en terrasses orné de statues, de fontaines et de grottes artificielles. Un jardin botanique occupe la majeure partie de l'isola Madre, tandis que l'isola dei Pescatori a conservé son aspect traditionnel. Sur San Giovanni se dresse une villa qui appartint à Arturo Toscanini (1867-1957).

D'élégantes demeures se dressent au bord de l'eau vers la frontière suisse, notamment la **villa Taranto**, à la périphérie de Verbania, dont le jardin abrite une collection exceptionnelle de plantes exotiques. À 3 km à l'ouest de **Cannobio**, la gorge et la cascade de l'orrido di Santa Anna peuvent aussi s'atteindre en bateau.

Palazzo Borromeo
Isola Bella. *depuis Stresa. 0323 305 56. d'avril à oct. : t.l.j.*

Villa Taranto
Via Vittorio Veneto III, Verbania Palanza. *0323 55 66 67. d'avril à oct. : t.l.j.*

Le palazzo Borromeo (XVIIe siècle) et son jardin sur l'isola Bella du lac Majeur

Milan ❸

Détail du Duomo

Centre italien de la mode, de la finance, de l'industrie et, récemment, des scandales politiques, Milan, où règne une atmosphère constamment affairée, est une ville plus élégante que réellement belle. Elle doit son nom, *Mediolanum* (Pays du milieu), aux Celtes qui la fondèrent au ve siècle av. J.-C. Conquise par les Romains en 222 av. J.-C., elle n'a cessé depuis de jouer un rôle commercial de premier plan. Aujourd'hui, c'est le meilleur endroit en Italie où la vie cosmopolite reflète l'Union européenne.

Castello Sforzesco

Piazza Castello. 02 86 46 30 54. *du mar. au dim.* *jours fériés.*

Ce sont les Visconti qui bâtirent le premier château sur ce site, mais à la fin de leur règne, au xve siècle, le nouveau maître de Milan, Francesco Sforza, le fit démolir pour construire le palais Renaissance actuel qui cache derrière un aspect peu engageant un intérieur raffiné. L'édifice s'organise autour de plusieurs cours dont la plus gracieuse, la Rochetta, est une œuvre de Bramante et de Filarete. Il abrite aujourd'hui des musées consacrés aux arts décoratifs, à l'archéologie et à la numismatique, ainsi que les **Civiche Raccolte d'Arte Antica**. Ces riches collections d'art municipales comprennent de superbes meubles anciens, un bel ensemble de tableaux peints de la Renaissance au xviiie siècle et la *Pietà Rondanini*, dernière sculpture, inachevée, de Michel-Ange. Œuvres d'un artiste anonyme, des fresques gothiques ornent la Cappella Ducale.

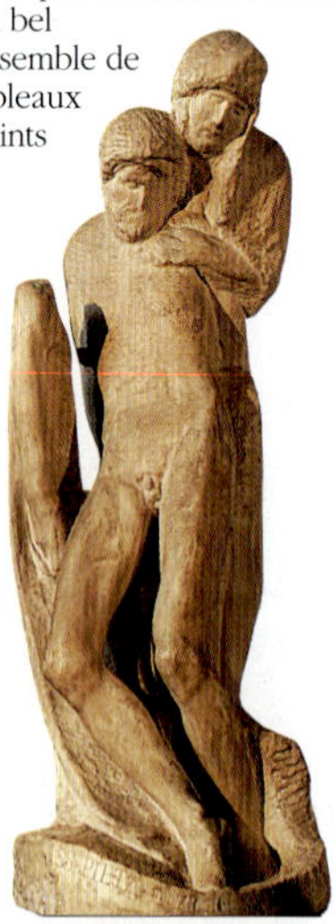

La *Pietà Rondanini* (v. 1564) de Michel-Ange au castello Sforzesco

Museo Poldi-Pezzoli

Via Alessandro Manzoni 12. 02 79 48 89. *du mar. au dim.*

À sa mort en 1879, le riche amateur d'art Giacomo Poldi-Pezzoli légua à l'État sa magnifique collection ainsi que l'hôtel particulier néo-gothique où elle s'admire aujourd'hui. Si le *Portrait de jeune femme* (xve siècle) d'Antonio Pollaiuolo est le plus célèbre des tableaux présentés, le visiteur découvrira aussi des œuvres de Piero della Francesca, Botticelli et Mantegna. Porcelaines, verrerie, argenterie, émaux et bijoux constituent un bel ensemble dédié aux arts décoratifs.

Milan d'un coup d'œil

Castello Sforzesco ①
Duomo ⑦
Galleria Vittorio Emanuele II ⑥
Museo Poldi-Pezzoli ④
Palazzo Reale (Civico Museo d'Arte Contemporanea, Museo del Duomo) ⑧
Pinacoteca Ambrosiana ⑩
Pinacoteca di Brera p. 190-191 ②
San Lorenzo Maggiore ⑫
Sant'Ambrogio ⑪
San Satiro ⑨
Teatro alla Scala ⑤
Via Monte Napoleone ③

Portrait de jeune femme **par Pollaiuolo, museo Poldi-Pezzoli**

Légende

Station de métro
Terminus d'autobus
Parc de stationnement
Information touristique
Église

Teatro alla Scala

Piazza della Scala. ☎ *02 72 00 37 44.* ♿ **Museo Teatrale** ☎ *02 805 34 18.* ○ *t.l.j.* ● *jours fériés.* Inaugurée en 1778, la Scala, le plus prestigieux opéra du monde, occupe un édifice néo-classique de Giuseppe Piermarini. L'élite internationale de l'art lyrique s'y produit sur une des plus vastes scènes d'Europe et il faut en général réserver sa place des semaines à l'avance pour assister aux représentations. L'accès au **Museo Teatrale** voisin est plus facile et vous pourrez y admirer une exposition de décors, de costumes, d'accessoires de théâtre et de portraits et souvenirs de chefs d'orchestre. La visite permet également de découvrir la salle, ses dorures et son énorme lustre.

Façade néo-classique du Teatro alla Scala

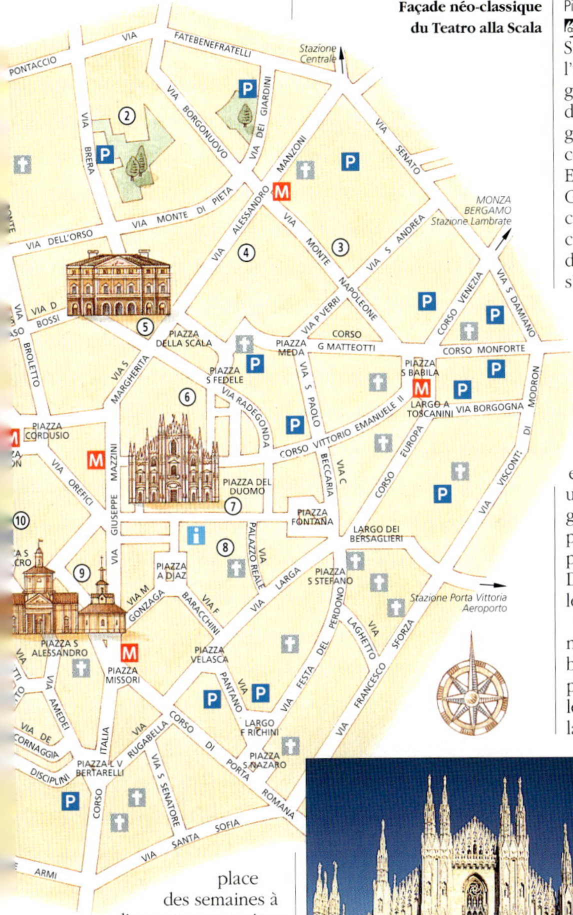

Le Duomo gothique hérissé de flèches

MODE D'EMPLOI

1 465 000. ✈ *Malpensa 55 km au N.-O. ; Linate 8 km à l'E.* FS *Stazione Centrale, Piazza Duca d'Aosta.* 🚌 *Piazza Castello.* ℹ *Via Marconi 1 (02 72 52 43 01); Stazione Centrale (02 72 52 43 60).* *t.l.j., grand marché le sam.* *7 déc. : Sant'Ambrogio.*

Duomo

Piazza del Duomo. ☎ *02 86 46 34 56.* *pour le toit.* ♿

Sa gigantesque cathédrale, l'une des plus vastes églises gothiques du monde (157 m de longueur et 92 m de plus grande largeur), marque le centre géographique de Milan. Entamée en 1386 par Gian Galeazzo Visconti, sa construction ne s'acheva que cinq siècles plus tard sur ordre de Napoléon. Sur son toit s'élèvent 135 flèches et plus de 2 000 statues. La terrasse en offre une belle vue. La galerie de la grande flèche ménage par temps clair un panorama s'étendant jusqu'aux Alpes.

Commencée en 1616 et terminée, pour l'essentiel, en 1809, la façade présente un étonnant mélange de styles gothique et baroque. Les panneaux de bronze des portes datent du XXe siècle. Des rosaces délicates ornent le chevet.

L'intérieur, séparé en cinq nefs par d'énormes piliers, baigne dans la lumière diffusée par des vitraux exécutés, pour les plus anciens (nefs latérales), aux XVe et XVIe siècles. Dans les entrelacs des fenêtres de l'abside apparaît l'emblème des Visconti : un serpent avalant un homme. Dans le transept, près du tombeau de Jean-Jacques de Médicis, se dresse une statue du XVIe siècle représentant saint Barthélemy écorché. Le trésor, sous le maître-autel, comprend de superbes pièces d'orfèvrerie religieuse.

À la découverte de Milan

La ville a grandi en cercles concentriques autour du Duomo, et l'ancien centre médiéval regroupe la plupart des musées et des édifices intéressants. C'est également là que les grands couturiers tiennent boutiques et que se concentrent les galeries d'art, notamment près de la pinacoteca di Brera, un quartier réputé pour sa vie nocturne.

Coupole de la verrière de la galleria Vittorio Emanuele II

Galleria Vittorio Emanuele II

Entrées principales sur la piazza del Duomo et la piazza della Scala.

Giuseppe Mengoni dessina en 1865 cette vaste galerie marchande au plan en forme de croix latine aujourd'hui surnommée *il salotto di Milano* (le salon de Milan). Malgré un début tragique – son architecte se tua en tombant d'un échafaudage peu avant son inauguration en 1877 –, le passage couvert est devenu le centre de la vie sociale de la ville et une foule animée fréquente été comme hiver ses boutiques, ses cafés et ses restaurants chic, notamment Il Salotto, qui a la réputation de servir le meilleur café de Milan, et Savini, l'une des tables les plus prestigieuses de la capitale lombarde.

Vaste place octogonale, le centre de la Galleria est orné de mosaïques représentant l'Art, l'Agriculture, la Science, l'Industrie, ainsi que les quatre continents. Haute de 47 mètres, sa verrière fut la première structure d'Italie où le fer et le verre n'avaient pas une fonction strictement ornementale.

Les signes du zodiaque décorent le sol. Les Milanais ne manquent jamais de poser le pied sur le sexe du Taureau dessiné sur la place centrale dans l'espoir de voir un vœu exaucé.

Museo del Duomo

Palazzo Reale, Piazza del Duomo 14.
02 86 03 58. du mar. au dim. jours fériés.

Au sud de la cathédrale, le Palazzo Reale (Palais royal), élevé au XVIIIe siècle sur le site d'un palais bâti par les Visconti, abrite au rez-de-chaussée le musée du Dôme qui retrace en douze salles l'histoire longue et mouvementée de la construction du Duomo depuis son entreprise au XIVe siècle jusqu'à la pose de la dernière porte en 1965. À ne pas manquer : des maquettes en bois des XVIe et XVIIe siècles.

Le musée présente également des œuvres d'art qui décoraient jadis le sanctuaire, notamment des vitraux, des tapisseries, des peintures et deux stalles aux reliefs remarquablement élaborés. Parmi les sculptures figureraient les portraits de Gian Galeazzo Visconti et Galeazzo Maria Sforza.

Civico Museo d'Arte Contemporanea

Palazzo Reale, Piazza del Duomo 12.
02 62 08 32 19. du mar. au dim. Pâques.

Le musée municipal d'Art contemporain installé au premier étage du Palazzo Reale n'a ouvert qu'en 1984 et continue à se développer. L'accent y est surtout porté sur la création italienne depuis le XIXe siècle jusqu'au mouvement futuriste (Umberto Boccioni en particulier), et depuis la grande époque de l'abstraction jusqu'à la période actuelle et ses recherches variées.

L'exposition offre l'occasion de découvrir des œuvres de Carlo Carrà (1881-1966), Filippo De Pisis, Giorgio Morandi (1890-1964) et Tancredi, à côté de celles de peintres plus connus tels que

***Nature morte* (1920) par Giorgio Morandi au Museo d'Arte Contemporanea**

Vincent Van Gogh, Cézanne, Gauguin, Modigliani, de Chirico, Picasso (un legs de 30 esquisses), Matisse, Paul Klee, Mondrian et Kandinsky.

Pinacoteca Ambrosiana

2 Piazza Pio XI. *02 80 69 21.*
du mar. au dim.

Construit en 1609 pour le cardinal Frédéric Borromée et récemment rénové, le palazzo dell' Ambrosiana abrite toujours sa superbe bibliothèque et les 30 000 manuscrits qu'elle comptait à sa mort en 1618. Elle possède aujourd'hui 700 000 ouvrages, notamment une *Iliade* illustrée du ve siècle, une édition de 1353 de la *Divine Comédie* de Dante et le *Codex Atlanticus* (xve siècle) de Léonard de Vinci.

Au premier étage, la pinacothèque constituée à partir des œuvres léguées par le cardinal comprend un bel ensemble de peintures de la Renaissance avec, entre autres, un *Portrait de musicien* par Léonard de Vinci (1452-1519), un délicat *Portrait de jeune femme* attribué à son élève Ambrogio da Predis, la *Vierge au baldaquin* de Botticelli (1445-1510), la *Corbeille de fruits*, seule nature morte du Caravage (v. 1573-1610), et de nombreuses peintures de l'école vénitienne par Tiepolo, Titien, Giorgione et Bassano. Autres joyaux de la collection : le carton de Raphaël pour sa fresque de l'*École d'Athènes* (1509-1510) au Vatican et des panneaux muraux de la fin du xve siècle par le Lombard Bergognone.

***Corbeille de fruits* (v. 1596) par le Caravage à la Pinacoteca Ambrosiana**

San Satiro

Via Torino. *t.l.j.*

De son vrai nom Santa Maria presso San Satiro, cette église discrète, l'un des plus beaux édifices Renaissance de Milan, se dresse à l'emplacement d'un sanctuaire du ixe siècle dont ne subsistent que le campanile et une partie de la cappella della Pietà (au fond du transept droit), notamment des fragments de fresques.

Dessiné par Bramante à la fin du xve siècle, le reste de l'édifice, coiffé d'une élégante coupole, paraît avoir un plan en croix grec. Il ne s'agit toutefois que d'une illusion : l'exiguïté du terrain disponible obligea l'architecte à jouer de la perspective et des stucs pour créer un chœur en trompe-l'œil. Une frise en terre cuite orne le baptistère orthogonal. La façade ne fut achevée qu'au xixe siècle.

La mode à Milan

Robe par Valentino

L'amour que vouent les Italiens à la beauté ne s'exprime pas que dans l'architecture ou l'art, mais aussi dans le soin qu'ils apportent à se montrer élégants. Et Milan est la ville qui donne le ton de cette élégance, plus précisément à Milan le « Quadrilatero » où tous les grands noms tiennent boutique entre la via Montenapoleone, la via Sant'Andrea, la via della Spiga et le Borgospesso. La haute couture qu'ils proposent n'a toutefois pas le côté flamboyant, et même parfois expérimental ou provocateur, de la mode des stylistes parisiens. Alliant style et confort, leurs tenues, accessoires et chaussures chic ne diffèrent pas fondamentalement des vêtements arborés dans les rues pour la promenade du soir. Les prix pratiqués réservent toutefois leurs créations à quelques privilégiés.

La via Montenapoleone est le pôle de la mode milanaise

Milan : la pinacoteca di Brera

La plus belle collection d'art de Milan appartenait à l'origine à l'Académie des Beaux-Arts qui s'installa au XVIIIe siècle dans l'imposant palazzo di Brera (XVIIe siècle). L'exposition permet d'admirer certaines des plus belles œuvres de la Renaissance et du baroque peintes par des artistes tels que Piero della Francesca, Mantegna, Canaletto, Bellini, Raphaël, le Tintoret, Véronèse ou le Caravage. Quelques tableaux modernes offrent l'occasion de découvrir certains peintres italiens du XXe siècle parmi les plus marquants.

Mère et fils *(1917)*
Carlo Carrà cherchait à exprimer dans sa peinture une réalité métaphysique des formes et des objets.

Portrait de Moisè Kisling
L'influence de l'art africain apparaît dans ce portrait peint en 1915 par Modigliani.

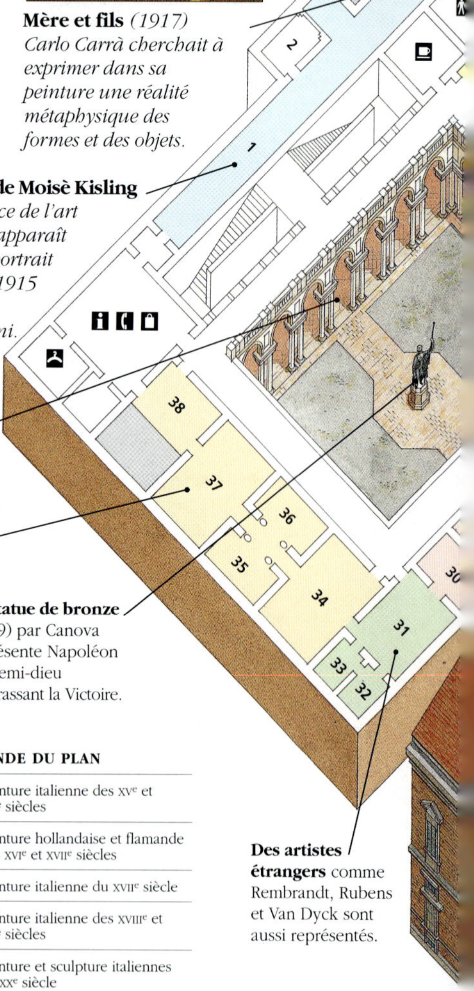

Un double escalier conduit à l'entrée de la pinacothèque au 1er étage.

La statue de bronze (1809) par Canova représente Napoléon en demi-dieu embrassant la Victoire.

Des artistes étrangers comme Rembrandt, Rubens et Van Dyck sont aussi représentés.

★ **Le Baiser** *(1859)*
Ce tableau de Francesco Hayez fut peut-être l'œuvre italienne du XIXe siècle la plus reproduite. Patriotique et sentimentale, elle devint un symbole de l'optimisme lié à l'unification de l'Italie.

LÉGENDE DU PLAN

- Peinture italienne des XVe et XVIe siècles
- Peinture hollandaise et flamande des XVIe et XVIIe siècles
- Peinture italienne du XVIIe siècle
- Peinture italienne des XVIIIe et XIXe siècles
- Peinture et sculpture italiennes du XXe siècle
- Circulations et services

★ **Le Christ mort par Mantegna**
La subtilité de la lumière et l'intensité créée par la perspective font de ce tableau un des chefs-d'œuvre de Mantegna (1431-1506).

MODE D'EMPLOI

Via Brera 28. 02 72 26 31. Lanza, Montenapoleone et Duomo. 60, 61. 9 h-22 h mar.-sam. ; 9 h-12 h 30, 14 h 30-20 h dim. et jours fériés (der. en. 30 mn av. la ferm.). 1er jan., 1er mai, 25 déc.

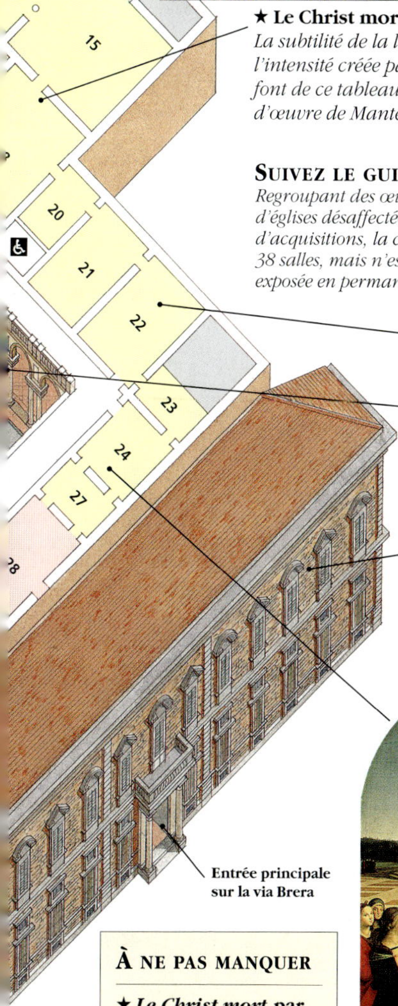

SUIVEZ LE GUIDE !
Regroupant des œuvres provenant d'églises désaffectées, de legs et d'acquisitions, la collection occupe 38 salles, mais n'est pas toute exposée en permanence.

Des colonnes jumelées portent les arcs de la cour.

La façade en pierre obéit à un dessin régulier et austère.

Entrée principale sur la via Brera

Madonna della Candeletta *(v. 1490)*
Cette Vierge caractéristique du style de Carlo Crivelli par sa riche décoration formait jadis le panneau central d'un polyptyque.

★ **Le Mariage de la Vierge par Raphaël**
Sur ce tableau exécuté en 1504, l'artiste signa de son nom le temple circulaire.

À NE PAS MANQUER

★ ***Le Christ mort*** **par Mantegna**

★ ***Le Mariage de la Vierge*** **par Raphaël**

Milan : au sud-ouest du centre-ville

À proximité de la ceinture de boulevards marquant l'emplacement des anciens remparts médiévaux se dressent trois édifices religieux qui méritent une visite pour leur beauté architecturale ou les vestiges, remontant pour certains à l'époque romaine, qu'ils incorporent. L'un d'eux abrite l'une des peintures les plus célèbres du monde : *La Cène* par Léonard de Vinci.

Deux campaniles encadrent la façade de Sant'Ambrogio

Sant'Ambrogio

Piazza Sant'Ambrogio 15. 02 86 45 08 95. *t.l.j.*

Évêque de Milan au IVe siècle, devenu le protecteur de la ville, saint Ambroise était d'une telle éloquence que, selon la légende, le miel de ses paroles attirait les abeilles dans sa bouche. Il entreprit en 379 la basilique qui porte son nom et il y baptisa saint Augustin en 387. Elle connut une importante reconstruction à l'époque romane.

Un atrium élevé au milieu du XIIe siècle précède la façade dont les portes de bronze datent du IXe siècle. À l'intérieur, le maître-autel présente une décoration en or et en argent exécutée en 835 et incrustée de pierres précieuses et d'émaux. De belles mosaïques du IVe siècle ornent la coupole d'une des chapelles de la nef droite. La crypte renferme les tombeaux des saints Ambroise, Gervais et Protais. Œuvre de Bramante, le portique conduit au musée de la basilique.

San Lorenzo Maggiore

Corso di Porta Ticinese. 02 89 40 41 29. *t.l.j.* *pour la chapelle*

Élevée au IVe siècle sur le site de ce qui devait être un amphithéâtre romain, cette église octogonale reconstruite aux XIIe et XVIe siècles abrite le plus riche ensemble de vestiges antiques et paléochrétiens de la ville.

Seize colonnes romaines formant un portique et une statue de l'empereur Constantin rappelant son célèbre édit de Milan la précèdent. À droite du chœur, la cappella di Sant'Aquilino, de style roman, a conservé des mosaïques du IVe siècle et abrite deux sarcophages paléochrétiens. Elle permet d'accéder à une salle souterraine où subsistent les fondations d'un bâtiment du IIe siècle.

San Lorenzo Maggiore vue du nord-est

Santa Maria delle Grazie

Piazza Santa Maria delle Grazie 2. 02 498 75 88. **Cenacolo** *du mar. au dim.* *jours fériés.*

Bramante donna en 1492 son élégante coupole, sa tribune et son cloître à cette église d'un monastère dominicain, mais c'est surtout pour le réfectoire qui ouvre à gauche de sa façade qu'elle connaît une célébrité mondiale. La salle renferme en effet la fresque de *La Cène* peinte par Léonard de Vinci de 1495 à 1497. L'artiste choisit de représenter le moment où le Christ annonce à ses compagnons que l'un d'eux le trahira, mais n'acheva pas le visage du Sauveur, s'en jugeant indigne.

En préférant à la technique traditionnelle qu'il jugeait trop lente une détrempe sur mur sec, il a toutefois commis une grave erreur. Tous les efforts entrepris depuis le XVIIe siècle pour la sauver n'ont pu empêcher son œuvre de se détériorer.

***La Cène* (1495-1497) de Léonard de Vinci orne le mur du réfectoire de Santa Maria delle Grazie**

L'ÉDIT DE MILAN

Devenue romaine en 222 av. J.-C., l'ancienne ville celte de Mediolanum profita de sa situation privilégiée au carrefour d'importantes voies commerciales pour se développer jusqu'à devenir, après la séparation de l'Empire en deux entités en 284, la capitale de sa partie occidentale, celle où Constantin rédigea l'édit qui accorda en 313 la liberté de culte aux chrétiens. La légende affirme qu'une vision l'avait conduit à se convertir en 312, mais la religion chrétienne lui offrait aussi un puissant levier pour redonner une unité à un territoire aux multiples peuples et croyances.

L'empereur Constantin

Monza 4

Milano. 125 000. FS
Palazzo Comunale, Piazza Carducci (039 32 32 22). jeu. et sam.

Monza n'est plus aujourd'hui qu'un satellite de Milan dont le nom n'évoque guère que celui d'un circuit automobile, mais la ville joua un rôle historique important à l'époque des Lombards et c'est la reine Théodelinde qui fonda au VIe siècle l'église dont le **Duomo** actuel occupe l'emplacement. La cathédrale possède une façade en marbre blanc et vert datant du XIVe siècle et abrite le tombeau de Théodelinde dans une chapelle ornée de fresques évoquant sa vie.

À côté, le **Museo Serpero** présente le trésor du sanctuaire, riche en objets précieux tels qu'une poule en vermeil symbolisant avec ses sept poussins la Lombardie et ses sept provinces. Sa visite permet aussi d'admirer la couronne de fer dont le fermoir aurait été fait avec un des clous de la croix du Christ.

Au nord du centre-ville s'étend le parc de la Villa Reale, ancienne demeure néo-classique d'Eugène de Beauharnais. Il renferme un golf, des courts de tennis et l'**Autodromo** où se disputent les grands prix de Formule 1.

Autodromo
Parco di Monza. *039 248 21.*
t.l.j. *jours fériés.*

Duomo
Piazza Duomo. *039 32 34 04.*
Museo Serpero *du mar. au dim.*

Leonello d'Este (v. 1440) par Pisanello à l'Accademia Carrara de Bergame

Bergame 5

150 000. FS *Piazzale Marconi 106 (035 24 22 26).*
lun.

À la frontière entre montagne et plaine, Bergame doit beaucoup de sa beauté actuelle à la prospérité et à la paix qu'elle connut sous le gouvernement de la République de Venise de 1428 à 1797. Ce fut à cette époque qu'y naquit un art qui marqua Molière et continue d'influencer le théâtre moderne : la commedia dell'Arte.

La cité se divise en deux parties : Bergamo Alta dont les bâtiments médiévaux et Renaissance se serrent au sommet d'une colline et Bergamo Bassa dont les quartiers modernes et aérés s'étendent dans la plaine. La **piazza Vecchia** forme le cœur de la vieille ville. Parmi les édifices historiques qui la dominent figurent la torre del Comune (XIIe siècle) qui sonne toujours le couvre-feu à 22 h, la Biblioteca Civica de la fin du XVIe siècle et le palazzo della Ragione fondé en 1199 et plusieurs fois reconstruit.

Ses arcades conduisent à la piazza del Duomo, moins intéressante par sa cathédrale néo-classique que par l'exubérante **cappella Colleoni** *(p. 178)* bâtie en 1476 pour abriter les tombeaux du condottiere Bartolomeo Colleoni *(p. 115)* et de sa fille Medea. Un baptistère octogonal du XIVe siècle et le porche menant à la basilique romane Santa Maria Maggiore l'encadrent. Derrière une façade austère, la basilique, où repose le compositeur d'opéras Gaetano Donizetti (1797-1848), recèle un décor baroque dont l'opulence surprend.

Détail de la cappella Colleoni

Bergamo Bassa possède pour joyau la **galleria dell'Academia Carrara** et sa superbe collection de peintures. Parmi les plus grands artistes italiens représentés figurent, pour le XVe siècle, Pisanello, Crivelli, Mantegna, Giovanni Bellini et Botticelli ; pour le XVIe siècle, Titien, Raphaël et le Pérugin ; pour le XVIIIe siècle, Tiepolo, Guardi et Canaletto. L'exposition comprend aussi des œuvres de peintres étrangers tels que Dürer, Bruegel ou Vélasquez.

Galleria dell'Accademia Carrara
Piazza dell'Accademia. *035 39 96 40.*
du mer. au lun. *jours fériés.*

Piste forestière dans le Parco Nazionale delle Stelvio

Parco Nazionale dello Stelvio ❻

Trento, Bolzano, Sondrio et Brescia. *depuis Bormio jusqu'à Santa Caterina et Madonna dei Monti.* *Via Roma 56, (0342 90 01 00).*

Le plus grand parc naturel d'Italie s'étend sur près de 140 000 ha entre la Lombardie, les Dolomites, et le Trentin-Haut-Adige dans une région de montagnes dominée par les massifs du Gran Zebrù, du Cevedale et de l'Ortles, son point culminant à 3 905 mètres d'altitude. Ses routes sinueuses sont la hantise des coureurs cyclistes du Giro d'Italia.

Bormio, une jolie station thermale, constitue le seul véritable centre habités, mais dispose d'un équipement permettant pratiquement tous les sports de montagne, d'été comme d'hiver. Base confortable d'où découvrir la région, elle possède un intéressant **Giardino Botanico**. Les randonneurs pourront s'y initier aux particularités de la flore locale avant de se lancer sur les sentiers offrant un choix quasiment illimité d'itinéraires au milieu d'une nature préservée où prospèrent chamois, marmottes et bouquetins.

Giardino Botanico Alpino Retia
Località Rovinaccia, Bormio. *mai-sept. : t.l.j.*

Val Camonica ❼

Brescia. *Capo di Ponte.* *Via Briscioli, Capo di Ponte (0364 420 80).*

Cette belle et large vallée d'origine glaciaire arrosée par l'Oglio a été déclarée zone culturelle protégée par l'UNESCO. Elle recèle en effet plus de 180 000 gravures rupestres produites de l'époque néolithique jusqu'au début de la colonisation romaine. Les plus belles s'admirent dans le **Parco Nazionale delle Incisioni Rupestri** qui s'étend autour de Capo di Ponte. Ne manquez pas, en particulier, le rocher de Naquane orné de près de 1 000 figures représentant aussi bien des prêtres et des guerriers que des scènes de la vie quotidienne.

À Capo di Monte, le **Centro Camuno in Studi Preistorici** expose entre autres le résultat des fouilles effectuées sur d'anciens sites romains de la vallée.

Centro Camuno in studi Preistorici
Via Mancini 7, Capo di Monte.
0364 410 91. *du mar. au dim. matin.*

Lago d'Iseo ❽

Bergamo et Brescia. *Iseo.* *Lungolago Marconi 2, Iseo (030 98 02 09).*

Le Val Camonica débouche au sud dans le lac d'Iseo, joli plan d'eau long de 25 km entouré de montagnes et de cascades. Une grande île perce sa surface, la Monte Isola. À son sommet, à 600 mètres d'altitude, la Madonna della Ceriola offre un superbe panorama.

Petits ports et stations de villégiature jalonnent les berges du lac, notamment Iseo qui lui a donné son nom. Sur la rive orientale, une route conduit depuis Marone au village de **Cislano** distant d'environ 5 km

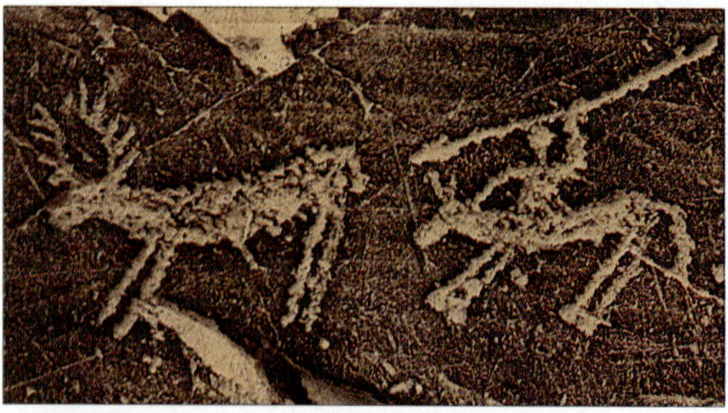

Gravure préhistorique du Val Camonica

Le ponte Coperto à couverture Renaissance de Pavie

où s'admire l'une des plus étranges merveilles naturelles de Lombardie : le groupe de pierres des fées surnommées ici « Fées de la forêt ».

Brescia ❾

190 000. FS Corso Zanardelli 34 (030 434 18). sam.

Deuxième ville de Lombardie par l'importance de sa population, Brescia connut une époque faste pendant l'Empire romain comme en témoignent les vestiges du théâtre et du **Tempio Capitolino**, devenu un musée, qui bordent l'ancien forum, l'actuelle piazza del Foro. Au centre de la ville, la piazza Vittoriale est d'origine bien plus récente puisqu'elle présente une architecture typique de l'époque mussolinienne. La poste la sépare de la **piazza della Loggia**, place du marché nommée d'après l'hôtel de ville Renaissance construit de 1492 à 1574 qui la domine. Bâti au XVIIe siècle, le **Duomo** s'élève quant à lui sur la piazza Paolo VI. Sur le corso Matteotti, l'église San Nazaro e San Celso recèle un superbe polyptyque de Titien. Les amateurs d'art se doivent de visiter également la **Pinacoteca Civica Tosio Martinengo** qui présente, entre autres, un bel ensemble d'œuvres de l'école de Brescia.

Tempio Capitolino
Via Musei 57a. 030 460 31. *du mar. au dim. 1er jan., 1er mai, 1er nov., 25 déc.*

Pinacoteca Civica Tosio Martinengo
Via Martinengo da Barco. 030 377 49 99. *du mar. au dim. 1er jan., 1er mai, 1er nov., 25 déc.*

Lodi ❿

Milano. 43 000. FS Piazza Broletto 4 (0371 42 13 13). mer., jeu., sam. et dim.

Voici une charmante bourgade médiévale aux maisons pastel dotées de jolies cours intérieures. Datant du XIIe siècle, le Duomo se dresse sur la piazza della Vittoria bordée d'arcades. À quelques pas de là, l'église de l'**Incoronata** est un chef-d'œuvre de la Renaissance. Peintures murales et dorures décorent entièrement son intérieur octogonal coiffé d'une coupole, tandis qu'une des chapelles abrite quatre petits retables de Bergognone.

Pavie ⓫

81 000. FS Via Fabio Filzi 2 (0382 221 56). mer. et sam.

Capitale des rois lombards du VIe siècle jusqu'à leur défaite devant les Carolingiens, Pavie s'efforce au Moyen Âge de défendre son indépendance face à l'Empire germanique et à Milan, mais les luttes intestines qui la déchirent à partir du XIIIe siècle permettent aux Visconti de s'en emparer en 1359. Ses nouveaux maîtres continuent toutefois à embellir la ville, élevant notamment à partir de 1396 l'éblouissante chartreuse *(p. 196-197)* où repose Gian Galeazzo Visconti.

Au centre de la cité médiévale, la construction du **Duomo** commença en 1488. Bramante et Léonard de Vinci intervinrent sur les plans de cet important monument Renaissance qui ne reçut sa coupole et sa façade que dans les années 1880. Elle vient d'être rénovée. Derrière la cathédrale, le **Broletto** (hôtel de ville) médiéval dresse sur la piazza della Vittoria une façade à loggia datant du XVIe siècle. Parallèle à la place (à l'ouest), la strada Nuova conduit au sud jusqu'au Tessin et au **ponte Coperto** qui le franchit. Ce pont bâti à l'origine en 1353 et couvert en 1583 dut être reconstruit après la Deuxième Guerre mondiale. Sa pile centrale porte une chapelle.

En remontant depuis la rivière vers le nord et les bâtiments néo-classiques de l'université, la strada Nuova dépasse à droite le corso Garibaldi que domine la **basilica di San Michele**. Ce superbe sanctuaire roman fondé en 661 mais presque entièrement rebâti au XIIe siècle présente une façade ornée de frises d'animaux monstrueux. À l'intérieur, de délicats reliefs parent les colonnes et une chapelle à droite du maître-autel abrite un crucifix en argent du XIIe siècle.

Au terme de la strada Nuova, le castello Visconteo entrepris en 1365 abrite aujourd'hui le **Museo Civico** riche en vestiges archéologiques et en œuvres d'art. Non loin, la belle église romane **San Pietro in Ciel d'Oro** renferme le tombeau de saint Augustin.

Le Tempio Capitolino romain de Brescia

Museo Civico
Castello Visconteo, Piazza Castello. 0382 338 53. *du mar. au ven. matin et sam. jours fériés.*

Certosa di Pavia ⓬

C'est le Milanais Gian Galeazzo Visconti qui fonda en 1396 la chartreuse de Pavie à 8 km au nord de la ville. S'il y repose depuis le 1er mars 1474, il fallut plus de 200 ans et le talent de maints artistes pour achever ce chef-d'œuvre de l'architecture lombarde. Le grand sculpteur Giovanni Antonio Amadeo travailla 25 ans à la partie inférieure de sa façade Renaissance dont Cristoforo Lombardo dessina la partie supérieure qui ne reçut jamais son fronton. De nombreuses œuvres d'art et monuments décorent l'élégant intérieur gothique.

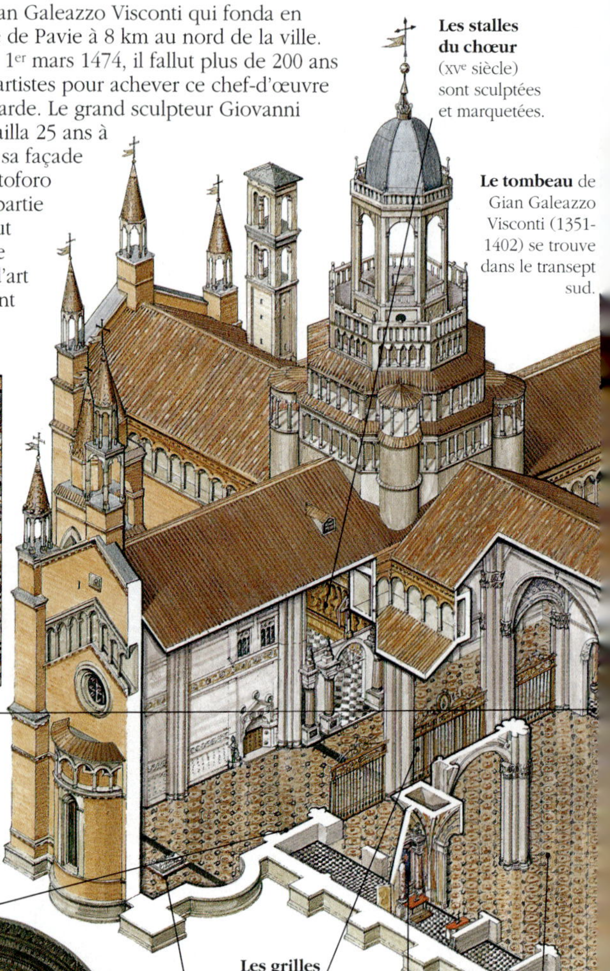

Les stalles du chœur (XVe siècle) sont sculptées et marquetées.

Le tombeau de Gian Galeazzo Visconti (1351-1402) se trouve dans le transept sud.

Décor en pietradura
Des mosaïques en pierres semi-précieuses (« pietradura ») ornent les autels (XVIIe s.) de plusieurs chapelles.

Les grilles sont de style baroque.

Les chapelles latérales possèdent une riche décoration de marbre et de fresques en trompe-l'œil.

L'intérieur est de style gothique tardif.

★ Les fresques par Bergognone
Entre 1488 et 1493 Bergognone décora le transept et les chapelles de plusieurs fresques dont ce portrait du Christ.

Gisants de Ludovic le More et Béatrice d'Este
Cristoforo Solari commença sa sculpture quelque 11 ans avant la mort de Ludovic.

Grand cloître
Il faut traverser le petit cloître pour l'atteindre. Sur trois côtés l'entourent les cellules des moines qui disposaient toutes d'un petit jardin. Un guichet permettait aux chartreux de recevoir leur nourriture sans rompre leur vœu de solitude.

MODE D'EMPLOI

Viale del Monumento, Pavia. 0382 92 56 13. depuis Pavie. Certosa. Puis 1 km à pied (y compris pour le bus). de 9 h à 11 h 30, de 14 h 30 à 17 h 30 (d'oct. à mars : 18 h) du mar. au dim. et les lun. fériés (der. en. 30 mn av. la ferm.). **Offrande** au guide.

Cellule

La nouvelle sacristie possède un plafond peint.

Le petit cloître, décoré de belles terres cuites, entoure un petit jardin classique.

★ La façade Renaissance
De nombreux médaillons, reliefs et statues, tel ce saint Pierre, ornent sa partie inférieure exécutée au XVe siècle. Les travaux de la partie supérieure, plus sobre, s'achevèrent en 1560.

Entrée principale

★ Le polyptyque du Pérugin
Des 6 panneaux peints en 1496 par l'artiste maniériste, seul celui du Père éternel n'a pas été remplacé par une copie. Deux peintures par Bergognone l'encadrent.

À NE PAS MANQUER

- ★ **La façade Renaissance**
- ★ **Le polyptyque du Pérugin**
- ★ **Les fresques par Bergognone**

Le Duomo et la piazza del Comune de Crémone

Crémone 13

76 000. FS Piazza del Comune 5 (0372 232 33). mer. et sam.

La richesse de la campagne qui l'entoure fait de Crémone un important marché agricole, mais c'est à la musique qu'elle doit son renom en tant que ville où naquit le compositeur Claudio Monteverdi (1567-1643) et, surtout, où travailla le célèbre luthier Stradivarius (1644-1737).

Le centre historique a gardé son tracé médiéval et s'organise autour de la piazza del Comune entourée de superbes édifices. Entrepris au début du XIIe siècle, le **Duomo** a connu plusieurs ajouts et associe styles roman et gothique. Sous sa rosace du XIIIe siècle, un porche élégant précède un portail orné de sculptures des prophètes. De superbes fresques du début du XVIe siècle et des tapisseries flamandes ornent l'intérieur.

Une loggia Renaissance relie la cathédrale à son campanile (1267), surnommé le **Torrazzo**. Cette tour médiévale, l'une des plus hautes d'Italie (111 m), offre un vaste panorama. Notez la chaire qu'utilisaient à l'extérieur du Duomo des prêcheurs itinérants tels que saint Bernardin de Sienne.

À côté du sanctuaire s'élèvent un baptistère octogonal et, en face, les arcades de la **loggia dei Militi** (1292) qui abrite aujourd'hui un mémorial militaire. Un autre monument historique borde encore la place : le **palazzo del Comune**. Édifice du XIIIe siècle plusieurs fois remanié, il contient quatre violons fabriqués chacun par l'un des plus grands luthiers de la ville : Guarnieri del Gesù, Andrea et Niccolò Amati, et Stradivarius. Ce dernier possède également son musée, le **Museo Stradivariano** installé dans le palazzo Affaitati (XVIe siècle). Dans le même bâtiment, le **Museo Civico** présente le trésor de la cathédrale, des vestiges archéologiques comprenant des mosaïques du Ier au IIIe siècle et une riche collection de peintures qui permet de découvrir les œuvres d'artistes de l'école crémonaise tels que Gatti, Boccaccino et les membres de la famille Campi.

Ces peintres travaillèrent aussi à la décoration de l'église Renaissance **San Sigismondo**, à la périphérie orientale de la ville, reconstruite en 1463 après le mariage en 1441 de Francesco Sforza et Bianca Visconti.

Torrazzo
Piazza del Comune. *de Pâques au 1er nov. : t.l.j.*

Palazzo del Comune
Piazza del Comune. *0372 221 38.* *du mar. au dim.* *jours fériés.*

Museo Stradivariano
Via Palestro 17. *0372 46 18 86.* *du mar. au dim.* *jours fériés.*

Museo Civico
Via Ugolani Dati 4. *0372 46 18 85.* *du mar. au dim.* *jours fériés.*

Sabbioneta 14

Mantova. *4 600.* *depuis Mantoue.* *Piazza d'Armi (0375 520 39).* *mer. matin.* *s'inscrire auprès de l'office du tourisme.*

Pour y installer sa cour, Vespasien Gonzaga Colonna (1531-1591) fit aménager Sabbioneta selon les idéaux de la Renaissance, et la ville présenta un plan régulier à l'intérieur de ses remparts hexagonaux. Ses plus beaux édifices se découvrent dans le cadre d'une visite guidée, notamment le Teatro all'Antica de Scamozzi, le Palazzo Ducale aux plafonds sculptés et le palazzo del Giardino décoré de fresques.

Antonio Stradivari et ses violons

Antonio Stradivari selon une estampe du XIXe siècle

Adapté à la fois de la viole et du rebec médiévaux, mais offrant une richesse harmonique beaucoup plus étendue, le violon s'imposa dans les cours européennes au début du XVIe siècle et les instruments fabriqués à Crémone acquirent très tôt une grande réputation grâce à Andrea Amati (v. 1520-v. 1578). C'est son petit-fils Niccolò qui forma celui qui allait donner au violon une perfection de proportions jamais dépassée depuis : Antonio Stradivari, plus connu sous le nom de Stradivarius (1644-1737). Ce luthier qui choisissait lui-même dans les Dolomites le bois de ses instruments produisit plus de 1 100 violons dont plus de cinq cents nous sont parvenus. Beaucoup portent le nom d'un virtuose qui les utilisa. Parmi les élèves qu'il forma figure Garnerius del Gesù dont certaines créations rivalisent en qualité avec celles de son maître. Stradivarius a sa tombe piazza Roma.

Le plafond de la Camera degli Sposi par Mantegna au palazzo Ducale

Mantoue ⓯

55 000. FS Piazza Andrea Mantegna 6 (0376 32 82 53). jeu.

D'aspect austère avec ses places et ses rues bordées de palais aristocratiques, Mantoue, qu'entourent trois lacs formés par le Mincio, ne doit pas son renom à une quelconque puissance économique ou militaire mais à la richesse de son passé culturel. C'est là que naquit Virgile, l'auteur de l'*Énéide*, en 70 av. J.-C., c'est là que régna pendant trois siècles la famille des Gonzague qui attira certains des plus grands architectes, peintres, poètes et philosophes de la Renaissance. Là, enfin, que Giuseppe Verdi situa son opéra *Rigoletto*. Ce passé marque le nom des rues et les monuments d'une ville dont le père de Mozart admirait le **Teatro Scientifico Bibiena** (XVIIIe siècle) qui borde la via Accademia.

Trois belles places en enfilade forment le cœur de la cité. Dessinée au XVe siècle par Alberti mais couronnée d'une coupole baroque (1765), la **basilica Sant'Andrea** tourne vers la piazza dell'Erbe un flanc bordé d'une arcade de boutiques. En face s'élèvent la gracieuse Rotonda di San Lorenzo (XIe siècle) ainsi que le palazzo della Ragione entrepris au XIIIe siècle, mais dont la tour de l'Horloge date du XVe siècle. La piazza Broletto doit son nom à l'hôtel de ville bâti au XIIIe siècle, et plusieurs fois remanié, qui la domine. Une statue de Virgile (1225) orne sa façade. Sur la piazza Sordello, le **Duomo** recèle derrière une façade baroque (1755) un intérieur stuqué dû à Giulio Romano (v. 1492-1546). La torre della Gabia où les condamnés étaient exposés dans une cage en fer domine l'imposant palazzo Bonacolsi (XIIIe siècle).

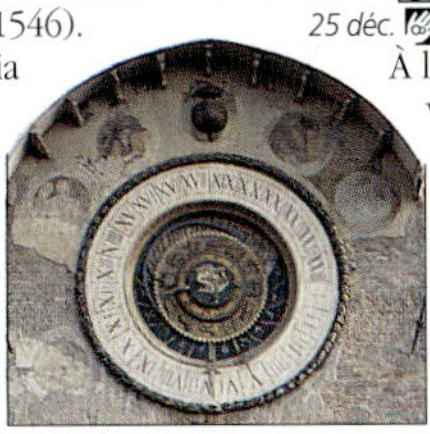

Détail de la tour de l'Horloge de la piazza dell'Erbe

Palazzo Ducale

Piazza Sordello. 0376 32 02 83. mar.-dim. 1er jan., 1er mai, 25 déc. Office de tourisme (0376 32 82 53).

Immense corps de bâtiments dont la construction s'étendit sur quatre siècles, l'ancienne résidence des Gonzague réunit autour de 7 jardins et 8 cours intérieures une forteresse du XIVe siècle, une basilique et le palais lui-même.

Sa somptueuse décoration comprend des chefs-d'œuvre, notamment un cycle de fresques s'inspirant des légendes arthuriennes peintes par Pisanello en 1466, un grand portrait par Rubens (1577-1640) de la famille ducale exposé dans le salone degli Arcieri (salon des Archers) et, surtout, la **camera degli Sposi** (chambre des Époux) dont Mantegna couvrit les parois de fresques (1465-1474) décrivant des épisodes importants de la vie de Ludovic Gonzague et de sa femme Barbara de Brandebourg. Elles offrent un superbe aperçu du faste de la cour de Mantoue *(p. 200-201)* au XVe siècle.

Palazzo Tè

Viale Tè. 0376 32 32 66. du mar. au dim. 1er jan., 1er mai, 25 déc.

À l'autre bout de la ville se dresse un deuxième palais extraordinaire des Gonzague, le palazzo Tè bâti au début du XVIe siècle par Giulio Romano. Trompe-l'œil et architecture, tout ici conspire pour créer l'illusion comme dans la **sala dei Giganti** que semblent en train de détruire les Titans peints sur ses murs. Presque aussi remarquable, la camera di Psiche et Amour présente un décor champêtre agrémenté de scènes inspirées de l'*Âne d'or* d'Apulée. De nombreux motifs ésotériques ou zodiacaux rappellent dans tout l'édifice l'intérêt des Gonzague pour l'astrologie et toutes les formes de connaissances.

La façade (XIIIe siècle) du Palazzo Ducale sur la piazza Sordello

Fresque (XVe siècle) par Mantegna de la Camera degli Sposi du Palazzo Ducale ▷

Val d'Aoste et Piémont

En dehors de l'agglomération turinoise riche en merveilles architecturales et artistiques, les régions du Piémont et du Val d'Aoste sont avant tout rurales. Les Alpes, au nord et à l'ouest, recèlent la réserve naturelle du parc national du Grand-Paradis et des stations de ski comme Courmayeur. À leur pied, une bordure de collines moutonne jusqu'aux champs de riz et de céréales de la plaine.

Souvenir de l'époque où le duché de Savoie s'étendait des deux côtés des Alpes, on parle encore français ou provençal dans certaines vallées du Val d'Aoste, région de montagne où le tourisme est devenu l'activité principale, le ski s'y pratiquant en été comme en hiver. C'est au XVIe siècle, sous le règne d'Emmanuel-Philibert, que le duché de Savoie entra pleinement dans la sphère d'influence italienne et le Piémont y acquit la prééminence avant de devenir, au XIXe siècle, le foyer d'où se développa le Risorgimento *(p. 58-59)*, mouvement qui conduisit le pays à son unité et la maison de Savoie sur le trône d'Italie. Les châteaux médiévaux jalonnant le Val d'Aoste et ces extraordinaires grappes de chapelles connues sous le nom de *sacri monti* qui parsèment les contreforts des Alpes témoignent de la richesse de ce passé. Bien que Vercelli vît s'épanouir aux XVe et XVIe siècles une école de peinture dont les œuvres à la lumière très pure se découvrent dans les petites églises et les collections d'art de la région, c'est incontestablement Turin qui offre le plus d'intérêt culturel. Souvent injustement considérée comme une simple ville industrielle, notamment à cause de la présence de Fiat, Olivetti ou Ferrero, cette élégante cité baroque possède en particulier l'un des plus riches musées égyptiens du monde. Les coteaux qui se trouvent au sud-est produisent certains des meilleurs vins de la péninsule, accompagnement idéal des savoureuses spécialités culinaires issues des terroirs de la région.

Terrasse d'un café turinois

◁ **Le château de Châtelard (XIIIe siècle) dans le Val d'Aoste**

À la découverte du Val d'Aoste et du Piémont

Près de la moitié de la population de la région vit dans l'agglomération de Turin, grand centre de l'industrie automobile italienne. Si la ville s'étend dans la plaine du Pô, où les rizières composent autour de Vercelli et de Novara des paysages caractéristiques, les Alpes s'élèvent tout de suite derrière pour atteindre dans le Val d'Aoste des altitudes de plus de 4 000 mètres au Cervin et au mont Blanc. Dans les collines piémontaises, l'agriculture, notamment la viticulture, continue de rythmer la vie de villages et de bourgs qui possèdent souvent de belles églises.

Rizières près de Vercelli

La région d'un coup d'œil

Aoste 5
Asti 22
Avigliana 11
Basilica di Superga 15
Bossea 24
Col du Grand-Saint-Bernard 2
Cuneo 23
Domodossola 17
Garessio 25
Lac de Ceresole Reale 7
Lac d'Orta 19
Mont Blanc 1
Mont Cervin 3
Monte Rosa 4
Novara 20
Parc national du Grand-Paradis p. 208-209 6
Pinerolo 12
Sacra di San Michele 10
Santuario d'Oropa 16
Stupinigi 14
Susa 9
Turin p. 212-217 13
Varallo 18
Vercelli 21
Via Lattea 8

Turin, capitale du Piémont dans la vallée du Pô

CIRCULER

Le tunnel du mont Blanc et le col de Fréjus relient la France au nord-ouest de l'Italie, tandis que le col Sempione la relie à la Suisse. Plusieurs autoroutes et le train desservent Turin et Aoste depuis le reste de la péninsule. En montagne, la voiture reste le moyen de transport le plus pratique, bien que des autocars circulent jusque dans les stations importantes.

Château Saint-Pierre dans le Val d'Aoste

VOIR AUSSI

- ***Hébergement*** p. 551-554
- ***Restaurants*** p. 586-588

LÉGENDE

- Autoroute
- Route principale
- Route secondaire
- Parcours pittoresque
- Cours d'eau
- Point de vue

Le mont Blanc ❶

Aosta. FS *Pré-St-Didier.* *Courmayeur.* *Piazzale Monte Bianco 13, Courmayeur (0165 84 20 60).*

Le plus haut sommet des Alpes (4 810 m) domine la partie occidentale du Val d'Aoste et la station de **Courmayeur** où le ski se pratique aussi en été. Depuis Entrèves, 5 km plus au nord, un téléphérique grimpe jusqu'à l'aiguille du Midi (3 842 m) et permet de découvrir d'extraordinaires panoramas. Depuis Pré-Saint-Didier, au sud, la N 26 conduit jusqu'au **col du Petit-Saint-Bernard** (2 188 m) où glaciers et forêts offrent de beaux itinéraires de promenade.

Le col du Grand-Saint-Bernard ❷

Aosta. FS *Aosta.* *Strada Statale Gran San Bernardo 13, Etroubles (0165 785 59).* *de juin à sept.*

Passage difficile à 2 473 m d'altitude, ce col marque la frontière entre l'Italie et la Suisse et porte le nom de saint Bernard de Menthon qui y fonda un **hospice** vers 1050. Celui-ci existe toujours, en territoire helvétique (pensez aux papiers d'identité), et il accueille toujours les voyageurs. En neuf siècles, les moines sauvèrent plus d'une vie grâce à leurs chiens spécialement entraînés à cet effet, les célèbres saint-bernard. La jolie vallée qui conduit au col renferme les villages d'Etroubles et de Saint-Rhémy-en-Brosse.

Saint-bernard

Hospice du Grand-Saint-Bernard

Colle San Bernardo, Suisse. *00 41 277 87 12 36.* *de juin à sept. : t.l.j.*

Le mont Cervin ❸

Aosta. FS *Breuil-Cervinia.* *Via Carrel 29, Breuil-Cervinia (0166 94 91 36).*

Caractéristique, la masse triangulaire du Cervin (ou Matterhorn) s'élève à 4 478 m d'altitude au-dessus de la vallée du Valtournenche, jalonnée d'agréables villages de montagne dont Valtournenche est le plus important. Depuis la station de **Breuil-Cervinia**, un téléphérique permet d'atteindre la Cime Bianche qui offre un vaste panorama des Alpes. Toute la région, où se pratique le ski d'été, est un paradis pour les randonneurs et les alpinistes.

Monte Rosa ❹

Aosta. FS *Verrès.* *St-Jacques.* *Route Varasc, Champoluc (0125 30 71 13).*

L'imposant massif du Monte Rosa domine deux belles vallées : le val de Challand-Ayas et la vallée du Lys. Les ruines romanes du **castello di Graines** (XIe siècle) commandent la partie inférieure de la première, tandis que, quelques kilomètres plus loin, il est possible d'accéder en téléphérique de Champoluc à la vue offerte par la **Testa Grigia** (3 315 m). Dans la vallée du Lys, un pont romain franchit le torrent à Pont-Saint-Martin et des fresques du Jugement dernier ornent la façade de l'église d'**Issime**.

Castello di Graines

Graines, Strada Statale 506. *t.l.j.*

LES CHÂTEAUX MÉDIÉVAUX DU VAL D'AOSTE

Malgré leur majesté, les montagnes n'apportaient pas une sécurité suffisante aux nombreux seigneurs féodaux qui se partageaient le Val d'Aoste au Moyen Âge et ceux-ci édifièrent des demeures fortifiées pour se protéger. Soixante-dix d'entre elles, dans des états très divers, nous sont parvenues. Vous en découvrirez plusieurs si vous pénétrez en Italie par le tunnel du Mont-Blanc puis poursuivez après Aoste jusqu'à Pont-Saint-Martin.

La tour de **Montmayer** perchée sur un haut rocher du Valgrisenche et celle d'**Ussel** qui se dresse non loin reflètent bien la fonction défensive de ces édifices. Malgré les injures des ans, elles gardent un aspect menaçant. Les châteaux de **Fénis** *(p. 178)* et Verrès témoignent d'une importante évolution qui se produisit au XIVe siècle. Ces deux constructions conservent leurs fortifications mais offrent à l'intérieur le confort d'une résidence seigneuriale. Ce luxe s'accroît encore à **Issogne** où fresques, loggias et fontaine en fer forgé composent un décor raffiné. Celui du château de **Sarre** élevé au XIVe siècle, remanié en 1710 et acquis en 1869 par le roi d'Italie Victor-Emmanuel II, séduira surtout les chasseurs avec son salon empli de trophées. Le château de **Châtelard** se dresse près de Morgex dans un des vignobles les plus hauts d'Europe.

Le château de Verrès (XIVe siècle)

40 colonnes de marbre portent les arcs du cloître (XIIe siècle) de Sant'Orso

Aoste 5

37 000. FS Piazza Chanoux 8 (0165 23 66 27). mar.

Dans le cadre majestueux formé par les montagnes qui l'entourent, l'ancienne *Augusta Praetoria* fondée en 25 av. J.-C. a gardé le tracé régulier du camp militaire qu'elle fut à l'origine. Les vestiges antiques qu'elle conserve témoignent de l'importance qu'elle prit ensuite sur une grande voie de circulation. Fortifiée au Moyen Âge par la famille Challant puis les ducs d'Aoste, qui dotèrent de tours les remparts romains, elle est aujourd'hui la capitale animée d'une région autonome.

Avec le développement du tourisme de montagne et celui de l'industrie, sa population a fortement augmenté depuis le début du siècle, entraînant la construction de quartiers périphériques modernes. Aéré par de grandes places, le centre a toutefois gardé son charme. S'y promener permet de découvrir les monuments qui valurent à Aoste le surnom de « Rome des Alpes ».

Les ruines romaines

Théâtre romain, Via Baillage. *t.l.j.* **Amphithéâtre**, Convento di San Giuseppe, Via dell'Anfiteatro. *0165 26 21 49.* *t.l.j.* **Forum romain**, Piazza Giovanni XXIII. *t.l.j.*

À l'époque romaine, l'entrée dans Aoste se faisait par le **pont** à l'est de la ville (au-delà du pont moderne) puis par l'**arc d'Auguste** élevé pour célébrer la défaite du peuple des Salasses qui habitait auparavant la vallée. Son toit est un ajout datant du XVIIIe siècle. Double rangée d'arcades au bout de la via San Anselmo, la **Porta Pretoria** appartenait jadis à l'enceinte fortifiée et elle est flanquée d'une tour médiévale. Bien conservé lui aussi, le **théâtre romain** possède un mur de scène haut de 22 m. Les ruines de l'**amphithéâtre** s'atteignent par le couvent de San Giuseppe. Dans la vieille ville, près de la cathédrale, se trouve le **forum romain** sous lequel s'étendait un vaste cryptoportique dont la fonction reste un sujet de spéculation.

Détail d'un pavement de mosaïque du Duomo d'Aoste

Duomo

Piazza Giovanni XXIII. *t.l.j.* **Museo del Tesoro** *juin à sept. : t.l.j. ; d'oct. à mai : dim. et jours fériés après-midi.*

Fondée au XIIe siècle, la cathédrale d'Aoste a gardé deux clochers du bâtiment original roman mais possède un intérieur gothique et une façade néo-classique. Elle renferme des pavements en mosaïque médiévaux et des stalles sculptées au XVe siècle. Le **museo del Tesoro** attenant présente une riche collection de statuettes et de reliquaires.

Sant'Orso

Via Sant'Orso. *0165 26 20 26.* *t.l.j.*

C'est à l'extérieur des murs, à l'est, que se trouve la collégiale fondée par saint Ours, saint patron d'Aoste, au VIe siècle. Reconstruite au XIe siècle, elle présente une façade inhabituelle caractérisée par un très haut portail et renferme des fresques du XIe siècle et de belles stalles sculptées. Des sculptures délicates ornent les chapiteaux historiés de son petit **cloître** roman.

Aux environs

Le château de **Fénis** *(p. 206)*, à 12 km à l'est d'Aoste, est l'une des rares forteresses de la vallée à l'intérieur bien conservé. On y admire notamment un bel ensemble de fresques du XIVe siècle. À 38 km au sud-ouest, le château d'**Issogne**, remanié vers 1490, présente lui aussi de remarquables peintures murales. Un grenadier en fer forgé orne la fontaine au centre de la cour.

Castello di Fénis

Fénis. *0165 76 42 63.* *t.l.j.* *1er jan., 25 déc.*

Castello di Issogne

Issogne. *0125 92 93 73.* *t.l.j.* *1er jan., 25 déc.*

Vestiges du forum romain d'Aoste

Le parc national du Grand-Paradis ❻

Fondé en 1922 à partir de la réserve de chasse de la maison de Savoie, le plus beau parc d'Italie s'étend sur un territoire montagneux de 450 km² où les plus hauts sommets dépassent 4 000 m d'altitude. Bien qu'on puisse y pratiquer le ski de fond, c'est en été qu'il présente le plus d'attrait par la variété et la beauté de ses paysages et la richesse de sa faune et de sa flore. Outre les derniers bouquetins d'Europe, les visiteurs y croisent chamois, marmottes, papillons rares, hermines et aigles. Le sommet du Gran Paradiso (4 061 m) peut s'atteindre en randonnée, mais les alpinistes disposent aussi de belles parois dans le massif.

Castello di Aymavilles
Des tours médiévales encadrent son corps d'habitation du XVIIIe siècle.

Bouquetin
Des groupes de bouquetins s'aperçoivent souvent vers Pont en juin et autour du col Lauson au lever et au coucher du soleil.

La cascade de Goletta se trouve près du lac du même nom.

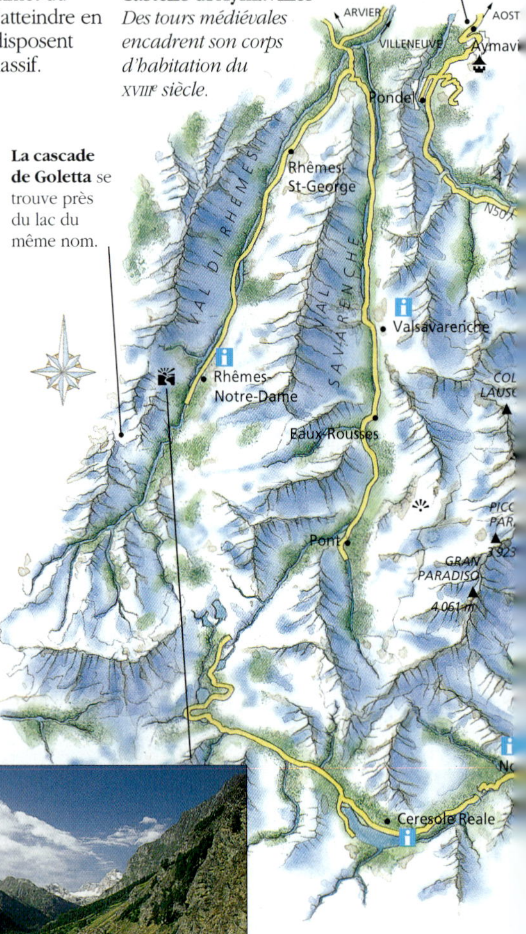

Val de Rhêmes
Cascades et torrents dévalent des glaciers qui dominent cette paisible et large vallée.

Cascata di Lillaz
C'est à la fonte des neiges que cette chute d'eau à l'est du village de Lillaz offre le plus beau spectacle.

MODE D'EMPLOI

Piémont et Val d'Aoste. *Segreteria Turistica, Via Umberto I 1, Noasca (0124 90 10 70). Autres bureaux d'information à Ceresole Reale et Cogne.* *juil., août et jours fériés.* *Aosta et Pont Canavese.* *d'Aoste et de Pont Canavese aux différentes vallées.* **Jardin alpestre Paradisia**, Valnontey, Cogne. *0165 741 40.* *de mi-juin à mi-sept. : t.l.j.*

Cogne, principale station du parc, constitue une bonne base d'où partir à sa découverte. Des cartes des sentiers y sont disponibles.

Lillaz est plus calme que Cogne et Valnontey, deux stations animées.

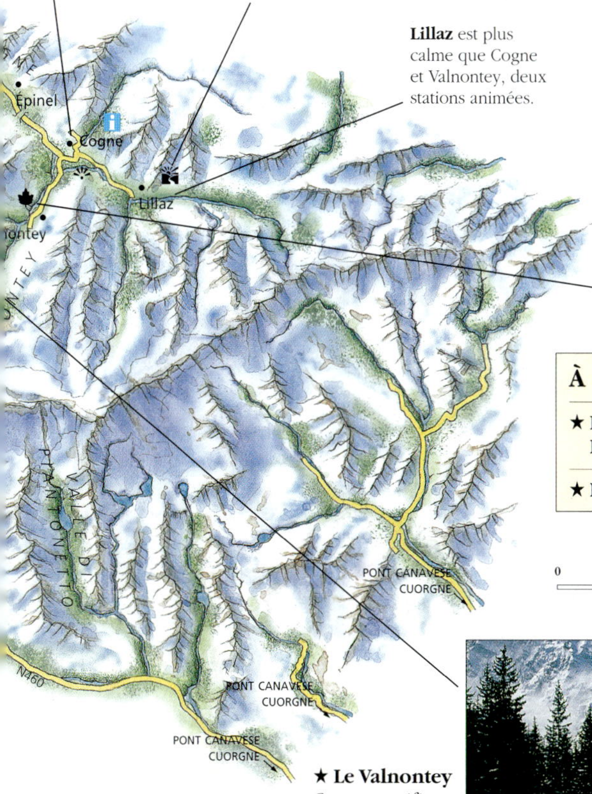

★ Le jardin alpestre Paradisia
Ce jardin botanique présente une superbe collection de délicates fleurs alpines.

À NE PAS MANQUER

- ★ **Le jardin alpestre Paradisia**
- ★ **Le Valnontey**

0 5 km

★ Le Valnontey
Cette magnifique vallée qui a donné son nom à une station offre l'accès à de nombreux sentiers.

LÉGENDE

- Information touristique
- Route principale
- Point de vue

La petite station de Ceresole Reale sous la neige

Le lac de Ceresole Reale ❼

Turin. 🚌 *jusqu'à Ceresole Reale.* ℹ *Corso Vercelli 1, Ivrea (0125 61 81 31) ; Comune di Ceresole (0124 95 31 21).*

Située dans le Piémont au sud du parc national du Grand-Paradis, la petite station d'altitude (1 600 m) de Ceresole Reale s'atteint depuis Cuorgne, au nord de Turin, par la N 460 qui traverse les paysages vallonnés du Canavese avant de s'enfoncer dans les gorges de l'Orco. À **Noasca**, une spectaculaire cascade dévale une paroi très au-dessus des maisons.

Entourée de prairies et de forêts de mélèzes, Ceresole Reale s'étend sur un plateau au bord d'un lac artificiel qui fournit Turin en électricité. De hautes montagnes l'encadrent – le Gran Paradiso au nord et le massif de la Levanna au sud-ouest –, et la station permet de pratiquer le ski en hiver et constitue en été un agréable point de départ pour des randonnées ou des courses en montagne. Offrant de beaux panoramas, la route continue ensuite jusqu'au col du Nivolet (2 612 m).

Via Lattea ❽

Turin. FS *Oulx.* 🚌 *jusqu'à Sauze d'Oulx.* ℹ *Via Pinerolo 14, Sestriere (0122 75 54 44).*

Plus proche centre de sports d'hiver de Turin, et à ce titre très fréquenté le week-end, ce chapelet de stations climatiques a pris le surnom de « Voie lactée ». À côté d'un complexe moderne comme **Sestriere** entièrement construit et aménagé en fonction des besoins des skieurs et, en été, des randonneurs, des villages comme **Bardonecchia** et **Sauze d'Oulx** ont conservé leurs vieux bâtiments en bois et en pierre caractéristiques de l'architecture de la région. Bardonecchia possède en outre une église du XVe siècle aux belles stalles sculptées et un télésiège qui conduit sur les pentes de la **Punta Colomion** s'élevant au sud de la station. Le sommet (2 054 m) commande une large vue et offre de nombreuses possibilités de promenade.

Susa ❾

Turin. 👥 *7 000.* FS 🚌 ℹ *Corso Inghilterra 39 (0122 62 24 70).* ⊖ *mar.*

Cette jolie ville de montagne se développa à l'époque romaine et l'**arc d'Auguste** élevé en l'an 8 av. J.-C. continue d'y célébrer l'alliance entre un chef gaulois local et le célèbre empereur. D'autres vestiges antiques subsistent à Susa : les ruines d'un amphithéâtre, de thermes et d'une enceinte fortifiée, deux arcs d'un aqueduc et la **porta Savoia** bâtie au IVe siècle et remaniée au Moyen Âge.

La porta Savoia d'origine romaine à Susa

Le **Duomo** date du XIe siècle, mais a connu bien des modifications depuis. Il renferme un triptyque (vers 1500) attribué à Bergognone, un précieux triptyque flamand du XIVe siècle représentant la *Vierge et des saints* et une statue de la comtesse Adelaïde de Suse en prière. Le château qu'elle habitait, construit lui aussi au XIe siècle, abrite un petit musée municipal. Au sud de la ville, l'église gothique **San Francesco** se dresse au cœur d'un quartier médiéval.

Une rue de Bardonecchia sur la Via Lattea

Chapiteaux de la porta delle Zodiaco de la Sacra di San Michele

Sacra di San Michele ⑩

Strada Sacra San Michele. 011 93 91 30. juil.-août : depuis Avigliana et Turin. de 9 h 30 à 12 h 30, 15 h à 18 h du mar. au dim., téléphoner pour les visites en groupes.

Au sortir d'Avigliana à l'ouest de Turin, une route panoramique grimpe jusqu'à cette abbaye édifiée à 962 mètres d'altitude sur le Monte Pirchiriano, site où s'éleva dès le Ve siècle un lieu de culte consacré à saint Michel. Fondé vers l'an 1000, ce monastère bénédictin aux allures de forteresse devint un refuge pour les pèlerins en route vers Rome et accumula au Moyen Âge richesses et puissance. Au faîte de sa gloire, il contrôlait plus de cent autres communautés religieuses en Italie, en France et en Espagne. Cette prospérité lui valut de subir des attaques et, malgré ses défenses, plusieurs pillages. Tombé en déclin, il fut fermé en 1662.

Derrière le portail d'entrée, 154 marches taillées dans le roc forment le scalone dei Morti (escalier des Morts) qui grimpe jusqu'à la porta del Zodiaco richement sculptée de reliefs romans (XIIe siècle).

Quelques degrés supplémentaires conduisent ensuite dans l'église bâtie aux XIIe et XIIIe siècles où reposent plusieurs membres de la maison de Savoie. Des fresques et des peintures des XVe et XVIe siècles décorent les trois nefs gothiques et leurs absides romanes, notamment, au maître-autel, un triptyque du Piémontais Defendente Ferrari. La crypte remonte pour sa partie la plus ancienne au Ve siècle.

Un belvédère offre un superbe panorama des montagnes, de la vallée de la Doire, de la plaine du Pô et de Turin.

Avigliana ⑪

Turin. 9 500. FS Piazza del Popolo 6 (011 93 86 50). jeu.

Les jours de soleil, cette petite localité perchée entre deux lacs et entourée de hautes montagnes est d'une beauté à couper le souffle. Les comtes de Savoie en firent d'ailleurs jusqu'au début du XVe siècle une de leurs résidences préférées et les ruines du château qu'ils y édifièrent au Xe siècle dominent la ville.

Les deux places principales, la piazza Santa Maria et la piazza Conte Rosso, ont gardé un aspect proche de celui qu'elles avaient au Moyen Âge, tandis que sur la via Omonima se dresse la casa della Porta Ferrata de style gothique. Sur la via XX Settembre, la casa dei Savoia date du XVe siècle. Plusieurs polyptyques de Defendente Ferrari ornent l'église San Giovanni (XIIIe-XIVe siècles).

Pinerolo ⑫

Turin. 36 000. FS Viale Giolitti 7-9 (0121 79 55 89). mer. et sam.

Petite ville animée et commerçante s'étendant au pied des collines dominant le confluent du Chisone et de la Lemina, Pinerolo fut la capitale d'une branche de la maison de Savoie : les princes d'Achaïe réputés pour le mécénat qu'ils pratiquèrent aux XIVe et XVe siècles. Elle ne connut toutefois pas la même stabilité que Turin et passa cinq fois sous contrôle français entre le XVe et le XVIIIe siècle, notamment de 1630 à 1706, période pendant laquelle sa forteresse servit de prison. Des détenus célèbres y séjournèrent : le « Masque de fer » y aurait passé près de 20 ans et Nicolas Fouquet, surintendant des Finances de Louis XIV tombé en disgrâce, y mourut en 1681.

Au cœur de la vieille ville, le **Duomo** gothique, bâti au XIVe siècle et remanié aux XVe et XVIe siècles, possède un élégant portail et un clocher majestueux. La via Principi d'Acaia grimpe jusqu'au palais des princes d'Achaïe (XIVe siècle) et l'église **San Maurizio** (XVe siècle) qui abrite les tombeaux de huit d'entre eux. À côté se dresse un campanile construit en 1336.

Arcades médiévales de la piazza Conte Rosso d'Avigliana

Turin ⓭

Pour la plupart des gens, Turin n'évoque qu'une ville industrielle, siège des usines Fiat. Certains penseront également au saint suaire ou à la Juventus, l'une des grandes équipes de football d'Europe. Peu imagineront que la capitale du Piémont s'étend au pied des contreforts des Alpes dans un cadre spectaculaire et qu'elle est une cité pleine de charme, riche d'une superbe architecture baroque et d'excellents musées.

À la découverte de Turin
Bien que fondée par les Romains, comme en témoigne la **porta Palatina** (Ier siècle), puis siège d'une université dès le Moyen Âge, Turin n'acquiert de réelle importance qu'en 1563 quand Emmanuel-Philibert de Savoie y installe sa capitale. Trois siècles de prospérité en découlent et c'est de Turin que Victor-Emmanuel II et son ministre Cavour entreprennent l'unification de l'Italie dont la ville devient la première capitale de 1861 à 1865. C'est ensuite par son dynamisme économique qu'elle s'impose et Giovanni Agnelli y fonde la **Fiat** (Fabbrica Italiana Automobili Torino) en 1899. La deuxième moitié du XXe siècle voit émigrer vers ses usines des milliers de paysans du Mezzogiorno, ce qui pose de nombreux problèmes d'intégration. Ils sont toutefois oubliés, tout comme les conflits sociaux, lorsqu'il s'agit de soutenir la Juventus, financée par Fiat.

Logo de Fiat

Statue de l'empereur Auguste devant la porta Palatina

Duomo
Piazza San Giovanni. ◯ *t.l.j.* ♿
Achevée en 1498 et dédiée à saint Jean-Baptiste, la cathédrale est le seul exemple d'architecture Renaissance de Turin. Entrepris vers 1470 dans

Le Duomo (XVe siècle) et, derrière, la cappella della Sacra Sindone

MODE D'EMPLOI

1 000 000. Caselle 15 km au N. FS Porta Nuova, Piazza Carlo Felice. Porta Susa, Piazza XVIII Dicembre. Corso Inghilterra. Piazza del Castello 161 (011 53 51 81). Entrée de la gare, Porta Nuova (011 53 51 81). sam. 24 juin : Festa di San Giovanni.

le style roman, son campanile reçut en 1720 un couronnement par Filippo Juvara.

De nombreuses peintures et statues décorent ses trois nefs séparées par des piliers massifs, mais dès l'entrée le regard se porte derrière le maître-autel vers la **capella della Sacra Sindone** (chapelle du saint suaire) qui fait en réalité partie du Palazzo Reale *(p. 216)*. C'est par le transept droit que l'on accède à cette œuvre de Guarino Guarini (1624-1683) aux parois de marbre noir et à la coupole majestueuse plus haute encore que celle du Duomo. Une urne posée sur l'autel renferme la précieuse relique.

Palazzo Madama

Piazza Castello. *en restauration.*

Sur la place principale de Turin s'élevait jadis un château médiéval qui incorporait des éléments de l'enceinte romaine. Il n'en subsiste que deux tours polygonales car l'édifice connut maints remaniements jusqu'à ce que la veuve de Charles-Emmanuel II (Madame Royale) engageât Filippo Juvara en 1718. L'architecte baroque lui donna sa façade occidentale et son grand escalier d'apparat.

Le palais, où siégea le Sénat italien de 1860 à 1864, se dresse désormais au milieu de la place et abrite le **Museo Civico d'Arte Antica** dont les collections s'étendent de l'époque gréco-romaine au XIXe siècle. Elles comprennent de la verrerie, du mobilier, des céramiques, des tissus, des émaux, des ivoires et, parmi les peintures, des tableaux de l'école piémontaise, des œuvres célèbres comme le *Portrait d'un inconnu* (1475) par Antonello da Messina et des enluminures des *Très Riches Heures du duc de Berry* (1385-1404).

La façade occidentale du palazzo Madama élevée par Filippo Juvarra de 1718 à 1721

LE SAINT SUAIRE DE TURIN

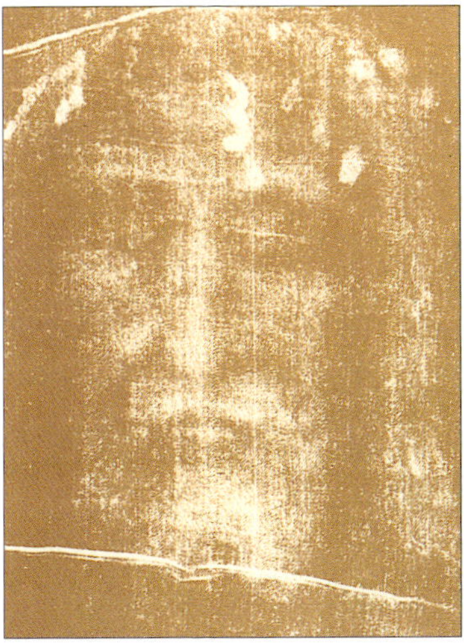

Détail du saint suaire de Turin

Cette pièce de lin de 4,10 m sur 1,40 m qui aurait servi à envelopper le Christ après sa descente de croix entra en possession de la maison de Savoie en 1450. Même la légende reste floue sur son origine, évoquant tout au plus un passage par Chypre puis la France. C'est en 1578 qu'Emmanuel-Philibert l'apporta à Turin où la chapelle élevée à son intention par Guarini l'abrite depuis 1694. Enfermé dans un coffret en argent lui-même protégé par une cassette en fer placée à l'intérieur de l'urne posée sur l'autel, le suaire n'est présenté aux fidèles qu'en de très rares occasions. Une réplique en est toutefois exposée, ainsi que des documents sur les recherches entreprises à son sujet, notamment les résultats des analyses au carbone 14 qui révélèrent en 1988 qu'il ne pouvait pas dater d'avant le XIIe siècle. La relique n'en continue pas moins d'attirer des pèlerins du monde entier. Mais il est vrai que les taches qu'elle porte évoquent avec une grande force d'expression le supplice du Sauveur.

À la découverte de Turin

Relativement peu étendu, le centre-ville offre un agréable cadre de promenade avec ses larges artères souvent bordées de cafés historiques et de boutiques. De splendides palais et de beaux édifices publics abritent plusieurs musées de grand intérêt, mais la capitale du Piémont est aussi réputée pour sa cuisine et possède certains des meilleurs restaurants d'Italie.

Statue de Ramsès II (XIIIe siècle av. J.-C.) au Museo Egizio

Museo Egizio

Via Accademia delle Scienze 6.
011 561 77 76. du mar. au dim. 1er jan., 1er mai, 25 déc.

Le musée égyptien de Turin, l'un des plus importants du monde, s'est constitué à partir du butin rapporté par Bernardo Drovetti, Piémontais qui devint consul général de France en Égypte sous Napoléon.

Le rez-de-chaussée présente dans la salle de la Nubie une reconstruction d'un **temple rupestre** construit à Ellessiya par Thoutmosis III au XVe siècle av. J.-C. Les autres salles sont consacrées à la sculpture et contiennent de nombreuses statues de membres des familles royales, notamment, pour l'Ancien Empire (2815-2400 av. J.-C., de la IIIe à la VIe dynastie), un portrait de la princesse Redi en diorite, et, pour le Nouvel Empire (1590-1050 av. J.-C., de la XVIIIe à la XXe dynastie), une sculpture en granit noir de Ramsès II.

L'exposition du premier étage offre un aperçu plus vaste de la culture de l'Égypte ancienne, en particulier de la vie quotidienne avec des objets ayant servi à la pêche, à la chasse ou à des activités artisanales. Elle comprend également une étonnante collection de sarcophages permettant de suivre leur évolution sur quatre millénaires et de nombreux papyrus, notamment le *Papyro dei Re* qui recense tous les pharaons jusqu'à la XVIIe dynastie. La tombe de Kha et Merit (XIVe siècle av. J.-C.) a conservé son mobilier funéraire, complet jusqu'à la vaisselle et les mets supposés nourrir ses occupants dans l'au-delà.

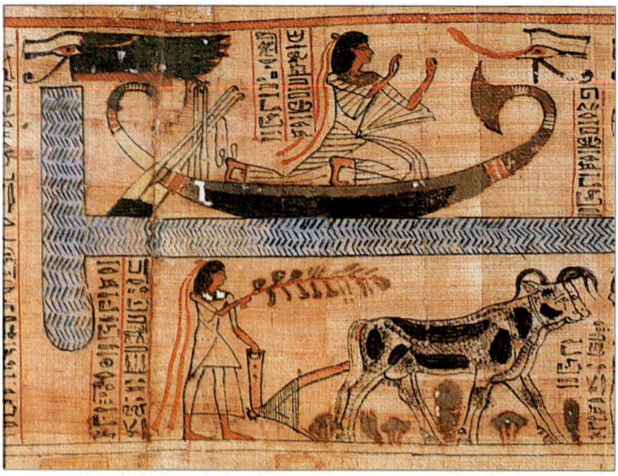

Détail d'un « livre des morts » de la XVIIIe dynastie, Museo Egizio

***Saint Pierre* (XVIe siècle) par Gaudenzio Ferrari, Galleria Sabauda**

Galleria Sabauda

Via Accademia delle Scienze 6.
011 54 74 40. du mar. au dim. matin.

Dessiné par Guarini, le palazzo dell'Accademia delle Scienze qui abrite le musée égyptien renferme en outre, aux 2e et 3e étages, les collections d'art rassemblées par la maison de Savoie à partir du XVe siècle. Elles sont présentées par écoles régionales et permettent de découvrir la peinture piémontaise souvent oubliée dans les autres galeries. On remarquera notamment quatre chefs-d'œuvres de Gaudenzio Ferrari (v. 1480-1546) et deux œuvres du début du XVIe siècle par Defendente Ferrari.

À noter parmi les tableaux des autres écoles italiennes : *Tobie et l'ange* peint au XVe siècle par les Florentins Antonio et Piero Pollaiuolo, et, pour Venise, *Le Repas chez Simon* de Véronèse et une *Madone entourée de saints* par Mantegna. Fra Angelico, Bellini, Botticelli, le Bronzino ou le Tintoret sont également représentés. Eugène de Savoie (1663-1736) réunit de surcroît un bel ensemble de toiles hollandaises et flamandes comprenant un *Saint François recevant les stigmates* (XVe siècle) par Jan Van Eyck, un *Vieillard endormi* par Rembrandt et plusieurs portraits de cour d'Antoon Van Dyck, en particulier celui des *Fils de Charles Ier d'Angleterre*.

L'exposition inclut aussi quelques œuvres de l'école française, entre autres des paysages peints au XVIIe siècle par Lorrain et Poussin.

Arcades de la via Roma

Palazzo Carignano

Via Accademia delle Scienze 5. 011 562 11 47. mar.-dim. 1er jan., 25 déc.

Façade du palazzo Carignano par Guarini

Ce palais baroque est non seulement le chef-d'œuvre de Guarino Guarini, mais probablement, aussi, le plus bel édifice de Turin avec sa façade curviligne surmontée d'une rotonde. Construit en 1679 pour les princes de Carignan affiliés à la maison de Savoie, il voit naître en 1820 Victor-Emmanuel II, qui deviendra le premier roi d'Italie, puis abrite les séances du Parlement après l'unification en 1861.

Il renferme aujourd'hui le **museo nazionale del Risorgimento** dont les collections de peintures, de documents et de souvenirs, intallées dans les salles où l'histoire se fit, évoquent les événements et les hommes, tel le comte de Cavour dont a été reconstitué le cabinet de travail, qui conduisirent à la création de l'Italie actuelle *(p. 58-59)*.

Via Roma

Sillonnée de lignes de tramways et bordée d'arcades abritant des boutiques de luxe, la rue principale du cœur historique de Turin relie l'élégante piazza Castello au centre de laquelle se dresse le palazzo Madama *(p. 213)* à la piazza Carlo Felice et ses agréables jardins verdoyants tracés au XIXe siècle. Cafés et magasins entourent cette place que domine la façade caractéristique de la stazione Porta Nuova, gare construite en 1868. Celle-ci ferme la perspective dessinée par la via Roma et la piazza San Carlo baroque qu'elle traverse à proximité du Museo Egizio. Commerçantes elles aussi, les rues qui coupent la via Roma offrent sous leurs arcades un cadre ombragé où s'adonner au lèche-vitrines.

Piazza San Carlo

Les bâtiments qui entourent cette place rectangulaire sur la via Roma forment un ensemble baroque cohérent et si sophistiqué qu'ils lui ont valu le surnom de « salon de Turin ». Au sud s'élèvent les églises jumelles de **Santa Cristina** et San Carlo. La première reçut au début du XVIIIe siècle une façade couronnée de statues par Juvarra, mais toutes deux furent édifiées dans les années 1630 sur des plans de Costaguta.

Au centre de la place se dresse une statue équestre exécutée en 1838 par Carlo Marocchetti. Représentant Emmanuel-Philibert (1528-1580) remettant son épée au fourreau après la bataille de Saint-Quentin, elle est devenue un des emblèmes de la ville. Au coin nord-ouest se trouve la **galleria San Federico**, une élégante galerie marchande.

C'est dans l'un des cafés bordant la piazza San Carlo qu'Antonio Benedetto Carpano inventa le vermouth en 1786.

Parco del Valentino

Corso Massimo D'Azeglio. t.l.j. **Borgo Medioevale** *011 669 93 72. t.l.j.* **Orto Botanico** *juin-sept. : sam. et dim.*

Ce vaste parc aménagé au début du XIXe siècle au bord du fleuve renferme le **Borgo Medioevale**. Datant de l'Exposition Nationale de 1884, cette reconstitution d'un village médiéval et de sa forteresse réunit les copies de maisons et d'édifices de différents endroits du Piémont et du Val d'Aoste, notamment le château de Fénis *(p. 206)*. Les ateliers et magasins d'artisanat qui les occupent ajoutent à l'intérêt de la visite. À côté s'étend le riche **Orto Botanico**.

La piazza San Carlo, le « salon de Turin », vue de son extrémité nord

Turin : symboles de la cité

Le passé de Turin se reflète dans l'ensemble de son architecture, mais quelques édifices résument plus particulièrement l'histoire de la ville. Le faste de l'ancien palais royal rappelle ainsi l'importance politique qu'eut la capitale de la maison de Savoie, tandis que la Mole Antonelliana témoigne de son enthousiasme à se jeter dans l'aventure industrielle. La Fiat a marqué le développement de Turin au XXe siècle, en faisant un des plus grands centres de fabrication automobile du monde où naquirent de prestigieuses voitures visibles au musée de l'Automobile.

Mole Antonelliana

Via Montebello 20. ☎ 011 817 20 80. ● en restauration.

Cet édifice excentrique est à Turin ce que la tour Eiffel est à Paris : une construction sans fonction apparente, mais qui en est arrivée à s'imposer comme symbole de la ville. Ses détracteurs n'y voient toutefois qu'un paratonnerre magnifié depuis qu'un orage a mis à mal les 47 derniers mètres de sa flèche en 1954.

Entrepris en 1863, la Mole (grand bâtiment) dessinée par Alessandro Antonelli (1798-1888) pour accueillir une synagogue abrita en fait un musée du Risorgimento après son achèvement en 1897. Elle renferme aujourd'hui le musée du Cinéma dessiné grâce à l'aide des conseils de Peter Greenaway.

Palazzo Reale

Piazzetta Reale. ☎ 011 436 14 55. ○ du mar. au sam. ● 1er jan., 1er mai, 15 août, 25 déc.

Demeure de la maison de Savoie de 1660 jusqu'à l'unification de l'Italie, le palais Royal recèle derrière une façade austère dessinée par Amedeo di Castellamonte des appartements somptueux dont Morello, Miel et Seyter peignirent les plafonds au XVIIe siècle. L'architecte baroque Filippo Juvarra réalisa vers 1720 la scala dei Forbici (« escalier des Ciseaux ») et le Cabinet chinois orné de panneaux de laque. Palagi exécuta la fastueuse décoration de la salle du Trône et de la salle de Bal. Derrière le palais s'étend un vaste jardin.

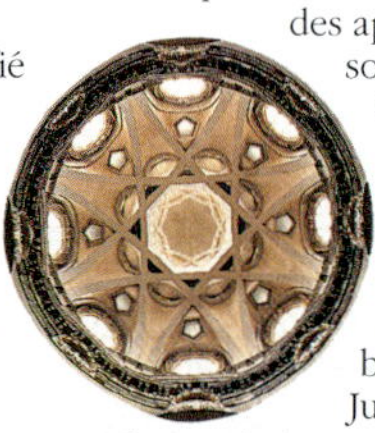

Sous la coupole de San Lorenzo

À gauche de l'entrée principale du Palazzo Reale s'élève l'ancienne chapelle royale, l'église **San Lorenzo** entreprise en 1634 mais profondément remaniée par Guarino Guarini (1624-1683) qui lui donna son audacieuse coupole. Sculptures, marbres polychromes et stucs dorés composent à l'intérieur un riche décor baroque.

Résidence royale jusqu'à l'unification, le Palazzo Reale (XVIIe s.) possède une somptueuse décoration

La Mole Antonelliana (XIXe siècle) domine Turin

Armeria Reale

Piazza Castello 191. ☎ 011 54 38 89. ○ du mar. au sam. matin (ainsi que les mar. et jeu. après-midi). ● 1er jan., 1er mai, 15 août, 25 déc.

Une aile du Palazzo Reale donnant sur la piazza Castello, cœur historique de la ville, offre un écrin splendide à l'une des plus riches collections d'armes et d'armures anciennes d'Europe. Ouverte au public depuis 1837, l'Armurerie royale de la maison de Savoie présente dans des salles aussi élégantes que la galleria Beaumont, dessinée par Juvarra en 1733, des pièces allant des époques étrusque et romaine jusqu'au XIXe siècle, notamment 57 armures complètes réalisées pour certaines par les plus grands artisans du Moyen Âge et de la Renaissance. Une section est en outre largement consacrée aux équipements de combat orientaux.

Installée dans le même corps de bâtiment, la bibliothèque Royale abrite une collection de dessins et d'estampes, dont le joyau est un autoportrait de Léonard de Vinci.

Aux environs

À quelque 3 km du centre, le **museo dell'Automobile Carlo Biscaretti di Ruffia**, du nom de l'amateur qui le fonda en 1933, occupe un immense édifice achevé en 1960. La collection comprend plus de 150 voitures classées par époques, les plus anciennes se partageant entre « ancêtres », « vétérans » (de 1905 à 1918) et « vintages » (jusqu'à 1930). À côté de la première automobile à essence d'Italie (1896) et de la première Fiat (1899), les amateurs admireront le coupé Isotta Fraschini de 1929 qui transportait Gloria Swanson dans le film *Sunset Boulevard*, ainsi que de superbes Bugatti, Maserati, Ferrari ou Lancia. Des doyennes comme une Panhard et Levassor de 1899 ou des voitures aussi prestigieuses que la Rolls Royce Silver Ghost représentent la production étrangère. Une bibliothèque et un centre de documentation sont ouverts au public.

Projets pour la Ferrari 166 MM (1949)

Museo dell'Automobile
Corso Unità d'Italia 40. 011 67 76 66. *du mar. au dim.* *1er jan., 25 déc.*

Stupinigi ⓮

Piazza Principe Amedeo 7, Stupinigi. *011 358 12 20.* *63 jusqu'à Piazza Caio Mario puis 41.* *du mar. au dim.*

Le décor de la palazzina di Caccia di Stupinigi date du XVIIIe siècle

Dans un site magnifique à 9 km au sud-ouest de Turin, Filippo Juvarra (1676-1736) éleva en 1729 pour Victor-Amédée II un palais évoquant par son luxe celui de Versailles : la palazzina Mauriziana, appelée palazzina di Caccia di Stupinigi, l'une des plus belles créations de l'architecte baroque qui lui donna un plan complexe où courbes et droites entrent en contraste pour former un ensemble d'un grand dynamisme.

Cylindre couronné d'une balustrade supportant urnes et statues, le corps central est coiffé d'une coupole au sommet de laquelle se dresse un cerf. L'animal rappelle que la demeure était à l'origine un pavillon de chasse. Une fonction qui influença le thème de nombre des fresques en trompe-l'œil ornant l'intérieur comme, par exemple, le *Triomphe de Diane* peint au XVIIIe siècle dans la salle principale. Carle Van Loo exécuta la plupart des peintures des plafonds.

La palazzina compte près de 40 pièces au décor tout aussi somptueux. Elles renferment aujourd'hui les collections de meubles et d'objets d'art des XVIIe et XVIIIe siècles de l'intéressant **museo d'Arte e di Ammobiliamento**. Les pièces exposées proviennent pour la plupart d'anciennes résidences royales de la maison de Savoie.

Un vaste parc autour du palais associe avec élégance larges allées et parterres géométriques multicolores.

Basilica di Superga ⓯

Strada Basilica di Superga 73, Comune di Torino. *011 898 00 83.* FS *Sassi.* *79 depuis Sassi.* *mai-sept. : 9 h-12 h, 15 h-18 h ; oct.-avr. : 10 h-12 h, 15 h-18 h.* *8 sept.* **Tombeaux** *ven., jours fériés.* **Offrande**.

La superbe basilique baroque de Superga construite par Juvarra entre 1717 et 1731 se dresse sur une colline à l'est de Turin. Le duc Victor-Amédée II la commanda en accomplissement d'un vœu à la Vierge fait en 1706 alors que les troupes françaises l'assiégeaient dans Turin avec son armée. Un majestueux portique évoquant un temple antique, la coupole élancée qui le surmonte et deux clochers jumeaux hauts de 65 m composent un ensemble d'un équilibre remarquable.

De nombreuses peintures et sculptures décorent l'intérieur où dominent le bleu pâle et le jaune. Sous le sanctuaire s'étend le vaste mausolée abritant les tombeaux des rois, princes et princesses des XVIIIe et XIXe siècles.

Derrière la basilique, une plaque commémore les 31 victimes, dont les joueurs de l'équipe de football de Turin, d'un accident aérien qui eut lieu à proximité. L'esplanade offre une superbe vue sur la ville et ses alentours.

L'imposante façade baroque de la basilica di Superga dessinée par Filippo Juvarra

La basilica dell'Assunta (XVIIe s.) au sommet du Sacro Monte de Varallo

Santuario d'Oropa ⓰

Via Santuario d'Oropa 480, Comune di Biella. *015 245 59 20.* FS *Biella.* *depuis Biella.* *t.l.j.*

Perchés sur une pente boisée au-dessus de Biella, petite ville qui entretient une vieille tradition lainière, les églises et les pâles édifices aux toits en lauzes d'un hospice entourent trois places en enfilade. Les bâtiments datent pour l'essentiel des XVIIe et XVIIIe siècles, mais la tradition attribue la fondation de ce complexe religieux à saint Eusèbe, évêque de Vercelli au IVe siècle, qui aurait décidé d'y créer un lieu d'accueil pour les pauvres et un sanctuaire en l'honneur de la « Vierge noire » qu'il avait rapportée de Terre Sainte. Attribuée à saint Luc en personne, la statue est l'objet d'un des plus importants pèlerinages du Piémont.

C'est la **Chiesa Vecchia** (Vieille église) à la façade dessinée par Filippo Juvarra qui l'abrite. Derrière s'élève la masse imposante de la **Chiesa Nuova** néo-classique dont la construction dura de 1885 à 1960. Derrière cette église, un sentier conduit au téléphérique du monte Mucrone. Depuis le refuge du point d'arrivée, à 1 868 m d'altitude, une agréable promenade à pied mène à un petit lac de montagne.

Sur une colline au sud-ouest du sanctuaire d'Oropa se dressent 16 chapelles dont une douzaine bâties entre 1620 et 1720. Elles sont ornées de fresques relatant des épisodes de la vie de la Vierge.

Domodossola ⓱

Verbania. *20 000.* FS *Piazza Matteotti 24 (0324 24 82 65).* *sam.*

D'origine romaine, cette jolie ville de montagne s'étend autour de sa **piazza Mercato** qu'entourent de gracieuses maisons à arcades des XVe et XVIe siècles.

Elle est la principale agglomération du val d'Ossola où pâturages et forêts composent de beaux paysages alpins sillonnés de rivières et de torrents qu'assagissent des barrages. Parmi les villages les plus intéressants au nord de Domodossola figurent **Crodo**, station de cure d'eau minérale, et **Baceno** dont l'église (XIVe-XVIe siècles), la plus importante de la région, abrite d'intéressantes fresques et sculptures sur bois.

Encore plus au nord, les vallées d'Antigorio et Formazza sont plantées de figuiers et de vigne. Juste avant La Frua, une spectaculaire cascade (en période de lâcher d'eau) de la rivière Toce dévale d'une hauteur de 145 m. À l'est de Domodossola, le Valle Vigezzo est également magnifique.

Varallo ⓲

Vercelli. *7 900.* FS *Corso Roma 38 (0163 539 38).* *mar.*

Station touristique de la jolie Valsesia, la petite ville de Varallo possède une église remarquable : **Santa Maria delle Grazie**, édifice de la fin du XVe siècle décoré par Gaudenzio Ferrari (1484-1546) d'éléments architecturaux en trompe-l'œil et de 21 scènes de la vie du Christ.

Derrière, un long escalier grimpe jusqu'à un sanctuaire encore plus extraordinaire : le **Sacro Monte**. Fondée en 1486 et financée par l'archevêque de Milan, saint Charles Borromée, cette « Nouvelle Jérusalem » perchée à 610 m d'altitude s'atteint également en téléphérique.

Dans une cour paisible plantée de palmiers, sa basilica dell'Assunzione recèle, derrière une façade du XIXe siècle, un exubérant intérieur baroque. Tout autour, plus de 40 chapelles abritent 900 statues et 400 figures peintes grandeur nature disposées devant des décors exécutés au début du XVIe siècle entre autres par Gaudenzio Ferrari et Tanzio da Varallo. Elles mettent en scène le péché originel et des épisodes de la vie du Christ.

Condamnation du Christ **(XVIe s.) d'une chapelle du Sacro Monte de Varallo**

Intérieur de l'église San Giulio sur l'île du lac d'Orta

Le lac d'Orta ⓳

Novara. FS Orta. *Via Olina 9/11, Orta San Giulio (0322 91 19 37).*

Long d'à peine 13 km, le lago d'Orta est l'un des lacs d'Italie les moins fréquentés – injustement car il occupe un site charmant au pied des Alpes.

Sa principale station de villégiature, **Orta San Giulio**, a conservé un centre historique où palais élégants et maisons parées de balcons en fer forgé bordent des rues étroites. Sur la **Piazza Principale**, au bord de l'eau, se dresse le palazzo della Communità (1582), édifice à arcades orné de fresques. Bâtie au XVe siècle sur une éminence, l'église **Santa Maria Assunta** possède un portail roman et un intérieur riche en fresques et peintures datant de sa reconstruction au XVIIe siècle.

À environ 1,5 km, le **Sacro Monte** domine la ville. Ce pèlerinage dédié à saint François d'Assise se compose de 21 chapelles pour la plupart baroques où des statues en terre cuite disposées devant des fresques représentent des épisodes de la vie du saint. Le sentier qu'elles jalonnent ménage de superbes panoramas du lac.

L'**isola San Giulio** émerge au centre du plan d'eau. Selon la légende, saint Jules l'aurait libérée de monstres et de serpents. Il fonda au IVe siècle sa basilique. Remaniée dans le style roman aux Xe et XIe siècles, elle abrite une belle chaire en marbre noir sculptée et, dans la nef droite, une *Vierge en majesté* attribuée à Gaudenzio Ferrari.

Le lac d'Orta et l'isola San Giulio

Novare ⓴

105 000. FS *Corso Cavour 2 (0321 37 84 43).* *lun., jeu. et sam.*

Important marché agricole d'une plaine de rizières, Novare portait à l'époque romaine le nom de Nubliaria qui signifie « entourée de brume ». C'est une atmosphère d'aisance paisible qui imprègne aujourd'hui les rues et les places bordées d'arcades de son centre historique. La plupart des édifices les plus remarquables dominent la piazza della Repubblica, notamment le **Broletto** formé de plusieurs palais entourant une belle cour Renaissance. Les bâtiments abritent une pinacothèque, une galerie d'art moderne et un petit **Museo Civico** qui comprend un département d'archéologie.

Détail d'une fresque par Morazzone dans l'église San Gaudenzio de Novare

De l'autre côté de la place s'élève le **Duomo** reconstruit vers 1865 dans le style néo-classique par Alessandro Antonelli. Derière un haut portique, l'intérieur renferme des peintures Renaissance de l'école de Vercelli et des tapisseries flamandes. Du sanctuaire qui le précédait sur le site subsistent la chapelle San Siro ornée de fresques des XIIe et XIIIe siècles et un cloître du XVe siècle.

Accessible par le portique, le **baptistère** remonte pour ses parties les plus anciennes au Ve siècle. Il est décoré de scènes médiévales de l'Apocalypse.

À quelques rues de là se dresse l'église **San Gaudenzio** entreprise à la fin du XVIe siècle et couronnée par Antonelli d'une coupole et d'une flèche qui ne sont pas sans évoquer la Mole Antonelliana *(p. 216)* que l'architecte édifia à Turin. Au sommet, haut de 121 m, une statue de saint Gaudens, patron de la ville, domine Novare. À remarquer à l'intérieur du sanctuaire : une scène de bataille peinte par Tanzio da Varallo en 1627, un polyptyque de Gaudenzio Ferrari et des fresques et un *Jugement dernier* par Pier Francesco Morazzone (v. 1572-1626).

Museo Civico

Via Fratelli Rosselli 20. *0321 62 70 37.* *du mar. au dim.* *jours fériés.*

Baptistère

Piazza della Repubblica. *0321 66 16 61.* *s'adresser à la Curia Arcivescovile.*

Vercelli 21

50 000. FS *Viale Garibaldi 90 (0161 25 00 02).* *mar. et ven.*

Capitale européenne de la production de riz, Vercelli s'étend dans une plaine miroitante qui fournit chaque année la matière première de millions de risottos. Indépendante au Moyen Âge avant d'appartenir à la maison de Savoie à partir du XVe siècle, la ville donna naissance au XVIe siècle à une école de peinture originale dont les deux plus célèbres représentants furent le Sodoma et Gaudenzio Ferrari.

Son plus beau monument, la **basilica di Sant'Andrea**, s'élève en face de la gare. Abbatiale construite de 1219 à 1227 pour le légat du pape Guala Bicheri, elle présente un extérieur roman, mais fut le premier édifice religieux d'Italie à subir l'influence du gothique cistercien. Remarquez notamment les arcs-boutants. Deux tours jumelles en pierres et en briques reliées par une double colonnade encadrent la façade. Antelami exécuta au XIIe siècle les sculptures du tympan du portail central.

La rosace qui les surmonte baigne d'une lumière douce l'intérieur où de hauts piliers soutiennent une voûte dépouillée. Un gracieux cloître du XIIIe siècle jouxte le bas-côté nord.

Les autres monuments historiques de la ville ne se trouvent qu'à faible distance. Ils comprennent l'**Ospedale Maggiore** (XIIIe siècle), l'imposant **Duomo** reconstruit au XVIe siècle, mais qui a conservé un campanile roman, et l'église **San Cristoforo** au transept orné de fresques par Gaudenzio Ferrari vers 1529, période à laquelle il peignit aussi la *Vierge à la grenade* du maître-autel. Le meilleur endroit où découvrir l'école de Vercelli reste néanmoins le **Museo Civico Borgogna** installé dans une rue parallèle au corso Libertà, principale artère commerçante de la cité bordée de quelques belles maisons du XVe siècle possédant de jolies cours intérieures.

Sculptures gothiques du XVe siècle ornant le portail du Duomo d'Asti

Museo Civico Borgogna
Via Antonio Borgogna 8. *0161 25 27 76.* *du mar. au ven. après-midi, sam. et dim. matin.* *1er jan., 15 août, 1er nov., 25 déc.*

Cloître (XIIIe siècle) de la basilica di Sant'Andrea à Vercelli

Asti 22

74 000. FS *Piazza Alfieri 34 (0141 53 03 57).* *mer. et sam.*

Le nom d'Asti évoque immanquablement le *spumante* (mousseux) produit par les vignobles couvrant les collines qui l'entourent. Ceux-ci donnent également des muscats réputés *(p. 176-177).* D'origine romaine, la ville a conservé ses ruelles anciennes bordées d'églises élégantes et de tours et de maisons médiévales.

Juste au nord de la gare principale s'étend la piazza del Campo del Palio, la plus vaste place d'Asti et la Piazza Alfieri où se déroule chaque année à la fin septembre une course de chevaux qui n'a rien à envier à celle de Sienne *(p. 331).* Précédée d'un spectaculaire défilé en costumes des XIVe et XVe siècles, elle coïncide avec la fête du vin.

Une autre place s'étend à côté, la **piazza Vittorio Alfieri** qu'orne un monument en l'honneur de l'écrivain (1749-1803) natif d'Asti dont les tragédies annoncèrent le romantisme. La rue principale porte aussi son nom. Le corso Alfieri, qui traverse tout le centre historique, conduit à l'est à l'église **San Pietro in Consavia** bâtie au XVe siècle et ornée de terres cuites de la fin du gothique et de fresques du XVIIe siècle. Le **baptistère** voisin est un remarquable édifice roman qui faisait jadis partie d'une église appartenant aux chevaliers de Saint-Jean-de-Jérusalem.

À l'ouest de la piazza Alfieri, la **collegiata di San Secondo** (XIIIe-XVe siècles) est dédiée au saint patron de la ville dont les reliques occupent une châsse dans la crypte. Le sanctuaire abrite un splendide polyptyque Renaissance par Gandolfino d'Asti et des fresques du XVe siècle. Le quartier traversé par la partie ouest du corso Alfieri renferme quelques-unes des tours médiévales si

Rizières autour de Vercelli

typiques de la ville, notamment la torre Ropa qui s'élèverait sur les ruines d'une prison où san Secondo, un soldat romain, aurait été détenu. Non loin, le **Duomo** entrepris au XIVe siècle est un bel édifice gothique. Il abrite deux tableaux par Gandolfino d'Asti, dont une *Vierge à l'Enfant*.

Cuneo 23

56 000. FS *Corso Nizza 17 (0171 69 32 58).* mar.

Sa situation à la pointe formée par le confluent du Gesso et de la Stura di Demonte a valu à Cuneo son nom qui signifie « coin ». Au début du mois de novembre, elle accueille une foire régionale du fromage qui permet de découvrir les spécialités locales. Toute l'année, un grand marché se tient le mardi sur une immense place entourée d'arcades, la **piazza Galimberti**.

Comme la majeure partie du reste de la ville, celle-ci date de l'importante reconstruction qui suivit le siège par l'armée du Piémont en 1744. L'impressionnant viaduc de la voie ferrée remonte aux années 1930. Désaffectée, l'église **San Francesco** bâtie en 1227 possède un beau portail du XVe siècle. **Santa Croce**, élevée au XVIIIe siècle, présente une façade concave originale par Francesco Gallo.

Mardi est le jour du marché sur l'immense piazza Galimberti au centre de Cuneo

Cuneo constitue une bonne base d'où explorer les jolies vallées alpines des alentours telles que le val Stura réputé pour ses fleurs rares.

Le castello di Casotto dans les collines au-dessus de Garessio

Bossea 24

Località Bossea, Comune Frabosa Soprana. *0174 34 92 40.* FS *Mondovi.* *depuis Mondovi.* *t.l.j. visites guidées seulement.*

La grotte de Bossea, l'une des plus belles d'Italie, se trouve à quelque 25 km au sud de Mondovi, presque au bout de la route pittoresque qui s'enfonce dans les Alpes maritimes par la vallée du Torrente Corsaglia.

La visite guidée longe cours d'eau et lacs souterrains à travers plusieurs chambres, dont certaines sont étonnamment vastes, riches en concrétions calcaires aux formes étranges et en superbes stalactites et stalagmites. Elle présente également le squelette d'un ours préhistorique, l'*Ursus spelaus*, découvert dans la grotte.

Prenez un pull-over ou un vêtement chaud, la température s'élevant rarement au-dessus de 9°.

Garessio 25

Cuneo. 4 000. FS *Piazza Carrara 135 (0174 811 22).* ven.

Jolie station de villégiature des Alpes maritimes, Garessio n'est guère plus qu'un semis de maisons dans des collines boisées de châtaigniers.

Selon la tradition, les eaux y ont des pouvoirs miraculeux : vers l'an 980, les minéraux qu'elles contiennent auraient ainsi apporté une guérison immédiate à un noble octogénaire du nom d'Aleramo qui souffrait de douloureux problèmes circulatoires et rénaux. Depuis, Garessio est un lieu de cure recommandé, principalement pour les troubles urinaires et digestifs.

Aux environs

À quelque 10 km à l'ouest de Garessio se dresse dans un site spectaculaire le **castello di Casotto**, ancienne résidence d'été de la maison de Savoie. La famille royale venait y profiter des vertus thérapeutiques des eaux de la région, de l'exceptionnelle pureté de l'air dans ces collines et de la beauté des paysages.

La ville d'**Ormea**, à 12 km au sud-ouest, possède de belles maisons anciennes, une église ornée de fresques gothiques de la fin du XIVe siècle et les ruines d'un château construit au XIe siècle.

Castello di Casotto

Garessio. *0174 35 11 31.* *t.l.j.*

LIGURIE

Longue et étroite bande côtière, la Ligurie s'étend au pied de montagnes de la France à la Toscane. Entourées de jardins rendus luxuriants par la douceur du climat, des maisons colorées y exposent leurs façades pastel au soleil méditerranéen. Malgré la popularité que connaissent en été des stations balnéaires comme Portofino ou San Remo, Gênes est la seule agglomération importante.

Gênes commerçait déjà pendant l'Antiquité avec les Grecs et les Phéniciens. Au début du Moyen Âge, elle assied son pouvoir sur les petits États féodaux qui jalonnent la côte, puis parvient à protéger son territoire des incursions des pirates sarrasins. Sa puissance maritime ne cesse alors de croître. Les croisades lui offrent l'occasion de créer des comptoirs au Moyen-Orient.

Au XIIIe siècle, la grande rivale voisine, Pise, est obligée de s'incliner. Les marchands génois s'installent en mer Noire, en Grèce, en Espagne. Ils s'y retrouvent en concurrence avec Venise. Les deux Républiques finissent par entrer en guerre, un long conflit qui s'achève par la défaite de Gênes en 1380. La Ligurie entre alors en déclin et passe sous domination française. Le grand amiral Andrea Doria lui rend son autonomie au début du XVIe siècle, mais ce nouvel âge d'or dure peu : les Français conquièrent à nouveau la région en 1668, puis ce sont les Autrichiens en 1734. Intégrée au royaume de Sardaigne en 1815, la Ligurie joue un rôle actif dans l'unification de l'Italie, grâce à des patriotes comme Giuseppe Mazzini ou Garibaldi, mais ne retrouve pas sa splendeur passée.

Le tourisme qui s'y est développé à partir de la fin du XIXe siècle est devenu la principale ressource de la région, et de Portovenere à San Remo, de nombreuses stations balnéaires jalonnent le littoral. Gênes reste un grand port industriel.

À Portofino, le vert des volets met en relief l'ocre des façades

◁ **Falaises de la Riviera di Levante à l'est de Gênes**

À la découverte de la Ligurie

La Ligurie se divise nettement en deux parties. De Gênes à la frontière française, sur le littoral occidental connu sous le nom de Riviera di Ponente, d'étroites plaines côtières offrent en été leurs plages aux vacanciers. À l'est, la Riviera di Levante jalonnée de petits ports devenus d'élégantes stations balnéaires se révèle plus pittoresque avec ses falaises tombant dans les eaux bleues de la Méditerranée. Entre les deux, Gênes s'étage en un immense amphithéâtre au-dessus du port le plus important d'Italie où règnent une animation et une atmosphère populaires.

Emblème de la ville de Cervo au-dessus des portes de la cathédrale

Étals d'un marché de Gênes

Légende

- Autoroute
- Route principale
- Route secondaire
- Parcours pittoresque
- Cours d'eau
- Point de vue

0 25 km

La région d'un coup d'œil

- Albenga 7
- Balzi Rossi 1
- Bussana Vecchia 5
- Camogli 10
- Cervo 6
- Cinque Terre 13
- Dolceacqua 3
- *Gênes (Genova) p. 228-231* 9
- Grottes de Toirano 8
- Lerici 15
- Péninsule de Portofino 11
- Portovenere 14
- Rapallo 12
- San Remo 4
- Villa Hanbury 2

Plage de San Remo, sur la Riviera di Ponente à l'ouest de Gênes

Voir aussi

- ***Hébergement*** p. 554-555
- ***Restaurants*** p. 589

Maisons accrochées à la falaise à Riomaggiore, Cinque Terre

Circuler

Longer la côte ne présente pas de difficulté. Partant de France, l'autoroute A 10 devient la A 12 à Gênes pour rejoindre Florence et Livourne. La principale voie de chemin de fer suit aussi le littoral, desservant notamment Vintimille, San Remo, Savona, Gênes et La Spezia. Il existe également de bonnes liaisons routières et ferroviaires entre Gênes et Turin et Milan. Les montagnes rendent l'accès à l'intérieur des terres plus difficile, mais des bus permettent de rejoindre depuis les villes côtières la plupart des villages dignes d'intérêt. En voiture, n'hésitez pas à découvrir la campagne sur des routes comme la N 28 d'Imperia vers Garessio, la N 334 depuis Albisola ou la N 456 de Voltri vers Milan.

Le splendide jardin de la villa Hanbury près de Vintimille

Balzi Rossi ❶

Imperia. FS *Ventimiglia et Menton.* *de Ventimiglia à Ponte San Luigi puis 10 mn à pied.*

Un promontoire sans intérêt apparent recèle des grottes parmi les plus importantes d'Italie du Nord pour les vestiges paléontologiques qui y furent mis au jour, notamment un lieu de sépulture où les morts portaient des parures de coquillages. Une visite guidée permet de les découvrir. Le **museo nazionale dei Balzi Rossi** renferme une partie des objets trouvés sur place : outils, armes et figures féminines et animales vieilles de 100 000 ans.

Museo Nazionale dei Balzi Rossi

Via Balzi Rossi 9, Frazione di Balzi Rossi. *0184 381 12.* *t.l.j.* *1er jan., 1er mai, 25 déc.*

Villa Hanbury ❷

Corso Monte Carlo 43, Località La Mortola. *0184 22 95 07.* FS *Ventimiglia.* *de Ventimiglia.* *t.l.j. (d'oct. à mars : du jeu. au mar.).*

En 1867, le botaniste anglais Sir Thomas Hanbury acheta avec son frère cette villa sur le promontoire de Mortola et décida de profiter du climat exceptionnellement clément de la Ligurie pour créer dans le parc de la résidence un jardin d'acclimatation à partir des spécimens de plantes exotiques qu'il avait lui-même rassemblés au cours de voyages en Asie et en Afrique.

Plus de 3 000 variétés de végétaux tropicaux, notamment caoutchoucs, palmiers et cactus, en font aujourd'hui l'un des plus riches jardins botaniques d'Europe. Désormais géré par l'État, il offre même en hiver aux visiteurs un spectacle varié et coloré.

Dolceacqua ❸

Imperia. *1 800.* FS *Via Patrioti Martiri 22 (0184 20 66 66).* *jeu.*

Ce joli village viticole à 8 km au nord de Vintimille s'étend des deux côtés de la Nervia et un pont médiéval en pierre jette une arche de 33 m au-dessus de la rivière pour relier les deux moitiés de la localité. Deux tours carrées dominent les maisons. Elles précèdent un imposant **château** (XIIe-XVe siècles) en ruine qui appartint un temps à la puissante famille génoise des Doria.

Les vignes cultivées sur les coteaux en terrasses qui entourent le village produisent du raisin de table et un vin rouge robuste mais réputé connu sous le nom de rossese di Dolceacqua.

Le pont médiéval et le château du village de Dolceacqua

San Remo ❹

Imperia. *60 000.* FS *Largo Nuvoloni 1 (0184 57 15 71).* *mar. et sam.*

Le Casinò Municipale (achevé en 1906) de San Remo

L'élégance estompée de cette agréable station balnéaire évoque la fin du XIXe siècle, époque où l'aristocratie européenne découvrit le charme de la Riviera italienne. Entre autres célébrités, le compositeur Tchaïkovsky et Alfred Nobel, l'inventeur de la dynamite, séjournèrent dans les élégantes demeures stuquées de la promenade du bord de mer, le corso Imperatrice que domine l'église orthodoxe russe.

Non loin, le Casinò Municipale est encore aujourd'hui le centre de la vie sociale de la station. Le corso Garibaldi accueille un charmant marché aux fleurs tôt le matin, cependant que les ruelles de la vieille ville escaladent la colline appelée La Pigna. Un funiculaire grimpe jusqu'au monte Bignone qui commande une large vue sur le littoral.

Bussana Vecchia ❺

Imperia. Près de la route San Remo-Arma di Taggià.

En février 1887, un tremblement de terre détruisit l'église baroque et les maisons de Bussana, lieu de naissance de Giovanni Torre del Merlo qui inventa la crème glacée.

Le village fut reconstruit à 2 km de là, près de la mer, sous le nom de Bussana Nuova et des artistes s'installèrent dans les ruines. Malgré les restaurations et la création d'un lieu de spectacle et d'expositions, celles-ci conservent une atmosphère de ville fantôme.

Cervo 6

Imperia. 1 200. Piazza Santa Caterina 2 (0183 40 81 97). jeu.

Avec ses ruelles escaladant la colline au-dessus d'une plage de galets, Cervo est le plus joli des nombreux villages jalonnant le littoral à l'est d'Imperia. Au sommet, la façade concave de l'église baroque **San Giovanni Battista** se dresse au-dessus des maisons multicolores. Son parvis sert de cadre en juillet et en août à des concerts de musique de chambre. Le surnom du sanctuaire, « *dei corallini* », rappelle que c'était la pêche du corail qui faisait vivre le village avant qu'il ne se transforme en station balnéaire au front de mer bordé d'hôtels.

L'église San Giovanni Battista de Cervo

Dans les grottes de Toirano

Albenga 7

Savona. 21 000. Via Bernardo Ricci (0182 55 47 52). mer.

Jusqu'au Moyen Âge, l'Albium Ingaunum des Ligures puis des Romains fut un port maritime actif et prospère. Mais la mer se retira et la plaine du Centa, le fleuve qui arrose la ville, entoure aujourd'hui Albenga. Important marché de primeurs, la petite localité a gardé beaucoup de cachet avec ses maisons anciennes et ses remparts médiévaux. Ses édifices romans en briques sont particulièrement remarquables, notamment les trois tours du XIIIe siècle qui se serrent autour de la cathédrale **San Michele** au décor baroque. Au sud du sanctuaire, un curieux **baptistère** du Ve siècle à l'extérieur décagonal mais à l'intérieur octogonal a conservé les mosaïques paléochrétiennes dont ses fondateurs l'ornèrent à sa construction. Au nord de la cathédrale, de belles demeures moyenâgeuses entourent la petite piazza dei Leoni. Sur la piazza San Michele, le **Museo Navale Romano** contient des vestiges repêchés dans l'épave d'un bateau coulé au Ier siècle av. J.-C.

Baptistère (Ve s.) d'Albenga

Baptistère

Piazza San Michele. 0182 512 15. du mar. au dim. 1er jan., Pâques, 25 déc.

Museo Navale Romano

Piazza San Michele 12. 0182 512 15. du mar. au dim. 1er jan., Pâques, 25 déc.

Les grottes de Toirano 8

Piazzale delle Grotte, Toirano. 0182 980 62. d'Albenga à Borghetto Santo Spirito. jusqu'à Borghetto Santo Spirito ou Loano puis bus. de 9 h à 12 h, de 14 h à 17 h t.l.j. de mi-nov. à mi-déc. et le 25 déc.

Sous le délicieux petit village médiéval de Toirano s'étend une série de salles souterraines contenant des traces de vie datant du paléolithique (100 000 av. J.-C.).

Une visite guidée de la **grotta della Basura** (grotte de la Sorcière) permet ainsi de découvrir des empreintes de pas animales et humaines, ainsi que des ossements et des dents d'ours de l'époque préhistorique. Une reconstitution d'un de ces plantigrades se trouve d'ailleurs dans le **museo preistorico della Val Varatella** installé à l'entrée de la grotte.

Elle aussi guidée, la visite de la **grotta di Santa Lucia** révèle toute la beauté des concrétions calcaires qui se sont formées dans ces cavernes.

Museo Preistorico della Val Varatella

Piazzale delle Grotte. 0182 980 62. t.l.j. du 15 nov. au 15 déc. et le 25 déc.

Gênes pas à pas ❾

Comparée à l'ambiance légèrement irréelle des stations balnéaires du reste du littoral ligure, l'atmosphère du plus grand port d'Italie possède une rugosité rafraîchissante. À moins d'arriver en bateau et de découvrir directement le vaste amphithéâtre qu'elle occupe, Gênes demande toutefois un effort. La traversée des faubourgs industriels qui l'entourent n'incite en effet pas à s'arrêter. De nombreux monuments témoignent pourtant de sa richesse au Moyen Âge, époque dont elle a gardé une vieille ville pittoresque et populaire.

Piazza San Matteo
La famille Doria bâtit au Moyen Âge les maisons et l'église San Matteo. Ce relief de saint Georges terrassant le dragon orne le portail du palazzo Quartara.

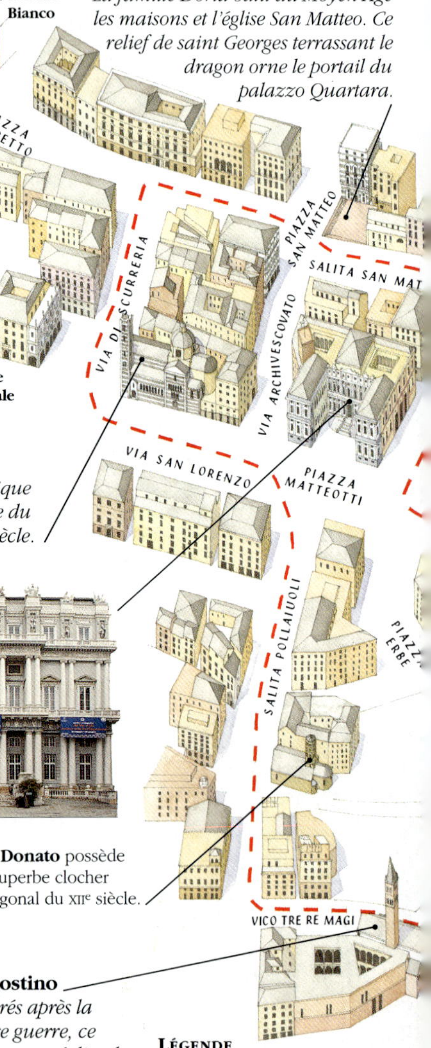

San Lorenzo
La façade gothique du Duomo date du début du XIIIe siècle.

Palazzo Ducale
Palais élégant aux belles cours intérieures du XVIe siècle bordées d'arcades, l'ancien siège du gouvernement de la République abrite un centre culturel.

San Donato possède un superbe clocher octogonal du XIIe siècle.

Sant'Agostino
Restaurés après la dernière guerre, ce couvent et son église du XIIIe siècle abritent des sculptures, notamment les fragments d'un tombeau par Pisano (v. 1312).

LÉGENDE

– – – Itinéraire conseillé

0 100 m

Église du Gesù
Cette église baroque (1589-1606) est aussi appelée Santi Ambrogio e Andrea.

MODE D'EMPLOI

765 000. Cristoforo Colombo 6 km à l'O. FS Stazione Principe, Piazza Acquaverde. Stazione Marittima, Ponte dei Mille. Palazzina S. Maria, Area Porto Antico (010 857 11) ; Stazione Principe (010 246 26 33). lun., mer. et jeu. 24 juin : San Giovanni Battista ; juil. : Genova Si Apre (concerts, spectacles et expositions) ; oct. : Fiera Nautica.

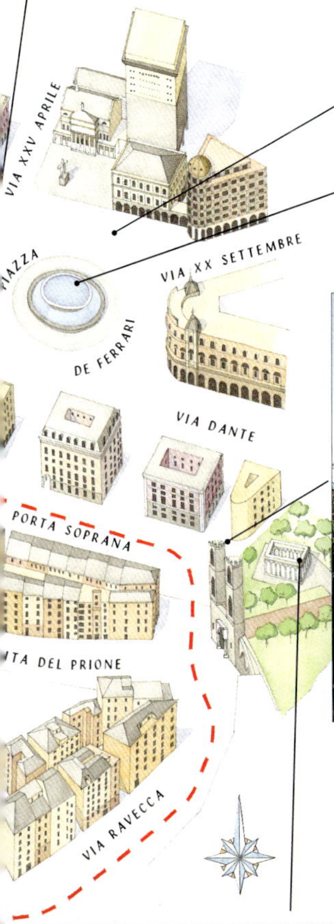

La piazza De Ferrari est bordée par le Teatro Carlo Felice et deux édifices néo-classiques : l'Accademia et la Banco di Roma.

La fontaine de bronze de la piazza De Ferrari date de 1936.

Porta Soprana
La porte orientale de la ville se dresse près de l'emplacement de la maison de Christophe Colomb.

Sant'Andrea
Ce cloître du XIIe siècle est tout ce qui reste d'un couvent.

Lion du XIXe siècle gardant les marches montant au Duomo

San Lorenzo (Duomo)

Piazza San Lorenzo. 010 247 18 63. t.l.j. **Museo del Tesoro** 010 31 12 69. lun.-sam.

Entreprise vers 1120, la cathédrale de Gênes mêle, du superbe portail roman San Giovanni (au nord) à la décoration baroque de certaines chapelles latérales, à peu près tous les styles architecturaux qu'a connus la ville depuis le XIIe siècle. Ce sont des sculpteurs français qui exécutèrent au XIIIe siècle les portails de la façade.

À l'intérieur, la plus somptueuse des chapelles est celle dédiée à saint Jean-Baptiste, patron de Gênes. Elle renferme une *Vierge* et un *Saint Jean* sculptés par Andrea Sansovino.

Dans la sacristie, un escalier conduit au **museo del Tesoro di San Lorenzo**. Parmi maints objets précieux, il présente un verre romain supposé avoir servi à la Cène et le plat d'agate sur lequel Salomé aurait posé la tête de saint Jean-Baptiste.

Le port

Cœur de Gênes et origine de sa puissance au Moyen Âge, le port est un immense complexe surtout dédié au trafic de conteneurs, bien qu'il possède un bassin réservé à la plaisance. Voies rapides et bâtiments commerciaux des années 1960 le bordent, mais le quartier alentour a conservé une atmosphère caractéristique avec ses petits restaurants populaires. Seul souvenir architectural du passé : la **Lanterna**, ancien phare reconstruit en 1543 qui dresse ses 76 m de hauteur à côté de la Stazione Marittima.

C'est depuis la mer que se découvrent le mieux les installations portuaires. Des promenades guidées partent du ponte Spinola.

À la découverte de Gênes

Des palais de la via Balbi et de la via Garibaldi aux œuvres d'art que recèlent dans toute la ville églises et musées, Gênes sait récompenser les visiteurs prêts à se lancer à la découverte des trésors d'une cité dont l'aspect industrieux peut cacher la richesse. Aux alentours, littoral et collines offrent de surcroît de belles et reposantes promenades.

La cour du palazzo dell'Università, via Balbi

Sant'Agostino

Piazza Sarzano 35. 010 251 12 63. *t.l.j. après-midi.* *jours fériés.*

Museo di Architettura e Scultura Ligure *du mar. au sam. et dim. matin.* *jours fériés.*

Entreprise en 1260 et aujourd'hui désaffectée, l'église gothique Sant'Agostino subit pendant la Deuxième Guerre mondiale un terrible bombardement qui ne laissa debout que son beau clocher décoré de carreaux polychromes. Le couvent dont elle était le lieu de culte fut lui aussi détruit et il n'en subsista que deux cloîtres en ruine, l'un d'eux formant le seul édifice triangulaire de Gênes. Aujourd'hui reconstruits et occupés par le **museo di Architettura et Scultura Ligure**, ces cloîtres abritent une collection de fresques, d'éléments architecturaux et de fragments de sculptures provenant d'anciennes églises de la ville. La plus belle pièce en est le tombeau de Marguerite de Brabant, l'épouse, morte en 1311, de l'empereur Henri VII qui envahit l'Italie en 1310. Exécutées par Giovanni Pisano vers 1313, les sculptures de ce mausolée ont été restaurées et remises en place en 1987 *(p. 228)*. Les personnages semblent aider Marguerite à s'allonger pour dormir.

Palazzo Reale

Via Balbi 10. 010 247 71 01. *t.l.j.* *1er jan., 1er mai, 25 déc.*

Cet édifice austère construit en 1650 et agrandi en 1705 devint une des résidences de la maison de Savoie à partir de 1824. Il a conservé un exubérant décor intérieur rococo, notamment dans sa salle de bal et dans la galerie des Glaces. Parmi les peintures qu'il renferme figurent des œuvres de Parodi, Carlone, le Tintoret et une *Crucifixion* par Van Dyck. Un superbe jardin descend en terrasses vers le vieux port.

En face du palais s'élève le **palazzo dell'Università** achevé en 1653 par Bartolomeo Bianco, l'architecte qui réalisa la majeure partie de la via Balbi. Parodi lui donna son escalier majestueux au début du XVIIIe siècle.

Palazzo Bianco

Via Garibaldi 11. 010 247 63 77. *mar.-dim.* **Palazzo Rosso** 010 247 63 68. *mar.-dim.*

Situé dans la plus belle rue de Gênes, la **via Garibaldi** bordée de nombreux palais du XVIe siècle, le palazzo Bianco renferme la plus riche collection de peintures de la ville. Elle permet de découvrir l'école génoise représentée par des artistes comme Luca Cambiaso, Bernardo Strozzi ou Domenico Piola, mais comprend aussi un bel ensemble d'œuvres de primitifs flamands et hollandais et offre l'occasion

Portrait de Colomb à la villa Doria de Pegli

Christophe Colomb à Gênes

Difficile d'échapper à Gênes au souvenir du découvreur du Nouveau Monde : sa statue vous accueille dès que vous sortez de la gare sur la piazza Acquaverde, divers édifices publics portent son nom et l'aéroport lui-même s'appelle aeroporto Cristoforo Colombo. Dans le palazzo Belimbau construit au XVIIe siècle sur les anciennes fortifications, une série de fresques par Tavarone évoque la vie de l'explorateur. Dans le Palazzo Municipale (XVIe siècle), via Garibaldi, la sala del Sindicato renferme trois de ses lettres. En fait, personne ne sait exactement si Christophe Colomb (v. 1451-1506) naquit à Gênes, à Savona, ville située à 15 km à l'ouest, ou même hors d'Italie. Les registres municipaux mentionnent toutefois son père, un tisserand, et plusieurs domiciles familiaux. Il reste donc possible que ce fut dans la petite maison couverte de lierre près de la porta Soprana que grandit son amour de la mer.

Maison où Colomb aurait vécu

Jardin de la villa Durazzo-Pallavicini à Pegli

d'admirer les tableaux de maîtres tels que Filippino Lippi (ravissante *Vierge avec saints*), Véronèse, Van Dyck et Rubens.

De l'autre côté de la rue, le **palazzo Rosso** présente d'autres peintures, notamment par Dürer et le Caravage, ainsi que du mobilier et des objets d'art. Son deuxième étage possède un décor remarquable.

Cimitèro di Staglieno

Piazzale Resasco, Staglieno. *010 87 01 84.* *t.l.j.* *jours fériés.*

Quelques tombes de l'immense Cimitèro di Staglieno

Fondé en 1844 sur les collines au nord-est de la ville, ce cimetière grandiose s'étend le long du Bisagno sur une telle superficie (160 ha) qu'il possède entre ses différentes parties son propre service de bus. La beauté de la végétation et la démesure de nombreux mausolées en ont fait un haut lieu de visite. Giuseppe Mazzini (1805-1872), l'un des héros de l'unification, y repose.

Aux environs

Avant la Deuxième Guerre mondiale, Pegli offrait à 6 km à l'ouest du centre un havre de paix pour les riches Génois. Bien que l'agglomération ait fini par l'englober, le quartier conserve un charme paisible grâce à ses espaces verts, notamment le jardin de la **villa Durazzo-Pallavicini** où grottes artificielles, pavillons et fontaines composent un décor romantique. Construite en 1837, la demeure abrite désormais un musée archéologique dont l'exposition évoque la Préhistoire et l'Antiquité en Ligurie. Non loin, un musée naval occupe la **villa Doria** bâtie au XVIe siècle. Ses collections rassemblent globes, compas, astrolabes, cartes, maquettes et un portrait de Christophe Colomb attribué à Ghirlandaio et datant probablement de 1525.

À 8 km à l'est de Gênes se trouve une autre ancienne station climatique, **Nervi**, célèbre par sa promenade en bord de mer, la **passeggiata Anita Garibaldi**. En partie creusée dans le rocher, elle offre une vue panoramique sur le littoral. Formé à partir des jardins de deux résidences, la villa Serra et la villa Gropallo, le luxuriant **Parco Municipale** renferme quelques essences rares, méditerranéennes et exotiques. Sur la via Capolungo, la villa Serra abrite désormais la **galleria d'Arte Moderna** qui présente les tableaux d'artistes italiens des XIXe et XXe siècles. La **villa Luxoro**, dans la via Aurelia, expose des collections d'horloges, de meubles, de tissus, de dentelles et de peintures.

À environ 3 km en revenant vers Gênes, un monument marque à Quarto dei Mille l'endroit où Garibaldi et ses mille patriotes volontaires embarquèrent en mai 1860 pour la folle expédition qui libéra la Sicile et Naples, ouvrant la voie à l'unification complète de l'Italie en 1870 *(p. 58-59).*

Villa Doria

Piazza Bonavino 7, Pegli. *010 696 98 85.* *du mar. au sam. et les 1er et 3e dim. du mois.* *jours fériés.*

Villa Durazzo-Pallavicini

Via Pallavicini 11, Pegli. *010 698 27 76.* *mar., jeu., sam. et les 2e et 4e dim. du mois.* *jours fériés.*

Galleria d'Arte Moderna

Villa Serra, Via Capolungo 3, Nervi. *010 28 26 41.* *en restauration.*

Villa Luxoro

Via Mafalda di Savoia 3, Nervi. *010 32 26 73.* *du mar. au sam.* *jours fériés.*

Pini (v. 1920) par Rubaldo Merello à la galleria d'Arte Moderna de Nervi

Plage de galets et maisons colorées à Camogli

Camogli ⑩

Genova. 6 500. FS *Via XX Settembre 33 (0185 77 10 66).* *mer.*

Sur un flanc de colline boisé de pins, Camogli a conservé son atmosphère de port de pêche avec ses maisons colorées ornées de coquillages et ses petits restaurants d'où s'échappe une odeur de poisson grillé. Près de sa plage de galets et son port de pêche se dresse le **castello della Dragonara** médiéval qu'occupe désormais l'**Acquario Tirrenico** aux 22 aquariums.

Le deuxième dimanche de mai, le village célèbre la fête du poisson. À cette occasion, les sardines frites dans une gigantesque poêle de 4 m de diamètre sont distribuées gratuitement à tous les participants et spectateurs.

Acquario Tirrenico
Castello della Dragonara. *0185 77 33 75.* *mar., dim. et jours fériés.*

La péninsule de Portofino ⑪

Genova. *Portofino.* *Via Roma 35 (0185 26 90 24).*

Au creux d'une anse bordée de pinèdes, le joli port de pêche de Portofino est devenu l'une des stations balnéaires les plus huppées d'Italie. Dominé par une forteresse et l'église **San Giorgio** supposée abriter des reliques du célèbre pourfendeur de dragon, le village s'atteint par bus ou par bateau depuis Santa Margherita Ligure. En voiture, l'unique parking, obligatoire, ne contient que 400 places.

Il faut marcher deux heures ou passer par la mer pour rejoindre de l'autre côté de la péninsule l'**abbazia di San Fruttuoso**. Elle doit son nom à un saint du IIIe siècle dont les disciples furent jetés ici après un naufrage et qui, selon le folklore local, étaient protégés par trois lions. Son abbaye, entourée de pins et d'oliviers, date du XIe siècle et son château du XIIIe siècle. Elle domine une petite crique, rendez-vous des pêcheurs sous-marins.

Ceux-ci ont leur protecteur, le **Cristo degli Abissi**. Cette statue de bronze immergée près de San Fruttuoso s'aperçoit par beau temps de la vedette assurant les liaisons avec Portofino.

Abbazia di San Fruttuoso
San Fruttuoso. *0185 77 27 03.* *du mar. au dim. (de déc. à fév. : jours fériés et veilles de jours fériés seulement).* *nov.*

Rapallo ⑫

Genova. *30 000.* FS *Via Diaz 9 (0185 23 03 46).* *jeu.*

Pour les historiens, Rapallo est la ville où l'Allemagne et la Russie communiste signèrent en 1922 un traité rétablissant les relations entre les deux pays. Les cinéphiles reconnaîtront peut-être le décor de la *Comtesse aux pieds nus* qu'y tourna Joseph Mankiewicz en 1954. Planté de palmiers sur le front de mer, l'élégant lungomare Vittorio Veneto conduit jusqu'à un petit **château** du XVIe siècle qui accueille désormais des expositions d'art.

Le château (XVIe s.) commandant l'accès du port de Rapallo

Au-dessus du village, le **santuario di Montallegro** (1557) accessible en funiculaire renferme une icône byzantine miraculeuse.

Santuario di Montallegro
Montallegro. *0185 23 90 00.* *t.l.j.*

De nombreux yachts mouillent à Portofino

Près de Corniglia dans les Cinque Terre

Cinque Terre ⓭

La Spezia. FS tous les villages. Monterosso, Vernazza. Piazza Garibaldi, Monterosso (0187 51 83 41).

Cette partie rocheuse du littoral à l'ouest de La Spezia doit aux difficultés d'accès qu'elle présente d'offrir encore aujourd'hui un décor plus marqué par des activités traditionnelles comme la pêche ou la viticulture que par le tourisme. Son nom fait référence aux cinq villages qui s'accrochent à ses falaises et qu'aucune route ne relie encore complètement. Deux d'entre eux, Vernazza et Corniglia, restent ainsi uniquement accessibles en bateau, en train ou à pied, en attendant que les rejoigne la voie en corniche qui dessert depuis peu Manarola.

Entre Monterosso al Mare et Riomaggiore, culs-de-sac routiers aux deux extrémités des Cinque Terre, le sentiero Azzurro longe la mer et permet de découvrir les cinq localités. Il commande en outre des vues superbes sur les spectaculaires terrasses plantées de vignoble qui les entourent et produisent des blancs secs réputés.

Monterosso al Mare, le plus gros bourg et le mieux doté en hôtels et restaurants, domine au nord-ouest une belle plage de sable. Plus bas sur la côte, **Vernazza** offre un aspect très pittoresque avec ses façades colorées et ses ruelles reliées par de raides escaliers, les *carpaie*. Perché au sommet de terrasses rocheuses, **Corniglia** semble préservé du passage du temps, à l'instar de **Manarola** situé, par la via dell'Amore, à 15 mn à pied de **Riomaggiore** dont les maisons se serrent sur les bords d'un torrent à quelques kilomètres de La Spezia.

Portovenere ⓮

La Spezia. 4 600. Piazza Bastreri (0187 79 06 91). lun.

Le « port de Vénus » est l'un des villages les plus romantiques de la côte ligure avec ses rues étroites bordées de maisons peintes de couleurs pastel. Dans la ville haute, un relief représentant le martyre de saint Laurent, brûlé vif sur un gril, surmonte l'entrée de l'église **San Lorenzo** (XIIe siècle). Sur un promontoire dominant la mer, l'église **San Pietro**, sanctuaire gothique bâti en pierres noires et blanches au XIIIe siècle, conserve un pavement en marbre polychrome du VIe siècle. À l'instar du château élevé au XVIe siècle sur une falaise au nord-ouest du bourg, elle offre un panorama magnifique des Cinque Terre et de la petite île de Palmaria située à quelque 400 mètres au large.

Tympan de l'église San Lorenzo de Portovenere

Lerici ⓯

La Spezia. 13 000. Via Gerini 40 (0187 96 73 46). sam.

Si la rive orientale du golfe de La Spezia attira d'autres auteurs anglo-saxons célèbres comme W. B. Yeats et D. H. Lawrence, c'est surtout le souvenir de Percy Bysshe Shelley qui y reste vivant. Le poète romantique dont la femme publia *Frankenstein* en 1818 passa en effet les quatre dernières années de sa vie près du village de San Terenzo dans la Casa Magni. C'est de là qu'il partit en bateau pour Livourne en 1822. Il n'atteignit jamais la ville et se noya au large de Viareggio.

Au creux d'une petite baie, la station balnéaire de Lerici élève ses façades peintes au bord d'une plage agréable et dissémine ses villas au pied de sa forteresse. Bâti par les Pisans au XIIe siècle puis conquis par les Génois, le formidable **château** semble taillé dans le rocher.

Castello di Lerici
Piazza San Giorgio. 010 96 51 08. en restauration.

Le port de Vernazza dans les Cinque Terre

Manarola vue depuis le Sentiero Azzurro qui traverse les Cinque Terre ▷

L'Italie centrale

L'Italie centrale d'un coup d'œil

Les quatre provinces qui forment le centre de l'Italie accueillent chaque année des millions de visiteurs attirés par la beauté de leurs paysages et les trésors artistiques et architecturaux de leurs cités. En Émilie-Romagne, le delta du Pô offre un asile à de nombreux oiseaux, tandis que partout en Toscane, et particulièrement à Florence, brille le génie de la Renaissance. En Ombrie et dans les Marches, villes et villages perchés jalonnent les collines. Voici les plus beaux sites de cette région.

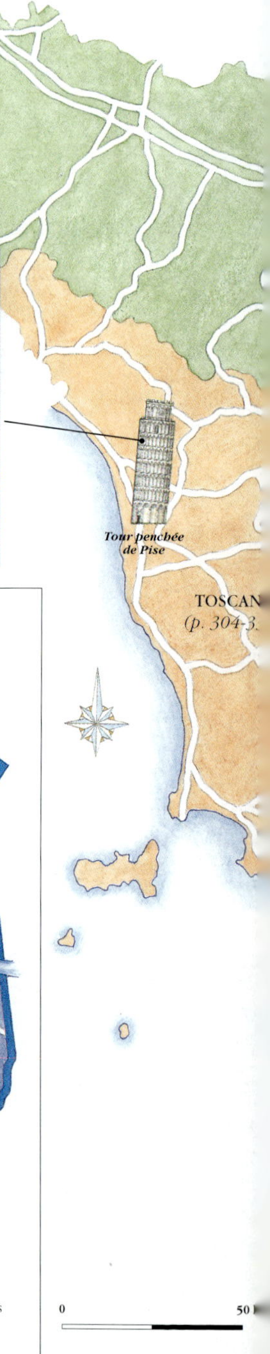

La tour penchée *et le Duomo de Pise, superbes monuments bâtis aux* XIIe *et* XIIIe *siècles, mêlent éléments mauresques, romans et gothiques* (p. 314-316).

Le Duomo*, son campanile et le baptistère de Florence forment au cœur de la ville un ensemble admirable* (p. 272-274).

Les Offices *abritent une splendide collection d'art florentin, notamment gothique et Renaissance* (p. 278-281).

Le palazzo Pitti entrepris en 1457 pour le banquier Luca Pitti devint la résidence des Médicis et renferme leurs trésors *(p. 294-295).*

◁ **Couleurs automnales en Toscane dans les collines du Val d'Orcia au sud de Sienne**

***L'église San Vitale** de Ravenne, ornée de mosaïques du VIe siècle, est un joyau d'art et d'architecture byzantins* (p. 260).

***Le Palazzo Ducale** d'Urbino construit au XVe siècle par le duc Federico sur des plans de Laurana abrite désormais la galleria nazionale delle Marche* (p. 360-361).

***Les fresques** peintes par Giotto au XIIIe siècle dans la basilica San Francesco d'Assise sont admirées chaque année par des milliers de pèlerins* (p. 344-347).

***Sienne** maintient vivantes des traditions médiévales telles que le célèbre Palio, course de chevaux qui se déroule en juillet et en août sur le Campo, l'une des plus belles places du monde* (p. 328-333).

Les spécialités de l'Italie centrale

Un légume de saison

Issue du terroir, la cuisine en Toscane, en Ombrie et dans les Marches utilise des ingrédients tels qu'huile d'olive, tomates, haricots, jambons et salami pour composer des plats simples et nourrissants. L'Émilie-Romagne entretient une tradition culinaire plus élaborée avec des charcuteries et des fromages affinés comme le jambon de Parme et le parmesan, et des recettes à base de crème fraîche ou de gibier. Poissons frais et fruits de mer tendent à se révéler plus coûteux que la viande.

Le vinaigre balsamique *de Modène, en Émilie-Romagne, assaisonne soupes, ragoûts et salades après s'être adouci pendant quatorze ans dans des fûts de chêne.*

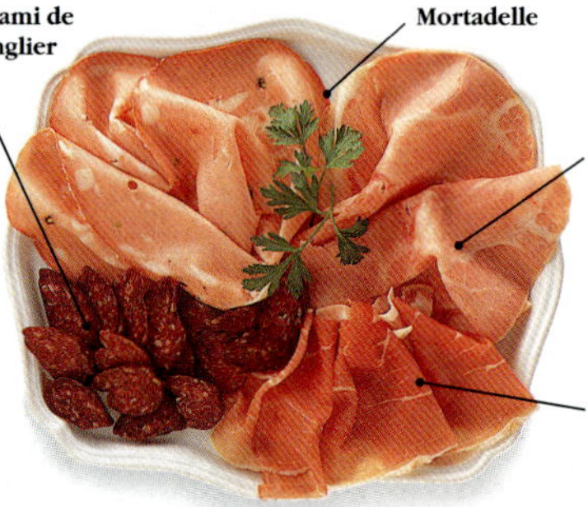

La charcuterie *joue un rôle important dans la cuisine de l'Italie centrale. C'est le petit lait issu de la fabrication du parmesan qui engraisse les porcs à l'origine du célèbre jambon de Parme.*

La panzanella *associe pain imbibé d'huile, tomates, oignons, ail et basilic en une salade très rafraîchissante en été.*

Les tortelloni*, farcis à la viande ou au fromage, s'accompagnent d'une sauce parfumée.*

Les crostini *nappés de pâté, ou de pâte d'olives, d'anchois ou de tomates, font de délicieux amuse-gueule. La bruschetta est du pain grillé frotté d'ail et mouillé d'huile d'olive.*

Les spaghetti al ragù*, plat traditionnel de Bologne, se nappent d'une riche sauce au bœuf, au jambon et à la tomate.*

Les cannelloni *se cuisinent différemment selon leur farce qui peut contenir viande, fromage ou épinards.*

***La baccalà**, morue assaisonnée d'ail et de persil, et souvent cuisinée à la tomate en Toscane, est un plat populaire dans toute l'Italie centrale.*

***La bistecca alla fiorentina** est une côte de bœuf à la découpe spéciale grillée au feu de bois. Aromates et citron ajoutent à sa saveur.*

***La scottiglia di cinghiale** préparée avec des côtelettes de sanglier s'apprécie surtout en Maremme, une région du sud de la Toscane.*

***La torta di limone** à base de crème fraîche et de citron est une des spécialités pâtissières de l'Émilie-Romagne.*

***La torta di riso**, gâteau de riz toscan, se sert avec des fruits de saison ou un coulis.*

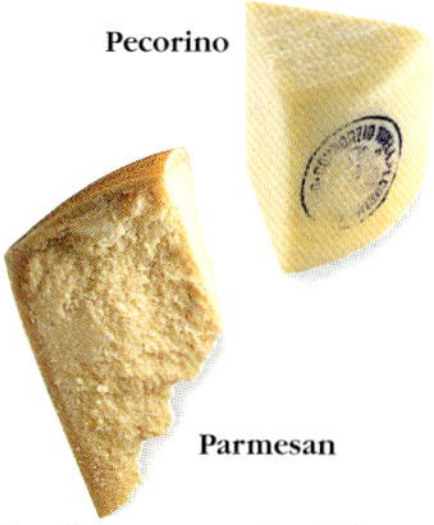

***Les fromages** entrent dans de nombreuses recettes ou se mangent avec un fruit ou après le dessert.*

***Le panforte** est parfumé aux clous de girofle et à la cannelle. Les ricciarelli marient amandes pilées, zeste d'orange et miel.*

***Les cantucci**, délicieux biscuits toscans, accompagnent souvent le* vino santo, *un vin de dessert.*

Champignons et truffes

Les Italiens en général, et ceux du centre de la péninsule en particulier, vouent une véritable passion aux champignons sauvages et ceux-ci occupent une place importante dans les spécialités proposées par les restaurants en automne. Les entrées les accommodent en général *trifolati*, revenus avec de l'ail et du persil, mais ils peuvent également entrer dans la garniture de pizzas ou la farce de pâtes. Les cèpes *(porcini)* s'apprécient aussi simplement grillés. La truffe *(tartufo)*, blanche ou noire, s'utilise avec modération, parfois juste râpée au-dessus de spaghetti.

Girolle
(Cantarello ou *Gallinaccio)*

Pied bleu
(Agarico nudo)

Coulemelle
(Mazza da Tamburo)

Cèpe
(Porcini)

Pleurote
(Ostrica)

Truffe noire
(Tartufo nero)

Les vins de l'Italie centrale

Détail d'une mosaïque romaine

Qu'elle s'accroche au pied de cyprès sur les coteaux de Toscane ou s'étende dans les plaines produisant le lambrusco en Émilie-Romagne, la vigne est partout en Italie centrale. L'association de techniques modernes et traditionnelles contribue à améliorer les vins de toute la région, mais c'est le sud de la Toscane qui continue de donner les meilleurs rouges : le chianti classico, le brunello di Montalcino et le vino nobile di Montepulciano.

***Le chianti classico** provient du centre de la région du Chianti dont les vins sont de bouquets et de qualités très variables. Le Rocca delle Macie offre un bon rapport qualité-prix.*

***Le vernaccia di San Gimignano** est un blanc de Toscane traditionnellement doré. Il se boit aussi clair, c'est à dire jeune. Terruzzi e Puthod est un producteur fiable.*

***Le vino nobile di Montepulciano** dont les vignes s'étendent autour d'un ravissant village utilise le même cépage que le chianti mais peut atteindre une qualité supérieure, d'où son nom de « vin noble ».*

***Le brunello di Montalcino**, issu du cépage sangiovese, peut nécessiter jusqu'à dix ans de vieillissement avant que ses riches arômes prennent toute leur ampleur. Le rosso di Montalcino se boit plus jeune.*

Vino da tavola

L'implantation de cépages français dans les années 1970 a permis la création de crus originaux qui n'ont droit dans le cadre du règlement actuel qu'à l'appellation « vins de table ». Depuis le tignanello d'Antinori issu d'un mélange de sangiovese et de cabernet sauvignon, cette démarche a toutefois donné un nouveau souffle aux vins toscans.

Le sassicaia est un rouge issu du cabernet sauvignon

Domaine viticole à Badia a Passignano dans le Chianti

LÉGENDE

- Chianti
- Chianti classico
- Vernaccia di San Gimignano
- Brunello di Montalcino
- Vino nobile di Montepulciano
- Orvieto classico
- Orvieto
- Verdicchio dei Castelli di Jesi
- Lambrusco

***Le verdicchio** est un blanc sec des Marches au goût tranché, légèrement salé. Des vins issus de cépage unique tel le CaSal di Serra produit par Umani Ronchi ont su s'imposer ces dernières années.*

***L'orvieto classico** est un blanc de l'Ombrie très populaire. Ce cru sec du domaine Antinori offre un bon exemple de sa déclinaison moderne, l'orvieto, existant aussi sous une forme plus douce : l'abbocato.*

LES CÉPAGES DE L'ITALIE CENTRALE

Cépage sangiovese

Le changeant sangiovese est le cépage le plus répandu en Italie centrale où il donne le chianti, le vino nobile di Montepulciano et le brunello di Montalcino et entre dans la composition de nombreux « vins de table ». Les blancs les mieux établis sont en général produits à partir de trebbiano et de malvasia. Utilisés généralement en association avec des variétés locales, des cépages français comme le chardonnay (blanc) ou le cabernet sauvignon (rouge) gagnent du terrain.

LIRE L'ÉTIQUETTE

Nom du producteur

L'appellation DOCG est réservée à des vins de qualité.

Millésime

Le nom et l'adresse de l'embouteilleur garantissent l'origine du vin.

Degré alcoolique

QUELQUES BONS PRODUCTEURS

Chianti : Antinori, Badia a Coltibuono, Brolio, Castello di Ama, Castello di Rampolla, Fattoria Selvapiana, Felsina Berardenga, Il Palazzino, Isole e Olena, Monte Vertine, Riecine, Rocca delle Macie, Ruffino, Tenuta Fontodi. **Brunello di Montalcino** : Argiano, Altesino, Caparzo, Castelgiocondo, Costanti, Il Poggione, Villa Banfi. **Vino nobile di Montepulciano** : Avignonesi, Le Casalte, Poliziano. En **Ombrie** : Adanti, Lungarotti.

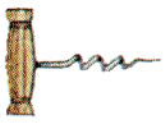

Bons millésimes de chianti
1995, 1993, 1990, 1988, 1985, 1983, 1975, 1971, 1970, 1967, 1964, 1961.

Comprendre l'architecture de l'Italie centrale

C'est depuis la Toscane, et surtout depuis Florence et ses environs, que s'est répandue l'application des idées de la Renaissance à l'architecture. Une révolution qui, tournant le dos au gothique, s'inspirait des canons antiques pour créer des édifices mariant simplicité, élégance et proportions harmonieuses. Financés par l'Église catholique ou de riches familles comme les Médicis, les bâtiments les plus importants s'élevèrent à la fin du XVe siècle et pendant le siècle suivant.

Le palazzo Ducale d'Urbino entrepris en 1465

Édifices religieux

__Le Duomo de Pienza__ fut élevé en 1459 par Bernardo Rossellino dans le cadre de la cité idéale qu'il bâtissait pour le pape Pie II (p. 323).

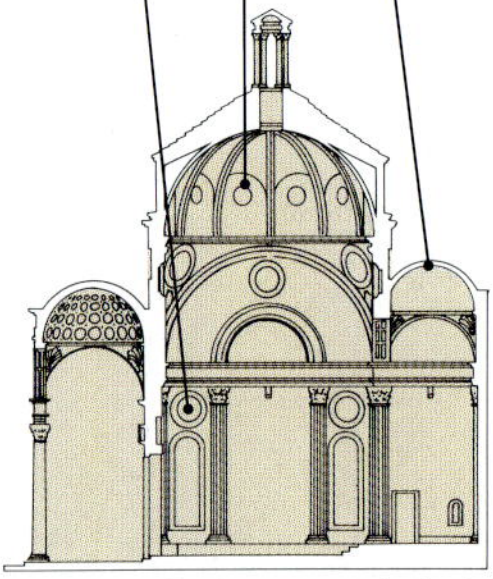

__La chapelle des Pazzi__ (1433) de Santa Croce à Florence, œuvre célèbre de Brunelleschi, est décorée de médaillons en terre cuite par Luca della Robbia (p. 276-277).

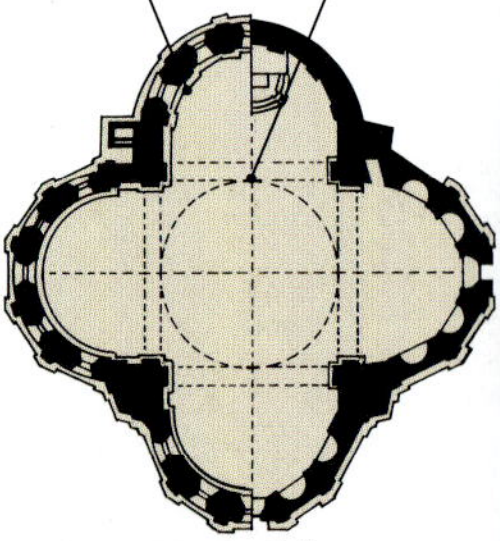

__Santa Maria della Consolazione__, église bâtie à Todi en 1508, doit beaucoup aux idées de Bramante (p. 349).

Palais et villas

__Le palazzo Strozzi__ de Florence (1489-1536) est un exemple significatif de demeure citadine toscane avec ses trois niveaux d'importance égale et l'impression de stabilité que donne son appareillage rustique (p. 285).

OÙ VOIR L'ARCHITECTURE DE LA RENAISSANCE

Capitale des Médicis où abondaient les mécènes éclairés, Florence fut le grand centre artistique de l'Italie centrale pendant la Renaissance, et de nombreux sanctuaires et palais y témoignent de la richesse culturelle de la ville à cette époque. À Rimini *(p. 258)*, Alberti sut également s'inspirer de l'antique pour faire œuvre personnelle avec son Tempio Malatestiano, tandis que le Palazzo Ducale *(p. 360-361)* d'Urbino pousse à l'extrême le raffinement atteint par les demeures patriciennes de l'époque. Sur une moindre échelle, les centres de Ferrare *(p. 253)*, Pienza *(p. 323)* et Urbania *(p. 359)* restent marqués par les idéaux des architectes qui les planifièrent.

Dans les jardins de Boboli, Florence

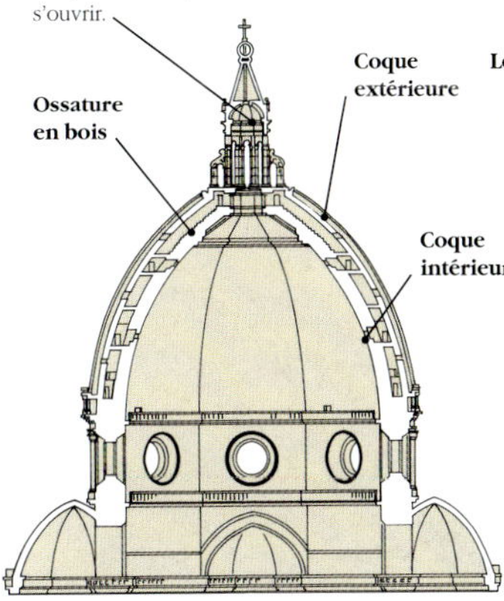

Le Duomo *de Florence est surmonté de la coupole révolutionnaire par sa taille que lui donna Brunelleschi en 1436. Il utilisa un échafaudage mobile et une structure en deux coques pour l'édifier* (p. 272-273).

La façade de Santa Maria Novella *de Florence (1458-1470) dessinée par Leon Battista Alberti incorpore des éléments gothiques dans une composition générale typique de la Renaissance* (p. 288-289).

La villa de Poggio a Caiano *remaniée en 1480 par Giuliano da Sangallo se vit ajouter son gracieux escalier vers 1802* (p. 318).

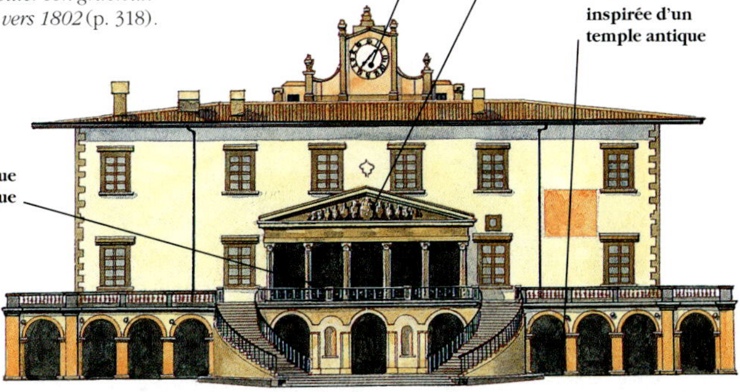

ÉMILIE-ROMAGNE

S'étendant des Apennins jusqu'au delta du Pô et aux plages de l'Adriatique, l'Émilie-Romagne marque le passage entre les Alpes et la Méditerranée. Des terres fertiles, une industrie dynamique et les visiteurs attirés par ses villes historiques en font une des régions les plus prospères de la péninsule.

Construite en 187 av. J.-C., la via Emilia (aujourd'hui doublée d'une autoroute) traverse toute l'Émilie-Romagne de Rimini, sur la côte adriatique, à Plaisance, ancienne garnison romaine sur le Pô. Presque toutes les grandes agglomérations de la région la bordent, notamment Bologne qui occupe l'emplacement de la puissante Felsina étrusque. Ravenne échappe à cette règle, mais sa situation ne l'empêcha pas de jouer un rôle de capitale entre la chute de l'Empire romain et l'invasion lombarde du VIIIe siècle.

Au Moyen Âge, la via Emilia reste une importante voie de passage, notamment pour les pèlerins se rendant à Rome. Elle participe à la prospérité d'un territoire où le pouvoir politique échoit à de puissantes familles patriciennes : les Malatesta à Rimini, les Bentivoglio à Bologne, les Este à Ferrare et Modène, les Farnese à Parme et Plaisance. Leurs cours brillantes attirent des poètes, comme Dante ou l'Arioste, et des peintres, sculpteurs et architectes dont les œuvres ornent toujours les centres historiques des villes.

Constituée en 1860 lors de son entrée dans l'Italie unifiée, la région moderne a reçu ses frontières en 1947. Sa moitié occidentale, l'Émilie, a plus subi l'influence du Nord que la Romagne qui, dominée par Ravenne, s'est toujours tournée vers le Sud pour trouver ses sources d'inspiration culturelles et politiques. Une même passion les unit toutefois : la gastronomie. Un art dont le développement a profité des richesses agricoles de la vallée du Pô et d'un élevage de qualité, dont certaines productions comme le parmesan ou le jambon de Parme ont conquis les gourmets du monde entier.

Un souvenir du Moyen Âge à Ferrare : le palazzo del Comune

◁ **La fontana del Nettuno à Bologne**

À la découverte de l'Émilie-Romagne

Dominée au sud par la chaîne des Apennins, la plaine du Pô occupe la moitié de la superficie de l'Émilie-Romagne et étend le long de l'Adriatique un rivage sablonneux. Cœur de la province, Bologne constitue une base idéale pour l'explorer, mais les autres grandes villes, Modène à la superbe cathédrale romane, Parme au charme provincial et Ferrare l'hédoniste, conservent des personnalités fascinantes. De jolis villages, tel Castell'Arquato, jalonnent les collines au sud du Pô.

La piazza Cavalli au centre de Plaisance

VOIR AUSSI

- ***Hébergement*** p. 555-557
- ***Restaurants*** p. 590-591

Paysage lagunaire dans le delta du Pô

LA RÉGION D'UN COUP D'ŒIL

Circuler

L'autoroute A 1 suit le tracé de la via Emilia qui reste la grande voie de circulation d'une région qu'elle traverse entièrement du nord-ouest au sud-est. Depuis Bologne, une des branches de la A 1 franchit au sud les Appenins en direction de Florence, tandis que la A 13 rejoint Venise au nord. Depuis Parme, la A 15 permet d'atteindre le littoral ligure. Toutes les villes jouissent de bonnes dessertes ferroviaires.

Plage de Cesenatico au nord de Rimini sur la côte adriatique

Légende

- Autoroute
- Route principale
- Route secondaire
- Parcours pittoresque
- Cours d'eau
- Point de vue

0 25 km

Le palazzo Pretorio (XIIIe siècle) de Castell'Arquato

Plaisance ❶

105 000. FS Piazzetta dei Mercanti 7 (0523 32 93 24). mer. et sam.

Commandant un passage stratégique sur le Pô, Plaisance devint une colonie romaine au IIIe siècle av. J.-C. et joua un rôle déterminant dans la défense de Rome face à Hannibal et aux Gaulois. Son centre historique a conservé son plan antique et renferme de beaux édifices du Moyen Âge et de la Renaissance.

Il s'organise autour de la piazza dei Cavalli où se dressent les **statues** équestres d'Alexandre Farnèse et de son fils Ranuccio, ducs de Parme qui gouvernèrent la ville aux XVIe et XVIIe siècles. Exécutées par Francesco Mochi, un élève de Jean de Bologne, elles sont considérées comme une grande réussite de la sculpture baroque. Derrière les statues s'élève le **palazzo del Comune**, aussi appelé « il Gothico », édifice caractéristique du gothique lombard entrepris à la fin du XIIIe siècle.

Au bout de la via XX Settembre, le **Duomo** (1122-1233) est roman. Son campanile date du XIVe siècle. Des fresques médiévales ornent les murs intérieurs, mais la décoration de la coupole, à laquelle participa le Guerchin, date du XVIIe siècle.

Commencé en 1558 et resté inachevé, le palazzo Farnese de style Renaissance abrite le **Museo Civico** qui présente un assortiment éclectique de sculptures et de peintures dont le joyau est une *Vierge à l'Enfant* par Botticelli (1444-1510). Le musée possède également des collections d'armes et de carrosses et une section archéologique célèbre par son *Fegato di Piacenza*, foie de mouton en bronze utilisé par les Étrusques pour la divination.

Museo Civico
Palazzo Farnese, Piazza Cittadella. 0523 32 82 70. du mar. au dim. jours fériés.

Castell'Arquato ❷

Piacenza. 4 500. Viale Remondini 1 (0523 80 30 91). lun.

S'accrochant à flanc de coteau entre Fidenza et Plaisance, Castell'Arquato est l'un des plus jolis villages qui jalonnent les collines formant le pied des Apennins au sud de la plaine du Pô. Le week-end, les Italiens fuyant l'agitation des villes d'Émilie emplissent les bars et les restaurants qui entourent, avec le **palazzo Pretorio** (1293) et une intéressante basilique romane du début du XIIe siècle, la belle **piazza Matteotti**. Derrière, la **rocca Viscontea**, forteresse communale remaniée par Luchino Visconti au XIVe siècle, se dresse sur la piazza del Municipio qui offre un large panorama de la vallée de l'Arda.

Fidenza ❸

Parma. 23 000. FS Piazza Duomo 2 (0524 840 47). mer. et sam.

C'est grâce à la via Emilia que Fidenza acquit une certaine importance sous l'Empire romain puis s'enrichit au Moyen Âge en subvenant aux besoins des pèlerins qui s'arrêtaient sur la route de Rome afin de se recueillir devant le tombeau de san Donnino martyrisé en 291. Les reliques du saint se trouvent toujours dans la crypte du **Duomo**, superbe église des XIIe et XIIIe siècles mariant éléments romans et gothiques. Les trois portails de sa façade présentent une riche décoration sculptée attribuée à Benedetto Antelami et aux artisans qui travaillèrent avec lui à la cathédrale de Parme. L'intérieur a conservé, à l'abside, des fresques du XIIIe siècle.

Statue de la façade du Duomo de Fidenza

À l'intérieur du baptistère de Parme

Parme ❹

175 000. **FS** *Piazza del Duomo 5 (0521 23 47 35). mer. et sam. ; jeu. (puces).*

Si Parme doit avant tout son renom à son jambon, elle offre plus au visiteur que de bons restaurants. Son opéra est notamment l'un des meilleurs de la péninsule. Beaux édifices anciens, riches collections de peintures et sculptures remarquables y entretiennent en outre le souvenir de la magnificence des princes qui la gouvernèrent de 1355 à 1801.

Exemple grandiose du style roman lombard, le **Duomo** entrepris au XIe siècle présente à la coupole une *Assomption* lumineuse peinte en 1534 par le Corrège, artiste né en Émilie. Des œuvres de ses élèves ornent la nef. C'est Benedetto Antelami qui sculpta au XIIe siècle le trône épiscopal et la frise du transept sud. Il réalisa également la majeure partie du ravissant **baptistère** (1196) octogonal dont les reliefs et les statues, en particulier celles des *Mois*, forment un des ensembles sculptés romans les plus importants d'Italie.

À l'est de la cathédrale, une *Vision de saint Jean* (v. 1520) par le Corrège s'admire à la coupole de l'église **San Giovanni Evangelista** (rebâtie de 1498 à 1510) qui abrite également, comme la **Madonna della Steccata** (XVIe siècle) de la via Dante, des fresques du Parmesan.

Palazzo Pilotta

Piazzale della Pilotta 15. **Galleria** *0521 23 33 09. t.l.j. 1er jan., 1er mai, 25 déc.* **Museo** *0521 23 37 18. du mar. au dim. comme ci-dessus.*

Cet immense bâtiment élevé à partir de 1602 pour abriter la cour des Farnèse dût être en partie reconstruit après la Deuxième Guerre mondiale. Le **teatro Farnese** (1628) inspiré du ravissant théâtre en bois édifié par Palladio à Vicence *(p. 146)* exigea en particulier une complète restauration.

Le palais abrite également la **Galleria Nazionale** réputée pour sa collection de tableaux du Corrège et du Parmesan, mais qui présente aussi des œuvres de Fra Angelico, du Bronzino et du Greco et deux immenses peintures de Ludovic Carrache.

Au premier étage, le **Museo Archeologico Nazionale** expose des objets trouvés dans la nécropole étrusque de Velleia et sur des sites préhistoriques de la région.

Camera di San Paolo

Via Melloni. *0521 23 33 09. t.l.j. matin. 1er jan., 1er mai, 25 déc.*

Le Corrège décora en 1518 de fresques d'inspiration mythologique cette ancienne salle à manger d'un monastère bénédictin.

Campanile et baptistère de Parme

La fabrication du parmesan et du jambon de Parme

Fromage mis à de nombreuses sauces dans la cuisine italienne mais qui se mange aussi seul (ou avec des poires, une délicieuse spécialité), le parmesan *(parmigiano)* continue d'être fabriqué selon des techniques qui ont peu changé au cours des derniers siècles. Allongé de petit lait pour activer la fermentation, du lait partiellement écrémé caille grâce à un apport de présures, puis, égoutté, mis en forme et salé, vieillit jusqu'à donner le parmigiano-reggiano apprécié des gourmets ou le grana de moindre qualité.

Boutique proposant les spécialités culinaires de Parme

C'est le rebut de sa fabrication qui sert traditionnellement à engraisser les porcs dont les cuissots deviennent le célèbre *prosciutto crudo* de Parme. La saveur de cette charcuterie tient à la qualité de la viande, qui n'exige guère plus pour se conserver que du poivre et du sel, mais aussi à la pureté de l'air dans les collines du Langhirino où les jambons mûrissent avant de se voir apposer la couronne à cinq pointes de l'ancien duché de Parme garantissant leur origine.

***Flora* par Carlo Cignani (1628-1719) à la Galleria Estense de Modène**

Modène ❺

175 000. FS *Piazza Grande (059 20 66 60).* *lun.*

Pour beaucoup d'Italiens, le nom de Modène évoque surtout des voitures de rêve, car Ferrari et Maserati fabriquent leurs bolides dans sa banlieue. Des trésors plus anciens y séduiront cependant aussi les amateurs d'art et d'architecture. Prospère colonie romaine sur la via Emilia, la cité se développa au Moyen Âge grâce à un arrière-pays fertile. La famille d'Este en fit sa capitale en 1598 et y entretint une cour brillante jusqu'au XVIIIe siècle.

Duomo

Corso Duomo. *059 21 60 78.* *t.l.j.*

Fondée en 1099 par la comtesse Matilda de Toscane qui gouvernait la ville au XIe siècle, la **cathédrale** dessinée par Lanfranco est un des chefs-d'œuvre romans de l'Italie du Nord. Haut de 88 m, son campanile, la **torre Ghirlandina**, accroche immédiatement le regard. Malgré son inclinaison, on peut monter jusqu'à sa flèche gothique. La tour renfermait jadis la *Secchia*, seau en bois évoqué par Alessandro Tassoni (1565-1635) dans son poème héroï-comique : *La Secchia Rapita*. Arraché par les soldats de Modène à leurs ennemis de Bologne lors d'une bataille en 1325, il serait resté l'enjeu d'un long conflit entre les deux villes.

C'est le Lombard Wiligelmo qui sculpta au début du XIIe siècle les superbes reliefs de la *Genèse* ornant la façade principale. À l'intérieur, les *Scènes de la Passion* du jubé (1170-1220) sont d'Anselmo da Campione. Un autre maître de Campione, Arrigo, exécuta la chaire en 1322. Sous le chœur, d'élégantes colonnettes soutiennent les trois nefs de la crypte qui abrite une *Sainte famille* (1480) en terre cuite peinte et le tombeau de san Geminiano, saint patron de Modène.

Palazzo dei Musei

Largo di Porta Sant'Agostino 337.
Galleria Estense *059 22 21 45.* *mar.-dim. (mer., jeu. et dim. mat.).* *1er jan., 1er mai, 25 déc.*
Biblioteca Estense *059 22 22 48.* *du lun. au sam. matin.* *jours fériés.*

Un dédale de jolies ruelles conduit au nord-ouest de la cathédrale jusqu'à cet ancien arsenal bâti au XVIIIe siècle qu'occupent aujourd'hui les plus beaux musées de Modène.

Le plus prestigieux, la **Galleria Estense**, présente les collections d'art que la famille d'Este déménagea de Ferrare quand son ancienne capitale entra dans les États pontificaux. Elles comprennent surtout des peintures d'artistes émiliens comme Reni ou les Carrache et de Vénitiens tels que le Tintoret et Véronèse, mais permettent également d'admirer des œuvres d'écoles étrangères, espagnole, flamande, allemande et française.

Parmi les ouvrages visibles dans la **Biblioteca Estense** figurent une édition de 1481 de *La Divine Comédie* de Dante et une des premières cartes (1501) à montrer l'itinéraire suivi par Christophe Colomb en 1492. Le joyau de son exposition permanente reste toutefois la Bible de Borso d'Este décorée de plus de 1 200 enluminures par des artistes de l'école de Ferrare du XVe siècle, notamment Taddeo Crivelli et Franco Russi.

La Torre Ghirlandina de Modène

Aux environs

C'est à 20 km au sud de Modène qu'Enzo Ferrari installa son usine en 1945. Aujourd'hui passée sous contrôle de la Fiat, elle produit toujours environ 2 500 voitures chaque année. La galleria Ferrari propose une petite exposition comprenant des souvenirs et de nombreux véhicules de la marque.

Galleria Ferrari

Via Dino Ferrari 43, Maranello. *0536 94 32 04.* *du mar. au dim.* *1er jan., 25 déc.*

Ferrari 250 SWB fabriquée entre 1959 et 1962

Ferrare 6

140 000. FS Corso Giovecca 21 (0532 20 93 70). lun. et ven.

Depuis Obizzo II qui s'empara du pouvoir en 1264 jusqu'à Cesare qui dut céder sa capitale au pape en 1598 et s'installer à Modène, les tyrans et mécènes de la maison d'Este ont laissé une marque indélébile sur une ville qu'entoure l'une des plus belles enceintes fortifiées de la région.

Façade du Duomo de Ferrare

Castello Estense

Largo Castello. 0532 29 92 33. du mar. au dim. jours fériés.
Entreprise en 1385, l'étonnante forteresse à la belle cour Renaissance d'où régnèrent les Este domine de ses tours le centre-ville. Bien des drames se déroulèrent entre ses murs. Niccolò III y fit notamment exécuter son épouse parce qu'elle le trompait avec un de ses fils, Ugo, et Ercole Ier décapita un neveu qu'il avait spolié.

La forteresse moyenâgeuse du Castello Estense à Ferrare

Palazzo del Comune

Piazza Municipale.
Ce palais commencé en 1243 est orné des copies de statues en bronze du XVe siècle par Leon Battista Alberti représentant Niccolò III et son fils Borso, l'un des 27 enfants qui lui sont attribués.

Museo della Cattedrale

Cattedrale di Ferrara. 0532 20 74 49. t.l.j. jours fériés. **Offrandes.**
Associant styles roman et gothique, le **Duomo** de Ferrare présente des influences françaises dans les sculptures de sa façade. Son **musée** possède un bel ensemble de 12 reliefs en marbre des *Travaux des mois* datant de la fin du XIIe siècle, la superbe *Vierge à la grenade* (1408) de Jacopo della Quercia et deux volets d'orgue (1469) peints par Cosmè Tura d'un *Saint Georges* et d'une *Annonciation*.

Palazzo Schifanoia

Via Scandiana 23. 0532 641 78. t.l.j. jours fériés.
Cette résidence d'été entreprise pour Alberto V d'Este en 1385 est célèbre par son salon des Mois aux murs peints par des artistes de l'école ferraraise dirigés par Cosmè Tura. Ces superbes fresques ésotériques mettent en scène Borso d'Este et des membres de sa cour.

Museo Archeologico Nazionale

Palazzo di Ludovico il Moro, Via XX Settembre 122. 0532 662 99. mar.-dim. matin. jours fériés.
Ses pièces les plus intéressantes proviennent de la nécropole gréco-étrusque de Spina découverte près de Comacchio dans le delta du Pô.

Palazzo dei Diamanti

Palazzo dei Diamanti, Corso Ercole d'Este 21. 0532 20 58 44. mar.-dim. matin. 1er jan., 1er mai, 25 déc.
Nommé d'après les motifs ornant sa façade, ce palais Renaissance abrite une galerie d'art moderne, un musée consacré au Risorgimento et la Pinacoteca Nazionale dont les collections comprennent des œuvres majeures des écoles ferraraise et bolonaise.

La famille d'Este

D'origine lombarde, la dynastie d'Este entretint une des cours les plus brillantes d'Europe et protégea certains des plus grands esprits et artistes de la Renaissance, qu'il s'agisse d'auteurs comme Pétrarque, le Tasse et l'Arioste, ou de peintres tels que Mantegna, Titien et Bellini. Cela n'empêcha en rien certains de ses membres de se montrer sanguinaires, à l'exemple de Niccolò III (1383-1441) qui ordonna la mort de sa femme Parisina (et de son amant) parce qu'elle avait une aventure avec un des nombreux bâtards de son mari. Ercole Ier (1431-1505) fit quant à lui décapiter un neveu. Son fils Alfonso Ier (1476-1534) épousa la célèbre Lucrèce Borgia.

Portrait d'Alfonso Ier d'Este par Titien (v. 1485-1576)

Bologne pas à pas ❼

Détail de la façade de San Petronio

Arcades, portiques et murs de briques donnent son cachet au centre historique de Bologne qui s'organise autour de deux places bordées de palais médiévaux : la piazza Maggiore et la piazza del Nettuno. Tout de suite au sud se dressent les églises de San Petronio et de San Domenico, ainsi que l'Archiginnasio qu'occupa aux XVIIe et XVIIIe siècles la plus vieille université d'Europe. À l'est, les torri degli Asinelli e Garisenda et le campanile de Santo Stefano marquent l'horizon de leurs silhouettes.

Fontana di Nettuno
Les magnifiques statues de bronze fondues par Jean de Bologne ornent la célèbre fontaine de Neptune (1566) dessinée par Tomaso Laureti.

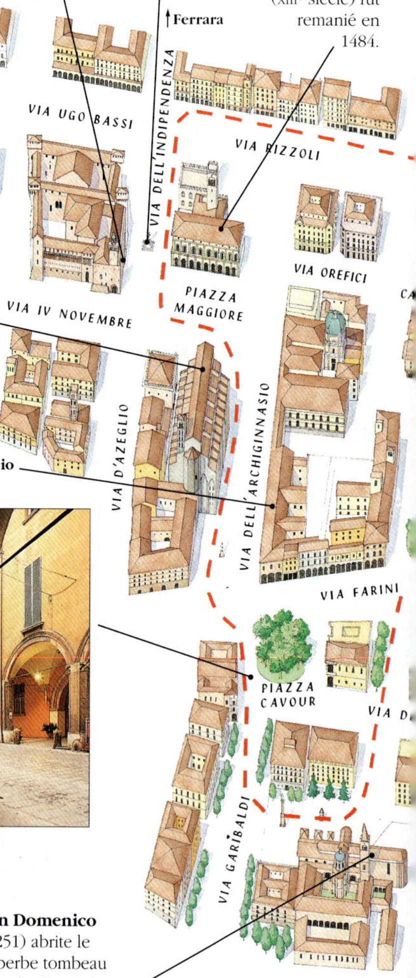

Information touristique

Le palazzo del Podestà (XIIIe siècle) fut remanié en 1484.

Archiginnasio

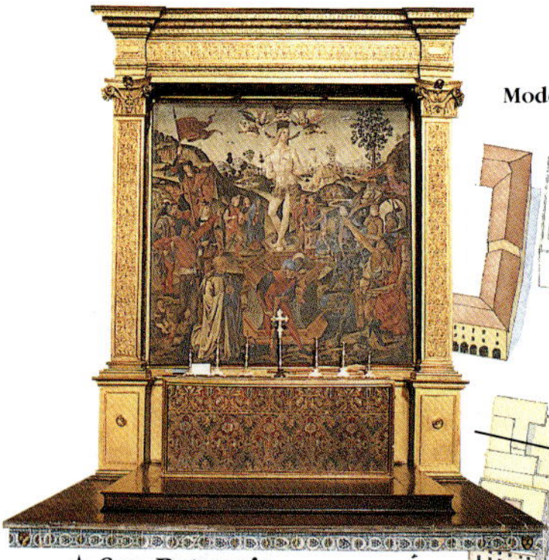

★ San Petronio
Lorenzo Costa, qui peignit ce Martyre de saint Sébastien *dans la cappella di San Sebastiano, appartenait à l'école ferraraise du XVe siècle.*

Piazza Cavour
Les rues dallées et les immeubles à arcades qui entourent cette belle place sont typiques du centre élégant de Bologne.

San Domenico (1251) abrite le superbe tombeau de saint Dominique.

À NE PAS MANQUER

★ San Petronio

Mode d'emploi

400 000. Marconi 9 km au N.-O. FS Piazza Medaglia d'Oro. Piazza XX Settembre. Piazza Maggiore 6 (051 23 96 60). Stazione Centrale (051 24 65 41). ven. et sam. festival de musique de Bologne : de mars à juin ; Campionara : juin ; Bologna Sogna : de juin à sept.

San Giacomo Maggiore
Ce Triomphe de la Mort *(1483-1486) par Costa décore la cappella Bentivoglio.*

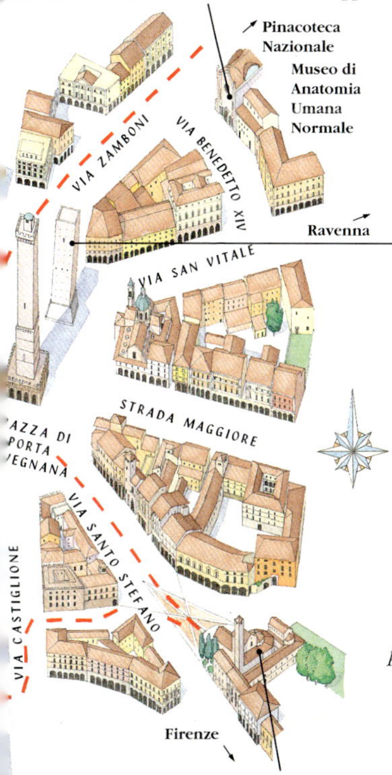

Torri degli Asinelli e Garisenda
Depuis leur construction au XIIe siècle par de puissantes familles, ces tours se sont mises à pencher.

Abbazia di Santo Stefano
La fontana di Pilato porte une inscription lombarde du VIIIe siècle. Selon la légende, Ponce Pilate se serait lavé les mains dans son bassin.

Légende

Itinéraire conseillé

0 150 m

San Giacomo Maggiore

Piazza Rossini. 051 22 59 70.
t.l.j.

Ce sanctuaire romano-gothique entrepris en 1267 et plusieurs fois remanié au fil des siècles attire surtout les visiteurs pour sa cappella Bentivoglio commandée par Annibale Bentivoglio en 1445 et consacrée en 1486. C'est bien entendu un portrait de la famille qui occupe la place d'honneur. Ce tableau subtil est de Lorenzo Costa (1460-1535) qui peignit aussi l'*Apocalypse*, la *Vierge en majesté* et le *Triomphe de la Mort* qui décorent les parois.

Francesco Francia exécuta le retable représentant une *Vierge avec saints et deux anges musiciens* (1488). Sculpté en 1435, le tombeau d'Antonio Galeazzo Bentivoglio installé en face de la chapelle est une des dernières œuvres du Siennois Jacopo della Quercia. Accessible par la sacristie, l'oratoire Santa Cecilia est décoré de fresques, notamment par Lorenzo Costa et Francesco Francia (1504-1506), évoquant les vies de sainte Cécile et de saint Valérien.

Tombeau d'A. G. Bentivoglio (1435) par Jacopo della Quercia

À la découverte de Bologne

De la basilique San Petronio, cœur du centre médiéval, à la Pinacoteca Nazionale dans le quartier de l'université, monuments et musées témoignent partout en ville du riche passé culturel de Bologne.

Torri degli Asinelli e Garisenda

Piazza di Porta Ravegnana. t.l.j.

Deux cents tours érigées par des familles nobles se dressaient dans le ciel de Bologne au Moyen Âge. Quelques-unes seulement ont subsisté, dont les célèbres Torri Pendenti (tours Penchées) élevées au début du XIIe siècle et évoquées par Dante dans son *Enfer*. La construction de la torre Garisenda cessa avant son achèvement, alors qu'elle ne mesurait que 48 m de hauteur. Elle présente déjà néanmoins une inclinaison d'environ 3 m. Malgré ses 97 m de hauteur, la torre Asinelli ne penche que de 1,2 m. 500 marches conduisent à son sommet qui offre une vue exceptionnelle.

Abbazia di Santo Stefano

Via Santo Stefano 24. 051 22 32 56. t.l.j.

Sept églises juxtaposées sous un même toit formaient jadis ce curieux sanctuaire. Il en reste quatre aujourd'hui en comptant l'église du Crocifisso (XIe siècle) qui ne constitue

L'abbazia di Santo Stefano

San Petronio

Piazza Maggiore. 051 22 21 12. t.l.j.

Dédiée à saint Pétrone, premier évêque et saint patron de Bologne mort en 450, cette église compte parmi les plus vastes édifices médiévaux en briques d'Italie. Fondée en 1390, elle devait dépasser en taille Saint-Pierre de Rome, mais les autorités religieuses utilisèrent une partie des fonds à la construction du palazzo Archiginnasio voisin. Un rang de colonnes, sur son flanc oriental, attend ainsi toujours la voûte qu'il devait supporter, tandis que le haut de la façade ne reçut jamais son plaquage de marbre. Derrière un portail central sculpté à partir de 1425 par Jacopo della Quercia, l'intérieur renferme de nombreuses œuvres d'art.

Intérieur gothique
La nef centrale s'élève à plus de 40 m de hauteur et 22 chapelles richement décorées ouvrent sur les bas-côtés. En 1547, le concile de Trente (p. 168) *siégea un temps à San Petronio pour échapper à la peste.*

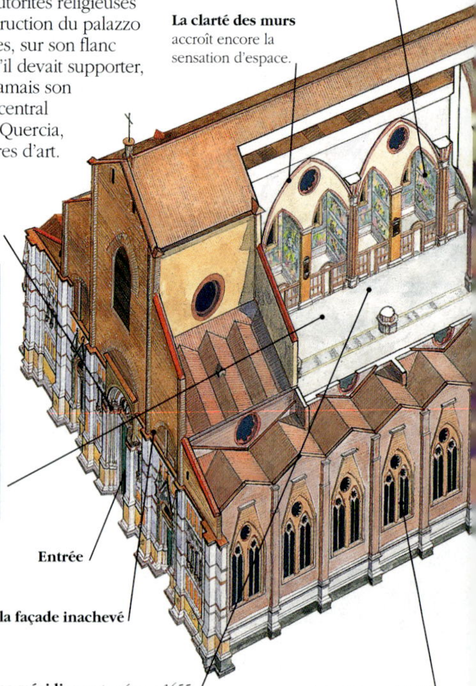

guère plus qu'un couloir d'accès à San Sepolcro, la plus intéressante des quatre. Élevé également au XIe siècle, cet édifice de plan polygonal renferme le tombeau de saint Pétrone au dessin inspiré du saint sépulcre. Dans la cour, la fontana di Pilato serait celle où Ponce Pilate se lava les mains après la condamnation de Jésus.

Édifiée au Ve siècle mais reconstruite aux VIIIe et XIe siècles, Santi Vitale e Agricola abrite les sarcophages des martyrs romains dont elle porte le nom. Un petit musée occupe Santa Trinità et son cloître roman. Outre des peintures de l'école bolonaise, il présente une intéressante *Adoration des Mages*, groupe sculpté et peint par Simone dei Crocifissi vers 1370.

Raffaello da Brescia exécuta en 1521 les superbes stalles marquetées de la chapelle du Saint-Sacrement.

Pinacoteca Nazionale

Via delle Belle Arti 56. 051 24 32 49. du mar. au dim. matin. 1er jan., 1er mai, 15 août, 25 déc.

La principale galerie d'art de Bologne, l'une des plus importantes collections de peintures d'Italie du Nord, se trouve à la périphérie du quartier de l'université où abondent bars, librairies et restaurants bon marché. L'exposition met l'accent sur les peintres bolonais, notamment Vitale da Bologna, Guido Reni, le Guerchin et la famille Carrache, et comprend de belles œuvres de l'école ferraraise, en particulier par Francesco del Cossa et Ercole di Roberti. Mais ses joyaux restent une *Vierge en majesté* (v. 1491) du Pérugin et l'*Extase de sainte Cécile* peinte vers 1515 par Raphaël.

L'*Extase de sainte Cécile* (v. 1515) par Raphaël à la Pinacoteca Nazionale

Museo di Anatomia Umana Normale

Via Irnerio 48. 051 24 44 67. du lun. au ven. 25 déc., 1er jan., Pâques, 1er mai.

Cet ancien théâtre d'anatomie fondé en 1742 devint en 1907 un petit musée qui, bien qu'à l'écart des circuits touristiques, fait partie des plus pittoresques de Bologne. Représentant viscères, membres ou corps écorchés, les modèles en cire exposés servirent jusqu'au XIXe siècle aux cours de la faculté de médecine. Sculptés et non moulés, ils possèdent une réelle dimension artistique en plus de leur intérêt scientifique. Certains déplairont toutefois peut-être aux âmes sensibles.

San Domenico

Piazza di San Domenico. 051 640 04 11. t.l.j.

Moine espagnol fondateur de l'ordre des dominicains, saint Dominique mourut à Bologne en 1221, et la construction de l'église qui lui est consacrée commença l'année suivant sa canonisation en 1234. Le sanctuaire connut un important remaniement au XVIIIe siècle.

Il abrite le superbe tombeau du saint, l'*arca di San Domenico*, dont Nicola Pisano et ses élèves sculptèrent le corps principal à partir de 1267. C'est Niccolò di Bari qui en exécuta le couronnement de 1468 à 1473. Michel-Ange réalisa en 1494 les statues de saint Pétrone, de saint Proculus et de l'ange de droite. Derrière le mausolée, un reliquaire (1383) par Jacopo Roseto contient la tête du saint.

Arca di San Domenico à la basilica di San Domenico

***Sigismond en orant au pied de saint Sigismond* (1451), fresque de Piero della Francesca au Tempio Malatestiano de Rimini**

Faenza 8

Ravenna. 54 000. FS i *Piazza del Popolo 1 (0546 252 31).* *mar., jeu. et sam.*

Caractéristiques, les céramiques aux émaux bleus et ocre fabriquées dans cette petite cité d'origine romaine jouissent d'un tel renom en Europe depuis plus de 500 ans que Faenza a donné son nom à la faïence.

De nombreux ateliers et petites usines entretiennent aujourd'hui une tradition qui trouve dans le **museo internazionale delle Ceramiche** une vitrine digne d'elle. Celui-ci ne présente toutefois pas que la production locale et sa collection de poteries, l'une des plus riches d'Europe, comprend aussi bien des pièces antiques que des œuvres de Picasso et de Matisse.

Museo Internazionale delle Ceramiche
Viale Baccarini 19. *0546 212 40.* *du mar. au dim.* *1er jan., 1er mai, 15 août, 25 déc.*

Rimini 9

130 000. FS i *Piazza Fellini 3 (0541 569 02).* *mer. et sam.*

Federico Fellini (1920-1995) a grandi à Rimini et il a évoqué le charme de cette cité dans certains de ces films, en particulier *Amarcord*.

Depuis l'époque de son enfance, Rimini est devenue la plus grande station balnéaire d'Europe et bars et restaurants bordent presque sans interruption son front de mer sur 15 km. Bien entretenues mais souvent d'accès payant, les plages y sont propres malgré la foule.

Heureusement, le développement touristique du littoral n'a pas enlevé son cachet au centre historique dont les rues pavées s'organisent autour de la **piazza Cavour** dominée par le **palazzo del Podestà** gothique. C'est sur la via IV Novembre que se trouve le plus bel édifice : le **Tempio Malatestiano**. L'architecte florentin Leon Battista Alberti transforma en 1450 cette ancienne église franciscaine en un des chefs-d'œuvre de la première Renaissance et un monument en l'honneur de son commanditaire, Sigismond Ier Malatesta (1417-1468) dont la famille gouvernait la ville depuis le XIIIe siècle. Agostino di Duccio exécuta une grande partie des sculptures.

Personnage contrasté, Sigismond acquit une réputation de mécène, mais répudia ou fit périr ses trois premières épouses pour convoler avec sa maîtresse, Isotta degli Atti, dont les initiales, mêlées aux siennes, forment avec l'éléphant, emblème de la dynastie, un motif récurrent de la décoration du Tempio. Il repose à droite de l'entrée malgré une excommunication pour « meurtre, viol, adultère, inceste, sacrilège et parjure ». Un peu plus loin, la chapelle des Reliques abrite la fresque de *Sigismond en orant au pied de saint Sigismond* peinte par Piero della Francesca en 1451. Isotta repose dans la 2e chapelle.

Aux environs
En s'éloignant de Rimini, les stations balnéaires deviennent plus calmes. À 18 km au nord, Cesenatico propose ainsi des plages moins bondées.

Tempio Malatestiano
Via IV Novembre. *t.l.j.*

Ravenne 10

90 000. FS i *Via Salara 8-12 (0544 354 04).* *mer. et sam.*

Ce sont les splendides mosaïques de ses édifices paléochrétiens *(p. 260-261)* qui attirent à Ravenne de nombreux visiteurs, mais ils y découvrent aussi vieilles rues,

Façade Renaissance du Tempio Malatestiano de Rimini

La piazza del Popolo, grand-place de Ravenne

jolies boutiques et places tranquilles. Le **Museo Nazionale** présente d'intéressantes collections de vestiges préhistoriques, de peintures et d'icônes, tandis que la piazza del Popolo offre un beau cadre médiéval où se détendre.

Museo Nazionale
Via Fiandrini. 0544 344 24. du mar. au dim.

Le delta du Pô ⓫

Ferrara. FS Ferrara Ostellata. jusqu'à Goro ou Gorino. depuis Porto Garibaldi, Goro et Gorino. Via Buonafede 12, Comacchio (0533 31 01 47).

Le plus long cours d'eau d'Italie sinue dans une vallée qui couvre 15 % de la superficie de l'Italie et où habite environ un tiers de sa population. Bien qu'ayant beaucoup souffert de la pollution industrielle et de l'urbanisme moderne, elle offre dans ses parties préservées des paysages d'une beauté subtile où des rangées de peupliers rythment de vastes étendues de champs brumeux.

Surnommé la « Camargue italienne », le delta du Pô mêle dunes et marais sur le littoral de l'Adriatique. Un projet prévoit d'en faire un parc naturel qui s'étendrait de la lagune vénitienne à la pinède qui entoure Ravenne. En attendant sa réalisation, certaines zones marécageuses comme les **valli di Commachio** sont déjà devenues des réserves où peuvent se reproduire en paix de nombreux oiseaux tels que goélands, foulques, oies des moissons ou sternes noires. Les ornithologues qui s'y rassemblent observent également des espèces plus rares comme l'aigrette garzette, le busard Saint-Martin et le cormoran pygmée. À **Commachio**, le village le plus proche, la pêche traditionnelle reste celle à l'anguille dont les techniques remontent pour certaines à l'époque romaine.

Plus au nord, une autre réserve naturelle protège le **Bosco della Mesola**, un bois planté par les Étrusques et entretenu par des générations de moines. En vous y promenant à pied ou à vélo, peut-être apercevrez-vous les cerfs qui l'habitent.

Busard Saint-Martin, un oiseau du delta

Suivant le tracé de l'ancienne via Romea, la N 309 traverse sur 100 km du nord au sud le territoire que couvrirait le parc et offre le moyen le plus rapide d'avoir un large aperçu de la région. Les endroits les plus secrets se découvrent toutefois en bateau, notamment depuis les villages de Ca'Tiepolo, Ca'Vernier et Taglio di Pô.

Au bord de l'eau dans le delta du Pô

Une visite de Ravenne

Détail d'une mosaïque de San Vitale

C'est sous Auguste au Ier siècle av. J.-C. que Ravenne se développe près de la base navale de Classis dont la flotte surveille l'Adriatique. Chrétienne dès le IIe siècle, siège d'un évêché au IVe, elle devient en 402 la capitale de l'Empire romain d'Occident, puis celle des rois goths Odoacre et Théodoric. Exarchat byzantin de 568 à 752, elle exerce son influence sur toute l'Italie du Nord. Ravenne tombe ensuite dans un oubli qui lui a permis de conserver un ensemble unique en Europe d'édifices paléochrétiens ornés de splendides mosaïques où se marient influences antiques et orientales.

Le Bon Pasteur ②
Cette mosaïque orne le petit Mausoleo di Galla Placidia entrepris en 430 et qui n'abrita probablement jamais la dépouille de la régente qui succéda à l'empereur Honorius.

San Vitale ①
Sur les mosaïques de l'abside (526-547), le Christ tendant une couronne de martyr à saint Vital domine les panneaux où figurent les cours de Theodora et de Justinien (p. 46-47).

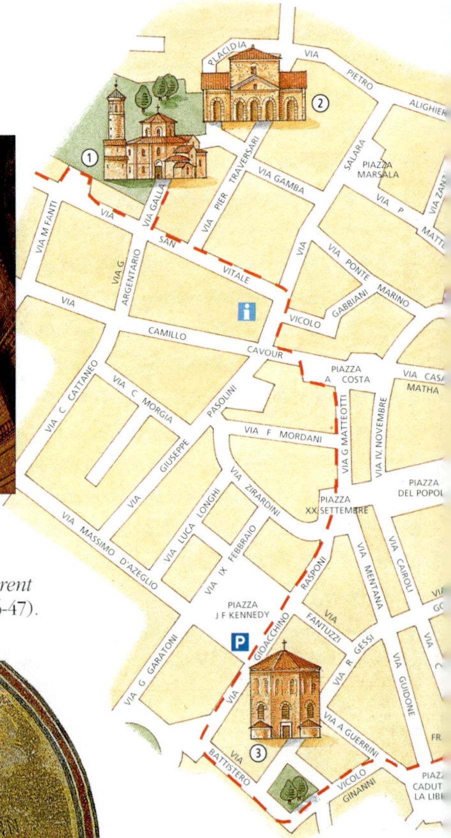

Baptême du Christ ③
Nommé d'après l'évêque Néon qui commanda peut-être sa décoration, dont cette magnifique mosaïque, le Battistero Neoniano bâti au Ve siècle près des vestiges de thermes romains est le monument le plus ancien de Ravenne.

Battistero degli Ariani ⑤
À la coupole de ce baptistère de la fin du Ve siècle, les apôtres entourent une représentation du baptême du Christ.

Mode d'emploi

San Vitale et Mausoleo di Galla Placidia, Via Fiandrini. *0544 342 66. d'avril à sept. : de 9 h à 19 h t.l.j. ; d'oct. à mars : de 9 h à 16 h 30 (der. entrée 15 mn av. la ferm.). 1er jan., 25 déc.* **Battistero Neoniano**, Via Battistero. *0544 21 85 59. comme ci-dessus. 1er jan., 25 déc.* **Tomba di Dante**, Via Dante Alighieri. *d'avril à sept. : de 9 h à 19 h t.l.j. ; d'oct. à mars : de 9 h à 12 h et de 14 h à 17 h t.l.j. (der. en. 15 mn av. la ferm.). 1er jan., 25 déc.* **Battistero degli Ariani**, Via degli Ariani. *0544 344 24. d'avril à oct. : de 8 h 30 à 19 h t.l.j. ; (oct. : 18 h) ; nov.-fév. : 8 h 30-16 h 30 t.l.j. (der. en. 15 mn av. la ferm.). 1er jan., 1er mai.* **Sant'Apollinare Nuovo**, Via di Roma. *0544 390 81. d'avril à sept. : de 9 h à 19 h t.l.j. ; d'oct. à mars : de 9 h à 16 h 30 (der. en. 15 mn av. la ferm.). 1er jan., 25 déc. Possibilité de prendre un billet groupé.*

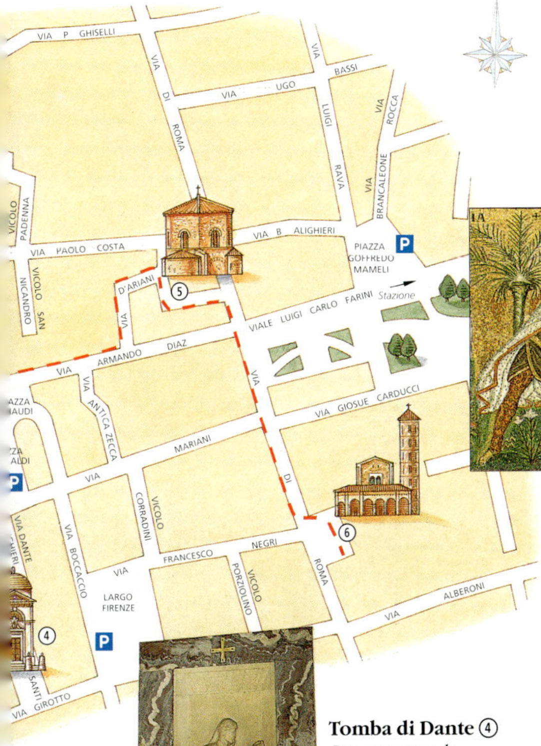

Sant'Apollinare Nuovo ⑥
Des processions de martyrs et de vierges apportant des présents au Christ et à sa mère décorent les murs de cette églises du VIe siècle dédiée au premier évêque de Ravenne.

Tomba di Dante ④
Les errances de Dante en Italie le conduisirent jusqu'à Ravenne où il mourut en 1321. C'est sa ville natale de Florence qui fournit l'huile alimentant la lampe qui brûle dans son tombeau.

Légende

- Itinéraire conseillé
- P Parc de stationnement
- Information touristique

0 — 200 m

FLORENCE

Florence est un magnifique et vaste monument à la Renaissance, ce mouvement artistique et culturel qui ouvrit la voie à notre époque moderne au XVe siècle. Si des auteurs comme Dante, Pétrarque et Machiavel contribuèrent au renom de la ville, ce sont surtout les peintures et les sculptures de génies tels que Botticelli, Michel-Ange et Donatello qui en font une des capitales mondiales des arts.

Bien que les Étrusques aient occupé plusieurs siècles avant eux les collines entourant Fiesole, ce sont les Romains qui fondèrent Florence en 59 av. J.-C. Conquise par les Lombards au VIe siècle, la cité profita des troubles qui secouèrent le Moyen Âge pour acquérir son indépendance. Au XIIIe siècle, l'industrie textile et le commerce, soutenus par un solide secteur bancaire, en font une des grandes puissances italiennes. Détenu par les corporations professionnelles, le pouvoir politique s'organise en république, puis passe entre les mains des familles patriciennes. La plus influente est celle des Médicis, une dynastie de banquiers immensément riches. Ils prennent le contrôle de Florence, puis de toute la Toscane, et le gardent pendant près de trois siècles pendant lesquels leur capitale devient un des principaux centres artistiques de l'Europe où peintres, sculpteurs et architectes, financés par des mécènes fortunés, créent dans les rues, dans les églises et dans les palais certains des plus grands chefs-d'œuvre de la Renaissance. La dynastie s'éteint en 1737 et Florence est autrichienne (et brièvement française sous Napoléon) jusqu'au début de l'unification italienne en 1860. Éphémère capitale du jeune royaume d'Italie de 1865 à 1871, elle subit en novembre 1966 une inondation aux conséquences dramatiques pour son patrimoine inestimable.

En promenade devant le Ponte Vecchio (1345) où s'accrochent des boutiques au-dessus de l'Arno

◁ **Brunelleschi acheva en 1436 la coupole du Dôme de Florence**

À la découverte de Florence

Le cœur historique de Florence se révèle étonnamment compact et la plupart des monuments décrits dans les pages suivantes s'atteignent aisément à pied. Un des premiers buts de visite est souvent l'ensemble formé au centre de la vieille ville par le Dôme, le campanile et le baptistère. Les collections du museo dell'Opera del Duomo illustrent leur construction. Au sud s'étend la piazza della Signoria bordée par le Palazzo Vecchio, ancien palais des Médicis, et la Galerie des Offices (Uffizi), l'un des plus beaux musées d'art du monde. À l'est se dresse l'église Santa Croce ornée de fresques par Giotto. À l'ouest, l'autre grand sanctuaire de la ville, Santa Maria Novella, abrite également de nombreuses œuvres d'art. Sur la rive opposée de l'Arno, le quartier de l'Oltrarno renferme une autre demeure des Médicis, le palazzo Pitti, où s'admirent des tableaux d'artistes tels que Raphaël ou Titien.

Clocher du Palazzo Vecchio

CIRCULER

Florence possède un excellent service d'autobus, aussi rapide que pratique. Compact et interdit à la circulation, le centre historique se visite agréablement à pied.

LÉGENDE

- Pas à pas autour de San Marco *p. 266-267*
- Pas à pas autour du Dôme *p. 270-271*
- Pas à pas autour de la piazza della Repubblica *p. 284-285*
- L'Oltrarno pas à pas *p. 292-293*
- FS Gare
- P Parc de stationnement
- i Information touristique
- Mur d'enceinte

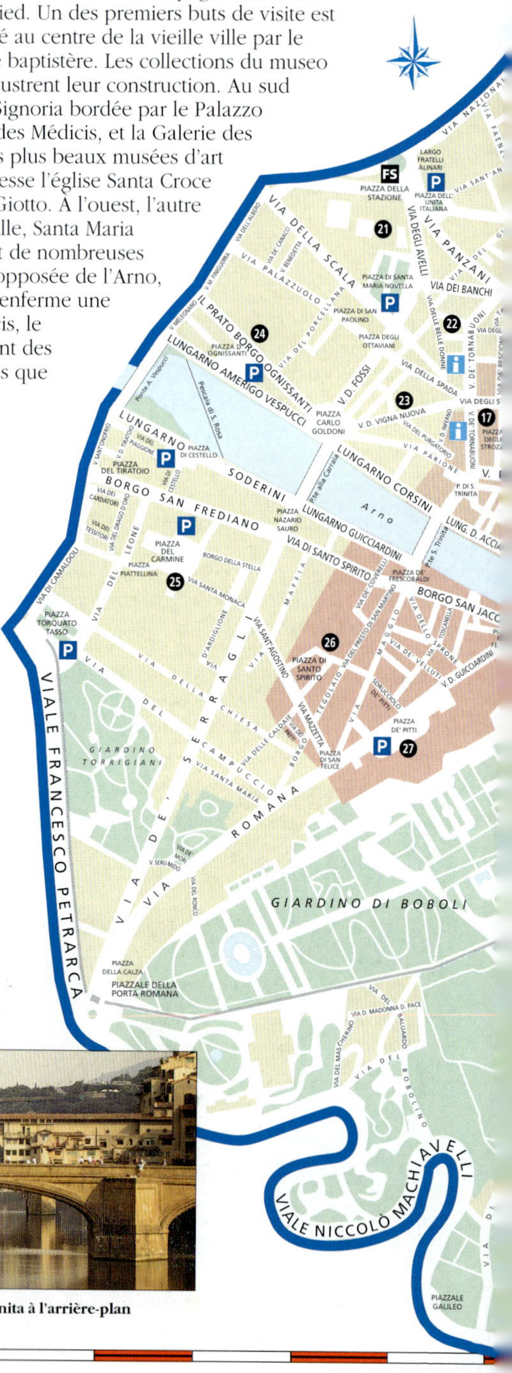

Le Ponte Vecchio avec le ponte Santa Trìnita à l'arrière-plan

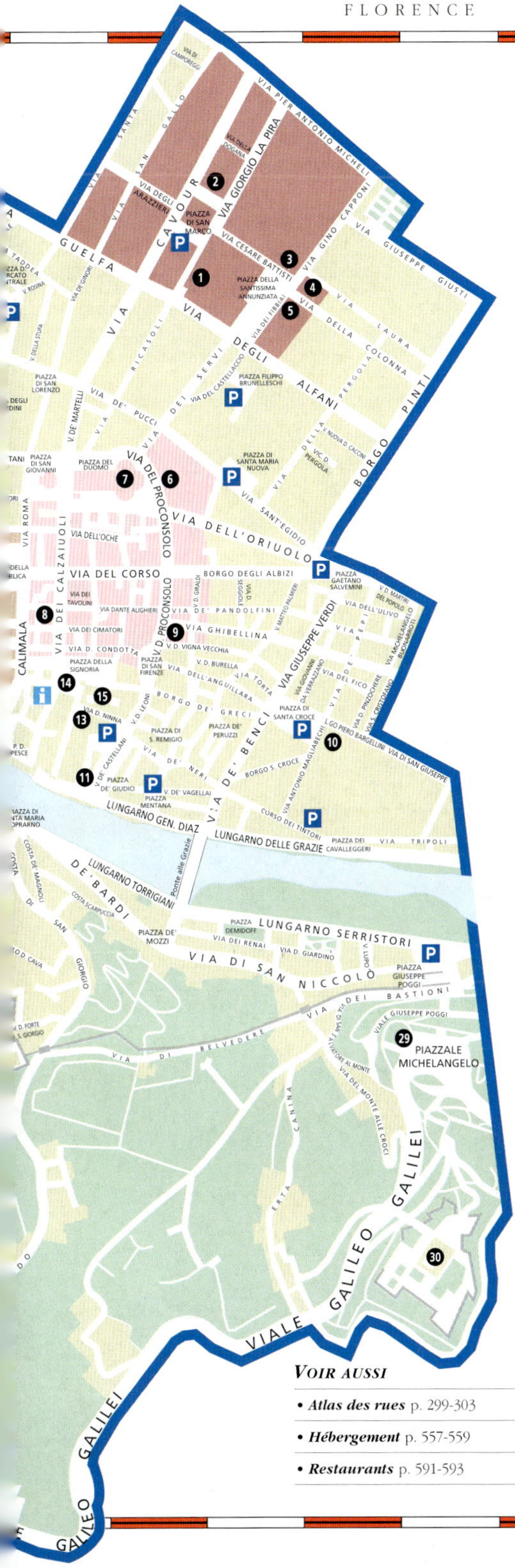

Carte de situation

Florence d'un coup d'œil

Églises

Édifices, monuments et places

Musées et galeries

Voir aussi

- ***Atlas des rues*** p. 299-303
- ***Hébergement*** p. 557-559
- ***Restaurants*** p. 591-593

0 500 m

Pas à pas autour de San Marco

Alors située à la périphérie de la ville, cette partie de Florence renfermait jadis la ménagerie des Médicis avec ses lions, girafes et éléphants. C'est aujourd'hui un quartier d'étudiants qui emplissent la piazza di San Marco entre deux cours à l'université ou à l'Accademia di Belle Arti, la plus ancienne école d'art du monde. Fondée en 1563, elle eut Michel-Ange pour premier directeur.

Santissima Annunziata
Cette belle église Renaissance possède un riche intérieur baroque ❸

★ Convento di San Marco
L'Annonciation *(v. 1445) est une des nombreuses fresques de Fra Angelico qui le décorent* ❷

Le palazzo Pandolfini de Raphaël date de 1516.

Sant'Apollonia abrite une fresque de *La Cène* par Andrea del Castagno (1450).

Galleria dell'Accademia
Un maître anonyme peignit au XIV*e siècle la* Vierge avec saints *dont est issu ce portrait* ❶

Le conservatoire porte le nom du compositeur florentin Luigi Cherubini (1760-1842).

Légende

- - - Itinéraire conseillé

0 — 50 m

La statue par Jean de Bologne du duc Ferdinand Ier fut fondue par Tacca en 1508.

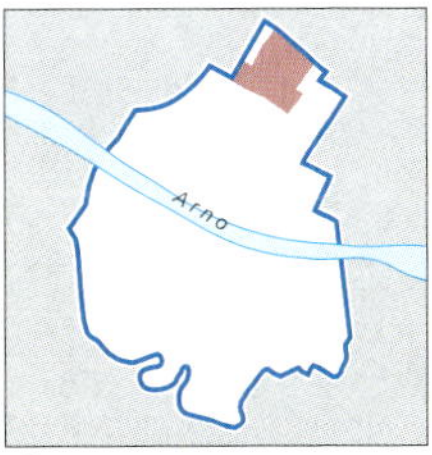

CARTE DE SITUATION
Voir l'atlas des rues de Florence, plan 2

Décor par Lo Scheggia du *Cassone Adimari* (XVe siècle) à l'Accademia

Spedale degli Innocenti
Andrea della Robbia réalisa les médaillons qui ornent l'orphelinat achevé par Brunelleschi en 1445 ❺

Le Giardino dei Semplici ouvrit en 1543.

Museo Archeologico
Beaucoup de ses pièces étrusques proviennent des collections des Médicis ❹

À NE PAS MANQUER

★ **Le Convento di San Marco**

★ **La Galleria dell'Accademia**

Galleria dell'Accademia ❶

Via Ricasoli 60. **Plan** 2 D4. *055 238 86 09.* *Pâques-oct. : 8 h 30-21 h50 mar.-sam., 9 h-19 h 50 dim. ; nov.-mars : 8 h 30-19 h mar.-sam., 9 h-14 h dim.* *jours fériés.*

Fondée en 1563 à l'initiative de la corporation des artistes, l'académie des beaux-arts de Florence fut la première école d'Europe d'enseignement de la peinture, de la sculpture et de l'architecture. Constituée à partir de 1784 dans le but de donner aux élèves des sujets d'étude, sa collection d'art comprend plusieurs œuvres parmi les plus importantes de Michel-Ange, notamment son célèbre *David* (1504). Commandé par la ville de Florence et, une fois achevé, il prit place devant le Palazzo Vecchio. L'artiste devint grâce à lui, à 29 ans, le sculpteur le plus admiré de son temps. On déplaça en 1873 la statue à l'Accademia pour la protéger des intempéries et de la pollution et c'est une copie qui décore aujourd'hui la piazza della Signoria *(p. 282-283)*. Une deuxième se dresse au centre du piazzale Michelangelo.

Avec le *David*, une pietà bouleversante et une statue de saint Matthieu destinée à la façade du Dôme, toutes deux inachevées, sont également présentées dans la galerie dite des Captifs car elle contient quatre ébauches des *Captifs* (ou *Esclaves*) sculptés à partir de 1521 pour le tombeau du pape Jules II. Ces corps musculeux luttant pour s'arracher à leur gangue de pierre font partie des œuvres les plus troublantes de l'histoire de la sculpture. Installées en 1585 dans la grotte de Buontalenti des jardins de Boboli, elles ont été remplacées par des moulages.

***David* par Michel-Ange**

La Galleria dell'Accademia possède également une importante collection de tableaux peints par des contemporains de Michel-Ange tels Fra Bartolomeo, Filippino Lippi, Bronzino et Ridolfo del Ghirlandaio. Parmi les plus belles pièces figurent la *Vierge de la mer* attribuée à Botticelli (1445-1510), *Vénus et Cupidon* exécutée par le Pontormo (1494-1556) d'après un dessin de Michel-Ange et le *Cassone Adimari* (1440-1445), un coffre de mariage que décore la représentation de la noce Adimari-Ricasoli sur la piazza San Giovanni.

Le Salone della Toscana abrite des sculptures et des toiles des membres de l'académie au XIXe siècle, dont une série de plâtres du sculpteur Lorenzo Bartolini (1777-1850).

L'ancienne bibliothèque, lumineuse et aérée, dessinée par Michelozzo

Convento di San Marco ❷

Piazza di San Marco. **Plan** 2 D4. *055 287 628. de 7 h à 12 h et de 16 h à 20 h.* **Museo di San Marco** *055 238 86 08. 8 h 30-13 h 50. t.l.j. 1er jan., 1er mai, 25 déc., 2e et 4e lun. et 1er, 2e et 5e dim. du mois.*

Fondé au XIIIe siècle, le couvent de Saint-Marc connut un important agrandissement quand Cosme l'Ancien invita en 1437 les dominicains de Fiesole. Son architecte préféré, Michelozzo, dessina les cloîtres et les cellules dépouillées qui offrent depuis plus de cinq siècles leur cadre harmonieux aux fresques empreintes de spiritualité peintes par le moine florentin passé à la postérité sous le nom de Fra Angelico (1387-1455). De nombreuses œuvres provenant de diverses églises et galeries de Florence les complètent pour former le remarquable **museo di San Marco**.

Derrière la billetterie s'étend l'élégant **chiostro di Sant'Antonino** décoré de fresques par Bernardino Pocetti évoquant la vie de saint Antonin (1389-1459), premier prieur du couvent et archevêque de Florence. Sous l'arcade droite, un panneau peint par Fra Angelico représente le Christ en tenue de pèlerin accueilli par des moines. Il surmonte l'entrée de l'**Ospizio dei Pellegrini**, l'ancienne salle d'hôtes du couvent.

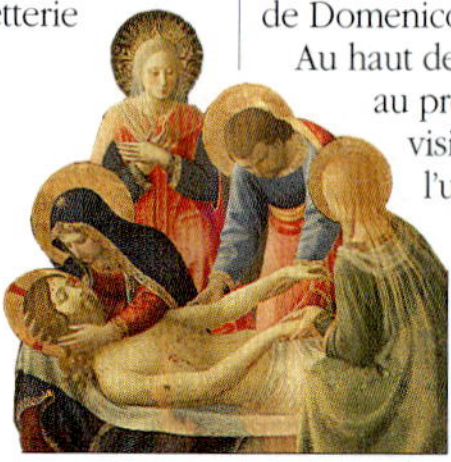

Détail de la *Déposition de Croix* (v. 1440)

Parmi les peintures qui y ont été rassemblées figurent deux célèbres chefs-d'œuvre de Fra Angelico : la *Déposition de Croix* (v. 1435-1440), triptyque destiné à l'origine à l'église de la Santa Trinità, et la *Vierge des Linajuoli* commandée en 1433 par la corporation des liniers.

À droite de l'ancienne cloche du monastère, la **Sala Capitolare** voûtée abrite sa grande *Crucifixion allégorique* (1440) malheureusement très restaurée. La *Cène* (v. 1480) ornant le petit **Refettorio** est de Domenico Ghirlandaio.

Au haut de l'escalier menant au premier étage, le visiteur découvre l'une des plus belles œuvres Renaissance de la ville : l'*Annonciation* (v. 1445), introduction par Fra Angelico aux scènes de la *Vie du Christ* (1439-1455) dont il a orné avec ses disciples les 44 minuscules **cellules** qui bordent le cloître sur trois côtés. Un couloir blanc les dessert, décoré, à droite, d'une *Vierge à l'Enfant avec des saints* *(p. 28)* qui est de la main du maître à l'instar des fresques des cellules 1 à 11.

Les cellules 12 à 14 contiennent des souvenirs de Jérôme Savonarole, nommé prieur de San Marco en 1491. Ce moine fanatique se rendit responsable de la destruction de nombreuses œuvres d'art après avoir instauré une éphémère république théocratique. Il finit pendu puis brûlé sur la piazza della Signoria en 1498.

À l'extrémité du couloir, les cellules 38 et 39 sont celles où Cosme l'Ancien aimait se retirer. Elles renferment chacune deux fresques (au lieu d'une comme les autres cellules). Non loin s'ouvre la **bibliothèque**, arcade lumineuse et aérée élevée par Michelozzo de 1441 à 1444. Fra Angelico n'avait que quelques pas à faire pour s'y rendre car il occupait la cellule 32 dont il a exécuté personnellement le décor comme dans les cellules 34 et 35. Saint Antonin dormait et priait dans la cellule 31.

Dans cette fresque allégorique, *Le Christ bafoué* (v. 1442), Fra Angelico représente par des symboles les outrages subis par le Christ

***La Naissance de la Vierge* (1514) par del Sarto à Santissima Annunziata**

Santissima Annunziata ❸

Piazza della Santissima Annunziata.
Plan 2 E4. *055 239 80 34.* *de 7 h 30 à 12 h 30, de 16 h à 18 h 30 t.l.j.*

Michelozzo construisit entre 1444 et 1481 l'église de la Très-Sainte-Annonciation à l'emplacement d'un oratoire fondé par les servites en 1250. Plusieurs artistes maniéristes travaillèrent aux fresques de son atrium, notamment Rosso Fiorentino, le Pontormo et Andrea del Sarto qui peignit *L'Adoration des Mages* (1511) et *La Naissance de la Vierge* (1514).

Étonnamment baroque et chargée pour Florence, la décoration intérieure comprend un plafond peint par Pietro Giambelli en 1669. À gauche de l'entrée se dresse un petit temple en marbre abritant une Annonciation réputée miraculeuse. Les jeunes couples qui viennent y offrir un bouquet à la Vierge auront un mariage heureux.

Neuf chapelles rayonnent autour du chœur. Jean de Bologne repose dans celle du centre qu'il orna d'un crucifix et de reliefs en bronze. Depuis le transept nord, on accède au cloître Saint-Luc, ou *cloître des Morts* car il servit longtemps de lieu de sépulture. L'émouvante *Vierge au sac* (1525) peinte au-dessus de la porte est d'Andrea del Sarto. L'église domine le côté nord de la **piazza della Santissima Annunziata**. Bordée à l'est par la colonnade de l'hôpital des Innocents de Brunelleschi, c'est l'une des plus jolies places Renaissance de Florence. Œuvre de Jean de Bologne, la statue équestre de Ferdinand Ier qui se dresse au centre fut achevée en 1608 par son assistant, Pietro Tacca. Celui-ci réalisa également les deux fontaines.

Museo Archeologico ❹

Via della Colonna 38. **Plan** 2 E4. *055 235 75.* *de 9 h à 14 h du mar. au sam., de 9 h à 13 h le dim.* *2e et 4e lun. et 1er, 3e et 5e dim. du mois.*

Le Musée archéologique occupe depuis 1870 un palais construit en 1620 par Giulio Parigi pour la princesse Marie-Madeleine de Médicis. Il propose au visiteur une captivante exposition de vestiges des civilisations égyptienne, grecque, étrusque et romaine. Endommagée par l'inondation de 1966, une partie de la collection reste en restauration. Le premier étage abrite un magnifique ensemble de bronzes étrusques, en particulier la célèbre *Chimère d'Arezzo* (IVe siècle av. J.-C.), et l'*Orateur*, statue funéraire d'un aristocrate du Ier siècle av. J.-C. où se marient styles étrusque et romain. Une grande partie du deuxième étage est consacrée aux céramiques. Datant de 570 av. J.-C., le vase François, mis au jour dans une tombe étrusque près de Chiusi, constitue indéniablement le clou de la collection de poteries grecques.

Guerrier étrusque, Museo Archeologico

Spedale degli Innocenti ❺

Piazza della Santissima Annunziata 12.
Plan 2 E4. *055 249 17 08.* *de 8 h 30 à 14 h lun., mar., jeu. au sam.* *jours fériés.*

Arcade de la loggia de Brunelleschi, Spedale degli Innocenti

Œuvre de Brunelleschi, le premier orphelinat d'Europe ouvrit en 1444 et une partie du bâtiment remplit toujours cette fonction d'accueil. Andrea della Robbia ajouta vers 1490 les médaillons en terre cuite représentant des bébés emmaillotés qui ornent chaque arcade de l'élégante loggia. La *rota*, petite porte à tambour à l'extrémité gauche du portique, servit jusqu'en 1875 à déposer les enfants. Elle pivotait sans que l'anonymat du « donateur » en souffrît.

Brunelleschi dessina également les deux cloîtres à l'intérieur de l'édifice. Des *sgraffiti*, dessins réalisés en grattant un enduit mince, ornent le plus grand, le **chiostro degli Uomini** bâti entre 1422 et 1445. Un petit musée ouvre sur le second. On peut y admirer notamment des terres cuites par les della Robbia et des peintures par Botticelli, Piero di Cosimo et Domenico Ghirlandaio.

Pas à pas autour du Dôme

Vitrail du Dôme

Au cœur d'une cité presque entièrement reconstruite à la Renaissance, cette partie de Florence conserve un aspect distinctement médiéval et Dante (1265-1321) reconnaîtrait sans aucun doute son dédale de ruelles où se cache probablement son lieu de naissance. Il reconnaîtrait aussi la Badia Fiorentina où il aperçut pour la première fois sa bien aimée Béatrice, la silhouette massive du Bargello qui se dresse en face et, bien entendu, le baptistère, l'un des plus anciens édifices de la ville. Il ne connut toutefois pas le campanile ni le Dôme entrepris à la fin de sa vie.

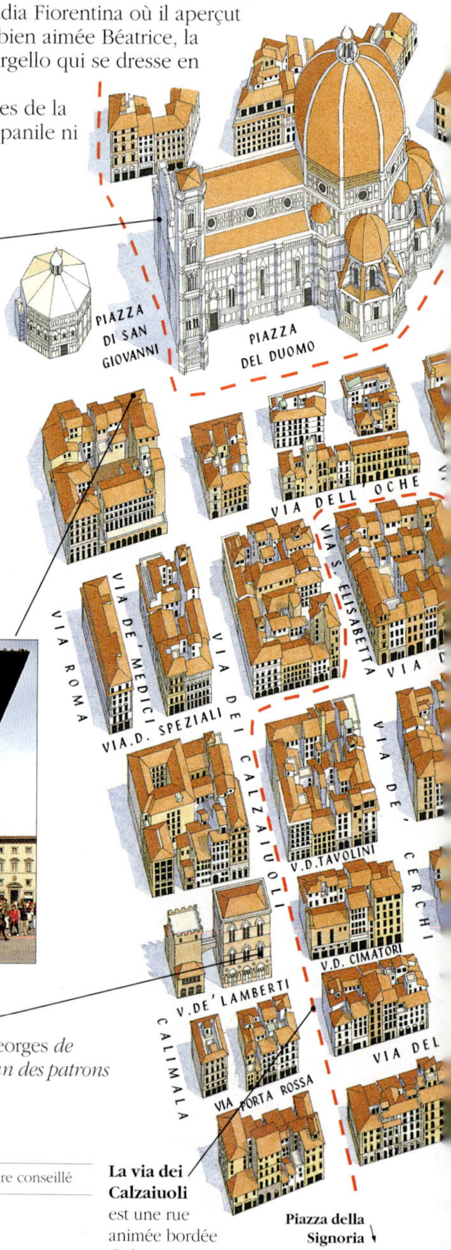

★ Le Dôme et le baptistère

Leurs murs extérieurs possèdent une riche décoration en marbre dont ce relief de la façade du Dôme offre un exemple ❼

La Loggia del Bigallo (1358) était l'endroit où l'on exposait les enfants perdus ou abandonnés avant de les placer, si nécessaire, dans des familles d'accueil.

Orsanmichele

Cette copie du Saint Georges *de Donatello représente un des patrons des corporations* ❽

Légende

Itinéraire conseillé

0 100 m

La via dei Calzaiuoli est une rue animée bordée de boutiques élégantes.

Piazza della Signoria

Museo dell'Opera del Duomo
Il présente des œuvres d'art provenant du Dôme, du campanile et du baptistère ❻

Pegna vend vins, huile et miel de qualité.

Carte de situation
Voir l'atlas des rues de Florence, plan 6

La Badia Fiorentina, église d'une abbaye fondée en 978, abrite *L'Apparition de la Vierge à saint Bernard* (1485) par Filippino Lippi.

La Casa di Dante, maison médiévale restaurée, serait le lieu de naissance du poète.

★ Le Bargello
L'ancienne prison renferme une collection d'art éclectique comprenant ce Mercure *(1564) par Jean de Bologne* ❾

À ne pas manquer

- ★ **Le Dôme et le baptistère**
- ★ **Le Bargello**

Relief de la tribune des chantres de della Robbia au Museo dell'Opera

Museo dell'Opera del Duomo ❻

Piazza del Duomo 9. **Plan** 2 D5 (6 E2).
055 230 28 85. d'avril à oct. : de 9 h à 18 h 50 du lun. au sam. ; de nov. à mars : de 9 h à 18 h 20 du lun. au sam. (der. en. 40 mn av. la ferm.).
25 déc., 1er jan., Pâques.

Le musée de l'Œuvre du Dôme présente une splendide collection de sculptures ôtées de la cathédrale, du campanile et du baptistère.

,Les premières salles du rez-de-chaussée sont consacrées à Brunelleschi et renferment des outils utilisés par les maçons du XVe siècle et des maquettes du Dôme. On peut également y admirer une reconstitution de la façade originale d'Arnolfo di Cambio et sa *Vierge aux yeux de verre* (1296), statue gothique sculptée, à l'instar du *Saint Jean* (1408-1415) de Donatello, pour orner une de ses niches.

La *Pietà* de Michel-Ange occupe une place de choix dans l'escalier. À l'étage, la première salle renferme les deux *cantorie* (tribunes des chantres) aux reliefs par Luca della Robbia et Donatello. De ce dernier, ne manquez pas non plus la *Madeleine* (1455) pathétique d'humanité et son *Habacuc* (1423-1425), destiné à l'origine au campanile et que les Florentins baptisèrent affectueusement « lo zuccone » (la tête de courge). Dans la salle voisine sont exposés quatre des panneaux originaux des portes du baptistère *(p. 274)* par Ghiberti.

Le Dôme et le baptistère ❼

Sir John Hawkwood par Paolo Uccello dans le Dôme

La cathédrale Santa Maria del Fiore, le Dôme, domine de son immense coupole les toits en tuiles romanes du cœur de la ville. Consacrée en 1436 et quatrième église d'Europe par la taille, elle témoigne par ses dimensions de l'ambition de Florence de se montrer première en tout. Commencé en 1334 par Giotto, le campanile, l'un des plus élégants d'Italie, connut trois architectes et ne fut achevé qu'en 1359, 22 ans après sa mort. Le baptistère, aux portes célèbres dans le monde entier, remonterait au IVe siècle.

Campanile
Paré de marbre blanc, vert et rose, il mesure 85 m de hauteur, soit 6 de moins que la coupole.

Fenêtres gothiques

La façade néo-gothique, bien que du style du campanile, ne date que de 1871-1887.

Entrée principale

★ Le baptistère
Des mosaïques du XIIIe siècle illustrant le Jugement dernier *surmontent les fonts octogonaux où bien des Florentins célèbres, dont Dante, reçurent le baptême. Les portes sont d'Andrea Pisano (sud) et Lorenzo Ghiberti (nord et est).*

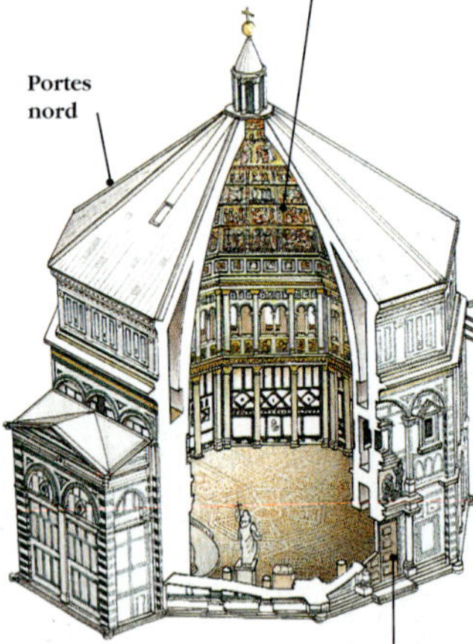

Portes nord

Portes est
(voir p. 274)

Portes sud

Reliefs du campanile
Au premier, des copies des sculptures d'Andrea Pisano et Luca della Robbia représentent la Vie *et les* Travaux humains, *ici la chasse, le tissage et l'exercice de la justice.*

Le sommet de la coupole offre une vue spectaculaire sur la cité.

★ La coupole de Brunelleschi
C'est grâce à un échafaudage mobile que Brunelleschi put achever en 1463 la plus vaste coupole de son temps. Un escalier de 463 marches permet d'atteindre le sommet.

Les fresques du *Jugement dernier* (1572-1574) par Vasari furent achevées par Zuccari.

Des briques disposées en chevrons entre des arêtes de marbre forment une voûte autoportante – une technique copiée sur le Panthéon de Rome.

Le maître-autel et sa balustrade octogonale (1555) sont de Baccio Bandinelli.

Entrée de l'escalier de la coupole

Pavement de marbre
Baccio d'Agnolo et Francesco da Sangallo dessinèrent une partie des motifs en dédale du pavement du XVIe siècle.

Dante expliquant la Divine Comédie *(1465)*
Cette peinture de Michelino montre le poète devant Florence et entre l'Enfer, le Purgatoire et le Paradis.

MODE D'EMPLOI

Piazza del Duomo. **Plan** 2 D5 (6 E2). *055 29 45 14. 1, 11, 17, 23a. 10 h-17 h lun.-sam., 13 h-17 h dim. et fêtes chrétiennes.* **Crypte et Dôme** *10 h-17 h lun.-ven., 8 h 30-17 h sam., 13 h-17 h dim. fêtes chrétiennes.* **Campanile** *avril-sept. : 9 h-18 h 50 t.l.j. ; oct. : 9 h-18 h t.l.j. ; nov.-mars : 9 h-16 h 20. 1er jan., dim. de Pâques, 25 déc.* **Baptistère** *12 h 30-18 h 30 lun.-sam., 8 h 30-13 h 30 dim. et fêtes chrétiennes.*

Chapelles
Chacune des trois absides renferme cinq chapelles. Lorenzo Ghiberti dessina le vitrail au XVe siècle.

À NE PAS MANQUER

★ La coupole de Brunelleschi

★ Le baptistère

Les portes est du baptistère

En concurrence avec sept artistes de l'envergure de Donatello, Jacopo della Quercia et Brunelleschi, le jeune Lorenzo Ghiberti remporta le concours organisé en 1401 pour la commande des portes nord du baptistère de Florence. Son panneau d'essai et celui de Brunelleschi sont si différents du gothique toscan de l'époque, notamment dans la maîtrise de la perspective et le traitement des personnages, qu'on les considère souvent comme les premières œuvres de la Renaissance.

Le panneau de Ghiberti

Les « Portes du Paradis »
Ayant consacré 21 ans aux portes nord, Ghiberti travailla sur celles de l'est de 1424 à 1452. Enthousiasmé, Michel-Ange les baptisa « Portes du Paradis ». Illustrant des scènes de la Bible, les dix panneaux en relief du baptistère ne sont que des copies, les originaux se trouvant au Museo dell'Opera del Duomo *(p. 271)*.

Abraham et le sacrifice d'Isaac
Les rochers déchiquetés, symbole de la douleur d'Abraham, mettent en relief l'acte sacrificiel.

Joseph vendu aux marchands et reconnu par ses frères
Le relief moins marqué des éléments architecturaux en perspective ajoute à l'illusion de profondeur.

Clé des portes est

1	2
3	4
5	6
7	8
9	10

1 Adam et Ève chassés du Paradis
2 Caïn tue son frère Abel
3 L'ivresse de Noé
4 Abraham et le sacrifice d'Isaac
5 Ésaü et Jacob
6 Joseph vendu aux marchands
7 Moïse reçoit les Tables de la Loi
8 La chute de Jéricho
9 Le combat contre les Philistins
10 Salomon reçoit la reine de Saba

Détail d'un relief par Donatello à Orsanmichele

Orsanmichele ❽

Via dell'Arte della Lana. **Plan** 3 C1 (6 D3). *9 h, 10 h et 11 h t.l.j.* *1er et dern. lun. du mois, 1er jan., 1er mai, 25 déc.*

Contraction de *Orto di San Michele*, le nom de cette curieuse église rappelle qu'elle se dresse à l'emplacement du jardin d'un couvent depuis longtemps disparu. Construit en 1337 pour abriter un marché aux grains, l'édifice était à l'origine une loggia surmontée d'étages d'entrepôts. On mura ses arcades après sa conversion en lieu de culte en 1347.

Quatorze niches extérieures, contiennent les statues (ou leurs copies) des saints patrons des Arts majeurs (corporations) de Florence, par Lorenzo Ghiberti, Donatello ou Verrocchio. L'intérieur abrite Une *Vierge à l'Enfant avec sainte Anne* sculptée en 1522 par Francesco da Sangallo et un superbe autel gothique (1349-1359) par Andrea Orcagna. Le tableau enchâssé, une *Vierge à l'Enfant* (1348), est de Bernardo Daddi.

Bargello ❾

Via del Proconsolo 4. **Plan** 4 D1 (6 E3). *055 238 86 06.* *19.* *8 h 30-13 h 50 t.l.j.* *1er et 3e dim. et 2e et 4e lun. du mois, 1er jan., 1er mai, 25 déc.* *rez-de-chaussée seulement.*

Le musée le plus important de Florence après les Offices propose une magnifique exposition d'objets d'art et la plus belle collection de sculptures Renaissance d'Italie. Entrepris en 1255, l'édifice qu'il occupe était à l'origine l'hôtel de ville, puis devint au XVIe siècle une prison et le palais du capitaine des sbires *(bargello)*. Des exécutions publiques eurent lieu dans sa cour jusqu'en 1786 et l'abolition de la peine de mort par le grand-duc Pierre-Léopold. Profondément remanié, il est depuis 1865 l'un des plus anciens musées nationaux italiens.

Superbement restaurée après l'inondation de 1966, la salle du rez-de-chaussée dédiée à Michel-Ange abrite trois œuvres qui offrent par leurs différences un aperçu de l'étendue de son talent. Sa première sculpture importante, *Bacchus* (1497), s'éloigne de la vision idéalisée de l'Antiquité pour montrer le dieu du vin en pleine ivresse. Non loin se trouve le seul buste qui lui soit attribué, celui de *Brutus* (1539-1540), aussi puissant que le médaillon de la *Vierge à l'Enfant* est délicat. Parmi les autres pièces exposées dans la salle figurent un *Mercure* du grand maniériste Jean de Bologne et plusieurs bronzes du sculpteur, aventurier et orfèvre Benvenuto Cellini (1500-1571).

***Le Sacrifice d'Isaac* (1402) de Brunelleschi au Bargello**

La cour contient un riche ensemble de fragments et arbore sur ses murs les armoiries des anciens occupants du Bargello. Deux autres salles renferment des sculptures provenant de divers lieux de la ville. Un escalier extérieur conduit au premier étage où la loggia abrite une ménagerie de bronze délicieusement excentrique par Jean de Bologne. À droite s'ouvre le Salone del Consiglio Generale, ancien tribunal où sont exposées les plus belles pièces du début de la Renaissance possédées par le musée, notamment le *Saint Georges* (1416) commandé à Donatello par la corporation des armuriers et qu'une copie a remplacé sur la façade d'Orsanmichele. À sa pose guerrière s'oppose la sensualité androgyne du *David* exécuté en bronze par le même artiste vers 1430, le premier nu sculpté en Occident depuis l'Antiquité. À ne pas manquer : les deux panneaux représentant *Le Sacrifice d'Isaac*, contributions de Brunelleschi et Lorenzo Ghiberti au concours organisé en 1401 pour choisir le créateur des portes du baptistère.

***David* (v. 1430) par Donatello au Bargello**

Après la salle du Conseil général, l'exposition met l'accent sur les arts décoratifs, et tapis, céramiques, argenterie et objets d'art emplissent pièce après pièce. La plus intéressante est le Salone del Camino qui recèle au deuxième étage la plus riche collection de petits bronzes d'Italie. Certains sont des reproductions d'œuvres antiques, d'autres de statues d'artistes de la Renaissance tels que Jean de Bologne, Benvenuto Cellini ou Antonio del Pollaiuolo.

La salle d'armes, de l'autre côté de la cour, abrite la collection d'armes et d'armures des Médicis.

***Bacchus* (1497) par Michel-Ange**

Santa Croce ❿

La magnifique église gothique Santa Croce (1294) abrite les tombeaux de maints Florentins célèbres tels que Michel-Ange, Galilée et Machiavel. Giotto et son disciple Taddeo Gaddi peignirent au début du XIVe siècle les fresques radieuses qui décorent plusieurs de ses chapelles, et Brunelleschi créa, avec la cappella de'Pazzi, un des joyaux de l'architecture Renaissance.

Tombeau de Leonardo Bruni *(1447)*
L'effigie par Rossellino du grand humaniste apporta à l'art funéraire un réalisme alors inhabituel.

Tombeau de Michel-Ange *(1570)*
Les statues de Vasari représentent la Peinture, la Sculpture et l'Architecture.

Crucifix de Cimabue
Très endommagée par l'inondation de 1966, cette peinture du XIIIe siècle fait partie, avec La Cène *(v. 1355-1360) de Taddeo Gaddi, des chefs-d'œuvre présentés au musée.*

★ Cappella de'Pazzi
Brunelleschi dessina en 1430 cette chapelle aux proportions classiques. Les médaillons en terre cuite (v. 1442-1452) sont de Luca della Robbia.

MODE D'EMPLOI

Piazza di Santa Croce. **Plan** 4 E1 (6 F4). *055 24 46 19.* *11, 19, 31, 32.* **Basilique** *avril-oct. : 8 h-18 h 30 t.l.j. ; nov.-mars : 7 h 30-12 h 30, 15 h-18 h 30 t.l.j.* **Musée, cloître, cappella de' Pazzi** *10 h-12 h, 14 h 30-18 h 30 (nov.-mars : 15 h-17 h) du jeu. au mar. (der. en. 15 mn av. la ferm.).* *1er jan., 25 déc.*

Le campanile néo-gothique date de 1842.

La cappella Baroncelli peinte par Taddeo Gaddi entre 1332 et 1338 recèle la première véritable scène nocturne de l'art occidental.

Sacristie

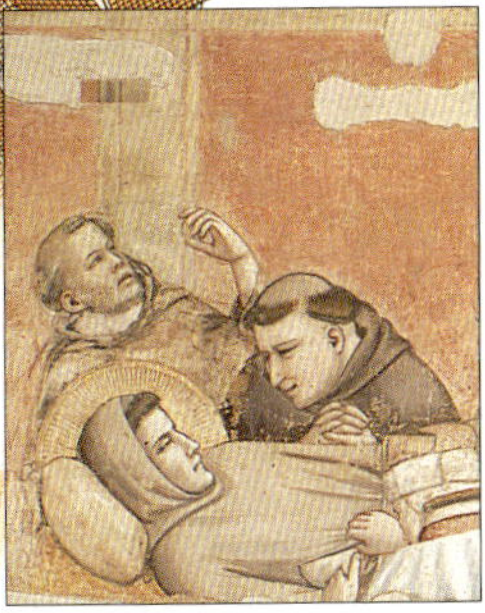

★ Les fresques de la cappella Bardi
Giotto décora les chapelles Bardi et Peruzzi, à droite de l'autel, entre 1315 et 1330. Cette scène émouvante représente la Mort de saint François *(1317).*

À NE PAS MANQUER

★ Les fresques de la cappella Bardi

★ La cappella de' Pazzi

Museo di Storia della Scienza ⓫

Piazza de' Giudici 1. **Plan** 4 D1 (6 E4). *055 239 88 76.* *de 9 h 30 à 13 h du lun. au sam., et de 14 h à 17 h les lun., mer., ven.* *1er jan., 25 avril, 1er mai, 24 juin.*

Ce petit musée installé dans le palais Castellani reflète la passion pour les sciences qui régnait à Florence au début du XVIIe siècle sous le règne du grand-duc Ferdinand II, le protecteur de Galilée (1564-1642). Une salle est d'ailleurs consacrée au premier et une autre au grand astronome né à Pise. On peut y voir la lunette qui lui permit de découvrir les satellites de Jupiter et des reconstitutions à grande échelle de ses expériences sur la vitesse et la chute des corps. C'est à sa mémoire que Ferdinand dédia en 1657 la première académie scientifique du monde : l'Accademia del Cimento (académie de l'Expérimentation) dont les membres perfectionnèrent ou inventèrent de nombreux instruments de mesure ou d'observation exposés au musée, tels que thermomètres, baromètres, microscopes ou astrolabes. Les sphères armillaires, splendides représentations du mouvement des astres, sont particulièrement spectaculaires.

Une carte du monde dressée en 1554 par le Portugais Lopo Homem offre un aperçu des connaissances géographiques de l'époque.

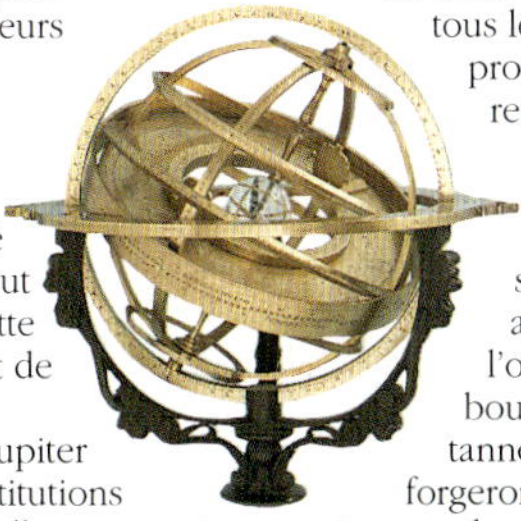

Sphère armillaire, museo di Storia della Scienza

Ponte Vecchio ⓬

Plan 4 D1 (6 E4).

Bâti en 1345 à un emplacement où gués et ponts se sont succédé depuis les Romains, le « Pont Vieux » de Florence mérite sans conteste son nom car les nazis dynamitèrent tous les autres pour protéger leur retraite. Dessinées par Taddeo Gaddi, l'élève de Giotto, ses échoppes abritaient à l'origine des bouchers, des tanneurs et des forgerons qui jetaient leurs déchets dans le fleuve. Indisposé par leur vacarme et leur pestilence, Ferdinand Ier les expulsa en 1593 pour les remplacer par des joailliers et des orfèvres. La tradition s'est maintenue et les visiteurs se pressent sur le Ponte Vecchio autant pour flâner devant les devantures d'antiquités et de bijoux que pour admirer la vue.

C'est en 1565, pour permettre aux Médicis de circuler entre leurs palais sans se mêler à la foule et risquer un attentat, que Giorgio Vasari construisit le corridor qui surmonte les boutiques.

Le Ponte Vecchio vu du ponte Santa Trìnita

Galeria degli Uffizi ⓭

Vasari édifia de 1560 à 1580 pour Cosme Ier ce bâtiment destiné à accueillir ses services administratifs (les Offices ou *Uffizi*). L'architecte ayant utilisé des renforts en acier, son successeur, Buontalenti, put doter le dernier étage d'une verrière presque ininterrompue. À partir de François Ier (1541-1587), les Médicis utilisèrent cette galerie pour exposer leurs œuvres d'art. Si une partie de leur collection se trouve désormais au musée archéologique et au Bargello, les Offices restent un des plus riches musées de peintures du monde.

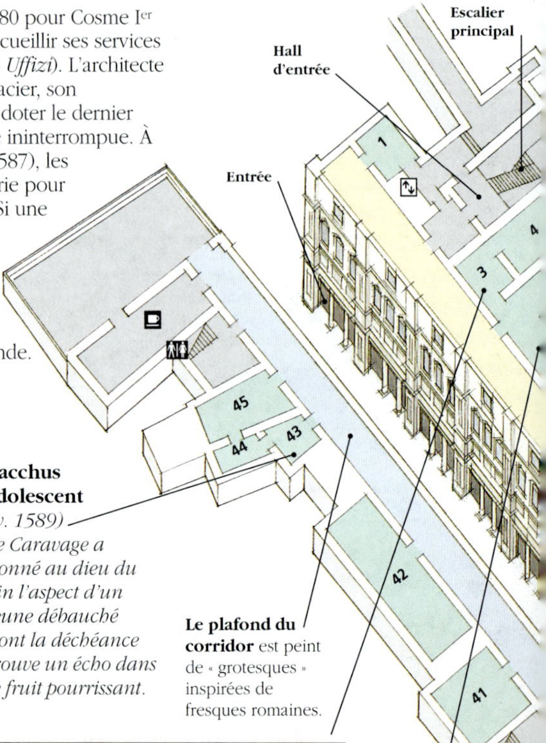

Le plafond du corridor est peint de « grotesques » inspirées de fresques romaines.

Bacchus adolescent *(v. 1589)*
Le Caravage a donné au dieu du vin l'aspect d'un jeune débauché dont la déchéance trouve un écho dans le fruit pourrissant.

Annonciation *(1333)*
L'art gothique français a influencé le Siennois Simone Martini dont ce tableau est un des chefs-d'œuvre. Les deux saints sont de son élève, Lippo Memmi.

Vierge à l'Enfant avec anges et saints *(v. 1310)*
Ce tableau où Giotto creuse l'espace annonce la Renaissance.

SUIVEZ LE GUIDE !

La collection d'art se trouve au dernier étage des Offices, bâtiment en forme de fer à cheval. Un large corridor, où sont exposées les sculptures antiques, en longe le bord intérieur. Les salles des peintures ouvrent sur ce couloir et montrent l'évolution chronologique de l'art florentin du gothique (salles 2 à 6) à la première Renaissance (7 à 14), puis la haute Renaissance et le maniérisme (15 à 29). Les dernières salles (30 à 45) abritent des toiles plus récentes.

LÉGENDE DU PLAN

- Corridor est
- Corridor ouest
- Corridor sud
- Salles d'exposition 1-45
- Circulations et services

Le duc et la duchesse d'Urbino *(v. 1465-1470)*
Piero della Francesca peignit les portraits de Federico da Montefeltro et de sa femme Battista Sforza morte à l'âge de 26 ans. Il s'inspira probablement de son masque mortuaire.

MODE D'EMPLOI

Loggiata degli Uffizi 6. **Plan** 4 D1 (6 D4). *055 238 85.* *3, 11, 15, 23.* *de 8 h 30 à 18 h 50 du mar. au sam., de 8 h 30 à 13 h 50 dim. (der. en. 60 mn av. la ferm.)* *1er jan., 1er mai, 25 déc.* **Salles 35, 41, 43 à 45.** *pour restauration.*

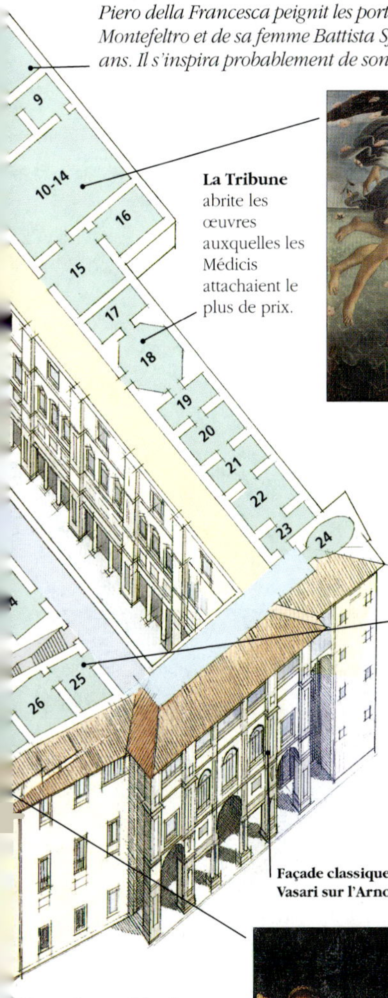

La Tribune abrite les œuvres auxquelles les Médicis attachaient le plus de prix.

Façade classique de Vasari sur l'Arno (1560)

Le corridor de Vasari traverse l'Arno jusqu'au palais Pitti.

La Naissance de Vénus *(v. 1485)*
Ce tableau où des zéphyrs poussent la déesse de l'amour vers la terre avait probablement pour Botticelli une signification symbolique : la beauté naît de la fertilisation de la matière par le souffle divin.

La Sainte Famille *(1508)*
Le traitement des couleurs et des attitudes dans ce tableau de Michel-Ange, le premier à ne pas représenter Jésus sur les genoux de la Vierge, inspira les maniéristes.

La Vénus d'Urbino *(1538)*
Titien aurait pris pour modèle de ce nu sensuel inspiré de la Vénus couchée *de Giorgione une courtisane à la beauté digne d'une déesse.*

À la découverte des Offices

Créée en 1581 par le grand-duc François Ier à partir de ses collections personnelles, la galerie des Offices offre l'occasion d'admirer le plus bel ensemble de peintures de la Renaissance italienne du monde. Au cours des siècles, les plus grands maîtres de toute l'Europe ont travaillé pour les Médicis et ceux-ci n'ont cessé d'enrichir la collection jusqu'en 1737 où Anne Marie-Louise, dernière de la dynastie, la légua au peuple de Florence.

***Vierge florentine* (1455-1466) par Fra Filippo Lippi**

L'art gothique

Passé la salle 1 des antiquités, trois *Maestà*, ou Vierge en majesté, permettent immédiatement de comparer le travail de trois des plus grands peintres du XIIIe siècle : Giotto, Duccio di Buoninsegna et Cimabue. Chaque œuvre marque une étape de l'évolution qui conduisit du symbolisme hiératique des conventions byzantines vers le naturalisme rayonnant de la Renaissance. C'est dans celle de Giotto, une *Vierge à l'Enfant avec anges et saints*, que se manifeste le mieux cette transition, notamment dans la mise en perspective du trône et le réalisme des personnages aux expressions variées.

Ce peintre eut une influence qui apparaît clairement dans la salle 4 consacrée à l'école florentine du XIVe siècle dont les représentants, tels Bernardo Daddi ou Giottino, suivirent son enseignement. Leurs tableaux offrent un intéressant contrepoint à l'exposition de la salle 3 dédiée aux peintres siennois comme Pietro et Ambrogio Lorenzetti, ou Simone Martini qui peignit sa superbe *Annonciation* en 1333.

La salle 6 regroupe les productions du gothique tardif, style très décoratif dont l'exquise *Adoration des Mages* (1423) de Gentile da Fabriano offre un exemple caractéristique.

La première Renaissance

Une meilleure compréhension de la géométrie permit aux artistes de la Renaissance de donner l'illusion de la troisième dimension dans leurs tableaux. Paolo Uccello (1397-1475), en particulier, se passionnait pour la perspective. Son étonnante *Bataille de San Romano* (1456) domine la salle 7 où s'admirent également deux panneaux peints par Piero della Francesca en 1460 : les portraits du duc et de la duchesse d'Urbino d'un côté et la représentation de leurs vertus de l'autre.

Si l'exactitude de ces visages de profil conserve une certaine froideur expérimentale, la *Vierge florentine* (1455-1466) de Filippo Lippi, en salle 8, est rayonnante de chaleur et d'humanité. Au travers d'un sujet religieux, le peintre célèbre des prodiges plus terrestres, tels que la beauté d'une femme ou celle du paysage toscan.

En salles 10 à 14, les

***Le Printemps* (1480) par Botticelli**

tableaux de son élève, Sandro Botticelli, justifient à eux seuls la visite des Offices. Ses chefs-d'œuvre, *La Naissance de Vénus* (v. 1485) et *Le Printemps* (1480), témoignent des efforts entrepris par les humanistes pour unir mysticismes antique et chrétien. Fasciné par la mythologie païenne, Botticelli craignait le péché. Sa Vénus a la pureté de la Vierge et sa déesse du printemps la douceur de Marie. À travers la Beauté, c'est à l'Absolu qu'aspire l'artiste. Celui-ci s'est représenté, en manteau jaune, dans l'*Adoration des Mages* (v. 1475).

Détail de l'*Annonciation* (1472-1475) par Léonard de Vinci

Haute Renaissance et maniérisme

La salle 15 abrite des œuvres de jeunesse de Léonard de Vinci et l'on voit, de l'*Annonciation* (1472-1475) à l'*Adoration des Mages* (1481) restée inachevée, l'influence de ses maîtres s'effacer devant son propre style.

La salle 18 est plus connue sous le nom de « la Tribune ». Bernardo Buontalenti dessina en 1584 cette sorte de petit temple octogonal au plafond incrusté de nacre pour servir d'écrin aux œuvres préférées des Médicis, notamment la *Vénus des Médicis* (Ier siècle av. J.-C.), copie romaine de la statue grecque réputée la plus érotique de l'Antiquité. Cette sensualité conduisit Cosme III à faire retirer la reproduction de la Villa Médicis de Rome pour éviter qu'elle ne corrompe les étudiants en art de la Ville Sainte. Parmi les tableaux, remarquez les portraits de Cosme Ier et d'Éléonore de Tolède peints par Bronzino vers 1545, et celui de Cosme l'Ancien par le Pontormo.

Les salles 19 à 23 proposent des œuvres d'autres écoles que celle de Florence et montrent avec quelle rapidité les idéaux et les techniques de la Renaissance se propagèrent en Europe. Les peintures allemande, flamande et ombrienne, avec notamment le Pérugin (1446-1523), sont bien représentées, mais les tableaux offrant le plus d'intérêt sont sans doute ceux d'artistes d'Italie du Nord, notamment de Venise, comme Mantegna, Carpaccio, le Corrège et Bellini.

L'art toscan reprend la place d'honneur à partir de la salle 25 qui renferme *La Sainte Famille* par Michel-Ange. Marquée par son regard de sculpteur, cette toile eut une énorme influence sur toute une génération de peintres, notamment Bronzino (1503-1572), le Pontormo (1494-1556) et le Parmesan (1503-1540), dont la *Madone au long cou* (v. 1534) exposée en salle 29 offre un exemple remarquable, avec ses couleurs éclatantes et sa posture exagérée, du style qui prendra le nom de maniérisme.

Salle 26, parmi les maîtres de la haute Renaissance, Raphaël est à l'honneur avec la *Vierge au chardonneret* (1506) qui porte des traces des dommages causés par le

***Vierge au chardonneret* (1506) par Raphaël**

***Madone au long cou* (v. 1534) par le Parmesan**

tremblement de terre de 1547. En salle 28, le chef-d'œuvre de Titien, la *Vénus d'Urbino* (1538), considéré comme l'un des plus beaux nus jamais peints, éveilla la fureur de l'écrivain américain Mark Twain qui y voyait « le tableau le plus obscène du monde ».

Peintures plus tardives

Après avoir contemplé tant de chefs-d'œuvre, les visiteurs succombent souvent à la tentation de ne jeter qu'un regard distrait sur les dernières pièces des Offices. Si les salles 30 à 35 renferment surtout des peintures émiliennes et vénitiennes n'offrant pour la plupart qu'assez peu d'intérêt, les salles 41 à 45 présentent des œuvres dignes du reste de l'exposition, notamment, en salles 43, trois tableaux du Caravage : la *Méduse* (1596-1598) commandée par un cardinal romain ; *Bacchus adolescent* (v. 1589), l'une de ses premières œuvres ; et *Le Sacrifice d'Isaac* dont la douceur du paysage de fond contraste avec la violence du sujet. Dédiée aux écoles de l'Europe du Nord, la salle 44 abrite *Le Vieux Rabbin* de Rembrandt (1665) et deux autoportraits exécutés en 1634 et 1664. Des artistes du XVIIIe siècle comme Canaletto, Tiepolo et Goya concluent l'exposition.

Piazza della Signoria ⓮

Savonarole (1452-1498)

Cœur de la vie sociale et politique florentine depuis le XIVe siècle, la place de la Seigneurie où se tenaient le *parlamento* (réunion du peuple) à l'appel de la cloche du Palazzo Vecchio, mais aussi les exécutions capitales, est aujourd'hui une véritable galerie de sculptures. Les statues (ou leurs copies) qui la décorent commémorent de grands événements de l'histoire de Florence. L'un de ses personnages les plus célèbres n'est toutefois évoqué que par une simple plaque : elle rappelle que Jérôme Savonarole fut pendu puis brûlé sur cette place.

David *(1501)*
Cette statue de Michel-Ange dont l'original se trouve à l'Académie (p. 267) *célébrait le triomphe de la République sur la tyrannie.*

Frise d'écus
Les clés croisées rappellent que quatre Médicis furent papes.

Sala dei Gigli

Entrée du Palazzo Vecchio

Salone dei Cinquecento *(1495)*
Le Génie victorieux de Michel-Ange et des fresques de Vasari évoquant les succès florentins face à Sienne et à Pise ornent cette vaste salle.

Sur la fontana di Nettuno (1575) d'Ammanati, des Naïades par Jean de Bologne commémorent les victoires navales de Florence.

Le Marzocco est une copie du lion héraldique de Florence sculpté par Donatello en 1420. L'original est au Bargello.

★ **Palazzo Vecchio** *(achevé en 1332)*
Au-dessus de l'entrée, l'inscription « Christ est roi » rappelle qu'aucun souverain mortel ne possède le pouvoir absolu.

★ **L'Enlèvement des Sabines** *(1583)*
Jean de Bologne tailla ce groupe fluide dans un bloc de marbre défectueux.

Uffizi

La loggia dei Lanzi (1382), d'Orcagna, porte le nom des lansquenets qui formaient la garde de Cosme Ier.

Des statues de la Rome antique décorent la loggia.

★ **Persée** *(1554)*
Ce bronze de Cellini montrant Méduse décapitée devait avertir les ennemis de Cosme Ier du sort qui les attendait.

À NE PAS MANQUER

★ **Palazzo Vecchio**

★ ***Persée* par Cellini**

★ ***L'Enlèvement des Sabines* par Jean de Bologne**

Palazzo Vecchio ⓯

Piazza della Signoria. **Plan** 4 D1 (6 D3).
055 276 83 25. *19, 23, 31, 32.*
de 9 h à 19 h du lun. au mer., ven. et sam., de 9 h à 14 h jeu., de 9 h à 13 h dim. (der. en. 45 mn av. la ferm.).
1er jan., Pâques, 1er mai, 15 août, 25 déc.

L'installation, au sommet de son imposant campanile, de la cloche destinée à prévenir les citoyens de la tenue d'une réunion ou de l'approche d'une menace marqua en 1322 l'achèvement du « Palais Vieux » ou palais de la Seigneurie. Si l'édifice a conservé son aspect médiéval, Cosme Ier en remodela entièrement l'intérieur quand il y emménagea en 1540. Après avoir pressenti Léonard de Vinci et Michel-Ange, ce fut finalement Vasari qu'il chargea de sa décoration.

Depuis la cour, où la copie d'un bronze de Verrocchio orne la fontaine, un escalier monumental conduit au premier étage à la salle des Cinq Cents où se dresse *Le Génie victorieux* de Michel-Ange. Trente grands peintres maniéristes décorèrent entre 1569 et 1573 le Studiolo.

Au deuxième étage, les fresques (1540-1545) peintes par Bronzino dans la cappella Eleonora et la sala dei Gigli (salle des Lys) ornée du *Judith et Holopherne* (v. 1455) de Donatello et de fresques de héros romains (1485) par Ghirlandaio.

Une copie de la fontaine de Verrocchio dans la cour de Vasari

Pas à pas autour de la piazza della Repubblica

Le plan régulier de la Florentia fondée sur les rives de l'Arno par des vétérans romains en 59 av. J.-C. transparaît encore sous celui de la cité actuelle, en particulier autour de la piazza della Repubblica qui occupe l'emplacement où s'étendit le forum antique puis le marché d'alimentation de la ville médiévale. Élevé au milieu du XIXe siècle, un arc de triomphe célèbre le fait que Florence fut capitale de 1865 à 1870.

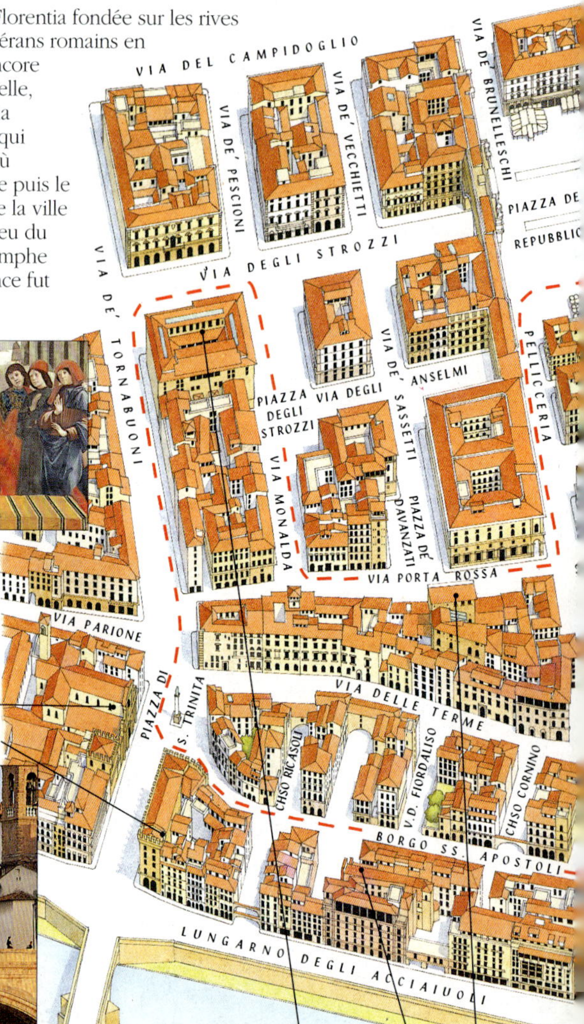

À Santa Trinità, des fresques par Ghirlandaio de la *Vie de saint François* (1486) évoquent des événements survenus dans le quartier. Ici, un enfant sauvé par le saint après une chute depuis le palazzo Spini-Ferroni.

Palazzo Spini-Ferroni

Le ponte Santa Trinità bâti en bois en 1290 fut reconstruit par Ammannati en 1567 pour célébrer la défaite de Sienne.

Palazzo Strozzi
Ce palais monumental domine la place ⓱

Santi Apostoli aurait été fondée par Charlemagne.

Palazzo Davanzati
Des oiseaux exotiques décorent la sala dei Papagalli, l'ancienne salle à manger de ce palais du XIVe siècle ⓰

LÉGENDE

– – – Itinéraire conseillé

0 200 m

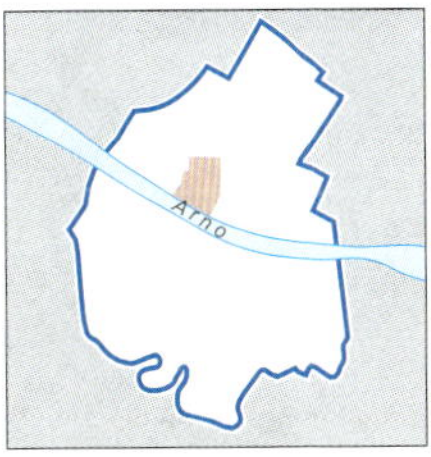

CARTE DE SITUATION
Voir l'atlas des rues de Florence, plans 5 et 6

La piazza della Repubblica, ouverte au XIXe siècle, est bordée par certains des cafés les plus connus de Florence.

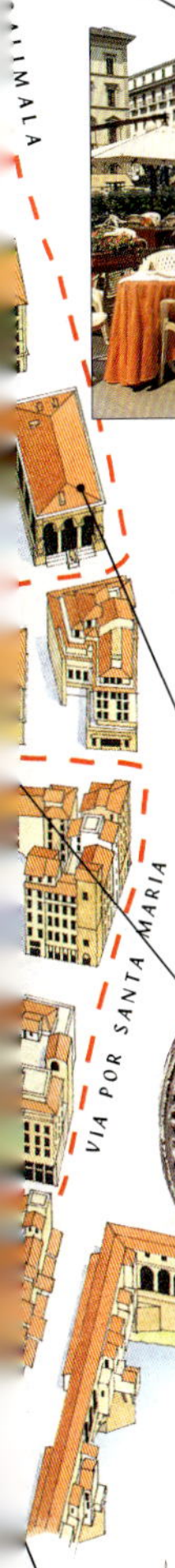

Le Mercato Nuovo (1547) abrite surtout des marchands de souvenirs.

Le palazzo di Parte Guelfa servit de siège au parti guelfe qui domina la vie politique florentine au Moyen Âge.

Ponte Vecchio
(p. 277)

Détail d'une fresque du palazzo Davanzati

Palazzo Davanzati ⓰

Via Porta Rossa 13. **Plan** 3 C1 (5 C3).
055 238 86 10. *en restauration.*

Typique des demeures patriciennes de la fin du Moyen Âge, ce palais construit au début du XIVe siècle pour une riche famille de lainiers abrite aujourd'hui le museo della Casa Fiorentina Antica (musée de la Maison florentine d'autrefois) dont les pièces, et notamment la cuisine, donnent un aperçu de la vie domestique en Toscane du XIVe au XVIIe siècle.

Une exposition de dentelles et de broderies anciennes occupe une partie du premier étage, le *piano nobile* où l'on recevait. Les perroquets qui la décorent ont valu à la salle à manger son nom de sala dei Papagalli. Les fresques de la grande chambre illustrent des épisodes d'un roman médiéval français : *La Châtelaine de Vergi.*

Palazzo Strozzi ⓱

Piazza degli Strozzi. **Plan** 3 C1 (5 C3).
Piccolo Museo di Palazzo Strozzi
pour restauration.

Le palazzo Strozzi impressionne par ses seules dimensions : il fallut démolir quinze immeubles pour dégager l'espace où il s'élève et, s'il ne possède que trois niveaux, son rez-de-chaussée paraît presque aussi haut qu'un palais normal. Mais Filippo Strozzi, le riche banquier qui l'avait entrepris, devait rétablir le rang de sa famille exilée par les Médicis. Il mourut toutefois en 1491, deux ans après la pose de la première pierre.

Trois architectes se succédèrent jusqu'en 1536 pour achever la construction : Giuliano da Sangallo, Benedetto da Maiano et Simone de Pollaiuolo (dit il Cornaca). L'extérieur à bossage rustique est resté intact et on peut admirer ses ferronneries, notamment les supports de torches et d'étendards, commandées au maître artisan Nicolò Grosso. Depuis la cour intérieure, on accède à un petit musée où maquettes et dessins retracent l'histoire du bâtiment. Celui-ci sert désormais principalement de lieu de spectacle et d'exposition.

Extérieur à bossage rustique du palazzo Strozzi

San Lorenzo ⓲

À partir de 1424, Brunelleschi reconstruisit dans le style de la première Renaissance l'église paroissiale de la famille des Médicis. Les plus grands artistes participèrent à sa décoration ainsi qu'à celle des Cappelle Medicee, ensemble comprenant la chapelle des Princes et sa chapelle funéraire, la Nouvelle Sacristie dessinée par Michel-Ange. Celui-ci travailla aussi à la Bibliothèque laurentienne, écrin de la collection de manuscrits des Médicis.

Cappella dei Principi
Matteo Nigetti commença en 1604 la riche décoration en marbre de la chapelle des Princes, mausolée des Médicis.

La coupole de Buontalenti rappelle celle du Dôme *(p. 272-273).*

L'Ancienne Sacristie, dessinée par Brunelleschi (1420-1429), fut décorée par Donatello.

Campanile

Escalier de la bibliothèque
En dessinant cet escalier exécuté par Ammanati en 1559, Michel-Ange cherchait à donner plus d'ampleur à l'espace.

Michel-Ange conçut le plafond et les lutrins de cette bibliothèque où sont souvent exposés des manuscrits des Médicis.

Le jardin du cloître est planté de haies décoratives, de grenadiers et d'orangers.

Le Martyre de saint Laurent (1659)
Plus qu'à l'agonie du saint, c'est à la chorégraphie des corps que s'est attaché Bronzino dans cette grande fresque typique du maniérisme.

Entrée de l'église

MODE D'EMPLOI

Piazza di San Lorenzo. **Plan** 1 C5 (6 D1). *1, 10, 17, 19.* **Basilique** *055 21 66 34.* *de 8 h à 12 h, de 15 h 30 à 18 h 30 t.l.j.* **Bibliothèque** *055 21 44 43.* *de 9 h à 13 h du lun. au sam.*

Une simple dalle marque l'emplacement du tombeau de Cosme l'Ancien (1389-1464), fondateur de la dynastie des Médicis.

Les Cappelle Medicee comprennent la cappella dei Principi et sa crypte, la Nouvelle Sacristie (p. 287).

Chaires de Donatello
Le sculpteur avait 74 ans quand il commença en 1460 les bas-reliefs de la Passion et de la Résurrection qui les décorent. Ses élèves durent les terminer.

Joseph et le Christ à l'atelier est une œuvre de Pietro Annigoni (1910-1988), l'un des rares artistes modernes dont le travail est visible à Florence.

Michel-Ange soumit plusieurs projets pour la façade de San Lorenzo, mais elle resta inachevée.

***Tombeau du duc de Nemours* par Michel-Ange dans la Nouvelle Sacristie des Cappelle Medicee**

Cappelle Medicee ⓳

Piazza di Madonna degli Aldobrandini. **Plan** 1 C5 (6 D1). *055 238 86 02.* *nombreuses lignes.* *8 h 30-13 h 50 t.l.j. (der.ent. : 30 mn av. la ferm.)* *1er, 3e et 5e lun. du mois, 1er jan., 1er mai, 25 déc.*

La crypte qui sert d'accès aux chapelles des Médicis offre avec sa voûte basse un cadre approprié aux tombeaux des nombreux membres de la famille qui y reposent. Un escalier en monte jusqu'à la **cappella dei Principi** (chapelle des Princes). Entrepris en 1604 par Cosme Ier, ce vaste mausolée octogonal abrite les sépultures de six grands-ducs. Sous la coupole peinte par Pietro Benvenuti en 1828, des incrustations de pierres semi-précieuses et des mosaïques de marbre composent un décor d'une opulence rare à Florence. Un couloir conduit ensuite à la **Nouvelle Sacristie**, contrepoint par Michel-Ange de l'Ancienne Sacristie de Brunelleschi et Donatello. Contre le mur de gauche se dresse le *Tombeau du duc d'Urbino* (petit-fils de Laurent le Magnifique) que le sculpteur a représenté plongé dans ses pensées. Le *Tombeau du duc de Nemours* (troisième fils de Laurent) lui fait face. Les allégories du Jour et de la Nuit y symbolisent l'écoulement inexorable du temps. Michel-Ange ne put achever la superbe *Vierge à l'Enfant* (1521) qui domine à côté le sarcophage dépouillé où Laurent le Magnifique repose avec son frère Julien assassiné en 1418.

Mercato Centrale ⓴

Piazza del Mercato Centrale. **Plan** 1 C4 (5 C1). *7 h-14 h lun.-sam. (sept.-juin : 16 h-20 h sam.).*

Édifice de pierre, d'acier et de verre construit en 1874 par Giuseppe Mengoni et agrandi en 1980 d'une mezzanine et d'un parking souterrain, le Mercato Centrale constitue avec ses marchands de produits alimentaires le cœur du marché le plus fréquenté de Florence, celui de San Lorenzo. Les éventaires du rez-de-chaussée proposent viandes, volailles, poissons, fromages et des spécialités toscanes telles que la *porchetta* (cochon de lait rôti), le *lampredotto* (tripes de porc) ou le *panino con la trippa.* Ceux du premier étage vendent légumes, fruits, fleurs et, en saison, champignons.

Éventaire coloré au Mercato Centrale

Santa Maria Novella ㉑

Construite par les dominicains de 1279 à 1357, cette église gothique est par sa simplicité et l'usage de marbres polychromes une adaptation toute florentine du style cistercien importé de Bourgogne. Leon Battista Alberti acheva sa façade de 1456 à 1470, mariant avec bonheur élan gothique et élégance Renaissance. De superbes fresques ornent l'intérieur, notamment la puissante *Trinité* de Masaccio. Le cloître vert décoré par Paolo Uccello forme désormais, avec la chapelle des Espagnols, un musée.

Des arcs blancs et gris animent le volume intérieur.

Bâtiments monastiques

Intérieur
L'écart entre les piliers de la nef diminue près de l'autel pour créer l'illusion d'une église exceptionnellement grande.

La chapelle des Espagnols où priait la suite d'Éléonore de Tolède est décorée de fresques opposant le salut par l'Église à la damnation.

Le cloître vert doit son nom à la dominante verte de ses fresques (malheureusement endommagées en 1966) par Uccello et ses élèves.

La Trinité de Masaccio
Masaccio fut le premier, par cette œuvre, à appliquer vers 1428 les règles de la perspective. À genoux figurent ses commanditaires : le juge Lorenzo Lenzi et sa femme.

Entrée

Entrée du musée

Cappella Strozzi
La Divine Comédie *de Dante inspira les fresques peintes au* XIVe *siècle par Nardo di Cione et son frère Andrea Orcagna.*

MODE D'EMPLOI

Piazza di Santa Maria Novella. **Plan** 1 B5 (5 B1). *principales lignes.* **Église** *055 21 01 13. de 7 h à 12 h 15, de 15 h à 18 h du lun. au ven., de 7 h à 12 h 15, de 15 h à 17 h sam., de 8 h à 12 h, de 15 h 30 à 18 h dim. et fêtes chrétiennes.* **Musée** *055 28 21 87. de 9 h à 14 h du lun. au jeu. et sam., de 8 h à 13 h le dim. (der. en. 30 mn av. la ferm.). 1er jan., dim. de Pâques, 1er mai,*

Le tombeau de Strozzi est de Benedetto da Maiano (1493).

La cappella di Filippo Strozzi est ornée de fresques par Filippino Lippi évoquant les vies de saint Philippe et de saint Jean l'Évangéliste.

Cappella Tornabuoni
Ghirlandaio situa ses célèbres Scènes de la vie de saint Jean Baptiste *dans des décors florentins et y fit figurer ses contemporains.*

Vierge de Miséricorde **(1472) par Ghirlandaio à Ognissanti**

Palazzo Antinori ㉒

Via de' Tornabuoni. **Plan** 1 C5 (5 C2). *au public.* **Cantinetta Antinori** *055 29 22 34. 12 h 30-14 h 30, 19 h-22 h 30 lun.-ven.*

Édifié de 1461 à 1466 pour Giovanni Boni, l'un des plus beaux petits palais florentins de la première Renaissance appartient depuis 1506 à la famille Antinori. La dynastie possède toujours de vastes domaines agricoles en Toscane et en Ombrie. Un petit restaurant, la Cantinetta Antinori, permet de savourer des plats toscans et de goûter leurs productions : vins, huiles d'olive et liqueurs.

Palazzo Rucellai ㉓

Via della Vigna Nuova 16. **Plan** 1 C5 (5 B2). **Archivio Alinari** Largo Fratelli Alinari 15. *055 239 51. 9 h-13 h lun.-ven. jours fériés.*

Les Rucellai acquirent leur immense fortune en important une teinture rouge extraite d'un lichen qu'on ne trouvait que sur l'île de Majorque. Cette teinture, appelée *oricello*, donna également son nom à la famille.

Leon Battista Alberti (1404-1472) bâtit ce palais de 1446 à 1457 pour Giovanni Rucellai en s'efforçant d'appliquer des principes d'harmonie dérivés des canons classiques. Il dessina aussi la loggia construite en face pour le mariage de Bernardo Rucellai avec Lucrèce de Médicis, sœur de Laurent le Magnifique.

Le palazzo Rucellai abrite désormais le musée dédié aux frères Alinari qui commencèrent à photographier Florence au milieu du XIXe siècle très peu de temps après l'invention de la photographie. Des expositions tournantes de clichés d'archives apportent un témoignage unique sur la vie de la cité ces 150 dernières années et sur son attrait touristique dès le XIXe siècle.

Ognissanti ㉔

Borgo Ognissanti 42. **Plan** 1 B5 (5 A2). *055 239 87 00. 8 h-12 h, 16 h-19 h lun.-sam., 16 h-18 h dim. 1er et dern. lun. du mois.*

L'église de Tous-les-Saints fut construite de 1252 à 1255, mais il ne reste du bâtiment d'origine que son campanile. Les Vespucci avaient leur palais non loin et la deuxième chapelle à droite renferme leur tombeau. Sur sa fresque de la *Vierge de Miséricorde* (1472), Ghirlandaio représenta, entre la Vierge et un vieillard vêtu de rouge, le membre le plus célèbre de la famille : le navigateur Amerigo Vespucci qui donna son nom au continent américain.

Sandro Botticelli repose également à Ognissanti et son *Saint Augustin* (1480) décore le mur sud.

Une *Cène* de Ghirlandaio orne le réfectoire du cloître qui flanque l'église.

La chapelle Brancacci ㉕

Les fresques de la *Vie de saint Pierre* commandées vers 1424 par le marchand florentin Felice Brancacci ont rendu célèbre l'église Santa Maria del Carmine. Commencées par Masolino en 1425, poursuivies par son élève Masaccio en 1426 et 1427, elles furent achevées par Filippino Lippi en 1485. L'usage que fit Masaccio de la perspective dans le *Paiement du tribut* et le réalisme tragique qu'il donna à *Adam et Ève chassés du Paradis* placent cet artiste à l'avant-garde de la peinture de la Renaissance. Michel-Ange et Léonard de Vinci, notamment, trouvèrent dans ses fresques une source d'inspiration.

Saint Pierre guérissant les malades
Masaccio représenta les miséreux avec un réalisme révolutionnaire pour son époque.

Saint Pierre se reconnaît dans chaque scène à son manteau orange.

Les groupes de personnages stylisés reflètent l'intérêt de Masaccio pour la sculpture de son contemporain Donatello.

La simplicité du style de Masaccio concentre l'attention sur les personnages principaux.

Adam et Ève chassés du Paradis
L'intensité d'expression de ces deux êtres accablés de honte et de douleur révèle tout le talent de Masaccio à donner à ses personnages une densité psychologique.

Clé des fresques : artistes et sujets

- Masolino
- Masaccio
- Lippi

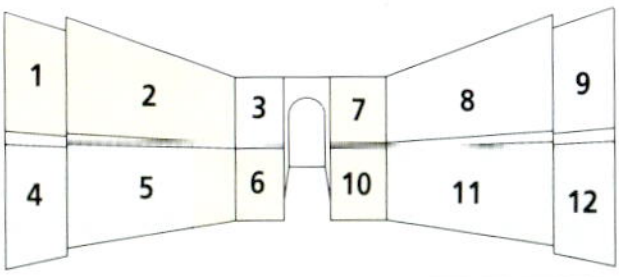

1 Adam et Ève chassés du Paradis
2 Le Paiement du tribut
3 La Prédication de saint Pierre
4 Saint Pierre en prison reçoit la visite de saint Paul
5 Saint Pierre ressuscite le neveu de l'empereur ; saint Pierre en chaire
6 Saint Pierre guérissant les malades
7 Saint Pierre baptisant les convertis
8 Saint Pierre guérissant un estropié ; ressuscitant Tobie
9 La Tentation d'Adam
10 Saint Pierre et saint Jean faisant l'aumône
11 Le Crucifiement de saint Pierre ; saint Pierre devant le proconsul
12 L'Ange délivrant saint Pierre

Mode d'emploi

Piazza del Carmine. **Plan** 3 A1 (5 A4). *055 238 21 95.* *15.* *10 h-17 h lun., mer.-sam., 13 h-17 h dim. (der. en. 30 mn av. la ferm.).* *jours fériés.*

Femme au turban
Caché derrière l'autel pendant 500 ans, ce médaillon permit de découvrir la fraîcheur des couleurs originales de Masaccio.

Le décor des scènes est florentin.

***La Tentation d'Adam* par Masolino** paraît bien conventionnelle comparée au couple de Masaccio sur le mur opposé.

Deux personnages
Le style de Masolino est extrêmement décoratif comparé à celui de Masaccio.

Saint Pierre devant le proconsul
Cette scène est de Filippino Lippi qui termina à partir de 1480 ce cycle de fresques que la mort, à 28 ans, empêcha Masaccio d'achever.

L'Oltrarno pas à pas

Armoiries des Médicis

Un dédale de voies étroites bordées de petites maisons, d'ateliers d'artisans, de magasins d'alimentation, de quincailleries et de boutiques d'antiquités occupe la majeure partie de ce quartier où les restaurants, restés authentiques, pratiquent des tarifs raisonnables. La via Maggio à la circulation incessante rompt ce maillage de ruelles, mais il suffit de s'en écarter pour apprécier le calme de la Florence traditionnelle. Parmi les visites à ne pas manquer figurent celle de Santo Spirito, élégante église Renaissance, et celle du palazzo Pitti et de ses musées.

Santo Spirito
La dernière église dessinée par Brunelleschi, et achevée après sa mort en 1446, est un modèle de simplicité ㉖

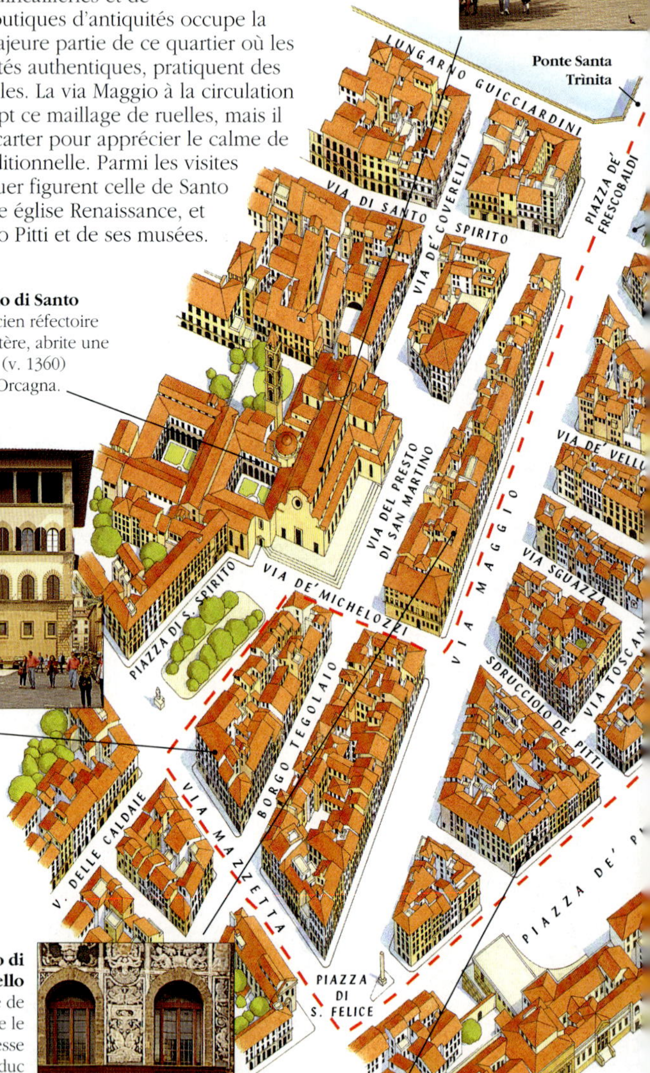

Le Cenacolo di Santo Spirito, ancien réfectoire d'un monastère, abrite une *Crucifixion* (v. 1360) attribuée à Orcagna.

Le palazzo Guadagni (1500) fut le premier à avoir une loggia au dernier étage. Il sera beaucoup copié.

Le palazzo di Bianca Cappello (1579), décoré de sgraffiti, porte le nom de la maîtresse du grand-duc François Ier qui l'habitait.

La boutique Frise de Papier Mâché vend des masques artisanaux.

La fontaine (XVIe siècle) de la piazza de'Fresobaldi et la façade (1593-1594) de Santa Trinità, sur l'autre rive de l'Arno, sont l'œuvre de Buontalenti.

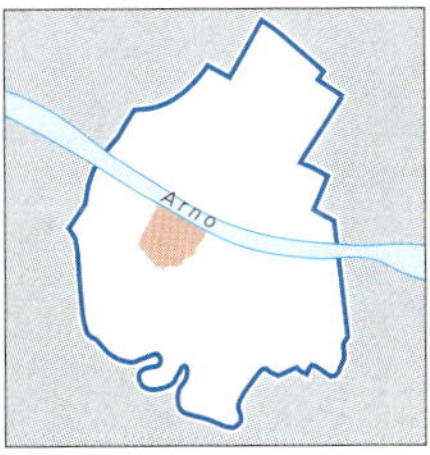

CARTE DE SITUATION
Voir l'atlas des rues de Florence, plans 3 et 5

Ponte Vecchio
(p. 277)

Le palazzo Guicciardini vit naître l'historien Francesco Guicciardini.

★ Palazzo Pitti
Plusieurs musées, notamment une remarquable collection de peintures, occupent ce palais imposant représenté ici en 1599 par Giusto Utens ㉗

LÉGENDE

Itinéraire conseillé

0 100 m

À NE PAS MANQUER

★ Le palazzo Pitti

Santo Spirito ㉖

Piazza di Santo Spirito. **Plan** 3 B2 (5 B4). ☎ *055 21 00 30.* 🕒 *de 8 h à 12 h, de 16 h à 18 h 30 du jeu. au mar., de 8 h 30 à 12 h mer.*

L'ordre des augustins fonda une église sur ce site dès 1250 et commanda en 1435 à Brunelleschi le sanctuaire qui domine aujourd'hui la jolie piazza di Santo Spirito. Les travaux se poursuivirent toutefois bien après la mort de l'architecte en 1446 puisque Baccio d'Agnolo n'acheva le campanile qu'en 1517 et que la façade date du XVIIIe siècle.

Malgré le monumental baldaquin baroque du maître-autel ajouté par Giovanni Caccini en 1607, l'intérieur offre une harmonie de proportions qui fait de Santo Spirito un des plus beaux exemples d'architecture religieuse de la première Renaissance. Des peintures et des sculptures des XVe et XVIe siècles ornent ses 40 chapelles latérales, entre autres des œuvres de Cosimo Rosselli, Domenico Ghuirlandaio et Filippino Lippi. Celui-ci peignit notamment la magnifique *Vierge à l'Enfant* de la cappella Nerli dans le transept sud.

Dans la nef nord, une porte sous l'orgue mène au vestibule dont Simone del Pollaiuolo, plus connu sous le nom de Cronaca, peignit le plafond à caissons en 1491. Giuliano da Sangallo dessina en 1489 la sacristie.

À l'intérieur de Santo Spirito dans une nef latérale

Palazzo Pitti ㉗

La construction de cet impressionnant palais attribué à Brunelleschi commença en 1457 pour le compte de Luca Pitti, banquier décidé à dépasser en faste ses rivaux commerciaux : les Médicis. Ironie du sort, ceux-ci rachetèrent en 1540 l'édifice inachevé à ses héritiers ruinés. À partir de 1560, il devint la résidence principale des grands-ducs de Toscane, puis celle de tous les maîtres de Florence. Ses salles au décor somptueux accueillent aujourd'hui les visiteurs venus admirer les trésors des collections des Médicis.

Judith **(1620-1630) par Artemisia Gentileschi**

Les Trois âges de l'Homme **(v. 1510) attribué à Giorgione**

Galleria Palatina

Le musée le plus important du palais Pitti présente près de 1 000 tableaux d'artistes tels que Botticelli, Titien, le Pérugin, Andrea del Sarto, le Tintoret, Véronèse, Giorgione et Gentileschi. Ils sont restés accrochés tels qu'ils plaisaient aux Médicis, c'est-à-dire sans soucis de sujets ou de chronologie. La galerie compte onze salles principales. Entre 1641 et 1665, Pierre de Cortone et son élève Ciro Ferri ornèrent les cinq premières de fresques baroques décrivant sous forme allégorique l'éducation d'un jeune prince.

La salle 1, ou salle de Vénus, renferme la *Vénus italique* (1810) commandée par Napoléon à Antonio Canova pour remplacer la *Vénus des Médicis (p. 281)* qu'il voulait rapporter à Paris. Le *Portrait d'un gentilhomme* (1540) par Titien est sans doute la plus belle peinture de la salle suivante (salle d'Apollon), mais les salles 4 et 5 abritent également des chefs-d'œuvre, notamment par le Pérugin, Andrea del Sarto et, surtout, Raphaël, dont on peut admirer, entre autres, la *Vierge à la chaise* (v. 1514-1515) et la *Femme au voile* (v. 1516), deux portraits de sa maîtresse, la « Fornarina ».

Vierge à la chaise **(v. 1515) par Raphaël**

À ne pas manquer non plus dans les salles suivantes : une délicieuse *Vierge à l'Enfant* peinte par Fra Filippo Lippi au milieu du XVe siècle et un *Amour dormant* (1608) du Caravage.

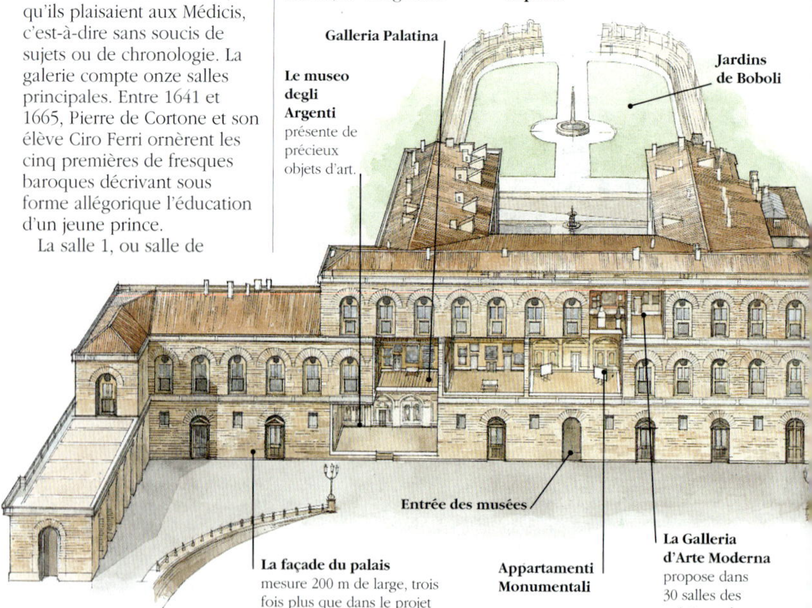

Rotonda dei Palmieri par Giovanni Fattori (1825-1908)

Appartamenti Monumentali

Les salles d'apparat, ou Appartements royaux, situées au premier étage de l'aile sud du palais furent construites au XVIIe siècle. Les ducs de Lorraine qui succédèrent aux Médicis comme souverains de Florence les réaménagèrent dans le style néo-classique à la fin du XVIIIe et au début du XIXe siècle. En 1865, lorsque Florence devint la capitale de l'Italie, le roi Humbert Ier et la reine Marguerite s'y installèrent.

L'or utilisé à profusion dans l'ornementation et les riches soieries couvrant les murs, comme dans la salle Ovale ou celle des Perroquets, rappellent que ces appartements servaient aux réceptions et cérémonies officielles. Les fresques d'artistes florentins les décorent, ainsi que de nombreuses tapisseries et des portraits des Médicis par le peintre flamand Justus Sustermans qui travailla à la cour de Toscane de 1619 à 1681.

Salle du Trône des Appartamenti Monumentali

Galleria del Costume

La piazza della Signoria en pierres précieuses

Autres collections

Inaugurée en 1983, la Galleria del Costume retrace l'évolution de la mode depuis la fin du XVIIIe siècle jusqu'aux années 1920 et propose des expositions à thème. Le billet d'entrée donne également accès au museo degli Argenti installé dans les pièces qui servaient de palais d'été aux Médicis. Il présente leur collection d'objets précieux, fascinant aperçu de leur immense fortune. Bijoux, ambre, ivoire, œuvres des plus grands orfèvres florentins et allemands, pièces antiques ou byzantines emplissent neuf salles. La sala Buia abrite le clou de l'exposition : l'ensemble formé par 16 vases en pierres semi-précieuses qui appartenaient à Laurent le Magnifique.

Les tableaux les plus intéressants de la Galleria d'Arte Moderna sont ceux des membres du mouvement des Macchiaioli qui suivirent au XIXe siècle un style proche des impressionnistes.

Mode d'emploi

Piazza de' Pitti. **Plan** 3 C2 (5 B5).
15, 32, 37, 42.
Galleria Palatina *055 238 86 11.* *8 h 30-18 h 50 mar.-sam., 8 h 30-13 h 50 dim.*
Appartamenti monumentali *055 238 86 11.* *8 h 30-18 h 50 mar.-sam., 8 h 30-13 h 30 dim.* *jours fériés.*
Les jardins de Boboli *à partir de 9 h* *1er et 4e lun. du mois.*

Les jardins de Boboli

Copie de l'*Océan* (1576) par Jean de Bologne

Les Médicis commencèrent en 1549 l'aménagement autour du palazzo Pitti de cet immense jardin à l'italienne, l'un des plus beaux du monde, et il ne s'acheva qu'au XVIIe siècle. À l'origine privé, le parc ouvrit au public en 1776. Agrémentés de fontaines, parterres et haies géométriques s'y mêlent à des bosquets imitant la fantaisie de la nature. On y découvre également une île, une grotte, de superbes panoramas de Florence, l'amphithéâtre qui accueillait les spectacles des fêtes des Médicis et des centaines de statues, en particulier le long du Viottolone, allée de cyprès plantés en 1637. Bernardo Buontalenti dessina en 1590 le Forte di Belvedere qui domine les jardins et protégeait le palais.

La Vierge de l'*Annonciation* (1528) du Pontormo

Santa Felìcita ㉘

Piazza di Santa Felìcita. **Plan** 3 C2 (5 C5). *055 21 30 18. 9 h-12 h, 15 h 30-18 h lun.-sam. ; 16 h 30-18 h dim.*

Ancien sanctuaire chrétien du IVe siècle, reconstruit au XIVe siècle puis doté en 1564 du porche au-dessus duquel passe le Corridor de Vasari, il fut remanié en 1736 par Ferdinando Ruggieri.

Ses peintures les plus réputées se trouvent à droite de l'entrée dans la chapelle Capponi. Il s'agit de l'*Annonciation* et de la *Déposition de Croix* par le Pontormo (1494-1556). Elles offrent avec leurs couleurs claires et intenses un bel exemple du style maniériste. Agnolo Bronzino aida le maître à peindre les évangélistes des médaillons de la voûte.

Piazzale Michelangelo ㉙

Piazzale Michelangelo. **Plan** 4 E3. *12, 13.*

De tous les points de vue sur Florence, tels les sommets du Dôme et du campanile, aucun n'offre un aussi beau panorama que la place aménagée dans les années 1860 par Giuseppe Poggi et décorée de copies de statues de Michel-Ange. Son esplanade attire d'ailleurs d'innombrables cars de touristes qu'attendent en rangs serrés des marchands de souvenirs. Le spectacle d'un coucher du soleil sur l'Arno et les collines environnantes fait toutefois oublier l'animation du lieu.

San Miniato al Monte ㉚

Via del Monte alle Croci. **Plan** 4 E3. *055 234 27 31. 12, 13. de 8 h à 12 h, de 14 h à 19 h t.l.j. (d'oct. à mars : de 14 h 30 à 18 h). jours fériés.*

Selon la légende, cette église romane bâtie en 1018, l'une des mieux préservées de Toscane, se dresse à l'emplacement de la tombe de saint Minias, riche marchand arménien décapité au IIIe siècle et premier martyr florentin. Décorée au XIIe siècle d'un parement de marbre blanc et de serpentine, sa façade porte à son sommet la statue d'un aigle serrant un ballot de laine, emblème de la corporation des lainiers qui finança le sanctuaire à partir de 1288. La mosaïque qu'il surmonte date du XIIIe siècle mais a été restaurée. À l'instar de celle qui décore l'abside depuis 1297, elle représente le Christ entre la Vierge et saint Minias.

Façade de l'église romane San Miniato al Monte

Des incrustations de marbre, dont un panneau figurant les signes du zodiaque (1207), ornent le dallage de la nef que ferme la cappella del Crocifisso (1448) dessinée par Michelozzo. Les colonnes de la crypte proviennent d'édifices antiques.

Des médaillons par Luca della Robbia parent la voûte de la chapelle du Cardinal, au nord. Antonio Rossellino sculpta en 1466 le monument qui l'occupe, tombeau de Iacopo di Lusitania, cardinal du Portugal mort à Florence en 1439 à l'âge de 25 ans. Spinello Aretino peignit en 1387 les *Scènes de la vie de saint Benoît* de la sacristie.

Le Ponte Vecchio et l'Arno vus du piazzale Michelangelo

ATLAS DES RUES DE FLORENCE

Les références cartographiques données dans les articles décrivant les monuments de Florence renvoient aux plans de cet atlas. S'il y a deux références, la seconde (entre parenthèses) renvoie aux plans agrandis 5 et 6. La carte ci-dessous précise la zone couverte par chacun des six plans de l'atlas. Ils vous permettront aussi de situer hôtels *(p. 557-559)*, restaurants *(p. 591-593)* et adresses utiles grâce aux références données dans les *Bonnes adresses* et les *Renseignements pratiques* à la fin de ce guide. Il existe à Florence une double numérotation des rues. Les chiffres en rouge correspondent à des adresses professionnelles, ceux en noir ou en bleu à des résidences privées.

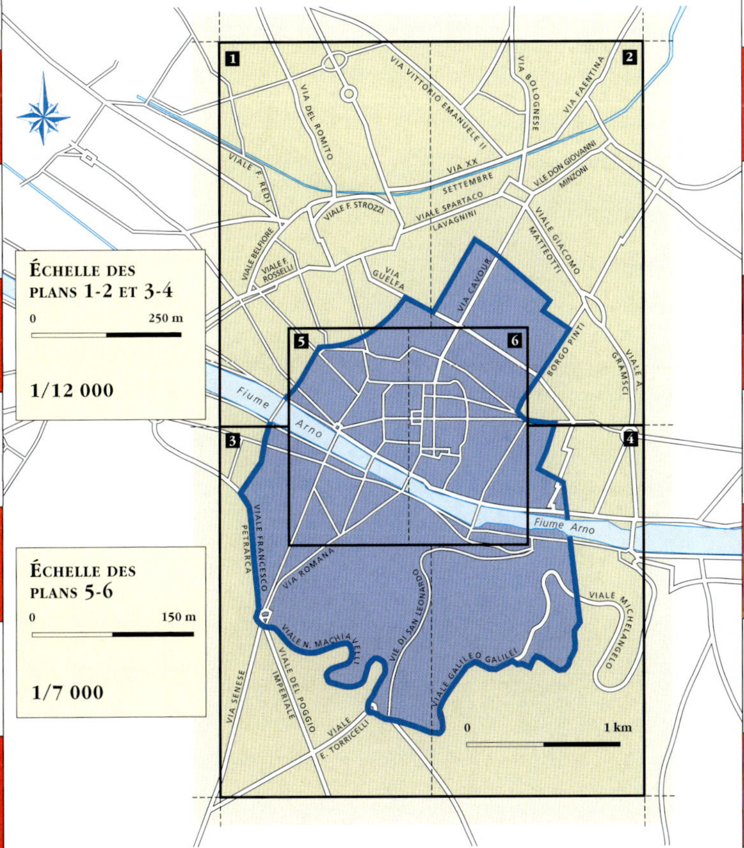

LÉGENDE DE L'ATLAS DES RUES

- Site exceptionnel
- Site intéressant
- FS Gare
- Terminus d'autobus
- P Parc de stationnement
- Information touristique
- Hôpital de garde
- Poste de police
- Église
- Synagogue
- Bureau de poste
- Voie ferrée
- Rue à sens unique
- Murs d'enceinte

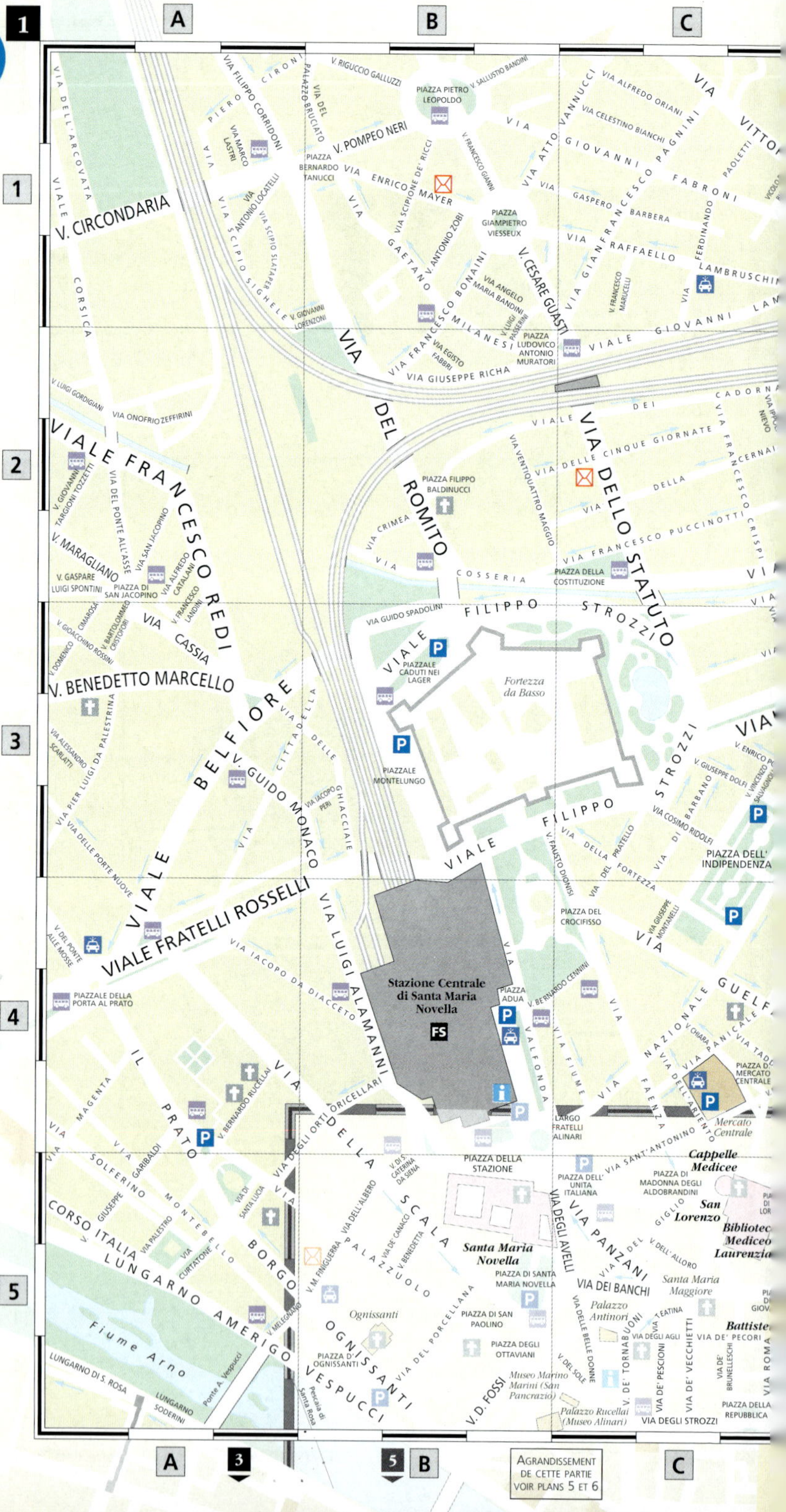
1
A
B
C
1
2
3
4
5
VIA DELL'ARCOVATA
VIALE
V. CIRCONDARIA
CORSICA
VIA FILIPPO CORRIDONI
CIRONI
VIA PIERO
VIA MARCO LASTRI
VIA ANTONIO LOCATELLI
VIA SCIPIO SLATAPER
VIA SCIPIO SIGHELE
V. GIOVANNI LORENZONI
V. RIGUCCIO GALLUZZI
VIA DEL PALAZZO BRUCIATO
PIAZZA PIETRO LEOPOLDO
V. SALLUSTIO BANDINI
V. POMPEO NERI
PIAZZA BERNARDO TANUCCI
VIA ENRICO MAYER
VIA SCIPIONE DE' RICCI
V. FRANCESCO GIANNI
VIA GAETANO
V. ANTONIO ZOBI
PIAZZA GIAMPIETRO VIESSEUX
V. CESARE GUASTI
VIA ANGELO MARIA BANDINI
V. LUIGI PASSERINI
VIA FRANCESCO BONAINI
MILANESI
VIA EGISTO FABBRI
PIAZZA LUDOVICO ANTONIO MURATORI
VIA GIUSEPPE RICHA
VIA
DEL
ROMITO
VIA ATTO VANNUCCI
VIA ALFREDO ORIANI
VIA CELESTINO BIANCHI
VIA GIOVANNI
FRANCESCO PAGNINI
FABRONI
PAOLETTI
VIA GASPERO BARBERA
VIA RAFFAELLO
VIA GIANFRANCESCO
V. FRANCESCO MARUCELLI
VIA FERDINANDO
LAMBRUSCHINI
VIALE GIOVANNI LAMI
VIA VITTORIO
CADORNA
VIA IPPOLITO NIEVO
VIALE DEI
VIA DELLO STATUTO
VIA DELLE CINQUE GIORNATE
VIA VENTIQUATTRO MAGGIO
VIA DELLA
VIA FRANCESCO CRISPI
CERNAIA
VIA FRANCESCO PUCCINOTTI
PIAZZA DELLA COSTITUZIONE
PIAZZA FILIPPO BALDINUCCI
VIA CRIMEA
VIA
COSSERIA
V. LUIGI GORDIGIANI
VIA ONOFRIO ZEFFIRINI
VIALE FRANCESCO REDI
V. GIOVANNI TARGIONI TOZZETTI
VIA DEL PONTE ALL'ASSE
VIA SAN JACOPINO
V. MARAGLIANO
V. GASPARE LUIGI SPONTINI
PIAZZA DI SAN JACOPINO
VIA ALFREDO CATALANI
V. FRANCESCO LANDINI
V. BARTOLOMMEO CRISTOFORI
CIMAROSA
V. GIOACCHINO ROSSINI
V. DOMENICO
VIA CASSIA
V. BENEDETTO MARCELLO
VIALE BELFIORE
VIA ALESSANDRO SCARLATTI
VIA PIER LUIGI DA PALESTRINA
VIA DELLE PORTE NUOVE
V. GUIDO MONACO
VIA DELLA CITTADELLA
VIA DELLE GHIACCIAIE
VIA JACOPO PERI
VIA
VIA GUIDO SPADOLINI
VIALE FILIPPO STROZZI
PIAZZALE CADUTI NEI LAGER
Fortezza da Basso
PIAZZALE MONTELUNGO
VIALE FILIPPO STROZZI
V. ENRICO POGGI
V. GIUSEPPE DOLFI
V. VINCENZO SALVAGNOLI
VIA COSIMO RIDOLFI
VIA DI BARBANO
PIAZZA DELL' INDIPENDENZA
V. FAUSTO DIONISI
VIA DELLA FORTEZZA
VIA DEL PRATELLO
PIAZZA DEL CROCIFISSO
VIA GIUSEPPE MONTANELLI
VIA
V. DEL PONTE ALLE MOSSE
VIALE FRATELLI ROSSELLI
VIA IACOPO DA DIACCETO
VIA LUIGI ALAMANNI
PIAZZALE DELLA PORTA AL PRATO
Stazione Centrale di Santa Maria Novella
FS
PIAZZA ADUA
V. BERNARDO CENNINI
VIA FIUME
VIA VALFONDA
VIA NAZIONALE
VIA GUELFA
V. CHIARA
VIA PANICALE
VIA TADDEA
VIA FAENZA
VIA DELL'ARIENTO
PIAZZA DEL MERCATO CENTRALE
Mercato Centrale
IL PRATO
VIA MAGENTA
V. BERNARDO RUCELLAI
VIA DELLA SCALA
V. ORICELLARI
LARGO FRATELLI ALINARI
VIA SOLFERINO
VIA GARIBALDI
GIUSEPPE
MONTEBELLO
VIA DEGLI ORTI
VIA DI SANTA LUCIA
V. DI S. CATERINA DA SIENA
PIAZZA DELLA STAZIONE
PIAZZA DELL' UNITÀ ITALIANA
VIA SANT'ANTONINO
PIAZZA DI MADONNA DEGLI ALDOBRANDINI
Cappelle Medicee
San Lorenzo
Biblioteca Medicea Laurenziana
CORSO ITALIA
VIA PALESTRO
VIA CURTATONE
BORGO OGNISSANTI
VIA DELL'ALBERO
V.M. FINIGUERRA
VIA DE' CANACCI
V. BENEDETTA
PALAZZUOLO
Santa Maria Novella
VIA DEGLI AVELLI
VIA PANZANI
VIA DEL GIGLIO
V. DELL'ALLORO
LUNGARNO AMERIGO VESPUCCI
PIAZZA DI SANTA MARIA NOVELLA
VIA DEI BANCHI
Santa Maria Maggiore
Fiume Arno
V. MELEGNANO
Ognissanti
PIAZZA D' OGNISSANTI
VIA DEL PORCELLANA
PIAZZA DI SAN PAOLO
Palazzo Antinori
VIA DELLE BELLE DONNE
VIA DEGLI AGLI
TEATINA
PIAZZA DEGLI OTTAVIANI
Battistero
VIA DE' PECORI
LUNGARNO DI S. ROSA
Ponte A. Vespucci
LUNGARNO SODERINI
Pescaia di Santa Rosa
V.D. FOSSI
Museo Marino Marini (San Pancrazio)
V. DEL SOLE
Palazzo Rucellai (Museo Alinari)
V. DE' TORNABUONI
VIA DE' PESCIONI
VIA DE' VECCHIETTI
VIA DE' BRUNELLESCHI
PIAZZA DELLA REPUBBLICA
VIA DEGLI STROZZI
VIA ROMA
A
3
5
B
AGRANDISSEMENT DE CETTE PARTIE VOIR PLANS 5 ET 6
C

D
E
F
2
1
2
3
4
5
6
4
VIA FAENTINA
VIA BOLOGNESE
VIA TRENTO
VIA TRIESTE
VIA PIERO JAHIER
VIA ALESSANDRO LEVI
VIA DE' BRUNI
VIUZZO DE' BRUNI
VIA DEL ROMITINO
VIA DEL PELLEGRINO
VIA VITTORIO EMANUELE II
VIA NOVE FEBBRAIO
VIA DEL RISORGIMENTO
VIA GIULIO CESARE VANINI
VIA FRANCESCO PUCCINOTTI
VIA XX SETTEMBRE
VIA MILTON
VIA GIOVANNI IL MAGNIFICO
VIA CRISTOFORO LANDINO
VIA AGNOLO POLIZIANO
VIA PAOLO TOSCANELLI
VIA DEL PONTE ROSSO
VIA MAFALDA DI SAVOIA
LARGO ADONE ZOLI
VIA DELLA MADONNA DELLA TOSSE
VIA PIPPO SPANO
VIA SILVIO SPAVENTA
VIA GIOVANNI PASCOLI
VIA GIOVANNI BERCHET
V. LUNGO IL MUGNONE
VIA LUIGI SETTEMBRINI
VIA VINCENZO BORGHINI
VIA G. BOCCACCIO
VIA DEL PONTE ALLE RIFFE
VIA FRATELLI POERIO
VIA DOMENICO CIRILLO
VIA MARIO PAGANO
VIA GUGLIELMO PEPE
VIA DEL BERSAGLIO
VIA MAFFEI
VIA CALANDRINO
V. F. SACCHETTI
PIAZZA DELLE CURE
V. AGNOLO FIRENZUOLA
VLE ALESSANDRO VOLTA
V. FRA' IACOPO PASSAVANTI
VIA DEL PALLONE
VIALE DEI MILLE
VIA MONTANARA
VIA CESARE DE LAUGIER
VIA MATTEO GALDI
VIA ANTONIO GENOVESI
VIA ETTORE CARAFA
VIA ANTON MARIA SALVINI
VIA GIOVANNI SERCAMBI
VIALE DON GIOVANNI MINZONI
VIA FRA' SALVESTRO MARUFFI
VIA FRA' BARTOLOMMEO
VIA LUCA GIORDANO
VIA MASACCIO
V. SANDRO BOTTICELLI
VIA GIOVANNI FATTORI
VIUZZO D. LANE
VIA GIOVANNI PICO DELLA MIRANDOLA
PIAZZA DELLA LIBERTÀ
VIALE SPARTACO LAVAGNINI
VIA LEONARDO DA VINCI
VIA ANTONIO GIACOMINI
VIA FRA' DOMENICO BUONVICINI
PIAZZA GIORGIO VASARI
PIAZZA FRA' GIROLAMO SAVONAROLA
VIA FRANCESCO VALORI
VIA PIER CAPPONI
V. GIROLAMO BENEVIENI
VIA MARSILIO FICINO
VIA DEGLI ARTISTI
VIALE GIACOMO MATTEOTTI
VIA CAVOUR
VIA ALFONSO LA MARMORA
VIA GUSTAVO MODENA
VIA LUIGI SALVATORE CHERUBINI
PIAZZA ISIDORO DEL LUNGO
VIA VENEZIA
VIA DELLE MANTELLATE
VIA DUCA D'AOSTA
VIA ZARA
VIA BONIFACIO LUPI
VIA SAN GALLO
VIA S. ANNA
VIA SALVESTRINA
VIA DI CAMPOREGGI
VIA DELLE RUOTE
VIA REPARATA
VIA SANTA CATERINA D'ALESSANDRIA
PIAZZA DI SANTA CATERINA D'ALESSANDRIA
VIA ZANOBI
VIA SANTA
VIA PIER ANTONIO MICHELI
VIA GINO CAPPONI
VIA GIUSEPPE GIUSTI
VIA DELLA DOGANA
VIA GIORGIO LA PIRA
GIARDINO DEI SEMPLICI
San Marco
VIA DEGLI ARAZZIERI
VIA XXVII APRILE
PIAZZA DI SAN MARCO
Galleria dell' Accademia
Santissima Annunziata
Museo Archeologico
VIA CESARE BATTISTI
PIAZZA DELLA SANTISSIMA ANNUNZIATA
GIARDINO DELLA GHERARDESCA
PIAZZALE DONATELLO
VIA GIUSEPPE LA FARINA
VIA DELLA ROBBIA
PIAZZA AUGUSTO CONTI
VIA GIAMBOLOGNA
VIA FRANCESCO DOMENICO GUERRAZZI
VIA JACOPO NARDI
BORGO PINTI
VIA VITTORIO ALFIERI
V. BENEDETTO VARCHI
VIALE ANTONIO GRAMSCI
VIA SILVIO PELLICO
VIA PIETRO GIORDANI
PIAZZA MASSIMO D'AZEGLIO
Conservatorio
Opificio delle Pietre Dure
VIA DEI SERVI
VIA DEI FIBBIAI
Spedale degli Innocenti
VIA DELLA PERGOLA
VIA LAURA
VIA DELLA COLONNA
VIA RICASOLI
Palazzo Medici Riccardi
Palazzo Pucci
VIA DE' PUCCI
VIA DEL CASTELLACCIO
PIAZZA FILIPPO BRUNELLESCHI
VIA DEGLI ALFANI
V. NUOVA D. CACCINI
VIC. D. PERGOLA
Ospedale di Santa Maria Nuova
Museo dell'Opera del Duomo
Duomo
Campanile
PIAZZA DEL DUOMO
VIA DEL PROCONSOLO
VIA DELL'ORIUOLO
Museo di Firenze com'era
Palazzo Nonfinito
VIA DEL CORSO
BORGO DEGLI ALBIZI
VIA DELL'OCHE
Santa Maria Maddalena dei Pazzi
VIA LUIGI CARLO FARINI
Tempio Israelitico
VIA FIESOLANA
VIA DE' PEPI
VIA DE' PILASTRI
VIA DI MEZZO
PIAZZA GAETANO SALVEMINI
PIAZZA DI SANT'AMBROGIO
VIA GIOSUE CARDUCCI
V. GIOVAN BATTISTA NICCOLINI
VIA DELLA MATTONAIA
VIA GIACOMO LEOPARDI
V. ALESSANDRO MANZONI
P

3
Agrandissement de cette partie voir plans 5 et 6
A
B
C
1
2
3
4
5
Lungarno Soderini
Borgo San Frediano
Piazza di Verzaia
Piazza del Tiratoio
Piazza de' Nerli
Piazza di Cestello
San Frediano in Cestello
Piazza del Carmine
Piazza Piattellina
Cappella Brancacci (Santa Maria del Carmine)
Piazza Torquato Tasso
Viale Ludovico Ariosto
Via dell'Orto
Via di Camaldoli
Via del Leone
Via della Chiesa
Via del Campuccio
Via Villani
Giardino Torrigiani
Viale Francesco Petrarca
Via de' Serragli
Via Santa Monaca
Borgo della Stella
Piazza Nazario Sauro
Piazza Carlo Goldoni
Palazzo Corsini
Lungarno Corsini
Lungarno Guicciardini
Fiume Arno
Via di Santo Spirito
Via Maffia
Cenacolo di Santo Spirito
Santo Spirito
Piazza di Santo Spirito
Via Sant'Agostino
Piazza de' Frescobaldi
Borgo San Jacopo
Lungarno D. Acciaioli
Santa Trinita
Palazzo Strozzi
Piazza degli Strozzi
Piazza della Repubblica
V. P.ta Rossa
Piazza de' Davanzati
Palazzo Davanzati
Mercato Nuovo
Orsanmichele
Calimala
Palazzo Bartolini-Salimbeni
Palazzo Spini-Ferroni
Palazzo di Parte Guelfa
Santi Apostoli
P.te Vecchio
Piazza di S. Felicita
Santa Felicita
Via de' Velluti
V. D. Guicciardini
Palazzo Pitti
Piazza de' Pitti
Sdrucciolo de' Pitti
Piazza di San Felice
Via Mazzetta
Via delle Caldaie
Via Romana
Museo La Specola
Giardino di Boboli
Forte di Belvedere
Via del Ronco
Via Ippolito Pindemonte
Via Vincenzo Monti
Via del Casone
Via Giano della Bella
Piazza della Calza
Piazzale della Porta Romana
Via Ugo Foscolo
Via Pietro Metastasio
Via Giovanni Prati
Via delle Campora
Via Senese
Via Cantagalli
Viale Niccolò Machiavelli
Via del Bobolino
Via del Mascherino
Via D. Madonna d. Pace
Via del Ballardo
Viale del Poggio Imperiale
Via Dante da Castiglione
Via Farinata degli Uberti
Via Michele di Lando
Via Benedetto da Foiano
Via di San Leonardo
Piazzale Galileo
V.le Evangelista Torricelli
V. di Sant'Ilario a Colombaia
V. Paolo Mascagni
Via Lorenzo Bellini
Via Benedetto Castelli
Viale Lorenzo Magalotti
Via del Gelsomino
Via Leonardo Ximenes
Via Giovanni Alfonso Borelli
Via V. Viviani
Via Guglielmo Righini

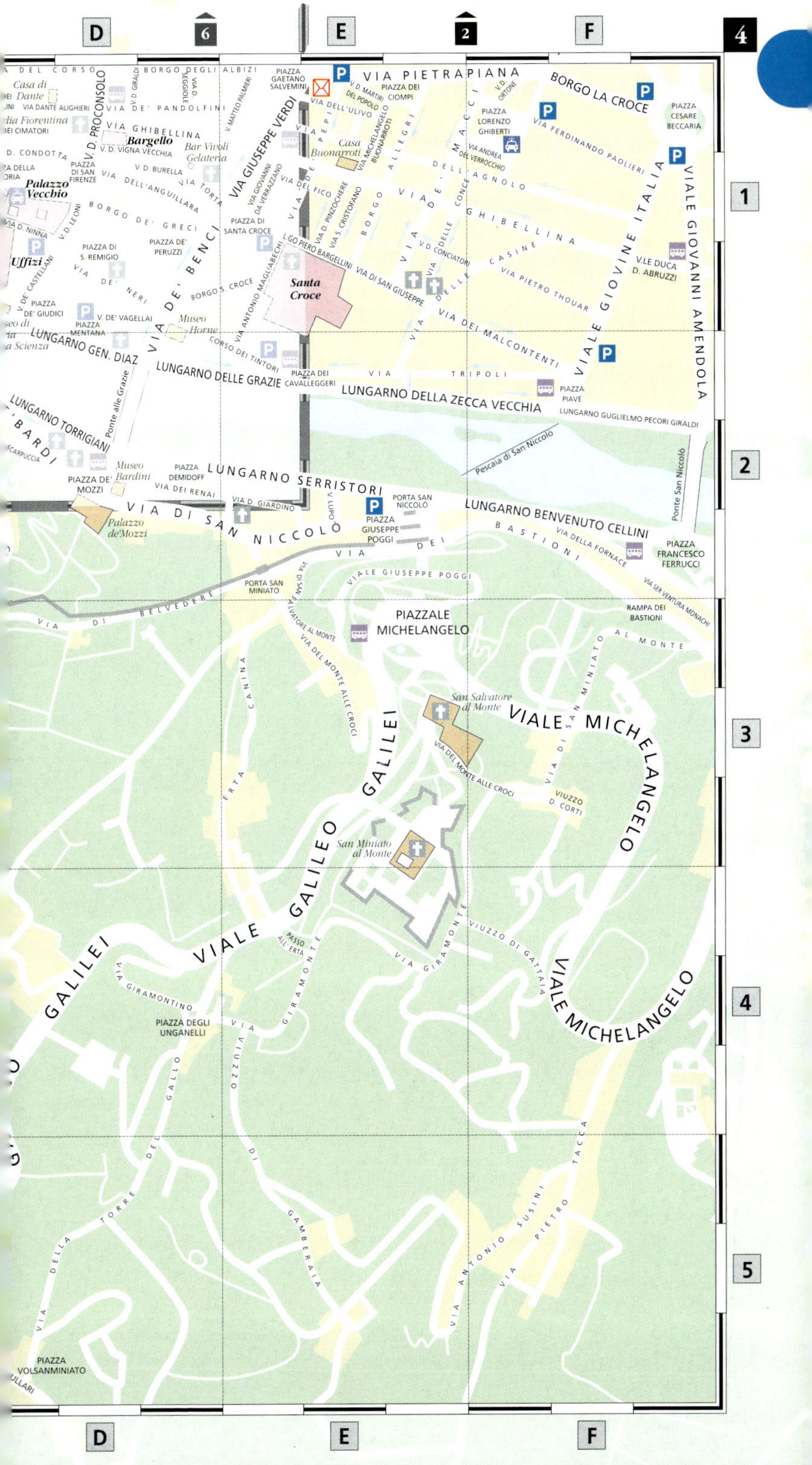
D
6
E
2
F
4
1
2
3
4
5
VIA DEL CORSO
BORGO DEGLI ALBIZI
Casa di Dante
VIA DANTE ALIGHIERI
V. D. PROCONSOLO
VIA DE' PANDOLFINI
V. MATTEO PALMIERI
PIAZZA GAETANO SALVEMINI
VIA PIETRAPIANA
PIAZZA DEI CIOMPI
BORGO LA CROCE
PIAZZA CESARE BECCARIA
VIA GHIBELLINA
Bargello
V. D. VIGNA VECCHIA
Bar Vivoli Gelateria
VIA GIUSEPPE VERDI
VIA DELL'ULIVO
Casa Buonarroti
VIA MICHELANGELO BUONARROTI
VIA ALLEGRI
PIAZZA LORENZO GHIBERTI
VIA FERDINANDO PAOLIERI
VIA ANDREA DEL VERROCCHIO
VIA DELL'AGNOLO
Palazzo Vecchio
V. D. BURELLA
VIA DELL'ANGUILLARA
VIA TORTA
VIA GIOVANNI DA VERRAZZANO
VIA DEL FICO
PIAZZA DI SAN FIRENZE
BORGO DE' GRECI
PIAZZA DI SANTA CROCE
VIA DE' MACCI
VIA GHIBELLINA
VIALE GIOVINE ITALIA
VIALE GIOVANNI AMENDOLA
Uffizi
PIAZZA DI S. REMIGIO
PIAZZA DE' PERUZZI
VIA D. PINZOCHERE
VIA S. CRISTOFANO
BORGO ALLEGRI
V.D. CONCIATORI
VIA DELLE CASINE
V.LE DUCA D. ABRUZZI
VIA DE' NERI
VIA DE' BENCI
LGO PIERO BARGELLINI
VIA DI SAN GIUSEPPE
VIA DELLE CONCE
VIA PIETRO THOUAR
Santa Croce
BORGO S. CROCE
VIA ANTONIO MAGLIABECHI
PIAZZA DE' GIUDICI
PIAZZA MENTANA
V. DE' VAGELLAI
Museo Horne
VIA DEI MALCONTENTI
LUNGARNO GEN. DIAZ
CORSO DEI TINTORI
PIAZZA DEI CAVALLEGGERI
VIA TRIPOLI
PIAZZA PIAVE
LUNGARNO DELLE GRAZIE
LUNGARNO DELLA ZECCA VECCHIA
LUNGARNO GUGLIELMO PECORI GIRALDI
Ponte alle Grazie
LUNGARNO TORRIGIANI
Pescaia di San Niccolò
Ponte San Niccolò
Museo Bardini
PIAZZA DEMIDOFF
LUNGARNO SERRISTORI
PIAZZA DE' MOZZI
VIA DEI RENAI
Palazzo de'Mozzi
VIA DI SAN NICCOLÒ
V. D. GIARDINO
V. LUPO
PIAZZA GIUSEPPE POGGI
PORTA SAN NICCOLÒ
LUNGARNO BENVENUTO CELLINI
VIA DEI BASTIONI
VIA DELLA FORNACE
PIAZZA FRANCESCO FERRUCCI
VIALE GIUSEPPE POGGI
PORTA SAN MINIATO
VIA DI SAN SALVATORE AL MONTE
VIA SER VENTURA MONACHI
VIA DI BELVEDERE
PIAZZALE MICHELANGELO
RAMPA DEI BASTIONI
VIA DEL MONTE ALLE CROCI
VIA DI SAN MINIATO AL MONTE
VIA DELL'ERTA CANINA
San Salvatore al Monte
VIALE MICHELANGELO
VIA DEL MONTE ALLE CROCI
VIUZZO D. CORTI
VIALE GALILEO GALILEI
San Miniato al Monte
PASSO ALL'ERTA
VIA GIRAMONTE
VIUZZO DI GATTAIA
VIA GIRAMONTINO
PIAZZA DEGLI UNGANELLI
VIA VIUZZO
VIA DEL GALLO
VIA DI GAMBERAIA
VIA DELLA TORRE DEL GALLO
VIA ANTONIO SUSINI
VIA PIETRO TACCA
PIAZZA VOLSANMINIATO
D
E
F

5
1
A
B
C
1
2
3
4
5
3
FS
Stazione Centrale di Santa Maria Novella
PIAZZA DELLA STAZIONE
LARGO FRATELLI ALINARI
Mercato Centrale
VIA DEGLI ORTI ORICELLARI
VIA DELLA SCALA
V. DI S. CATERINA DA SIENA
Santa Maria Novella
VIA DEGLI AVELLI
VIA SANT'ANTONINO
VIA FAENZA
VIA DELL'AMORINO
PIAZZA DELL'UNITÀ ITALIANA
VIA DEL MELARANCIO
PIAZZA DI MADONNA DEGLI ALDOBRANDINI
VIA DELL'ALBERO
VIA PALAZZUOLO
VIA DE' CANACCI
VIA BENEDETTA
VIA PANZANI
VIA DEL GIGLIO
CHIASSO DEGLI ARMATI
VIA DELL'ALLORO
VIA M. FINIGUERRA
PIAZZA DI SANTA MARIA NOVELLA
VIA DEI BANCHI
VIA DEL PORCELLANA
PIAZZA DI SAN PAOLINO
VIA DI SAN PAOLINO
BORGO OGNISSANTI
Ognissanti
VIA MONTEBELLO
VIA DELLE BELLE DONNE
VIA DEL MORO
VIA DEL TREBBIO
V. D. RONDINELLI
PIAZZA DI SANTA MARIA MAGGIORE
VIA TEATINA
V. D. BONI
PIAZZA DEGLI ANTINORI
VIA DEGLI AGLI
Palazzo Antinori
PIAZZA DEGLI OTTAVIANI
V. D. GIACOMINI
VIA DE' CORSI
V. DEL CAMPIDOGLIO
VIA DE' PESCIONI
VIA DE' VECCHIETTI
LUNGARNO AMERIGO VESPUCCI
PIAZZA D'OGNISSANTI
VIA DEI FOSSI
VIA DEL SOLE
VIA DELLA SPADA
Museo Marino Marini (San Pancrazio)
VIA DE' TORNABUONI
Palazzo Rucellai (Museo Alinari)
VIA DEI PALCHETTI
VIA DE' FEDERIGHI
VIA DEGLI STROZZI
Pescaia di Santa Rosa
VIA DELLA VIGNA NUOVA
VIA DELL'INFERNO
Palazzo Strozzi
PIAZZA DEGLI STROZZI
VIA DEGLI ANSELMI
VIA DE' SASSETTI
PIAZZA CARLO GOLDONI
PIAZZA DE' RUCELLAI
VIA DEL PURGATORIO
VIA DEL PARIONE
VIA PARIONCINO
Palazzo Corsini
LUNGARNO CORSINI
V. MONALDA
PIAZZA DE' DAVANZATI
PIAZZA DI CESTELLO
LUNGARNO SODERINI
San Frediano in Cestello
Ponte alla Carraia
Santa Trìnita
PIAZZA DI SANTA TRÌNITA
VIA POR SANTA MARIA
Palazzo Bartolini-Salimbeni
Palazzo Davanzati
Palazzo Spini-Feroni
CHIASSO RICASOLI
V. D. BOMBARDE
VIA DELLE TERME
V. D. FIORDALISO
BORGO SANTI APOSTOLI
CHIASSO D. ALTOVITI
PIAZZA DEL LIMBO
Santi Apostoli
PIAZZA NAZARIO SAURO
BORGO SAN FREDIANO
LUNGARNO GUICCIARDINI
LUNGARNO DEGLI ACCIAIOLI
Ponte Santa Trìnita
Fiume Arno
PIAZZA DEL CARMINE
BORGO DELLA STELLA
VIA DE' SERRAGLI
VIA DI SANTO SPIRITO
VIA DE' GEPPI
VIA DEI COVERELLI
PIAZZA DE' FRESCOBALDI
Cappella Brancacci (Santa Maria del Carmine)
VIA SANTA MONACA
BORGO SAN JACOPO
PIAZZETTA DEGLI ANGIOLIERI
VIA D'ARDIGLIONE
VIA DE' CAPPONI
VIA SANT'AGOSTINO
VIA MAFFIA
Cenacolo di Santo Spirito
Santo Spirito
VIA DEL PRESTO DI SAN MARTINO
VIA MAGGIO
VIA DELLO SPRONE
VIA DE' SAPITI
VIA TOSCANELLA
VIA DE' RAMAGLIANTI
VIA DE' BARBADORI
VIA DE' VELLUTINI
PIAZZA DI SANTA FELICITA
VIA DE' MICHELOZZI
VIA SGUAZZA
VIA DE' VELLUTI
VIA DE' GUICCIARDINI
PIAZZA DI SANTO SPIRITO
Santa Felicita
SDRUCCIOLO DE' PITTI
VIA DEL TEGOLAIO
VIA DELLA CHIESA
VIA DELLE CALDAIE
VIA DEI PRETI
BORGO TEGOLAIO
VIA MAZZETTA
V. D. MARSILI
PIAZZA DE' PITTI
VIA DEL CAMPUCCIO
VIA SANTA MARIA
PIAZZA DI SAN FELICE
Palazzo Pitti
Museo La Specola
GIARDINO DI BOBOLI

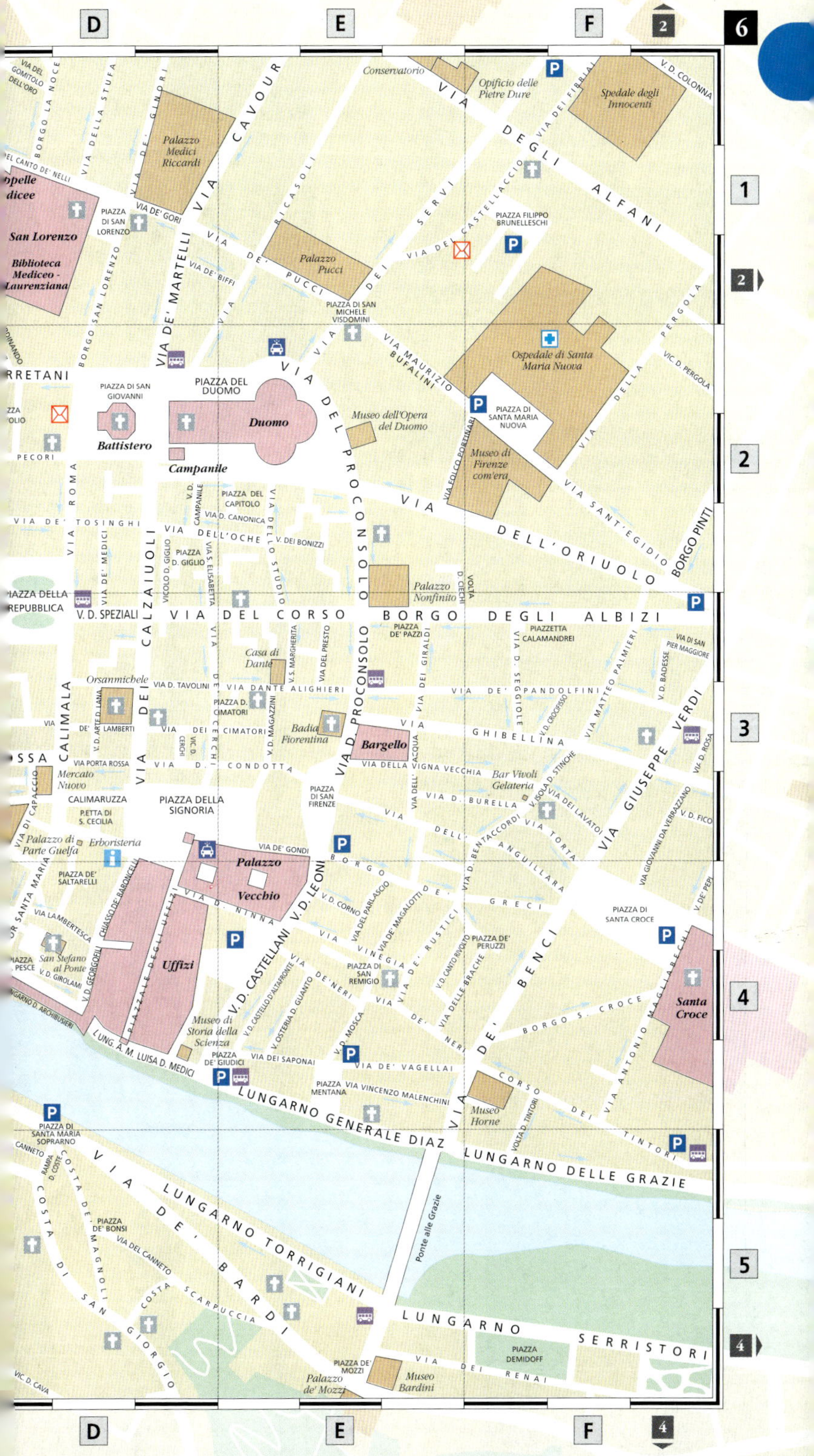
D
E
F
2
6
1
2
3
4
5
4
Conservatorio
Opificio delle Pietre Dure
Spedale degli Innocenti
V. D. COLONNA
VIA DEGLI ALFANI
VIA DEI FIBBIAI
Palazzo Medici Riccardi
VIA CAVOUR
VIA DEI GINORI
VIA DELLA STUFA
BORGO LA NOCE
VIA DEL GOMITOLO DELL'ORO
VIA DEL CANTO DE' NELLI
San Lorenzo
Biblioteca Mediceo-Laurenziana
PIAZZA DI SAN LORENZO
VIA DE' GORI
BORGO SAN LORENZO
VIA DE' MARTELLI
VIA DE' PUCCI
VIA DE' BIFFI
Palazzo Pucci
VIA RICASOLI
VIA DEI SERVI
VIA DEL CASTELLACCIO
PIAZZA FILIPPO BRUNELLESCHI
PIAZZA DI SAN MICHELE VISDOMINI
VIA MAURIZIO BUFALINI
Ospedale di Santa Maria Nuova
PIAZZA DI SANTA MARIA NUOVA
VIA DELLA PERGOLA
VIC. D. PERGOLA
PIAZZA DI SAN GIOVANNI
PIAZZA DEL DUOMO
Duomo
Battistero
Campanile
Museo dell'Opera del Duomo
Museo di Firenze com'era
VIA FOLCO PORTINARI
VIA SANT'EGIDIO
BORGO PINTI
VIA DEL PROCONSOLO
VIA DELL'ORIUOLO
PECORI
VIA ROMA
VIA DE' TOSINGHI
V. D. CAMPANILE
PIAZZA DEL CAPITOLO
VIA D. CANONICA
VIA DELL'OCHE
VIA DELLO STUDIO
V. DEI BONIZZI
VICOLO D. GIGLIO
PIAZZA D. GIGLIO
VIA S. ELISABETTA
VIA DE' CALZAIUOLI
VIA DE' MEDICI
PIAZZA DELLA REPUBBLICA
V. D. SPEZIALI
VIA DEL CORSO
BORGO DEGLI ALBIZI
Palazzo Nonfinito
VOLTA D. CIECHI
PIAZZA DE' PAZZI
PIAZZETTA CALAMANDREI
VIA DI SAN PIER MAGGIORE
Casa di Dante
V. S. MARGHERITA
VIA DEL PRESTO
Orsanmichele
VIA D. TAVOLINI
VIA DANTE ALIGHIERI
VIA DE' PANDOLFINI
VIA DEI GIRALDI
V. D. SEGGIOLE
V. D. CROCIFISSO
VIA MATTEO PALMIERI
V. D. BADESSE
PIAZZA D. CIMATORI
VIA DEI CIMATORI
VIA DEI CERCHI
V. D. MAGAZZINI
Badia Fiorentina
Bargello
VIA GHIBELLINA
VIA GIUSEPPE VERDI
V. D. ROSA
CALIMALA
VIA
DE' LAMBERTI
V. D. ARTE D. LANA
VIA DEI CERCHI
VIC. D. CERCHI
VIA D. CONDOTTA
VIA PORTA ROSSA
Mercato Nuovo
CALIMARUZZA
PIAZZA DELLA SIGNORIA
P.ETTA DI S. CECILIA
VIA DI CAPACCIO
Palazzo di Parte Guelfa
Erboristeria
PIAZZA DI SAN FIRENZE
VIA DELLA VIGNA VECCHIA
Bar Vivoli Gelateria
VIA DELL'ACQUA
VIA D. BURELLA
VIA DELL'ANGUILLARA
V. ISOLA D. STINCHE
VIA DEI LAVATOI
VIA TORTA
VIA BENTACCORDI
VIA GIOVANNI DA VERRAZZANO
V. D. FICO
V. DE' PEPI
VIA DE' GONDI
BORGO DE' GRECI
Palazzo Vecchio
PIAZZA DE' SALTARELLI
VIA LAMBERTESCA
CHIASSO DE' BARONCELLI
VIA DELLA NINNA
V. D. LEONI
V. D. CORNO
VIA DEL PARLASCIO
VIA DE' MAGALOTTI
VIA DE' RUSTICI
PIAZZA DE' PERUZZI
PIAZZA DI SANTA CROCE
VIA DE' BENCI
Santa Croce
VIA MAGLIABECHI
VIA ANTONIO
BORGO S. CROCE
San Stefano al Ponte
PIAZZA D. PESCE
V. D. GIROLAMI
V. D. GEORGOFILI
PIAZZALE DEGLI UFFIZI
Uffizi
V. D. CASTELLANI
VIA VINEGIA
VIA DE' NERI
PIAZZA DI SAN REMIGIO
V. D. CANTO RIVOLTO
VIA DELLE BRACHE
VIA DE' NERI
LUNGARNO D. ARCHIBUSIERI
LUNG. A. M. LUISA D. MEDICI
Museo di Storia della Scienza
V. D. CASTELLO D'ALTAFONTE
V. OSTERIA D. GUANTO
V. D. MOSCA
PIAZZA DE' GIUDICI
VIA DEI SAPONAI
VIA DE' VAGELLAI
PIAZZA MENTANA
VIA VINCENZO MALENCHINI
Museo Horne
CORSO DEI TINTORI
VOLTA D. TINTORI
LUNGARNO GENERALE DIAZ
LUNGARNO DELLE GRAZIE
PIAZZA DI SANTA MARIA SOPRARNO
CANNETO
RAMPA D. COSTE
COSTA DE' MAGNOLI
COSTA DI SAN GIORGIO
VIA DE' BARDI
LUNGARNO TORRIGIANI
PIAZZA DE' BONSI
VIA DEL CANNETO
COSTA SCARPUCCIA
Ponte alle Grazie
LUNGARNO SERRISTORI
PIAZZA DEMIDOFF
VIA DEI RENAI
PIAZZA DE' MOZZI
Palazzo de' Mozzi
Museo Bardini
VIC. D. CAVA

TOSCANE

Peu d'endroits au monde offrent au visiteur autant d'harmonie dans les paysages ruraux et de richesses artistiques et historiques que la Toscane. Le présent y respecte le passé au point que de nombreux villages perchés ont conservé des vestiges de leurs enceintes étrusques. En ville, de majestueux édifices publics rappellent le temps où chaque cité était un État indépendant.

Hameaux et fermes isolées parsèment les vignobles et les oliveraies des collines toscanes, où châteaux et villas fortifiées portent le témoignage des guerres entre communes voisines qui déchirèrent l'Italie pendant le Moyen Âge. Les villes ont hérité de cette époque des personnalités marquées et un farouche esprit de concurrence qui se reflètent dans leurs traditions et les monuments ambitieux érigés sur leur grand-place.

Au nord et à l'ouest, l'industrie domine la région densément peuplée qui s'étend entre Florence et Lucques. Fertiles, les plaines se prêtent à la culture intensive au pied de montagnes s'élevant jusqu'à 2 000 m d'altitude, tandis que sur le littoral jalonné de stations balnéaires, les environs de Livourne et de Pise sont devenus le moteur économique de la Toscane. Marqué d'influences maures, le magnifique ensemble d'édifices du Campo dei Miracoli rappelle que Pise domina la Méditerranée occidentale du XIe au XIIIe siècle.

Cœur de la Toscane centrale, Sienne a gardé quasiment intact l'aspect qu'elle avait lorsqu'elle passa sous la domination de sa vieille ennemie, Florence, en 1455. À quelques kilomètres, San Gimignano reste dominée par 13 tours médiévales. Elle en possédait 73 au XIIIe siècle.

Ses beautés naturelles ont de tout temps attiré ermites et saints dans l'est de la Toscane, où naquit et travailla le peintre Piero della Francesca (v. 1416-1492), auteur d'une œuvre à la piété lumineuse.

Le temps paraît s'être arrêté à Casole d'Elsa près de San Gimignano en Toscane centrale

◁ **La tour penchée (entreprise en 1173) s'élève derrière le Duomo de Pise (entrepris en 1063)**

À la découverte de la Toscane

Les villes toscanes : Florence, Sienne et Pise, mais aussi Lucques, Cortone et Arezzo, abritent certains des plus grands trésors artistiques d'Italie, tandis qu'au cœur de paysages ruraux particulièrement harmonieux se nichent des villages médiévaux comme San Gimignano et ses célèbres tours, ou un joyau Renaissance tel que Pienza. Des plages du littoral aux sommets des Alpes Apuanes, la nature présente elle aussi une grande diversité.

La Toscane d'un coup d'œil

Arezzo p. 319-321 ⓮
Artimino ⓫
Bagni di Lucca ❸
Carrare ❶
Chiusi ⓱
Cortone ⓰
Crete Senesi ㉑
Elbe ㉘
Fiesole ⓭
FLORENCE (p. 262-303)
Garfagnana ❷
Lucques p. 310-313 ❻
Maremme ㉛
Massa Marittima ㉗
Montalcino ⓴
Monte Argentario ㉜
Montepulciano ⓲
Monteriggioni ㉓
Pienza ⓳
Pise p. 314-316 ❼
Pistoia ❾
Pitigliano ㉚
Prato ❿
San Galgano ㉖
San Gimignano p. 334-335 ㉔
San Miniato ⓬
Sansepolcro ⓯
Sienne p. 328-333 ㉒
Sovana ㉙
Torre del Lago Puccini ❺
Viareggio ❹
Vinci ❽
Volterra ㉕

Cortone dans l'est de la Toscane

VOIR AUSSI

- ***Hébergement*** p. 559-561
- ***Restaurants*** p. 593-595

Cyprès caractéristiques des paysages toscans

CIRCULER

Les routes de campagne se révèlent souvent sinueuses, mais des autoroutes ou des routes à double voie relient Florence, pôle des réseaux routiers et ferroviaires toscans, à Sienne, Pise, Lucques et le Sud. Sur le littoral, l'autoroute A 12 prolonge la via Aurelia. Le train dessert les agglomérations les plus importantes.

LÉGENDE

- Autoroute
- Route principale
- Route secondaire
- Parcours pittoresque
- Cours d'eau
- Point de vue

Carrare ❶

Massa Carrara. 70 000. FS *Viale XX Settembre (località Stadio (0585 84 44 03).* *lun.*

Près de trois cents carrières autour de Carrare produisent le marbre blanc qui a rendu la cité célèbre dans le monde entier. Parmi les nombreux artistes à l'avoir utilisé au fil des siècles, Michel-Ange y sculpta son *David* et Henry Moore (1898-1986) ses silhouettes à la frontière entre l'abstrait et la figuration. Exploité depuis l'antiquité, c'est le plus ancien site industriel dont l'activité ne connut aucune interruption. Plusieurs ateliers et scieries accueillent en ville les visiteurs, offrant l'occasion de découvrir les méthodes de façonnage de la pierre. Pour en apprendre plus sur les techniques utilisées, vous pourrez également vous rendre au **museo civico del Marmo**.

Le **Duomo** de Carrare dresse sa façade romano-gothique en marbre local décorée d'une rosace délicate sur la même place que la maison où résidait Michel-Ange quand il venait acheter les blocs où tailler ses statues. Un relief représentant les outils du sculpteur permet de la reconnaître.

Des services réguliers d'autobus conduisent aux marbrières de **Colonnata** et de **Fantiscritti** (pour les rejoindre en voiture, il suffit de suivre les panneaux indiquant « Cave di Marmo »). La carrière de Frantiscritti possède un petit musée consacré à l'art du carrier.

Carrière de marbre près de Carrare

Museo Civico del Marmo

Viale XX Settembre. *0585 84 57 46.* *du lun. au sam. (d'oct. à avr. seulement le matin).*

Le Parco Naturale delle Alpi Apuane à la limite de la Garfagnana

La Garfagnana ❷

Lucca. FS *Castelnuovo di Garfagnana.* *Castelnuovo di Garfagnana (0583 64 43 54).*

Trois gros bourgs constituent de bonnes bases d'exploration de cette région montagneuse traversée par la jolie et paisible vallée du Serchio : **Barga, Seravezza** et **Castelnuovo di Garfagnana**. Avec son Duomo roman et ses rues pittoresques, Barga est la plus jolie de ces localités, mais les alentours de Castelnuovo offrent plus de possibilités d'excursions en voiture ou de randonnées à pied. **San Pellegrino in Alpe** possède un intéressant musée consacré au folklore, le **Museo Etnografico**, dont la visite complète celle de la collection d'essences alpines de l'**Orto Botanico Pania di Corfino** au siège du **parco dell'Orecchiella**.

À l'ouest, une autre réserve naturelle, le Parco Naturale delle Alpi Apuane, protège la faune et la flore des Alpes Apuanes autour du monte Pisanino, point culminant de la région à 1 945 m d'altitude.

Museo Etnografico

Via del Voltone 15, San Pellegrino in Alpe. *0583 64 90 72.* *mar.-dim.* *jours fériés.*

Parco dell'Orecchiella

Centro Visitatori, Orecchiella. *0583 61 90 98.* *juil.-août : t.l.j. ; juin et sept. : sam. et dim. ; avr.-mai et oct.-nov. : dim.*

Orto Botanico Pania di Corfino

Parco dell'Orecchiella. *0583 61 90 98.* *mai-sept. : dim. (juil.-août : t.l.j.)*

Café en bord de mer à Viareggio

Bagni di Lucca 3

Lucca. 7 400. Via del Casino 4 (0583 879 46). mer. et sam.

Il existe partout en Toscane des sources d'eaux chaudes qu'exploitèrent les Romains pour offrir des thermes où se détendre aux vétérans installés dans des colonies comme celles qui devinrent Florence et Sienne. C'est au début du XIXe siècle que Bagni di Lucca connut son heure de gloire quand aristocrates et grandes fortunes de l'Europe entière venaient profiter des vertus thérapeutiques de ses eaux sulfureuses. Son **casino**, construit en 1837, date de cette époque, tout comme son **église** néo-gothique (1839) sur la via Crawford et le **Cimitero Anglicano** (cimetière protestant) de la via Letizia.

À défaut d'y venir pour une cure, vous pouvez, depuis Bagni di Lucca, découvrir les forêts de châtaigniers des collines environnantes. Un bel itinéraire de promenade conduit ainsi à Montefegatesi, hameau cerné par les sommets des Apennins, puis au défilé spectaculaire de l'Orrido di Botri.

Aux environs
Située au sud-est de Bagni di Lucca, **Montecatini Terme** fait partie des stations thermales les plus intéressantes de la région, notamment grâce aux édifices pittoresques bâtis au début du XXe siècle qui lui donnent un charme désuet.

Viareggio 4

Lucca. 55 000. FS Viale Carducci 10 (0584 96 22 33). jeu.

Sa plage de sable fin, ses pinèdes magnifiques et la douceur de son climat font de Viareggio la station balnéaire la plus appréciée, aussi bien en hiver qu'en été, du littoral de la Versilia. Un incendie détruisit en 1917 la promenade et les pavillons en bois qui bordaient son front de mer. On les remplaça par d'élégants édifices Art nouveau, tel le **Gran Caffè Margherita** dessiné par le prolifique Galileo Chini. Ils servent de décor à de nombreuses manifestations, dont un célèbre carnaval.

Torre del Lago Puccini 5

Lucca. 11 000. FS Via Marconi 225 (0584 35 98 93). ven. et dim.

Une avenue plantée de tilleuls, la via dei Tigli, relie Viareggio à Torre del Lago Puccini où le compositeur de *La Bohème*, Giacomo Puccini (1858-1924), vécut près du **lago Massaciuccoli** afin de s'adonner à sa passion, la chasse au gibier d'eau. Sa maison abrite le **museo Villa Puccini**. Il y repose avec sa femme dans un mausolée entre la salle de musique où il composait et la pièce où il gardait son fusil. Il ne pourrait plus utiliser son arme aujourd'hui, le lac, où nidifient oiseaux migrateurs et espèces rares, étant classé réserve zoologique. Ses opéras sont donnés en été dans un théâtre de verdure au bord de l'eau.

Museo Villa Puccini
Piazzale Belvedere Puccini. 0584 34 14 45. t.l.j.

Près de la villa de Puccini à Torre del Lago Puccini

Lucques pas à pas 6

Colonie romaine fondée en 180 av. J.-C., Lucques reste marquée par ses origines antiques : ses rues forment toujours un quadrillage régulier et sa place principale s'étend à l'emplacement du forum. L'église San Michele in Foro qui la domine n'est que l'un des nombreux sanctuaires chrétiens construits à Lucques aux XIIe et XIIIe siècles dans le riche style romano-pisan. Les solides remparts qui entourent la ville la protègent désormais de la circulation.

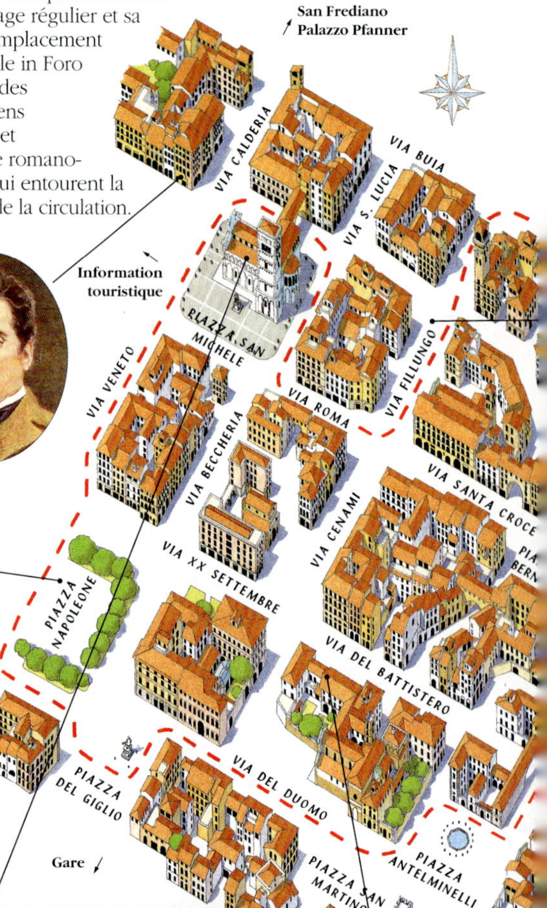

Casa di Puccini
Giacomo Puccini (1858-1924), le compositeur de La Bohème, *naquit dans cette maison.*

Piazza Napoleone
Sœur de Napoléon, Elisa Baciocchi fit percer cette place lorsqu'elle dirigea Lucques de 1805 à 1815.

★ San Michele in Foro
Trois rangs d'arcades aux colonnes toutes différentes animent l'extraordinaire façade de cette église romano-pisane (XIIe-XIVe siècles).

Le museo dell'Opera del Duomo présente des œuvres d'art retirées de la cathédrale San Martino.

À NE PAS MANQUER

★ **San Martino**

★ **San Michele in Foro**

LÉGENDE

– – – Itinéraire conseillé

0 — 300 m

MODE D'EMPLOI

100 000. FS Piazza Ricasoli. Piazzale Verdi. Piazzale Verdi 2 (0583 41 96 89). mer., sam., 3e dim. du mois :marché aux antiquités. Palio della Balestra : 12 juil. ; Estate Musicale : d'avril à sept. ; Luminara di Santa Croce : 13 sept. ; Settembre Lucchese : sept.

Dans via Fillungo, une rue commerçante, plusieurs boutiques portent des décorations Art nouveau.

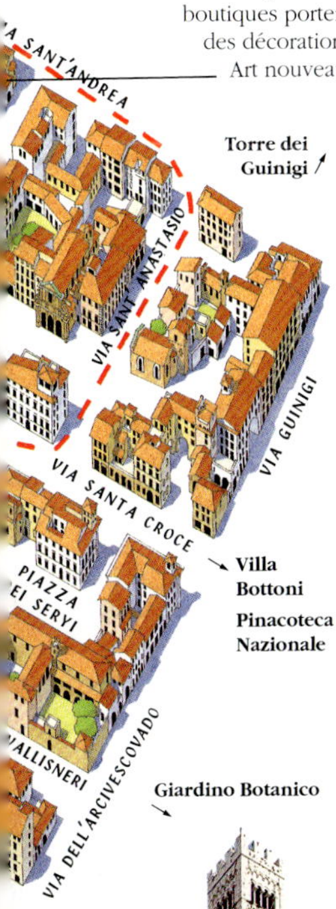

San Martino
La façade asymétrique du Duomo (XIe s.) de Lucques offre un exemple caractéristique de l'exubérant style romano-pisan.

Apôtres de la mosaïque ornant la façade de San Frediano à Lucques

San Frediano

Piazza San Frediano. *t.l.j.*

Une fresque colorée de l'*Ascension* exécutée par l'atelier de Berlinghieri au XIIIe siècle orne la façade de ce sanctuaire construit entre 1112 et 1147. Le bas-côté droit abrite une imposante fontaine lustrale romane dont les décorations sculptées représentent des scènes des vies du Christ et de Moïse. Notez celle où le prophète et ses compagnons franchissent la mer Rouge en tenues de chevaliers médiévaux. Les fresques d'Amico Aspertini (1508-1509), dans la deuxième chapelle du bas-côté gauche, relatent la légende du Volto Santo, relique gardée au Duomo. Jacopo della Quercia et son atelier sculptèrent le superbe retable en marbre qui orne la quatrième chapelle.

San Michele in Foro

Piazza San Michele. *t.l.j.*

Bâtie du XIIe au XIVe siècle à l'emplacement de l'ancien forum romain, San Michele possède une des plus exubérantes façades de style romano-pisan de Toscane. Une immense statue de saint Michel, entouré de deux anges, surmonte ses arcades et galeries au décor très païen : mosaïques de marbre représentant des scènes de chasse et chapiteaux sculptés de figures animales et végétales. L'intérieur présente peu d'intérêt en dehors d'une splendide peinture de Filippino Lippi (1457-1504) : *Sainte Hélène, saint Jérôme, saint Sébastien et saint Roch.*

Casa di Puccini

Via di Poggio. *0583 58 40 28. du mar. au dim. 1er jan., 25 déc.*

La belle maison du XVe siècle où naquit Giacomo Puccini a été transformée en monument à sa mémoire et contient des portraits, des maquettes de costumes pour ses opéras et le piano sur lequel il composait sa dernière œuvre, *Turandot*, quand la mort le surprit.

Via Fillungo

La principale rue commerçante de Lucques, qui s'enfonce au cœur de la vieille ville depuis le portone dei Borghi, longe l'Anfiteatro Romano et conduit jusqu'à San Cristoforo, église romano-gothique du XIIIe siècle. Plusieurs des boutiques qui la bordent sont décorées de ferronneries Art nouveau.

L'un des nombreux bars et magasins de la via Fillungo

À la découverte de Lucques

Protégée derrière ses remparts Renaissance de l'agitation du monde moderne, Lucques offre un réseau de ruelles et de placettes où les édifices et le site d'un amphithéâtre romain évoquent son long passé.

Des maisons marquent l'emplacement de l'amphithéâtre de Lucques

Anfiteatro Romano

Piazza del Anfiteatro.

Il ne reste quasiment rien des pierres de l'amphithéâtre romain édifié ici au IIe siècle av. J.-C., car elles ont servi à construire palais et églises, mais son souvenir se maintient dans la forme elliptique de la piazza del Mercato dont la bordure de maisons, élevées au Moyen Âge contre les murs du monument, a laissé libre l'emplacement de l'arène. Cet ovale n'apparut toutefois clairement qu'en 1830 quand Marie-Louise de Bourbon, alors souveraine de la ville, fit nettoyer les taudis qui s'y serraient. Situés aux quatre points cardinaux, les accès à la piazza continuent d'occuper l'emplacement des portes qu'empruntaient les gladiateurs.

Museo dell'Opera del Duomo

Via Arcivescovado. ☎ *0583 49 05 30.* ○ *t.l.j.*

Installé dans l'ancien palais de l'archevêché (XIVe siècle), ce musée présente une collection d'œuvres provenant de la cathédrale San Martino, notamment une tête de roi

San Martino

Piazza San Martino. ☎ *0583 95 70 68.* ○ *t.l.j.*

Consacrée en 1070, l'extraordinaire cathédrale de Lucques, au campanile curieusement incrusté dans la façade, est ornée aux portails principaux de splendides reliefs du XIIIe siècle par Nicola Pisano et Giudetto da Como. À l'intérieur, le Tempietto abrite le Volto Santo, un crucifix en bois du XIIIe siècle que les pèlerins du Moyen Âge croyaient sculpté par un contemporain du Christ.

La façade
Sculptures et colonnes romanes (1204) décorent ses trois galeries.

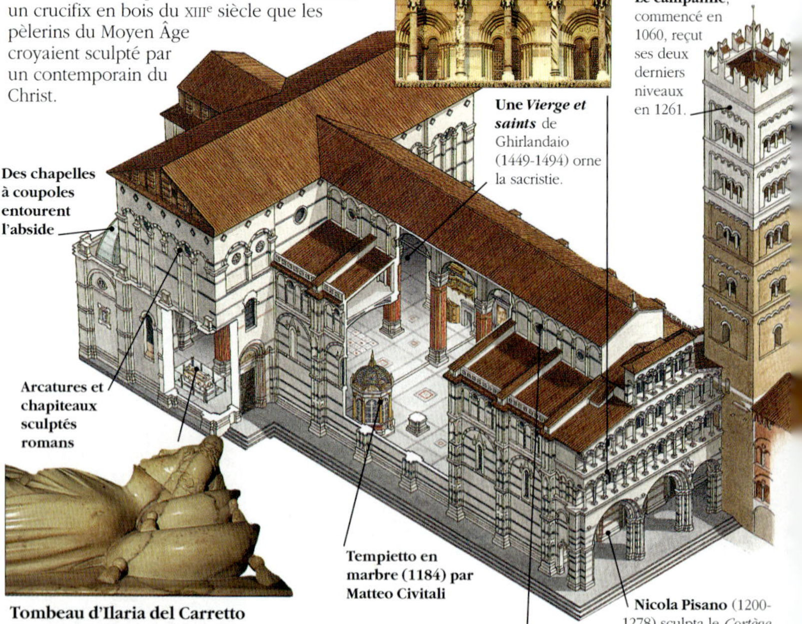

Le campanile, commencé en 1060, reçut ses deux derniers niveaux en 1261.

Une *Vierge et saints* de Ghirlandaio (1449-1494) orne la sacristie.

Des chapelles à coupoles entourent l'abside

Arcatures et chapiteaux sculptés romans

Tempietto en marbre (1184) par Matteo Civitali

Des fenêtres circulaires percées à son sommet éclairent la haute nef centrale de cette église.

Nicola Pisano (1200-1278) sculpta le *Cortège des Rois mages* et la *Déposition de Croix* qui ornent le portail gauche.

Tombeau d'Ilaria del Carretto
Jacopo della Quercia sculpta en 1405-1406 ce superbe portrait en marbre de la jeune épouse de Paolo Guinigi.

Dieux et déesses baroques dans le jardin du palazzo Pfanner

sculptée au XIe siècle qui ornait la façade originale, une cassette en porcelaine de Limoges du XIIe siècle sans doute destinée à une relique de saint Thomas et un chef-d'œuvre d'orfèvrerie : la Croce di Pisani exécutée par Vincenzo di Michele en 1411. Le Christ rédempteur y est entouré d'anges, de la Vierge et de saints.

Palazzo Pfanner

pour restauration.

Le palazzo Pfanner est un édifice imposant construit en 1667. Il possède à l'arrière l'un des plus beaux jardins à la française de Toscane, visible également depuis les remparts. Des statues baroques de déesses et de dieux romains, séparées par des citronniers plantés dans d'énormes pots en terre cuite, bordent son allée centrale.

La maison elle-même renferme une riche collection de costumes de cour des XVIIIe et XIXe siècles. Beaucoup sont en soie, matière dont la production et le commerce assurèrent la prospérité de Lucques.

Remparts

Une double rangée d'arbres ombrage l'enceinte fortifiée de Lucques dont le sommet constitue un très agréable circuit de promenade offrant de superbes vues de la ville. La construction de ces remparts commença vers 1500 quand l'évolution de l'art militaire rendit les vieilles défenses médiévales inefficaces. À l'achèvement des travaux en 1645, les fortifications faisaient partie des plus sophistiquées de leur époque. Elles dominaient un espace dégagé afin d'interdire à un éventuel ennemi d'approcher à couvert et celui-ci existe toujours aujourd'hui. L'enceinte n'a toutefois jamais subi d'attaque et Marie-Louise de Bourbon l'aménagea en jardin public au début du XIXe siècle.

D'imposants remparts entourent Lucques depuis le XVIIe siècle

Santa Maria Forisportam

Piazza di Santa Maria Forisportam.

t.l.j.

Bâtie au XIIe siècle hors de l'enceinte romaine, cette église dont le nom signifie « au-delà de la porte » possède une façade inachevée de style romano-pisan. Un relief du *Couronnement de la Vierge* (XVIIe siècle) orne son portail principal. Un remaniement au début du XVIe siècle éleva la hauteur des nefs. Le Guerchin (1591-1666) peignit le portrait de *Sainte Lucie* et l'*Assomption* qui ornent respectivement la quatrième chapelle du bas-côté sud et le transept nord. C'est un sarcophage paléochrétien qui sert de fonts baptismaux.

Museo Nazionale di Villa Guinigi

Via della Quarquonia. *0583 49 60 33.* *du mar. au dim.* *25 déc.*

La puissante famille des Guinigi régna sur Lucques aux XIVe et XVe siècles et assura son indépendance face aux Médicis. Plusieurs édifices évoquent son souvenir, notamment la torre dei Guinigi, une tour de 41 m de hauteur. Un petit jardin où poussent des chênes rouvres occupe son sommet qui offre un panorama superbe de la ville et des Alpes Apuanes.

Lion roman au museo nazionale Guinigi

C'est en 1418 que Paolo Guinigi fit construire l'imposante villa Renaissance où s'est installé le musée national. Les vestiges d'une mosaïque romaine ainsi que des lions romans retirés des remparts ornent le jardin, tandis que le rez-de-chaussée abrite les pièces archéologiques et les sculptures, dont un remarquable *Ecce homo* par le Lucquois Matteo Civitali (1435-1501) et des reliefs romans provenant de plusieurs églises. La collection de meubles et de peintures du premier étage comprend deux tableaux d'autel de Fra Bartolomeo et des stalles de la cathédrale de Lucques ornées de vues de la ville (1529) en marqueterie.

Pise 7

Incrustation de marbre, façade du Duomo

Au Moyen Âge, la puissance de sa flotte assura à Pise la domination de la Méditerranée occidentale. Commerçant avec l'Espagne et l'Afrique du Nord, ses marchands introduisent en Italie les découvertes et les réalisations du monde musulman. Elles permettent l'édification du Duomo, du campanile (la tour penchée) et du baptistère. En 1284, la défaite de Pise face à Gênes marque le début de son déclin. L'envasement de l'estuaire de l'Arno l'accélère et Florence s'empare de la ville en 1405. En 1944, ce sont des bombardements alliés qui entraînent des destructions.

Détail de la chaire du Duomo

Le baptistère, le Duomo et la tour penchée du Campo dei Miracoli de Pise

Tour penchée

Voir p. 316.

Duomo et baptistère

Piazza Duomo. *050 56 09 21.*
t.l.j.

La célèbre tour penchée de Pise n'est qu'un des splendides monuments religieux qui semblent posés sur la pelouse vert émeraude du Campo dei Miracoli (Champ des Miracles). Elle n'était d'ailleurs à l'origine que le campanile du Duomo commencé un siècle avant elle en 1063 par l'architecte Buscheto qui repose dans un sarcophage sous l'arcade la plus à gauche de la façade du sanctuaire. Décorée de marqueteries polychromes, celle-ci possède trois portails aux vantaux de bronze exécutés par l'atelier de Jean de Bologne. Ceux du portale di San Ranieri qui ouvre sur le transept sud sont l'œuvre (1180) de Bonanno Pisano, premier architecte de la tour penchée. Parmi les plus admirables éléments du décor intérieur figurent la chaire sculptée par Giovanni Pisano entre 1302 et 1311, le tombeau de l'empereur Henri VII (1315) par Tino da Camaino et la mosaïque de l'abside, achevée par Cimabue en 1302.

Gracieux contrepoint à la cathédrale, le baptistère circulaire fut entrepris en 1152 dans le style roman. Après une longue interruption due à un manque d'argent, sa construction reprit en 1260 dans le style gothique sous la direction de Nicola et Giovanni Pisano. Le premier sculpta la magnifique chaire en marbre (1260) ornée, au-dessus de statues allégoriques des Vertus, de reliefs de la *Nativité*, de l'*Adoration des Mages*, de la *Présentation au Temple*, de la *Crucifixion* et du *Jugement dernier*. Les fonts baptismaux (1246) sont de Guido da Como.

Camposanto

Piazza dei Miracoli. *050 56 05 47.*
t.l.j. *1er jan., 25 déc.*

Le « Champ Saint », ou cimetière, est le quatrième élément de l'ensemble formé par les bâtiments du Campo dei Miracoli. Entreprises en 1278 par Giovanni di Simone, les vastes arcades de ce long édifice rectangulaire renferment des sarcophages antiques et paléochrétiens. Les bombardements de 1944 ont gravement endommagé les fresques qui les ornaient, en particulier celles du *Triomphe de la Mort* (1360-1380).

Fresque du *Triomphe de la Mort* au Camposanto

Santa Maria della Spina au bord de l'Arno

Museo dell'Opera del Duomo

Piazza del Duomo. 050 56 18 20. t.l.j.

Installé dans l'ancien chapitre (XIIIe siècle) de la cathédrale, cet excellent musée moderne rassemble des œuvres d'art provenant du Duomo, du baptistère et du Camposanto. On peut y voir un imposant griffon en bronze coulé au Xe siècle par des artisans maures et volé par des aventuriers pisans. De beaux chapiteaux corinthiens et des panneaux décorés d'arabesques en mosaïque de marbre témoignent de la double influence, romaine et islamique, aux XIIe et XIIIe siècles. Le musée renferme également une section archéologique (objets étrusques, romains et égyptiens) et des sculptures par Nicola et Giovanni Pisano, notamment, de ce dernier, une *Vierge à l'Enfant* (1300) en ivoire réalisée pour le maître-autel du Dôme.

Museo Nazionale di San Matteo

Lungarno Mediceo, Piazza San Matteo 1. 050 54 18 65. du mar. au dim.

Au bord de l'Arno, ce musée occupe l'ancien couvent de San Matteo à l'élégante façade gothique. Souvent mal étiquetées et installées dans des salles dont plusieurs ne portent pas de numéro, ses collections offrent néanmoins une occasion rare d'avoir un aperçu général des arts pisans et florentins du XIIe au XVIIIe siècle. Consacrée à la sculpture et aux peintres primitifs toscans, l'exposition des premières salles permet d'admirer un polyptyque du XIVe siècle du Pisan Francesco Traini représentant des *Scènes de la vie de saint Dominique*, ainsi qu'une *Vierge et saints* (1321) du Siennois Simone Martini. La *Madonna del Latte*, statue de la Vierge allaitant l'Enfant, est attribuée à Andrea Pisano.

Griffon en bronze du Xe siècle

La salle 6 abrite certaines des plus belles œuvres du musée comme le *Saint Paul* (1426) de Masaccio, le buste reliquaire de *Saint Lussorio* (1424-1427) par Donatello et une lumineuse *Vierge à l'Enfant* par Gentile da Fabriano (v. 1370-1427). Les dernières salles présentent des peintures par Guido Reni, Benozzo Gozzoli, Rosso Fiorentino et un *Christ* attribué à Fra Angelico (v. 1395-1455).

Vierge et saints (1321) par Simone Martini au Museo Nazionale

MODE D'EMPLOI

100 000. Galileo Galilei 5 km au sud. FS Pisa Centrale, Piazza della Stazione. Piazza Sant'Antonio. Piazza del Duomo (050 56 04 64). Piazza della Stazione (050 422 91). mer., sam. Regata di San Ranieri : 17 juin ; Gioco del Ponte : der. dim. de juin.

Santa Maria della Spina

Lungarno Gambacorti. 050 53 24 74. sur autorisation seulement.

Près du ponte Solferino, les flèches, pinacles et statues qui hérissent la toiture de cette charmante chapelle romano-gothique en font un reliquaire des plus appropriés pour l'épine de la couronne du Christ *(spina)* qu'elle renferme depuis le XIVe siècle. Bâtie à l'origine à l'embouchure de l'Arno, Santa Maria fut démontée et reconstruite sur ce site à l'abri des crues du fleuve en 1871.

Piazza dei Cavalieri

La prestigieuse Scuola Normale Superiore de l'université de Pise occupe le grand bâtiment qui dresse sa façade ornée d'exubérants *sgraffiti* noirs et blancs au nord de la place des Chevaliers. C'était au Moyen Âge l'hôtel de ville, ou palazzo degli Anziani, mais Cosme Ier commanda en 1562 à Vasari sa transformation en quartier général de l'ordre des Chevaliers de Saint-Étienne qu'il venait de fonder. Pietro Francavilla sculpta en 1596 la statue équestre de Cosme qui se dresse devant l'église Santo Stefano dei Cavalieri (1565-1569), œuvre de Vasari au superbe plafond.

La tour penchée de Pise

Leurs fondations peu profondes et la composition du sol, sensible aux variations d'humidité, ont fait pencher tous les édifices du Campo dei Miracoli. Mais aucun ne penche comme la *Torre pendente*. Commencé en 1173, ce campanile pencha avant même l'achèvement de son troisième étage. On interrompit donc sa construction pendant 90 ans et les travaux ne finirent qu'au milieu du XIVe siècle par l'ajout du clocheton d'où Galilée put effectuer ses expériences sur la chute des corps. L'inclinaison continue aujourd'hui de s'accentuer et la tour a été fermée au public.

Galilée (1564-1642)

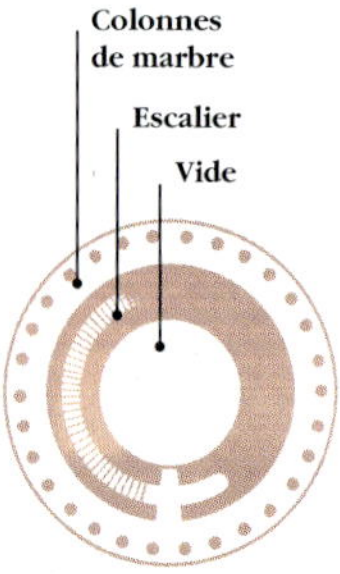

L'escalier central
Cette vue en coupe du troisième étage montre que le corps de la tour ne contient qu'un escalier en spirale.

Suprématie navale
De petits vaisseaux, tel celui sculpté près de l'entrée, jouaient un rôle important dans la flotte de Pise.

Vinci 8

Florence. 1 500. mer.

Dans le village natal de Léonard de Vinci (1452-1519), un château du XIIIe siècle restauré en 1952 abrite le **Museo Leonardiano**, musée souvent bondé le dimanche. Réalisées à partir de croquis présentés à côté, de nombreuses maquettes des inventions du maître de la Renaissance, notamment une bicyclette, un véhicule blindé et des skis pour marcher sur l'eau, rendent hommage à son génie.

Museo Leonardiano
Castello dei Conti Guidi. 0571 560 55. *t.l.j.*

Bicyclette d'après des dessins de Léonard, Museo Leonardiano

Pistoia 9

93 000. FS *Palazzo dei Vescovi, Piazza del Duomo (0573 216 22).* *mer. et sam.*

Les habitants de Pistoia gardent une réputation de fourberie dont les origines remontent aux luttes entre *Bianchi* et *Neri* (blancs et noirs) qui déchirèrent la ville au XIIIe siècle. Beaucoup périrent d'un coup de pistola, petite dague dont les artisans de la cité s'étaient fait une spécialité. C'est aujourd'hui l'industrie mécanique qui est le moteur de la vie économique de Pistoia, mais la cité a conservé un beau centre historique.

Duomo
Piazza del Duomo. *t.l.j.*
Face au baptistère octogonal achevé en 1359, l'imposant campanile (XIIIe siècle) et la façade en marbre de la cathédrale romano-pisane de Pistoia dominent la piazza del Duomo. Des terres cuites d'Andrea della Robbia décorent son portique (1311) et le tympan du portail central.

Le sanctuaire renferme plusieurs monuments funéraires. Dans le bas-côté droit, celui du poète Cino da Pistoia est orné d'un relief (1337) le montrant en train de donner une lecture. Non loin, une grille ferme la chapelle Saint-Jacques dont l'autel en argent comprend 628 personnages représentés sous forme de bas-reliefs ou de figurines. Commencé en 1287, ce chef-d'œuvre ne fut achevé qu'en 1456. Brunelleschi, qui débuta comme orfèvre avant de se consacrer à l'architecture, y travailla.

Détail d'une frise (1514-1525) par Giovanni della Robbia, ospedale del Ceppo

Ospedale del Ceppo
Piazza Giovanni XXIII.
Hospice et orphelinat fondé en 1277, cet établissement porte le nom du tronc d'arbre creux qui servait au Moyen Âge à recueillir les offrandes faites aux œuvres de bienfaisance. Michelozzo dessina le portique décoré de panneaux en terre cuite par Giovanni della Robbia représentant *Sept œuvres de miséricorde* (1514-1525).

Façade romano-pisane du Duomo (San Zeno) de Pistoia

Cappella del Tau
Corso Silvano Fedi 70. *du lun. au sam. matin.*
Le nom de cette chapelle vient du T (tau en grec) symbolisant une béquille que portaient sur leur soutane les moines appartenant à un ordre de bienfaisance qui commandèrent sa construction. Elle renferme des fresques de la *Création* et de la *Vie de saint Antoine* (1370) par Niccolò di Tommaso. Deux portes plus bas, le **palazzo Tau** abrite un centre de documentation sur l'artiste Marino Marini (1901-1980).

***La Chute* (1372) par Niccolò di Tommaso, cappella del Tau**

San Giovanni Fuorcivitas
Via Cavour. *t.l.j.*
Cette église romano-pisane commencée au XIIe siècle et achevée au XIVe se trouvait jadis, comme son nom l'indique, hors des murs de la ville. Gruamonte sculpta en 1162 le relief roman représentant *La Cène* au linteau du portail.

De nombreuses œuvres d'art décorent l'intérieur. Giovanni Pisano (1245-1320) exécuta les Vertus cardinales ornant la vasque du bénitier, et Fra Guglielmo da Pisa les scènes du Nouveau Testament (1270) de la chaire. Le polyptyque (1355) à gauche du maître-autel est de Taddeo Gaddi.

Prato ⑩

Florence. 170 000. Via Cairoli 48 (0574 241 12). lun.

Malgré les ateliers et usines de textiles qui le cernent, le centre de Prato a conservé de beaux bâtiments anciens. Entrepris en 1211, le **Duomo** romano-gothique domine la place principale. Sa façade porte à l'angle droit la chaire de la Sainte-Ceinture (1434-1438) dessinée par Donatello et Michelozzo. Tous les ans, on y présente la relique que la Vierge aurait remise à saint Thomas et qui est conservée dans la première chapelle de droite où des fresques (1392-1395) par Agnolo Gaddi relatent sa légende. Un chef-d'œuvre de Fra Filippo Lippi orne l'abside : la *Vie de saint Jean-Baptiste*. Du même peintre, le **Museo Civico** présente la *Madonna del Ceppo*.

Parmi les monuments à visiter à Prato figurent l'église **Santa Maria delle Carceri** dessinée par Giuliano da Sangallo, le **castello dell'Imperatore** bâti par Frédéric II en 1237 et le **museo del Tessuto** (musée du Tissu).

Museo Civico
Palazzo Pretorio, Piazza del Comune. 0574 45 23 02 24. du mer. au lun.

Castello dell'Imperatore
Piazza delle Carceri. du mer. au lun.

Museo del Tessuto
Palazzo del Comune. 0574 61 15 03. sur r.-v.

***Madonna del Ceppo* de Fra Filippo Lippi au Museo Civico de Prato**

La Villa di Artimino, ou « villa des 100 cheminées », de Buontalenti

Artimino ⑪

Prato. 400.

Exemple typique de hameau fortifié, ou *borgo*, Artimino offre de beaux panoramas et possède une église romane, **San Leonardo**, remarquablement préservée. Hors des murs, Buontalenti édifia en 1594 pour Ferdinand Ier la **villa di Artimino**. Aussi appelée « villa des cent cheminées », elle abrite le **Museo Archeologico Etrusco**.

Aux environs

Les admirateurs de l'œuvre du Pontormo (1494-1557) se doivent de visiter l'église **San Michele** de Carmignano, à 5 km au nord d'Artimino, pour y contempler sa *Visitation* (1530). Plus à l'est, à **Poggio a Caiano**, se trouve la villa construite en 1480 par Giuliano da Sangallo pour Laurent le Magnifique *(p. 245)*. C'était la première villa italienne de style Renaissance. Ses appartements ornés de fresques se visitent.

Villa di Artimino
Viale Papa Giovanni 23. **Villa** 055 879 20 40. mar. matin sur r.-v. **Musée** 055 871 81 24. du jeu. au mar. matin.

Poggio a Caiano
Piazza Medici. 055 87 70 12. du mar. au dim.

San Miniato ⑫

Pisa. 3 900. Piazza del Popolo 3 (0571 427 45). mar.

Malgré la proximité de la conurbation industrielle de la vallée de l'Arno, cette petite ville a réussi à préserver son caractère. Les ruines de la forteresse *(rocca)* élevée par l'empereur Frédéric II (1194-1250) la dominent. Non loin, le **Museo Diocesano** présente la *Vierge à la Sainte-Ceinture* par Andrea del Castagno (v. 1417-1457), un buste du Christ en terre cuite attribué à Verrocchio (1435-1488) et une belle *Crucifixion* (v. 1430) par Filippo Lippi. Le **Duomo** possède une façade romane en briques du XIIe siècle. Des incrustations de majolique y rappellent les rapports commerciaux qui existaient au Moyen Âge entre la Toscane et l'Espagne et l'Afrique du Nord. Elles pourraient représenter les constellations servant de points de repère aux navigateurs.

Museo Diocesano
Piazza Duomo. 0571 41 82 71. de mars à oct. : du mar. au dim. ; de nov. à fév. : sam. et dim.

Façade du Duomo de San Miniato

Fiesole ⑬

Florence. 15 000. Piazza Mino da Fiesole 37 (055 59 87 20). sam.

Niché dans des collines plantées d'oliviers, le village de Fiesole, réputé pour la salubrité de son air, domine la vallée de l'Arno à 8 km au nord de Florence. Fondée au VIIe siècle av. J.-C., la colonie étrusque originale commença à décliner après la création de Florence au Ier siècle av. J.-C.

L'imposant campanile du **Duomo**, la cathédrale San

Fiesole vu depuis la via di San Francesco

Remolo, se dresse sur la place centrale, la piazza Mino da Fiesole. Entrepris en 1028, le sanctuaire de style roman possède un intérieur dépouillé aux colonnes coiffées de chapiteaux antiques. Derrière l'église s'étend un jardin archéologique qui renferme les vestiges d'un **théâtre romain** du Ier siècle av. J.-C., des traces de **fortifications étrusques** du IVe siècle av. J.-C. et le **museo Faesulanum** dont les collections comprennent des sculptures, des céramiques et des bijoux remontant pour les plus anciens à l'âge du bronze.

Montée abrupte, la via di San Francesco offre de beaux points de vue et conduit au monastère franciscain de **San Francesco** et à la basilique **Sant'Alessandro** qui recèle derrière une façade néo-classique un intérieur roman du IXe siècle.

La via Vecchia Fiesolana rejoint le hameau de **San Domenico**. Son église du XVe siècle renferme une *Vierge avec saints* par Fra Angelico. Celui-ci peignit également vers 1430 la *Crucifixion* du réfectoire du couvent. La via della Badia dei Roccettini descend ensuite à la **Badia Fiesolana** dont la façade Renaissance inachevée incorpore celle, plus petite et incrustée de marbre, de l'ancienne église romane.

Museo Faesulanum

Via Portigiani 1. 055 594 77. *t.l.j. (d'oct. à mars : du mer. au lun.).*

Arezzo ⓮

92 000. Piazza della Repubblica (0575 37 76 78). sam.

L'orfèvrerie qu'elle exporte dans toute l'Europe fait d'Arezzo l'une des plus riches cités de Toscane. Malgré d'importants dommages subis pendant la dernière guerre, elle conserve quelques monuments extraordinaires, en particulier l'église **San Francesco** qu'ornent les célèbres fresques peintes par Piero della Francesca *(p. 320-321)*. Non loin, la **Pieve di Santa Maria** dresse sur le corso Italia, principale rue commerçante de la ville, une façade romane qui fait partie des plus ouvragées de Toscane. Derrière, la **Piazza Grande** marque une pente raide. Une élégante arcade dessinée par Vasari en 1573 la borde au nord, tandis qu'à l'ouest le **palazzo della Fraternità dei Laici** (1377-1552) porte un relief de la *Vierge* sculpté en 1434 par Bernardo Rossellino. L'immense **Duomo** mérite une visite pour ses vitraux du XVIe siècle et la fresque de *Marie-Madeleine* par Piero della Francesca (1416-1492) qui se trouve près du tombeau de l'évêque Guido Tarlati mort en 1327. Le **museo del Duomo** présente trois crucifix en bois datant des XIIe et XIIIe siècles, un bas-relief en terre cuite de l'*Annonciation* (1434) par Bernardo Rossellino et des fresques par Vasari (1512-1574). D'autres œuvres de ce dernier s'admirent à la **casa di Vasari** qu'il édifia en 1540 ainsi qu'au **museo d'Arte Medioevale e Moderna**, réputé pour sa remarquable collection de majoliques.

La **Fortezza Medicea**, ruine d'une forteresse édifiée par Antonio da Sangallo le Jeune au XVIe siècle, offre un beau panorama.

Museo del Duomo

Piazzetta del Duomo 13. *0575 239 91. du jeu. au sam. matin.*

Casa di Vasari

Via XX Settembre 55. *0575 30 03 01. t.l.j.*

Museo d'Arte Medioevale e Moderna

Via di San Lorentino 8. *0575 30 03 01. t.l.j.*

Fortezza Medicea

Parco il Prato. *0575 37 76 66. t.l.j.*

Marché aux antiquités sur la Piazza Grande d'Arezzo (tous les mois)

Arezzo : San Francesco

Piero della Francesca peignit de 1452 à 1466 dans l'abside de cette église du XIIIe siècle son chef-d'œuvre : *La Légende de la Sainte Croix.* Ce cycle de fresques, l'un des plus beaux d'Italie, raconte comment la Croix, taillée dans l'arbre de la connaissance dont un fruit tenta Adam, fut découverte près de Jérusalem par l'impératrice Hélène, puis servit d'emblème à son fils Constantin lors de la bataille où se joua en 312 le sort de l'Empire romain et de la chrétienté.

Groupe de spectateurs
Ces personnages s'agenouillent devant Héraclius, vainqueur du Perse Chosroês.

Déterrement de la Croix
La représentation de Jérusalem donne une bonne image d'Arezzo au XVe siècle.

La Croix revient à Jérusalem.

La défaite de Chosroês rend aux chrétiens la Croix dérobée par les Perses.

Judas révèle l'emplacement de la Croix.

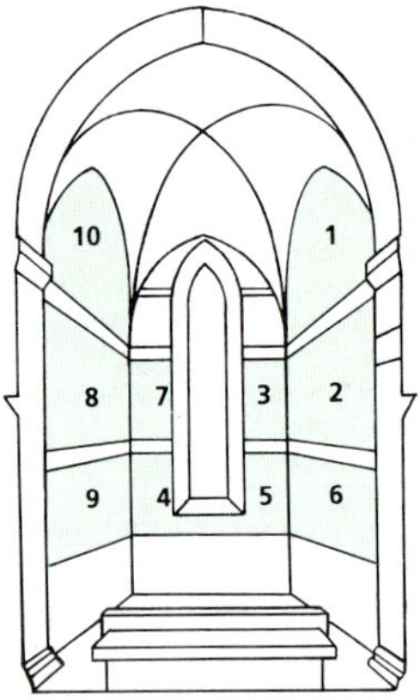

Clé des fresques

1 La Mort d'Adam ; un rameau de l'arbre de la connaissance est planté sur sa tombe ; **2** La Rencontre de Salomon et de la reine de Saba ; la reine prédit qu'un pont fait de l'arbre de la connaissance servira à crucifier le plus grand roi du monde ; **3** Salomon, se croyant le plus grand roi du monde, fait enterrer le pont ; **4** L'Annonciation ; la composition en croix de la fresque évoque la mort du Christ ; **5** Constantin rêve de la Croix et entend une voix prononcer : « Par ce signe tu conquerras » ; **6** Constantin défait son rival Maxence ; **7** Le Supplice du Juif Judas ; il révèle l'emplacement de la Croix ; **8** Trois croix sont déterrées ; Hélène, mère de Constantin, reconnaît la vraie ; **9** La Défaite de Chosroês, roi perse qui avait dérobé la Croix ; **10** La Croix revient à Jérusalem.

Crucifix peint
Le crucifix peint du XIIIe siècle forme le point focal des fresques. Saint François, à qui l'église est dédiée, prie au pied de la Croix.

La Mort d'Adam
Ce portrait expressif d'Adam et Ève âgés témoigne de la maîtrise de l'anatomie par l'un des premiers artistes à peindre des personnages nus.

Mode d'emploi

Piazza San Francesco, Arezzo. ☎ *0575 206 30.* ◯ *de 8 h 30 à 12 h, de 14 h à 19 h t.l.j. (hiver : 14 h 30-16 h 30).* ✝ *t.l.j.* ♿

Les prophètes ne semblent pas jouer de rôle dans le cycle narratif mais juste remplir une fonction décorative.

Les édifices, dans la fresque, reflètent les goûts architecturaux de la Renaissance.

Le bois de la Croix est enterré.

Constantin rêve de la Croix la veille de la bataille contre Maxence.

Constantin conduit sa cavalerie à la bataille.

La reine de Saba reconnaît le bois de la Croix.

Rencontre de Salomon et de la reine de Saba
Elle symbolise l'espoir nourri au XVe siècle d'une union des Églises catholiques d'Orient et d'Occident.

La Résurrection **(1463) de Piero della Francesca à Sansepolcro**

Sansepolcro ⓯

Arezzo. 16 000. Piazza Garibaldi 2 (0575 74 05 36). mar., sam.

Sansepolcro est la ville natale de Piero della Francesca (v. 1416-1492) et son **Museo Civico** expose le *Polyptyque de la Miséricorde*, première œuvre importante de l'artiste, et la célèbre *Résurrection* (1463). Ne pas manquer non plus une *Crucifixion* (XVe siècle) par Luca Signorelli et, à l'église **San Lorenzo**, la *Déposition de Croix* du maniériste Rosso Fiorentino (1494-1541).

À 13 km au sud-ouest de Sansepolcro, le musée de Monterchi abrite la *Madonna del Parto* (1460) de Piero della Francesca.

Museo Civico

Via Aggiunti 65. 0575 73 22 18. t.l.j. jours fériés.

Cortone ⓰

Arezzo. 23 000. FS Via Nazionale 42 (0575 63 03 52). sam.

Ville perchée fondée par les Étrusques, Cortone a gardé à l'intérieur de ses remparts un dédale de ruelles moyenâgeuses que dominent des bâtiments anciens tels que le **Palazzo Comunale** (XIIIe-XVe siècles) sur la piazza Signorelli. Le **museo dell'Accademia Etrusca** borde également cette place. Il possède de belles pièces étrusques et une collection d'objets égyptiens et romains. Installé dans l'église du Gesù (XVIe siècle), le petit **Museo Diocesano** présente notamment une *Crucifixion* par Piero Lorenzetti (v. 1280-1348), une sublime *Annonciation* (v. 1434) par Fra Angelico et une *Déposition de Croix* (1502) par Luca Signorelli. Né à Cortone, ce dernier repose dans l'église **San Francesco** bâtie en 1245 et décorée d'une *Annonciation* baroque, la dernière œuvre de Pierre de Cortone (1596-1669).

À un quart d'heure à pied du centre, l'église de la **Madonna del Calcinaio** est un joyau de la Renaissance construit en 1485 par Francesco di Giorgio Martini pour abriter une peinture miraculeuse. Les vitraux (XVIe siècle) sont de Guillaume Marcillat.

Le Palazzo Comunale (XIIIe siècle) de Cortone

Museo dell'Accademia Etrusca

Palazzo Casali, Piazza Signorelli 9. 0575 63 04 15. du mar. au dim.

Museo Diocesano

Piazza del Duomo 1. 0575 628 30. du mar. au dim.

Chiusi ⓱

Siena. 10 000. FS Via Porsenna 73 (0578 22 76 67). mar.

Ville essentiellement moderne aujourd'hui, Chiusi fut une importante cité étrusque qui atteignit le faîte de sa puissance aux VIIe et VIe siècles av. J.-C. *(p. 41)*. Les nombreuses tombes qui parsèment la campagne environnante rappellent cette époque glorieuse. Les sarcophages et les urnes funéraires de toutes formes (maisons, silhouettes humaines, etc.) exposés au **Museo Nazionale Etrusco** en proviennent. On peut s'y inscrire pour une visite guidée de la nécropole.

Cathédrale romane incorporant des colonnes et des chapiteaux antiques, le **Duomo** est décoré de peintures murales (1887) par Arturo Viligiardi. Sous le maître-autel se trouve une mosaïque romaine. Le cloître du sanctuaire abrite le **museo della Cattedrale** qui présente une collection de sculptures romaines, lombardes et médiévales. Il organise également des visites des galeries creusées sous la ville par les Étrusques et transformées aux IIIe et Ve siècles en catacombes chrétiennes.

Frise étrusque au Museo Nazionale Etrusco de Chiusi

La piazza Pio II de Pienza dessinée par Bernardo Rossellino (1459)

qui provoque des fissures dans le sol et les murs. Il renferme six *Vierge à l'Enfant* commandées aux plus grands peintres siennois de l'époque. Les remparts forment un très agréable lieu de promenade.

Palazzo Piccolomini
Piazza Pio II. 0578 74 85 03.
du mar. au dim.

Museo Nazionale Etrusco
Via Porsenna 17. 0578 201 77.
t.l.j.

Museo della Cattedrale
Piazza del Duomo. 0578 22 64 90. t.l.j.

Montepulciano 18

Siena. 14 000. Via Ricci 9 (0578 75 86 87). jeu.

Riche en palais Renaissance, voici l'une des villes fortifiées les plus hautes de Toscane ; elle offre de ses remparts de belles vues sur l'Ombrie et les vignobles d'où est issu le Vino Nobile qui a établi sa réputation. La rue principale, le corso, grimpe en sinuant jusqu'à la grand-place où s'élève le **Duomo** (1592-1630) qui abrite l'un des premiers chefs-d'œuvre de l'école siennoise : l'*Assomption de la Vierge* (1401) de Taddeo di Bartoli. Belle église Renaissance, le **tempio di San Biagio** (1518-1534) borde la route de Pienza.

Pienza 19

Siena. 2 300. Corso il Rossellino 59 (0578 74 90 71).
ven.

Né en 1405 dans un village qui s'appelait encore Corsignano, Enea Silvio Piccolomini devint l'un des humanistes les plus renommés de son temps, puis fut élu pape sous le nom de Pie II en 1458. L'année suivante, il engageait Bernardo Rossellino pour transformer son lieu de naissance en une ville conforme aux idéaux de la Renaissance et digne de porter son nom. Entre 1459 et 1462, l'architecte et sculpteur florentin éleva l'hôtel de ville, la cathédrale et le palais pontifical, ou **palazzo Piccolomini**, qui se dressent autour de la piazza Pio II. L'ambitieux projet s'arrêta là, mais ce centre urbain créé pour lui enchanta tant son commanditaire qu'il pardonna même à Rossellino les détournements de fonds dont il s'était rendu coupable.

Les descendants de la famille Piccolomini habitèrent jusqu'en 1968 le palais, aujourd'hui ouvert au public, et la chambre et la bibliothèque de Pie II contiennent toujours ses objets personnels. Une élégante cour intérieure donne accès à un jardin suspendu et à sa loggia qui offre un superbe panorama.

Le **Duomo** voisin *(p. 244)* souffre d'un affaissement à son extrémité orientale

Montalcino 20

Siena. 5 100. Costa del Municipio 8 (0577 84 93 31). ven.

Les rues étroites de ce village perché au-dessus des vallées de l'Ombrone et de l'Asso grimpent jusqu'à la **fortezza** et ses remparts du XIVe siècle qui le dominent et où une enoteca propose les vins de la région, dont le Brunello, l'un des vins rouges les plus réputés d'Italie. Le temps paraît s'être arrêté à Montalcino qui offre un cadre charmant où se promener pour découvrir notamment le monastère de Sant'Agostino et son église du XIVe siècle, et juste le long le Palazzo Vescovile. Sur la piazza del Popolo, la tour du Palazzo Communale domine la ville.

Fortezza
Piazzale della Fortezza. 0577 84 92 11. **Enoteca** de mi-juil. à fin sept. : t.l.j. ; d'oct. à mi-juil. : du mar. au dim. pour les remparts.

Le tempio di San Biagio à la périphérie de Montepulciano

Paysage du Crete Senesi

Crete Senesi 21

Asciano FS Corso Matteotti (0577 71 95 10).

Au sud de Sienne s'étend la région connue sous le nom de Crete Senesi et surnommée le « désert toscan », car sans les haies de cyprès et de pins plantées pour protéger du vent quelques rares fermes isolées, ces collines argileuses ravinées par les pluies présenteraient des paysages souvent très désolés. Les troupeaux de brebis qui y paissent produisent le lait nécessaire à la fabrication du *pecorino*, fromage apprécié dans tout le pays.

Sienne 22

Voir p. 328-333.

Monteriggioni 23

Siena. 7 000.

Ce bourg fondé en 1203 est un splendide exemple de village médiéval fortifié. Entouré de murailles dominées par quatorze puissantes tours, il gardait le territoire contrôlé par Sienne d'une éventuelle offensive florentine.

Le spectacle présenté par cette citadelle au Moyen Âge impressionna suffisamment Dante pour qu'il l'évoque dans son *Enfer* où il compare Monteriggioni à des géants debout dans un fossé. Il reste aujourd'hui tout aussi saisissant, en particulier lorsqu'on le découvre depuis la route de Colle di Val d'Elsa.

À l'intérieur de son enceinte, le village assoupi ne propose toutefois guère au visiteur qu'une vaste place, une jolie église romane, une ou deux boutiques d'artisanat, quelques restaurants et des magasins vendant les « Castello di Monteriggioni », vins locaux.

Aux environs
À 3 km à l'ouest de Monteriggioni, **Abbadia dell'Isola**, ancienne église cistercienne (XIIe siècle), connut une importante reconstruction au XVIIIe siècle après l'effondrement de sa coupole. Elle abrite des fresques par Taddeo di Bartolo et Vincenzo Tamagni et un retable Renaissance.

Détail de la chaire du Duomo de Volterra

San Gimignano 24

Voir p. 334-335.

Volterra 25

Pisa. 13 000. Via Giusto Turazza 2 (0588 861 50). sam.

Perché sur une éminence isolée à l'emplacement d'une ancienne ville étrusque, ce bourg médiéval offre une vue saisissante sur les collines qui l'entourent. Il doit sa réputation au travail de l'albâtre et à son musée archéologique, le **museo Guarnacci**, qui possède la plus riche collection étrusque d'Italie. Un ensemble unique de plus de 600 urnes funéraires en albâtre et en terre cuite en forme le cœur.

Sur la piazza dei Priori se dresse le **palazzo dei Priori**, siège du gouvernement au Moyen Âge. Entrepris en 1208, c'est le plus ancien palais toscan de ce modèle. Il est décoré de fresques du XIVe siècle. Sur la piazza San Giovanni voisine, le **Duomo** romano-pisan renferme une chaire aux panneaux sculptés au XIIIe siècle. Attribué à Antonio da Sangallo l'Ancien, le palazzo Minucci-Solaini (XVe siècle) abrite la **Pinacoteca e Museo Civico** dont la collection comprend des œuvres d'artistes florentins comme le *Rédempteur et des saints* peint par Ghirlandaio en 1492 pour le monastère San Giusto, couvent qui dut être abandonné après un glissement de terrain. Luca Signorelli, dans sa *Vierge à l'Enfant avec des saints* (1451), rappelle par une frise à la base du trône sa dette à l'art romain. La composition de son *Annonciation* (1451) est d'un grand équilibre, alors que celle de la *Déposition* maniériste peinte par Rosso Fiorentino en 1521 est centrée sur le corps pâle et inanimé du Christ.

Monteriggioni, ville fortifiée magnifiquement préservée

Une épaisse forêt entoure les ruines de l'abbaye de San Galgano

Museo Guarnacci
Via Don Minzoni 15. *0588 863 47.* *t.l.j.* *1er jan., 25 déc.*

Pinacoteca e Museo Civico
Via dei Sarti 1. *0588 875 80.* *t.l.j.* *1er jan., 25 déc.*

San Galgano 26

Siena. *depuis Sienne.* *0577 75 10 44.* **Abbaye et oratoire** *t.l.j.*

Des moines cisterciens édifièrent de 1224 à 1288 ce sanctuaire gothique en briques et travertin et, bien qu'il ait perdu sa toiture au XVIIe siècle, il garde, dans son cadre sauvage et magnifique, une aérienne majesté. Abandonné en 1652, le site resta de longues années déserts, mais une congrégation de religieuses olivétaines restaure actuellement le cloître et les bâtiments monastiques attenants à l'église en ruine.

Sur la colline dominant l'abbaye, la **chapelle Montesiepi** occupe depuis 1185 l'emplacement de l'ermitage de saint Galgano. Juste derrière la porte de l'**oratoire** circulaire, une poignée d'épée dépassant du rocher rappelle la légende de ce chevalier né en 1148 qui, frappé par la futilité de son existence paillarde, décida de se tourner vers Dieu. Il voulut briser son épée, mais, au lieu de se rompre, elle s'enfonça dans le rocher, signe, pour lui, que le Seigneur approuvait sa vocation. Il construisit une hutte à l'emplacement du miracle et y mourut en ermite en 1181. Le pape Urbain III canonisa Galgano en 1185, le donnant en exemple à tous les chevaliers de la chrétienté.

Des fresques estompées d'Ambrogio Lorenzetti (1344) décorent les murs de la petite chapelle contre laquelle s'appuie une échoppe proposant, à côté de livres sur l'histoire de la région, huile d'olive, aromates, vins et produits de toilette locaux.

Massa Marittima 27

Grosseto. *9 500.* *Amatur, via Norma Parenti 22 (0566 90 27 56).* *mer.*

Située dans les collines Métallifères d'où furent longtemps extraits plomb, cuivre et argent, cette agréable cité médiévale n'offre pas le triste visage d'une ville industrielle malgré son histoire liée à l'activité minière. République indépendante de 1225 à 1335, elle s'embellit pendant cette période d'édifices romans tels que le **Duomo**, sur la piazza Garibaldi, dédié à saint Cerbone dont un relief au tympan du portail principal raconte la légende. La cathédrale abrite une *Maestà* (v. 1316) attribuée à Duccio.

En partie installé dans une ancienne galerie de mine, l'intéressant **museo della Miniera** présente l'histoire de l'exploitation minière, de ses techniques et de son outillage depuis le temps des Étrusques jusqu'à nos jours.

Le **Museo Archeologico** occupe un bâtiment du XIIIe siècle. Ses collections rassemblent des objets datant du paléolithique à l'époque romaine.

Museo della Miniera
Via Corridoni. *0566 90 22 89.* *du mar. au dim. (juil. et août : t.l.j.).*

Museo Archeologico
Palazzo del Podestà, Piazza Garibaldi. *0566 90 22 89.* *du mar. au dim.*

Le Duomo et les toits de Massa Marittima

Colline dénudée dans le Crete Senesi au sud-est de Sienne ▷

Sienne pas à pas ㉒

Emblème d'une *contrada*

Comme Rome, Sienne est bâtie sur sept collines et cette caractéristique ajoute au plaisir de son exploration : à tout moment, on peut déboucher d'un labyrinthe de maisons médiévales pour découvrir la ville s'offrant tout entière au regard. Ses rues convergent vers la piazza del Campo, l'une des plus vastes places médiévales d'Europe, cœur de la cité et de ses 17 *contrade*, paroisses dont l'intense rivalité s'exprime deux fois par an à l'occasion de la course du Palio *(p. 331)*. Leurs emblèmes ornent partout enseignes et drapeaux.

Le Duomo de Sienne se détache sur l'horizon

★ Duomo
Surmontées des bustes de 171 papes, des colonnes de marbre supportent la voûte peinte en bleu et parsemée d'étoiles dorées pour évoquer le ciel nocturne.

La via della Galluzza conduit à la maison de sainte Catherine.

Le baptistère abrite de belles fresques et des fonts sculptés par Donatello, Jacopo della Quercia et Ghiberti.

Chaque étage du campanile possède une fenêtre de plus que celui du dessous.

Museo dell'Opera del Duomo
La Maestà *de Duccio, l'une des plus belles peintures siennoises, fut portée en procession triomphale à son achèvement en 1311 et influença les artistes de la ville pendant des décennies.*

LÉGENDE

– – – Itinéraire conseillé

0 300 m

Loggia della Mercanzia
Marchands et changeurs de monnaie se retrouvaient pour leurs affaires sous cette arcade bâtie en 1417.

Mode d'emploi

60 000. FS Piazzale Rosselli. Piazza San Domenico. Piazza del Campo 56 (0577 28 05 51). mer. Palio : 2 juil., 16 août ; Settimana Musicale Chigiana (concerts de musique classique) : juil.

La loggia del Papa fut construite en 1462 en l'honneur de Pie II.

Information touristique

Tambour du Palio de Sienne

Piazza del Campo

La plus gracieuse piazza d'Italie occupe l'emplacement du forum antique et commença à prendre son aspect actuel en 1293 quand le conseil des Neuf qui veillait alors aux destinées de la ville décida de lui donner une vaste grand-place et acquit dans ce but un terrain en forme de coquillage. Pour entretenir le souvenir de ce gouvernement instauré au temps où la grandeur de Sienne assurait son indépendance, huit bandes claires partagent en neuf quartiers le pavage de briques rouges entrepris en 1327 et achevé en 1349. Elles symbolisent en outre les plis protecteurs du manteau de la Vierge. Cafés, restaurants et palazzi élégants bordent la place que dominent le **Palazzo Pubblico** (1297-1342) et sa **torre del Mangia** élevée en 1348 *(p. 330)*. Par ses dimensions, cet ensemble imposant tend à éclipser la petite **fonte Gaia** qui leur fait face. Son bassin en marbre est orné de statues et d'une réplique des reliefs sculptés par Jacopo della Quercia entre 1409 et 1419. Ils représentent *La Création d'Adam*, une *Vierge à l'Enfant*, *Les Vertus* et *Adam et Ève chassés du Paradis*. Les originaux se trouvent depuis le XIXe siècle sur la loggia à l'arrière du Palazzo Pubblico. L'eau de la fontaine provenant de collines situées à 25 km est transportée par un aqueduc depuis le XIVe siècle.

Fonte Gaia
Ces reliefs sont des copies (XIXe siècle) des originaux par Jacopo della Quercia.

★ Palazzo Pubblico
La tour médiévale de ce gracieux hôtel de ville gothique achevé en 1342, la torre del Mangia, est la deuxième en hauteur d'Italie (102 m).

À ne pas manquer

- ★ **Duomo**
- ★ **Palazzo Pubblico**

La piazza del Campo et la fonte Gaia vus depuis la torre del Mangia

À la découverte de Sienne

Préservée, l'architecture de Sienne entretient le souvenir de l'âge d'or que connut la cité de 1260 à 1348, époque où elle rivalisait avec Florence. La piazza del Campo et le dédale de ruelles médiévales qui l'entoure constitue le meilleur point de départ pour la découvrir.

Les Effets du Bon Gouvernement **(1338) de Lorenzetti au Palazzo Pubblico**

Palazzo Pubblico

Piazza del Campo 1. *0577 29 22 63.*
Museo Civico et Torre del Mangia
t.l.j.

Ce palais sert toujours de siège à la municipalité, mais le **Museo Civico** qui en occupe les étages supérieurs permet de visiter les salles où se réunissaient les gouvernements du Moyen Âge. La plus importante porte le nom de sala del Mappamondo car elle contient la carte du monde dessinée par Ambrogio Lorenzetti au début du XIVe siècle. Une *Maestà* (Vierge en majesté) peinte en 1315 par Simone Martini, maître de l'école siennoise, en décore le mur gauche. En face, l'artiste a représenté en 1328 *Guidoriccio da Fogliano*. Ce portrait du condottiere en grand appareil est l'une des premières peintures profanes italiennes. Taddeo di Bartolo exécuta en 1470 les fresques de la *Vie de la Vierge* de la chapelle voisine dont les stalles (1428) possèdent des dossiers en marqueterie.

C'est dans la sala della Pace que l'on peut admirer les allégories d'Ambrogio Lorenzetti. Achevées en 1338, ces œuvres forment le plus important cycle de fresques à sujet séculier du Moyen Âge. La cité florissante des *Effets du Bon Gouvernement* s'oppose à la ruine causée par le *Mauvais Gouvernement*.

La décoration de la sala del Risorgimento date de la fin du XIXe siècle et retrace les événements qui conduisirent à l'unification de l'Italie.

Dans la cour du palais s'ouvre l'entrée de la **torre del Mangia** érigée par les frères Muccio et Francesco di Rinaldo de 1338 à 1348. Haut de 102 m, ce beffroi doit son nom à son premier sonneur de cloche surnommé *Mangiaguadagni* (mangeur de bénéfice) à cause de sa paresse. 505 marches mènent au sommet et au splendide panorama qu'il offre.

Casa di Santa Caterina

Costa di Sant'Antonio. *0577 444 87.* *t.l.j.*

Patronne de Sienne mais également de l'Italie depuis 1939, Catherine Benincasa (1347-1380) était la fille d'un teinturier. Elle eut sa première vision du Christ avant huit ans et reçut les stigmates de la Passion en 1374. Comme son homonyme, sainte Catherine d'Alexandrie, elle se serait fiancée à Jésus lors d'une apparition, image qui inspira de nombreux artistes. En 1376, elle réussit par son éloquence à persuader le pape Grégoire XI, alors en Avignon, de mettre fin au Grand Schisme en rentrant à Rome. Canonisée en 1461, sainte Catherine eut une grande influence par les textes qu'elle dicta, ne sachant pas écrire.

Des peintures évoquant sa vie, entre autres de ses contemporains Francesco Vanni et Pietro Sorri, décorent sa maison devenue un haut lieu de pèlerinage. Sanctuaires et cloîtres l'entourent, notamment l'église de la Crucifixion bâtie en 1623 dans le verger pour abriter un crucifix du XIIe siècle devant lequel elle reçut les stigmates.

Palazzo Piccolomini

Via Banchi di Sotto 52. *0577 24 71 45.* *du lun. au sam. matin.*

Construit dans les années 1460 sur des plans de

Cloître de la Casa di Santa Caterina, maison où naquit la sainte patronne de Sienne

l'architecte et sculpteur florentin Bernardo Rossellino *(p. 323)*, le plus imposant des palais privés de Sienne abrite désormais un musée des archives. Les documents présentés remontent pour certains au XIIIe siècle et comprennent un testament attribué à Boccace, le contrat passé par la ville avec Jacopo della Quercia pour la fonte Gaia *(p. 329)* et des bulles papales. Les plus intéressants demeurent toutefois les registres de comptabilité des responsables de la collecte des impôts. Ceux-ci commandèrent en effet pour les embellir, parfois à de grands artistes, des plaquettes de bois peintes aujourd'hui rassemblées dans la sala di Congresso.

Pinacoteca Nazionale

Via San Pietro 29. 0577 28 11 61.
t.l.j.

Détail du *Bienheureux Agostino Novello* (v. 1330) de Martini

Le palazzo Buonsignori (XIVe siècle) abrite une collection sans équivalent au monde de peintures de l'école de Sienne. Disposées par ordre chronologique du XIIIe siècle à la période maniériste (1520-1600), elles comprennent des œuvres majeures telles que la *Vierge des Franciscains* (1285) de Duccio, le panneau du *Bienheureux Agostino Novello* (v. 1330) de Simone Martini et les deux seuls paysages peints en Europe avant le XVe siècle : *Ville sur la mer* et *Château au bord d'un lac* d'Ambrogio Lorenzetti. Un tableau comme l'*Adoration des bergers* (1510) par Pietro da Domenico montre comment l'art resta influencé à Sienne par ses racines byzantines bien après que le naturalisme de la Renaissance florentine se fut répandu en Europe.

L'extérieur austère de l'église San Domenico entreprise en 1226

San Domenico

Piazza San Domenico. *t.l.j.*

Commencée en 1226, la construction de cette église gothique se poursuivit par étapes jusqu'en 1465. Le clocher date de 1340.

À l'intérieur, la ravissante chapelle Sainte-Catherine est décorée de fresques par le Sodoma (1526) représentant l'*Extase* et l'*Évanouissement* de la patronne de Sienne. Le reliquaire en marbre, sur l'autel, renferme la tête de la sainte. Son ami Andrea Vanni peignit vers 1380 le seul portrait fidèle de Catherine. Il orne la cappella delle Volte où elle reçut les stigmates.

Le Palio de Sienne

La plus célèbre manifestation de Toscane doit son nom à la bannière de soie *(palio)* remportée par le vainqueur. Opposant 10 des 17 *contrade* (paroisses) de la ville tirées au sort chaque année, cette course de chevaux montés à cru se déroule le 2 juillet et le 16 août sur la piazza del Campo. Attestée dès 1283, elle pourrait être bien plus ancienne et tirer ses origines de l'entraînement des soldats romains. Un défilé en costume la précède où les porte-étendards rivalisent d'adresse. Si les courses elles-mêmes, qui attirent des milliers de spectateurs et donnent lieu à d'importants paris, ne durent que quatre-vingt-dix secondes, elles offrent le prétexte à des réjouissances pouvant durer des semaines.

Emblème d'une *contrada*

Lancers de drapeaux avant le Palio

Le Duomo de Sienne

Symbole du Christ ressuscité sur la façade

Nombreux furent les Siennois qui participèrent entre 1136 et 1382 à la construction de leur cathédrale, l'une des plus spectaculaires d'Italie, en aidant au transport de ses pierres noires et blanches extraites de carrières situées à la périphérie de la ville. La décision de lui donner trois nouvelles nefs, prise en 1339, devait faire de ce Dôme la plus grande église de la chrétienté, mais l'épidémie de peste qui ravagea la cité en 1348 mit un terme à ce projet. Des chefs-d'œuvre décorent le sanctuaire, notamment des fresques du Pinturicchio et des sculptures par Nicola Pisano, Donatello et Michel-Ange.

Fonts baptismaux
Œuvre Renaissance de Donatello et Jacopo della Quercia, ils s'admirent dans le baptistère.

Panneaux de la chaire
Sculptés de 1265 à 1268 par Nicola Pisano, son fils Giovanni et Arnolfo di Cambio, ils représentent des Épisodes de la vie du Christ.

Dans la nef, des colonnes de marbre noir et blanc supportent la voûte.

Chapelle de saint Jean-Baptiste

Le bas-côté nord abrite des sculptures par Michel-Ange des saints Pierre, Pie, Grégoire et Paul (1501-1504).

Pavement
Exécutées de 1359 à 1547 en mosaïque de marbre, des scènes très variées, dont Le Massacre des Innocents, *couvrent le sol. Le marbre est découvert en septembre.*

Bibliothèque Piccolomini
Les fresques du Pinturicchio (1509) décrivent la vie de Pie II (Enea Silvio Piccolomini). Il préside ici aux fiançailles de Frédéric III et d'Éléonore de Portugal.

Mode d'emploi

Piazza del Duomo. ☎ *0577 28 30 48.* 🚌 *Pollicino.* ○ *de 9 h à 19 h 30 t.l.j. (nov.-mars : 7 h 30 à 13 h et 14 h 30 à 17 h t.l.j.).* ✝
Bibliothèque Piccolomini ○ *9 h à 19 h 30 (nov.-mars : 10 h à 13 h et 14 h 30 à 17 h).* ♿

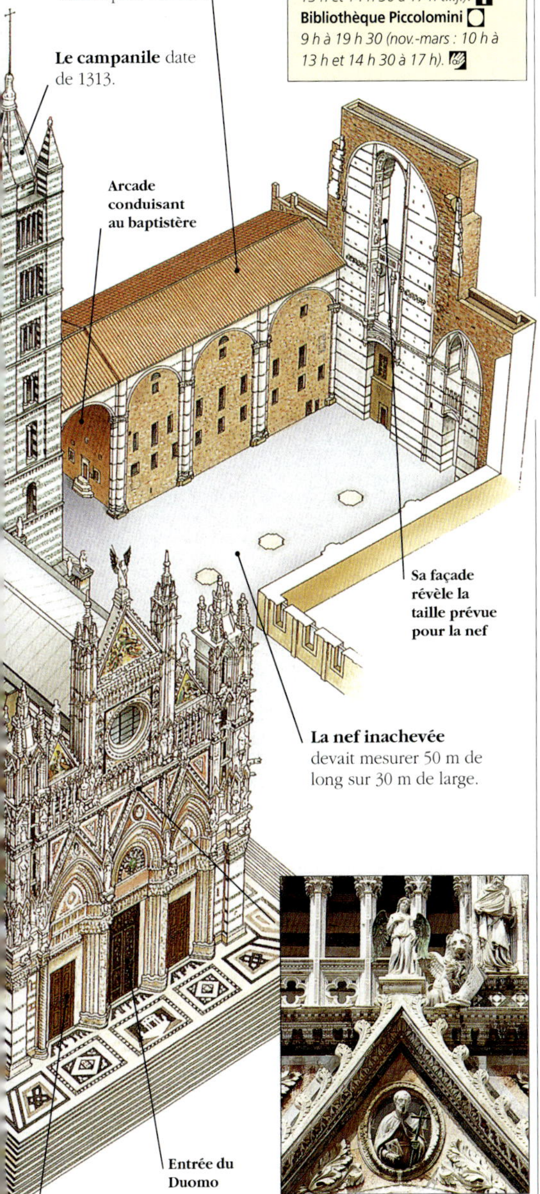

Statues de la façade
Remplacées par des copies, la plupart s'admirent désormais au museo dell'Opera del Duomo.

🏛 Museo dell'Opera del Duomo

Piazza del Duomo 8. ☎ *0577 28 30 48.* ○ *t.l.j.* ● *jours fériés.* ♿

Ce musée présente des œuvres qui proviennent de la cathédrale, notamment des sculptures par Donatello et Jacopo della Quercia et les originaux, très érodés, des statues sculptées par Giovanni Pisano (1250-1314) pour sa façade. Au premier étage, une salle entière est réservée à la *Maestà* peinte de 1308 à 1311 par Duccio di Buoninsegna pour remplacer au maître-autel la *Vierge aux gros yeux* (1220-1230) d'un anonyme. Chef-d'œuvre de l'école siennoise, la Maestà comportait au revers 26 *Épisodes de la Passion*, empreints de la même poésie, aujourd'hui exposés en vis-à-vis.

Statues du Duomo exposées au museo dell'Opera

Fortezza Medicea

Viale Maccari.
Fortezza ○ *t.l.j.* **Enoteca** ○ *de 15 h à minuit.* ♿

Baldassarre Lanci édifia cette énorme forteresse de briques rouges pour Cosme Ier en 1560. Florence venait de vaincre sa vieille rivale au terme d'un siège de 18 mois où avaient péri plus de 8 000 Siennois. Impitoyables, les Médicis interdirent à la ville décimée les activités bancaires et lainières qui assuraient sa prospérité. Toute construction s'arrêta.

La citadelle abrite aujourd'hui l'Enoteca Italica où l'on peut déguster et acheter des vins de qualité en provenance de toute l'Italie.

San Gimignano pas à pas ㉔

Ce sont les pèlerins venant du nord de l'Europe et se rendant à Rome qui créèrent la prospérité de San Gimignano, et sa population comptait au Moyen Âge deux fois plus d'habitants qu'aujourd'hui. La peste de 1348 puis la création de nouveaux itinéraires de pèlerinage entraînèrent le déclin de la ville qui se figea dans son aspect médiéval. Elle l'a conservé, mais son architecture n'est pas son seul intérêt. Elle recèle en effet de nombreuses œuvres d'art, de bons restaurants et de belles boutiques.

Les célèbres tours de San Gimignano se découpent sur le ciel depuis le Moyen Âge

Collegiata
La Création d'Ève *(1367) par Bartolo di Fredi est une des fresques sur les murs de cette église du XIIe siècle.*

Palazzo del Popolo
Une Vierge en majesté *par Lippo Memmi orne la salle du conseil de cet imposant hôtel de ville (1288-1323).*

L'Annonciation par Ghirlandaio
Cette fresque achevée en 1482 s'admire sous une arcade bordant le flanc gauche de la Collegiata.

La via San Giovanni est bordée de magasins vendant des produits locaux.

MODE D'EMPLOI

Siena. 7 000. Porta San Giovanni. Piazza del Duomo 1 (0577 94 00 08). jeu. Fêtes patronales : San Gimignano 31 jan. et Santa Fina 12 mars ; Carnaval : différents jours en fév. ; Fiera di Santa Fina : 1er lun. d'août ; Fiera di Sant'Agostino : 29 août ; Festa della Madonna di Panacole : 8 sept. ; Fiera della Bertesca : 15 sept.

Sur la piazza del Duomo, le Palazzo Vecchio del Podestà (1239) possède la tour probablement la plus vieille de la ville.

Piazza della Cisterna *Cœur de la vieille ville, elle doit son nom au puits qui s'y trouve.*

Le Museo Civico donne accès à la plus haute des 13 tours encore debout.

LÉGENDE

Itinéraire conseillé

0 250 m

Museo Civico

Palazzo del Popolo, Piazza del Duomo. 0577 94 00 08. **Musée et tour** *t.l.j. (de nov. à mars : du mar. au dim.).*

Une *Vierge à l'Enfant* (XIVe siècle) par Taddeo di Bartolo et les armoiries des magistrats de la cité décorent la cour de ce musée installé dans l'hôtel de ville parfois appelé Palazzo Nuovo del Podestà. Un escalier extérieur mène à la sala di Dante, ornée d'une *Vierge en majesté* (1317) par Lippo Memmi, où une inscription rappelle que le poète y plaida le 8 mai 1300 la cause de l'alliance guelfe. La collection de peintures du deuxième étage comprend de belles œuvres du Pinturicchio, de Bartolo di Fredi, de Benozzo Gozzoli et de Filippino Lippi, ainsi que les célèbres *Scènes nuptiales* par Memmo di Filippucci, regard indiscret sur l'intimité d'un couple du début du XIVe siècle.

Collegiata

Piazza del Duomo. *t.l.j.*

Cette église romane consacrée en 1148 abrite dans sa nef nord 26 épisodes de l'Ancien Testament peints par Bartolo di Fredi et achevés en 1367. Le mur qui leur fait face est orné de scènes de la *Vie du Christ* (1333-1341) par Lippo Memmi, tandis que le revers de la façade présente un *Jugement dernier* (1393-1396) par Taddeo di Bartolo. Des fresques de Ghirlandaio (1475) décorent la chapelle Sainte-Fine et l'arcade de la piazza Pecori.

Le plafond de la Collegiata parsemé d'étoiles dorées

***Christ* par Bartolo di Fredi, Sant'Agostino**

Sant'Agostino

Piazza Sant'Agostino. *t.l.j.*

Église romano-gothique consacrée en 1298, Sant'Agostino présente une façade dont la simplicité contraste avec l'exubérance de sa décoration intérieure rococo (v. 1740). Le *Couronnement de la Vierge* (1483), au dessus du maître-autel, est de Piero del Pollaiulo. Benozzo Gozzoli et son atelier peignirent en 1465 les fresques qui illustrent la *Vie de saint Augustin* sur les parois du chœur. À droite de l'entrée, la chapelle San Bartolo renferme un autel sculpté par Benedetto da Maiano en 1495.

Une des *Scènes nuptiales* peintes au début du XIVe siècle par Memmo di Filippucci, Museo Civico

Elbe 28

Livorno. 30 000. Portoferraio Calata Italia 26 (0565 91 46 71). Portoferraio : ven.

Le plus célèbre résident de l'île d'Elbe, Napoléon Bonaparte, n'y était pas qu'un simple prisonnier. Il en reçut la souveraineté à sa première abdication en 1814 et y régna neuf mois avant de partir à la reconquête de son empire perdu. Réputée pour ses mines de fer depuis les Étrusques, l'île est aujourd'hui surtout fréquentée par des vacanciers qui empruntent les navettes desservant Portoferraio au départ de Piombino, un trajet de 20 km. Ils y trouvent des paysages variés offrant un large éventail d'activités sportives et de détente : plages de sable à l'ouest, oliveraies et vignobles sur les coteaux de l'intérieur, hautes falaises et plages de galets sur le rivage oriental.

L'un des meilleurs moyens de découvrir l'arrière-pays consiste à prendre la route reliant Marciana Marina au village médiéval de Marciana Alta. Une voie secondaire en part qui mène à la télécabine grimpant au sommet du monte Cappane (1 018 m), un superbe point de vue.

Marciana Marina sur l'île d'Elbe

Sovana 29

Grosseto. 100.

Sovana est l'un des plus jolis villages du sud de la Toscane. Son unique rue aboutit à la piazza del Pretorio où se dresse l'église Santa Maria dont l'intérieur orné de fresques de l'école siennoise abrite un baldaquin d'autel du IXe siècle. Derrière, une allée conduit entre des oliviers jusqu'au Duomo roman.

Les Étrusques creusèrent de nombreuses tombes dans les environs. Beaucoup, clairement signalées, s'atteignent aisément depuis le village.

Pitigliano, village perché sur une falaise percée de grottes

Pitigliano 30

Grosseto. 4 400. Via Roma 6 (0564 61 44 33). mer.

Pitigliano offre un spectacle impressionnant, perché au-dessus de gorges creusées par la Lente. La ville servit au XVIIe siècle de refuge à des Juifs fuyant les persécutions catholiques et elle conserve

La Maremme 31

Grosseto. Maremma Centro Visite, Alberese (0564 40 70 98). **Zones périphériques** *jusqu'aux entrées depuis Alberese.* *7 h-19 h t.l.j.* **Intérieur du parc** *Depuis Alberese jusqu'aux points de départ des excursions.* *7 h-19 h t.l.j.* *juin-sept. seulement : promenades guidées à 7 h (4 h), 8 h (3 h) et 16 h (3 h).*

Cultivés dès l'Antiquité par les Étrusques et les Romains, les marais et collines basses de la Maremme devinrent après la chute de l'Empire romain une région qu'inondations et malaria rendirent quasiment déserte jusqu'au XVIIIe siècle. La réfection des canaux de drainage a permis depuis de transformer les anciens marécages en riche terre agricole, un développement qui en menaçait la flore et la faune et a conduit à la création en 1975 du Parco Naturale dell'Uccellina. Il protège l'une des dernières côtes sauvages d'Italie et l'accès à la majeure partie du territoire qu'il couvre ne peut se faire qu'à pied ou en car depuis Albarese. Des zones périphériques comme la belle plage de Marina di Albarese ou les alentours cultivés de Talamone restent cependant plus faciles à découvrir.

Dans l'estuaire de l'Ombrone, marais, dunes et pinèdes abritent des oiseaux tels que pyrargues, flamants et guêpiers.

LÉGENDE

- Route
- Sentier
- Canal et rivière
- Itinéraire d'excursion

0 — 2 km

les vestiges d'un ghetto, labyrinthe de ruelles médiévales. Un aqueduc construit en 1545 alimente toujours en eau le **palazzo Orsini** qui abrite sur la grand-place le **museo Zuccarelli**, petite collection d'œuvres de Francesco Zuccarelli (1702-1788). Cet artiste vécut à Pitigliano et exécuta deux des peintures d'autel du **Duomo**. Le **Museo Etrusco** présente les résultats de fouilles effectuées dans la région.

Museo Zuccarelli
Palazzo Orsini, Piazza della Fortezza Orsini 4. 0564 61 55 68. *de mars à juil. : du mar. au dim. ; août : t.l.j. ; de sept. à déc. : sam. et dim.*

Museo Etrusco
Piazza della Fortezza Orsini. *du mar. au dim.*

Monte Argentario ㉜

Grosseto. *13 000.* *Corso Umberto 55, Porto Santo Stefano (0564 81 42 08).* *mar.*

Ce promontoire était une île jusqu'au début du XVIIIe siècle, puis l'accumulation d'alluvions forma les deux langues de sable, appelées *tomboli*, qui enclosent la lagune d'**Ortebello**, petite ville reliée par une digue à la terre ferme depuis 1842.

La strada Panoramica fait le tour de la presqu'île et offre de beaux points de vue sur anses et falaises. Elle passe par **Porto Ercole** et **Porto Santo Stefano**, deux élégantes stations balnéaires réputées pour leurs restaurants de poisson. Des bateaux au départ de Porto Santo Stefano desservent l'isola del Giglio, appréciée des Italiens pour ses plages de sable et sa nature préservée.

Porto Ercole près du Monte Argentario

Faune
Le représentant le plus caractéristique de la riche faune de la Maremme est le sanglier, d'une race plus petite que celle répandue dans le reste de la Toscane.

Les billets d'entrée se prennent au siège du parc à Alberese.

Les ruines de San Rabano, abbaye cistercienne du XIIe siècle, se dressent près du plus haut pic du parc.

Les pignons ramassés dans les pinèdes s'utilisent en cuisine.

Les monts de l'Uccellina, jalonnés de tours de guet génoises, sont couverts de pinèdes et d'une garrigue odorante, la *macchia*.

Des oiseaux de proie comme le faucon pèlerin chassent au cœur du parc.

Littoral sauvage

Ce village de pêcheurs occupe un beau site.

Sentiers tracés
Plusieurs itinéraires pédestres sillonnent le parc, mais, en pratique, il reste possible de se promener à sa guise parmi dunes et pinèdes.

Ombrie

Région de montagnes et de collines creusée de vallées et de bassins fertiles, l'Ombrie a longtemps subi l'influence de la Toscane et de Rome, ses puissantes voisines. Malgré son surnom, « Cœur vert de l'Italie », elle n'offre pas seulement aux visiteurs la beauté de ses paysages pastoraux, mais possède aussi de nombreuses villes anciennes à l'architecture médiévale remarquablement préservée.

Habité au VIIIe siècle av. J.-C. par les Ombriens, peuple d'agriculteurs pacifiques, le territoire de l'actuelle Ombrie passa sous contrôle étrusque puis romain. Au haut Moyen Âge, les Lombards fondèrent un duché dont la capitale était Spolète, mais au XIIIe siècle le pouvoir politique fut éparpillé entre de nombreuses communes indépendantes qu'absorbèrent une à une les États pontificaux. Après un soulèvement à Pérouse, la région intégra le jeune royaume d'Italie en 1860.

Riches en sanctuaires romans, palais gothiques et superbes cycles de fresques, ses villes anciennes telles que Pérouse, la capitale régionale, ou des localités plus modestes comme Gubbio, Montefalco et Todi constituent aujourd'hui le principal intérêt de l'Ombrie. Spolète organise chaque été un festival international réputé dans le cadre créé par ses grandioses monuments médiévaux, ses vestiges romains et certaines des plus vieilles églises d'Italie. Les villages de son arrière-pays ont gardé leur aspect traditionnel.

Assise vit naître saint François, dont la vie a inspiré à Giotto ses fresques de la basilique San Francesco, tandis qu'Orvieto, perché sur un spectaculaire rocher volcanique, possède l'une des plus belles cathédrales de la péninsule.

Forêts de chênes, ruisseaux limpides et sols fertiles offrent à la gastronomie ombrienne des ingrédients tels que truffes, truites, lentilles de Castelluccio, charcuterie de Norcia et fromages de montagne. Les vignobles de Torgiano et Montefalco produisent des crus dignes de les accompagner.

Magasins vendant à Norcia une sélection des meilleurs jambons, saucisses et salamis d'Italie

◁ **Dans la vieille ville de Todi**

À la découverte de l'Ombrie

Assise et Spolète, les plus jolies cités d'Ombrie, offrent un cadre particulièrement agréable d'où découvrir la région. Ces deux joyaux médiévaux méritent à tout le moins une visite, à l'instar du centre historique de Pérouse, le chef-lieu, ou des villes perchées de Gubbio, Spello, Montefalco et Todi. Depuis les étendues désolées du Piano Grande et les cimes du parc national des Monti Sibillini (qui s'atteint depuis Norcia) jusqu'aux paysages moins austères de la Valnerina et des rives du lac Trasimène, la nature rivalise de beauté avec les villes.

L'Ombrie d'un coup d'œil

Assise p. 344-345 2
Gubbio 1
Lac Trasimène 4
Montefalco 8
Monti Sibillini 10
Norcia 11
Orvieto 5
Pérouse 3
Spello 9
Spolète 7
Todi 6
Valnerina 12

Voir aussi

- ***Hébergement*** p. 561-563
- ***Restaurants*** p. 595-597

Cueillette des olives près d'Orvieto

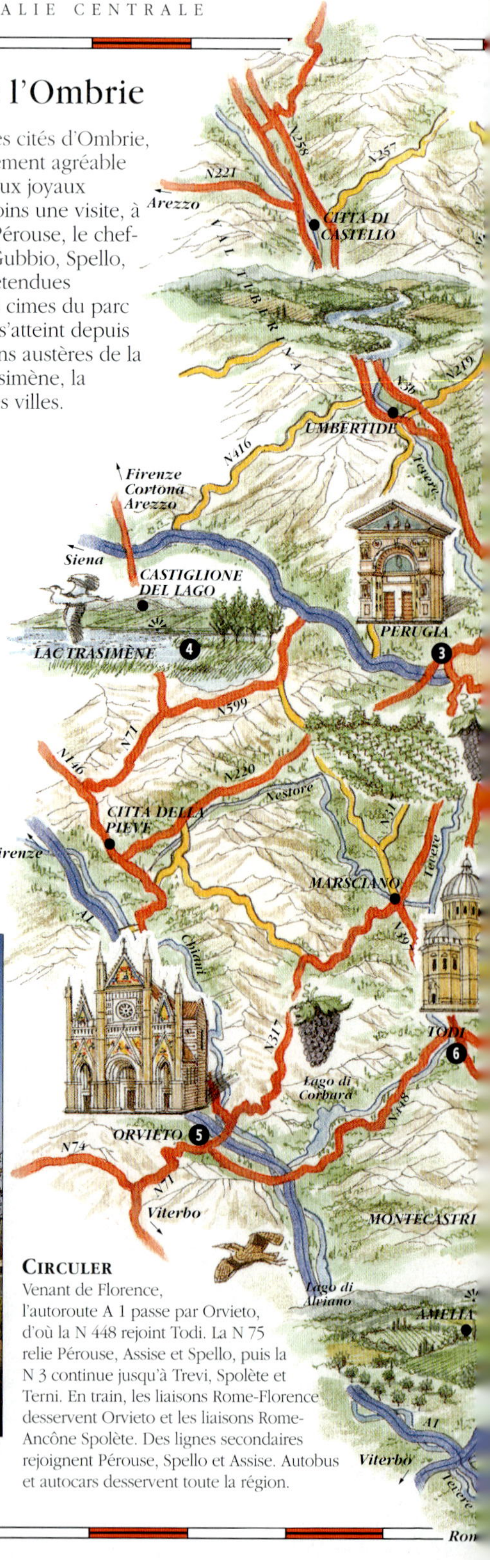

Circuler

Venant de Florence, l'autoroute A 1 passe par Orvieto, d'où la N 448 rejoint Todi. La N 75 relie Pérouse, Assise et Spello, puis la N 3 continue jusqu'à Trevi, Spolète et Terni. En train, les liaisons Rome-Florence desservent Orvieto et les liaisons Rome-Ancône Spolète. Des lignes secondaires rejoignent Pérouse, Spello et Assise. Autobus et autocars desservent toute la région.

Castelluccio, à l'est de Norcia, et les Monti Sibillini

Ruelle de la ville médiévale de Gubbio au nord-est de l'Ombrie

Légende

- Autoroute
- Route principale
- Route secondaire
- Parcours pittoresque
- Cours d'eau
- Point de vue

Gubbio ❶

Perugia. 33 000. FS Fossato di Vico-Gubbio. Piazza Oderesi 6 (075 922 06 93) mar.

Gubbio est avec Assise la ville d'Ombrie qui a le moins changé depuis le Moyen Âge et le cadre que lui offrent les pentes des Appenins ajoute à la beauté de ses ruelles sinuant entre des maisons plusieurs fois centenaires. Ses origines remontent au IIIe siècle av. J.-C. et à la Tota Ikuvina fondée par les Ombriens. Devenue la colonie romaine Eugubium, la cité se développa sur le flanc du monte Ugino jusqu'à pouvoir s'ériger en commune libre au XIe siècle. De 1387 à 1508, elle appartint au duché d'Urbino.

Bâti au XIIIe siècle, le **Duomo** gothique possède une nef élégante dont les arcs s'incurvent avec grâce pour symboliser des mains en prière. La via dei Consoli conduit au **palazzo del Bargello** (XIIIe siècle), édifice austère à la façade en pierres. Il domine la **fontana dei Matti** (fontaine des Fous) dont, selon la légende, il ne faut jamais faire trois fois le tour sous peine de perdre la raison. Comme partout à Gubbio, nombre des demeures médiévales qui bordent la rue présentent à côté de l'entrée principale une petite porte murée appelée **porte della Morte**. Selon la tradition, elle ne servait qu'au passage des cercueils. On suppose aujourd'hui qu'elle avait plutôt une fonction défensive ou permettait d'atteindre les étages quand un entrepôt occupait le rez-de-chaussée.

L'intérieur de l'église San Pietro de Pérouse reconstruite au XVe siècle

Plus bas dans la ville s'élève l'église **San Francesco** (1259-1282) à l'abside décorée de 17 scènes de la *Vie de la Vierge* (1408-1413) par Ottaviano Nelli. En face se trouve l'arcade du **Tiratoio** (loggia des Lainiers) où était mise à sécher la laine. À l'ouest subsistent les ruines d'un théâtre romain.

Façade du palazzo dei Consoli à Gubbio

Palazzo dei Consoli

Piazza Grande. 075 927 42 98. t.l.j. 15 mai, 25 déc.

Par sa magnificence, le palais des Consuls témoigne de la fierté de la commune libre de Gubbio qui en confia la construction à Gattapone en 1332. Son salone dell'Arengo abrite le Museo Civico et ses célèbres tables Eugubines (250-150 av. J.-C.). Découvertes en 1444, ces sept tablettes de bronze portent les transcriptions en latin et en langue ombrienne de rituels religieux. À l'étage, les artistes locaux dominent la petite collection de peintures.

Table Eugubine à Gubbio

Palazzo Ducale

Via Federico da Montefeltro. 075 927 58 72. t.l.j. 1er jan., 1er mai, 25 déc. et 1er lun. du mois.

Attribuée à Francesco di Giorgio Martini, cette copie du palais d'Urbino *(p. 360-361)* bâtie pour les Montefeltro possède une superbe cour Renaissance.

Assise ❷

Voir p. 344-345.

Pérouse ❸

160 000. FS Piazza Duomo 34 (075 572 33 27). t.l.j.

Le centre historique de Perugia s'étend de part et d'autre du corso Vanucci nommé d'après le peintre le plus célèbre de la ville : Pietro Vanucci dit le Pérugin (v. 1448-1523). Il mène au nord à la piazza IV Novembre où la **Fontana Maggiore** sculptée au XIIIe siècle par Nicola et Giovanni Pisano se dresse devant le **Duomo** gothique bâti de 1345 à 1490. Une statue du pape Jules III (1555) et une chaire (1425) où prêcha saint Bernardin de Sienne flanquent l'entrée. Dans le bas-côté sud s'ouvre la cappella del Santo Anello. Elle abrite, dans un reliquaire, le bijou en agate qui, selon la légende, fut l'anneau nuptial de la Vierge. Dans la nef centrale, un pilier porte la *Vierge des Grâces* attribuée à Gian Nicola di Paolo devant laquelle les jeunes mamans viennent s'agenouiller avec leurs enfants récemment baptisés. Des ex-voto témoignent de ses pouvoirs miraculeux. Les papes Urbain IV et Martin V reposent dans le transept.

Il faut s'éloigner du corso Vanucci pour rejoindre l'**oratorio di San Bernardino**

(1457-1461) qui présente sur la piazza San Francesco une superbe façade par Agostino di Duccio. Hors des murs, l'église **San Pietro** s'élève sur le borgo XX Giugno. Fondée au xe siècle et reconstruite en 1463, elle abrite, au sein d'une décoration foisonnante, de belles stalles sculptées (1526).

Sur la piazza Giordano Bruno, le plus grand sanctuaire d'Ombrie, **San Domenico** (1305-1632), renferme le tombeau gothique de Benoît XI (v. 1304).

Museo Archeologico Nazionale dell'Umbria

San Domenico, Piazza Giordano Bruno. *075 572 71 41. t.l.j. (dim. matin). 1er jan., 1er mai, 25 déc.*

Installé dans le cloître de San Domenico, il présente des objets préhistoriques, étrusques et romains.

Palazzo dei Priori

Corso Vannucci 19. *075 574 12 47. t.l.j. 1er jan., 1er mai, 25 déc. et 1er lun. du mois.*

Portail du palazzo dei Priori, Pérouse

Malgré l'aspect redoutable que lui donnent ses hauts murs et ses créneaux, ce palais *(p. 50-51)* est le plus beau des édifices publics de Pérouse. Symboles de la ville, un lion guelfe et un griffon en bronze (1274) gardent le portail qui domine la piazza IV Novembre. L'élégante entrée principale date du xve siècle.

Au premier étage, un disciple de Pietro Cavallini, en 1297, orna la vaste sala dei Notari de scènes de l'Ancien Testament. Construite vers 1390, la sala di Udienza del Collegio della Mercanzia reçut au début du xve siècle une décoration de style gothique tardif comprenant de superbes boiseries sculptées.

Le Collegio del Cambio fait aussi partie du palais. Entrepris en 1452, l'ancien siège de la corporation des changeurs de monnaie est décoré de fresques magnifiques peintes entre 1498 et 1500 par le Pérugin. Elles associent thèmes classiques et chrétiens. L'artiste s'est représenté sur le pilastre au centre du mur gauche. Son élève Raphaël participa probablement à l'exécution du mur de droite.

Dans le vieux Pérouse

Façade de l'oratorio di San Bernardino de Pérouse

Galleria Nazionale dell'Umbria

Palazzo dei Priori, Corso Vannucci 19. *075 572 03 16. t.l.j. 1er jan., 1er mai, 25 déc.*

Cette riche collection de peintures réunit surtout des œuvres d'artistes ombriens du xiiie au xviiie siècle, mais possède parmi ses plus belles pièces de superbes retables par Piero della Francesca et Fra Angelico.

Le lac Trasimène ❹

Perugia. *FS Castiglione del Lago. Piazza Mazzini 10, Castiglione del Lago (075 965 24 84).*

Entouré de collines basses et de terres cultivées, le quatrième lac d'Italie par la superficie possède, avec ses rives plantées de roseaux, un charme mélancolique. Les Romains commencèrent à le drainer (sa profondeur maximale est de 700 mètres) et il continue aujourd'hui de s'assécher. Une atmosphère détendue règne à **Castiglione del Lago**, sa ville principale bâtie sur un promontoire fortifié. Son **château** du xvie siècle accueille des concerts en été et l'église **Santa Maria Maddalena** entreprise en 1836 abrite une belle *Vierge à l'Enfant* (v. 1500) par Eusebio di San Giorgio. Comme depuis **Passignano sul Trasimeno**, des vedettes desservent l'**Isola Maggiore** dont le charmant village est réputé pour ses dentelles.

La bataille du lac Trasimène

Estampe d'Hannibal (xixe siècle)

C'est en 217 av. J.-C. que les Romains subirent l'une des pires défaites militaires de leur histoire. Le général carthaginois Hannibal attira en effet les troupes dirigées par le consul Flaminius dans un piège dressé au bord du lac Trasimène près des actuels Ossaia (Lieu des Os) et Sanguineto (Lieu du Sang). Quelque 16 000 légionnaires périrent sur cette rive marécageuse alors qu'Hannibal ne perdit que 1 500 hommes. On a découvert sur le champ de bataille (qui se visite) plus de cent fosses communes près de Tuoro sul Trasimeno.

Assise : basilica di San Francesco

Le sanctuaire où repose saint François domine Assise et attire tout au long de l'année de très nombreux pèlerins. Sa construction commença en 1228, deux ans après la mort du saint. Au cours du siècle suivant, les plus grands artistes de l'époque, notamment Cimabue, Simone Martini et Pietro Lorenzetti, décorèrent les deux églises superposées qui composent la basilique. Les 28 fresques de la *Vie de saint François* peintes par Giotto entre 1290 et 1295 forment un des plus beaux ensembles de l'art italien.

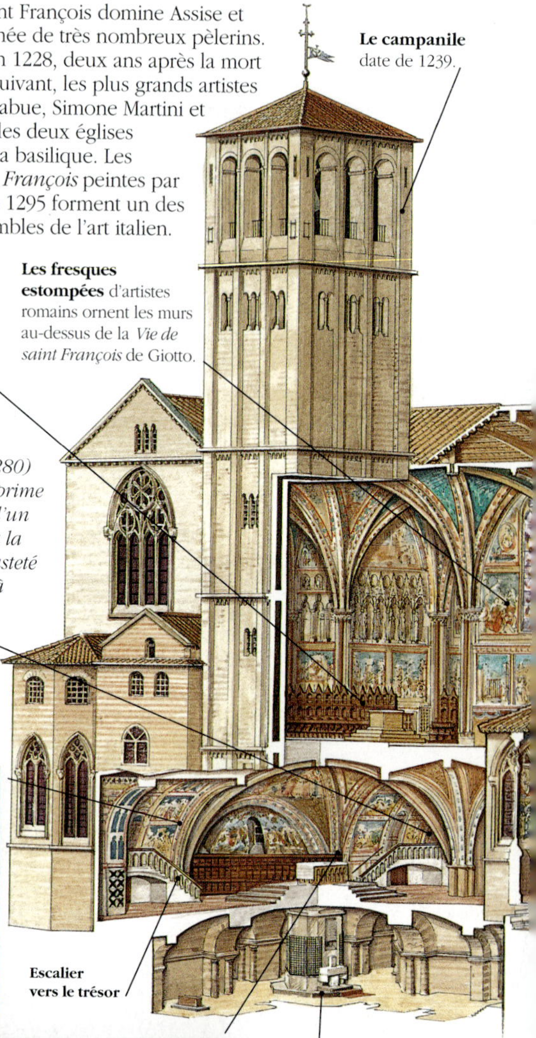

Le campanile date de 1239.

Les fresques estompées d'artistes romains ornent les murs au-dessus de la *Vie de saint François* de Giotto.

Le chœur (1501) abrite un trône pontifical du XIIIe siècle.

Escalier vers le trésor

La crypte renferme la tombe de saint François.

Saint François
Ce portrait (v. 1280) par Cimabue exprime bien l'humilité d'un saint qui prêcha la pauvreté, la chasteté et l'obéissance à Dieu.

★ Les fresques par Lorenzetti
Par sa composition audacieuse, cette Déposition de Croix *tronquée peinte par Pietro Lorenzetti concentre l'attention sur le corps sans vie du Christ.*

Église inférieure
Le nombre grandissant de pèlerins imposa la construction de chapelles latérales au XIIIe siècle.

À NE PAS MANQUER

- **★ Les fresques par Giotto**
- **★ Les fresques par Lorenzetti**
- **★ La Cappella di San Martino**

Mode d'emploi

Piazza San Francesco. 075 81 90 01 Assisi. rens. office du tourisme.

Église supérieure
Cette église gothique bâtie de 1230 à 1253 évoque par ses lignes élancées l'envol vers le ciel et Dieu. Elle influença les églises franciscaines ultérieures.

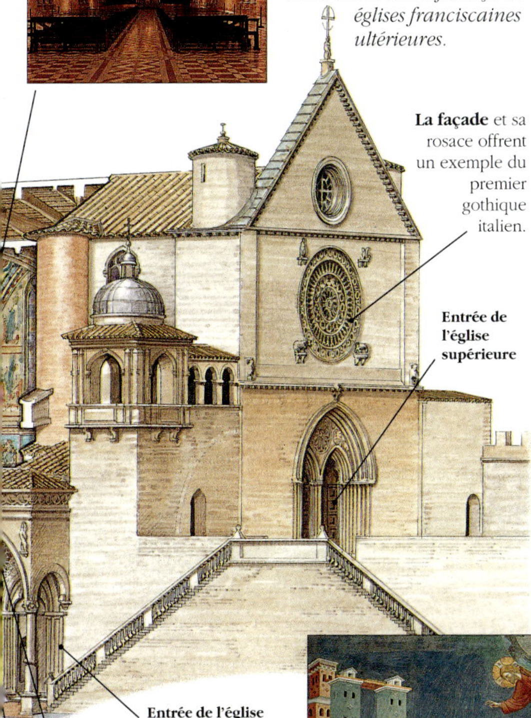

La façade et sa rosace offrent un exemple du premier gothique italien.

Entrée de l'église supérieure

Entrée de l'église inférieure

★ Les fresques par Giotto
28 panneaux peints de 1290 à 1295, dont L'Extase de saint François, *composent le cycle de la* Vie de saint François.

★ Cappella di San Martino
Le Siennois Simone Martini, qui peignit en 1315 les fresques de la Vie de saint Martin *(ici la* Mort du saint*) ornant la chapelle, dessina également ses vitraux.*

Assise ❷

Perugia. 25 000. *Piazza del Comune 12 (075 81 25 34).* *sam.*

Saint François d'Assise (v. 1181-1226), qui repose dans la **basilica di San Francesco**, a rendu célèbre dans toute la chrétienté cette magnifique ville médiévale. Malheureusement, un tremblement de terre a sérieusement endommagé la ville le 26 septembre 1997. Une partie des restaurations est assez importante et prendra au minimum deux ans. L'office du tourisme pourra vous renseigner sur les sites ouverts et ceux détruits.

La façade d'un temple romain superbement conservé, le **tempio di Minerva**, domine la grand-place : la piazza del Comune. En face, le Palazzo Comunale abrite la **Pinacoteca Comunale** et sa collection de peintures ombriennes. Le corso Mazzini conduit à la **basilica di Santa Chiara**, église gothique où repose sainte Claire qui fonda l'ordre des Clarisses (ou Pauvres Dames). Une des chapelles renferme le crucifix dont le Christ aurait donné un ordre à saint François : « Restaure ma maison. » Il provient de l'église de **San Damiano**, paisible monastère niché dans les oliviers au sud de la porta Nuova. Derrière une belle façade romane, le **Duomo (San Rufino)** élevé aux XIIe et XIIIe siècles recèle un petit musée d'art religieux. La crypte abrite des vestiges archéologiques. Depuis la cathédrale, il faut prendre la via Maria delle Rose pour rejoindre la **Rocca Maggiore**, forteresse reconstruite en 1367. L'église **San Pietro**, sur la place du même nom, est un édifice roman du XIIIe siècle soigneusement restauré. L'**oratorio dei Pellegrini** (XVe siècle) voisin est orné de fresques par Matteo da Gualdo.

***L'Apparition de saint François au chapitre d'Arles* (v. 1295) à la basilica di San Francesco d'Assise** ▷

Orvieto ❺

Terni. *22 000.* FS *Piazza Duomo 24 (0763 34 17 72).* *jeu. et sam.*

Perchée sur un socle volcanique au-dessus d'une plaine dont les vignobles produisent un vin réputé, Orvieto est superbe de tous points de vue avec ses ruelles médiévales que domine son Duomo romano-gothique, l'une des plus belles cathédrales italiennes.

Au bout de la via Scalza, la petite église **San Lorenzo in Arari** (XIIIe siècle) est décorée de peintures murales décrivant le martyre sur un gril de saint Laurent. Son maître-autel incorpore une pierre sacrificielle étrusque. La via Malabranca conduit à **San Giovenale** qui offre un vaste panorama depuis la pointe ouest de la ville. Des fresques des XVe et XVIe siècles couvrent presque entièrement ses parois. Sur la piazza della Repubblica, **Sant'Andrea** se distingue par un curieux campanile roman à douze pans du XIIe siècle.

Le Pozzo di San Patrizio à Orvieto

Museo dell'Opera del Duomo

Piazza Duomo. *0763 34 24 77.* *téléphoner pour les horaires.*

Le palazzo Soliano (1296-1304) abrite ce petit musée qui présente notamment des peintures par Lorenzo Maitani (mort en 1330) et des sculptures par Andrea Pisano (v. 1270-1348).

Museo Archeologico Faina et Museo Civico

Piazza Duomo. *0763 34 15 11.* *t.l.j. ; oct.-mars. : mar.-dim.* *1er jan., 1er mai, 25 déc.*

Les collections du premier de ces deux musées comprennent de nombreux vases grecs et des urnes funéraires retrouvés dans des sépultures étrusques de la région. Celles du Museo Civico se distinguent par leurs pièces grecques et les copies étrusques d'œuvres hellénistiques.

Museo d'Arte Moderna « Emilio Greco »

Palazzo Soliano, Piazza Duomo. *0763 34 46 05.* *du mar. au dim.* *1er jan., 25 déc.*

Il est consacré au sculpteur sicilien qui exécuta, entre 1964 et 1970, les portes de bronze du Duomo d'Orvieto.

Duomo d'Orvieto

Piazza Duomo. *0763 34 11 67.* *t.l.j.*

Entreprise en 1290, la construction de la cathédrale d'Orvieto, l'une des plus belles d'Italie avec son admirable façade, exigea près de trois siècles. Elle célébrait le miracle de Bolsena où, en 1263, du sang suintant d'une hostie tacha le corporal (linge d'autel).

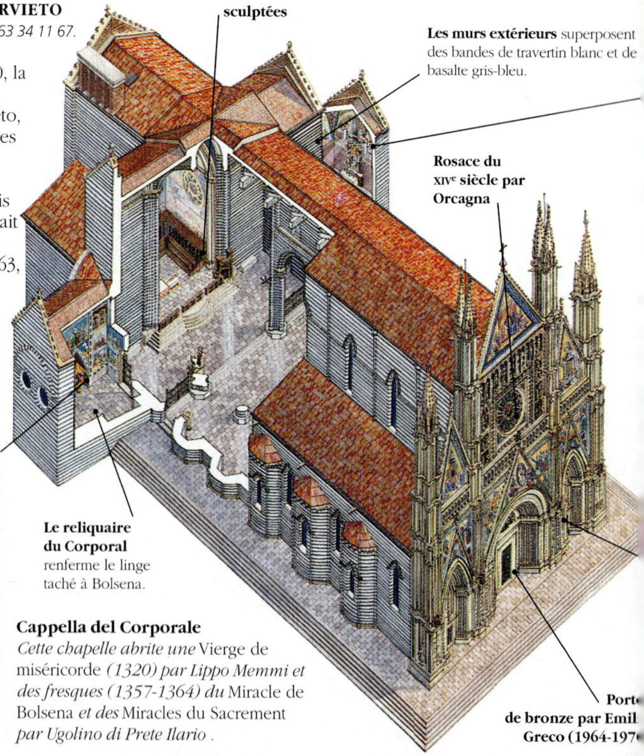

Cappella del Corporale
Cette chapelle abrite une Vierge de miséricorde *(1320) par Lippo Memmi et des fresques (1357-1364) du* Miracle de Bolsena *et des* Miracles du Sacrement *par Ugolino di Prete Ilario .*

Pozzo di San Patrizio

Viale San Gallo. *0763 34 37 68. t.l.j. 1er jan., 25 déc.*

C'est le pape Clément VII qui commanda en 1572 à l'architecte florentin Antonio da Sangallo ce puits destiné à assurer l'alimentation en eau de la ville en cas de siège. Deux escaliers de 248 marches s'enfoncent à 62 m de profondeur, formant deux hélices qui ne se croisent jamais. L'achèvement de cet impressionnant ouvrage d'art, en briques et en blocs de tuf, demanda dix ans.

Necropoli del Crocifisso del Tufo

Strada Statale 71, km 1600. *0763 34 36 11. t.l.j.*

Construits en tuf, les tombeaux et chambres funéraires de cette nécropole étrusque du VIe siècle av. J.-C. portent des inscriptions qui seraient les noms des défunts.

Cappella Nuova

Fra Angelico et Benozzo Gozzoli commencèrent en 1447 son cycle de fresques décrivant l'Apocalypse, mais Luca Signorelli en peignit la majeure partie entre 1499 et 1504.

Façade

Les reliefs d'inspiration biblique (v. 1320-1330) sculptés par Lorenzo Maitani à la base des quatre principaux piliers comprennent la description de l'enfer et de la damnation.

La ville de Todi perchée au-dessus de la vallée du Tibre

Todi ❻

Perugia. *17 000. Piazza Umberto 16 (075 894 33 95). sam.*

Ville perchée typique de l'Ombrie, Todi occupe un superbe site au-dessus de la vallée du Tibre et la terrasse de sa piazza Garibaldi offre un large panorama. Colonie étrusque, puis romaine, la cité a conservé, avec ses ruelles et ses placettes, son atmosphère médiévale. La grand-place, la **piazza del Popolo**, s'ouvre à côté de la piazza Garibaldi. Le **Duomo** y dresse sa façade romano-gothique de marbre clair. Bâti au XIIe siècle sur le site d'un temple d'Apollon, il recèle d'intéressants chapiteaux gothiques et de superbes stalles marquetées (1521-1530). Copie peu réussie du *Jugement dernier* de Michel-Ange, une immense fresque (1596) de Ferraù da Faenza décore l'intérieur de la façade. Un disciple du Pérugin, Giannicola di Paola, peignit le retable qui se trouve au fond du bas-côté droit.

Plusieurs édifices civils reliés entre eux bordent aussi la place : le **palazzo dei Priori** (1293-1337), surmonté d'une tour et percé de fenêtres Renaissance, le **palazzo del Capitano** (1290) aux fenêtres gothiques et le **palazzo del Popolo** (1213). Le palazzo del Capitano abrite la collection de vestiges archéologiques du **Museo Etrusco-Romano** et les œuvres d'art de la **Pinacoteca Comunale**.

À quelques pas de la piazza s'élève l'église **San Fortunato** (1292-1462) dédiée au premier évêque de Todi. Le décor de son portail gothique (1415-1458) est d'une richesse rare. Trois nefs d'égale hauteur donnent au sanctuaire un intérieur aérien et lumineux. Il renferme de belles stalles et, surtout, dans la quatrième chapelle à droite, la *Vierge à l'Enfant et deux anges* peinte en 1432 par Masolino di Panicale. Dans la crypte repose Jacopone da Todi (v. 1228-1306), moine poète dont l'œuvre jeta les bases du théâtre sacré italien.

À droite de San Fortunato s'étend un jardin ombragé d'où part un sentier (après le petit château) qui descend à travers les arbres jusqu'à l'église **Santa Maria della Consolazione** (1508-1607) près de la N 79. Bramante aurait dessiné cet harmonieux sanctuaire de la Renaissance au plan en croix grecque et aux absides polygonales. Austère mais lumineux, l'intérieur présente une coupole peinte, des fresques au maître-autel et les statues des douze apôtres sculptées par Scalza au XVIe siècle.

Museo Etrusco-Romano et Pinacoteca Comunale

Palazzi Comunali. *075 895 61. du mar. au dim. (avr. : t.l.j.)*

Santa Maria della Consolazione à Todi

Spolète 7

Perugia. 38 000. FS
Piazza della Libertà 7 (0743 22 03 11).
mar. et ven.

Fondée par les Ombriens, Spolète devint l'une des colonies romaines les plus importantes de l'Italie centrale et un élément essentiel de la défense de la République face à Hannibal. Les Lombards en firent au VIIe siècle la capitale d'un de leurs trois duchés italiens. La ville réussit à préserver son indépendance en tant que commune libre jusqu'en 1354 où elle intégra les États pontificaux. Tous les étés depuis 1958, le décor offert par ses rues médiévales et ses superbes monuments ajoute à l'intérêt du Festival dei Due Mondi, grande manifestation internationale de théâtre, de musique et de danse.

À l'extrémité sud de la piazza del Mercato, l'**Arco di Druso**, arc de triomphe érigé au Ier siècle, jouxte l'église **Sant'Ansano** reconstruite au XVIIIe siècle mais dont la crypte abrite des fresques d'inspiration byzantines qui pourraient remonter au VIe siècle. De l'autre côté de la place, la via Aurelio Saffi conduit à **Sant'Eufemia**, sanctuaire roman du Xe siècle qui a conservé les tribunes d'où les femmes assistaient à l'office. Un peu plus loin, la piazza del Duomo s'ouvre en éventail devant la **cathédrale** (XIIe siècle) dont la façade est une des plus élégantes d'Italie. Le remaniement baroque que reçut au XVIIe siècle sa décoration intérieure a respecté les magnifiques fresques de la *Vie de la Vierge* peintes à l'abside par Fra Lippo Lippi entre 1467 et 1469 et, dans la cappella Erioli, une *Vierge à l'Enfant* (1497) inachevée du Pinturicchio. La plus belle des églises de la ville basse, **San Salvatore**, se dresse dans le cimetière. Fondée au IVe siècle, elle incorpore des matériaux antiques. À quelque distance s'élève **San Ponziano** dont la façade romane à trois niveaux est typique de l'Ombrie. Des fresques byzantines ornent sa crypte du Xe siècle. Des vestiges d'édifices romains servirent en 1069 à la construction de **San Gregorio** et de son campanile qui dominent la piazza Garibaldi. Entre d'austères confessionnaux de pierre, des fragments de fresques ornent les murs de l'église. Sous le chœur s'étend une jolie crypte à cinq nefs. Selon la légende, quelque 10 000 martyrs chrétiens reposent à proximité. Ils auraient péri dans l'**amphithéâtre** romain dont subsistent des arcs dans la cour d'une caserne bordant la via del Anfiteatro.

Façade de San Pietro à Spolète

Ponte delle Torri, Spolète

Ponte del Torri

Bâti au XIVe siècle par Matteo Gattapone, originaire de Gubbio, ce superbe aqueduc aux arches gothiques offre du

Les églises romanes d'Ombrie

L'architecture religieuse ombrienne s'est développée à partir des basiliques antiques et des chapelles paléochrétiennes élevées à la mémoire des nombreux saints et martyrs de la région. Les façades romanes présentent en général trois niveaux et sont souvent percées de trois rosaces surmontant trois portails qui ouvrent sur une nef centrale et deux bas-côtés. Dans de nombreux sanctuaires, une crypte abritant les reliques d'un saint ou d'un martyr s'étend sous un chœur surélevé. Remaniées au fil des siècles, beaucoup d'églises romanes incorporent aujourd'hui des éléments gothiques, Renaissance ou baroques.

San Lorenzo di Arari *(XIVe siècle) à Orvieto doit son nom à un autel étrusque* (arari). *Elle possède une façade très dépouillée* (p. 348).

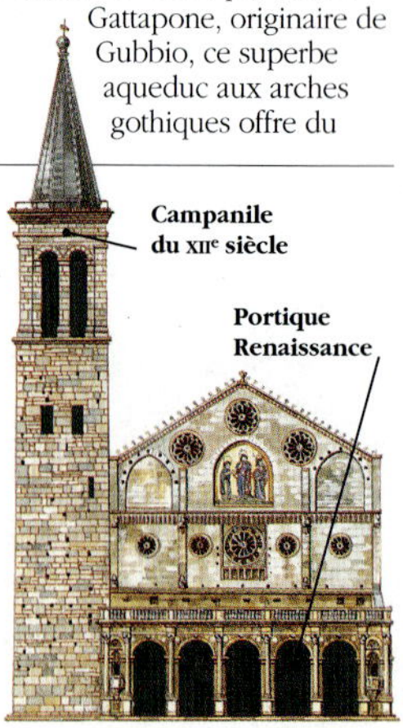

Le Duomo *(1198) de Spolète dont les 8 roses surmontent un portique Renaissance (1491) a un campanile bâti à partir de vestiges antiques.*

haut de ses 80 m une belle vue sur les bastions de la **rocca Albernoz**, immense forteresse que le même architecte construisit pour la papauté entre 1359 et 1364. Elle est malheureusement fermée au public. Au bout du « pont des Tours », un sentier conduit à la strada di Monteluco et à l'église **San Pietro** dont la façade présente de magnifiques reliefs du XIIe siècle.

Pinacoteca Comunale

Palazzo Comunale, Piazza del Municipio. *0743 21 81. du mar. au dim. 1er jan., 25 déc.*
La galerie d'art de Spolète comprend quatre salles présentant notamment une *Adoration des Mages* du Pérugin et deux grandes fresques de son protégé Spagna (v. 1450-1528).

Fresque de Gozzoli (1452) au Museo Civico de Montefalco

Montefalco 8

Perugia. *4 900. lun.*

Dédale de ruelles médiévales cerné de remparts du XIVe siècle, voici le plus intéressant des charmants villages du val de Spolète. Son nom, « Mont du Faucon », comme son surnom, « balcon d'Ombrie », évoquent bien le vaste panorama que commande son boulevard de ceinture, la *Circonvallazione*. Les vignobles qui s'étendent au-dessous dans le bassin du Clitumne produisent un excellent vin, le Sagrantino di Montefalco, que vous pourrez acheter sur la grand-place, la piazza del Comune.

À quelques pas, le **Museo Civico** borde la via Ringhiera Umbra. Il occupe l'ancienne église San Francesco (XIVe siècle) dont l'abside abrite les lumineuses fresques de la *Vie de saint François* exécutées par Benozzo Gozzoli en 1452. Parmi les grands peintres ombriens représentés figurent aussi le Pérugin, Tiberio d'Assisi et Niccolò Alunno.

D'autres fresques datant du XIVe au XVIe siècle ornent sur le corso Mamelli la petite église **Sant'Agostino** entreprise dans le style gothique en 1279.

Hors des murs, celles qui décorent **Sant'Illuminata** sont l'œuvre d'artistes du XVIe siècle, notamment Francesco Melanzio. Gozzoli et Tiberio d'Assisi peignirent celles de **San Fortunato** (2 km plus loin sur la route de Spolète).

Aux environs
Trevi est le village du val de Spolète occupant le site le plus spectaculaire. Les églises de **San Martino** (XVIe siècle), sur la passeggiata di San Martino, et de la **Madonna delle Lacrime** (1487-1522), sur la route arrivant du sud, renferment des peintures du Pérugin et de Tiberio d'Assisi.

Museo Civico di San Francesco

Via Ringhiera Umbra 9. *0742 37 95 98. d'avril à sept. : t.l.j. ; d'oct. à mars : du mar. au dim. 1er jan., 25 déc.*

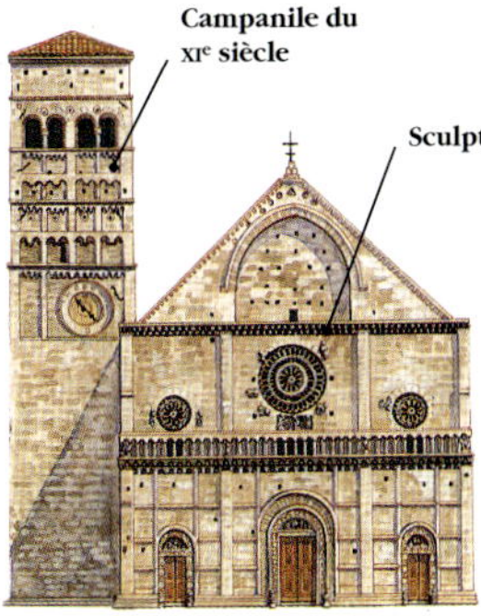

***Le Duomo** (1253) d'Assise offre un bel exemple de façade à trois niveaux. Une galerie de colonnettes, trois rosaces et des sculptures l'animent* (p. 345).

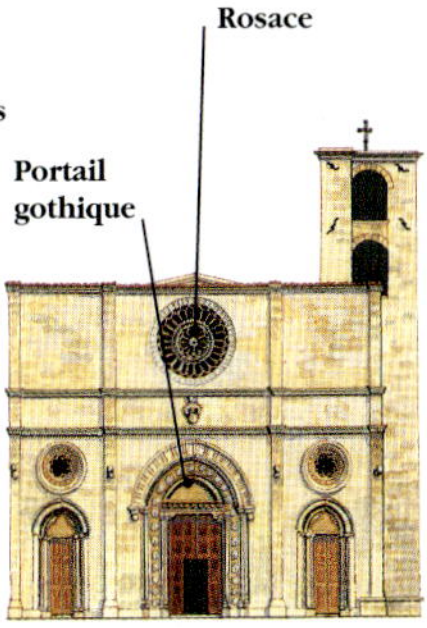

***Le Duomo** de Todi date du XIIe siècle, mais ses portails et ses rosaces furent remaniés jusqu'au XVIIe siècle* (p. 349).

***San Michele** (v. 1195) à Bevagna possède un superbe portail roman incorporant des éléments antiques* (p. 352).

Spello 9

Perugia. 8 000. FS Piazza Matteotti 3 (0742 30 10 09). mer.

Ce petit bourg du val de Spolète doit son renom au cycle de fresques inspirées du Nouveau Testament peintes vers 1500 par Pinturicchio dans la cappella Baglioni de l'église **Santa Maria Maggiore** (XIIe-XIIIe siècles) qui borde la via Consolare. En direction du centre du village, le sanctuaire gothique de **Sant'Andrea** (XIIIe siècle) s'élève sur la via Cavour, rue qui devient la via Garibaldi avant de rejoindre **San Lorenzo**, bijou baroque aménagé dans un édifice roman du XIIe siècle. Quelques vestiges de l'époque d'Auguste témoignent des origines romaines de Spello, notamment la **porta Consolare** ouvrant la via Consolare et la **porta Venere** que dominent deux tours jumelles. La route d'Assise offre de belles vues depuis le **monte Subasio**.

Aux environs
À l'instar de Spello, **Bevagna** se développa dans le val de Spolète en tant que ville-étape sur la via Flaminia. Elle a conservé du Moyen Âge une partie de ses remparts et de nombreux bâtiments, notamment autour de sa place centrale, la piazza Silvestri, où se dressent deux églises romanes bâties par Maestro Binello : **San Silvestro** (1195), pleine d'atmosphère avec sa crypte sous un chœur surélevé, et **San Michele** (fin du XIIe siècle) au portail encadré de mosaïques et de petites gargouilles.

Les majestueux Monti Sibillini en Ombrie orientale

Annonciation **(v. 1500) du Pinturicchio à Santa Maria Maggiore, Spello**

Monti Sibillini 10

Macerata. FS Spoleto. Visso. Largo Giovanni Battista Antinori 1, Visso (0737 955 26).

Ce massif montagneux long de quarante kilomètres fait partie de la chaîne des Apennins qui soulève la péninsule italienne de Gênes jusqu'en Sicile. Devenu depuis peu un parc national, il offre à l'est de l'Ombrie les paysages les plus sauvages et les plus spectaculaires de la région. Son point culminant, le **monte Vettore**, s'élève à 1 476 mètres de hauteur près de la grotte où la sibylle, selon la légende, rendait ses oracles.

Des sentiers tracés et indiqués sur d'excellentes cartes font du parc un paradis pour les randonneurs. En voiture, des routes en lacet grimpent jusqu'à des points de vue parmi les plus magiques d'Italie. Les paysages à découvrir comprennent en premier lieu le **Piano Grande**, plateau dénudé qui s'étend dans un vaste amphithéâtre et se couvre de fleurs sauvages au printemps. Seul lieu d'habitation, **Castelluccio**, village de montagne longtemps négligé mais en cours de restauration, s'atteint par la route depuis Norcia et Arquata del Tronto.

Produits locaux à la devanture d'un magasin de Norcia

Norcia 11

Perugia. 4 700. Piazza San Benedetto (0743 82 81 73). jeu.

La réputation des truffes et des charcuteries de cette petite ville de montagne a dépassé les frontières de l'Ombrie et elle compte parmi les capitales gastronomiques italiennes. Cet atout contribue à en faire une excellente base d'où découvrir la Valnerina et les Monti Sibillini.

Ses principaux monuments bordent la **piazza San Benedetto**, notamment l'église **San Benedetto** dont la crypte renferme les vestiges d'un édifice du Ve siècle. Selon la légende, il s'agit de la maison natale de saint Benoît et de sa sœur sainte Scholastique dont les statues ornent le portail du XIVe siècle.

La Valnerina offre un cadre superbe à l'abbaye de San Pietro in Valle (VIIIe siècle)

À gauche du sanctuaire se dresse le **Palazzo Comunale** récemment restauré, monument à la gloire de l'indépendance que connut Norcia aux XIIIe et XIVe siècles, époque dont le bâtiment conserve un portique. De l'autre côté de la place, la forteresse de la **Castellina** domine la ville depuis 1554. Jules III la commanda à Vignole afin d'imposer l'autorité papale à une région de montagne turbulente. À gauche de la Castellina, le **Duomo** (1560) a souffert au fil des siècles des nombreux tremblements de terre qui expliquent la faible hauteur des maisons de Norcia et l'importance de leurs murs de renfort.

Plusieurs magasins d'alimentation ouvrent aussi sur la piazza et leurs devantures mettent l'eau à la bouche. Sur la via Anicia, l'église gothique **Sant'Agostino** recèle de belles fresques du XVIe siècle. Un peu plus loin sur la piazza Palatina, l'**oratorio di sant'Agostinaccio** possède un superbe plafond du XVIIe siècle. Bordant la via Umberto, l'**Edicola** est un petit édifice élevé en 1354 et sculpté, pense-t-on, à l'occasion d'une procession de la semaine sainte.

L'église San Benedetto sur la piazza du même nom à Norcia

Valnerina ⓬

Perugia. FS 🚌 *Spoleto.* ℹ *Piazza Garibaldi 1, Cascia (0743 711 47).*

La « Petite vallée de la Nera » forme un large arc de cercle à l'est de l'Ombrie et la rivière, après avoir drainé les Monti Sibillini et les montagnes proches de Norcia, se jette dans le Tibre en aval de Terni. Hameaux fortifiés et villages perchés s'accrochent à ses rives abruptes et boisées.

San Pietro in Valle, abbaye bâtie sur le flanc du monte Solenne au-dessus du village de Colleponte, en constitue le site le plus intéressant. Fondé au VIIIe siècle, ce monastère a conservé de ses origines lombardes les absides, le transept et l'autel de l'église dont la nef est ornée de fresques romanes datant d'un remaniement au XIIe siècle. Malgré le témoignage qu'elle apporte sur une période du Moyen Âge qui a laissé peu de vestiges, l'abbaye connaît moins de succès que la **Cascate delle Marmore** près de Terni, l'une des plus hautes cascades d'Europe (165 m). Les Romains la créèrent artificiellement lors de travaux de drainage de la plaine de Rieti. À cause des barrages de centrales hydro-électriques, elle ne coule toutefois désormais que certains jours et à certaines heures.

San Pietro in Valle
Località Ferentillo, Terni. ☎ *0744 78 03 16.* 🕘 *t.l.j.*

Cascate delle Marmore
À 9 km de Terni sur la N 209. 🕘 *Sporadiquement. Demander à l'office du tourisme.*

MARCHES

Succession de vallées creusées d'ouest en est par les cours d'eau dévalant des Apennins vers l'Adriatique, les Marches offrent à la fois paysages sauvages, villes anciennes et plages de sable. Port actif, Ancône en est devenue le chef-lieu, mais ce furent des cités de l'intérieur comme Urbino qui eurent le plus d'éclat au Moyen Âge.

Au IVe siècle av. J.-C., des exilés de Syracuse firent d'Ancône le comptoir grec le plus septentrional d'Italie et colonisèrent une grande partie du littoral proche. La région prit son nom au début du Moyen Âge quand elle formait la frontière (ou « marche ») entre l'Empire germanique et les États pontificaux.

C'est au XVe siècle qu'elle connut son âge d'or quand Urbino devint grâce au duc Federico de Montefeltro un des grands centres intellectuels de la Renaissance. Le splendide Palazzo Ducale et la collection de peintures qui l'occupe offrent un brillant témoignage de cette grandeur. Ancienne capitale des Picéniens, peuple qui résista aux Romains jusqu'au Ier siècle av. J.-C., Ascoli Piceno possède presque autant de charme qu'Urbino avec sa splendide piazza del Popolo bordée de monuments médiévaux. Des localités moins importantes comme San Leo, Urbania et San Marino renferment également de beaux édifices historiques.

La majorité des visiteurs qui séjournent dans les Marches en été y viennent toutefois pour les plages. Les amoureux de la nature leur préféreront sans doute les montagnes de l'intérieur, notamment les majestueux Monti Sibillini.

Les spécialités culinaires accommodent truffes et charcuterie et fromages de montagne. Un vin blanc sec comme le Verdicchio, le plus connu, ou le Bianchello del Metaure, accompagnera le *brodetto*, soupe de poissons servie sur toute la côte. Les olives se dégustent farcies de viande et d'aromates *(olive ascolane)*.

Coquelicots et oliviers au cœur des Marches

◁ La république de San Marin a gardé ses fortifications médiévales

À la découverte des Marches

Urbino et Ascoli Piceno sont les villes dont les monuments présentent le plus d'intérêt, mais des bourgs et villages pleins de charme, à l'image de San Leo dominé par sa forteresse, jalonnent les collines de l'intérieur des terres. Les Apennins culminent à 2 476 m dans le parc national des Monti Sibillini *(p. 352)*. Ancône et Pèsaro sont les deux pôles les plus actifs du littoral que bordent de belles plages de sable et des stations balnéaires.

Paysage de collines entre Lorette et Ascoli Piceno

Ascoli Piceno, l'une des plus jolies villes des Marches

LES MARCHES D'UN COUP D'ŒIL

Près de Portonovo sur la péninsule du Conero

CIRCULER

Les reliefs rendent difficile la circulation du nord au sud à l'intérieur des terres et c'est sur le littoral qu'il est le plus facile de circuler, notamment en voiture car la seule autoroute à traverser les Marches, l'A 14, longe la côte. Des routes à double voie en partent vers Urbino, Jesi et Ascoli Piceno. Les liaisons en car ou en train partent aussi des villes du littoral.

Au marché de Fano

VOIR AUSSI

• ***Hébergement*** p. 564-565
• ***Restaurants*** p. 597-598

Le clocher du Duomo au-dessus du village de San Leo

San Leo ❶

Pèsaro. Piazza Dante 10 (0541 91 62 31). depuis Rimini, changer à Villanova.

Peu de châteaux se révèlent aussi impressionnants que la **forteresse** qui domine le village perché de San Leo depuis l'ancien Mons Feretrius où les Romains avaient bâti un temple à Jupiter. Dante s'en inspira pour l'un des paysages de son *Purgatoire* et Machiavel la considérait comme l'une des grandes réussites de l'architecture militaire italienne.

Sa prison eut pour détenu le plus célèbre le comte de Cagliostro (1743-1795). Cet alchimiste et occultiste réputé pour ses cures miraculeuses et ses dons de spirite mena une vie fastueuse et eut de nombreux disciples dans toute l'Europe. Il commit toutefois l'erreur de revenir en Italie. L'Inquisition le jeta dans un cachot dont la fenêtre donne sur les deux sanctuaires du village, spectacle qui devait l'inciter au repentir. Il y resta jusqu'à sa mort, et la cellule fait désormais partie d'un petit musée comprenant une pinacothèque. Les majestueux remparts Renaissance construits par Francesco di Giorgio Martini pour les ducs de Montefeltro commandent un vaste panorama.

L'église paroissiale, ou **Pieve**, de San Leo date du IXe siècle et incorpore, comme le **Duomo** roman (XIIe siècle) qui s'élève derrière elle, des éléments antiques. Dans la cathédrale, des reliefs païens se découvrent derrière l'autel. La crypte abrite le couvercle du sarcophage de saint Léon.

Forteresse

Via Leopardi. 0541 91 62 31. t.l.j.

San Marino ❷

26 000. San Marino Città (depuis Rimini). Contrada Omagnano 20, San Marino (0549 88 24 00).

Selon la légende, c'est un tailleur dalmate, saint Marin, qui fonda au IVe siècle la plus ancienne république d'Europe. Fuyant les persécutions organisées sous Dioclétien, il se réfugia avec son ami Léon, dont San Leo porte le nom, sur le monte Titano. Le petit État (12 km de large au maximum) possède ses propres pièces de monnaie, ses timbres, son équipe de football et même son armée (1 000 hommes). Garibaldi, qui y trouva refuge en 1849, y est honoré d'un monument sur la place qui porte son nom. Depuis **Borgomaggiore**, la ville la plus peuplée, la capitale, **San Marino**, interdite aux voitures, peut s'atteindre en funiculaire. Du haut du monte Titano, elle offre, à l'instar des trois forteresses qui la dominent, de superbes vues portant jusqu'à la plaine du Pô. Elle est cependant très touristique.

Magasins de produits détaxés à San Marino

Pèsaro ❸

85 000. FS Via Trieste 164 (0721 693 41). mar. et 1er jeu. du mois.

Détail du *Couronnement de la Vierge* (v. 1470) de Bellini aux Musei Civici

Devenue l'une des plus importantes stations balnéaires de l'Adriatique, Pèsaro a conservé, derrière le mur d'hôtels de sa promenade, un agréable quartier médiéval où la galerie d'art municipale, les **Musei Civici**, présente une superbe collection de céramiques et, parmi les peintures, un chef-d'œuvre de Giovanni Bellini : le polyptyque du *Couronnement de la Vierge* (v. 1470). Au **Museo Archeologico Oliveriano**, du mobilier funéraire retrouvé dans la nécropole de Novilara et des vestiges allant de l'âge du fer aux Romains évoquent le lointain passé de la région.

La plus belle des églises de Pèsaro, **Sant'Agostino**, borde le corso XI Settembre. Elle recèle de remarquables stalles marquetées, notamment de vues de la cité.

Gioachino Rossini est né à Pèsaro et la ville rend

hommage à sa mémoire à la **casa Rossini** qui renferme des souvenirs et au **conservatorio Rossini** où se trouvent son piano et quelques manuscrits. En août, ses opéras sont donnés au **teatro Rossini** sur la piazza Lazzarini.

Musei Civici
Piazza Mosca 29. 0721 312 13. du mar. au dim. (d'oct. à mars : seulement le matin).

Museo Archeologico Oliveriano
Via Mazza 97. 0721 333 44. du lun. au sam. matin. jours fériés.

Casa Rossini
Via Rossini 34. 0721 38 73 57. du mar. au dim. (d'oct. à mars : seulement le matin).

Conservatorio Rossini
Piazza Olivieri 5. 0721 336 70. du lun. au sam. matin. jours fériés.

Fano 4

Pèsaro. 53 000. FS Via Cesare Battisti 10 (0721 80 35 34). mer. et sam.

Sa vieille ville et ses monuments historiques donnent à Fano un cachet que ne possèdent pas les autres stations balnéaires de la côte adriatique. Au débouché de la via Flaminia sur la mer, la ville prit sous les Romains le nom de *Fanum Fortunae* d'après le temple de la Fortune qui s'y dressait depuis 207 av. J.-C. Élevé en l'an 2, l'**arco d'Augusto** faillit ne pas résister au siège mené en 1463 par Federico da Montefeltro, alors *condottiere* pour le pape, qui détruisit sa partie supérieure.

Sur la piazza XX Settembre, derrière la **fontana della Fortuna** ornée d'une statue (1593) d'Ambrosi, se dresse le vaste **palazzo Malatesta**. Bâti en 1420 pour la famille qui régna sur Fano jusqu'en 1463, il fut agrandi en 1544. Il abrite le **Museo Civico** et la **Pinacoteca Malatestiana** qui présentent une intéressante collection de faïences et, à côté d'œuvres de peintres locaux, des tableaux d'artistes plus célèbres tels que le Guerchin, Guido Reni, Palma le Jeune et Michele Giambono.

Museo Civico et Pinacoteca Malatestiana
Piazza XX Settembre. 0721 82 83 62. du mar. au dim. (d'oct. à mars : du mar. au dim. matin). 1er jan., 25 et 26 déc.

Fontana della Fortuna sur la piazza XX Settembre de Fano

Entrée du Palazzo Ducale d'Urbania

Urbino 5

Voir p. 360-361.

Urbania 6

Pèsaro. 7 200. Corso Vittorio Emanuele 24 (0722 31 93 85). jeu.

Urbania doit son nom au pape Urbain VIII (1623-1644) qui nourrit un temps le projet de transformer le village médiéval alors appelé Castel Durante en une ville conforme aux idéaux de la Renaissance.

Le principal monument d'Urbania remonte toutefois à une époque antérieure. Les Montefeltro entreprirent en effet dès le début du XIIIe siècle la construction du **Palazzo Ducale**, l'une de leurs résidences hors d'Urbino, la capitale du duché. Reconstruit au XVe et au XVIe siècles, il abrite dans un site agréable au bord du Metauro un petit musée de peintures et d'objets d'art ainsi que l'ancienne bibliothèque du duc Federico riche de quelque 2 000 gravures.

Palazzo Ducale
Palazzo Ducale. 0722 31 99 85. du mar. au sam. (d'oct. à mars : demander à la bibliothèque). jours fériés.

Urbino : le Palazzo Ducale

Federico da Montefeltro régna de 1444 à 1482 sur le duché d'Urbino dont il tripla la superficie grâce aux services qu'il rendit aux papes en tant que condottiere. Mais, plus que le soldat, c'est l'humaniste qui resta dans l'histoire, le mécène qui fit construire le plus beau palais Renaissance d'Italie et invita certains des plus grands artistes de l'époque à participer à sa décoration.

★ La Flagellation par Piero della Francesca
Le peintre joue ici de la perspective pour renforcer l'effet dramatique.

Le palais domine Urbino

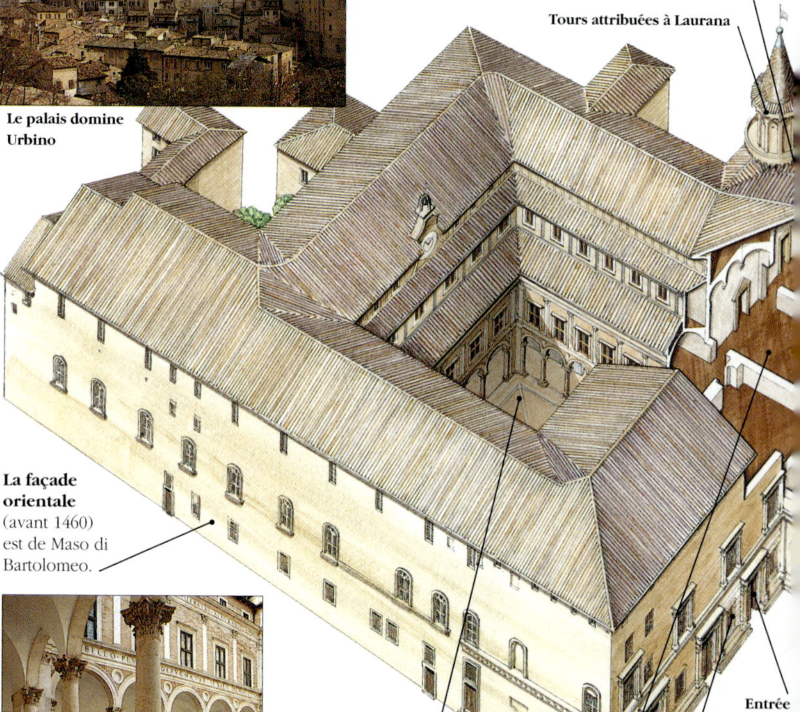

Tours attribuées à Laurana

La façade orientale (avant 1460) est de Maso di Bartolomeo.

Entrée principale

La bibliothèq
était l'une des plus riches de l'époque.

Cortile d'Onore
Le Dalmate Luciano Laurana (1420-1479) dessina cette cour de la première Renaissance.

Vue de la cité idéale
Attribuée à Luciano Laurana, cette peinture qui joue de la perspective propose un décor urbain très inspiré de l'Antiquité.

★ Studiolo
Botticelli dessina une partie du décor marqueté du cabinet de Federico da Montefeltro.

Portrait de Federico par Pedro Berruguete
Représenté ici avec son fils, le duc montre toujours son profil gauche sur les portraits pour cacher une cicatrice au visage.

Jardin suspendu

Les pièces de cette aile forment l'appartamento della Duchessa.

★ La Muta par Raphaël
Cette « muette » était peut-être une noble florentine : Maddalena Dori.

MODE D'EMPLOI

Piazza Duca Federico 13. *0722 27 60.* *Piazza del Mercatale.* *de juin à oct. : 9 h à 14 h le lun., 9 h à 19 h du mar. au sam., 9 h à 13 h le dim. ; de nov. à mai : horaires variants, téléphoner (der. ent. : 30 mn av. la ferm.).* *1er jan., 1er mai, 25 déc.*

À NE PAS MANQUER

★ *La Flagellation* par Piero della Francesca

★ *La Muta* par Raphaël

★ Le Studiolo

Urbino ❺

Pèsaro. *16 000.* *Via Rinascimento 1 (0722 24 41).* *sam.*

Dans le dédale de rues bordées d'immeubles médiévaux et Renaissance s'élève sur la piazza Federico le **Duomo** néo-classique construit en 1789. Sa plus belle peinture est une *Cène* par Federico Barocci (v. 1535-1612). Le **Museo Diocesano** présente de la verrerie, des céramiques et des objets religieux.

L'intérêt de la visite de la **Casa Natale di Raffaello**, où grandit le peintre Raphaël (1483-1520), c'est surtout de découvrir une atmosphère.

Sur la via Barocci se dressent l'**oratorio di San Giuseppe**, construit au Moyen Âge et réputé pour sa crèche, et l'**oratorio di San Giovanni Battista** bâti au XIVe siècle et décoré en 1416 par Giacomo et Lorenzo Salimbeni de fresques représentant la *Crucifixion* et des scènes de la *Vie de saint Jean Baptiste.*

La **fortezza dell'Albornoz** (XVe siècle), sur le viale Bruno Buozzi, permet de découvrir une vue d'ensemble de la ville.

Museo Diocesano
Piazza Pascoli 2. *0722 28 50.* *du lun. au sam. (d'oct. à mars : demander au gardien du Duomo).*

Casa Natale di Raffaello
Via di Raffaello 57. *0722 32 01 05.* *t.l.j. (dim. seulement le matin).* *1er jan., 25 déc.*

Le centre d'Urbino a gardé son cachet ancien

Sur le port d'Ancône

Grotte di Frasassi 7

Ancona. 0732 972 11. FS Genga San Vittore Terme. visites guidées seulement (1 h 15). 1er jan., 4 et 25 déc.

Les eaux du Sentino ont creusé au sud-ouest de Jesi un réseau de dix-huit kilomètres de grottes dont mille mètres environ sont ouverts au public dans le cadre d'une visite guidée. Elle permet de découvrir la **grotta del Vento** dont la voûte atteint une hauteur de 240 m et qui est assez vaste pour contenir la cathédrale de Milan. Elle a servi à diverses expériences, notamment des études du comportement humain lors de longues périodes passées sous terre, seul ou en groupe.

Jesi 8

Ancona. 41 000. FS Piazza della Repubblica 11 (0731 597 88). mer. et sam.

Cette petite ville animée s'étend sur une longue arête rocheuse en bordure de l'Esino. Dans la vallée, des vignobles l'entourent. Ils produisent le Verdicchio, vin blanc sec réputé depuis des siècles. Il n'est toutefois pas fabriqué à Jesi même mais dans les villages situés en amont et appelés Castelli di Jesi. La forme traditionnelle des bouteilles le contenant découle de celle des amphores qui servaient à son exportation en Grèce pendant l'Antiquité.

Installés dans le palazzo Pianetti édifié en 1730, les **Pinacoteca e Musei Civici** présentent, entre autres, de belles peintures de Lorenzo Lotto, mais la galerie centrale du palais et son exubérante décoration rococo justifient presque à elles seules la visite. Non loin, le **palazzo della Signoria** Renaissance abrite une intéressante collection de vestiges archéologiques. Hors de l'enceinte fortifiée du XIVe siècle s'élève l'église gothique **San Marco** ornée de fresques du XIVe siècle inspirées de Giotto.

Pinacoteca e Musei Civici
Via XV Settembre. 0731 53 83 43. *du mar. au dim.*

Palazzo della Signoria
Piazza Colocci. 0731 53 83 45. *téléphoner pour horaires.*

Ancône 9

98 000. FS Via Thaon de Revel 4 (071 349 38). mar. et ven.

La fondation d'Ancône, chef-lieu des Marches, remonte au moins au IVe siècle av. J.-C. quand s'y installèrent des exilés de Syracuse. Son nom dérive d'ailleurs du mot grec *ankon* qui signifie « coude », une référence au promontoire rocheux qui donne à la ville son port naturel.

Des bombardements pendant la dernière guerre ont détruit beaucoup de sa partie historique, et la **loggia dei Mercanti** (XIVe siècle), sur la via della Loggia, est l'un des rares monuments du Moyen Âge à avoir survécu, avec l'église romane **Santa Maria della Piazza** qui dresse un peu plus loin une jolie façade.

La **Pinacoteca Comunale F Podesti e Galleria d'Arte Moderna** présente des peintures de Titien, Lorenzo Lotto et Carlo Crivelli, entre autres, mais le musée offrant le plus d'intérêt est le **museo archeologico nazionale delle Marche** aux riches collections préhistorique, grecque et romaine. Près du port, l'**Arco di Traiano** date de l'an 115.

Une des salles souterraines des grotte di Frasassi

Plage de Sirolo sur la péninsule du Conero

Pinacoteca Comunale F Podesti e Galleria d'Arte Moderna
Via Pizzecolli 17. *071 222 50 41.* *mar.-sam. t.l.j. (dim. et lun. mat.)* *jours fériés.*

Museo Archeologico Nazionale delle Marche
Palazzo Ferretti, Via Ferretti 1. *071 207 53 90.* *t.l.j. (d'oct. à mai : t.l.j. le matin).* *1er jan., 25 déc.*

La péninsule du Conero ⑩

Ancona. FS *Ancona.* *d'Ancône à Sirolo ou Numana.* *Via Thaon de Revel 4, Ancona (071 332 49).*

Peu habitée, la superbe péninsule rocheuse du Conero, seule formation naturelle à briser la ligne presque ininterrompue de plages de sable qui forme le littoral des Marches, est plantée de vignes produisant des vins réputés (notamment le Rosso del Cornero). Criques isolées et petites stations balnéaires jalonnent sa côte.

Portonovo est la plus agréable de ces stations. Bâtie au-dessus de la plage, **Santa Maria di Portonovo**, une église romane évoquée par Dante dans le chant XXI du *Paradis*, date du XIe siècle. **Sirolo** et **Numana** se révèlent plus touristiques, mais il reste possible d'échapper à la foule en gravissant les pentes du monte Conero (572 m), ou en prenant un bateau jusqu'à des plages inaccessibles en voiture.

Lorette ⑪

Ancona. *11 000.* FS *Via Solari 3 (071 97 02 76).* *ven.*

Selon la légende, des anges soulevèrent la maison où naquit la Vierge **(Santa Casa)** en Terre Sainte pour la transporter en 1294 dans un bois de lauriers au sud d'Ancône. Chaque année, trois millions de pèlerins viennent la contempler dans la **basilique** entreprise en 1468 dans le style gothique mais en grande partie construite et décorée pendant la Renaissance par des artistes et architectes tels que Bramante, Sansovino, Giuliano da Sangallo et Luca Signorelli. Le **Museo-Pinacoteca** possède des tableaux de Lorenzo Lotto.

La Santa Casa de Lorette

Basilica et Santa Casa
Piazza Santuario. *071 97 01 04.* *t.l.j.*

Museo-Pinacoteca
Palazzo Apostolico. *071 97 77 59.* *du mar. au dim. t.l.j.*

Ascoli Piceno ⑫

53 000. *Piazza del Popolo (0736 25 30 45).* *mer. et sam.*

Peuple originaire de l'Illyrie, les Picéniens résistèrent aux Romains jusqu'en 89 av. J.-C. Leur capitale devint alors l'Asculum Picenum dont le plan régulier reste visible dans l'organisation du centre-ville actuel où un riche héritage architectural témoigne du dynamisme de la commune au Moyen Âge.

Sur la **piazza del Popolo** voisinent le **palazzo dei Capitani del Popolo** bâti au XIIIe siècle mais dont Cola dell'Amatrice remania la façade en 1548 et l'église gothique **San Francesco** élevée de 1262 à 1549. Depuis la place, la via del Trivio conduit au nord jusqu'au quartier ancien s'étendant sur la rive du Tronto. Sur la via Cairoli se dresse **San Pietro Martire** datant du XIIIe siècle. En face, **Santi Vincenzo e Anastasio** (XIe siècle) possède une crypte ornée de fresques.

Édifié au XIIe siècle, le **Duomo** présente sur la piazza dell'Arringo une façade par Cola dell'Amatrice. Sa cappella del Sacramento abrite un polyptyque par Carlo Crivelli (v. 1430-v. 1495), peintre également représenté à la **Pinacoteca Civica**. Le **Museo Archeologico** expose des objets picéniens, romains et lombards.

Pinacoteca Civica
Palazzo Comunale, Piazza Arringo. *0736 29 82 13.* *du lun. au dim.* *1er jan., 25 déc.*

Museo Archeologico
Palazzo Panighi, Piazza Arringo. *0736 25 35 62.* *du mar. au sam.* *1er jan., 1er mai, 25 déc.*

Ascoli Piceno a gardé son charme médiéval

Rome et le Latium

Rome et le Latium d'un coup d'œil

L'histoire connue de la région remonte aux premières colonies fondées dans le nord du Latium par les Étrusques dont la culture s'effaça devant la puissante civilisation créée par les Romains. Celle-ci ne résista pas aux invasions barbares, mais la capitale de l'Empire resta celle de la chrétienté et, après une éclipse au Moyen Âge, les plus grands artistes et architectes vinrent y travailler, notamment pendant les périodes Renaissance et baroque. De somptueux monuments, à Rome comme aux environs, témoignent de ce passé prestigieux.

Saint-Pierre, *dont Michel-Ange dessina la coupole majestueuse, est d'une somptuosité digne du Saint-Siège* (p. 408-409).

La piazza Navona, *bordée de cafés, possède trois fontaines baroques, dont la fontaine des Fleuves du Bernin* (p. 389).

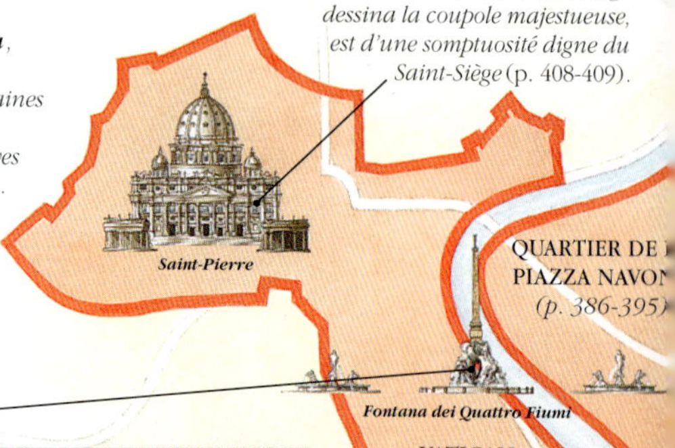

Santa Maria in Trastevere, *l'un des premiers sanctuaires chrétiens de Rome, est ornée de mosaïques remarquables dont une* Vie de la Vierge *(1291) par Cavallini* (p. 418).

Cerveteri *est l'une des nombreuses nécropoles laissées par les Étrusques dans le nord du Latium. Sous les tumulus, les tombes abritaient souvent des fresques ou des objets usuels* (p. 450).

◁ **Les allégories de quatre grands fleuves ornent la fontana dei Quattro Fiumi du Bernin sur la piazza Navona**

Le Panthéon, *contruit entre 118 et 125, recèle derrière son portique classique une merveille architecturale : son immense coupole* (p. 394).

Voir aussi

- ***Hébergement*** p. 565-569
- ***Restaurants*** p. 599-602

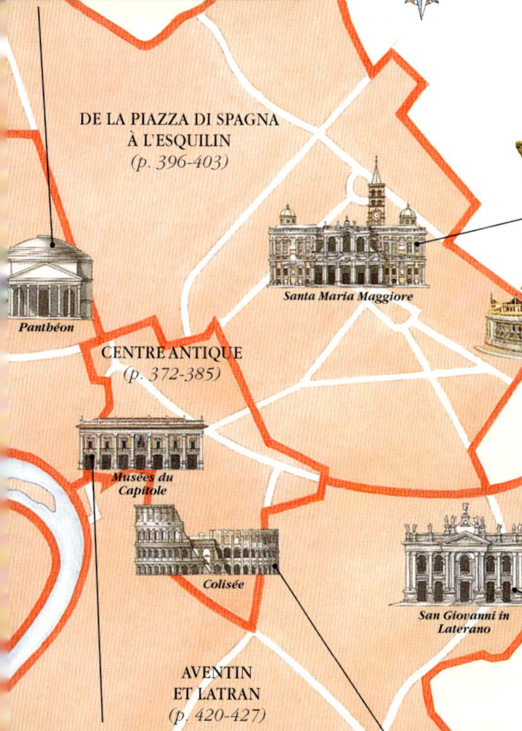

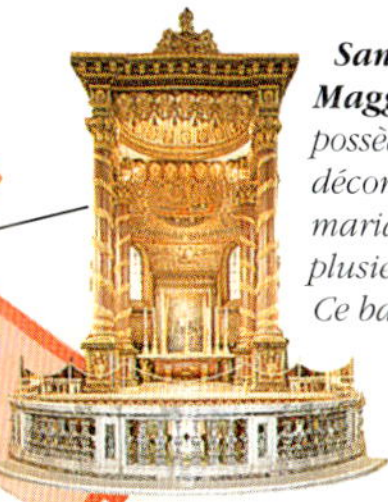

Santa Maria Maggiore *possède une décoration mariant plusieurs styles. Ce baldaquin date du XVIIIe siècle* (p. 403).

San Giovanni in Laterano, *la cathédrale de Rome, abrite l'élégante chapelle Corsini créée en 1732* (p. 426).

Les musées du Capitole *présentent depuis la Renaissance des trésors classiques comme cette tête colossale de Constantin datant du IVe siècle* (p. 376-377).

Le Colisée *bâti en 80 par l'empereur Vespasien pouvait accueillir 55 000 spectateurs pour des combats de gladiateurs ou des simulacres de chasse d'animaux sauvages* (p. 383).

Les spécialités de Rome et du Latium

Feuilles de sauge

La *cucina romanesca* a toujours fait appel aux produits du terroir et aux légumes et fruits de saison. Les artichauts, au printemps, et les champignons, en automne, fournissent ainsi la base de dizaines de recettes différentes, tandis qu'en été, la *rughetta* (roquette) et la *puntarelle* (jeunes pousses de chicorée) s'associent à d'autres salades pour former la *mesticanza*, plat très rafraîchissant. Nombre des spécialités romaines apprêtent le *quinto quarto* (cinquième quart), c'est-à-dire les abats, avec un assaisonnement à base d'huile d'olive, d'herbes aromatiques et de *pancetta* (lard). Le *guanciale* (joue de porc) est un délice à découvrir. Fromage de brebis, le *pecorino* apporte sa saveur relevée aux plats de pâtes ou aux risottos, tandis que la *ricotta*, plus douce, nappe les pizzas ou s'intègre à des desserts comme la *torta di ricotta*.

***Les suppli di riso**, délicieux en-cas typiquement romains, sont des croquettes de riz fourrées à la mozzarella.*

***L'antipasto** qui commence le repas se compose généralement d'une sélection de hors-d'œuvre à base de légumes. Ceux-ci peuvent être conservés, dans l'huile ou le vinaigre, ou de saison, crus ou cuits. Spécialités de printemps, les cœurs d'artichauts et les fleurs de courgette apparaissent en beignets dans le* fritto misto.

***Les filetti di baccalà**, beignets de morue d'origine juive, sont devenus une spécialité romaine.*

***Les gnocchi alla romana**, boulettes de semoule, se dégustent à la sauce tomate ou juste au beurre.*

***Le risotto alla romana** inclut foie et ris de veau dans une sauce parfumée au Marsala, un vin liquoreux sicilien.*

***Les buccatini all'amatriciana**, pâtes dans une sauce au lard, à la tomate et à l'oignon, se saupoudrent de pecorino râpé.*

***Les spaghetti alla carbonara** s'accommodent avec du lard, un jaune d'œuf, de la crème et du parmesan.*

***La coda alla vaccinara**, plat traditionnel romain, associe queue de bœuf braisée, tomates et fines herbes.*

***La torta di ricotta**, tarte à la ricotta, au Marsala et au citron, connaît un grand succès dans la capitale italienne.*

***La saltimbocca alla romana**, une escalope de veau au jambon et à la sauge, se sert parfois en roulade.*

***Les fave al guanciale** sont des fèves de printemps cuites à l'huile d'olive avec de la joue de porc et de l'oignon.*

Que boire à Rome et dans le Latium

Depuis que les Romains l'implantèrent sur les coteaux entourant leur capitale il y a plus de 2 000 ans, la vigne prospère sous le climat chaud du Latium. Elle produit peu de vins rouges, les meilleurs venant d'autres régions d'Italie, mais fournit en abondance cafés et restaurants en blancs secs bon marché. Le frascati est le plus connu, mais le castelli romani, le marino, le colli albani et le velletri, issus comme lui du cépage trebbiano, lui ressemblent beaucoup. Un apport en malvoisie renforce parfois le bouquet et la saveur des meilleurs crus. De tous les apéritifs, les vermouths comme le Martini ou le Campari restent les plus appréciés. La *grappa*, un alcool de marc, conclut souvent le repas. L'Italie produit ses propres bières, notamment la Nastro Azzurro, blonde très répandue. Les jus de fruits se révèlent généralement bons dans les bars, en particulier l'orange pressée *(spremuta)*. Héritage de l'Antiquité, c'est une eau de très bonne qualité qui coule des fontaines romaines.

Le plus connu des blancs du Latium

***Le torre ercolana**, l'un des rares rouges produits dans le Latium, et l'un des meilleurs vins de la région, n'est fabriqué qu'en petite quantité à partir de cesanese et de cabernet. Il doit vieillir au moins cinq ans.*

***L'eau de Rome**, contrairement à celle de nombreuses villes, est excellente, la capitale italienne restant approvisionnée par les sources de collines voisines grâce à un système de canalisation et d'aqueducs qui a peu changé depuis l'Antiquité. Sauf si un panneau précise* Acqua non potabile, *on peut donc boire sans crainte aux nombreuses fontaines qui parent la cité.*

L'une des nombreuses fontaines d'eau potable de Rome

***Le café** est sans doute plus important pour les Romains que le vin. L'espresso serré se boit à toute heure de la journée, le cappuccino nappé d'un nuage de crème et le caffelatte (café au lait) se dégustent au petit déjeuner ou l'après-midi.*

Espresso

Cappuccino

Caffelatte

L'architecture de Rome et du Latium

Héritiers des traditions grecques et étrusques, les Romains développent sous l'Empire une architecture originale, notamment par l'utilisation de l'arc, de la voûte et de la coupole. Édifice civil rectangulaire à plusieurs nefs, la basilique inspire les premières églises paléochrétiennes, qui évoluent peu à peu vers le dépouillement du style roman. Le gothique lui succède mais marque peu Rome, qui adopte en revanche les proportions classiques de l'architecture Renaissance née à Florence. Avec le baroque, exubérante réaction à l'austérité protestante, la Ville éternelle retrouve au XVIIe siècle son originalité créatrice.

La foisonnante fontana di Trevi baroque à Rome

Des Étrusques à la Rome classique

***Des temples étrusques**, copiés de modèles grecs avec leur portique, inspirèrent les premiers édifices romains.*

***L'arc de Constantin** (315), haut de vingt-cinq mètres, est typique de l'architecture triomphale de l'Empire romain* (p. 379).

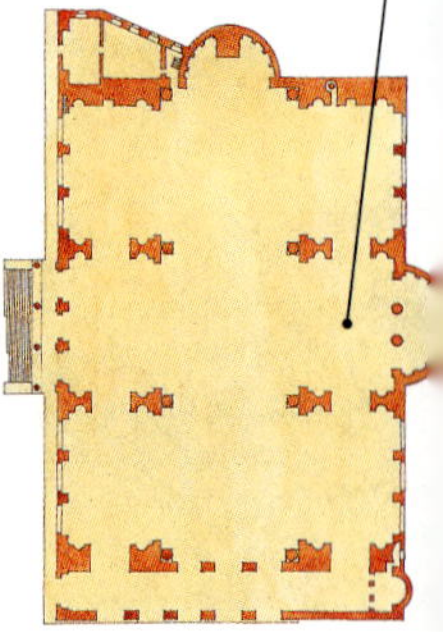

***Les basiliques paléochrétiennes** (IVe siècle) avaient un plan rectangulaire.*

De la Renaissance au baroque

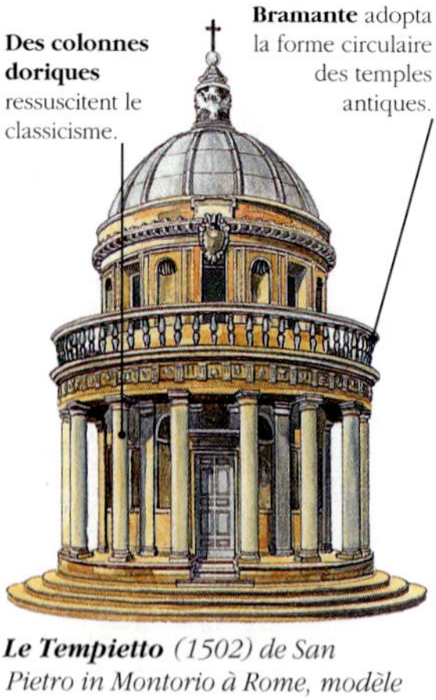

***Le Tempietto** (1502) de San Pietro in Montorio à Rome, modèle de simplicité et d'harmonie, est de la première Renaissance* (p. 419).

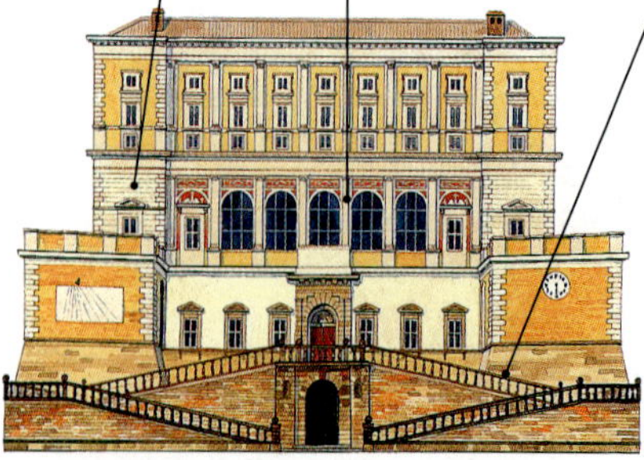

***Le palazzo Farnese de Caprarola**, édifice pentagonal achevé en 1575, associe des effets décoratifs maniéristes aux formes dépouillées et géométriques caractéristiques du début de la Renaissance* (p. 449).

Où voir l'architecture romaine

Une simple promenade dans les rues du centre entraîne la découverte de chefs-d'œuvre architecturaux d'à peu près toutes les époques, y compris celle des pharaons représentée par sept obélisques rapportés d'Égypte. L'éléphant du Bernin *(p. 394)* porte l'un d'eux. De la Rome antique subsistent notamment des arcs de triomphe et le Panthéon *(p. 394)*. L'église San Clemente *(p. 425)* conserve des éléments romans, tandis que la Renaissance a donné sa coupole à la basilique Saint-Pierre *(p. 408-409)*. Parmi les merveilles baroques parsemant la ville figurent nombre des fontaines qui animent ses places. Hors du centre, les villas Renaissance telle celle de Caprarola *(p. 449)* sont à ne pas manquer.

Détail du socle d'un obélisque égyptien sculpté par le Bernin

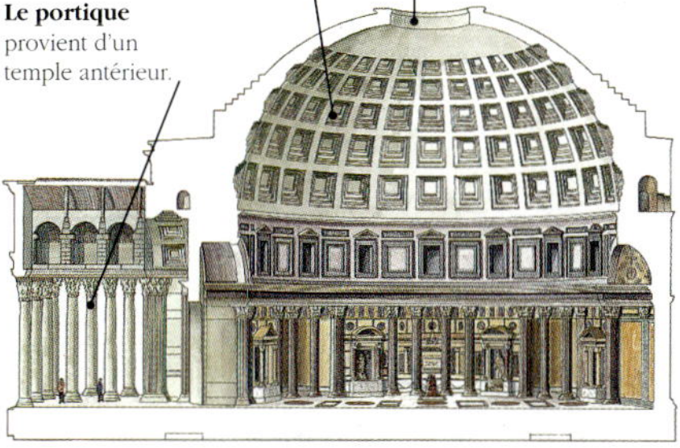

Le Panthéon *est une des réalisations majeures de l'architecture romaine. Achevé en 125, il s'éloigne de la structure du temple grec pour offrir un volume intérieur aux proportions parfaites* (p. 394).

Les ordres *de l'architecture classique, empruntés aux Grecs, se définissent par la décoration des colonnes et des chapiteaux.*

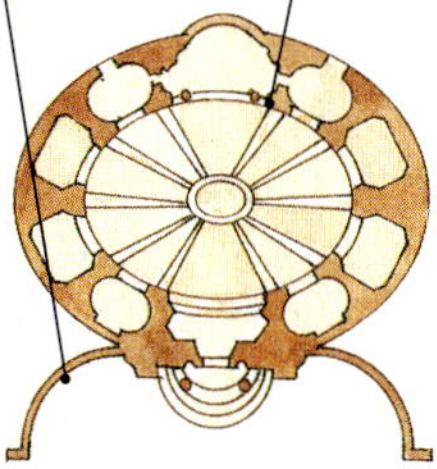

Le plan ovale baroque *de Sant'Andrea al Quirinale tire un parti ingénieux d'un site exigu* (p. 401).

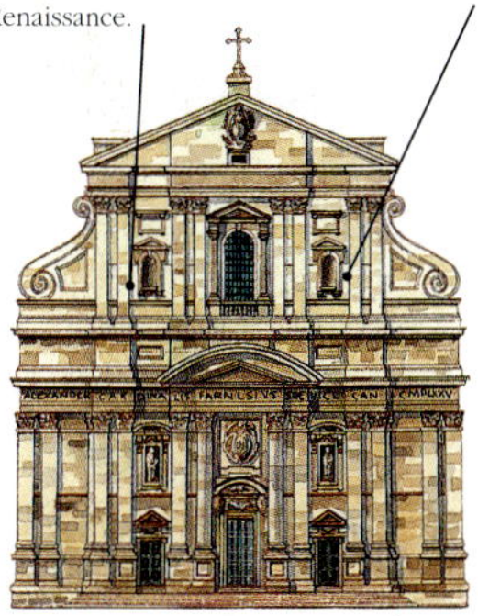

La façade du Gesù *(1584) marquait le début du style affirmé de la Contre-Réforme et fut imitée dans tout le monde catholique* (p. 393).

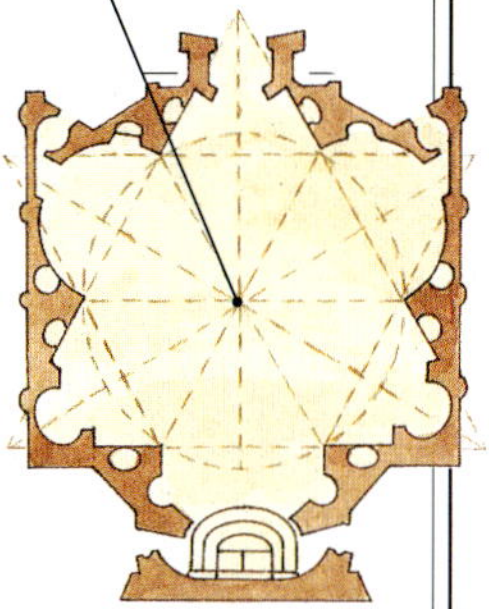

Sant'Ivo alla Sapienza *(1642) privilégie la majesté sur les proportions classiques* (p. 390).

LE CENTRE ANTIQUE

Centre symbolique de la Rome antique, la colline du Capitole portait les trois temples les plus importants : celui de Minerve, déesse de la sagesse et de la guerre, et ceux de Jupiter Optimus Maximus et de Juno Moneta, divinités qui représentaient la cité et la protégeaient. Elle domine le Forum, jadis cœur de la vie politique, sociale, commerciale et juridique de la ville, les forums impériaux construits pour l'agrandir quand la population augmenta et le Colisée où avaient lieu les jeux du cirque. Au sud du Forum s'élève le mont Palatin, lieu mythique de la fondation de Rome par Romulus au VIIIe siècle av. J.-C. Les empereurs y demeurèrent pendant plus de 400 ans.

La Louve du Capitole allaitant Romulus et Remus

LE QUARTIER D'UN COUP D'ŒIL

Églises
Santa Maria in Aracoeli ❸

Musées et galeries
Musées du Capitole p. 376-377 ❶

Places historiques
Piazza del Campidoglio ❷

Sites et monuments antiques
Arc de Constantin ❿
Colisée ❾
Forum d'Auguste ❺
Forum de César ❼
Prison Mamertine ❻
Palatin p. 384-385 ⓫
Forum romain p. 380-381 ❽
Forum et marché de Trajan ❹

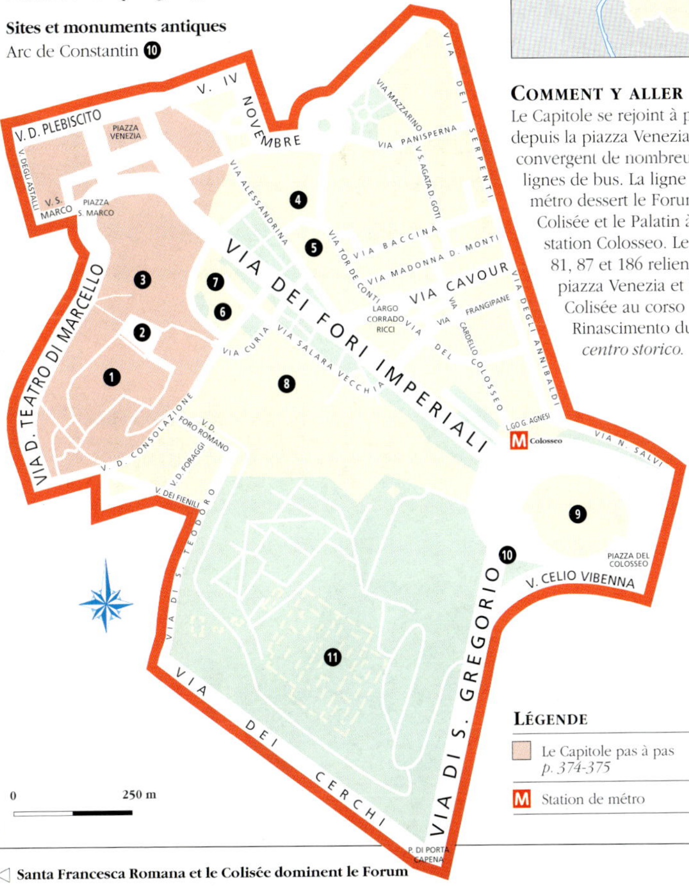

COMMENT Y ALLER

Le Capitole se rejoint à pied depuis la piazza Venezia où convergent de nombreuses lignes de bus. La ligne B du métro dessert le Forum, le Colisée et le Palatin à la station Colosseo. Les bus 81, 87 et 186 relient la piazza Venezia et le Colisée au corso Rinascimento du *centro storico*.

LÉGENDE

Le Capitole pas à pas *p. 374-375*

M Station de métro

◁ **Santa Francesca Romana et le Colisée dominent le Forum**

Le Capitole pas à pas

C'est Michel-Ange qui réaménagea au XVIe siècle l'ancien centre religieux de la Rome antique, créant la piazza di Campodiglio et le large escalier qui y conduit : la Cordonata. Il dessina également les façades du Palazzo Nuovo et du palazzo dei Conservatori qui abritent les musées du Capitole et leurs riches collections de sculptures et de peintures. Une agréable promenade conduit à la roche Tarpéienne d'où étaient précipités les traîtres pendant l'Antiquité. Elle offre une belle vue sur le Forum.

Le monument à Victor-Emmanuel II, premier roi d'Italie, fut entrepris en 1885 et inauguré en 1911.

San Marco, dédiée au patron de Venise, présente à l'abside de splendides mosaïques du IXe siècle.

Le palazzo Venezia qu'habita Mussolini abrite une riche collection d'art dont les plus belles pièces, tel cet ange émaillé, datent de la fin du Moyen Âge.

L'escalier d'Aracoeli célébrait à son achèvement, en 1348, la fin de la peste.

La Cordonata est dominée par les statues colossales de Castor et Pollux.

★ **Les musées du Capitole**
Leurs collections d'objets d'art antiques incluent cette statue de l'empereur Marc-Aurèle qui se dressait jadis au centre de la place ❶

À NE PAS MANQUER

★ **Musées du Capitole**

LÉGENDE

— — — Itinéraire conseillé

0 75 m

Santa Maria in Aracoeli *L'église abrite entre autres trésors cette fresque du XVe siècle du Pinturicchio :* Les Funérailles de saint Bernardin ❸

CARTE DE SITUATION
Voir l'atlas des rues de Rome, plan 3

Le Palazzo Senatorio Renaissance, siège de la municipalité, s'élève sur les ruines du Tabularium antique.

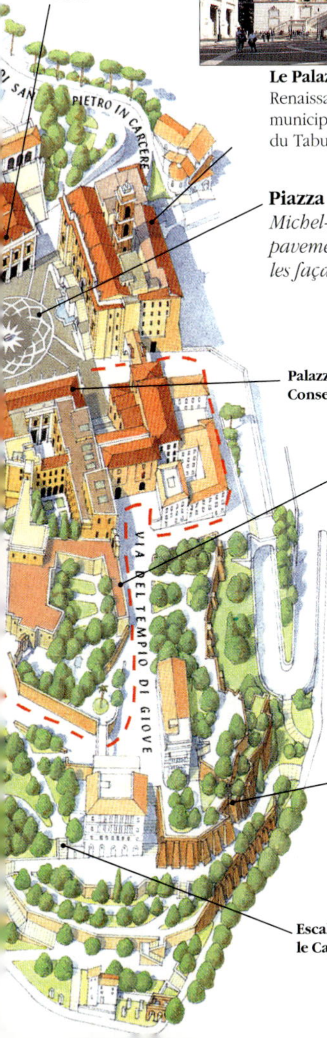

Le Palazzo Nuovo devint un musée public en 1734.

Piazza del Campidoglio *Michel-Ange dessina son pavement géométrique et les façades de ses palais* ❷

Palazzo dei Conservatori

Le temple de Jupiter représenté sur cette pièce était dédié au dieu qui, avec Junon, symbolisait la cité et possédait donc le pouvoir de la protéger ou de la détruire.

La roche Tarpéienne domine la falaise d'où étaient précipités les traîtres à la Rome antique.

Escalier vers le Capitole

Les musées du Capitole ❶

Voir p. 376-377.

Piazza del Campidoglio ❷

Plan 3 B5. 🚌 *64, 65, 70, 75.*

À l'occasion de la visite de Charles Quint en 1536, le pape Paul III demanda à Michel-Ange de restaurer le Capitole. L'artiste dessina la place au sommet de la colline, les façades de ses palais et l'escalier de la Cordonata, dominé par les statues de Castor et Pollux, qui y conduit. Les travaux ne finirent qu'un siècle après sa mort en 1564.

Santa Maria in Aracoeli ❸

Piazza d'Aracoeli. **Plan** 3 A5. ☎ *06 679 81 55.* 🚌 *64, 65, 70, 75.* ◯ *de 7 h à 18 h 30 t.l.j.*

Cette église dont la première construction remonte au VIe siècle se dresse à l'emplacement du temple de Junon, en haut du Capitole. Son intérieur date du XVIe siècle et présente un riche plafond doré peint en 1575. Des fresques du Pinturicchio (1454-1513) évoquent la vie de saint Bernardin de Sienne. Le *Santo Bambino*, petit Jésus en bois réputé miraculeux, volé en 1994, a été remplacé par une copie.

L'austère Santa Maria in Aracoeli domine un escalier en marbre

Les musées du Capitole : ❶

Palazzo Nuovo

C'est le pape Sixte IV qui commença en 1471 la collection de sculptures des musées du Capitole. En 1734, Clément XII inaugura au Palais Neuf, dessiné par Michel-Ange et achevé en 1654, le premier musée public du monde. Benoît IV créa en 1749 la pinacothèque du palais des Conservateurs.

Carte de situation

Alexandre Sévère en chasseur
Dans ce groupe en marbre du IIIe siècle, l'empereur imite la pose de Persée brandissant la tête de Méduse après l'avoir tuée dans son sommeil.

Discobole
Un sculpteur français effectua au XVIIIe siècle les ajouts qui transformèrent un torse de discobole grec en guerrier blessé.

Mosaïque des Colombes
Cette charmante mosaïque du Ier siècle décorait le sol de la villa Adriana à Tivoli (p. 452).

Salle des Philosophes
Elle contient les répliques romaines de bustes de philosophes et poètes grecs qui ornaient les demeures de riches particuliers.

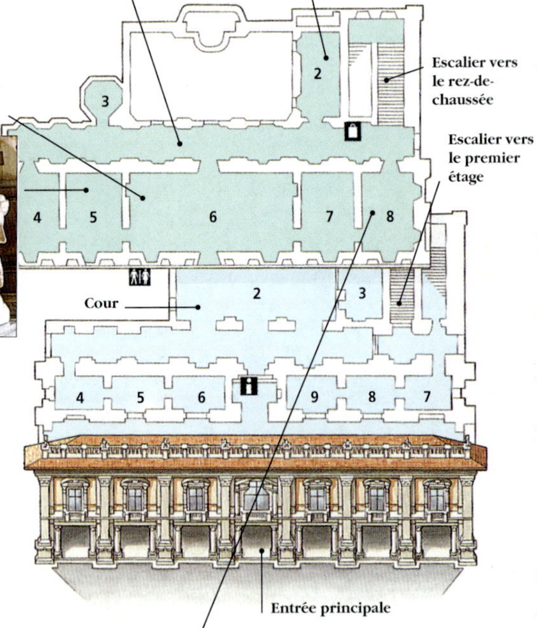

Gaulois mourant
Une grande émotion émane de cette copie romaine d'une statue grecque du IIIe siècle av. J.-C.

Légende du plan

- Rez-de-chaussée
- Premier étage
- Deuxième étage
- Circulations et services

Palazzo dei Conservatori

À la fin du Moyen Âge, les délibérations des conseillers municipaux se tenaient au palais des Conservateurs et il abrite toujours au rez-de-chaussée le bureau de l'état-civil. Son musée présente une riche collection de sculptures antiques, notamment les fragments d'une statue colossale de Constantin. Au deuxième étage, la pinacothèque comprend des tableaux de Véronèse, du Tintoret, du Caravage, de Van Dyck et de Titien.

MODE D'EMPLOI

Musei Capitolini, Piazza del Campidoglio. **Plan** 3 B5.

06 67 10 20 71.

44, 46, 64, 70, 110 et nombreuses lignes vers la piazza Venezia.

de 9 h à 19 h du mar. au dim., de 9 h à 13 h 45, jours fériés.

1er jan., 1er mai, 25 déc.

gratuit le dernier dim. du mois.

Saint Jean Baptiste

Peint en 1595-1596 par le Caravage, ce portrait sensuel du jeune saint en présente une image bien peu orthodoxe.

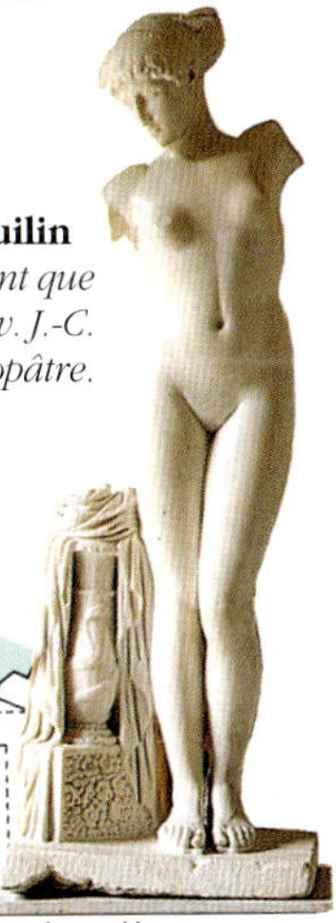

Vénus de l'Esquilin

Certains érudits pensent que cette statue du Ier siècle av. J.-C. est un portrait de Cléopâtre.

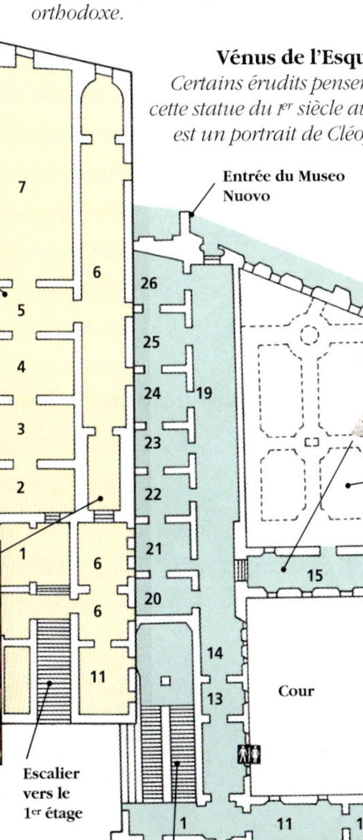

L'Enlèvement des Sabines

Pierre de Cortone donna en 1626 une vision baroque du célèbre événement de l'histoire de Rome.

Le Tireur d'épine

Cette œuvre pleine de charme du Ier siècle faisait partie des toutes premières réunies par Sixte IV.

Le forum et le marché de Trajan ❹

Plan 3 B4. **Forum de Trajan**, Via dei Fori Imperiali. *au public.* **Marché de Trajan**, Via IV Novembre. *06 679 00 48.* *avr.-sept. : 9 h-18 h 30 mar.-sam. ; oct.-mars : 9 h-17 h.* *jours fériés.*

L'empereur Trajan commença en 107 la construction du plus ambitieux des forums de Rome, vaste esplanade dont sa statue équestre occupait le centre, entourée de deux portiques, d'une immense basilique et de deux grandes bibliothèques. Il n'en reste aujourd'hui que des ruines et la **colonne Trajane** haute de 40 mètres. Elle célèbre les campagnes victorieuses menées en Dacie (l'actuelle Roumanie) en 101-102 et 105-106, et plus de 2 500 personnages sculptés en haut-relief sur son fût présentent par le détail le déroulement des opérations militaires, du départ de Rome jusqu'à la retraite des ennemis, composant un décor en spirale qui va en s'agrandissant de la base au sommet pour compenser l'effet de perspective. Des plates-formes permettaient jadis d'en admirer le détail depuis les deux bibliothèques qui encadraient la colonne. Un jeu complet de moulages permet aujourd'hui de l'étudier au museo della Civiltà Romana *(p. 432).*

Colonne Trajane

La via Biberatica, rue principale du marché de Trajan

Situé derrière le forum et construit comme lui par Apollodore de Damas, le marché, mieux conservé, formait un ensemble visionnaire de 150 boutiques, entrepôts, bureaux et salles de négoce où se vendait de tout, de la soie aux poissons conservés en viviers. C'était aussi là qu'était distribué l'*annone*, ration de blé accordée gratuitement aux citoyens, une pratique instituée

Reconstitution du marché de Trajan

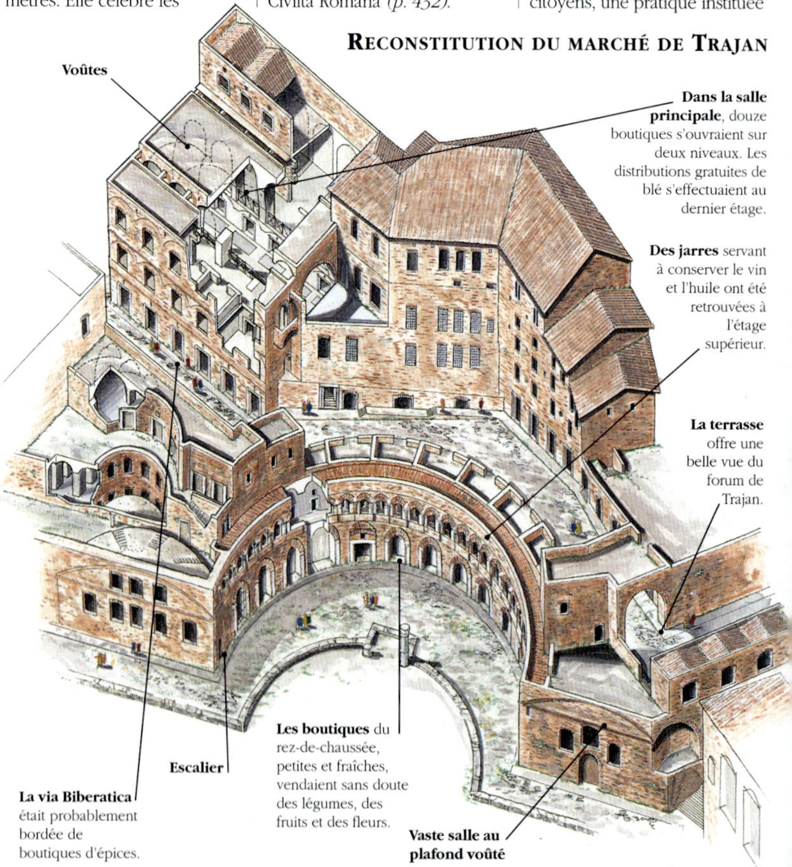

sous la République pour assurer les familles patriciennes de la docilité du peuple.

Forum d'Auguste ❺

Piazza del Grillo 1. **Plan** 3 B5. 186. voir Forum de Trajan. inclue l'entrée du Forum de Trajan.

En grande partie recouvert par la via dei Fori Imperiali ouverte par Mussolini, ce forum fut construit par Auguste pour célébrer sa victoire en 42 av. J.-C. contre Cassius et Brutus, les assassins de Jules César, avec au centre un temple dédié à Mars Vengeur. Il en subsiste des marches et trois colonnes. La statue du dieu ressemblait fort à Auguste et pour qu'aucun doute ne subsiste, une statue colossale de l'empereur se dressait contre le mur protégeant le forum des incendies du quartier de Suburre.

Gardes visitant des prisonniers à la Mamertine (gravure du XIXe s.)

La prison Mamertine ❻

Clivo Argentario 1. **Plan** 3 B5. 06 69 94 10 20. 85, 87, 115, 117, 175, 186. de 9 h à 12 h, de 14 h à 18 h t.l.j. **Offrande.**

Sous l'escalier d'une église du XVIe siècle, San Giuseppe dei Falegnami (Saint-Joseph des Charpentiers), s'ouvre l'entrée de la prison Mamertine aménagée pendant l'Antiquité dans une ancienne citerne. Selon la légende, saint Pierre

Podium du temple de Mars Vengeur, forum d'Auguste

et saint Paul y furent incarcérés et firent jaillir une source afin de baptiser leurs codétenus et leurs deux gardiens. La cellule supérieure, ou *carcer Mamertinus*, servait aussi de lieu d'exécution. Un sombre cachot s'étendait dessous. Vercingétorix y attendit six ans d'être étranglé.

Le forum de César ❼

Via del Carcere Tulliano. **Plan** 3 B5. 06 67 10 30 65. 85, 87, 115, 117, 175, 186. sur r.-v. seulement.

L'augmentation de la population au Ier siècle av. J.-C. imposa la création du premier des forums impériaux. Afin d'accomplir un vœu fait sur le champ de bataille de Pharsale où il vainquit Pompée en 48 av. J.-C., César dépensa presque tout le butin rapporté de Gaule pour acheter les maisons qui existaient sur le site, les démolir et élever un temple à Vénus Genetrix, mère mythique d'Énée dont il prétendait descendre. Outre une statue de la déesse, ce sanctuaire, dont ne subsistent à présent que le podium et trois colonnes, abritait les effigies de César et de Cléopâtre. Il dominait une place rectangulaire cernée d'une double colonnade protégeant des boutiques. Domitien puis Trajan durent restaurer l'ensemble après un incendie en 80. Trajan construisit en outre la basilique Argentaria, qui devint un important centre financier doté de toilettes publiques chauffées.

Le Forum romain ❽

Voir p. 380-381.

Le Colisée ❾

Voir p. 383.

L'arc de Constantin ❿

Entre Via di San Gregorio et Piazza del Colosseo. **Plan** 7 A1. 81, 85, 87, 117, 175, 673, 810. 13. Colosseo.

Le « Sénat et le peuple de Rome » érigèrent cet arc de triomphe en 315, quelques années avant que la capitale de l'Empire se déplace à Byzance, pour commémorer la victoire de Constantin sur Maxence à la bataille du pont Milvius. Constantin affirma devoir ce succès à un rêve où une voix lui avait ordonné d'inscrire sur les boucliers de ses hommes les deux premières lettres grecques du nom du Christ : *chi* et *rho*. Selon une légende souvent illustrée en peinture, il eut en outre une vision de la Croix pendant le combat. L'arc n'a toutefois rien de chrétien, une grande partie de ses décorations provenant de monuments plus anciens.

Le Palatin ⓫

Voir p. 384-385.

Face nord de l'arc de Constantin

Le Forum romain ❽

Au début de son existence, étals de marchands et maisons closes voisinaient sur le Forum avec les temples et le Sénat. Il fut décidé au IIe siècle que Rome avait besoin d'un centre plus respectable et des basiliques les remplacèrent. Les empereurs ne cessèrent ensuite jamais de rénover les bâtiments anciens et d'en construire des neufs, l'esplanade restant le théâtre des grandes cérémonies romaines.

Arc de Septime Sévère
Érigé en 203, il célébrait le dixième anniversaire de l'arrivée au pouvoir de l'empereur.

Le temple d'Antonin et Faustine fait maintenant partie de l'église San Lorenzo in Miranda.

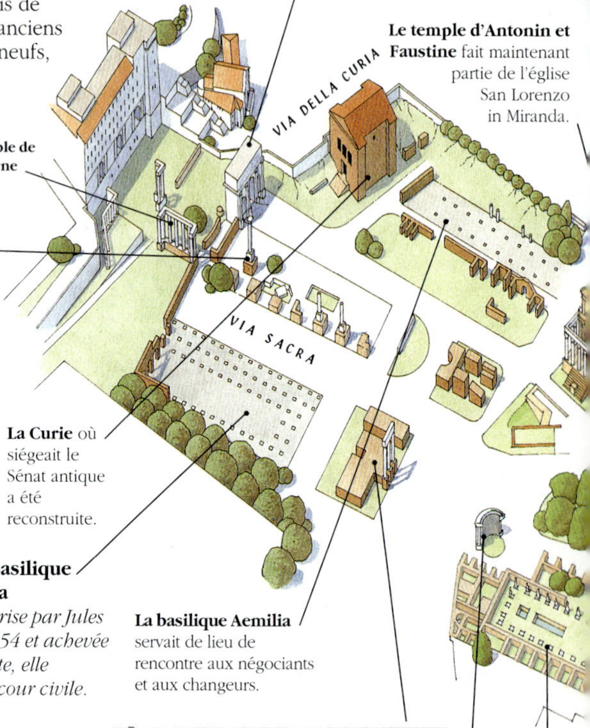

Temple de Saturne

Les Rostres servaient de tribune aux orateurs.

La Curie où siégeait le Sénat antique a été reconstruite.

Basilique Julia
Entreprise par Jules César en 54 et achevée par Auguste, elle abritait la cour civile.

La basilique Aemilia servait de lieu de rencontre aux négociants et aux changeurs.

Temple de Vesta

Temple de Castor et Pollux
Les Romains élevèrent un temple aux fils jumeaux de Jupiter dès le Ve siècle av. J.-C., mais les vestiges actuels datent d'une reconstruction en l'an 6.

À NE PAS MANQUER

- ★ **Maison des Vestales**
- ★ **Basilique de Constantin et Maxeritius**

★ La maison des Vestales
Les vierges qui veillaient sur le feu sacré du temple de Vesta habitaient cette vaste maison construite autour d'un jardin.

0 75 m

★ La basilique de Constantin et Maxeritius
Il ne reste que trois hautes voûtes du plus vaste édifice du Forum qui abritait un tribunal et servait de lieu de rendez-vous d'affaires.

MODE D'EMPLOI

Entrée principale sur le Largo Romolo e Remo. **Plan** 3 B5.
06 699 01 10.
81, 85, 87, 117, 175, 186.
M *Colosseo.*
13. *de 9 h à 18 h du lun. au sam., de 9 h à 13 h dim.*
1er jan., 1er mai, 25 déc.

Arc de Titus
L'empereur Domitien le fit bâtir en 81 pour célébrer le sac de Jérusalem, 13 ans plus tôt, par son père Vespasien et son frère Titus.

Le temple de Romulus, bien qu'incorporé à l'église Santi Cosma e Damiano, a conservé ses portes de bronze du IVe siècle.

Antiquarium Forense
Ce petit musée expose des découvertes archéologiques faites au Forum, d'urnes funéraires de l'âge du fer à cette frise d'Énée de la basilique Aemilia.

Le temple de Vénus et de Rome, en grande partie dessiné par Hadrien, fut bâti en 135.

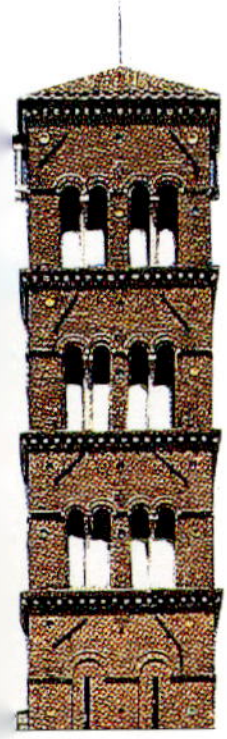

Santa Francesca Romana
Cette église à la façade baroque dresse un campanile roman au-dessus des ruines antiques du Forum.

LES VESTALES

Le culte de Vesta, déesse du feu et de la pureté, remonte au moins au VIIIe siècle av. J.-C., Romulus et Remus étant, selon la légende, les fils de Mars et de la vestale Rhea. Six vierges entretenaient jour et nuit la flamme sacrée, symbole de l'État, dans le temple circulaire. Celle qui la laissait mourir recevait le fouet, celle qui manquait à son vœu de chasteté était enterrée vivante.
Ces prêtresses étaient choisies enfant dans les familles patriciennes et restaient attachées au culte 30 ans pendant lesquels elles jouissaient de nombreux privilèges. Elles pouvaient ensuite se marier, mais peu le firent.

Statue de vestale

À la découverte du Forum

Avant de se lancer à la découverte du dédale de ruines formé par les vestiges du Forum romain, mieux vaut en prendre une vue d'ensemble depuis la terrasse du Capitole. De cet observatoire, on distingue notamment le tracé de la Via Sacra, la voie qu'empruntaient les processions religieuses et triomphales en direction du temple de Jupiter *(p. 375)*. Au pied de la colline, l'arc de Septime Sévère et les colonnes du temple de Saturne restèrent à demi ensevelis jusqu'au XVIIIe siècle.

Colonnes corinthiennes du temple de Castor et Pollux

Les principaux sites
Les premiers vestiges à droite de l'entrée sont ceux de la **basilique Aemilia**, vaste halle rectangulaire bâtie en 179 av. J.-C. où se retrouvaient les usuriers, les politiciens et les collecteurs d'impôts. Il n'en subsiste guère plus que des moignons de colonnes cernant un pavement de marbre incrusté de taches de bronze peut-être laissées par des pièces qui fondirent lors de l'incendie de la basilique par les Wisigoths au Ve siècle.

L'austère bâtiment de briques voisin, la Curie, où se réunissait le Sénat romain, abrite les **bas-reliefs de Trajan** qui décoraient jadis les Rostres, tribune d'où les orateurs s'adressaient aux assemblées populaires. Sur l'un d'eux figurent des piles de registres de taxes que Trajan détruisit pour libérer des citoyens de leurs dettes. L'**arc de Septime Sévère**, le monument le mieux conservé du Forum, est orné de reliefs, très érodés, dépeignant les victoires de l'empereur sur les Parthes (aujourd'hui Iraniens et Irakiens) et en Arabie.

Le **temple de Saturne** était chaque année en décembre le centre d'une semaine de célébrations, les saturnales, marquées par un renversement de l'ordre social. Les écoles fermaient, aucune guerre ne pouvait être déclarée et les esclaves ne servaient plus leurs maîtres à table et avaient le droit de boire du vin jusqu'à l'ivresse. L'échange de petits cadeaux qui accompagnait ces réjouissances reste une des traditions de nos fêtes de Noël.

Dominant la basilique Julia s'élèvent trois colonnes corinthiennes en marbre blanc. Elles appartenaient au **temple de Castor et Pollux** dédié aux fils jumeaux de Jupiter qui intervinrent pendant la bataille du lac Regille (499 av. J.-C.) opposant les Romains aux Latins et aux Étrusques.

Évocation des huttes des premiers habitants du Latium, le plan circulaire du **temple de Vesta**, en partie reconstruit en 1930, témoigne de l'ancienneté d'un culte associant la déesse de la Terre à une flamme symbolisant la pérennité de l'État. Les prêtresses, ou vestales, qui entretenaient le feu habitaient la **maison des Vestales** dont les vestiges s'étendent derrière le temple. Ce vaste palais comprenait 50 pièces entourant sur trois étages un atrium. Sous le regard des statues de Grandes Vestales, des poissons rouges jouent entre les nénuphars des deux bassins de cette ancienne cour intérieure.

Partie restaurée du temple de Vesta

De l'autre côté du Forum s'élèvent les ruines de la **basilique de Constantin et Maxence** entreprise en 308 par l'empereur Maxence et achevée par Constantin après sa victoire au pont Milvius en 312. Ce fut le plus grand bâtiment du Forum et les trois voûtes à caissons, hautes de 24 m, encore debout n'en constituaient que les berceaux latéraux. La nef centrale, couverte par une immense voûte d'arête, avait une hauteur de 35 m. Des débris d'un escalier en spirale jonchent encore le sol. Il conduisait au toit que des plaques de bronze doré protégèrent jusqu'au VIIe siècle où Honorius Ier les fit enlever pour en couvrir la première basilique Saint-Pierre. Visible de tout le bâtiment, une statue colossale de Constantin, en bronze et en marbre, se dressait dans l'abside occidentale. Le palazzo dei Conservatori *(p. 377)* en présente des fragments.

Atrium de la maison des Vestales

Le Colisée 9

Bouclier de gladiateur

Vespasien commença en 72 la construction du plus vaste amphithéâtre de Rome et son fils Titus l'inaugura en 80 par des jeux qui durèrent trois mois et coûtèrent la vie à 2 000 gladiateurs et à plus de 9 000 animaux sauvages. Œuvre d'art, le Colisée était aussi une remarquable réussite technique pouvant accueillir 55 000 spectateurs placés selon leur rang sous un vélum les protégeant du soleil.

MODE D'EMPLOI

Piazza del Colosseo. **Plan** 7 B1. *06 700 42 61. 81, 85, 87, 117, 175, 673, 810. Colosseo. 13, 30b à Piazza del Colosseo. de 9 h à 19 h (15 h en hiver) du jeu. au mar., de 9 h à 13 h mer. et jours fériés. 1er jan., 1er mai, 25 déc. pour l'étage supérieur. limité.*

Couloirs intérieurs
Ils permettaient à un spectateur d'atteindre sa place en moins de 10 mn.

Colosse de Néron
Le Colisée tient peut-être son nom de cette immense statue qui ornait le palais de Néron voisin.

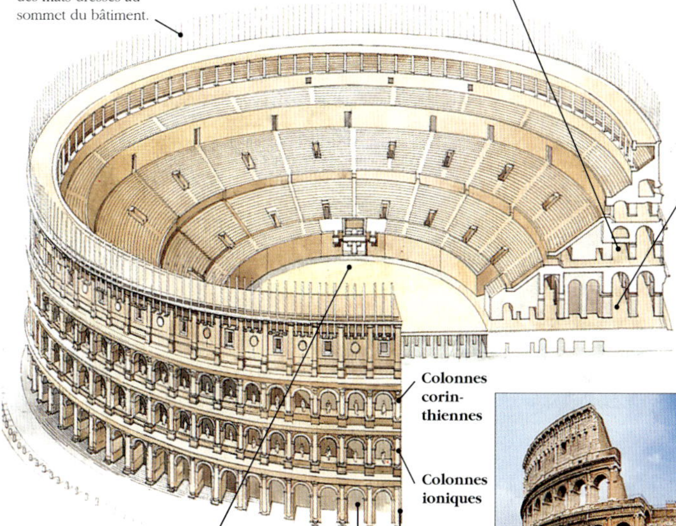

Le velarium, immense toile abritant les spectateurs du soleil, était tendu sur des mâts dressés au sommet du bâtiment.

Des voies d'accès et des escaliers conduisaient aux rangs de gradins. L'empereur et le consul avaient leur propre entrée.

Colonnes corinthiennes

Colonnes ioniques

Colonnes doriques

Entrées

L'arène recouvrait un dédale souterrain où l'on gardait les animaux.

Les trois étages d'arcades
Les colonnes de chaque étage sont d'un ordre différent (p. 371), *ce qui inspira les architectes de la Renaissance.*

Combat de gladiateurs
Ces luttes à mort tiraient leur origine de l'entraînement des soldats mais mettaient généralement aux prises des esclaves ou des prisonniers.

Vespasien
Il ordonna la construction du Colisée à l'emplacement du lac ornant le parc du palais de Néron pour marquer sa distance avec le tyran.

Le Palatin ⓫

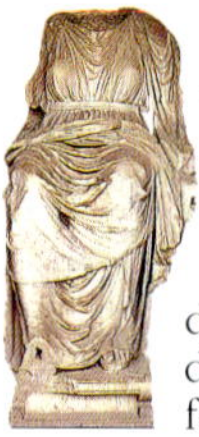

Statue de la déesse Cybèle

Ancien lieu de résidence des empereurs et des aristocrates, le Palatin est le plus agréable des sites archéologiques de Rome. De la simplicité de la maison d'Auguste et de sa femme Livie à l'orgueilleux palais de Domitien, ses ruines offrent un aperçu du mode de vie des maîtres de l'Empire romain.

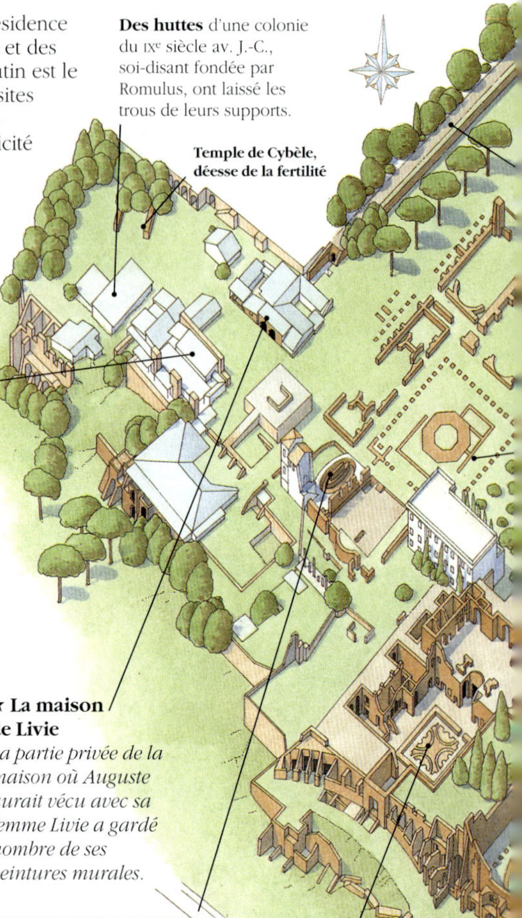

Des huttes d'une colonie du IXe siècle av. J.-C., soi-disant fondée par Romulus, ont laissé les trous de leurs supports.

Temple de Cybèle, déesse de la fertilité

La maison d'Auguste aurait été la partie publique de la modeste demeure de l'empereur.

★ La maison de Livie
La partie privée de la maison où Auguste aurait vécu avec sa femme Livie a gardé nombre de ses peintures murales.

★ Le palais Flavien
Une mosaïque de marbre ornait le sol du palais Flavien, partie publique du palais de Domitien dont les poètes vantèrent la beauté.

La Domus Augustana était la partie où vivaient les empereurs.

Septime Sévère
Empereur de 193 à 211, il agrandit la Domus Augustana et la dota de thermes impressionnants.

À NE PAS MANQUER
★ Le palais de Flavien
★ La maison de Livie

0 75 m

Cryptoportique
Des répliques remplacent les stucs de cette longue galerie voûtée construite par Néron.

Mode d'emploi

Depuis la Via di San Gregorio ou près de l'Arc de Titus via Sacra. **Plan** 6 F1. *06 699 01 10.* *27, 81, 85, 87, 186.* **M** *Colosseo.* *avril-sept. : 9 h-19 h lun.-sam., 9 h-14 h dim. ; oct.-mars : 9 h-15 h lun.-sam., 9 h-14 h dim. (der. ent. 1 h av. la ferm.).* *jours fériés.* *comprend l'accès au Forum romain.*

Dans la cour du palais Flavien, du marbre poli comme un miroir permettait à Domitien de se garder d'éventuels assassins.

La loggia du Stade fut ajoutée par Hadrien au IIe siècle.

Vers le Forum

Stade
Intégré au palais de Domitien, il servait de jardin d'agrément et de promenade.

Palais de Septime Sévère
Cette extension de la Domus Augustana reposait sur des arcades colossales.

Histoire de la colline du Palatin

***Romains de la décadence* par Thomas Couture (1815-1879)**

Fondation de Rome
Selon la tradition, une louve nourrit Romulus et Remus sur le Palatin et c'est là, selon l'historien Varron, que Romulus, ayant tué son jumeau, fonda en 753 av. J.-C. le village qui allait devenir Rome. La découverte sur la colline de traces de huttes remontant à cette époque a prouvé que la légende reposait au moins sur un fond de vérité.

La République
Au Ier siècle av. J.-C., le Palatin était le lieu de résidence le plus recherché de Rome, et des aristocrates et des hommes aussi célèbres que le poète Catulle et l'orateur Cicéron y aménagèrent des villas où dalles de bronze, portes incrustées d'ivoire et murs décorés de fresques créaient un décor luxueux.

L'Empire
Octave naquit sur le Palatin en 63 av. J.-C. et il y vécut après être devenu le premier empereur sous le nom (et titre) d'Auguste. Ses successeurs l'imitèrent et l'orgueilleux palais de Domitien, entrepris en 83, resta la résidence officielle des maîtres de l'Empire pendant plus de 300 ans. Les appartements privés, la Domus Augustana, y étaient séparés de la partie publique, le palais Flavien.

LE QUARTIER DE LA PIAZZA NAVONA

Connu sous le nom de *centro storico*, le quartier qui s'étend autour de la place Navone est habité depuis plus de 2 000 ans. La place elle-même a conservé la forme de l'arène du stade antique qu'elle a remplacé. Non loin, le Panthéon date de l'an 27 et, dans le ghetto, des appartements occupent le théâtre de Marcellus entrepris par Jules César. Le Moyen Âge fut une période noire, mais le quartier connut un âge d'or après le retour des papes d'Avignon. Tout au long de la Renaissance et de l'époque baroque, princes et dignitaires de l'Église y élevèrent palais, églises et fontaines.

Vierge du XVIIIe siècle, Campo dei Fiori

LE QUARTIER D'UN COUP D'ŒIL

Églises et temples
Chiesa Nuova 6
Gesù 13
La Maddalena 20
Sant'Ignazio di Loyola 17
Sant'Ivo alla Sapienza 2
San Luigi dei Francesi 3
Santa Maria sopra Minerva 15
Santa Maria della Pace 5

Musées et galeries
Palazzo Doria Pamphili 14
Palazzo Spada 10

Sites et monuments antiques
Area Sacra di Largo Argentina 12
Panthéon 16

Bâtiments historiques
Palazzo Altemps 4
Palazzo della Cancelleria 7
Palazzo Farnese 9

Rues et places historiques
Campo dei Fiori 8
Ghetto et île tibérine 11
Piazza Colonna 18
Piazza di Montecitorio 19
Piazza Navona 1

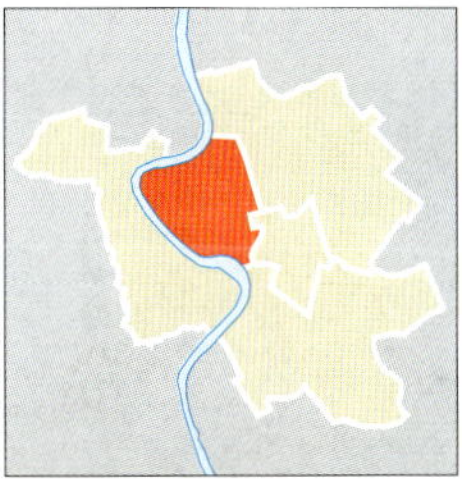

COMMENT Y ALLER
De nombreux bus empruntent le corso Vittorio Emanuele II, le largo Argentina et le corso Rinascimento, mais seul le minibus 119 pénètre dans les ruelles du *centro storico*.

LÉGENDE

Autour de la piazza Navona pas à pas *p. 388-389*

Autour du Panthéon pas à pas *p. 392-393*

P Parc de stationnement

◁ **La fontana del Moro (1653) et l'église Sant'Agnese in Agone (XVIIe siècle) sur la place Navone**

Pas à pas autour de la piazza Navona

Cœur piétonnier d'un quartier où il se passe toujours quelque chose, de nuit comme de jour, la place Navone offre à l'expansive vie sociale romaine un véritable décor de théâtre avec sa forme de stade antique, ses cafés luxueux et ses fontaines et églises baroques. Pour découvrir un aspect de la ville plus ancien, empruntez la via del Governo Vecchio bordée de façades Renaissance, de boutiques d'antiquités et de trattorie.

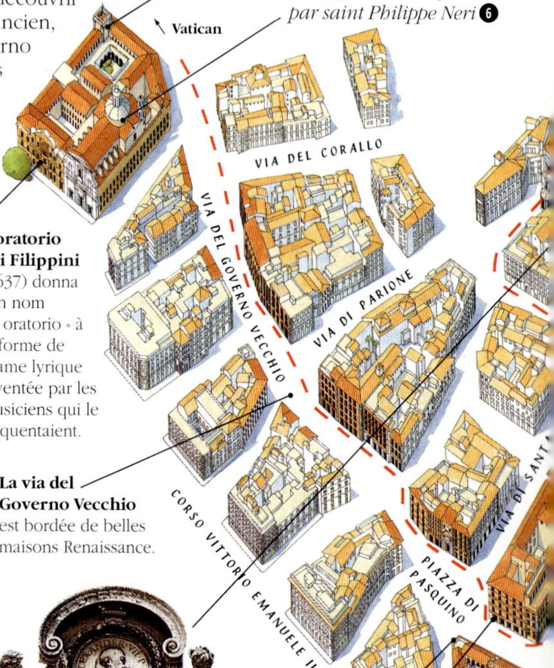

La torre dell'Orologio par Borromini (1648) fait partie de l'oratorio dei Filippini.

Chiesa Nuova
Elle fut reconstruite en 1575 pour l'ordre fondé par saint Philippe Neri ❻

L'oratorio dei Filippini (1637) donna son nom d'« oratorio » à la forme de drame lyrique inventée par les musiciens qui le fréquentaient.

La via del Governo Vecchio est bordée de belles maisons Renaissance.

Santa Maria della Pace
Quatre Sibylles par Raphaël ornent cette église Renaissance à la cour dessinée par Bramante et au portique baroque de Pierre de Cortone ❺

À NE PAS MANQUER

★ **La piazza Navona**

Le Pasquin est un fragment érodé d'un groupe sculpté hellénistique du IIIe siècle av. J.-C. auquel les Romains accrochaient des vers satiriques.

Le palazzo Braschi bâti à la fin du XVIIIe siècle par Cosimo Morelli possède un superbe balcon surplombant la place.

Fontana del Moro

Campo dei Fiori

Sant'Andrea della Valle, entreprise en 1591, présente une remarquable façade baroque encadrée d'anges sculptés par Ercole Ferrata. Elle sert de décor au premier acte de *La Tosca* de Puccini.

Légende

– – – Itinéraire conseillé

0 75 m

Sant'Agnese in Agone (1657), œuvre de Borromini, s'élèverait à l'endroit où sainte Agnès fut exposée nue en 304 avant son martyre.

CARTE DE SITUATION
Voir l'atlas des rues de Rome, plan 2

Piazza Navona ❶

Plan 2 F3. 🚌 *46, 62, 64, 81, 87, 116, 492, 628.*

La plus belle piazza baroque de Rome, et probablement du monde, doit non seulement sa forme au stade de Domitien dont elle occupe l'emplacement mais aussi son nom puisqu'il dérive des *agonis* (luttes dans les jeux publics) qui s'y déroulaient. Amas informe de ruines pendant des siècles, puis marché de la ville, elle prit son aspect actuel au XVIIe siècle grâce au pape Innocent X dont le palais familial se dressait en bordure. Il commanda le remaniement de l'église Sant'Agnese in Agone, dont Borromini dessina la façade, et la construction de la fontana dei Fiumi (fontaine des Fleuves), chef-d'œuvre du Bernin. Dominées par un obélisque, des statues allégoriques y représentent le Nil, le Rio de la Plata, le Gange et le Danube. Jusqu'au milieu du XIXe siècle, on inondait la place Navone les samedis et dimanches d'août. Les puissants venaient s'y promener en carrosse, s'amusant à projeter des gerbes d'éclaboussures dans lesquelles jouaient les gamins. La piazza demeure un lieu magique car, du 8 décembre au 6 janvier, elle accueille la *Befana*, foire aux jouets et décorations de Noël.

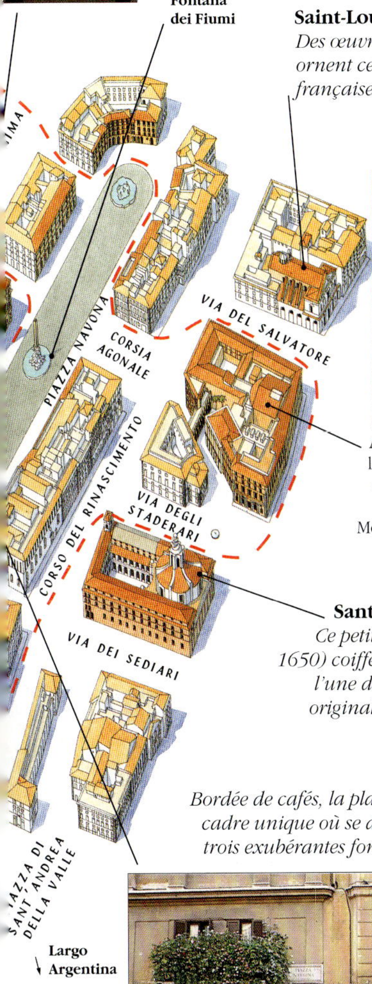

Fontana dei Fiumi

Saint-Louis-des-Français
Des œuvres du Caravage ornent cette église française ❸

Au palazzo Madama, le Sénat italien occupe une demeure bâtie au XVIe siècle pour les Médicis sur le site d'une de leurs banques.

Sant'Ivo alla Sapienza
Ce petit sanctuaire (1642-1650) coiffé d'une lanterne est l'une des créations les plus originales de Borromini ❷

★ Piazza Navona
Bordée de cafés, la place Navone offre un cadre unique où se désaltérer autour de trois exubérantes fontaines baroques ❶

Le Nil de la fontaine des Fleuves du Bernin

Sant'Ivo alla Sapienza ❷

Corso del Rinascimento 40. **Plan** 2 F4. *06 686 49 87.* *46, 64, 70, 81, 87, 116, 186, 492, 628.* *pour la messe de 10 h à 12 h le dim.* *juil.-août.*

Entre 1642 et 1660, Borromini créa avec cette chapelle un chef-d'œuvre du baroque romain dans la cour du palais de la Sapienza, siège de l'université de Rome du XVe siècle à 1935.

Coiffée d'une spirale tranchant sur les toits qui l'environnent, une lanterne inonde de lumière la subtile combinaison de parois concaves et convexes de l'intérieur. Les emblèmes de trois papes apparaissent dans le décor : Urbain VIII, Innocent X et Alexandre VII.

Saint-Louis-des-Français ❸

Via Santa Giovanna d'Arco. **Plan** 2 F3 et 12 D2. *06 688 27 1.* *70, 81, 87, 116, 492, 628.* *de 8 h à 12 h 30, de 15 h 30 à 19 h t.l.j.* *jeu. après midi.*

Église nationale de France à Rome, San Luigi dei Francesi (1518-1589) abrite dans la cinquième chapelle à gauche trois œuvres magnifiques peintes par le Caravage entre 1597 et 1602 : la *Vocation de saint Matthieu*, le *Martyre de saint Matthieu* où l'artiste s'est représenté parmi les personnages autour du saint, et *Saint Matthieu et l'Ange*. Le Caravage dut refaire cette dernière car le saint avait les pieds sales.

Détail de la *Vocation de saint Matthieu* (1599) du Caravage, Saint-Louis-des-Français

Bas-relief du trône de Ludovisi au Palazzo Altemps

Palazzo Altemps ❹

Via di Sant'Apollinare 44. **Plan** 2 F3. *06 683 37 59.* *70, 81, 87, 115, 116, 280, 492, 628.* *9 h-10 h mar.-sam., 9 h-14 h dim.*

Une extraordinaire collection de sculpture classique est abritée dans cette succursale du Museo Nazionale Romano *(voir p. 402)*. Transformé en musée en 1990, le palais fut construit par Girolamo Riario, neveu du pape Sixte IV en 1480. À la mort de ce dernier en 1484, le peuple romain se rebella contre le pouvoir et les instances et mit à sac le palais. Girolamo dut fuir la ville. En 1568, le cardinal Marco Sittico Altemps racheta le palais rénové en 1570 par Martino Longhi qui rajouta un obélisque en marbre.

De tout temps, la famille Altemps entretint des liens avec les artistes et reprit la collection de sculptures des Ludovisi. Vous pourrez admirer notamment au salone del Camino *Le Suicide de Galatée*, copie en marbre dont l'original est en bronze. Le premier étage comporte des sculptures grecques du Ve siècle ap. J.-C. dont l'une représente Aphrodite.

***Le Suicide de Galatée* au Palazzo Altemps**

Santa Maria della Pace ❺

Vicolo del Arco della Pace 5. **Plan** 2 E3. *06 686 11 56.* *46, 62, 64, 70, 81, 87, 116, 492, 628.* *pour restauration.*

Dessinée en 1656 par Pierre de Cortone, la façade baroque porte le nom de la fin de la guerre entre Turcs et Vénitiens. Elevée à la fin du XVe siècle, la voûte de la première chapelle, à droite, a les quatre *Sibylles* commandées à Raphaël par le banquier Agostion Chigi. Bramante bâtit le cloître en 1504.

Chiesa Nuova ❻

Piazza della Chiesa Nuova. **Plan** 2 E4. *06 687 52 89.* *46, 62, 64.* *de 8 h à 12 h, de 16 h 30 à 19 h t.l.j.*

Philippe Neri, le plus populaire des saints de la Contre-Réforme, refusa toujours le cardinalat mais accepta en 1575 que Grégoire XIII l'aide à construire pour sa congrégation une nouvelle église à l'emplacement de la petite Santa Maria in Vallicella. Le saint souhaitait voir les murs du sanctuaire rester blancs, mais, après sa mort, Pierre de Cortone orna de splendides fresques baroques la nef et l'abside. Trois tableaux de Rubens entourent l'autel. L'artiste les repeignit sur de l'ardoise après le refus de premières versions trop brillantes.

Palazzo della Cancelleria ❼

Piazza della Cancelleria. **Plan** 2 E4. *06 69 88 48 16.* *46, 62, 64, 70, 81, 87, 116, 492.* *16 h-20 h lun.-sam. avec autorisation du vatican seulement.*

Le cardinal Raffaele Riario, neveu du pape Sixte IV,

finança en partie la construction de ce chef-d'œuvre de la première Renaissance. Construit de 1485 à 1517 par Andrea Bregno, le portail principal ouvre sur une cour intérieure attribuée à Bramante. La Chancellerie pontificale l'occupe depuis 1870. Le bâtiment est rarement ouvert, mais des concerts ont lieu dans sa cour ornée de colonnes doriques.

L'île tibérine et le ponte Cestio qui la relie au Trastevere

Campo dei Fiori ❽

Plan 2 E5. *116 et ceux vers le Largo di Torre Argentina.*

Cette place occupe l'espace dégagé qui s'étendait jadis devant le théâtre de Pompée. Au Moyen Âge et à la Renaissance, cardinaux et aristocrates s'y mêlaient aux marchands de poissons et aux pèlerins, en faisant un centre très animé. De nombreuses auberges l'entouraient, dont celles qui appartenaient au XVe siècle à Vannozza Catanei, maîtresse du pape Alexandre VI et mère de ses deux enfants : César et Lucrèce Borgia. À l'angle de la place et de la via dell'Pellegrino, on peut encore voir son blason où se côtoient ses armoiries, celles de son mari et celles de son amant.

Tous les matins sauf le dimanche, un marché emplit le Campo dei Fiori. Ses étals colorés entourent la statue de Giordano Bruno que le Vatican n'a jamais pu faire enlever malgré tous ses efforts. Elle rappelle qu'en 1600, ce moine dominicain épris d'humanisme y fut brûlé vif pour hérésie sur ordre du Saint-Office.

Palazzo Farnese ❾

Piazza Farnese. **Plan** 2 E5. *23, 116, 280 et ceux vers le Largo di Torre Argentina.* *au public.*

Antonio da Sangallo le Jeune entreprit ce palais en 1514 pour le cardinal Alexandre Farnèse, qui devint le pape Paul III en 1534. L'architecte mourut en 1546 et Michel-Ange poursuivit les travaux, donnant à l'édifice sa loggia centrale, son second étage et sa grande corniche.

Siège de l'ambassade de France, le bâtiment est fermé au public, mais le soir, quand s'allument les lustres, vous réussirez peut-être à apercevoir le décor du plafond de la Galleria (1597-1603) inspiré à Annibal Carrache par les *Métamorphoses* d'Ovide.

Le marché du Campo dei Fiori

Palazzo Spada ❿

Piazza Capo di Ferro 13. **Plan** 2 F5. *06 686 11 58.* *23, 116, 280 et ceux vers le Largo di Torre Argentina.* *de 9 h à 19 h du mar. au sam., de 9 h à 13 h 30 le dim.* *1er jan., 1er mai, 25 déc.*

Le cardinal Bernardino Spada acheta en 1632 ce palais construit en 1540 par l'architecte Giulio Merisi.

Derrière une vitre de son aile gauche, on aperçoit la colonnade en trompe-l'œil créée par Borromini. L'accès à la galerie Spada se trouve dans la seconde cour. Ce musée présente la collection d'art du cardinal qui comprend des œuvres de Dürer, du Guerchin, d'Andrea del Sarto et d'Artemisia Gentileschi.

Le ghetto et l'île tibérine ⓫

Plan 4 F5. *23, 44, 56, 60, 160, 170, 186, 280, 710, 774, 780.*

Les premiers juifs qui arrivèrent à Rome étaient des esclaves ramenés par Pompée après la prise de Jérusalem en 63 av. J.-C. Leur communauté subit toutefois moins de persécutions sous l'Empire qu'à partir de 1556 quand le pape Paul IV la força de s'installer dans le quartier actuel, alors insalubre, qu'enfermait un rempart. Vidé par la grande rafle nazie de 1943, il a retrouvé son cachet, notamment sur la via del Portico d'Ottavia qui conduit à la synagogue. Le ponte Fabricio construit en 62 av. J.-C. relie le ghetto à l'île tibérine occupée dans sa majeure partie par un hôpital.

Pas à pas autour du Panthéon

Riche en monuments, cafés et restaurants, un dédale de ruelles s'étend autour du Panthéon dont la majestueuse coupole domine la ville depuis près de 2 000 ans. Centre politique et financier de la capitale italienne, ce quartier renferme aussi le Parlement, des ministères et la Bourse.

Sant'Ignazio di Loyola
Une étonnante fresque en trompe-l'œil peinte en 1685 par Andrea Pozzo orne le plafond de cette église ⓱

★ Palazzo Doria Pamphili
Cette Salomé peinte en 1516 par Titien fait partie des chefs-d'œuvre présentés dans cette galerie d'art ⓮

Le temple d'Hadrien forme la façade de la Bourse.

La piazza della Minerva a pour centre un obélisque égyptien porté par un éléphant du Bernin.

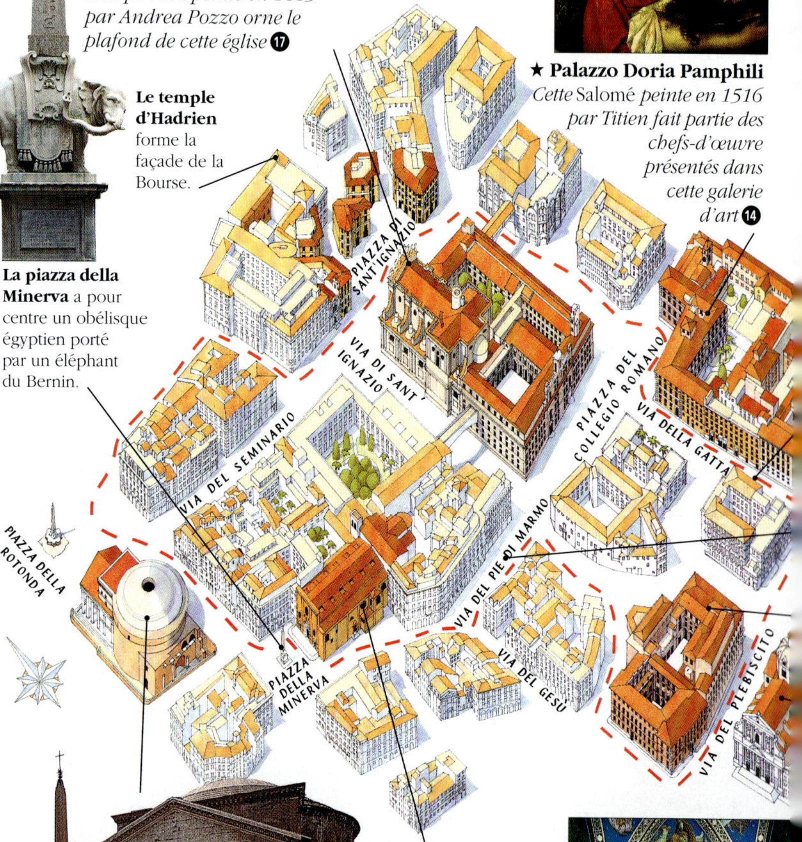

★ Le Panthéon
Édifié par l'empereur Hadrien en 118, le « temple de tous les dieux » est le mieux préservé des bâtiments antiques de Rome ⓰

Santa Maria sopra Minerva
La seule église gothique de Rome abrite des œuvres de Michel-Ange, du Bernin et de Filippino Lippi ⓯

Légende

– – – Itinéraire conseillé

CARTE DE SITUATION
Voir l'atlas des rues de Rome, plan 3

La via della Gatta doit son nom à cette statue de chat *(gatta)*.

Le Pie' di Marmo est le vestige d'une statue colossale en marbre qui ornait sans doute le temple d'Isis.

Le palazzo Altieri incorpore la masure qu'une vieille femme refusa de voir détruite au XVIIe siècle pour laisser place au palais.

Gesù
Bâtie à la fin du XVIe siècle, cette église jésuite servit de modèle aux sanctuaires de l'ordre dans le monde entier ⓭

À NE PAS MANQUER

★ **Le Panthéon**

★ **Le palazzo Doria Pamphili**

0 75 m

Area Sacra di Largo Argentina ⓬

Largo di Torre Argentina. **Plan** 2 F4. *46, 56, 60, 62, 64, 70, 81, 87, 186, 492.* *sur autorisation seulement (p. 613).*

Les ruines de quatre temples mises au jour lors de fouilles archéologiques effectuées entre 1926 et 1929 forment l'aire sacrée située sur le largo Argentina, carrefour à la circulation intense et important terminus d'autobus. Ces sanctuaires, identifiés par les lettres A, B, C et D, comptent parmi les plus anciens retrouvés à Rome, notamment le temple C qui remonte au début du IIIe siècle av. J.-C. Avec son haut podium précédé d'un autel, il se démarque déjà des modèles grecs. Le podium du temple A édifié au IIIe siècle av. J.-C. servit au Moyen Âge de fondation à la petite église de San Nicola di Cesarini, dont il reste deux absides et l'autel devant les vestiges d'une des deux toilettes publiques construites à l'époque impériale dans l'Hécatostylum, portique aux 100 colonnes dont ne subsistent que quelques socles.

Le temple circulaire B (Ier siècle av. J.-C.), sur la gauche, était dédié à la Fortune du Jour présent. La vaste plate-forme de blocs de tuf qui s'étend derrière faisait partie de la curie de Pompée où se réunissait le Sénat et où Jules César tomba sous les coups de poignards de ses assassins le 15 mars 44 av. J.-C.

L'Area Sacra et les ruines circulaires du temple B

***La Foi écrasant l'idolâtrie* par Pierre Legros au Gesù**

Gesù ⓭

Piazza del Gesù. **Plan** 3 A4. *06 69 70 01.* *17, 44, 46, 56, 60, 62, 64, 70, 75, 81, 87, 170, 492, 628, 719.* *de 6 h à 12 h 30, de 16 h à 19 h 15 t.l.j.*

Soldat espagnol blessé à la guerre en 1521, Ignace de Loyola (1491-1556) se mit au service du pape en 1534 après une retraite mystique et fonda en 1540 la Compagnie de Jésus qui servit de fer de lance à la réaction catholique face au protestantisme : la Contre-Réforme. L'ordre ne se limita pas à une œuvre de reconquête et envoya des missionnaires dans le monde entier.

Construite de 1568 à 1584, la première église jésuite, le Gesù, marque le début d'un nouveau style et sa large nef ouverte aux foules affirme clairement la fonction principale du sanctuaire : le prêche. À la nef et à la coupole, le *Triomphe du nom de Jésus* peint en trompe-l'œil par il Baciccia au XVIIe siècle illustre le message des prédicateurs jésuites : les catholiques vont au paradis et les protestants et autres hérétiques en enfer.

Le même thème inspire les statues baroques qui encadrent dans la cappella di Sant'Ignazio l'autel somptueusement décoré par Andrea Pozzo : le *Triomphe de la Religion sur les Infidèles* de Théodon, à gauche, et *La Foi écrasant l'idolâtrie* de Legros, à droite. Sous l'autel, une urne en bronze doré renferme les reliques de saint Ignace.

Palazzo Doria Pamphili ⓮

Piazza del Collegio Romano 1a. **Plan** 5 F4. *06 679 73 23. 56, 60, 62, 85, 95, 160, 492. de 10 h à 17 h du ven. au mer. 15-30 août et jours fériés. sur r.-v. pour les appartements.*

Les parties les plus anciennes de cette immense bâtisse au cœur de Rome datent de 1435. À partir de 1647, les Pamphili construisirent l'aile de la via della Gatta, une splendide chapelle et un théâtre.

Le palais présente les collections d'art de la famille qui comprennent le portrait d'Innocent X Pamphili par Vélasquez et plus de 400 tableaux datant du XVe au XVIIIe siècle, notamment par le Caravage, Titien, le Guerchin et Claude Lorrain.

Somptueux, les appartements ont conservé une grande partie de leur ameublement.

***Portrait d'Innocent X* (1650) par Vélasquez**

Santa Maria sopra Minerva ⓯

Piazza della Minerva 42. **Plan** 3 A4. *06 679 39 26. 116 et autres lignes. de 7 h à 19 h t.l.j.*

Construite au XIIIe siècle, la seule église gothique de Rome s'élève, comme son nom l'indique, à l'emplacement d'un temple de Minerve. L'ordre dominicain y installa son siège en 1370 et l'Inquisition occupa longtemps le cloître attenant au sanctuaire. C'est là qu'elle condamna à mort le philosophe Giordano Bruno en 1600 et que Galilée comparut en 1633 parce qu'il affirmait que la Terre tournait.

L'intérieur du Panthéon, mausolée des monarques italiens

Très remaniée au XVIIe et au XIXe siècles, Santa Maria sopra Minerva abrite de nombreuses œuvres d'art. On peut en particulier y admirer une *Annonciation* (1460) d'Antoniazzo Romano, dans la cinquième chapelle à droite.

Dans la chapelle Carafa, des fresques par Filippino Lippi récemment restaurées évoquent des épisodes de la vie de saint Thomas d'Aquin, tandis que la chapelle Aldobrandini abrite les tombeaux des papes de la famille des Médicis : Léon X et Clément VII. Près de l'escalier du chœur, le *Christ portant sa croix* commencé par Michel-Ange a été achevé par ses disciples.

Sur la place devant l'église se dresse l'obélisque égyptien du VIe siècle av. J.-C. que le Bernin percha sur un éléphant.

La nef de Santa Maria sopra Minerva

Le Panthéon ⓰

Piazza della Rotonda. **Plan** 3 A4. *06 68 30 02 30. 116 et autres lignes. de 9 h à 18 h 30 t.l.j. 1er jan., 1er mai, 25 déc.*

Élevé par Agrippa entre 27 et 25 av. J.-C., le premier sanctuaire à occuper ce site possédait un plan rectangulaire traditionnel et c'est Hadrien qui fit construire, et peut-être dessina, l'édifice actuel, le plus extraordinaire et le mieux conservé des monuments antiques de Rome.

Il faut franchir un impressionnant portique de 33 m de largeur et 15,5 m de profondeur soutenu par 16 colonnes monolithiques avant de découvrir toute la splendeur de l'ancienne cella du « temple de tous les dieux ». Le diamètre (43,3 m) de sa coupole, dont cinq rangées de caissons composent la voûte, est exactement égal à la hauteur de l'édifice. Seule source d'éclairage, la lumière tombant de l'oculus au faîte du dôme donne une atmosphère très particulière et propice au recueillement.

Au VIIe siècle, des fidèles se plaignant de possession démoniaque au voisinage du temple, on le transforma en église. Elle abrite le modeste tombeau de Raphaël et les imposants sarcophages des rois d'Italie.

Sant'Ignazio di Loyola ⓱

Piazza di Sant'Ignazio. **Plan** 3 A4. *06 679 44 06.* *60, 81, 85, 116, 117.* *de 7 h 30 à12 h 30, de 16 h à 19 h 15 t.l.j.*

Construite par le cardinal Ludovisi en 1626 en l'honneur de saint Ignace de Loyola, fondateur de la Compagnie de Jésus, l'église domine l'une des grandes réussites du baroque romain : la piazza di Sant'Ignazio dessinée en 1727 par Filippo Raguzzini. Façades curvilignes et balcons et fenêtres pleins de fantaisie y composent un véritable décor de théâtre.

Avec sa foisonnante décoration de marbre, de dorures et de stucs, le sanctuaire possède un intérieur moins froid que le Gesù *(p. 393)*, l'autre grande église jésuite. Les religieuses d'un couvent voisin s'opposèrent à la construction de sa coupole qui aurait obscurci leur jardin suspendu. Œuvre du père Andrea Pozzo, un dôme en trompe-l'œil l'a remplacée.

Ce théoricien de la perspective exécuta également en 1685 l'impressionnante composition picturale de la voûte, allégorie des succès jésuites sur les quatre continents. Un cercle de marbre beige, au centre de la nef, indique l'endroit où l'effet d'illusion de ces deux fresques est le plus complet.

Reliefs de la colonne de Marc Aurèle, piazza Colonna

Piazza Colonna ⓲

Plan 3 A3. *56, 60, 85, 119.*

Cette place bordée par le palazzo Chigi, résidence officielle du premier ministre italien, doit son nom à la colonne de Marc Aurèle qui s'élève en son centre.

Imitation de la colonne Trajane *(p. 378)* érigée en 180, ce monument commémore les campagnes de l'empereur contre deux tribus barbares du Danube. Un grand changement artistique et culturel s'est toutefois produit pendant les 80 années qui séparent les deux créations. Des personnages simplifiés, au relief plus marqué, illustrent les guerres et les victoires de Marc Aurèle. La clarté narrative a pris le pas sur le respect de l'esthétique et des proportions classiques.

Plafond baroque par Andrea Pozzo à Sant'Ignazio di Loyola

Piazza di Moncitorio ⓳

Plan 3 A3. *06 679 01 pour visiter.* *56, 60, 62, 81, 116, 117, 180.*

Rapporté d'Héliopolis, l'obélisque au centre de la place servait d'aiguille (près de l'actuelle piazza San Lorenzo) au gigantesque cadran solaire aménagé par Auguste sur le Champ de Mars. Oublié vers le IXe siècle, le monolithe fut retrouvé au XVIe sous des maisons médiévales.

Entrepris par le Bernin en 1650 et achevé en 1687, sept ans après sa mort, par Carlo Fontana, l'austère palazzo di Montecitorio abrite la Chambre des députés depuis 1871.

Façade de la Maddalena

La Maddalena ⓴

Piazza della Maddalena. **Plan** 3 A3. *06 679 77 96.* *116 et autres lignes.* *de 7 h 30 à 12 h, de 17 h à 19 h 45 t.l.j.*

Dominant une petite place proche du Panthéon, la façade de style rocaille (1735) de cette petite église témoigne de l'amour porté à la lumière et au mouvement par le baroque finissant.

Malgré sa taille réduite, l'intérieur de la Maddalena n'a pas découragé l'ardeur de ses décorateurs des XVIIe et XVIIIe siècles et, bien que les statues des niches de la nef représentent la Simplicité et l'Humilité, ils l'ont recouvert d'ornements du sol jusqu'au faîte de l'élégante coupole.

DE LA PIAZZA DI SPAGNA À L'ESQUILIN

Créé au XVIe siècle autour de rues percées pour faciliter la circulation des pèlerins vers le Vatican, le quartier de la piazza di Spagna et de la piazza del Popolo renferme de nombreux hôtels et certaines des plus belles boutiques de la ville. Il s'étend jusqu'au Quirinal, l'une des sept collines des origines de Rome, où les papes établirent leur résidence d'été et aménagèrent des voies aérées ornées d'élégants monuments. Un temps habité par les employés des souverains pontifes, le mont voisin, l'Esquilin, est un des quartiers les plus pauvres de la Ville éternelle mais il recèle de nombreuses églises d'origine paléochrétienne.

Fontaine sur la piazza del Popolo

LE QUARTIER D'UN COUP D'ŒIL

Églises

Sant'Andrea al Quirinale 7
San Carlo alle Quattro Fontane 8
Santa Maria della Concezione 10
Santa Maria Maggiore 15
Santa Maria del Popolo 3
Santa Maria della Vittoria 11
San Pietro in Vincoli 14
Santa Prassede 13

Musées et galeries

Museo Nazionale Romano 12
Palazzo Barberini 9

Sites et monuments antiques

Ara Pacis 4
Mausolée d'Auguste 5

Bâtiments historiques

Villa Médicis 2

Places et fontaines

Piazza di Spagna et escalier de la Trinité-des-Monts 1
Fontaine de Trevi 6

COMMENT Y ALLER

Sur la ligne A du métro, les stations Repubblica, Barberini et Spagna desservent le quartier s'étendant de la gare Termini à la piazza del Popolo. Les bus 93 et 93b relient Termini à Santa Maria Maggiore par la via Merulana.

LÉGENDE

Autour de la piazza di Spagna pas à pas *p. 398-399*

FS Gare

M Station de métro

P Parc de stationnement

i Information touristique

Mur de la ville

◁ **Azalées sur l'escalier de la Trinité-des-Monts, piazza di Spagna**

Autour de la piazza di Spagna pas à pas

Le réseau de rues étroites et piétonnières qui s'étend entre la piazza di Spagna et la via del Corso est l'un des quartiers les plus animés de la Ville éternelle et Romains et touristes se pressent aux devantures des magasins de luxe à l'origine de sa réputation. Boutiques d'antiquités et galeries d'art jalonnent quant à elles la via del Babuino qui mène à la piazza del Popolo. Bordée de cafés et dominée par l'escalier de la Trinité-des-Monts, la place d'Espagne offre un cadre idéal où voir et se faire voir.

Le Caffè Greco, ouvert au XVIIIe siècle, eut Stendhal, Baudelaire, Berlioz, Goethe et Wagner comme clients.

La Trinité-des-Monts, église du XVIe siècle, commande du sommet de son escalier une belle vue sur Rome.

Le Babington's Tea Rooms a su rester très « british » depuis 1896.

★ Piazza di Spagna et escalier de la Trinité-des-Monts
Ils forment le cœur de la Rome touristique depuis le XVIIIe siècle ❶

Le mémorial Keats-Shelley occupe la maison où mourut le poète romantique anglais Keats en 1821.

La Colonna dell'Immacolata commémore depuis 1857 le dogme de l'Immaculée Conception défini par Pie IX.

Le Collegio di Propagande Fide, bâti pour les jésuites en 1662, possède une superbe façade de Francesco Borromini.

LÉGENDE

— — — Itinéraire conseillé

0 75 m

Carte de situation
Voir l'atlas des rues de Rome, plan 3

Sant'Andrea delle Fratte abrite deux anges du Bernin sculptés en 1669 pour le ponte Sant'Angelo mais que Clément X trouva trop charmants pour subir les intempéries.

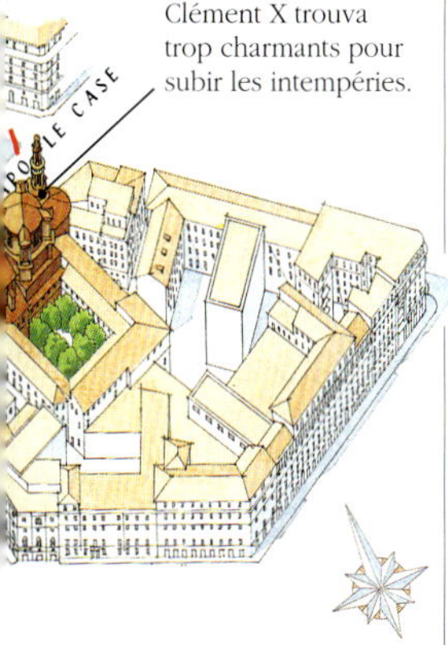

À ne pas manquer

★ **La piazza di Spagna et l'escalier de la Trinité-des-Monts**

La fontaine de la Barcaccia sur la piazza di Spagna

La piazza di Spagna et l'escalier de la Trinité-des-Monts ❶

Plan 3 A2. 117. **M** *Spagna.*

Il y a foule toute la journée et une bonne partie de la nuit (l'été) sur cette place entourée d'immeubles aux façades peintes d'ocre et de roux. Elle doit son nom au palais donnant sur la piazza Mignanelli édifié au XVIIe siècle pour l'ambassadeur d'Espagne auprès du Saint-Siège. De nombreux Français possédaient à l'époque des propriétés dans les environs et les incidents avec les Espagnols, qui se comportaient en terrain conquis, furent nombreux. On parle même d'étrangers enrôlés de force dans les armées ibériques.

Ces rivalités n'existaient plus au XVIIIe siècle et la construction, de 1723 à 1726, du majestueux escalier de travertin qui monte à l'église française de la Trinité-des-Monts donna à la piazza l'une des perspectives les plus théâtrales de Rome. Les Français désiraient ériger au sommet une statue équestre de Louis XIV, mais l'idée de voir se dresser l'effigie d'un souverain étranger sur la capitale des États pontificaux déplut à Alexandre VII. Le projet proposé par Francesco de Santis offrit un terrain d'entente.

Au pied de l'escalier se trouve la fontana della Barcaccia (1627-1629), œuvre de Pietro Bernini, le père du Bernin, installée au-dessous du niveau de la rue à cause d'un manque de pression d'eau.

La villa Médicis ❷

Accademia di Francia a Roma, Viale Trinità dei Monti 1. **Plan** 3 B1. *06 679 83 81.* *117.* **M** *Spagna.* **Accademia et Jardins** *heures irrégulières, téléphoner avant.* *seulement.*

Construite en 1540 sur la colline du Pincio, cette somptueuse demeure a conservé le nom qu'elle prit quand le cardinal Ferdinand de Médicis l'acheta en 1576. Ses magnifiques jardins occupent l'emplacement de ceux que Lucullus avait dessinés pour son agrément en 60 av. J.-C. et la vue depuis la terrasse porte jusqu'au Castel Sant'Angelo *(p. 407)* à l'autre bout de la ville. Berlioz et Debussy, parmi bien d'autres « Grands Prix de Rome », eurent l'occasion de la contempler, la villa Médicis abritant l'Académie de France depuis 1803.

La façade sur cour de la villa Médicis (gravure du XIXe siècle)

La Sibylle de Delphes **(1509) par le Pinturicchio à Santa Maria del Popolo**

Santa Maria del Popolo ❸

Piazza del Popolo 12. **Plan** 2 F1. *06 361 08 36. 95, 117, 490, 495, 628, 926. Flaminio. 7 h-12 h, 16 h-19 h lun.-sam., 8 h-14 h, 16 h 30-19 h 30 dim.*

C'est Sixte IV qui commanda en 1472 l'édification de l'une des premières églises Renaissance de Rome, à l'emplacement d'un petit sanctuaire du XIIIe siècle dont le « peuple » avait financé la construction. Ses successeurs sur le trône pontifical et de riches mécènes la transformèrent en un des hauts lieux artistiques de la Ville éternelle.

Peu après la mort de Sixte en 1484, le Pinturicchio et ses élèves décorèrent pour sa famille, les della Rovere, la 1re et la 3e chapelles à droite. Dans la première, le maître peignit les fresques des lunettes et la belle *Adoration de l'Enfant* en 1490 de l'autel où une colonne classique domine l'étable. Il exécuta également les sibylles et les apôtres de l'abside élevée par Bramante pour Jules II, le neveu de Sixte.

En 1513, le riche banquier Agostino Chigi engagea Raphaël pour dessiner sa chapelle personnelle (2e à gauche) et l'artiste composa une œuvre audacieuse où se marient sacré et profane. Au plafond de la coupole, la mosaïque représente Dieu le Père entouré des symboles des sept planètes. Le Bernin ajouta au XVIIe siècle les statues de Daniel et d'Habacuc.

À gauche du maître-autel, deux tableaux peints par le Caravage en 1601, la *Conversion de saint Paul* et le *Crucifiement de saint Pierre*, ornent la chapelle Cerasi. Tous deux sont d'un naturalisme et d'une audace de composition étonnants.

Détail d'une frise de l'Ara Pacis

Ara Pacis Augustae ❹

Via di Ripetta. **Plan** 2 F2. *06 68 80 68 48. 70, 81, 115, 186. de 9 h à 16 h 30 du mar. au sam., de 9 h à 13 h le dim.*

Retrouvé par morceaux de 1565 à 1937, l'Autel de la Paix d'Auguste, érigé sur ordre du Sénat de 13 à 9 av. J.-C., commémore la campagne en Gaule et en Espagne qui permit à l'empereur d'imposer la paix sur tout le pourtour méditerranéen.

L'enceinte de marbre qui l'entoure est ornée de reliefs appartenant à l'art impérial de la meilleure époque. Ceux des faces extérieures des murs sud et nord représentent la procession de consécration du monument, le 4 juillet 13 av. J.-C. Les membres de la famille impériale y figurent derrière Marius Agrippa, gendre et héritier désigné d'Auguste, selon leur rang dans l'ordre de succession.

Le mausolée d'Auguste ❺

Piazza Augusto Imperatore. **Plan** 2 F2. *06 67 10 20 70. 32, 81, 117, 492, 628, 913, 926. sur r.-v. seulement* (voir p. 614)

Construite par Auguste en 26 av. J.-C., la sépulture la plus prestigieuse de Rome n'est plus aujourd'hui qu'une butte herbeuse cernée de cyprès, mais deux obélisques de granit (érigés piazza del Quirinale et piazza dell'Esquilino) encadraient à l'origine l'entrée de ce monument circulaire de 87 m de diamètre inspiré du tombeau d'Alexandre le Grand.

Quatre murs concentriques entouraient la chambre mortuaire où le premier empereur romain reposa à partir de l'an 14 après y avoir inhumé son neveu Marcellus, son gendre Agrippa et sa sœur Octavie.

La fontaine de Trevi ❻

Piazza di Trevi. **Plan** 3 B3. *116 et autres lignes.*

La fontaine de Trevi fait tellement partie de l'imagerie romaine qu'elle donne l'impression d'avoir toujours existé. Achevée en 1762, l'œuvre baroque de Nicola Salvi n'est toutefois

La célèbre fontaine de Trevi, la plus grande et la plus célèbre de Rome

qu'une création récente à l'échelle du temps de la Ville éternelle. Au centre, deux chevaux marins tirent le char de Neptune. L'un paisible et l'autre rétif, ils symbolisent les humeurs de l'océan.

Au-dessus des statues, des bas-reliefs illustrent la légende selon laquelle une jeune fille indiqua à des soldats la source de l'Aqua Virgo, l'aqueduc construit en 19 av. J.-C. par Agrippa, héritier désigné d'Auguste, pour alimenter les thermes de Rome. Devenu l'Acqua Virgine, il alimente toujours la fontaine.

Intérieur de Sant'Andrea al Quirinale

Sant'Andrea al Quirinale ❼

Via del Quirinale 29. **Plan** 3 C3. *06 48 90 31 87.* *75, 115, 116T, 117.* *9 h-12 h, 16 h-19 h mer-lun.* *août l'après-midi.*

Le Bernin, qui édifia cette église de 1558 à 1571 pour les novices de la compagnie de Jésus, la considérait comme l'une de ses grandes réussites. Le sanctuaire paraît en effet dépasser les possibilités permises par un site exigu. Bien qu'organisé en fonction du petit axe d'une ellipse, il offre une impression d'ampleur due à des chapelles latérales rectangulaires. La décoration s'organise autour du *Martyre de saint André*, peinture de Jacques Courtois, que des anges soutiennent de manière à élever le regard vers une effigie du saint en stuc puis la lanterne.

La coupole de San Carlo alle Quattro Fontane de Borromini

San Carlo alle Quattro Fontane ❽

Via del Quirinale 23. **Plan** 3 C3. *06 488 32 61.* *116T et autres lignes vers Piazza Barberini.* *9 h 30-12 h 30 t.l.j.*

L'ordre des Trinitaires confia en 1638 à Francesco Borromini la construction de cette église de taille si réduite qu'elle a, dit-on, les dimensions d'un des piliers de la coupole de la basilique Saint-Pierre.

À l'intérieur, le jeu entre travées planes et incurvées donne vie à l'espace exigu que surmonte une coupole entièrement conçue pour paraître plus haute qu'en réalité. Borromini n'acheva la façade qu'en 1665 et ses courbes tourmentées traduisent l'angoisse de l'architecte avant son suicide en 1667.

Détail d'une fresque du palazzo Barberini (1633)

Palazzo Barberini ❾

Via delle Quattro Fontane 13. **Plan** 3 C2. *06 481 45 91.* *52, 53, 56, 58, 58b, 60, 61, 62, 95, 116, 175, 490, 492.* *Barberini.* *9 h-19 h mar.-sam., 9 h-13 h dim. et jours fériés.*

Quand il devint le pape Urbain VIII en 1623, Maffei Barberini commanda à Carlo Maderno la construction d'une demeure de prestige sur un terrain alors à la périphérie de la ville, ce qui surprendra l'automobiliste pris dans la circulation. Maderno mourut peu après l'achèvement des fondations et la majeure partie de l'édifice est due à Borromini et au Bernin, auteur aussi de la fontaine du Triton sur la place.

Le plafond du grand salon peint en trompe-l'œil par Pierre de Cortone entre 1633 et 1639 constitue le joyau de la décoration intérieure qui offre un somptueux écrin baroque aux œuvres présentées par la galerie nationale d'Art ancien. La collection comprend des toiles par Filippo Lippi, Titien, Artemisia Gentileschi et le Caravage, mais son tableau le plus célèbre reste *La Fornarina* qui serait un portrait par Raphaël de sa maîtresse.

Santa Maria della Concezione ❿

Via Veneto 27. **Plan** 3 C2. *06 487 11 85.* *52, 53, 56, 58, 58b, 60, 61, 62, 95, 116, 175.* *Barberini.* **Crypte** *de 9 h à 12 h, de 15 h à 18 h du ven. au mer.*

Sous cette église s'étend une crypte tapissée des ossements de 4 000 capucins. Disposés pour certains de manière à former des motifs chrétiens comme la couronne d'épines ou le Sacré-Cœur, les reliques, en particulier l'émouvant squelette d'une enfant Barberini, rappellent le caractère transitoire de la vie.

Santa Maria della Vittoria ⓫

Via XX Settembre 17. **Plan** 4 D2. *06 482 61 90.* *36, 37, 60, 61, 62, 175, 495, 910.* *Repubblica.* *de 6 h 30 à 12 h, de 16 h 30 à 19 h t.l.j.* *août.*

Église intime à la somptueuse décoration baroque, elle recèle dans la chapelle Cornaro la plus ambitieuse des sculptures du Bernin : *Le Ravissement de sainte Thérèse* (1646) inspiré de la description que laissa la sainte de ses extases. Éclairés par une source de lumière cachée, des rayons de bronze symbolisent en fond la gloire divine et renforcent l'aspect surnaturel d'une apparition à laquelle les cardinaux de la famille Cornaro assistent depuis des niches évoquant les baignoires d'un théâtre.

***Le Ravissement de sainte Thérèse* du Bernin, Santa Maria della Vittoria**

Museo Nazionale Romano ⓬

Palazzo Massimo, Piazza dei Cinquecento. **Plan** 4 E2. *06 481 75 45.* *H, 3, 36, 38, 38b, 64, 115, 170, 175 et lignes vers la Piazza dei Cinquecento.* *Termini.* *9 h-22 h mar.-sam., 9 h-20 h dim.*

Composé d'anciennes collections privées et de la plupart des antiquités découvertes dans la capitale italienne depuis 1870, ce musée fondé en 1889 resta longtemps l'un des plus riche au monde en art classique. Depuis 1990, le musée est installé dans trois succursales : le Palazzo Altemps *(voir p. 390)*, quelques salles des thermes de Dioclétien et le palazzo Massimo. Les œuvres de ce dernier datent du IIe siècle av. J.-C. au IVe siècle ap. J.-C. et sont réparties sur trois niveaux.

Détail de l'une des mosaïques *Quattro Aurighe*, Museo Nazionale Romano

Parmi ces chefs-d'œuvres, vous admirerez les *Quattro Aurighe*, mosaïques provenant d'une villa au nord de Rome, le *Generale di Tivoli*, statue grecque et la fameuse statue de l'empereur Auguste trouvée via Labicana.

Santa Prassede ⓭

Via Santa Prassede 9a. **Plan** 4 E4. *06 488 24 56.* *4, 9, 16, 70, 71, 74.* *Vittorio Emanuele.* *de 7 h 30 à 12 h, de 16 h à 18 h 30 t.l.j.*

Pascal Ier construisit cette église en 822 et il apparaît à gauche du Christ, avec sainte Praxède et saint Paul, sur les superbes mosaïques du chœur. Son nimbe carré, et non rond, révèle qu'il fut représenté de son vivant.

Le pape édifia également la chapelle Saint-Zénon, à l'intérieur entièrement recouvert de mosaïques, comme mausolée pour sa mère Theodora. Elle renferme dans une niche la colonne de jaspe à laquelle on aurait attaché Jésus pour le flageller.

Mosaïque (IXe siècle) Santa Prassede

San Pietro in Vincoli ⓮

Piazza di San Pietro in Vincoli. **Plan** 4 D5. *06 488 28 65.* *11, 75, 115.* *Colosseo.* *de 7 h à 12 h 30, de 15 h 30 à 19 h (d'oct. à mars : 18 h) du lun. au sam., de 8 h 45 à 11 h 45 le dim.*

Saint Pierre aurait porté les chaînes *(vincoli)* exposées sous le maître-autel dans un tabernacle en bronze décoré de beaux reliefs attribués à Caradosso. L'une l'attachait à Jérusalem et l'autre à Rome, dans la prison Mamertine *(p. 379)*, mais, une fois réunies, elles se soudèrent miraculeusement et l'impératrice Eudoxie, femme de Valentinien III, fonda l'église en 442 pour accueillir ces précieuses reliques.

Des colonnes antiques séparent les trois nefs du sanctuaire. Celle de droite abrite le tombeau de Jules II avec son *Moïse*, mausolée qui ne représente qu'une faible partie de l'œuvre que comptait réaliser Michel-Ange. Les tergiversations du pape puis, après sa mort, la commande du *Jugement dernier* pour la chapelle Sixtine ne permirent à l'artiste que de sculpter les *Esclaves* se trouvant aujourd'hui à Florence et à Paris.

Santa Maria Maggiore ⓯

La basilique Sainte-Marie-Majeure présente un mariage particulièrement réussi entre architectures d'époques différentes. Alors que son pavement de marbre cosmatesque et son campanile roman remontent au Moyen Âge, elle garde du sanctuaire paléochrétien initial (Ve siècle) sa triple nef ornée de colonnes ioniques et de superbes mosaïques. Le plafond à caissons date de la Renaissance, les coupoles et les façades sont baroques.

MODE D'EMPLOI

Piazza di Santa Maria Maggiore. **Plan** 4 E4. *06 48 31 95. 4, 9, 16, 70, 71, 714. 14, 516. Cavour. de 7 h à 18 h 30 t.l.j. (der. ent. : 15 mn av. la ferm.).*

Couronnement de la Vierge
La mosaïque de l'abside par Jacopo Torriti (1295) incorpore des éléments du Ve siècle.

Tombeau du cardinal Rodriguez
Ce superbe mausolée gothique (1299) est de Giovanni di Cosma.

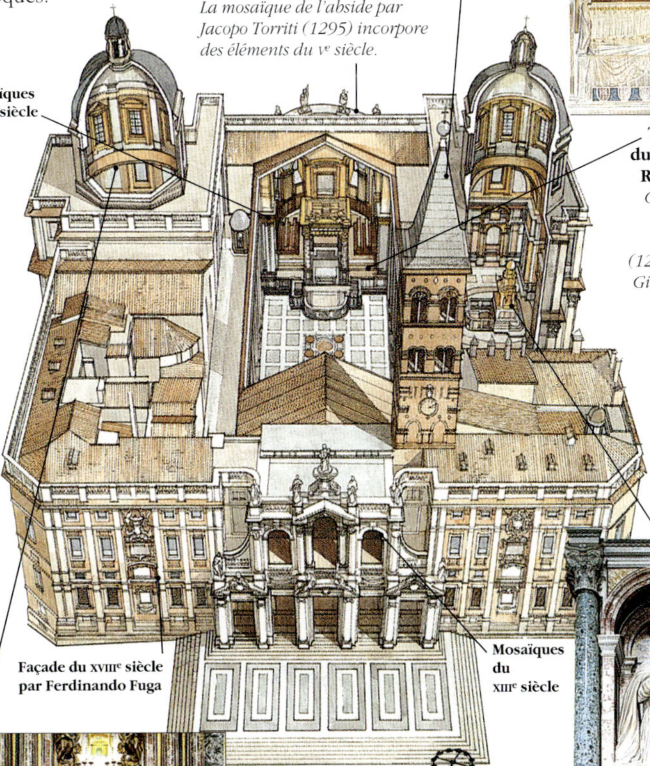

Campanile

Mosaïques du Ve siècle

Façade du XVIIIe siècle par Ferdinando Fuga

Mosaïques du XIIIe siècle

Cappella Sistina
Construite par Domenico Fontana qui remploya des marbres antiques, elle abrite le tombeau de Sixte Quint (pape de 1584 à 1587).

Cappella Paolina
Flaminio Ponzo, architecte de la villa Borghese, créa cette superbe chapelle funéraire en 1611 pour Paul V.

Colonne de la piazza di Santa Maria Maggiore
Provenant de la basilique de Maxence et Constantin, elle porte une Vierge à l'Enfant *(1611) de Berthelot.*

LE VATICAN ET LE TRASTEVERE

Sur le site du supplice et du tombeau de saint Pierre, la cité du Vatican est à la fois la capitale mondiale du catholicisme et le plus petit État de la planète. Cerné de hauts murs, il s'étend sur 43 hectares dont la basilique Saint-Pierre et le palais papal et ses jardins occupent la majeure partie. Le palais abrite les musées du Vatican qui forment, avec la chapelle Sixtine et les Chambres de Raphaël, un extraordinaire ensemble artistique. Une atmosphère bien différente règne dans le Trastevere voisin, quartier populaire dont les habitants se considèrent comme les seuls vrais Romains, mais où, malheureusement pour eux, se multiplient restaurants, boutiques et boîtes de nuit à la mode.

Armoiries d'Urbain VIII à Saint-Pierre

LE QUARTIER D'UN COUP D'ŒIL

COMMENT Y ALLER

Sur la ligne A du métro, la station Ottaviano dessert le Vatican. En bus, le 64 relie la cité papale à la gare Termini et le 81 au Colisée. Le Trastevere est très proche du Campo dei Fiori par le ponte Sisto, mais peut se rejoindre en bus par le 23 depuis le Vatican et le 75 depuis Termini.

Églises

San Francesco a Ripa 9

San Pietro in Montorio et Tempietto 10

Santa Cecilia in Trastevere 8

Santa Maria in Trastevere 7

Saint-Pierre p. 408-409 2

Musées et galeries

Palazzo Corsini et Galleria Nazionale d'Arte Antica 5

Musées du Vatican p. 410-417 3

Bâtiments historiques

Castel Sant'Angelo 1

Villa Farnesina 4

Parcs et jardins

Jardin botanique 6

LÉGENDE

- Une visite du Vatican *p. 406-407*
- Parc de stationnement
- Information touristique
- Mur de la ville

◁ **Saint-Pierre de Rome et le ponte Sant'Angelo**

Une visite du Vatican

Crucifix au Vatican

État souverain depuis les accords de Latran signés avec Mussolini en 1929, le Vatican est gouverné par le pape, seul monarque absolu d'Europe. 500 personnes environ habitent la cité qui possède ses propres systèmes postaux, bancaires, monétaires et judiciaires, ainsi qu'une station de radio et un journal : l'*Osservatore Romano*.

★ Saint-Pierre de Rome
Presque tous les grands architectes de la Renaissance et du baroque ont participé à la création de la plus célèbre basilique de la chrétienté (p. 408-409).

La radio du Vatican émet en 20 langues depuis cette tour qui fait partie des remparts léonins du IXe siècle.

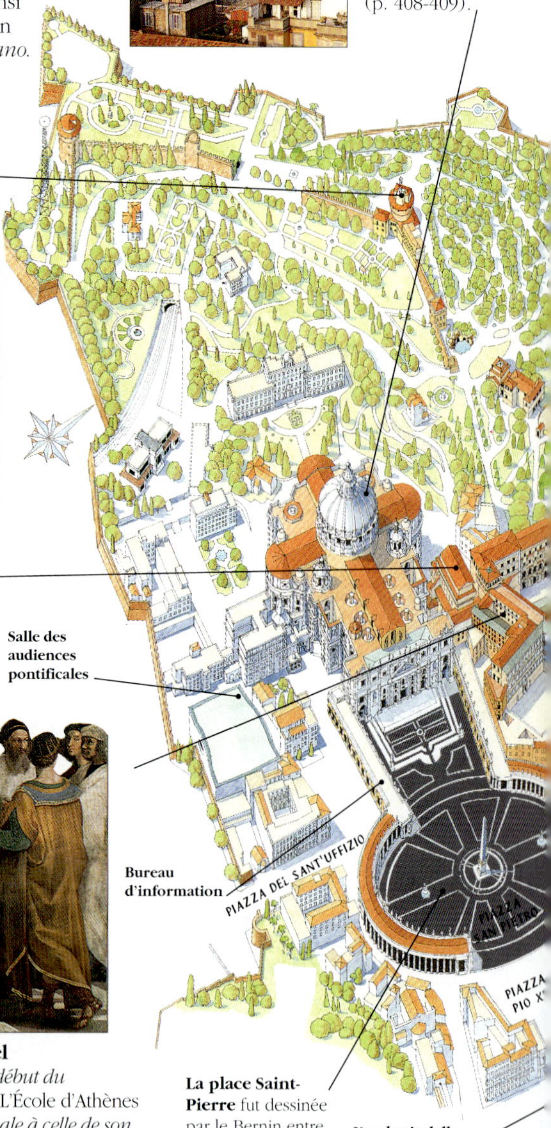

★ La chapelle Sixtine
Des fresques de Michel-Ange, au plafond la Genèse *(1508-1512), sur le mur du fond le* Jugement dernier *(1534-1541), ornent cette chapelle utilisée par les cardinaux lors des conclaves* (p. 414).

Salle des audiences pontificales

Bureau d'information

★ Les Chambres de Raphaël
Raphaël décora ces pièces au début du XVIe siècle. Des œuvres comme L'École d'Athènes *lui valurent une réputation égale à celle de son contemporain Michel-Ange* (p. 417).

La place Saint-Pierre fut dessinée par le Bernin entre 1656 et 1667.

Vers la via della Conciliazione

Cet escalier des musées dessiné par Giuseppe Momo en 1932 a la forme d'une double hélice, l'une pour la montée, l'autre pour la descente.

CARTE DE SITUATION
Voir l'atlas des rues de Rome, plan 1

Entrée des musées du Vatican

★ Les musées du Vatican
Leurs collections d'art comprennent le groupe du Laocoon *sculpté en l'an 1* (p. 410).

Le cortile della Pigna doit son nom à une pomme de pin en bronze antique.

Les jardins du Vatican (un tiers du territoire) se découvrent en visite guidée.

À NE PAS MANQUER

- **★ Saint-Pierre de Rome**
- **★ Les musées du Vatican**
- **★ La chapelle Sixtine**
- **★ Les Chambres de Raphaël**

Castel Sant'Angelo ❶

Lungotevere Castello. **Plan** 2 D3. *06 681 91 11. 23, 34, 64, 280. Lepanto. 9 h-22 h mar.-sam., 9 h-20 h dim. jours fériés, 2e et 4e mar. du mois.*

La forteresse massive du château Saint-Ange doit son nom à l'archange saint Michel qui, lors d'une procession au VIe siècle, apparut au pape Grégoire Ier le Grand pour annoncer la fin de la peste.

L'édifice était à l'origine le mausolée entrepris en 135 par l'empereur Hadrien pour y reposer. Transformé en forteresse et prison, il devint au Moyen Âge un refuge pour les papes en période de troubles.

La visite du musée qui l'occupe permet de découvrir aussi bien ses sombres cachots que les appartements raffinés des souverains pontifes de la Renaissance, la cour d'Honneur, le Trésor ou la salle Pauline ornée de fresques en trompe-l'œil (1546-1548) par Pellegrino Tibaldi et Perin del Vaga.

Saint-Pierre de Rome ❷

Voir p. 408-409.

Les musées du Vatican ❸

Voir p. 410-417.

Le Castel Sant'Angelo vu depuis le ponte Sant'Angelo

Saint-Pierre de Rome ❷

Centre somptueux de la chrétienté, la basilique Saint-Pierre attire chaque année des millions de pèlerins et de touristes du monde entier. Parmi les centaines d'œuvres d'art qu'elle abrite, certaines proviennent du sanctuaire original bâti par Constantin en 324 à l'emplacement du tombeau de saint Pierre, mais c'est le génie baroque du Bernin qui détermine la tonalité de la décoration intérieure. Il est en particulier l'auteur du baldaquin dominé par l'immense coupole dessinée par Michel-Ange et du monument de l'abside contenant un trône épiscopal attribué au premier des papes.

Coupole
Michel-Ange mourut avant l'achèvement de sa coupole de 136,5 m de hauteur.

Un escalier de 537 marches conduit au sommet de la coupole.

Baldaquin
Commandé par Urbain VIII en 1624, l'étonnant baldaquin baroque du Bernin domine l'autel et le tombeau de saint Pierre.

L'église est longue de 186 mètres.

Entrée de la sacristie et du trésor

Escalier de la coupole

L'autel papal se trouve au-dessus de la crypte où reposerait saint Pierre.

Monument d'Alexandre VII
Achevée en 1678, la dernière œuvre du Bernin montre le pape entouré de la Vérité, de la Justice, de la Charité et de la Prudence.

PLAN HISTORIQUE DE LA BASILIQUE SAINT-PIERRE

Saint Pierre fut inhumé en 64 dans une nécropole proche du cirque de Néron, lieu de son crucifiement. Sur son tombeau, Constantin édifia en 324 une église, qui menaçait ruine au XVe siècle. Entrepris en 1506, le nouveau sanctuaire fut consacré en 1626, mais sa construction, par plusieurs architectes, s'étendit jusqu'à la fin du XVIIe siècle.

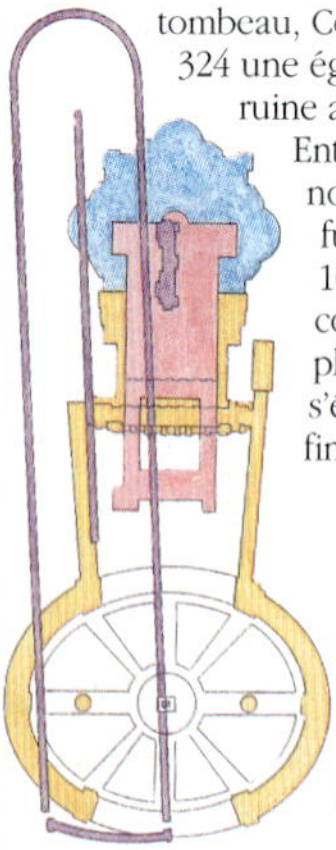

LÉGENDE

- Cirque de Néron
- Constantin
- Renaissance
- Baroque

Les grottes vaticanes
Provenant de l'ancienne basilique, un fragment d'une mosaïque par Giotto (1266-1337) orne les grottes où reposent des papes.

Pietà de Michel-Ange
Depuis un acte de vandalisme en 1972, une vitre protège ce chef-d'œuvre achevé en 1499.

MODE D'EMPLOI

Piazza San Pietro. **Plan** 1 B3. *06 69 88 44 66, 06 69 88 37 12. 23, 32, 49, 51, 81, 492, 907, 991. 19.* *Ottaviano.* **Basilique** *d'avril à sept. : de 7 h à 19 h t.l.j. (mi-oct. à mars : 18 h).* **Trésor** *d'avril à sept. : de 9 h à 18 h 30 (d'oct. à mars : 17 h 30) t.l.j.* **Grottes** *d'avril à sept. : de 7 h à 18 h (d'oct. à mars : 17 h) t.l.j.* **Dôme** *d'avril à sept. : de 8 h à 18 h (d'oct. à mars : 17 h t.l.j.* **Audiences papales :** *le mercredi à 11 h dans la salle des audiences pontificales, parfois place Saint-Pierre. Billet (gratuit) à la préfecture de la maison pontificale (côté nord de la place). de 9 h à 13 h du lun. au sam. ; ou écrire à : Prefettura della Casa Pontificia, 00120 Città del Vaticano. Le dimanche à 12 h le pape bénit la foule réunie sur la place.*

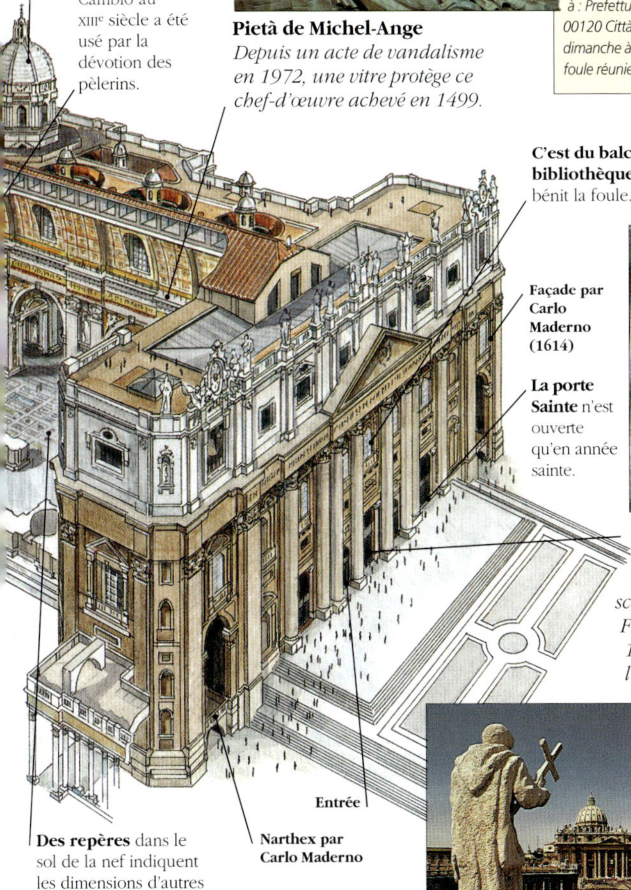

Petites coupoles par Vignola (1507-1573)

Le pied du saint Pierre sculpté par Arnolfo di Cambio au XIIIe siècle a été usé par la dévotion des pèlerins.

C'est du balcon de la bibliothèque que le pape bénit la foule.

Façade par Carlo Maderno (1614)

La porte Sainte n'est ouverte qu'en année sainte.

Entrée

Narthex par Carlo Maderno

Des repères dans le sol de la nef indiquent les dimensions d'autres grandes églises.

Portail de Filarete
Ces portes de bronze ornées de scènes bibliques par le Filarete entre 1439 et 1445 proviennent de l'ancienne basilique.

La place Saint-Pierre
La foule s'y presse lors des fêtes religieuses où le pape donne sa bénédiction depuis le balcon.

Les musées du Vatican ❸

Riches d'un patrimoine artistique inestimable comprenant la chapelle Sixtine et les Chambres de Raphaël, les musées du Vatican occupent les palais construits pour des papes de la Renaissance tels que Jules II, Innocent VIII et Sixte IV. Ils furent agrandis au XVIIIe siècle quand les souverains pontifes rendirent accessibles au public les collections qu'ils avaient accumulées pendant des siècles.

Musée étrusque
La collection étrusque comprend cette grande fibule en or découverte à Cerveteri (p. 450), *au nord de Rome, dans une tombe du VIIe siècle av. J.-C.*

Galerie des Cartes
Le Siège de Malte *est l'un des 40 tableaux des territoires de l'Église dont le cartographe Ignazio Danti décora ses parois au XVIe siècle.*

Chambres de Raphaël
*Voici un détail d'*Héliodore chassé du temple, *l'une des nombreuses fresques peintes par Raphaël et ses élèves dans les appartements de Jules II* (p. 417).

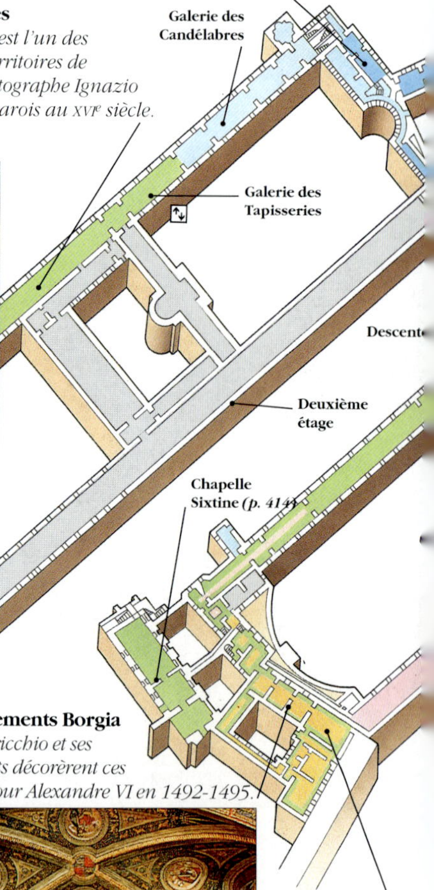

Appartements Borgia
Il Pinturicchio et ses assistants décorèrent ces pièces pour Alexandre VI en 1492-1495.

La collection d'Art religieux moderne comprend des œuvres d'artistes tels que Bacon ou Max Ernst.

SUIVEZ LE GUIDE !
Accordez-vous du temps, 20 à 30 mn à pied séparant la chapelle Sixtine de l'entrée ! Un strict fléchage à sens unique régit la visite et mieux vaut se montrer sélectif dans ses choix ou opter pour l'un des quatre itinéraires conseillés. Leur durée varie, selon la couleur, de 90 mn à 5 heures.

Musée Pio-Clementino
Il présente les plus belles des statues classiques du Vatican, tel l'Apollon du Belvédère, copie romaine d'un bronze grec du IVe siècle av. J.-C.

MODE D'EMPLOI

Città del Vaticano (entrée Viale Vaticano). **Plan** 1 B2. 06 69 88 44 66. 49 à l'entrée, 23, 83, 492, 982. 19. Ottaviano. mars-oct. : 8 h 45-15 h 45 lun.-ven., 8 h 45-12 h 45 sam. ; nov.-fév. : 8 h 45-12 h 45 lun.-sam. 1er et 6 jan., 11 fév., 19 mars, 4 avril, 12 mai, 2 et 29 juin, 15 août, 1er nov., 8 et 26 déc. Autorisation pour la Loggia de Raphaël, la Bibliothèque apostolique, la Galerie lapidaire et les archives. gratuit le der. dim. du mois. itinéraires spéciaux.

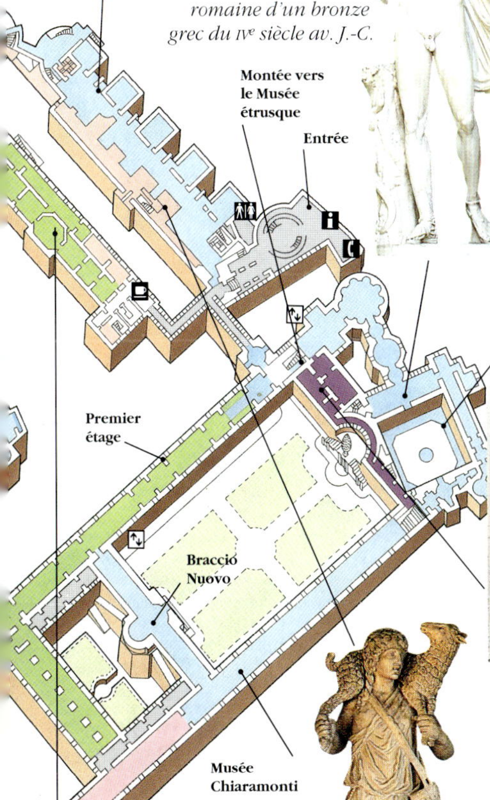

Musée grégorien

Montée vers le Musée étrusque

Entrée

Cour octogonale

Premier étage

Braccio Nuovo

Musée Chiaramonti

La Galerie lapidaire, fermée au public, renferme des inscriptions païennes et paléochrétiennes.

Musée égyptien
Organisé par le père Ungarelli, égyptologue du XIXe siècle, il présente entre autres ce bas-relief datant d'environ 2400 av. J.-C.

Musée chrétien
Cette statue du IVe siècle qui représente le Christ en Bon Pasteur rappelle que les premiers chrétiens adoptèrent des thèmes païens classiques, comme celui du pâtre, pour mieux faire comprendre leur doctrine.

Pinacothèque
La collection de peintures du Vatican est particulièrement riche en œuvres de la Renaissance. Bien qu'inachevé, ce Saint Jérôme *de Léonard de Vinci révèle sa connaissance de l'anatomie.*

LÉGENDE DU PLAN

- Art égyptien et assyrien
- Art grec et romain
- Art étrusque
- Art paléochrétien et médiéval
- Art du XVe au XIXe siècle
- Art religieux moderne
- Galerie lapidaire
- Circulations et services

À la découverte des collections du Vatican

Parmi les trésors les plus précieux du Vatican figurent les antiquités gréco-romaines et de splendides objets découverts au XIXe siècle dans des tombes égyptiennes et étrusques. La pinacothèque présente près de 500 tableaux du XIe au XVIIIe siècle, notamment des œuvres des grands artistes de la Renaissance qui, tels Raphaël, travaillèrent à la décoration des anciens appartements des papes ou à celle de la chapelle Sixtine.

Tête d'athlète, mosaïque (217) provenant des thermes de Caracalla

Art égyptien et assyrien

Si la collection d'art égyptien inclut des répliques antiques provenant de la villa Adriana *(p. 452)* et de temples dédiés à Rome à des divinités comme Isis et Sérapis, elle se compose en majeure partie de statues rapportées d'Égypte à l'époque de l'Empire et des résultats de fouilles effectuées aux XIXe et XXe siècles.

Les œuvres et objets authentiquement égyptiens sont présentés à l'étage inférieur près du musée Pio-Clementino. Parmi les plus belles pièces figurent la tête de Mentouhotep IV (XXIe siècle av. J.-C.) ; le sarcophage de la reine Hetep-heret-es ; le tombeau d'Iri, gardien de la pyramide de Chéops (XXIe siècle av. J.-C.) ; et la statue de la reine Touya, mère de Ramsès II (XIIIe siècle av. J.-C.), découverte en 1714 sur le site des Horti Sallustiani près de la via Veneto.

Une salle du musée est consacrée à des reliefs assyriens qui ornaient les palais d'Assurbanipal et de Sennacherib.

Art étrusque, grec et romain

Le Musée étrusque présente une superbe collection d'objets façonnés par les cultures préromaines d'Étrurie et du Latium ou provenant des colonies grecques du sud de l'Italie. La place d'honneur, en salle 2, revient aux bijoux en or découverts dans la tombe Regolini-Galassi (650 av. J.-C.) de la nécropole de Cerveteri *(p. 450)*. Cette sépulture contenait également les vestiges d'un char funéraire et du mobilier.

Copie romaine du Doryphore grec

Source d'inspiration des artistes de la Renaissance, les plus belles des œuvres gréco-romaines du Vatican forment le noyau de la collection du musée Pio-Clementino. Elles comprennent des répliques romaines (v. 320 av. J.-C.) de statues grecques telles que l'*Apoxyomène* (athlète s'essuyant le corps après une course) et l'*Apollon du Belvédère*. Le magnifique groupe de *Laocoon et ses fils*, sculpté à Rhodes au Ier siècle apr. J.-C., fut retrouvé en 1506 dans les ruines de la Domus Aurea de Néron. Plus petit, le musée Chiaramonti est riche en bustes antiques et a conservé pour l'essentiel l'organisation que lui donna Canova au début du XIXe siècle. Dans son extension, le Braccio Nuovo, une statue d'Auguste du Ier siècle av. J.-C. provenant de la villa de sa femme Livie fait face à une copie romaine en marbre du *Doryphore* (porteur de lance) du Grec Polyclète (Ve siècle av. J.-C.). Remarquez la similitude des postures. Installé dans une aile moderne, le Musée grégorien profane permet de suivre l'évolution de l'art romain depuis l'imitation de modèles grecs représentés par d'importants fragments du Parthénon jusqu'à l'émergence d'un style propre. On y admirera notamment deux reliefs, les *Rilievi della Cancelleria*, commandés en 81 par Domitien, et de beaux pavements en mosaïque qui ornaient, pour deux d'entre eux, les thermes de Caracalla *(p. 427)* et, pour celui de la salle ronde, les thermes d'Otricoli en Ombrie.

Dans la Bibliothèque, une fresque du Ier siècle représente les préparatifs de mariage d'une jeune Romaine.

Mosaïque provenant des thermes d'Otricoli (Ombrie), salle ronde

Mise au tombeau **(v. 1471-1474) de Giovanni Bellini à la pinacothèque**

Art paléochrétien et médiéval

Abritant la majeure partie de la collection d'art paléochrétien du Vatican, le Musée chrétien présente des sarcophages, des mosaïques, des épigraphes et des sculptures provenant des catacombes et des basiliques fondées par les premiers disciples du Christ. Une statue comme le *Bon Pasteur* témoigne de leurs efforts pour adapter des thèmes classiques à leur doctrine religieuse.

Peint près d'un millénaire plus tard et exposé à la pinacothèque, dont les deux premières salles sont consacrées au gothique, le *Polyptyque Stefaneschi* (v. 1300) de Giotto ornait le maître-autel de l'ancienne basilique Saint-Pierre. Il révèle l'évolution des rapports entretenus par l'Église avec l'héritage antique à la fin du XIIIe siècle.

La Bibliothèque possède de nombreux trésors médiévaux, entre autres des reliquaires, des manuscrits, des émaux et des icônes.

Détail du *Polyptyque Stefaneschi* (v. 1300) de Giotto

Art du XVe au XIXe siècle

Les souverains pontifes de la Renaissance se comportaient en mécènes éclairés et les galeries entourant la cour du Belvédère furent décorées par de grands artistes entre le XVIe et le XIXe siècle et abritent toutes des œuvres de qualité : la galerie des Tapisseries, des tapisseries de Bruxelles exécutées d'après les cartons d'élèves de Raphaël ; les appartements de Pie V, de splendides tapisseries flamandes du XVe siècle ; la galerie des Cartes, des fresques du XVIe siècle.

Près des Chambres de Raphaël *(p. 417)* se trouvent la salle dite des Clairs-obscurs et la petite chapelle de Nicolas V décorée par Fra Angelico entre 1447 et 1451. Ornés de fresques vers 1490 par il Pinturicchio et ses élèves, les appartements Borgia méritent également une visite. Il faut une autorisation spéciale pour découvrir les superbes peintures de la Loggia de Raphaël.

Adoration des Mages **(1490) du Pinturicchio, appartements Borgia**

La pinacothèque présente de nombreux tableaux de la Renaissance, notamment, pour le XVe siècle, une belle *Mise au tombeau* par Giovanni Bellini, qui faisait partie de son polyptyque du *Couronnement de la Vierge* de Pèsaro *(p. 358)*, et le *Saint Jérôme* inachevé de Léonard de Vinci retrouvé par hasard en deux parties. L'une servait de couvercle de coffre chez un brocanteur, l'autre de siège de tabouret à un cordonnier. Parmi les chefs-d'œuvre du XVIe siècle figurent une *Descente de Croix* du Caravage, la *Vierge des Frari* de Titien et, dans une salle consacrée à Raphaël, les tapisseries dont il dessina les cartons ainsi que sa *Madone de Foligno* et sa *Transfiguration*. Peinte par Véronèse, *Sainte Hélène* porte une somptueuse tenue d'aristocrate.

La chapelle Sixtine : la voûte

Pour peindre ces fresques commandées par Jules II, Michel-Ange travailla seul, perché sur un échafaudage spécial, de 1508 à 1512. Les panneaux principaux illustrent la Genèse. Parmi les sujets qui les entourent, seules les cinq sibylles qui, selon la légende, prophétisèrent la naissance du Christ, ne sont pas inspirées de l'Ancien Testament. Une restauration entreprise dans les années 1980 a révélé les éclatantes couleurs originales.

La Sibylle libyenne
Comme pour de nombreuses femmes que peignit Michel-Ange, ce fut probablement un homme qui servit de modèle.

Architecture en trompe-l'œil

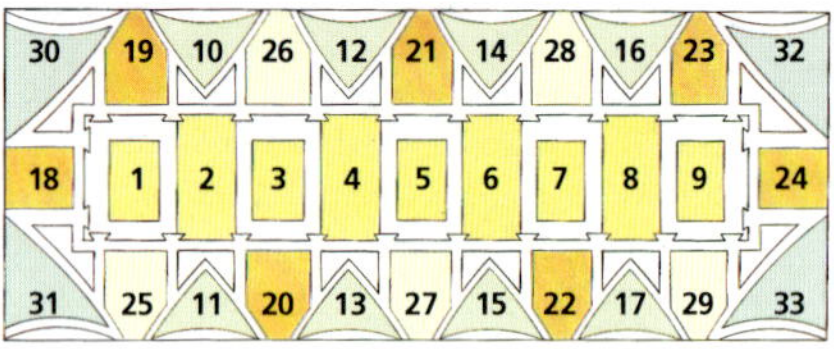

La Création des astres
Michel-Ange donne un grand dynamisme mais un aspect terrifiant au Créateur qui commande au soleil d'éclairer la Terre.

Légende

La Genèse : 1 Dieu séparant la lumière des ténèbres ; **2** Création des astres ; **3** Dieu séparant la terre de l'eau ; **4** Création d'Adam ; **5** Création d'Ève ; **6** Le Péché originel ; **7** Le Sacrifice de Noé ; **8** Le Déluge ; **9** L'Ivresse de Noé.

Les ancêtres du Christ : 10 Salomon et sa mère ; **11** Les Parents de Jessé ; **12** Jéroboam et sa mère ; **13** Asa et ses parents ; **14** Josué et ses parents ; **15** Ézéchias et ses parents ; **16** Jézabel et ses parents ; **17** Josias et ses parents.

Les prophètes : 18 Jonas ; **19** Jérémie ; **20** Daniel ; **21** Ézéchiel ; **22** Isaïe ; **23** Joël ; **24** Zacharie.

Les sibylles : 25 Sibylle libyenne ; **26** S. de Perse ; **27** S. de Cumes ; **28** S. érythréenne ; **29** S. de Delphes.

Scènes de l'Ancien Testament : 30 Le Supplice d'Aman ; **31** Le Serpent d'airain ; **32** David et Goliath ; **33** Judith et Holopherne.

Le Péché originel
Dans cette scène où Adam et Ève goûtent au fruit de l'arbre de la connaissance, Michel-Ange a donné au serpent un corps de femme.

Les Ignudi, athlètes adolescents, symbolisent la force de l'Homme.

Dans les lunettes figurent des ancêtres du Christ tels qu'Ézéchias.

La restauration de la voûte

Nettoyage de la Sibylle libyenne

De l'informatique à la spectrographie, les derniers restaurateurs à intervenir dans la chapelle Sixtine ont tiré parti des techniques les plus modernes pour étudier les fresques avant d'entreprendre leur nettoyage. Ils ont découvert que certains de leurs prédécesseurs avaient utilisé des produits aussi curieux que le pain ou le vin résiné pour tenter le même travail. Éclatantes, les couleurs qu'a révélées cette dernière restauration offraient tant de différences avec les teintes grisées connues jusqu'à présent qu'un critique affirma qu'une couche de vernis passée par l'artiste pour les assombrir avait été ôtée. Après examen, la majorité des experts estime néanmoins que ces couleurs lumineuses sont bien celles peintes par Michel-Ange.

La chapelle Sixtine : les murs

Certains des plus grands artistes des XVe et XVIe siècles, tels le Pérugin, Botticelli, Ghirlandaio et Signorelli, peignirent à fresque les parois latérales de la principale chapelle du Vatican entreprise par Sixte IV en 1473. Au registre inférieur, douze panneaux établissent un parallèle entre les vies de Moïse et du Christ. Au mur du maître-autel, Michel-Ange a exprimé avec génie dans *Le Jugement dernier* (1534-1541) toute son angoisse face à la foi et au péché.

Légende des fresques

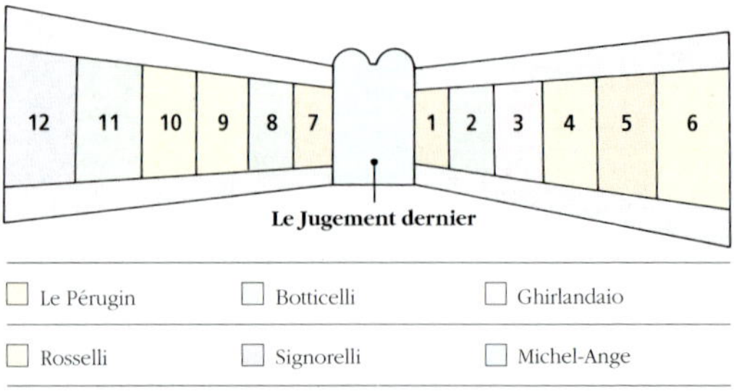

1 Le Baptême du Christ
2 Les Tentations du Christ
3 La Vocation des apôtres Pierre et André
4 Le Sermon sur la montagne
5 Le Christ remettant les clés à saint Pierre
6 La Cène
7 Le Voyage de Moïse vers l'Égypte
8 La Vocation de Moïse
9 Le Passage de la mer Rouge
10 L'Adoration du Veau d'Or
11 La Punition de Core, Dathan et Abiron
12 Les Derniers Jours de Moïse

Le Jugement dernier de Michel-Ange

Redevenue visible en 1993 après un an de restauration, cette peinture murale de vingt mètres de haut sur dix de large, chef-d'œuvre de Michel-Ange commandé par le pape Paul III, nécessita la destruction de fresques antérieures, masquées par un enduit pour éviter le dépôt de poussière, et la condamnation de deux fenêtres au-dessus de l'autel.

Selon la tradition, ce thème – les âmes des morts s'élevant jusqu'à Dieu pour affronter son jugement – figure à l'entrée des églises et non à l'autel, mais Paul III voulait rappeler aux catholiques les dangers qu'ils couraient à renoncer à leur foi pour se tourner vers la religion réformée. Il offrait en outre ainsi à Michel-Ange un support idéal pour exprimer ses tourments face au péché.

Centre de la composition et du mouvement tourbillonnant qui l'anime, son Christ manifeste d'ailleurs bien peu de compassion pour les saints qui l'entourent en portant l'instrument de leur martyre, notamment saint Barthélemy, mort écorché vif et dont la peau qu'il tient porte le visage de Michel-Ange. Si le ciel s'ouvre aux Élus arrachés à leur tombe, les Damnés, malgré leurs suppliques, n'ont pas de pitié à espérer. Précipités dans la barque de Charon, ils devront affronter Minos, juge des Enfers. Ces deux figures mythologiques sont inspirées de *La Divine Comédie* de Dante. Michel-Ange donna à Minos, doté d'oreilles d'âne, les traits de Biagio da Cesena, maître de cérémonie de la cour pontificale qu'il détestait. Celui-ci s'offusqua de la nudité des personnages de la fresque. Plusieurs se verront recouvrir de voiles.

Les Damnés affrontent la colère du Christ dans *Le Jugement dernier* de Michel-Ange

Les Chambres de Raphaël

Le pape Jules II fit aménager ses appartements au-dessus de ceux de son prédécesseur haï, Alexandre VI Borgia, mort en 1503. Impressionné par le travail d'un jeune peintre alors peu connu, il lui commanda la décoration des quatre chambres *(stanze)*. Raphaël et son atelier commencèrent en 1508, recouvrant les œuvres d'artistes plus célèbres, notamment du maître de Raphaël : le Pérugin. L'exécution du projet demanda toutefois plus de 16 ans et son concepteur mourut avant son achèvement.

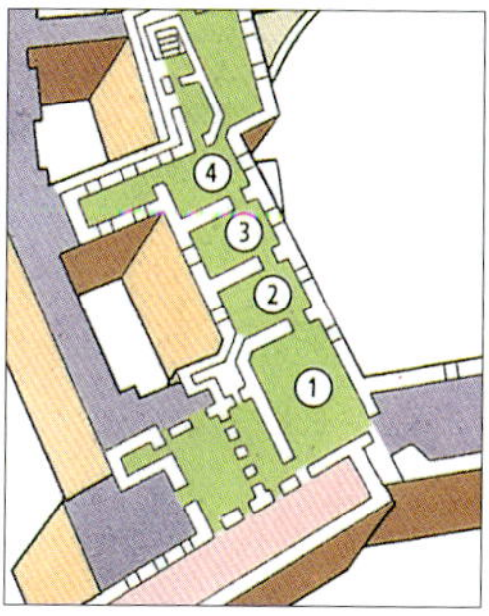

LÉGENDE DU PLAN

① Salle de Constantin

② Chambre d'Héliodore

③ Chambre de la Signature

④ Chambre de l'Incendie du Borgo

Détail de *La Messe de Bolsena* (1512)

Salle de Constantin

Jules Romain, Giovanni Francesco Penni et Rafaellino del Colle, élèves de Raphaël, exécutèrent la majeure partie de ces fresques achevées en 1525, cinq ans après la mort de leur maître. Elles ont pour thème le triomphe du christianisme sur le paganisme et les quatre principales peintures illustrent des épisodes de la vie de Constantin, premier empereur romain converti, tels que la *Vision de la Croix* et la *Bataille du pont Milvius* réalisée d'après des dessins préparatoires de Raphaël.

Chambre d'Héliodore

Raphaël la décora entre 1512 et 1514 de scènes évoquant l'actualité de son époque. À droite de l'entrée, *Héliodore chassé du temple* fait référence aux victoires de Jules II face à des armées étrangères, tandis que, sur le mur de gauche, la *Messe de Bolsena* décrit un miracle survenu en 1263 *(p. 348)* et prouvant l'existence de la transsubstantiation mise en doute par les protestants. Au-dessus de la fenêtre, *La Délivrance de saint Pierre*, superbe composition en trois parties, s'inspire d'un épisode de la vie de Léon X qui, capturé par les Français à Ravenne en 1512, réussit à s'enfuir.

Chambre de la Signature

Peintes entre 1508 et 1511, ses fresques forment l'ensemble le plus harmonieux de la série. Imposés par Jules II, leurs sujets illustrent l'aspiration humaniste à atteindre la vérité par l'union de la culture classique et du christianisme. L'œuvre la plus célèbre, *L'École d'Athènes*, montre les philosophes grecs Platon et Aristote entourés d'une foule où figurent maints contemporains de Raphaël, en particulier Léonard de Vinci, Bramante et Michel-Ange. En face, sur *La Dispute du Saint-Sacrement*, Dante apparaît portant une couronne de laurier.

Chambre de l'Incendie du Borgo

Cette salle à manger devint un salon de musique à l'achèvement de sa décoration sous Léon X, pape dont les fresques font l'éloge au travers de ses prédécesseurs du IXe siècle : Léon III et Léon IV. Dessinées par Raphaël, elles furent achevées par ses élèves de 1514 à 1517. Celle qui a donné son nom à la pièce, *L'Incendie du Borgo*, relate le miracle survenu en 847 quand Léon IV éteignit d'un signe de croix le sinistre ravageant le quartier *(borgo)* entourant la basilique Saint-Pierre. En représentant un vieillard mis à l'abri par un jeune homme, Raphaël trace un parallèle entre cet événement et l'incendie de Troie qu'Énée dut fuir en portant son père Anchise.

***L'École d'Athènes* (1511) réunit philosophes grecs et maîtres de la Renaissance**

Villa Farnesina ❹

Via della Lungara 230. **Plan** 2 E5.
06 68 80 17 67. *23, 280.*
de 9 h à 13 h du lun. au sam.

Le richissime banquier siennois Agostino Chigi commanda en 1508 à son compatriote Baldassare Peruzzi la construction d'une villa « de campagne » sur la rive droite du Tibre. L'architecte créa un bâtiment aux lignes simples prolongé de deux courtes ailes : l'une des premières véritables villas Renaissance. Elle offrit un cadre raffiné aux fêtes somptueuses organisées par Chigi et auxquelles assistaient artistes, diplomates, princes, cardinaux et même le pape. Le banquier venait aussi y séjourner avec sa maîtresse, la courtisane Imperia qui aurait servi de modèle à l'une des trois Grâces de la *Légende de Psyché* peinte par Raphaël et ses élèves au plafond de la loggia. Le peintre exécuta également la fresque représentant *Galatée entourée de génies marins* dans le salon voisin où les constellations de la voûte représentent le ciel de naissance de Chigi. Des scènes mythologiques les illustrent, œuvres de Peruzzi à l'instar de la décoration de la sala della Prospettiva où des colonnades en trompe-l'œil ouvrent sur des vues de Rome au XVIe siècle.

Achetée par la famille Farnèse en 1577, la villa abrite aujourd'hui le Cabinet national des Estampes.

***Les Trois Grâces* de Raphaël à la villa Farnesina**

Chambre de la reine Christine de Suède au palazzo Corsini

Palazzo Corsini et Galleria Nazionale d'Arte Antica ❺

Via della Lungara 10. **Plan** 2 D5.
06 68 80 23 23. *23, 280.*
de 9 h à 19 h du mar. au ven., de 9 h à 14 h le sam., de 9 h à 13 h dim. et jours fériés (dernière entrée : 30 mn la ferm.) *1er mai, 15 août, 25 déc., 1er jan.*

Édifié à la fin du XVe siècle pour le cardinal Domenico Riario, ce palais eut de nombreux occupants célèbres dont Bramante, Michel-Ange et Érasme. La reine Christine de Suède l'habita 30 ans et y mourut en 1689. En 1736, Ferdinando Fuga le reconstruisit pour le cardinal Neri Corsini et il lui donna une façade conçue pour être regardée de côté car l'étroite via della Lungara n'autorisait pas assez de recul pour bien la voir de face.

En cédant le palais à l'État en 1893, la famille Corsini fit aussi don de sa collection de peintures. Celle-ci appartient désormais à la galerie nationale d'Art ancien. Elle comprend notamment des œuvres de Van Dyck, Rubens et Murillo. Parmi les tableaux les plus intéressants figurent un *Saint Jean Baptiste* (v. 1604) du Caravage et une *Salomé* (1638) par Guido Reni. Le plus curieux, par J. Van Egmont, est un portrait où la reine Christine fait une Diane bien en chair.

Le jardin botanique ❻

Largo Cristina di Svezia 24. **Plan** 2 D5.
06 686 41 93. *23, 280.* *de 9 h à 19 h (d'oct. à mars : 18 h) du lun. au sam., de 10 h à 17 h le dim.* *jours fériés.*

Séquoias, palmiers, superbes broméliacées, somptueuses orchidées ou ginkgo vieux de 150 millions d'années, l'*Orto botanico* de Rome présente sur douze hectares plus de 7 000 espèces végétales du monde entier, exotiques ou indigènes, regroupées de manière à montrer leurs similitudes et leur capacité d'adaptation à des climats et écosystèmes différents.

Palmiers du Jardin botanique dans le Trastevere

Santa Maria in Trastevere ❼

Piazza Santa Maria in Trastevere. **Plan** 5 C1. *06 581 94 43.* *23, 44, 75, 280.* *de 7 h 30 à 13 h, de 16 h à 19 h t.l.j.*

Selon la tradition, c'est au cœur d'un quartier populaire proche du port où s'étaient installés des marins et marchands étrangers pratiquant de multiples religions que saint Callixte fonda au IIIe siècle le premier sanctuaire officiel d'un culte alors très minoritaire : le christianisme. Entreprise par Innocent II, l'église actuelle date du XIIe siècle et 22 colonnes en granit provenant d'édifices antiques séparent ses trois nefs. Malgré quelques ajouts baroques, elle a gardé ses mosaïques romanes originales. Celle de la

Triomphe de la Vierge, **mosaïque de l'abside de Santa Maria in Trastevere**

façade représente une Vierge à l'Enfant entourée de dix saintes dont les lampes symbolisent la virginité, tandis qu'à l'abside, sous un *Triomphe de la Vierge* (1140) stylisé, Pietro Cavallini a exécuté au XIIIe siècle six magnifiques panneaux inspirés de la *Vie de la Vierge.*

La plus ancienne représentation de la mère du Christ se trouve toutefois dans la cappella Altemps. La *Madone de Clémence,* une icône du VIIe siècle, la figure en impératrice byzantine entourée d'une garde d'anges.

Santa Cecilia in Trastevere ❽

Piazza di Santa Cecilia. **Plan** 6 D2. *06 589 92 89. 56, 60, 75, 100. de 10 h à 12 h, de 16 h à 17 h 15 t.l.j.* **Fresque de Cavallini** *de 10 h à 11 h 30 mar. et jeu.*

Seule la tradition possède des certitudes sur sainte Cécile, la patronne des musiciens : elle connut ici le martyre en 230, décapitée après avoir survécu miraculeusement au supplice de l'étouffement.

Un premier sanctuaire fut fondé au IVe siècle à l'emplacement de sa maison, et on peut visiter celle-ci, ainsi que les vestiges d'une tannerie antique, sous l'église actuelle. Pascal Ier reconstruisit entièrement ce lieu de culte au IXe siècle après que le corps de la sainte eut été retrouvé dans les catacombes de San Callisto *(p. 265),* et la belle mosaïque de l'abside date de cette époque.

Sous l'autel, la statue par Stefano Maderno représente Cécile telle que l'artiste la vit, remarquablement préservée, lorsqu'on ouvrit son sarcophage en 1599.

Il faut passer par le couvent contigu pour admirer le baldaquin par Arnolfo di Cambio et la splendide fresque du *Jugement dernier* de Pietro Cavallini. Tous deux datent du XIIIe siècle, l'une des rares périodes où Rome eut un style qui lui soit propre.

San Francesco a Ripa ❾

Piazza San Francesco d'Assisi 88. **Plan** 6 D2. *06 581 90 20. 23, 44, 280. de 7 h 30 à 12 h, de 16 h à 19 h t.l.j.*

Lors de son séjour à Rome en 1219, saint François d'Assise dormit ici dans une cellule (préservée) de l'hospice San Biagio où il laissa un crucifix et son oreiller en pierre. Un de ses disciples, Rodolfo Anguillara, bâtit l'église, que le cardinal Pallavicini fit reconstruire à la fin du XVIIe siècle. Elle renferme de nombreuses sculptures. L'une d'elle justifie à elle seule la visite du sanctuaire : l'étonnante représentation par le Bernin de *La Bienheureuse Ludovica Albertoni* (1674), dans la chapelle Altieri (quatrième à gauche).

La Bienheureuse Ludovica Albertoni **du Bernin à San Francesco a Ripa**

San Pietro in Montorio et le Tempietto ❿

Piazza San Pietro in Montorio 2. **Plan** 5 B1. *06 581 39 40. 44, 75, 100. 7 h 30-12 h, 16 h-18 h t.l.j. (9 h tempietto). Si fermée, sonner à la porte à droite de l'église.*

Le Tempietto de Bramante à San Pietro in Montorio

Chef-d'œuvre de la Renaissance avec ses colonnes doriques et sa balustrade délicate, le « petit Temple » achevé par Bramante en 1504 a la forme circulaire d'un *martyrium,* chapelle paléochrétienne élevée à l'emplacement du martyre d'un saint, car il se dresse dans la cour de l'église San Pietro in Montorio fondée au Moyen Âge à l'endroit où l'on croyait, à tort, que s'étendait le cirque de Néron, lieu du supplice de saint Pierre.

L'AVENTIN ET LE LATRAN

Outre les alentours de la piazza San Giovanni in Laterano, voici une des parties les plus aérées de la ville. Dominant le Colisée, la colline du Cælius aujourd'hui jalonnée d'églises était un lieu de résidence recherché de la Rome impériale alors que fonctionnaient encore les thermes de Caracalla. Derrière leurs ruines s'élève une autre colline, l'Aventin, qui offre un cadre verdoyant à la superbe basilique Santa Sabina et commande une vue superbe sur le Trastevere et Saint-Pierre. Ce sont désormais des voitures et des scooters qui tournent à l'emplacement de la piste du cirque Maxime. Au sud, un quartier populaire s'est développé autour du monte Testaccio, amas de débris antiques haut de 36 m.

Fragment de mosaïque, thermes de Caracalla

LE QUARTIER D'UN COUP D'ŒIL

Églises

San Clemente 6
San Giovanni in Laterano 7
Santa Maria in Cosmedin 2
Santa Maria in Domnica 3
Santi Quattro Coronati 5
Santa Sabina 11
Santo Stefano Rotondo 4

Sites et monuments antiques

Thermes de Caracalla 8
Temples du forum Boarium 1

Cimetières et tombeaux

Cimetière protestant 10
Pyramide de Caius Cestius 9

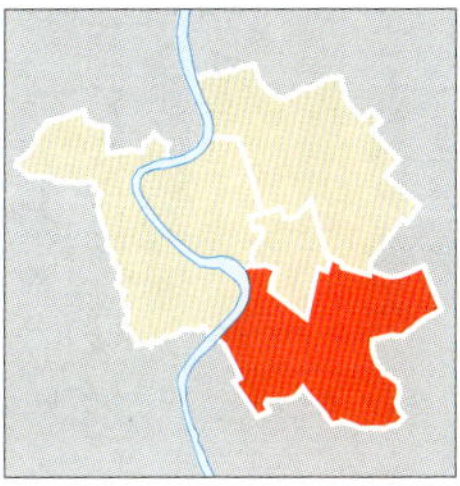

LÉGENDE

- La piazza della Bocca della Verità *p. 422-423*
- FS Gare
- M Station de métro
- P Parc de stationnement
- Mur de la ville

COMMENT Y ALLER

Les stations de métro Colosseo et Circo Massimo desservent le Cælius. Depuis celle de Piramide, le bus 95 rejoint la piazza della Bocca della Verità. Le 94 gravit l'Aventin et le 118 relie les thermes de Caracalla à San Giovanni in Laterano

0 250 m

◁ **Au sommet de l'Aventin, les pins et les orangers du parco Savelli encadrent la coupole de Saint-Pierre**

La piazza della Bocca della Verità pas à pas

Ce quartier ancien s'étend de la berge du Tibre, où roule une intense circulation, jusqu'à la pointe sud du Capitole, lieu d'exécution capitale pendant l'Antiquité et le Moyen Âge. Nombreux sont les visiteurs qui viennent enfoncer leur main dans la « Bouche de la vérité », supposée se refermer sur celle des menteurs, sous le portique de Santa Maria in Cosmedin, ancienne église de la communauté byzantine qui fonda également San Giorgio in Velabro. En face, sur la place, se dressent deux temples républicains. Avec l'arc de Janus et les vestiges du pont Æmilius, ils évoquent l'époque où le port aménagé non loin sur le fleuve approvisionnait Rome.

La casa dei Crescenzi, bâtie au XIIe siècle par la famille des Crescenzi pour contrôler l'accès au fleuve, incorpore des éléments antiques.

Sant'Omobono s'élève sur un site où l'on a découvert des vestiges datant du VIe siècle av. J.-C.

★ Les temples du forum Boarium
Ces deux édifices sont les temples républicains les mieux conservés de Rome ❶

Le Ponte Rotto (pont rompu) est tout ce qui reste, une arche, du pont Æmilius édifié en 179 av. J.-C. et emporté par une crue en 1598.

La fontana dei Tritoni, créée par Carlo Bizzaccheri en 1715, témoigne de l'influence exercée par le Bernin.

★ Santa Maria in Cosmedin
Elle abrite sous son portique la Bocca della Verità, plaque d'égout antique ❷

San Giovanni Decollato appartenait à une confrérie qui encourageait les condamnés à mort à se repentir.

LÉGENDE

– – –	Itinéraire conseillé

0 75 m

Santa Maria della Consolazione doit son nom à une image de la Vierge placée en 1385 sur le chemin des condamnés à mort.

CARTE DE SITUATION
Voir l'atlas des rues de Rome, plan 6

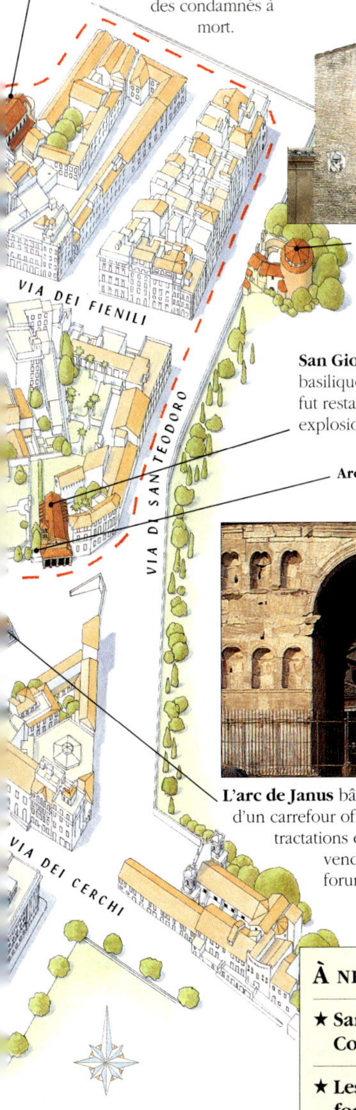

San Teodoro, église en rotonde au bord du Palatin, présente à l'abside des mosaïques du VIe siècle.

San Giorgio in Velabro, basilique du VIIe siècle, fut restaurée après une explosion en 1994.

Arco degli Argenti

L'arc de Janus bâti au IVe siècle au-dessus d'un carrefour offrait son ombre aux tractations entre acheteurs et vendeurs du marché du forum Boarium.

À NE PAS MANQUER

★ **Santa Maria in Cosmedin**

★ **Les temples du forum Boarium**

Les temples du forum Boarium ❶

Piazza della Bocca della Verità.
Plan 6 E1. 🚌 *44, 81, 95, 160, 170, 628, 715.*

Situés au bord du Tibre sous des pins parasols, ces deux temples de l'ère républicaine miraculeusement bien conservés offrent un spectacle magique au clair de lune. Pendant la journée, ils paraissent moins romantiques, isolés au milieu de la circulation automobile. Construit sur un podium et précédé d'un portique soutenu par quatre colonnes doriques, le sanctuaire rectangulaire (IIe-Ier siècle av. J.-C.) évita la destruction en devenant au haut Moyen Âge l'église Santa Maria Egiziaca consacrée à une prostituée du Ve siècle devenue ermite. Un temps appelé temple de Fortuna Virilis, il était dédié à Portunus, dieu protecteur des fleuves et des ports, et donc des bateliers naviguant entre Ostie et le port antique voisin.

Le temple rond, le plus ancien en marbre de Rome, est une reconstruction du temps d'Auguste d'un sanctuaire du IIe siècle av. J.-C. Vingt colonnes corinthiennes cannelées entourent une cella en marbre recouverte de travertin. Malgré sa similitude avec le temple de Vesta du Forum *(p. 380)*, il était dédié à Hercule Vainqueur

La façade du temple de Portunus datant de la Rome républicaine

Mosaïque de l'abside représentant une Vierge à l'Enfant (IXe siècle), Santa Maria in Domnica

Santa Maria in Cosmedin ❷

Piazza della Bocca della Verità. **Plan** 6 E1. *06 678 14 19. 23, 44, 75, 81, 160, 175, 280, 628, 715. de 9 h à 13 h, de 14 h 30 à 18 h t.l.j.*

Fondée au VIe siècle sur les ruines du marché antique, agrandie sous Adrien Ier (772-795) puis au XIIe siècle (construction du portique et du campanile), cette belle église a retrouvé après une restauration du XIXe siècle sa simplicité initiale. Les Cosmas réalisèrent au Moyen Âge les superbes pavement et mobilier de marbre. La crypte d'Adrien, remarquable avec ses trois petites nefs séparées par des colonnettes, occupe l'emplacement d'un ancien temple païen.

Scellé dans le mur du portique, la Bocca della Verità, disque de marbre vieux de plus de quinze siècles, était sans doute une plaque d'égout. Selon la légende, cette « Bouche de la vérité » se referme sur la main des menteurs.

Pavement des Cosmas dans la nef de Santa Maria in Cosmedin

Santa Maria in Domnica ❸

Piazza della Navicella 12. **Plan** 7 B2. *06 700 15 19. 81, 117, 673. Colosseo. 8 h 30-12 h, 15 h 30-19 h (d'oct. à mars : 18 h) t.l.j.*

Un élégant portique élevé en 1513 par Andrea Sansovino, fruit d'une restauration commandée par Léon X, précède cette église probablement fondée au VIIe siècle et reconstruite au IXe par Pascal Ier, pape qui apparaît agenouillé au pied de la Vierge sur la superbe mosaïque de l'abside où se marient influences byzantines et hellénistiques. Le nimbe carré qui l'auréole indique qu'il fut représenté de son vivant.

Santo Stefano Rotondo ❹

Via di Santo Stefano Rotondo 7. **Plan** 7 B2. *06 70 49 37 17. 81, 117, 673. 9 h-13 h, 15 h 30-18 h (été), 9 h-12 h, 14 h-16 h (hiver) t.l.j.*

Le pape Simplicius (468-483) édifia cette église, l'une des plus anciennes d'Italie, sur le modèle du Saint-Sépulcre de Jérusalem. Elle comportait à l'origine trois nefs concentriques éclairées par les 22 fenêtres, mais en 1450, Nicolas V, sur les conseils de Leon Battista Alberti, fit supprimer l'anneau extérieur et murer sa colonnade.

Au XVIe siècle, Niccolò Pomarancio et Antonio Tempesta recouvrirent les murs de fresques décrivant de terrifiantes scènes de martyres.

Cloître du Santi Quattro Coronati

Santi Quattro Coronati ❺

Via dei Santi Quattro Coronati 20. **Plan** 7 C1. *06 70 47 54 26. 81, 85, 87, 117, 175, 673, 810. 13, 30b. 9 h 30-12 h, 15 h 30-18 h t.l.j.*

Ce couvent fortifié érigé au IVe siècle en mémoire de quatre martyrs qui avaient refusé de rendre honneur à une statue d'Esculape dut être reconstruit après un incendie allumé en 1084 par les Normands de Robert Guiscard.

Il recèle un superbe cloître roman et, dans la chapelle Saint-Sylvestre, de belles fresques du XIIe siècle relatant la légende de la conversion de Constantin par le pape Sylvestre.

San Clemente ❻

Sur trois niveaux, dont deux souterrains, San Clemente présente un fascinant raccourci de l'histoire de Rome. L'église actuelle, construite au XIIe siècle et restaurée au XVIIIe, se dresse au-dessus d'une basilique détruite par les Normands en 1084 qui occupait depuis le IVe siècle le premier étage du « titulus Clementis », sanctuaire privé où aurait résidé saint Clément, troisième successeur de saint Pierre. Une maison contiguë abritait un temple au dieu iranien Mithra.

MODE D'EMPLOI

Via di San Giovanni in Laterano. **Plan** 7 B1. *06 70 45 10 18. 85, 87, 117, 186, 850. Colosseo. 30. de 9 h à 12 h 30, de 15 h 30 à 18 h 30 (d'oct. à mars : 18 h) t.l.j. pour les niveaux inférieurs.*

Mosaïque de l'abside
Chef-d'œuvre d'art roman, le Triomphe de la Croix *date du XIIe siècle.*

Cappella di Santa Caterina
Restaurées, ces fresques peintes au XVe siècle par l'artiste florentin Masolino da Panicale illustrent la vie de sainte Catherine d'Alexandrie.

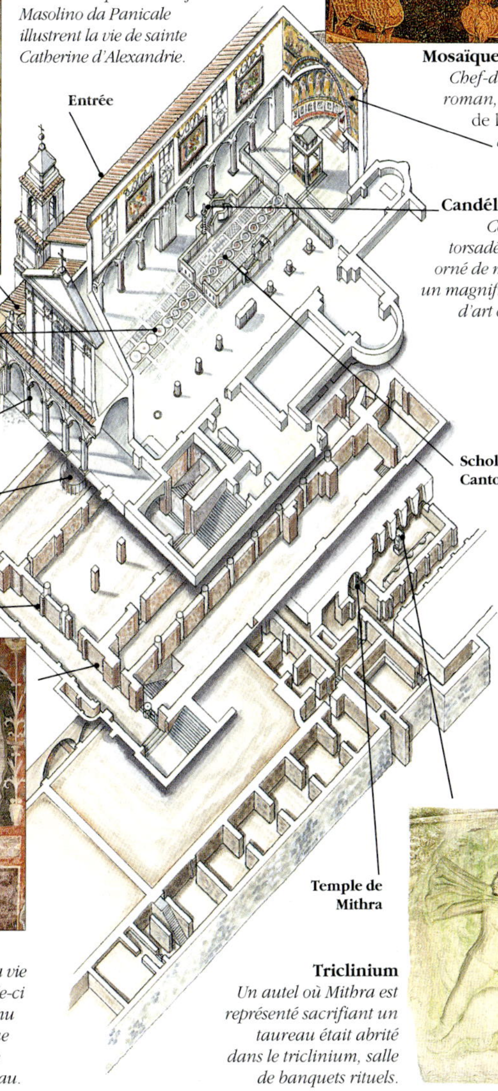

Entrée

Basilique du XIIe siècle

Façade du XVIIIe siècle

Piscine

Basilique du IVe siècle

Candélabre pascal
Ce candélabre torsadé du XIIe siècle orné de mosaïques est un magnifique exemple d'art cosmatesque.

Schola Cantorum

Temple de Mithra

Vie de saint Clément
Des fresques évoquent la vie du quatrième pape. Celle-ci relate un miracle survenu dans la chapelle apparue au fond de la mer Noire pour lui servir de tombeau.

Triclinium
Un autel où Mithra est représenté sacrifiant un taureau était abrité dans le triclinium, salle de banquets rituels.

San Giovanni in Laterano ❼

Fondée au début du IVe siècle par Constantin, Saint-Jean-de-Latran, cathédrale de Rome, a connu plusieurs reconstructions, notamment en 1646 quand Borromini remania l'intérieur, mais a conservé son plan basilical. Avant le départ de la papauté pour Avignon en 1309, les souverains pontifes avaient pour résidence officielle le palais de Latran attenant. L'édifice actuel date de 1589 mais a gardé des parties plus anciennes comme la Scala Santa, escalier qu'aurait gravi le Christ pour son jugement.

MODE D'EMPLOI

Piazza di San Giovanni in Laterano. **Plan** 8 D2. *06 69 88 64 52.* *4, 16, 81, 85, 87, 650, 810.* *13.* *San Giovanni.* **Cathédrale** *de 7 h à 18 h 45 t.l.j. (d'oct. à mars : 18 h).* **Cloîtres et musées** *de 9 h à 18 h (d'oct. à mars : 17 h) t.l.j. (der. ent. :15 mn av. la ferm.).* **Baptistère** *pour restauration.*

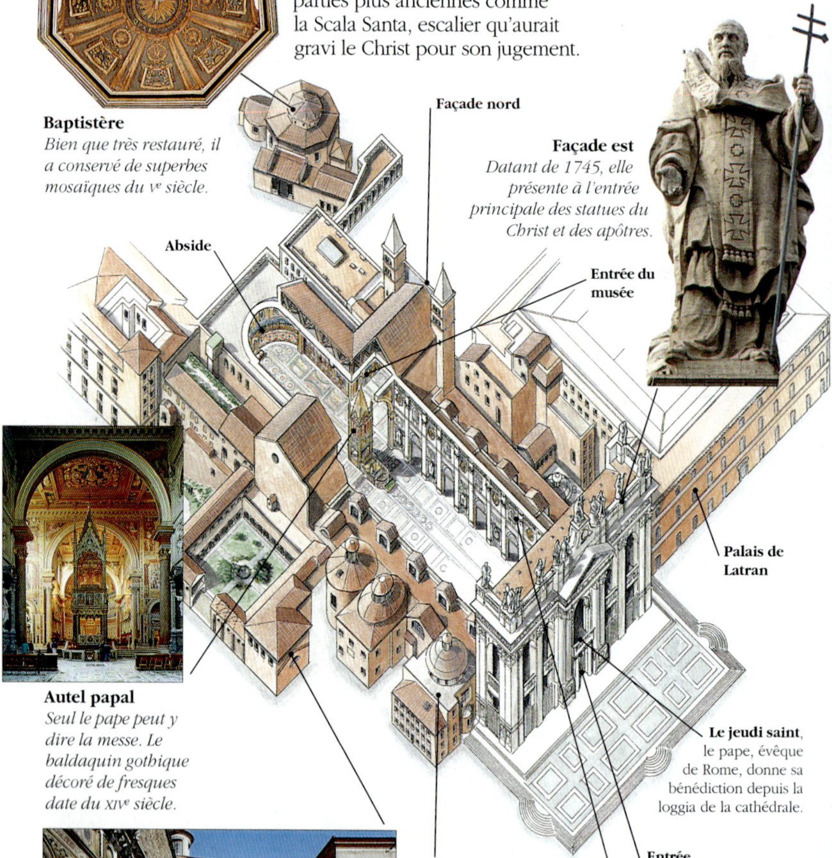

Baptistère
Bien que très restauré, il a conservé de superbes mosaïques du Ve siècle.

Façade nord

Façade est
Datant de 1745, elle présente à l'entrée principale des statues du Christ et des apôtres.

Abside

Entrée du musée

Palais de Latran

Autel papal
Seul le pape peut y dire la messe. Le baldaquin gothique décoré de fresques date du XIVe siècle.

Le jeudi saint, le pape, évêque de Rome, donne sa bénédiction depuis la loggia de la cathédrale.

Entrée principale

La chapelle Corsini (1732) abrite le tombeau du pape Clément VII Corsini dont l'urne funéraire provient du Panthéon.

Cloître
Jacopo et Pietro Vassalletto réalisèrent de 1215 à 1232 ce splendide cloître cosmatesque à colonnettes torsadées et frise de mosaïque.

Fresque de Boniface VIII
Attribuée à Giotto, elle montre le pape proclamant l'année sainte de 1300 qui attira environ deux millions de pèlerins.

Dans l'un des gymnases des thermes de Caracalla

Les thermes de Caracalla ❽

Viale delle Terme di Caracalla 52. **Plan** 7 A3. 📞 *06 575 86 26.* 🚌 *81, 160, 175, 628, 673.* 🕒 *avr.-sept. : 9 h-18 h ; oct.-mars : 9 h-13 h.* ⬤ *1er jan., 1er mai, 25 déc.*

Au pied de l'Aventin s'élèvent les majestueux vestiges en briques rouges des thermes entrepris par l'empereur Septime Sévère en 206 et achevés par son fils Caracalla en 217. Pouvant accueillir 1 600 personnes, ils restèrent en fonction jusqu'au VIe siècle et la destruction par les Goths des aqueducs alimentant la ville en eau.

Le bain avait une grande importance dans la vie des Romains, riches comme pauvres, et des établissements comme ces thermes renfermaient également des gymnases, des jardins, des bibliothèques, des salles de conférence et des marchands de nourriture et de boissons.

Le parcours type du baigneur commençait par des échauffements et exercices gymniques suivis d'un bain de vapeur au *laconicum*. On passait ensuite dans le *calidarium*, vaste salle chauffée où des bassins humidifiaient l'atmosphère, puis dans l'ambiance tiède du *tepidarium*, avant de rejoindre la grande halle centrale appelée *frigidarium*. Il existait en outre une piscine en plein air, la *natatio*. Une fois propres, les plus fortunés s'offraient une friction avec un linge imbibé de parfum.

Les thermes présentaient une riche décoration en marbre que les Farnèse pillèrent au XVIe siècle pour orner leur palais *(p. 391)*. Le Museo Nazionale Archeologico de Naples *(p. 474-475)* et le Musée grégorien profane du Vatican *(p. 412)* possèdent toutefois des mosaïques et des statues en provenant.

En août, les ruines servent de décor à des représentations d'opéra.

La pyramide de Caïus Cestius ❾

Piazzale Ostiense. **Plan** 6 E4. 🚌 *23, 280.* 🚋 *30b.* Ⓜ *Piramide.*

Caïus Cestius, riche prêteur et tribun romain, mourut en l'an 12 av. J.-C. Imposante pyramide plaquée de marbre blanc inscrite dans le mur d'Aurélien près de la porta San Paolo, son tombeau, et lui seul, lui vaut d'être resté dans l'histoire. Haut de 27 m, le monument, dont la construction prit 330 jours selon une inscription, témoigne du goût pour l'architecture égyptienne des contemporains d'Auguste.

La pyramide de Caïus Cestius sur le piazzale Ostiense

Le cimetière protestant ❿

Cimiterio Acattolico, via di Caio Cestio. **Plan** 6 E4. 📞 *06 574 19 00.* 🚌 *23, 280.* 🚋 *30b.* 🕒 *de 9 h à 18 h d'avril à sept. (d'oct. à mars : 17 h) du mar. au dim. (der. ent. : 30 mn av. la ferm.).* **Offrande**.

Ce cimetière où reposent les non-catholiques inhumés à Rome depuis 1738 est un lieu romantique. Sa partie la plus ancienne renferme les sépultures des poètes Percy Bysshe Shelley, mort en 1822, et John Keats, décédé piazza di Spagna *(p. 398)* en 1821. La tombe de ce dernier porte sa célèbre et très belle épitaphe : « Ci-gît quelqu'un dont le nom était écrit sur l'eau. »

L'intérieur de Santa Sabina

Santa Sabina ⓫

Piazza Pietro d'Illiria 1. **Plan** 6 E4. 📞 *06 574 35 73.* 🚌 *23, 44, 81, 95, 160, 170, 628.* 🕒 *10 h-12 h, 15 h 30-18 h 30 t.l.j.*

Pierre d'Illyrie fonda en 425 sur l'Aventin cette basilique, restaurée au IXe et au XIIIe siècles.

Au travers de hautes fenêtres aux claustras ajourés, la lumière inonde une large nef bordée de colonnes corinthiennes soutenant une arcade ornée d'une frise de marbre polychrome du Ve siècle. Sous le portique latéral (passez par le vestibule), une porte, elle aussi du Ve siècle, est sculptée de 18 scènes de la Bible. La Crucifixion, en haut à gauche, est l'une des plus anciennes connues.

En dehors du centre

Le visiteur curieux prêt à sortir du centre de Rome se verra récompensé de ses efforts en découvrant la richesse du musée étrusque de la Villa Giulia ou la beauté du parc de la Villa Borghèse dont le musée présente d'extraordinaires sculptures du Bernin. Catacombes et sanctuaires paléochrétiens témoignent de la ferveur du début du christianisme. Le quartier de l'E.U.R. offre un exemple d'urbanisme fasciste.

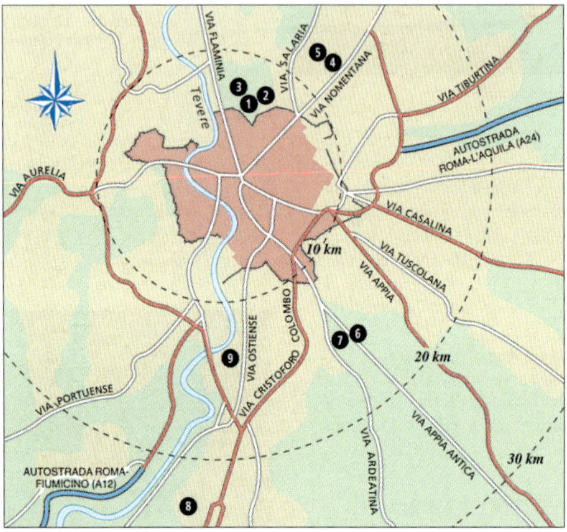

La périphérie d'un coup d'œil

Églises

Sant'Agnese fuori le Mura 4
Santa Costanza 5
San Paolo fuori le Mura 9

Musées et galeries

Museo e Galliera Borghese 2
Villa Giulia 3

Parcs et jardins

Villa Borghese 1

Routes et sites antiques

Via Appia antica 6
Catacombes 7

Quartiers

E.U.R. 8

Légende

- Centre de Rome
- Périphérie
- Autoroute
- Route principale
- Route secondaire
- Mur de la ville

Villa Borghèse 1

Plan 3 B1. *06 321 65 64* *3, 52, 53, 56, 95, 116, 490.* *19, 19b, 30b.* *mars-oct. : 9 h 30-19 h ; nov.-fév. : 9 h 30-17 h t.l.j.* *1er mai.*

C'est le cardinal Scipion Borghese, neveu du pape Paul V, qui fit aménager au début du XVIIe siècle le pavillon, ou *casino*, où il réunit l'une des plus riches collections d'art et d'antiquités d'Europe. Il fit planter 400 arbres pour créer son **parc**, le premier jardin à la française de Rome. De nombreuses sculptures, notamment par Pietro Bernini, le père du Bernin, ornaient ses parterres géométriques et ses larges allées. Fontaines, îlots fleuris enclos de bosquets et animaux et oiseaux exotiques ajoutaient au plaisir de s'y promener. Il y avait même un automate doué de la parole, un fauteuil qui gardait prisonnier ceux, ou celles, qui s'y asseyaient et une grotte où tombait une pluie artificielle.

Les jardins étaient au début ouverts au public, mais la collection de peintures érotiques de Scipion scandalisa un jour un visiteur et Paul V estima plus prudent d'en faire une propriété strictement privée.

À partir de 1773, le parc connut un important remaniement dans le style romantique, popularisé par les tableaux de paysagistes comme Claude Lorrain et Nicolas Poussin, mariant imitation de la nature et temples et fontaines néo-classiques. Acheté par l'État en 1902, il servit de cadre à l'Exposition universelle de 1911. Edwin Lutyens dessina le plus impressionnant des pavillons construits par les pays participants : la **British School at Rome**. Un zoo ouvrit la même année, mais ses cages exiguës dispersées sur 17 hectares en rendent la visite déprimante.

Temple de Aesculapius datant du XVIIIe siècle à la Villa Borghese

Le domaine de la Villa Borghèse, celui de la Villa Giulia et les jardins du Pincio communiquent désormais pour former un vaste parc public. Au centre, le **giardino del Lago** en constitue la partie la plus agréable. Une copie du XVIIIe siècle de l'arc de Septime Sévère en marque l'entrée principale et un faux temple grec dédié à Esculape, le dieu de la Médecine, se dresse sur l'île du lac artificiel qui lui a valu son nom. Parmi les aménagements pittoresques du reste du parc figure un temple de Diane circulaire érigé entre la porta Pinciana, au sommet de la via Veneto, et la piazza di Siena, amphithéâtre gazonné où se tient en mai un concours hippique. En été, ce sont des opéras en plein air qui ont lieu.

Au nord-ouest du parc, la galleria nazionale d'Arte Moderna présente un ensemble de tableaux des XIXe et XXe siècles qui manque quelque peu d'inspiration.

Une partie des collections réunies par le cardinal Scipion Borghese et ses descendants s'admire au museo Borghese.

Amour sacré et profane **du Titien (1514), Galleria Borghese**

Museo e Galleria Borghese ❷

Villa Borghese, Piazzale Scipione Borghese 5. *06 84 24 16 07.* *52, 53, 116, 910.* *9 h-22 h mar.-sam., 9 h-18 h dim. (réserver sam. et dim.)* *jours fériés.*

C'est l'architecte du pape Paul V, Flaminio Ponzio qui éleva à partir de 1605 la villa, ou *casino*, où le cardinal Borghese recevait ses invités et abritait son exceptionnelle collection de peintures et de sculptures. Il lui donna deux ailes saillant dans le jardin, plan traditionnel des maisons de campagne romaines. Entre 1801 et 1809, Camillo Borghese, époux de Pauline Bonaparte, sœur de Napoléon Ier, se vit obligé de vendre à ce dernier nombre des plus beaux tableaux. Pendant ces mêmes années, il décorait une propriété dans le Piémont avec 200 des statues classiques de Scipion. Bien que la France ait rendu une partie des pièces acquises, dont l'autre partie est restée au Louvre, la collection n'a pas retrouvé tout son éclat.

Elle compte cependant de nombreux chefs-d'œuvre, notamment les sculptures que le cardinal, en mécène éclairé, commanda au jeune Bernin. Elles sont présentées au rez-de-chaussée dans huit pièces qui s'organisent autour d'un salon central dont le pavement incorpore des fragments d'une mosaïque antique du IVe siècle représentant un combat entre gladiateurs et animaux. La première salle, à droite, renferme la statue par Canova de Pauline Borghese en *Vénus victorieuse* (1805), portrait dénudé que l'époux de Pauline mit sous clé, en interdisant même l'accès à son auteur. C'est dans la salle 2 que s'admire le *David* sculpté par le Bernin en 1623 à l'âge de 25 ans. L'artiste a représenté le jeune héros biblique au moment où il va laisser filer sa pierre. Selon la légende, le pape Urbain VIII tint le miroir qui permit à l'artiste de donner ses traits au visage grimaçant de concentration de son personnage. Une autre de ses œuvres parmi les plus célèbres, *Apollon et Daphné* (1624), a donné son nom à la salle suivante. Inspirée des *Métamorphoses* d'Ovide, elle aussi saisit avec virtuosité la tension dramatique d'un instant, ici celui où la nymphe Daphné se transforme en laurier pour échapper aux attentions trop pressantes du dieu du Soleil. En salle 4,

Apollon et Daphné **(1624) du Bernin**

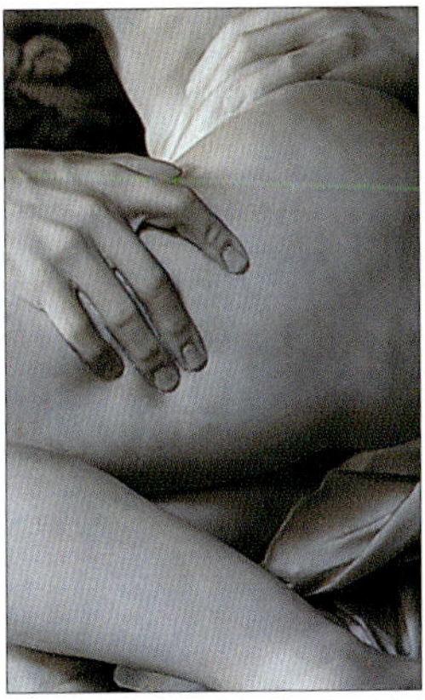

Détail de l'*Enlèvement de Proserpine* (1622) du Bernin, museo Borghese

l'*Enlèvement de Prosperpine* illustre également une scène mythologique.
Si le mouvement s'y exprime avec moins de maîtrise, la massivité de Pluton, seigneur des Enfers, exacerbe la fragilité et la féminité de la jeune déesse qu'il entraîne dans son royaume souterrain pour en faire sa compagne.

En salle 5, l'*Hermaphrodite endormi* est une réplique romaine d'une statue du grec Polyclète datant d'environ 150 av. J.-C. Andrea Bergondi rajouta la tête et la couche au XVIIe siècle. Enfin, la salle suivante abrite une copie romaine représentant le dieu *Bacchus* par le sculpteur grec Praxitele, ainsi qu'une série de mosaïques du IIIe siècle montrant des gladiateurs se battant avec des animaux sauvages.

La galleria Borghese, au premier étage, est pour le moment en restauration, mais une grande partie de sa collection de peintures s'admire au Complesso San Michele dans le Trastevere, notamment la *Déposition* par Raphaël, la *Danaé* du Corrège et des œuvres du Caravage, de Titien, Rubens, il Pinturicchio et Barocci.

Villa Giulia ❸

Michel-Ange et Vasari apportèrent leur contribution à la construction de la résidence d'été du pape Jules III entreprise en 1550 sur des dessins de Vignola et Ammanati. 36 000 arbres furent plantés dans les jardins parsemés de pavillons et de fontaines et tant de statues décoraient la demeure et son parc qu'il fallut effectuer 160 voyages en bateau pour rapporter sculptures et ornements au Vatican après la mort du souverain pontife en 1555.

Depuis 1889, la villa abrite le Museo Nazionale Etrusco, remarquable ensemble de collections publiques et privées d'art étrusque.

MODE D'EMPLOI

Piazzale di Villa Giulia 9.
06 322 65 71.
52, 95.
19, 19b, 30b.
de 9 h à 19 h du mar. au sam., de 9 h à 13 h le dim.
1er jan., 1er mai, 25 déc.
Concerts *dans le nymphée en juil. et août le sam.*

Cratère Falisçan
Œuvre des Falisci, tribu latine influencée par les Étrusques, ce vase caractéristique du style du IVe siècle contenait de l'huile ou du vin.

Ciste Ficoroni
Ce magnifique coffre de mariage en bronze gravé contenait des objets de toilette. Il date du IVe siècle av. J.-C.

Sarcophage des Époux
Ce couple attablé au banquet éternel témoigne par sa richesse d'expression de l'habileté des artistes étrusques au VIe siècle av. J.-C.

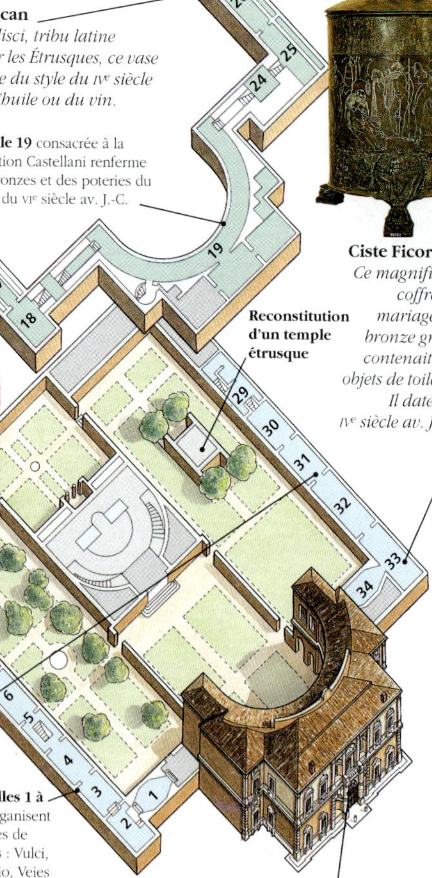

Les salles 24 à 29 présentent des découvertes provenant de l'Ager Faliscus situé entre le Tibre et le lac Bracciano, notamment des temples de Falerii Vetere, la ville principale.

Les salles 11 à 18 abritent des objets domestiques et rituels. Le vase Chigi (VIe siècle av. J.-C.) est d'inspiration corinthienne.

La salle 19 consacrée à la collection Castellani renferme des bronzes et des poteries du début du VIe siècle av. J.-C.

Reconstitution d'un temple étrusque

Les salles 30 à 34 abritent des découvertes provenant entre autres du temple de Diane de Nemi.

Les salles 1 à 10 s'organisent par sites de fouilles : Vulci, Bisenzio, Veies et Cerveteri.

Entrée

LÉGENDE

- Rez-de-chaussée
- Premier étage
- Circulations et services

Sainte Agnès entre deux papes à l'abside de Sant'Agnese

Sant'Agnese fuori le Mura ❹

Via Nomentana 349. 06 861 08 40. 36, 36b, 37, 60, 62, 136, 137. de 9 h à 12 h du lun. au sam., de 16 h à 18 h du mar. au dim. et jours fériés. aux catacombes.

Fondée en 342, selon la légende, par Constance, fille de Constantin, l'église Sainte-Agnès-hors-les-Murs s'élève au-dessus des catacombes où fut inhumée sainte Agnès. Malgré de nombreuses altérations, elle conserve de ses origines paléochrétiennes son plan basilical.

À l'abside, une mosaïque du VIIe siècle représente la jeune martyre en impératrice byzantine vêtue d'une étole dorée et d'une robe violette. D'après la tradition, elle apparut ainsi huit jours après sa mort. Elle tenait un agneau et tous les 21 janvier, deux de ces animaux reçoivent la bénédiction à l'église. Leur laine sert à la confection du *pallium*, vêtement donné à un nouvel archevêque.

Santa Costanza ❺

Via Nomentana 349. 06 861 08 40. 36, 36b, 37, 60, 62, 137. 9 h-12 h, 16 h-18 h mar.-sam., 16 h-18 h dim., 9 h-12 h lun.

Magnifique édifice circulaire bâti au IVe siècle, le mausolée des filles de Constantin, Constance et Hélène, devint une église au XIIIe siècle. Douze paires de colonnes de granit soutiennent son tambour et sa coupole élancés. La voûte de la galerie qu'elles délimitent présente en décoration les plus anciennes mosaïques paléochrétiennes à nous être parvenues. Datant du IVe siècle, elles reproduisent des thèmes séculiers classiques : scènes de vendanges, animaux et oiseaux, fleurs. Une niche au fond du sanctuaire abrite une réplique du sarcophage en porphyre sculpté de Constance. L'original se trouve aux musées du Vatican depuis 1790.

La sainteté de la fille de Constantin reste sujette à caution. L'historien Marcellinus la décrit en véritable harpie poussant sans cesse à la violence son déplaisant mari Hannibalianus. Une confusion avec une pieuse religieuse du même nom pourrait être à l'origine de sa canonisation.

L'intérieur de l'église circulaire Santa Costanza (IVe siècle)

Via Appia antica ❻

218, 760.

Percée en 312 av. J.-C. jusqu'à Capoue par le censeur Appius Claudius, prolongée en 190 av. J.-C. jusqu'aux ports de Tarente et de Brindisi, la via Appia devint sous l'Empire la grande voie de communication entre la capitale et les provinces orientales. Les processions funéraires du dictateur Sylla (78 av. J.-C.) et de l'empereur Auguste (14 apr. J.-C.) l'empruntèrent et saint Paul la suivit, prisonnier, pour arriver à Rome en 56.

La via Appia antica

Sortant de la ville par la porte San Sebastiano et bordée de tombeaux antiques en ruine, notamment de sépultures collectives appelées columbariums, elle passe devant la petite église Domine Quo Vadis où, selon la légende, saint Pierre aurait rencontré le Christ. Sous les champs qu'elle traverse ensuite s'étendent des catacombes, en particulier celles de San Callisto et San Sebastiano.

Les catacombes ❼

Via Appia Antica 110. *218, 660, 760.* **San Callisto** *06 513 67 25.* *9 h-12 h, 14 h 30-17 h 30 ven.-lun.* *fév. et nov., 1er jan., Pâques, 25 déc.*

Les premiers chrétiens n'enterraient pas leurs morts dans des nécropoles souterraines situées hors des murs de la ville à cause des persécutions mais pour se conformer aux lois de l'époque. De nombreux martyrs y furent toutefois inhumés, et les catacombes devinrent plus tard des lieux de pèlerinage.

Plusieurs catacombes sont aujourd'hui ouvertes au public, notamment celles de San Callisto creusées dans le tuf sur quatre étages. Leur visite permet de découvrir des *loculi*, niches qui contenaient deux ou trois dépouilles, et les tombeaux de plusieurs papes. Les catacombes de San Sebastiano voisines auraient abrité un temps les reliques de saint Pierre et de saint Paul.

Cérémonie chrétienne aux catacombes de San Callisto

Le quartier E. U. R. ❽

671, 703, 708, 714, 717, 762. *EUR Fermi, EUR Palasport.* **Museo della Civiltà Romana** *06 592 60 41.* *de 9 h à 19 h du mar. au sam., de 9 h à 13 h dim. et jours fériés.* *1er jan., 1er mai, 25 déc.*

Le palazzo della Civiltà del Lavoro

Malgré son annulation à cause de la guerre, l'*Esposizione Universale di Roma* a laissé son nom à ce quartier entrepris en 1937 au sud de la ville afin de servir de vitrine au parti fasciste. En arrivant de l'aéroport Fiumicino, impossible de ne pas voir son édifice le plus célèbre, le palazzo della Civiltà del Lavoro (palais de la Civilisation du travail), parfois appelé Colisée carré ou Colisée de Mussolini, exemple caractéristique de l'architecture monumentale de l'époque mussolinienne. C'est toutefois le museo della Civiltà Romana (musée de la Civilisation romaine) qui offre la visite la plus intéressante. Son exposition comprend une grande maquette de Rome montrant tous les bâtiments qui se dressaient au IVe siècle à l'intérieur du mur d'Aurélien, ainsi que les moulages des reliefs de la colonne Trajane *(p. 378)* et de celle de Marc Aurèle *(p. 395)*.

Interrompu en 1942, l'aménagement du quartier reprit dans les années 1950 et des bureaux occupent les immeubles modernes bordant ses larges avenues et ses places démesurées. Au sud s'étendent un parc et un petit lac que domine la masse imposante du palazzo dello Sport édifié pour les Jeux olympiques de 1960.

San Paolo fuori le Mura ❾

Via Ostiense 186. *23, 128, 170, 670, 702, 707, 761, 766.* *San Paolo.* *06 541 03 41.* *de 7 h 30 à 18 h 40 t.l.j. (der. ent. 15 mn av. la ferm.).*

L'église actuelle de Saint-Paul-hors-les Murs est une réplique fidèle, mais qui manque un peu d'âme, de la grande basilique du IVe siècle ravagée par un incendie le 15 juillet 1823. Par chance, le sinistre épargna son cloître du début du XIIIe siècle, l'un des plus gracieux de Rome avec ses élégantes colonnettes géminées.

À l'intérieur, des mosaïques du Ve siècle très restaurées ornent une face d'un grand arc de triomphe. Celles du revers, par Pietro Cavallini (v. 1250-1330), décoraient à l'origine la façade. Des Vénitiens exécutèrent en 1220 celles de l'abside, qui représentent le Christ entre saint Pierre et saint André à côté de saint Luc et saint Paul.

Un superbe baldaquin en marbre, sculpté en 1285 par Arnolfo di Cambio et, peut-être, Pietro Cavallini, domine le maître-autel. À droite, à l'entrée du transept, se dresse un remarquable candélabre pascal du XIIe siècle, œuvre de Nicolò di Angelo et Pietro Vassalletto.

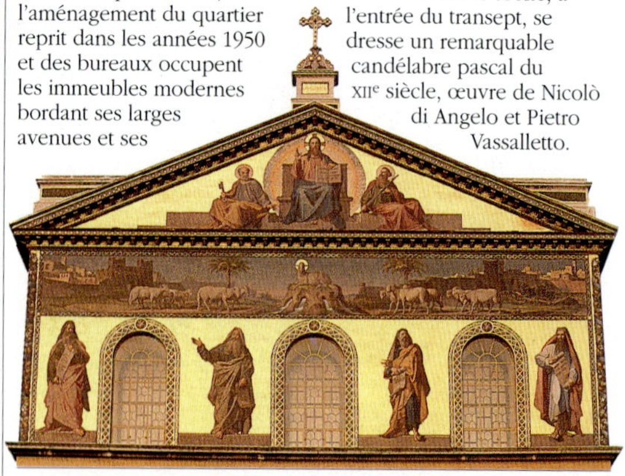

Mosaïque du XIXe siècle ornant la façade de San Paolo fuori le Mura

ATLAS DES RUES DE ROME

La carte ci-dessous précise la zone couverte par chacun des six plans de l'atlas des rues de Rome. Toutes les références cartographiques données dans les articles décrivant les sites et monuments de la capitale italienne renvoient à ces plans qui vous permettront également de situer hôtels *(p. 565-568)*, restaurants *(p. 599-609)* et adresses utiles grâce aux références indiquées dans les *Bonnes adresses* et les *Renseignements pratiques* de la fin de ce guide. Le premier chiffre de la référence correspond au numéro du plan à consulter, la lettre et le chiffre qui suivent repèrent le site sur un quadrillage. Pour plus de facilité, les principaux monuments sont représentés. Des symboles, explicités ci-dessous, situent d'autres édifices importants.

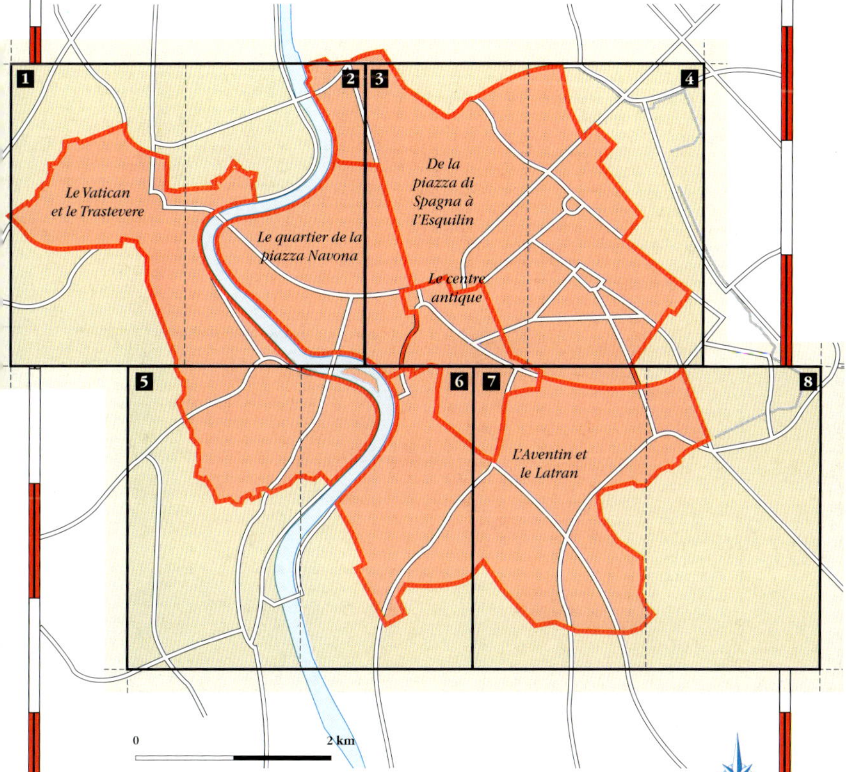

LÉGENDE DE L'ATLAS DES RUES

Site exceptionnel	Parc de stationnement	Bureau de poste
Site intéressant	Information touristique	Voie ferrée
Gare	Hôpital de garde	Rue à sens unique
Station de métro	Poste de police	Mur de la ville
Terminus d'autobus	Église	
Terminus de tramway	Synagogue	0 — 250 m

1
A
B
C
1
2
3
4
5
CITTÀ DEL VATICANO
Musei del Vaticano
Cappella Sistina
Stanze di Raffaello
San Pietro
Radio Vaticana
Stazione Vaticana
PIAZZA S. PIETRO
PIAZZA PIO XII
PIAZZA DEL RISORGIMENTO
Ottaviano
PIAZZALE DEGLI EROI
LARGO TRIONFALE
PIAZZA DI SANTA MARIA DELLE GRAZIE
VIA CIPRO
VIA ANDREA DORIA
VIALE DELLE MILIZIE
VIA LEONE IV
VIA OTTAVIANO
V. BARLETTA
VIA GIULIO CESARE
VIA CANDIA
VIA CIRCONVALLAZIONE TRIONFALE
VIALE VATICANO
VIA DI PORTA ANGELICA
VIA DELLA POSTA VECCHIA
VIALE BASTIONI DI MICHELANGELO
VIA DEI CORRIDORI
VIA D. CONCILIAZIONE
BORGO ANGELICO
BORGO PIO
VIA DEL SANT'UFFIZIO
VIA AURELIA
V. PORTA CAVALLEGGERI
GALLERIA PRINCIPE AMEDEO SAVOIA
PORTA CAVALLEGGERI
VIA GREGORIO VII
VIA NICOLÒ V
V. BENEDETTO XIV
VIA DELLA STAZIONE DI S. PIETRO
VIA DELLE FORNACI
VIA NUOVA D. FORNACI
VIA DELLE FORNACI
VIA DEL COTTOLENGO
VIA CLIVO DI MONTE DEL GALLO
VIA DEL MONTE DEL GALLO
RAMPA BRANCALEONE
VIA DELLA CAVA AURELIA
VICOLO DEL VICARIO
VIA ROVERELLA
V. S. SILVERIO
PIAZZA F. BORGONCINI DUCA
VIC. D. GELSOMINO
VIA PAOLO III
VIA SERGIO I
VIA DI PORTA FABBRICA
VIA VILLA ALBERICI
V. S. MARIA MEDIATRICE
Stazione di San Pietro
FS
VILLA ABAMELEK
Palazzo dei Convertendi
Il Passetto
Santo Spirito in Sassia
Sant'Onofrio
Monumento a A. Garibaldi
5

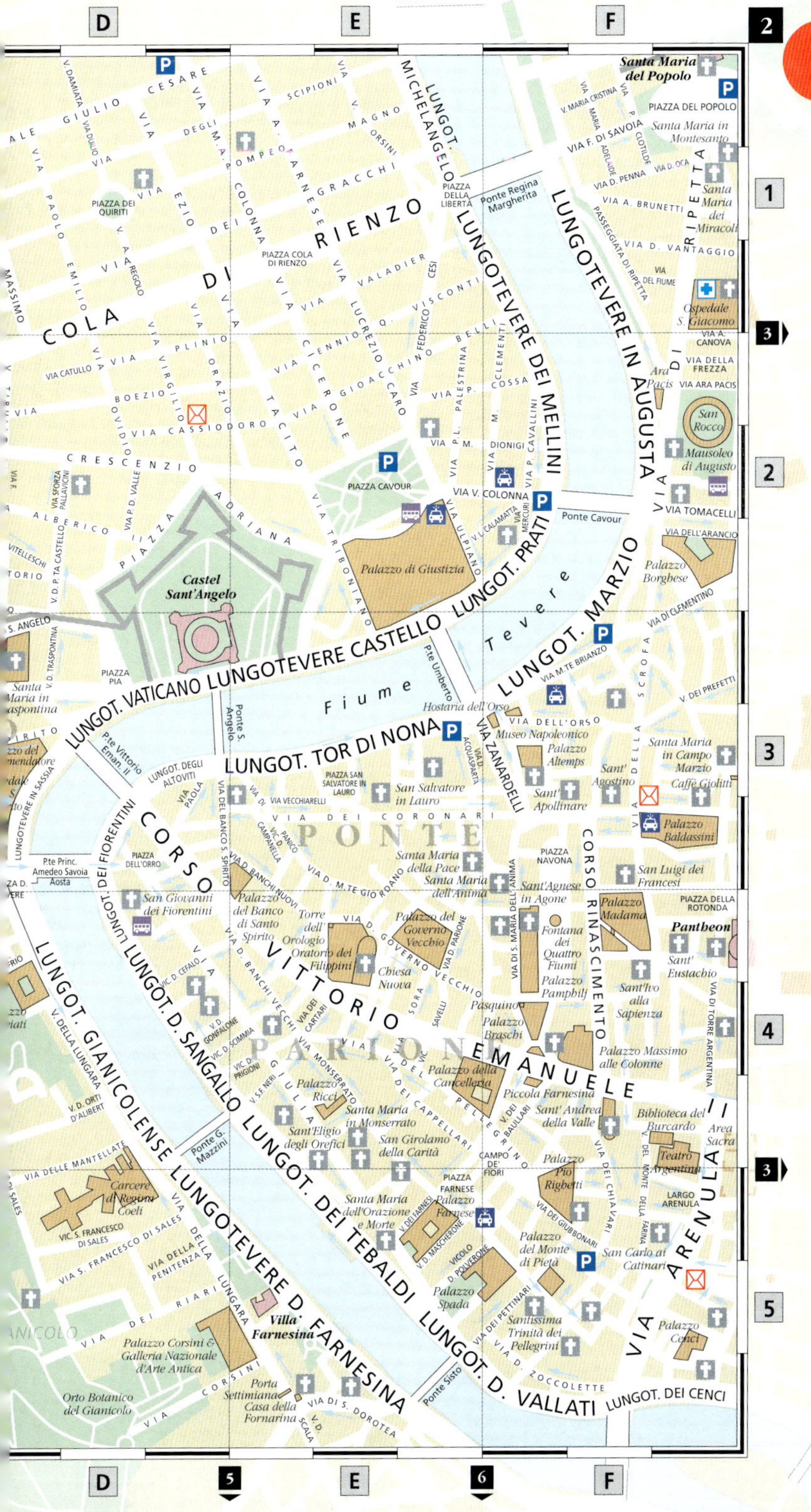

D
E
F
2
1
2
3
4
5
3
5
6
Santa Maria del Popolo
PIAZZA DEL POPOLO
Santa Maria in Montesanto
Santa Maria dei Miracoli
VIA F. DI SAVOIA
VIA D. PENNA
VIA A. BRUNETTI
VIA D. VANTAGGIO
VIA DEL FIUME
PASSEGGIATA DI RIPETTA
VIA DI RIPETTA
Ospedale S. Giacomo
VIA A. CANOVA
VIA DELLA FREZZA
Ara Pacis
VIA ARA PACIS
San Rocco
Mausoleo di Augusto
VIA TOMACELLI
VIA DELL'ARANCIO
Palazzo Borghese
VIA DI CLEMENTINO
V. DEI PREFETTI
PIAZZA DELLA LIBERTÀ
Ponte Regina Margherita
LUNGOT. MICHELANGELO
LUNGOTEVERE DEI MELLINI
LUNGOTEVERE IN AUGUSTA
VIA COLA DI RIENZO
PIAZZA DEI QUIRITI
PIAZZA COLA DI RIENZO
VIA CESARE
VIA GIULIO
VIA DEGLI SCIPIONI
VIA M. POMPEO
VIA A. FARNESE
VIA DEI GRACCHI
VIA MAGNO
VIA ORSINI
VIA VALADIER
VIA CESI
VIA VISCONTI
VIA FEDERICO CESI
VIA BELLI
VIA CLEMENTI
VIA COSSA
VIA LUCREZIO CARO
VIA CICERONE
VIA ENNIO Q. VISCONTI
VIA GIOACCHINO BELLI
VIA TACITO
VIA PLINIO
VIA ORAZIO
VIA VIRGILIO
VIA CATULLO
VIA BOEZIO
VIA OVIDIO
VIA CASSIODORO
VIA CRESCENZIO
VIA ALBERICO
VIA P. D. VALLE
VIA SFORZA PALLAVICINI
VIA VITELLESCHI
VIA D. P. TA CASTELLO
VIA DEL TORRIONE
PIAZZA ADRIANA
PIAZZA CAVOUR
VIA TRIBONIANO
VIA ULPIANO
VIA P. CAVALLINI
VIA M. DIONIGI
VIA V. COLONNA
VIA L. CALAMATTA
VIA MERCURI
Ponte Cavour
Palazzo di Giustizia
LUNGOT. PRATI
LUNGOT. MARZIO
Castel Sant'Angelo
S. ANGELO
V. D. TRASPONTINA
PIAZZA PIA
Santa Maria in Traspontina
LUNGOT. VATICANO
LUNGOTEVERE CASTELLO
Fiume Tevere
Pte Umberto
Ponte S. Angelo
Pte Vittorio Eman. II
VIA M.TE BRIANZO
Hostaria dell'Orso
VIA DELL'ORSO
Museo Napoleonico
Palazzo Altemps
VIA ZANARDELLI
VIA D. ACQUASPARTA
LUNGOT. TOR DI NONA
LUNGOT. DEGLI ALTOVITI
VIA PAOLA
PIAZZA SAN SALVATORE IN LAURO
San Salvatore in Lauro
VIA VECCHIARELLI
VIA DEI CORONARI
PONTE
Sant'Agostino
Sant'Apollinare
VIA DELLA SCROFA
Santa Maria in Campo Marzio
Caffè Giolitti
Palazzo Baldassini
PIAZZA NAVONA
CORSO RINASCIMENTO
San Luigi dei Francesi
Sant'Agnese in Agone
Santa Maria della Pace
Santa Maria dell'Anima
VIA D. M.TE GIORDANO
VIA DEL BANCO S. SPIRITO
VIA D. BANCHI NUOVI
VIA D. PANICO
VIC. D. CAMPANELLA
PIAZZA DELL'ORO
CORSO VITTORIO EMANUELE
P.te Princ. Amedeo Savoia Aosta
LUNGOT. DEI FIORENTINI
San Giovanni dei Fiorentini
Palazzo del Banco di Santo Spirito
Torre dell' Orologio
Oratorio dei Filippini
Chiesa Nuova
Palazzo del Governo Vecchio
VIA D. GOVERNO VECCHIO
VIA D. PARIONE
VIA DI S. MARIA DELL'ANIMA
Fontana dei Quattro Fiumi
Palazzo Pamphilj
PIAZZA DELLA ROTONDA
Palazzo Madama
Pantheon
Sant' Eustachio
Sant'Ivo alla Sapienza
VIA DI TORRE ARGENTINA
Pasquino
Palazzo Braschi
Palazzo Massimo alle Colonne
PARIONE
VIA DEI BANCHI VECCHI
VIA SORA
VIA SAVELLI
VIA DEI CARTARI
VIC. D. CEFALO
V. D. GONFALONE
VIC. D. SCIMMIA
VIC. D. PRIGIONI
V. S.F. NERI
VIA GIULIA
VIA MONSERRATO
Palazzo Ricci
Palazzo della Cancelleria
Piccola Farnesina
Sant' Andrea della Valle
VIA DEI BAULLARI
VIA DEI CAPPELLARI
VIA DEL PELLEGRINO
Biblioteca del Burcardo
Area Sacra
Teatro Argentina
VIA DEL MONTE DELLA FARINA
LARGO ARENULA
VIA ARENULA
Santa Maria in Monserrato
Sant'Eligio degli Orefici
San Girolamo della Carità
CAMPO DE' FIORI
Palazzo Pio Righetti
VIA DEI CHIAVARI
VIA DEI GIUBBONARI
San Carlo ai Catinari
PIAZZA FARNESE
Palazzo Farnese
Santa Maria dell'Orazione e Morte
VIA DEI FARNESI
V. D. MASCHERONE
VICOLO D. POLVERONE
Palazzo Spada
Palazzo del Monte di Pietà
VIA DEI PETTINARI
Santissima Trinità dei Pellegrini
VIA D. ZOCCOLETTE
Palazzo Cenci
LUNGOT. D. VALLATI
LUNGOT. DEI CENCI
Ponte Sisto
LUNGOT. DEI TEBALDI
LUNGOT. D. SANGALLO
LUNGOT. GIANICOLENSE
LUNGOTEVERE D. FARNESINA
Ponte G. Mazzini
V. DELLA LUNGARA
V. D. ORTI D'ALIBERT
VIA DELLE MANTELLATE
Carcere di Regina Coeli
VIC. S. FRANCESCO DI SALES
VIA S. FRANCESCO DI SALES
VIA DELLA PENITENZA
VIA DELLA LUNGARA
VIA DEI RIARI
Villa Farnesina
Palazzo Corsini & Galleria Nazionale d'Arte Antica
Orto Botanico del Gianicolo
VIA CORSINI
Porta Settimiana
Casa della Fornarina
VIA DI S. DOROTEA
V. D. SCALA
LUNGOTEVERE IN SASSIA

A
B
C
1
2
3
4
5
6
Il Pincio
VILLA BORGHESE
GALOPPATOIO
VIALE DEL MURO TORTO
VIA PINCIANA
PORTA PINCIANA
VIALE G. D'ANNUNZIO
VIALE TRINITÀ
Villa Medici
VIA VENETO
CAMPO MARZIO
Casa di Goethe
All Saints
VIA MARGUTTA
BABUINO
Spagna
PIAZZA DI SPAGNA
Babington's Tea Rooms
Scalinata della Trinità dei Monti
Trinità dei Monti
Casino dell'Aurora
VIA LUDOVISI
Palazzo Margherita
Caffè Greco
Museo Keats-Shelley
Colonna dell'Immacolata
PIAZZA MIGNANELLI
Palazzo di Propaganda Fide
VIA SISTINA
VIA FRANCESCO CRISPI
Santa Maria della Concezione
Fontana delle Api
Barberini
Fontana del Tritone
PIAZZA BARBERINI
Palazzo Barberini
PIAZZA AUGUSTO IMPERATORE
Sant'Ambrogio e Carlo al Corso
VIA TOMACELLI
VIA CONDOTTI
VIA FRATTINA
VIA DEL CORSO
PIAZZA SAN LORENZO IN LUCINA
San Lorenzo in Lucina
Sant'Andrea delle Fratte
VIA DEL TRITONE
VIA DELLE QUATTRO FONTANE
Le Quattro Fontane
PIAZZA SAN SILVESTRO
PIAZZA D. PARLAMENTO
Palazzo di Montecitorio
PIAZZA DI MONTECITORIO
LARGO CHIGI
Palazzo Chigi
PIAZZA COLONNA
Colonna di Marco Aurelio
Accademia di San Luca
GIARDINI DEL QUIRINALE
Santa Maria in Trivio
Fontana di Trevi
Santi Vincenzo e Anastasio
Palazzo del Quirinale
VIA DEL QUIRINALE
Sant'Andrea al Quirinale
San Carlo alle Quattro Fontane
Caffè Giolitti
Palazzo Capranica
Tempio di Adriano
La Maddalena
PIGNA
PIAZZA DEL QUIRINALE
TREVI
Palazzo delle Esposizioni
PIAZZA DELLA ROTONDA
Pantheon
Sant'Ignazio di Loyola
San Marcello al Corso
Palazzo del Collegio Romano
PIAZZA COLLEGIO ROMANO
SS. Apostoli
Castore e Polluce
Università Gregoriana
PIAZZA D. PILOTTA
VIA XXIV MAGGIO
PIAZZA DELLA MINERVA
Santa Maria sopra Minerva
Palazzo Doria Pamphilj
Palazzo Odescalchi
Palazzo Colonna
PIAZZA DEI SS. APOSTOLI
VIA IV NOVEMBRE
Banca d'Italia
VIA NAZIONALE
Sant'Agata dei Goti
Villa Aldobrandini
Palazzo Altieri
V. D. PLEBISCITO
PIAZZA VENEZIA
Palazzo Venezia
San Marco
Colonna Traiana
Torre delle Milizie
Santi Domenico e Sisto
Mercati Traianei
LARGO DI TORRE ARGENTINA
Gesù
PIAZZA DEL GESÙ
Area Sacra dell'Argentina
VIA DELLE BOTTEGHE OSCURE
VIA S. MARCO
PIAZZA D'ARACOELI
Il Vittoriano
Santa Maria in Aracoeli
VIA DEI FORI IMPERIALI
Casa dei Cavalieri di Rodi
Foro di Augusto
Foro di Nerva
Santa Maria dei Monti
VIA CAVOUR
Fontana delle Tartarughe
Casa di Lorenzo Manilio
Santa Maria in Campitelli
Portico d'Ottavia
PIAZZA DEL CAMPIDOGLIO
Palazzo Nuovo
Musei Capitolini
Palazzo dei Conservatori
Foro di Cesare
Carcere Mamertino
Santi Luca e Martina
Palazzo Senatorio
Curia
Basilica Aemilia
LARGO CORRADO RICCI
Tempio di Saturno
Colonna di Foca
Il Foro
Tempio di Antonino e Faustina
Tempio di Romolo
Basilica di Costantino e Massenzio
S. Francesca Romana
Basilica Giulia
Tempio di Castore e Polluce
Tempio di Vesta
Tempio di Giove
Rupe Tarpea
VIA D. TEATRO DI MARCELLO
Teatro di Marcello
Sinagoga
LUNGOT. DEI CENCI
VIA DEL COLOSSEO

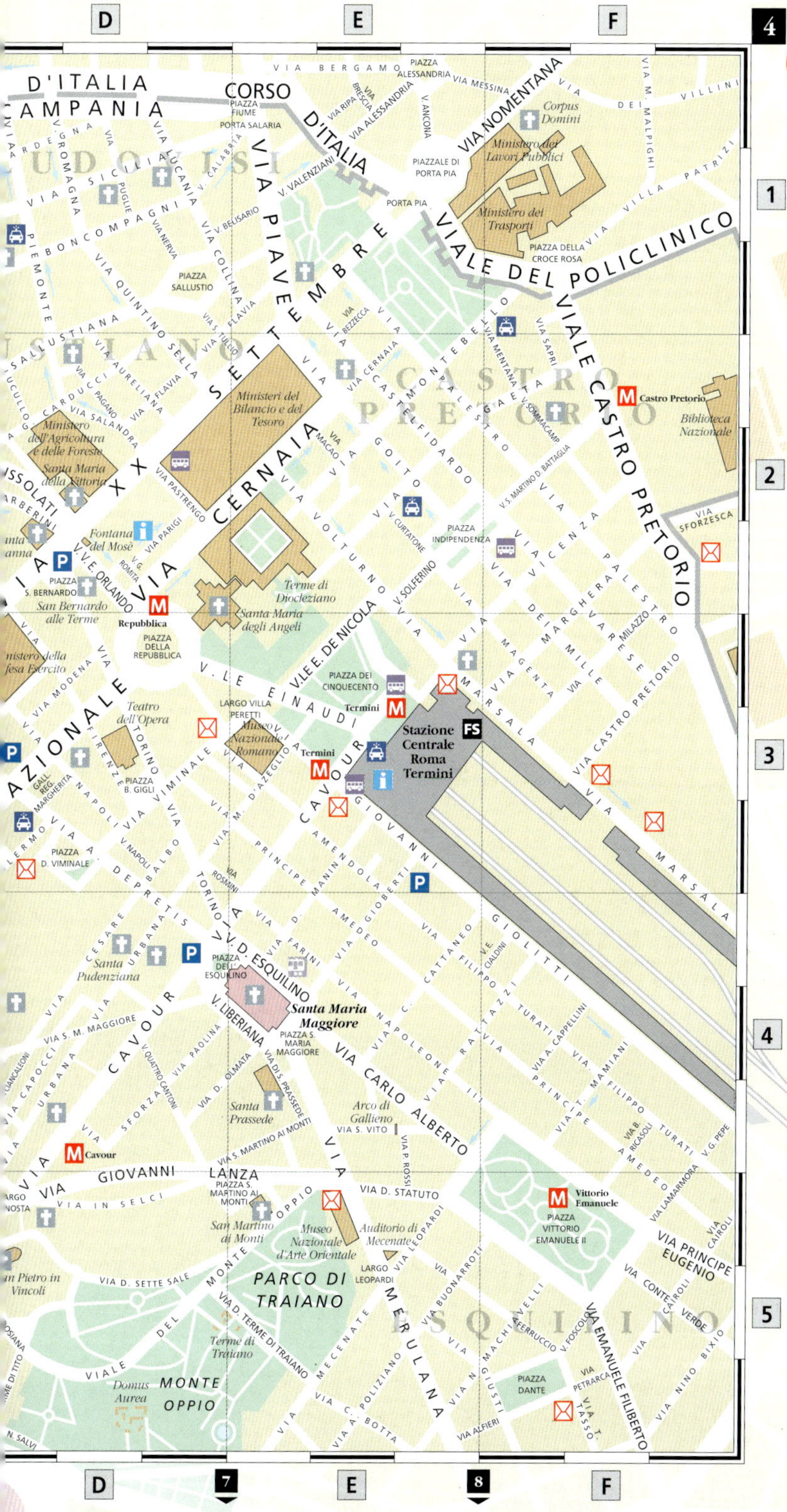

4
D
E
F
1
2
3
4
5
7
8
VIA BERGAMO
PIAZZA ALESSANDRIA
VIA MESSINA
CORSO D'ITALIA
CAMPANIA
PIAZZA FIUME
PORTA SALARIA
VIA RIPA
VIA BRESCIA
VIA ALESSANDRIA
V. ANCONA
VIA NOMENTANA
Corpus Domini
VIA DEI VILLINI
VIA M. MALPIGHI
Ministero dei Lavori Pubblici
PIAZZALE DI PORTA PIA
PORTA PIA
Ministero dei Trasporti
PIAZZA DELLA CROCE ROSA
VIA PATRIZI
VIA VILLA
VIALE DEL POLICLINICO
LUDOVISI
VIA ROMAGNA
VIA SICILIA
VIA LUCANIA
V. CALABRIA
VIA PIAVE
V. VALENZIANI
VIA PUGLIE
VIA BONCOMPAGNI
VIA NERVA
VIA COLLINA
V. BELISARIO
XX SETTEMBRE
VIA PIEMONTE
VIA QUINTINO SELLA
PIAZZA SALLUSTIO
VIA FLAVIA
VIA S. TULLIO
VIA BEZZECCA
VIA MONTEBELLO
VIA MENTANA
VIA SAPRI
VIALE CASTRO PRETORIO
Castro Pretorio
Biblioteca Nazionale
SALLUSTIANO
VIA SALLUSTIANA
VIA AURELIANA
VIA PAGANO
VIA SALANDRA
VIA CARDUCCI
Ministero del Bilancio e del Tesoro
VIA CERNAIA
VIA CASTELFIDARDO
VIA PALESTRO
VIA GAETA
V. SOMMACAMPAGNA
CASTRO PRETORIO
Ministero dell'Agricoltura e delle Foreste
Santa Maria della Vittoria
VIA BISSOLATI
VIA BARBERINI
VIA MACAO
VIA GOITO
V.S. MARTINO D. BATTAGLIA
VIA PASTRENGO
Fontana del Mosè
VIA PARIGI
V. CURTATONE
PIAZZA INDIPENDENZA
VIA SFORZESCA
VIA VICENZA
VIA PALESTRO
V.V.E. ORLANDO
V. G. ROMITA
PIAZZA S. BERNARDO
San Bernardo alle Terme
Repubblica
Terme di Diocleziano
Santa Maria degli Angeli
VIA VOLTURNO
V. SOLFERINO
VIA DEI MILLE
VIA MARGHERA
VIA VARESE
MILAZZO
PIAZZA DELLA REPUBBLICA
VIA NAZIONALE
VIA MODENA
V.LE E. DE NICOLA
V.LE EINAUDI
PIAZZA DEI CINQUECENTO
VIA MAGENTA
VIA MARSALA
Teatro dell'Opera
LARGO VILLA PERETTI
Museo Nazionale Romano
Termini
Stazione Centrale Roma Termini
FS
VIA CASTRO PRETORIO
VIA FIRENZE
VIA TORINO
PIAZZA B. GIGLI
VIA VIMINALE
VIA M. D'AZEGLIO
VIA CAVOUR
VIA GIOVANNI AMENDOLA
VIA NAPOLI
VIA GALL. REG. MARGHERITA
PIAZZA D. VIMINALE
VIA A. DEPRETIS
VIA BALBO
V. NAPOLI
VIA URBANA
VIA CESARE
VIA ROSMINI
VIA PRINCIPE AMEDEO
VIA MANIN
VIA GIOBERTI
VIA GIOLITTI
Santa Pudenziana
VIA D. ESQUILINO
PIAZZA DELL'ESQUILINO
VIA FARINI
VIA CATTANEO
V.E. CIALDINI
VIA FILIPPO TURATI
Santa Maria Maggiore
V. LIBERIANA
PIAZZA S. MARIA MAGGIORE
VIA NAPOLEONE III
VIA RATTAZZI
VIA A. CAPPELLINI
VIA MAMIANI
VIA S. M. MAGGIORE
VIA PAOLINA
V. QUATTRO CANTONI
VIA CAPOCCI
VIA CARLO ALBERTO
VIA PRINCIPE AMEDEO
VIA D. OLMATA
VIA DI S. PRASSEDE
Santa Prassede
VIA SFORZA
Arco di Gallieno
VIA S. VITO
VIA P. ROSSI
VIA B. RICASOLI
VIA TURATI
V. G. PEPE
Cavour
VIA S. MARTINO AI MONTI
VIA GIOVANNI LANZA
VIA IN SELCI
PIAZZA S. MARTINO AI MONTI
VIA D. STATUTO
Vittorio Emanuele
PIAZZA VITTORIO EMANUELE II
VIA LAMARMORA
VIA CAIROLI
VIA PRINCIPE EUGENIO
San Martino di Monti
Museo Nazionale d'Arte Orientale
Auditorio di Mecenate
VIA LEOPARDI
LARGO LEOPARDI
VIA BUONARROTI
VIA CONTE VERDE
VIA CAIROLI
San Pietro in Vincoli
VIA D. SETTE SALE
VIA MONTE OPPIO
PARCO DI TRAIANO
VIA MERULANA
ESQUILINO
VIA MACHIAVELLI
VIA FERRUCCIO
V. FOSCOLO
VIA EMANUELE FILIBERTO
VIA NINO BIXIO
VIA D. TERME DI TRAIANO
Terme di Traiano
VIALE DEL MONTE OPPIO
Domus Aurea
MONTE OPPIO
VIA MECENATE
VIA A. POLIZIANO
VIA C. BOTTA
VIA N. GIUSTI
PIAZZA DANTE
VIA PETRARCA
VIA T. TASSO
VIA ALFIERI
N. SALVI

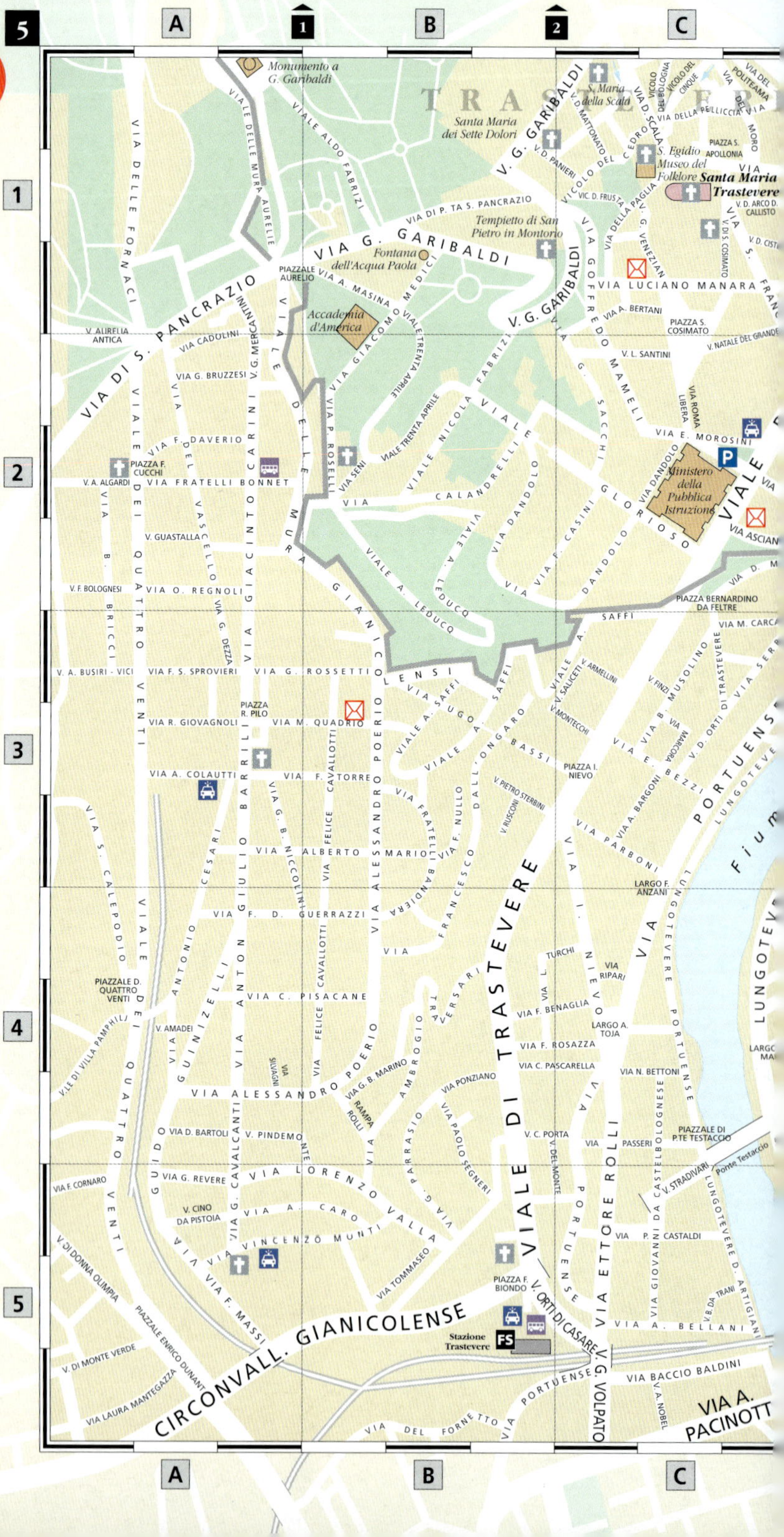
5
A
1
B
2
C
Monumento a G. Garibaldi
TRASTEVERE
S. Maria della Scala
Santa Maria dei Sette Dolori
S. Egidio
Museo del Folklore
Santa Maria Trastevere
Tempietto di San Pietro in Montorio
Fontana dell'Acqua Paola
Accademia d'America
Ministero della Pubblica Istruzione
Stazione Trastevere
FS
VIA DELLE FORNACI
VIALE DELLE MURA AURELIE
VIALE ALDO FABRIZI
VIA DI P. TA S. PANCRAZIO
VIA G. GARIBALDI
V. G. GARIBALDI
PIAZZALE AURELIO
VIA A. MASINA
VIA DI S. PANCRAZIO
V. AURELIA ANTICA
VIA CADOLINI
VIA G. BRUZZESI
V. G. MERCANTINI
VIALE DELLE MURA GIANICOLENSI
VIA GIACOMO MEDICI
VIALE TRENTA APRILE
VIA P. ROSELLI
VIA SENI
VIALE NICOLA FABRIZI
VIA CALANDRELLI
VIA DANDOLO
VIA F. CASINI
VIALE A. LEDUCQ
VIA GOFFREDO MAMELI
VIA G. SACCHI
VIA LUCIANO MANARA
VIA A. BERTANI
PIAZZA S. COSIMATO
V. NATALE DEL GRANDE
V. L. SANTINI
VIA ROMA LIBERA
VIA E. MOROSINI
VIA DANDOLO
VIALE GLORIOSO
VIA ASCIANGHI
V. D. MATTONATO
V. D. PANIERI
VICOLO DEL CEDRO
VIC. D. FRUSTA
VIA DELLA PAGLIA
V. G. VENEZIAN
VIA D. SCALA
VICOLO DEL BOLOGNA
VICOLO DEL CINQUE
VIA DELLA PELLICCIA
VIA DEL POLITEAMA
VIA DEL MORO
PIAZZA S. APOLLONIA
V. D. ARCO D. CALLISTO
V. DI S. COSIMATO
V. D. CISTERNA
VIA F. DAVERIO
PIAZZA F. CUCCHI
V. A. ALGARDI
VIA FRATELLI BONNET
VIA DEL VASCELLO
VIA B. BRICCI
V. GUASTALLA
V. F. BOLOGNESI
VIA O. REGNOLI
VIA G. DEZZA
VIALE DEI QUATTRO VENTI
VIA GIACINTO CARINI
V. A. BUSIRI - VICI
VIA F. S. SPROVIERI
VIA G. ROSSETTI
PIAZZA R. PILO
VIA R. GIOVAGNOLI
VIA M. QUADRIO
VIA A. COLAUTTI
VIA F. TORRE
VIA G. B. NICCOLINI
VIA FELICE CAVALLOTTI
VIA ALESSANDRO POERIO
VIA ALBERTO MARIO
VIA FRATELLI BANDIERA
VIA F. NULLO
VIA FRANCESCO DALL'ONGARO
VIALE UGO BASSI
VIALE A. SAFFI
PIAZZA BERNARDINO DA FELTRE
VIA M. CARCANI
V. ARMELLINI
V. SALICETI
V. MONTECCHI
VIALE AURELIO SAFFI
V. PIETRO STERBINI
V. RUSCONI
PIAZZA I. NIEVO
VIA MUSOLINO
V. FINZI
VIA E. BEZZI
VIA MARCORA
V. D. ORTI DI TRASTEVERE
VIA A. BARGONI
VIA PARBONI
VIA PORTUENSE
LUNGOTEVERE
Fiume
LARGO F. ANZANI
VIA S. CALEPODIO
VIA CESARI
VIA GIULIO BARRILI
VIA F. D. GUERRAZZI
VIA ANTONIO GUINIZELLI
VIA ANTON GIULIO
VIA C. PISACANE
PIAZZALE D. QUATTRO VENTI
V.LE DI VILLA PAMPHILI
V. AMADEI
VIA SILVAGNI
VIA ALESSANDRO POERIO
VIA G. B. MARINO
VIA AMBROGIO TRAVERSARI
VIA PONZIANO
RAMPA ROLLI
VIA D. BARTOLI
V. PINDEMONTE
VIA I. NIEVO
V. TURCHI
VIA RIPARI
VIA L.
VIA F. BENAGLIA
LARGO A. TOJA
VIA F. ROSAZZA
VIA C. PASCARELLA
VIA N. BETTONI
VIALE DI TRASTEVERE
VIA PAOLO SEGNERI
VIA G. PARRASIO
V. C. PORTA
V. DEL MONTE
VIA PASSERI
VIA ETTORE ROLLI
VIA GIOVANNI DA CASTELBOLOGNESE
PIAZZALE DI P.TE TESTACCIO
Ponte Testaccio
V. STRADIVARI
LUNGOTEVERE D. ARTIGIANI
VIA F. CORNARO
VIA GUIDO GUINIZELLI
VIA G. REVERE
VIA G. CAVALCANTI
VIA LORENZO VALLA
V. CINO DA PISTOIA
VIA A. CARO
VIA VINCENZO MONTI
VIA TOMMASEO
VIA P. CASTALDI
V. B. DA TRANI
VIA A. BELLANI
PIAZZA F. BIONDO
V. ORTI DI CESARE
VIA PORTUENSE
V.LE DI DONNA OLIMPIA
VIA F. MASSI
PIAZZALE ENRICO DUNANT
CIRCONVALL. GIANICOLENSE
V. DI MONTE VERDE
VIA LAURA MANTEGAZZA
VIA DEL FORNETTO
V. G. VOLPATO
VIA BACCIO BALDINI
V. A. NOBEL
VIA A. PACINOTTI
3
4
5

D
2
E
3
F
6
1
2
3
4
5
7
P.te Garibaldi
Isola Tiberina
San Bartolomeo
San Nicola in Carcere
S. M. della Consolazione
Casa delle Vestali
Lungot. R. Sanzio
Lungot. D. Anguillara
Piazza G. Belli
Piazza Sonnino
Ponte Cestio
Lungot. Pierleoni
S. Giovanni Decollato
V.S. Giovanni Decollato
Via dei Fienili
Via S. Teodoro
San Teodoro
San Giorgio in Velabro
Orti Farnesiani
Ponte Rotto
Casa dei Crescenzi
Arco di Giano
Tempio di Cibele
Criptoportico
Lungaretta
San Crisogono
Via S. Gallicano
Piazza in Piscinula
Ponte Palatino
Templi del Foro Boario
Piazza Bocca d. Verità
Casa di Livia
Domus Flavia
Casa di Romolo
Il Palatino
Domus Augustana
Stadio
Via dei Salumi
Via Anicia
Via Santini
Via della Luce
Via dei Genovesi
Vic. D. Atleta
Via Scarpetta
Via Vascellari
P. D. Ponziani
Via P. Peretti
Lungotevere Ripa
Lungotevere Aventino
V. della Greca
Santa Maria in Cosmedin
Via dei Cerchi
Santa Cecilia in Trastevere
Piazza S. Cecilia
Piazza Mastai
Via Madonna dell'Orto
Piazza dei Mercanti
V. del Porto
Via di S. Michele
Via della Luce
Porto di Ripa Grande
Clivo dei Publicii
Parco di S. Alessio
Via del Circo Massimo
Parco del Circo Massimo
Piazzale Ugo La Malfa
Circo Massimo
San Francesco a Ripa
Via di S. Sabina
Via G. Berniero
Via S. Alberto Magno
Ripa
Santa Sabina
Largo Arrigo VII
Via d. Terme Deciane
Porta Portese
Santi Bonifacio e Alessio
Via Giacconio
V. Eufemiano
Via Ara di Conso
Via di Fonte di Fauno
Pte Sublicio
Piazza d. Emporio
Piazza dei Cavalieri di Malta
Via S. Domenico
Piazza Tempio di Diana
Via Tempio d. Diana
Via di S. Prisca
Via Licinia
Via Marmorata
V. di Porta Lavernate
Via di S. Melania
Via S. Alessio
Via Marcella
Via S. Giosafat
Via dei Decii
Viale Aventino
Via A. Vespucci
Via R. Gessi
Via Cecchi
Via Branca
Via G. Bianchi
Via Rubattino
Via Giovanni
Via Mastro
Via Vanvitelli
Via Icilio
Via S. Anselmo
Piazza Albania
Via B. Peruzzi
V. Pirro Ligorio
Via Aventina
Piazza dei Servili
Via O. da Cluny
Viale M. Gelsomini
Via A. Pollione
Piazza di S. M. Liberatrice
Piazza Testaccio
Via Bodoni
Via Giorgio
Via L. d. Robbia
Via di S. Saba
Via Ponzio
Piazza Remuria
San Saba
V. D. Piramide Cestia
Via Florio
Via L. Ghiberti
Via Manuzio
Via G. Battista
Via Aldo
Via Ginori
Via Volta
Largo M. Gelsomini
Parco della Resistenza dell'8 Settembre
Via Faustina
Via Pontelli
Via S. Rosa
Piazza G. L. Bernini
Via Bramante
Via G. della Porta
V. Zuccari
Via Annia
V. Maderno
Via A. Palladio
Via Maratta
Via Galvani
Via Nicola Zabaglia
Via P. Caselli
Testaccio
Piazza di P.ta S. Paolo
Piramide di Caio Cestio
Viale Giotto
Piramide
Viale di Porta Ardeatina
Via G. Miani
Piazza O. Giustiniani
Monte Testaccio
Parco Testaccio
Via Testaccio
Via Caio Cestio
Cimitero Protestante
Piazzale Ostiense
Stazione Roma-Ostia
FS
M
V.le delle Cave Ardeatine
Viale Marco Polo
Via Vigoni
V. Girolamo
Via A. Cadamosto
Dandini
Via Giulietti
Via Monte
Piazza V. Bottego
Via dei Conciatori
Via Ricci
Via B. Bossi
Viale del Campo Boario
V. delle Conce
Via Giovanni da Empoli
Via Ostiense
Via Stazione Ostiense
Piazzale dei Partigiani
Stazione Roma - Ostiense
Via del Porto Fluviale
Industria
Riva Ostiense
Via del Commercio
Via dei Magazzini Generali
Via G. Acerbi
Via del Gazometro
Via Caboto
V. Pellegrino Matteucci
Via G. Bove
Via F. Nansen
V. Bering

7
A
B
C
1
2
3
4
5
Tempio di Venere e Roma
Antiquarium Forense
Arco di Tito
Colosseo
Viale Domus Aurea
Via Labicana
Via Ruggero Bonghi
Via L. Muratori
V.G.M. Crescimbeni
Via P. Villari
Piazza del Colosseo
Arco di Costantino
V. Celio Vibenna
Via di S. Gregorio
V.le del Parco del Celio
Parco del Celio
Via dei Normanni
San Clemente
Via di S. Giovanni in Laterano
Via SS. Quattro Coronati
Via Ostilia
Via Capo d'Africa
Via Marco Aurelio
Via Annia
Via Celimontana
Via dei Querceti
Santi Quattro Coronati
Il Palatino
Stadio
Tempio di Claudio
Santi Giovanni e Paolo
Via Claudia
Piazza Celimontana
Ospedale del Celio
Via Stefano Rotondo
Ospedale di S. Giovanni
Sanatorio Umberto I
Clivo di Scauro
Via S. Paolo della Croce
Arco di Dolabella
San Gregorio Magno
Santa Maria in Domnica
Via della Navicella
Via di Villa Fonseca
Ospizio d. Addolorata
Santo Stefano Rotondo
Ospedale Britannico
Piazza di Porta Capena
Celio
Villa Celimontana
Via di S. Erasmo
V. Valeri
Via dell'Amba Aradam
Via D. Ferratella in Laterano
Circo Massimo
FAO
Via di Valle delle Camene
V. D. Terme di Caracalla
Piazza di P.ta Metronia
Piazzale Metronio
Viale Ippona
V. Norico
V. Anglona
Viale G. Baccelli
Stadio delle Terme
Parco di Porta Capena
Via Antonina
Via Druso
San Sisto Vecchio
Piazza di S. Balbina
Santa Balbina
Santi Nereo e Achilleo
Via Tracia
Via Pannonia
Via di S. Balbina
Terme di Caracalla
Piazzale Numa Pompilio
Parco Egerio
Largo E. Fioritto
Via D. Terme di Caracalla
San Cesareo
Via di Porta Latina
Via Metronio
Via L. B. Alberti
Giotto
Largo C. Lazzerini
Via di Villa Pepoli
Viale Antoniniana
Vicolo Antoniniano
Via di Porta S. Sebastiano
San Giovanni a Porta Latina
Colombario di Pomponio Hylas
San Giovanni in Oleo
Viale Guido Baccelli
Via Guerrieri
Via Tata
Largo G. Chiarini
Viale di Porta Ardeatina
Tomba degli Scipioni
Parco d. Scipioni
Via C. Beltrami
Via G. Miani
V. Lucio Fabio Cilone
Via A. Contarini
Viale O. Beccari
Bastione del Sangallo
Via G. B. Belzoni
Via L. Robecchi Bricchetti
Largo delle Terme di Caracalla
Arco di Druso
Porta San Sebastiano
Porta Ardeatina
Viale Marco Polo
Via Roncinotto
V. Cristoforo Colombo
Via Antica
Via Cilicia

D
4
E
F
8
1
2
3
4
5
VIALE MANZONI
Manzoni
V. EMANUELE FILIBERTO
VIA S. QUINTINO
VIA CARLO EMANUELE I
VIA STATILIA
VIA S. CROCE IN GERUSALEMME
V. GRATTONI
V. E. TOTI
V. SOMMEILLER
V. ELENIANA
VIA CASILINA
Sepolcri Repubblicani
Acquedotto Neroniano
Villa Wolkonski
VIA G. B. PIATTI
V. F. MENABREA
V. SESSORIANA
VIA S. GRANDIS
PIAZZA S. CROCE IN GERUSALEMME
Museo degli Strumenti Musicali
VIA TERCENSI
Santa Croce in Gerusalemme
Anfiteatro Castrense
VIA MATTEO BOIARDO
V. ALEARDI
VIA F. BERNI
TASSO
V.D. FONTANA
VIA LUDOVICO DI SAVOIA
VIA BIANCAMANO
VIA SCLOPIS
V. PROVANA
VIA ROSSO
VIALE CARLO FELICE
VIALE CASTRENSE
V. NOLA
PIAZZA S. GIOVANNI IN LATERANO
Palazzo Laterano
Scala Santa e Sancta Sanctorum
Battistero
San Giovanni in Laterano
VIALE
VIA LA SPEZIA
PIAZZA DI P.TA S. GIOVANNI
VIA ALTA MURA
Porta Asinaria
PIAZZALE APPIO
V. PUZZUOLI
VIA ISERNIA
VIA MONZA
VIA ORVIETO
VIA VOGHERA
VIA TERNI
VIA FOLIGNO
San Giovanni
VIA TARANTO
V. FAENZA
V. PONTREMOLI
VIA RIMINI
VIA VIBO VALENTIA
VIA URBINO
VIA CESENA
VIA SCIACCA
VIA AOSTA
VIA LOCRI
VIA SANNIO
VIA VEIO
V. MAGNA GRECIA
VIA FALERIA
V. VASTO
V. FIDENZA
VIA CASORIA
VIA C. SANNITA
VIA MATERA
VIA AMITERNO
VIA FREGENE
VIA APPIA NUOVA
VIA PINEROLO
VIA TUSCOLANA
VIA MARRUVIO
VIA METAPONTO
VIA OLBIA
V. CUMA
VIA ARDEA
VIA LAVINIO
Re di Roma
PIAZZA DEI RE DI ROMA
VIA VERCELLI
VIA SERMIDE
VIA BOBBIO
VIA PORDENONE
VIA CASALMONFERRATO
VIA CLATERNA
VIA LUNI
VIA CEREATE
VIA BRITANNIA
V. GABI
VIA CERVETERI
VIA SOANA
PIAZZA TUSCOLO
V. SIPONTO
VIA POMEZIA
VIA ALBALONGA
VIA CENEDA
V. DOMODOSSOLA
VIA TORTONA
VIA ASTURA
V. FERENTO
VIA ALBA
VIA MORTARA
VIA PANDOSIA
VIA URBISAGLIA
VIA SATURNIA
VIA PIRGO
VIA E. RECINA
VIA IBERIA
VIA COLLAZIA
VIA ETRURIA
VIA SUSA
VIA DON ORIONE
Ponte Lungo
VIA ALTINO
VIA CUTILIA
VIA IMERA
PIAZZA EPIRO
VIA POMPEI
PIAZZA ARMENIA
VIA DACIA
VIA CONCORDIA
VIA SOLUNTO
VIA MONDOVI
V. STABIA
V. NOVI
VIA ACQUI
VIA ALBENGA
V. CIVIDALE D. FRIULI
V. GALLIPOLI
V. SINUESSA
VIA VULCI
VIA LUSITANIA
VIA POPULONIA
VIA GALAZIA
VIA ACAIA
VIA SATRICO
VIA CAULONIA
PIAZZA ZAMA
VIA IVREA
VIA APPIA
VIA CAPPADOCIA
VIA VETULONIA
VIA LATINA
VIA TALAMONE
PIAZZA GALERIA
VIA VESCIA
VIA SIRIA
VIA CIRCONVALLAZIONE
VIA M. TABARRINI
VIA MICHELE AMARI
VIA P. PARUTA
V.A. DEGLI EFFETTI
V. FINALI
VIA BACCARINI
VIA TOLA
VIA NUMANZIA
VIA B. VARCHI
PIAZZA S. AMMIRATO
VIA G. MANTELLINI
VIA G. CAPPONI
VIA CILICIA
VIA BITINIA
VIA V. AQUARI
VIA ERACLEA
VIA SEGESTA
VIA LIDIA
VIA MACEDONIA
VIA G. FIORINI
VIA TOMMASO DA CELANO
VIA C. CORRENTI
V.P. COLLETTA
VIA L. CIBRARIO
VIA MESOPOTAMIA
VIA GREGOROVIUS
VIA P. GIOVIO
VIA B. CAPASSO
VIA CENTURIPE
LARGO GREGOROVIUS
VIA F. UGHELLI
VIA P. FEDELE
D
E
F

Rome en autobus
Lepanto
Flaminio
Santa Maria del Popolo
Tevere
VIA COLONNA
70-913-280-186
VIA COLA DI RIENZO
81
90-90b-926
95
81-90-90b-926
90-90b-119
VIA D. RIPETTA
VIA DEL BABUINO
119
VIA DEL CORSO
34
926
990
VIA CICERONE
PIAZZA DEL RISORGIMENTO
Musei Vaticani
CITTÀ DEL VATICANO
907-991
23-49-492
23
VIA PORCARI
32-51
81-492
49-492-990
VIA CRESCENZIO
PIAZZA CAVOUR
Castel Sant'Angelo
Ponte Cavour
VIA TOMACELLI
V. CONDO
49
81-90-90b
119
913
San Pietro
PIAZZA SAN PIETRO
VIA DEI CORRIDORI
64
23-64
280
87
Ponte Umberto
LT. MARZIO
70-87-119-186
PIAZZA SAN SILVESTRO
VIA AURELIA
VIA D. PORTA CAVALLEGGERI
34-46-62-65-98
Ponte Pr. Amedeo
280
41
52-53
58-58b
61-71-85
PIAZZA D. ROTONDA
Pantheon
70-81-87-90
90b-186-492
CORSO D. RINASCIMENTO
119
62
VIA DELLA STAZIONE DI S. PIETRO
LT. GIANICOLENSE
23-41-65-280
98
CORSO VITTORIO EMANUELE II
46-62-64
44-46-56-60-62
64-65-70-75-81
90-90b-170-186-492
62
34
41
Ponte Mazzini
LUNGOTEVERE TEBALDI
23-65-280
LT. D. FARNESINA
L.GO TORRE ARGENTINA
46
44-94
710-718
719
PIAZZ VENEZ
VIALE ALDO FABRIZI
Villa Farnesina
Gianicolo
Ponte Sisto
LT. D. VALLATI
56-60-65
170-710-718-719
VIA ARENULA
713-716
LT. D. CENCI
23-717
717
774
780
Ponte Garibaldi
Isola Tiberina
Ponte Palatino
LT. D. ANGUILLARA
23-717
717
41
Santa Maria in Trastevere
56-60
15
Villa Doria Pamphilj
VIA DI SAN PANCRAZIO
41
144
144
VIALE DI TRASTEVERE
23
VIA DANDOLO
44-75-710
LUNGOTEVERE AVENTINO
23-57-95-713-717
VIA DI S. SABIN
VIA DI S. ALESSIO
0
500 m
VIALE DI TRASTEVERE
170-280-717-718-719-774-780
Ponte Sublicio
Tevere
713
713
23-57-95-716
VIA MARMORATA
VIA MANUZIO
27
27
27
27
VIA ZABAGLIA
713
Ponte Testaccio
Piramide
11-23-318
673-716
Trastevere
LÉGENDE
Ligne d'autobus
Tête de ligne (capolinea)
Direction
Station de métro
Gare
Tunnel
Monument ou site touristique

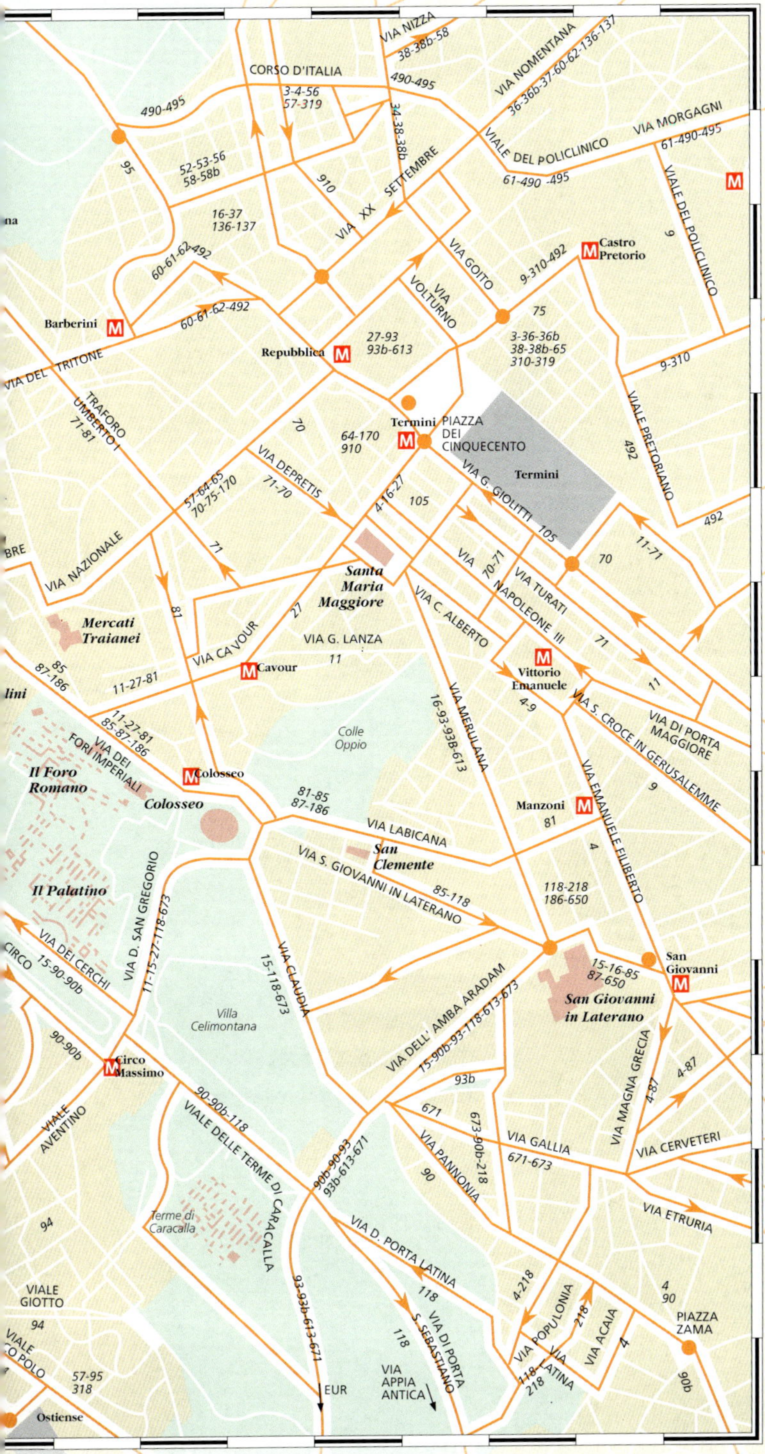

VIA NIZZA
38-38b-58
CORSO D'ITALIA
490-495
3-4-56
57-319
490-495
VIA NOMENTANA
36-36b-37-60-62-136-137
VIA MORGAGNI
61-490-495
VIALE DEL POLICLINICO
61-490 -495
95
52-53-56
58-58b
910
34-38-38b
VIA XX SETTEMBRE
16-37
136-137
VIALE DEL POLICLINICO
9
Castro Pretorio
9-310-492
VIA GOITO
60-61-62-492
VIA VOLTURNO
75
3-36-36b
38-38b-65
310-319
Barberini
60-61-62-492
Repubblica
27-93
93b-613
9-310
VIA DEL TRITONE
TRAFORO UMBERTO I
71-81
70
Termini
PIAZZA DEI CINQUECENTO
64-170
910
Termini
VIALE PRETORIANO
492
VIA DEPRETIS
71-70
57-64-65
70-75-170
4-16-27
105
VIA G. GIOLITTI
105
492
BRE
VIA NAZIONALE
71
11-71
70
VIA
70-71
VIA NAPOLEONE III
VIA TURATI
Santa Maria Maggiore
Mercati Traianei
27
81
VIA C. ALBERTO
VIA G. LANZA
11
VIA CAVOUR
71
Cavour
11-27-81
85
87-186
lini
Vittorio Emanuele
4-9
11
VIA DI PORTA MAGGIORE
VIA S. CROCE IN GERUSALEMME
11-27-81
85-87-186
VIA DEI FORI IMPERIALI
Colle Oppio
16-93-93B-613
VIA MERULANA
Colosseo
Il Foro Romano
Colosseo
81-85
87-186
Manzoni
81
VIA EMANUELE FILIBERTO
9
VIA LABICANA
San Clemente
VIA S. GIOVANNI IN LATERANO
85-118
4
Il Palatino
VIA D. SAN GREGORIO
11-15-27-118-673
118-218
186-650
VIA DEI CERCHI
15-90-90b
CIRCO
VIA CLAUDIA
15-118-673
15-16-85
87-650
San Giovanni
San Giovanni in Laterano
Villa Celimontana
VIA DELL' AMBA ARADAM
15-90b-93-118-613-673
90-90b
Circo Massimo
93b
VIA MAGNA GRECIA
4-87
4-87
VIALE AVENTINO
90-90b-118
VIALE DELLE TERME DI CARACALLA
671
673-90b-218
VIA PANNONIA
90
VIA GALLIA
671-673
VIA CERVETERI
90b-90-93
93b-613-671
VIA ETRURIA
94
Terme di Caracalla
VIA D. PORTA LATINA
118
VIA DI PORTA S. SEBASTIANO
118
4-218
VIA POPULONIA
218
VIA ACAIA
4
90
PIAZZA ZAMA
VIALE GIOTTO
94
93-93b-613-671
VIA LATINA
118
218
VIALE MARCO POLO
57-95
318
Ostiense
EUR
VIA APPIA ANTICA
90b

LATIUM

Des Apennins aux plages de la côte tyrrhénienne, le Latium présente des paysages très variés : montagnes creusées de ravins, cratères volcaniques occupés par des lacs, coteaux plantés de vignes et d'oliviers dominant des plaines maraîchères. Outre les trésors laissés par une histoire plus ancienne encore que celle de Rome, la région propose de nombreuses activités sportives et balnéaires.

Des hommes habitent le Latium depuis au moins 60 000 ans, mais les premiers signes d'une culture structurée remontent au Xe siècle avant notre ère. Au VIIe siècle av. J.-C., la civilisation basée sur le commerce et l'agriculture des Étrusques et des Sabins s'épanouissait dans le nord, tandis qu'au sud s'implantaient les Latins, les Volsques et les Herniques. Le mythe se mêle à l'histoire quand Virgile affirme qu'Énée, fils de la déesse Aphrodite, épousa la fille du roi des Latins après avoir fui Troie en flammes. Mais la légende permet ainsi d'en faire l'ancêtre de Romulus et Remus et de donner une origine divine aux fondateurs de Rome, la ville éternelle.

La montée en puissance de cette dernière se fait au détriment de la région qui l'entoure. Conquis puis absorbés, les peuples du Latium perdent leur originalité. Routes et aqueducs drainent richesses et populations vers la ville. De riches patriciens se font toutefois bâtir de somptueuses villas. Le VIe siècle voit saint Benoît fonder à Subiaco et Montecassino les premiers monastères de l'ordre dont il rédige la règle. Elle marquera tout le Moyen Âge.

Si les papes et leurs familles commandent pendant la Renaissance et l'époque baroque de superbes résidences de campagne aux meilleurs architectes, ils se préoccupent peu du développement de la région et la malaria sévit dans les marais Pontins jusqu'à ce que Mussolini les fasse drainer et qu'il ouvre de nouvelles routes dans les années 1920.

Caprarola à l'heure de la *passeggiata*

◁ L'élégant jardin Renaissance dessiné par Vignola à la villa Lante de Viterbe

À la découverte du Latium

Entre Apennins et Méditerranée, quatre anciens volcans rythment les paysages du Latium. Des lacs occupent désormais leurs cratères et vignes, oliveraies, vergers et forêts de châtaigniers prospèrent sur leurs pentes fertiles. De leur activité passée subsistent des sources d'eau chaude, notamment autour de Tivoli, de Viterbo et de Fiuggi. C'est au nord de Rome, cité qui n'a permis le développement d'aucune autre ville importante, au milieu de collines boisées, que se trouvent les plus beaux lacs. Au sud, les plages les plus agréables s'étendent entre Sabaudia et Gaeta dans le parco nazionale del Circeo.

Le Latium d'un coup d'œil

Anagni 15
Bomarzo 4
Caprarola 5
Cerveteri 7
Frascati et les Castelli Romani 10
Gaeta 19
Lac de Bracciano 8
Montecassino 14
Montefiascone 3
Ostia Antica 9
Palestrina 12
ROME p. 372-443
Sermoneta et Ninfa 16
Sperlonga 18
Subiaco 13
Tarquinia 6
Terracina 17
Tivoli 11
Tuscania 1
Viterbe 2

Voir aussi

- ***Hébergement*** p. 568-569
- ***Restaurants*** p. 601-602

Les monts Tolfa au sud-est du lac de Bracciano

Légende

- Autoroute
- Route principale
- Route secondaire
- Parcours pittoresque
- Cours d'eau
- Point de vue

La vieille ville domine la plage à Sperlonga

Circuler

Les deux aéroports internationaux du Latium, Fiumicino et Ciampino, sont ceux de Rome, ville d'où rayonnent les grands axes routiers de la région depuis un boulevard périphérique, le *Grande Raccordo Annulare*. Les deux autoroutes principales ne longent pas le littoral. L'A 1 relie Rome à Florence et Naples et l'A 24 franchit les Apennins jusqu'à Pescara sur l'Adriatique. Les bus de la COTRAL desservent les plus grandes villes et assurent des correspondances vers les petites localités depuis Rome, Latina, Frosinone, Viterbe et Rieti. En train, les liaisons intérieures sont lentes et peu fréquentes.

Palestrina s'accroche à flanc de colline

La loggia du Palazzo Papale à Viterbe

Tuscania ❶

Viterbo. 7 500. Largo del Teatro (0761 43 63 71). ven.

Les murailles et les tours de ce bourg fortifié s'aperçoivent de loin dans la plaine qui s'étend entre Viterbe et Tarquinia. Durement touchés par un tremblement de terre en 1971, ses édifices du Moyen Âge et de la Renaissance ont depuis été soigneusement restaurés.

Les deux plus intéressants se dressent hors des murs sur la colline rocheuse où s'implanta la colonie étrusque, conquise par les Romains en 300 av. J.-C., à l'origine de la ville.

Au pied de l'éminence, **Santa Maria Maggiore** présente une façade asymétrique typique du style roman lombard avec ses arcatures aveugles et sa belle rosace. Encadrée de motifs abstraits et de scènes bibliques, une Vierge à l'Enfant en marbre domine le portail principal. Le sanctuaire abrite dans une nef latérale une piscine de baptême du XIIe siècle.

Façade de San Pietro, Tuscania

Également de style roman lombard, **San Pietro** s'élève au sommet de la colline à côté de deux tours médiévales et d'un palais épiscopal. Des mosaïques de marbres polychromes ornent son portail sous une rosace entourée des symboles des évangélistes. Bien que remanié au XIe siècle, l'intérieur est resté fidèle à son plan du VIIIe siècle avec ses colonnes trapues, ses chapiteaux sculptés de motifs végétaux et son pavement cosmatesque. La crypte mérite une visite.

Viterbe ❷

60 000. FS Piazza San Carluccio 5 (0761 30 47 95). sam.

Importante colonie étrusque conquise par les Romains au IVe siècle av. J.-C., Viterbe connut son âge d'or quand les papes s'y installèrent brièvement entre 1257 et 1281 avant de partir en Avignon. Les dommages subis pendant la Deuxième Guerre mondiale ont été réparés et la vieille ville ceinte de remparts présente toujours son aspect du Moyen Âge.

Dans le quartier le plus ancien et le mieux préservé, **San Pellegrino**, les maisons bordant ruelles sinueuses et placettes ornées de fontaines ont conservé fenêtres géminées, tours et escaliers extérieurs. Sur la piazza San Lorenzo se dresse le **Duomo** bâti au XIIe siècle. Il associe un élégant campanile noir et blanc du XIVe siècle, une solennelle façade du XVIe siècle et un austère intérieur roman. À côté, le **Palazzo Papale**, doté d'une belle loggia, date du XIIIe siècle. La via San Lorenzo mène à la piazza del Plebiscito dominée par les édifices civils de Viterbe. Des fresques par Baldassare Croce évoquant l'histoire, réelle et légendaire, de la cité ornent l'intérieur du **palazzo dei Priori** (XVe siècle).

Hors des murs sur le viale Capocci, **Santa Maria della Verità** abrite de superbes fresques peintes au XVe siècle par Lorenzo da Viterbo.

Petit mais superbe, le jardin Renaissance de la villa Lante est un des chefs-d'œuvre de Vignola

Aux environs
Au nord-est de Viterbe, la **villa Lante**, entreprise en 1477 pour le cardinal Gambera et achevée en 1578 sur des plans de Vignola, possède de superbes jardins Renaissance. Le ruissellement des fontaines imite le parcours d'un fleuve, torrent près de sa source qui s'apaise dans la plaine.

Palazzo dei Priori
Piazza Plebiscito. 0761 34 07 29. t.l.j. 1er jan., 25 déc.

Villa Lante
Bagnaia. 0761 28 80 08. du mar. au dim. 1er jan., Pâques, 25 déc. aux jardins.

Montefiascone 3

Viterbo. 13 000. FS Via S. Flaviano (0761 82 08 84). mer.

Chapiteau du XIe siècle à San Flaviano, Montefiascone

Cette jolie ville se perche sur le bord d'un ancien cratère volcanique entre la via Cassia et le lac de Bolsena dont elle offre une belle vue depuis l'esplanade proche des ruines de sa forteresse. Le Duomo, **Santa Margherita**, domine le cœur de la cité. Carlo Fontana lui donna vers 1670 sa coupole, la plus grande d'Italie après celle de Saint-Pierre de Rome.

Au pied de la ville en direction d'Orvieto, **San Flaviano** superpose deux églises : un sanctuaire du XIe siècle tourné vers l'ouest et un autre du XIIe siècle faisant face à l'est. Des fresques du XIVe siècle et de beaux chapiteaux inspirés, pense-t-on, de la tradition étrusque, décorent l'intérieur.

La façade principale du palazzo Farnese de Caprarola

Aux environs
À 15 km au nord, la station balnéaire de **Bolsena** a donné son nom au lac qu'elle borde. Des bateaux en partent pour les îles Bisentina et Martana.

Bomarzo 4

Parco dei Mostri, Bomarzo. 0761 92 40 29. FS jusqu'à Viterbe ou Attigliano. depuis Viterbe ou Attigliano. de 8 h à 1 h avant le coucher du soleil.

Le « *sacro bosco* » (bois sacré) proche du village de Bomarzo est un étrange jardin créé entre 1522 et 1580 par le duc Vicino Orsini en mémoire de sa défunte épouse. Des rochers sculptés en forme d'animaux gigantesques ou de monstres allégoriques y prennent au milieu de la végétation une vie fantastique (et, pour certains, chargée d'érotisme), qui séduisit les surréalistes.

L'un des étonnants monstres de pierre du « sacro bosco » de Bomarzo

Caprarola 5

Viterbo. 4 900. Via Filippo Nicolai 2 (0761 64 61 57). mar.

Le **palazzo Farnese** *(p. 370)*, sans doute la plus vaste des résidences de campagne édifiées au XVIIe siècle par les riches familles romaines, domine la place principale de ce bourg médiéval. Dessiné par Vignola et bâti de 1559 à 1575, il doit sa forme pentagonale aux fondations d'une forteresse élevée un demi-siècle plus tôt sur des plans d'Antonio da Sangallo le Jeune. Un escalier en spirale orné de fresques par Tempesti conduit à l'étage de réception dont les frères Zuccari exécutèrent en 1560 la plupart des peintures murales, notamment celles évoquant des actes héroïques accomplis par Hercule et des membres de la famille Farnese.

Aux environs
À 4 km à l'ouest de Caprarola, le **lac de Vico**, créé, selon la légende, par une massue qu'Hercule posa au sol, occupe en réalité un ancien cratère volcanique. Une réserve naturelle protège une grande partie des forêts des monts Cimini qui l'entourent et une route panoramique suit sa berge. Le meilleur endroit où se baigner se trouve au sud-ouest.

Palazzo Farnese
Caprarola. 0761 64 60 52. mar.-dim. 1er jan., 1er mai, 25 déc.

Tumulus étrusques de la nécropole de Cerveteri

Tarquinia ❻

Viterbo. 14 000. FS Piazza Cavour (0766 85 63 84). mer.

La ville d'origine, l'une des plus puissantes citadelles étrusques, occupait une position stratégique au nord-est de la Tarquinia actuelle sur une crête dominant la plaine côtière. Conquise par Rome au IVe siècle av. J.-C., elle fut abandonnée par ses habitants après son invasion par les Sarrasins au VIe siècle.

La cité elle-même ne manque pas de charme avec ses églises médiévales et sa grande place centrale, mais c'est son **Museo Archeologico** qui en constitue le principal intérêt. Sa collection d'objets d'art étrusques est en effet une des plus riches d'Italie. Elle comprend notamment de remarquables reconstitutions de tombes et un magnifique groupe sculpté en terre cuite du IVe siècle av. J.-C. représentant des chevaux ailés *(p. 40)*.

Sur une colline située à 2 km se trouve la **nécropole** dont les sépultures creusées dans le tuf ont révélé des peintures murales offrant un large et rare aperçu de la culture étrusque.

Museo Archeologico e Necropoli
Piazza Cavour. 0766 85 60 36. du mar. au dim. jours fériés.

Fresque provenant d'une tombe du IVe siècle av. J.-C. exposée au Museo Archeologico de Tarquinia

Cerveteri ❼

Roma. 30 000. FS Piazza Risorgimento (06-995 18 58). ven.

Au VIe siècle av. J.-C., l'antique Caere, riche et puissante cité étrusque, commerçait avec la Grèce et contrôlait un vaste territoire le long de la côte. Seule l'importance de sa **nécropole**, à 2 km du bourg actuel, témoigne encore de cette grandeur passée. Datant du VIIe au Ier siècle av. J.-C., les sépultures y forment une véritable ville parcourue de rues. Coiffées de tumulus, les plus importantes reproduisent l'intérieur d'une habitation avec ses différentes pièces. La tomba dei Rilievi (tombe des Reliefs) doit son nom aux stucs représentant outils, animaux et figures mythologiques qui la décorent. En ville, le petit **Museo Nazionale Cerite** présente quelques-uns des objets découverts, mais les plus beaux se trouvent désormais dans de grands musées comme ceux du Vatican.

Aux environs
À **Norchia** se visite une autre nécropole, creusée dans une falaise, tandis que l'amphithéâtre de **Sutri** est un des rares vestiges étrusques autres que funéraires à avoir subsisté.

Nécropole
Via delle Necropoli. 06 994 00 01. du mar. au dim. jours fériés.

Museo Nazionale Cerite
Piazza Santa Maria. 06 994 13 54. du mar. au dim. jours fériés.

Le lac de Bracciano ❽

Roma. FS Bracciano. Via Claudia 72, Bracciano (06 998 67 82).

Une ruelle d'Anguillara sur le lac de Bracciano

Réputé pour ses eaux poissonneuses, ce vaste lac propose non loin de Rome activités nautiques et sites romantiques où pique-niquer. Au sud, **Anguillara**, au cachet médiéval, est la plus jolie des villes à le border. À l'est, la principale localité, **Bracciano**, s'étend sous le château Orsini-Odescalchi, forteresse du XVe siècle ornée de fresques d'Antoniazzo Romano et d'artistes ombriens et toscans.

Castello Orsini-Odescalchi
Via del Castello. 06 99 80 43 48. mar.-dim. 1er jan., 25 déc.

Ostia Antica 9

Viale dei Romagnoli 717, Ostia. *06 56 35 80 99.* *Magliana sur la ligne B puis* FS *jusqu'à Ostia Antica.* **Fouilles** *de 9 h à 19 h du mar. au dim.* *1er mai.*
Musée *de 9 h à 19 h du mar. au dim.* *1er mai.*

Pendant plus de 600 ans, Ostia fut le principal port de Rome et un centre commercial très actif. Son déclin commença avec le développement au IVe siècle du Portus Romae établi sur l'autre rive du Tibre. Les limons du fleuve recouvrirent une partie des édifices antiques et ils se trouvent désormais à 5 km à l'intérieur des terres.

Dégagées, les ruines offrent une image très parlante de la vie à cette époque. L'artère principale, le **Decumanus Maximus**, traverse le forum où se dressait le plus grand temple de la ville, le **Capitole**, puis dépasse le **théâtre**, restauré, qui accueille en été des concerts en plein air. Thermes, boutiques, ateliers et immeubles de rapport, ou *insulae*, bordent la rue.

Ruines de magasins et de bureaux sur le Decumanus Maximus

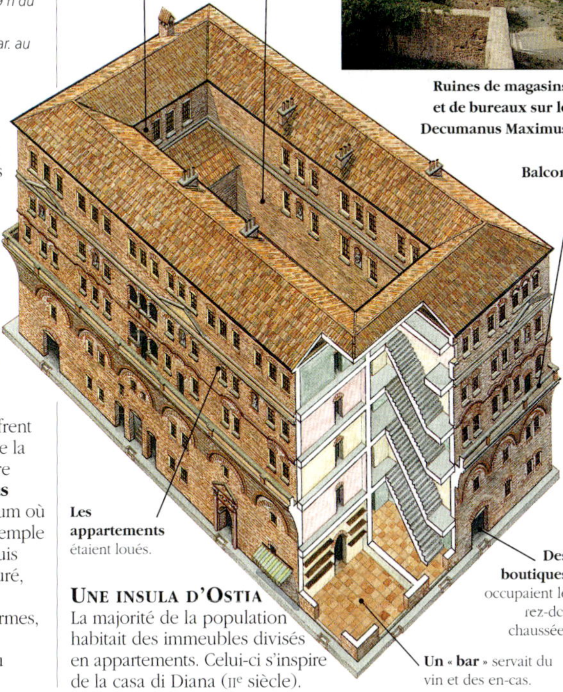

UNE INSULA D'OSTIA
La majorité de la population habitait des immeubles divisés en appartements. Celui-ci s'inspire de la casa di Diana (IIe siècle).

Frascati et les Castelli Romani 10

Roma. FS *Frascati.* *Piazza Marconi 1, Frascati (06 942 03 31).* **Villa Aldobrandini** *sur autorisation de l'office du tourisme.*

Les monts Albains servent depuis des siècles de lieu de villégiature aux Romains. Des villas les parsemaient pendant l'Antiquité, puis le Moyen Âge vit s'élever des châteaux pour protéger les 13 villages qui les jalonnent, d'où leur nom de Castelli Romani. Aux XVIe et XVIIe siècles, les familles patriciennes y bâtirent de luxueuses demeures de campagne cernées de jardins raffinés. Malheureusement, les nazis établirent leurs défenses dans les collines et les bombardements alliés ont causé de graves dommages.

Les vignobles des Castelli Romani produisent un vin blanc réputé.

Sur la place centrale de **Frascati** se dresse la villa Aldobrandini, majestueux édifice entouré d'un parc agrémenté de fontaines et de statues. À trois km au sud, l'abbazia di San Nilo fondée en 1004 à **Grottaferrata** abrite dans sa chapelle de superbes fresques peintes en 1610 par le Dominiquin. À 6 km au sud, **Castel Gandolfo** domine le lac d'Albano. Le pape y a sa résidence d'été. Il s'adresse à la foule depuis le balcon du palais pontifical dessiné par Carlo Maderno. À 10 km au sud-est s'étend le lac de **Nemi** où se mirent le village, renommé pour ses fraises, et son château du IXe siècle.

Des pentes boisées entourent le petit lac de Nemi

Tivoli, en été havre de fraîcheur en comparaison de Rome

Tivoli ⓫

Roma. 57 000. FS Largo Garibaldi (0774 33 45 22). mer.

Ville en terrasses accrochée sur les pentes des collines Tiburini, Tivoli devint pendant l'Antiquité un lieu de villégiature apprécié de personnages restés aussi célèbres que Mécène ou Catulle. Les temples où ils rendaient hommage aux divinités demeurent visibles par endroits. La plupart ne subsistent que sous forme de vestiges, parfois incorporés à des édifices médiévaux, mais le temple de la Sibylle (ou de Vesta), dans le jardin du restaurant Sibilla bordant la rue du même nom, a conservé son élégance.

Copies romaines de cariatides grecques à la villa Adriana

C'est la **villa d'Este** qui attire de nombreux visiteurs à Tivoli. Pirro Ligorio aménagea au XVIe siècle pour le cardinal Hippolyte d'Este cette somptueuse résidence à partir d'un couvent bénédictin. Des fresques maniéristes ornent l'intérieur des bâtiments, mais ce sont les jardins, qui offrent le plus d'intérêt. Rocailles et jeux d'eau y composent en effet un décor visuel et sonore inoubliable, notamment sur le viale delle Cento Fontane. La fontaine de l'Orgue, restée impressionnante, jouait jadis de la musique grâce à un mécanisme hydraulique.

De l'autre côté de la ville, une puissante cascade jaillit dans le parc de la **villa Gregoriana** devenue aujourd'hui un hôtel.

Aux environs

À 5 km à l'ouest de Tivoli, les ruines de la **villa Adriana**, résidence d'été bâtie par Hadrien de 125 à 135, offrent un cadre romantique où se promener ou pique-niquer. Ses souvenirs de voyage inspirèrent l'empereur quand il décida de son aménagement et il fit reproduire certaines des merveilles architecturales qu'il avait admirées dans le monde, notamment la Stoa Poikile, portique aux colonnes peintes où débattaient les philosophes stoïques d'Athènes. La propriété renfermait également deux thermes, des bibliothèques, un théâtre grec, un pavillon installé sur un îlot et une reproduction du temple de Sérapis d'Alexandrie. Soucieux du détail, Hadrien éleva cette dernière au-dessus d'un canal artificiel, le Canope, imitant la voie navigable conduisant au sanctuaire égyptien.

Villa d'Este
Piazza Trento. 0774 220 70.
du mar. au dim. 1er mai.

Villa Gregoriana
Piazza Massimo. t.l.j.

Villa Adriana
Villa Adriana. 0774 53 02 03.
t.l.j. 1er mai.

Palestrina ⓬

Roma. 16 000. Piazza Santa Maria degli Angeli (06 957 31 76). sam. et le 15 du mois.

Fragment d'une mosaïque d'une crue du Nil, musée de Palestrina

Fondée au VIIIe siècle av. J.-C., détruite par Sylla en 92 av. J.-C., la Praeneste antique devait son rayonnement à un immense complexe religieux dédié à la déesse Fortuna Primigenia où se rendaient certains des oracles les plus écoutés du monde romain. Reconstruit au Ier siècle av. J.-C., il s'étageait à flanc de colline et la Palestrina médiévale s'est élevée sur ses ruines. Des vestiges de colonnes et de portiques jalonnent ainsi la montée vers le **palazzo Barberini** bâti à l'emplacement d'un temple circulaire. Il abrite le **Museo Nazionale Archeologico**.

Museo Nazionale Archeologico
Via Barberini. 06 953 81 00.
t.l.j. 1er jan., 1er mai.

Subiaco 13

Roma. 9 000. Via Cadorna 59 (0774 82 20 13). sam.

Au Ve siècle, saint Benoît de Nursie et sa sœur Scholastique se retirèrent ici dans une grotte. Rejoints par des disciples, ils fondèrent douze couvents. Il n'en subsiste que deux. **Santa Scolastica** s'organise autour de trois cloîtres. Le premier date de la Renaissance, le deuxième est gothique et le troisième fut exécuté aux XIIe et XIIIe siècles par les Cosmas.

Plus haut, **San Benedetto** s'accroche à flanc de rocher au-dessus d'une gorge. Son église comprend deux niveaux. Gothique, l'église supérieure abrite des fresques siennoises du XIVe siècle. L'église inférieure, ornée de fresques du XIIIe siècle, donne accès au **Sacro Speco**, la grotte où saint Benoît resta trois ans et imagina la règle des bénédictins.

Santa Scolastica
3 km à l'E. de Subiaco. 0774 855 25. t.l.j.

San Benedetto
3 km à l'E. de Subiaco. 0774 850 39. t.l.j.

Montecassino 14

Cassino. 0776-31 15 29. FS Cassino puis bus. 8 h 30-12 h, 15 h 30-18 h t.l.j. (nov.-fév. 17 h).

Fondée en 529 par saint Benoît sur les ruines d'une acropole antique, la première abbaye bénédictine devint un des grands centres intellectuels européens et ses moines pratiquaient la miniature, la fresque et la mosaïque. Il connut son apogée au XIe siècle. Les Allemands s'y retranchèrent en octobre 1943 pour barrer la route de Rome aux Alliés qui venaient de prendre Naples et, malgré d'intenses bombardements, ils résistèrent pendant trois mois. Polonais, Américains, Français et Anglais périrent par milliers lors de la bataille de Cassino. 30 000 reposent dans le cimetière commémorant leur sacrifice.

Les monastères du Latium

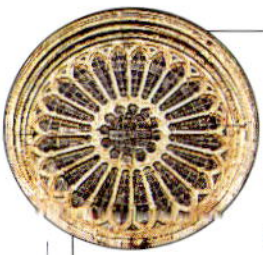

Rosace à Fossanova

Saint Benoît fonda vers 529 l'abbaye de Montecassino où il rédigea la règle bénédictine qui définit une pratique de la chasteté, de la pauvreté et de l'obéissance basée sur la prière, l'étude et le travail manuel. Richesse et puissance politique conduisirent de nombreux monastères à en oublier les principes et, au XIe siècle, les cisterciens éprouvèrent le besoin de revenir à sa source. Ils fondèrent leur première abbaye à Fossanova, puis s'établirent, entre autres, à Valvisciolo (au nord-est de Sermoneta) et à San Martino in Cimino (près du lac de Vico). Le dépouillement de leurs églises gothiques reflète leur aspiration à retrouver l'austérité et le recueillement prônés par saint Benoît.

***L'abbaye de Montecassino**, qui datait du XVIIe siècle, fut reconstruite à l'identique après sa destruction en 1944.*

***L'abbaye de San Benedetto** s'élève à Subiaco au-dessus de la grotte de saint Benoît. Un escalier taillé dans le roc descend jusqu'à la caverne où il prêchait les bergers.*

***L'abbaye de Casamari**, fondée en 1035 à 14 km à l'est de Frosinone, fut reconstruite en 1203 par des cisterciens.*

Le village abandonné de Ninfa est devenu un superbe jardin

Anagni ⓯

Frosinone. 19 000. FS *Piazza Innocenzo II (0775 72 78 52).* *mer.*

Selon la légende, Saturne créa cinq villes, Anagni, Alatri, Arpino, Arche et Atina, dans le sud-est du Latium, une région appelée la Ciociaria car on y portait encore il y a vingt ans les *ciocie*, des sandales en écorce.

Plusieurs tribus s'étaient implantées sur ce territoire avant sa conquête par les Romains : les Volsques, les Sannites et les Herniques. Elles ont laissé peu de traces en dehors des remparts extraordinaires dont elles entouraient leurs colonies, des fortifications si imposantes qu'elles ont pris le nom de « murs cyclopéens ».

Capitale des Herniques jusqu'à sa destruction en 309 av. J.-C. par les Romains, **Anagni** vit naître plusieurs papes au Moyen Âge, dont Boniface VIII qui fit construire à la fin du XIIIe siècle un palais qui se dresse toujours dans la vieille ville superbement préservée. À l'emplacement de l'ancienne acropole, la cathédrale romane **Santa Maria** abrite un beau pavement cosmatesque exécuté en 1227 et des peintures murales de l'école siennoise du XIVe siècle. Vassalletto sculpta en 1263 le baldaquin et le chandelier pascal. Un superbe ensemble de fresques des XIIe et XIIIe siècles orne les parois de la crypte.

Aux environs

Perchée sur un flanc de colline planté d'oliviers à 28 km à l'est d'Anagni, **Alatri** fut une des plus importantes cités des Herniques et elle a conservé de son acropole du VIIe siècle av. J.-C. une enceinte cyclopéenne longue de 2 km et haute de 3 m. Dans la ville médiévale, au-dessous des murailles, l'église romane Santa Maria Maggiore, très restaurée au XIIIe siècle, possède une belle rosace.

À 40 km à l'est, **Arpino**, ville natale de Cicéron (106-43 av. J.-C.) dont le centre est resté moyenâgeux, s'étend à 3 km des ruines de Civitavecchia où de remarquables murailles cyclopéennes comprennent une porte à la forme ogivale particulièrement rare.

Porte ogivale de l'enceinte cyclopéenne d'Arpino

Sermoneta et Ninfa ⓰

Latina. FS *Latina Scalo.* *depuis Latina.* *Via Duca del Mare 19, Latina (0773 69 54 04 17).* **Ninfa** *de juil. à oct. : 1ers sam. et dim. du mois ; sporadiquement en mai.*

Perché au-dessus de la plaine Pontine, Sermoneta est un bourg charmant dont les ruelles pavées sinuent entre des maisons, des églises et des palais médiévaux. Dans la nef droite de la collégiale, un panneau par Benozzo Gozzoli représente la Vierge portant la ville dans ses mains, ce qui permet d'en découvrir l'aspect au XVe siècle. Imposante forteresse, le castello Caetani (XIIIe et XVe siècles) abrite des fresques mythologiques d'un élève du Pinturicchio.

La vallée qui s'étend au-dessous de Sermoneta renferme les ruines du village médiéval de **Ninfa** abandonné au XVIIe siècle. En 1921, la famille Caetani les aménagea en un beau jardin botanique.

Terracina 17

Latina. *40 000.* FS *Via Leopardi (0773 72 77 59).* *jeu.*

Devenue aujourd'hui une station balnéaire, Terracina était pendant l'Empire romain un important centre commercial sur la via Appia. Abandonnée au Moyen Âge à cause de la malaria, elle reprit vie après les travaux de drainage entrepris au XVIIIe siècle par Pie VI. La ville moderne, qui abonde en hôtels, restaurant et bars, s'étend sur le littoral au pied du quartier ancien, étonnant puzzle de vestiges antiques et de constructions médiévales.

Les bombardements de la Deuxième Guerre mondiale ont déterré une partie des structures de la ville romaine, notamment le dallage du forum, sur la piazza del Municipio où le **Duomo** conserve des éléments d'un temple romain, en particulier son escalier. Au sommet, une mosaïque du XIIe siècle orne un portique. Le beau pavement de la cathédrale date du XIIIe siècle. L'hôtel de ville voisin abrite les collections grecque et romaine du **Museo Archeologico**.

Le Duomo de Terracina et son escalier antique

À trois kilomètres au-dessus de la ville, le podium et les fondations du temple de Jupiter Anxur coiffent le monte Sant'Angelo. Illuminée la nuit, cette vaste plate-forme élevée au Ier siècle offre un panorama vertigineux de la plaine Pontine et de la baie de Terracina.

Museo Archeologico

Piazza Municipio. *0773 70 22 20.* *t.l.j.* *jours fériés.*

Sperlonga 18

Latina. *4 000.* *Piazza della Rimembranza (0771 547 96).* *sam.*

Ses plages de sable ont fait de Sperlonga une importante station balnéaire et bars, restaurants et boutiques ont envahi le village de pêcheurs original dont les maisons blanchies bordent ruelles et placettes sur un promontoire rocheux dominant la partie moderne de la ville qui s'est développée en bord de mer.

La région était déjà un lieu de villégiature pendant l'Antiquité et Tibère y avait, selon Suétone et Tacite, sa résidence d'été. En fouillant le site de sa villa, à 1 km au sud de Sperlonga sur la route de Gaeta, des archéologues ont découvert en 1957 une grotte ouverte sur la mer qui contenait de superbes groupes sculptés. Œuvres attribuées à Agesandros, Athanadoros et Polydoros, les artistes de Rhodes qui exécutèrent au Ier siècle av. J.-C. le *Laocoon*

Le littoral entre Gaeta et Terracina

Campanile du XIIIe siècle à Gaeta

(p. 407), ils représentent des épisodes de l'*Odyssée* d'Homère : *L'Aveuglement de Polyphème, L'Assaut de Scylla au navire d'Ulysse, Ménélas et Patrocle* et *L'Enlèvement du Palladium de Troie.* Ils s'admirent au **Museo Archeologico Nazionale** installé dans la zone archéologique.

Zona Archeologica

Via Flacca. *0771 540 28.* *t.l.j.* *1er jan., 1er mai, 25 déc.*

Gaeta 19

Latina. *22 000.* *Piazza Traniello 19 (0771 46 27 67).* *mer.*

Le monte Orlando partage en deux cette cité dont le nom découlerait, selon Virgile, de celui de Caieta, la nourrice d'Énée qui y mourut. D'un côté, le quartier moderne et balnéaire s'étend le long des plages de sable de la baie de Serapo dans le golfe de Gaète. De l'autre, une puissante forteresse aragonnaise domine les maisons de la vieille ville.

Le plus beau monument de Gaeta est le campanile de son **Duomo**. De style roman mais marqué d'influences maures, il présente en décor des disques de faïence. À l'intérieur de la cathédrale, des épisodes des vies du Christ et de saint Érasme ornent le candélabre pascal du XIIIe siècle. En bord de mer, la minuscule église de **San Giovanni a Mare** date du Xe siècle et possède un sol en pente pour évacuer l'eau en cas de tempête.

L'Italie du Sud

L'Italie du Sud d'un coup d'œil

L'empreinte d'une histoire longue et mouvementée reste visible en Italie du Sud. La culture nouragique a laissé près de 7 000 édifices mégalithiques en Sardaigne, des ruines grecques jalonnent la côte méridionale de la péninsule et le littoral sicilien, Pompéi demeure telle qu'au moment de sa destruction en 79. Le Moyen Âge et le baroque ont paré de chefs-d'œuvre architecturaux Naples, la Pouille et la Sicile. Chaque terroir possède ses spécialités culinaires, à découvrir, ainsi que de superbes paysages, lors d'un vagabondage dans les régions les plus sauvages.

***Dans le Parco Nazionale d'Abruzzo**, une vaste réserve naturelle, vivent loups, ours et 300 espèces d'oiseaux* (p. 490-491).

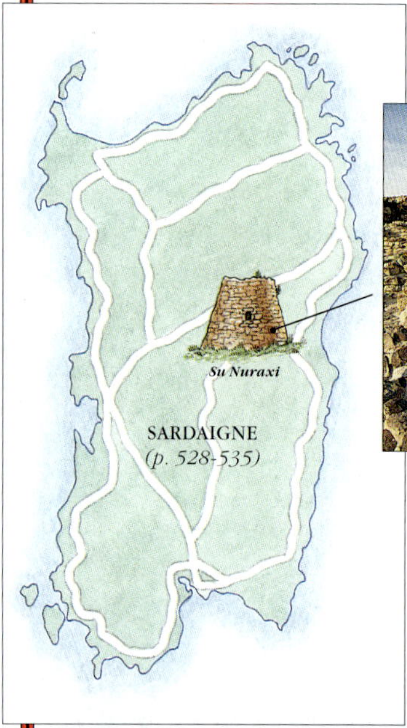

***Su Nuraxi, à Barumini**, fondé vers 1500 av. J.-C., est le plus connu des sites nouragiques de Sardaigne* (p. 533).

***Le cloître** de la cathédrale de Monreale présente une décoration où styles arabe et roman se marient pour composer un chef-d'œuvre de l'architecture normande* (p. 514-515).

***La vallée des temples d'Agrigente**, en Sicile, renferme certaines des plus belles ruines grecques hors de Grèce. Doriques pour la plupart, elles datent des VIe et Ve siècles av. J.-C.* (p. 520).

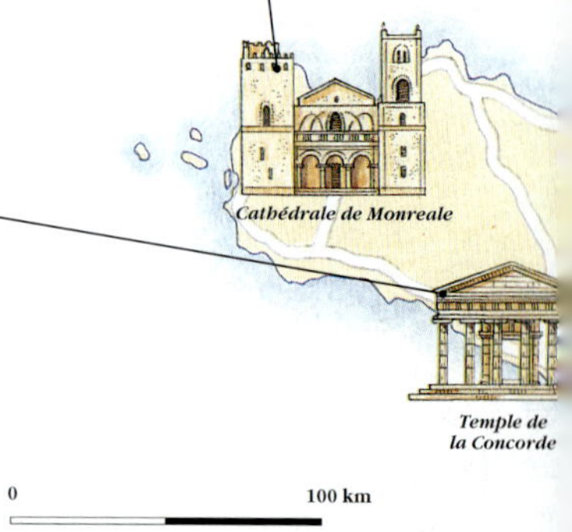

◁ **Vignes et citronniers sur la Costiera Amalfitana (côte amalfitaine)**

Le Museo Archeologico Nazionale *de Naples possède l'une des plus riches collections archéologiques du monde grâce aux très nombreux objets, céramiques et sculptures découverts à Herculanum et Pompéi* (p. 474-475).

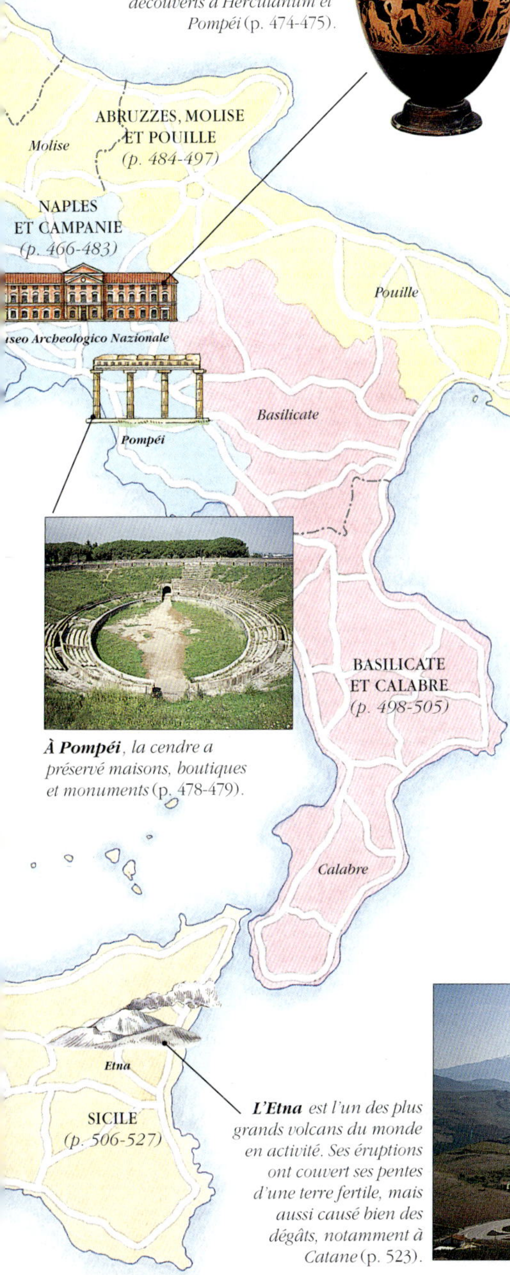

À Pompéi, *la cendre a préservé maisons, boutiques et monuments* (p. 478-479).

L'église Santa Croce *offre un excellent exemple, du décor élaboré de sa rosace aux sculptures de ses chapiteaux, du baroque plein d'humour de Lecce* (p. 496-497).

L'Etna *est l'un des plus grands volcans du monde en activité. Ses éruptions ont couvert ses pentes d'une terre fertile, mais aussi causé bien des dégâts, notamment à Catane* (p. 523).

Les spécialités de l'Italie du Sud

Bien que la pizza napolitaine ait acquis une réputation méritée, les pâtes restent la base de l'alimentation en Italie du Sud et une visite de la Pouille ne saurait être complète sans dégustation des *orecchiette*. Nombre de plats et sauces accommodent les produits de la mer, cuisinés à l'huile d'olive et à la tomate, et tirent parti du large éventail de saveurs offert par les aromates méditerranéens. La place qu'y tiennent grillades et légumes frais fait de la cuisine de l'Italie du Sud l'une des plus saines d'Europe.

***Les olives**, vertes quand elles sont cueillies avant maturité, donnent lieu à de nombreuses préparations.*

***Les produits de la mer** se cuisinent en général simplement. Quelques gouttes d'huile d'olive ou de jus de citron suffisent à révéler la saveur des moules* (cozze), *des huîtres* (ostriche), *des crevettes* (gamberetti), *ou du poulpe* (polpo).

***Un assortiment de légumes** arrosés d'huile d'olive fait un délicieux hors-d'œuvre.*

***La pizza napolitaine** est une pâte fine nappée de tomates et d'anchois à l'ail et au basilic.*

***Les maccheroni con le sarde** siciliens associent sardines, fenouil, raisins secs, pignons, chapelure et safran.*

***Le pesce spada** (espadon) se déguste grillé, ou poêlé avec du citron et de l'origan, en Campanie, en Pouille et en Sicile.*

***L'agneau rôti** (agnello arrosto) ou à la broche, parfumé au thym et au romarin, est une spécialité sarde.*

La cassata sicilienne *est une glace à la ricotta, aux fruits confits, à la pistache et aux copeaux de chocolat.*

Le nougat, *en Sardaigne, incorpore le plus souvent des amandes mais aussi parfois du chocolat.*

De nombreux biscuits et gâteaux *se préparent à l'occasion d'une célébration religieuse. Souvent au miel et aux amandes, parfois frits, ils peuvent être fourrés d'une crème à la ricotta comme les cannoli siciliens.*

Les condiments de l'Italie du Sud

Ce sont des condiments tels l'origan, le romarin, le basilic, la sauge et les câpres, et des ingrédients comme les tomates séchées, les anchois et les sardines, qui donnent leur cachet aux plats du Sud.

Romarin

Origan

Câpres

Sardines

Tomates séchées

Les fromages du Sud

Fromage de brebis, la ricotta entre dans la composition de nombreux plats, tandis que la mozzarella di bufala, au lait de buffle, se déguste seule. Particulièrement bon en Basilicate, le scamorza s'apprécie aussi fumé. De texture plus ferme, le provolone peut être doux ou vieilli.

Provolone

Scamorza

Ricotta

Mozzarella

Scamorza fumé

Vin blanc sicilien

Un bon marsala

Vin

Les coteaux ensoleillés du Sud produisent du vin depuis l'âge du bronze, notamment en Pouille, la plus grande région productrice de la péninsule, et en Sicile d'où proviennent certains des meilleurs crus. Parmi les bons producteurs figurent Regaleali, Rapitalà, Corvo et Donnafugata. Pour le marsala, vin liquoreux sicilien *(p. 518)*, essayez De Bartoli, idéal pour le dessert.

Huile pimentée (olio santo)

Huile d'olive (olio di oliva)

Huile d'olive

L'*olio di oliva* est une des bases de la cuisine de l'Italie du Sud et il reste possible de trouver de l'*extra vergine* produite artisanalement. Pimentée, l'*olio santo* s'utilise (avec prudence) en condiment, notamment sur les pizzas.

L'architecture de l'Italie du Sud

L'architecture romane doit beaucoup en Italie méridionale aux Normands venus de France qui s'imposèrent aux XIe et XIIe siècles. S'ils reprirent la Sicile aux Sarrasins, ils gardèrent à leur cour de Palerme des artistes musulmans dont l'influence, souvent mêlée à des apports byzantins, marque de nombreux édifices de cette époque. Au XVIIe siècle, ce sont le baroque romain et les traditions hispaniques qui se métissent dans une région alors sous contrôle espagnol. Ce mariage donne lieu à des déclinaisons différentes : décor foisonnant à Lecce, en Pouille, majesté des volumes à Naples.

Décor baroque à la villa Palagonia de Bagheria

L'architecture romane

***La cathédrale de Cefalù**, entreprise par Roger II en 1131, est, avec ses tours massives caractéristiques, l'une des grandes églises normandes de Sicile* (p. 519).

***Une mosaïque byzantine** du Christ Pantocrator orne la Cappella Palatina* (p. 510).

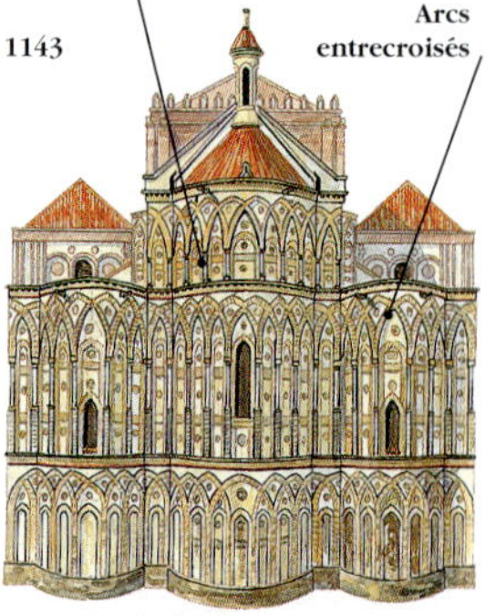

***La cathédrale de Monreale**, bâtie par le Normand Guillaume II à partir de 1172, possède un chevet polychrome au décor arabisant* (p. 514-515).

L'architecture baroque

***Le Palazzo Reale** de Caserte, entrepris en 1752 par Luigi Vanvitelli pour Charles III, devait rivaliser par son ampleur avec Versailles. Des effets de perspective renforcent l'impression d'espace offerte par le vestibule d'où un escalier d'apparat conduit aux appartements royaux* (p. 480).

***Les stucs** de l'oratorio di Santa Zita témoignent à Palerme du caractère enjoué de l'art du maître baroque Giacomo Serpotta* (p. 513).

OÙ VOIR L'ARCHITECTURE DE L'ITALIE DU SUD

Avec le nord de la Sicile aux villes ornées de superbes cathédrales normandes, la Pouille est la région la plus riche en églises romanes. Parmi les plus belles figurent celles de Trani *(p. 493)*, de Canosa, de Molfetta et de Bitonto près de Bari ; celle de Ruvo di Puglia *(p. 494)* ; celle de San Leonardo di Siponto sur le promontoire du Gargano ; et celle de Martina Franca près d'Alberobello. Le baroque fleurit à Naples et en Pouille, notamment à Lecce *(p. 496-497)*. En Sicile, s'il s'admire avant tout à Palerme *(p. 510-513)*, Bagheria *(p. 516)*, Noto, Modica, Raguse et Syracuse *(p. 526-527)*, les églises de Piazza Armerina *(p. 521)*, Trapani *(p. 516)*, Palazzolo Acreide (près de Syracuse) et Acireale (près de Catane) méritent également une visite.

Portail du Duomo de Ruvo di Puglia

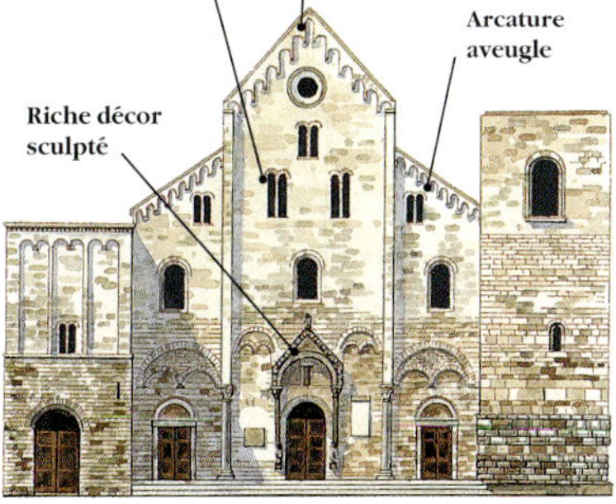

La basilica di San Nicola *de Bari, consacrée en 1197 et modèle de nombreuses églises de la Pouille, est typique de l'architecture normande avec ses deux tours et sa façade divisée à l'image de l'intérieur* (p. 494).

La cathédrale de Troia *(1093-1125), à la façade d'inspiration pisane, présente des éléments de décor byzantins et arabes* (p. 527).

La façade du Duomo *de Syracuse (1728-1754) par Andrea Palma joue sur le contraste entre courbes et droites* (p. 526-527).

San Giorgio *(1738-1775), à Raguse, possède une façade par Gagliardi dont le décor entraîne le regard vers le clocher* (p. 527).

La chiesa del Rosario *de Lecce, bâtie par Lo Zingarello à partir de 1691, présente une foisonnante décoration sculptée* (p. 496-497).

Les Grecs en Italie du Sud

Les premiers Grecs s'installèrent en Italie dès le XIe siècle av. J.-C. près de Naples. Cinq siècles plus tard, les colonies formant la Grande-Grèce étaient devenues une importante puissance commerciale en Méditerranée. Leurs cités, où vécurent Pythagore, Archimède et Eschyle, se parèrent de temples et de monuments et leurs vestiges comprennent certaines des plus belles ruines hellènes. Elles s'admirent notamment à Syracuse et Gela en Sicile, et à Crotone, Locri et Paestum dans la péninsule. Les excellents musées archéologiques de Syracuse, Naples et Tarente présentent les objets découverts dans les sites de fouilles.

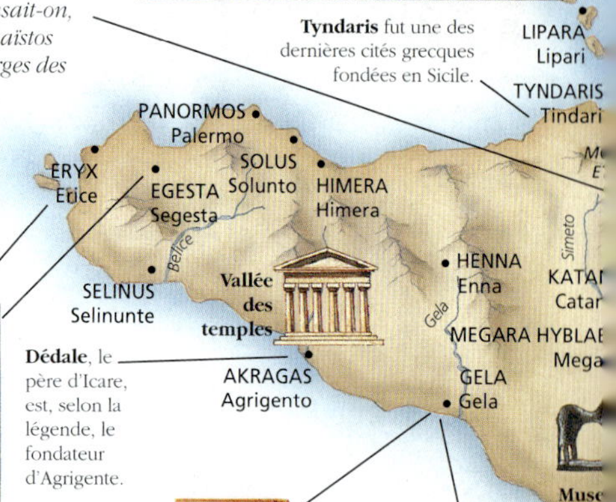

L'Héraklia grecque *resta dédiée à Hercule en devenant la romaine Herculanum qu'une éruption du Vésuve ensevelit en 79* (p. 479).

De Poséidonia *(actuelle Paestum), cité dédiée au dieu de la Mer, subsistent des ruines du VIe siècle av. J.-C., notamment deux temples doriques bien conservés* (p. 482-483).

L'Etna *abritait, pensait-on, la demeure d'Héphaïstos (Vulcain) et les forges des Cyclopes* (p. 523).

Tyndaris fut une des dernières cités grecques fondées en Sicile.

Éryx, qui fonda la ville, était le fils d'Aphrodite et de Poséidon.

Dédale, le père d'Icare, est, selon la légende, le fondateur d'Agrigente.

Museo Archeologico Regionale Paolo Or

Egesta *était une colonie des Élymes, peuple dont les origines remontent peut-être à Troie. L'influence de ses voisins grecs marque cependant les ruines du théâtre et du temple qui nous sont parvenues* (p. 518).

Gela connut une grande prospérité sous Hippocrate au Ve siècle av. J.-C.

Eschyle *mourut à Gela en 456 av. J.-C. Père de la tragédie grecque, il écrivit notamment* Prométhée enchaîné, Les Suppliantes *et* Sept contre Thèbes.

0 100 km

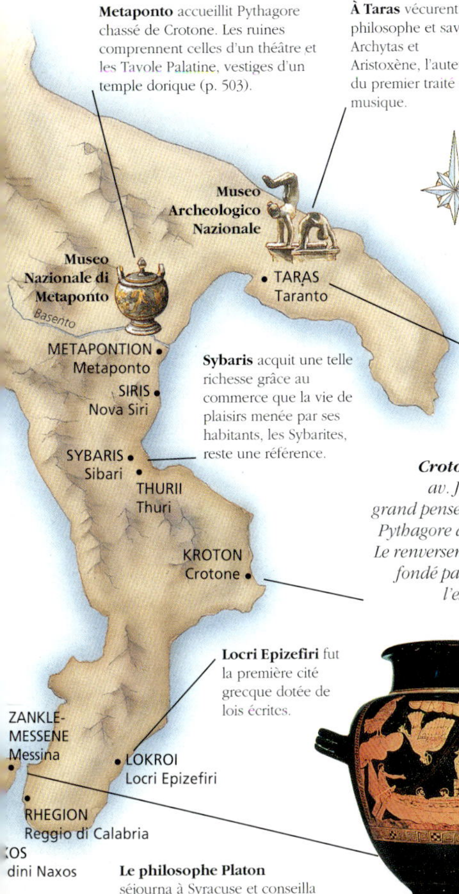

Metaponto accueillit Pythagore chassé de Crotone. Les ruines comprennent celles d'un théâtre et les Tavole Palatine, vestiges d'un temple dorique (p. 503).

À Taras vécurent le philosophe et savant Archytas et Aristoxène, l'auteur du premier traité de musique.

Taras fut fondée par des Spartiates au VIIIe siècle av. J.-C.

Sybaris acquit une telle richesse grâce au commerce que la vie de plaisirs menée par ses habitants, les Sybarites, reste une référence.

La Grèce et ses colonies

VIIe-V^e *siècles av. J.-C.*

Crotone *devint vers 540 av. J.-C. le centre d'où le grand penseur et mathématicien Pythagore diffusa sa philosophie. Le renversement du gouvernement fondé par ses disciples l'obligea à l'exil après 30 ans de séjour.*

Locri Epizefiri fut la première cité grecque dotée de lois écrites.

Dans le détroit de Messine (p. 522), *Ulysse dut affronter Charybde, le tourbillon créé par la rencontre de deux mers. Un autre danger guettait les marins antiques : les sirènes. On voit ici le héros de* L'Odyssée *d'Homère attaché au mât de son navire pour résister à leur chant ensorcelant.*

Le philosophe Platon séjourna à Syracuse et conseilla son souverain, Denys le Jeune.

Archimède*, mathématicien et ingénieur, naquit à Syracuse vers 287 av. J.-C. Parmi ses découvertes figurent le théorème et la vis qui portent toujours son nom* (p. 526-527).

Déméter et Perséphone

À Enna *(p. 521)* se trouvait pendant l'Antiquité le centre religieux le plus important de Sicile, le temple de Déméter, déesse de la Terre, érigé en 480 av. J.-C. Selon la légende, c'était en effet dans un champ voisin qu'Hadès, seigneur des Enfers, avait entraîné de force Perséphone, fille de Déméter et de Zeus, dans son royaume souterrain. Le chagrin de Déméter rendit la terre stérile et plongea les hommes dans la famine. Le maître des dieux accepta d'intervenir et d'imposer la libération de sa fille à une condition : qu'elle n'ait rien mangé chez Hadès. Or, elle s'était laissé tenter par une graine de grenade. Depuis, Perséphone doit donc chaque année retourner plusieurs mois dans le royaume des Enfers, ces mois d'hiver où la végétation ne pousse pas. Pendant son séjour terrestre, du printemps à l'automne, la nature retrouve sa fertilité.

Statue de Perséphone

Naples et Campanie

Capitale de la Campanie, Naples est une des rares cités d'Europe à n'avoir jamais cessé de jouer un rôle de premier plan depuis l'Antiquité. Prospère colonie grecque puis romaine, elle réussit à défendre son autonomie après la chute de l'Empire, puis se donne en 1140 au Normand Roger II. Charles d'Anjou en fait en 1282 la capitale d'un royaume qui prendra diverses formes en sept siècles.

Vacarme, décrépitude et pauvreté règnent au centre historique de Naples comme dans les banlieues qui la cernent le long de la superbe baie où s'est développée son agglomération de plus de 2,5 millions d'habitants. Mais il règne aussi dans ces ruelles bordées d'une multitude de palais et d'églises baroques une vie d'une exubérance qui transcende la misère. À l'ouest de la ville s'élève le Vésuve et dans son ombre s'étendent les ruines de Pompéi et d'Herculanum, cités recouvertes par une éruption en 79. Les objets qui y furent mis au jour ont fait du musée archéologique de Naples l'un des plus beaux du monde. Au large se trouvent les jolies îles de Capri, d'Ischia et de Procida.

L'Antiquité a laissé de nombreux vestiges en Campanie, superbes temples grecs comme à Paestum ou ruines romaines telles celles de Bénévent ou Santa Maria Capua Vetere. Au sud de Naples, d'agréables stations balnéaires jalonnent la côte amalfitaine aux paysages d'une rare beauté. À l'intérieur des terres, de riches plaines et plateaux agricoles fournissent les légumes et les fromages qui constituent, avec les produits de la mer, la base d'une cuisine simple et saine. Le haut pays, peu visité, offre un visage plus austère.

Dans le Quartieri Spagnoli de Naples

◁ **Maisons de pêcheurs sur l'île de Procida dans la baie de Naples**

À la découverte de Naples et de la Campanie

Métropole anarchique, Naples offre la base la plus centrale d'où explorer la Campanie. Au nord, des plaines verdoyantes s'étendent jusqu'à Santa Maria Capua Vetere. À l'est se trouve la province montagneuse de Bénévent. Au-delà du Vésuve, Avellino reste marquée par les tremblements de terre dans une cuvette cernée de montagnes. Le littoral, au nord de Naples, présente moins d'intérêt que les ruines romaines qui le bordent, en particulier celles de Cumes. Au sud, cependant, la Costiera Amalfitana est spectaculaire. Après la presqu'île de Sorrente, la côte offre, à l'instar des îles de Capri, Ischia et Procida, de belles plages où se baigner.

La Campanie d'un coup d'œil

Bénévent 5
Capri 9
Caserte 4
Costiera Amalfitana 6
Ischia et Procida 10
Naples (Napoli) p. 470-477 1
Paestum 8
Pompéi p. 478-479 2
Salerne 7
Santa Maria Capua Vetere 3

Une rue de Naples vue depuis Santa Maria Maggiore

Légende

- Autoroute
- Route principale
- Route secondaire
- Parcours pittoresque
- Cours d'eau
- Point de vue

0 25 km

La Costeria Amalfitana vue de Ravello

Circuler

L'autoroute A 1 traverse le nord de la Campanie jusqu'à Naples, d'où la A 16 rejoint à l'est l'Adriatique. La A 3 dessert Salerne, puis contourne le massif du Cilento par l'intérieur des terres. Superbes routes de corniche, la N 145 et la N 163 relient les villages de la côte amalfitaine. C'est ensuite la N 267 qui longe le littoral. Des bateaux pour les îles de Capri, d'Ischia et de Procida partent de Mergellina et du Molo Beverello à Naples, de Sorrente, de Positano, d'Amalfi et de Salerne. Le train dessert les plus grandes villes et les principaux sites touristiques. Des cars circulent partout, mais les liaisons sont rares à l'intérieur du Cilento.

Voir aussi

- ***Hébergement*** p. 569-570
- ***Restaurants*** p. 602-604

Naples ❶

Saint Janvier, protecteur de Naples

Compact et riche en églises et palais, le centre de Naples s'organise autour de la piazza del Plebiscito et de quelques rues principales, notamment la via Toledo qui rejoint au nord la piazza Dante. À l'est de cette artère commerçante, les étroites via del Tribunale et via San Biaggio dei Librai traversent le cœur historique et bruyant de la cité. Au sud de la piazza del Plebiscito s'étend le quartier Santa Lucia, à l'ouest se trouvent le port de Mergellina et la colline résidentielle du Vomero.

La baie de Naples et le Vésuve

À la découverte du quartier de la cathédrale

Le nord-est de Naples renferme nombre des trésors artistiques et architecturaux de la ville, notamment le Museo Archeologico Nazionale et ses collections romaines provenant de Pompéi et Herculanum. Du Duomo gothique à la Porta Capuana Renaissance, les édifices y présentent une grande variété de styles.

San Giovanni a Carbonara

Via Carbonara 5. ☎ *081 29 58 73.*
◯ *lun.-sam.*

Le travail effectué dans cette église entreprise en 1345 pour effacer les outrages causés par les bombardements de la dernière guerre et des années de manque d'entretien est une des rares réussites à inscrire dans les annales napolitaines de la restauration de monuments. Bien que ce roi de Naples mourût excommunié, derrière le maître-autel se dresse le tombeau de Ladislas (1386-1414), chef-d'œuvre de Marco et Andrea da Firenze. La chapelle qui s'ouvre derrière présente un beau pavement de majoliques et des fresques du XVe siècle.

Tombeau de Ladislas, San Giovanni a Carbonara

La Porta Capuana, superbe monument Renaissance

Porta Capuana et Castel Capuano

Piazza Enrico de Nicola. ☎ *081 223 71 11.*

Encadrée de deux grosses tours qui faisaient partie des fortifications érigées par les Espagnols, la Porta Capuana, œuvre de Giuliano da Maiano achevée en 1490 par Luca Fancelli, avec ses sculptures délicates, la plus belle porte Renaissance d'Italie. Devant s'étend un marché très animé. Non loin, le Castel Capuano, entrepris par le roi normand Guillaume Ier et achevé par Frédéric II de Souabe, servit de résidence royale jusqu'en 1540. Il abrite le palais de Justice.

0 250 m

Naples d'un coup d'œil

Cappella Sansevero ⑥
Castel Nuovo ⑮
Duomo ④
Galleria Umberto I et Teatro San Carlo ⑰
Gesù Nuovo ⑬
Monte della Misericordia ⑤
Monteoliveto ⑭
Museo Filangieri ⑨
Museo Archeologico Nazionale *p. 474-475* ①

Palazzo Reale ⑱
Porta Capuana et Castel Capuano ③
Quartieri Spagnoli ⑯
San Domenico Maggiore ⑪
San Gregorio Armeno ⑧
San Giovanni a Carbonara ②
San Lorenzo Maggiore ⑦
Sant'Angelo a Nilo ⑩
Santa Chiara ⑫

Légende

- Station de métro
- Funiculaire
- Information touristique
- Église

À l'intérieur du Duomo

Duomo

Via Duomo 147. 081 44 90 97. t.l.j. 19 sept.

Élevée de 1294 à 1323, la cathédrale San Gennaro possède une façade du XIXe siècle percée de trois élégants portails sculptés en 1407. À l'intérieur, des colonnes antiques renforcent les piliers séparant les trois nefs. D'une richesse d'ornementation toute baroque, la cappella San Gennaro (3e chapelle à droite), décorée de peintures par Lanfranco et le Dominiquin, abrite le reliquaire qui renferme le crâne de saint Janvier et les ampoules contenant son sang coagulé. Celui se liquéfie miraculeusement deux fois par an, assurant les Napolitains que leur protecteur martyrisé en 305 veille toujours sur eux. Le reste de ses reliques se trouve dans la capella Carafa, joyau Renaissance bâti entre 1497 et 1506.

Le bas-côté gauche donne accès à la basilica di Santa Restituta fondée au IVe siècle sur le site d'un temple d'Apollon et remaniée au XIVe siècle. Dans sa nef droite, le baptistère du Ve siècle a conservé de belles mosaïques.

Mode d'emploi

1 200 000. Capodichino 4 km au N.-O. FS Napoli Centrale, Piazza Garibaldi. Piazza Garibaldi. Stazione Marittima, Molo Beverello & Mergellina. Piazza del Gesù Nuovo (081 551 27 01). t.l.j. San Gennaro : 19 sept.

Monte della Misericordia

Via Tribunali 253. *081 44 69 73. du lun. au sam. matin.*

Bâtie au XVIIe siècle, l'église octogonale appartenant à cette association charitable recèle les *Sept œuvres de Miséricorde* (1607) du Caravage. La collection de peintures de la galerie d'art comprend des toiles par Luca Giordano et Mattia Preti.

Cappella Sansevero

Via Francesco de Sanctis 19. *081 551 14 15. t.l.j.*

Chapelle funéraire de la famille Sangro di Sansevero, ce petit sanctuaire du XVIe siècle doit sa riche décoration baroque, où se mêlent symboles maçonniques et chrétiens, au prince Don Raimondo, personnage excentrique féru d'expériences étranges. Il réussit en particulier à ne conserver d'un homme et d'une femme enceinte que le squelette et le réseau formé par les vaisseaux sanguins. Ces « écorchés » sont exposés dans la crypte.

Des statues du XVIIIe siècle d'une étonnante virtuosité ornent la chapelle. Sculptée par Antonio Corradini, la *Pudeur* prend ainsi l'apparence d'une femme aux formes voluptueuses évoquées par un voile. En face, de l'autre côté du chœur, le *Désespoir* se débat contre le filet qui l'emprisonne. Moulé par un suaire, le *Christ mort* de Giuseppe Sammartino prend une présence saisissante.

Le *Christ mort* (1753) par Sammartino dans la cappella Sansevero

À la découverte du centre de Naples

La partie de Santa Lucia délimitée par la via Duomo à l'est, la via del Tribunale au nord, la via Toledo à l'ouest et la mer au sud forme le centre le plus ancien de Naples. De nombreuses églises des XIVe et XVe siècles ajoutent au plaisir de découvrir l'animation de ses rues.

Somptuosité baroque à San Giorgio Armeno

San Lorenzo Maggiore

Via Tribunali 316. *081 45 49 48.*
Église *t.l.j.* **Fouilles** *lun.-sam.*

Cette église franciscaine bâtie aux XIIIe et XIVe siècles pendant le règne de Robert le Sage d'Anjou connut un important remaniement baroque, puis une restauration qui lui rendit son austérité gothique mais lui laissa sa façade du XVIIIe siècle. C'est là que Boccace (1313-1375) aurait rencontré en 1334 Maria d'Aquino, fille naturelle de Robert qui lui inspira l'*Elegia di Madonna Fiammetta.*

Le sanctuaire abrite plusieurs beaux tombeaux, notamment celui sculpté en 1323 pour Catherine d'Autriche par un élève du maître gothique Giovanni Pisano. La nef droite donne accès au cloître d'un ancien couvent où séjourna le poète et humaniste Pétrarque (1304-1374). Des fouilles y ont mis au jour les vestiges d'une basilique romaine et d'édifices grecs et médiévaux.

Le déambulatoire de San Lorenzo Maggiore atteste une influence française

San Gregorio Armeno

Via San Gregorio Armeno 1.
081 552 01 86.
matin t.l.j.

Toujours occupé par des bénédictines, le couvent attaché à cette église accueillait des filles de la noblesse et elles y perpétuaient les habitudes de luxe acquises dans leur enfance, ce qui explique sans doute la somptuosité de la décoration baroque du sanctuaire. Il comprend des fresques par Luca Giordano. Dans la rue, de nombreux artisans vendent des figurines pour les célèbres crèches napolitaines *(presepi).*

Museo Filangieri

Palazzo Cuomo, Via Duomo 288.
081 20 31 75. *t.l.j.* *1er jan.*

De style Renaissance, le palazzo Cuomo (XVe siècle) abrite ce musée fondé en 1881 à partir des collections réunies par le prince Gaetano Filangieri et dont un incendie détruisit une partie en 1943. Outre les peintures d'artistes tels que Luca Giordano, Ribera et Mattia Preti, l'exposition propose aujourd'hui des porcelaines, des broderies, des manuscrits, des objets provenant de chantiers archéologiques locaux et des armes anciennes italiennes et espagnoles.

Sant'Angelo a Nilo

Piazzetta Nilo. *081 551 62 27.*
t.l.j.

Tombeau du cardinal Brancaccio, Sant'Angelo a Nilo

Sur une placette proche de l'université au cœur de la vieille ville, cette église du XIVe siècle recèle un beau monument Renaissance : le tombeau du cardinal Rinaldo Brancaccio. Dessiné par le Florentin Michelozzo et sculpté à Pise, il fut achevé en 1428. Donatello aurait exécuté l'ange tenant le rideau de droite, le relief de l'*Assomption* et la tête du cardinal.

San Domenico Maggiore

Piazza San Domenico Maggiore. 081 55 73 11. *t.l.j.*

Cette grande église d'origine gothique élevée entre 1283 et 1324 renferme d'intéressantes sculptures Renaissance ainsi que de belles œuvres par Tino da Camaino : la dalle tombale de Jean de Durazzo (mort en 1335), dans le transept sud, et les personnages soutenant le chandelier pascal (1585) du chœur. Jacopo della Pila exécuta en 1492 le mausolée Brancaccio de la Chiesa Antica. Le cappellone del Crocifisso abrite un *Crucifix* du XIIIe siècle, peinture sur bois objet d'un culte fervent car elle aurait parlé à saint Thomas d'Aquin. Des fresques (XVIIIe siècle) par Solimena ornent le plafond de la sacristie.

Détail de la façade de Gesù Nuovo

Santa Chiara

Via Benedetto Croce. 081 552 62 80. *t.l.j.*

Gravement endommagée par les bombardements de 1943, cette église bâtie au XIVe siècle dans le style gothique provençal retrouva lors de sa restauration sa simplicité originale. Elle abrite les tombeaux de plusieurs membres de la dynastie angevine. Tino da Camaino et son atelier sculptèrent ceux de Charles de Calabre (mort en 1328) et de sa femme Marie de Valois (morte en 1331). Derrière le maître-autel, le tombeau de Robert le Sage (mort en 1343), le père de Charles, est de Giovanni et Pacio Bertini. De superbes majoliques décorent le cloître attenant.

Gesù Nuovo

Piazza del Gesù Nuovo 2. 081 44 05 11. *t.l.j.* *31 jan., 16 nov.*

Valeriano, puis Fanzago et Fuga construisirent de 1584 à 1601 pour les jésuites cette église qui doit au palais des Sanseverino (XVe siècle) dont elle occupe l'emplacement sa façade ornée de reliefs en pointe de diamant. Typique du baroque napolitain, plus enclin à inciter à la ferveur collective qu'au recueillement, son décor baigné de lumière par cinq coupoles date des XVIIe et XVIIIe siècles et associe marbres polychromes et grandes fresques, par Ribera notamment. Solimena peignit au-dessus du portail *Héliodore chassé du temple*.

Monteoliveto

Piazza Monteoliveto. 081 551 33 33. *t.l.j.*

Bâtie en 1411 et restaurée après les bombardements de 1943, cette église révèle, une fois dépassé le tombeau (1627) de Domenico Fontana, l'architecte qui acheva la construction de la coupole de Saint-Pierre de Rome après la mort de Michel-Ange, toute la richesse de son intérieur décoré de nombreuses œuvres d'art Renaissance.

La cappella Mastroguidice abrite ainsi une *Annonciation* (1489) du sculpteur florentin Benedetto da Maiano. Celui-ci acheva également le monument à Marie d'Aragon (v. 1475) de la cappella Piccolomini, commencé par Antonio Rossellino. Une *Pietà* (1492) d'un grand réalisme par Guido Mazzoni occupe la cappella del Santo Sepolcro.

Ornées de fresques en 1544 par Vasari, l'ancienne sacristie renferme des stalles marquetées exécutées en 1510 par Giovanni di Verona.

***Pietà* (1492) de Guido Mazzoni dans l'église Monteoliveto**

Scène campagnarde en majolique dans le cloître de Santa Chiara

Naples : le Museo Archeologico Nazionale

Fondé en 1787, le musée archéologique de Naples, l'un des plus importants du monde, occupe d'anciennes écuries remaniées au XVIIe siècle pour accueillir l'Université qui resta dans ces bâtiments jusqu'en 1777. Les extraordinaires découvertes faites à Pompéi et Herculanum *(p. 478-479)* et la collection Farnèse, d'une exceptionnelle richesse en sculptures classiques, forment le noyau de ses collections. Endommagées par le tremblement de terre de 1980, elles restent partiellement en restauration.

Sacrifice d'Iphigénie
Cette fresque de Pompéi montre l'apparition d'Artémis venant offrir une biche en sacrifice afin de sauver la fille d'Agamemnon.

Casque en bronze
Probablement ornemental, ce casque de gladiateur provient d'Herculanum.

Pseudo-Sénèque
Découvert dans la villa des Papyrus d'Herculanum, ce buste qui représenterait l'écrivain Sénèque (v. 60 av. J.-C.-v. 39 apr. J.-C.) est du Ier siècle av. J.-C.

Détail de la mosaïque d'Alexandre
Cette mosaïque de la maison du Faune de Pompéi décrit la bataille d'Issos (333 av. J.-C.) entre le roi Perse Darius et Alexandre le Grand.

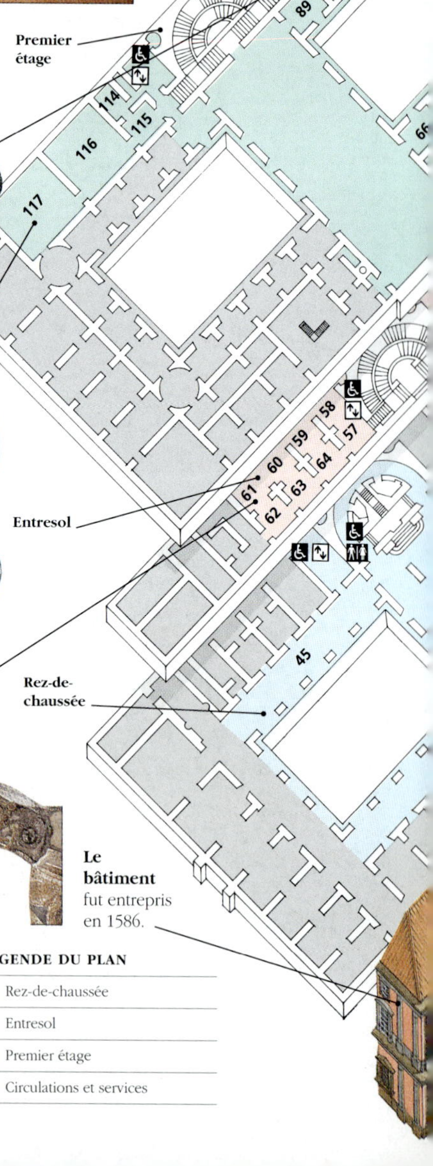

Le bâtiment fut entrepris en 1586.

LÉGENDE DU PLAN

- Rez-de-chaussée
- Entresol
- Premier étage
- Circulations et services

Vase bleu

Découvert dans une tombe de Pompéi, ce vase au décor délicat rajouté en pâte blanche sur un support translucide offre un bel exemple de la maîtrise des verriers romains.

MODE D'EMPLOI

Piazza Museo Nazionale 19.
081 44 01 66.
185, 42.
M *Piazza Cavour.*
de 9 h à 14 h du mer. au lun. (der. ent. : 1 h av. la ferm.).
1er jan., 25 déc.

Jeune fille

Cette fresque de Stabies représentant une jeune fille cueillant des fleurs a gardé toute sa fraîcheur.

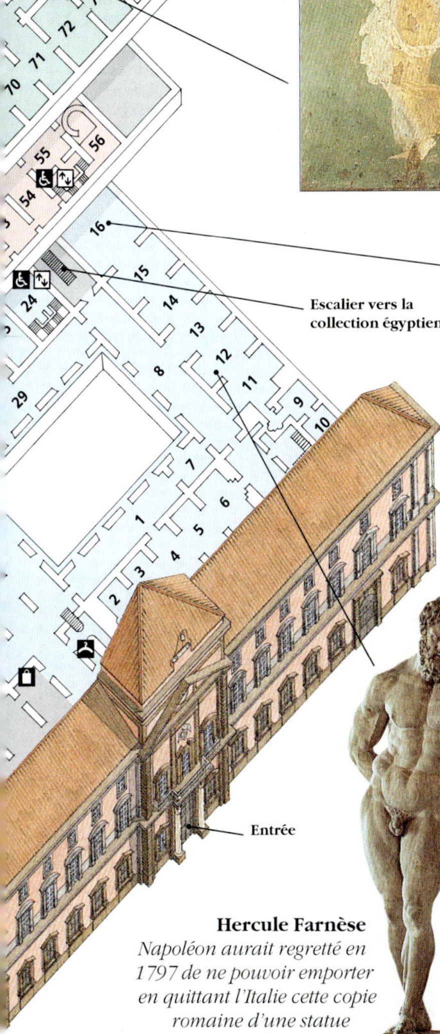

Taureau Farnèse (v. 200 av. J.-C.)

Le plus grand groupe sculpté antique à nous être parvenu décorait les thermes de Caracalla (p. 427) *à Rome. Amphyon et Zéthos attachent Dircé aux cornes d'un taureau pour venger leur mère Antiope.*

Hercule Farnèse

Napoléon aurait regretté en 1797 de ne pouvoir emporter en quittant l'Italie cette copie romaine d'une statue d'Héraclès sculptée par le Grec Lysippe.

SUIVEZ LE GUIDE !

Le rez-de-chaussée présente sur deux niveaux la collection égyptienne (en bas) et les sculptures, notamment celles de la collection Farnese. À l'entresol s'admirent les mosaïques de Pompéi. Le premier étage regroupe les objets usuels, les armes, les bronzes et les peintures murales provenant de Pompéi et d'Herculanum. Il arrive que certaines salles soient fermées sans avertissement. D'autres, comme celle des médailles ou celle des objets érotiques, sont ouvertes sur demande.

Naples du Castel Nuovo au Vomero

Au sud de Naples, le Quartier espagnol s'étend non loin des anciennes résidences royales. À la périphérie de la vieille ville, plusieurs édifices historiques abritent des musées.

Castel Nuovo

Piazza Municipio. 081 551 96 62. *du lun. au sam.* *certains jours fériés.* **Museo Civico** *du lun. au sam.*

Portant aussi le nom de Maschio Angioino, cette forteresse construite pour Charles Ier d'Anjou de 1279 à 1282 connut d'importants remaniements et ne conserve de ses origines que ses tours trapues et la Cappella Palatina au portail orné d'une *Vierge* (1474) par Francesco Laurana. Ce dernier dessina probablement aussi l'arc de triomphe dominant l'entrée du château. Érigé entre 1445 et 1468, il est orné d'un bas-relief commémorant l'entrée dans la ville d'Alphonse Ier d'Aragon en 1443. Les édifices antiques représentés à l'arrière-plan existaient encore à l'époque. La porte de bronze (1468) par Guillaume le Moine qui le fermait s'admire désormais au Palazzo Reale. Le Museo Civico occupe une partie du Castel Nuovo. Ses collections offrent un résumé de l'évolution de la peinture napolitaine du XVe au XIXe siècle. La cour accueille des représentations théâtrales.

Ruelle du Quartieri Spagnoli tracé au XVIIe siècle

Quartieri Spagnoli

Via Toledo (Roma) vers Via Chiaia.

Le Quartier espagnol doit son nom aux soldats qui tracèrent au XVIIe siècle son quadrillage serré de ruelles à l'ouest de la via Toledo. Encore marqué par le tremblement de terre, c'est sans doute l'endroit où la vie populaire napolitaine s'exprime avec le plus d'exubérance. Il devient toutefois moins souriant la nuit.

Museo Nazionale di San Martino

Largo di San Martino 5. *081 578 17 69.* *du mar. au dim. matin.*

Perchée sur le Vomero au-dessus de Santa Lucia, la certosa di San Martino offre une vue superbe sur la baie de Naples. Fondée au XIVe siècle, elle fut remaniée par certains des plus grands architectes et artistes du baroque napolitain, notamment Dosio et Fanzago qui construisirent entre 1580 et 1629 son église richement décorée de peintures du XVIIe siècle et le cloître d'où un escalier permet d'accéder au musée. Celui-ci comprend une section historique, une intéressante collection d'œuvres d'art et un ensemble exceptionnel de crèches *(presepi)* et de figurines.

Près de la chartreuse, le castel Sant'Elmo, bâti de 1329 à 1343 et reconstruit au XVIe siècle, accueille des expositions temporaires.

Museo Principe di Aragona Pignatelli Cortes

Riviera di Chiaia 200. *081 761 23 56.* *du mar. au dim.* *1er jan.*

Au pied du Vomero dans le quartier de Chiaia, la villa Pignatelli, de style néo-classique, a conservé les meubles, les porcelaines et les œuvres d'art qui formaient le décor luxueux d'une demeure patricienne.

L'entrée Renaissance du Castel Nuovo tranche sur les tours médiévales qui l'enserrent

Galleria Umberto I

Via Toledo. 081 797 23 03. *t.l.j. le matin.* *1er jan., Pâques, du 7 au 21 août, 25 déc.*

Inspirée de la galleria Vittorio Emanuele II de Milan *(p. 188)*, cette vaste galerie vitrée élevée en 1887 dut être reconstruite après la Deuxième Guerre mondiale. Elle fait face au **teatro San Carlo**, le plus grand opéra d'Italie. Bâti par Charles de Bourbon en 1737 et plusieurs fois remanié, il possède une salle décorée d'or et d'argent qui éveilla jadis l'envie des cours européennes.

Portrait de *Lavinia Vecellio* (v. 1540) par Titien au museo di Capodimonte

La grande verrière de la galleria Umberto I

Palazzo Reale

Piazza Plebiscito. **Museo** *081 41 38 88.* *du mar. au dim.* *1er jan., 1er mai, 25 déc.* **Biblioteca** *081 42 71 77.* *du lun. au ven.* *jours fériés.*

La Biblioteca Nazionale occupe une grande partie de l'élégant palais royal entrepris en 1600 pour les vice-rois espagnols par Domenico Fontana, puis embelli et agrandi par ses occupants successifs. Outre les peintures exposées au musée, sa visite permet de découvrir les anciens appartements royaux, ornés de mobilier d'époque, de tapisseries et de porcelaines, ainsi que le teatrino di Corte construit par Ferdinando Fuga en 1768.

Commandées par le roi d'Italie Humbert Ier (1844-1900), les statues des neuf principaux souverains de Naples ornent la façade. De l'autre côté de la piazza del Plebiscito, **San Francesco di Paola** (1817-1846) s'inspire du Panthéon de Rome.

Villa Floridiana

Via Cimarosa 77. *081 578 84 18.* *du mar. au dim. matin.* **Parc** *t.l.j.* *1er jan., 1er mai, 25 déc.*

Dans un superbe parc dominant la baie, cette villa néo-classique abrite le **museo nazionale della Ceramica Duca di Martina** réputé pour ses collections de porcelaines, d'émaux et de majoliques.

Museo di Capodimonte

Parco di Capodimonte. *081 744 13 07.* *mar.-dim.*

Construit à partir de 1738 pour Charles III de Bourbon, le **palazzo reale di Capodimonte** abrite la remarquable collection de peintures réunie en grande partie par les Farnèse. Elle comprend des œuvres magnifiques par des artistes tels que Simone Martini, Masaccio, Sandro Botticelli, Raphaël, Titien, le Pérugin, Sebastiano del Piombo, le Caravage, El Greco et Pieter Bruegel.

Catacombes de San Gennaro

Via di Capodimonte 16. *081 741 10 71.* *t.l.j.*

Premier lieu de sépulture de saint Janvier (v. 250-305), ces catacombes s'ouvrent près de la petite basilique San Gennaro in Moenia fondée au Ve siècle et restaurée dans son aspect original. Creusées en grande partie dans le tuf, elles forment une nécropole souterraine où mosaïques et fresques, datant pour les plus anciennes du IIe siècle, témoignent des débuts du christianisme. Un peu plus loin, les catacombes de San Gaudioso s'étendent sous une église du XVIIe siècle : Santa Maria della Sanità.

Castel dell'Ovo

Borgo Marinari. *lors d'expositions.*

Au bout de la jetée du port de Santa Lucia, le château de l'Œuf commencé en 1154 prit son aspect actuel à la fin du XVIIe siècle. Résidence royale du temps des Normands et des Hohenstaufen, il appartient aujourd'hui à l'armée mais accueille expositions temporaires et spectacles.

Ses remparts dominent les restaurants de poissons installés sur les quais et la via Partenope, large et jolie promenade en bord de mer qui conduit à l'ouest à Mergellina.

Façade du Palazzo Reale

Pompéi ❷

Le 24 août 79, le Vésuve recouvrit de pierres et de cendres cette ville romaine de 25 000 habitants. Cette gangue protégea les édifices, souvent riches en peintures, mosaïques et sculptures, jusqu'au début des fouilles en 1748. Dans les rues pavées où les murs portent encore des graffiti, les fantômes d'un passé vieux de près de 2 000 ans semblent presque tangibles.

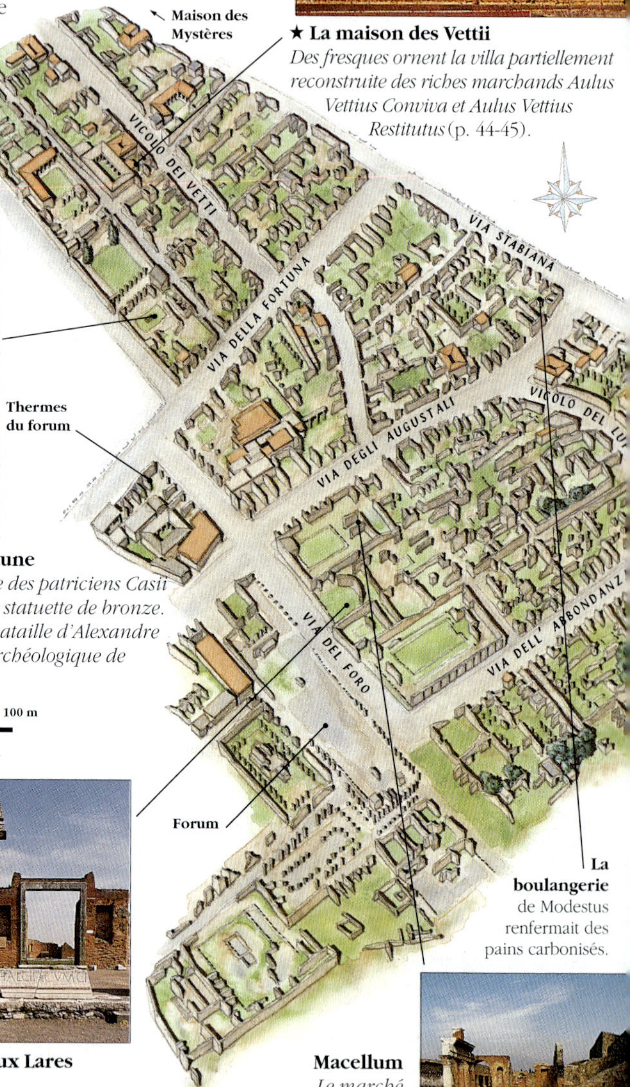

★ La maison des Vettii
Des fresques ornent la villa partiellement reconstruite des riches marchands Aulus Vettius Conviva et Aulus Vettius Restitutus (p. 44-45).

★ La maison du Faune
L'ancienne demeure des patriciens Casii doit son nom à cette statuette de bronze. La mosaïque de la Bataille d'Alexandre exposée au Musée archéologique de Naples en provient.

Thermes du forum

Forum

La boulangerie de Modestus renfermait des pains carbonisés.

Sanctuaire des dieux Lares
En face du forum et près du temple de Vespasien, il abritait les divinités protectrices de la ville.

Macellum
Le marché couvert atteste l'importance du commerce pour les Pompéiens.

À NE PAS MANQUER

★ La maison des Vettii

★ La maison du Faune

Les derniers jours de Pompéi
Toile de fond d'un opéra du même nom, cette peinture du XIXe siècle par Sanquirico montre l'éruption du Vésuve.

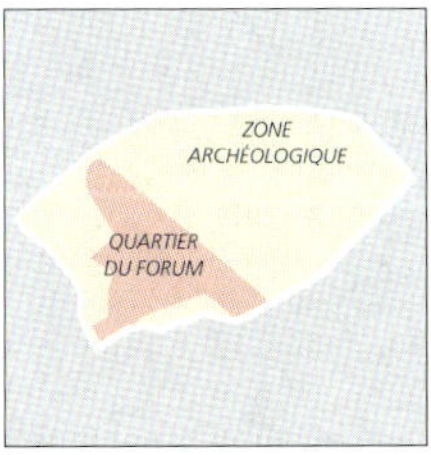

CARTE DE SITUATION

MODE D'EMPLOI

Piazza Esedra 5. 081 861 10 51. *Villa dei Misteri, Circumvesuviana Linea Napoli–Sorrento. Circumvesuviana depuis la piazza Garibaldi, Napoli. de 9 h à 1 h av. le crépuscule (der. ent. : 1 h av. la ferm.). 1er jan., lun. de Pâques, 1er mai, 15 août, 25 déc.*

LE QUARTIER DU FORUM

La partie occidentale de la ville renferme des ruines pour certaines remarquablement préservées. Les fouilles se poursuivent dans la partie est.

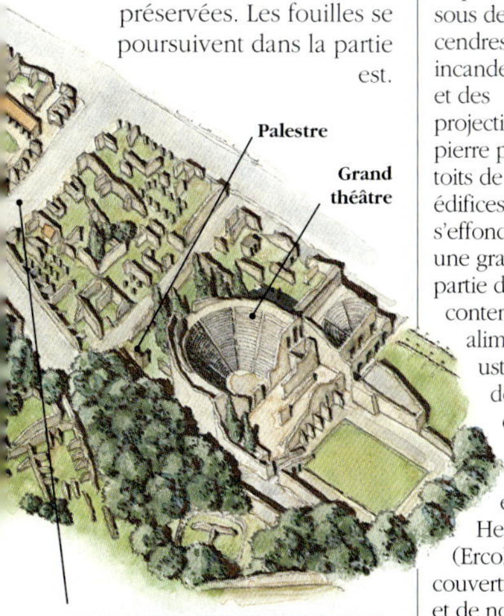

Via dell'Abbondanza
Ateliers, magasins et tavernes bordaient cette grande artère qui reste très évocatrice de la vie dans la cité antique.

LE VÉSUVE ET LES VILLES DE CAMPANIE

Près de 2 000 ans après l'éruption qui les détruisit, les cités romaines fondées au pied du Vésuve continuent de livrer leurs trésors. Au sud-est de Naples et du volcan, Pompéi et Stabies (Castellammare di Stabia) disparurent sous des cendres incandescentes et des projections de pierre ponce. Les toits de leurs édifices s'effondrèrent et une grande partie de leur contenu – tissus, bijoux, aliments, outils ou ustensiles domestiques – fut détruit. À l'ouest, c'est une coulée de boue qui engloutit Herculanum (Ercolano), préservant les couvertures des bâtiments et de nombreux objets. Presque tous les habitants de cette petite ville aristocratique purent s'échapper, alors qu'environ 2 000 Pompéiens périrent.

Soldat, écrivain et naturaliste, Pline l'Ancien (23-79) commandait au moment de l'éruption la flotte basée à Misène, à l'ouest de Naples. Il mourut asphyxié en se rendant à Stabies observer le phénomène de plus près et aider un ami qui possédait une villa menacée. Resté à Misène, de l'autre côté du golfe, son neveu Pline le Jeune a donné, dans une lettre adressée à Tacite, un compte-rendu détaillé, et fort utile aux scientifiques, des premières heures du drame.

Vase de Pompéi au Museo Archeologico Nazionale

Nous devons aux découvertes faites à Pompéi et Herculanum une grande partie de ce que nous savons de la vie quotidienne des Romains. La plupart des objets s'admirent au Museo Archeologico Nazionale de Naples *(p. 474-475)* et contribuent à faire de sa collection l'une des plus riches du monde. Sa visite est le complément naturel de celle de Pompéi, site où il y a déjà tellement à découvrir qu'il vaut mieux réserver une journée entière.

Le Vésuve n'est pas entré en éruption depuis 1944. Très surveillé, le volcan peut s'atteindre sans risque en train ou en voiture.

Moulage d'une mère et de son enfant au musée de Naples

Santa Maria Capua Vetere ❸

Caserta. 34 000. FS Via Albana (0823 79 95 89). jeu. et dim.

Ce bourg agricole occupe l'emplacement de l'antique Capoue, cité étrusque puis romaine dont les délices amollirent l'armée d'Hannibal. C'est son **amphithéâtre**, jadis le second en taille après le Colisée, qui donne le plus d'intérêt à sa visite bien qu'il n'en subsiste guère plus que les couloirs qui s'étendaient sous l'arène et les gradins. Spartacus les emprunta. Non loin se trouve un sanctuaire de **Mithra** des IIe et IIIe siècles orné d'une fresque bien conservée. À Capoue, le **Museo Archeologico dell'Antica Capua** présente les objets découverts lors de fouilles.

Amphithéâtre
Piazza Adriano. 0823 79 88 64. *t.l.j. comprend aussi l'entrée pour le* **Mithraeum** *t.l.j.*

Museo Archeologico dell'Antica Capua
Via Roma, Capua. 0823 84 42 06. *du mar. au dim. matin. 1er jan., 25 déc.*

Tunnel de l'amphithéâtre de Santa Maria Capua Vetere

Caserte ❹

66 000. FS Palazzo Reale (0823 32 63 00). mer. et sam.

La masse colossale du **Palazzo Reale** *(p. 462)* domine cette petite ville industrielle. Lorsqu'il en confia la construction, commencée en 1752, à l'architecte baroque Luigi Vanvitelli, Charles III de Bourbon voulait que ce palais rivalise en somptuosité avec celui de Versailles, et l'édifice compte plus de 1 000 pièces et plusieurs appartements royaux luxueusement décorés. Orné de jeux d'eau et de statues, son vaste parc est tout aussi spectaculaire.

Une des fontaines des jardins du Palazzo Reale de Caserte

Aux environs
À 10 km au nord-est, la petite cité médiévale de **Caserta Vecchia** recèle un beau Duomo (entrepris en 1113) à la décoration métissée d'influences arabes. Ferdinand IV fonda à 3 km au nord-ouest la ville de **San Leucio** qu'il voulait idéale. On continue à y travailler la soie, activité initiée par ce souverain.

Palazzo Reale
Viale Douhet. 0823 32 14 00. *t.l.j. 1er jan., 25 déc.*

Bénévent ❺

62 000. FS Via Sala 31 (0824 31 99 38). ven. et sam.

C'est à Bénévent, chef-lieu d'une province montagneuse et peu peuplée, que se trouve l'**arc de Trajan**, remarquable monument romain édifié de 114 à 166 pour célébrer la construction de la via Appia Traiana qui fonda la prospérité de la ville en lui assurant une position stratégique sur la route du commerce avec l'Orient. Parfaitement conservés, ses reliefs d'une grande finesse illustrent des épisodes de l'histoire de la cité et des actes de bienfaisance de l'empereur.

Les amateurs d'antiquités visiteront également les ruines du **théâtre romain** édifié au IIe siècle sous Hadrien et le **museo del Sannio** qui comprend une intéressante section archéologique. Sa collection d'œuvres d'art s'étend jusqu'à l'époque moderne.

Située sur le trajet de l'offensive alliée pendant la Deuxième Guerre mondiale, Bénévent subit d'intenses bombardements et sa cathédrale du XIIIe siècle dut être reconstruite. Elle possède une belle façade sculptée de style pisan. Des fragments de sa porte de bronze d'inspiration byzantine s'admirent dans la crypte.

Production locale, la Strega

Des reliefs superbement conservés ornent l'arc de Trajan (IIe siècle) de Bénévent

(Sorcière) est une marque de liqueur qui finance un prix littéraire décerné en été à Rome.

Théâtre romain
Piazza Gaio Ponzio Telesino. *du mar. au dim.* *jours fériés.*

Museo del Sannio
Piazza Santa Sofia. *0824 218 18.* *du mar. au dim.* *jours fériés.*

Costeria Amalfitana 6

Salerno. *Amalfi.* *Corso Roma 19/21, Amalfi (089 87 11 07).*

L'église d'Atrani domine la mer sur la Costiera Amalfitana

La plus belle des routes de Campanie sinue le long de la côte amalfitaine, littoral méridional de la péninsule de Sorrente. De nombreux plaisirs s'offrent à ceux qui l'empruntent : baignade, sublimes panoramas, dégustation de poissons grillés fraîchement pêchés ou d'un verre de Lacrima Cristi, vin blanc doux issu des vignes poussant sur les flancs du Vésuve.

Depuis **Sorrento**, prestigieuse station balnéaire où séjournèrent de nombreuses célébrités, la route en corniche rejoint **Positano**, village accroché à une falaise dans un site spectaculaire. Malgré les prix pratiqués dans cette localité vouée à un tourisme huppé, c'est un bon endroit où se baigner ou prendre le bateau ou l'hydrofoil pour Capri. Un peu plus loin, **Praiano** attire une clientèle tout aussi chic.

Amalfi, la ville la plus importante de la côte, fut une république maritime qui joua du IXe au XIe siècle un rôle de premier plan en Méditerranée. Entrepris au IXe siècle, son Duomo, bien que de style roman lombard, témoigne de ses relations commerciales avec le monde musulman. Attenant, le chiostro del Paradiso construit en 1268 servait de lieu de sépulture à la noblesse.

Depuis sa position dominante, **Ravello** offre les plus belles vues sur la Costiera, notamment depuis les jardins de la villa Cimbrone et de la villa Rufolo où Wagner trouva l'inspiration de son *Parsifal*. Son Duomo du XIe siècle possède une splendide porte de bronze (1179) par Barisano da Trani et une belle chaire du XIIIe siècle reposant sur six colonnes en hélice. La cappella San Pantaleone contient une ampoule du sang de ce saint du IVe siècle, patron de la ville, qui se liquéfie chaque année en mai et en août.

Au-delà d'**Atrani**, à **Minori**, les vestiges d'une villa romaine révèlent que cette côte était déjà un lieu de villégiature pendant l'Antiquité.

Le village de Positano sur la Costiera Amalfitana

Salerne ❼

Salerno. FS Salerno. *Piazza Ferrovia (089 23 14 32).*

Salerne est un grand port moderne et animé situé au fond du golfe où les Alliés débarquèrent en 1943. Malgré les dégâts causés par les bombardements, la vieille ville a gardé son cachet et son **Duomo** entrepris par le Normand Robert Guiscard (1015-1085) est précédé d'un atrium dont les colonnes antiques proviennent de Paestum. L'intérieur recèle des fragments de mosaïques du XIe au XIIIe siècle. Dans la crypte se trouve le tombeau de saint Matthieu. Parmi les ornements de la cathédrale aujourd'hui exposés au **Museo Diocesano** figure un remarquable devant d'autel en ivoire du XIIe siècle. Le **Museo Provinciale** présente une collection archéologique.

Aux environs
Au sud de Salerne, le massif montagneux du **Cilento** possède une côte presque aussi peu habitée que l'intérieur des terres. Parmi les localités qui la jalonnent, **Agropoli** est une petite station balnéaire animée à 42 km de Salerne. 28 km plus loin, près de Castellammare di Velia, se trouvent les ruines de la ville grecque d'**Élée** fondée au VIe siècle av. J.-C. Ses philosophes, notamment Zénon et Parménide, acquirent une haute réputation. Après sa conquête par les Romains, Cicéron y séjourna, ainsi qu'Horace à qui son médecin avait prescrit une cure de bains de mer. Des fouilles ont révélé une superbe porte du IVe siècle, la Porta Rosa, des thermes, les fondations d'un temple et des vestiges de l'acropole antique.

Le port de Salerne

Le temple d'Hera I (à gauche) et le temple de Neptune à Paestum

Museo Diocesano
Via Duomo. *089 23 91 26. t.l.j.*

Museo Provinciale
Via San Benedetto. *089 23 11 35. t.l.j. (dim. matin.) 1er et 3e lun. du mois.*

Paestum ❽

Zona Archeologica. *0828 81 10 16. depuis Salerne.* FS *Paestum. de 9 h à 1 h avant le crépuscule t.l.j.* **Museum** *1er et 3e lun. du mois. et certains jours fériés.*

Nulle part en Campanie n'ont subsisté autant de vestiges grecs qu'à Paestum, l'ancienne Poséidonia fondée au VIe siècle dans la plaine du Sélé qui coulait alors contre sa

Capri ❾

Napoli. *Capri. Piazza Umberto I, Capri (081 837 06 86).* **Grotta Azzurra** *depuis Marina Grande. par mer calme.* **Certosa** Via Certosa, Capri. *081 837 62 18. mar. au dim. matin.* **Villa Jovis** Via Tiberio. *t.l.j.*

Petit paradis terrestre de six kilomètres sur trois posé sur les eaux bleues de la Méditerranée dans le prolongement de la péninsule de Sorrente, Capri mérite sa réputation de piège à touristes. Le visiteur finit cependant par y oublier l'existence de la foule, présente quasiment toute l'année, pour tomber sous le charme d'une beauté qui séduisit les empereurs romains Auguste et Tibère. Au début du XIXe siècle, ce furent les romantiques, anglais et allemands en particulier, qui succombèrent à leur tour.

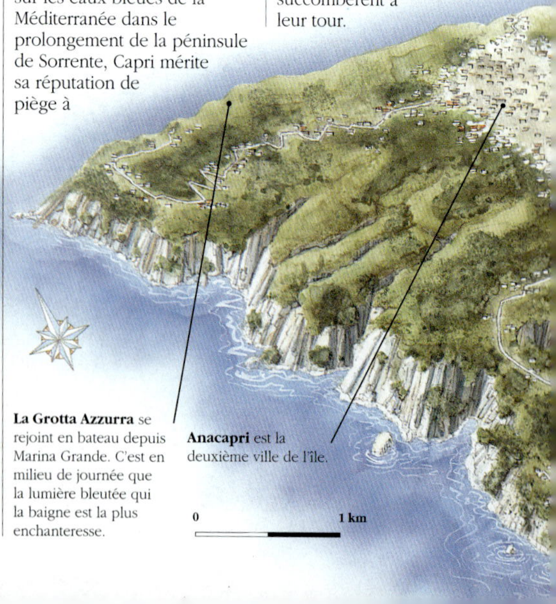

La Grotta Azzurra se rejoint en bateau depuis Marina Grande. C'est en milieu de journée que la lumière bleutée qui la baigne est la plus enchanteresse.

Anacapri est la deuxième ville de l'île.

muraille, toujours debout. Conquise par les Romains en 273 av. J.-C., elle tomba en déclin quand la région devint marécageuse. Après avoir perdu ses derniers habitants au IXe siècle, elle fut redécouverte vers 1750.

Trois temples ont établi sa renommée : le **temple d'Héra I**, appelé aussi **Basilica**, datant du VIe siècle av. J.-C., le superbe **temple de Neptune** élevé au Ve siècle av. J.-C. et remarquablement conservé, et le **temple de Cérès** construit à une période intermédiaire.

Des fouilles ont en outre mis au jour les vestiges de nombreux monuments et révélé l'organisation de la ville antique. Un **musée** expose les découvertes faites par les archéologues, notamment les fresques qui ornaient la tombe du Plongeur et un ensemble de reliefs du VIe siècle av. J.-C. parmi les plus importants à nous être parvenus.

Le golfe vu de Terra Murata, le point culminant de Procida

Ischia et Procida ⑩

Napoli. *Ischia Porto & Procida Porto.* *Via Iasolino, Ischia (081 99 11 46). Via Roma, Procida (081 810 19 68).*

Ischia est la plus grande des îles du golfe de Naples et elle attire sur ses plages presque autant de touristes que sa voisine Capri car elle présente l'avantage de proposer des hôtels aux tarifs plus accessibles. Les bateaux accostent à **Ischia Porto**, la partie moderne d'**Ischia**, la ville principale, que quelques minutes de marche séparent du quartier ancien : **Ischia Ponte**. Le nord et l'ouest de l'île en sont les parties les plus urbanisées, en raison notamment des stations qui se sont développées autour d'établissements thermaux. Sur la côte sud, plus calme, un ancien volcan, le **monte Epomeo**, domine le village de **Sant'Angelo**. Son sommet (778 m) offre un splendide panorama du golfe de Naples.

Petite (elle ne fait que 3,5 km de long), Procida, dont la ville principale s'appelle aussi **Procida**, reste plus authentique et reçoit moins de touristes qu'Ischia ou Capri. Elle n'en possède pas moins de belles plages, en particulier à **Chiaiolella**.

Abruzzes, Molise et Pouille

Depuis le talon de la botte formée par la péninsule italienne jusqu'à l'embouchure du Tronto, Pouille, Abruzzes et Molise offrent le long de l'Adriatique des paysages contrastés. À la plaine de Foggia qui fait de la Pouille une des grandes régions agricoles d'Italie s'opposent les hauteurs des Apennins qui culminent à 2 914 m dans les Abruzzes.

Pour conquérir le territoire du Molise et des Abruzzes actuels, les Romains durent affronter jusqu'au Ier siècle av. J.-C. des tribus installées dans les Apennins à l'âge du bronze. Au Moyen Âge, les Normands redonnèrent une unité à la région au XIIe siècle, mais les dynasties qui leur succédèrent sur le trône de Naples laissèrent se développer une multitude de petits fiefs dont les conflits freinèrent le développement économique. Aujourd'hui, le littoral, où se multiplient les stations balnéaires, prend un visage résolument moderne, alors que l'intérieur des terres reste agricole et que dans les villages de montagne la vie suit toujours un rythme d'un autre siècle.

En majeure partie plate et fertile, la Pouille a connu une histoire plus brillante que ses voisines. Après une longue présence grecque, l'Apulea romaine jouit sous l'Empire d'une grande prospérité grâce aux richesses importées d'Orient qui transitent par des ports tels que Brindisi et Bari. Un nouvel âge d'or, sous le gouvernement des Normands et, surtout, de Frédéric II de Souabe (1220-1250), parera ses villes de cathédrales romanes et de châteaux gothiques. Ils ne constituent pas ses seules richesses architecturales. Les étranges *trulli* de la Pouille centrale, l'éblouissant baroque de Lecce ou l'ambiance levantine des villes marchandes raviront aussi le visiteur. Celui-ci pourra également apprécier les vins, variés et réputés, et l'huile d'olive, d'une province où l'agriculture emploie encore plus de 15 % de la population active.

Discussion entre amies à Scanno dans les Abruzzes

◁ **C'est autour d'Alberobello et de Locorotondo, au centre de la Pouille, que se voient le plus de *trulli***

À la découverte des Abruzzes, du Molise et de la Pouille

Le village des *trulli* d'Alberobello en Pouille centrale

Dominé par les sommets de la chaîne des Apennins, qui culmine à 2 914 m au Gran Sasso, l'arrière-pays des Abruzzes et du Molise est l'un des derniers grands espaces naturels de l'Italie, riche en vastes forêts et en collines et plateaux verdoyants. En Pouille, le promontoire du Gargano possède un magnifique littoral. Au sud s'étendent la plaine fertile du Tavoliere di Puglia puis le plateau calcaire des Murges. Celui-ci s'étage jusqu'à la péninsule salentine, plate et sèche, que bordent l'Adriatique et le golfe de Tarente.

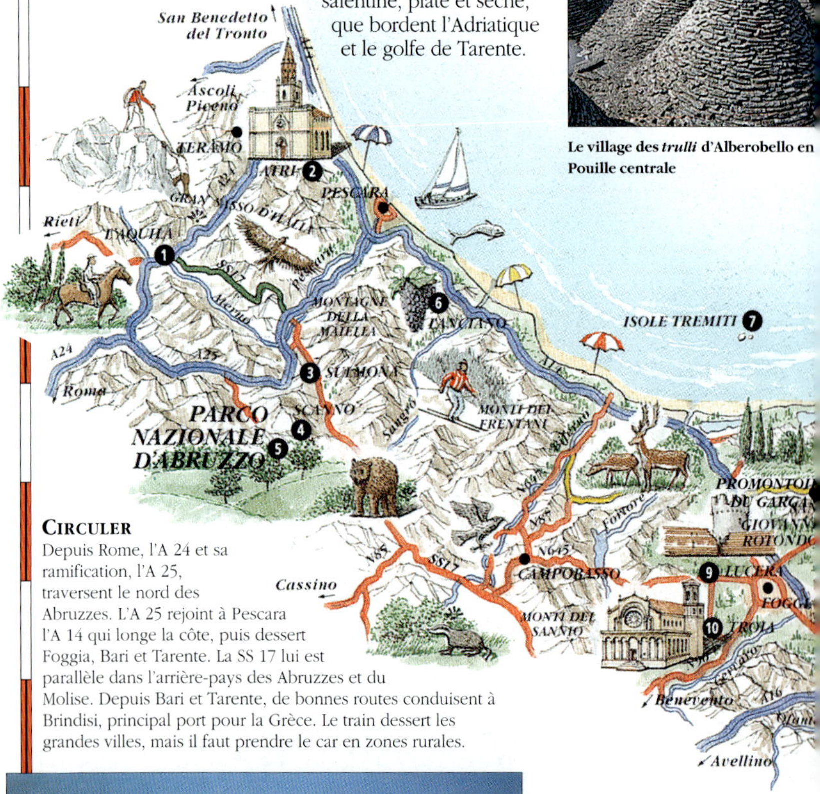

Circuler

Depuis Rome, l'A 24 et sa ramification, l'A 25, traversent le nord des Abruzzes. L'A 25 rejoint à Pescara l'A 14 qui longe la côte, puis dessert Foggia, Bari et Tarente. La SS 17 lui est parallèle dans l'arrière-pays des Abruzzes et du Molise. Depuis Bari et Tarente, de bonnes routes conduisent à Brindisi, principal port pour la Grèce. Le train dessert les grandes villes, mais il faut prendre le car en zones rurales.

Plage de Vieste sur le promontoire du Gargano en Pouille

0 50 km

Légende

- Autoroute
- Route principale
- Route secondaire
- Parcours pittoresque
- Cours d'eau
- Point de vue

LA RÉGION D'UN COUP D'ŒIL

Le Gran Sasso au nord de L'Aquila dans les Abruzzes

La rosace de Santa Croce, typique du baroque joyeux de Lecce

VOIR AUSSI

- ***Hébergement*** p. 571-572
- ***Restaurants*** p. 604-605

La splendide façade romane de Santa Maria di Collemaggio à L'Aquila

L'Aquila ❶

64 000. FS *Via XX Settembre (0862 223 06). t.l.j.*

Au pied du plus haut sommet de la péninsule italienne, le **Gran Sasso**, demeures et églises bordent les rues du centre historique de la capitale des Abruzzes. Au bout de la *via* qui porte son nom, **Santa Giusta** (1257) possède une belle rosace et abrite un *Martyre de saint Étienne* (1615) par le Cavalier d'Arpin. Près de la via Paganica, **Santa Maria di Paganica** présente une façade du XIVe siècle et un beau portail sculpté. De style néo-classique, la façade du **Duomo**, fondé en 1278, fut reconstruite au XVIIIe siècle.

Sur la piazza di Collemaggio, **Santa Maria di Collemaggio** est un superbe édifice à la façade parée de pierres ocre et roses. Pietro dal Morrone, le futur pape Célestin V, en commença la construction en 1287. Canonisé en 1313, il repose dans la chapelle à droite de l'abside dans un beau tombeau Renaissance. La sépulture d'un autre saint, Bernardin de Sienne, sculptée au début du XVIe siècle par Silvestro dell'Aquila, se trouve dans la **basilique San Bernardino**, sanctuaire bâti de 1454 à 1472 mais dont l'harmonieuse façade par Cola dell'Amatrice date de 1527. Le plafond baroque est de Ferdinando Mosca. Une terre cuite par Andrea della Robbia décore la deuxième chapelle de la nef droite.

Au terme de la via San Iacopo, la **fontanelle delle Novantanove Cannelle**, d'origine médiévale, évoque les 99 villages qui, selon la tradition, s'unirent pour fonder L'Aquila en 1240. De l'autre côté de la vieille ville, le château du XVIe siècle, abrite le **museo nazionale d'Abruzzo** qui comprend un département archéologique et de belles collections d'art.

Détail de la fontanelle delle Novantanove Cannelle à L'Aquila

Aux environs

Au nord de L'Aquila en direction de Teramo, il ne reste d'**Amiternum**, ville sabine puis romaine où naquit l'historien Salluste (86-35 av. J.-C.), que les ruines de son **théâtre** et de son **amphithéâtre**.

Museo Nazionale d'Abruzzo
Castello Cinquecentesco. *0862 63 31. t.l.j. 1er jan., Pâques, 25 déc.*

Atri ❷

Teramo. *11 000. lun.*

Jolie petite ville perchée des Abruzzes, Atri offre un dédale de ruelles, d'allées et de passages pentus bordés d'édifices anciens. Datant du XIIIe siècle, le **Duomo** occupe l'emplacement de thermes romains. La crypte était jadis une piscine et des fragments de sa mosaïque originale ornent désormais l'abside qui abrite un cycle de fresques d'Andrea Delito du XVe siècle. Du cloître, belle vue du campanile bâti en briques au XVe siècle.

Aux environs

Au sud d'Atri, les bâtiments en brique rouge bordant les rues de **Penne** lui donnent un aspect remarquablement homogène. À l'est d'Atri, **Loreto Aprutino** mérite une visite pour la fresque du *Jugement dernier* (XIVe siècle) de l'église Santa Maria in Piano.

Détail d'une fresque du XVe siècle par Andrea Delitio au Duomo d'Atri

Sulmona ❸

L'Aquila. *24 000.* FS *Corso Ovidio 208 (0864 532 76). mer. et sam.*

Cernée de montagnes, la ville natale du poète latin Ovide est aussi la patrie des *confetti*, dragées multicolores jetées en pluie sur les jeunes mariés pour leur ouvrir la voie de la prospérité et du bonheur. La cité a conservé de nombreux bâtiments anciens, notamment le long de la **via dell'Ospedale**. C'est toutefois sur le Corso Ovidio que se trouve le plus beau : le palais de l'**Annunziata**, entrepris en 1320, qui associe les styles gothique et Renaissance. Le **Museo Civico** qui l'occupe présente des antiquités découvertes dans la région, des peintures et des objets d'orfèvrerie. Attenante, l'église de l'**Annunziata** doit sa façade baroque à une reconstruction au XVIIIe siècle. Au terme du viale Matteotti, la cathédrale **San Panfilo** s'élève sur le site d'un temple romain. Sur la piazza del Carmine, **San Francesco della Scarpa** a conservé un portail gothique. Un aqueduc du XIIIe siècle alimente la **fontana del Vecchio** (1474).

Aux environs

À l'est de Sulmona, de splendides chemins de randonnée sillonnent les vallées boisées dominées par les 61 sommets de la Maiella. À l'ouest, à Cocullo, a lieu chaque année en mai la processione dei Serpari qui promène à travers la ville la statue recouverte de serpents du saint patron local, san Domenico Abate, car il aurait laissé au XIe siècle une molaire protégeant des morsures de ces reptiles.

Museo Civico
Palazzo dell'Annunziata, Corso Ovidio.
0864 21 02 16. du mar. au dim.

Ovide, le poète latin

Sulmona entretient avec ferveur le souvenir de son fils le plus célèbre. Elle a donné son nom à sa rue principale, le **corso Ovidio**, a dressé une statue à son effigie sur la piazza XX Settembre et lui à même attribué une **villa** en ruine à la sortie de la ville. Né en 43 av. J.-C., Publius Ovidius Naso passa son enfance à Sulmona avant de partir étudier à Rome. Auteur de grands classiques en vers tels que *L'Art d'aimer* ou les *Métamorphoses*, il tomba en disgrâce auprès d'Auguste *(p. 44-45)* pour une histoire d'aldutère et sous prétexte d'avoir fait preuve d'immoralité dans l'*Art d'aimer*, avant de périr en exil en 17 au bord de la mer Noire.

Scanno ❹

L'Aquila. *2 400.* *Piazza Santa Maria della Valle 12 (0864 743 17).* *mar.*

Remarquablement préservée dans le cadre sauvage que lui offrent les Apennins, cette petite ville médiévale est une étape touristique appréciée sur la route du Parco Nazionale d'Abruzzo *(p. 490-491)*, en particulier en été où les plaisirs permis par le vaste plan d'eau du **lago di Scanno** complètent ceux proposés en août par un festival de musique classique. En toute saison, ruelles, escaliers pentus, placettes et maisons anciennes éveillent la nostalgie d'une époque dont les broderies et bijoux fabriqués depuis des siècles à Scanno maintiennent vivant l'héritage. En janvier, pendant la festa di Sant'Antonio Abate, un grand plat de lasagnes est préparé puis distribué gracieusement devant l'église **Santa Maria della Valle**, sanctuaire de style bourguignon fondé au XIIIe siècle sur le site d'un temple païen.

Costume traditionnel porté à Scanno

Les maisons du village médiéval de Scanno se serrent dans les Abruzzes au pied des Apennins

Parco Nazionale d'Abruzzo ❺

Iris

Créé en 1923 dans la haute vallée du Sangro et inauguré en 1992, ce vaste parc où sommets dénudés, gorges, lacs et forêts composent de splendides paysages est l'une des plus importantes réserves naturelles d'Europe, refuge de 40 espèces de mammifères, 30 espèces de reptiles et 300 espèces d'oiseaux, dont l'aigle royal et le pic à dos blanc. Un réseau étendu de sentiers y permet de très nombreuses promenades à pied ou à cheval. Les visiteurs peuvent également pratiquer le canoë et le ski.

Des aigles royaux s'aperçoivent près du Sangro.

Des forêts couvrent les deux tiers du parc.

Chamois des Abruzzes
Cette espèce rare se reconnaît aux taches de son cou. Cerfs et chevreuils vivent aussi dans le parc.

Pescasseroli
Au creux d'une cuvette, cette petite station de ski et de villégiature renferme le centre de renseignements du parc et des hôtels.

Loup des Apennins
Environ 30 représentants de cette espèce rare vivent dans le parc, mais vous avez peu de chances d'en apercevoir un.

Ours marsicain
Cet ours brun faillit disparaître, mais il y en aurait entre 80 et 100 dans le parc, surtout sur les hauts plateaux.

MODE D'EMPLOI

L'Aquila. [FS] *Avezzano ou Alfedena puis bus jusqu'à Pescasseroli.* [bus] *Pescasseroli.* [i] *Viale Santa Lucia, 6, Pescasseroli (0863 91 04 61).*

Promenade
Certaines parties du parc peuvent se découvrir à dos de poney.

La Camosciara, sauvage et spectaculaire, abrite une faune d'une grande richesse.

Lac Barrea
Autour de ce lac artificiel sur le Sangro, forêts et vallées se prêtent à de belles promenades à pied et à dos de poney.

Essences
Charmes, frênes, aubépines, merisiers et pommiers et poiriers sauvages parsèment les forêts de hêtres et d'érables.

LÉGENDE

- Route principale
- Route secondaire
- Sentier de randonnée
- Point de vue
- Information touristique

0 5 km

Lanciano ❻

Chieti. [pop.] *50 000.* [FS] [bus] [i] *Piazza Plebiscito (0872 71 49 59).* [marché] *mer. et sam.*

De grandes parties du centre historique de Lanciano ont gardé leur aspect moyenâgeux, en particulier le quartier décrépit de Civitanova. Il renferme plusieurs belles églises : **Santa Maria Maggiore** (1227) qui possède un superbe portail gothique et abrite une croix en argent émaillé exécutée par Nicola da Guardiagrele en 1422 ; **Sant'Agostino**, bâtie au XIIIe siècle ; et le sanctuaire désaffecté de **San Biagio** entrepris vers 1059. Non loin, la **porta San Biagio** (XIe siècle) s'ouvre toujours dans les remparts. Le **Duomo** incorpore des vestiges d'un pont romain datant de l'époque de Dioclétien. La Ripa Sacca (ghetto) était un quartier commerçant animé au Moyen Âge, époque où les Aragonais élevèrent les imposantes **torri Montanara**.

Isole Tremiti ❼

Foggia. [bateau] *San Nicola.* [i] *Via Perrone 17, Foggia (0881 72 36 50).*

Au large du promontoire du Gargano, les îles italiennes les moins fréquentées par les étrangers séduiront les amoureux de la mer et de la plongée sous-marine. La plus importante (2,8 km de long, 1,7 km de large), **San Domino**, couverte d'une belle pinède, possède une plage de sable. Certaines des grottes perçant ses côtes rocheuses se visitent en barque.

Centre administratif de l'archipel, **San Nicola** a conservé d'une abbaye fortifiée bénédictine fondée au VIIIe siècle l'église **Santa Maria a Mare** édifiée au sommet d'une falaise à partir de 1045. À l'intérieur s'admirent un pavement roman en mosaïque et, au maître-autel, un polyptyque gothique du XVe siècle.

Près de Peschici sur le promontoire du Gargano

Le promontoire de Gargano ❽

Foggia. FS *Corso Manfredi 26, Manfredonia (0884 58 19 98).*

Péninsule rocheuse s'enfonçant dans l'Adriatique, le plateau calcaire du Gargano garde une lumineuse beauté malgré le développement touristique de son littoral où une route en corniche relie les stations balnéaires de **Rodi Garganico, Peschici, Vieste** et **Manfredonia**. À l'est s'étend la **Foresta Umbra**, l'une des plus belles forêts d'Italie. Au nord, poissons et oiseaux aquatiques prospèrent dans les lagunes de **Lesina** et **Varano**.

Depuis **San Severo**, la N 272 suit le vieil itinéraire de pèlerinage de **Monte Sant'Angelo**. Elle passe par **San Marco in Lamis**, dominé par un vaste monastère du XVIe siècle, puis **San Giovanni Rotondo** où un célèbre thaumaturge, le padre Pio (1887-1968), repose au couvent de Santa Maria delle Grazie. À **Monte Sant'Angelo**, un sanctuaire médiéval garde l'entrée de la grotte où l'archange saint Michel serait apparu à l'évêque de Siponto en 493.

Au sud de Manfredonia, près des ruines de l'antique Siponte, se dresse **Santa Maria di Siponto** (XIIe siècle) marquée d'influences orientales.

Une ruelle de Vieste sur le promontoire du Gargano

Lucera ❾

Foggia. *43 000. mer.*

Lucera a gardé de son passé romain les vestiges d'un **amphithéâtre** au nord-est de la ville. C'est Frédéric II qui fit bâtir en 1233 son immense forteresse, que Charles Ier d'Anjou (1226-1285) agrandit encore. 24 tours jalonnent ses 900 mètres de remparts, mais il ne reste que des ruines à l'intérieur. Frédéric II peupla également la cité de 20 000 musulmans originaires de Sicile et ceux-ci donnèrent un tel dynamisme à Lucera que sa population avait bientôt triplé. En 1300, Charles II en massacra la majorité pour asseoir sa domination et entreprit la construction du **Duomo**, qui a conservé ses hautes nefs gothiques ornées de fresques et de sculptures, à l'emplacement de la principale mosquée.

L'exposition du **museo civico Fiorelli** illustre les principaux épisodes de l'histoire de Lucera.

Museo Civico Fiorelli

Via de Nicastri 44. *0881 54 70 41.* *du mar. au dim.*

Ruines au château de Lucera

Troia ❿

Foggia. *33 000. 1er et 3e sam. du mois.*

Forteresse fondée en 1017 par les Byzantins pour se défendre des Lombards, cette petite ville perchée sur une colline passa sous contrôle normand en 1066 et fut gouvernée jusqu'en 1229, et sa conquête par Frédéric II, par de puissants évêques qui donnèrent à la Pouille certains de ses édifices les plus remarquables, notamment le **Duomo** de Troia *(p. 462-463)*.

Entreprise en 1093, cette cathédrale marie dans sa partie inférieure le style romano-pisan et des influences byzantines et musulmanes. Datant du XIIIe siècle, une magnifique rosace délicatement ciselée domine ses arcatures aveugles. Oderisio da Beneventano exécuta en 1119 les élégantes portes de bronze d'inspiration byzantine du portail principal et du portail du flanc droit.

À l'intérieur, animaux monstrueux, ornements végétaux et masques ornent les chapiteaux des colonnes séparant les trois nefs. Sculptée en 1169, la chaire romane présente elle aussi d'intéressants reliefs.

Trani ⓫

Lecce. 45 000. FS *Piazza della Repubblica (0883 432 95).* *mar.*

Important centre viticole doté d'une station balnéaire moderne, Trani a conservé un petit port animé dominé par des façades blanchies et un quartier ancien qui rappelle qu'au Moyen Âge marchands de Gênes, d'Amalfi, de Pise et de Ravello s'y pressaient. La ville rivalisait alors avec sa voisine Bari et, jalouse des

Façade du Duomo de Trani

reliques de saint Nicolas que celle-ci détenait *(p. 494)*, elle revendiqua son propre saint, Nicolas le Pèlerin, berger grec qui serait venu y mourir en 1094 porté par un dauphin. Magnifique édifice roman, la **cathédrale** lui est dédiée. Construite, pour l'essentiel, entre 1159 et 1186 à l'emplacement d'un sanctuaire du VIIe siècle dont subsistent des vestiges dans la crypte située sous la nef, elle présente à l'extérieur un remarquable décor sculpté, notamment au portail principal et à la rosace. Œuvres de Barisano da Trani, ses superbes portes de bronze datent de 1175-1179. Une récente restauration a rendu sa sobriété à l'intérieur.

Près du Duomo, le **château** bâti par Frédéric II de Souabe entre 1233 et 1249 et remanié aux XIVe et XVe siècles domine la mer.

Dans la vieille ville, sur la piazza Trieste, le **palazzo Caccetta** est un exemple rare de demeure gothique du XVe siècle. Non loin, l'église d'**Ognissanti** borde la via du même nom. Chapelle romane bâtie au XIIe siècle dans la cour de l'hôpital des Templiers, elle a conservé son portique. À l'est du port, le jardin public de la **Villa Comunale** offre une belle vue sur Trani.

Castel del Monte ⓬

Località Andria, Bari. *Commune (0883 56 98 48).* *d'avril à sept. : de 9 h à 17 h du mar. au sam. ; d'oct. à mars : de 9 h à 13 h du mar. au sam.* *25 déc.*

Frédéric II

Dominant la plaine depuis une hauteur des Murge proche de Ruvo di Puglia, cet édifice entrepris en 1240 témoigne de l'originalité d'un souverain exceptionnel : Frédéric II de Souabe, empereur germanique qui consacra son règne à valoriser son royaume de Sicile et de Naples. Alors qu'il construisit en Italie près de 200 châteaux rectangulaires, sa motivation pour donner au Castel del Monte un plan entièrement régi par le chiffre 8 (8 côtés, 8 tours octogonales, 8 salles à chaque étage) demeure mystérieuse. Les vestiges de parement de marbre et de conduites d'eau révèlent qu'il y résidait.

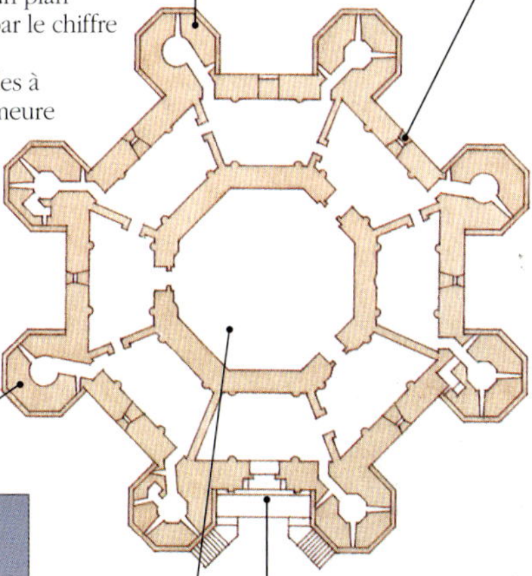

PLAN DU CHÂTEAU
D'une rigueur géométrique absolue, le château, aux tours hautes de 24 m, possédait une fontaine (octogonale !), au centre de la cour, mais pas d'écuries, de cuisine ou de chapelle.

Le Castel del Monte

Ruvo di Puglia ⓭

Bari. 24 000. FS sam.

Ruvo di Puglia produisit jusqu'au IIe siècle av. J.-C. une céramique réputée qui s'inspirait, comme permettent de le découvrir les quelque 2 000 vases de la collection du **museo archeologico nazionale Jatta**, de modèles corinthiens et attiques à figures rouges et noires.

Élevé au début du XIIIe siècle, le **Duomo** est un bel édifice typique du roman apulien avec sa façade dépouillée et son portail mariant des motifs byzantins, maures et classiques.

Museo Archeologico Nazionale Jatta

Piazza Bovio 35. 081 81 28 48. t.l.j. 1er jan., 1er mai, 25 déc.

Bari ⓮

500 000. FS Piazza Aldo Moro 33 (080 524 22 44). t.l.j.

Sculpture du château de Bari

L'ancien comptoir commercial romain de Barium devint en 875 le siège du *catapan*, le gouverneur byzantin du sud de l'Italie. Après sa conquête en 1071 par le Normand Robert Guiscard, la cité joue le rôle de port d'embarquement pour les croisades, ce qui la met en rivalité avec Venise. Une rivalité qui s'étend au domaine religieux. Depuis 828, les Vénitiens possédant les prestigieuses reliques de saint Marc, des marins de Bari s'emparent en 1027 de celles de saint Nicolas conservées à Myra.

La **basilica di San Nicola** *(p. 463)* entreprise en 1087 pour les abriter est l'une des premières grandes églises normandes de la Pouille et celle qui servit de modèle au roman apulien, style métissé d'influences musulmanes et byzantines. Le superbe portail principal, le baldaquin du maître-autel et le trône épiscopal qui se trouve derrière sont l'œuvre de sculpteurs du XIIe siècle. Protecteur de la Russie, des enfants et des marins, saint Nicolas repose dans la crypte.

D'origine romane, le **Duomo** a perdu l'une de ses deux tours lors d'un tremblement de terre en 1613. Une fenêtre au magnifique décor sculpté orne son chevet. Des portails baroques incorporant des éléments du XIIe siècle s'ouvrent dans sa façade dépouillée sur un intérieur qui a retrouvé sa sobriété médiévale. Le baldaquin du maître-autel, la chaire et le trône épiscopal ont été reconstitués à partir de fragments des originaux du XIIe siècle.

Remanié par Frédéric II entre 1233 et 1240, le **château** abrite une collection de moulages de sculptures et d'éléments architecturaux caractéristiques du roman apulien.

Détail du portail du Duomo de Ruvo di Puglia

Le château de la Città Vecchia de Bari

Alberobello ⓯

Bari. FS *jusqu'à Alberobello et Ostuni.* *Piazza del Popolo (080 432 19 16).*

Entre Putignano et Ostuni, les étonnantes petites constructions en pierres blanchies à la chaux appelées *trulli* abondent parmi les vignes, les oliveraies et les vergers au point qu'elles ont donné leur nom à la région, le **Murge dei Trulli**. Bien que leur origine reste incertaine (les plus anciennes remontent au XIIe siècle), leurs toits coniques en lauzes, un pour chaque pièce, évoquent une influence orientale. Certaines ont été converties en habitations modernes, d'autres servent de dépendances agricoles.

À **Alberobello**, les *trulli* occupent tout un quartier au sud de la ville et certains sont devenus boutiques de souvenirs ou restaurants. Même l'église élevée en 1926 au sommet de la colline dont ils occupent la pente a pris leur forme.

Aux environs
Le village perché de **Locorotondo** est un des plus jolis de la région, tandis qu'à **Martina Franca** d'élégants édifices baroques et rococo bordent des rues en dédale. Un festival de musique, le Festivale della Valle d'Itria, s'y tient en été.

Tarente ⓰

245 000. FS *Corso Umberto 113 (099 453 23 92).* *lun. et ven.*

Tarente a beaucoup souffert pendant la Deuxième Guerre mondiale, puis a vu s'installer un important centre sidérurgique, mais son quartier ancien, la **Città Vecchia** où se tient un marché au poisson haut en couleur occupe toujours l'île choisie vers 708 av. J.-C. par des Spartiates pour fonder une colonie qui devint l'une des plus prospères de la Grande-Grèce. S'il en reste

Dans le village des *trulli* d'Alberobello

peu de traces architecturales, le **Museo Archeologico Nazionale** présente une superbe collection d'objets découverts dans sa nécropole, notamment des céramiques et des bijoux.

Commencé en 1071, le **Duomo** connut plusieurs remaniements et possède une façade baroque. Des colonnes antiques séparent ses trois nefs et la crypte renferme des sarcophages et des fresques du XIIe siècle. Derrière la cathédrale, l'église **San Domenico Maggiore** a conservé sa façade du XIVe siècle malgré l'ajout d'un escalier baroque. À l'est de l'île, l'immense **château** entrepris par Ferdinand d'Aragon en 1480 domine le pont tournant qui permet de rejoindre, sur le continent, le corso Due Marie menant, à droite, à la promenade du lungomare Vittorio Emanuele II.

***Aphrodite* au musée de Tarente**

Museo Archeologico Nazionale

Corso Umberto 141. *099 471 11 99.* *t.l.j. (de nov. à mars : seulement le matin).* *1er jan., Pâques, 25 déc.*

La tarentelle

Au son des mandolines, cette gracieuse danse populaire de l'Italie du Sud entraîne des couples dans un jeu de séduction taquin qu'ils rythment en agitant des tambourins. Une controverse règne sur l'origine de son nom. Pour certains il ne viendrait pas de « Tarente » mais de « tarentule ». En effet, les victimes de cette araignée venimeuse se soignaient jadis en se livrant à une danse effrénée dans l'espoir d'éliminer le venin avec leur transpiration, un rituel dont restent empreintes les célébrations organisées à Galatina *(p. 497)*, petite ville de la péninsule salentine, les 28 et 29 juin pour la fête des saints Pierre et Paul.

Lecce pas à pas ⓱

Détail de la façade de Santa Croce

Principal marché agricole de la péninsule salentine, Lecce fut une riche cité romaine, puis la capitale de la Terre d'Otrante. Siège d'une université, elle entretient une très ancienne tradition culturelle. Jouissant d'une grande prospérité au XVIIe siècle, elle para ses monuments médiévaux d'un exubérant décor baroque auquel le calcaire local prêta sa couleur miel. Aisé à travailler, d'une grande finesse de grain, il permit à des artistes tels que Giuseppe Zimballo (lo Zingarello) d'exprimer toute leur fantaisie.

★ Palazzo Vescovile et Duomo
Le palais épiscopal (reconstruit en 1632), le Duomo par lo Zingarello (1659-1670) et un séminaire (1709) entourent la piazza Duomo.

Chiesa del Rosario
Commencée en 1691, la dernière œuvre de lo Zingarello est caractéristique de son style alliant fantaisie et minutie.

Porta Rudiae
Bâtie au XVIIIe siècle, elle ouvre sur la ville moderne et les ruines de la Rudiae romaine.

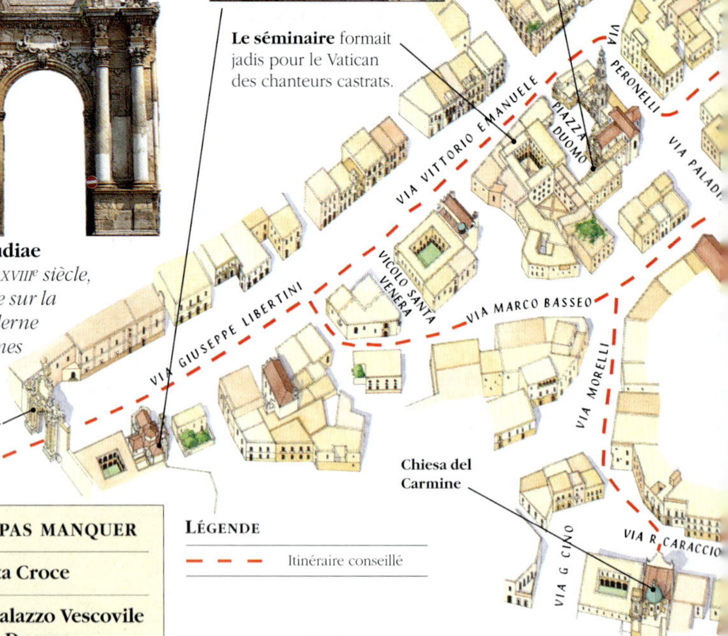

Le séminaire formait jadis pour le Vatican des chanteurs castrats.

Chiesa del Carmine

À NE PAS MANQUER

★ **Santa Croce**

★ **Le Palazzo Vescovile et le Duomo**

LÉGENDE

- - - Itinéraire conseillé

0 100 m

★ Santa Croce
Gabrielle Riccardi commença sa construction en 1548 et lo Zingarello l'acheva en 1679, dessinant notamment la rosace et le fronton.

Mode d'emploi

105 000. FS Viale Oronzo Quarta. Torre del Bel Luogo. Via Monte San Michele, 20 (0832 31 41 17). lun. et ven. Sant'Oronzo : 28 août ; Festa dei Pupi e Pastori : du 3 au 25 déc.

Le Castello, entre vieille ville et quartiers modernes, est formé d'une enceinte (1539-1548) bâtie par Charles Quint autour d'un édifice remontant au XIIe siècle.

Information touristique

Église San Matteo

Colonna di Sant'Oronzo
Cette statue en bronze du premier évêque de Lecce, nommé par saint Paul en 54 et martyrisé sous Néron, date de 1739.

Gare

Le théâtre romain a gardé son orchestre et une partie de ses gradins.

Amphithéâtre romain
En partie déterré en 1938, il pouvait accueillir 25 000 spectateurs à son achèvement au IIe siècle.

Détail d'une fresque (XVe siècle) de Santa Caterina d'Alessandria

Galatina ⓲

Lecce. 28 000. FS jeu.

La colonie grecque qui y prospéra au Moyen Âge a laissé une atmosphère particulière à cette petite ville viticole réputée pour les tarentelles qui s'y dansent les 28 et 29 juin *(p. 495)*.

Son plus beau monument, l'église **Santa Caterina d'Alessandria**, dresse sa façade de style gothique sur la piazza Orsini. Entrepris en 1384 par Raimondello del Balzo Orsini dont le tombeau gothique se trouve dans le chœur, le sanctuaire abrite un superbe cycle de fresques peintes au début du XVe siècle par plusieurs artistes.

Otrante ⓳

Lecce. 4 800. FS Via Panteleone Prosperio 8 (0836 80 14 36). mer.

Ce port niché au fond d'une anse de la péninsule salentine a perdu l'importance qu'il connut sous les Romains, puis les Byzantins et les Normands, quand il était un des grands centres du commerce avec la Grèce. C'est sa conquête par les Turcs en 1480 qui brise son essor. Les vainqueurs n'épargnent que 800 hommes qui se voient proposer la vie sauve s'ils se convertissent à l'islam. Ils refusent et périssent. Sur la via Duomo, la **cathédrale** fondée par les Normands en 1080 abrite leurs reliques. Elle possède un beau pavement du XIIe siècle. Le **château** (1485-1498) bâti par les Aragonais au-dessus du port offre une belle vue de la ville.

Basilicate et Calabre

À la pointe de la botte italienne, les pentes arides de la chaîne apennine créent de majestueux paysages entre mers Tyrrhénienne et Ionienne, mais isolent ces deux provinces qui, si elles ont conservé leur authenticité et un littoral que le tourisme de masse découvre à peine, forment la partie la plus pauvre d'Italie.

Entités administratives aujourd'hui distinctes, la Basilicate et la Calabre partagent une histoire commune. Intégrées à la Grande-Grèce, elles connaissent jusqu'au IIe siècle av. J.-C. une période brillante qu'évoquent les collections du musée de Crotone ainsi que les ruines de Metaponto en Basilicate et de Locri en Calabre.

Conquises par les Romains, elles passent à la chute de l'empire d'Occident sous le contrôle des Byzantins, constructeurs à Stilo de la superbe Cattolica, et servent de refuge à des moines basiliens chassés de leurs monastères grecs par la crise iconoclaste qui secoue le christianisme oriental à partir de 726. Ceux-ci s'installent notamment dans les *sassi* troglodytiques de Matera. Comme le montrent de nombreux monuments, le règne normand est ensuite propice à la région, mais après l'installation de la capitale du royaume à Naples en 1282, elle sombre dans l'oubli et l'isolement qu'a magnifiquement décrits Carlo Levi dans *Le Christ s'est arrêté à Eboli* (1945). Pendant des siècles, l'émigration représente souvent le seul moyen d'échapper à la misère pour les habitants des villages accrochés aux montagnes.

L'assainissement du littoral, où régna longtemps la malaria, et le percement de voies de communication, notamment d'une autoroute jusqu'à Reggio di Calabria, offrent aujourd'hui un espoir à la Basilicate et à la Calabre. L'industrie s'y tourne vers les technologies modernes et le tourisme se développe, en particulier sur la côte. Il n'a toutefois pas encore défiguré la beauté âpre d'une région ancrée dans ses traditions.

Des terres arides entourent Stilo dans le sud de la Calabre

◁ Le quartier des Sassi, habitations en partie troglodytiques de Matera

À la découverte de la Basilicate et de la Calabre

Ruines grecques, abbayes médiévales, châteaux normands et villages perchés parsèment la Basilicate, région montagneuse aux paysages souvent lunaires, telles les vallées entourant Matera. Parfois décrite comme un rocher entre deux mers, la Calabre possède de superbes côtes. Ses ruines antiques, notamment celles de Sybaris et Locri Epizefiri, ajoutent à l'intérêt du littoral ionien. À l'intérieur des terres, des villes et villages perchés comme Gerace et Stilo ont conservé une atmosphère hors du temps.

Scène de rue à Pizzo, au nord-est de Tropea

La région d'un coup d'œil

Le pittoresque village de Rivello, au nord-est de Maratea en Basilicate

Légende

- Autoroute
- Route principale
- Route secondaire
- Parcours pittoresque
- Cours d'eau
- Point de vue

Le port de Maratea sur la côte tyrrhénienne de la Basilicate

CIRCULER

Depuis Naples, l'autoroute A 3, dont une ramification rejoint Potenza en Basilicate, traverse toute la région du nord au sud jusqu'à Reggio di Calabria. Pour se rendre sur le littoral ionien, la N 280 permet d'éviter le massif de l'Aspromonte dont les routes étroites traversent des paysages souvent déserts. Elle relie Catanzaro à Lamezia où se trouve l'un des trois aéroports, avec celui de Reggio di Calabria et celui de Brindisi (en Pouille), desservant la région. Le train relie les villes principales, des cars assurent des liaisons avec les petites localités.

VOIR AUSSI

- ***Hébergement*** p. 572
- ***Restaurants*** p. 606

Paysage rural près de Miglionico, au sud de Matera

L'impressionnant château de Melfi réunit des constructions de plusieurs époques

Melfi ❶

Potenza. 15 000. FS mer. et sam.

Cette petite ville médiévale devrait trouver un nouveau dynamisme avec l'ouverture d'une grande usine Fiat. Une imposante forteresse la domine, le **château** où le pape Nicolas II accorda en 1059 l'investiture à Robert Guiscard. Celui-ci fit de la bourgade la capitale du comté de la Pouille et c'est à Melfi que Frédéric II promulgua en 1231 les *Constitutiones Augustales* définissant les lois de son royaume. Le château abrite le **museo nazionale del Melfese** dont la collection comprend des bijoux byzantins.

Reconstruit au XVIIIe siècle, le **Duomo** ne conserve que le campanile du sanctuaire original bâti en 1153.

Museo Nazionale del Melfese

Castello di Melfi, Via Castello.
0972 23 87 26. t.l.j.
1er mai, 25 déc.

Venosa ❷

Potenza. 12 000. FS Via Garibaldi 42 (horaires aléatoires). 1er sam. et 3e jeu. du mois.

Venosa fut une importante colonie romaine, celle où naquit le poète Horace (65-8 av. J.-C.), et la zone archéologique bordant la via Vittorio Emanuele renferme les vestiges d'un **amphithéâtre** et de **thermes** à proximité de l'abbaye de **La Trinità** bâtie sur le site d'un temple romain. Le monastère possède deux églises, la **Chiesa Vecchia**, une ancienne cathédrale paléochrétienne dont on a retrouvé, dans la nef, des éléments du pavement en mosaïque primitif, et la **Chiesa Nuova** entreprise en 1135 mais qui resta inachevée. Robert Guiscard, ses demi-frères et sa première femme, Aubrée, y furent enterrés, mais, de leurs tombeaux d'origine, seul celui d'Aubrée subsiste.

Dominant également la via Vittorio Emanuele, le **Duomo** date du XVIe siècle, comme l'imposant château de la piazza Umberto I.

Lagopesole ❸

Potenza. 0971 860 83. FS jusqu'à Lagopesole Scalo puis bus jusqu'à la ville. de 9 h à 12 h, de 15 h à 19 h (d'oct. à mars : de 15 h 30 à 18 h) t.l.j.

Occupant un site spectaculaire sur une colline au pied de laquelle se serre un village, le **château** de Lagopesole est le dernier que construisit Frédéric II, entre 1242 et 1250. Il lui servit de pavillon de chasse. L'édifice possède une décoration intéressante et deux portraits sculptés au-dessus du portail du donjon représenteraient les visages de Frédéric Barberousse (le grand-père de Frédéric II) et de sa femme Béatrice. Les appartements royaux et leur chapelle se visitent.

Matera ❹

51 000. FS Via de Viti de Marco 9 (0835 33 34 52). sam.

Le quartier des Sassi à Matera

Perchée au bord d'un profond ravin, cette ville juxtapose avec violence deux univers et deux époques. Au sommet, le quartier neuf se révèle peu esthétique mais animé. Au-dessous, celui des **Sassi** a sombré dans le silence, alors qu'à la fin de la dernière guerre près de 20 000 personnes se serraient encore dans le fouillis de maisonnettes et d'habitats troglodytiques couvrant le rocher de part et d'autre du Duomo.

La **strada panoramica dei Sassi** qui court au fond de la

gorge offre le meilleur moyen de découvrir ces grottes surnommées « cailloux » *(sassi)* que la surpopulation rendait tellement insalubres que Carlo Levi les compara à l'Enfer de Dante dans *Le Christ s'est arrêté à Eboli*. Un programme de relogement, achevé en 1977, déplaça leurs habitants dans le quartier neuf.

Du VIIIe au XIIIe siècle, ce furent des moines basiliens chassés d'Orient par les iconoclastes qui occupèrent ces abris creusés dans le rocher, et le quartier des Sassi et celui des Agri (à l'extérieur de la ville) renferment à eux deux quelque 120 *chiesi rupestri*. Parmi celles-ci, **Santa Maria di Idris**, sur le monte Errone, et **Santa Lucia alle Malve**, dans le quartier albanais, abritent des fresques du XIIIe siècle.

D'autres exemples d'art sacré provenant de sanctuaires souterrains s'admirent au **muzeo nazionale Ridola** dont les collections illustrent l'histoire d'une région peuplée dès l'époque néolithique.

Dressé entre les deux principaux quartiers de *sassi*, le Sasso Barisano et le Sasso Caveoso plus pittoresque, le **Duomo** possède une belle façade de style roman apulien et une décoration intérieure baroque. Il abrite un tableau d'inspiration byzantine du XIIIe siècle représentant la *Madonna della Bruna*, sainte patronne de Matera. **San Francesco d'Assisi**, église du XIIIe siècle remaniée dans le style baroque, se rejoint par la via Duomo. Elle commémore la venue de saint François d'Assise en 1218. D'autres sanctuaires de la ville méritent une visite. **San Domenico**, sur la piazza Vittorio Veneto, et **San Giovanni Battista**, dans la via San Biagio, datent tous deux du XIIIe siècle. Le **Purgatorio** (1770) dresse sa façade macabre dans la via Ridola.

L'église San Francesco de Matera

Museo Nazionale Ridola
Via Ridola 24. *0835 31 00 58.*
t.l.j.

Tavole Palatine de Metaponto

Metaponto 5

Zona Archeologica, Matera. *0835 74 53 27.* FS *jusqu'à Metaponto.* *de 9 h à 1 h av. le coucher du soleil.* *1er jan., Pâques, 25 déc.*

Fondée au VIIe siècle av. J.-C., la prospère colonie grecque de Métaponte accueillit Pythagore (v. 570-v. 480 av. J.-C.) lorsqu'il dut quitter Crotone, et il y resta jusqu'à sa mort. Parmi les ruines qui en subsistent figurent les **Tavole Palatine**, au pont du Bradano à 5 km de la ville, et les vestiges d'un temple dorique du VIe siècle av. J.-C. Le **museo nazionale di Metaponto** présente les objets trouvés sur ce site et sur celui de la **zone archéologique** où se découvrent les traces d'autres temples, d'édifices civils et d'ateliers de céramique de la cité antique. Plus au sud, **Policoro** occupe l'emplacement de l'ancienne Hérakleia (fondée entre les VIIe et Ve siècles av. J.-C.) qu'évoque l'exposition du **museo nazionale della Siritide**.

Museo Nazionale di Metaponto
Metaponto Borgo. *0835 74 53 27.* *t.l.j.* *jours fériés.* *comprend l'accès à la zone archéologique.*

Museo Nazionale della Siritide
Via Colombo 8, Policoro. *0835 97 21 54.* *t.l.j.* *1er jan., 1er mai, 25 déc.*

Maratea 6

Potenza. *5 000.* FS *Piazza del Gesù 40 (0973 87 69 08).* *1er et 3e sam. du mois.*

La Basilicate possède un étroit débouché sur la mer Tyrrhénienne dans le golfe de Policastro, et sur ce littoral magnifique le vieux quartier de Maratea s'accroche à flanc de colline au-dessus d'un petit port. À moins de 5 km par la route, une immense statue du **Christ Rédempteur** se dresse au sommet du monte Biagio (624 m) qui offre un panorama exceptionnel.

Aux environs
Dans un cadre spectaculaire à 23 km au nord de Maratea, à **Rivello**, des influences byzantines marquent le décor des églises **San Nicola dei Greci** et **Santa Barbara**.

Le petit port de Maratea Inferiore

Une page du précieux *Codex Purpureus Rossanensis*

Rossano 7

Cosenza. 32 000. FS 2e et 4e ven. du mois.

Cette petite ville perchée au milieu des oliviers fut aux IXe, Xe et XIe siècles le siège du pouvoir byzantin quand les Sarrasins occupaient Reggio di Calabria, et son **Museo Diocesano** présente le *Codex Purpureus Rossanensis*, évangéliaire grec du VIe siècle écrit sur du parchemin teinté de pourpre et illustré de splendides miniatures.

Fondée au XIe siècle, la **cathédrale** abrite la *Madonna Acheropita*. Cette fresque ornant le troisième pilier de gauche aurait, selon la tradition, une origine angélique.

Aux environs

Dans la via Archivescado se trouve la **Panaglia**, église byzantine du XIe siècle. Les cinq coupoles d'un autre sanctuaire grec, **San Marco** (Xe siècle), se dressent sur une colline au sud-est de la ville.

Sur une hauteur à 18 km à l'ouest de Rossano, la gracieuse église **Santa Maria del Partirion**, seul vestige d'un important monastère basilien, n'a pratiquement pas changé depuis sa construction vers 1095. Elle offre un large panorama de la plaine de Sibari où se développa la colonie grecque de Sybaris détruite en 510 av. J.-C.

Museo Diocesano
Palazzo Arcivescovile. 0983 52 02 82. t.l.j.

Tropea 8

Vibo Valenzia. 7 000. FS
Piazza Ercole. sam.

Bâtie au sommet d'une falaise du littoral tyrrhénien, cette petite ville ancienne domine d'agréables plages de sable et prend en été l'animation d'une station balnéaire à la mode. Depuis la piazza del Cannone se découvre une vue splendide sur la mer et l'ancien sanctuaire bénédictin de **Santa Maria dell'Isola** qui couronne un îlot rocheux. La via Roma conduit à la **cathédrale** qui a conservé trois jolies absides de ses origines normandes. Elle abrite la *Madonna di Romania* (XIIe siècle), peinture d'inspiration byzantine qui fait l'objet d'un culte fervent.

De belles maisons bordent les rues de Tropea, notamment la **casa Trampo** (XIVe siècle) et le **palazzo Cesareo** (début du XXe siècle) dont le balcon orné de sculptures domine le vicolo Manco.

Deux autres villes de la côte, **Pizzo** au nord et **Palmi** au sud, méritent une visite.

Stilo 9

Reggio di Calabria. 3 000. FS
mar.

À quelques kilomètres de la côte ionienne, ce village marqué par les tremblements de terre accroche ses maisons au flanc aride du monte Consolino. Sur une terrasse dominant les oliviers se dresse la **Cattolica** dont la pureté de formes et l'harmonie de proportions font l'admiration des amateurs d'architecture byzantine. Bâti en briques au Xe siècle par des moines basiliens, ce petit édifice carré au plan en croix grecque est couronné de cinq hauts tambours coiffés de toits en coupole et percés de fenêtres qui éclairent les fresques ornant l'intérieur, œuvres peintes au XIe siècle et restaurées en 1927. Quatre colonnes antiques soutiennent la voûte. Leur position inversée, chapiteau vers le bas, symbolise la victoire du christianisme sur le paganisme.

Dans la via Tommaso Campanella se trouvent le **Duomo** médiéval et les ruines du **couvent San Domenico** où vécut le philosophe dominicain Tommaso Campanella (1568-1639). Construite vers 1400, l'église **San Francesco** abrite un bel autel en bois sculpté et la *Madonna del Borgo*, gracieuse peinture anonyme du XVIe siècle.

À Bivigondi, au nord-ouest de Stilo, l'église **San Giovanni** date du XIe siècle ; elle reste généralement fermée sauf pendant la semaine de Pâques.

Cattolica
2 km au-dessus de Stilo dans la Via Cattolica. t.l.j.

Tropea, joyau de la superbe côte tyrrhénienne

La Cattolica au-dessus de Stilo

Gerace ⑩

Reggio di Calabria. *3 000.*

C'est pour pouvoir se protéger des incursions sarrasines que des habitants de **Locri Epizephiri** fondèrent au IXe siècle ce village occupant un site imprenable sur le flanc nord-est de l'Aspromonte. Le château qui le défendait n'est plus que ruines, d'où s'admire une superbe vue, mais l'enceinte médiévale enserre toujours les maisons. Gerace se dépeuple aujourd'hui au profit du littoral, mais s'enorgueillit de posséder la plus grande **cathédrale** de Calabre. Entreprise à l'époque normande en 1045 et remaniée au XIIIe siècle sous Frédéric II, elle obéit à un plan basilical et d'élégantes colonnes antiques provenant de Locri Epizefiri séparent ses trois nefs. La crypte mérite une visite.

Au terme de la via Cavour se dresse l'église **San Giovanello** (XIIe siècle) qui marie style normand et influence byzantine. Non loin, **San Francesco d'Assisi**, sanctuaire gothique fondé en 1252, abrite un maître-autel baroque en marbre et le tombeau de style pisan de Nicolò Ruffo (mort en 1372).

Aux environs
À 3 kilomètres de Locri, les ruines de **Locri Epizephiri** bordent la route de Reggio di Calabria. Cette colonie grecque, la première à se doter de lois écrites (660 av. J.-C.), possédait un grand temple dédié à Perséphone où ont été trouvées des tablettes votives. Le **musée** créé sur le site de fouilles en présente quelques-unes, ainsi que des monnaies, des inscriptions et des fragments de sculptures. Explorer la zone archéologique permet de découvrir les vestiges d'autres **temples**, d'un **théâtre**, d'habitations, de boutiques et de tombes.

Locri Epizefiri
Sud-ouest de Locri sur la N106, Contrada Marasà. *0964 39 00 23.* *mar.-dim.* **Museo** *t.l.j.* *1er et 6 jan., 1er mai, 25 nov., 25 déc.*

Reggio di Calabria ⑪

175 000. FS *Corso Garibaldi 329 (0965 89 20 12).* *ven.*

Plusieurs fois dévastée par des tremblements de terre, Reggio n'est pas une belle ville, mais les collections du **Museo Nazionale della Magna Grecia** justifient à elles seules de s'y rendre. Illustrant l'histoire de la région pendant la préhistoire et l'époque de la Grande-Grèce, elles regroupent des pièces découvertes sur les sites archéologiques de Calabre et dessinent une image d'une civilisation disparue depuis des siècles.

Deux statues attirent plus particulièrement de nombreux visiteurs au musée : les bronzes de Riace. Retrouvés en 1972 au fond de la mer Ionienne au large de Riace, ils représentent deux guerriers légèrement plus grands que nature. Superbes exemples de l'art classique grec du Ve siècle av. J.-C., ils datent probablement, pour le personnage le plus jeune (statue A), de 460 av. J.-C., et pour l'autre, de 430 av. J.-C. (statue B). Ils ont été exécuté par Phidias et Polyclète.

Museo Nazionale della Magna Grecia
Piazza de Nava 26.
0965 81 22 55. *t.l.j. (dim. et jours fériés le matin).*

Bronzes de Riace (Ve siècle av. J.-C.) au Museo Nazionale de Reggio

SICILE

Proche à la fois de l'Afrique et de l'Europe, ouverte sur l'Orient et ceinturée de plaines fertiles, la Sicile a de tout temps attisé les convoitises. La plupart des grandes civilisations européennes s'y sont implantées et ces envahisseurs successifs ont donné à l'île une architecture d'une grande variété et marqué de leurs influences ses coutumes, sa cuisine et ses traditions artistiques. Après des siècles de repli sur elle-même, la Sicile s'ouvre aujourd'hui au tourisme.

Les ruines qu'elles ont laissées révèlent qu'il ne devait guère y avoir de différence entre Athènes et les grandes cités grecques qui disputaient le contrôle de la Sicile aux Phéniciens de Carthage. Cette guerre profita finalement aux Romains qui imposèrent leur domination au IIIe siècle av. J.-C. À la chute de l'empire d'Occident, le monde hellène prend sa revanche en 535 et l'île reste byzantine jusqu'à sa conquête par les Sarrasins au IXe siècle. La Sicile connaît alors une grande prospérité, mais il ne subsiste que peu de traces de cette période faste malgré l'atmosphère exotique du marché Vucciria de Palerme. Un autre âge d'or suivra à partir de 1060 sous l'autorité des Normands. À leur cour, toutes les cultures se côtoient, donnant le jour à un art original dont les cathédrales de Monreale et Cefalù offrent de superbes exemples.

Après la mort de Frédéric II en 1250, ses souverains étrangers négligent la Sicile et elle sombre, avec le reste de l'Italie du Sud, dans une longue léthargie. Le baroque l'en tire aux XVIIe et XVIIIe siècles et les artistes siciliens donnent alors un nouveau visage, exubérant, à Palerme, Noto, Ragusa, Modica, Syracuse ou Catane.

Malgré la réputation que lui vaut sa mafia, qui se révèle toutefois moins gênante pour le visiteur que la petite délinquance née d'un fort taux de chômage, son patrimoine architectural et la beauté de son littoral attirent de plus en plus de touristes en Sicile. Beaucoup y font aussi la découverte de la richesse humaine de ses habitants, de la qualité de leur cuisine et de la ferveur de leurs fêtes traditionnelles.

Détail d'une mosaïque du XIIe siècle au palazzo dei Normanni de Palerme

◁ **Le temple de la Concorde (v. 430 av. J.-C.) a superbement résisté au temps dans la vallée des temples d'Agrigente**

À la découverte de la Sicile

Pêcheurs de Syracuse

De très belles plages jalonnent le littoral sicilien, notamment près de Taormine et dans le golfe de Castellammare bordé à l'ouest par la réserve naturelle du cap San Vito. Fleuris et verdoyants au printemps, arides en été, déserts hors des gros bourgs où se regroupe l'habitat, les vallées et massifs montagneux de l'intérieur des terres offrent des paysages plus rudes. Volcan en activité, l'Etna constitue le but d'excursion le plus spectaculaire. Vergers, orangeraies et vignes couvrent le pied de ses pentes fertiles.

La région d'un coup d'œil

Agrigente 10
Bagheria 3
Catane 17
Cefalù 9
Enna 12
Erice 5
Marsala 6
Messine 14
Monreale p. 514-515 2
Etna 16
Noto 20
Palerme p. 510-511 1
Pantalica 18
Piazza Armerina 11
Segesta 7
Sélinonte 8
Syracuse 19
Taormine 15
Trapani 4
Tindari 13

Le temple dorique de Ségeste

Légende

- Autoroute
- Route principale
- Route secondaire
- Parcours pittoresque
- Cours d'eau
- Point de vue

VOIR AUSSI

- ***Hébergement*** p. 573-575
- ***Restaurants*** p. 607-608

Le Duomo normand de Palerme

CIRCULER

Palerme et Catane possèdent des aéroports internationaux. Des ferry-boats desservent Messine et Catane depuis Reggio di Calabria, et Palerme depuis Gênes et Naples. Depuis Catane, l'autoroute A 19 traverse l'intérieur de l'île vers Palerme et la A 18 longe la côte ionienne jusqu'à Messine. Le train assure un service efficace entre les grandes villes. Pour atteindre les petites localités, mieux vaut prendre le car.

Mer et rocher donnent un cadre de rêve à Cefalù

Palerme ❶

Détail d'une mosaïque de la Cappella Palatina

Protégée à l'est par le monte Alfano, Palerme s'étage sur le flanc du monte Pellegrino au creux d'une baie dont la fertilité justifie le nom de Conca d'Oro. Capitale de la Sicile, elle résume les contradictions de l'île. Malgré le spectacle de la rue, des quartiers délabrés ou envahis de constructions modernes offrent un triste écrin aux joyaux laissés par les Normands et les architectes baroques et Art nouveau. Avec son atmosphère exotique, la cité reste envoûtante.

Un havre de paix : le jardin du cloître de San Giovanni degli Eremiti

San Giovanni degli Eremiti

Via dei Benedettini. *091 651 50 19.* *t.l.j.*

Les coupoles et les arcades de l'église normande Saint-Jean-des-Ermites bâtie sur l'emplacement d'une mosquée entre 1132 et 1148 témoignent de l'influence des architectes arabes à Palerme à cette époque. Les ruines du cloître attenant (XIIIe siècle) abritent un joli jardin.

Palazzo Reale

Piazza Indipendenza.
091 705 43 17.
Palazzo Reale *lun., ven. et sam.*
091 656 17 32.
Cappella Palatina *t.l.j.*
Pâques, 25 avril, 1er mai, 25 déc.

Souvent appelé palazzo dei Normanni car il conserve de la forteresse élevée par Roger II au XIIe siècle une tour pisane et le corps de bâtiment central, ce vaste édifice à la façade austère accueille les réunions de l'Assemblée régionale de Sicile. On y visite les appartements royaux, notamment la chambre du roi Roger ornée de mosaïques, et un chef-d'œuvre de l'art médiéval : la Cappella Palatina. Construite de 1132 à 1140, elle marie avec génie une structure romane, des marbres polychromes cosmatesques, un plafond à pendentifs arabe et des mosaïques byzantines.

À côté du palais se dresse la Porta Nuova (1583) au décor excentrique.

Gesù

Piazza Casa Professa. *t.l.j.*

Dans le quartier pauvre d'Albegheria, très touché par les bombardements de la dernière guerre, la plus ancienne église jésuite de Sicile (1564-1633) se dresse près du marché animé de la piazza Ballarò. Également appelée Casa Professa, elle offre un exemple caractéristique du baroque palermitain, notamment dans la somptuosité des sculptures et marqueteries de marbre de sa décoration intérieure.

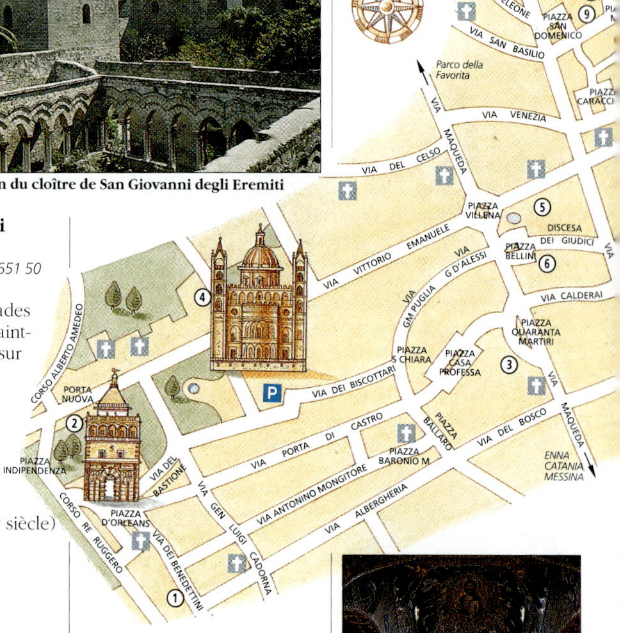

Un Christ Pantocrator orne la coupole de la Cappella Palatina

Juxtaposition de styles au Duomo

Duomo

Via Vittorio Emanuele. 091 33 43 76. t.l.j. pour le trésor.

Fondée en 1184 par l'archevêque de Palerme, la cathédrale est le résultat de bien des métissages hélas pas tous heureux. Elle conserve de ses origines normandes de belles absides au décor arabisant, possède une façade principalement gothique et présente sur son flanc sud un beau portique aragonais (1453) protégeant une mosaïque du XIIIe siècle et une porte sculptée en 1432. La coupole et la décoration intérieure sans grâce datent de la fin du XVIIIe siècle. Près du portail sud se trouvent les tombeaux des souverains de Sicile : l'empereur Frédéric II, sa femme Constance d'Aragon, sa mère, fille de Roger II qui s'appelait aussi Constance, son père Henri VI et son beau-père Roger II. Le trésor expose la couronne de Constance d'Aragon retrouvée dans son sarcophage au XVIIIe siècle.

La Fontana Pretorio devant l'église Santa Caterina

Santa Caterina

Piazza Bellini. pour restauration.

Si la construction de l'église Sainte-Catherine commença en 1566, sa décoration intérieure date pour l'essentiel des XVIIe et XVIIIe siècles. Le baroque sicilien s'y exprime sans retenue dans un paroxysme de couleurs, de textures et de marqueteries de marbre. Filippo Randazzo peignit la fresque en trompe-l'œil de la nef et Vito d'Anna celle de la coupole. Sur la piazza Pretoria bordant le sanctuaire se dresse depuis le XVIe siècle une fontaine monumentale maniériste.

Palerme d'un coup d'œil

Duomo ④
Gesù ③
La Magione ⑭
La Martorana ⑥
Museo Archeologico Regionale ⑩
Palazzo Abatellis et Galleria Regionale di Sicilia ⑬
Palazzo Reale ②
Oratorio del Rosario di San Domenico ⑧
Oratorio di San Lorenzo ⑫
Oratorio di Santa Zita ⑪
San Domenico ⑨
San Giovanni degli Eremiti ①
Santa Caterina ⑤
Villa Giulia ⑮
Vucciria ⑦

Légende

P	Parc de stationnement
✝	Église

0 — 250 m

Mode d'emploi

730 000. Punta Raisi 32 km à l'O. FS Stazione Centrale, Piazza Giulio Cesare. Via Balsamo. Stazione Marittima, Molo Vittorio Veneto. Piazza Castelnuovo 34 (091 605 81 11). t.l.j. U Festinu en l'honneur de sainte Rosalie, patronne de la ville : du 10 au 15 juil. ; pèlerinage à la grotte de sainte Rosalie : 4 sept. ; célébrations orthodoxes à La Martorana : Pâques.

À la découverte de Palerme

La via Maqueda et le corso Vittorio Emanuele se croisent aux Quattro Canti, carrefour central de la ville. À l'est, palais et sanctuaires se découvrent au hasard des rues. Puis le visiteur s'enfonce dans le labyrinthe des vieux quartiers, souvent délabrés, qui s'étendent jusqu'au port.

La Martorana

Piazza Bellini. *091 616 16 92.* *t.l.j.*

Ce sanctuaire porte aussi le nom de Santa Maria dell'Ammiraglio, car c'est l'amiral de Roger II, Georges d'Antioche, qui commanda sa construction en 1140. Il apparaît, aux pieds de la Vierge, sur une mosaïque ornant l'aile gauche. À droite, le Christ présente la couronne au roi Roger. D'autres mosaïques du XIIe siècle, superbes, décorent la voûte de la nef et la coupole au-dessus de fresques datant d'un remaniement baroque. C'est dans le couvent voisin, créé en 1193 par Eloisa Martorana, que le parlement sicilien décida en 1295, après les Vêpres siciliennes, de confier la couronne à Frédéric d'Aragon.

Mosaïque du Christ Pantocrator à la coupole de La Martorana

Vucciria

Via Roma. *t.l.j.*

Nulle part, ce que Palerme a d'oriental n'est plus manifeste que dans ce grand marché, le plus important de la ville. Depuis la piazza San Domenico, sur la via Roma, il s'étend jusqu'au port dans un quartier médiéval aujourd'hui décrépit mais dont les noms de rues entretiennent le souvenir des artisans qui y travaillaient jadis. Étals variés, vendeurs à la sauvette, odeurs épicées et brouhaha composent un spectacle haut en couleur. Attention ! de nombreux pickpockets et voleurs à l'arraché y rôdent.

Stucs par Serpotta à l'oratorio del Rosario di San Domenico

Oratorio del Rosario di San Domenico

Via Bambinai 2. *091 32 05 59.* *t.l.j.*

Génial stucateur baroque, Giacomo Serpotta a donné vers 1720 à ce petit sanctuaire du XVIe siècle une décoration intérieure où s'expriment toute sa virtuosité et sa fantaisie. Ses angelots, ses draperies et ses allégories des Vertus encadrent des tableaux peints notamment par Luca Giordano et Pietro Novelli. La *Vierge du Rosaire* (1624-1628) du maître-autel est d'Anton Van Dyck.

San Domenico

Piazza San Domenico. *091 58 48 72.* *t.l.j.*

Museo del Risorgimento *091 58 27 74.* *lun., mer., ven. matin.* *juil. et août.*

La construction du sanctuaire actuel commença en 1640 sur un site occupé depuis le XIVe siècle par une église bénédictine. Tommaso Maria Napoli, un des maîtres du baroque sicilien, lui donna en 1726 son exubérante façade après avoir aménagé en 1724 la place qu'elle domine.

L'élément le plus intéressant de la décoration intérieure est le bas-relief de *Sainte Catherine* (1528) par Antonello Gagini dans la troisième chapelle à gauche. Celle-ci ouvre sur le cloître du XIVe siècle qui donne accès au Museo del Risorgimento.

Museo Archeologico Regionale

Via Bara all'Olivella 24. *091 662 02 20.* *t.l.j.*

Installé dans l'ancien monastère des Filippini, le plus grand musée de Sicile présente des objets découverts sur les sites archéologiques phéniciens, grecs et romains de l'île. Les collections comprennent entre autres des sculptures, des céramiques, de la verrerie, des bijoux et des armes. Les pièces les plus célèbres ornaient jadis les temples de Sélinonte *(p. 518)*. Il s'agit de métopes, éléments sculptés d'une frise dorique. Parmi les scènes mythologiques représentées figurent l'*Enlèvement d'Europe* et *Persée tuant la Méduse.*

Le marché Vucciria à l'est de la via Roma

Oratorio di Santa Zita

Via Valverde 3. 091 32 27 79.
t.l.j.

Ce petit oratoire est dédié à la Vierge du Rosaire dont l'intervention miraculeuse aurait décidé du sort de la bataille navale de Lépante *(p. 54-55)*. Giacomo Serpotta réalisa les stucs de sa décoration intérieure entre 1688 et 1718 et l'illustration de la bataille et de diverses scènes du Nouveau Testament semble surtout lui avoir servi de prétexte à la création d'un essaim de charmants angelots. L'église Santa Zita voisine abrite de nombreuses œuvres sculptées par Antonello Gagini entre 1517 et 1527.

L'oratorio di Santa Zita

Oratorio di San Lorenzo

Via Immacolatella 5. *pour restauration.*

Les scènes des vies de saint François et de saint Laurent dont le stucateur baroque Giacomo Serpotta a décoré entre 1699 et 1706 les murs de ce sanctuaire témoignent une fois encore de son étonnante virtuosité et de sa passion pour les angelots malgré le sérieux du sujet. Un espace nu au-dessus de l'autel a remplacé la *Nativité* (1609) du Caravage dérobée en 1969.

L'église San Francesco d'Assisi (XIIIe siècle) domine l'oratoire. Derrière un élégant portail gothique, elle abrite de très nombreuses sculptures. La plus belle est l'arc triomphal (1468) de la cappella Mastrantonio par Francesco Laurana et Pietro da Bonitate.

La palazzina Cinese (1799) et le parco della Favorita

Palazzo Abatellis et Galleria Regionale di Sicilia

Via Alloro 4. 091 616 43 17. *t.l.j. le matin (et le mar. et ven. après-midi).*

Ce palais (XVe siècle) par Matteo Carnevilari associe des éléments de la fin du gothique et du début de la Renaissance. Il abrite la galerie régionale de Sicile dont les collections comprennent notamment l'*Annonciation* (1473) par Antonello da Messina, le buste d'Éléonore d'Aragon (XVe siècle) de Francesco Laurana et, dans la chapelle, la fresque anonyme du *Triomphe de la Mort* (XVe siècle). Des sculptures par Serpotta ornent l'église de La Gancia voisine.

***Annonciation* (1473) par da Messina à la Galleria Regionale**

La Magione

Via Magione. 091 617 05 96.
t.l.j.

Restaurée après la Deuxième Guerre mondiale, cette église fondée en 1150 par Matteo d'Aiello, chancelier de Roger II, a retrouvé sa sobre élégance originale. Sa haute nef unique abrite les pierres tombales des chevaliers teutoniques qui veillaient sur les pèlerins allemands.

Villa Giulia

Via Abramo Lincoln. *t.l.j.* **Orto Botanico** 091 616 24 72. *t.l.j. (seulement le matin les sam. et dim.).* *jours fériés.*

Aménagé au XVIIIe siècle, ce jardin paré de fontaines et de statues offrait jadis une évocation exotique du monde antique qui émerveilla Goethe. Aujourd'hui, l'atmosphère de grandeur déchue qui en émane en fait un très agréable lieu de promenade. L'Orto Botanico voisin possède une des plus riches collections de fleurs et d'espèces végétales d'Europe. Certaines peuvent s'admirer dans le Gymnasium néo-classique dessiné par Léon Dufourny en 1789.

Parco della Favorita

Entrées Piazza Leoni et Piazza Generale Cascino. *t.l.j.* **Museo Etnografico Siciliano Pitré**, Via Duca degli Abruzzi. 091 740 48 93. *du sam. au jeu. matin.* *jours fériés.*

En bordure de cette ancienne réserve de chasse créée en 1799 par Ferdinand IV se dresse la palazzina Cinese qu'il fit construire la même année. Le Museo Etnografico Siciliano occupe les anciennes écuries de ce pavillon pittoresque. Il présente la reconstitution d'un théâtre de marionnettes et ses collections dressent un portrait remarquable des arts, superstitions et traditions populaires de l'île.

Monreale ❷

Chapiteau d'une colonne du cloître

Bâtie sur un flanc de colline dominant la Conca d'Oro, le Duomo de Monreale est un des grands chefs-d'œuvre de l'architecture normande. Fondée en 1172 par Guillaume II, dernier roi de la dynastie qui y repose à côté de son père, elle abrite un cycle de mosaïques exceptionnelles par leur beauté et leur facture, une indulgence très italienne venant adoucir la rigueur du style byzantin. Édifié pour des bénédictins, le cloître est tout aussi remarquable par la finesse de sa colonnade.

★ Le Christ Pantocrator
Depuis l'abside centrale, cette mosaïque des XIIe et XIIIe siècles domine l'église au plan en croix latine.

Extérieur de l'abside
Construites à l'apogée de l'art normand, les trois absides ont une décoration polychrome très orientale.

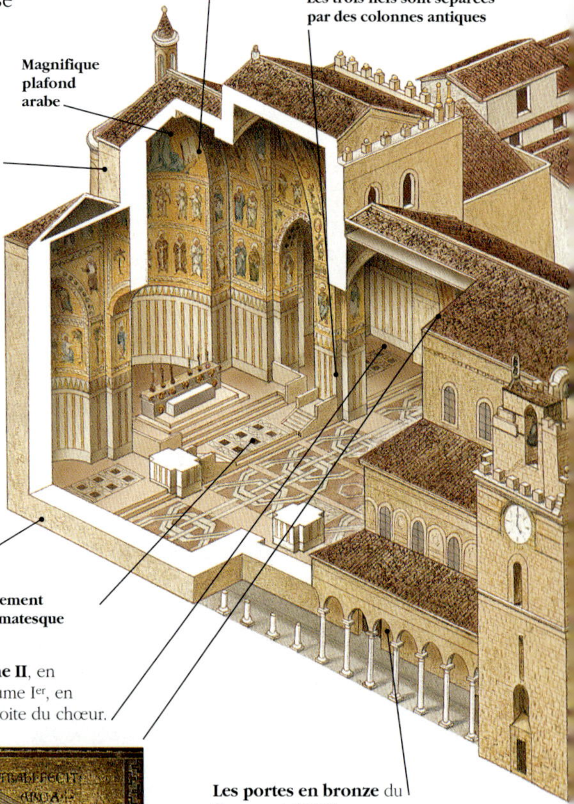

Les trois nefs sont séparées par des colonnes antiques

Magnifique plafond arabe

Entrée de la cappella del Crocifisso et du trésor

Pavement cosmatesque

Le tombeau de Guillaume II, en marbre, et celui de Guillaume Ier, en porphyre, se trouvent à droite du chœur.

Les portes en bronze du flanc nord (1179), œuvres de Barisano da Trani, s'admirent sous un portique (1547-1569) dessiné par Gian Domenico et Fazio Gagini.

★ Le cycle de mosaïques
Achevées en 1182, de superbes mosaïques, telle cette Arche de Noé, illustrent la Genèse dans la nef centrale, les enseignements du Christ dans le chœur et ses miracles dans les nefs latérales.

★ Le cloître
Supportant des arcades de style arabe, ses 228 colonnettes aux chapiteaux sculptés et aux fûts ornés de motifs en mosaïque ou en relief présentent des décors tous différents.

MODE D'EMPLOI

Piazza Vittorio Emanuele. *809, 8/9 et autres lignes vers l'ouest.* **Église** *091 640 24 24. 8 h 30-12 h, 15 h 30-18 h 30 t.l.j.* **Cloître** *091 640 44 03. d'avril à sept. : 9 h-19 h du lun. au ven., 9 h-12 h 30 sam. et dim. ; d'oct. à mars : 9 h-13 h du lun. au ven. (et 15 h-17 h les lun. et jeu.), 9 h-12 h 30 sam. et dim.*

Le mur sud et le cloître appartenaient au monastère original.

Fontaine ***(p. 458)***

Adam et Ève
Des artistes de toute l'Italie du Sud ont sculpté de reliefs d'une grande finesse les fûts de certaines colonnettes.

Porche du XVIIIe siècle

Panneau des portes en bronze
Signées par Bonanno da Pisa en 1185, les portes sont ornées de 42 scènes de la Bible. Le lion et le griffon étaient les emblèmes des rois normands.

À NE PAS MANQUER

- **★ Le cloître**
- **★ Le cycle de mosaïques**
- **★ Le Christ Pantocrator**

Bagheria ❸

Palermo. 👥 40 000. FS 🚌 ℹ Comune di Bagheria, Via Mattarella (091 90 54 38). 🛒 mer.

Cette petite cité est désormais quasiment devenue une banlieue de Palerme, mais au XVIIe siècle la beauté de ses paysages ruraux incita Giuseppe Branciforte, prince de Butera, à y faire construire une résidence d'été, initiative qu'imitèrent bientôt de nombreux aristocrates palermitains. Leurs villas baroques et néo-classiques agrémentent toujours le centre-ville.

Tommaso Maria Napoli édifia en 1705 la plus étonnante, la **villa Palagonia**, pour Ferdinando Gravina, prince de Palagonia. À la sophistication baroque de l'escalier extérieur et de la façade concave répondait celle des trompe-l'œil d'une décoration intérieure que son délabrement rend aujourd'hui encore plus insolite. Le prince était d'une jalousie confinant à la démence et il enferma sa jeune épouse dans la propriété qu'il cerna d'un mur couronné de statues de monstres et de personnages difformes.

Sculpture de la villa Palagonia

La **villa Valguarnera** (entreprise par Napoli en 1713) et la **villa Trabia** (milieu du XVIIIe siècle) bordent également la place. Une galerie d'art moderne occupe la **Villa Cattolica** (1736).

Villa Palagonia
Piazza Garibaldi. 📞 *091 93 20 88.* ◯ *t.l.j.*

Villa Cattolica
Via Consolare. 📞 *091 90 54 38.* ● *pour restauration.*

Bateaux de pêche et de plaisance voisinent dans le port de Trapani

L'escalier et la façade baroque de la villa Palagonia de Bagheria

Trapani ❹

👥 *73 000.* FS 🚌 ⛴ ℹ *Via San Francesco d'Assisi (093 54 44 11).* 🛒 *t.l.j.*

Quartier animé, le vieux Trapani s'étend sur une étroite péninsule et renferme de belles églises, notamment la **cathédrale San Lorenzo** (1635) et la **chiesa del Collegio dei Gesuiti** (v. 1614-1640). Le **Palazzo d'Ali** (XVIIe siècle) présente de somptueuses façades caractéristiques du baroque exubérant de la Sicile occidentale.

Dans la via San Francesco d'Assisi, le **Purgatorio** (XVIIe siècle) abrite les *Misteri*, statues en bois du XVIIIe siècle illustrant des scènes de la Passion qui sont portées en procession le Vendredi saint. La *Madone des anges* (1435-1525) par Andrea della Robbia et un baldaquin (1521) par Antonello Gagini justifient une visite à **Santa Maria del Gesù** dans la via Maria Sant' Agostino. Dans le quartier juif, à l'ouest de la via XXX Gennaio, le **palazzo della Giudecca** (XVIe siècle) possède une tour à bossage en pointes de diamant.

Le **museo Pepoli** expose des collections d'art comprenant un bel ensemble de figurines de crèche. À côté, le **Santuario di Maria Santissima Annunziata** sert d'écrin à la *Madonna di Trapani* révérée par les pêcheurs et les marins pour ses pouvoirs miraculeux.

Museo Pepoli
Via Conte Agostino Pepoli. 📞 *0923 55 32 69.* ◯ *du mar. au dim.*

Erice ❺

Trapani. 29 000. *Viale Conte Pepoli 11 (0923 86 93 88).* *lun.*

Dominant la mer et Trapani depuis le mont Eryx, cette ville médiévale qu'enserre toujours son enceinte fortifiée occupe un site où Phéniciens, Grecs et Romains vénérèrent la déesse de l'Amour qu'elle s'appelle Astarté, Aphrodite ou Vénus. Une tradition dont ne s'écartèrent pas les chrétiens puisqu'ils dédièrent le **Duomo** à la Vierge. Bâti en 1314 et flanqué d'un élégant campanile, le sanctuaire possède un beau portail gothique protégé par un porche du XVe siècle. Il recèle une *Vierge à l'Enfant* (v. 1469) attribuée à Francesco Laurana ou Domenico Gagini. Au terme du corso Vittorio Emanuele, le **museo Cordici** présente une petite collection d'art.

Désaffectée, **San Giovanni Battista** abrite dans le viale Nunzio Nasi des sculptures par les Gagini. Leur atelier sculpta vers 1474 le bénitier de l'église **San Cataldo**, dans la rue du même nom.

Construit par les Normands aux XIIe et XIIIe siècles, le **castello di Venere** occupe l'emplacement du temple de Vénus derrière les jardins de la **villa Balio** d'où s'admire un panorama exceptionnel sur toute la ville et ses environs.

Museo Cordici

Piazza Umberto I. *0923 86 00 48.* *du dim. au ven.* *jours fériés.*

Une rue typique de la ville médiévale d'Erice

Les îles siciliennes

Plusieurs groupes d'îles entourent la Sicile. Au nord, accessibles depuis Milazzo, des volcans éteints, ou assoupis, forment l'archipel des îles Éoliennes, aussi appelées Lipari, auquel appartiennent Panaria, Lipari, Vulcano et Stromboli. Les îles Égades, notamment Favignana, Levanzo (où s'admirent des gravures et des peintures paléolithiques et néolithiques) et Marettimmo, la mieux préservée, possèdent au large de Trapani une atmosphère très orientale. Au nord de Palerme, la beauté de ses fonds marins fait d'Ustica un paradis pour les plongeurs sous-marins, tandis qu'au sud d'Agrigente, les îles Pélagie évoquent déjà l'Afrique du Nord dont elles sont plus proches, comme Pantelleria, que de la Sicile.

***L'île Éolienne** la plus vaste et la plus fréquentée est Lipari où les visiteurs trouvent hôtels, bars et restaurants près d'un joli petit port. Sa voisine, Vulcano, offre bains de boue et plages de sable noir.*

***À Favignana**, la plus grande et la plus peuplée de îles Égades, se déroule chaque année en mai la* mattanza *: les pêcheurs regroupent avec des filets des bancs de thons qu'ils massacrent au harpon.*

***Dans les îles Pélagie**, Lampedusa, aux eaux claires et aux belles plages, appartint un temps à la famille de Giuseppe Tomasi di Lampedusa, auteur du célèbre roman* Le Guêpard.

Marsala ❻

Trapani. 👥 *80 000.* FS 🚌 ⛴ ℹ *Via Garibaldi 45 (0923 71 40 97).* *mar.*

Ce sont des Anglais qui commencèrent au XVIIIe siècle la production du marsala, vin liquoreux affiné dans des établissements, les *bagli*, qui, pour la plupart, se visitent. Les entrepôts désaffectés de l'un d'eux abritent sur le cap Lilibeo, où les Carthaginois fondèrent en 397 av. J.-C. la puissante cité fortifiée de Lilybée, le **museo archeologico di Baglio Anselmi**. Il présente des pièces archéologiques découvertes dans la région, en particulier la reconstitution d'un navire phénicien coulé au large du cap San Teodoro, probablement pendant la première guerre punique (264-241 av. J.-C.).

Dominée par la façade baroque du **Duomo**, la piazza della Repubblica marque le centre de la ville. Entreprise au XVIIe siècle sur le site d'un sanctuaire normand, la cathédrale recèle de nombreuses sculptures exécutées par les membres de la famille Gagini : Antonio, Domenico, Antonino et Antonello. Derrière, dans la via Garazza, le petit **museo degli Arazzi** expose huit magnifiques tapisseries flamandes du XVIe siècle.

Les Phéniciens qui fondèrent **Lilybée** venaient de l'île de Mozia, située au nord de la ville actuelle, où ils étaient implantés depuis le VIIIe siècle av. J.-C. La majorité de ce que nous savons de leur culture provient de la Bible et des fouilles entreprises sur cette île où subsistent les vestiges de fortifications, d'une nécropole et du tophet où les prêtres de Baal sacrifiaient par le feu les premiers-nés. Dans la villa Whitaker, le **museo di Mozia** présente le *Jeune homme à la tunique*, superbe statue retrouvée en 1979 où se marient style grec et éléments puniques.

Jeune homme à la tunique au museo di Mozia

Museo Archeologico di Baglio Anselmi
Via Lungomare. *0923 95 25 35.* *t.l.j.*

Museo degli Arazzi
Via Garappa. *0923 71 29 03.* *du mar. au dim.*

Museo di Mozia
Isola di Mozia. *0923 71 25 98.* *t.l.j. le matin.*

Ségeste ❼

Trapani. 🚌 *depuis Trapani et Palerme.* *de 9 h à 1 h avant le coucher du soleil.*

Selon la légende, des compatriotes d'Énée ayant fui Troie en flammes sont à l'origine du peuple des Élymes qui fonda l'antique cité de Ségeste dont les vestiges restent encore en grande partie à exhumer. Dans un site isolé, un monument continue cependant de témoigner de la grandeur passée de la ville : un **temple** dorique entrepris entre 426 et 416 av. J.-C. et dont la construction s'arrêta après la prise de Sélinonte par les Carthaginois en 409. À 2 km, près du sommet du monte Barbaro, un théâtre (IIIe siècle av. J.-C.) se visite et accueille des concerts en été.

Le temple inachevé de Ségeste se dresse dans un site spectaculaire

Sélinonte ❽

Trapani. *0924 462 77.* FS *Castelvetrano puis bus.* *de 9 h à 1 h avant le coucher du soleil. Billeterie fermée à 19 h.*

Les habitants de Megara Hyblaea qui fondèrent en 651 av. J.-C. une nouvelle colonie au bord de l'actuel Modione lui donnèrent pour nom celui du céleri sauvage *(selinon)* qui poussait en abondance. Sélinonte devint une des cités les plus prospères de la Grande-Grèce et l'histoire en a fait un des sites archéologiques majeurs de la Sicile. Les fortifications qu'élevèrent ses habitants restent en partie visibles, mais ces remparts ne suffirent pas à éviter en 409 av. J.-C. le massacre par les Carthaginois d'Hannibal.

Les ruines des temples de Sélinonte offrent un spectacle toujours impressionnant. Sur le plateau de Marinella, le **temple E** (490-480 av. J.-C.) a été en partie reconstruit ; le **temple F** (v. 560-540 av. J.-C.), plus petit, n'est que ruines et l'amas formé par les blocs de pierre effondrés du **temple G** (fin du VIe siècle av. J.-C.) rappelle qu'il fut l'un des plus vastes du monde grec.

Plus haut, sur l'acropole, se trouvent les vestiges des **temples A, B, C, D** et **O** érigés aux VIe et Ve siècles av. J.-C. Au nord, au-delà de l'ancienne porte principale, s'étendait la nécropole.

Le petit **musée** de la zone archéologique et celui de Castelvetrano, à 14 km à l'intérieur des terres, présentent des pièces retrouvées ici, mais les plus belles s'admirent au Museo Archeologico Regionale de Palerme *(p. 512)*.

Cefalù 9

Palermo. 14 000. FS *Corso Ruggero 77 (0921 42 10 50).* *sam.*

Une majestueuse falaise où se dressait jadis un temple de Diane domine cette charmante station balnéaire dont la vieille ville préservée s'étend au pied d'une des plus belles cathédrales normandes de Sicile. Commencée par Roger II en 1131 en accomplissement d'un vœu, la construction du **Duomo** de Cefalù se poursuivit jusqu'au XIIIe siècle. Exécutées en 1148, les splendides mosaïques byzantines de l'abside principale représentent un énorme Christ Pantocrator, la Vierge entourée de quatre archanges et les douze apôtres.

Le **museo Mandralisca** présente d'intéressantes collections d'objets d'art comprenant le *Portrait d'homme* peint vers 1465 par Antonello da Messina.

Museo Mandralisca
Via Mandralisca. *0921 42 15 47.* *t.l.j. ; dim. et jours fériés seulement le matin.*

Abside du Duomo de Cefalù

Façade du Duomo normand de Cefalù

Sillonné de ruelles médiévales, son quartier historique s'organise autour de la via Aetenea d'où la via Foderà mène à l'abbatiale **Santo Spirito** (XIIIe siècle) qui a gardé de ses origines gothiques un beau portail ouvrant sur un intérieur décoré de stucs baroques par Giacomo Serpotta. Depuis la via Duomo, des escaliers conduisent à **Santa Maria dei Greci** bâtie sur les vestiges d'un temple du Ve siècle av. J.-C. Fondé au XIe siècle, le **Duomo** a connu de nombreux remaniements et marie apports normands, arabes et catalans.

Aux environs

La zone archéologique connue sous le nom de vallée des temples *(p. 520)* constitue l'attrait le plus important d'Agrigente. La visite du **Museo Regionale Archeologico** complète sa découverte. Particulièrement riches en céramiques, ses collections comprennent aussi de belles sculptures.

Museo Regionale Archeologico
Contrada San Nicola, Viale Panoramica. *0922 40 15 65.* *t.l.j. le matin.*

La mafia

Selon certains historiens, cette organisation criminelle dont les ramifications s'étendent aujourd'hui dans le monde entier serait née à l'époque normande des bandits d'honneur qui défendaient les paysans que les Arabes avaient traités avec justice mais que spoliaient les seigneurs féodaux. Malgré les revers subis ces dernières années, son pouvoir reste très important dans l'île. Ses actes de violence ne visent toutefois pas les touristes, les Siciliens se montrant au contraire généralement d'une chaude hospitalité.

Règlement de compte entre mafiosi dans *Le Parrain III* (1990) de Francis Ford Coppola

Agrigente 10

57 000. FS *Via Empedocle 73 (0922 203 91).* *ven.*

La ville actuelle s'est développée sur le site de l'antique Akragas, fondée selon la légende par Dédale et dont l'historien Diodore vanta la richesse à l'époque qui précéda sa mise à sac par les Carthaginois en 406 av. J.-C.

La vallée des temples

Au sud de l'acropole d'Akragas, qu'a recouverte Agrigente, une terrasse aujourd'hui appelée Valle dei Templi était jadis réservée aux dieux. Dix temples doriques s'y dressaient, bâtis aux VIe et Ve siècles av. J.-C., et leurs vestiges forment un des plus beaux ensembles architecturaux hellènes hors de Grèce. Les Carthaginois les détruisirent en partie en prenant la ville en 406 av. J.-C., puis tremblements de terre et excès de zèle chrétiens achevèrent de les mettre à bas. Le matin et le soir sont les meilleurs moments pour les découvrir.

Télamon du temple de Zeus olympien

Temple d'Héphaïstos ①
Il ne reste guère que quelques fragments de colonnes de ce temple élevé vers 430 av. J.-C. et parfois appelé temple de Vulcain.

Sanctuaire des divinités chtoniennes ②
Ce groupe d'autels témoigne d'un culte rendu aux forces de la nature.

Temple d'Hercule ⑥
C'est le plus vieux temple de la vallée (fin du VIe siècle av. J.-C.).

Temple de Castor et Pollux ③
Cet assemblage incorrect d'éléments de plusieurs édifices se détache devant Agrigente depuis le XIXe siècle (p. 519).

Temple de Zeus olympien ④
Entrepris vers 480 av. J.-C., il fut le plus grand temple de Sicile. 38 télamons (personnages sculptés) supportaient son entablement.

Temple de Junon ⑧
25 de ses colonnes, élevées vers 450 av. J.-C., restent debout.

Tombe de Théron ⑤
Cette sépulture romaine date du Ier siècle.

LÉGENDE

- Itinéraire conseillé
- P Parc de stationnement
- Mur antique

0 500 m

Temple de la Concorde ⑦
Bâti vers 430 av. J.-C., il fut transformé en église chrétienne au IVe siècle, ce qui lui évita la destruction.

Piazza Armerina ⓫

Enna. 22 000. Via Cavour 15 (0935 68 02 01). jeu.

Cette vivante petite cité a conservé son tracé médiéval au pied d'un somptueux **Duomo** baroque. Construit à partir de 1604, il possède une intéressante décoration intérieure. Les 13 et 14 août, le *Palio dei Normanni* et ses parades en costumes des XIIe et XIIIe siècles attirent chaque année une foule animée. C'est toutefois la **villa romana del Casale** située à 5 km au sud-ouest de la ville qui motive la venue à Piazza Armerina de la majorité des visiteurs.

La construction de cette immense résidence de campagne commença à la fin du IIIe siècle, sans doute pour Maximien, un des Tétrarques *(p. 107)*, et se poursuivit au cours du IVe siècle. Il ne reste quasiment rien des parties supérieures des édifices, mais les mosaïques des sols forment un ensemble unique de quelque 4 000 m². L'œuvre la plus grande couvre un couloir long de 60 m et illustre dans le détail la capture d'animaux sauvages en Afrique.

Villa Romana del Casale
Contrada Paratorre. 0935 68 00 36. t.l.j.

Détail de la mosaïque dite des dix sportives, Villa Romana del Casale

Enna ⓬

28 000. FS Piazza Colaianni 6 (0935 50 08 75). mar.

La ville la plus haute de Sicile occupe au cœur des terres un site où les hommes rendirent pendant des siècles un culte à la déesse de la Fertilité. Celle-ci porta de nombreux noms à l'époque préhistorique avant de devenir la Déméter grecque puis la Cérès latine. Dominé par une statue colossale, son temple se dressait sur la **Rocca Cerere**, non loin de l'immense **castello di Lombardia** édifié au XIIIe siècle par Frédéric II.

La via Roma, qui traverse la vieille ville et son réseau de ruelles médiévales, longe l'église **San Francesco** dont le clocher date du XVIe siècle. Sur la piazza Crispi, d'où s'offre un vaste panorama, se dresse une copie de l'*Enlèvement de Proserpine* du Bernin *(p. 429)*. Elle rappelle que c'est près d'Enna que le maître des Enfers s'empara de la fille de Déméter-Cérès *(p. 465)*. Fondé au XIVe siècle, le **Duomo** incorpore des éléments du temple antique. Attenant, le **museo Alessi** présente le trésor de la cathédrale et une riche collection de monnaies. Au **museo Varisano** sont exposées des pièces archéologiques.

Hors du centre s'élève la **torre di Federico II** (XIIIe siècle), ancienne tour de guet octogonale.

Aux environs
Au nord-est d'Enna, la ville perchée de **Nicosia** a souffert du tremblement de terre de 1967 mais conserve de belles églises, notamment la cathédrale San Nicolo (XIVe siècle), au magnifique portail sculpté, et Santa Maria Maggiore qui abrite un polyptyque en marbre du XVIe siècle par Antonello Gagini. À une trentaine de kilomètres plus à l'est, **Troina** fut prise en 1062 par les Normands qui édifièrent la Chiesa Matrice. Au sud-est d'Enna, **Vizzini** offre de belles vues sur la campagne.

Museo Alessi
Via Roma. 0935 240 72. t.l.j.

Museo Varisano
Piazza Mazzini. 0935 50 03 31. t.l.j.

La jolie petite ville de Vizzini au sud-est d'Enna

Les Grecs édifièrent le théâtre de Taormine, aux gradins face à l'Etna

Tindari ⓭

Messina. ☎ 0941 36 90 23. FS Patti ou Oliveri puis bus. ◯ de 9 h à 1 h avant le coucher du soleil. ♿

Sur le bord d'une falaise dominant le golfo di Patti, des remparts de **Tyndaris**, cité grecque fondée en 396 av. J.-C., se dressent en protecteurs de ruines principalement romaines, notamment celles d'une vaste **basilique**, d'un **théâtre** et d'habitations. Un **antiquarium** présente des objets découverts sur le site.

Sur le piazzale Belvedere s'élève le sanctuaire abritant la **Vierge noire**, icône byzantine objet d'un important pèlerinage.

Messine ⓮

275 000. FS Piazza Cairoli 45 (090 293 52 92). t.l.j.

Aucune ville sicilienne n'a souffert autant que Messine des bombardements et des tremblements de terre, et le **Museo Regionale** présente de nombreux trésors provenant d'édifices aujourd'hui disparus, en particulier deux chefs-d'œuvre du Caravage. Fondé en 1160, le **Duomo** a connu tant de reconstructions que l'église **Santissima Annunziata del Catalani** entreprise à la même époque présentera plus d'intérêt pour les amateurs d'architecture normande.

L'une des plus jolies fontaines de Sicile, la **fontana d'Orione** (1547), orne la piazza del Duomo. Son auteur, G. A. Montorsoli, créa également la **fontana di Nettuno** (1557) de la piazza dell'Unità Italia.

Museo Regionale

Via della Libertà 465. ☎ 090 36 12 92. ◯ matin t.l.j. et après-midi les mar., jeu., sam.

Vierge à l'Enfant **(1473) d'Antonello da Messina au Museo Regionale**

Taormine ⓯

Messina. 10 000. FS Palazzo Corvaja, Piazza Santa Caterina (0942 232 43). mer.

Dans un site exceptionnel, Taormine est devenu une station balnéaire chic mais garde assez de charme pour rester très agréable à visiter.

Son monument le plus célèbre, le **théâtre**, est un édifice entrepris par les Grecs au IIIe siècle av. J.-C., puis remanié par les Romains. Il accueille en été les spectacles d'un festival prestigieux. Les vestiges de l'**odéon** jadis consacré à la musique se voient derrière l'église Santa Caterina dont la façade domine la piazza Vittorio Emanuele à côté du **palazzo Corvaia** bâti au XIVe siècle avec les pierres d'un temple antique. Fondé au XIIIe siècle, le **Duomo** a été restauré en 1636.

Aux environs

On peut rejoindre de la ville la superbe plage de Taormine, **Mazzaró**, à l'eau transparente et au sable fin. Au sud de Taormine, le **capo Schisó** porte les ruines de l'antique **Naxos**. À l'ouest, les chutes d'eau et la rivière de **Gole dell'Alcantara**.

Etna 16

Catania. FS *jusqu'à Linguaglossa ou Randazzo ; ligne Circumetnea de Catane à Riposto.* 🚌 *jusqu'à Nicolosi.* ℹ *Piazza Vittorio Emanuele 32, Nicolosi (095 91 44 88).*

Les trains de la *Ferrovia Circumetnea* qui en font le tour au départ de Catane et de Riposto permettent de découvrir le plus grand volcan d'Europe où, selon les anciens, Vulcain avait ses forges. Il est aujourd'hui sous étroite surveillance afin d'éviter que ne se reproduisent des catastrophes comme celles qui frappèrent Catane au XVIIe siècle.

Catane 17

365 000. ✈ FS 🚌 ℹ *Via Cimarosa 10 (095 73 06 211).* *du lun. au sam. (général) ; dim. (antiquités et brocante).*

Catane connut une importante reconstruction après un tremblement de terre en 1693 et elle recèle certains

Façade du Duomo de Catane

des édifices les plus créatifs du baroque sicilien.

L'emblème de la ville, un éléphant sculpté dans la lave, porte un obélisque au centre de la **piazza del Duomo** qui offre une perspective spectaculaire sur l'Etna. Dans les ruelles qui la séparent du port se tient le matin un marché aux poissons haut en couleur. C'est l'architecte Vaccarini qui donna à la **cathédrale** d'origine normande sa façade théâtrale et dessina le **Municipio** achevé en 1741. Dans la via Vittorio Emanuele II, son style marque également **Sant'Agata** (1748) et le **collegio Cutelli**. Entre les deux dans la même rue, **San Placido** (v. 1768) est de Stefano Ittar, tandis qu'Antonio Amato réalisa au début du XVIIIe siècle le **palazzo Biscari** situé à quelques pas en direction du port ainsi que l'église **San Niccolò** (1730), dont la façade inachevée domine la piazza Dante, et le **couvent bénédictin** (1704) attenant.

Dans la via Vittorio Emanuele se trouvent également le **Museo Belliniano** installé dans la maison natale du compositeur Vincenzo Bellini (1801-1835) et le **Teatro Romano** (21 av. J.-C.), piazza Stesicono, construit de lave. La maison du romancier Giovanni Verga (1840-1922) donne sur la via Anna. La via Crociferi longe les églises baroques **San Francesco Borgia, San Benedetto** et **San Giuliano**, sanctuaire dont la décoration intérieure (1760) est le chef-d'œuvre de Vaccarini.

La cuisine sicilienne et ses influences

Le premier livre de cuisine a été écrit en Sicile, mais l'*Art de la cuisine* rédigé au Ve siècle av. J.-C. par le Syracusain Mithaèque ne nous est pas parvenu. Les vins produits sur l'île avaient déjà une haute réputation à l'époque romaine, mais ce sont les Arabes qui introduisirent l'aubergine et les agrumes. Leur passion orientale pour les friandises se retrouve aujourd'hui dans l'immense variété des confiseries et des pâtisseries siciliennes. Pâte d'amandes et fruits confits y jouent un grand rôle comme, par exemple, dans les glaces *cassata* et *granita*. Certaines de ces douceurs ne se dégustent qu'à l'occasion de

Un étal appétissant sur le marché de Palerme

la fête d'un saint.

La frugalité de ses paysans s'est alliée en Sicile au goût de l'apparat de sa noblesse pour créer des spécialités souvent très simples mais à la présentation élaborée.

Les produits de la mer, notamment le thon et l'espadon, entrent dans la préparation de nombre d'entre elles, en particulier risottos et plats de pâtes, l'île ayant donné à l'Italie, et au monde, les macaronis. À Trapani, le poisson accompagne même le couscous. Aubergines, poivrons, artichauts et épinards sont très utilisés.

Au dessert, offrez-vous un luxe d'empereur : un verre de mamertino, vin qui n'a pas changé depuis la Rome antique.

Fruits en pâte d'amandes

La plage de Mazzarò près de Taormine ▷

Le Porto Piccolo de Syracuse, ville au prestigieux passé antique

Pantalica ⓲

Siracusa. ☎ *0923 46 24 52.* 🚌 *de Syracuse à Sortino puis 5 km à pied jusqu'à l'entrée ou bus de Syracuse à Ferla puis 10 km à pied.* **Nécropole** ◯ *de 7 h au coucher du soleil (d'oct. à mars : 18 h).* ♿

Dans un lieu sauvage des monts Iblei, au-dessus de l'Anapo, la **nécropole** de Pantalica compte quelque 5 000 tombes creusées dans le rocher entre le XIIIe et le VIIIe siècle av. J.-C. par des Sicules, l'un des peuples, avec les Sicanes et les Élymes, qui occupaient la Sicile avant l'arrivée des Grecs. Leur cité, qui reste à exhumer, aurait été fondée par des habitants de la ville côtière de **Thapsos** lassés des incursions de tribus belliqueuses de la péninsule.

Le site de Pantalica connut une nouvelle occupation à l'époque byzantine comme en témoignent des habitations troglodytiques et des chapelles aménagées dans d'anciennes sépultures. Le Museo Archeologico Regionale de Syracuse présente les objets découverts dans la nécropole.

La nécropole de Pantalica et ses tombes taillées dans le rocher

Syracuse ⓳

👥 *125 000.* FS 🚌 ⛴ *Via San Sebastiano 43 (0931 677 10).* ⛺ *mer.*

Dans le Duomo de Syracuse

Syracuse fut l'une des plus puissantes cités du monde grec entre les IIIe et Ve siècles, et celle que Cicéron estimait la plus belle. Sur l'île d'**Ortygie**, où s'implantèrent vers 730 av. J.-C. les premiers colons, s'étend toujours la vieille ville, séparée par la Darsena des quartiers modernes qui ont recouvert les antiques **Achradine, Tyché** et **Neapoli**. Elle n'a toutefois conservé que peu de vestiges des majestueux édifices érigés par les puissants tyrans, tels Gélon ou Denys l'Ancien, qui gouvernèrent Syracuse (en dehors d'une période républicaine au Ve siècle av. J.-C.) de 485 av. J.-C. jusqu'à sa conquête par les Romains, au terme d'un siège de trois ans, en 212 av. J.-C. C'est au cours de la mise à sac qui suivit sa chute qu'un soldat tua le célèbre mathématicien Archimède.

En venant de la terre ferme, le Ponte Nuovo débouche à Ortygie sur les ruines du **temple d'Apollon**, le plus vieux sanctuaire dorique de Sicile. Au cœur de la Città Vecchia sur la piazza Duomo s'élève la **cathédrale** aménagée au Moyen Âge dans le **temple d'Athéna** (Ve siècle). Elle possède une belle façade baroque (1754) par Andrea Palma à laquelle répondent celles du **palazzo Beneventano del Bosco** (1778-1788) et de l'église **Santa Lucia alla Badia** (1695-1703) bordant également la place. Le Municipio abrite la Galleria Numismatica et un petit musée consacré aux temples ioniques.

La via Picherale conduit à la fontaine d'Aréthuse qui marque l'endroit où, selon les poètes, cette gracieuse nymphe qui fuyait l'amour du fleuve Alphée réapparut sous forme de source après avoir plongé dans la mer. La via Capodieci mène ensuite à la **Gallerie Regionale di Palazzo Bellomo** dont les collections de peintures et de sculptures comprennent *L'Enterrement de sainte Lucie* (1608) du Caravage et une *Annonciation* (1474) par Antonello da

Messina. À la pointe de l'île, Frédéric II édifia le castello Maniace en 1239.

Dans Achradine, et malgré les bombardements qui rasèrent en 1943 ce quartier au centre de la Syracuse moderne, **Santa Lucia**, bâtie à l'emplacement où sainte Lucie, la patronne de Syracuse, aurait subi le martyre en 304, a conservé son campanile et son portail normands.

Au nord, dans Tyché, le **museo archeologico Regionale Paolo Orsi** présente une importante collection d'objets illustrant l'histoire de la région depuis la préhistoire jusqu'à l'époque byzantine.

À Neapoli se visite le **Parco Archeologico** qui renferme l'autel d'Hérion II, un amphithéâtre romain et un spectaculaire théâtre grec taillé dans le rocher. Dans la **latomia del Paradiso**, ancienne carrière aujourd'hui aménagée en jardin, périrent les 7 000 Athéniens faits prisonniers lors d'une terrible bataille pour le contrôle de Syracuse en 413 av. J.-C.

Aux environs

À 8 km de Syracuse, l'ancienne forteresse grecque du **château d'Euryale** (ive siècle av. J.-C.) d'**Epipolae** se révèle plus particulièrement intéressante par son réseau de galeries et le panorama qu'elle offre.

Gallerie Regionale di Palazzo Bellomo

Palazzo Bellomo, Via Capodieci 16. *0931 695 11.* *t.l.j. le matin.*

Museo Archeologico Regionale Paolo Orsi

Viale Teocrito 66. *0931 46 40 22.* *du mar. au dim. matin.*

Noto 20

Siracusa. *21 000.* FS *Piazza XVI Maggio (0931 83 67 44).* *lun. et les 1er et 3e mar. du mois.*

Le tremblement de terre de 1693 rasa Noto Antica et c'est en pleine période baroque que la ville fut entièrement reconstruite dans un tuf auquel le soleil a donné cette couleur de miel qui fait de Noto une des plus gracieuses cités de Sicile.

La façade du Duomo baroque de Noto est de Gagliardi

Sur le corso Vittorio Emanuele et les places qu'il traverse s'élèvent plusieurs ouvrages attribués à Rosario Gagliardi, notamment, sur la piazza XVI Maggio, l'église **San Domenico** à la belle façade convexe, sur la piazza Municipio, le **Duomo** achevé en 1770 et la façade du séminaire **San Salvatore**, et dans la rue elle-même, la **chiesa di Santa Chiara** (1730) au plan elliptique.

En face de la cathédrale, le **Municipio**, ou palazzo Ducezio, possède un rez-de-chaussée conçu en 1746 par Sinatra, un autre grand architecte baroque. Derrière le Duomo, le **palazzo Trigona** et le **palazzo Astuto** se font face dans la via Cavour. À quelques pas vers l'ouest, le **monastère de Montevergine** dresse une façade animée au terme de la via Nicolaci que domine le riche décor sculpté des balcons du **palazzo Villadorata**, siège de la bibliothèque. Au sommet de la ville, l'église du **Crocifisso** (1728), œuvre de Gagliardi, abrite la *Madonna delle Neve* sculptée en 1471 par Francesco Laurana.

Aux environs

Le tremblement de terre de 1693 dévasta également la ville de **Modica**, à une trentaine de kilomètres à l'ouest, et sa voisine **Raguse**. Parmi les beaux édifices baroques élevés lors de leurs reconstructions figurent des créations de Gagliardi : les églises **San Giorgio** et **San Giuseppe** de Raguse et l'église **San Giorgio** de Modica, l'un de ses chefs-d'œuvre.

Balcon du palazzo Villadorata, via Nicolaci, Noto

SARDAIGNE

L'auteur anglais D. H. Lawrence (1885-1930) a écrit de la Sardaigne qu'elle avait été laissée « hors du temps et de l'histoire ». Si cela reste vrai à l'intérieur des terres où les Sardes ont toujours défendu leur identité face aux envahisseurs venus de la mer, tourisme et industrie se sont particulièrement développés sur le littoral.

À 12 km au sud de la Corse, la plus grande île de la Méditerranée après la Sicile présente comme elle un relief varié, et plusieurs massifs montagneux y rendent la circulation malaisée. Ils culminent à 1 834 m au mont Gennargentu. Seule vaste plaine, le Campidano s'étend au sud entre Oristano et Cagliari.

Les peuples de la préhistoire ont laissé d'importants vestiges en Sardaigne, et notamment la civilisation originale qui s'y développa à partir du IIIe millénaire av. J.-C. Quelque 7 000 constructions en pierres sèches appelées nuraghi attestent son dynamisme. Elles parsèment toute l'île, mais les concentrations les plus intéressantes se trouvent dans la valle dei Nuraghe, au sud de Sassari, et autour de Barumini, au nord de Cagliari, la capitale de la Sardaigne dont le musée archéologique possède plus de 300 statuettes nouragiques.

Phéniciens, Romains, Génois, Espagnols, de nombreux envahisseurs se sont succédé dans l'île comme en témoignent, par exemple, les ruines de Tharros, près d'Oristano, ou les églises romano-pisanes de la région de Sassari. Il en subsiste un autre souvenir : la grande diversité des très nombreuses fêtes célébrées par les Sardes. Aucun de ces envahisseurs n'a toutefois complètement réussi à asseoir son contrôle sur la région du Gennargentu et elle garde, comme la sauvage costa del Sud, un visage bien éloigné de celui qu'offre près d'Olbia la Costa Smeralda, paradis naturel devenu l'une des zones touristiques les plus huppées du monde.

Conversations dans la petite ville de Carloforte sur l'isola di San Pietro proche de Sant'Antioco

◁ **La baie de Simius à l'est de Cagliari**

À la découverte de la Sardaigne

Longtemps isolés, par la mer et les reliefs mouvementés de leur île, les Sardes ont gardé leur propre langue encore proche du latin. L'élevage demeure une activité importante et ce sont souvent des pacages qui disputent au maquis les terres arides des hauteurs. Vignes, rizières et champs de blé s'étendent dans les anciens marécages entourant Oristano et dans la vallée du Campidano qui les prolongent jusqu'à Cagliari. Sur le littoral alternent côtes rocheuses creusées de criques, telle la prestigieuse Costa Smeralda, et belles plages de sable comme à Castelsardo dans le golfo dell'Asinara. Le golfo di Orosei est resté magnifiquement préservé.

Vestiges préhistoriques à Su Nuraxi près de Barumini

La région d'un coup d'œil

- Alghero ❸
- Bosa ❹
- Cagliari ❾
- Cala Gonone ❻
- Costa Smeralda ❶
- Nuoro ❺
- Oristano ❼
- Sant'Antioco ❽
- Sassari ❷

Aspect typique d'une rue à Alghero

Voir aussi

- ***Hébergement*** p. 575
- ***Restaurants*** p. 609

La côte rocheuse de l'isola San Pietro au nord-ouest de Sant'Antioco

Légende

- Route principale
- Route secondaire
- Parcours pittoresque
- Cours d'eau
- Point de vue

Dans le sud du massif du Gennargentu

Circuler

Des ferries au départ de Toulon et Marseille desservent Porto Torres où accostent également, comme à Cagliari et Olbia, des bateaux italiens. Cagliari, Olbia et Alghero possèdent un aéroport. Principale voie de communication intérieure, la N 131 traverse l'île de Porto Torres à Cagliari en évitant le Gennargentu que ne sillonnent que des routes étroites et sinueuses. Elle se divise au nord d'Oristano pour rejoindre Olbia. Des trains express circulent entre les villes principales. Tortillards et autocars permettent d'atteindre les villages.

Un coin de paradis, la Costa Smeralda

Costa Smeralda 1

Sassari. FS Olbia. Porto Cervo. Via Catello Piro 1, Olbia (0789 214 53).

Du golfo di Cugnana au golfo di Arzachena, criques et plages aux eaux cristallines rendent cette côte granitique particulièrement splendide, et un consortium dirigé par l'Aga Khan a entrepris son aménagement dans les années 1960 pour en faire une des régions touristiques les plus luxueuses du monde.

Création d'un architecte français, **Porto Cervo**, la principale localité, s'étage autour de son port fréquenté par des milliardaires, des têtes couronnées et des vedettes.

Aux environs
Au nord, **Baia Sardinia** et **Cannigione** ont gardé une atmosphère plus rurale. Les îles de **La Maddalena** et de **Caprera**, où se trouve le **Museo Nazionale Garibaldino**, s'atteignent depuis **Palau**.

Museo Nazionale Garibaldino

Frazione Caprera, Maddalena.
0789 72 71 62. t.l.j. le matin. 1er jan., 1er mai, 25 déc.

Sassari 2

120 000. FS Viale Caprera 36 (079 29 95 44). lun.

Fondée par des marchands génois et pisans, Sassari attire chaque année à l'Ascension de nombreux visiteurs pour sa *Cavalcata Sarda*. Autour du **Duomo** fondé au XIe siècle et plusieurs fois remanié se serre un dense quartier médiéval. Au nord se trouve la **fonte Rosello**, fontaine de la Renaissance tardive devenue l'emblème de la ville.

Le **museo archeologico nazionale « GA Sanna »** constitue un bon point de départ à la découverte des cultures préhistoriques de la Sardaigne.

Façade de Santissima Trinità di Saccargia

Aux environs
À 16 km au sud-est se dresse au bord de la N 131 l'église romano-pisane **Santissima Trinità di Saccargia** (1116) décorée à l'abside de fresques du XIIIe siècle. Plus loin sur la route s'élève **San Michele di Salvenero** bâtie au XIIe siècle. À **Ardara**, la couleur de sa pierre a valu le surnom de « cathédrale noire » à **Santa Maria del Regno**, un autre sanctuaire roman.

Une maison typique d'Alghero

Museo Archeologico Nazionale « GA Sanna »

Via Roma 64.
079 27 22 03. t.l.j. le matin et l'après-midi le 2e mer. du mois.

Alghero 3

Sassari. 41 000. FS Piazza Porta Terra 9 (079 97 90 54). mer.

Après avoir pris aux Génois en 1354 ce petit port fondé sur une péninsule au début du XIIe siècle, les Aragonais le vidèrent de ses habitants de souche et le repeuplèrent d'émigrants de Barcelone et de Valence. La ville en garde un aspect très hispanique et entretient avec fierté ses traditions catalanes.

Elle a conservé plusieurs tours fortifiées. Faisant face au jardin public, la massive **torre di Porta Terra** porte aussi le surnom de « Tour juive » en mémoire de ceux qui l'érigèrent au XVIe siècle. Sur le lungomare Colombo se trouvent la **torre dell'Espero Reial** et la **torre San Giacomo**, tandis que la **torre della Maddalena** domine la piazza Porta Terra. Les remparts forment en bord de mer une très agréable promenade.

Au terme de la via Umberto, le **Duomo**, malgré des remaniements postérieurs, conserve de sa reconstruction au XVIe siècle un élégant campanile de style gothique

Sur le port de Bosa

catalan et des chapelles aux voûtes ogivales. Son portail est aragonais. Église du XIVe siècle doté d'un joli cloître et d'un clocher octogonal, **San Francesco** s'atteint par la via Carlo Alberto que borde la façade baroque de **San Michele**. La **casa Doria** présente dans la via Principe Umberto des fenêtres gothiques et un élégant portail Renaissance.

Aux environs
La **Grotta Verde** et, surtout, la spectaculaire **grotta di Nettuno** du capo Caccia s'atteignent en voiture et, mieux encore, en bateau.

Bosa ❹

Nuoro. 👥 *8 500.* FS 🚌 ℹ *Corso Vittorio Emanuele 59 (0785 37 61 07).* 🛒 *mar.*

Pittoresque petite ville balnéaire, Bosa s'est développée à l'embouchure du seul cours d'eau navigable de Sardaigne, le Temo. Le quartier historique, **Sa Costa**, s'étage sur une colline basse couronnée par le **castello di Serravalle** bâti par les Malaspina en 1112. Ses ruelles ont peu changé depuis le Moyen Âge. D'anciennes tanneries, **Sas Conzas**, bordent la rivière.

Plus cosmopolite, le quartier **Sa Piatta** renferme le **Duomo** (XVe siècle), de style gothique aragonais, et **San Pietro**, église romane qui reçut une façade cistercienne au XIIIe siècle.

Les nuraghi de Sardaigne

Les quelque 7 000 tours en grosses pierres sèches appelées *nuraghi* (tas de pierres) constituent un trait distinctif de la Sardaigne. Si les premières traces de ce mode de construction apparurent au IIIe millénaire av. J.-C., c'est entre 1500 et 400 av. J.-C. que l'île se hérissa de ces forteresses, pour certaines solitaires au sommet d'une colline, pour d'autres entourées d'un village. La culture nouragique n'a pas laissé d'inscriptions et, malgré les statuettes et les objets retrouvés dans les nuraghi, elle reste très mystérieuse.

***Des* nuraghi** *isolés, parfois équipés de puits, défendaient depuis les sommets des collines le territoire de la tribu.*

Su Nuraxi, près de Barumini *(ci-dessus), Serra Orrios, près de Dorgali, et Santu Antine à Torralba constituent les sites nouragiques les plus importants. On a même identifié un théâtre.*

Ce guerrier mythique *fait partie des quelque 500 figurines nouragiques en bronze retrouvées. Le musée de Cagliari en possède la majorité.*

Née à Nuoro, Grazia Deledda obtint le prix Nobel en 1926

Nuoro 5

38 000. FS Piazza d'Italia 19 (0784 300 83). ven. et sam.

Au cœur de la Sardaigne, le monte Ortobene et le Sopramonte donnent à Nuoro un cadre superbe. C'est dans cette région montagneuse du Gennargentu, où la circulation demeure difficile, que les bergers sardes ont le mieux préservé leur farouche indépendance et un mode de vie dont la description a valu à Grazia Deledda le prix Nobel de littérature en 1926. Sa ville natale reste la gardienne des traditions et le **museo della Vita et delle Tradizioni Popolari Sarde** présente une belle exposition de costumes, bijoux et objets artisanaux. En août, la *Sagra del Redentore* fournit le prétexte à un grand festival de folklore réunissant des chanteurs et danseurs de toute l'île.

Aux environs

La région du massif du **Gennargentu**, la Barbagia, doit son nom aux Romains qui ne purent jamais tout à fait soumettre les « Barbares » qui l'habitaient. Ce refus de toute autorité extérieure, qui s'exprime toujours sur les peintures murales ornant les maisons d'**Orgosolo**, a aussi nourri de terribles vendettas entre villages et donné le jour à une tradition de bandits d'honneur. Celle-ci a malheureusement dégénéré, entraînant la création de bandes maffieuses. Elles ne se préoccupent toutefois pas des touristes.

À **Mamoiada**, le carnaval donne lieu à une procession aux origines très anciennes mais au sens devenu mystérieux. Elle oppose des hommes masqués et vêtus de peaux de mouton noir, les *mamuthones*, aux *insokatores* habillés de couleurs vives.

Museo della Vita e delle Tradizioni Popolari Sarde

Via Mereu 56. 0784 314 26. d'avril à oct. : t.l.j. ; de nov. à mars : du mar. au dim matin.

Cala Gonone 6

Nuoro. 800. Via Lamarmore 189, Dorgali (0784 962 43). t.l.j. jusqu'aux grottes (d'avril à mi-oct.). 0784 933 05.

À l'est de Nuoro, de hautes montagnes dominent ce petit port de pêche devenu une station balnéaire animée. Des criques isolées, telles la **cala di Luna** et la **cala Sisine**, creusent la côte splendide du golfo di Orosei. Profonde caverne naturelle, la **grotta del Bue Marino** renferme de magnifiques concrétions calcaires. De belles promenades s'offrent aux marcheurs autour de Cala Gonone, notamment celle qui rejoint la cala Sisine. Depuis Dorgali, la route pour Baunei et Tortoli est particulièrement spectaculaire.

Entrée de la grotta del Bue Marino, au sud de Cala Gonone

Oristano 7

Cagliari. 32 000. FS Via Cagliari 278 (0783 741 91). mar. et ven.

Ruines de Tharros près d'Oristano

La province d'Oristano correspond à peu près à l'ancien *giudicato* d'Arborea que dirigea Eleonora *(voir ci-contre)*, patriote célébrée par une statue du XVIIIe siècle sur la **piazza Eleonora** et une **casa di Eleonora** (XVIe siècle) bordant le corso Vittorio Emanuele. À côté, l'**antiquarium Arborense** présente des vestiges archéologiques découverts pour la plupart à l'emplacement de la cité phénicienne de Tharros. Fondé au XIIIe siècle, le **Duomo** a connu une reconstruction baroque et les églises **Santa Chiara** (1343), dans la via Garibaldi, et **San Martino** (XIVe siècle), dans la via Cagliari, se révèlent plus intéressantes.

Aux environs

Bâtie au XIIe siècle, la belle église romane de **Santa Giusta**

Carloforte, seule ville de la petite isola di San Pietro

renferme des colonnes antiques provenant notamment de Tharros, cité punique dont les ruines s'étendent à 20 km d'Oristano sur la péninsule de Sinis.

Antiquarium Arborense
Via Parpaglia 37. *0783 79 12 62.* *t.l.j.*

Sant'Antioco ❽

Cagliari. *Piazza Repubblica (0781 820 31).*

Une route rejoint cette île dont la ville principale, **Sant'Antioco**, s'étend à l'emplacement de la Sulcis punique. De ce passé carthaginois subsistent le **Tophet**, sanctuaire des dieux Baal et Tanit, les riches collections de l'**antiquarium**, la **nécropole** et une sépulture souterraine transformée en **catacombes** chrétiennes au IIe siècle avant de devenir la crypte de la basilique **Sant'Antioco Martire** fondée en 1102. La petite **isola di San Pietro** s'atteint en ferry depuis Calasetta.

Catacombes
Piazza Parrocchia. *0781 830 44.* *t.l.j.* *seulement.* *Pâques, 15 août, 25 déc.*

Antiquarium
Via Regina Margherita. *0781 835 90.* *t.l.j.* *1er jan., Pâques, 8, 25 et 26 déc.*

Cagliari ❾

220 000. *Piazza Matteotti 9 (070 66 92 55).* *t.l.j. ; puces le dim. et antiquités le 2e dim. du mois.*

La capitale de la Sardaigne fut tout d'abord une cité punique, comme en témoignent les vestiges de sa nécropole et les ruines de Nora, au sud-ouest de la ville, puis devint romaine et ses nouveaux maîtres taillèrent dans le rocher un **amphithéâtre** bien conservé. Au XIVe siècle, les Pisans bâtirent l'enceinte fortifiée du vieux quartier, le **Castello**.

Aménagée dans l'ancien arsenal royal, la **citadella dei Musei** abrite la collection de peintures de la **Pinacoteca** et le **Museo Nazionale Archeologico**. Principale source de renseignement sur une culture qui n'a pas laissé d'écrits, les petits bronzes nouragiques *(p. 533)* constituent le clou de son exposition, mais sculptures et objets de la vie quotidienne puniques permettent également de découvrir une civilisation souvent méconnue.

La via Martini conduit au **Duomo** d'origine romane mais très enlaidi par un remaniement au XXe siècle. Deux belles chaires sculptées en 1159 encadrent le portail. Elles proviennent de la cathédrale de Pise. Poursuivre vers le sud conduit au point de vue offert par la terrasse aménagée sur le **bastione San Remy** au-dessus de la piazza Costituzione. Du bastion, la via dell'Universita mène à la **torre dell'Elefante** qui domine le quartier **Marina** s'étendant jusqu'au port. Depuis la piazza Costituzione, la via San Lucifero (première à droite dans la via Garibaldi) rejoint l'église byzantine **San Saturnino** (VIe siècle).

San Saturnino à Cagliari, église du VIe siècle au plan en croix grecque

Amphithéâtre
Viale Sant'Ignazio. *mar.-dim.*

Cittadella dei Musei
Piazza Arsenale. **Museo Nazionale Archeologico** *070 65 59 11.* **Pinacoteca** *070 67 01 57.* *t.l.j.* *1er jan., 1er mai, 25 déc.*

Eleonora d'Arborea

Les Espagnols reçurent la Sardaigne du pape Boniface VIII en 1297 mais ne contrôlèrent pas la totalité de l'île avant le XVe siècle. La résistance sarde avait deux pôles principaux : le massif du Gennargentu et le *giudicato* d'Arborea, l'une des quatre divisions administratives de la Sardaigne au Moyen Âge. Eleonora en fut la *giudessa* de 1383 à 1404 et devint le symbole de l'esprit d'indépendance sarde. Elle promulgua un code législatif qui instituait en 1395 la communauté de biens dans le mariage et le droit des femmes à demander justice d'un viol.

COCKTAIL BAR

Les bonnes adresses

Hébergement

Des touristes du monde entier viennent visiter l'Italie, où la majorité des Italiens passent aussi leurs vacances. Les modes d'hébergement proposés sont donc extrêmement variés, depuis les hôtels splendides aménagés dans d'anciens palais jusqu'aux simples *pensioni* de famille et aux auberges de jeunesse. On peut également louer une magnifique villa isolée en Toscane ou un appartement dans une résidence au bord de la mer. On a souvent reproché aux hôtels italiens de pratiquer des prix élevés et d'offrir des prestations médiocres, mais il en existe d'excellents dans toutes les catégories. Nous avons sélectionné, dans chaque région, un certain nombre d'établissements *(p. 542-575)* qui représentent les meilleurs choix au niveau du charme, du prix, de l'accueil, du confort ou de la localisation.

L'enseigne d'un hôtel 3 étoiles

Le palazzo Gritti, un palais de Venise chargé d'histoire *(p. 544)*

Le classement des hôtels

En Italie, le classement des hôtels va de une à cinq étoiles ; il dépend plus des services offerts que du cadre de l'établissement, et chaque région détermine ses propres critères d'attribution. Parfois, un hôtel est classé dans une catégorie inférieure à celle qu'il mérite, soit parce que l'office du tourisme ne l'a pas encore reclassé, soit parce que son propriétaire préfère éviter un surcroît de taxes.

Les alberghi

En italien, *albergo* signifie hôtel, mais ce terme s'applique surtout aux établissements de catégorie supérieure. La dimension des chambres peut varier considérablement : au centre des villes, elles sont parfois très petites, même dans de grands hôtels renommés, alors qu'en dehors des villes, elles deviennent parfois de petites suites. Dans les grandes villes, l'enseigne *albergo diurno* ne désigne pas un hôtel mais une sorte de « bain-douche » : on peut s'y laver, s'y faire couper les cheveux, nettoyer et sécher ses vêtements. Ces « hôtels de jour » se trouvent en général dans les gares centrales ou à proximité.

Les pensioni

Bien que le terme *pensione* ne soit plus officiellement en usage, on l'utilise toujours pour les petits hôtels à une ou deux étoiles, à gestion familiale pour la plupart. Ces *pensioni*, en général d'une propreté irréprochable, offrent un accueil convivial et des chambres simples mais fonctionnelles. Elles sont cependant souvent situées dans des édifices anciens dont le charme apparent dissimule parfois des chambres sombres et bruyantes ou des tuyauteries capricieuses. Si vous comptez rentrer tard, assurez-vous qu'il vous sera possible de réintégrer votre *pensione*. Mais en général on vous fournira une clé de la porte d'entrée.

Si vous comptez séjourner dans une *pensione* en hiver, vérifiez qu'elle est équipée d'un chauffage central ; même dans le Sud, les températures sont basses de novembre à février.

Une *locanda* était autrefois une auberge qui procurait aux voyageurs un repas bon marché et un endroit où dormir. Le mot s'utilise encore, particulièrement en Italie centrale et du Nord, mais il sert maintenant à désigner une *pensione*, avec une pointe d'affectation à l'usage des touristes.

Panneaux de rues indiquant la direction des hôtels

Les chaînes d'hôtels

On trouve diverses chaînes d'hôtels haut de gamme. Les hôtels **Ciga** affichent un luxe très « fin de siècle » et comptent certains des plus vieux hôtels d'Italie ; les hôtels **Jolly** sont plus semblables à ceux des chaînes de luxe internationales et les motels du groupe **Forte Agip** offrent des chambres standardisées. Enfin, la chaîne **Relais et Châteaux** a aménagé de charmants hôtels

◁ **Un café populaire, Piazza Navona à Rome**

Un hôtel romantique, la Villa Pagoda à Nervi *(p. 555)*

dans des châteaux, des villas anciennes et des monastères.

Les repas et autres services

D'ordinaire, les hôtels italiens offrent moins de services que ceux de beaucoup d'autres pays. Ainsi, en dépit de l'été très chaud, l'air conditionné est rare dans tous les hôtels de moins de cinq étoiles, comme le service en chambre 24 heures sur 24.

Certains hôtels imposent la pension complète ou la demi-pension en haute saison. Cependant, il vaut mieux l'éviter car vous trouverez certainement beaucoup d'autres endroits où manger à proximité. De nombreuses pensions (en particulier en haute saison) insistent pour que vous preniez le petit déjeuner – en général du café accompagné de biscuits ou de croissants avec du beurre et de la confiture. Ces petits déjeuners sont rarement inoubliables.

Pour une chambre à deux, précisez si vous voulez des lits jumeaux *(letti singoli)* ou un grand lit *(matrimoniale)*. En dehors des hôtels haut de gamme, on dispose plus souvent d'une douche que d'une baignoire.

Les enfants

Les enfants sont partout bien accueillis, mais un petit établissement ou un hôtel très bon marché ne possédera pas de petits lits. Toutefois, pratiquement tous les hôtels sont toujours prêts à mettre un ou deux lits d'enfant dans une chambre double. Dans ce cas, il faut prévoir un supplément de 30 à 40 % sur le prix de la chambre. La plupart des grands hôtels proposent également un service de baby-sitting.

Les prix

En Italie, les prix sont relativement élevés, bien qu'ils varient en fonction des lieux et des saisons. Comprenant les taxes et le service, ils commencent autour de 60 000 lires pour une chambre double sans salle de bains et de 90 000 lires avec bain, même dans un hôtel très simple. Le prix d'une chambre pour une personne représente environ les deux tiers de celui d'une chambre pour deux. À partir de 200 000 lires, on trouve un hébergement confortable et agréable, sans rien de luxueux. Pour 400 000 lires et plus, on peut espérer un hôtel offrant une vaste gamme de services, situé dans un lieu plaisant ou central. Dans les grandes villes et les endroits les plus touristiques, les prix sont d'ordinaire plus élevés.

Les prix sont affichés dans toutes les chambres. La variation entre la haute et la basse saison peut atteindre 100 % et même plus dans les stations les plus fréquentées.

Attention aux suppléments, qui sont parfois exorbitants pour le mini-bar, le parking, le blanchissage ou pour téléphoner à partir de la chambre.

Les réservations

Réservez dès que possible, surtout si vous avez des exigences telles qu'une chambre bien exposée, ne donnant pas sur la rue ou avec bain. Deux mois devraient suffire, mais en haute saison, les hôtels les plus demandés affichent parfois complets six mois à l'avance. Il en est de même des villes, petites et grandes, en fonction de leur propre calendrier culturel *(p. 62-65)*. On vous demandera de verser des arrhes à la réservation. En général, vous pouvez alors vous servir de votre carte bancaire (même dans les établissements qui ne l'acceptent pas pour régler la note). L'hôtel doit vous fournir au moment du paiement un reçu *(ricevuta fiscale)* qu'il vous faudra conserver jusqu'à ce que vous ayez quitté l'Italie.

Le jardin de l'hôtel Sant'Anselmo à Rome *(p. 565)*

Le hall d'entrée orné de miroirs de l'hôtel Campo dei Fiori à Rome *(p. 565)*

Le beau hall d'entrée de l'hôtel Porta Rossa à Florence *(p. 557)*

HÔTELS MODE D'EMPLOI

À l'arrivée, on vous demandera votre passeport pour remplir les fiches d'enregistrement que l'hôtel doit remettre à la police. Vous récupérerez votre passeport au bout d'une heure ou deux.

Les départs s'effectuent en général avant midi, souvent plus tôt dans les petits hôtels. Dans la plupart des établissements, vous pourrez laisser vos bagages à la réception et les reprendre plus tard dans la journée.

L'Albergo al Sole, Venise *(p. 544)*

LES LOCATIONS ET L'AGRITURISMO

Si vous avez l'intention de rester dans une région, de nombreuses locations vous attendent, dans des endroits merveilleux.

À travers l'Italie rurale, plus de 2 000 fermes, villas et chalets de montagne offrent des locations à un prix raisonnable ou un hébergement hôtelier dans le cadre de l'**Agriturismo**. Les prestations vont de celles d'un hôtel de première classe dans des villas bien entretenues ou d'anciens châteaux à des chambres toutes simples chez l'habitant dans des fermes. Certains de ces endroits possèdent d'excellents restaurants qui servent des produits locaux, d'autres proposent des activités de loisir comme l'équitation ou la pêche *(p. 624)*. On impose parfois une durée de séjour minimale, en particulier en haute saison. La brochure *Guida dell'Ospitalità Rurale* est disponible dans les offices du tourisme régionaux. Vous pouvez trouver d'autres locations avant de partir, par le biais d'agences spécialisées comme **Interhome, Bellavista** et **Cuendet France**, mais là encore, il convient de réserver longtemps à l'avance.

Les listes d'hébergement de l'**ENIT** proposent également des *residences*, à mi-chemin d'un hôtel et d'un appartement en location. Elles mettent souvent à votre disposition une cuisine et certains services de restauration.

Pour des séjours de plusieurs mois, vous pouvez chercher un logement en vous adressant à des agences. Vous les trouverez dans les *Pagine Gialle* (Pages jaunes), à la rubrique *Immobiliari*.

HÉBERGEMENT BON MARCHÉ

En dehors du cadre de l'Association Internationale des Auberges de Jeunesse (**AIG** en Italie), les offices du tourisme des principales villes proposent des auberges à gestion privée. Leur prix d'environ 15 000 lires par personne et par nuit est infiniment plus bas que celui de la plus économique des *pensioni*, mais l'hébergement consiste en dortoirs non mixtes et les sanitaires ne sont pas toujours assez nombreux. Une autre solution économique est de trouver une chambre à louer chez des particuliers sous forme de *bed and breakfast* mais la qualité reste variable.

Le **Centro Turistico Studentesco** peut aider les étudiants à trouver un hébergement en résidence universitaire pour l'année ou l'été, même s'ils ne sont pas inscrits sur place.

Les amateurs de paix et de sérénité peuvent résider dans l'un des nombreux couvents ou monastères qui accueillent des hôtes. En revanche, il faut souvent se plier à des règles strictes : ils ferment en général leur porte très tôt le soir et, pour la plupart, n'admettent pas de représentants du sexe opposé, même s'il s'agit d'un conjoint. Ils figurent sur la liste proposée par l'**ENIT**.

Bateau transportant les bagages des touristes vers un hôtel de Venise

Refuges de montagne et campings

On peut profiter d'un hébergement rudimentaire dans des chalets et des refuges. La plupart de ces chalets appartiennent au **Club Alpino Italiano**, dont le siège se trouve à Rome.

Les terrains de camping abondent dans les montagnes et sur tout le littoral. Beaucoup offrent aussi bien un bungalow qu'un espace aménagé pour y installer une tente ou une caravane, avec des branchements en eau et en électricité et des installations sanitaires. On y trouve en général un restaurant et, en particulier dans les campings situés au bord de la mer, des équipements sportifs. Le **Touring Club Italiano** publie une liste complète dans *Campeggi e Villaggi Turistici in Italia* (32 000 lires), ainsi que **Federcampeggio**.

La Villa San Michele, un ancien monastère, à Fiesole, Toscane *(p. 559)*

Le Rifugio Francesco Pastore, le plus haut refuge de la Valsesia

Personnes handicapées

En Italie, peu d'hôtels offrent des services réservés aux handicapés *(p. 542-575)*. Mais dans la plupart des cas, les hôtels sans équipements spéciaux feront tout ce qu'ils peuvent pour loger les personnes en fauteuil roulant en leur donnant des chambres situées au rez-de-chaussée (si elles sont disponibles) et en les laissant emprunter les ascenseurs.

Informations complémentaires

L'**ENIT** dispose de listes d'hébergements pour chaque région. Elles ne sont pas toujours mises à jour et parfois les prix ont changé. On peut également réserver des chambres auprès de l'**APT** (Azienda Provinciale per il Turismo) locale.

Carnet d'adresses

Office National Italien du Tourisme ENIT

En Italie
Via Marghera 2-6, 00185 Roma. ☎ *06 497 11.*
FAX *06 446 99 07.*
www.enit.it

En France
23, rue de la Paix, 75002 Paris. ☎ *01 42 66 66 68.*

En Belgique
176, avenue Louise, 1050 Bruxelles. ☎ *(2) 64 71 154.*

En Suisse
3, rue du Marché, 1204 Genève. ☎ *(22) 31 02 080.*

Au Québec
1, place Ville Marie, suite 1914, Montréal – Québec. H3B3M9 ☎ *(14) 86 67 667.*

Chaînes d'hôtels

Ciga Hotels
Piazza della Repubblica 20, 20124 Milano.
☎ *02 6230 2018.*
FAX *02 659 58 38.*
www.sheraton.com

Jolly Hotels
Via Bellini 6, Valdagno 36078, Vicenza.
☎ *0445 41 00 00.*
FAX *0445 41 11 10.*

Notturno Italiano
☎ *0578 75 60 70.*
FAX *0578 75 60 06.*
www.notturno.it

Relais et Châteaux
15, rue Galvani, 75017 Paris. ☎ *01 45 72 90 00.*

Agences de location

Agriturismo
Corso Vittorio Emanuele II 186, 00185 Roma.
☎ *06 685 23 42.* FAX *06 685 24 24.*

Interhome
15, av. Jean-Aicard, 75011 Paris.
☎ *01 53 36 60 00.*

Bellavista (Solemar)
24, rue Ravignan, 75018 Paris.
☎ *01 42 55 41 92.*

Cuendet France
43, rue de la République, 77170 Servon.
☎ *01 60 34 12 12.*

Refuges de montagne et campings

Club Alpino Italiano
Corso Vittorio Emanuele 305, Roma. ☎ *06 68 61 01 11.*
FAX *06 68 80 34 24.*

Federcampeggio
Via Vittorio Emanuele 11, 50041 Calenzano, Firenze.
☎ *055 88 23 91.*
FAX *055 882 59 18.*

Touring Club Italiano
Corso Italia 10, 20122 Milano. ☎ *02 852 61.*
FAX *02 852 63 62.*
www.touringclub.it

Hébergement bon marché

AIG (Associazione Italiana Alberghi per la Gioventù)
Via Cavour 44, 00184 Roma. ☎ *06 487 11 52.*
FAX *06 488 04 92.*
www.hostel-aig.org

Centro Turistico Studentesco
Via Nazionale 66, 00184 Roma.
☎ *06 44 11 11.*
FAX *06 462 04 326.*
www.cts.it

Choisir un hôtel

Les établissements présentés ici ont été choisis dans un vaste éventail de prix pour la qualité de leurs prestations ou leur emplacement. Chaque hôtel est brièvement décrit, en soulignant certains éléments susceptibles d'influencer votre choix. Les hôtels sont classés par ville et par catégorie. Utilisez les repères de couleur indiquant les découpages régionaux.

Venise

Hôtel	Prix	Nombre de chambres	Restaurant	Piscine	Jardin ou terrasse
Cannaregio : *Abbazia* Calle Priuli, 66-68. **Plan** 3 A4. *041 71 73 33.* FAX *041 71 79 49.* Bien situé tout près de la Lista di Spagna. Ses chambres sont grandes et confortables. On peut prendre un verre dans son charmant jardin.	ⓁⓁ	39			■
Cannaregio : *Giorgione* Santi Apostoli, 4587. **Plan** 3 B5. *041 522 58 10.* FAX *041 523 90 92.* Bien situé à proximité du Rialto, cet hôtel récemment rénové, aux salons spacieux, occupe un charmant édifice aux tons pastel.	ⓁⓁⓁ	69			■
Cannaregio : *Continental* Lista di Spagna, 166. **Plan** 2 D4. *041 71 51 22.* FAX *041 524 24 32.* Grand hôtel moderne et confortable. Certaines chambres ont vue sur le Grand Canal, les autres, plus calmes, donnent sur une place plantée d'arbres.	ⓁⓁⓁⓁ	93	■		■
Castello : *Paganelli* Riva degli Schiavoni, 4182. **Plan** 8 D2. *041 522 43 24.* FAX *041 523 92 67.* Ses chambres douillettes et vieillottes donnent sur Saint-Marc. D'autres, situées dans la *dipendenza* (annexe), sont moins belles mais plus calmes.	ⓁⓁ	22			■
Castello : *Pensione Wildner* Riva degli Schiavoni, 4161. **Plan** 8 D2. *041 522 74 63.* FAX *041 526 56 15.* Cet hôtel aux chambres simples mais très propres offre un extraordinaire panorama de San Giorgio Maggiore. Il dispose aussi d'un petit bar.	ⓁⓁⓁ	16	■		■
Castello : *Scandinavia* Campo Santa Maria Formosa, 5243. **Plan** 7 C1. *041 522 36 07.* FAX *041 523 52 32.* Située sur l'une des plus belles places de Venise, cet hôtel possède des chambres spacieuses, un vaste salon et une direction accueillante.	ⓁⓁⓁ	34	■		
Castello : *Londra Palace* Riva degli Schiavoni, 4171. **Plan** 8 D2. *041 520 05 33.* FAX *041 522 50 32.* Cet hôtel à la belle façade de pierre dispose de chambres au mobilier ancien, très classiques et confortables. Les plus agréables donnent sur la lagune. Tchaïkovski y a composé sa *Quatrième Symphonie* en 1877.	ⓁⓁⓁⓁ	53	■		
Castello : *Danieli* Riva degli Schiavoni, 4196. **Plan** 8 D2. *041 522 64 80.* FAX *041 520 02 08.* Ce luxueux hôtel chargé de références littéraires et musicales était le palais de la famille Dandolo. Le service y est impeccable.	ⓁⓁⓁⓁⓁ	231	■		■
Dorsoduro : *Agli Alboretti* Rio Terrà Antonio Foscarini, 884. **Plan** 6 E4. *041 523 00 58.* FAX *041 521 01 58.* Très apprécié des touristes anglo-saxons, cet hôtel moderne à l'atmosphère très chaleureuse possède un douillet salon lambrissé et une délicieuse pergola. Les meilleures chambres donnent sur le jardin intérieur.	ⓁⓁ	20	■		■
Dorsoduro : *Montin* Fondamenta Eremite, 1147. **Plan** 6 D3. *041 522 71 51.* FAX *041 520 02 55.* Des chambres pleines de charme et de caractère au-dessus de l'un des meilleurs restaurants de Venise *(p. 578)*. Réservez longtemps à l'avance.	ⓁⓁ	10	■		
Dorsoduro : *American* Fondamenta Bragadin, 628. **Plan** 6 E4. *041 520 47 33.* FAX *041 520 40 48.* Hôtel confortable niché au bord d'un petit canal, à proximité de l'Accademia. Ses chambres sont bien conçues et sa direction est sympathique.	ⓁⓁⓁ	28			■
Lido di Venezia : *Villa Mabapa* Riviera San Nicolo, 16. *041 526 05 90.* FAX *041 526 94 41.* Cette villa qui date des années 30 a gardé tout son charme en face de la lagune.	ⓁⓁⓁ	69	■		■

Les prix correspondent à une nuit en chambre double pour deux personnes, services compris, mais sans petit déjeuner.
Ⓛ moins de 100 000 L
ⓁⓁ de 100 000 à 200 000 L
ⓁⓁⓁ de 200 000 à 300 000 L
ⓁⓁⓁⓁ de 300 000 à 400 000 L
ⓁⓁⓁⓁⓁ plus de 400 000 L.

RESTAURANT
Hôtel possédant un restaurant, parfois réservé aux résidents.

PISCINE
Souvent de dimensions réduites ; sauf mention particulière, elles sont à ciel ouvert.

JARDIN OU TERRASSE
Hôtel disposant d'un jardin, d'une cour ou d'une terrasse, avec des sièges permettant de prendre les repas à l'extérieur.

LIDO DI VENEZIA : *Excelsior Palace* ⓁⓁⓁⓁⓁ
Lungomare Marconi 41. ☎ *041 526 02 01.* FAX *041 526 72 76.*
L'extrême confort de l'intérieur et le service remarquable correspondent au splendide extérieur mauresque flamboyant. TV

LIDO DI VENEZIA : *Hotel des Bains* ⓁⓁⓁⓁⓁ
Lungomare Marconi 17. ☎ *041 526 59 21.* FAX *041 526 01 13.*
Ses salons Art déco ont servi de décor au film de Luchino Visconti, *Mort à Venise*. Thomas Mann y écrivit le roman dont le film est tiré. Les chambres sont spacieuses et le service impeccable. TV

RIALTO : *Rialto* ⓁⓁⓁ
San Marco, 5149. **Plan** 7 A1. ☎ *041 520 91 66.* FAX *041 523 89 58.*
Grâce à son emplacement sur le pont du Rialto, cet hôtel surplombe les gracieuses gondoles et échappe à l'empressement de la ville. TV

SAN MARCO : *Ai Do Mori* ⓁⓁ
Calle Larga San Marco, 658. **Plan** 7 B2. ☎ *041 528 92 93.* FAX *041 520 53 28.*
Cette petite pension accueillante et pleine de caractère offre un excellent rapport qualité-prix. Certaines chambres jouissent d'une vue superbe. TV

SAN MARCO : *Al Gambero* ⓁⓁ
Calle dei Fabbri, 4687. **Plan** 7 B2. ☎ *041 520 14 20.* FAX *041 520 04 31.*
Situé dans l'une des rues les plus commerçantes de Venise, près de la place Saint-Marc. Certaines de ses chambres simples donnent sur le Grand Canal. TV

SAN MARCO : *La Fenice et des Artistes* ⓁⓁⓁ
Campiello Fenice, 1936. **Plan** 7 A2. ☎ *041 523 23 33.* FAX *041 520 37 21.*
Ce charmant hôtel est très apprécié des artistes qui se produisent dans le théâtre voisin. Il comporte deux bâtiments. Les chambres confortables sont dotées d'un mobilier ancien. Demandez-en une avec terrasse. TV

SAN MARCO : *Flora* ⓁⓁⓁ
Calle Larga XXII Marzo, 2283a. **Plan** 7 A3. ☎ *041 520 58 44.* FAX *041 522 82 17.*
Hôtel calme et charmant situé dans une ruelle peu fréquentée proche de la place Saint-Marc. En été, le petit déjeuner est servi dans le jardin fleuri.

SAN MARCO : *Panada* ⓁⓁⓁ
San Marco, 646. **Plan** 7 A2. ☎ *041 520 90 88.* FAX *041 520 96 19.*
Installé dans un lieux tranquille, cet hôtel du XVIIe siècle récemment rénové possède un bar intime avec de superbes miroirs anciens.

SAN MARCO : *Santo Stefano* ⓁⓁⓁ
Campo Santo Stefano, 2957. **Plan** 6 F3. ☎ *041 520 01 66.* FAX *041 522 44 60.*
Cet hôtel à l'ameublement classique offre de belles vues sur le quartier de Santo Stefano, mais certaines chambres sont minuscules. Fermé en hiver. TV P

SAN MARCO : *Concordia* ⓁⓁⓁⓁ
San Marco, 367. **Plan** 7 B2. ☎ *041 520 68 66.* FAX *041 520 67 75.*
Le principal attrait de cet hôtel est la vue sur la place Saint-Marc. Il vaut mieux donc réserver très à l'avance ! TV

SAN MARCO : *Europa & Regina* ⓁⓁⓁⓁ
San Marco, 2159. ☎ *041 520 04 77.* FAX *041 523 15 33.*
Cet hôtel, entièrement rénové, a le privilège d'avoir gardé des peintures de Tiepolo. Le bar et le restaurant en terrasse donnent sur le Grand Canal. TV

SAN MARCO : *Métropole* ⓁⓁⓁⓁ
Riva Schiavoni, 4149. **Plan** 8 D2. ☎ *041 520 50 44.* FAX *041 522 36 79.*
Cet hôtel de caractère possède de très beaux meubles d'époque. Le restaurant est très intéressant pour son buffet offrant un choix varié de spécialités. TV

Hôtel	Nombre de chambres	Restaurant	Piscine	Jardin ou terrasse
Excelsior Palace	197	■	●	■
Hotel des Bains	191	■	●	■
Rialto	79	■		■
Ai Do Mori	11			
Al Gambero	15			
La Fenice et des Artistes	68			■
Flora	44			■
Panada	48			
Santo Stefano	11			
Concordia	57	■		
Europa & Regina	185	■		■
Métropole	72	■		■

Légende des symboles, voir rabat de couverture

Les prix correspondent à une nuit en chambre double pour deux personnes, services compris, mais sans petit déjeuner.
Ⓛ moins de 100 000 L
ⓁⓁ de 100 000 à 200 000 L
ⓁⓁⓁ de 200 000 à 300 000 L
ⓁⓁⓁⓁ de 300 000 à 400 000 L
ⓁⓁⓁⓁⓁ plus de 400 000 L.

Restaurant
Hôtel possédant un restaurant, parfois réservé aux résidents.

Piscine
Souvent de dimensions réduites ; sauf mention particulière, elles sont à ciel ouvert.

Jardin ou terrasse
Hôtel disposant d'un jardin, d'une cour ou d'une terrasse, avec des sièges permettant de prendre les repas à l'extérieur.

Hôtel	Nombre de chambres	Restaurant	Piscine	Jardin ou terrasse
San Marco : *Bauer* ⓁⓁⓁⓁⓁ Campo San Moisè, 1459. **Plan** 8 D2. *041 520 70 22.* FAX *041 520 75 57.* Hôtel de luxe aménagé dans un palais bien restauré du XIIIe siècle donnant sur le Grand Canal. Les chambres sont dans le pur style vénitien.	210	■		
San Marco : *Gritti Palace* ⓁⓁⓁⓁⓁ Santa Maria del Giglio, 2467. **Plan** 6 F3. *041 79 46 11.* FAX *041 520 09 42.* Cet hôtel élégant, somptueux et délicieusement désuet s'abrite dans un palais du XVe siècle qui appartenait autrefois à la famille Gritti. Ses chambres sont superbes. Hemingway y logeait quand il venait à Venise.	93	■		■
San Marco : *Monaco and Grand Canal* ⓁⓁⓁⓁⓁ Calle Vallaresso, 1325. **Plan** 7 B3. *041 520 02 11.* FAX *041 520 05 01.* Élégant hôtel situé dans un palais du XVIIIe siècle donnant sur le Grand Canal. Ses salons sont intimes et ses chambres magnifiquement décorées.	71	■		■
San Marco : *Saturnia & International* ⓁⓁⓁⓁⓁ Via XXII Marzo, 2399. **Plan** 7 A3. *041 520 83 77.* FAX *041 520 71 31.* Situé dans un ancien palais, ce luxueux hôtel est décoré uniquement de meubles d'époque. Le restaurant est très chaleureux.	95	■		■
San Polo : *Alex* Ⓛ Rio Terrà Frari, 2606. **Plan** 6 E1. & FAX *041 523 13 41.* Cet hôtel familial offre un excellent rapport qualité-prix. Il est très bien situé, près des Frari.	12			
San Polo : *Hotel Marconi* ⓁⓁⓁ San Paolo. **Plan** 7 A1. *041 522 20 68.* FAX *041 522 97 00.* Les salons de ce palazzo du XVIe siècle affichent une opulence toute vénitienne. Ses chambres sont plus simples ; certaines donnent sur le Grand Canal.	26			
Santa Croce : *Falier* ⓁⓁ Salizzada San Pantalon, 130. **Plan** 5 C1. *041710 882.* FAX *041520 65 54.* À la lisière du quartier des étudiants, le Falier, proposant des prix raisonnables, est à l'écart des autres hôtels de Venise. Il a été rénové récemment.	19			
Santa Croce : *Al Sole* ⓁⓁⓁ Fondamenta Minotta, 136. **Plan** 5 C1. *041 71 08 44.* FAX *041 71 43 98.* Cet édifice du XIVe siècle est bien situé, dans un quartier calme, près de la gare. Ses chambres sont agréables et son salon est dallé de marbre.	80	■		■
Torcello : *Locanda Cipriani* ⓁⓁ Piazza Santa Fosca 29. *041 73 01 50.* FAX *041 73 54 33.* Avec son confort et son service impeccable, c'est un endroit idéal pour fuir la foule. N'oubliez pas de goûter sa cuisine, en particulier les plats de poisson. Il est indispensable de réserver à l'avance.	6	■		■
LA VÉNÉTIE ET LE FRIOUL				
Bardolino : *Kriss International* Ⓛ Lungolago Cipriani 3, 37011. *045 621 24 33.* FAX *045 721 02 42.* Hôtel moderne, agréablement situé sur un promontoire ; chaque chambre possède un balcon. Une navette va chercher les clients à la gare.	33	■		■
Bassano del Grappa : *Victoria* Ⓛ Viale Diaz 33, 36061. *0424 50 36 20.* FAX *0424 50 31 30.* Agréable et bien situé, juste à l'extérieur des remparts, cet hôtel possède des chambres confortables. Très fréquenté, il peut être bruyant.	23			■
Bassano del Grappa : *Belvedere* ⓁⓁ Piazzale G Giardino 14, 36061. *0424 52 98 45.* FAX *0424 52 98 49.* Cet hôtel très fréquenté est situé sur l'une des principales places de Bassano. Chambres confortables (bien que bruyantes) et service correct.	87	■		

Belluno : *Astor* Piazza dei Martiri 26e, 32100. *0437 94 20 94.* FAX *0437 94 24 93.* Situé en plein centre-ville, cet hôtel est très apprécié des skieurs en hiver. Ses chambres, bien conçues et confortables, offrent un excellent rapport qualité-prix. TV	Ⓛ	32			
Chioggia : *Grande Italia* Piazza Vigo 1, 30015. *041 40 05 15.* FAX *041 40 01 85.* Cet hôtel vieillot et sans prétention, au début de la rue principale, offre des chambres confortables. Il est proche de l'arrêt du bateau pour Venise. TV P	ⓁⓁ	57	■		
Cividale del Friuli : *Locanda al Castello* Via del Castello 20, 33043. *0432 73 32 42.* FAX *0432 70 09 01.* Ce bel édifice historique fut autrefois un château et un monastère de jésuites, avant de devenir un hôtel accueillant offrant une vue magnifique. TV P	ⓁⓁ	17	■		■
Conegliano : *Canon d'Oro* Via XX Settembre 129, 31015. & FAX *0438 342 46.* Cet hôtel confortable à l'accueil chaleureux est situé dans la rue principale de la ville. On peut prendre un verre au calme ou déjeuner dans son beau jardin. TV P	Ⓛ	35	■		■
Cortina d'Ampezzo : *Corona* Via Val di Sotto12, 32043. *0436 32 51.* FAX *0436 86 73 39.* Cet hôtel chic de Cortina est idéal aussi bien en hiver qu'en été, avec ses jolies chambres confortables et ses salons agréables. TV	ⓁⓁ	38	■		■
Cortina d'Ampezzo : *Menardi* Via Majon 110, 32043. *0436 24 00.* FAX *0436 86 21 83.* La famille Menardi gère cet hôtel depuis 1900. À l'origine, c'était une ferme. Mobilier ancien et atmosphère chaleureuse. TV P	ⓁⓁⓁ	53	■		■
Garda : *Biseti* Corso Italia 34, 37016. *045 725 57 66.* FAX *045 725 59 27.* Bien placé à proximité du centre-ville et du lac. Beaucoup de chambres possèdent leur propre balcon. L'hôtel dispose d'une plage privée. TV P	Ⓛ	90	■	●	■
Garda : *Locanda San Vigilio* San Vigilio, 37016. *045 725 58 84.* FAX *045 725 65 51.* C'est l'un des hôtels les plus beaux et les plus chic du lac de Garde, doté d'une plage privée. Le confort et le service répondent à toutes les espérances. TV P	ⓁⓁⓁⓁⓁ	7	■		■
Malcesine : *Sailing Center Hotel* Località Molini Campagnola 3, 37018. *045 740 00 55.* FAX *045 740 03 92.* Cet hôtel moderne aux chambres fraîches et agréables est situé à la sortie de la ville, loin des foules. Il dispose d'un court de tennis et d'une plage privée. TV P	ⓁⓁ	32	■	●	■
Padoue : *Leon Bianco* Piazzetta Pedrocchi 12, 35160. *049 657 225.* FAX *049 875 61 84.* Cet hôtel central domine le Caffé Pedrocchi. Ses chambres sont petites mais l'accueil est chaleureux. Il faut réserver longtemps à l'avance. TV P	Ⓛ	22			■
Padoue : *Augustus Terme* Viale Stazione 150, Montegrotto Terme 35036. *049 79 32 00.* FAX *049 79 35 18.* L'un des meilleurs hôtels de Montegrotto Terme. Fonctionnel et confortable, il dispose de courts de tennis et d'une source thermale chaude. TV P	ⓁⓁ	120	■	●	■
Padoue : *Donatello* Via del Santo 102, 35123. *049 875 06 34.* FAX *049 875 08 29.* Cet hôtel moderne dans un bâtiment ancien possède de grandes chambres confortables. Donatello a réalisé la statue équestre de Gattamelata qui orne la place. TV P	ⓁⓁ	49	■		
Padoue : *Plaza* Corso Milano 40, 35139. *049 65 68 22.* FAX *049 66 11 17.* Cet établissement est dôté d'une excellente réputation. Le service et l'accueil sont impeccables. TV P	ⓁⓁ	142	■		
Peschiera del Garda : *Peschiera* Via Parini 4, 37010. *045 755 05 26.* FAX *045 755 04 44.* Cet hôtel moderne construit dans le style local est entouré d'un jardin. Ses chambres sont fraîches et hautes de plafond. Il se trouve à cinq minutes de l'autoroute A 4 et une navette va chercher les clients à la gare. P	Ⓛ	30	■	●	■

Légende des symboles, voir rabat de couverture

Les prix correspondent à une nuit en chambre double pour deux personnes, services compris, mais sans petit déjeuner.
Ⓛ moins de 100 000 L
ⓁⓁ de 100 000 à 200 000 L
ⓁⓁⓁ de 200 000 à 300 000 L
ⓁⓁⓁⓁ de 300 000 à 400 000 L
ⓁⓁⓁⓁⓁ plus de 400 000 L.

Restaurant
Hôtel possédant un restaurant, parfois réservé aux résidents.
Piscine
Souvent de dimensions réduites ; sauf mention particulière, elles sont à ciel ouvert.
Jardin ou terrasse
Hôtel disposant d'un jardin, d'une cour ou d'une terrasse, avec des sièges permettant de prendre les repas à l'extérieur.

	Prix	Nombre de chambres	Restaurant	Piscine	Jardin ou terrasse
Pordenone : *Palace Hotel Moderno* Viale Martelli 1, 33170. *0434 282 15.* FAX *0434 52 03 15.* Cet hôtel classique est très central, tout près de la gare. Récemment rénové, il est confortable et ses chambres sont bien équipées. Son restaurant propose des spécialités locales, notamment des plats de poisson. TV P	ⓁⓁ	100	■		
San Floriano del Collio : *Romantik Golf Hotel* Via Oslavia 2, 34070. *0481 88 40 51.* FAX *0481 88 40 52.* Joli bâtiment du XVIIIe siècle riche d'un mobilier ancien et entouré d'un jardin bien entretenu, avec terrain de golf à neuf trous et courts de tennis. TV	ⓁⓁ	14	■	●	■
Torri del Benaco : *Hotel Gardesana* Piazza Calderini 20, 37010. *045 722 54 11.* FAX *045 722 57 71.* La capitainerie du port du XVe siècle, dominant le lac de Garde, est devenue un hôtel accueillant et confortable. Les chambres du troisième étage sont plus calmes et offrent une vue merveilleuse sur le lac. TV P	ⓁⓁ	34	■		■
Trévise : *Ca' del Galletto* Via Santa Bona Vecchia 30, 31100. *0422 43 25 50.* FAX *0422 43 25 10.* Entouré d'un jardin, à dix minutes à pied des remparts, cet hôtel très bien dirigé possède des chambres modernes et spacieuses. TV P	ⓁⓁ	58	■		
Trévise : *Villa Cipriani* Via Canova 298, Asolo. *0424 50 36 20.* FAX *0424 50 31 30.* Ce superbe hôtel est situé dans une villa du XVIe siècle. Le jardin a une très belle vue sur la ville. TV P	ⓁⓁⓁⓁ	31	■		■
Trieste : *Jolly* Corso Cavour 7, 34132. *040 760 00 55.* FAX *040 36 26 99.* Cet hôtel moderne convient aussi bien aux voyages d'affaires qu'au tourisme. Ses chambres bien équipées et spacieuses sont impersonnelles. TV P	ⓁⓁ	174	■		
Trieste : *Hotel Duchi d'Aosta* Piazza Unità d'Italia 2, 34121. *040 760 00 11.* FAX *040 36 60 92.* Cet hôtel, autrefois un palace, possède des chambres immenses dotées de tout le confort moderne. Il se trouve dans la vieille ville, non loin du fort. TV P	ⓁⓁⓁ	55			■
Udine : *Quo Vadis* Piazzale Cella 28, 33100. *0432 210 91.* FAX *0432 210 92.* Hôtel confortable et rempli de plantes, dans une rue calme bordée d'arbres. Son décor est hétéroclite (certains papiers peints sont plutôt tarabiscotés). P	Ⓛ	26			
Vérone : *Il Torcolo* Vicolo Listone 3, 37121. *045 800 38 71.* FAX *045 800 40 58.* Les jolies chambres classiques de cet hôtel accueillant proche des arènes sont très demandées pendant le festival d'opéra. On y déjeune sur la terrasse. TV	Ⓛ	19			■
Vérone : *Accademia* Via Scala 12, 37121. *045 596 222.* FAX *045 800 84 40.* Un décor moderne dans une architecture du XVIIe siècle, cet hôtel est très bien placé dans le centre ville. Le restaurant est réputé pour sa cuisine régionale. TV P	ⓁⓁ	98			
Vérone : *Giulietta e Romeo* Vicolo Tre Marchetti 3, 37121. *045 800 35 54.* FAX *045 801 08 62.* Situé dans une rue tranquille, juste derrière les arènes. Ses chambres à l'ameublement moderne sont grandes et confortables. Le petit déjeuner est servi au bar. TV	ⓁⓁ	30			
Vérone : *Due Torri Hotel Baglioni* Piazza Sant'Anastasia 4, 37121. *045 59 50 44.* FAX *045 800 41 30.* En plein cœur de la Vérone médiévale, c'est l'un des hôtels les plus originaux d'Italie. Ses immenses chambres sont toutes décorées dans un style différent et la plupart des murs et des plafonds sont ornés de fresques. TV	ⓁⓁⓁⓁ	89	■		

VICENCE : *Casa San Raffaele* Ⓛ 24
Viale X Giugno 10, 36100. Tél. *0444 54 57 67.* FAX *0444 54 22 59.*
Cet hôtel paisible aux chambres confortables offre une belle vue sur les pentes du monte Berico. Une très bonne adresse pour les petits budgets.

VICENCE : *Campo Marzo* ⓁⓁ 35
Via Roma 21, 36100. Tél. *0444 54 57 00.* FAX *0444 32 04 95.*
Cet hôtel chic et paisible, proche du centre-ville, offre tout le confort. Ses chambres sont vastes, lumineuses et bien meublées. TV P

VICENCE : *Castello* ⓁⓁ 20
Contrà Piazza del Castello 24, 36100. Tél. *0444 32 35 85.* FAX *0444 32 35 83.*
Tout près de la cathédrale, cet hôtel est également un très bon choix si vous voyagez en train. Les chambres sont agréables et plutôt calmes. P

TRENTIN-HAUT-ADIGE

BOLZANO (BOZEN) : *Asterix* ⓁⓁ 24
Piazza Mazzini 35, 39100. Tél. *0471 27 33 01.* FAX *0471 26 00 21.*
Situé dans la partie la plus récente du centre de Bolzano, l'Asterix est un hôtel simple mais assez confortable qui offre un excellent rapport qualité-prix. TV P

BOLZANO (BOZEN) : *Luna-Mondschein* ⓁⓁ 71
Via Piave 15, 39100. Tél. *0471 97 56 42.* FAX *0471 97 55 77.*
Situé près du centre-ville, c'est l'un des plus anciens hôtels de Bolzano (il date de 1798). Mais le bâtiment a subi bien des transformations depuis. En été, on peut dîner dans son charmant jardin. TV P

BOLZANO (BOZEN) : *Castel Guncina* ⓁⓁⓁ 18
Via Miramonti 9, Guncina 39100. Tél. *0471 28 57 42.* FAX *0471 26 63 45.*
Entouré d'un beau jardin, sur une colline au milieu des arbres et des vignobles. Certaines chambres offrent une très belle vue, d'autres sont assez petites. TV P

BRESSANONE (BRIXEN) : *Elefante* ⓁⓁ 44
Via Rio Bianco 4, 39042. Tél. *0472 83 27 50.* FAX *0472 83 65 79.*
Cet hôtel élégant et classique, qui date du XVIe siècle, a conservé un réel cachet, tout en offrant tout le confort moderne. TV P

BRESSANONE (BRIXEN) : *Dominik* ⓁⓁⓁ 28
Via Terzo di Sotto 13, 39042. Tél. *0472 83 01 44.* FAX *0472 83 65 54.*
Le Dominik appartient au luxueux groupe Relais et Châteaux. Bien que l'édifice ne date que des années 1970, il possède un joli mobilier ancien. Agréablement situé près de la rivière et des jardins Rapp. TV P

BRUNICO (BRUNECK) : *Andreas Hofer* ⓁⓁ 54
Via Campo Tures 1, 39031. Tél. *0474 55 14 69.* FAX *0474 55 12 83.*
C'est un chalet accueillant, aux murs entièrement recouverts de bois et au mobilier traditionnel des Alpes. Il est entouré d'un jardin et certaines de ses chambres ont un balcon. TV P

CALDARO (KALTERN) : *Leuchtenburg* Ⓛ 19
Campi al Lago 100, 39052. Tél. *0471 96 00 93.* FAX *0471 96 01 55.*
Hôtel aménagé dans une belle ferme du XVIe siècle entourée de vignobles. Certaines de ses chambres simples sont décorées de meubles peints traditionnels. P

CANAZEI : *Park Hotel Faloria* Ⓛ 36
Via Pareda 103, 38032. Tél. *0462 60 11 18.* FAX *0462 627 15.*
Entouré d'un jardin bien entretenu, cet hôtel accueillant est géré par ses propriétaires. Certaines chambres ont un balcon qui donne sur le jardin. TV P

CASTELROTTO (KASTELRUTH) : *Cavallino d'Oro* ⓁⓁ 21
Piazza Kraus, 39040. Tél. *0471 70 63 37.* FAX *0471 70 71 72.*
Ce charmant hôtel est situé dans un joli village, à 26 km de Bolzano, où l'on porte encore le costume traditionnel. Les chambres sont bien tenues. TV P

CAVALESE : *Fiemme.* Ⓛ 15
Via Cavazzal 27, 38033. Tél. *0462 34 17 20.* FAX *0462 23 11 51.*
Hôtel moderne situé dans un endroit tranquille, avec une belle vue, bien placé à proximité du centre-ville et de la gare. Il dispose d'un sauna. TV P

COLFOSCO : *Cappella* ⓁⓁ 63
Strada Pecei 17, 39030. Tél. *0471 83 61 83.* FAX *0471 83 65 61.*
Ce chalet des Dolomites a été aménagé par le grand-père de l'actuel propriétaire. Très dynamique, il vient d'ouvrir une galerie d'art. TV P

Légende des symboles, voir rabat de couverture

Les prix correspondent à une nuit en chambre double pour deux personnes, services compris, mais sans petit déjeuner.
Ⓛ moins de 100 000 L
ⓁⓁ de 100 000 à 200 000 L
ⓁⓁⓁ de 200 000 à 300 000 L
ⓁⓁⓁⓁ de 300 000 à 400 000 L
ⓁⓁⓁⓁⓁ plus de 400 000 L.

Restaurant
Hôtel possédant un restaurant, parfois réservé aux résidents.
Piscine
Souvent de dimensions réduites ; sauf mention particulière, elles sont à ciel ouvert.
Jardin ou terrasse
Hôtel disposant d'un jardin, d'une cour ou d'une terrasse, avec des sièges permettant de prendre les repas à l'extérieur.

Hôtel	Nombre de chambres	Restaurant	Piscine	Jardin ou terrasse
Fie allo Sciliar (Völs am Schlern) : *Turm* ⓁⓁ Piazza della Chiesa 9, 39050. Tél. *0471 72 50 14.* FAX *0471 72 54 74.* La collection de tableaux qui orne les murs de cet accueillant hôtel de montagne est l'un de ses principaux attraits avec son bar douillet et ses billards.	23	■	●	■
Madonna di Campiglio : *Grifone* ⓁⓁ Via Vallesinella 7, 38084. Tél. *0465 44 20 02.* FAX *0465 44 05 40.* Ce chalet de bois moderne situé près du lac, bien qu'il soit décoré d'une façon assez ordinaire, dispose de tout le confort nécessaire pour passer d'agréables vacances d'hiver dans la station de ski.	38	■		■
Malles Venosta (Mals im Vinschgau) : *Garberhof* Ⓛ Via Nazionale 25, 39024. Tél. *0473 83 13 99.* FAX *0473 83 19 50.* Grand chalet moderne aux vastes terrasses panoramiques. Entouré de prairies, il offre un vaste choix d'équipements sportifs et de loisirs.	29	■	●	■
Merano (Meran) : *Castel Rundegg* ⓁⓁⓁⓁ Via Scena 2, 39012. Tél. *0473 23 41 00.* FAX *0473 23 72 00.* Château blanc de conte de fées dont une partie date du XIIe siècle, entouré d'un beau jardin. À l'intérieur, le mobilier traditionnel, les poutres apparentes et les parquets créent une atmosphère romantique.	30	■	●	■
Merano (Meran) : *Castel Schloss Labers* ⓁⓁ Via Labers 25, 39012. Tél. *0473 23 44 84.* FAX *0473 23 41 46.* Cet hôtel campagnard de grande classe, aménagé dans un château romantique, offre une vue magnifique sur les vignobles et les bois des environs.	35	■	●	■
Merano (Meran) : *Der Punthof* ⓁⓁ Via Steinach 25, 39022. Tél. *0473 44 85 53.* FAX *0473 44 99 19.* Située dans un beau jardin, cette ferme date du Moyen Âge. À l'intérieur, des parquets et des plafonds de bois mettent en valeur le mobilier traditionnel.	12	■	●	■
Ortisei (Sankt Ulrich) : *Hell* ⓁⓁ Via Promenade 3, 39046. Tél. *0471 79 67 85.* FAX *0471 79 81 96.* Cet hôtel agréable situé dans un quartier tranquille de la ville est ouvert pour les vacances d'hiver et d'été. Il possède un sauna et un gymnase.	25	■		■
Pergine Valsugana : *Castel Pergine* Ⓛ Via al Castello 10, 38057. Tél. *0461 53 11 58.* FAX *0461 53 13 29.* Cet hôtel, aménagé dans un château du XIIIe siècle qui domine la campagne, est décoré avec simplicité et orné de meubles traditionnels de la région.	21	■		■
Rasun Anterselva (Rasen Antholz) : *Ansitz Heufler* ⓁⓁ Rasun di Sopra 37, 39030. Tél. *0474 49 85 82.* FAX *0474 49 80 46.* Situé dans le centre historique du bourg, ce château du XVIe siècle splendidement décoré possède de grandes chambres et un charmant jardin.	8	■		■
Riva del Garda : *Europa* ⓁⓁ Piazza Catena 9, 38066. Tél. *0464 55 54 33.* FAX *0464 52 17 77.* Édifice fin de siècle aux tons pastel, tout au bord du lac et proche du centre-ville animé. Un grand nombre de ses chambres meublées simplement donnent sur le lac. On peut vous imposer la demi-pension en été.	63	■		
Riva del Garda : *Lido Palace* ⓁⓁ Viale Carducci 10, 38066. Tél. *0464 55 26 64.* FAX *0464 55 19 57.* Installé en partie dans un château du XIIIe siècle, il possède également des bâtiments plus modernes et très joliment meublés ainsi qu'un court de tennis.	63	■	●	■
San Paolo (Sankt Paul) : *Schloss Korb* ⓁⓁ Via Castel d'Appiano 5, Missiano 39050. Tél. *0471 63 60 00.* FAX *0471 63 60 33.* Installé dans un château du XIIIe siècle et dans une annexe moderne, cet hôtel décoré avec simplicité et joliment meublé dispose de courts de tennis.	56	■	●	■

TIRES (TIERS) : *Stefaner* ⓁⓁ San Cipriano 88d, 39050. 0471 64 21 75. FAX 0471 64 23 02. Ce chalet accueillant est situé à la lisière occidentale des Dolomites. Ses chambres claires, spacieuses et simples disposent de balcons fleuris. P	16			■
TRENTE : *Accademia* ⓁⓁ Vicolo Colico 4-6, 38100. 0461 23 36 00. FAX 0461 23 01 74. Édifice médiéval bien restauré, en plein centre historique de Trente. L'intérieur de cet hôtel tranquille, tout en étant moderne, a conservé de nombreux éléments d'origine. Son restaurant est excellent. TV	43	■		■
VIPITENO (STERZING) : *Hotel Schwarzer Adler* ⓁⓁ Piazza Città 1, 39049. 0472 76 40 64. FAX 0472 76 65 22. Cet hôtel au restaurant excellent et aux nombreux équipements de loisir, dont un sauna et un gymnase, attire les amateurs de sports d'hiver ou de randonnées. TV P	35	■	●	■
LOMBARDIE				
BELLAGIO : *La Pergola* Ⓛ Piazza del Porto 4, 22021. 031 95 02 63. FAX 031 95 02 53. Cet agréable hôtel à l'atmosphère rustique et chaleureuse est niché à l'écart, au sud du lac de Côme, et possède un charmant mobilier ancien. TV	11	■		■
BELLAGIO : *Florence* ⓁⓁ Piazza Mazzini 46, 22021. 031 95 03 42. FAX 031 95 17 22. Cet hôtel accueillant a beaucoup de charme et ses chambres, qui donnent sur un port animé du lac de Côme, sont meublées avec goût. Il possède un bar. TV	32			
BRATTO DELLA PRESOLANA (BERGAME) : *Hotel Milano* ⓁⓁ Via Silvio Pellico 3, 24020. 034 631 211. FAX 034 636 236. Aux pieds des Alpes, cet hôtel offre un large éventail de sports. Mais vous pouvez aussi vous prélasser dans un fauteuil, un cigare à la main ! TV P	63	■		■
BRESCIA : *Park Hotel Ca' Noa* ⓁⓁ Via Tiumplina 66, 25127. 030 39 87 62. FAX 030 39 87 64. Ce bel hôtel moderne entouré d'un jardin, lumineux, décoré avec goût, dispose de salons très vastes. Le service y est excellent. TV P	80	■	●	■
BORMIO : *Palace* ⓁⓁ Via Milano 54, 23032. 0342 90 31 31. FAX 0342 90 33 66. Cet hôtel récent convient aussi bien aux voyages d'affaires qu'au tourisme. Il dispose d'un gymnase, de lits à U.V., d'une discothèque et d'un piano-bar. TV P	80	■	●	■
CERVESINA : *Castello di San Gaudenzio* ⓁⓁ Via Mulino 1, Frazione San Gaudenzio 27050. 0383 33 31. FAX 0383 33 34 09. Magnifique hôtel, un peu kitsch, aménagé dans un bâtiment dont certaines parties datent du XVe siècle. Son ameublement hétéroclite mêle des styles différents, du XVIe siècle au XVIIIe siècle français. TV P	45	■	●	■
COLOGNE FRANCIACORTA : *Cappuccini* ⓁⓁ Via Cappuccini 54, 25033. 030 715 72 54. FAX 030 715 72 57. Cet ancien couvent construit en 1569 a été restauré. Ses longs couloirs et ses chambres blanches font régner une paisible atmosphère monastique. TV P	6	■		■
CÔME : *Metropole & Suisse au Lac* ⓁⓁ Piazza Cavour 19, 22100. 031 26 94 44. FAX 031 30 08 08. Cet hôtel, récemment rénové, date de 1892. Le restaurant donne sur le lac. Magasins à proximité. P	9	■		■
CRÉMONE : *Duomo* Ⓛ Via Gonfalonieri 13, 26100. 0372 352 42. FAX 0372 45 83 92. Comme son nom l'indique, cet hôtel jouxte la cathédrale, dans le centre historique de Crémone. Certaines de ses chambres jouissent d'une belle vue. TV P	23			
CRÉMONE : *Continental* ⓁⓁ Piazza della Libertà 26, 26100. 0372 43 41 41. FAX 0372 45 48 73. Ce luxueux hôtel très bien situé par rapport aux principaux pôles d'intérêt de Crémone date de 1920. Ses chambres sont très confortables et son restaurant est l'un des meilleurs de la ville. TV P	57	■		
DESENZANO DEL GARDA : *Piroscafo* Ⓛ Via Porto Vecchio 11, 25015. 030 914 11 28. FAX 030 991 25 86. Ce vieil hôtel séduisant est bien situé dans la ville. Les chambres en façade ont un balcon qui donne sur le vieux port très animé. TV	32	■		

Légende des symboles, voir rabat de couverture

Les prix correspondent à une nuit en chambre double pour deux personnes, services compris, mais sans petit déjeuner.
Ⓛ moins de 100 000 L
ⓁⓁ de 100 000 à 200 000 L
ⓁⓁⓁ de 200 000 à 300 000 L
ⓁⓁⓁⓁ de 300 000 à 400 000 L
ⓁⓁⓁⓁⓁ plus de 400 000 L.

Restaurant
Hôtel possédant un restaurant, parfois réservé aux résidents.

Piscine
Souvent de dimensions réduites ; sauf mention particulière, elles sont à ciel ouvert.

Jardin ou terrasse
Hôtel disposant d'un jardin, d'une cour ou d'une terrasse, avec des sièges permettant de prendre les repas à l'extérieur.

Hôtel	Prix	Nombre de chambres	Restaurant	Piscine	Jardin ou terrasse
Gardone Riviera : *Villa Fiordaliso* Corso Zanardelli 132, 25083. ☎ *0365 201 58.* FAX *0365 29 00 11.* Cette belle villa éclectique dominant le lac de Garde offre des chambres confortables et un jardin très appréciable. C'était la résidence de Clara Petacci, la maîtresse de Mussolini. TV P	ⓁⓁⓁ	7	■		■
Gardone Riviera : *Villa Del Sogno* Via Zanardelli 107, 25083. ☎ *0365 29 01 81.* FAX *0365 29 02 30.* Villa fin de siècle entourée d'un beau jardin. Avec ses chambres spacieuses et lumineuses au mobilier ancien datant d'époques diverses, cet hôtel est idéal pour ceux qui cherchent une retraite paisible et luxueuse. TV P	ⓁⓁⓁⓁ	32	■	●	■
Limone sul Garda : *Capo Reamol* Via IV Novembre 92, 25010. ☎ *0365 95 40 40.* FAX *0365 95 42 62.* Superbement situé sur le bord du lac, en contrebas de la route principale, il offre des chambres spacieuses, toutes dotées d'une terrasse, et met à la disposition des clients une plage privée, un gymnase et un jacuzzi. TV P	ⓁⓁ	60	■	●	■
Livigno : *Camana Veglia* Via Ostaria 107, 23030. ☎ *0342 99 63 10.* FAX *0342 99 69 04.* Chalet datant du début du siècle, dont l'intérieur entièrement lambrissé est meublé en style montagnard traditionnel. TV P	ⓁⓁ	12	■		■
Mantoue : *Broletto* Via Accademia 1, 46100. ☎ *0376 32 67 84.* FAX *0376 22 12 97.* Petit hôtel impeccable dans une maison rénovée du XVIe siècle. Les chambres, avec leur mobilier moderne et leur sol de marbre, sont très claires. TV	ⓁⓁ	16			
Mantoue : *Rechigi* Piazza Concordia 14, 46100. ☎ *0376 32 07 81.* FAX *037 622 02 91.* Bien que situé dans le centre historique, cet hôtel est très moderne. Décoré d'œuvres d'art contemporain, il organise souvent des expositions temporaires. TV P	ⓁⓁ	60	■		■
Mantoue : *Villa dei Tigli* Via Cantarana 20, 46040. ☎ *0376 65 0691.* FAX *0376 65 06 49.* C'est une charmante et paisible villa entourée d'un parc à la campagne. Parmi les services, salle, de gym, piscine, sauna et transport pour le centre ville. TV P	ⓁⓁⓁ	27	■	●	■
Milan : *Antica Locanda Solferino* Via Castelfidardo 2, 20121. ☎ *02 657 01 29.* FAX *02 657 13 61.* Cette vieille auberge d'aspect rustique offre un excellent rapport qualité-prix. Ses petites chambres sont joliment décorées de meubles anciens, de tableaux et de papier peint fleuri. Réservez à l'avance. TV	ⓁⓁ	11			
Milan : *Zurigo* Corso Italia 11a, 20122. ☎ *02 72 02 22 60.* FAX *02 72 00 00 13.* Hôtel moderne et dynamique, dont la situation centrale convient aussi bien aux hommes d'affaires qu'aux touristes. On peut y louer des bicyclettes. TV P	ⓁⓁ	41			
Milan : *Capitol Millennium* Via Cimarosa, 6. ☎ *02 48 00 30 50.* FAX *02 469 47 24.* Après une totale restructuration, cet hôtel offre beaucoup d'avantages. Les chambres ont un superbe parquet et les salles de bain en marbre un jacuzzi. Le restaurant et le bar ont été décoré avec beaucoup de goût. À noter, une salle de gym. TV	ⓁⓁⓁ	66	■		
Milan : *Cavour* Via Fatebenefratelli 21, 20121. ☎ *02 657 20 51.* FAX *02 659 22 63.* Très bien situé par rapport aux principaux centres d'intérêt de Milan, cet hôtel moderne offre des chambres confortables et de bonne taille, au mobilier discret. Accueil sympathique et bar agréable. TV P	ⓁⓁⓁ	113	■		

MILAN : *Pierre Milano* ⓁⓁⓁ 49
Via de Amicis 32, 20123. ☎ *02 72 00 05 81.* FAX *02 805 21 57.*
Le décor et le mobilier de cet hôtel luxueux mêlent les styles classique et moderne. Son restaurant est l'un des meilleurs de Milan.

PAVIE : *Moderno* ⓁⓁ 54
Viale Vittorio Emanuele 41, 27100. ☎ *0382 30 34 01.* FAX *0382 252 25.*
Aménagé dans un palais restauré, cet hôtel calme et bien tenu offre des chambres confortables dans une atmosphère conviviale.

RANCO : *Sole* ⓁⓁⓁ 15
Piazza Venezia 5, 21020. ☎ *0331 97 65 07.* FAX *0331 97 66 20.*
Le restaurant est le point fort du Sole. Ses chambres, peu nombreuses, se trouvent dans des annexes récemment construites. Certaines (légèrement plus chères) jouissent d'une belle vue sur le lac Majeur.

RIVA DEL GARDA : *Luise* ⓁⓁ 69
Viale Rovereto, 9. ☎ *0464 55 27 96.* FAX *0464 55 42 50.*
À quelques minutes du lac, cet hôtel est dans un agréable jardin avec tennis. On vous propose des randonnées en vélo-cross.

RIVA DI SOLTO : *Miranda da Oreste* Ⓛ 25
Via Cornello 8, 24060. ☎ *035 98 60 21.* FAX *035 98 00 55.*
Cette pension offre des chambres simples et modernes. Son excellent restaurant sert des plats régionaux sur la terrasse donnant sur le lac d'Iseo.

SABBIONETA : *Al Duca* Ⓛ 10
Via della Stamperia 18, 46018. ☎ *0375 524 74.* FAX *0375 220 021.*
Pension de famille simple mais confortable, dans un palais Renaissance (très transformé) du centre historique. Ses prix sont très raisonnables.

SALÒ : *Romantik Hotel Laurin* ⓁⓁⓁⓁ 38
Viale Landi 9, 25087. ☎ *0365 220 22.* FAX *0365 223 82.*
Dans une baie abritée au bord du lac, cette jolie villa dispose de chambres spacieuses, d'une plage et de courts de tennis. Atmosphère très détendue.

SIRMIONE SUL GARDA : *Villa Cortine Palace Hotel* ⓁⓁⓁⓁ 54
Via Grotte 6, 25019. ☎ *030 990 58 90.* FAX *030-91 63 90.*
Luxueux hôtel aménagé dans une villa. Ses immenses chambres au mobilier ancien sont ornées de fresques. Il offre un confort et un service parfaits.

TREMEZZO : *San Giorgio* ⓁⓁ 26
Via Regina 81, Località Lenno 22016. ☎ *0344 404 15.* FAX *0344 415 91.*
Au milieu d'un grand jardin, sur la rive du lac de Côme, cet hôtel classique possède des terrasses et des salons élégants. Demandez une chambre avec balcon, pour jouir de la vue magnifique sur le lac.

VALSOLDA : *Stella d'Italia* ⓁⓁ 35
Piazza Roma 1, San Mamete 22010. ☎ *0344 681 39.* FAX *0344 687 29.*
Merveilleusement situé au bord du lac de Lugano. Ses chambres donnant sur le lac sont joliment décorées de gravures florales et de dessus-de-lit de couleur vive. Il offre une bibliothèque et des installations balnéaires.

VARENNA : *Hotel du Lac* ⓁⓁ 18
Via del Prestino 4, 22050. ☎ *0341 83 02 38.* FAX *0341 83 10 81.*
Cet hôtel merveilleusement paisible jouit d'une très belle vue sur le lac de Côme. L'ameublement est simple mais confortable et moderne.

VAL D'AOSTE ET PIÉMONT

ALESSANDRIA: *Domus* ⓁⓁ 27
Via Castellani 12, 15100. ☎ *0131 433 05.* FAX *0131 23 20 19.*
Très central et proche de la gare, le Domus est pourtant un hôtel calme et paisible. Toutes les chambres sont dotées de lits jumeaux.

AOSTE : *Europa* ⓁⓁ 71
Piazza Narbonne 1, 11100. ☎ *0165 23 63 63.* FAX *0165 40 566.*
Situé dans le centre historique, cet hôtel moderne, à l'excellente hospitalité, propose un restaurant innovant et un centre de fitness.

AOSTE : *Milleluci* ⓁⓁ 33
Località Porossan Roppoz 15, 11100. ☎ *0165 23 52 78.* FAX *0165 23 52 84.*
Cet hôtel est aménagé dans une ancienne ferme, restaurée avec soin et avec goût. Le salon possède un merveilleuse cheminée.

Légende des symboles, voir rabat de couverture

Les prix correspondent à une nuit en chambre double pour deux personnes, services compris, mais sans petit déjeuner.
Ⓛ moins de 100 000 L
ⓁⓁ de 100 000 à 200 000 L
ⓁⓁⓁ de 200 000 à 300 000 L
ⓁⓁⓁⓁ de 300 000 à 400 000 L
ⓁⓁⓁⓁⓁ plus de 400 000 L.

Restaurant
Hôtel possédant un restaurant, parfois réservé aux résidents.

Piscine
Souvent de dimensions réduites ; sauf mention particulière, elles sont à ciel ouvert.

Jardin ou terrasse
Hôtel disposant d'un jardin, d'une cour ou d'une terrasse, avec des sièges permettant de prendre les repas à l'extérieur.

	Prix	Nombre de chambres	Restaurant	Piscine	Jardin ou terrasse
Arona : *Giardino* Corso Repubblica 1, 28041. *0322 459 94.* FAX *0322 24 94 01.* Hôtel sympathique et confortable au bord du lac. Sa grande terrasse offre une vue magnifique sur le lac Majeur et ses chambres sont meublées avec goût. TV	Ⓛ	56	■		■
Asti : *Aleramo* Via Emanuele Filiberto 13, 14100. *0141 59 56 61.* FAX *0141 300 39.* Hôtel moderne et élégant du centre-ville, proche de la gare. Ses chambres offrent de nombreux services comme des sèche-cheveux et des coffres-forts. TV P	ⓁⓁ	42			
Asti : *Lis* Viale Fratelli Roselli 10, 14100. *0141 59 50 51.* FAX *0141 35 38 45.* Cet hôtel est situé dans un endroit très central mais calme, en face du jardin public, non loin du centre historique. Ses chambres modernes sont bien équipées. TV P	ⓁⓁ	29			
Asti : *Salera* Via Monsignor Marello 19, 14100. *0141 41 01 69.* FAX *0141 41 03 72.* Hôtel moderne et confortable, bien situé par rapport à l'autoroute. Ses chambres meublées de façon simple mais élégante ont toutes un mini-bar. TV P	ⓁⓁ	50	■		
Breuil-Cervinia : *Les Neiges d'Antan* Frazione Cret-Perrères, 11021. *0166 94 87 75.* FAX *0166 94 88 52.* Ce délicieux chalet de montagne est lié à l'un des meilleurs restaurants de la région et géré par la même famille dynamique. L'intérieur, aux murs blancs et aux poutres apparentes d'origine, est immaculé. TV P	ⓁⓁ	28	■		■
Breuil-Cervinia : *Hermitage* Strada Cristallo, 11021. *0166 94 89 98.* FAX *0166 94 90 32.* Si vous cherchez le luxe et le charme, vous les trouverez ici. Cet hôtel moderne bien équipé offre des chambres lumineuses et abondamment fleuries. TV P	ⓁⓁⓁ	36	■	●	■
Cannero Riviera : *Cannero* Lungo Lago 2, 28051. *0323 78 80 46 (nov.-mars : 0323 78 81 13).* FAX *0323 78 80 48.* Cet hôtel aménagé dans un ancien monastère est géré par la même famille depuis quatre générations. Bien que rénové, il a conservé quelque chose de suranné. Il dispose de courts de tennis et d'un bon restaurant. TV P	Ⓛ	40	■	●	■
Cannobio : *Pironi* Via Marconi 35, 28052. *0323 706 24.* FAX *0323 721 84.* Palazzo du XVe siècle situé dans la zone piétonnière du centre historique. L'hôtel conserve certains éléments d'origine, tels que la cour interne. Ses chambres confortables donnent sur le lac ou sur la vieille ville. P	ⓁⓁ	12			
Champoluc : *Villa Anna Maria* Via Croues 5, 11020. *0125 30 71 28.* FAX *0125 30 79 84.* Hôtel sans prétention aménagé dans un chalet des années 1920 entièrement lambrissé de bois. Le restaurant sert une cuisine simple mais excellente. TV P	Ⓛ	21	■		■
Cogne : *Bellevue* Rue Grand Paradis, 11012. *0165 748 25.* FAX *0165 74 91 92.* Cet hôtel magnifiquement situé au milieu de prairies jouit d'une vue splendide sur le Gran Paradiso. On est censé prendre la demi-pension. TV P	ⓁⓁ	33	■	●	■
Courmayeur : *La Grange* Strada la Brenva 1, Entreves 11013. *0165 86 97 33.* FAX *0165 86 97 44.* Cet hôtel de montagne à l'atmosphère douillette est aménagé dans une grange restaurée qui appartient à la même famille depuis le XIVe siècle. L'ameublement moderne s'inspire des formes traditionnelles. TV P	ⓁⓁ	23			■
Courmayeur : *Palace Bron* Via Plan Gorret 41, 11013. *0165 84 67 42.* FAX *0165 84 40 15.* L'intérieur de cet élégant hôtel familial est meublé comme une belle demeure. La plupart des chambres ont un balcon qui offre une vue magnifique. TV P	ⓁⓁⓁ	27	■		■

COURMAYEUR : *Gallia Gran Baita* ⓁⓁⓁⓁ 53 ■ ● ■
Strada Larzey Courmayeur, 11013. ☎ *0165 84 40 40.* FAX *0165 84 48 05.*
Cet hôtel moderne et luxueux s'adresse aux skieurs fortunés. Outre son sauna, son centre de fitness et son salon de beauté, il met une navette à leur disposition.

CUNEO : *Smeraldo* Ⓛ 21
Corso Nizza 27, 12100. ☎ *0171 69 63 67.* FAX *0171 69 80 76.*
Cet hôtel pratique des prix raisonnables. Situé dans l'une des principales rues de Cuneo, on gagne aisément le centre historique en bus ou à pied.

DOMODOSSOLA : *Corona* Ⓛ 32 ■
Via Marconi 8, 28037. ☎ *0324 24 21 14.* FAX *0324 24 28 42.*
Situé au centre de la ville, le Corona allie la tradition au confort moderne. Son restaurant offre un vaste choix de plats régionaux.

IVREA : *Castello San Giuseppe* ⓁⓁ 16 ■ ■
Località Castello San Giuseppe, Chiaverano 10010. ☎ *0125 42 43 70.* FAX *0125 64 12 78.*
Ancien couvent, cet hôtel paisible possède un charmant jardin. Les chambres simples sont agréablement meublées de façon traditionnelle.

LAC MAJEUR : *Verbano* ⓁⓁ 12 ■ ■
Via Ugo Ara 1, Isola dei Pescatori 28049. ☎ *0323 304 08.* FAX *0323 331 29.*
Cet hôtel accueillant est installé dans une vaste villa donnant sur le lac. Toutes les chambres joliment décorées ont un balcon.

NOVARE : *Italia* ⓁⓁ 63 ■ ■
Via Paolo Solaroli 8, 28100. ☎ *0321 39 93 16.* FAX *0321 39 93 10.*
Situé au centre de Novare, à côté de la cathédrale, l'Italia est confortable et bien tenu. Son restaurant est excellent.

NOVARE : *Maya* ⓁⓁ 94 ■ ■
Via Boggiani 54, 28100. ☎ *0321 45 08 10.* FAX *0321 45 27 86.*
Cet hôtel moderne au décor agréable est confortable. Son restaurant très fréquenté organise des dîners dansants le samedi soir.

ORTA SAN GIULIO : *Bussola* ⓁⓁ 16 ■ ● ■
Orta San Giulio, 28016. ☎ *0322 91 19 13.* FAX *0322 91 19 34.*
Cet hôtel est une villa classique entourée d'un beau jardin fleuri donnant sur le lac. En été, on est censé prendre la demi-pension.

ORTA SAN GIULIO : *Leon d'Oro* Ⓛ 36 ■ ■
Piazza Motta 42, 28016. ☎ *0322 911 991.* FAX *0322 903 03.*
Merveilleusement situé sur la rive du lac d'Orta. Ses chambres fonctionnelles ont un décor plutôt terne. Certaines possèdent un balcon donnant sur le lac.

ORTA SAN GIULIO : *Orta* ⓁⓁ 35 ■ ■
Orta San Giulio, 28016. ☎ *0322 902 53.* FAX *0322 90 56 46.*
Situé sur la grand-place d'Orta, avec une terrasse dominant le lac. Son atmosphère surannée ne manque pas de charme et ses chambres sont spacieuses.

PONT-SAINT-MARTIN : *Ponte Romano* Ⓛ 13 ■
Piazza IV Novembre 14, 11026. ☎ *0125 80 43 29.* FAX *0125 80 71 08.*
Agréablement situé à côté d'un ancien pont romain, ce petit hôtel confortable à gestion familiale est tout proche du centre-ville.

SAN GIORGIO MONFERRATO : *Castello San Giorgio* ⓁⓁ 11 ■ ■
Via Cavalli d'Olivola 3, 15020. ☎ *0142 80 62 03.* FAX *0142 80 65 05.*
Hôtel élégant et raffiné aménagé dans un joli château entouré d'un jardin, à 6 km de Monferrato. Il possède un excellent restaurant.

SAUZE D'OULX: *Il Capricorno* ⓁⓁ 7 ■ ■
Case Sparse 21, Le Clotes 10050. ☎ *0122 85 02 73.* FAX *0122 85 00 55.*
Situé sur une colline boisée, au-dessus du village, c'est un charmant chalet, avec des poutres apparentes et des meubles traditionnels.

SESTRIERE : *Principe di Piemonte* ⓁⓁⓁ 100 ■ ● ■
Via Sauze di Cesana, 10058. ☎ *0122 79 41.* FAX *0122 75 54 11.*
Cet ancien grand hôtel de Sestrière est encore somptueux et très confortable. Il propose tout ce dont vous pouvez avoir besoin, du sauna aux boutiques.

SUSA : *Napoleon* Ⓛ 62 ■
Via Mazzini 44, 10059. ☎ *0122 62 28 55.* FAX *0122 319 00.*
Le Napoleon est un hôtel moderne et propre qui a toujours été géré par la même famille. Il est bien placé au centre-ville.

Légende des symboles, voir rabat de couverture

Les prix correspondent à une nuit en chambre double pour deux personnes, services compris, mais sans petit déjeuner.
Ⓛ moins de 100 000 L
ⓁⓁ de 100 000 à 200 000 L
ⓁⓁⓁ de 200 000 à 300 000 L
ⓁⓁⓁⓁ de 300 000 à 400 000 L
ⓁⓁⓁⓁⓁ plus de 400 000 L.

Restaurant
Hôtel possédant un restaurant, parfois réservé aux résidents.

Piscine
Souvent de dimensions réduites ; sauf mention particulière, elles sont à ciel ouvert.

Jardin ou terrasse
Hôtel disposant d'un jardin, d'une cour ou d'une terrasse, avec des sièges permettant de prendre les repas à l'extérieur.

	Nombre de chambres	Restaurant	Piscine	Jardin ou terrasse
Turin : *Conte Biancamano* Ⓛ Corso Vittorio Emanuele II 73, 10128. Tél. *011 562 32 81.* FAX *011 562 37 89.* Hôtel central, à gestion familiale. Ses salons sont décorés de tableaux et de chandeliers et ses chambres sont lumineuses et spacieuses. TV P	25			
Turin : *Genova e Stazione* ⓁⓁ Via Sacchi 14b, 10128. Tél. *011 562 94 00.* FAX *011 562 98 96.* Bien situé au centre de la ville, près de la gare. Le décor de ses chambres mélange les styles Art déco et XVIIIe siècle. TV P	58			
Turin : *Victoria* ⓁⓁ Via Nino Costa 4, 10123. Tél. *011 561 19 09.* FAX *011 561 18 06.* Les jolies chambres confortables de cet hôtel moderne allient le fonctionnel à un décor original. Demandez celles de style égyptien ou Nouvelle-Orléans. TV	96	■		
Turin : *Grand Hotel Sitea* ⓁⓁⓁ Via Carlo Alberto 35. Tél. *011 51 70 171.* FAX *011 54 80 90.* Cet hôtel traditionnel et élégant, situé au cœur de la ville, offre un excellent service et un restaurant innovant. TV P	118	■		■
Turin : *Turin Palace* ⓁⓁⓁ Via Sacchi 8, 10128. Tél. *011 562 55 11.* FAX *011 561 21 87.* Datant de 1872, l'hôtel le plus élégant de Turin offre le summum du confort moderne. Ses chambres somptueuses possèdent un mobilier ancien. TV P	121	■		
Turin : *Villa Sassi-El Toulà* ⓁⓁⓁ Strada al Traforo del Pino 47, 10132. Tél. *011 898 05 56.* FAX *011 898 00 95.* Hôtel luxueux aménagé dans une belle villa du XVIIe siècle, juste à la sortie de Turin. Il a conservé ses dallages de marbre et ses candélabres. TV P	17	■		■
Varallo Sesia : *Vecchio Albergo Sacro Monte* Ⓛ Regione Sacro Monte 14, 13019. Tél. *0163 542 54.* FAX *0163 511 89.* Hôtel tranquille occupant un édifice restauré du XVIe siècle, à l'entrée du Sacro Monte. Il a conservé beaucoup d'éléments d'origine. TV P	24	■		■
LIGURIE				
Camogli : *Casmona* ⓁⓁ Saleto Pineto, 13. Tél. *0185 77 00 15.* FAX *0185 77 50 30.* Cet hôtel simple et accueillant jouit d'une bonne situation sur la mer. Ses chambres sont spacieuses et son restaurant est réputé pour ses poissons. TV P	26	■		■
Camogli : *Cenobio dei Dogi* ⓁⓁⓁ Via Cuneo 34, 16032. Tél. *0185 72 41 00.* FAX *0185 77 27 96.* Ce grand hôtel luxueux offre tout ce que vous pouvez désirer à ce prix-là. Il possède des courts de tennis, des terrasses panoramiques et une plage privée. TV P	107	■	●	■
Finale Ligure : *Punta Est* ⓁⓁ Via Aurelia 1, 17024. Tél. & FAX *019 60 06 11.* Élégant hôtel aménagé dans une villa du XVIIIe siècle dominant la mer. Ses terrasses et son jardin offrent une vue splendide. L'intérieur spacieux est décoré de meubles anciens. D'ordinaire, on y propose la demi-pension. TV P	40	■	●	■
Garlenda : *La Meridiana* ⓁⓁⓁⓁ Via ai Castelli, 17033. Tél. *0182 58 02 71.* FAX *0182 58 01 50.* Élégant hôtel occupant une villa entourée d'un paisible jardin et jouxtant un terrain de golf. Il dispose de chambres confortables, de mini-appartements, de courts de tennis, d'un sauna et de bicyclettes. TV	30	■	●	■
Gênes : *Best Western Hotel Metropoli* ⓁⓁ Piazza Fontane Marose, 16123. Tél. *010 246 88 88.* FAX *010 246 86 86.* Pratique pour hommes d'affaires et touristes, cet hôtel a des chambres décorées avec goût, possédant mini-bar et sèche-cheveux. TV P	48			

GÊNES : *Britannia* ⓁⓁ 97
Via Balbi, 38. ☎ *010 26 991.* FAX *010 246 29 42.*
Cet hôtel très central est doté d'un excellent service, d'un sauna, d'un solarium et d'une salle de gym. TV P

GÊNES : *Nuovo Astoria* ⓁⓁ 69
Piazza Brignole 4, 16122. ☎ *010 87 33 16.* FAX *010 831 73 26.*
Cet hôtel moderne et sans prétention au centre de Gênes se trouve tout près de la gare et à quelques pas des pôles d'intérêt de la ville. TV P

MONTEROSSO AL MARE : *Porto Roca* ⓁⓁⓁ 43 ■
Via Corone 1, 19016. ☎ *0187 81 75 02.* FAX *0187 81 76 92.*
Situé sur une falaise dominant la mer, dans un des charmants villages des *Cinque Terre*. Sa décoration offre un mélange très réussi de différents styles. TV

NERVI : *Villa Pagoda* ⓁⓁ 17 ■ ■
Via Capolungo 15, 16167. ☎ *010 372 61 61.* FAX *010 32 12 18.*
Belle villa romantique du début du XIXe siècle, entourée d'un magnifique jardin. Ses chambres sont vastes et agréablement décorées. TV P

RAPALLO : *Stella* Ⓛ 30 ■
Via Aurelia Ponente 10, 16035. ☎ *0185 503 67.* FAX *0185 27 28 37.*
Haute villa rose offrant une belle vue sur la mer depuis son toit en terrasse. Sa décoration est un peu austère, mais l'accueil est très chaleureux. TV P

PORTOFINO : *Eden* ⓁⓁ 9 ■
Via Dritto 18, 16034. ☎ *0185 26 90 91.* FAX *0185 26 90 47.*
Commodément situé juste derrière la place de ce joli petit port, l'Eden est entouré d'un beau jardin. Ses chambres sont simples mais bien équipées. TV

PORTOVENERE : *Genio* Ⓛ 7 ■
Piazza Bastreri 8, 19025. ☎ & FAX *0187 79 06 11.*
Délicieux hôtel aménagé dans un château médiéval. Ses chambres sont simples, mais il offre l'un des meilleurs rapports qualité-prix de la région. TV

SAN REMO : *Nyale Suite* ⓁⓁ 81 ■ ● ■
Via Strada Solero 134, 18038. ☎ *0184 667 668.* FAX *0184 666 059.*
Situé dans une résidence calme entourée d'un jardin tropical, cet hôtel possède une piscine et des chambres très spacieuses. Le restaurant a un menu spécial végétarien. TV P

SAN REMO : *Royal* ⓁⓁⓁ 142 ■ ● ■
Corso Imperatrice 80, 18038. ☎ *0184 53 91.* FAX *0184 66 14 45.*
Luxueux hôtel traditionnel de bord de mer, ouvert en 1872. Ses chambres confortables sont décorées de délicats motifs floraux. Le Royal propose tout un éventail d'activités sportives et de loisirs. TV P

SESTRI LEVANTE : *Grand Hotel dei Castelli* ⓁⓁⓁ 30 ■
Penisola 26, 16039. ☎ *0185 48 72 20.* FAX *0185 447 67.*
Aménagé dans un château décoré de mosaïques et de colonnes mauresques, situé dans un merveilleux jardin qui descend vers la mer. L'accueil est très cordial. TV P

ÉMILIE-ROMAGNE

BOLOGNE : *Orologio* ⓁⓁ 36
Via IV Novembre 10, 40123. ☎ *051 23 12 53.* FAX *051 26 05 52.*
Presque toutes les chambres de ce paisible hôtel situé dans le centre médiéval de Bologne jouissent d'une vue exceptionnelle sur la Piazza Maggiore. TV P

BOLOGNE : *Commercianti* ⓁⓁⓁ 34
Via de Pignattari 11, 40124. ☎ *051 23 30 52.* FAX *051 22 47 33.*
Cet édifice a été le premier hôtel de ville de Bologne au XIIe siècle. Certains éléments médiévaux subsistent et la tour abrite quelques chambres. TV P

BOLOGNE : *Corona d'Oro 1890* ⓁⓁⓁ 35
Via Oberdan 12, 40126. ☎ *051 23 64 56.* FAX *051 26 26 79.*
Certaines parties datent du XIVe siècle et l'hôtel existe depuis plus de cent ans. Son élégance fin de siècle s'allie au confort moderne. TV P

BUSSETO : *I Due Foscari* ⓁⓁ 20 ■ ■
Piazza Carlo Rossi 15, 43011. ☎ *0524 93 30 03.* FAX *0524 916 25.*
Cet hôtel au décor kitsch – mobilier pseudo-médiéval, fenêtres néo-gothiques et fausses poutres – est très apprécié des vedettes de cinéma, notamment durant le festival d'opéra, en juin-juillet. TV P

Légende des symboles, voir rabat de couverture

Les prix correspondent à une nuit en chambre double pour deux personnes, services compris, mais sans petit déjeuner.
Ⓛ moins de 100 000 L
ⓁⓁ de 100 000 à 200 000 L
ⓁⓁⓁ de 200 000 à 300 000 L
ⓁⓁⓁⓁ de 300 000 à 400 000 L
ⓁⓁⓁⓁⓁ plus de 400 000 L.

Restaurant
Hôtel possédant un restaurant, parfois réservé aux résidents.

Piscine
Souvent de dimensions réduites ; sauf mention particulière, elles sont à ciel ouvert.

Jardin ou terrasse
Hôtel disposant d'un jardin, d'une cour ou d'une terrasse, avec des sièges permettant de prendre les repas à l'extérieur.

	Nombre de chambres	Restaurant	Piscine	Jardin ou terrasse
Castelfranco : *Villa Gaidello Club* ⓁⓁ Via Gaidello 18, 41013. ☎ *059 92 68 06.* FAX *059 92 66 20.* Ce « club » n'offre que trois suites avec six chambres agréablement meublées dans une charmante ferme du XVIIIe siècle entourée d'un paisible jardin, à côté d'un lac. TV P	6	■		■
Cesenatico : *Miramare* ⓁⓁ Viale Carducci 2, 47042. ☎ *0547 800 06.* FAX *0547 847 85.* Très bien situé à la fois pour profiter de la plage et pour découvrir la campagne environnante, le Miramare offre toute une gamme d'équipements sportifs et de loisirs et possède un court de tennis renommé localement. TV P	30	■	●	■
Faenza : *Vittoria* ⓁⓁ Corso Garibaldi 23, 48018. ☎ *0546 215 08.* FAX *0546 291 36.* Cet hôtel de style Art nouveau est situé dans le centre historique, non loin de la gare. Le hall et certaines chambres sont ornés de fresques. TV P	49	■		■
Ferrare : *Carlton* ⓁⓁ Via Garibaldi, 93. ☎ *0532 211 130.* FAX *0532 205 766.* Voilà un hôtel très moderne installé dans une ville ancienne. Le service est toujours attentif et courtois, et l'équipement impeccable. TV P	66			
Ferrare : *Ripagrande* ⓁⓁ Via Ripagrande 21, 44100. ☎ *0532 76 52 50.* FAX *0532 76 43 77.* Cet hôtel élégant occupe un palais de la Renaissance restauré avec goût. La plupart de ses chambres claires ont un mobilier d'époque. Celles qui possèdent un balcon offrent un beau panorama de Ferrare. TV P	40	■		■
Ferrare : *Duchessa Isabella* ⓁⓁⓁⓁ Via Palestro 70, 44100. ☎ *0532 20 21 21.* FAX *0532 20 26 38.* Aménagé dans un palazzo du XVe siècle, au centre de Ferrare, ce superbe hôtel, au service impeccable, doit son nom à Isabelle d'Este qui organisait des fêtes somptueuses. Ses chambres luxueuses donnent sur un jardin. TV P	27	■		■
Marina di Ravenna : *Bermuda* ⓁⓁ Viale della Pace 363, 48023. ☎ *0544 53 05 60.* FAX *0544 53 16 43.* Situé au milieu d'un bois de pins près de la plage, à 10 km de Ravenne, cet hôtel moderne à gestion familiale est simple mais propre et accueillant. TV	23	■		■
Modène : *Canalgrande* ⓁⓁ Corso Canalgrande N6, 41100. ☎ *059 217 160.* FAX *059 221 674.* Situé dans le centre, cet ancien monastère est typique de l'architecture néo-classique, richement décoré avec des peintures d'époque. TV P	74	■		■
Parme : *Torino* ⓁⓁ Via Angelo Mazza 7, 43100. ☎ *0521 28 10 46.* FAX *0521 23 07 25.* Ancien couvent restauré tenu par la même famille depuis trois générations, le Torino offre un logement calme au centre de Parme. Les chambres et les salons sont meublés en style Art nouveau. TV P	33	■		■
Parme : *Grand Hotel Baglioni* ⓁⓁⓁ Viale Piacenza 12c, 43100. ☎ *0521 29 29 29.* FAX *0521 29 28 28.* Cet hôtel moderne du centre de Parme, tout en étant quelque peu impersonnel, offre un vaste éventail de services. TV P	169	■		
Plaisance : *Florida* Ⓛ Via Cristoforo Colombo 29, 29100. ☎ *0523 59 26 00.* FAX *0523 59 26 72.* Pension aux prix raisonnables située juste en dehors du centre historique et facilement accessible depuis la gare. TV P	65			
Portico di Romagna : *Al Vecchio Convento* Ⓛ Via Roma 7, 47010. ☎ *0543 96 70 53.* FAX *0543 96 71 57.* Charmant hôtel décoré avec goût. Ses meubles anciens sans prétention et ses voilages blancs apportent une sensation d'espace et de paix. TV P	15	■		■

Ravenne : *Argentario* Via di Roma 45, 48100. *0544 355 55.* FAX *0544 351 47.* Cet hôtel bien équipé, bien situé au cœur de Ravenne, à proximité des monuments et des jardins publics, possède des chambres agréables.	Ⓛ	28			
Ravenne : *Bisanzio* Via Salara, 48100. *0544 21 71 11.* FAX *0544 325 39.* Sa façade délavée dissimule un intérieur moderne et accueillant donnant sur un joli jardin. Il est bien situé, au centre de Ravenne.	ⓁⓁ	38			■
Reggio nell'Emilia : *Hotel Posta* Piazza del Monte 2, 42100. *0522 43 29 44.* FAX *0522 45 26 02.* Situé dans le centre historique, cet hôtel confortable est très original : son austère façade médiévale dissimule un exubérant décor rococo.	ⓁⓁ	43			
Riccione : *Hotel des Nations* Lungomare Costituzione 2, 47838. *0541 647 878.* FAX *0541 645 154.* Situé sur le front de mer, cet hôtel d'inspiration « New Age » est décoré de couleurs douces pour harmoniser le corps et l'esprit ! Réflexologie, aromathérapie, massage et méditation vous sont proposés. Un yacht vous emmène en excursion.	ⓁⓁⓁ	32		●	■
Rimini : *Rosabianca* Viale Tripoli 195, 47037. & FAX *0541 390 666.* Hôtel moderne, récemment rénové, proche à la fois de la plage et du centre historique de Rimini. Il dispose d'une plage privée avec des cabines.	Ⓛ	52			■
Rimini : *Ambasciatori* Viale Vespucci 22, 47037. *0541 555 61.* FAX *0541 237 90.* Cet élégant et moderne hôtel est bien situé et certaines chambres ont vue sur la mer. Le jardin donne sur la côte.	ⓁⓁⓁ	66	■	●	■
Rimini : *Grand Hotel* Via Ramuscio 1, 47900. *0541 560 00.* FAX *0541 568 66.* Bien situé à proximité du front de mer, du port et de la gare, ce grand hôtel bien équipé et élégant dispose de courts de tennis et d'une plage privée.	ⓁⓁⓁⓁ	117	■	●	■
Santarcangelo di Romagna : *Hotel della Porta* Via Andrea Costa 85, 47822. *0541 62 21 52.* FAX *0541 62 21 68.* À quelques kilomètres de Rimini, dans une région imprégnée de références à *La Divine Comédie* de Dante *(p. 30-31).* L'hôtel comporte deux bâtiments. Certaines chambres sont décorées de fresques et de meubles anciens.	Ⓛ	22			

Florence

Florence : *Pensione Maxim* Via del Calzaiuoli 111B, 50123. Plan 6 D2. *055 21 74 74.* FAX *055 28 37 29.* Certaines chambres de cet hôtel situé au troisième étage donnent sur une voie piétonne, la via dei Calzaiuoli.	Ⓛ	22			
Florence : *Ariele* 2 km à l'ouest, Via Magenta 11, 50123. Plan 1 A4. *055 21 15 09.* FAX *055 26 85 21.* Hôtel sans prétention situé dans une rue résidentielle. Le salon est doté d'un mobilier ancien. Les chambres sont spacieuses mais austères.	ⓁⓁ	39			■
Florence : *Hotel Porta Rossa* Via Porta Rossa 19, 50123. Plan 3 C1 (5 C3). *055 28 75 51.* FAX *055 28 21 79.* C'est l'un des deux plus anciens hôtels d'Italie : il date de 1386. Son atmosphère est chaleureuse. Les vastes chambres sont claires et agréablement décorées et le hall d'entrée voûté est meublé de beaux sièges de cuir.	ⓁⓁ	80			
Florence : *Hotel Silla* Via dei Renai 5, 50125. Plan 4 D2 (6 E5). *055 234 28 88.* FAX *055 234 14 37.* Édifice du XVIe siècle. Pour y pénétrer, il faut traverser une cour élégante agrémentée d'un grand escalier. Il possède une belle terrasse avec vue sur l'Arno.	ⓁⓁ	36			■
Florence : *Hotel Villa Liberty* Viale Michelangelo 40, 50125. Plan 4 F3. *055 681 05 81.* FAX *055 681 25 95.* Villa fin de siècle, située dans une rue bordée d'arbres, au sud-est de la ville. L'intérieur sans prétention est décoré à l'ancienne mode.	ⓁⓁ	17			■
Florence : *Splendor* Via San Gallo 30, 50129. Plan 2 D4. *055 48 34 27.* FAX *055 46 12 76.* Son décor rouge foncé et ses plafonds ornés de fresques et de stucs lui donnent l'apparence d'un grand manoir. Mais il montre quelques signes de décrépitude.	ⓁⓁ	31			■

Légende des symboles, voir rabat de couverture

Les prix correspondent à une nuit en chambre double pour deux personnes, services compris, mais sans petit déjeuner.
Ⓛ moins de 100 000 L
ⓁⓁ de 100 000 à 200 000 L
ⓁⓁⓁ de 200 000 à 300 000 L
ⓁⓁⓁⓁ de 300 000 à 400 000 L
ⓁⓁⓁⓁⓁ plus de 400 000 L.

Restaurant
Hôtel possédant un restaurant, parfois réservé aux résidents.

Piscine
Souvent de dimensions réduites ; sauf mention particulière, elles sont à ciel ouvert.

Jardin ou terrasse
Hôtel disposant d'un jardin, d'une cour ou d'une terrasse, avec des sièges permettant de prendre les repas à l'extérieur.

	Nombre de chambres	Restaurant	Piscine	Jardin ou terrasse
Florence : *Hotel Hermitage* ⓁⓁⓁ Vicolo Marzio 1, 50122. **Plan** 6 D4. *055 28 72 16.* FAX *055 21 22 08.* Les chambres les plus belles, au dernier étage de cet édifice médiéval situé à quelques mètres du Ponte Vecchio, offrent une vue extraordinaire. Confortables, elles sont toutes décorées dans un style différent.	29			■
Florence : *Hotel J and J* ⓁⓁⓁ Via di Mezzo 20, 50121. **Plan** 2 E5. *055 263 12.* FAX *055 234 50 05.* Hôtel charmant et calme aménagé dans un ancien monastère du XVIe siècle. Ses fenêtres sont encadrées d'arches de pierre et ses plafonds couverts de fresques.	20			■
Florence : *Hotel Loggiato dei Serviti* ⓁⓁⓁ Piazza della SS Annunziata 3, 50122. **Plan** 2 D4. *055 28 95 92.* FAX *055 28 95 95.* Cet édifice qui a été construit en 1527, est proche du Spedale degli Innocenti. Les plafonds de la réception sont voûtés et le bar est flanqué de colonnes de pierre.	29			
Florence : *Hotel Tornabuoni Beacci* ⓁⓁⓁ Via de' Tornabuoni 3, 50123. **Plan** 1 C5 (5 C2). *055 26 83 77.* FAX *055 28 35 94.* Ancien palazzo situé dans une rue animée. Ses vastes couloirs sont couverts de tapis et ses salons ornés de meubles anciens et de tapisseries. Les chambres luxueuses ont des lits munis d'oreillers moelleux.	28	■		■
Florence : *Hotel Villa Belvedere* ⓁⓁⓁ Via Benedetto Castelli 3, 50124. **Plan** 3 A5. *055 22 25 01.* FAX *055 22 31 63.* Spacieuse villa des années 1930 entourée d'un jardin paysager, proche des jardins de Boboli. Les terrasses du premier étage donnent sur le jardin.	26		●	■
Florence : *Londra* ⓁⓁⓁ Via Jacopo da Diacceto 16-18, 50123. Plan 1B4. *055 238 27 91.* FAX *055 21 06 82.* Cet hôtel situé près de la gare convient parfaitement aux homme d'affaires ou aux voyageurs venus pour se détendre. Certaines chambres sont équipées d'un ordinateur, d'un fax et d'un modem. Gym, sauna et bicyclette vous sont proposés. Service spécial pour les enfants.	158	■		■
Florence : *Morandi alla Crocetta* ⓁⓁⓁ Via Laura 50, 50121. **Plan** 2 E4. *055 234 47 47.* FAX *055 248 09 54.* Charmant hôtel aménagé dans un ancien couvent. L'intérieur est rempli de petits tapis anciens et de plantes.	10			
Florence : *Pensione Annalena* ⓁⓁⓁ Via Romana 34, 50125. **Plan** 3 A3. *055 22 24 02.* FAX *055 22 24 03.* Cet édifice du XVe siècle possède des chambres décorées de façon simple mais agréable. Les salons sont tous regroupés dans un grand hall.	20			
Florence : *Rivoli* ⓁⓁⓁ Via della Scala 33, 50123. **Plan** 1 A4 (5 A1). *055 28 28 53.* FAX *055 29 40 41.* La façade patinée trahit l'âge de cet édifice du XVe siècle. L'hôtel offre des lieux spacieux, frais et décorés avec goût, alliant avec élégance le moderne et le classique.	75		●	■
Florence : *Hotel Brunelleschi* ⓁⓁⓁⓁ Piazza Santa Elisabetta 3, 50122. **Plan** 6 D2. *055 273 70.* FAX *055 21 96 53.* Cet hôtel singulier est aménagé dans une tour byzantine et dans les édifices attenants. Son petit musée byzantin et son toit en terrasse offrant une vue superbe sur Florence lui donnent beaucoup de cachet.	96	■		
Florence : *Hotel Continental* ⓁⓁⓁⓁ Lungarno degli Acciaiuoli 2, 50123. **Plan** 3 C1 (5 C4). *055 272 62.* FAX *055 28 31 39.* Situé à un endroit stratégique, près du Ponte Vecchio. Son bar et les suites du dernier étage donnent sur l'Arno. Les peintures murales imitent le marbre.	48			■

FLORENCE : *Hotel Helvetia e Bristol* ⓁⓁⓁⓁ Via de' Pescioni 2, 50123. **Plan** 1 C5 (5 C2). ☎ *055 28 78 14.* FAX *055 28 83 53.* Luxueux hôtel du XVIIIe siècle, à quelques pas du Duomo. Il possède une coupole couverte de vitraux et un splendide bar de bois et de marbre.	49	■		
FLORENCE : *Hotel Monna Lisa* ⓁⓁⓁⓁ Borgo Pinti 27, 50121. **Plan** 2 E5. ☎ *055 247 97 51.* FAX *055 247 97 55.* Une belle cour de pierres mène à ce palazzo Renaissance. Certaines chambres sont immenses, ornées de meubles anciens, avec de hauts plafonds.	30			■
FLORENCE : *Hotel Montebello Splendid* ⓁⓁⓁⓁ Via Montebello 60. **Plan** 1 A5 (5 A2). ☎ *055 23 98 05.* FAX *055 21 18 67.* C'est une ancienne villa élégante du XIXe siècle transformée en un hôtel intime près du centre ville. Un jardin adorable et un restaurant en plein air.	54	■		■
FLORENCE : *Torre di Bellosguardo* ⓁⓁⓁⓁ Via de' Michelozzi 2, 50124. **Plan** 5 B5. ☎ *055 229 81 45.* FAX *055 22 90 08.* Une route sinueuse mène à la tour du XIVe siècle et à la villa attenante du XVIe siècle. Ses immenses chambres sont remplies de meubles anciens et de petits tapis persans. On y a une vue splendide sur Florence.	16		●	■
FLORENCE : *Villa Carlotta* ⓁⓁⓁⓁ Via Michele di Lando 3, 50125. **Plan** 3 B4. ☎ *055 233 61 51.* FAX *055 233 61 47.* Ce gracieux édifice du XIXe siècle, niché dans un quartier écarté, est une agréable villa sans prétention au décor de style néo-classique.	32	■		■
FLORENCE : *Villa La Massa* ⓁⓁⓁⓁ Via la Massa 24, Candeli 50012. ☎ *055 626 11.* FAX *055 63 31 02.* Situé au bord d'une rivière, à 6 km au nord-est de Florence, ce luxueux hôtel du XVIIe siècle offre des chambres élégantes au mobilier ancien.	39	■	●	■
FLORENCE : *Grand Hotel Villa Cora* ⓁⓁⓁⓁⓁ Viale Machiavelli 18, 50125. **Plan** 3 A3. ☎ *055 229 84 51.* FAX *055 22 90 86.* Splendide édifice Renaissance avec des terrasses à balustrades et des parois agrémentées de piliers classiques et percées de hautes fenêtres. Les salons, aux parquets vernis, sont ornés de fresques.	48	■	●	■
FLORENCE : *Hotel Excelsior* ⓁⓁⓁⓁⓁ Piazza d'Ognissanti 3, 50123. **Plan** 1 B5 (5 A2). ☎ *055 26 42 01.* FAX *055 21 02 78.* Occupant deux maisons rebâties en 1815, cet hôtel, orné de délicats dallages de marbre et de vitraux, offre une belle vue sur l'Arno.	168	■		
FLORENCE : *Hotel Regency* ⓁⓁⓁⓁⓁ Piazza Massimo d'Azeglio 3, 50121. **Plan** 2 F5. ☎ *055 24 52 47.* FAX *055 234 67 35.* L'extérieur modeste d'une maison bourgeoise florentine dissimule un splendide salon et un bar lambrissé.	35	■		■
TOSCANE				
AREZZO : *Castello di Gargonza* Ⓛ Gargonza, Monte San Savino, 52048. ☎ *0575 84 70 21.* FAX *0575 84 70 54.* Une allée sinueuse bordée d'arbres longe les murs de ce château-hôtel qui loue également 18 appartements. La vue est magnifique. On célèbre la messe chaque dimanche dans la jolie chapelle décorée de fresques.	7	■	●	■
CORTONE : *Hotel San Luca* Ⓛ Piazzale Garibaldi 2, 52044. ☎ *0575 63 04 60.* FAX *0575 63 01 05.* Cet hôtel situé à flanc de coteau a des chambres simples, mais ses confortables salons offrent un beau point de vue sur les vallées des environs.	60	■		■
CORTONE : *Hotel San Michele* ⓁⓁ Via Guelfa 15, 52044. ☎ *0575 60 43 48.* FAX *0575 63 01 47.* Palais Renaissance très bien restauré, situé dans une rue étroite. Les chambres sont confortables et une superbe suite est aménagée dans les combles.	40			■
CASTELLINA IN CHIANTI : *Tenuta di Ricavo* ⓁⓁⓁ Località Ricavo, 53011. ☎ *0577 74 02 21.* FAX *0577 74 10 14.* L'hôtel couvre l'ensemble d'un hameau : les chambres sont situées dans de vieilles maisons rurales. Le mobilier allie l'ancien et le rustique.	23	■	●	■
ELBE : *Airone del Parco e delle Terme* ⓁⓁ Località San Giovanni, 57037. ☎ *0565 92 91 11.* FAX *0565 91 74 84.* Cet hôtel a de nombreux services : un parc, une plage, deux piscines, un service animalier, un centre de beauté et un bâteau privé pour les excursions.	85	■	●	■

Légende des symboles, voir rabat de couverture

Les prix correspondent à une nuit en chambre double pour deux personnes, services compris, mais sans petit déjeuner.
Ⓛ moins de 100 000 L
ⓁⓁ de 100 000 à 200 000 L
ⓁⓁⓁ de 200 000 à 300 000 L
ⓁⓁⓁⓁ de 300 000 à 400 000 L
ⓁⓁⓁⓁⓁ plus de 400 000 L.

Restaurant
Hôtel possédant un restaurant, parfois réservé aux résidents.

Piscine
Souvent de dimensions réduites ; sauf mention particulière, elles sont à ciel ouvert.

Jardin ou terrasse
Hôtel disposant d'un jardin, d'une cour ou d'une terrasse, avec des sièges permettant de prendre les repas à l'extérieur.

	Prix	Nombre de chambres	Restaurant	Piscine	Jardin ou terrasse
Elbe : *Capo Sud* Località Lacona, 57037. *0565 96 40 21.* FAX *0565 96 42 63.* Village de vacances composé d'un ensemble de villas. On y découvre un beau panorama de la baie. Le restaurant sert les produits de son jardin.	ⓁⓁ	44	■	●	■
Fiesole : *Hotel Villa Bonelli* Via F Poeti 1, 50014. *055 595 13.* FAX *055 59 89 42.* De cet hôtel simple, accueillant et agréablement meublé, on jouit d'une belle vue sur Florence. En été, la demi-pension est obligatoire.	ⓁⓁ	20	■		■
Fiesole : *Villa San Michele* Via Doccia 4, 50014. *055 594 51.* FAX *055 59 87 34.* Ce beau monastère possède un grand parc et sa loggia offre un superbe panorama de la ville. Il aurait été conçu par Michel-Ange en personne.	ⓁⓁⓁⓁⓁ	40	■	●	■
Gaiole in Chianti : *Castello di Spaltenna* Via Spaltenna 13, 53013. *0577-74 94 83.* FAX *0577-74 92 69.* Superbe ancien monastère fortifié. Les chambres spacieuses donnent sur une cour et certaines sont équipées de jacuzzi. Le restaurant est excellent.	ⓁⓁⓁ	30	■	●	■
Isola del Giglio : *Castello Monticello* Via Provinciale, 58013. *0564 80 92 52.* FAX *0564 80 94 73.* À l'origine, ce château-hôtel construit sur une île était une demeure privée. Il couronne un colline et ses chambres offrent une vue superbe.	ⓁⓁ	29	■		■
Lucques : *Piccolo Hotel Puccini* Via di Poggio 9, 55100. *0583 554 21.* FAX *0583 534 87.* Occupant un bel édifice ancien en pierre, cet élégant petit hôtel possède un bar agréable qui domine une jolie petite rue étroite.	Ⓛ	14			
Lucques : *Hotel Universo* Piazza del Giglio 1, 55100. *0583 49 36 78.* FAX *0583 95 48 54.* Grand hôtel du XIXe siècle légèrement défraîchi, aux chambres vastes et confortables agrémentées de luxueuses salles de bains. Certaines jouissent d'une vue agréable sur la petite place tranquille.	ⓁⓁ	72	■		■
Lucques : *Locanda Elisa* Via Nuova per Pisa 1952, 55050. *0583 37 97 37.* FAX *0583 37 90 19.* Cette maison imposante en style pseudo-parisien du XVIIIe siècle sécrète une atmosphère paisible et luxueuse. Ses chambres sont superbement décorées de meubles anciens et elle possède deux élégants salons.	ⓁⓁⓁⓁ	10	■	●	■
Monteriggioni : *Albergo Casalta* Località Strove, 53035. *0577 30 10 02.* FAX *0577 30 10 02.* L'édifice est vieux de mille ans. La cheminée centrale du salon contribue à créer son atmosphère chaleureuse. Son restaurant est très élégant.	Ⓛ	10	■	●	
Pise : *Royal Victoria Hotel* Lungarno Pacinotti 12, 56126. *050 94 01 11.* FAX *050 94 01 80.* Cet hôtel plein de solennité a été construit au XIXe siècle. Il a conservé de charmantes tentures en trompe-l'œil et des portes sculptées en bois.	ⓁⓁ	48			
Pise : *Duomo* Via S. Maria, 94. *050 56 18 94.* FAX *050 56 04 18.* Ce très confortable hôtel a une vue spectaculaire sur la tour et les autres monuments de la ville depuis son jardin.	ⓁⓁⓁ	93	■		■
Pistoia : *Albergo Patria* Via Crispi 8, 51100. *0573 251 87.* FAX *0573 36 81 68.* Hôtel ancien à l'intérieur moderne sombre et aux chambres des années 1970. Il donne sur une belle rue du centre de Pistoia. Les chambres du haut ont une belle vue sur la cathédrale.	Ⓛ	28	■		

PISTOIA : *Hotel Piccolo Ritz* Via Vannucci 67, 51100. *0573 267 75.* FAX *0573 277 98.* À proximité de la gare, dans le centre historique de Pistoia, ce petit hôtel se montre à la hauteur de son nom et possède un bar agréable orné de fresques.	Ⓛ	21			
PORTO ERCOLE : *Il Pellicano* Località Cala dei Santi, 58018. *0564 83 38 01.* FAX *0564 83 34 18.* Villa toscane de style classique couverte de vigne vierge, luxueuse, avec sa plage privée. Les terrasses descendant vers la mer offrent une belle vue. Ses chambres sont décorées de meubles anciens.	ⓁⓁⓁⓁⓁ	41	■	●	■
RADDA IN CHIANTI : *Villa Miranda* Siena 53017. *0577 73 80 21.* FAX *0577 73 86 68.* À l'origine, c'était un relais de poste, bâti en 1842. Les chambres possèdent des poutres apparentes et des lits à montants de cuivre.	ⓁⓁ	49	■	●	■
SAN GIMIGNANO : *Hotel Villa Belvedere* Via Dante 14, 53037. *0577 94 05 39.* FAX *0577 94 03 27.* Jolie villa entourée d'un jardin rempli de cyprès, agrémenté de hamacs. Les murs de ses chambres lumineuses et modernes ont des tons pastel apaisants.	ⓁⓁ	12	■	●	■
SAN GIMIGNANO : *Hotel Leon Bianco* Piazza della Cisterna 13, 53037. *0577 94 12 94.* FAX *0577 94 21 23.* Cet ancien palazzo aux sols carrelés de tommettes a conservé une partie de ses murs d'origine. Ses chambres lumineuses jouissent d'une vue agréable.	ⓁⓁ	20			■
SAN GIMIGNANO : *Villa San Paolo* Strada per Certaldo, 53037. *0577 95 51 00.* FAX *0577 95 51 13.* Charmante villa à flanc de coteau, entourée d'un jardin en terrasses. Elle possède de jolies chambres, des salons intimes et des courts de tennis.	ⓁⓁ	18		●	■
SIENNE : *Hotel Chiusarelli* Viale Curtatone 15, 53100. *0577 28 05 62.* FAX *0577 27 11 77.* Jolie villa à l'apparence légèrement défraîchie, bien qu'elle ait été rénovée il y a peu de temps. Son agréable jardin est rempli de palmiers.	ⓁⓁ	49	■		■
SIENNE : *Santa Caterina* Via Enea Silvio Piccolomini 7, 53100. *0577 22 11 05.* FAX *0577 27 10 87.* Ses chambres confortables donnent sur un merveilleux jardin abondamment fleuri et jouissent d'une belle vue sur les toits de Sienne. Situé près de la Porta Romana, c'était autrefois une demeure privée.	ⓁⓁ	19			■
SIENNE : *Villa Patrizia* Via Fiorentina 58, 53100. *0577 504 31.* FAX *0577 504 42.* Vieille villa située à la périphérie nord de la ville. Ses chambres, meublées avec simplicité mais confortables, donnent toutes sur le jardin.	ⓁⓁⓁ	33	■	●	■
SIENNE : *Villa Scacciapensieri* Via di Scacciapensieri 10, 53100. *0577 414 41.* FAX *0577 27 08 54.* Au milieu d'un charmant jardin, cette villa possède un salon à l'ancienne, avec une énorme cheminée. Ses chambres spacieuses offrent une belle vue de Sienne.	ⓁⓁⓁ	31	■	●	■
SIENNE : *Hotel Certosa di Maggiano* Via Certosa 82, 53100. *0577 28 81 80.* FAX *0577 28 81 89.* Cette ancienne chartreuse a été construite en 1314 et transformée en une retraite paisible et très chic. Les chambres sont décorées de tableaux anciens.	ⓁⓁⓁⓁⓁ	17	■	●	■
SINALUNGA : *Locanda L'Amorosa* L'Amorosa, 53048. *0577 67 94 97.* FAX *0577 63 20 01.* Un charmant édifice de pierre et de tommettes roses sert de cadre à cette belle auberge. Les chambres luxueuses sont calmes et confortables.	ⓁⓁⓁ	19	■		■
VIAREGGIO : *Hotel President* Viale Carducci 5, 55049. *0584 96 27 12.* FAX *0584 96 36 58.* Élégant hôtel aux chambres bien rénovées et confortables. Le restaurant, situé sur le toit en terrasse, offre un beau panorama sur la mer.	ⓁⓁ	37	■		■
VOLTERRA : *Albergo Villa Nencini* Borgo Santo Stefano 55, 56048. *0588 865 71.* FAX *0588 806 01.* Situé dans un parc, à quelques minutes de la ville, il offre des chambres lumineuses, une élégante salle de petit déjeuner, une trattoria et une terrasse.	Ⓛ	32	■	●	■

Légende des symboles, voir rabat de couverture

Les prix correspondent à une nuit en chambre double pour deux personnes, services compris, mais sans petit déjeuner.
Ⓛ moins de 100 000 L
ⓁⓁ de 100 000 à 200 000 L
ⓁⓁⓁ de 200 000 à 300 000 L
ⓁⓁⓁⓁ de 300 000 à 400 000 L
ⓁⓁⓁⓁⓁ plus de 400 000 L.

Restaurant
Hôtel possédant un restaurant, parfois réservé aux résidents.

Piscine
Souvent de dimensions réduites ; sauf mention particulière, elles sont à ciel ouvert.

Jardin ou terrasse
Hôtel disposant d'un jardin, d'une cour ou d'une terrasse, avec des sièges permettant de prendre les repas à l'extérieur.

Ombrie

Hôtel	Prix	Nombre de chambres	Restaurant	Piscine	Jardin ou terrasse
Assise : *Umbra* Via degli Archi 6, 06081. ☎ *075 81 22 40.* FAX *075 81 36 53.* Hôtel accueillant situé dans une rue caractéristique du centre historique. Les chambres sont confortables. On peut dîner sur la charmante terrasse.	Ⓛ	25	■		■
Assise : *Country House* Via San Pietro Campagna 178, Località Valecchie, 06081. ☎ *075 81 63 63.* FAX *075 81 63 63.* Bien située, à 700 m du centre historique d'Assise, cette villa des années 1920 se trouve déjà dans la campagne. Ses chambres sont décorées de meubles anciens.	ⓁⓁ	15			■
Assise : *Dei Priori* Corso Mazzini 15, 06081. ☎ *075 81 22 37.* FAX *075 81 68 04.* Édifice du XVIe siècle, bien placé dans le centre historique. Ses chambres sont jolies et fraîches et il possède une belle salle à manger voûtée.	ⓁⓁ	34	■		■
Assise : *Romantik Hotel Le Silve* Località Armenzano di Assisi, 06081. ☎ *075 801 90 00.* FAX *075 801 90 05.* Entouré d'un jardin, à environ 12 km d'Assise, cet hôtel jouit d'une vue merveilleuse sur les collines de la Toscane. Il offre aux clients un large éventail d'équipements sportifs et de loisirs et loue également des appartements.	ⓁⓁ	21	■	●	■
Campello sul Clitunno : *Il Vecchio Molino* Via del Tempio 34, Località Pissignano 06042. ☎ *0743 52 11 22.* FAX *0743 27 50 97.* Aménagé dans un moulin, sur une île au milieu de la rivière. Ses chambres sont spacieuses et confortables. Du jardin, on peut voir un temple romain.	ⓁⓁ	13			■
Castiglione del Lago : *Miralago* Piazza Mazzini 6, 06061. ☎ *075 95 11 57.* FAX *075 95 19 24.* Situé au centre de la ville, sur la rive du lac Trasimène, ce petit hôtel est tenu par une famille extrêmement chaleureuse. Son restaurant sert des poissons frais pêchés dans le lac.	Ⓛ	19	■		■
Fontignano : *Villa di Monte Solare* Via Montali 7, Colle San Paolo 06007. ☎ *075 83 23 76.* FAX *075 835 54 62.* Cette belle villa du XVIIIe siècle entourée d'un jardin a conservé les tommettes d'origine, le mobilier d'époque et des fresques. Elle se trouve à 25 km de Pérouse, au milieu d'un beau paysage de l'Ombrie.	ⓁⓁ	20	■	●	■
Gubbio : *Oderisi-Balestrieri* Via Mazzatinti 2/12, 06024. ☎ *075 922 06 62.* FAX *075 922 06 63.* Situé dans le centre médiéval de la ville. Ses chambres à poutres apparentes sont joliment meublées, avec des lits et des tables de bois.	Ⓛ	35			
Gubbio : *Bosone Palace* Via XX Settembre 22, 06024. ☎ *075 922 06 88.* FAX *075 922 05 52.* Il occupe le palazzo Raffaelli, l'un des plus vieux palais du centre historique. Ses chambres, qui peuvent être splendides ou ordinaires, sont toutes auréolées d'une merveilleuse atmosphère historique.	ⓁⓁ	30	■		
Gubbio : *Villa Montegranelli* Località Monteluiano, 06024. ☎ *075 922 01 85.* FAX *075 927 33 72.* Élégante villa située à environ 4 km de Gubbio, aux chambres agréables. Nous vous recommandons particulièrement son restaurant *(p. 596).*	ⓁⓁ	21	■		■
Lac Trasimène : *Hotel da Sauro* Isola Maggiore, 06060. ☎ *075 82 61 68.* FAX *075 82 51 30.* Hôtel simple et accueillant, situé dans un endroit superbe. Isola Maggiore est assez isolée, offrant ainsi une retraite paisible et authentique.	Ⓛ	12	■		■

MONTEFALCO : *Ringhiera Umbra* Ⓛ Via G Mameli 20, 06036. & FAX *0742 37 91 66.* Hôtel simple mais bien tenu abrité dans un édifice historique du centre de Montefalco. Le restaurant aux prix raisonnables possède une salle voûtée. TV	20	■		
MONTEFALCO : *Villa Pambuffetti* ⓁⓁⓁ Via della Vittoria 20, 06036. *0742 37 94 17.* FAX *0742 37 92 45.* L'hôtel offre des chambres spacieuses et confortables, toutes différentes. Celle qui est située dans la tour jouit d'une vue magnifique sur la campagne. TV P	15	■	●	
NORCIA : *Garden* Ⓛ Viale XX Settembre 2b, 06046. & FAX *0743 81 66 87* Cet hôtel sans prétention, proche du centre de Norcia, offre des chambres simples mais confortables. Il constitue une bonne base pour visiter la ville. TV P	43	■		■
ORVIETO : *Villa Ciconia* ⓁⓁ Via dei Tigli 69, 05019. *0763 30 55 82.* FAX *0763 30 20 77.* Entourée d'un beau jardin, à la sortie d'Orvieto, cette paisible maison rurale du XVIe siècle offre une base idéale pour visiter l'Ombrie. TV P	10	■		■
ORVIETO : *Virgilio* ⓁⓁ Piazza Duomo 5–6, 05018. *0763 34 18 82.* FAX *0763 34 37 97.* Situé au centre d'Orvieto, cet hôtel simple a été aménagé par le propriétaire dans son ancienne demeure. Certaines chambres donnent sur la cathédrale. TV	15			
ORVIETO : *La Badia* ⓁⓁ Località la Badia 8, 05019. *0763 30 19 59.* FAX *0763 30 53 96.* Occupant un splendide ancien monastère, dont certaines parties datent du XIIe siècle, cet hôtel allie le confort moderne à la splendeur médiévale. TV P	26	■	●	■
PÉROUSE : *Lo Spedalicchio* Ⓛ Piazza Bruno Buozzi 3, Ospedalicchio 06080. & FAX *075 801 03 23.* Édifié à l'intérieur d'une forteresse du XIVe siècle, l'hôtel offre des chambres simples mais confortables, en harmonie avec le style de l'édifice. TV P	25	■		■
PÉROUSE : *Locanda della Posta* ⓁⓁ Corso Vannucci 97, 06100. *075 572 89 25.* FAX *075 572 25 62.* Cet élégant hôtel vieux de 200 ans occupe un charmant palais ancien, dans la principale voie piétonne du centre historique. TV	40			
PÉROUSE : *Locanda della Rocca* ⓁⓁ Viale Roma 4, 06060. & FAX *075 83 02 36.* Ce vieux château avec un moulin a été transformé en un petit et charmant hôtel familial. Le service, toujours très attentif, donne une atmosphère chaleureuse. TV	7	■		■
PÉROUSE : *Tiferno* ⓁⓁ Piazza Raffaello Sanzio 13, 06012 Città di Castello. *0758 55 03 31.* FAX *0758 52 11 96.* Cet ancien palais du XVIIe siècle a été transformé en monastère puis en hôtel en 1895. Récemment rénové, il a gardé tout son style d'origine. TV P	38	■		■
PÉROUSE : *Brufani* ⓁⓁⓁⓁ Piazza Italia 12, 06100. *075 573 25 41.* FAX *075 572 02 10.* Les salons de cet hôtel très chic ouvert en 1884 ont été décorés par le designer allemand Lillis. La vue est magnifique. TV P	27	■		■
SPELLO : *La Bastiglia* Ⓛ Piazza Vallegloria 7, 06038. *0742 65 12 77.* FAX *0742 30 11 59.* Un vieux moulin abrite cet hôtel sans prétention dont les vastes terrasses offrent une belle vue sur la campagne environnante. TV P	22	■		■
SPELLO : *Palazzo Bocci* ⓁⓁ Via Cavour 17, 06038. *0742 30 10 21.* FAX *0742 30 14 64.* Occupant un palais très restauré du XIVe siècle, au centre de Spello, cet hôtel allie le confort moderne au charme de la tradition. TV P	23	■		■
SPOLÈTE : *Aurora* Ⓛ Via Apollinare 3, 06049. *0743 22 03 15.* FAX *0743 22 18 85.* Situé dans le centre historique, il offre un excellent rapport qualité-prix. Il est associé au restaurant Apollinare. Chaque chambre possède un mini-bar. TV P	15	■		

Les prix correspondent à une nuit en chambre double pour deux personnes, services compris, mais sans petit déjeuner.
Ⓛ moins de 100 000 L
ⓁⓁ de 100 000 à 200 000 L
ⓁⓁⓁ de 200 000 à 300 000 L
ⓁⓁⓁⓁ de 300 000 à 400 000 L
ⓁⓁⓁⓁⓁ plus de 400 000 L.

Restaurant
Hôtel possédant un restaurant, parfois réservé aux résidents.
Piscine
Souvent de dimensions réduites ; sauf mention particulière, elles sont à ciel ouvert.
Jardin ou terrasse
Hôtel disposant d'un jardin, d'une cour ou d'une terrasse, avec des sièges permettant de prendre les repas à l'extérieur.

Hôtel	Prix	Nombre de chambres	Restaurant	Piscine	Jardin ou terrasse
Spolète : *Charleston* Piazza Collicola 10, 06049. *0743 22 00 52.* FAX *0743 22 12 44.* Édifice du XVIIe siècle situé au centre de Spolète. Son ameublement moderne et classique lui confère une allure sobre et sans prétention.	Ⓛ	18			■
Spolète : *Gattapone* Via del Ponte 6, 06049. *0743 22 34 47.* FAX *0743 22 34 48.* Hôtel élégant situé au point culminant de la ville, à cinq minutes à pied du centre, avec une très belle vue sur le ponte delle Torri.	ⓁⓁ	16			■
Todi : *Bramante* Via Orvietana 48, 06059. *075 894 83 81.* FAX *075 894 80 74.* Certaines parties du couvent du XIIIe siècle subsistent et l'ameublement simple de cet hôtel tranquille lui confère une atmosphère paisible.	ⓁⓁ	43	■	●	■
Todi : *Hotel Fonte Cesia* Via Lorenzo Leonj 3, 06059. *075 894 37 37.* FAX *075 894 46 77.* Cet hôtel élégant et intime allie le charme de la tradition au confort moderne. Il occupe un beau palais du XVIIe siècle.	ⓁⓁ	32	■		■
Torgiano : *Le Tre Vaselle* Via G Garibaldi 48, 06089. *075 988 04 47.* FAX *075 988 02 14.* Occupant une maison rurale du XVIIe siècle, l'hôtel a conservé son dallage de tommettes et ses poutres apparentes ; il est meublé en style rustique.	ⓁⓁ	60	■	●	■
MARCHES					
Ancône : *Emilia* Poggio di Portonovo, 60020. *071 80 11 45.* FAX *071 80 13 30.* Hôtel raffiné décoré avec goût. Son élégant jardin accueille des concerts durant le festival de jazz d'Ancône. L'hôtel possède une collection d'art contemporain et organise chaque année un concours artistique.	ⓁⓁ	30	■	●	■
Ancône : *Grand Hotel Palace* Lungomare Vanvitelli 24. *071 20 18 13.* FAX *071 207 48 32.* Ancien palais appartenant à une famille aristocratique, cet hôtel de style est situé près du port. Le panorama est superbe depuis la terrasse couverte.	ⓁⓁ	40			■
Aquaviva Picena : *Hotel O'Viv* Via Marziale 43, 63030. *0735 76 46 49.* FAX *0735 76 50 54.* Il occupe un charmant palais du centre médiéval. Les chambres de cet hôtel classique sont spacieuses et sa terrasse offre une vue superbe.	Ⓛ	12	■		■
Folignano : *Villa Pigna* Viale Assisi 33, 63040. *0736 49 18 68.* FAX *0736 49 21 79.* Hôtel moderne bien tenu du centre-ville. Les espaces communs sont agréables et les chambres, sans rien d'exceptionnel, donnent satisfaction.	ⓁⓁ	54	■		■
Jesi : *Federico II* Via Ancona 100, 60035. *0731 21 10 79.* FAX *0731 572 21.* Hôtel moderne de belle apparence offrant un vaste éventail de services : piscine couverte, gymnase. Un peu impersonnel mais confortable.	ⓁⓁ	76	■	●	■
Montecassiano : *Villa Quiete* Località Vallecascia, 62010. *0733 59 95 59.* FAX *0733 59 95 59.* Hôtel occupant une villa entourée d'un beau jardin. Certaines de ses chambres agréables ont un mobilier ancien. Il possède également deux suites.	ⓁⓁ	36	■		■
Pesaro : *Villa Serena* Via San Nicola 6-3, 61100. *0721 552 11.* FAX *0721 559 27.* Ce manoir du XVIe siècle, entouré d'un jardin bien entretenu, abrite un hôtel très confortable et accueillant où toutes les chambres sont différentes.	ⓁⓁ	9	■	●	■

Pesaro : *Vittoria* ⓁⓁⓁ | 27 ■ ● ■
Via A Vespucci 2, Piazzale Libertà 2, 61100. ☎ *0721 343 43.* FAX *0721 652 04.*
Le Vittoria allie merveilleusement le charme à l'ancienne et le confort moderne. Offrant tout un ensemble de services de grande qualité, il est proche de la mer. TV P

Portonovo : *Fortino Napoleonico* ⓁⓁⓁ | 37 ■ ■
Via Poggio 166, 60020. ☎ *071 80 14 50.* FAX *071 80 14 54.*
Construite pour empêcher les incursions anglaises à l'époque du Blocus continental, la forteresse réaménagée abrite un hôtel confortable et décoré avec goût, qui dispose d'une plage privée. TV P

San Benedetto del Tronto : *Sabbia D'Oro* Ⓛ | 63 ■ ● ■
Viale Marconi 46, 63039. ☎ *0735 819 11.* FAX *0735 819 67.*
Hôtel moderne situé dans une station balnéaire à la mode. Ses chambres bien décorées et confortables disposent toutes d'un mini-bar et d'un coffre-fort. TV P

San Leo : *Castello* Ⓛ | 14 ■ ■
Piazza d'Alighieri 12, 61018. ☎ *0541 91 62 14.* FAX *0541 92 69 26.*
Maison restaurée du XVIe siècle, au centre-ville. Des carreaux de faïence blanche et des couleurs claires en rendent l'intérieur très lumineux. TV

Saint-Marin : *Panoramic* Ⓛ | 27 ■ ■
Via Voltone 89, 47031. ☎ *0549 99 14 36.* FAX *0549 99 03 56.*
Situé dans une partie tranquille de cette République indépendante du centre de l'Italie, l'hôtel est très fier de son restaurant. TV P

Sirolo : *Monte Conero* ⓁⓁ | 59 ■ ● ■
Via Monteconero 26, 60020. ☎ *071 933 05 92.* FAX *071 933 03 65.*
Cet ancien monastère du XIe siècle comportant une église romane offre une vue splendide sur la mer. Toutes les chambres ont un balcon. En juillet-août, on impose la demi-pension ou la pension complète. TV P

Urbino : *Due Querce* Ⓛ | 12 ■ ■
Via della Stazione 35, 61029. ☎ *0722 535 01.* FAX *0722 535 01.*
Hôtel convivial bien situé à proximité du centre historique. Ses chambres simples jouissent d'une belle vue sur la plaine environnante. P

Urbino : *Locanda la Brombolona* Ⓛ | 12 ■ ■
Località Sant'Andrea in Primicilio 22, 61029. ☎ & FAX *0722 535 01.*
Agréablement situé dans les collines ondoyantes qui dominent Urbino, ce charmant petit hôtel offre une base agréable pour visiter les environs. Les chambres, meublées avec simplicité, donnent sur la campagne. P

Urbino : *Bonconte* ⓁⓁ | 23 ■ ■
Via delle Mura 28, 61029. ☎ *0722 24 63.* FAX *0722 47 82.*
Vieille villa récemment rénovée. On y trouve quelques meubles anciens, au milieu d'un ameublement plus moderne. Ses chambres lumineuses sont bien équipées. TV

Rome

Aventin : *Sant'Anselmo* ⓁⓁ | 46 ■
Piazza Sant'Anselmo 2, 00153. **Plan** 6 E3. ☎ *06 574 35 47.* FAX *06 578 36 04.*
Jolie villa sur la paisible colline de l'Aventin, située à une distance raisonnable à pied du Colisée. Elle possède un jardin intime et certaines chambres sont décorées de meubles anciens ou peints à la main. TV P

Aventin : *Domus Aventina* ⓁⓁⓁ | 26 ■
Via di Santa Prisca 11b, 00153. **Plan** 6 E3. ☎ *06 461 35.* FAX *06 57 30 00 44.*
Situé dans un ancien couvent du XIVe siècle, au pied de l'Aventin, il offre de grandes chambres décorées avec simplicité, dont la plupart possède un balcon. TV

Campo dei Fiori : *Piccolo* ⓁⓁ | 15
Via dei Chiavari 32, 00186. **Plan** 2 F4. ☎ *06 68 80 25 60.*
Hôtel paisible offrant des chambres simples avec la télévision dans la salle du petit déjeuner. C'est l'un des hôtels les plus économiques du quartier.

Campo dei Fiori : *Teatro di Pompeo* ⓁⓁⓁ | 13
Largo del Pallaro 8, 00186. **Plan** 2 F4. ☎ *06 68 30 01 70, 687 25 66.* FAX *06 68 80 55 31.*
Petit hôtel convivial. La salle du petit déjeuner, en bas, est construite dans les ruines du théâtre de Pompée. Les chambres ont des poutres apparentes. TV P

Les prix correspondent à une nuit en chambre double pour deux personnes, services compris, mais sans petit déjeuner.
Ⓛ moins de 100 000 L
ⓁⓁ de 100 000 à 200 000 L
ⓁⓁⓁ de 200 000 à 300 000 L
ⓁⓁⓁⓁ de 300 000 à 400 000 L
ⓁⓁⓁⓁⓁ plus de 400 000 L.

Restaurant
Hôtel possédant un restaurant, parfois réservé aux résidents.

Piscine
Souvent de dimensions réduites ; sauf mention particulière, elles sont à ciel ouvert.

Jardin ou terrasse
Hôtel disposant d'un jardin, d'une cour ou d'une terrasse, avec des sièges permettant de prendre les repas à l'extérieur.

	Nombre de chambres	Restaurant	Piscine	Jardin ou terrasse
Forum : *Forum* ⓁⓁⓁ Via Tor de' Conti 25, 00184. **Plan** 3 C5. Tél. *06 679 24 46.* FAX *06 678 64 79.* Hôtel à l'ancienne aux salons lambrissés. Sur le toit en terrasse, le restaurant offre une belle vue sur la zone archéologique.	76	■		■
Giulia : *Ponte Sisto* ⓁⓁⓁ Via dei Pettinari, 64. **Plan** 2 F5. Tél. *06 681 946 05.* FAX *06 685 55 98.* Cet hôtel luxueux et ancien vient tout juste d'ouvrir. Les deux restaurants, à l'intérieur et dans le jardin, sont excellents.	106	■		■
Nazionale : *Artemide* ⓁⓁ Via Nazionale 22, 00184. **Plan** 3 C4. Tél. *06 48 99 11.* FAX *06 489 917 00.* C'est un hôtel de style harmonisant l'architecture de la fin du XIXe siècle aux motifs Art nouveau. Impeccables, les chambres sont très silencieuses et modernes. Sa « Caffeteria Nazionale » est très populaire avec ses deux étoiles.	23			■
Panthéon : *Abruzzi* Ⓛ Piazza della Rotonda 69, 00186. **Plan** 2 F4. Tél. *06 679 20 21.* Cet édifice de couleur ocre aux sols de tommettes domine le Panthéon. Il propose des chambres simples mais agréables, sans petit déjeuner.	25			
Panthéon : *Santa Chiara* ⓁⓁⓁ Via di Santa Chiara 21, 00186. **Plan** 2 F4. Tél. *06 687 29 79.* FAX *06 687 31 44.* Cet hôtel bien situé, à la réception fraîche dallée de marbre, possède des chambres bien équipées. Celles qui donnent sur la rue sont assez bruyantes.	97			
Panthéon : *Nazionale* ⓁⓁⓁⓁ Piazza di Montecitorio 131, 00186. **Plan** 3 A3. Tél. *06 69 50 01.* FAX *06 678 66 77.* Face à la Chambre des députés, les chambres confortables et parfois immenses du Nazionale ont un mobilier ancien anglais et italien. L'hôtel est apprécié des hommes d'affaires et des touristes fortunés.	87	■		
Panthéon : *Sole al Pantheon* ⓁⓁⓁⓁ Piazza della Rotonda 63, 00186. **Plan** 2 F4. Tél. *06 678 04 41.* FAX *06 69 94 06 89.* Cet édifice historique date de 1467. Certaines de ses belles chambres rénovées ont des plafonds peints et jouissent d'une vue magnifique sur le Panthéon.	29			
Panthéon : *Holiday Inn Crowne Plaza Minerva* ⓁⓁⓁⓁⓁ Piazza della Minerva 69, 00186. **Plan** 3 A4. Tél. *06 69 94 52 01.* FAX *06 679 41 65.* L'intérieur de marbre et de verre vénitien semi-translucide a été conçu par l'architecte post-moderne Paolo Portoghesi. Les chambres sont spacieuses et claires. Le toit en terrasse offre une vue magnifique.	134	■		■
Piazza Navona : *Due Torri* ⓁⓁ Vicolo del Leonetto 23–25, 00186. **Plan** 2 F3. Tél. *06 687 69 83.* FAX *06 686 54 42.* Hôtel agréable situé dans le quartier des artisans, aux chambres de taille et de style divers. Ses salons ont un aspect rustique.	24			■
Piazza Navona : *Navona* ⓁⓁ Via dei Sediari 8, 00186. **Plan** 2 F4. Tél. *06 686 42 03.* FAX *06 68 80 38 02.* Il faut réserver longtemps à l'avance pour profiter de cet hôtel superbement situé. Ses chambres sont simples mais d'un excellent rapport qualité-prix.	31			
Piazza Navona : *Raphael* ⓁⓁⓁⓁ Largo Febo 2, 00186. **Plan** 2 F3. Tél. *06 68 28 31.* FAX *06 687 89 93.* Ce luxueux hôtel à la réception abondamment ornée de statues antiques et modernes possède des chambres élégamment meublées et un restaurant.	71	■		
Piazza di Spagna : *Jonella* Ⓛ Via della Croce 41, 00187. **Plan** 3 A2. Tél. *06 679 79 66.* FAX *06 446 23 68.* Pratiquant des prix très raisonnables et situé dans l'une des principales rues commerçantes du quartier, cet hôtel est tout à fait intéressant.	5			

PIAZZA DI SPAGNA : *Margutta* Via Laurina 34, 00187. **Plan** 3 A1. *06 322 36 74.* FAX *06 320 03 95.* De jolies chambres et des salons lumineux, dans une rue tranquille. Trois chambres aménagées dans les combles se partagent le toit en terrasse.	ⓁⓁ	24			
PIAZZA DI SPAGNA : *Condotti* Via Mario de' Fiori 37, 00187. **Plan** 3 A2. *06 679 47 69.* FAX *06 679 04 57.* Hôtel confortable et accueillant, au cœur du quartier des designers. Ses chambres, moyennes ou grandes, sont bien décorées. Une seule petite terrasse indépendante et une autre partagée par trois chambres. TV	ⓁⓁⓁ	16			■
PIAZZA DI SPAGNA : *Gregoriana* Via Gregoriana 18, 00187. **Plan** 3 B2. *06 679 42 69.* FAX *06 678 42 58.* Cet hôtel élégant, apprécié des écrivains et des artistes au XIXe siècle, possède des chambres fraîches et fleuries. Sa décoration, originale et variée, comporte de curieux papiers peints à taches de léopard. TV	ⓁⓁⓁ	19			
PIAZZA DI SPAGNA : *Scalinata di Spagna* Piazza Trinità dei Monti 17, 00187. **Plan** 3 B2. *06 679 30 06.* FAX *06 69 94 05 98.* Charmante petite villa du XVIIIe siècle, au sommet de la célèbre Scalinata di Spagna. Les chambres donnant sur la terrasse ont une très belle vue. TV P	ⓁⓁⓁⓁⓁ	16			■
PIAZZA DI SPAGNA : *Homs* Via della Vite 71-72, 00187. **Plan** 3 A2. *06 679 29 76.* FAX *06 678 04 82.* Des chambres propres et agréables, dans une rue commerçante assez tranquille. La salle du petit déjeuner s'ouvre sur une charmante terrasse. TV P	ⓁⓁⓁ	48			■
PIAZZA DI SPAGNA : *Hassler* Piazza Trinità dei Monti 6, 00187. **Plan** 3 B2. *06 69 93 40.* FAX *06 678 99 91.* Ses chandeliers en verre de Venise et ses salles de bains lambrissées témoignent du faste d'autrefois. Son toit en terrasse offre une vue magnifique. TV P	ⓁⓁⓁⓁⓁ	100	■		■
TERMINI : *Katty* Via Palestro 35, 00185. **Plan** 4 E1. & FAX *06 444 12 16.* Ses chambres propres et simples abritent quelques meubles anciens. Il est très apprécié des étudiants anglo-saxons et il convient donc de réserver.	Ⓛ	18			
TERMINI : *Canada* Via Vicenza 58, 00185. **Plan** 4 F2. *06 445 77 70.* FAX *06 445 07 49.* Bon hôtel de gamme moyenne situé près de la gare de Termini. Bar agréable avec sièges en rotin et sofas moelleux. Le service est cordial. TV P	ⓁⓁ	70			
TERMINI : *Giuliana* Via Palermo 36, 00184. **Plan** 3C4. *06 488 07 95.* FAX *06 482 42 87.* Près de la gare de Termini, cet hôtel offre d'excellents services à un prix raisonnable. TV	ⓁⓁ	12			
TERMINI : *Diana* Via Principe Amedeo, 4. **Plan** 4 E3. *06 482 75 41.* FAX *06 48 69 98.* Cet agréable hôtel est meublé avec goût. Le restaurant propose de la cuisine traditionnelle servie sur la terrasse en été. TV	ⓁⓁ	188	■		■
TRASTEVERE : *Manara* Via Manara 25, 00153. **Plan** 5 C1. *06 581 47 13.* L'un des rares hôtels du Trastevere, situé tout près de la place principale. Ses chambres propres et simples offrent un excellent rapport qualité-prix.	Ⓛ	6			
VATICAN : *Alimandi* Via Tunisi 8, 00192. **Plan** 3 D1. *06 39 72 63 00.* FAX *06 39 72 29 43.* Pension simple située près de l'entrée du musée du Vatican. On peut organiser des barbecues sur sa grande terrasse en le demandant à l'avance. TV P	ⓁⓁ	35			■
VATICAN : *Colombus* Via della Conciliazione 33, 00193. **Plan** 1 C3. *06 686 48 74.* FAX *06 686 54 34.* C'est un ancien monastère, situé près de la place Saint-Pierre. Le réfectoire, aménagé en salle de réception, a conservé ses fresques d'origine. TV P	ⓁⓁⓁ	92	■		■
VATICAN : *Hotel dei Mellini* Via Muzio Clementi, 81. **Plan** 2 F2. *06 32 47 71.* FAX *06 32 47 78 01.* Le style décontracté de cet hôtel chic attire une clientèle internationale. Des œuvres d'art contemporain sont exposées dans les salles principales. TV P	ⓁⓁⓁ	80			■

Légende des symboles, voir rabat de couverture

Les prix correspondent à une nuit en chambre double pour deux personnes, services compris, mais sans petit déjeuner.
Ⓛ moins de 100 000 L
ⓁⓁ de 100 000 à 200 000 L
ⓁⓁⓁ de 200 000 à 300 000 L
ⓁⓁⓁⓁ de 300 000 à 400 000 L
ⓁⓁⓁⓁⓁ plus de 400 000 L.

Restaurant
Hôtel possédant un restaurant, parfois réservé aux résidents.

Piscine
Souvent de dimensions réduites ; sauf mention particulière, elles sont à ciel ouvert.

Jardin ou terrasse
Hôtel disposant d'un jardin, d'une cour ou d'une terrasse, avec des sièges permettant de prendre les repas à l'extérieur.

	Nombre de chambres	Restaurant	Piscine	Jardin ou terrasse
Vatican : *Visconti Palace* ⓁⓁⓁ Via Federico Cesi 37, 00193. Plan 2 E2. Tél. *06 36 84.* FAX *06 32 00 551.* Cet hôtel moderne et efficace est idéal. Les salles et les chambres sont très spacieuses et bien décorées. Piano bar le soir. TV P	247			
Via Veneto : *Merano* ⓁⓁ Via Veneto 155, 00187. Plan 3 C1. Tél. *06 482 17 808.* FAX *06 482 18 10.* Édifice du XIXe siècle. L'hôtel est légèrement surévalué mais très convivial. La salle du petit déjeuner, bien ensoleillée, possède un beau parquet.	30			
Via Veneto : *Alexandra* ⓁⓁⓁ Via Veneto 18, 00187. Plan 3 C1. Tél. *06 488 19 43, 488 19 44.* FAX *06 487 18 04.* Dans une rue élégante, il offre un excellent rapport qualité-prix, avec ses chambres aux décors tous différents et son agréable salle de petit déjeuner. TV	46	■		
Via Veneto : *Residenza* ⓁⓁⓁ Via Emilia 22-24, 00187. Plan 3 C1. Tél. *06 488 07 89.* FAX *06 48 57 21.* C'est un charmant hôtel, dans une villa tranquille, aux salons élégants et aux chambres confortables. Sa délicieuse terrasse est abritée par un vélum. TV P	29			■
Via Veneto : *Ambasciatori Palace* ⓁⓁⓁⓁ Via Vittorio Veneto 62, 00187. Plan 3 C1. Tél. *06 474 93.* FAX *06 474 36 01.* Cet hôtel offre l'hospitalité dans la grande tradition des palaces. Installé dans un immeuble historique, son mobilier et son décor restent très luxueux. TV	150	■		
Via Veneto : *Excelsior* ⓁⓁⓁⓁⓁ Via Veneto 125, 00187. Plan 3 C1. Tél. *06 47 08.* FAX *06 482 62 05.* Cet hôtel excentrique possède de somptueux salons aux sols dallés de marbre et aux rideaux de brocart. Ses chambres sont élégantes et spacieuses. TV P	327	■		
Villa Borghese : *Villa Borghese* ⓁⓁⓁ Via Pinciana 31, 00198. Tél. *06 854 96 48.* FAX *06 841 41 00.* L'atmosphère de cet hôtel agréable évoque celle d'une demeure privée. Ses chambres, petites mais confortables, sont décorées avec goût. TV P	31			■
Villa Borghese : *Lord Byron* ⓁⓁⓁⓁ Via Notaris 5, 00197. Tél. *06 322 04 04.* FAX *06 322 04 05.* Petit hôtel raffiné aménagé dans un ancien monastère, dans le quartier de Parioli. Ses salons possèdent un décor luxueux. TV	37	■		■

Latium

	Nombre de chambres	Restaurant	Piscine	Jardin ou terrasse
Anagni : *Villa La Floridiana* ⓁⓁ Via Casilina, km 63,700, 03012. Tél. *0775 76 99 60.* FAX *0775 76 99 61.* Charmante villa à la façade traditionnelle rose pastel, aux volets verts et aux grandes chambres confortables, située dans un magnifique village médiéval. TV P	9	■		■
Bagni di Tivoli : *Grand Hotel Duca d'Este* ⓁⓁ Via Tiburtina Valeria 330, 00011. Tél. *0774 3883.* FAX *0774 38 81 01.* Hôtel moderne bien équipé, non loin de Tivoli et de la Villa d'Hadrien. Ses suites possèdent la télévision (transmission par satellite) et un jacuzzi. TV P	184	■	●	■
Formia : *Castello Miramare* ⓁⓁ Via Balze di Pagnano, 04023. Tél. *0771 70 01 38.* FAX *0771 70 01 39.* Construit en 1910 au centre de Formia, le château jouit d'une belle vue sur la mer. Ses chambres spacieuses sont décorées en style espagnol. TV P	10	■		■
Grottaferrata : *Villa Fiorio* ⓁⓁⓁ Viale Dusmet 42, 00046. Tél. *06 945 48 007.* FAX *06 945 48 009.* Cette jolie villa, une résidence d'été construite au tournant du siècle, possède des fresques d'origine. Elle a de grandes chambres fraîches et calmes. TV P	24	■	●	■

Isola di Ponza : *Cernia* ⓁⓁⓁ | 50 ■ ● ■

Via Panoramica, Chiaia di Luna 04027. *0771 804 12.* FAX *0771 80 99 54.*
Hôtel moderne et élégant entouré d'un jardin luxuriant et très bien situé. Avec ses meubles en osier et ses rocking-chairs, il est extrêmement accueillant.
TV P

Ladispoli : *La Posta Vecchia* ⓁⓁⓁⓁⓁ | 17 ■ ● ■

Località Palo Laziale, 00055. *06 994 95 01.* FAX *06 994 95 07.*
Magnifique villa du XVIIe siècle, au bord de la mer, restaurée par le mécène américain Jean Paul Getty. C'est l'un des hôtels les plus luxueux d'Italie. Les chambres sont richement ornées de meubles et d'objets anciens. TV P

Palestrina : *Stella* Ⓛ | 28 ■ ■

Piazzale della Liberazione 3, 00036. *06 953 81 72.* FAX *06 957 33 60.*
Hôtel accueillant et calme du centre historique de Palestrina, à proximité des principaux centres d'intérêt de la ville. Il possède un excellent restaurant.
TV P

Sabaudia : *Oasi di Kufra* ⓁⓁ | 105 ■ ■

Via Lungomare, 04016. *0773 515 775.*
C'est un lumineux hôtel recréant les dunes de sables sur la plage privée, avec possibilité de faire du sport. Balcon dans presque toutes les chambres donnant sur la mer. TV P

San Felice Circeo : *Punta Rossa* ⓁⓁⓁ | 33 ■ ● ■

Via delle Batterie 37, 04017. *0773 54 80 85.* FAX *0773 54 80 75.*
Charmant hôtel entouré d'un jardin qui descend vers la mer. Ses chambres, réparties entre plusieurs bâtiments, ont toutes une terrasse avec vue sur la mer. Il possède deux piscines, dont une couverte. TV P

Subiaco : *Livata* Ⓛ | 84 ■ ■

Località Monte Livata, 00028. *0774 82 60 31.* FAX *0774 82 60 33.*
Idéal si vous comptez visiter le monastère de San Benedetto, cet hôtel accueillant dispose d'un très beau jardin et de courts de tennis. P

Tarquinia Lido : *La Torraccia* Ⓛ | 18 ■

Viale Mediterraneo 45, 01010. *0766 86 43 75.* FAX *0766 86 42 96.*
Hôtel moderne et confortable situé dans une pinède, à 200 m de la mer. Il possède une plage privée et toutes ses chambres ont une terrasse. TV P

Viterbe : *Balletti Palace* Ⓛ | 105

Via Molini 8, 01100. & FAX *0761 34 47 77.*
Hôtel moderne du centre historique de Viterbe aux chambres et aux suites élégantes. Il n'a pas de restaurant, mais le Grenier Café sert des repas légers. TV P

Viterbe : *Balletti Park* Ⓛ | 136 ■ ● ■

Via Umbria 2, San Martino al Cimino 01030. *0761 37 71.* FAX *0761 37 94 96.*
Hôtel moderne entouré d'un grand jardin, offrant de nombreux équipements sportifs et un centre de fitness. Il loue aussi des appartements indépendants.
TV P

Naples et la Campanie

Amalfi : *Marina Riviera* ⓁⓁ | 22

Via P. Comite 9, 84011. *089 87 11 04.* FAX *089 87 10 24.*
Cet hôtel au style méditerranéen offre des chambres simples mais de goût et un joli patio dominant la mer où l'on peut prendre son petit-déjeuner.
TV P

Amalfi : *Luna Convento* ⓁⓁⓁ | 45 ■ ● ■

Via Comite 33, 84011. *089 87 10 02.* FAX *089 87 13 33.*
Cet ancien monastère du XIIIe siècle domine la mer. Meublé avec goût, il offre une base luxueuse et paisible pour découvrir la région. TV P

Amalfi : *Santa Catarina* ⓁⓁⓁⓁ | 60 ■ ● ■

Via Nazionale 9, 84011. *089 87 10 12.* FAX *089 87 13 51.*
C'est un luxueux établissement entouré de bosquets et de citronniers. Deux ascenseurs vous emmènent, l'un dans une suite spectaculaire, l'autre à la plage privée. Vous adorerez la vue de la terrasse sur la mer ou la salle de gym ultra moderne. TV P

Baia Domizia : *Hotel della Baia* ⓁⓁ | 56 ■ ■

Via dell'Erica, 81030. *0823 72 13 44.* FAX *0823 72 15 56.*
Hôtel charmant et accueillant possédant une plage privée. Toutes ses chambres, jolies et confortables, donnent sur la mer. P

Légende des symboles, voir rabat de couverture

Les prix correspondent à une nuit en chambre double pour deux personnes, services compris, mais sans petit déjeuner.
Ⓛ moins de 100 000 L
ⓁⓁ de 100 000 à 200 000 L
ⓁⓁⓁ de 200 000 à 300 000 L
ⓁⓁⓁⓁ de 300 000 à 400 000 L
ⓁⓁⓁⓁⓁ plus de 400 000 L.

Restaurant
Hôtel possédant un restaurant, parfois réservé aux résidents.

Piscine
Souvent de dimensions réduites ; sauf mention particulière, elles sont à ciel ouvert.

Jardin ou terrasse
Hôtel disposant d'un jardin, d'une cour ou d'une terrasse, avec des sièges permettant de prendre les repas à l'extérieur.

	Prix	Nombre de chambres	Restaurant	Piscine	Jardin ou terrasse
Bénévent : *Grand Hotel Italiano* Viale Principe di Napoli 137, 82100. ☎ *0824 241 11.* FAX *0824 217 58.* La famille Italiano est fière de la réputation de courtoisie et du service impeccable de son hôtel. Les salons sont spacieux et élégants. TV	Ⓛ	71	■		
Capri : *Villa Sarah* Via Tiberio 3a, 80073. ☎ *081 837 78 17.* FAX *081 837 72 15.* Hôtel occupant une villa, au milieu des vignobles. Ses chambres sont jolies et lumineuses. Au petit déjeuner, on vous sert des produits du terroir.	ⓁⓁ	20			■
Capri : *Punta Tragara* Via Tragara 57, 80073. ☎ *081 837 08 44.* FAX *081 837 77 90.* Somptueux hôtel construit dans la falaise par Le Corbusier. Il offre tout le confort, mais les enfants de moins de douze ans n'y sont pas admis. TV	ⓁⓁⓁⓁ	50	■	●	■
Caserte : *Europa* Via Roma 29, 81100. ☎ & FAX *0823 32 54 00.* Élégant hôtel moderne, bien situé au centre de Caserte. Il propose également des mini-appartements équipés de cuisines, pour des séjours plus longs. TV P	ⓁⓁ	60			■
Ischia : *Il Monastero* Castello Aragonese 3, Ischia Ponte 80070. ☎ *081 99 24 35.* Pension simple et charmante, dans un ancien monastère qui domine la ville d'Ischia. Les murs sont couverts de tableaux. L'ameublement est simple mais agréable. En été, on impose la demi-pension.	ⓁⓁ	24	■		■
Ischia : *La Villarosa* Via Giacinto Gigante 5, Porto d'Ischia 80070. ☎ *081 99 13 16.* FAX *081 99 24 25.* Délicieux hôtel entouré d'un magnifique jardin tropical. La plupart de ses chambres pleines de charme ont un balcon orné d'une profusion de bougainvillées. TV P	ⓁⓁ	37	■	●	■
Naples : *Rex* Via Palepoli 12, 80132. ☎ *081 764 93 89.* FAX *081 764 92 27.* Accueillant hôtel du front de mer, bien situé par rapport aux théâtres et aux plages. Les salons sont meublés d'élégants sièges en osier. TV P	ⓁⓁ	38			
Naples : *Britannique* Corso Vittorio Emanuele 133, 80121. ☎ *081 761 41 45.* FAX *081 66 04 57.* Hôtel moderne et élégant du centre de Naples, dont le toit en terrasse offre une vue magnifique. Ses chambres sont décorées avec goût. Pour des séjours plus longs, il dispose également de suites équipées de cuisine. TV P	ⓁⓁ	86	■		■
Naples : *Grand Hotel Parker's* Corso Vottorio Emanuele 135, 80121. ☎ *081 761 24 74.* FAX *081 66 35 27.* Cet élégant et intime hôtel a de superbes meubles de Louis XVI à l'Empire. Depuis l'excellent restaurant, vous admirerez toute la baie de Naples. TV P	ⓁⓁⓁ	83	■	●	■
Naples : *Grande Albergo Vesuvio* Via Partenope 45, 80121. ☎ *081 764 00 44.* FAX *081 764 44 83.* Il domine le port de plaisance, au centre de Naples. Avec ses meubles anciens et ses salles de bains en marbre, l'intérieur est somptueux. Il possède une nursery dotée de chevaux à bascule, de mobiles et de jouets. TV P	ⓁⓁⓁⓁ	167	■		■
Paestum : *Le Palme* Via Sterpinia 33, 4063. ☎ *0828 85 10 25.* FAX *0828 85 15 07.* Hôtel agréable et calme, entouré d'un beau jardin. Il dispose de chambres confortables, d'une plage privée et de courts de tennis. TV P	Ⓛ	71	■	●	■
Positano : *L'Ancora* Via Colombo 36, 84017. ☎ *089 87 53 18.* FAX *089 81 17 84.* Cet hôtel moderne, central et donnant sur la mer, offre un excellent rapport qualité-prix. Ses chambres de bonne taille sont confortables. TV P	ⓁⓁ	18			■

Positano : *Palazzo Murat* ⓁⓁⓁⓁ 30 ■ ■
Via dei Mulini 23, 84017. ☎ *089 87 51 77.* FAX *089 81 14 19.*
Joli édifice du XVIIIe siècle, au centre-ville, près de la cathédrale. Certaines chambres, à l'ameublement classique, possèdent un balcon. TV

Ravello : *Graal* ⓁⓁ 35 ■ ● ■
Via della Repubblica 8, 84010. ☎ *089 85 72 22.* FAX *089 85 75 51.*
L'hôtel possède une magnifique piscine et offre une belle vue de Ravello. Le restaurant propose d'excellentes spécialités locales. TV P

Ravello : *Palumbo* ⓁⓁⓁⓁⓁ 22 ■ ■
Via San Giovanni del Toro 28, 84010. ☎ *089 85 72 44.* FAX *089 85 81 33.*
Palais du XIIe siècle transformé en hôtel il y a plus de cent ans. Son ameublement est élégant, certaines chambres possèdent des meubles d'époque. Les chambres de l'annexe moderne sont plus économiques. TV P

Salerno : *Fiorenza* Ⓛ 30
Via Trento 145, 84100. ☎ *089 33 88 00.* FAX *089 33 88 00.*
Dominant la baie, à la sortie de Salerne. Toutes les chambres, modernes, ont un coffre-fort, un mini-bar et une télévision (transmission par satellite). TV P

Sapri : *Tirreno* Ⓛ 48 ■
Corso Italia 73, 84073. ☎ *0973-39 10 06.* FAX *0973-39 11 57.*
Pension très économique face à la mer. L'intérieur est clair et toutes les chambres ont un balcon. Son restaurant propose des spécialités locales. TV P

Sapri : *Mediterraneo* ⓁⓁ 20 ■ ■
Via Verdi, 84073. ☎ *0973-39 17 74.* FAX *0973-39 11 57.*
Hôtel confortable et sans prétention, tout à côté de la plage. Avec son jardin et sa terrasse dominant la mer, il offre un excellent rapport qualité-prix. TV P

Sorrento : *Bellevue Syrene* ⓁⓁⓁ 74 ■ ■
Piazza della Vittoria 5, 80067. ☎ *081 878 10 24.* FAX *081 878 39 63.*
Grand hôtel balnéaire, légèrement sur le déclin, perché sur la falaise. Un ascenseur conduit directement à la plage. Ses chambres sont somptueuses. TV P

Sorrento : *Grand Hotel Cocumella* ⓁⓁⓁⓁ 55 ■ ● ■
Via Cocumella 7, 80065. ☎ *081 878 29 33.* FAX *081 878 37 12.*
Cet hôtel paisible de la côte amalfitaine, dans un splendide jardin, affiche une élégance d'une autre époque. La mer est toute proche et le voilier de l'hôtel peut vous conduire à Capri pour la journée. TV P

Abruzzes, Molise et Pouille

Alberobello : *Colle del Sole* Ⓛ 37 ■ ■
Via Indipendenza 63, 70011. ☎ *080 432 18 14.* FAX *080432 13 70.*
Dans ce confortable hôtel moderne, chaque chambre a un balcon. On organise parfois des expositions de peinture et de photos dans son restaurant. TV P

Alberobello : *Dei Trulli* ⓁⓁ 28 ■ ● ■
Via Cadore 32, 70011. ☎ *080 432 35 55.* FAX *080 432 35 60.*
Hôtel situé dans un mini-village de *trulli* *(p. 495).* En dépit d'un ameublement simple, l'ensemble est agréable. Demi-pension en été. TV P

Bari : *Boston* Ⓛ 70
Via Piccinni 155, 70122. ☎ *080 521 66 33.* FAX *080 524 68 02.*
Hôtel moderne proche du centre historique de Bari. Son décor, élégant et fonctionnel, comporte beaucoup de lambris. Demi-pension. TV P

Isole Tremiti : *Kyrie* ⓁⓁⓁ 25 ■ ● ■
San Domino, 71040. ☎ *0882 66 32 32.* FAX *0882 66 34 15.*
Situé dans une pinède, à côté de la mer, c'est l'hôtel le plus grand et le mieux équipé des îles Tremiti. En plus des chambres, il loue également des mini-appartements. Ouvert uniquement de juin à septembre. TV

L'Aquila : *Castello di Balsorano* ⓁⓁ 10 ■ ■
Piazza Piccolomini 10, 67100. ☎ *0863 95 12 36.* FAX *0863 95 05 84.*
Cet hôtel tranquille aux boiseries sombres et aux lits bas est aménagé dans un ancien manoir. Son dédale de couloirs crée une atmosphère médiévale. P

L'Aquila : *Grand Hotel e del Parco* ⓁⓁ 42 ■
Corso Federico II 74, 67100. ☎ *0862 41 32 48.* FAX *0862 659 38.*
Confortable hôtel moderne du centre de L'Aquila, bien situé par rapport aux pistes de ski et aux sentiers de randonnée du Gran Sasso. L'hôtel possède un centre de fitness, un sauna et des bains turcs. TV P

Légende des symboles, voir rabat de couverture

Les prix correspondent à une nuit en chambre double pour deux personnes, services compris, mais sans petit déjeuner.
Ⓛ moins de 100 000 L
ⓁⓁ de 100 000 à 200 000 L
ⓁⓁⓁ de 200 000 à 300 000 L
ⓁⓁⓁⓁ de 300 000 à 400 000 L
ⓁⓁⓁⓁⓁ plus de 400 000 L.

RESTAURANT
Hôtel possédant un restaurant, parfois réservé aux résidents.
PISCINE
Souvent de dimensions réduites ; sauf mention particulière, elles sont à ciel ouvert.
JARDIN OU TERRASSE
Hôtel disposant d'un jardin, d'une cour ou d'une terrasse, avec des sièges permettant de prendre les repas à l'extérieur.

	NOMBRE DE CHAMBRES	RESTAURANT	PISCINE	JARDIN OU TERRASSE
LECCE : *Grand* Ⓛ Viale Oronzo Quarta 28, 73100. *0832 30 94 05.* FAX *0832 30 98 91.* Villa Art nouveau transformée en hôtel élégant dans les années 1930. Certaines chambres sont plutôt défraîchies, mais il a encore beaucoup de charme. TV P	70	■		■
MARINA DI LESINA : *Maddalena Club* Ⓛ Via Saturno 82, 71010. *0882 99 50 76.* FAX *0882 99 54 34.* Hôtel moderne offrant un vaste éventail d'équipements sportifs et de loisirs, dont une plage privée. Son restaurant sert des plats de poisson de la région. P	80	■	●	■
MONOPOLI : *Il Melograno* ⓁⓁⓁ Contrada Torricella 345, 70043. *080 690 90 30.* FAX *080 74 79 08.* Résidence restaurée du XVIe siècle offrant une luxueuse oasis de paix, dans une région verdoyante de la Pouille. Le mobilier du somptueux intérieur est ancien. L'hôtel possède des courts de tennis et une plage privée. TV P	37	■	●	■
PÉNINSULE DE GARGANO : *Seggio* Ⓛ Via Vesta 7, Vieste 71019. *0884 70 81 23.* FAX *0884 70 87 27.* Cet édifice restauré du XVIIe siècle, l'ancien hôtel de ville, est perché sur une falaise, au-dessus de sa baie privée. Ses chambres sont très simples. TV P	30	■	●	■
RUVO DI PUGLIA : *Talos* Ⓛ Via Aldo Moro 12, 70037. & FAX *080 81 16 45.* Cet hôtel moderne et simple, bien situé pour découvrir la région environnante, constitue un bon choix pour les petits budgets. TV P	25	■		■
SCANNO : *Mille Pini* Ⓛ Via Pescara 2, 67038. *0864 743 87.* FAX *0864 747 264.* Chalet accueillant avec restaurant, d'un excellent rapport qualité-prix, au pied du télésiège du Monte Rotondo. Chambres simples mais confortables. P	22	■		■
SULMONA : *Italia* Ⓛ Piazza Salvatore Tommasi 3, 67039. & FAX *0864 523 08.* Charmante et paisible maison couverte de lierre. L'ameublement alliant le moderne à l'ancien lui donne l'apparence d'un lieu habité en permanence. P	27			
TARENTE : *Plaza* ⓁⓁ Via d'Aquino 46, 74100. *099 459 07 75.* FAX *099 459 06 75.* Grand hôtel très bien situé dans la partie moderne de Tarente, à proximité des princi-pales curiosités. Adapté aux voyages d'affaires comme au tourisme. TV P	112	■		

BASILICATE ET CALABRE

	NOMBRE DE CHAMBRES	RESTAURANT	PISCINE	JARDIN OU TERRASSE
COSENZA : *Royal* Ⓛ Via Molinella 24e, 87100. *0984 41 21 65.* FAX *0984 41 24 61.* C'est l'un des meilleurs hôtels modernes de Cosenza, commodément situé au centre de la ville, non loin de la gare. TV P	50	■		■
MARATEA : *Romantik Hotel, Villa Cheta Elite* ⓁⓁ Via Acquafredda 46, 85046. *0973 87 81 34.* FAX *0973 87 81 35.* Élégante villa de style Art nouveau, avec une vue magnifique sur une baie pittoresque. Ses chambres confortables possèdent un mobilier traditionnel du sud de l'Italie. Le service est très attentionné. TV P	20	■		■
MATERA : *De Nicola* Ⓛ Via Nazionale 158, 75100. *0835 38 51 11.* FAX *0835 38 51 13.* Grand hôtel moderne du centre de Matera, proche de la gare. On y accède facilement depuis l'autoroute. Il offre des chambres fonctionnelles. TV P	119	■		■
METAPONTO LIDO : *Turismo* Ⓛ Viale delle Ninfe 5, 75010. *0835 74 19 18.* FAX *0835 74 19 17.* Hôtel fonctionnel, sans rien d'exceptionnel, avec plage privée et bar. Certaines tables du restaurant sont à l'extérieur, ce qui est agréable pour dîner. P	60	■		■

Parghelia : *Baia Paraelios* Località Fornaci, 88035 (près de Tropea). ☎ *0963 60 03 00.* FAX *0963 60 00 74.* Petit village de 72 bungalows, ayant tous une terrasse et un salon, avec une vue superbe sur la plage. Le restaurant est installé au bord de la mer. P	ⓁⓁⓁ	80	■	●	■
Reggio di Calabria : *Grand Hotel Excelsior* Via Vittorio Veneto 66, 89121. ☎ *0965 81 22 11.* FAX *0965 89 30 84.* Cet hôtel offre des services rarement égalés en Italie du Sud. Situé en plein centre-ville, il convient aussi bien aux hommes d'affaires qu'aux touristes. TV P	ⓁⓁ	94	■		■
Rossano Scalo : *Murano* Viale Mediterraneo 2, 87068. ☎ *0983 51 17 88.* FAX *0983 53 00 88.* Entouré d'un jardin, au bord de la mer, le Murano possède sa plage privée et ses chambres donnent sur la mer. Il offre un piano-bar, une pizzeria et un restaurant traditionnel qui sert des spécialités calabraises. TV P	Ⓛ	37	■		■
Stilo : *San Giorgio* Via Citarelli 8, 89049. ☎ *0964 77 50 47.* FAX *0964 77 54 04.* Situé au cœur de Stilo, cet hôtel confortable est aménagé dans un palais restauré du XVIIe siècle, décoré de meubles anciens du XVIIIe siècle. TV P	Ⓛ	15	■	●	■
Tropea : *La Pineta* Via Marina 150, 88038. ☎ *0963 617 00.* FAX *0963 622 65.* Cet hôtel balnéaire caractéristique n'ouvre que de juin à septembre. Son décor est assez ordinaire, mais il dispose de courts de tennis. P	ⓁⓁ	58	■		■
Venosa : *Il Guiscardo* Via Accademia dei Rinascenti 106, 85029. ☎ *0972 132 362.* FAX *0972 132 916.* Sa terrasse dominant les toits rouges du centre historique de Venosa offre une vue splendide. Ses chambres sont élégantes et ses salons spacieux. TV P	Ⓛ	36	■		■

Sicile

Agrigente : *Colleverde Park Hotel* Via dei Templi, 92100. ☎ *0922 295 55.* FAX *0922 290 12.* Situé dans la Vallée des Temples, ce paisible hôtel moderne jouit d'une vue exceptionnelle. Coffre-fort dans les chambres et gymnase. TV P	ⓁⓁ	48	■		■
Agrigente : *Grand Hotel dei Templi* Parco Angeli, Villaggio Mose 92100. ☎ *0922 60 61 44.* FAX *0922 60 66 85.* Appartenant à la chaîne Jolly, moderne et dynamique, ce grand hôtel bien équipé est situé juste à la sortie d'Agrigente. Ses chambres sont confortables. TV P	ⓁⓁ	146	■	●	■
Agrigente : *Villa Athena* Via Panoramica dei Templi 33, 92100. ☎ *0922 59 62 88.* FAX *0922 40 21 80.* Villa du XVIIIe siècle, juste à la sortie d'Agrigente. Son décor est moderne, mais son magnifique jardin donne sur le temple de la Concorde. TV P	ⓁⓁ	40	■	●	■
Catane : *Nettuno* Viale Ruggero di Lauria 121, 95127. ☎ *095 712 52 52.* FAX *095 49 80 66.* C'est l'un des hôtels modernes et bien équipés de la chaîne Turisthotels. Proche de la mer, le Nettuno a vue sur l'Etna. TV P	ⓁⓁⓁ	80	■	●	■
Cefalù : *Riva del Sole* Viale Lungomare Cefalù 25, 90015. ☎ *0921 42 12 30.* FAX *0921 42 19 84.* Sur le front de mer, l'hôtel offre une belle vue. Ses chambres sont simples, mais il possède une terrasse ensoleillée et un patio ombragé garni de tables. TV P	ⓁⓁ	28	■		■
Îles Égates : *Egadi Favignana* Via Colombo 17, Favignana 0923. ☎ & FAX *0923 92 12 32.* Petite pension accueillante liée à l'un des meilleurs restaurants de l'île. Favignana est renommé pour le thon des pêcheries locales. TV	Ⓛ	12	■		
Îles Éoliennes : *Pensione Villa Diana* Via Diana Tufo, Lipari 98055. ☎ & FAX *090 981 14 03.* Hôtel confortable dont certaines chambres sont dotées de meubles anciens, avec un jardin et de spacieuses terrasses. Il n'ouvre que d'avril à octobre. P	Ⓛ	12			■
Îles Éoliennes : *La Sciara Residence* Via Soldato Cincotta, Isola Stromboli 98050. ☎ *090 98 60 05.* FAX *090 98 62 84.* Cet hôtel spacieux et confortable est entouré d'un splendide jardin plein de bougainvillées. Il loue également des mini-appartements. TV	ⓁⓁ	62	■	●	■

Légende des symboles, voir rabat de couverture

Les prix correspondent à une nuit en chambre double pour deux personnes, services compris, mais sans petit déjeuner.
Ⓛ moins de 100 000 L
ⓁⓁ de 100 000 à 200 000 L
ⓁⓁⓁ de 200 000 à 300 000 L
ⓁⓁⓁⓁ de 300 000 à 400 000 L
ⓁⓁⓁⓁⓁ plus de 400 000 L.

Restaurant
Hôtel possédant un restaurant, parfois réservé aux résidents.

Piscine
Souvent de dimensions réduites ; sauf mention particulière, elles sont à ciel ouvert.

Jardin ou terrasse
Hôtel disposant d'un jardin, d'une cour ou d'une terrasse, avec des sièges permettant de prendre les repas à l'extérieur.

Hôtel	Prix	Nombre de chambres	Restaurant	Piscine	Jardin ou terrasse
Îles Éoliennes : *Raya* Via San Pietro, Isola Panarea 98050. Tél. *090 98 30 13.* FAX *090 98 31 03.* Moderne et élégant, composé de maisonnettes roses et blanches bâties sur des terrasses descendant vers la mer. Le restaurant et le bar dominent le port.	ⓁⓁⓁⓁ	36	■		■
Erice : *Elimo* Via Vittorio Emanuele 75, 91016. Tél. *0923 86 93 77.* FAX *0923 86 92 52.* Villa du XVIIIe siècle ayant conservé les carreaux de faïence siciliens traditionnels ornant les murs, les plafonds et les sols. Situé au centre d'Erice, l'hôtel jouit d'une vue magnifique sur les îles Égates. TV P	ⓁⓁ	21	■		■
Erice : *Moderno* Via Vittorio Emanuele 63, 91016. Tél. *0923 86 93 00.* FAX *0923 86 91 39.* L'hôtel possède des chambres à l'ancienne pleines de charme, et d'autres plus modernes. De la terrasse, on découvre un magnifique panorama. TV	ⓁⓁ	41	■		■
Giardini-Naxos : *Arathena Rocks* Via Calcide Eubea 55, 98035. Tél. *0942 513 49.* FAX *0942 516 90.* Hôtel accueillant près de la plage, légèrement à l'écart de la station balnéaire très animée. Les chambres lumineuses donnent sur la mer ou sur le jardin. P	ⓁⓁ	49	■	●	■
Marsala : *President* Via Nino Bixio 1, 91025. Tél. *0923 99 93 33.* FAX *0923 99 91 15.* À environ 1 km du centre de la ville. Le restaurant de cet hôtel moderne et confortable propose des plats siciliens et internationaux. TV P	ⓁⓁ	128	■	●	■
Messine : *Paradis* Via Consolare Pompea 441, 98168. Tél. *090 31 06 82.* FAX *090 31 20 43.* À environ 3 km du centre de Messine, l'hôtel jouit d'une belle vue et possède un excellent restaurant. Ses chambres sont simples mais correctes. TV P	ⓁⓁ	88	■		
Palerme : *Splendid Hotel La Torre* Via Piano Gallo 11, Mondello 90151. Tél. *091 45 02 22.* FAX *091 45 00 33.* Ce grand hôtel classique situé sur un promontoire possède sa plage privée. Certaines chambres disposent d'un balcon avec vue sur la mer. TV P	ⓁⓁ	172	■	●	■
Palerme : *Grand Hotel Villa Igiea* Salita Belmonte 43, 90142. Tél. *091 54 37 44.* FAX *091 54 76 54.* Charmant hôtel datant du début du siècle, orné de vitraux Art nouveau et de peintures murales. Il est situé au bord de la mer, dans un jardin qui renferme des ruines. Son bar élégant donne sur la terrasse. TV P	ⓁⓁⓁ	115	■	●	■
Sciacca : *Grand Hotel delle Terme* Viale Nuove Terme 1, 92019. Tél. *0925 231 33.* FAX *0925 870 02.* Les Phéniciens fréquentaient déjà les sources thermales il y a plus de 2 000 ans. Une grande partie de la clientèle vient en cure. L'hôtel propose (en supplément) un accès aux sources et la télévision dans la chambre. TV P	ⓁⓁ	76	■	●	■
Syracuse : *Gran Bretagna* Via Savoia 21, 96100. Tél. & FAX *0931 687 65.* Petit hôtel accueillant et confortable. Son restaurant sert des spécialités siciliennes et italiennes et propose des menus spéciaux pour les enfants.	Ⓛ	12	■		
Syracuse : *Grand Hotel Villa Politi* Via Maria Politi Laudien 2, 96100. Tél. *0931 41 21 21.* FAX *0931 360 61.* Hôtel à l'ancienne légèrement décrépit dont la vaste réception appartient résolument à une autre époque. Il date du tournant du siècle. TV P	ⓁⓁ	100	■	●	■
Taormine : *Villa Belvedere* Via Bagnoli Croci 79, 98039. Tél. *0942 237 91.* FAX *0942 62 58 30.* Hôtel confortable du centre de Taormina. Certaines chambres ont un balcon et jouissent d'une belle vue. On sert des repas légers à côté de la piscine. TV P	ⓁⓁ	47	■	●	■

TAORMINE : *Romantik Villa Ducale* Via Leonardo da Vinci 60, 98039. ☎ *0942 281 53.* FAX *0942 287 10.* Élégante villa transformée en hôtel confortable. Ses chambres, toutes différentes, dotées d'un mobilier ancien jouissent d'une vue magnifique sur l'Etna et sur la mer. Sa bibliothèque propose des livres sur la région.	ⓁⓁⓁ	15			■
TAORMINE : *San Domenico Palace* Piazza San Domenico 5, 98039. ☎ *0942 237 01.* FAX *0942 62 55 06.* Paisible monastère du XVe siècle restauré et garni de meubles anciens d'origine. C'est l'un des hôtels les plus luxueux de Sicile. Il possède un jardin classique et une élégante piscine.	ⓁⓁⓁⓁⓁ	111	■	●	■
TRAPANI : *Vittoria* Via Francesco Crispi 4, 91100. ☎ *0923 87 30 44.* FAX *0923 298 70.* Commodément situé au centre de Trapani, cet hôtel moderne et fonctionnel possède un ameublement très simple et bien conçu.	Ⓛ	65			
TRAPANI : *Astoria Park* Lungomare Dante Alighieri, 91100. ☎ *0923 56 24 00.* FAX *0923 56 74 22.* Hôtel moderne, sur le front de mer, offrant tout pour passer d'agréables vacances (tennis, discothèque). C'est une bonne base pour visiter la région.	ⓁⓁ	91	■	●	■

SARDAIGNE

ALGHERO : *Villa las Tronas* Lungomare Valencia 1, 07041. ☎ *079 98 18 18.* FAX *079 98 10 44.* Hôtel confortable et élégant occupant une villa bâtie sur un promontoire. Les salons regorgent de dorures. Les chambres sont plus simples.	ⓁⓁ	29	■	●	■
CAGLIARI : *Italia* Via Sardegna 31, 09124. ☎ *070 66 05 10.* FAX *070 65 02 40.* Aménagé dans un palais très restauré du centre de Cagliari, cet hôtel légèrement sur le déclin constitue une base commode pour découvrir la région.	Ⓛ	113			
CAGLIARI : *Sardegna* Via Lunigiana 50, 09122. ☎ *070 28 62 45.* FAX *070 29 04 69.* Hôtel moderne proche du centre-ville et à 2 km de l'aéroport. Les chambres sont confortables, quoique décorées avec simplicité.	ⓁⓁ	90	■		
ISOLA DI SAN PIETRO : *Hotel Paola e Primo Maggio* Tacca Rossa, Carloforte 09014. ☎ *0781 85 00 98.* FAX *0781 85 01 04.* Pension moderne dominant la mer et jouissant d'une belle vue. Elle possède une terrasse ombragée pour dîner dehors et ses prix sont très raisonnables.	Ⓛ	20	■		■
ISOLA DI SANT'ANTIOCO : *Club Ibisco Farm* Capo Sperone, 09017. ☎ *0781 80 90 21.* FAX *0781 80 90 18.* Ancienne ferme avec vaste jardin, offrant une vue superbe sur la mer. Nombreux équipements sportifs. Une semaine minimum en pension complète.	ⓁⓁⓁ	8	■		■
NUORO : *Grazia Deledda* Via Lamarmora 175, 08100. ☎ *0784 312 57.* FAX *0784 312 58.* Hôtel moderne bien équipé situé en plein centre, avec un bar à l'américaine. Son restaurant propose des spécialités sardes et italiennes.	Ⓛ	72	■		
OLIENA : *Su Gologone* Località Su Gologone, 08025. ☎ *0784 28 75 12.* FAX *0784 28 75 52.* Hôtel tranquille aménagé dans une villa perchée dans la région montagneuse de la Barbagia. Il offre tout un éventail d'équipements sportifs.	ⓁⓁⓁ	68	■	●	■
PORTO CERVO : *Balocco* Località Liscia di Vacca, 07020. ☎ *0789 915 55.* FAX *0789 915 10.* Agréable hôtel entouré d'un jardin rempli de palmiers. Chaque chambre possède une terrasse. Il offre comparativement un bon rapport qualité-prix pour la Costa Smeralda, mais attention, les prix doublent en été.	ⓁⓁⓁ	35		●	■
PORTO ROTONDO : *Sporting* Porto Rotondo, 07026. ☎ *0789 340 05.* FAX *0789 343 83.* Cet hôtel, l'un des plus coûteux et luxueux de l'élégante Costa Smeralda, est une oasis de confort, avec sa plage privée et son paisible jardin. Toutes ses chambres ont une terrasse abondamment fleurie. Demi-pension.	ⓁⓁⓁ	27	■	●	■
SASSARI : *Leonardo da Vinci* Via Roma 79, 07100. ☎ *079 28 07 44.* FAX *079 285 72 33.* Grand hôtel confortable, proche du centre-ville. Son ameublement est fonctionnel mais crée une agréable sensation d'espace et de paix.	ⓁⓁ	117			■

Légende des symboles, voir rabat de couverture

Restaurants

Pour les Italiens, fiers à juste titre de leur excellente cuisine et de leurs vins, les repas sont une chose sérieuse et ils passent des heures à table. Au cours d'un voyage en Italie, on découvre avec plaisir d'infinies variations régionales sur les pâtes, les pains et les fromages. Les restaurants servent plus souvent des *tortelloni* fourrés aux épinards dans le Nord et des poivrons rouges farcis dans le Sud, mais ils proposent rarement autre chose que des plats italiens. Il n'est pas nécessaire de fréquenter des endroits luxueux pour bien manger : une simple trattoria, adaptée aux goûts de la clientèle locale, fait souvent plus l'affaire qu'un restaurant international. Les indications pratiques qui suivent sur les divers types de restaurants et leur fonctionnement vous aideront à découvrir la gastronomie italienne dans les meilleures conditions.

Serveur de l'Alberto Ciarla *(p. 601)*

Les différents types de restaurants

Autrefois, les *trattorie* et les *osterie*, populaires et bon marché, s'opposaient aux restaurants, plus chic. Les termes sont devenus interchangeables et un prix élevé ne présage pas nécessairement un repas inoubliable.

Une *pizzeria* est d'ordinaire un lieu économique où l'on peut manger et boire une bière pour la modique somme de 15 000 lires. Elles ne sont souvent ouvertes que le soir, surtout si elles possèdent un four à bois *(forno a legna)*.

Une *birreria*, bon marché également, propose des en-cas rapides. Une *enoteca*, ou *vineria*, est par définition un endroit où l'on peut boire du vin. Les Italiens boivent rarement sans manger. Les prix, variables, ont tendance à être disproportionnés par rapport aux portions servies.

À l'heure du déjeuner et en début de soirée, les *rosticcerie* vendent des poulets rôtis, des portions de pizza *(pizza al taglio)* et d'autres plats à emporter. On peut aussi acheter des pizzas chez les boulangers. Les bars proposent des sandwiches *(panini)*, des toasts *(tramezzini)* et des *pizzette*. Quant à la *tavola calda*, elle sert des plats chauds pour moins de 10 000 lires.

Les *gelaterie* offrent souvent un choix de parfums de glaces incroyablement étendu. Les *pasticcerie* vendent une extraordinaire variété de gâteaux et de biscuits délicieux.

Le restaurant El Gato, à Chioggia, réputé pour son poisson *(p. 580)*

Villa Crespi, au Piémont, inspiré des *Mille et Une Nuits* *(p. 587)*

L'heure des repas

On déjeuner généralement entre 13 h et 14 h 30 et, notamment dans le Sud, toute activité est alors suspendue. Le dîner débute vers 20 h et peut se poursuivre jusqu'à plus de 23 h. Il n'est pas rare de trouver des tables encore occupées à 16 h ou des dîneurs sirotant des *digestivi* bien après minuit.

Réserver une table

Les bons restaurants sont souvent bondés ; il est donc prudent de réserver quand on le peut. Sinon, allez-y assez tôt pour éviter de devoir attendre. Beaucoup de restaurant, ferment en hiver ou durant les vacances d'été.

Le menu

Un repas italien comporte trois ou quatre plats. Au restaurant, il est d'usage d'en prendre au moins deux. L'*antipasto* (entrée) est suivi par le *primo*, une assiette de pâtes, de risotto ou de soupe. Le *secondo* est un plat de viande ou de poisson accompagné de légumes ou de salade (les *contorni*), avant le fromage, les fruits ou le dessert. Après le café, on prend un *digestivo* : une *grappa* ou un *amaro*.

Les menus alternent en général en fonction des arrivages de produits frais de saison. Si vous ne comprenez pas ce que le serveur vous propose, utilisez le décodeur de menu au début de chaque section du guide.

La cuisine végétarienne

Les restaurants végétariens sont pratiquement inexistants, mais vous n'aurez pas beaucoup de problèmes en puisant dans les menus italiens. En effet, beaucoup de plats de pâtes et d'*antipasti* ne comportent pas de viande, et on peut obtenir un bon plat de légumes en commandant un assortiment de *contorni*.

Vins et boissons

Beaucoup de régions possèdent leur propre *aperitivo* pour commencer le repas et leur *digestivo* pour le conclure. On peut prendre partout un verre de *prosecco* (vin blanc sec mousseux) ou un *analcolico* (apéritif sans alcool) en apéritif et une *grappa* comme pousse-café. Le vin de la maison (rouge ou blanc) est un vin de pays servi en carafe, en général tout à fait agréable. Les restaurants proposent habituellement une sélection de vins de la région spécialement choisis pour accompagner les mets proposés sur la carte. Pour cette raison, les vins étrangers sont d'ordinaire assez rares.

L'eau du robinet *(acqua del rubinetto)* est toujours buvable et souvent très bonne, mais l'Italie possède un vaste choix d'eaux minérales. L'eau *frizzante* peut contenir du gaz carbonique. Le terme « *naturale* » désigne une eau plate ou naturellement gazeuse. La *Ferrarelle*, très appréciée, se situe quelque part entre les deux. Si vous voulez vraiment de l'eau plate, demandez-la *non gassata*.

La Badia a Coltibuono (XIe siècle) à Gaiole in Chianti *(p. 594)*

Les prix

Le service est inclus dans le prix du menu, mais l'usage est de laisser un pourboire (de 2 000 à 10 000 lires). Le couvert *(coperto)*, qui comprend le pain, que vous en mangiez ou non, est un supplément obligatoire.

Les cartes bancaires ne sont pas toujours acceptées en Italie, en particulier dans les petites villes, et il est prudent de s'informer avant de s'installer.

Comment s'habiller

En général, les Italiens aiment s'habiller pour manger, bien que dans la plupart des établissements on n'exige pas une tenue spécialement élégante. Mais un habillement très débraillé ou très sale vous attire rarement un service chaleureux.

Les enfants

En dehors des restaurants les plus chic, les enfants sont toujours les bienvenus. Dans toute l'Italie, on voit souvent des familles au grand complet en train de déjeuner le dimanche midi. Presque tous les restaurants servent des portions réduites et prêtent des coussins.

La trattoria romaine Sora Lella, dans l'île du Tibre *(p. 599)*

Fumeurs, non-fumeurs

Les Italiens fument beaucoup et ont l'habitude d'allumer une cigarette entre les plats ou pendant que leurs voisins mangent. Les espaces non-fumeurs sont rares et si la cigarette vous dérange, c'est vous qui devrez changer de place.

Accès fauteuil roulant

Peu de restaurants sont équipés pour accueillir les personnes en fauteuil roulant, mais si vous réservez à l'avance, on vous réservera une table d'accès facile et le personnel vous accueillera.

Le restaurant La Marinella, qui domine la côte amalfitaine *(p. 603)*

Choisir un restaurant

Les restaurants présentés ont été choisis, toutes catégories confondues, pour leur bon rapport qualité-prix, la qualité de leur cuisine ou l'attrait de leur emplacement. Ils sont classés par régions, en commençant par Venise. Les repères de couleur correspondent au code utilisé dans les chapitres consacrés aux différentes régions dans la partie centrale du guide. *Buon appetito !*

VENISE

Restaurant	Menu à prix fixe	Bonne carte des vins	Tenue de ville exigée	Tables en terrasse
Burano : *Al Pescatore* ⓁⓁⓁⓁ Via Galuppi 371, 30012. ☎ *041 73 06 50.* Restaurant accueillant dont la carte comprend du homard et des tagliolini (pâtes plates) aux seiches. En hiver, on y propose de l'excellent gibier. Crus italiens et étrangers dans sa carte des vins très étoffée. ● *mer.*	●	■		
Burano : *Da Romano* ⓁⓁⓁⓁ Piazza Galuppi 221, 30012. ☎ *041 73 00 30.* Ce joli restaurant fondé vers 1800 sert d'excellents plats de poisson à des prix très raisonnables. ● *mar.*	●			■
Cannaregio : *Osteria al Bacco* ⓁⓁ Fondamenta delle Cappuccine 3054, 30121. **Plan** 2 D2. ☎ *041 71 74 93.* Ce restaurant rustique disposant d'une cour ombragée propose surtout du poisson ; notez les spaghettis à la sauce à l'encre de seiche. ● *lun. et 2 sem. en jan. et août.*				■
Cannaregio : *Fiaschetteria Toscana* ⓁⓁⓁ Salizzada San Giovanni Grisostomo 5719, 30131. **Plan** 3 B5. ☎ *041 528 52 81.* Nombreux plats vénitiens comme une salade chaude de poissons de la lagune, des anguilles et du turbot au beurre noir et aux câpres. ● *mar. et 2 sem. en août.*		■		■
Cannaregio : *Vini Da Gigio* ⓁⓁⓁ Fondamenta San Felice 3628a, 30131. **Plan** 3 A4. ☎ *041 528 51 40.* Restaurant douillet pratiquant une cuisine vénitienne assaisonnée d'une pointe d'originalité. Son risotto aux orties et aux crevettes est un délice. ● *lun.*		■		
Castello : *Da Remigio* ⓁⓁⓁ Salizzada dei Greci 3416, 30122. **Plan** 8 D2. ☎ *041 523 00 89.* Restaurant de poisson très animé où les Vénitiens sont plus nombreux que les touristes. Sa cuisine est simple et généreuse. ● *lun. soir, mar. et 1 sem. en jan., juil. et août.*				
Castello : *Corte Sconta* ⓁⓁⓁ Calle del Pestrin 3886, 30122. **Plan** 7 A3. ☎ *041 522 70 24.* Ce restaurant tout simple est devenu l'un des plus chic de Venise. Ses plats de poissons et ses pâtes maison sont succulents. ● *dim., lun. et 2 sem. en juil. et août.*		■		■
Castello : *Arcimboldo* ⓁⓁⓁⓁ Calle dei Furlani 3219, 30122. **Plan** 8 D1. ☎ *041 528 65 69.* Sa cuisine inventive rend hommage à ce peintre du XVIe siècle qui peignait des fruits et des légumes pour composer ses portraits. Goûtez son loup de mer aux tomates ou son saumon mariné aux agrumes et aux fines herbes. ● *mar. (en hiver).*		■		
Dorsoduro : *Da Silvio* ⓁⓁ Calle San Pantalon 3748, 30123. **Plan** 6 D2. ☎ *041 520 58 33.* Authentique restaurant vénitien. En été, on peut dîner au jardin. Sa carte est sans surprise, mais tout est fait maison avec des produits frais. ● *sam. midi, dim.*				■
Dorsoduro : *Taverna San Trovaso* ⓁⓁ Fondamenta Priuli 1016, 30123. **Plan** 6 E3. ☎ *041 520 37 03.* Restaurant convivial et très animé situé entre l'Accademia et les Zattere. Sa cuisine est simple. On y sert des pizzas. ● *lun. et 1 sem. en juil.*	●			
Dorsoduro : *Locanda Montin* ⓁⓁⓁⓁ Fondamenta Eremite 1147, 30123. **Plan** 6 D3. ☎ *041 522 71 51.* Célèbre restaurant lié au monde de l'art et de la littérature. La cuisine et le service sont de qualité variable, mais c'est un lieu très renommé. ● *mar. soir, mer.*		■		■
Dorsoduro : *Ai Gondolieri* ⓁⓁⓁⓁⓁ San Vio 366, 30123. **Plan** 6 F4. ☎ *041 528 63 96.* Cette vieille auberge restaurée propose de bonnes spécialités régionales comme des soufflés (sformati) parfumés aux fines herbes sauvages. ● *mar.*		■		

Prix moyens par personne pour un repas comprenant trois plats et une demi-bouteille de vin de la maison, taxes et service compris.
Ⓛ jusqu'à 35 000 L
ⓁⓁ de 35 000 à 55 000 L
ⓁⓁⓁ de 55 000 à 75 000 L
ⓁⓁⓁⓁ de 75 000 à 100 000 L
ⓁⓁⓁⓁⓁ plus de 100 000 L.

MENU À PRIX FIXE
Menu à prix fixe comprenant généralement trois plats.

BONNE CARTE DES VINS
Le restaurant propose un vaste choix de vins de qualité.

TENUE DE VILLE EXIGÉE
Les hommes doivent porter une veste et une cravate.

TABLES EN TERRASSE
Tables à l'extérieur, souvent avec une vue agréable.

CARTE DE CRÉDIT
Les principales cartes de crédit sont acceptées.

GIUDECCA : *Cipriani* ⓁⓁⓁⓁⓁ
Giudecca 10, 30122. ☎ *041 520 77 44.*
L'un des meilleurs restaurants de Venise, le Cipriani offre une cuisine et un service de grande classe. Réservez une table sur la terrasse avec vue.

GIUDECCA : *Harry's Dolci* ⓁⓁⓁⓁⓁ
Fondamenta San Biagio 773, 30133. **Plan** 6 D5. ☎ *041 522 48 44.*
Cet ancien bar et salon de thé propose à présent la même carte que le Harry's Bar de San Marco. Goûtez son carpaccio (tranches fines de bœuf cru mariné), ses pâtes aux haricots et son délicieux gâteau au chocolat. ● *mar.*

MAZZORBO : *Antica Trattoria alla Maddalena* ⓁⓁ
Fondamenta Santa Caterina 7c, 30131. ☎ *041 73 01 51.*
Ce modeste restaurant apprécié des Vénitiens est autant un bar qu'un restaurant. Mais son atmosphère est tranquille et le canard sauvage servi avec de la polenta est célèbre dans toute la région. ● *jeu., 2 sem. en jan. et déc.*

SAN MARCO : *Al Conte Pescaor* ⓁⓁⓁ
Piscina San Zulian 544, 30124. **Plan** 7 B1. ☎ *041 522 14 83.*
Petit restaurant offrant un superbe menu de poissons. Sa clientèle, essentiellement vénitienne, garantit la qualité de sa cuisine. ● *dim.*

SAN MARCO : *Da Arturo* ⓁⓁⓁⓁ
Calle degli Assassini 3656, 30124. **Plan** 7 A2. ☎ *041 528 69 74.*
Ce restaurant doit être le seul endroit de Venise où l'on ne sert pas de poisson. Parmi les antipasti végétariens, notez les aubergines au vinaigre. ● *dim., août.*

SAN MARCO : *Da Raffaele* ⓁⓁⓁⓁ
Ponte delle Ostreghe 2347, 30124. **Plan** 7 A3. ☎ *041 523 23 17.*
Endroit romantique proposant des plats régionaux. Goûtez la granseola (araignée de mer), le risotto di scampi et le rombo (turbot) alla Raffaele. ● *jeu., déc.-jan.*

SAN MARCO : *Antico Martini* ⓁⓁⓁⓁⓁ
Campo San Fantin 1983, 30124. **Plan** 7 A2. ☎ *041 522 41 21.*
Ce restaurant élégant proche de la Fenice sert jusqu'à 1 h du matin. Sa cuisine est imaginative : nous vous recommandons le canard aux truffes noires. ● *mar., mer. midi.*

SAN MARCO : *La Caravella* ⓁⓁⓁⓁⓁ
Calle Largo XXII Marzo 2396, 30124. **Plan** 7 A3. ☎ *041 520 89 01.*
C'est le restaurant de l'hôtel Saturnia, agréablement situé, avec sa terrasse au bord du Grand Canal. Sa cuisine est remarquable. Il propose des plats originaux comme la soupe de homard et les scampi au champagne.

SAN MARCO : *Harry's Bar* ⓁⓁⓁⓁⓁ
Calle Vallaresso 1323, 30124. **Plan** 7 B3. ☎ *041 528 57 77.*
Sa renommée attire les foules. Sa carte des vins et ses cocktails sont à la hauteur, mais sa cuisine n'est pas particulièrement extraordinaire.

SAN POLO : *Antica Trattoria Posta Vecchia* ⓁⓁⓁ
Rialto Pescheria 1608, 30123. **Plan** 3 A5. ☎ *041 72 18 22.*
Ce restaurant élégant prétend être le plus ancien de Venise. Sa carte propose des raviolis maison et de délicieux desserts. ● *mar.*

SAN POLO : *Da Fiore* ⓁⓁⓁⓁ
Calle del Scaleter 2202a, 30123. **Plan** 3 B5. ☎ *041 72 13 08.*
On prépare ici un délicieux antipasto de fruits de mer, du poisson grillé et un fritto misto. Le vin blanc de la maison est excellent. ● *dim., lun., août et 1 sem. en déc.*

TORCELLO : *Locanda Cipriani* ⓁⓁⓁⓁⓁ
Piazza Santa Fosca 29, 30121. **Plan** 2 F4. ☎ *041 73 01 50.*
Ancienne auberge de pêcheurs transformée dans les années 1930. À la carte, fritto misto de poissons et de légumes et risotto aux légumes du potager. Une vedette va chercher les clients piazza San Marco. ● *mar., jan.*

	Menu à prix fixe	Bonne carte des vins	Tenue de ville exigée	Tables en terrasse
Cipriani	●	■	●	■
Harry's Dolci		■		■
Antica Trattoria alla Maddalena				■
Al Conte Pescaor	●			■
Da Arturo		■		
Da Raffaele		■		■
Antico Martini		■		■
La Caravella	●	■		■
Harry's Bar		■		
Antica Trattoria Posta Vecchia	●			■
Da Fiore		■		
Locanda Cipriani		■		■

Légende des symboles, voir rabat de couverture

Prix moyens par personne pour un repas comprenant trois plats et une demi-bouteille de vin de la maison, taxes et service compris.
Ⓛ jusqu'à 35 000 L
ⓁⓁ de 35 000 à 55 000 L
ⓁⓁⓁ de 55 000 à 75 000 L
ⓁⓁⓁⓁ de 75 000 à 100 000 L
ⓁⓁⓁⓁⓁ plus de 100 000 L.

Menu à prix fixe
Menu à prix fixe comprenant généralement trois plats.

Bonne carte des vins
Le restaurant propose un vaste choix de vins de qualité.

Tenue de ville exigée
Les hommes doivent porter une veste et une cravate.

Tables en terrasse
Tables à l'extérieur, souvent avec une vue agréable.

Carte de crédit
Les principales cartes de crédit sont acceptées.

Vénétie et Frioul

Asolo : *Villa Cipriani* ⓁⓁⓁⓁⓁ
Via Canova 298, 31011. *0423 95 21 66.*
Lié à l'un des grands hôtels de la Vénétie. Sa carte créative propose des plats à base de produits locaux comme les gnocchi à la ricotta.

Belluno : *Terracotta* ⓁⓁ
Borgo Garibaldi 61. *0437 94 26 44.*
Outre sa spécialité, les lasagnes au basilic et aux tomates, on y propose des plats exotiques thaïlandais. *sam. midi, dim.*

Caorle : *Duilio* ⓁⓁⓁ
Via Strada Nuova 19, 30021. *0421 810 87.*
Restaurant spacieux qui réinterprète de façon originale la cuisine régionale à base de poisson. Nous vous recommandons la morue séchée à la polenta. *3 sem. en jan.*

Castelfranco : *Barbesin* ⓁⓁ
Via Montebelluna 41, 31033. *0423 49 04 46.*
Ce restaurant propose des spécialités régionales, comme le risotto aux cèpes et le magret de canard au romarin. *mer. soir, jeu., 2 sem. en jan., 3 sem. en août.*

Chioggia : *El Gato* ⓁⓁⓁⓁ
Campo Sant'Andrea 653, 30015. *041 40 18 06.*
Restaurant élégant à la cuisine classique à base de fruits de mer. Les desserts sont vivement recommandés. *lun., mar. midi, jan.*

Cividale del Friuli : *Zorutti* ⓁⓁⓁ
Borgo di Ponte 9, 33043. *0432 73 11 00.*
Restaurant à la réputation bien méritée pour sa bonne cuisine régionale et ses portions généreuses. La spécialité de la maison est la buzara, des spaghettis aux fruits de mer, aux gambas ou au homard. *lun.*

Conegliano : *Al Salisà* ⓁⓁⓁ
Via XX Settembre 2, 31015. *0438 242 88.*
Élégant restaurant possédant une jolie véranda. Parmi ses spécialités les plus remarquables, signalons les pâtes maison à la sauce végétarienne. *mer., août.*

Cortina d'Ampezzo : *Baita Fraina* ⓁⓁⓁ
Località Fraina 1, 32043. *0436 36 34.*
Un élégant restaurant alpin tout en bois avec une terrasse panoramique. Un très bon rapport qualité prix. *lun. (hiver), 2 sem. en juin, oct.-nov.*

Dolo : *Alla Posta* ⓁⓁⓁ
Via Ca' Tron 33, 30031. *041 41 07 40.*
Ce beau restaurant installé dans un ancien relais de poste sert des spécialités régionales aux saveurs savamment dosées à base de produits frais.
lun., 2 sem. en jan. et juil.

Gorizia : *Nanut* Ⓛ
Via Trieste 118, 34170. *0481 205 95.*
Cette trattoria propose une honnête cuisine régionale : des gnocchis, des légumes du marché, de la viande et du poisson le vendredi. *sam., dim., août.*

Grado : *Trattoria de Toni* ⓁⓁ
Piazza Duca d'Aosta 37, 34073. *0431 814 26.*
Trattoria traditionnelle du centre historique. Sa spécialité est le boreto al Gradese, un poisson cuit en daube dans l'huile et le vinaigre. *nov.-mars : mer., jan., déc.*

Lac de Garde : *Antica Locanda Mincio* ⓁⓁⓁ
Via Michelangelo 12, Valeggio sul Mincio 37067. *045 795 00 59.*
Ce charmant restaurant aux murs ornés de fresques et aux vastes cheminées prépare une excellente cuisine régionale. *mer., jeu.*

	Menu à prix fixe	Bonne carte des vins	Tenue de ville exigée	Tables en terrasse
Asolo		■	●	■
Belluno		■		■
Caorle		■	●	■
Castelfranco		■		
Chioggia		■		■
Cividale del Friuli		■		
Conegliano		■		■
Cortina d'Ampezzo		■		■
Dolo	●	■		■
Gorizia				■
Grado		■		
Lac de Garde		■		■

LAC DE GARDE : *Locanda San Vigilio* ⓁⓁⓁⓁ
Punta San Vigilio, Garda 37016. *045 725 66 88.*
Cet excellent restaurant dominant le lac de Garde propose un buffet d'antipasti et un vaste choix de plats de poisson et de crustacés. *mar. ; de nov. à mars.*

ODERZO : *Dussin* ⓁⓁ
Via Maggiore 60, Località Piavon, 31046. *0422 75 21 30.*
La cuisine traditionnelle est servie dans ce restaurant chaleureux comme le risotto aux fruits de mer et le thon grillé. *lun. soir, mar., jan., août.*

PADOUE : *Osteria L'Anfora* Ⓛ
Via dei Soncin 13, 35122. *049 65 66 29.*
Restaurant animé, tourné vers la tradition culinaire vénète qui comprend des éléments importés par les marchands de la Renaissance. *dim., 1 sem. en déc.*

PADOUE : *La Braseria* ⓁⓁ
Via N Tommaseo 48, 35100. *049 876 09 07.*
Restaurant accueillant à la cuisine simple. Nous vous recommandons ses penne aux cèpes et son speck (poitrine fumée). *sam. midi, dim., 1 sem. en août.*

PADOUE : *San Pietro* ⓁⓁ
Via San Pietro 95, 35149. *049 876 03 30.*
C'est l'endroit parfait pour goûter aux spécialités régionales préparées avec des produits frais. Le service est amical et attentif. *dim., juil.*

PADOUE : *Dotto* ⓁⓁ
Via Soncin 9, 35100. *049 875 14 90.*
Ce restaurant au décor des années 1920 prépare des plats traditionnels : des pâtes maison, du baccalà (morue salée) et de délicieux desserts. *dim. soir, lun.*

PORDENONE : *Vecia Osteria del Moro* ⓁⓁ
Via Castello 2, 33170. *0434 286 58.*
Restaurant raffiné installé dans un couvent du XIIIe siècle magnifiquement restauré. Parmi ses suggestions, notez le lapin à la polenta. *dim., 2 sem. en jan. et août.*

ROVIGO : *Cauccio* Ⓛ
Viale Orobini 50, 45100. *0425 316 39.*
Une bonne vieille trattoria sans prétention avec de la cuisine traditionnelle italienne comme des lasagnes, des cannelloni ou du thon aux câpres. *lun.*

TOLMEZZO : *Roma* ⓁⓁⓁ
Piazza XX Settembre 14, 33028. *0433 20 81.*
Cuisine splendide résultant d'une étude attentive des vieilles recettes locales. Essayez sa polenta au fromage et aux truffes ou au foie d'oie. *dim. soir, lun.*

TRÉVISE : *Osteria Snack Bassanello* ⓁⓁ
Viale Cairoli 133, 31100. *0422 26 06 23.*
Osteria très fréquentée servant d'excellents plats régionaux. Quand c'est la saison, la chicorée est abondamment utilisée, y compris dans la grappa. *lun.*

TRÉVISE : *Toni del Spin* ⓁⓁ
Via Inferiore 7, 31100. *0422 54 38 29.*
Restaurant sans prétention offrant des spécialités régionales : pasta e fagioli (pâtes aux haricots), tripes à la sauce tomate et tiramisù. *dim., lun. midi., août.*

TRÉVISE : *Ristorante Beccherie* ⓁⓁⓁ
Piazza Ancillotto 10, 31100. *0422 54 08 71.*
Le restaurant occupe un bel édifice évoquant la splendeur de la Sérénissime. Sa pintade à la sauce au poivre est extrêmement délicate. *dim. soir, lun.*

TRIESTE : *Al Bragozzo* ⓁⓁⓁ
Riva Sauro 22, 34124. *040 30 30 01.*
Le menu change chaque semaine en fonction des produits arrivés. Ce restaurant est apprécié des bons vivants et des locaux. *dim., lun., 2 sem. en jan. et juil.*

TRIESTE : *Harry's Grill* ⓁⓁⓁ
Piazza Unità d'Italia 2, 34121. *040 36 56 46.*
Ce restaurant se distingue par sa situation centrale. Sa cuisine créative est de grande qualité : soufflé aux légumes et cailles au Marsala. *dim.soir.*

UDINE : *Agli Amici* ⓁⓁ
Via Liguria 250, Località Godia, 33100. *0432 56 54 11.*
Les plats typiques du Frioul comme la viande rôtie à l'ortie sont préparés avec savoir-faire dans ce restaurant familial. *dim.soir, lun., jan., juil.*

Légende des symboles, voir rabat de couverture

Prix moyens par personne pour un repas comprenant trois plats et une demi-bouteille de vin de la maison, taxes et service compris.
Ⓛ jusqu'à 35 000 L
ⓁⓁ de 35 000 à 55 000 L
ⓁⓁⓁ de 55 000 à 75 000 L
ⓁⓁⓁⓁ de 75 000 à 100 000 L
ⓁⓁⓁⓁⓁ plus de 100 000 L.

Menu à prix fixe
Menu à prix fixe comprenant généralement trois plats.

Bonne carte des vins
Le restaurant propose un vaste choix de vins de qualité.

Tenue de ville exigée
Les hommes doivent porter une veste et une cravate.

Tables en terrasse
Tables à l'extérieur, souvent avec une vue agréable.

Carte de crédit
Les principales cartes de crédit sont acceptées.

Vérone : *Al Bersagliere* ⓁⓁ
Via dietro Pallone 1, 37100. *045 800 48 24.*
Vieille salle à manger lambrissée. On y sert des spécialités traditionnelles de Vérone : pot-au-feu de viandes mélangées, polenta aux champignons. *dim.*

Vérone : *Baba-jaga* ⓁⓁⓁ
Via Cabalao 11, 37030. *045 745 02 22.*
Le soave produit dans la région accompagne à merveille le risotto aux truffes noires et ses linguine à l'esturgeon, aux tomates et aux poireaux. *dim. soir, lun.*

Vérone : *Arche* ⓁⓁⓁⓁⓁ
Via Arche Scaligere 6, 37100. *045 800 74 15.*
Restaurant de poisson proposant une soupe de fruits de mer aux lentilles et une délicieuse salade chaude de homard au basilic et à la roquette. *dim., lun. midi.*

Vérone : *Il Desco* ⓁⓁⓁⓁⓁ
Via dietro San Sebastiano 5–7, 37100. *045 59 53 58.*
Palazzo du XVIe siècle. L'un des meilleurs restaurants d'Italie. Parmi ses créations originales, notons le veau au gingembre et le risotto au homard. *dim., 2 sem. en jan. et août.*

Vicence : *Al Torresan* ⓁⓁ
Via Zabarella 1, Breganze 36042. *0445 87 32 60.*
En automne, les habitants de Vicence vont y déguster de délicieux plats de champignons. Les plats consistants s'accompagnent du vin local. *jeu., 1er-20 août.*

Vicence : *Antica Trattoria Tre Visi* ⓁⓁ
Contrà Porti 6, 36100. *0444 32 48 68.*
L'édifice, dans le centre historique, date de 1483. On peut voir la cuisine où l'on prépare d'excellentes spécialités locales. *dim. soir, lun., 1 sem. en juin, 3 sem. en juil.*

Vicence : *Isetta* ⓁⓁ
Via Pederiva 96, 36040. *0444 88 99 92.*
Ce restaurant situé dans les monts Berici propose des spécialités régionales, notamment des viandes grillées et de bons desserts. *mar. soir, mer., juil.*

Vicence : *Cinzia e Valerio* ⓁⓁⓁ
Piazzetta Porta Padova 65–67, 36100. *0444 50 52 13.*
Restaurant élégant servant uniquement du poisson. Parmi ses spécialités : le homard et les palourdes. *dim. soir, lun., 26 déc.-5 jan., 3 sem. en août.*

Vicence : *Taverna Aeolia* ⓁⓁⓁ
Piazza Conte da Schio 1, 36023. *0444 55 50 36.*
La taverne occupe une élégante villa au plafond orné de fresques. La spécialité du chef est l'agneau rôti aux graines de sésame. *mar.*

Trentin-Haut-Adige

Arco : *Alla Lega* ⓁⓁ
Via Vergolano 4, 38062. *0464 51 62 05.*
Un restaurant familial et sympathique situé dans un immeuble du XVIIIe siècle avec une superbe cour. La cuisine est traditionnelle : risotto, viande fumée et truite à la polenta. *mer., fév.-mars.*

Bolzano (Bozen) : *Domino* Ⓛ
Piazza Walther 3, 39100. *0471 98 16 10.*
Ce bar à vin du centre-ville est un endroit plaisant où l'on peut bien manger sur le pouce à midi et boire un verre. *dim., 1 sem. en juil.*

Bolzano (Bozen) : *Amadè* ⓁⓁⓁⓁ
Vicolo Ca' de Bezzi 8, 39100. *0471 97 12 78.*
Logé dans un moulin médiéval restauré, il utilise les produits locaux pour créer des plats d'inspiration traditionnelle. Notez sa soupe de vin blanc. *dim.*

	Menu à prix fixe	Bonne carte des vins	Tenue de ville exigée	Tables en terrasse
Al Bersagliere		■		■
Baba-jaga		■		■
Arche	●	■		
Il Desco	●	■	●	
Al Torresan				■
Antica Trattoria Tre Visi	●	■		■
Isetta		■		
Cinzia e Valerio	●	■		
Taverna Aeolia	●	■		■
Alla Lega		■		■
Domino				■
Amadè	●	■		■

Bressanone (Brixen) : *Oste Scuro* ⓁⓁ
Vicolo Duomo 3, 39042. *0472 83 53 43.*
Cet édifice abrite une auberge depuis le début du XVIIIe siècle. On y sert des plats originaux tels que le chevreau au beurre. *dim. soir, lun.*

Bressanone (Brixen) : *Fink* ⓁⓁ
Via Portici Minori 4, 39042. *0472 83 48 83.*
Les habitants du lieu apprécient ses plats préparés avec soin comme la polenta noire et la soupe de pomme de terre. *mar. soir, mer.*

Brunico (Bruneck) : *Oberraut* ⓁⓁ
Via Ameto 1, 39031. *0474 55 99 77.*
Situé au milieu des bois, ce restaurant de style tyrolien sert surtout du gibier et d'autres mets saisonniers. Ses desserts sont très tentants. *jeu. en hiver.*

Carzano : *Le Rose* ⓁⓁⓁ
Via XVIII Settembre 35, 38050. *0461 76 61 77.*
Ce restaurant réputé de la Valsugana sert surtout du poisson et des produits de saison. Goûtez ses tortelli aux huîtres et aux fleurs de courgette. *lun.*

Cavalese : *Costa salici* ⓁⓁ
Via Unterberger 14, 38033. *0462 34 01 40.*
Très fréquenté. Ses spécialités sont la soupe à la choucroute et aux haricots, la venaison marinée et le strudel aux poires. *lun. midi, mar.*

Civezzano : *Maso Cantanghel* ⓁⓁ
Via della Madonnina 33, Località Forte 38045. *0461 85 87 14.*
Excellent restaurant situé juste à la sortie de Trente. Sa cuisine est simple mais délicieuse : saucisses, légumes du jardin et pâtes maison. *sam., dim., 1 sem. en août.*

Levico Terme : *Boivin* ⓁⓁ
Via Garibaldi 9, 38056. *0461 70 16 70.*
Cette excellente trattoria permet de découvrir la vraie cuisine locale. Réservation indispensable. Ouvert uniquement le soir et le dimanche midi. *lun.*

Madonna di Campiglio : *Hermitage* ⓁⓁ
Via Castelletto Inferiore 69, 38084. *0465 44 15 58.*
Situé dans un parc, au pied des Dolomites, l'Hermitage prépare de délicieux plats régionaux, créatifs et caractérisés par la fraîcheur des saveurs. *mai-juin, oct.-nov.*

Malles Venosta (Mals im Vinschgau) : *Greif* ⓁⓁⓁ
Via Generale Vedross 40a, 39024. *0473 83 14 29.*
Le chef entreprenant crée des plats tyroliens à base de produits biologiques. Il propose un menu végétarien et sert des pâtes au blé complet. *à midi, lun.*

Malles Venosta (Mals im Vinschgau) : *Weisses Kreuz* ⓁⓁⓁ
Località Burgusio 82, 39024. *0473 83 13 07.*
Ce restaurant d'un excellent rapport qualité-prix propose des plats traditionnels : knödel (quenelles de pâte) aux épinards, porc au gorgonzola. *jeu., ven. midi.*

Merano (Meran) : *Sissi* ⓁⓁⓁ
Via Galilei 44, 39012. *0473 23 10 62.*
Édifice du XIXe siècle proche du centre-ville. Le Sissi offre des menus saisonniers combinant des plats traditionnels et modernes. *lun.*

Merano (Meran) : *Flora* ⓁⓁ
Via Portici 75, 39012. *0473 23 14 84.*
Ce charmant restaurant sert des plats italiens et tyroliens. Le menu change en fonction des saisons mais les pâtes sont toujours exquises. *dim., nov., 2 sem. en jan.*

Moena : *Malga Panna* ⓁⓁⓁⓁ
Via Costalunga 29, 38035. *0462 57 34 89.*
Restaurant romantique situé dans un cadre rustique, à 1 km environ du centre de Moena. On y sert des champignons et du gibier. *déc.-avr. : lun., mai, nov.*

Renon (Ritten) : *Patscheiderhof* Ⓛ
Località Signato 178, 39050. *0471 36 52 67.*
Cette trattoria traditionnelle, à une dizaine de kilomètres de Bolzano, propose une soupe d'orge, un lapin farci et d'autres plats de la région. *mar., mer. midi.*

Rovereto : *Novecento* ⓁⓁⓁ
Corso Rosmini 82d, 38068. *0464 43 54 54*
Restaurant raffiné lié à un hôtel, au centre de Rovereto. On y prépare avec soin des pâtes maison et d'autres spécialités locales. *dim., 3 sem. en août.*

Légende des symboles, voir rabat de couverture

Prix moyens par personne pour un repas comprenant trois plats et une demi-bouteille de vin de la maison, taxes et service compris.
Ⓛ jusqu'à 35 000 L
ⓁⓁ de 35 000 à 55 000 L
ⓁⓁⓁ de 55 000 à 75 000 L
ⓁⓁⓁⓁ de 75 000 à 100 000 L
ⓁⓁⓁⓁⓁ plus de 100 000 L.

MENU À PRIX FIXE
Menu à prix fixe comprenant généralement trois plats.

BONNE CARTE DES VINS
Le restaurant propose un vaste choix de vins de qualité.

TENUE DE VILLE EXIGÉE
Les hommes doivent porter une veste et une cravate.

TABLES EN TERRASSE
Tables à l'extérieur, souvent avec une vue agréable.

CARTE DE CRÉDIT
Les principales cartes de crédit sont acceptées.

ROVERETO : *Al Borgo* ⓁⓁⓁⓁ
Via Garibaldi 13, 38068. *0464 43 63 00.*
Situé dans le centre historique de la ville, Al Borgo propose un vaste choix de plats excellents préparés à partir de produits frais. ● *dim. soir, lun., 15 jan.-15 fév.*

TRENTE : *Al Tino* Ⓛ
Via Santissima Trinità 10, 38100. *0461 98 41 09.*
Située dans un immeuble ancien dans le centre de Trente, cette trattoria traditionnelle est animée et populaire, alors réservez à l'avance. Bon rapport qualité prix. ● *dim.*

TRENTE : *Al Castello* ⓁⓁ
Via Val Gola 2–4, Località Ravina 38040. *0461 92 33 33.*
Ce restaurant se limite à quelques bons plats fondés sur les pâtes maison, les gnocchis de pomme de terre, la ricotta, les navets et la viande. ● *dim. soir, lun.*

TRENTE : *Osteria A le Due Spade* ⓁⓁⓁⓁ
Via Don Rizzi 11, 38100. *0461 23 43 43.*
Accueillant restaurant situé dans une cave, près de la cathédrale. Il prépare des mets du Trentin, en particulier des poissons d'eau douce. ● *dim., lun. midi.*

VAL DI VIZZE (PFITSCH) : *Pretzhof* ⓁⓁⓁ
Località Tulve, 39040. *0472 76 44 55.*
Cette paisible auberge de campagne utilise des produits frais de la ferme pour concocter des spécialités tyroliennes. ● *lun., mar., fév., juil.*

VIPITENO (BOLZANO) : *Kleine Flamme* ⓁⓁⓁ
Città nuova 31, 39049. *0472 76 640 65.*
C'est une cuisine créative de grand standing et un service attentif aux moindres détails pour ce restaurant chic installé dans un immeuble du XVIe siècle. ● *dim. soir, lun.*

LOMBARDIE

BELLAGIO : *Silvio* ⓁⓁ
Via Carcano 12, 22021. *031 95 03 22.*
Ce charmant hôtel-restaurant jouit d'une vue magnifique sur le lac. Les propriétaires pêchent des poissons qu'ils utilisent pour faire des pâtés ou des sauces pour les pâtes, les raviolis et les risottos. ● *jan., fév.*

BERGAME : *Vineria Cozzi* ⓁⓁ
Via Colleoni 22, 24129. *035 23 88 36.*
Ce vieux bar à vin au décor du siècle dernier offre une liste des vins spectaculaire et un large choix de plats légers – comme sa remarquable polenta au baccalà (morue salée) – et de fromages pour les accompagner. ● *mer., 2 sem. en juil. et en août.*

BERGAME : *Taverna del Colleoni dell'Angelo* ⓁⓁⓁⓁ
Piazza Vecchia 7, 24129. *035 23 25 96.*
Élégante taverne à l'allure médiévale proposant notamment des pâtes au calmar, des crevettes avec une polenta légère et de délicieux desserts. ● *lun.*

BORMIO : *Taulà* ⓁⓁⓁ
Via Dante 6, 23032. *0342 90 47 71.*
Charmant restaurant aménagé dans une grange du XVIIe siècle. Excellent choix d'antipasti à base de viandes séchées et fumées. ● *mar., mer. midi, mai-juin, oct.-nov.*

BRESCIA : *Trattoria Mezzeria* ⓁⓁⓁ
Via Trieste 66, 25121. *030 403 06.*
Trattoria très fréquentée préparant des gnocchis de pomme de terre maison et d'autres plats classiques tel le lapin *alla Bresciana.* ● *dim., juil.-août.*

CASTELVECCANA : *Sant'Antonio* ⓁⓁ
Località Sant'Antonio, 21010. *0332 54 84 42.*
Situé dans un magnifique village du Xe siècle, il offre un splendide panorama du lac Majeur. Sa carte offre les plats habituels des trattorie. ● *sept.-mai : du lun. au ven.*

Restaurant	Menu à prix fixe	Bonne carte des vins	Tenue de ville exigée	Tables en terrasse
Rovereto : Al Borgo	●	■		
Trente : Al Tino	●	■		
Trente : Al Castello		■		■
Trente : Osteria A le Due Spade	●	■		
Val di Vizze : Pretzhof				■
Vipiteno : Kleine Flamme		■		■
Bellagio : Silvio	●			■
Bergame : Vineria Cozzi		■		■
Bergame : Taverna del Colleoni dell'Angelo	●	■	●	■
Bormio : Taulà				
Brescia : Trattoria Mezzeria		■		
Castelveccana : Sant'Antonio	●			■

CÔME : *Sant'Anna 1907* ⓁⓁⓁⓁ
Via Turati 3, 22100. *031 50 52 66.*
Parmi les plats traditionnels qu'il concocte, signalons son risotto de poisson et son veau en croûte aux olives. *ven., sam. midi., août, 1 sem. en déc.*

CRÉMONE : *Mellini* ⓁⓁ
Via Bissolati 105, 26100. *0372 305 35.*
Un restaurant familial cosy avec un bon choix de plast préparés avec savoir-faire. Ce ne sont que des produits frais et locaux et des poissons de grande qualité. Essayez les tortellini, le risotto aux champignons ou le poisson aux pommes de terre.
dim. soir et lun.

CRÉMONE : *Porta Mosa* ⓁⓁⓁ
Via Santa Maria in Betlem 11, 26100. *0372 41 18 03.*
Trattoria offrant d'excellents vins et de bons plats simples à base de produits frais : raviolis, soupe à l'oignon, polenta dont la sauce varie en fonction des saisons.
dim., août.

GARGNANO DEL GARDA : *La Tortuga* ⓁⓁⓁⓁⓁ
Via XXIV Maggio 5, Porticciolo di Gargnano, 25084. *0365 712 51.*
Charmant endroit au bord du lac, où l'on prépare avec soin les poissons ; notez le corégone aux tomates et aux câpres. *à midi, lun., mar., jan., fév.*

LAC DE CÔME : *Locanda dell'Isola Comacina* ⓁⓁⓁⓁ
Isola Comacina, 22010. *0344 550 83.*
Situé au bord de l'eau, sur une île. On y propose un superbe menu de cinq plats qui réserve de délicieuses surprises. *nov.-mars.*

LECCO : *Casa di Lucia* ⓁⓁ
Via Lucia 27, Località Acquate 22053. *0341 49 45 94.*
On y sert des mets simples : charcuteries, bresaola (bœuf fumé), lapin, pasta e fagioli, avec d'excellents vins italiens et étrangers. *sam. midi, dim., août.*

MANERBA DEL GARDA : *Capriccio* ⓁⓁⓁ
Piazza San Bernardo 6, Località Montinelle 25080. *0365 55 11 24.*
Il offre une belle vue sur le lac et apprête les poissons. Parmi ses desserts, signalons une délicate gelée de muscat à la sauce de pêche. *à midi, mar., jan.-fév.*

MANTOUE : *Ai Ranari* Ⓛ
Via Trieste 11, 46100. *0376 32 84 31.*
Trattoria sans prétention servant des spécialités traditionnelles de Mantoue, comme les tortellini au potiron à la sauce au beurre et la polenta à la viande.
lun., 2 sem. en juil., 1 en août.

MANTOUE : *L'Ochina Bianca* ⓁⓁ
Via Finzi 2, 46100. *0376 32 37 00.*
Ce restaurant tout simple propose des plats régionaux peu connus, telle que la viande au fromage. *lun., mar. midi.*

MANTOUE : *Il Cigno Trattoria dei Martini* ⓁⓁⓁ
Piazza Carlo d'Arco 1, 46100. *0376 32 71 01.*
Charmant restaurant servant de la bonne cuisine de Mantoue – notez le lapin à la sauce aux pignons et au raisin – et d'excellents vins. *lun., mar., août.*

MILAN : *Geppo* Ⓛ
Viale GB Morgagni 37, 20124. *02 29 51 48 62.*
Parmi ses pizzas originales, on trouve une valdostane (épinards, tomates, mozzarella, fromage). *dim.*

MILAN : *Premiata Pizzeria* Ⓛ
Alzaia Nauiglio Grande 2, 20144. *02 89 40 04 68.*
Ce restaurant animé et informel est toujours plein mais le service reste efficace et amical. La salle est spacieuse et décorée de meubles anciens. En été, les tables sont dressées dehors dans la superbe cour. *mar.*

MILAN : *La Capanna* ⓁⓁ
Via Donatello 9, 20131. *02 29 40 08 84.*
Ne vous laissez pas rebuter par son apparence quelconque. Sa cuisine d'inspiration toscane – pâtes fraîches et desserts maison – est exceptionnelle. *sam., août.*

MILAN : *Lucca* ⓁⓁⓁ
Via Castaldi 33, 20100. *02 29 52 66 68.*
Sa cuisine de style méditerranéen convient aussi bien aux déjeuners d'affaires qu'aux dîners. *lun., 1 sem. en déc. et jan.*

Prix moyens par personne pour un repas comprenant trois plats et une demi-bouteille de vin de la maison, taxes et service compris.
Ⓛ jusqu'à 35 000 L
ⓁⓁ de 35 000 à 55 000 L
ⓁⓁⓁ de 55 000 à 75 000 L
ⓁⓁⓁⓁ de 75 000 à 100 000 L
ⓁⓁⓁⓁⓁ plus de 100 000 L.

Menu à prix fixe
Menu à prix fixe comprenant généralement trois plats.

Bonne carte des vins
Le restaurant propose un vaste choix de vins de qualité.

Tenue de ville exigée
Les hommes doivent porter une veste et une cravate.

Tables en terrasse
Tables à l'extérieur, souvent avec une vue agréable.

Carte de crédit
Les principales cartes de crédit sont acceptées.

Restaurant	Prix	Menu à prix fixe	Bonne carte des vins	Tenue de ville exigée	Tables en terrasse
Milan : Trattoria Pagni	ⓁⓁⓁ				
Milan : Aimo e Nadia	ⓁⓁⓁⓁⓁ	●	■	●	
Monte Isola : La Foresta	ⓁⓁ	●	■		■
Pavie : Locanda Vecchia Vecchio Mulino	ⓁⓁⓁⓁⓁ	●	■		
Salò : Alla Campagnola	ⓁⓁ	●	■		■
Acqui Terme : La Schiavia	ⓁⓁⓁ		■		
Alba : Porta San Martino	ⓁⓁ		■		
Alexandrie : Il Grappolo	ⓁⓁⓁ	●	■		■
Aoste : Grotta Azzurra	ⓁⓁ		■		■
Aoste : Le Foyer	ⓁⓁⓁ	●			
Aoste : Vecchia Aosta	ⓁⓁ	●	■		■
Asti : Gener Neuw	ⓁⓁⓁⓁ	●	■		

Milan : *Trattoria Pagni* ⓁⓁⓁ
Via Orti 7, 20122. ☎ *02 55 01 12 67.*
Restaurant rustique proposant des spécialités toscanes pleines de saveur à base de charcuterie, de champignons et de fines herbes fraîches. ● *sam. soir, dim.* [CB]

Milan : *Aimo e Nadia* ⓁⓁⓁⓁⓁ
Via Montecuccoli 6, 20147. ☎ *02 41 68 86.*
Petit restaurant élégant renommé pour ses délicieux plats très imaginatifs, tels que les fleurs de courgette farcies. ● *sam. midi, dim., août, 1 sem. en déc.* [CB] [Menu]

Monte Isola : *La Foresta* ⓁⓁ
Località Peschiera Maraglio, 25050. ☎ *030 988 62 10.*
Sa carte propose des poissons qui viennent d'être pêchés dans le lac. Un vrai paradis pour les amateurs de poissons d'eau douce. ● *mer., oct.-nov.* [CB] [Menu]

Pavie : *Locanda Vecchia Vecchio Mulino* ⓁⓁⓁⓁⓁ
Via al Monumento 5, Certosa di Pavia 27012. ☎ *0382 92 58 94.*
Les plats ont su garder leur tradition locale tout en étant créatifs. Le service est cordial et attentif. ● *lun., mer. midi, août.* [CB] [Menu]

Salò : *Alla Campagnola* ⓁⓁ
Via Brunati 11, 25087. ☎ *0365 221 53.*
Son « équipe familiale » élabore de séduisants plats traditionnels comme les pâtes farcies au potiron ou aux aubergines. ● *lun., mar. midi., jan.* [CB]

Val d'Aoste et Piémont

Acqui Terme : *La Schiavia* ⓁⓁⓁ
Vicolo della Schiavia 1, 15011. ☎ *0144 559 39.*
Élégant restaurant situé dans un édifice du XVIIe siècle. Il sert des mets régionaux, dont une délicieuse fricassée de légumes et de poisson. ● *août, dim.* [CB]

Alba : *Porta San Martino* ⓁⓁ
Via Einaudi 5, 12051. ☎ *0173 36 23 35.*
Ce restaurant au service attentif offre un excellent rapport qualité-prix. Il propose des spécialités piémontaises comme le vitello tonnato (veau avec une sauce au thon et aux câpres) et le filet de bœuf au romarin. ● *lun. du 15 juil. au 15 août.* [CB]

Alexandrie : *Il Grappolo* ⓁⓁⓁ
Via Casale 28, 15100. ☎ *0131 25 32 17.*
Cuisine piémontaise avec quelques touches personnelles. Essayez les agnolotti all'Alessandrina. ● *lun. soir, mar., 2 sem. en août, 1 sem. en jan.* [CB] [♿]

Aoste : *Grotta Azzurra* ⓁⓁ
Via Croix de Ville 97, 11100. ☎ *0165 26 24 74.*
Cette pizzeria sert également d'excellents plats de pâtes, de risotto ou de poisson. Notez sa salade de fruits de mer et sa soupe de poisson. ● *juil., mer.* [Menu]

Aoste : *Le Foyer* ⓁⓁⓁ
Corso Ivrea 146, 11100. ☎ *0165 321 36.*
Très prisée des Valdôtains, cette trattoria des faubourgs d'Aoste propose d'excellents plats de poisson, dont un carpaccio de saumon, un risotto aux crevettes et un flan à la roquette et aux courgettes. ● *lun. soir, mar., jan.* [CB]

Aoste : *Vecchia Aosta* ⓁⓁ
Piazza Porta Pretoria 4c, 11100. ☎ *0165 36 11 86.*
Ce restaurant de la vieille ville propose des plats régionaux tels que des terrines de légumes et des raviolis à la sauce aux écrevisses. ● *mer., 3 sem. en jan., 1 en juil.* [CB]

Asti : *Gener Neuw* ⓁⓁⓁⓁ
Lungotanaro 4, 14100. ☎ *0141 55 72 70.*
Ce sympathique restaurant situé à environ 1 km du centre-ville sert de délicieuses spécialités locales. Le service y est très attentif. ● *dim., lun. soir, 2 sem. en août, 1 en déc.* [CB]

BRA : *Osteria Boccondivino* ⓁⓁ
Via Mendicita Istruita 14, 12042. *0172 42 56 74.*
Restaurant piémontais sans prétention. Nous vous recommandons son veau farci, son lapin au vin blanc et sa panna cotta (crème brûlée). ● *dim., lun. soir.*

BREUIL-CERVINIA : *Les Neiges d'Antan* ⓁⓁⓁⓁ
Frazione Cret de Perrères, 11021. *0166 94 87 75.*
Élégamment rustique, ce restaurant qui jouit d'une belle vue sur les montagnes prépare avec amour de copieux plats montagnards.

CANNOBIO : *Del Lago* ⓁⓁⓁⓁⓁ
Via Nazionale 2, Località Carmine Inferiore 28052. *0323 705 95.*
Joli restaurant au bord du lac, dont la cuisine imaginative combine des saveurs parfois surprenantes pour obtenir des effets remarquables. ● *mar., mer. midi., nov.-fév.*

CASALE MONFERRATO : *La Torre* ⓁⓁⓁⓁ
Via Diego Garoglio 3, 15033. *0142 702 95.*
Élégant restaurant proche du centre-ville, offrant une belle vue panoramique. La cuisine est inventive et utilise les produits de saison. ● *mer.*

COGNE : *Lou Ressignon* ⓁⓁ
Rue Mines de Cogne 22, 11012. *0165 740 34.*
Auberge du XVIIe siècle, avec une superbe cheminée. Sa cuisine, toute simple, repose sur la charcuterie, la polenta et les pains de la région. ● *lun. soir, mar.*

COSTIGLIOLE D'ASTI : *Collavini* ⓁⓁ
Via Asti-Nizza 84, 14055. *0141 96 64 40.*
Ce restaurant à l'ambiance chaleureuse, au service attentif et aux mets simples préparés avec soin, est très fréquenté. ● *3 sem. en jan. et août.*

COURMAYEUR : *Pierre Alexis 1877* ⓁⓁⓁ
Via Marconi 54, 11013. *0165 84 35 17.*
Cette ancienne grange sert des spécialités de la région. Notez son bœuf aux cinq sauces et ses pappardelle (pâtes) à la Pierre Alexis. ● *lun., oct.-nov.*

CUNEO : *Osteria della Chiocciola* ⓁⓁ
Via Fossano 1, 12100. *0171 662 77.*
Excellent restaurant qui associe les mets aux vins appropriés. En hiver, ses rouges bien corsés accompagnent à merveille les truffes et le risotto. ● *dim.*

DOMODOSSOLA : *Piemonte da Sciolla* ⓁⓁ
Piazza Convenzione 5, 28037. *0324 24 26 33.*
Situé dans un édifice ancien du centre-ville, il mitonne avec soin des spécialités régionales comme les gnocchis au seigle et aux châtaignes. ● *mer.*

FEISOGLIO : *Piemonte da Renato* ⓁⓁ
Via Firenze 19, 12050. *0173 83 11 16.*
Cette trattoria à l'ambiance familiale sert des spécialités de saison, notamment des plats à base de truffes. Il est prudent de réserver. ● *déc. à Pâques.*

IVREA : *La Trattoria* ⓁⓁ
Via Aosta 47, 10015. *0125 489 98.*
Restaurant agréable dont la cuisine simple se fonde sur la tradition locale. Les plats du jour sont des créations du chef. ● *dim. soir, lun., 2 sem. en août.*

NOVARE : *La Famiglia* ⓁⓁⓁ
Via P Solaroli 8, 28100. *0321 39 95 29.*
Paisible restaurant aux murs ornés de fresques représentant le lac Majeur. Il sert essentiellement des plats de poisson et des risottos. ● *2 sem. en août.*

NOVARE : *Osteria del Laghetto* ⓁⓁⓁⓁ
Case Sparse 11, Veveri 28100. *0321 62 15 79.*
Situé dans un parc, ce restaurant fleuri propose surtout des plats à base de poisson, de champignons et de truffes. Il est prudent de réserver. ● *sam. midi, dim.*

ORTA SAN GIULIO : *Villa Crespi* ⓁⓁⓁⓁⓁ
Via Generale Fava 8–10, 28016. *0322 91 19 02.*
Restaurant dont le décor exotique s'inspire des *Mille et Une Nuits.* Sa cuisine très savante fait appel aux truffes et au foie gras. ● *mar., 3 sem. en jan., 1 en fév.*

SAINT VINCENT : *Batezar* ⓁⓁⓁⓁⓁ
Via Marconi 1, 11027. *0165 51 31 64.*
Excellent restaurant à la cuisine classique marquée de touches originales (raviolis à la sauce aux écrevisses, faisan dans une croûte de polenta). ● *mer., du lun. au ven. midi.*

Légende des symboles, voir rabat de couverture

Prix moyens par personne pour un repas comprenant trois plats et une demi-bouteille de vin de la maison, taxes et service compris.
Ⓛ jusqu'à 35 000 L
ⓁⓁ de 35 000 à 55 000 L
ⓁⓁⓁ de 55 000 à 75 000 L
ⓁⓁⓁⓁ de 75 000 à 100 000 L
ⓁⓁⓁⓁⓁ plus de 100 000 L.

Menu à prix fixe
Menu à prix fixe comprenant généralement trois plats.

Bonne carte des vins
Le restaurant propose un vaste choix de vins de qualité.

Tenue de ville exigée
Les hommes doivent porter une veste et une cravate.

Tables en terrasse
Tables à l'extérieur, souvent avec une vue agréable.

Carte de crédit
Les principales cartes de crédit sont acceptées.

Restaurant	Prix	Menu à prix fixe	Bonne carte des vins	Tenue de ville exigée	Tables en terrasse
San Secondo di Pinerolo : *La Ciau* Via Castello di Miradolo 2, 10060. *0121 50 06 11.* Ses plats régionaux sont concoctés avec beaucoup de soin et un zeste de créativité. Nous recommandons ses gnocchis farcis et son pain maison. ● *mer., jan.*	ⓁⓁ	●	●		●
Sestriere : *Braciere del Possetto* Via Agnelli 11-12, 01058. *0122 761 29.* C'est l'un des meilleurs endroits pour goûter à la cuisine piémontaise, comme aux fromages italiens et français. ● *midi (sauf dim.), mar., juin.*	ⓁⓁ		●		
Soriso : *Al Sorriso* Via Roma 18, 28016. *0322 98 32 28.* L'un des restaurants les plus renommés d'Italie. En s'inspirant de traditions culinaires italiennes et étrangères, on y utilise avec talent les produits du marché pour accommoder d'excellents mets. ● *sam. midi, dim.*	ⓁⓁⓁⓁⓁ		●		
Stresa : *La Piemontese* Via Mazzini 25, 28049. *0323 302 35.* Un restaurant raffiné mais un peu guindé où le service est impeccable. La cuisine est créative avec un large choix de vins. ● *lun., 2 sem. en jan. et déc.*	ⓁⓁⓁⓁ		●		●
Turin : *Birilli* Strada Val San Martino 6, 10131. *011 819 05 67.* Ce restaurant accueillant appartient à une chaîne familiale née à Los Angeles en 1929. Il sert une nourriture simple et copieuse, comme ses plats de viande et ses pâtes maison alla Birilli. ● *dim. (hiver).*	ⓁⓁ				●
Turin : *Porto di Savona* Piazza Veneto 2, 10100. *011 817 35 00.* Restaurant accueillant à l'ambiance légèrement bohème, dans un édifice du XVIIIe siècle, au cœur de Turin. Spécialités régionales : gnocchis au gorgonzola et viandes braisées au barolo. ● *lun., mar. midi, 2 sem. en août.*	ⓁⓁ	●	●		●
Turin : *Saletta* Via Belfiore 37, 10125. *011 668 78 67.* Ambiance chaleureuse au cœur de Turin. Parmi les spécialités de la maison, citons la viande braisée au barolo et un zabaione crémeux. ● *août, dim.*	ⓁⓁ	●	●		
Turin : *Spada Reale* Via Principe Amedeo 53, 10123. *011 817 13 63.* Ce restaurant animé et familial propose des plats piémontais traditionnels dans un cadre rustique. Bon rapport qualité prix. ● *dim., lun. midi, août.*	ⓁⓁ		●		
Turin : *Neuv Caval 'd Brôns* Piazza San Carlo 151, 10123. *011 562 74 83.* Restaurant élégant et spacieux dont la carte étoffée comporte même des plats végétariens. Parmi ses spécialités, citons le San Vittorio, un célèbre gâteau à la menthe et au chocolat. ● *sam. midi, dim.*	ⓁⓁⓁⓁⓁ	●	●	●	
Verbania Pallanza : *Milano* Corso Zanitello 2, 28048. *0323 55 68 16.* Donnant sur le lac, il présente un intérieur romantique. Parmi ses spécialités, citons les tagliolini au poisson du lac et les pâtes maison. ● *mar., jan., 1 sem. en juin.*	ⓁⓁⓁⓁ	●			●
Vercelli : *Il Paiolo* Corso Garibaldi 72, 13100. *0161 25 05 77.* Trattoria de campagne, dans le centre historique, servant des spécialités locales. Nous vous conseillons particulièrement son risotto vercellese. ● *jeu., 15 juil.-15 août.*	ⓁⓁ		●		
Vercelli : *Il Giardinetto* Via Luigi Sereno 3, 13100. *0161 25 72 30.* Restaurant d'un hôtel élégant occupant une villa. Sa cuisine fait largement appel aux truffes et aux champignons. Notez son risotto mediterraneo. ● *lun., 3 sem. en août.*	ⓁⓁⓁⓁ		●		●

VILLARFOCCHIARDO : *La Giaconera* ⓁⓁⓁ
Via Antica di Francia 1, 10050. *011 964 50 00.*
Auberge élégante, faisant largement appel aux ingrédients de saison, tels que les truffes, et une grande variété de légumes. *lun., mar., 2 sem. en jan. et août.*

LIGURIE

CAMOGLI : *La Cucina di Nonna Nina* ⓁⓁ
Via Franco Molfino 126, San Rocco di Camogli 16032. *0185 77 38 35.*
Comme l'indique la carte, sa cuisine, essentiellement ligure, est préparée selon des méthodes traditionnelles. Son ambiance est sympathique et on y jouit d'une vue superbe sur le golfo Paradiso. *mer., 1 sem. en juin et oct.*

CAMOGLI : *Rosa* ⓁⓁⓁⓁ
Largo Casabona 11, 16032. *0185 77 34 11.*
Dans une jolie villa donnant sur le golfo Paradiso. Il propose de délicieux plats de poisson comme les taglierini in sugo di triglie (pâtes au rouget). *mar., jan.*

CERVO : *San Giorgio* ⓁⓁⓁⓁⓁ
Via Volta 19, 18010. *0183 40 01 75.*
Il est indispensable de réserver car ce restaurant est très renommé. Il sert surtout du poisson et des fruits de mer ; son branzino (bar) au romarin et aux haricots est vraiment exceptionnel. *mar., 3 sem. en jan.*

DOLCEACQUA : *Gastone* ⓁⓁⓁ
Piazza Garibaldi 2, 18035. *0184 20 65 77.*
Les deux points forts de cet élégant restaurant situé dans le centre historique sont les pâtes maison et les plats de viande régionaux. *lun. soir, mar., 3 sem. en jan.*

GÊNES : *Da Genio* ⓁⓁ
Salita San Leonardo 61r, 16128. *010 58 84 63.*
Apprécié des locaux, ce restaurant a une atmosphère animée très agréable. La cuisine, créative et traditionnelle, est délicieuse comme l'espadon grillé et les anchois aux câpres. *dim., août.*

GÊNES : *Do' Colla* ⓁⓁ
Via alla Chiesa di Murta 10, Località Bolzaneto. *010 740 85 79.*
L'exquise cuisine traditionnelle ligure de cette trattoria toute simple mérite bien que l'on fasse quelques kilomètres hors de Gênes. *dim. soir, lun., août, 2 sem. en jan.*

LEVANTO : *Araldo* ⓁⓁⓁ
Via Jacopo da Levanto 24, 19015. *0187 80 72 53.*
Le menu change tous les mois, mais il repose toujours sur les produits du terroir. La salle à manger est joliment décorée de trompe-l'œil. *mar., fév., nov.*

MANAROLA : *Marina Piccola* ⓁⓁⓁ
Via Discovolo 38, 19010. *0187 92 01 03.*
Ce restaurant jouit d'une vue superbe sur la mer. On y sert des spécialités régionales : antipasti de fruits de mer, pâtes au pesto, poisson grillé. *jeu., nov.*

NERVI : *Astor* ⓁⓁⓁ
Viale delle Palme 16, 16167. *010 32 90 11.*
Intéressant choix de plats : des pâtes au pesto, du poisson et un plat de pâtes locales, les pansotti à la sauce aux noix.

PORTOFINO : *Puny* ⓁⓁⓁⓁ
Piazza Martiri Olivetta 5, 16034. *0185 26 90 37.*
Du Puny, on découvre un superbe panorama de la baie de Portofino. On y sert des plats préparés avec soin accompagnés de vins ligures. *jeu., jan., fév., 2 sem. en déc.*

PORTOVENERE : *Taverna del Corsaro* ⓁⓁⓁⓁ
Calata Doria 102, 19025. *0187 79 06 22.*
À la pointe de la péninsule de Portofino, il donne sur la mer. Sa carte propose surtout des plats de poisson et des recettes modernisées. *mar.*

RAPALLO : *Roccabruna* ⓁⓁ
Via Sotto la Croce 6, Località Savagna 16035. *0185 26 14 00.*
Installé sur une jolie terrasse, à l'écart de la foule qui envahit le front de mer. On y sert uniquement le menu du jour, des antipasti au vin. *lun.*

SAN REMO : *Paolo e Barbara* ⓁⓁⓁⓁⓁ
Via Roma 47, 18038. *0184 53 16 53.*
Petit local raffiné proposant des spécialités ligures et méditerranéennes, notamment du poisson et des fruits de mer. *mer., jeu. midi.*

Prix moyens par personne pour un repas comprenant trois plats et une demi-bouteille de vin de la maison, taxes et service compris.
Ⓛ jusqu'à 35 000 L
ⓁⓁ de 35 000 à 55 000 L
ⓁⓁⓁ de 55 000 à 75 000 L
ⓁⓁⓁⓁ de 75 000 à 100 000 L
ⓁⓁⓁⓁⓁ plus de 100 000 L.

Menu à prix fixe
Menu à prix fixe comprenant généralement trois plats.

Bonne carte des vins
Le restaurant propose un vaste choix de vins de qualité.

Tenue de ville exigée
Les hommes doivent porter une veste et une cravate.

Tables en terrasse
Tables à l'extérieur, souvent avec une vue agréable.

Carte de crédit
Les principales cartes de crédit sont acceptées.

	Prix	Menu à prix fixe	Bonne carte des vins	Tenue de ville exigée	Tables en terrasse
Vernazza : *Gambero Rosso* Piazza Marconi 7, 19018. *0187 81 22 65.* La cuisine ligure est réinterprétée ici de façon originale : riz au citron et aux crevettes, anchois grillés, gamberoni in pigiama (gambas frites) et pansotti *(p. 174)* au cacao et au thym. *lun., déc.-fév.*	ⓁⓁⓁ	●			■

Émilie-Romagne

	Prix	Menu à prix fixe	Bonne carte des vins	Tenue de ville exigée	Tables en terrasse
Bologne : *Antica Trattoria Spiga* Via Broccaindosso 21a, 40125. *051 23 00 63.* Une trattoria authentique et familiale pour une cuisine traditionnelle. Parmi les spécialités, goûtez les lasagnes au ragoût, les tortellini et les gnocchi. *soir, dim., août.*	Ⓛ	●			
Bologne : *Antica Trattoria del Cacciatore* Via Caduti di Casteldebole 25, 40132. *051 56 42 03.* Auberge de campagne proche de l'aéroport. Sa carte, cocktail de plats locaux et internationaux, propose du pain maison. *dim. soir, lun., 1 sem. en jan. et août.*	ⓁⓁⓁⓁ				■
Bologne : *Pappagallo* Piazza Mercanzia 3c, 40125. *051 23 28 07.* Occupant un palazzo du XIVe siècle dans le centre historique, cet élégant restaurant sert des plats de Bologne : tortellini et lasagnes. *dim., août.*	ⓁⓁⓁⓁ		■		
Castell'Arquato : *Maps* Piazza Europa 3, 29014. *0523 80 44 11.* À l'intérieur d'un moulin restauré dans le centre historique. Le poisson est le pilier de la carte qui change en fonction des arrivages du jour. *mar., juil.*	ⓁⓁⓁ		■		■
Faenza : *Le Volte* Corso Mazzini 54, 48018. *0546 66 16 00.* Dans un bel édifice du centre historique. Excellente cuisine très influencée par la Pouille : médaillons de poulet au vinaigre balsamique, cannolini (pâtes) aux légumes sautés, agneau au thym. *dim., 2 sem. en juil. et août.*	ⓁⓁ	●	■		■
Ferrare : *La Sgarbata* Via Sgarbata 84, 44100. *0532 71 21 10.* Trattoria sans prétention des faubourgs de Ferrare, qui sert des spécialités locales et de délicieuses pizzas abondamment garnies. *lun., mar., août.*	ⓁⓁ	●	■		■
Ferrare : *Quel Fantastico Giovedì* Via Castelnuovo 9, 44100. *0532 76 05 70.* Petit restaurant dont la carte change chaque semaine, offrant des plats italiens et internationaux, y compris des sashimis. *mer., 15 juil.-15 août, 2 sem. en jan.*	ⓁⓁ	●	■		
Fidenza : *Del Duomo* Via Micheli 27, 43036. *0524 52 42 68.* À côté de la cathédrale du XIIe siècle, on y sert des spaghettis aux champignons, des steaks au vinaigre et des tripes alla parmigiana. *15 juil.-1er sept., lun.*	ⓁⓁ	●	■		
Goro : *Ferrari* Via Antonio Brugnoli 240–4, 44020. *0533 99 64 48.* Situé à côté du marché au poisson, son menu change chaque jour en fonction des arrivages. Naturellement, sa carte ne propose que du poisson. *mer.*	ⓁⓁⓁ	●	■		■
Modène : *Al Boschetto* Via Due Canali Nord 202, 41100. *059 25 17 59.* Restaurant rustique avec une cheminée, dans un parc où l'on peut dîner en été. Parmi ses spécialités, les viandes rôties à la broche. *du 8 au 25 août, dim. soir, mer.*	Ⓛ	●	■		■
Modène : *Fini* Piazzetta San Francesco, 41100. *059 22 33 14.* Fondé sur la cuisine locale, on y sert des plats exquis et de délicieux desserts comme la zuppa inglese (diplomate). *du 21 juil. au 28 août, lun., mar.*	ⓁⓁⓁⓁⓁ		■		

PARME : *Aldo* ⓁⓁ
Piazzale Inzani 15, 43100. *0521 20 60 01.*
Trattoria décontractée cuisinant des plats traditionnels avec un zeste d'originalité : rosbif fumé et pintade à la sauce à l'orange. *15 juil.-15 août, dim. soir, lun.*

PARME : *Le Viole* ⓁⓁⓁ
Strada Nuova 60a, Località Castelnuovo Golese 43031. *0521 60 10 00.*
Endroit charmant qui offre un mélange réussi d'idées modernes et traditionnelles. Parmi les antipasti, on y sert un flan aux saucisses et aux cèpes. Son point fort réside probablement dans les desserts. *mer., jeu. midi., 2 sem. en jan. et fév., 1 en août.*

PLAISANCE : *Da Faccini* ⓁⓁ
San Antonio di Castell'Arquato 10, 29014. *0523 89 63 40.*
Trattoria rustique dont la carte propose des gnocchis aux carottes, du canard, des raviolis aux truffes et du lapin à la moutarde. *du 10 au 20 juil., mer.*

PLAISANCE : *Don Carlos* ⓁⓁ
Strada Aguzzafame 85, 29100. *0523 499 80 00.*
Vous apprécierez cette excellente cuisine dans cet élégant restaurant. Le menu utilise des produits frais de saison comme la salade de fruits de mer aux haricots ou le saumon mariné. *lun., 2 sem. en août.*

PLAISANCE : *Antica Osteria del Teatro* ⓁⓁⓁⓁⓁ
Via Verdi 16, 29100. *0523 32 37 77.*
Une excellente carte des vins accompagne des plats préparés à partir des produits locaux. Le cadre, un palazzo du XVe siècle, est très agréable. *dim. soir, lun.*

RAVENNE : *Trattoria Capannetti* ⓁⓁⓁ
Vicolo Capannetti 21, 48100. *0544 666 81.*
Paisible restaurant du centre historique. Sa cuisine créative, d'inspiration régionale, évolue au gré des saisons. *dim. soir, lun.*

RAVENNE : *Tre Spade* ⓁⓁⓁ
Via Faentina 136, 48100. *0544 50 05 22.*
Agréable villa du XIXe siècle, au milieu d'un parc. Parmi ses spécialités, citons les tortelli au jus de canard et l'agneau aux herbes. *dim. soir, lun.*

RIMINI : *Il Melograno* ⓁⓁⓁ
Viale Vespucci 16, 47037. *0541 522 55.*
On y sert essentiellement du poisson (turbot en croûte aux pommes de terre, rouget au romarin), mais aussi de délicieuses viandes grillées.

RIMINI : *Europa* ⓁⓁⓁⓁ
Via Roma 51, 47037. *0541 287 61.*
Le poisson constitue la base de sa carte : salade chaude de poisson à la chicorée, spaghettis aux fruits de mer, sole grillée. *dim., 1 sem. en août.*

FLORENCE

FLORENCE : *La Maremmana* Ⓛ
Via de' Macci 77r, 50100. **Plan** 4 E1. *055 24 12 26.*
Trattoria toute simple, aux mets traditionnels, proche de Santa Croce. Son menu à prix fixe est particulièrement intéressant. *dim.*

FLORENCE : *Palle D'Oro* Ⓛ
Via Sant'Antonino 43r, 50123. **Plan** 1 C5 (5 C1). *055 28 83 83.*
Trattoria simple mais immaculée. Sa carte est très réduite mais sa cuisine est soignée. On vend également d'excellents sandwiches à emporter. *dim., août.*

FLORENCE : *Trattoria Mario* Ⓛ
Via Rosina 2r, 50123. **Plan** 1 C4. *055 21 85 50.*
Trattoria très fréquentée à l'heure du déjeuner. Le plat du jour alterne : au menu, gnocchis le jeudi et poisson le vendredi. *le soir, dim., août.*

FLORENCE : *Acquacotta* ⓁⓁ
Via de' Pilastri 51r, 50124. **Plan** 2 E5. *055 24 29 07.*
Ce restaurant bon marché porte le nom d'une soupe de légumes florentine. Il propose des viandes grillées et d'autres spécialités toscanes. *dim.*

FLORENCE : *Buca dell'Orafo* ⓁⓁ
Volta de' Girolami 28r, 50122. **Plan** 6 D4. *055 21 36 19.*
Ce local minuscule et accueillant jouit depuis longtemps de la faveur des Florentins. Sa cuisine est basée sur les pâtes, et le samedi on y sert un plat toscan typique, la pasta e fagioli (pâtes aux haricots). *dim., lun., août.*

Légende des symboles, voir rabat de couverture

Prix moyens par personne pour un repas comprenant trois plats et une demi-bouteille de vin de la maison, taxes et service compris.
Ⓛ jusqu'à 35 000 L
ⓁⓁ de 35 000 à 55 000 L
ⓁⓁⓁ de 55 000 à 75 000 L
ⓁⓁⓁⓁ de 75 000 à 100 000 L
ⓁⓁⓁⓁⓁ plus de 100 000 L.

Menu à prix fixe
Menu à prix fixe comprenant généralement trois plats.

Bonne carte des vins
Le restaurant propose un vaste choix de vins de qualité.

Tenue de ville exigée
Les hommes doivent porter une veste et une cravate.

Tables en terrasse
Tables à l'extérieur, souvent avec une vue agréable.

Carte de crédit
Les principales cartes de crédit sont acceptées.

Florence : *Da Pennello* ⓁⓁ
Via Dante Alighieri 4r, 50100. **Plan** 4 D1. ☎ *055 29 48 48.*
Réservez car ce restaurant est très fréquenté. Il est renommé pour ses antipasti copieux qui constituent un repas en eux-mêmes. ● *dim. soir, lun., août, 1 sem. en déc.*

Florence : *Dino* ⓁⓁ
Via Ghibellina 51r, 50122. **Plan** 4 D1 (6 E3). ☎ *055 24 14 52.*
Restaurant réputé, dans un beau palazzo du XIVe siècle. L'une des meilleures cartes des vins de Florence. Sa carte propose des plats originaux : pâtes aux fines herbes, filet de porc rôti en papillotes. ● *dim. soir, lun.*

Florence : *Le Mossacce* ⓁⓁ
Via del Proconsolo 55r, 50122. **Plan** 2 D5 (6 E2). ☎ *055 29 43 61.*
Ne vous laissez pas dissuader par le menu en plusieurs langues et par le chaos apparent ; ce restaurant sert une excellente cuisine toscane. ● *sam., dim.*

Florence : *San Zanobi* ⓁⓁ
Via San Zanobi 33r, 50100. **Plan** 1 C4. ☎ *055 47 52 86.*
Une cuisine délicate et inventive, basée sur la tradition florentine, est servie dans une salle à manger paisible et raffinée. ● *dim.*

Florence : *Trattoria Angiolino* ⓁⓁ
Via di Santo Spirito 36r, 50125. **Plan** 3 B1. ☎ *055 239 89 76.*
Restaurant très animé à l'ambiance typiquement florentine. La cuisine et le service sont inconstants mais peuvent se révéler excellents. En hiver, on allume un poêle en fonte au milieu de la salle. ● *lun., nov.-mars.*

Florence : *Trattoria Diladdarno* ⓁⓁ
Via de Serragli 108r, 50124. **Plan** 1 C4. ☎ *055 22 50 01.*
Populaire et local, c'est un restaurant animé, relax et informel dirigé par une équipe accueillante. Sa carte propose la pasta e fagioli (pâtes aux haricots) ou la fiorentina (steack grillé). ● *lun., mar.*

Florence : *Trattoria Zà Zà* ⓁⓁ
Piazza del Mercato Centrale 26r, 50123. **Plan** 1 C4. ☎ *055-21 54 11.*
Sorte de cantine toujours bondée. On y sert d'excellentes soupes toscanes : la ribolitta (de légumes) et la passata di fagioli (de haricots). ● *dim.*

Florence : *Buca Mario* ⓁⓁⓁ
Piazza degli Ottaviani 16r, 50100. **Plan** 1 B5. ☎ *055 21 41 79.*
Endroit bondé : il faut réserver ou faire la queue pour avoir une table.
On apprécie ses pâtes maison, ses viandes grillées et ses prix raisonnables.
● *mer., jeu. midi., août.*

Florence : *Cafaggi* ⓁⓁⓁ
Via Guelfa 35r, 50123. **Plan** 1 C4. ☎ *055 29 49 89.*
Trattoria toscane classique. L'huile et le vin viennent de la ferme familiale. Notez ses crostini (toasts), sa zuppa di farro et ses involtini. ● *dim., 2 sem. en juil. et août.*

Florence : *Da Ganino* ⓁⓁⓁ
Piazza dei Cimatori 4r, 50100. **Plan** 6 D3. ☎ *055 21 41 25.*
Petit restaurant accueillant prisé des Florentins. On y propose les plats classiques de la région, comme les raviolis au beurre et à la sauge. ● *dim.*

Florence : *Il Francescano* ⓁⓁⓁ
Via di San Giuseppe 26, 50120. **Plan** 4 E1. ☎ *055 24 16 05.*
Restaurant au décor élégant. Sa clientèle jeune apprécie ses tourtes aux artichauts, ses soupes et ses plats de viande. ● *d'oct. à avril : mar.*

Florence : *I Quattro Amici* ⓁⓁⓁ
Via degli Orti Oricellari 29, 50100. **Plan** 1 A5. ☎ *055 21 54 13.*
Quatre amis ont créé ce restaurant de poisson au cadre un peu froid et quelque peu spartiate. Mais son poisson, qui provient de Porto Santo Stefano, est très bon.

	Menu à prix fixe	Bonne carte des vins	Tenue de ville exigée	Tables en terrasse
Da Pennello	●	■		■
Dino		■		
Le Mossacce				
San Zanobi		■		
Trattoria Angiolino		■		
Trattoria Diladdarno				■
Trattoria Zà Zà	●			■
Buca Mario				
Cafaggi	●	■		
Da Ganino		■		■
Il Francescano		■		
I Quattro Amici	●			■

FLORENCE : *La Taverna del Bronzino* ⓁⓁⓁ
Via delle Ruote 27r, 50129. **Plan** 2 D3. *055 49 52 20.*
Restaurant baptisé ainsi en l'honneur du peintre florentin lié à ce palazzo du XVe siècle qui lui sert de cadre. Sa cuisine est excellente. *dim., août.*

FLORENCE : *Paoli* ⓁⓁⓁ
Via dei Tavolini 12r, 50100. **Plan 6 D3** (4 D1). *055 21 62 15.*
La salle à manger voûtée ornée de fresques médiévales est superbe. Mais la cuisine n'est pas vraiment à la hauteur du cadre. *mar., août.*

FLORENCE : *Alle Murate* ⓁⓁⓁⓁ
Via Ghibellina 52r, 50122. **Plan** 4 D1. *055 24 06 18.*
Trattoria de plus en plus prisée alliant la tradition italienne à celle d'autres régions méditerranéennes. On y sert des plats délicats comme les raviolis de crevettes. Ses desserts légers sont alléchants. *à midi, lun., 1 sem. en déc.*

FLORENCE : *Cibreo* ⓁⓁⓁⓁ
Via Andrea del Verrocchio 8r, 50122. **Plan** 4 E1. *055 234 11 00.*
Excellente cuisine toscane et ambiance décontractée. Il ne sert pas de pâtes mais propose des tripes et des rognons. Si vous n'aimez pas les abats, nous vous recommandons le canard farci aux raisins de Smyrne. *dim., lun., août.*

FLORENCE : *Enoteca Pinchiorri* ⓁⓁⓁⓁⓁ
Via Ghibellina 87, 50122. **Plan** 1 A4 (5 A1). *055 24 27 77.*
Souvent décrite comme le meilleur restaurant d'Italie, avec une cave à vin exceptionnelle. Elle occupe un palazzo du XVe siècle. Sa cuisine allie la tradition toscane à la nouvelle cuisine d'inspiration française. *dim., lun. midi, mer. midi., août.*

FLORENCE : *Sabatini* ⓁⓁⓁⓁⓁ
Via Panzani 9a, 50123. **Plan** 1 C5 (5 C1). *055 28 28 02.*
Autrefois le meilleur restaurant de Florence. Sa cuisine éclectique est parfois excellente. Ambiance et service très agréables. *lun.*

TOSCANE

AREZZO : *Buca di San Francesco* ⓁⓁ
Via San Francesco 1, 52100. *0575 232 71.*
Son ambiance médiévale et sa position, à côté de l'église qui abrite les fresques de Piero della Francesca, le rendent inévitable. *lun. soir, mar.*

ARTIMINO : *Da Delfina* ⓁⓁⓁ
Via della Chiesa 1, 50041. *055 871 80 74.*
Charmant restaurant, à la sortie d'un village médiéval fortifié. Il propose du gibier, du porc au fenouil et du chou noir de Toscane. *dim. soir, lun.*

BAGNI DI LUCCA : *Locanda Maiola* ⓁⓁ
Via della Controneria, 55022. *0583 862 96.*
Belle trattoria servant d'excellentes spécialités régionales : agneau grillé, pâtes à la bolonaise, beignets aux noisettes. *mar.*

CAPALBIO : *Da Maria* ⓁⓁⓁ
Via Comunale 3, 58011. *0564 89 60 14.*
Les politiciens en vacances viennent y déguster des spécialités de la Maremme mitonnées avec soin : sanglier et pâtes aux truffes. *d'oct. à avril : mar.*

CASTELNUOVO BERARDENGA : *La Bottega del Trenta* ⓁⓁⓁ
Via Santa Caterina 2, Villa a Sesta 53019. *0577 35 92 26.*
Restaurant coquet servant des plats originaux comme le magret de canard au fenouil sauvage et de délicieux desserts. *mar., mer., du lun. au sam. à midi., 15 jan.-15 fév.*

COLLE DI VAL D'ELSA : *L'Antica Trattoria* ⓁⓁⓁ
Piazza Arnolfo 23, 53034. *0577 92 37 47.*
Restaurant familial sans prétention tourné vers la cuisine régionale. Son cadre est médiéval et le service est alerte et attentif. *mar., 1 sem. en déc. et jan.*

CORTONE : *La Loggetta* ⓁⓁ
Piazza Pescheria 3, 54044. *0575 63 05 75.*
Occupant une pittoresque loggia médiévale. Ambiance paisible. Ses raviolis maison sont délicieux. *oct.-mai : lun., nov., déc.*

ELBE : *Publius* ⓁⓁⓁ
Piazza XX Settembre, Poggio di Marciana 57030. *0565 992 08.*
Agréable trattoria, avec la meilleure cave à vins de l'île. Elle sert du poisson, des champignons et du gibier, notamment du sanglier. *de nov. à mars.*

Légende des symboles, voir rabat de couverture

Prix moyens par personne pour un repas comprenant trois plats et une demi-bouteille de vin de la maison, taxes et service compris.
Ⓛ jusqu'à 35 000 L
ⓁⓁ de 35 000 à 55 000 L
ⓁⓁⓁ de 55 000 à 75 000 L
ⓁⓁⓁⓁ de 75 000 à 100 000 L
ⓁⓁⓁⓁⓁ plus de 100 000 L.

Menu à prix fixe
Menu à prix fixe comprenant généralement trois plats.

Bonne carte des vins
Le restaurant propose un vaste choix de vins de qualité.

Tenue de ville exigée
Les hommes doivent porter une veste et une cravate.

Tables en terrasse
Tables à l'extérieur, souvent avec une vue agréable.

Carte de crédit
Les principales cartes de crédit sont acceptées.

Gaiole in Chianti : *Badia a Coltibuono* ⓁⓁ
Badia a Coltibuono, 53013. *0577 74 94 24.*
Abbaye du XIe siècle, au cœur d'un vignoble. Elle produit son huile et son vin. Sa carte propose des viandes rôties à la broche et de délicieux desserts. On peut visiter la propriété et déguster le vin. *lun.*

Livourne : *La Chiave* ⓁⓁⓁ
Scali delle Cantine 52, 57100. *0586 88 86 09.*
Restaurant raffiné. Sa carte renouvelée tous les quinze jours comporte des plats traditionnels toscans de viande et de poisson. *lun., mer., août.*

Lucques : *Buca di Sant'Antonio* ⓁⓁ
Via della Cervia 3, 55100. *0583 558 81.*
C'est le restaurant le plus célèbre de Lucques. Essayez les poissons ou les fettucine sul piccione. *dim. soir, lun., juil.*

Massa Marittima : *Bracali* ⓁⓁⓁⓁ
Frazione Ghirlanda, 58024. *0566 90 23 18.*
Il sert des plats de la Maremme qui mettent l'eau à la bouche : fines tranches de sanglier, pigeon au miel, pintade aux raisins blancs. *mar., jan., nov.*

Moggiona : *Il Cedro* ⓁⓁ
Via di Camaldoli 20, 52010. *0575 55 60 80.*
Ce restaurant d'un excellent rapport qualité-prix propose de très bonnes spécialités : du sanglier et des légumes sautés. Il est magnifiquement situé, face à la forêt et aux montagnes. *lun.*

Montalcino : *Taverna dei Barbi* ⓁⓁ
Località Podernovi, 53024. *0577 84 93 57.*
Ce restaurant renommé jouit d'une vue superbe sur les collines environnantes. Remarquable cuisine campagnarde servie avec du vin de Brunello. *mar. soir, mer., jan.*

Montecatini Terme : *Gourmet* ⓁⓁⓁⓁ
Via Amendola 6, 51016. *0572 77 10 12.*
C'est un élégant restaurant dans un somptueux immeuble du XIXe siècle. L'atmosphère est décontractée et les poissons sublimes. *2 sem. en jan. et 3 en août.*

Montepulciano : *Il Marzocco* ⓁⓁ
Piazza Savonarola 18, 53045. *0578 75 72 62.*
Cet agréable restaurant d'hôtel propose des mets bien présentés dans un cadre sans prétention. *mer.*

Monteriggioni : *Il Pozzo* ⓁⓁⓁⓁ
Piazza Roma 2, 53035. *0577 30 41 27.*
Restaurant situé dans un charmant village médiéval. Sa cuisine toscane est simple mais préparée avec soin et ses desserts maison sont renommés dans toute la région. *dim. soir, lun.*

Orbetello : *Osteria del Lupacante* ⓁⓁ
Corso Italia 103, 58015. *0564 86 76 18.*
Ce restaurant est spécialisé dans les plats de poisson et de fruits de mer agrémentés d'un zeste d'originalité : moules au marsala, sole grillée et fleurs de courgettes. *d'oct. à avril : mar.*

Pescia : *Cecco* ⓁⓁ
Via Francesca Forti 94–96, 51017. *0572 47 79 55.*
Restaurant accueillant à la cuisine souvent remarquable. Nous conseillons les asperges de Pescia et la cioncia (la spécialité). *lun., jan., juil.*

Pienza : *Da Falco* ⓁⓁ
Piazza Dante Alighieri 7, 53026. *0578 74 85 51.*
Restaurant accueillant. Sa carte offre des spécialités locales, avec d'excellents antipasti et un magnifique choix de primi et de secondi. *ven.*

	Menu à prix fixe	Bonne carte des vins	Tenue de ville exigée	Tables en terrasse
Gaiole in Chianti : Badia a Coltibuono		■		■
Livourne : La Chiave		■		
Lucques : Buca di Sant'Antonio				
Massa Marittima : Bracali				
Moggiona : Il Cedro		■		
Montalcino : Taverna dei Barbi		■		■
Montecatini Terme : Gourmet	●	■	●	
Montepulciano : Il Marzocco	●	■		■
Monteriggioni : Il Pozzo		■		■
Orbetello : Osteria del Lupacante		■		■
Pescia : Cecco		■		■
Pienza : Da Falco	●	■		■

PISE : *Al Ristoro dei Vecchi Macelli* ⓁⓁⓁ
Via Volturno 49, 56126. *050-204 24.*
Cet agréable restaurant propose des spécialités toscanes réinterprétées avec originalité. Ses plats de poisson, de fruits de mer et de gibier sont délicatement préparés et ses desserts sont un délice. *dim. midi, mer., 2 sem. en août.*

PORTO ERCOLE : *Bacco in Toscana* ⓁⓁⓁⓁ
Via San Paolo 6, 58018. *0564 83 30 78.*
Local intime. Sa carte présente un choix d'excellents plats de fruits de mer : scampi au citron, spaghettis alle vongole (palourdes). *à midi (hiver), mer., nov.-mars.*

PORTO SANTO STEFANO : *La Bussola* ⓁⓁⓁ
Piazza Fucchinetti 11, 58019. *0564 81 42 25.*
Ses primi originaux comportent d'excellents plats de pâtes aux fruits de mer et du poisson grillé. Sa terrasse offre une vue splendide. *mer.*

PRATO : *Il Piraña* ⓁⓁⓁⓁⓁ
Via Valentini 110, 50047. *0574 257 46.*
Il est classé parmi les meilleurs restaurants de poisson et de fruits de mer de la Toscane, malgré son cadre assez kitsch. *sam. midi, dim., août.*

SAN GIMIGNANO : *Le Terrazze* ⓁⓁⓁ
Albergo la Cisterna, Piazza della Cisterna 24, 53037. *0577 94 03 28.*
Situé sur une terrasse d'où l'on découvre les douces collines du sud de la Toscane ; l'une de ses salles à manger date du XIIIe siècle. Il propose de bonnes spécialités régionales, avec quelques innovations. *mar., mer. midi.*

SANSEPOLCRO : *Oroscopo* ⓁⓁⓁ
Via Palmiro Togliatti 68, 52037. *0575 73 48 75.*
Nouveau restaurant dont la carte comporte du chou noir toscan à la truffe blanche, des raviolis de légumes et pigeon rôti. *à midi, dim., 2 sem. en juin et juil.*

SATURNIA : *I Due Cippi da Michele* ⓁⓁⓁ
Piazza Vittorio Veneto 26a, 58050. *0564 60 10 74.*
L'un des restaurants les plus prisés de la région ; haut lieu de la cuisine de la Maremme. Sa carte est d'un excellent rapport qualité-prix. *oct.-juin : mar., 1 sem. en déc.*

SIENNE : *Al Marsili* ⓁⓁⓁ
Via del Castoro 3, 53100. *0577 471 54.*
Longtemps considéré comme l'un des meilleurs restaurants de Sienne, propose des spécialités régionales. *lun.*

SIENNE : *Osteria le Logge* ⓁⓁⓁ
Via del Porrione 33, 53100. *0577 480 13.*
Le plus beau restaurant de Sienne, de bois sombre et de marbre. Le vin de Montalcino accompagne des plats tels que la pintade et le canard au fenouil. *dim., nov.*

SOVANA : *Taverna Etrusca* ⓁⓁ
Piazza del Pretorio 16, 58010. *0564 61 61 83.*
Petit restaurant à la magnifique salle à manger médiévale. Sa cuisine soignée est d'orientation toscane, avec une pointe d'originalité. *lun.*

VIAREGGIO : *Romano* ⓁⓁⓁⓁ
Via Mazzini 120, 55049. *0584 313 82.*
L'un des meilleurs restaurants de poisson et de fruits de mer de la Toscane. Le service est affable, les vins affichent des prix raisonnables. *lun., jan.*

OMBRIE

AMELIA : *Anita* Ⓛ
Via Roma 31, 05022. *0744 98 21 46.*
Ce restaurant sans prétention offre des plats régionaux tout simples : crostini (toasts grillés), brochettes de viande, pâtes aux cèpes, sanglier. *lun.*

ASSISE : *Medioevo* ⓁⓁⓁ
Via Arco dei Priori 4b, 06081. *075 81 30 68.*
Élégant restaurant de la vieille ville à la magnifique salle à manger médiévale voûtée. Ses pâtes maison aux truffes noires sont délicieuses. Les viandes sont préparées selon des recettes traditionnelles. *lun., juil.*

ASSISE : *San Francesco* ⓁⓁⓁ
Via San Francesco 52, 06081. *075 81 23 29.*
Sa carte choisie comporte un carpaccio de cèpes (crus, taillés en tranches fines), de l'oie farcie et du filet de bœuf aux truffes. *mer., 2 sem. en juil.*

Légende des symboles, voir rabat de couverture

Prix moyens par personne pour un repas comprenant trois plats et une demi-bouteille de vin de la maison, taxes et service compris.
Ⓛ jusqu'à 35 000 L
ⓁⓁ de 35 000 à 55 000 L
ⓁⓁⓁ de 55 000 à 75 000 L
ⓁⓁⓁⓁ de 75 000 à 100 000 L
ⓁⓁⓁⓁⓁ plus de 100 000 L.

Menu à prix fixe
Menu à prix fixe comprenant généralement trois plats.
Bonne carte des vins
Le restaurant propose un vaste choix de vins de qualité.
Tenue de ville exigée
Les hommes doivent porter une veste et une cravate.
Tables en terrasse
Tables à l'extérieur, souvent avec une vue agréable.
Carte de crédit
Les principales cartes de crédit sont acceptées.

Baschi : *Vissani* ⓁⓁⓁⓁⓁ
Strada Statale 448, Todi-Baschi,È 05023. 📞 *0744 95 02 06.*
Gianfranco Vissani est un illustre chef connu dans toute l'Italie pour sa cuisine gastronomique. Le cadre est élégant et raffiné. Vous pouvez choisir votre propre musique. ● *mer.* [CB] [menu]

Città di Castello : *Amici Miei* Ⓛ
Via del Monte 2, 06012. 📞 *075 855 99 04.*
Installé dans un palazzo du XVIe siècle du centre historique. Sa carte est basée sur la cuisine régionale, avec une pointe d'originalité. ● *mer.*

Città di Castello : *Il Bersaglio* ⓁⓁ
Via Vittorio Emanuele Orlando 14, 06012. 📞 *075 855 55 34.*
Restaurant traditionnel de l'Ombrie qui propose des gnocchetti (petits gnocchis) aux truffes. ● *mer., jan., 2 sem. en juil.* [CB]

Campello sul Clitunno : *Le Casaline* ⓁⓁ
Poreta di Spoleto, 06042. 📞 *0743 52 11 13.*
Ce moulin restauré du XVIIIe siècle, en pleine campagne, est une oasis de paix. Goûtez ses gnocchis farcis aux champignons, son sanglier chasseur (au vin et à la sauce tomate) et sa sélection de charcuterie. ● *lun.* [CB]

Campello sul Clitunno : *Trattoria Pettino* ⓁⓁ
Frazione Pettino 31, 06042. 📞 *0743 27 60 21.*
Situé au milieu des montagnes, dans une vieille maison restaurée. Sa bruschetta et ses nombreux plats aux truffes sont délicieux. ● *mar.*

Foligno : *Villa Roncalli* ⓁⓁⓁⓁ
Via Roma 25, 06034. 📞 *0742 39 10 91.*
Charmante auberge de campagne entourée d'un jardin, à 1 km de Folignano. Elle élabore avec soin des spécialités régionales. ● *lun., jan., août.* [CB] [menu]

Gubbio : *Alcatraz* ⓁⓁ
Località Santa Cristina, 06020. 📞 *075 922 99 38.*
Centre de l'Agriturismo, à 25 km de Gubbio. Il produit lui-même les ingrédients de sa cuisine simple et rustique (blé, huile d'olive, vin). [CB]

Gubbio : *Villa Montegranelli* ⓁⓁⓁ
Località Monteluiano, 06024. 📞 *075 922 01 85.*
Établi dans une élégante villa du XVIIIe siècle. On y prépare des spécialités avec soin : crostini (toasts) avec terrine au cèpes, crêpes à la farine de châtaignes au fromage fondu et à la ricotta. [CB] [menu]

Magione : *Associazione Agrituristica Montemelino* Ⓛ
Via dei Montemelini 22, Località Montemelino, 06063. 📞 *075 84 36 06.*
Restaurant simple et honnête de l'Agriturismo. On y sert du poisson du lac et, à la bonne saison, des raviolis aux cèpes. ● *d'oct. à avril : le lun.* [CB]

Narni : *Monte del Grano 1696* ⓁⓁⓁ
Strada Guadamello 128, Località San Vito 05030. 📞 *0744 74 91 43.*
Ce restaurant à l'ambiance soignée très agréable propose d'excellents plats régionaux, souvent agrémentés de quelques traits créatifs. ● *lun.* [CB]

Norcia : *Dal Francese* ⓁⓁ
Via Riguardati 16, 06046. 📞 *0743 81 62 90.*
Trattoria de style campagnard au centre de Norcia. Spécialités régionales et menu-dégustation à base de truffes en saison. ● *d'oct. à avril : ven.* [CB] ♿ [menu]

Orvieto : *La Volpe e L'Uva* Ⓛ
Via Ripa Corsica 1, 05018. 📞 *0763 34 16 12.*
Trattoria du centre d'Orvieto offrant un vaste choix de plats régionaux à base de produits frais variant en fonction des saisons. Ses prix sont très raisonnables. ● *lun., jan.* [CB] [menu]

	Menu à prix fixe	Bonne carte des vins	Tenue de ville exigée	Tables en terrasse
Vissani	●	■	■	
Amici Miei	●	■		
Il Bersaglio	●	■		■
Le Casaline	●			■
Trattoria Pettino				■
Villa Roncalli	●	■	●	■
Alcatraz				■
Villa Montegranelli	●	■		■
Associazione Agrituristica Montemelino	●	■		■
Monte del Grano 1696	●	■		■
Dal Francese				
La Volpe e L'Uva	●	■		

ORVIETO : *I Sette Consoli* ⓁⓁⓁ
Piazza Sant'Angelo 1a, 05018. *0763 34 39 11.*
Local accueillant avec un jardin. Spécialités : baccalà (morue salée) mariné au vinaigre de cidre avec une salade de pommes de terre, lapin farci, soupe de haricots au fenouil, crostini à la ricotta fumée. *mer., fév., juin.*

PASSIGNANO SUL TRASIMENO : *Cacciatori da Luciano* ⓁⓁⓁⓁ
Lungolago A Pompii 11, 06065. *075 82 72 10.*
Sa carte propose essentiellement du poisson : salade de scampi, carpaccio de poisson. Certains desserts sont à base de fruits des bois. *oct.-juin : mar.*

PÉROUSE : *Aladino* ⓁⓁ
Via delle Prome 11, 06100. *075 572 09 38.*
Situé dans le centre historique, il propose une cuisine excellente en grande partie d'influence sarde. Bons desserts maison. *à midi t.l.j. ; lun., 2 sem. en août.*

PÉROUSE : *Gio Arte e Vini* ⓁⓁ
Via Ruggero d'Andreotto 19, 06124. *075 573 11 00.*
Réputé pour son exceptionnelle sélection de vins et de plats régionaux bien choisis, enrichis d'une touche personnelle. Son minestrone de l'Ombrie et sa trecciola d'agneau sont particulièrement savoureux. *dim. soir, lun. midi.*

PÉROUSE : *Osteria del Bartolo* ⓁⓁⓁⓁⓁ
Via Bartolo 30, 06122. *075 573 15 61.*
Restaurant élégant, l'un des hauts lieux gastronomiques de Pérouse. De nombreux produits, dont le pain et le beurre, sont faits maison. *dim.*

SPOLÈTE : *Il Tartufo* ⓁⓁⓁ
Piazza Garibaldi 24, 06049. *0743 402 36.*
Le sol de l'une des salles à manger est d'époque romaine. On y propose naturellement des spécialités régionales qui comportent des truffes mais aussi d'autres délices : soupe d'orge et canard au Sagrantino. *dim. soir, lun., 2 sem. en juil..*

TERNI : *Da Carlino* ⓁⓁ
Via Piemonte 1, 05100. *0744 42 01 63.*
Copieuse nourriture rustique : crostini de charcuteries, tagliatelles aux truffes ou au jus de canard, agneau rôti, involtini aux haricots. *lun., 2 sem. en août.*

TODI : *La Mulinella* Ⓛ
Località Pontenaia, 06059. *075 894 47 79.*
Situé dans la campagne, à environ 2 km de Todi. On y sert des plats simples mais savoureux. Essayez ses pâtes maison et sa viande rôtie. *mer.*

TODI : *Lucaroni* ⓁⓁ
Via Cortesi 7, 06059. *075 88 73 70.*
On y sert des poissons, du lièvre, du canard et de l'agneau aux truffes. Ses desserts, comme sa crème au chocolat chaud, sont délicieux. *le soir, mar.*

TREVI : *La Taverna del Pescatore* ⓁⓁⓁ
Via della Chiesa Tonda 50, Località Pigge, 06039. *0742 78 09 20.*
Plats simples mais exquis confectionnés à l'aide de produits du terroir. L'ambiance est détendue et le service attentif. *mer., jan.*

MARCHES

ANCÔNE : *La Moretta* ⓁⓁⓁ
Piazza Plebiscito 52, 60124. *071 20 23 17.*
Charmant restaurant servant d'excellents plats régionaux : polenta aux calmars et aux truffes, agneau aux artichauts et aux amandes. *dim., 1 sem. en jan.*

ANCÔNE : *Passetto* ⓁⓁⓁⓁ
Piazza IV Novembre 1, 60124. *071 332 14.*
En été, on peut manger en terrasse, face à la mer. On y sert de bons plats de viande, mais surtout de bons poissons et fruits de mer. *dim. soir, lun., 2 sem. en août.*

ASCOLI PICENO : *C'era Una Volta* Ⓛ
Via Piagge 336, Località Piagge, 63100. *0736 26 18 26.*
Ce restaurant propose des plats simples mais bons dans une atmosphère modeste. Il y une vue magnifique sur la ville du jardin de la ferme.

FABRIANO : *Villa Marchese del Grillo* ⓁⓁ
Via Rocchetta 73, Frazione Rocchetta. *0732 62 56 90.*
Situé dans une villa du XVIIIe siècle, ce restaurant associe un service attentif avec une atmosphère décontractée. La cuisine est créativite. *dim. soir, lun., jan.*

Légende des symboles, voir rabat de couverture

Prix moyens par personne pour un repas comprenant trois plats et une demi-bouteille de vin de la maison, taxes et service compris.
Ⓛ jusqu'à 35 000 L
ⓁⓁ de 35 000 à 55 000 L
ⓁⓁⓁ de 55 000 à 75 000 L
ⓁⓁⓁⓁ de 75 000 à 100 000 L
ⓁⓁⓁⓁⓁ plus de 100 000 L.

Menu à prix fixe
Menu à prix fixe comprenant généralement trois plats.

Bonne carte des vins
Le restaurant propose un vaste choix de vins de qualité.

Tenue de ville exigée
Les hommes doivent porter une veste et une cravate.

Tables en terrasse
Tables à l'extérieur, souvent avec une vue agréable.

Carte de crédit
Les principales cartes de crédit sont acceptées.

Fano : *Darpetti Quinta* ⓁⓁ
Viale Adriatico 42, 61032. *0721 80 80 43.*
Excellente trattoria dont la carte propose chaque jour des plats simples mais succulents : grillades savoureuses et pâtes aux sauces légères. ● *dim.*

Fano : *Ristorantino da Giulio* ⓁⓁⓁ
Viale Adriatico 100, 61032. *0721 80 56 80.*
Restaurant tranquille, face à la plage. Cuisine régionale, marquée d'une touche personnelle. Ses antipasti de poisson sont excellents. ● *mar., nov.*

Jesi : *Tana Liberatutti* ⓁⓁⓁ
Piazza Pontelli 1, 60035. *0731 592 37.*
Restaurant austère où les plats simples sont élaborés avec soin. Essayez son risotto au poisson ou ses poissons panés. ● *dim., 1 sem. en août.*

Lorette : *Andreina* ⓁⓁⓁ
Via Buffolareggia 14, 60025. *071 97 01 24.*
Son équipe prépare des plats traditionnels – pâtes maison, poulet, lapin, gibier – et des desserts très alléchants. ● *mar.*

Macerata : *Da Secondo* ⓁⓁ
Via Pescheria Vecchia 26–28, 62100. *0733 26 09 12.*
Cuisine régionale et traditionnelle. Nous conseillons ses vincisgrassi (lasagnes locales) alla Macerata et son fritto misto (poisson et légumes panés et frits).
● *lun., 2 sem. en août.*

Numana : *La Costarella* ⓁⓁⓁ
Via IV Novembre 35, 60026. *071 736 02 97.*
Il est prudent de réserver dans ce restaurant de poisson qui sert des pâtes à l'encre de seiche et du poison frit avec des fleurs de courgette. ● *d'oct. à Pâques.*

Pesaro : *Rifugio del Gabbiano* ⓁⓁⓁⓁ
Strada Panoramica San Bartolo, Località Santa Marina Alta 61100. *0721 27 98 44.*
Il propose des plats traditionnels de Pesaro. Nous conseillons ses pâtes à l'encre de calmar, ses raviolis de poisson et son poisson au four. ● *lun.*

Pesaro : *Da Teresa* ⓁⓁⓁ
Viale Trieste 180, 61100. *0721 302 22.*
Charmant restaurant préparant des plats fortement inspirés par la gastronomie locale. En plus de délicieux plats de poisson et de fruits de mer, il propose quelques plats de viande et d'excellents desserts. ● *dim. soir, lun., déc.-jan.*

Pesaro : *Da Alceo* ⓁⓁⓁⓁⓁ
Via Panoramica Ardizio 101, 61100. *0721 513 60.*
Célèbre restaurant de poisson possédant une superbe terrasse panoramique. Sa carte est à la hauteur de sa renommée : des gnocchis aux crustacés, du risotto et de savoureux desserts. ● *lun.*

Senigallia : *Uliassi* ⓁⓁⓁ
Via Banchina di Levante 6, 60020. *071 654 63.*
Ce restaurant accueillant présente une cuisine de haut niveau. Nous vous recommandons ses pâtes aux palourdes, aux moules et au safran. ● *mar., jan.-fév.*

Sirolo : *Rocco* ⓁⓁⓁ
Via Torrione 1, 60020. *071 933 05 58.*
Ouvert uniquement le soir, il sert de délicieux plats de poisson : gnocchis aux palourdes, fritto misto de poisson et de légumes, bar accompagné d'une sauce à la laitue et au vinaigre balsamique. ● *à midi, nov.-mars.*

Urbania : *Big Ben* ⓁⓁ
Corso Vittorio Emanuele 61, 61049. *0722 31 97 95.*
Situé dans le centre historique. Parmi ses spécialités, citons les tagliolini (pâtes) aux truffes et la cicciarchiata, un dessert local. ● *à midi, mer.*

	Menu à prix fixe	Bonne carte des vins	Tenue de ville exigée	Tables en terrasse
Fano : Darpetti Quinta				■
Fano : Ristorantino da Giulio				■
Jesi : Tana Liberatutti			●	■
Lorette : Andreina		■		■
Macerata : Da Secondo	●			■
Numana : La Costarella	●	■		
Pesaro : Rifugio del Gabbiano	●	■		■
Pesaro : Da Teresa	●	■		
Pesaro : Da Alceo	●	■		■
Senigallia : Uliassi	●	■		■
Sirolo : Rocco	●			■
Urbania : Big Ben		■		■

URBINO : *Vecchia Urbino* ⓁⓁⓁ
Via del Vasari 3–5, 61029. *0722 44 47.*
Restaurant offrant un panorama du centre historique. Il sert des plats traditionnels tout simples de la région : vincisgrassi (lasagnes locales), lapin, agneau aux herbes. *mar.*

ROME

AVENTIN : *Perilli a Testaccio* ⓁⓁ
Via Marmorata 39, 00153. **Plan** 6 E3. *06 574 63 18.*
Cette trattoria romaine typique, bruyante, fréquentée par des habitués, sert de copieux mets traditionnels : artichauts et rigatoni alla pagliata. *mer., août.*

AVENTIN : *Checchino dal 1887* ⓁⓁⓁⓁ
Via di Monte Testaccio 30, 00153. **Plan** 6 D4. *06 574 63 18.*
Spécialités romaines servies dans la salle voûtée d'un ancien couvent ; en hiver on fait du feu dans la cheminée. *d'oct. à mai : lun., dim. soir ; de juin à sept. : lun. soir, dim., août.*

CAMPO DEI FIORI : *Al Pompiere* ⓁⓁ
Via Santa Maria dei Calderari 38, 00186. **Plan** 2 F5. *06 686 83 77.*
Installé dans le palais Cenci Bolognetti orné de fresques, sa cuisine est typiquement romaine : fleurs de courgette frites et rigatoni alla pagliata. *dim., août.*

CAMPO DEI FIORI : *Le Maschere* ⓁⓁ
Via Monte della Farina 29, 00186. **Plan** 2 F5. *06 687 94 44.*
Un hall carrelé ouvre sur une terrasse à l'aspect rustique. Le vin de la maison et les plats très épicés sont d'origine calabraise. *à midi, lun., août.*

CAMPO DEI FIORI : *Taverna Giulia* ⓁⓁ
Vicolo dell'Oro 23, 00186. **Plan** 2 D3. *06 686 97 68.*
Cuisine ligure : canapés au saumon et à la mozzarella, baccalà alla genovese. Ambiance paisible et service discret. *dim.*

CAMPO DEI FIORI : *Il Drappo* ⓁⓁⓁ
Vicolo del Malpasso 9, 00186. **Plan** 2 E4. *06 687 73 65.*
Local intime orné de tentures et de candélabres. Spécialités sardes : seada (raviolis fourrés de fromage doux) et liqueur de myrtilles. *à midi, dim., 15 août-15 sept.*

CAMPO DEI FIORI : *Sora Lella* ⓁⓁⓁ
Via Ponte Quattro Capi 16, 00186. **Plan** 6 E1. *06 686 16 01.*
Superbement situé dans l'île du Tibre, il porte le nom de l'actrice romaine qui l'a fondé. Plats régionaux. *dim., août.*

CAMPO DEI FIORI : *Camponeschi* ⓁⓁⓁⓁⓁ
Piazza Farnese 50, 00186. **Plan** 2 E5. *06 687 49 27.*
Ce restaurant à l'intérieur somptueux propose une cuisine italienne moderne et régionale et les plus belles pizzas de Rome. *à midi, dim., août.*

ESQUILIN : *Trattoria Monti* ⓁⓁ
Via di San Vito 13a, 00185. **Plan** 4 E4. *06 446 65 73.*
Restaurant familial préparant les mets des Marches. Parmi ses spécialités, citons les raviolis à la ricotta. *mar., août.*

ESQUILIN : *Agata e Romeo* ⓁⓁⓁⓁⓁ
Via Carlo Alberto 45, 00185. **Plan** 4 E4. *06 446 61 15.*
On y accommode essentiellement des plats romains ou de l'Italie du Sud. Ses tables sont bien espacées et son ambiance est paisible. *dim.*

JANICULE : *Antico Arco* ⓁⓁⓁ
Via San Pancrazio 1, 00152. **Plan** 5 A1. *06 581 52 74.*
Un restaurant vivement recommandé installé dans un cadre élégant. La cuisine est traditionnelle avec une touche de créativité comme la poule aux pommes et au foie gras. *lun., août.*

LATRAN : *Alfredo a Via Gabi* ⓁⓁ
Via Gabi 36, 00183. **Plan** 8 E3. *06 77 20 67 92.*
Grande trattoria servant des portions généreuses : cèpes, straccetti all'ortica (viande à la sauce aux orties), panna cotta. *mar., août.*

PANTHÉON : *Da Gino* ⓁⓁ
Vicolo Rosini 4, 00186. **Plan** 3 A3. *06 687 34 34.*
Trattoria romaine à l'ancienne, pleine de journalistes, de politiciens et d'initiés. Parmi les plats du jour, on trouve les gnocchis, l'ossobuco, le baccalà et des soupes classiques bien consistantes. *dim., août.*

Prix moyens par personne pour un repas comprenant trois plats et une demi-bouteille de vin de la maison, taxes et service compris.
Ⓛ jusqu'à 35 000 L
ⓁⓁ de 35 000 à 55 000 L
ⓁⓁⓁ de 55 000 à 75 000 L
ⓁⓁⓁⓁ de 75 000 à 100 000 L
ⓁⓁⓁⓁⓁ plus de 100 000 L.

Menu à prix fixe
Menu à prix fixe comprenant généralement trois plats.

Bonne carte des vins
Le restaurant propose un vaste choix de vins de qualité.

Tenue de ville exigée
Les hommes doivent porter une veste et une cravate.

Tables en terrasse
Tables à l'extérieur, souvent avec une vue agréable.

Carte de crédit
Les principales cartes de crédit sont acceptées.

Panthéon : *Sangallo* ⓁⓁⓁⓁ
Vicolo della Vaccarella 11a, 00186. **Plan** 2 F3. *06 686 55 49.*
Petit bistro élégant spécialisé dans les plats de poisson et offrant un vaste choix d'antipasti de viande fumée et de fruits de mer. ● *à midi, dim., août.*

Panthéon : *El Toulà* ⓁⓁⓁⓁⓁ
Via della Lupa 29b, 00186. **Plan** 2 F3. *06 687 34 98.*
L'un des restaurant les plus chic de Rome. Sa cuisine est surtout vénitienne, ses vins sont excellents et le service est impeccable. ● *sam. midi, lun. midi, dim., août.*

Piazza Navona : *La Taverna da Giovanni* ⓁⓁ
Via del Banco di Santo Spirito 58, 00186. **Plan** 2 D3. *06 686 41 16.*
Trattoria romaine à l'ambiance familiale proposant, entre autres, des rigatoni all'amatriciana ; elle sert des gnocchis le jeudi, du baccalà (morue salée) le vendredi et des tripes le samedi. ● *lun.*

Piazza Navona : *Papà Giovanni* ⓁⓁⓁⓁⓁ
Via del Sediari 4, 00186. **Plan** 2 F4. *06 686 53 08.*
Ce restaurant à l'excellente cave propose une nouvelle cuisine romaine, plus légère, ainsi que des plats traditionnels plus consistants. ● *dim., 2 sem. en août.*

Piazza di Spagna : *Birreria Viennese* ⓁⓁ
Via della Croce 21, 00187. **Plan** 3 A2. *06 679 55 69.*
Il y a plus de 60 ans que l'on sert de la bière et des spécialités autrichiennes – saucisses, goulasch, choucroute, wienerschnitzel – dans cette grande salle bondée au cadre évocateur.

Piazza di Spagna : *Al 34* ⓁⓁⓁ
Via Mario de' Fiori 34, 00187. **Plan** 3 A2. *06 679 50 91.*
Cadre rêvé pour une conversation tranquille ou un tête-à-tête romantique. La carte étoffée propose surtout des spécialités de l'Italie du Sud. ● *lun., août.*

Piazza di Spagna : *Mario alla Vite* ⓁⓁⓁ
Via della Vite 55, 00187. **Plan** 3 A2. *06 678 38 18.*
Cuisine toscane. Sa ribollita, ses fagioli al fiasco (haricots), ses steaks et ses desserts compensent le service parfois confus. ● *dim., août.*

Piazza di Spagna : *Porto di Ripetta* ⓁⓁⓁⓁ
Via di Ripetta 250, 00187. **Plan** 2 F2. *06 361 23 76.*
Restaurant accueillant servant de magnifiques plats de poisson et de fruits de mer. Goûtez son espadon et sa soupe de poisson. ● *dim., 3 sem. en août et sept.*

Quirinal : *Colline Emiliane* ⓁⓁ
Via degli Avignonesi 22, 00187. **Plan** 3 C3. *06 481 75 38.*
Petite trattoria proposant des spécialités de l'Émilie-Romagne : pâtes maison, viandes bouillies à la salsa verde (sauce au persil, à l'oignon et aux anchois), avec un choix de vins de cette région. ● *ven., août, 1 sem. en déc.*

Quirinal : *Il Posto Accanto* ⓁⓁⓁ
Via del Boschetto 36a, 00184. **Plan** 3 C4. *06 474 30 02.*
Cet élégant restaurant familial doit son succès à sa carte soigneusement élaborée, basée sur les pâtes maison, le poisson et la viande. ● *sam. midi, dim., août.*

Quirinal : *Al Moro* ⓁⓁⓁⓁ
Vicolo delle Bollette, 00185. **Plan** 3 B3. *06 678 34 95.*
Cette trattoria bruyante et très fréquentée est le lieu idéal pour découvrir la cuisine romaine authentique. On y sert des bucatini all'amatriciana et des spaghetti alla Moro (sorte de carbonara). ● *dim., août.*

Termini : *Gemma alla Lupa* ⓁⓁ
Via Marghera 39, 00185. **Plan** 4 F3. *06 49 12 30.*
Trattoria typique servant une cuisine romaine authentique. Elle offre un excellent rapport qualité-prix et le service est très rapide. ● *dim., août.*

	Menu à prix fixe	Bonne carte des vins	Tenue de ville exigée	Tables en terrasse
Sangallo		■		
El Toulà	●	■	●	
La Taverna da Giovanni	●	■		■
Papà Giovanni		■		
Birreria Viennese	●			■
Al 34	●			■
Mario alla Vite	●	■		■
Porto di Ripetta	●	■	●	
Colline Emiliane		■		
Il Posto Accanto		■		
Al Moro	●		●	■
Gemma alla Lupa	●			■

Trastevere : *Da Lucia* Ⓛ
Vicolo del Mattonato 2b, 00153. **Plan** 5 C1. *06 580 36 01.*
Trattoria très fréquentée servant des plats romains : pasta e ceci, spaghetti alla gricia (fromage de brebis, pancetta et poivron). *lun., 2 sem. en août.*

Trastevere : *Da Paris* ⓁⓁⓁ
Piazza San Calisto 7a, 00153. **Plan** 5 C1. *06 581 53 78.*
Restaurant juif très prisé des Romains. Il propose des pâtes maison et des plats traditionnels : minestra di arzilla (raie), tripes, fritto misto (poisson et légumes panés et frits). *dim. soir, lun., 2 sem. en août.*

Trastevere : *Romolo nel Giardino della Fornarina* ⓁⓁⓁ
Via Porta Settimiana 8, 00153. **Plan** 2 E5. *06 581 82 84.*
On prétend que la Fornarina, la maîtresse de Raphaël, a habité cet endroit. En été, on sert des plats romains dans la cour. *lun., août.*

Trastevere : *Alberto Ciarla* ⓁⓁⓁⓁⓁ
Piazza San Cosimato 40, 00153. **Plan** 5 C1. *06 581 86 68.*
C'est l'endroit idéal pour manger du poisson du jour, préparé en alliant des recettes traditionnelles et modernes. Le décor est élégant.

Vatican : *Macondo* ⓁⓁ
Via Marianna Dionigi 37, 00193 . **Plan** 2 E2. *06 321 26 01.*
Ce restaurant au nom italien propose en réalité des plats antillais comme la dinde aux oranges et aux pins ou le pabellon criollo (riz, bœuf, haricots et bananes). Faites votre sélection de rhum ou de bière. *lun.*

Via Veneto : *Cantina Cantarini* ⓁⓁ
Piazza Sallustio 12, 00187. **Plan** 4 D1. *06 48 55 28.*
Trattoria locale très prisée, au service chaleureux. On sert de la viande du lundi au jeudi midi, du poisson le reste de la semaine. *dim., 2 sem. en août, 1 en déc.*

Via Veneto : *Tullio* ⓁⓁⓁ
Via San Nicola da Tolentino 26, 00187. **Plan** 3 C2. *06 474 55 60.*
Authentique restaurant toscan fréquenté par une foule enthousiaste. Il propose entre autres des cèpes préparés de diverses façons. *dim., août.*

Via Veneto : *Giovanni* ⓁⓁⓁⓁ
Via Marche 64, 00187. **Plan** 3 C1. *06 482 18 34.*
Restaurant bondé apprécié des Romains. Spécialités du Latium et des Marches et plats de poisson frais, de pâtes et d'ossobuco. *ven. soir, sam., août.*

Via Veneto : *George's* ⓁⓁⓁⓁⓁ
Via Marche 7, 00187. **Plan** 3 C1. *06 42 08 45 75.*
Survivant de l'ère de la Dolce Vita affichant sa nostalgie du luxe. Le service est impeccable. Choix de plats internationaux très alléchant. *dim., août.*

Villa Borghese : *Al Ceppo* ⓁⓁⓁⓁ
Via Panama 2, 00198. *06 841 96 96.*
On y propose un menu strictement saisonnier basé sur des plats traditionnels agrémentés de touches originales. L'ambiance est chaleureuse. *lun., août.*

Villa Borghese : *Relais le Jardin dell'Hotel Lord Byron* ⓁⓁⓁⓁⓁ
Via de Notaris 5, 00198. *06 322 45 41.*
Service impeccable et cuisine recherchée justifiant les prix. La cuisine imaginative élabore de subtils mélanges de fruits, d'herbes aromatiques et de légumes pour accompagner poissons et viandes de premier choix. *août.*

Latium

Alatri : *La Rosetta* Ⓛ
Via del Duomo 35, 03011. *0775 43 45 68.*
Restaurant calme situé près de l'antique nécropole. Notez les maccheroni alla ciociara (sauce au vin, aux aromates, au bacon et à la viande). *d'oct. à mai : mar.*

Cerveteri : *Da Fiore* Ⓛ
Località Procoio di Ceri, 00052. *06 99 20 42 50.*
Simple trattoria de campagne : pâtes maison à la bolonaise, lapin et grillades. Ses bruschette et ses pizzas sont très bonnes également. *mar., sept.*

Frascati : *Enoteca Frascati* ⓁⓁ
Via Armando Diaz 42, 00044. *06 941 74 49.*
Enoteca offrant une sélection de plus de 400 vins accompagnés de plats légers : poisson fumé, soupes, carpaccio (tranches fines) de canard. *dim., août.*

Prix moyens par personne pour un repas comprenant trois plats et une demi-bouteille de vin de la maison, taxes et service compris.
Ⓛ jusqu'à 35 000 L
ⓁⓁ de 35 000 à 55 000 L
ⓁⓁⓁ de 55 000 à 75 000 L
ⓁⓁⓁⓁ de 75 000 à 100 000 L
ⓁⓁⓁⓁⓁ plus de 100 000 L.

Menu à prix fixe
Menu à prix fixe comprenant généralement trois plats.

Bonne carte des vins
Le restaurant propose un vaste choix de vins de qualité.

Tenue de ville exigée
Les hommes doivent porter une veste et une cravate.

Tables en terrasse
Tables à l'extérieur, souvent avec une vue agréable.

Carte de crédit
Les principales cartes de crédit sont acceptées.

Gaeta : *La Cianciola* Ⓛ
Vico 2 Buonomo 16, 04024. ☎ *0771 46 61 90.*
Charmante trattoria nichée dans une petite ruelle, aux tables très convoitées. Goûtez ses pâtes aux aubergines et aux crustacés. ● *oct.-mai : lun., nov.* ▣ ▤

Nettuno : *Cacciatori dal 1896* ⓁⓁⓁ
Via Matteotti 27-29, 00048. ☎ *06 988 03 30.*
Un rustique et spacieux restaurant avec une véranda donnant sur la mer. Le poisson est fraîchement pêché du jour et les plats sont régionaux. ● *mer.* ▣ ♿ ▤

Ostia Antica : *Il Monumento* ⓁⓁⓁ
Piazza Umberto I 18, 00119. ☎ *06 565 00 21.*
Carte à base de poisson. Spécialité : les spaghetti monumento, avec une sauce aux fruits de mer. Le ragoût maison est très bon également. ● *lun., 2 sem. en août, 1 en sept.* ▣

Palestrina : *Il Palestrina* ⓁⓁⓁ
Via Toti 4, 00036. ☎ *06 953 46 15.*
Des plats légers bien préparés, légèrement différents de la cuisine traditionnelle, comme l'espadon mariné et la crème au café (zuppone). ● *lun.* ▣ ▤

Sperlonga : *La Bisaccia* ⓁⓁⓁ
Via Romita 25, 04029. ☎ *0771 545 76.*
Les linguine aux asperges et aux crevettes constituent le point fort de sa carte. Il propose aussi du poisson, en soupe ou grillé. ● *d'oct. à avril : mar., nov.* ▣ ♿

Terracina : *L'Incontro Da Baffone* ⓁⓁ
Via Appia, km 104, 04029. ☎ *0773 72 60 07.*
Ce restaurant très prisé, sur la plage de Terracina, est un endroit tranquille où l'on peut savourer en paix de bons plats de poisson. ● *d'oct. à avril : mer.*

Tivoli : *Villa Esedra* ⓁⓁⓁ
Via di Villa Adriana 51, Località Villa Adriana 00011. ☎ *0774 53 47 16.*
Un menu classique, avec des antipasti originaux : salade de poisson et carpaccio de fromage fumé. Le soir, on sert aussi des pizzas. ● *mar.* ▣ ▤

Trevignano : *Ristorante Il Palazzetto* ⓁⓁ
Piazza Vittorio Emanuele III 20, 00069. ☎ *06 999 92 54.*
Restaurant donnant sur le lac de Bracciano d'où sont pêchés ses poissons : terrine d'anguilles, raviolis à la perche. Ses desserts sont faits maison. ● *mer.* ▣

Tuscania : *Al Gallo* ⓁⓁⓁ
Via del Gallo 22, 01017. ☎ *0761 44 33 88.*
Sa carte extrêmement intéressante résulte d'une interprétation originale de plats régionaux. Ambiance chaleureuse et service agréable. ● *lun., 2 sem. en jan.* ▣ ♿ ▤

Viterbe : *Porta Romana* Ⓛ
Via della Bontà 12, 01100. ☎ *0761 30 71 18.*
Simple trattoria offrant un vaste choix de plats classiques. En hiver, goûtez la pignataccia, une spécialité de Viterbe : du veau, du bœuf et du porc cuits au four avec du céleri, des carottes et des pommes de terre. ● *dim., août.*

Naples et Campanie

Agropoli : *Il Ceppo* ⓁⓁⓁ
Via Madonna del Carmine 11, 84043. ☎ *0974 84 30 36.*
Un magnifique choix de plats spécialisé dans les poissons locaux, les pâtes et les pizzas. Essayez les spaghetti aux fruits de mer, les palourdes au citron et la soupe de poissons. ● *lun.* ▣ ▤

Amalfi : *La Marinella* ⓁⓁ
Via Lungomare dei Cavalieri di San Giovanni di Gerusalemme 1, 84011. ☎ *089 87 10 43.*
Charmant restaurant dominant la côte amalfitaine. On y sert beaucoup de poisson et des spécialités locales. ● *d'oct. à avril : ven. ; jan.-mars.* ▣

	Menu à prix fixe	Bonne carte des vins	Tenue de ville exigée	Tables en terrasse
Gaeta	●			■
Nettuno		■		■
Ostia Antica				
Palestrina	●			
Sperlonga		■		■
Terracina		■		■
Tivoli	●			■
Trevignano	●	■		■
Tuscania		■		
Viterbe				
Agropoli		■		■
Amalfi	●			■

AMALFI : *Eolo* ⓁⓁⓁ
Via Comite 3, 84011. 089 87 12 41.
Situé dans le centre historique de Amalfi, ce délicieux restaurant change de menu tous les 15 jours en fonction des produits de saison. ● *de nov. à mai : mar.*

BÉNÉVENT : *Pina e Gino* Ⓛ
Via Cassela 48, 82100. 0824 249 47.
En plein centre. Spécialités : cardone, sfoglia al forno (viande en croûte cuite au four), orecchiette (pâtes) aux brocolis. ● *dim., 2 sem. en août.*

CAPRI : *La Savardina da Eduardo* Ⓛ
Via Lo Capo 8, 80073. 081 837 63 00.
Avec sa belle vue sur la mer, ce restaurant est considéré comme l'un des meilleurs de Capri. Savoureux plats régionaux et raviolis maison. ● *à midi, mar., jan. et mars.*

CAPRI : *Quisi del Grand Hotel Quisisana* ⓁⓁⓁⓁ
Via Camerelle 2, 80073. 081 837 07 88.
Clientèle élégante et nourriture exquise. Essayez son succulent canard rôti aux pêches et sa tarte aux pommes chaude au Calvados. ● *à midi, de nov. à mars.*

CASERTE : *La Brace* ⓁⓁ
Piazza Madonna delle Grazie 9, Località Vaccheria 81020. 0823 36 17 44.
Auberge de campagne à l'ancienne dans un village proche de Caserte. Goûtez sa bruschetta et son risotto aux cèpes. ● *mar., août.*

ISCHIA : *Da Peppina* ⓁⓁ
Via Bocca 23, Località Forio 80070. 081 99 83 12.
Cette trattoria toute simple propose des mets traditionnels : pasta e fagioli, soupes, bruschette et pizzas cuites dans un four à bois. ● *à midi, mer.*

ISCHIA : *La Tavernetta* ⓁⓁ
Via Sant'Angelo 77, Località Serrara Fontana 80070. 081 99 92 51.
Oasis de paix où l'on peut déjeuner et dîner tranquillement, ou bien manger sur le pouce un plat de pâtes, une salade ou du poisson frit. ● *lun. (hiver), mer.*

FAICCHIO : *La Campagnola* Ⓛ
Via San Nicola, Località Massa 82100. 0824 81 40 81.
À 38 km au nord-ouest de Bénévent. On y sert des plats simples et savoureux, comme ses tortiglioni alle melanzane (pâtes aux aubergines). ● *mer., 2 sem. en sept.*

NAPLES : *Gorizia* Ⓛ
Via Bernini 29, 80129. 081 578 22 48.
C'est l'une des plus anciennes pizzeria et des plus réputées de Naples. La cuisine y est excellente, des pizzas maison aux entrées de poissons. ● *mer., août.*

NAPLES : *California* ⓁⓁ
Via Santa Lucia 101, 80132. 081 764 97 52.
Plats standard comme les spaghetti alla carbonara et les bucatini all'amatriciana, ainsi que des sandwiches américains. ● *dim.*

NAPLES : *La Chiacchierata* ⓁⓁ
Piazzetta Matilde Serao 37, 80100. 081 41 14 65.
Trattoria traditionnelle authentique servant des spécialités napolitaines : orecchiette (pâtes en forme d'oreille) aux pois chiches, poulpe. ● *à midi, dim., août.*

NAPLES : *La Sacrestia* ⓁⓁⓁⓁ
Via Orazio 116, 80122. 081 66 41 86.
Un lieux attrayant avec une vue sur le golfe de Naples. La cuisine est excellente et l'atmosphère élégante mais simple. ● *dim. soir, lun. midi, 2 sem. en août.*

NAPLES : *La Cantinella* ⓁⓁⓁⓁⓁ
Via Cuma 42, 80132. 081 764 86 84.
L'un des restaurants les plus célèbres de Naples. Ses plats locaux préparés avec le plus grand soin sont très réputés. ● *dim., août.*

NERANO : *Taverna del Capitano* ⓁⓁⓁⓁ
Piazza delle Sirene 10, 80068. 081 808 10 28.
Restaurant raffiné de spécialités régionales donnant sur la plage. Découvrez son pain de poisson aux herbes. ● *d'oct. à avril : le lun. ; jan.-fév.*

PAESTUM : *La Pergola* ⓁⓁⓁ
Via Nazionale 51, Capaccio Scala 84040. 0828 72 33 77.
Ce restaurant rustique situé à 3 km des ruines de Paestum pratique une cuisine régionale créative basée sur les produits de saison. ● *lun., 1 sem. en sept., 3 en oct.*

Amalfi : Eolo		■		■
Bénévent : Pina e Gino				■
Capri : La Savardina da Eduardo		■		■
Capri : Quisi del Grand Hotel Quisisana		■		■
Caserte : La Brace	●	■		
Ischia : Da Peppina		■		■
Ischia : La Tavernetta				■
Faicchio : La Campagnola	●	■	●	■
Naples : Gorizia				■
Naples : California				
Naples : La Chiacchierata		■		
Naples : La Sacrestia		■		■
Naples : La Cantinella		■		
Nerano : Taverna del Capitano	●	■		■
Paestum : La Pergola		■		■

Prix moyens par personne pour un repas comprenant trois plats et une demi-bouteille de vin de la maison, taxes et service compris.
- Ⓛ jusqu'à 35 000 L
- ⓁⓁ de 35 000 à 55 000 L
- ⓁⓁⓁ de 55 000 à 75 000 L
- ⓁⓁⓁⓁ de 75 000 à 100 000 L
- ⓁⓁⓁⓁⓁ plus de 100 000 L.

Menu à prix fixe
Menu à prix fixe comprenant généralement trois plats.

Bonne carte des vins
Le restaurant propose un vaste choix de vins de qualité.

Tenue de ville exigée
Les hommes doivent porter une veste et une cravate.

Tables en terrasse
Tables à l'extérieur, souvent avec une vue agréable.

Carte de crédit
Les principales cartes de crédit sont acceptées.

Restaurant	Prix	Menu à prix fixe	Bonne carte des vins	Tenue de ville exigée	Tables en terrasse
Pompéi : *Il Principe* Piazza Longo 8, 80045. ☎ *081 850 55 66.* Restaurant raffiné proche de la zone archéologique. On y propose surtout des plats de poisson : raviolis farcis au poisson, turbot aux légumes. ● *lun.*	ⓁⓁⓁⓁⓁ		■		■
Positano : *Da Adolfo* Località Laurito 40, 84017. ☎ *089 87 50 22.* Un bateau mène toutes les heures à cette charmante trattoria servant des spaghettis aux palourdes ou des courgettes grillées à la mozzarella. ● *d'oct. à juin.*	ⓁⓁ	●			■
Positano : *La Sponda* Via C Colombo 30, 84017. ☎ *089 87 50 66.* Somptueux restaurant à l'accueil très chaleureux. Sa carte propose un éventail alléchant de plats modernes et traditionnels. ● *déc.-mars.*	ⓁⓁⓁⓁⓁ	●	■		■
Salerne : *Pizzeria Vicolo della Neve* Vicolo della Neve 24, 84100. ☎ *089 22 57 05.* Cette pizzeria du centre historique propose également un plat de pasta e fagioli, une cassolette de baccalà et des saucisses aux brocolis. ● *à midi, mer. 1 sem. en août.*	Ⓛ				
Salerne : *Al Cenacolo* Piazza Alfano I 4, 84100. ☎ *089 23 88 18.* Cuisine méticuleuse. La carte change tous les jours en fonction des arrivages du marché. Les pâtes et le pain sont faits maison. ● *dim. soir, lun., août.*	ⓁⓁ		■		
Sant'Agata sui Due Golfi : *Don Alfonso 1890* Piazza Sant'Agata 11, 80064. ☎ *081 878 00 26.* Au milieu d'un élégant jardin, ce restaurant prépare des plats comme les fruits de mer, les poissons et les desserts traditionnels. ● *lun., mar., jan., fév.*	ⓁⓁⓁⓁⓁ	●	■		
Sicignano degli Alburni : *La Taverna* Via Nazionale 141, Frazione Scorzo 84029. ☎ *0828 97 80 50.* Auberge de campagne du XVIIIe siècle, près de Salerne. Cuisine régionale : charcuterie, soupe de haricots et de pois chiches, grillades. ● *mer., juil.*	ⓁⓁ				
Sorrento : *Antico Frantoio* Via Cala 5, Località Casarlano 80067. ☎ *081 878 58 45.* Restaurant utilisant une large variété de produits du terroir. Goûtez son pain maison et la bière brassée dans la brasserie voisine.	ⓁⓁ		■		■

Abruzzes, Molise et Pouille

Restaurant	Prix	Menu à prix fixe	Bonne carte des vins	Tenue de ville exigée	Tables en terrasse
Alberobello : *Il Poeta Contadino* Via Indipendenza 27, 70011. ☎ *080 432 19 17.* Restaurant élégant dont le service est parfaitement assorti à l'excellente qualité des mets et du vin. Sa cuisine utilise avec talent les produits locaux pour accommoder des plats de viande et de poisson. ● *d'oct. à juin : dim. soir, lun. ; 2 sem. en jan.*	ⓁⓁⓁⓁ	●	■		
Bari : *Murat* Via Lombardi 13, 70122. ☎ *080 521 03 09.* Élégant restaurant situé au dernier étage du Palace Hotel. Cuisine de la Pouille et méditerranéenne. ● *à midi, dim. août.*	ⓁⓁ	●	■		■
Bari : *Kilimangiaro* Lungomare Starita 64, 70122. ☎ *080 534 76 10.* Trattoria et pizzeria sans prétention du front de mer. Parmi ses spécialités : orecchiette à la roquette, poisson et brochettes de viande. ● *mer., jan.*	ⓁⓁⓁ				■
Gallipoli : *Terra di Mezzo di Sarino* Via de Cordova 8, 73014 ☎ *0833 26 32 69* Un chaleureux et amical bienvenue vous attend dans cette trattoria rustique et traditionnelle. La cuisine est simple mais délicieusement préparée comme les pâtes maison ou le risotto au poisson. ● *ven.*	Ⓛ				■

ISOLE TREMITI : *Al Gabbiano* ⓁⓁⓁ
San Domino, 71040. 0882 46 34 10.
Sa carte propose surtout du poisson. Nous vous conseillons le poisson frais rôti au gros sel et la soupe de poisson traditionnelle.

L'AQUILA : *Ernesto* ⓁⓁⓁ
Piazza Palazzo 22, 67100. 0862 210 94.
Local paisible et sophistiqué. Sa carte offre un intéressant assortiment résultant d'inspirations diverses. Il comporte un bar à vin. dim., lun.

LECCE : *Barbablù* ⓁⓁⓁ
Via Umberto 7, 73100. 0832 24 11 83.
Dans un vieux palais du centre historique. Sa carte inventive propose des plats délicieux élaborés à partir de produits du terroir. lun.

LOCOROTONDO : *Centro Storico* Ⓛ
Via Eroi di Dogali 6, 70010. 080 431 54 73.
Nichée au cœur du centre historique, cette petite trattoria sert une excellente cuisine de la Pouille agrémentée de notes originales. mer.

OTRANTE : *Vecchia Otranto* ⓁⓁⓁ
Corso Garibaldi 96, 73028. 0836 80 15 75.
Cette trattoria traditionnelle sert des spécialités de la mer et d'autres plats régionaux comme les pâtes aux oursins à la sauce au poivre. mar., nov., 2 sem. en déc.

OVINDOLI : *Il Pozzo* ⓁⓁ
Via dell'Alpino, 67046. 0863 71 01 91.
Restaurant agréable situé au centre du bourg, joliment encadré par les montagnes à l'arrière-plan. Spécialités de la région. d'oct. à mai : le mer.

PORTO CESAREO : *L'Angolo di Beppe* ⓁⓁⓁ
Via Zanella 24, Località Torre Lapillo, 73050. 0833 56 53 05.
Ambiance douillette et décor élégant. En hiver on fait du feu dans la cheminée. La cuisine allie les traditions locales et internationales. de sept. à juin : le lun., nov.

ROCCA DI MEZZO : *La Fiorita* Ⓛ
Piazza Principe di Piemonte 3, 67048. 0862 91 74 67.
Trattoria familiale au service attentif. La cuisine est basée sur les produits des montagnes des Abruzzes. mar.

SULMONA : *Rigoletto* ⓁⓁ
Via Stazione Introacqua 46, 67039. 0864 555 29.
À quelques minutes à pied du centre. Il sert de bonnes pâtes maison aux haricots, du scamorza (fromage), du lapin et des truffes. dim. soir, lun.

TARANTE : *Le Vecchie Cantine* ⓁⓁ
Via Girasoli 23, Frazione Lama 74020. 099 777 25 89.
Juste à la sortie de Tarente, ce restaurant offre un savoureux choix de poissons et de fruits de mer : carpaccio d'espadon, fusilli aux sardines. lun., mer., jan.

TARANTE : *Al Faro* ⓁⓁⓁ
Via Galeso 126, 74100. 099 471 44 44.
On y propose exclusivement du poisson et des fruits de mer, en antipasti, en risotto ou en grillades. Faites abstraction du décor peu attrayant. dim.

TERMOLI : *Z'Bass* ⓁⓁ
Via Oberdan 3, 86039. 0875 70 67 03.
Cette amicale et accueillante trattoria vous offre une cuisine de grande qualité ne proposant que des produits frais de saison. lun. (hiver).

TRANI : *Torrente Antico* ⓁⓁⓁⓁ
Via Fusco, 70059. 0883 48 79 11.
Ses plats exquis et légers s'inspirent de la cuisine régionale agrémentée de touches modernes. Sa carte des vins est très étoffée. dim. soir, lun., 2 sem. en juil.

VIESTE : *Il Trabucco dell'Hotel Pizzomunno* ⓁⓁⓁⓁ
Lungomare di Pizzomunno km 1, 71019. 0884 70 73 21.
Au milieu d'un jardin, tout près de la mer. Sa cuisine révèle quelques touches d'inventivité et ses plats sont légers et savoureux. de nov. à mars.

VILLETTA BARREA : *Trattoria del Pescatore* Ⓛ
Via Virgilio 175, 67030. 0864 892 74.
Simple trattoria située dans le parc national des Abruzzes. Spécialités : la truite et les chitarrini (pâtes en forme de cordes de guitare).

Prix moyens par personne pour un repas comprenant trois plats et une demi-bouteille de vin de la maison, taxes et service compris.
Ⓛ jusqu'à 35 000 L
ⓁⓁ de 35 000 à 55 000 L
ⓁⓁⓁ de 55 000 à 75 000 L
ⓁⓁⓁⓁ de 75 000 à 100 000 L
ⓁⓁⓁⓁⓁ plus de 100 000 L.

Menu à prix fixe
Menu à prix fixe comprenant généralement trois plats.

Bonne carte des vins
Le restaurant propose un vaste choix de vins de qualité.

Tenue de ville exigée
Les hommes doivent porter une veste et une cravate.

Tables en terrasse
Tables à l'extérieur, souvent avec une vue agréable.

Carte de crédit
Les principales cartes de crédit sont acceptées.

Basilicate et Calabre

Bivongi : *Vecchia Miniera* Ⓛ
Contrada Perrocalli, 89040. *0964 73 18 69.*
Dans un village proche de Stilo. On y sert des plats régionaux comme les pâtes au jus de chèvre, un des mets favoris des anciens Romains. *oct.-mai : lun.*

Maratea : *Taverna Rovita* ⓁⓁⓁ
Via Rovita 13, 85046. *0973 87 65 88.*
Élégant local campagnard aux murs blancs et au sol couvert de tommettes. Il sert des spécialités régionales : risotto aux asperges, venaison. *d'oct. à avril : le mar. ; jan.*

Matera : *Al Casino del Diavolo* ⓁⓁ
Via La Martella, 75100. *0835 26 19 86.*
Cet élégant restaurant traditionnel situé à la sortie de la ville propose d'excellents plats de Matera comme les orecchiette aux navets. *lun.*

Matera : *Il Terrazzino* ⓁⓁ
Vicolo San Giuseppe 7, 75100. *0835 33 25 03.*
Dans le quartier des Sassi *(p. 502)*, il possède une terrasse panoramique. Soupe de céréales et de pois chiches, paupiettes d'agneau grillées. *mar., 1 sem. en juin.*

Matera : *Venusio* ⓁⓁⓁ
Via Lussemborgo 2, Borgo Venusio 75100. *0835 25 90 81.*
Élégant restaurant, à 6 km au sud de Matera. Spécialités : poisson en croûte au four, champignons, antipasti chauds. *lun.*

Melfi : *Vaddone* Ⓛ
Corso da Sant'Abruzzese, 85025. *0972 243 23.*
Trattoria très connue servant de bonnes soupes de légumineuses et des grillades. Le menu inclue les plats de poissons. *lun. soir.*

Potenza : *Z'Mingo* Ⓛ
Contrada Botte 2, 85100. *0971 44 59 29.*
Cette simple trattoria est l'endroit idéal pour goûter aux plats simples de la région : pâtes fraîches, viande rôtie, fromage et salami locaux. *lun., 2 sem. en août.*

Reggio di Calabria : *Villegianti* Ⓛ
Via Eremo-Condera 31, Località Mariannazzo, 89125. *0965 250 21.*
Véritable institution de Reggio à l'ambiance informelle. On y sert de bons plats tout simples : spaghettis aux brocolis et saucisses épicées. *lun. (hiver).*

Rossano : *Antiche Mura* Ⓛ
Via Prigioni 40, 87067. *0983 52 00 42.*
Une trattoria amicale installée dans une vieille étable voûtée d'un palais du XVIIIe siècle. Le menu comprend des aubergines farcies et du chèvre rôti. *à midi, mer.*

Scilla : *La Grotta Azzurra* ⓁⓁ
Via Colombo, 89058. *0965 75 48 89.*
Merveilleusement située sur la plage où, selon la légende, Ulysse débarqua. Cette trattoria classique sert surtout du poisson. *oct.-avr. : le lun. ; 1 sem. en jan., 2 en déc.*

Tropea : *Pimm's* ⓁⓁ
Largo Migliarese 2, 88038. *0963 66 61 05.*
Très bien situé dans le centre historique. Ce restaurant prépare avec le plus grand soin des mets simples de la région : crostini de fruits de mer, espadon fumé, pâtes aux oursins, calmar farci grillé. *d'oct. à avril : le lun. ; jan.*

Venosa : *Taverna Ducale* ⓁⓁ
Piazza Municipio 2, 85029. *0972 355 35.*
Dans un cadre du XVe siècle, il propose une cuisine basée sur la redécouverte de plats anciens comme le preferito di Orazio (le plat préféré du poète latin) et le triticum (mélange de diverses légumineuses). *lun.*

Restaurant	Menu à prix fixe	Bonne carte des vins	Tenue de ville exigée	Tables en terrasse
Bivongi : Vecchia Miniera				■
Maratea : Taverna Rovita		■		
Matera : Al Casino del Diavolo				■
Matera : Il Terrazzino	●			■
Matera : Venusio	●	■		■
Melfi : Vaddone	●			■
Potenza : Z'Mingo				
Reggio di Calabria : Villegianti	●			■
Rossano : Antiche Mura				■
Scilla : La Grotta Azzurra		■		■
Tropea : Pimm's	●	■		
Venosa : Taverna Ducale	●	■		■

SICILE

AGRIGENTE : *Le Caprice* ⓁⓁ
Via Panoramica dei Templi 51, 92100. *0922 264 69.*
Bon restaurant superbement situé dans la Vallée des Temples. Il prépare avec soin des plats régionaux et offre un buffet d'antipasti. *ven., 2 sem. en juil.*

AGRIGENTE : *Trattoria del Pescatore* ⓁⓁ
Lungomare Falcone e Borsellino 20, Località Lido di San Leone 92100. *0922 41 43 43.*
Le chef choisit ses poissons chaque jour selon les arrivages et les sert parfois crus, avec de l'huile et un filet de citron. Spécialité : les spaghettis à l'espadon, aux aubergines et au basilic. *mer., oct.*

AGRIGENTE : *Kalos* ⓁⓁⓁ
Piazza San Calogero 1, 92100. *0922 263 89.*
Agréable restaurant servant une cuisine originale : pâtes aux pistaches et au gorgonzola, poisson grillé, cassata à la ricotta. *dim.*

BAGHERIA : *Don Ciccio* Ⓛ
Via del Cavaliere 87, 90011. *091 93 24 42.*
Trattoria du centre-ville tournée vers la cuisine régionale : maccheroncini aux sardines, aux brocolis, au thon et à d'autres sauces. *dim., mer., août.*

CATANE : *I Vicere* ⓁⓁ
Via Litteri 59, 95129. *095 711 66 06.*
On peut dîner sur la terrasse qui offre une vue magnifique. La cuisine est bonne, notamment le succulent filet de porc à la mandarine. *d'oct. à avril : midi, le lun.*

CEFALÙ : *L'Antica Corte* Ⓛ
Cortile Pepe 7, 90015. *0921 42 32 28.*
Trattoria située dans une vieille cour du centre historique. Cuisine influencée par d'antiques recettes siciliennes presque oubliées. *jeu., nov.*

ENNA : *Ariston* ⓁⓁ
Via Roma 353, 94100. *0935 260 38.*
Au cœur d'Enna. Il offre une sélection de plats de poisson et de viande (agneau farci), des soupes de haricots et de pois et des frittate (omelettes). *dim., août.*

ERICE : *Osteria di Venere* ⓁⓁ
Via Roma 6, 91016. *0923 86 93 62.*
Charmant restaurant situé dans un bel édifice du XVIIe siècle jouissant d'une belle vue. Il propose des plats siciliens et méditerranéens. *d'oct. à juin : le mer.*

ERICE : *Monte San Giuliano* ⓁⓁ
Via San Rocco 7, 91016. *0923 86 95 95.*
Situé au centre de la ville. Sa carte, basée sur la tradition sicilienne, offre des pâtes fraîches aux sardines et du couscous au poisson. *lun., jan., nov.*

ÎLES ÉOLIENNES : *Filippino* ⓁⓁ
Piazza del Municipio, Lipari 98055. *090 981 10 02.*
Sa carte, essentiellement sicilienne et basée sur le poisson, comporte de l'espadon, des maccheroni maison et d'excellentes cassate siciliennes. *d'oct. à avril : le lun.*

MARSALA : *Delfino* ⓁⓁ
Via Lungomare Mediterraneo 672, 91025. *0923 96 95 65.*
Ce restaurant comporte trois jolies salles donnant sur la mer ou sur le jardin. Sa carte est originale : goûtez aux spaghettis au tournesol ou au poisson alla Messinese. *de nov. à avril : le mar.*

MARSALA : *Mothia* ⓁⓁ
Contrada Ettore Inversa 13, 91016. *0923 74 52 55.*
Une délicieuse cuisine toute simple : pain et pâtes maison, somptueux desserts. Nous recommandons notamment sa soupe de homard. *mer.*

PALERME : *Simpaty* ⓁⓁ
Via Piano Gallo 18, Località Mondello 90151. *091 45 44 70.*
La salle à manger donne sur la célèbre baie de Mondello. On y sert presque exclusivement du poisson. Goûtez ses ricci (petits oursins) servis en antipasto ou avec les pâtes, sa pieuvre et son calmar. *ven.*

PALERME : *La Scuderia* ⓁⓁⓁ
Viale del Fante 9, 90146. *091 52 03 23.*
Dans le parco della Favorita, cet élégant restaurant fidèle à la cuisine sicilienne traditionnelle sert des plats délicieux. *dim., 2 sem. en août.*

Légende des symboles, voir rabat de couverture

Prix moyens par personne pour un repas comprenant trois plats et une demi-bouteille de vin de la maison, taxes et service compris.
Ⓛ jusqu'à 35 000 L
ⓁⓁ de 35 000 à 55 000 L
ⓁⓁⓁ de 55 000 à 75 000 L
ⓁⓁⓁⓁ de 75 000 à 100 000 L
ⓁⓁⓁⓁⓁ plus de 100 000 L.

Menu à prix fixe
Menu à prix fixe comprenant généralement trois plats.

Bonne carte des vins
Le restaurant propose un vaste choix de vins de qualité.

Tenue de ville exigée
Les hommes doivent porter une veste et une cravate.

Tables en terrasse
Tables à l'extérieur, souvent avec une vue agréable.

Carte de crédit
Les principales cartes de crédit sont acceptées.

Restaurant	Menu à prix fixe	Bonne carte des vins	Tenue de ville exigée	Tables en terrasse
Palerme : *Temptation* ⓁⓁⓁ Via Torretta 94, Località Sferracavallo 90148. *091 691 11 04.* Cette trattoria de Sferracavallo, un quartier agréable de Palerme, propose un menu tout compris d'antipasti de fruits de mer, de pâtes maison et de plats de poisson pêché le jour même ou la nuit précédente. *jeu.*	●			
Raguse : *La Ciotola* ⓁⓁ Via Archimede 23, 9710. *0932 22 89 44.* Élégant restaurant moderne du centre-ville proposant des spécialités comme les maccheroncini aux aubergines et beaucoup de poisson. *lun., août.*		■		■
Sciacca : *Hostaria del Vicolo* ⓁⓁⓁ Vico Sammaritano 10, 92019. *0925 230 71.* Restaurant tranquille du centre historique proposant des plats siciliens : tagliatelles aux crevettes, aux aubergines et à la bottarga (œufs de thon), soles cuites à la mode de Sciacca. Savoureux desserts. *dim. soir, lun. soir, oct.*	●	■		
Sélinonte : *Lido Azzurro* Ⓛ Via Marco Polo 51, Località Marinella 91020. *0924 462 11.* Trattoria animée, avec une terrasse donnant sur l'acropole, proposant un vaste buffet d'antipasti, des fettuccine alla bottarga et des poissons grillés. *de nov. à fév.*				■
Syracuse : *Minerva* Ⓛ Piazza Duomo 20, 96100. *0931 694 04.* Pizzeria du centre historique proposant un large éventail de pizzas originales. On peut manger en terrasse, sur la place de la cathédrale. *lun.*				■
Syracuse : *La Foglia* ⓁⓁ Via Capodieci 29, 96100. *0931 662 33.* La carte de ce restaurant du centre historique repose surtout sur les légumes. Goûtez ses pâtes aux légumes ou aux poissons et ses soupes. *mar.*				
Syracuse : *Jonico 'a Rutta 'e Ciauli* ⓁⓁ Riviera Dionisio il Grande 194, 96100. *0931 655 40.* Cuisine sicilienne, avec des réinterprétations originales de certains plats classiques. Les murs de la belle salle à manger sont recouverts de carreaux de faïence et décorés de vieux outils agricoles. *mar.*		■		■
Taormine : *Pizzeria Vecchia Taormina* Ⓛ Vico Ebrei 3, 98039. *0942 62 55 89.* Pizzeria traditionnelle de l'ancien quartier juif de Taormina. Grand choix de pizzas siciliennes et d'antipasti. *mer.*				■
Taormine : *Al Duomo* ⓁⓁ Vico Ebrei 11, 98039. *0942 62 56 56.* Restaurant traditionnel du centre historique. On y propose des pâtes au thon et aux olives et de délicates paupiettes d'espadon.		■		■
Taormine : *La Giara* ⓁⓁⓁⓁ Vicolo La Floresta 1, 98039. *0942 233 60.* Joli restaurant offrant une belle vue sur la baie de Taormina. Nous recommandons ses raviolis aux aubergines. *lun., nov.-mars : lun.-ven., jan.-fév.*		■		■
Trapani : *Da Peppe* ⓁⓁ Via Spalti 50, 91100. *0923 282 46.* Spécialités de Trapani et plats maison variant au cours de l'année. La carte repose sur le poisson, comme le thon pêché sur place. *dim., jan.*		■		
Trapani : *P&G* ⓁⓁ Via Spalti 1, 91100. *0923 54 77 01.* Ce restaurant est devenu une institution à Trapani. On y propose des spécialités méditerranéennes, y compris du couscous. Au cours de la tuna mattanza annuelle, on y cuisine le thon frais de mille et une façons. *dim., août.*				

SARDAIGNE

ALGHERO : *Al Tuguri* ⓁⓁⓁ
Via Maiorca 113, 07041. *079 97 67 72.*
Joli restaurant aménagé dans un édifice du XVe siècle, dans le centre historique. Intéressantes spécialités méditerranéennes. *dim., 3 sem. en jan., 1 en déc.*

ALGHERO : *La Lepanto* ⓁⓁⓁ
Via Carlo Alberto 135, 07041. *079 97 91 16.*
Spécialités locales et créations : bottarga (œufs de thon), homard, pieuvre chaude, scampi au pecorino (fromage de brebis). *de nov. à avril : le lun.*

BOSA : *Mannu da Giancarlo e Rita* ⓁⓁ
Viale Alghero, 08013. *0785 37 53 06.*
Restaurant élégant proposant d'excellentes spécialités de poisson. Il est renommé pour son homard frais servi avec une sauce au céleri.

CAGLIARI : *Nuovo Saint Pierre* ⓁⓁ
Via Coghinas 13, 09122. *070 27 15 78.*
Carte traditionnelle : sanglier aux lentilles, risotto aux asperges, agneau aux artichauts, bœuf farci. En été on y sert du poisson. *dim., août.*

CAGLIARI : *Dal Corsaro* ⓁⓁⓁ
Viale Regina Margherita 28, 09124. *070 66 43 18.*
Bon service et ambiance agréable. On y sert des plats régionaux tels que les raviolis aux oignons et des créations originales comme les tagliatelles aux courgettes et aux palourdes. *dim., août.*

CALASETTE : *Da Pasqualino* ⓁⓁ
Via Roma 99, 09011. *0781 884 73.*
Cette simple trattoria à l'ambiance décontractée sert des spécialités à base de poisson pêché sur place : bottarga (œufs de thon), homard. *nov.*

NUORO : *Canne al Vento* Ⓛ
Viale Repubblica 66, 08100. *0784 20 17 62.*
Sa carte propose des viandes rôties, d'excellents fromages, de la salade de pieuvre et un sebalda (dessert au miel) chaud. *dim.*

OLBIA : *Bacchus* ⓁⓁⓁ
Centro Commerciale Martini, Via Gabriele d'Annunzio 2e étage, 07026. *0789-216 12.*
Élégant restaurant donnant sur la mer. On y sert des plats de poisson, d'agneau aux artichauts et de crabe, marqués par la tradition régionale. *dim.*

OLIENA : *CK* ⓁⓁ
Via ML King 24, 08025. *0784 28 80 24.*
Ce restaurant propose des spécialités locales : gibier aux herbes aromatiques, raviolis frais et délicieux desserts. *lun.*

ORISTANO : *Faro* ⓁⓁⓁⓁ
Via Bellini 25, 09170. *0783 700 02.*
L'un des meilleurs restaurants de Sardaigne, servant en particulier du poisson et des fruits de mer, en fonction des arrivages. *dim., 2 sem. en juil. et déc.*

PORTO CERVO : *Gianni Pedrinelli* ⓁⓁⓁⓁⓁ
Bivio Pevero, 07020. *0789 924 36.*
Carte régionale où le poisson prédomine. Sa spécialité est un plat typiquement sarde, le porcettu allo spiedo (porc à la broche). *d'oct. à fév.*

PORTO ROTONDO : *Da Giovannino* ⓁⓁⓁⓁⓁ
Piazza Quadra, 07026. *0789 352 80.*
Très fréquenté par les politiciens et les personnalités des médias qui apprécient ses spécialités (coûteuses) superbement préparées, servies avec empressement et accompagnées de vins magnifiquement choisis. *de déc. à mars : le lun.*

PORTOSCUSO : *La Ghinghetta* ⓁⓁⓁⓁⓁ
Via Cavour 26, Località Sa Caletta, 09010. *0781 50 81 43.*
Dans un charmant village de pêcheurs, sa carte est presque exclusivement basée sur le poisson, avec une petite note d'originalité. *dim. ; de nov. à avril.*

SASSARI : *Florian* ⓁⓁⓁ
Via Bellieni 27, 07100. *079 23 62 51.*
Sa carte propose les meilleures spécialités régionales de la mer et de la campagne, en fonction des saisons : champignons en automne, fruits de mer en été et légumes de saison tout au long de l'année. *dim.*

Légende des symboles, voir rabat de couverture

GELATERIA BA
CONFEZIONI ELY
BIANCHERIA

RENSEIGNEMENTS PRATIQUES

L'Italie mode d'emploi

Les Italiens vous diront tous que l'Italie est le plus beau pays du monde. Ils n'ont peut-être pas tout à fait tort, mais le charme de leur pays fait parfois oublier les nombreux problèmes pratiques auxquels on se trouve confronté : il est assez difficile d'obtenir des informations, les services publics, notamment les banques, sont souvent congestionnés par de longues files d'attente et de fastidieuses pratiques bureaucratiques et enfin l'inefficacité du service postal est proverbiale. Lisez ces pages. Avec un peu de patience, elles devraient faciliter votre séjour en Italie.

ITALIA
ENTE NAZIONALE ITALIANO PER IL TURISMO

Logo de l'ENIT

Touristes sur le ponte della Paglia à Venise *(p. 105)*

Visas et permis de séjour

Les ressortissants de l'Union européenne, de la Suisse et du Canada n'ont pas besoin de visa pour un séjour n'excédant pas trois mois. Un passeport en cours de validité leur suffit. Officiellement, les étrangers sont tenus de signaler leur présence à la police dans les huit jours qui suivent leur arrivée. Si vous logez à l'hôtel ou en camping, c'est automatique. Sinon, rendez-vous au commissariat *(Questura)* de votre lieu de résidence.

Si vous désirez demeurer en Italie plus de trois mois (ou de huit jours si vous n'êtes pas citoyen de l'UE), il faudra affronter les méandres compliqués de la bureaucratie locale pour obtenir un *permesso di soggiorno* (permis de séjour). Vous pouvez vous adresser à n'importe quel commissariat central *(Questura)* et demander soit un permis de travail *(di lavoro)*, soit un permis pour étudier *(di studio)*. Il faudra remplir une demande *(domanda)* écrite et fournir des photographies d'identité et des photocopies de votre passeport. Pour une demande de permis de travail, il faut procurer une attestation confirmant votre futur emploi en Italie ou justifier de ressources.

Si vous demandez un permis pour étudier, il vous faudra obtenir une lettre de l'école ou de l'université et l'envoyer au consulat italien de votre pays d'origine, afin de vous procurer une lettre d'introduction officielle ou une attestation. Vous devrez aussi fournir des garanties attestant le paiement de vos frais en cas de maladie ou d'accident. Une police d'assurance médicale *(p. 616)* devrait suffire.

Quand se rendre en Italie

L'Italie attire des foules considérables. Rome, Florence et Venise sont envahies du printemps à octobre et il est conseillé d'y réserver un hôtel longtemps à l'avance. Mais en août, au cœur de l'été, les villes sont en général désertées par leurs habitants. Venise triple sa population en février, à l'occasion du carnaval *(p. 65)*, et à Pâques, Rome est prise d'assaut par les pèlerins et les touristes. Les stations balnéaires sont bondées en juillet et en août, alors qu'il fait tout aussi chaud en juin et en septembre. La mer et les plages sont d'ailleurs plus propres au début de l'été. On skie de décembre à mars, bien que la première neige tombe souvent dès le mois de novembre. La plupart des musées et des monuments sont ouverts toute l'année, en dehors de certains jours fériés *(p. 65)* et, souvent, de deux lundis par mois *(p. 614)*.

Le célèbre café Tazza d'Oro, à Rome, constitue une halte agréable

Les différences saisonnières

En gros, le nord de l'Italie est plus tempéré que le sud au climat méditerranéen. De juin à septembre, il fait chaud. Les orages d'été durent rarement plus de quelques heures. Au printemps et en automne, il fait doux : c'est le meilleur moment pour visiter les villes. L'hiver peut être extrêmement froid, notamment dans le nord. *Les climats de l'Italie*, p. 68-69, détaillent les différences climatiques.

◁ **La magnifique piazza del Campo, à Sienne, lieu de réunion des Siennois et des touristes**

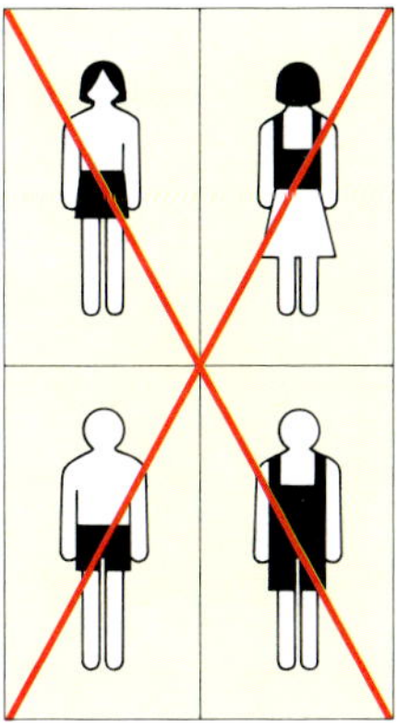

Tenues non admises dans les églises : le torse et les épaules doivent être couverts

Savoir-vivre et pourboires

Dans l'ensemble, les Italiens sont aimables à l'égard des étrangers. Quand on entre dans une boutique ou dans un bar, l'usage veut que l'on dise *buon giorno* (bonjour) ou *buona sera* (bonsoir). On fait de même quand on sort. Les gens vous indiquent volontiers le chemin dans la rue. Il suffit souvent de dire *scusi*, suivi du nom de l'endroit où vous désirez vous rendre. À *grazie* (merci), on répond *prego* (je vous en prie).

Au restaurant, on laisse un pourboire quand le service n'est pas compris. Un pourboire de 10 % est considéré comme généreux. Quand un chauffeur de taxi ou un portier d'hôtel s'est montré obligeant, il suffit d'arrondir le total aux 5 000 lires supérieures.

Les Italiens sont très attentifs à l'habillement et ils notent immédiatement les vêtements excentriques ou indécents. Dans de nombreux lieux de culte, on impose un code vestimentaire très strict : on doit avoir le torse et les épaules couverts, les shorts et les jupes doivent descendre au-dessous du genou.

Produits importés

Depuis le 30 juin 1999, le service des Duty Free qui proposait des produits de luxe, de l'alcool, du parfum ou du tabac a été supprimé. Bien sûr, cela ne vous empêche pas d'introduire en Italie les produits en petite quantité et pour un usage personnel.

Les consulats pourront vous renseigner sur les conditions particulières de régulations. Pour savoir ce que vous pourrez rapporter d'Italie vers votre pays, contactez les douanes de votre pays.

Exemption de la TVA

La TVA (IVA en Italie) est de 12 à 35 % selon les produits. Si vous n'êtes pas citoyen de l'Union européenne, vous pouvez obtenir le remboursement de l'IVA pour tout achat d'une valeur supérieure à 300 000 lires, mais les démarches pour l'obtenir sont longues et fastidieuses. Il est plus simple d'effectuer vos achats dans les magasins arborant le sigle « Euro Free Tax ». Après avoir montré votre passeport à la caisse et rempli un formulaire, l'IVA sera déduite de votre facture. Vous pouvez également vous présenter à la douane avec le reçu. Le douanier le tamponnera et vous devrez le renvoyer au vendeur. Vous recevrez ensuite le remboursement par la poste.

L'horloge de San Giacomo di Rialto à Venise ***(p. 93)***

L'heure italienne

Comme la Belgique, la France et la Suisse, l'Italie vit à l'heure de l'Europe centrale. En mars, on avance les montres d'une heure et en octobre on revient à l'horaire d'hiver. Le décalage horaire avec Montréal est de six heures.

Adaptateurs électriques

Les prises italiennes sont alimentées en courant alternatif de 220 volts et acceptent des fiches mâles à deux broches. Mais les fiches italiennes présentent différentes tailles. Il convient donc de se munir d'un adaptateur. Achetez-le avant de partir, car c'est un article difficile à trouver en Italie. Dans la plupart des hôtels trois étoiles et plus, les salles de bains sont équipées de prises spéciales pour les rasoirs et les sèche-cheveux ; toutefois, n'oubliez pas de vérifier le voltage.

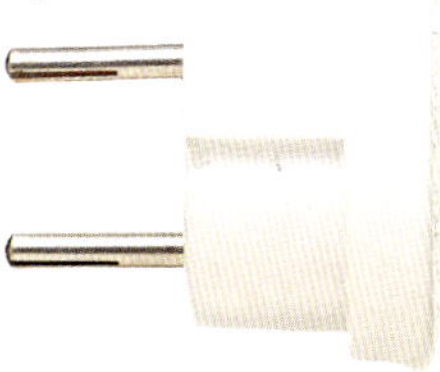

Prise électrique italienne standard

Réserver des billets

D'ordinaire, les théâtres italiens ne prennent pas de réservations par téléphone. Mais des agences comme **Box Office** et **Cangrande** peuvent vous réserver des billets (elles prennent une commission). Les billets d'opéra sont vendus plusieurs mois à l'avance, sauf quelques-uns que l'on conserve jusqu'à l'avant-veille du spectacle. Quant aux billets des concerts de rock et de jazz, on peut les acheter chez les disquaires mentionnés sur les affiches publicitaires.

Carnet d'adresses

Agences de location

Box Office
Viale Giulio Cesare 88, Roma. **Plan** 3 C1. *Billets pour les concerts (musique classique, rock, pop, jazz) et certains événements sportifs.*
06 372 02 16.

Cangrande
Via Giovanni della Casa 5, Verona. *Billets d'opéra*
045 800 49 44.
FAX *045 801 01 08.*

INFORMATION TOURISTIQUE

L'Office National Italien du Tourisme (ENIT) possède des bureaux dans les capitales du monde entier et fournit des renseignements généraux sur l'Italie. Pour des informations plus spécifiques, adressez-vous aux offices du tourisme locaux. Nous avons indiqué leur adresse et leur numéro de téléphone pour chaque ville ou localité, et ils sont reportés sur les cartes des villes. L'**EPT** *(Ente Provinciale di Turismo)* renseigne sur la ville et la province, alors que l'**APT** *(Azienda di Promozione Turistica)* s'occupe uniquement d'un lieu précis. Les deux organismes distribuent des cartes, des plans et des guides en plusieurs langues, réservent des hôtels et organisent des visites guidées. Ils peuvent vous indiquer des guides locaux préparant des visites et vous signaler les excursions. Les petites localités possèdent un office du tourisme local *(Pro Loco)* qui n'est parfois ouvert que durant la saison touristique. Il se trouve d'ordinaire à la mairie *(comune)* ou occasionnellement dans une résidence privée.

Une étudiante se détend au soleil à Gaiole in Chianti

LES VISITES GUIDÉES

De nombreuses agences de voyages proposent des excursions en autocar, avec des guides parlant plusieurs langues. La CIT organise des circuits en autocar dans toute l'Italie. Si vous souhaitez sortir des sentiers battus, cherchez sur place les adresses des agences et des organisations de voyages dans les pages locales des journaux ou en vous informant auprès des offices du tourisme. Employez toujours des guides officiels et négociez le prix à l'avance pour éviter les surprises. Pour les divers types de vacances à thèmes, reportez-vous aux pages 624-625.

Logo des bureaux d'information

Une visite guidée dans les rues de Florence

AUTORISATION DE VISITE

Pour visiter certains lieux de Rome, comme la Bibliothèque du Vatican, on peut se procurer l'indispensable autorisation écrite à l'adresse suivante :

Comune di Roma
Soprintendenze Comunale
Piazza Campitelli 7, Rome. **Plan** 3 A5.
☎ *06 67 10 32 38.*
FAX *06 679 22 58.*

HORAIRES D'OUVERTURE

Peu à peu les musées italiens adoptent de nouveaux horaires, notamment dans le Nord. Ils ouvrent chaque jour de 9 h à 19 h, en dehors de deux lundis par mois. L'hiver, beaucoup reviennent à l'ancien horaire : de 9 h à 13 h du mardi au samedi et de 9 h à 12 h 30 le dimanche. Les petits musées privés ont leurs propres horaires et il est donc plus prudent de téléphoner avant. Les sites archéologiques restent accessibles de 9 h jusqu'à une heure avant le coucher du soleil, du mardi au dimanche.

Promenade sur un paisible canal de Venise

Les églises sont ouvertes de 7 h à 12 h 30 et de 16 h à 19 h. Mais souvent on ne peut pas les visiter durant les offices ; le dimanche n'est donc pas le jour le plus indiqué.

DROITS D'ADMISSION

Ils se situent habituellement entre 4 000 et 14 000 lires (les églises ne sont pas payantes). Il n'y a pas toujours de tarif étudiant, mais les ressortissants de l'Union européenne de moins de 18 ans et de plus de 60 ans peuvent entrer gratuitement dans de nombreux musées nationaux et sites archéologiques. Les groupes bénéficient souvent d'une réduction. Pour profiter d'un tarif spécial, il faut présenter une carte d'étudiant ou un passeport.

LES ÉTUDIANTS

L'organisation italienne de voyage pour étudiants, le CTS (Centro Turistico Studentesco) possède des bureaux dans toute l'Italie et dans le reste de l'Europe. Ils délivrent la carte internationale d'étudiant (ISIC) et la carte d'échanges éducatifs internationaux (YIEE). L'une et l'autre permettent d'obtenir des réductions dans les musées et les monuments. Avec la carte de l'ISIC, on bénéficie également 24 heures sur 24 d'un service d'assistance téléphonique qui prodigue des conseils et des informations. Le CTS propose des locations de voiture à prix réduit et organise des séjours et des cours de langue. Si vous êtes membre de la Fédération des Auberges de Jeunesse, adressez-vous à l'**Associazione Italiana Alberghi per la Gioventù**.

Carte ISIT

VOYAGER AVEC DES ENFANTS

Dans l'ensemble, les Italiens adorent les enfants, au point d'être souvent trop permissifs. On voit souvent des enfants jouer dehors très tard le soir, surtout en été. La plupart des trattorie et des pizzerie les accueillent bien volontiers, et aucun règlement ne les exclut des bars. Les hôtels également les acceptent de bon gré, tout en n'étant pas toujours équipés pour les recevoir. Les hôtels haut de gamme proposent parfois un service de baby-sitting. Enfin, la plupart des villes possèdent des aires de jeu et la calme Méditerranée est l'idéal pour les jeunes nageurs.

Enfant donnant à manger aux pigeons, piazza Navona, Rome

Pont muni d'une rampe pour fauteuil roulant

LES PERSONNES HANDICAPÉES

Certaines villes disposent d'autobus adaptés aux handicapés et on introduit peu à peu des ascenseurs dans les musées et dans certaines églises.

CO.IN (Consorzio Cooperative Integrale) fournit des renseignements sur les hôtels, les services et les structures d'assistance.

SERVICES RELIGIEUX

Près de 85 % de la population italienne est catholique. La messe du dimanche est célébrée dans tout le pays, et dans les églises les plus importantes des offices ont également lieu en semaine. Dans certaines villes, on peut entendre la messe en français dans quelques églises comme à Saint-Louis-des-Français, à Rome. Pour être reçu en audience publique par le pape, reportez-vous page 409.

L'Italie est majoritairement catholique, mais toutes les autres grandes religions y sont représentées. Pour plus de détails, contactez les différents centres confessionnels à Rome.

CARNET D'ADRESSES

ORGANISMES DE VOYAGE

Associazione Italiana Alberghi per la Gioventù
Via Cavour 44 (3e étage), Roma.
Plan 3 C5. ☎ *06 487 11 52.*
www.hostels-aig.org

CO.IN
Via Enrico Giglioli 54/a Roma.
☎ *0623 26 75 04/5.*

CIT
Piazza della Repubblica 64, Roma.
Plan 4 D3. ☎ *06 474 65 55.*

CTS
Presidenza Nazionale
Via Genova 16, Roma. **Plan** 5 D3.
☎ *06 462 04 31. www.cts.it*

OFFICES DU TOURISME

ENIT Paris
23, rue de la Paix, 75002 Paris.
☎ *01 42 66 66 68.*

ENIT Bruxelles
176, avenue Louise, 1050 Bruxelles. ☎ *(2) 64 71 154.*

ENIT Genève
3, rue du Marché, 1204 Genève.
☎ *(22) 31 02 080.*

ENIT Montréal
1, place Ville Marie, Suite 1914, Montréal. ☎ *(14) 86 67 667.*

ENIT Rome
Via Marghera 2. **Plan** 4 F3.
☎ *06 497 11.*

ORGANISATIONS RELIGIEUSES

Catholique
Ufficio Informazioni Vaticano, Piazza San Pietro, Vaticano, Roma.
Plan 1 B3. ☎ *06 69 88 44 66, 06 69 88 48 66. www.vatican.va*

Juive
Unione delle Comunità Ebraiche Italiane, Lungotevere Sanzio 9, Roma. **Plan** 6 D1.
☎ *06 580 36 70.*

Musulmane
Centro Islamico Culturale d'Italia, Viale della Moschea, Roma.
☎ *06 808 22 58.*

Protestante
Federazione delle Chiese Evangeliche in Italia. Via Firenze 38, Roma. ☎ *06 482 51 20.*

Santé et sécurité

En général, l'Italie est un pays sûr, mais il vaut mieux faire attention à ses affaires personnelles, surtout dans les grandes villes. La police est très présente dans tout le pays et en cas d'urgence ou d'agression, elle sera en mesure de vous porter assistance et de vous dire où vous adresser pour signaler un accident. Si vous tombez malade, la première chose à faire est de vous rendre dans une pharmacie : on pourra vous conseiller, ou vous envoyer au bon endroit pour vous faire soigner. En cas d'urgence, le service des urgences *(Pronto Soccorso)* de n'importe quel hôpital vous prendra en charge.

Commissariat de police
(Commissariato di Polizia)

Voiture de police

Bateau-ambulance à Venise

Voiture de pompier romaine

Sécurité des biens

Les délits mineurs comme le vol à la tire, le vol de sac, le vol de voiture sont répandus. Si vous en êtes victime, il faut le déclarer dans les 24 heures au commissariat (*questura* ou *commissariato*) le plus proche.

Évitez de laisser des objets bien en vue dans un véhicule sans surveillance, notamment un autoradio. Si vous devez laisser des bagages dans votre voiture, cherchez un hôtel disposant d'un parking privé. Ne laissez jamais votre portefeuille dans la poche arrière de votre pantalon dans les autobus ou les endroits bondés. Les « bananes » sont parmi les proies favorites des pickpockets ; tâchez donc de les dissimuler. Dans la rue, tenez vos sacs et appareils-photo vers l'intérieur du trottoir, pour ne pas tenter des voleurs motorisés et, hors des zones touristiques, n'exhibez pas de caméras de valeur. Pour transporter des sommes importantes, le plus sûr est de vous munir de chèques de voyage ou d'Eurochèques. Conservez vos reçus et votre carte Eurochèque séparément, avec une photocopie de vos papiers. Il est également conseillé de souscrire une assurance globale couvrant aussi bien le vol, les annulations et retards des avions, la perte ou la dégradation des bagages, de l'argent ou d'autres objets de valeur, que la responsabilité personnelle et les accidents. Si vous devez signaler à votre assurance le vol ou la perte d'un bien, il faut fournir la copie de la plainte *(denuncia)* déposée au commissariat de police. En cas de perte de passeport, rendez-vous à votre consulat ou à votre ambassade ; pour la perte de chèques de voyage, contactez la succursale la plus proche de l'organisme les ayant délivrés.

Assistance juridique

Votre assurance doit comporter une assistance juridique et la consultation d'un avocat. Si vous n'êtes pas couvert par une assurance, contactez votre ambassade dès qu'un accident se produit. Celle-ci peut vous conseiller et vous fournir une liste d'avocats parlant italien et français et connaissant à la fois le système juridique italien et celui de votre pays.

Sécurité des personnes

Alors que la petite délinquance est fréquente dans les villes, les actes de violence sont rares en Italie. Bien que les gens aient l'habitude d'élever la voix et de se montrer agressifs durant les disputes, si vous restez calme et poli, cela aide à désamorcer les conflits. Méfiez-vous des guides non autorisés, des chauffeurs de taxi sans licence, ou des inconnus qui proposent de vous conduire dans un hôtel, un restaurant ou une boutique en espérant une rétribution.

Femmes voyageant seules

En Italie, les femmes seules sont souvent abordées dans la rue. Bien que cela soit souvent plus agaçant que dangereux, la nuit il est

Une compagnie de *carabinieri* en uniforme de ville

préférable d'éviter les endroits déserts et mal éclairés. Le meilleur moyen d'éviter les sollicitations importunes est de savoir où l'on va. D'ordinaire, le personnel des hôtels et des restaurants traite les femmes seules avec un surcroît de gentillesse et d'attention.

La police

La police nationale *(polizia)* porte un uniforme bleu et a des voitures bleues. Elle s'occupe de la plupart des délits. Les *carabinieri* sont des militaires à l'uniforme bleu foncé et noir, au pantalon orné d'un liseré rouge. Chargés de lutter contre diverses infractions allant du crime organisé aux excès de vitesse, ils opèrent également des contrôles de sécurité. La *guardia di finanza* est chargée de la répression des fraudes ; elle porte un uniforme gris, au pantalon orné d'un liseré jaune. Les *vigili urbani* (police municipale) chargés de régler la circulation ont un uniforme bleu et blanc en hiver, blanc en été. Bien qu'ils ne soient pas de véritables officiers de police, ils peuvent délivrer de lourdes amendes pour les infractions liées à la circulation et au stationnement. On les voit d'ordinaire en train de patrouiller dans les rues ou de régler la circulation. Toutes ces forces de police peuvent vous assister.

Policier municipal

Interprètes

Les interprètes et traducteurs indépendants proposent souvent leurs services dans les journaux et dans les librairies de langue étrangère. Les agences figurent dans les Pages Jaunes *(Pagine Gialle)* et l'AITI *(Associazione Italiana di Traduttori e Interpreti)* possède une liste d'interprètes et de traducteurs qualifiés. En cas d'urgence, votre ambassade vous fournira un interprète.

Façade d'une pharmacie florentine

Les soins médicaux

En Italie, les soins médicaux d'urgence sont gratuits pour les citoyens de l'Union européenne. Il faut vous procurer auprès de votre centre de Sécurité Sociale (en France) le formulaire E 111. On vous indiquera comment procéder pour être pris en charge quand vous voyagez dans d'autres pays membres de l'Union européenne. Dans certains cas, vous devrez avancer les sommes, dont vous serez remboursé à votre retour, en fournissant les pièces justificatives. Si vous n'êtes pas ressortissant de l'Union européenne, il vous convient de souscrire une police d'assurance privée couvrant les soins médicaux. En cas d'urgence, rendez-vous au centre de *Pronto Soccorso* (service des urgences) de l'hôpital le plus proche.

Aucun vaccin n'est nécessaire pour se rendre en Italie, mais en été il convient de se prémunir contre les moustiques. On peut se procurer des crèmes, des vaporisateurs et des diffuseurs électriques anti-moustiques en pharmacie.

Besoins urgents

Les pharmacies *(farmacie)* vendent un grand nombre de produits médicaux, y compris des médicaments homéopathiques, mais il faut souvent posséder une ordonnance. Grâce à un service de nuit par roulement *(servizio notturno)*, il y a toujours une pharmacie ouverte dans les villes. Celle de garde est indiquée dans les pages locales des quotidiens et à la porte des pharmacies.

Les *tabacchi* (tabacs), avec leur enseigne portant un grand « T » (voir ci-dessous), sont des lieux utiles. En dehors des cigarettes et des allumettes, ils vendent en effet rasoirs et piles, tickets de bus et de métro, cartes téléphoniques, jetons *(gettoni)* et timbres-poste. Dans certains tabacs, on peut même faire peser et affranchir des colis.

Carnet d'adresses

Ambassades

France
Piazza Farnese 67, Roma.
☎ *06-68 60 11.*

Belgique
Via Monti Parioli 49, Roma.
☎ *06-322 44 41.*

Canada
Via G B De Rossi 27, Roma.
☎ *06-44 59 81.*

Suisse
Via Oriani 61, Roma.
☎ *06-808 36 41.*

Téléphones d'urgence

Premiers secours
☎ *113.*
Police (Carabinieri)
☎ *112.*
Pompiers
☎ *115.*
Urgences médicales
☎ *118.*

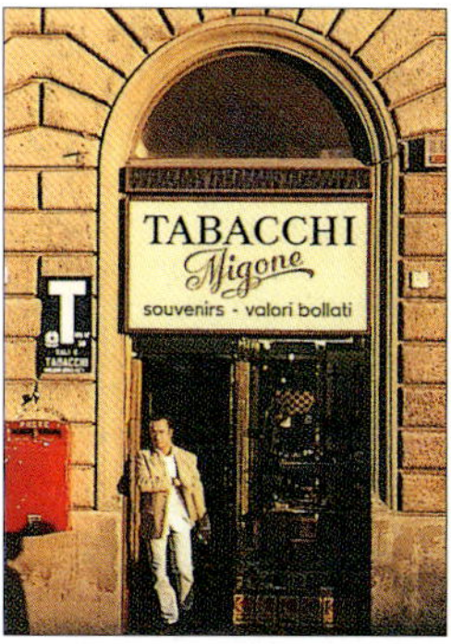

Bureau de tabac avec son « T » blanc caractéristique

Banques et monnaie

Logo Eurochèque

En dehors des endroits les plus reculés, pratiquement tous les hôtels, de nombreux magasins, les grands restaurants et les stations-service acceptent les cartes bancaires et les Eurochèques. Il faut parfois présenter une pièce d'identité avec la carte bancaire. Vous pouvez changer des devises dans les banques, qui proposent souvent de meilleurs taux de change, mais cela prend tellement de temps qu'il vaut mieux passer par les bureaux de change et les changeurs automatiques. Toutes les banques honorent les chèques de voyage et les distributeurs automatiques de billets *(bancomat)* acceptent les cartes Eurochèque. Beaucoup prennent également la MasterCard (Access), la Visa et l'American Express.

Distributeur de billets acceptant les cartes Visa et MasterCard

Le change

Compte tenu des horaires d'ouverture des banques, assez limités et parfois fluctuants, il est plus prudent d'acquérir des lires avant d'arriver en Italie. Les cours du change varient d'une banque à l'autre.

Sur place, le moyen le plus pratique est d'utiliser les changeurs automatiques implantés dans les aéroports, les gares ou à l'extérieur des banques les plus importantes. On peut lire en français le taux de change sur l'écran. Il suffit d'y introduire jusqu'à dix billets étrangers pour recevoir des lires en échange.

On trouve des bureaux de change dans toutes les grandes villes. Ils offrent en général un change moins avantageux et prélèvent une commission plus élevée que celle des banques.

Les Eurochèques

La carte Eurochèque permet de retirer de l'argent liquide dans tous les distributeurs arborant ce logo. Elle peut aussi être utilisée directement comme titre de paiement. La plupart des boutiques, hôtels et restaurants haut de gamme l'acceptent, mais il vaut mieux vérifier avant de faire ses achats. Sinon, vous pouvez retirer du liquide dans toutes les banques qui affichent le logo Eurochèque. La carte Eurochèque garantit les chèques à concurrence de 300 000 lires.

Variations du coût de la vie entre les régions

En général, le Nord est plus cher que le Sud. Les restaurants et les hôtels situés hors des lieux touristiques sont souvent plus économiques et il est plus avantageux d'acheter des produits locaux, en évitant les pièges à touristes.

Sas électronique de sécurité à l'entrée d'une banque

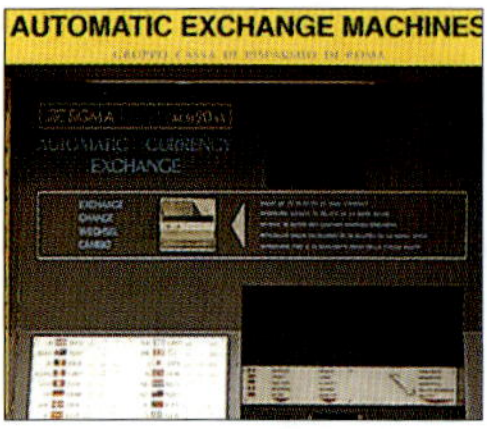

Changeur automatique

Les heures d'ouverture

Les banques ouvrent généralement de 8 h 30 à 13 h 30, du lundi au vendredi. La plupart ouvrent une heure dans l'après-midi, entre 14 h 15 et 15 h ou entre 14 h 30 et 15 h 30, selon les banques. Elles ferment le week-end, les jours fériés et un peu plus tôt les veilles de fêtes. Les bureaux de change restent souvent ouverts toute la journée et même, dans certains endroits, tard le soir.

À la banque

Par mesure de sécurité, la plupart des banques sont équipées de sas électroniques. Déposez d'abord objets de métal et sacs dans un casier situé dans le vestibule. Pressez ensuite un bouton pour ouvrir la première porte et attendez qu'elle se verrouille derrière vous. La seconde porte s'ouvre alors automatiquement. Des vigiles armés surveillent la plupart des banques.

Changer de l'argent dans une banque peut s'avérer exaspérant, car cela implique de remplir d'interminables formulaires et de faire la queue. Il faut d'abord vous adresser au guichet *cambio*, puis vous rendre à la *cassa*. En cas de doute, renseignez-vous pour éviter d'attendre dans la mauvaise file.

Si vous devez vous faire envoyer de l'argent en Italie, votre banque peut le transmettre par télex à une banque italienne, mais cela prend au moins une semaine. American Express, Thomas Cook et Western Union effectuent des transferts d'argent plus rapides, à la charge de l'expéditeur.

La monnaie

La monnaie italienne, la *lira* (*lire* au pluriel), est symbolisée par un L ou par ₤. Au début, le grand nombre de zéros sur les billets peut dérouter, mais, grâce à leurs couleurs différentes, ils sont faciles à distinguer. Souvent, on ne mentionne pas les trois derniers zéros : ainsi *cinquanta* signifie souvent 50 000 lires et non 50, comme on pourrait le croire. Dans les bars et les magasins, les commerçants rechignent à accepter les gros billets en règlement de petits achats ; demandez donc des petites coupures quand vous changez de l'argent. Depuis le 1er janvier 1999, l'Euro est devenu la monnaie légale des 11 États de l'Union européenne. Mais il faudra attendre le 1er janvier 2002 pour voir circuler des Euros à l'effigie de chaque pays sur une face et au signe européen sur l'autre face. Ces monnaies pourront être utilisées dans n'importe quel pays de la Communauté.

Les billets

Tous les billets de banque sont émis par la Banca d'Italia. Chaque type de billet représente un personnage historique – le Caravage sur les billets de 100 000 lires – et a sa propre couleur. Il est d'autant plus facile de les reconnaître que leur taille augmente avec leur valeur. La lire ne se subdivise pas en unités plus petites.

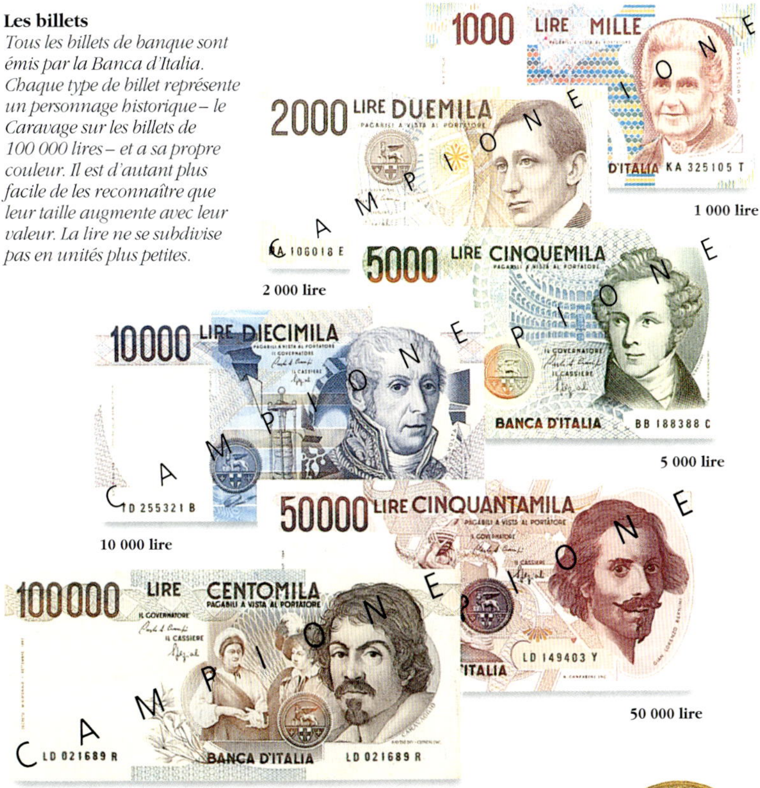

1 000 lire

2 000 lire

5 000 lire

10 000 lire

50 000 lire

100 000 lire

50 lire (ancienne)

100 lire (ancienne)

50 lire (nouvelle)

100 lire (nouvelle)

200 lire

Les pièces

Ces pièces représentées grandeur nature valent 50, 100, 200, 500 et 1 000 lires. Les anciennes pièces de 50 et 100 lires sont toujours en circulation jusqu'à l'arrivée de l'Euro qui pourra circuler entre les 11 États membres.

500 lire

1 000 lire

Les communications et les médias

La poste italienne est connue pour son extrême lenteur, mais les autres moyens de communication, au moins dans les grandes villes, sont efficaces. Les plus employés sont les télécopieurs, les messageries et le téléphone. On trouve les journaux étrangers dans toutes les villes de quelque importance. L'Italie possède des chaînes de télévision publiques et privées, mais seules les chaînes transmises par satellite et les stations de radio diffusent des programmes en langue étrangère.

TELECOM ITALIA

Logo de la compagnie du téléphone

Les téléphones publics

En 1994, la compagnie italienne des téléphones, la SIP, a pris le nom de Telecom. Les appareils à pièces deviennent de plus en plus rares, au profit de ceux qui fonctionnent avec une carte ou, comme les nouvelles cabines, acceptent les deux. Vous pouvez acheter une carte téléphonique (*carta* ou *scheda telefonica*) dans les bars, les kiosques à journaux, les *tabacchi* et bien sûr les postes. Les appareils les plus récents affichent leurs instructions en italien, français, anglais et allemand. Pour sélectionner une langue, on appuie sur le bouton placé en haut à droite. Les téléphones à pièces, situés d'ordinaire dans les bars et les restaurants, acceptent les pièces de 100, 200 et 500 lires. Un appel local coûte 200 lires. Pour ceux à longue distance, il faut toujours avoir au moins 2 000 lires de monnaie sur soi et insérer la somme requise en début de communication ; sinon, la liaison est coupée et vous perdez votre argent. Le moyen le plus simple est de chercher un téléphone muni d'un compteur *(telefono a scatti)*, dans un bar ou un restaurant. On paie en fin de communication.

Téléphone

Les grandes villes possèdent des bureaux téléphoniques *(Telefoni)*. On vous assigne une cabine et vous payez après la communication. Ce service est gratuit.

Une nouvelle cabine téléphonique publique de l'*interurbano*

Mode d'emploi d'un téléphone à pièces et à carte

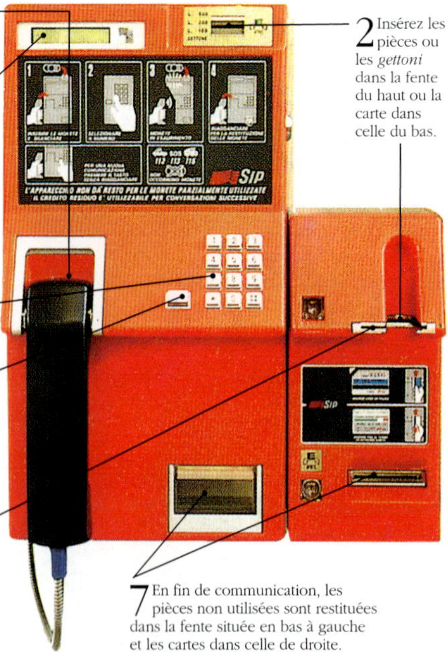

1 Décrochez le combiné et attendez la tonalité.

2 Insérez les pièces ou les *gettoni* dans la fente du haut ou la carte dans celle du bas.

3 Le voyant affiche le crédit d'unités.

4 Composez votre numéro et attendez que la communication soit établie.

5 S'il vous reste des unités et que vous voulez faire un second numéro, appuyez sur la touche « appel suivant ».

6 Si votre carte arrive à expiration, insérez-en une nouvelle. Celle-ci sera automatiquement débitée à la suite de l'ancienne.

7 En fin de communication, les pièces non utilisées sont restituées dans la fente située en bas à gauche et les cartes dans celle de droite.

Les cartes téléphoniques valent 5 000 ou 10 000 lires.

Pour utiliser une carte, détachez le coin, puis insérez-la, flèche en avant.

500 lires

200 lires

100 lires

CARNET D'ADRESSES

Pour passer par un opérateur à partir d'une cabine, on insère 200 lires, qui sont restituées après la communication. Pour calculer le coût d'un appel à partir d'un téléphone privé, composez * 40 # avant et après la communication ; on vous dira le nombre d'unités. Le tarif réduit s'applique de 22 h à 8 h et toute la journée du dimanche.

NUMÉROS UTILES

Renseignements
12.

Renseignements internationaux
176.

Italcable
170 (pour communications en PCV ou par carte bancaire).

Opérateur pour l'Europe
15.

Opérateur pour appels intercontinentaux
172.

INDICATIFS NATIONAUX

Pour appeler l'Italie des pays suivants
France 00 39.
Belgique 00 39.
Canada 011 39.
Suisse 00 39.
Pour appeler les pays suivants depuis l'Italie :
France 00 33.
Belgique 00 32.
Canada 00 1.
Suisse 00 41.

LA TÉLÉVISION ET LA RADIO

Parmi les chaînes de télévision italiennes, on trouve la RAI (Uno, Due et Tre) publique et de nombreuses chaînes privées, dont Retequattro, Canale Cinque et Italia Uno, appartenant à Silvio Berlusconi. Les films étrangers sont doublés en italien, mais des chaînes par satellite, comme Sky, CNN et RTL, diffusent des programmes en V.O. Il existe trois stations de radio nationales et des centaines de stations locales. Radio France Internationale est diffusée sur 6175 KHz (49 m, ondes courtes).

LES JOURNAUX

La Stampa, Il Corriere della Sera et *La Repubblica* sont les principaux quotidiens italiens. Des journaux comme *Il Mattino* à Naples, *Il Messaggero* à Rome et *Il Giornale* à Milan offrent des informations détaillées sur les grandes villes. Tous comportent une rubrique locale et un guide des cinémas, des théâtres et des principaux concerts. À Rome et à Milan, *TrovaRoma* et *ViviMilano*, suppléments de *La Repubblica*, présentent les spectacles et les expositions. Chaque semaine, *Firenze Spettacolo* et *RomaC'è* recensent les distractions et les spectacles. Dans les grandes villes, on trouve les journaux étrangers comme l'*International Herald Tribune, Le Monde, Le Soir* ou *La Tribune de Lausanne.*

Kiosque à journaux vendant des publications italiennes et étrangères

LA POSTE

Les postes principales sont ouvertes de 8 h 25 à 19 h sans interruption ; les bureaux de poste locaux de 8 h 25 à 13 h 50 en semaine et de 8 h 25 à 12 h le samedi. La Cité du Vatican et la République de Saint-Marin ont leurs propres

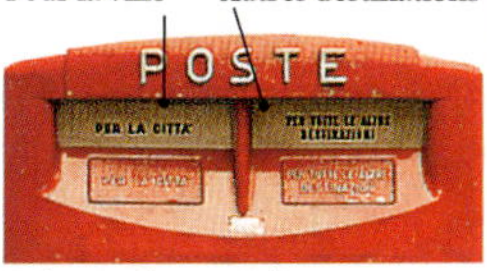

Boîte aux lettres italienne

Enseigne de la poste

postes et leurs timbres. Le tarif des lettres et cartes postales à destination de l'Union européenne est le même que pour l'Italie. Les boîtes aux lettres rouges (bleues au Vatican) ont d'ordinaire deux fentes : *per la città* (pour la ville uniquement) et *tutte le altre destinazioni* (toutes les autres destinations). La poste italienne est connue pour sa lenteur : les lettres peuvent mettre entre quatre jours et deux semaines pour arriver.

Pour jouir d'un service plus rapide, envoyez vos lettres en express *(espresso)*. Les envois en recommandé *(raccomandata)* et en recommandé avec accusé de réception *(raccomandata con ricevuta di ritorno)* sont plus fiables. Tout envoi d'objet de valeur doit être effectué par envoi assuré *(assicurata)*.

Les postes principales offrent de nombreux services : télex, télégrammes, télécopies (sauf pour certains pays), messageries publiques *(Posta celere* et *Cai Post* qui garantissent la distribution des plis urgents dans un délai de 24 à 72 heures et sont bien plus économiques que les messageries privées) et poste restante *(fermo posta)*. Faites adresser les lettres à la poste centrale *(Ufficio Postale Principale)* c/o *Fermo Posta* et présentez une pièce d'identité pour retirer votre courrier.

LES RÉGIONS D'ITALIE

L'Italie se compose de 20 régions divisées en provinces dotées chacune d'un *capoluogo* (chef-lieu) et d'un sigle formé par les initiales de ce dernier. Par exemple FI *(Firenze)* désigne le chef-lieu de la province de Florence. Ce sigle apparaît sur les plaques minéralogiques des voitures immatriculées avant 1994. On peut aussi l'utiliser pour rédiger les adresses, après le nom de la commune.

Boutiques et marchés

Héritière d'une longue tradition artisanale représentée par des entreprises familiales, l'Italie est renommée pour l'élégance de son design qui touche la mode, l'automobile ou les articles ménagers. Le lèche-vitrines apporte donc un véritable plaisir esthétique. Les marchés, seuls lieux où l'on puisse encore marchander, regorgent de spécialités régionales.

Légumes frais sur l'étal d'un marché florentin

Horaires d'ouverture

Les magasins ouvrent en général de 8 h à 13 h et de 15 h 30 à 20 h, du mardi au samedi et le lundi après-midi. Toutefois, les horaires pratiqués sont de plus en plus flexibles. Il n'existe pas vraiment de grands magasins, mais la plupart des grandes villes possèdent une Standa, une Upim et parfois une Coin ou une Rinascente, qui ouvrent sans interruption de 9 h à 20 h, du lundi au samedi. Les magasins élégants ouvrent d'ordinaire plus tard ; les disquaires et les librairies restent parfois ouverts le soir après 20 h et le dimanche.

Les magasins d'alimentation

Bien que l'on trouve partout des supermarchés, rien ne vaut les magasins spécialisés. C'est un *forno* qui fournit le meilleur pain et un *macellaio* la viande la plus savoureuse ; pour la charcuterie, il faut acheter dans une *salumeria.* Les légumes sont plus frais sur les étals du marché ou chez le *fruttivendolo.* On peut acheter des gâteaux à la *pasticceria,* du lait à la *latteria* et des pâtes, du jambon et d'autres produits d'épicerie chez un *alimentari.* On y vend aussi du vin, mais le *vinaio* offre plus de choix, de même que l'*enoteca,* où l'on peut parfois goûter le vin avant de l'acheter.

Les marchés

Dans toutes les villes on trouve au moins un marché hebdomadaire. Les grandes villes ont plusieurs petits marchés quotidiens et un marché aux puces qui se tient en général le dimanche. Nous avons indiqué les principaux jours de marchés pour chaque ville. Les commerçants s'installent à 5 h et commencent à remballer vers 13 h 30. On vend les produits alimentaires à l'*etto* (100 grammes), au kilo, ou à la pièce. En général, les produits de saison y sont plus frais et moins chers que dans les magasins. On ne marchande pas les produits alimentaires, mais pour les vêtements, vous pouvez essayer de demander une remise *(sconto).*

Housse portant le label d'un styliste

Les produits de saison

Pour découvrir la diversité de la table italienne, l'idéal est de consommer des produits de saison : au printemps, des petits artichauts, des asperges et des fraises ; en été, des courgettes, des tomates, des melons, des prunes, des poires et des cerises ; en automne, des champignons et du raisin ; en hiver, du chou-fleur et des brocolis, des citrons de la région d'Amalfi et des oranges sanguines de Sicile.

Magasins d'habillement et boutiques de stylistes

La mode italienne est renommée dans le monde entier. Milan en est la capitale et les boutiques des stylistes les plus célèbres se trouvent via Montenapoleone, au cœur de la métropole lombarde. Dans toutes les grandes villes, les boutiques de mode sont en général situées dans le même quartier. Les marchés et les nombreux petits magasins offrent des modèles plus abordables et d'ordinaire plus

Boutique de souvenirs à Ostuni, près de Brindisi, dans la Pouille

classiques. Les soldes *(saldi)* ont lieu en été et en hiver. Les friperies, en général assez chères, proposent souvent des habits d'excellente qualité et en très bon état. Sur les marchés, on déballe d'énormes piles de vêtements vendus entre 1 000 et 10 000 lires. Souvent, on peut également y acheter des imitations de grandes marques – lunettes Rayban, polos Lacoste, jeans Levi's, etc. Même quand les boutiques affichent *ingresso libero* (entrée libre), cela n'empêche pas les vendeurs de fondre sur vous dès que vous entrez ; ne vous en offusquez pas, c'est la coutume.

Élégante boutique de mode à Trévise

Vitrine très colorée de sacs à main en cuir à Florence

Bijouteries et boutiques d'antiquités

Les Italiens raffolent des bijoux en or clinquants dont les *gioiellerie* (bijouteries) sont remplies. On trouve des articles plus originaux chez les artisans orfèvres *(oreficerie)* ou dans les *bigiotterie*. Les magasins d'antiquités *(antiquariato)* vendent des meubles et des bibelots dont la qualité et les prix sont variables. On trouve rarement de véritables affaires en Italie, sauf peut-être dans les *Fiere dell'Antiquariato* (foires aux antiquités).

Décoration d'intérieur et articles ménagers

La décoration d'intérieur est un secteur où les produits portant la signature de grands créateurs peuvent atteindre des prix faramineux. De nombreuses boutiques se spécialisent dans les styles post-moderne et high-tech. On en trouve dans toutes les villes italiennes. Les casseroles, les cafetières, les ustensiles de cuisine en acier inoxydable frappent par leur extrême élégance. Ceux d'Alessi sont de véritables œuvres d'art destinées à la vie courante ; ils ont d'ailleurs leur place dans les collections du musée d'Art moderne de New York.

Pour profiter des prix les plus bas, évitez les boutiques pour touristes et, si vous le pouvez, achetez directement chez les fabricants. Parmi les articles bon marché et caractéristiques, citons les tasses à espresso et à cappuccino des bars, vendues sur tous les marchés.

Les spécialités régionales

Certaines spécialités italiennes comme le jambon de Parme, le chianti, l'huile d'olive et la grappa sont connues dans le monde entier, de même que les fromages comme le gorgonzola de Lombardie et le parmesan d'Émilie-Romagne ou les desserts comme le *tiramisù*, le *panforte* de Sienne ou les délicieuses pâtisseries siciliennes à base de pâte d'amandes.

L'artisanat traditionnel italien demeure très vivant : dentelles et verreries de Venise ; papier marbré, orfèvrerie, maroquinerie et objets d'albâtre en Toscane ; peintures sur verre, broderies, faïences, céramiques, fer forgé en Ombrie ; objets de corail, céramiques et marqueterie en Campanie ; dentelles de Molise ; objets de cuivre de l'Aquila, dans les Abruzzes ; amphores et tapis en Calabre ; et les célèbres marionnettes de Sicile.

La céramique en particulier est intéressante et offre une grande diversité selon les régions et les créateurs. En dehors de la poterie élaborée

Poteries vernies décoratives de Toscane

et renommée de Toscane, citons par exemple les plats peints à la main créés dans les environs d'Amalfi et les assiettes stylisées du designer De Simone en Sicile.

Les marchés d'antiquités

Arezzo : 1er sam. et 1er dim. de chaque mois
Bergame : 3e dim. de chaque mois
Lucques : 3e dim. de chaque mois
Milan : der. dim. de chaque mois
Modène : der. sam. et der. dim. de chaque mois
Ravenne : 3e sam. et 3e dim. de chaque mois
Turin : 2e dim. de chaque mois

Séjours à thème et activités de plein air

Découverte de la campagne à cheval

L'Italie offre une gamme étendue d'activités culturelles, sportives et de loisirs. Toutefois, il faut parfois être inscrit à l'année dans certaines écoles ou associations et il n'est pas toujours simple de trouver des activités pour une courte durée. Dans chaque région, les offices de tourisme – indiqués dans ce guide pour chaque ville – peuvent vous faire connaître les loisirs et les événements sportifs locaux. En ce qui concerne les festivals annuels, voyez la partie intitulée *L'Italie au jour le jour*, pages 62-65.

À vélo sur une route bordée d'arbres du delta du Pô

À pied, à bicyclette et à cheval

Certaines branches italiennes du **WWF (World Wide Fund for Nature)** organisent des randonnées pédestres. Le **Club Alpino Italiano (CAI)** met sur pied des randonnées et des ascensions et la **Ligue Italienne de Protection des Oiseaux (LIPU)** prépare des expéditions pour observer les oiseaux. Les cartes militaires IGM sont les plus détaillées ; on ne peut se les procurer que dans les librairies spécialisées.

En dépit du relief accidenté de l'Italie, le cyclisme est un sport national. Le vaste delta du Pô est une région plate très adaptée au vélo. Des librairies spécialisées vendent des cartes pour cyclistes.

Beaucoup d'écoles d'équitation organisent des randonnées annoncées dans la presse locale. Pour des informations générales, contactez la **Federazione Italiana di Sport Equestre**.

Les sports de montagne

Les stations de ski les plus renommées se trouvent dans les Dolomites. Il y en a d'autres, plus petites et plus économiques, dans les Apennins et en Sicile. Le plus avantageux est de réserver de l'étranger. La **Federazione Arrampicata Sportiva Italiana** fournit une liste d'écoles d'escalade adaptées à tous les niveaux.

Remonte-pente proche du col de Falzarego, au cœur des Dolomites

Fouilles archéologiques

Le **Gruppo Archeologico Romano** propose de participer à des fouilles archéologiques de deux semaines dans diverses régions. Ces fouilles s'adressent à la fois aux adultes et aux enfants. En France, la revue *Archeologia* publie chaque année dans son numéro de mai ou de juin une liste de fouilles ouvertes aux amateurs, notamment en Italie.

Cours de langue et de civilisation italiennes

Pour obtenir des informations sur les cours et les écoles en Italie, contactez le consulat italien le plus proche de votre domicile. La **Società Dante Alighieri** propose des cours de langue, d'histoire de l'art, de littérature et de civilisation – à temps plein ou à temps partiel – pour tous les niveaux. Les cours de langue abondent dans les grandes villes italiennes ; on trouve leurs adresses dans les Pages Jaunes *(Pagine Gialle)*, dans les librairies étrangères ou dans les journaux. Pour les jeunes étudiants, **Intercultura** organise des échanges d'une semaine, d'un mois ou d'un an, comprenant des cours de langue, l'inscription dans une

Groupe de randonneurs dans les Dolomites du Trentin-Haut-Adige *(p. 78)*

Un cours de cuisine italienne en Sicile

école et l'hébergement dans une famille italienne.

Si vous parlez l'anglais, des organismes comme **Tasting Italy** dispensent des cours de cuisine italienne et de découverte du vin, en Vénétie, en Sicile, en Toscane et au Piémont. Les offices du tourisme locaux organisent des circuits de dégustation de vin.

Enfin, l'**Università per Stranieri** de Pérouse propose des cours de civilisation, d'histoire et de cuisine.

Les sports nautiques

On peut louer des voiliers, des canoës et des planches à voile dans la plupart des stations balnéaires. D'ordinaire, les clubs ne dispensent des cours qu'à leurs adhérents. On peut obtenir une liste d'associations agréées auprès de la **Federazione Italiana di Canoa e Kayak** et la **Federazione Italiana di Vela**. La plupart des agences de voyages et le magazine *Avventure nel Mondo* proposent des cours de voile et des croisières d'une semaine sur un voilier.

Les piscines sont assez chères, et rares sont celles qui vous acceptent pour la journée. Il faut souvent prendre une carte d'adhésion et payer un forfait mensuel. Certains hôtels de luxe ouvrent leurs piscines au public en été, mais elles sont chères. Les parcs nautiques avec toboggans et jeux sont très prisés. Assurez-vous toujours que l'eau – surtout de la mer à proximité d'une grande ville – n'est pas polluée. La **Federazione Italiana di Attività Subacquee** organise des cours de plongée sous-marine.

Sports aériens

Dans toute l'Italie, des écoles offrent des cours de deltaplane et de vol, mais la durée minimale de chaque cours est d'un mois. Pour obtenir des informations, contactez l'**Aeroclub Italiano**. Il faut acquérir la licence avant de pouvoir voler et chaque appareil doit être enregistré auprès de l'aéro-club.

Autres sports

Le golf est un sport très prisé en Italie et on n'a que l'embarras du choix entre une myriade de terrains. Il faut souvent être membre d'un club pour pouvoir y accéder chaque jour. Les clubs de tennis sont en général réservés aux membres, mais on peut se faire inviter. La **Federazione Italiana di Tennis** détient une liste de tous les clubs.

Le football est une véritable passion chez les Italiens et dans chaque parc, sur chaque plage, vous assisterez à des matchs amicaux et bruyants. On peut louer des terrains de football à cinq, mais il est plus agréable de jouer entre amis ou de se joindre à un groupe.

Loisir ou sport de compétition, la voile est très prisée en Italie

Carnet d'adresses

Aeroclub Italiano
Via Roberto Ferruzzi 38, 00143 Roma.
06-51 95 70 42.

Club Alpino Italiano
Piazza Sant'Andrea 300, Roma.
06-68 61 01 11.

Federazione Arrampicata Sportiva Italiana
Via San Secondo 92, Torino.
011-568 31 54.

Federazione Italiana di Attività Subacquee
Viale Tiziano 70, 00186 Roma.
06-323 38 18.

Federazione Italiana di Canoa e Kayak
Viale Tiziano 70, 00196 Roma.
06-323 66 49.

Federazione Italiana di Sport Equestre
Viale Tiziano 74, 00196 Roma.
06-323 38 06.

Federazione Italiana di Tennis
Viale Tiziano 70, 00196 Roma.
06-323 38 07.

Federazione Italiana di Vela
Via GG Belli 27, 00153 Roma.
06-321 03 71.

Gruppo Archeologico Romano
Via degli Scipioni 30a, 00192 Roma.
06-39 73 36 37.

Intercultura
Ufficio di Segretaria Generale, Corso Vittorio Emanuele 187, 00186 Roma.
06-687 72 41.

Ligue Italienne de Protection des Oiseaux (LIPU)
Vicolo San Tiburzio 5, 40300 Parma.
0521-23 34 14.

Società Dante Alighieri
Piazza Firenze 27, Roma.
06-687 36 94.

Tasting Italy Cookery and Wine Tours
Via Lovanio 5, Milano.
02-655 57 04.
0181-964 5839 (en G.-B.).

World Wide Fund for Nature
Via Garigliano 57, 00198 Roma.
06-84 49 71.

ALLER ET CIRCULER EN ITALIE

L'Italie possède des transports à deux vitesses : un réseau moderne de routes, d'autocars et de voies ferrées au Nord et un système plus lent et plus vieillot au Sud. De nombreuses compagnies aériennes proposent des vols vers les principaux aéroports du pays et, à l'intérieur, la compagnie nationale Alitalia et plusieurs petites sociétés gèrent un réseau très dense de vols internes.

Un appareil d'Alitalia

Les liaisons routières avec le reste de l'Europe sont bonnes, bien que les voies alpines soient parfois affectées par les variations climatiques. En général, les autoroutes et les autres routes sont excellentes, mais très fréquentées durant les week-ends et les périodes de pointe. De nombreux ferries – souvent bondés en été – permettent de se rendre en Sicile, en Sardaigne et dans les nombreuses petites îles.

Arriver en avion

Leonardo da Vinci (Fiumicino) à Rome, Linate et Malpensa à Milan sont les trois principaux aéroports d'Italie. La plupart des compagnies européennes proposent aussi des vols réguliers vers Venise, Turin, Bologne, Naples et Florence. Désormais, beaucoup de compagnies desservent également chaque jour Gênes, Palerme, Pise, Catane et Cagliari, alors que les vols charters peuvent même avoir pour destination des villes comme Vérone, Bari, Olbia ou Rimini en période de pointe.

La nouvelle aile de l'aéroport Fiumicino à Rome

LES VOLS LONG-COURRIERS

La Compagnie Canadian Airlines propose des vols réguliers à destination de l'Italie depuis Montréal et Toronto et la compagnie nationale italienne Alitalia dessert également ces deux villes. Depuis le Canada, il est souvent plus intéressant de prendre un vol à tarif réduit pour Londres, Paris, Amsterdam ou Francfort et, à partir de là, de se rendre en Italie en avion ou en train.

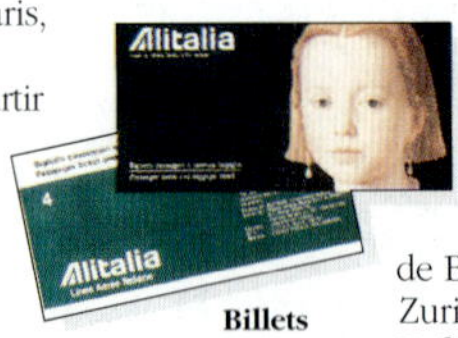

Billets d'Alitalia

LES VOLS EUROPÉENS ET INTERNES

Air France, Sabena et Swissair disposent de vols réguliers à destination des principales villes italiennes : Sabena vers Rome, Florence, Milan, Venise, Turin, Bologne, Gênes, Naples, Cagliari, Palerme et Bari, à partir de Bruxelles ; Air France vers Rome, Milan, Turin, Naples, Bologne, Gênes, Pise, Venise, Florence, Cagliari et Catane, à partir de Paris, Marseille, Lyon et Nice ; Swissair vers Gênes, Milan, Turin, Venise, Florence, Rome, Naples, Olbia, Bologne, Catane et Palerme, à partir de Bâle, Genève, Zurich ou Lugano. Enfin, Air Littoral propose des vols directs vers Milan, Venise, Florence et Bologne à partir de Nice, Montpellier et Marseille.

Par ailleurs, Alitalia et ATI, sa branche interne, proposent un grand nombre de vols internes vers les villes italiennes. Mais ces vols étant coûteux et bondés en période de pointe, il est souvent plus intéressant de prendre le train.

Attention ! en automne et en hiver, les vols à destination des aéroports du Nord, comme Milan et Turin, sont parfois déroutés à cause du brouillard.

LES TARIFS

Compte tenu de la concurrence acharnée que se livrent les compagnies aériennes, il faut bien étudier les différents tarifs proposés aussi bien sur les vols réguliers que sur les vols charters. Les compagnies citées proposent en général un tarif jeunes (moins de 26 ans). Mais ce tarif n'est pas toujours le plus avantageux si vous savez profiter des occasions, par

AÉROPORT
Rome (Fiumicino)
Rome (Ciampino)
Milan (Linate)
Milan (Malpensa)
Pise (Galileo Galilei)
Venise (Marco Polo)
Venise (Treviso)

Le hall d'entrée de l'aéroport de Pise

exemple en voyageant à certaines dates précises. Il faut donc absolument vous renseigner auprès des compagnies aériennes et des différentes agences de voyages.

Navette pour le parking de voitures à Fiumicino

Les voyages organisés

Il est souvent plus économique de faire un voyage organisé en Italie que de voyager par ses propres moyens, à moins de prévoir un budget très serré et de loger dans les auberges de jeunesse ou en camping. Rome, Florence et Venise sont les destinations les plus souvent proposées, séparément ou ensemble, et de nombreux tour-opérateurs proposent des voyages organisés en Toscane et en Ombrie, dans la région des Lacs, sur la riviera ligure, en Sicile, à Naples et sur la côte amalfitaine. En hiver, ils offrent des séjours dans des stations de ski italiennes. Les séjours à thème, tournés vers la cuisine, l'art ou la randonnée, sont de plus en plus fréquents. Les divers organisateurs travaillent avec différents hôtels. Il convient donc de se renseigner et d'opter pour celui qui propose l'hébergement le plus agréable. La plupart des opérateurs vous transportent gratuitement de l'aéroport à l'hôtel et certains prévoient en plus une visite guidée de la ville.

Formule avion + voiture

Beaucoup d'agences de voyages et de sociétés de location de voiture proposent une formule spéciale avion + voiture. Cette formule est d'ordinaire plus avantageuse et demande moins de formalités que si vous louez une voiture vous-même à l'arrivée. La plupart des sociétés de location de voiture – Hertz, Avis, Budget –, et beaucoup de plus petites, possèdent des bureaux dans les principaux aéroports italiens.

Carnet d'adresses

Lignes aériennes

Alitalia
Rome
06-656 01.
Milan
02-628 11.
Pise
050-50 15 70.
Venise
041-521 63 33.
Paris
01 44 94 44 00.
Bruxelles
513 88 00.
Genève
73 21 520.
Montréal
842 82 41.

Air France
Rome
06-481 48 18.

Canadian Airlines
Rome
06-48 20 96.

Sabena
Rome
06-482 42 41.

Swissair
Rome
06-847 05 55.

Air Littoral
Montpellier
04 67 15 88 88.

Le quai de l'aéroport Marco Polo de Venise

Renseignements	Distance du centre-ville	Prix du taxi jusqu'au centre-ville	Transport public vers le centre-ville
06-65 95 44 55	30 km	70 000 - 80 000 L	FS 30 mn
06-79 49 41	15 km	70 000 - 80 000 L	M 50 mn
270 20 02 47	7 km	25 000 - 30 000 L	20 mn
02-749 11 41	50 km	100 000 - 120 000 L	1 h
050-50 07 07	2 km	10 000 - 15 000 L (Pise)	FS jusqu'à Pise : 5 mn FS jusqu'à Florence : 1 h
041-260 92 60	10 km	90 000 + Bateau-taxi	50 mn 20 mn
0422-023 93	30 km	80 000 (Venise)	jusqu'à Trévise : 20 mn jusqu'à Venise : 30 mn

Arriver en bateau, train ou autocar

Logo de l'Orient-Express

Possédant un excellent réseau d'autoroutes, l'Italie est directement reliée à ses voisins, la France, la Suisse, l'Autriche, la Slovénie et la Grèce, par un réseau dense de routes, de voies ferrées et de ferries. Certaines lignes ferroviaires la mettent même en relation avec Barcelone, Londres ou Moscou. Il faut parfois prévoir des attentes au passage des cols et des tunnels alpins, par mauvais temps ou durant les périodes de pointe en été.

Bornes interactives de renseignements ferroviaires

Guichets à la gare Santa Maria Novella de Florence

La voiture

La plupart des routes unissant l'Italie au reste de l'Europe traversent les Alpes en empruntant des tunnels ou des cols. Les deux seules exceptions sont les autoroutes A 4, en provenance de la Slovénie, au nord-est, et A 10, qui passe par Vintimille après avoir longé la Côte d'Azur.

En provenance de Genève et du sud-est de la France, la voie la plus empruntée est le tunnel du Mont-Blanc et l'autoroute A 5, qui fait pénétrer en Italie par le Val d'Aoste. En partant de la Suisse, le tunnel et le col du Grand-Saint-Bernard, qui débouchent également sur le Val d'Aoste, sont très empruntés aussi.

Plus à l'est, la principale voie d'accès depuis l'Autriche est le col du Brenner, d'où l'autoroute A 22 descend vers Vérone en passant par Trente et la vallée de l'Adige. Les cols sont rarement fermés à cause du mauvais temps, mais la neige et le brouillard peuvent ralentir le trafic en montagne. La plupart des autoroutes sont à péage. On paie à la sortie.

Le train

Après l'avion, le moyen le plus confortable pour se rendre en Italie est le train. Il existe de nombreuses liaisons directes (dont un grand nombre de trains de nuit) entre Paris, Bruxelles, Lausanne, Toulouse, Marseille et les principales villes italiennes. De fin juin à début septembre, certains trains – assez rares – au départ de Paris transportent également les voitures jusqu'à Milan, Bologne ou Rimini.

Panneau indiquant la voie

Panneau indiquant la sortie

La ligne Paris-Venise passe par Milan, celle de Rome et Naples traverse Gênes et longe la côte méditerranéenne. Il faut prévoir à peu près 12 heures de voyage de Bruxelles à Milan, 13 de Paris à Venise, 17 de Paris à Rome, 7 de Lausanne à Venise, 13 de Toulouse à Gênes.

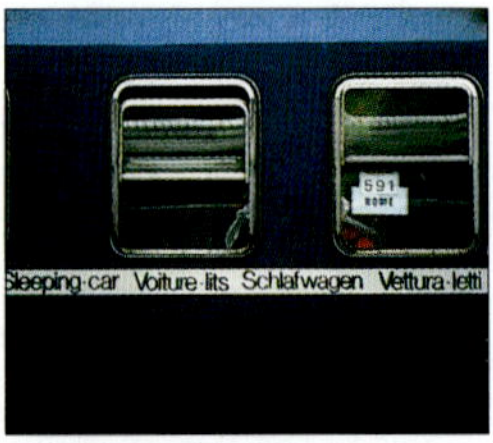

Voiture-lits d'un train international Eurocity

Le train est plus économique que l'avion, et l'on peut bénéficier de nombreuses réductions, notamment pour les voyageurs de plus de 60 ans et de moins de 26 ans.

Les trains sont souvent bondés pendant les périodes de pointe, en particulier le vendredi et le dimanche soir, ainsi que pendant les vacances de Noël et de Pâques. Il en est de même en juillet-août, notamment sur les lignes en provenance d'Allemagne et des ports de débarquement des ferries grecs dans le Sud. Il est donc vivement conseillé de réserver votre billet.

Le bateau

La plupart des gens qui arrivent en Italie par bateau débarquent à Brindisi ou dans d'autres ports du sud-est de l'Italie, en provenance des ports grecs de Corfou et de Patras. Ces lignes sont extrêmement fréquentées en été, ainsi que les liaisons ferroviaires entre Brindisi et le reste de l'Italie.

D'autres lignes unissent Malte, Tunis et le reste du Maghreb à Gênes, Naples, Palerme et divers ports du sud de l'Italie. Enfin, on peut également se rendre par bateau à Gênes, à Livourne et dans d'autres ports de la Riviera depuis la Côte d'Azur.

L'AUTOCAR

Se rendre en autocar en Italie est relativement bon marché. Le point faible est la durée du voyage : il faut 18 h pour aller de Paris à Venise, 22 h de Paris à Rome.

En France, Eurolines propose des liaisons régulières au départ de Paris, Lyon, Avignon, Perpignan, Montpellier, vers Rome, Venise, Florence et Milan. Ses autocars climatisés offrent le maximum de confort : sièges inclinables, radio, vidéo, toilettes.

De Bruxelles, on peut profiter de l'une des lignes d'Europabus à destination de l'Italie. Certaines compagnies d'autocar proposent désormais des formules avion + autocar, qui permettent d'effectuer l'un des voyages en car et l'autre en avion.

Un car arrive à la gare routière de Florence

Circuler en ferry

Possédant un grand nombre d'îles, l'Italie dispose d'un réseau de ferries très développé, aussi bien interne qu'à destination du reste de l'Europe et du Maghreb.

Ferry des Moby Lines naviguant en Méditerranée

LES FERRIES

Les ferries offrent une liaison pratique avec les îles au large de l'Italie. Pour la Sardaigne, on embarque à Gênes, à Livourne et à Civitavecchia (au nord de Rome) ; pour la Sicile, on part de Naples et de Reggio de Calabre. Des ferries relient les principaux ports siciliens aux archipels des Égates et des Éoliennes et aux innombrables autres petites îles au large de la Sicile (mais ils ne transportent pas toujours les voitures).

D'autres ferries effectuent des liaisons entre Piombino et l'île d'Elbe ou les autres petites îles de l'archipel toscan comme Capraia. Les ports proches de Rome sont reliés à Ponza et aux îles voisines. Enfin, de Naples on peut gagner les îles de Capri et d'Ischia.

De plus en plus, des hydrofoils viennent s'ajouter aux ferries traditionnels, notamment sur les lignes très fréquentées comme celles de Capri et d'Ischia.

En été, il faut souvent faire la queue pour prendre le ferry et il convient de réserver bien à l'avance si vous désirez vous rendre en Sardaigne en juillet ou en août, surtout si vous comptez prendre votre voiture. On peut acheter les billets dans son pays, soit dans une agence de voyages, soit directement auprès des lignes de ferries.

LIGNE	COMPAGNIE DE FERRIES	TÉLÉPHONE, RENSEIGNEMENTS
Piombino – Elbe	Moby Lines	*0586-89 03 25* (Livourne)
Livourne – Elbe	Navarma	*0565-91 81 01* (Portoferraio) *0586-89 03 25* (Livourne)
Gênes – Sardaigne	Tirrenia	*070-66 60 65* (Cagliari) *0789-246 91* (Olbia) *010-275 80 41* (Gênes)
Livourne – Sardaigne	Sardinia Ferries Navarma	*0789-252 00* (Olbia) *010-59 33 01* (Gênes) *0789-279 27* (Olbia)
Gênes/Livourne – Palerme	Grandi Traghetti	*091-58 78 32* (Palerme)
Naples – Palerme	Tirrenia	*091-602 11 11* (Palerme)
Naples – Cagliari	Tirrenia	*070-66 60 65* (Cagliari)

Circuler en train

Logo FS

Peu coûteux, le train est un des moyens de transport commodes pour visiter l'Italie, offrant souvent des liaisons plus pratiques entre les villes que l'avion. Certaines lignes traversent des paysages agréables. Les trains sont fréquents, le matériel roulant est l'un des plus modernes d'Europe et, même s'ils sont pleins, la situation n'est plus tragique comme autrefois. Dans le Sud ou dans les régions rurales, ils sont plus lents et moins fréquents.

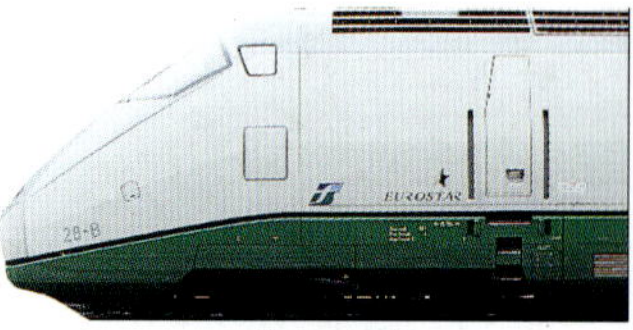
L'Eurostar – le TGV italien

Le hall de la Stazione Termini, piazza dei Cinquecento à Rome

Le réseau

Le réseau ferroviaire italien est presque totalement géré par une entreprise nationalisée, les Ferrovie dello Stato (FS). Les rares vides laissés sont comblés par des lignes privées. En général, même pour effectuer un trajet empruntant deux réseaux différents, on peut acheter un billet unique. Souvent les FS et les lignes privées utilisent les mêmes gares et pratiquent des tarifs identiques.

Les trains

Les FS revoient leur organisation, mais grosso modo on trouvera toujours les mêmes grandes catégories. Dans l'Eurostar (le TGV italien) et quelques autres trains spéciaux à grande vitesse, la réservation est obligatoire. Pour prendre un Intercity (IC) ou un Eurocity (EC), qui ne dessert que les principales gares, il faut acquitter un supplément *(supplemento)* de première ou de seconde classe (on peut le prendre dans le train, mais il est plus cher). Dans un *Espresso* ou un *Diretto* (parfois baptisés *Regionale* et *Interregionale*) qui fait halte plus souvent, il n'y a pas de supplément. Quant aux *Locali*, ils s'arrêtent partout.

Alors que les wagons des lignes locales sont parfois encore vétustes, le matériel roulant s'est amélioré au cours des dernières années, notamment l'Intercity, moderne, doté de l'air conditionné et offrant souvent des facilités aux handicapés.

Train en gare de Vérone

Les billets et les tarifs

Les billets *(biglietti)* aller simple *(andata)* et aller-retour *(andata e ritorno)* en première *(prima)* ou en seconde classe *(seconda classe)* s'achètent dans une agence de voyages ou au guichet *(biglietteria)* d'une gare. On introduit peu à peu des billetteries automatiques et de plus en plus, pour les trajets n'excédant pas 250 km, on peut acheter un billet dans les kiosques à journaux ou les bureaux de tabac des gares (on demande un *biglietto a fascia chilometrica*). Il ne faut pas oublier de composter le billet à l'aller comme au retour pour ne pas risquer de payer une amende. Généralement, la validité du billet part du jour de l'achat et il faut donc bien spécifier la date du voyage si l'on achète le billet à l'avance. Les tarifs, calculés sur une base kilométrique, sont parmi les plus bas d'Europe occidentale. On vous offre 15% de réduction sur votre billet de retour si le trajet dépasse 250 km.

Vous pouvez aussi vous faire rembourser votre billet mais le processus est long et compliqué. Il est donc important de ne pas se tromper de billet.

Les forfaits

Les FS proposent deux types de forfait. Avec le *Biglietto Chilometrico*, qui est valable deux mois et peut être utilisé conjointement par plusieurs personnes (jusqu'à cinq), vous avez la possibilité d'effectuer un parcours de 3 000 kilomètres en 20 jours maximum. Le *Flexipass* permet de voyager n'importe où pendant 4 jours. Et avec *Italy Railcard*, qui remplace le BTLC *(Biglietto Turistico Libera Circolazione)*, vous pouvez voyager à volonté pendant 8, 15, 21 ou 30 jours.

Les horaires

Si vous avez prévu de voyager beaucoup en train, il convient de vous procurer un horaire *(un orario)*. Plutôt que l'horaire officiel des FS, complet mais très encombrant, il vaut mieux acheter le *Pozzorario* dans un kiosque ; il est publié deux fois par an.

CARNET D'ADRESSES

INFORMATIONS FERROVIAIRES

Ferrovie dello Stato (F.S)
Un numéro gratuit qu'on peut appeler de n'importe quelle ville pour les informations et les réservations pour toute l'Italie.
1478 880 88.

CIT
0891 71 51 51.

VALIDITÉ ET RÉSERVATION

Les billets sont valables deux mois à partir de la date d'acquisition. Mais si vous réservez une place en même temps, la date du voyage est imprimée automatiquement sur le billet. Pour les trajets n'excédant pas 250 km, on peut aussi acheter des billets non datés dans les kiosques à journaux ; il faut les valider le jour où l'on effectue le voyage. Il est prudent de réserver durant les vacances. Pour les trains rapides, on peut se rendre dans la plupart des grandes gares, au guichet des réservations *(prenotazioni).*

RÉDUCTIONS

On peut obtenir des réductions de 20 % avec la *Carta Verde* pour les jeunes voyageurs de 12 à 26 ans et avec la *Carta d'Argento* pour les personnes de plus de 60 ans. Ces réductions ne sont pas accordées à Noël ni durant certaines périodes de pointe en été. On peut se les procurer dans les principales gares et elles sont valables un an.

CONSIGNE

D'ordinaire, les grandes gares possèdent une consigne, manuelle dans la plupart des cas ; les gares moins importantes ont des consignes automatiques. Il faut parfois présenter une pièce d'identité pour déposer ou retirer ses bagages. Le prix est fonction du nombre de bagages.

Panneau de la consigne

DISTRIBUTEUR DE BILLETS DE TRAIN

Ces appareils automatiques sont faciles à utiliser et donnent pour la plupart des instructions en quatre langues.

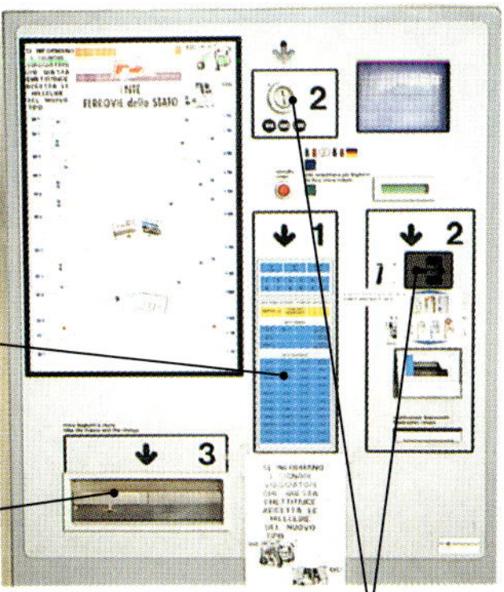

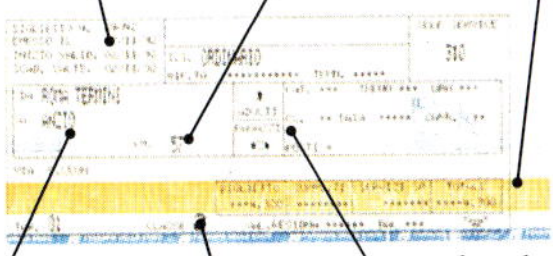

LES PRINCIPALES VOIES FERRÉES ITALIENNES

Les chemins de fer italiens proposent différents types de trains. Renseignez-vous bien avant d'acheter votre billet.

Circuler en voiture

La Fiat 500, un classique

La voiture s'avère indispensable pour s'évader dans la campagne et faire du tourisme intensif. Elle l'est moins si vous ne comptez visiter que quelques grandes villes, d'autant plus que les encombrements ralentissent beaucoup le trafic et qu'il est très difficile de se garer dans le centre historique des villes – sans parler de la façon de conduire parfois surprenante des Italiens du Sud.

Panneau bleu indiquant une route nationale et panneau vert indiquant une autoroute

Péages automatiques sur l'autoroute, près de Florence

Arriver en voiture

Les étrangers entrant en Italie avec un véhicule immatriculé à l'étranger doivent être âgés de 18 ans au moins et être porteurs d'une Carte Verte (assurance), de tous les documents du véhicule et d'un permis de conduire *(patente)* en cours de validité. Les ressortissants de l'Union européenne ne possédant pas le permis de conduire rose réglementaire doivent faire traduire le leur en italien ; ils peuvent s'adresser aux principales organisations de tourisme automobile ou à l'ENIT dans leur pays d'origine. Il faut également posséder un triangle rouge de détresse.

L'essence

L'essence *(benzina)* et le diesel *(gasolio)* sont à peu près aussi chers qu'en France. Beaucoup de stations-service fonctionnent en libre-service, mais il est courant de se faire servir par un employé. Il suffit d'indiquer une somme ou de demander le plein *(il pieno)*. Les cartes bancaires ne sont pas acceptées partout. Les pompes suivent généralement les horaires des magasins et il est donc prudent de faire le plein avant le déjeuner ou avant les jours fériés. Sur les autoroutes, les stations restent souvent ouvertes 24 heures sur 24.

Les routes

L'Italie possède un excellent réseau d'autoroutes, bien que beaucoup n'aient que deux voies dans chaque sens, ce qui ralentit parfois le trafic. Parmi les autoroutes les plus fréquentées, mentionnons la A 1 entre Bologne et Florence et entre Bologne, Parme et Milan. En dehors de quelques-unes (dans le Sud), toutes les autoroutes sont à péage. On paie à la fin du voyage, en liquide ou à l'aide d'une carte d'abonnement magnétique (VIA), que l'on peut se procurer auprès de l'ACI et dans les bureaux de tabac.

Les autres routes principales, les *Nazionali* (N) ou les *Strade Statali* (SS), sont de qualité extrêmement variable, les pires se trouvant dans le Sud. D'ordinaire, les routes de montagne sont bonnes ; en hiver, les chaînes sont obligatoires sur beaucoup de ces voies. Certaines routes très écartées sont simplement recouvertes de graviers, mais elles figurent tout de même sur les cartes.

La réglementation routière

L'Italie utilise la signalisation européenne standard. Les véhicules venant de droite ont la priorité. Le port de la ceinture de sécurité (cintura) *est obligatoire à l'avant comme à l'arrière et les enfants doivent être installés dans des sièges spéciaux. La vitesse est limitée à 50 km/h en ville, à 90 km/h sur route, à 110 km/h sur les voies express à deux chaussées. Sur autoroute, la vitesse est limitée à 110 km/h pour les véhicules de moins de 1 100 cm³ et à 130 km/h pour ceux d'une cylindrée supérieure. Vous devez toujours avoir avec vous votre permis de conduire et tous les papiers du véhicule.*

Interdiction de s'arrêter

Fin de limitation de vitesse

Zone piétonnière

Cédez le passage

Rue à sens unique

Stationnement interdit

Danger (souvent précisé)

Firmes de location de voiture à l'aéroport de Fiumicino, Rome

Location de voitures

En Italie, la location de voiture *(autonoleggio)* revient cher. Il convient d'opter pour la formule avion + voiture *(p. 627)* ou de réserver un véhicule avant de partir, chez un loueur ayant des succursales en Italie. Sinon, on trouve des bureaux de location dans la plupart des aéroports ; on peut aussi chercher dans les Pages Jaunes *(Pagine Gialle)*, à la rubrique *autonoleggio*.

Pour louer une voiture en Italie, il faut avoir plus de 21 ans et posséder un permis de conduire – international si l'on n'est pas citoyen de l'Union européenne – depuis au moins un an. Lisez bien le contrat pour savoir dans quelle mesure vous êtes couvert par l'assurance.

Firmes de location de voitures

Avis (Rome) ☎ *06 419 99.*

Europcar (Rome)
☎ *06 65 01 08 79.*

Hertz ☎ *02 48 23 36 63.*

Maggiore (Budget) (Rome)
☎ *06 65 96 51.*

Sixt (Rome) ☎ *06 65 96 51.*

Accidents et pannes

Si vous tombez en panne, allumez vos feux de détresse et placez le triangle à 50 m derrière votre voiture. Puis appelez le numéro d'urgence de l'ACI (116) ou les autres services d'urgence (112 ou 113). L'ACI remorque gratuitement tout véhicule étranger jusqu'au plus proche garage affilié. Elle effectue aussi des réparations gratuites pour les membres d'associations homologues comme l'Automobile-Club de France.

En cas d'accident, restez calme et évitez toute déclaration qui pourrait vous compromettre par la suite. Échangez vos noms et adresses et notez les numéros des véhicules et des assurances.

Le stationnement

Le stationnement pose un réel problème dans la plupart des villes italiennes. L'accès de beaucoup de centres historiques est limité dans la journée. Certaines villes ont construit des aires de parking payant à l'heure avec de la monnaie, des cartes ou des coupons achetés dans les *tabacci*. Des places, marquées *riservato* ou *residenti*, sont réservées aux résidents. Et l'avertissement *rimozione forzata* signifie que l'on peut enlever votre voiture. Pour la récupérer, il faut alors appeler la police municipale *(Vigili Urbani)*.

Disque de stationnement

Sécurité

Le vol de voiture est monnaie courante en Italie. Ne laissez jamais rien à l'intérieur et ôtez toujours votre autoradio. Garez votre véhicule dans un parking gardé aussi souvent que possible. Enfin, soyez très vigilant la nuit, car la façon de conduire des Italiens est alors plus désinvolte que de coutume, et de nombreux feux tricolores restent en position clignotante. L'auto-stop n'est ni courant ni recommandé.

Un parc de stationnement autorisé et son gardien

Distances kilométriques de ville à ville

	ROME	ANCÔNE	AOSTE	BOLOGNE	BOLZANO	FLORENCE	GÊNES	LECCE	MILAN	NAPLES	TURIN
ANCÔNE	286										
AOSTE	748	617									
BOLOGNE	383	219	401								
BOLZANO	645	494	449	280							
FLORENCE	278	262	470	106	367						
GÊNES	510	506	245	291	422	225					
LECCE	601	614	1220	822	1097	871	1103				
MILAN	575	426	181	210	295	299	145	1029			
NAPLES	219	409	959	594	856	489	714	393	786		
TURIN	673	547	110	332	410	395	170	1150	138	884	
VENISE	530	364	442	154	214	255	397	967	273	741	402

Circuler dans les villes

Zone piétonne

Le moyen le plus commode pour se déplacer dans les villes italiennes diffère de lieu en lieu. C'est l'autobus à Rome, le métro à Milan et le bateau à Venise. La voiture est presque partout un handicap. En revanche, la marche à pied demeure très souvent la façon la plus simple de visiter les centres historiques aux rues étroites des cités italiennes. Florence bénéficie d'une vaste zone à circulation limitée et dans le centre de la plupart des villes, on trouve désormais une aire piétonnière.

Tramway romain portant la livrée orange de l'ATAC

Autobus urbain, Vérone

Les autobus et les tramways

Pratiquement toutes les villes italiennes disposent d'un réseau d'autobus. Ils sont en général bon marché, nombreux et aussi efficaces que la circulation et l'étroitesse des rues le leur permettent. Les arrêts d'autobus *(fermate)* fournissent de plus en plus d'informations sur l'itinéraire. D'ordinaire, ils circulent de 6 h à minuit, et il existe des autobus de nuit *(servizio notturno)* dans les plus grandes villes. Notez que si vous arrivez par le train, les gares sont toujours reliées au centre-ville par des navettes qui stationnent devant la gare (on se procure d'ordinaire les tickets aux guichets des FS ou dans les bureaux de tabac).

Les tickets

Il faut généralement acheter les tickets *(biglietti)* avant de monter dans le bus, dans les guichets des sociétés d'autobus (ATAC à Rome, ATAF à Florence) ou dans les bars ou les bureaux de tabac affichant leur sigle. Dans certains endroits, on trouve même des distributeurs automatiques dans la rue. Il vaut mieux acheter plusieurs tickets car les points de vente ferment dans l'après-midi. On trouve également des carnets *(blocchetto)*, moins chers, des abonnements *(tessera)*, des billets touristiques valables un jour ou une semaine. Dans des villes telles que Rome et Florence, les tickets sont valables un temps donné pour un nombre illimité de voyages.

Prendre l'autobus ou le tramway

On monte dans l'autobus par les portes avant et arrière et on en sort par la porte du milieu. En général, il n'y a pas de receveur (dans les autobus de nuit, il y en a parfois un auquel on peut

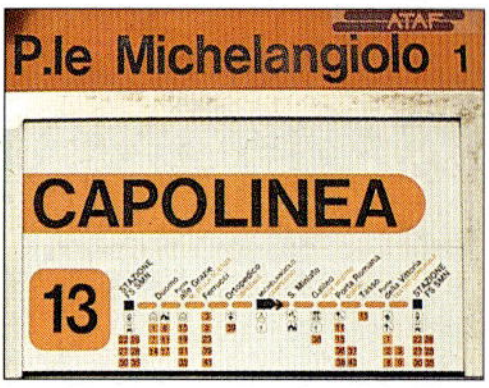

Arrêt d'autobus avec plan de la ligne

acheter son ticket). Il faut composter les tickets dans les machines disposées à l'avant et à l'arrière de l'autobus. Si vous êtes surpris sans ticket, vous devrez payer sur-le-champ une amende. Dans beaucoup de villes, un bureau d'information est situé dans la gare principale ; il fournit des plans gratuits, des horaires et vend des tickets.

Pour la plupart, les autobus urbains sont de couleur orange et le terminus *(capolinea)* de la ligne est indiqué à l'avant.

Le métro

À Rome et à Milan, il y a un métro *(metropolitana)*. Le réseau romain ne comporte que deux lignes, A et B, qui convergent à la gare centrale de Termini. Bien que le système soit avant tout conçu pour le transport des banlieusards, certaines stations desservent des hauts lieux touristiques, et aux heures de pointe ces lignes constituent la meilleure façon de traverser rapidement la ville. Toutefois, les stations sont assez laides – mais rarement dangereuses – et en été on étouffe de chaleur dans les wagons. À Milan le réseau est plus développé, avec trois lignes – MM1 (la ligne rouge), MM2 (la verte) et MM3 (la jaune) – qui se croisent dans des points clé : Stazione Centrale, Duomo, Cadorna et Lima. Avec ces trois lignes, on accède facilement

Enseigne du métro

Station de métro Termini à Rome

Taxi attendant à l'une des stations de Florence

aux principaux monuments de la ville.

On achète les tickets de métro aux mêmes endroits que les tickets d'autobus et de tramways et aux guichets des stations de métro ou dans les distributeurs automatiques. À Rome, un ticket normal permet d'effectuer un seul voyage, alors que le ticket spécial *BIG* permet de voyager toute une journée en métro, bus et tramway. À Milan, un ticket de métro est valable 75 minutes pour un nombre illimité de voyages et peut être utilisé dans les bus et les tramways.

N'achetez pas de tickets à des inconnus car souvent ils ne sont pas valables.

La marche à pied

La marche à pied est souvent une merveilleuse façon d'explorer les anciennes cités italiennes dont le centre historique est parfois très exigu. Attention ! La circulation peut constituer un fléau, surtout dans les rues étroites (Rome est ce qu'il y a de pire à cet égard). Mais de nombreuses villes aménagent des espaces piétonniers ou limitent les accès aux voitures autour des principaux monuments. Les villes italiennes renferment un nombre incroyable de places ombragées et de cafés.

Les églises et les cathédrales offrent également une retraite agréable. Les églises, musées et autres monuments sont en général bien signalés, à l'aide de panneaux jaunes. Portez toujours de préférence vos objets de valeur à l'abri des regards. Pour vous promener, il convient de profiter de la fraîcheur du matin et du début de soirée ; c'est d'ailleurs le moment où les gens s'adonnent à leur petite promenade rituelle (la *passeggiata*) précédant le dîner.

Alt : les piétons doivent attendre

Avanti : les piétons peuvent traverser

Les taxis

N'utilisez que des taxis officiels, jaunes à Rome ou blancs à Florence, avec le signe « taxi » bien visible sur le toit. En dépit des rumeurs, la plupart des chauffeurs de taxi sont honnêtes – quoique guère chaleureux –, mais ils peuvent légitimement vous faire payer de nombreux suppléments : pour chaque bagage placé dans le coffre, pour les courses de nuit (entre 22 h et 7 h), pour celles effectuées le dimanche et les jours fériés ou pour les trajets hors de la ville (comme depuis ou vers l'aéroport). Il est donc préférable de négocier avant de partir, notamment à Rome et à Naples.

En cas de contestation, notez le numéro du taxi et adressez-vous au policier le plus proche. Il est difficile de héler un taxi dans la rue, mais on en trouve à la gare et dans tous les lieux touristiques. Si vous demandez un taxi par téléphone, son compteur tourne à partir du moment où vous l'avez appelé.

Location de bicyclettes

Dans la plupart des villes, notamment là où les touristes sont particulièrement nombreux, on peut louer des bicyclettes et des scooters, le plus souvent à l'heure ou à la journée. On doit parfois laisser son passeport en gage. Il faut toutefois être prudent, car faire du vélo au milieu du trafic des grandes villes n'est pas une mince affaire.

Des transports interurbains : les autocars

Les cars (*pullman* ou *corriere*) reliant les différentes villes fonctionnent comme des autobus, bien que l'on achète d'ordinaire son ticket à bord. Les lignes sont gérées par diverses compagnies utilisant des cars de différentes couleurs (le bleu est la couleur la plus fréquente pour les cars, l'orange pour les bus). Ces lignes ont souvent pour terminus la gare ferroviaire ou l'une des places de la ville. Mais les cars (notamment à Florence) ne partent pas nécessairement des mêmes gares routières. En cas de doute, renseignez-vous auprès de l'office du tourisme local. Enfin, le week-end, le service est parfois réduit.

Autocar Rome-Gubbio

Rome
Cotral
☎ 06-591 55 51.
Lazzi
☎ 06-884 08 40.
Appian
☎ 06-488 41 51.

Toscane
Lazzi
☎ 055-21 51 54.
Sita
☎ 055-48 36 51.
Tra-In
☎ 0577-20 41 11.

National
Lazzi
☎ 055-21 51 55.
Sita
☎ 055-21 47 21.

Circuler dans Venise

Pour visiter Venise, bien que l'on effectue presque tous les trajets à travers la ville plus rapidement à pied, le moyen de transport le plus plaisant est le *vaporetto* ou bateau-bus *(p. 130-131)*. Le principal itinéraire des *vaporetti* à travers Venise est naturellement le Grand Canal. Ces bateaux remplissent une fonction utilitaire car ils relient des points situés à la périphérie de Venise et unissent la cité aux îles de sa lagune. Du point de vue touristique, la ligne la plus intéressante est la Nº 1. Elle suit le Grand Canal d'une extrémité à l'autre, assez lentement pour permettre d'admirer la splendide succession de palais qui le bordent *(p. 84-89)*.

Un *vaporetto* arrivant place Saint-Marc

Un *motoscafo* plus petit, plus élancé et plus rapide

Les bateaux

À l'origine, les *vaporetti* étaient des bateaux à vapeur (*vaporetto* signifie « petit bateau à vapeur ») ; ils possèdent maintenant un moteur diesel. Bien que l'on ait tendance à qualifier tous les bateaux de *vaporetti*, ce terme ne s'applique qu'aux grands bateaux larges naviguant à faible vitesse, comme le Nº 1. Les *motoscafi* sont plus fins, plus petits et plus rapides. Les *motonavi* sont les bateaux à deux ponts desservant les îles.

Les différents billets

Le prix du billet ne dépend pas de la longueur du trajet mais de la ligne.

Les billets achetés à bord sont plus coûteux que ceux que l'on acquiert au kiosque situé à chaque arrêt. En achetant d'avance des carnets de 10 ou 20 tickets, vous n'économiserez rien mais vous éviterez de faire la queue à chaque voyage.

Un forfait de 24 h ou de 72 h vous permet de voyager moins cher de façon illimitée sur la plupart des lignes. Si vous restez un certain temps, il est plus économique d'acheter un coupon *(abbonamento)* mensuel ou hebdomadaire dans les bureaux de vente. Les titulaires de la carte « Visite de Venise » (qui accorde des réductions aux 14-30 ans) peuvent acheter un coupon jeune valable trois jours *(Tre Giorni Giovane)*.

Le nouveau « billet pour les îles » donne droit à un aller sur la ligne 12 à destination de Murano, Mazzorbo, Burano et Torcello, où l'on peut passer la journée. Le retour n'est pas compris dans le prix.

Vous devez acheter un billet pour chaque bagage encombrant et penser à composter les billets.

L'arrêt du vaporetto aux Giardini Pubblici, Venise

Les horaires

Les principales lignes sont desservies toutes les 10 à 20 minutes jusqu'en début de soirée. Le service est réduit la nuit, surtout après 1 h. De juin à septembre, les dessertes sont multipliées et certaines lignes sont prolongées. Les principales lignes sont détaillées dans la brochure *Un Ospite a Venezia (p. 260)*. De mai à septembre, ces lignes sont très fréquentées.

Renseignements sur les vaporetti

ACTV (Bureau d'information)
Piazzale Roma, Venise. **Plan** 5 B1.
041 528 78 86.

Les traghetti

Les *traghetti* sont de grandes gondoles assurant la traversée du Grand Canal. Peu de touristes utilisent ce moyen économique (600 lires par traversée) et régulier. Les divers points d'embarquement sont indiqués dans l'atlas des rues *(p. 120-129)*. Dans la ville, suivez les panneaux jaunes représentant une petite gondole.

Un *motonave* à deux ponts se rendant à Torcello

Les gondoles

Ce moyen de transport luxueux est utilisé par les touristes et par les Vénitiens quand ils se marient. Avant de monter à bord, consultez les tarifs officiels et convenez d'un prix avec le gondolier. Les prix officiels, d'environ 100 000 lires pour 45 minutes, atteignent 150 000 lires après 20 h. En basse saison, il est possible de négocier un prix inférieur à la normale.

Les bateaux-taxis

Pour les touristes pressés et en ayant les moyens, la solution la plus rapide pour se rendre d'un point à un autre est le bateau-taxi. Ce canot à moteur équipé d'une cabine est rapide comme l'éclair : il ne lui faut que 20 minutes pour aller à l'aéroport ou en venir. Il existe 16 stations, dont une à l'aéroport et une au Lido. Prévoyez les mêmes suppléments que pour un taxi normal. Quand les *vaporetti* sont en grève, ces taxis sont rares.

Un bateau-taxi

La traversée du Grand Canal à bord d'un *traghetto*

Bornes de bateaux-taxis

Radio Taxi (tout Venise)
☎ *041 522 23 03.*

Ferrovia (Santa Lucia)
Plan 1 C5. ☎ *041 71 62 86.*

Piazzale Roma
Plan 5 B1. ☎ *041 71 69 22.*

San Marco
Plan 7 B3. ☎ *041 522 97 50.*

Les principales lignes

① L'*accelerato*, en dépit de son nom, est le bateau le plus lent de tous. Il part du piazzale Roma, descend lentement le Grand Canal en s'arrêtant à chaque ponton, puis de San Marco met le cap vers le Lido.

㉜ Cette ligne est celle qui remonte le plus vite le Grand Canal, en ne s'arrêtant que six fois. Elle se dirige vers l'est depuis Zaccaria en continuant vers la rive gauche le long de Giudecca Canale jusqu'au Tronchetto et Piazzale Roma, puis descend vers le Grand Canal en retournant vers Zaccaria.

㊶ ㊷ le 51 et le 52 contournent la périphérie de Venise et prolongent jusqu'au Lido. Le circulaire *Giracittà* propose un tour de Venise, mais pour faire le tour complet, vous devez changer de bâteau à Fondamente Nuove.

⑫ Partant des Fondamenta Nuove, la ligne dessert les principales îles du nord de la lagune : Murano, Mazzorbo, Burano et Torcello finissant à Punta Sabbioni.

Prendre le vaporetto

1 Les billets s'achètent aux différents arrêts et dans certains bars, boutiques et bureaux de tabac arborant le sigle ACTV. Le prix du billet est le même que vous fassiez une seule section ou le trajet en entier. Toutefois certaines lignes sont plus chères et certains prix montent en été.

2 Des panneaux indiquent à chaque arrêt où se situe l'accès au bateau.

3 Les tickets doivent être compostés avant le départ dans les appareils automatiques prévus à cet effet à chaque arrêt. Les contrôleurs sont rares et il est donc extrêmement facile aux touristes (et aux Vénitiens) de ne pas composter leur ticket. Cependant, les passagers pris sans billet validé reçoivent des amendes très élevées.

4 À l'avant du bateau, un tableau indique le numéro de la ligne et les arrêts. (Ne tenez pas compte des numéros noirs sur la coque.)

5 La destination de chaque bateau est clairement indiquée sur des panneaux jaunes. Beaucoup d'arrêts comportent un double embarcadère et il est très facile, surtout lorsqu'il y a foule et que vous ne pouvez voir où se dirige le bateau, de monter sur le bateau allant dans la mauvaise direction. Il convient de bien regarder d'où il vient.

Index

Les numéros de page en **gras** renvoient aux entrées principales.

B

N

O

S

U

V

W

Y

Z

Remerciements

L'éditeur remercie les organismes, les institutions et les particuliers suivants dont la contribution a permis la préparation de cet ouvrage.

AUTEURS

Paul Duncan est historien de l'art et de l'architecture. Il est l'auteur d'un guide sur la Sicile et sur les villes perchées d'Italie.
Tim Jepson, ancien correspondant à Rome du *Sunday Telegraph*, est l'auteur de guides sur la Toscane, l'Ombrie, Rome et Venise et sur l'Italie, *Italy by Train* et *Wild Italy*, un ouvrage sur les réserves naturelles.
Andrew Gumbel, ancien correspondant à Rome de Reuters, est l'auteur de nombreux guides. Il est aujourd'hui correspondant à Rome pour *The Independent*.
Christopher Catling, auteur de guides sur Florence et la Toscane, la Vénétie et les lacs italiens, s'intéresse particulièrement à l'archéologie.
Sam Cole, correspondant à Rome de Reuters, a vécu plusieurs années dans cette ville. Il a également apporté sa contribution à la rédaction de guides sur Rome et le Latium.

AUTRES COLLABORATEURS

Dominic Robertson, Mick Hamer, Richard Langham Smith.

PHOTOGRAPHIES D'APPOINT

Peter Chadwick, Andy Crawford, Philip Dowell, Mike Dunning, Philip Enticknap, Steve Gorton, Dave King, Neil Mersh, Roger Moss, Poppy, Kim Sayer, James Stevenson, Clive Streeter, David Ward, Matthew Ward.

ILLUSTRATIONS D'APPOINT

Andrea Corbella, Richard Draper, Kevin Jones Associates, Chris Orr and Associates, Robbie Polley, Martin Woodward.

RECHERCHE CARTOGRAPHIQUE

Jane Hugill, Samantha James, Jennifer Skelley.

COLLABORATION ARTISTIQUE ET ÉDITORIALE

Ros Belford, Hilary Bird, Isabel Boucher, Caroline Brooke, Margaret Chang, Elspeth Collier, Cooling Brown Partnership, Gary Cross, Mandy Dredge, Michael Ellis, Danny Farnham, Angela-Marie Graham, Caroline Greene, Vanessa Hamilton, Tim Hollis, Tim Jepson, Steve Knowlden, Sarah Martin, Ferdie McDonald, Adam Moore, Jennifer Mussett, Alice Peebles, Jake Reimann, David Roberts, Evelyn Robertson, Carolyn Ryden, Simon Ryder, Giuseppina Russo, Alison Stace, Elaine Verweymeren, Ingrid Vienings.

L'éditeur exprime également sa reconnaissance aux organismes suivants pour leur aide : Azienda Autonoma di Soggiorno Cura e Turismo, Naples ; Azienda Promozione Turistica del Trentino, Trente ; Osservatorio Geofisico dell'Università di Modena ; Bell'Italia ; les caves Enotria.

CRÉDITS PHOTOGRAPHIQUES

L'éditeur remercie les responsables qui ont autorisé la prise de vues dans leur établissement : Assessorato Beni Culturali Comune di Padova. Le Soprintendenze Archeologiche di Agrigento, di Enna, di Etruria Meridionale, per il Lazio, di Napoli, di Pompei, di Reggio Calabria e di Roma.
Le Soprintendenze per i Beni Ambientali e Architettonici di Bolzano, di Napoli, di Potenza, della Provincia di Firenze e Pistoia, di Ravenna, di Roma, di Siena e di Urbino. Le Soprintendenze per i Beni Ambientali, Architettonici, Artistici e Storici di Caserta, di Cosenza, di Palermo, di Pisa, di Salerno e di Venezia. Le Soprintendenze per i Beni Artistici e Storici della Provincia di Firenze e Pistoia, di Milano e di Roma. L'éditeur exprime également sa reconnaissance à tous ceux qui ont autorisé la prise de vues dans les églises, musées, hôtels, restaurants, magasins, galeries et sites, trop nombreux pour être tous cités.

ABRÉVIATIONS UTILISÉES

h = en haut ; hc = en haut au centre ; hcd = en haut au centre à droite ; hd = en haut à droite ; hg = en haut à gauche ; c = au centre ; ch = au centre en haut ; chg = au centre en haut à gauche ; cd = au centre à droite ; cg = au centre à gauche ; cb = au centre en bas ; cdb = au centre à droite en bas ; cbg = au centre en bas à gauche ; b = en bas ; bc = en bas au centre ; bd = en bas à droite ; bg = en bas à gauche.

Nous prions par avance les propriétaires des droits photographiques de bien vouloir excuser toute erreur ou omission subsistant dans cette liste en dépit de nos soins. La correction appropriée serait effectuée à la prochaine édition de cet ouvrage.

L'éditeur remercie pour leur aide les personnes et organismes suivants : Eric Crighton: 79 chd, FIAT : 212 c, Gucci Ltd : 35 cd, Prada, Milan : 35 c, Musée national archéologique, Naples : 479 b, Musée national maritime 36 c, Royal Botanic Gardens, Kew : 79 ch, Musée des sciences : 36 chg, Telecom Italia : 620 ch.

L'éditeur exprime également sa reconnaissance aux particuliers, sociétés et bibliothèques qui ont autorisé la reproduction de leurs photographies :

ACCADEMIA ITALIANA : Sue Bond 479 c ; AFE, Rome : 34 cbg, 34 cb, 35 hg ; Giuseppe Carfagna 188 b, 194 b, 210 hg, 210 b, 214 hg, 216 b, 217 h, 227 h ; Claudio Cerquetti 64 h, 65 bg, 65 h ; Enrico Martino 54 cg, 62 hd ; Roberto Merlo 228 b, 231 h, 231 b ; Piero Servo 259 h, 261 b ; Gustavo Tomsich 219 b ; ARCHIVIO APT MONREGALESE 221 h ; ACTION PLUS : Mike Hewitt 66 ch ; Glyn Kirk 67 hd ; ALITALIA : 626 h, 626 b ; ALLSPORT Mark Thompson : 67 hg ; ANCIENT ART AND ARCHITECTURE : 39 h, 465 bd ; ARCHIV FÜR KUNST UND GESCHICHTE, Londres : 24 bg, 30 b, *Rossini* (1820), Camuccini, Museo Teatrale alla Scala, Milan 32 bd, 33 bg, 37 bd, *Le pape Sixte IV inaugurant la bibliothèque vaticane*, Melozzo da Forlì (1477), Pinacoteca Vaticana, Rome 38, 40 hg, *Statue d'Auguste de la Prima Posta* (Ier siècle apr. J.-C.) 45 hg, *La Donation de Constantin* (1246), Oratorio di San Silvestro, Rome 46 cg, *Frédéric Barberousse vêtu en croisé* (1188), Biblioteca Apostolica Vaticana, Rome 49 bg, 52 hg, *Le Christ remettant les clés à saint Pierre,* le Pérugin (1482), Chapelle Sixtine, Vatican, Rome 52 chg, 52 bg, *Machiavel,* Santi di Tito, Palazzo Vecchio, Florence 53 bd, *Andrea Palladio,* Meyer 54 cb, *Goethe dans la campagne romaine,* Tischbein (1787), Stadelsches Kunstinstitut, Francfort 56 cg, *Carnaval vénitien au XVIIIe siècle,* Anon (XIXe siècle) 56 cbg, *Napoléon franchissant les Alpes,* David, Schloss Charlottenburg, Berlin 57 cd, 57 bg, 102 h, 102 b, 191 b, 346-347, 450 b, *Archimède,* Museo Capitolino, Rome 465 bg, 489 h, 493 c ; Stefan Diller *Songe d'Innocent III* (1295-1300), San Francesco, Assise 49 hg ; Erich Lessing *Le Margrave Gualtieri de Saluzzo choisit pour femme Griseldis, la fille du pauvre fermier,* di Stefano, Galleria dell'Accademia Carrara, Bergame 30 cdb, *Saint Augustin dans sa cellule recevant la vision de saint Jérôme* (1502), Carpaccio, Chiesa di San Giorgio degli Schiavoni, Venise 53 cd, 214 b, 260 b, 475 b ; ARCHIVIO IGDA, Milan : 196 h, 196 c, 197 b, 505 bg, 505 bd ; EMPORIO ARMANI : 20 cg, 35 hc ; ARTEMIDE, GB Ltd : 35 cbg.

MARIO BETTELLA 519 c, 526 c ; FRANK BLACKBURN : 259 c ; OSVALDO BÖHM, VENISE : 85 h, 90 c, 107 h ; BRIDGEMAN ART LIBRARY, Londres : Ambrosiana, Milan 189 h ; Bargello, Florence 271 b, 275 c ; Bibliothèque Nationale, Paris : *Marco Polo et ses éléphants et chameaux arrivant à Ormuz dans le golfe Persique,* Livre des Merveilles Fr 2810 f.14v 37 h ; British Museum, Londres *Vase représentant des pugilistes* 41 hg, *Fiole en verre portant un symbole chrétien* 46 hg, *Vase attique représentant Ulysse et les sirènes,* Stamnos 465 cb ; Galleria dell'Accademia Carrara, Bergame 193 h ; Galleria degli Uffizi, Florence 22 hg, 25 hg, 25 bd, *Autoportrait,* Raphaël Sanzio d'Urbano 53 bg, 279 b, 281 b ; K & B News Photo, Florence 268 hg ; Santa Maria Novella, Florence 289 b ; Museo Civico, Prato 318 b ; Louvre, Paris *Statuette d'Hercule* 464 h ; Mausoleo di Galla Placidia, Ravenne 260 hd ; Museo di San Marco, Florence 289 b ; Musée d'Orsay, Paris - Giraudon *Les Romains de la Décadence,* Thomas Couture 385 h ; Museo delle Sinopie, Camposanto, Pise 23 cbg ; Palazzo dei Normanni, Palerme *Scènes avec centaures* 507 b ; Pinacoteca di Brera, Milan 190 c, 190 b, 191 h, Private Collection *Théodoric le Grand* (455-526 apr. J.-C.) *roi ostrogoth d'Italie* 46 b ; San Francesco, Arezzo 23 hd ; San Francesco, Assise 345 c ; San Sebastiano, Venise 25 cdb ; San Zaccaria, Venise 29 c, 29 hd, 95 c ; Santa Croce, Florence 276 bg, 277 cb ; Santa Maria Gloriosa dei Frari, Venise 24 hd ; Santa Maria Novella, Florence 23 chg ; Cappella degli Scrovegni, Padoue 22 hd ; Scuola di San Giorgio degli Schiavoni, Venise 116 b ; Staatliche Museen, Berlin *Empereur Septime Sévère* 45 b ; Musées et galeries du Vatican, Rome 411 b ; Walker Art Gallery, Liverpool *Eschyle et Hygie* 464 b ; BRITISH MUSEUM, Londres : 42 cg.

CEPHAS PICTURE LIBRARY Mick Rock : 2-3, 19 h, 20 h, 176 hd, 177 b, 177 hd, 234-235, 243 hg, 243 hd, 456-457, 610-611 ; J.-L. CHARMET, Paris : 343 bd, 479 h ; CIGA HOTELS : 87 cb ; FOTO ELIO E STEFANO CIOL : 73 chd, 158 bg, 158 bd, 159 bg, 159 bc, 159 bd ; COMUNE DI ASTI : 64 cg ; STEPHANI COLASANTI : 72 bg ; JOE CORNISH : 18 h, 78 hd, 132, 154 h, 236-237, 304, 354, 445 b, 521 b ; GIANCARLO COSTA : 9 c, 30 h, 31 cd, 31 hd, 31 hg, 71 c, 171 c, 176 hg, 457 c, 537 c, 611 c.

IL DAGHERROTIPO : Archivio Arte 199 h ; Archivio Storico 31 b, 198 b, 253 b ; Salvatore Barba 490 h ; Alberto Berni 217 bg ; Riccardo Catani 485b; Marco Cerruti 172 h, 205 b, 207 b, 208 b ; Antonio Cittadini 182 b, 186 b, 194 h ; Gianni Dolfini 534 b ; Riccardo d'Errico 66 hd, 239 h, 260 c ; Maurizio Fraschetti 480 ; Diane Haines 167 bd, 625 bd ; Maurizio Leoni 63 c ; Marco Melodia 490 cb, 491 b, 531 h, 624 hg, 624 cg ; Stefano Occhibelli 65 c, 246 ; Giorgio Oddi 239 cd, 244 h, 497 hd ; Bruno Pantaloni 67 bg ; Donato Fierro Perez 517 cb ; Marco Ravasini 164 h, 533 c ; Giovanni Rinaldi 62 bg, 63 hg, 173 bg, 223 b, 357 h, 363 h, 450 c, 466, 483 h, 490 bg, 490 bd, 491 c, 517 cd, 535 h, 535 c ; Lorenzo Scaramella 452 c ; Stefania Servili 166 h ; JAMES DARELL : 338 ; CM DIXON : 411 cb ; CHRIS DONAGHUE THE OXFORD PHOTO LIBRARY : 113 h.

ELECTA : 150 c, 151 c, 151 h ; EMPICS : John Marsh 66 b ; ET ARCHIVE : 32 bc, 41 c, 42 hg, 45 cd, 48 cd-49 cg, 53 hg, 55 hg, 59 b, 465 h, 515 b ; MARY EVANS PICTURE LIBRARY : 30 cbg, 31 cg, 37 ch, 58 b, 58 cdb, 59 cd, 60 cb, 76 hd, 237 c, 310 h, 316 h, 381 ch, 383 bg, 399 b, 432 c, 495 cd, 534 h.

ARCHIVIO STORICO FIAT, TURIN : 60 hd ; FERRARI : 34 b ; APT FOLIGNATE E NOCERA UMBRA : 351 h ; WERNER FORMAN ARCHIVE : 41 bd, 47 hd, 425 bd ; CONSORZIO FRASASSI : 362 b.

STUDIO GAVIRATI, Gubbio : 342 c ; APT GENOVA : Roberto Merlo 230 bg ; GIRAUDON, Paris : *Aphrodite persuadant Hélène de suivre Pâris à Troie,* Museo Nazionale di Villa Giulia, Rome 41 cbg, *Pharmacie,* Museo della Civiltà Romana 44 cb, *Grandes chroniques de France ; Couronnement de Charlemagne à Saint-Pierre par Léon III,* Musée Goya, Castres 47 hg, *Prise de Constantinople,* Basilica San Giovanni Evangelista, Ravenne 49 cd, *L'Enfer de Dante commenté par Guiniforte delli Bargisi* (Ms2017 fol 245), Bibliothèque Nationale, Paris 50 cb, *Portrait de saint Ignace de Loyola,* Rubens, Musée Brukenthal, Sibiu 55 ch, *La Flotte de Charles III à Naples le 6 octobre 1759,* Joli de Dipi, Museo del Prado, Madrid 56 hd, *Inauguration de la ligne de chemin de fer Naples-Portici,* Fergola (1839), Museo Nazionale di San Martino, Naples 58 cbg, *Piémontais et Français à la bataille de San-Martino en 1859* Anon, Museo Centrale del Risorgimento, Rome 59 hg, 102 c, 103 h, 191 c, 260 hg ; ALINARI-GIRAUDON : *Miracle de la découverte du corps de saint Marc,* le Tintoret (1568), Pinacothèque Brera, Milan 25 hd, *Autel,* Maison des Vettii, Pompéi 45 cb, *Messe de saint Grégoire le Grand* (Inv 285), Pinacoteca Nazionale, Bologne 47 bg, *Portrait de Victor-Emmanuel II,* Dugoni (1866), Galleria d'Arte Moderna, Palazzo Pitti, Florence 58 hg, 103 b, 190 h, *Louis Gonzague et sa cour,* Andrea Mantegna (1466-1474), Museo di Palazzo Ducale, Mantova 200-201, 279 hg-hd, *Histoire du pape Alexandre III : Construction d'Alexandrie,* Aretino Spinello (1407), Palazzo Pubblico, Sienne 51 cr; ALINARI-SEAT-GIRAUDON: 219c; FLAMMARION-GIRAUDON: *Poème de Donizo en l'honneur de la reine Matilda,* Biblioteca Apostolica, Vatican 48ca; LAUROS-GIRAUDON: *Portrait de Pétrarque* 50b, *Liber notabilium Philippi Septimi, francorum regis a libris Galieni extractus* (Ms 334 569 fig17), Guy de Pavie (1345), Musée Condé, Chantilly 51 b, *Galerie de vues de la Rome antique,* Pannini (1758), Musée du Louvre, Paris 56 cd-57 cg, *Portrait de l'artiste,* Bernini, collection privée 54 hg, *Quatre anges et les symboles des évangélistes,* 28 hd-29 hcd ; ORSI-BATTAGLINI-GIRAUDON : *Vierge,* Musée de San Marco, Florence 28 c, *Supplice de Savonarole,* Anon 52 cg ; THE RONALD GRANT ARCHIVE: 61 b ; Paramount *Le Parrain III* (1990) 519 b ; Riama *La Dolce Vita* (1960) 61 hg ; TCF *Boccace 70* (1962) 19 cg, *Le Nom de la rose* (1986) 30 chg ; PALAZZO VENIER DEI LEONI, FONDATION PEGGY GUGGENHEIM, VENISE : 87 chg.

PHOTO HALUPKA : 116 h ; ROBERT HARDING PICTURE LIBRARY : 1 c, 66 hg, 185 b, 262, 380 cg, 404, 409 b, 615 b, 624 b ; Richard Ashworth 21 h ; Dumrath 261 c ; HP Merton 160, 624 hd ; Roy Rainford 483 cd ; JOHN HESELTINE : 451 h ; MICHAEL HOLFORD : 43 ch, 374 b ; HOTEL PORTA ROSSA : 540 h ; HOTEL VILLA PAGODA : 539 h ; THE HULTON DEUTSCH COLLECTION : 60 bd, 85 chg, 86 chg, 86 bd, 151 bd, 365 c ; Keystone 60 ch ; Reuter/Luciano Mellace 35 hd.

THE IMAGE BANK, Londres : 324 b ; Marcella Pedone 181 b ; Andrea Pistolesi 247 b ; Guido Rossi 10 b, 43 cb ; IMPACT : 305 b ; INDEX, Florence : 274 c, 317 h, 317 cd ; ISTITUTO E MUSEO DI STORIA DELLA SCIENZA DI FIRENZE : Franca Principe 36 b, 277 c.

TIM JEPSON : 341 h.

FRANK LANE PICTURE AGENCY : 208 h, 209 h, 209 c, 209 b ; M Melodia/Panda 490 ch.

MAGNUM, Londres : Abbas 61 cbg ; THE MANSELL COLLECTION : 48 cg, 383 hg ; MARCONI LTD 36 h ; MASTERSTUDIO, Pescara : 488 c ; Su concessione del MINISTERO PER I BENI CULTURALI E AMBIENTI, *La Cène* de Léonard de Vinci 192 b ; MIRROR SYNDICATION INTERNATIONAL : 36 cbg ; MOBY LINES : 629 b ; FOTO MODENA : 258 h, 361 c ; TONY MOTT : 449 b, 454 h ; MUSEO DIOCESANO DI ROSSANO 504 h.

NHPA : Laurie Campbell 79 cdb ; Gerard Lacz 79 bd ; Silvestris Fotoservice 79 cd ; BY COURTESY OF THE NATIONAL PORTRAIT GALLERY, Londres : *Percy Bysshe Shelley* (détail), Amelia Curran (1819) 56 hg; GRAZIA NERI : 48 hg ; Marco Bruzzo 64 bd ; Cameraphoto 104 bg ; Marcello Mencarini 84 bd ; NIPPON TELEVISION NETWORK : 414 c-415 c, 414 h, 414 b-415 bg, 415 h, 415 bd, 416 b ; PETER NOBLE : 308 h, 326-327, 331 b, 616 b.

L'OCCHIO DI CRISTALLO/STUDIO FOTOGRAFICO DI GIORGIO OLIVERO : 221 b ; APT ORVIETO : Massimo Roncella 348 h ; OXFORD SCIENTIFIC FILMS : Stan Osolinski 337 c.

PADOUE - MUSEI CIVICI - CAPPELLA SCROVEGNI : 73 cd, 150 h, 150 chg, 150 cbg, 151 chd, 151 cdb, 151 bg ; PADOUE - MUSEI CIVICI AGLI EREMITANI : 152 h, 152 c ; LUCIANO PEDICINI - ARCHIVIO DELL'ARTE : 352 b, 394 h, 459 h, 470 hg, 474 h, 474 ch, 474 cb, 474 b, 475 h, 475 ch, 475 cd, 477 h, 514 b ; APT PESARO - MARCHES : 358 c ;

SARAH QUILL, Venise : 86 h, 90 b, 96 hg.

RETROGRAPH ARCHIVE : 33 c ; REX FEATURES : 33 h.

SCALA, Florence : 22 b, 23 b, 24 bd, 25 ch, 25 bg, 32 hg, *Portrait de Claudio Monteverdi*, Domenico Feti, Accademia, Venise 32 bg, *Portulan de l'Italie* (XVIe siècle), Museo Correr, Venise 39 b, *Foie de bronze étrusque*, Museo Civico, Piacenza 40 cg, *Boucles d'oreilles*, Museo Etrusco Guarnacci, Volterra 40 bd, 40 cd-41cg, *Cratère de Pescia Romana*, Museo Archeologico, Grosseto 41 bc, *Vase en terre cuite en forme d'éléphant*, Museo Nazionale, Naples 42 cd, *Cicéron dénonce Catilina*, Palazzo Madama, Rome 43 hg, 43 bg, *Combat de gladiateurs*, Galleria Borghese, Rome 44 h, 44 bd, *Théodelinde fond de l'or pour la nouvelle église* (XVe siècle), Famiglia Zavattari, Duomo, Monza 46 cbg, 46 cd-47 cg, 47 b, *Représentation d'une école sur le relief d'une tombe*, Matteo Gandoni, Museo Civico, Bologne 48 b, *Détail d'un ambon de Frédéric II* (XIIIe siècle), Cattedrale, Bitonto 49 cb, *Guidoriccio da Fogliano pendant le siège de Note Massi*, Simone Martini, Palazzo Pubblico, Sienne 50 cg, 51 hg, *Retour du pape Grégoire XI d'Avignon* Giorgio Vasari, Sala Regia, Vatican 51 cb, 52 bd, 52 cd-53 cg, 53 cdb, *Entretien entre Clément VII et Charles Quint*, Giorgio Vasari, Palazzo Vecchio, Florence 54 chg, *Portrait de Pierluigi da Palestrina*, Istituto dei Padri dell'Oratorio, Rome 54 bd, *Révolte de Masaniello*, Domenico Gargiulo, Museo di San Martino, Naples 55 cdb, 56 bd, 57 hg, 57 cdb, 58 chg, 58 cd-59 cg, 59 cdb, 91 c, 96 c, 114 bd, 140 c, 214 hd, 218 b, 252 h, 255 h, 257 h, 261 h, 266 c, 266 b, 267 h, 268 c, 268 b, 269 h, 269 b, 272, 274 hd, 275 hd, 275 b, 278 h, 278 c, 278 b, 279 ch, 279 cb, 280 h, 280 b, 281 h, 282 c, 283 bg, 284 h, 284 b, 285 h, 285 b, 286 h, 286 c, 287 h, 288 bg, 290 h, 290 cg, 290 chd, 290 cdb, 290 b, 291 h, 291 chg, 291 cbg, 291 cd, 291 bg, 291 bd, 293 bg, 294 hd, 294 hg, 294 c, 295 h, 295 cg, 295 b, 315 c, 315 b, 320 h, 320 chg, 320 c, 320 ch, 320 cd-321 cg, 320 cb, 320 b, 321 cd, 321 cb, 321 cdh, 321 h, 321 b, 322 h, 322 b, 328 b, 330 h, 331 cg, 334 chg, 335 b, 344 h, 344 c, 345 b, 348 b, 349 c, 360 h, 360 b, 361 h, 361 bg, 367 bd, 374 c, 390 bg, 392 h, 394 c, 401 c, 406 hg, 406 c, 406 b, 407 h, 408 b, 409 h, 410 h, 410 cb, 411 c, 413 h, 413 c, 413 b, 417 h, 417 b, 495 c, 497 hg, 513 b, 514 hd, 520 h, 521 h, 522 b, 533 b ; SCIENCE PHOTO LIBRARY : 11 h ; Argonne National Laboratory 37 cd ; JOHN FERRO SIMS : 20 b, 21 b, 80, 170-171, 355 b, 364-365, 444, 526 b ; AGENZIA SINTESI, ROME : 616 hg ; MARIO SOSTER DI ALAGNA : 541 c ; FRANK SPOONER PICTURES : Diffidenti 532 b ; Gamma 61 cd ; Daniel Simon 189 b ; SPORTING PICTURES : 66 cbg, 66 cdb, 67 cb, 67 chd ; TONY STONE IMAGES : 79 chg ; Stephen Studd 27 hd, 179 cd ; AGENZIA FOTOGRAFICA STRADELLA, Milan : Bersanetti 185 c ; Lamberto Caenazzo 530 h ; Francesco Gavazzini 208 c ; F. Giaccone 510 c ; Mozzati 360 cbg ; Massimo Pacifico 491 h ; Ettore Re 483 cdb ; Ghigo Roli 483 b ; Giulio Vegi 517 h ; Amedeo Vergani 202, 206 b, 226 h, 249 h ; SYGMA : 63 hd.

TASTING ITALY : Martin Brigdale 625 h ; TATE GALLERY PUBLICATIONS : 60 hg ; APT DELL'ALTA VALLE DEL TEVERE : Museo del Duomo 50 hg ; TOURING CLUB OF ITALY : 196 b, Cresci 518 h ; ARCHIVIO CITTÀ DI TORINO Settore Turismo : 213 h, 213 b ; Davide Bogliacino 205 h ; FOTOTECA APT del TRENTINO : Foto di Banal 168 h ; Foto di Faganello 167 h, 169 c.

VENICE-SIMPLON ORIENT EXPRESS : 628 hg ; VILLA CRESPI : 576 b.

CHARLIE WAITE : 17 b ; EDIZIONE WHITE STAR : Marcello Bertinetti 81 b ; Giulio Veggi 8-9, 70-71, 133 b ; FIONA WILD : 524-525 ; PETER WILSON : 5 h, 88-89 ; WORLD PICTURES : 536-537.

Page de garde (première page)
JOE CORNISH : G. cdb, D. c, D. hdc ; IL DAGHERROTIPO : Marco Melodia G. bg ; Stefano Occhibelli D. hg ; Giovanni Rinaldi D. bg ; JAMES DARELL : D. cg ; ROBERT HARDING PICTURE LIBRARY : G. c, H.P. Merton D. chg ; JOHN FERRO SIMS : G. hd, D. bc ; AGENZIA FOTOGRAFICA STRADELLA, Milan : Amadeo Vergani G. hg.

Page de garde (dernière page)
ROBERT HARDING PICTURE LIBRARY : Rolf Richardson G. h.

Couverture
FERRARI : bg ; GIRAUDON : Nicolò Orsi Battaglini cdb ; HULTON DEUTSCH COLLECTION : Reuter chd.

Quatrième de couverture
PETER WILSON : bg.

Lexique

En cas d'urgence

Au secours !	**Aiuto !**	*a-iou-to*
Arrêtez !	**Fermate !**	*fer-ma-tè*
Appelez un médecin !	**Chiama un medico !**	*qui-a-ma oun mé-di-co*
Appelez une ambulance !	**Chiama un' ambulanza !**	*qui-a-ma oun am-bou-lan-tsa*
Appelez la police !	**Chiama la polizia !**	*qui-a-ma la po-li-tsi-a*
Appelez les pompiers !	**Chiama i pompieri !**	*qui-a-ma i pom-pi-é-ri*
Où est le téléphone ?	**Dov'è il telefono ?**	*dov-é il té-lé-fo-no ?*
L'hôpital le plus proche ?	**L'ospedale più vicino ?**	*los-pé-da-lé pi-ou vi-tchi-no ?*

L'essentiel

Oui/Non	**Si/No**	*si/no*
S'il vous plaît	**Per favore**	*pèr fa-vo-ré*
Merci	**Grazie**	*gra-tsi-è*
Excusez-moi	**Mi scusi**	*mi scou-zi*
Bonjour	**Buon giorno**	*bouone jor-no*
Au revoir	**Arrivederci**	*a-ri-vé-dèr-tchi*
Bonsoir	**Buona sera**	*bouona sé-ra*
le matin	**la mattina**	*la ma-ti-na*
l'après-midi	**il pomeriggio**	*il po-mé-ri-djio*
le soir	**la sera**	*la sé-ra*
hier	**ieri**	*i-èr-i*
aujourd'hui	**oggi**	*o-dji*
demain	**domani**	*do-ma-ni*
ici	**qui**	*coui*
là	**la**	*la*
Quoi ?	**Quale ?**	*coua-lé ?*
Quand ?	**Quando ?**	*couan-do ?*
Pourquoi ?	**Perchè ?**	*pèr-qué ?*
Où ?	**Dove ?**	*do-vé ?*

Quelques phrases utiles

Comment allez-vous ?	**Come sta ?**	*co-mé-sta ?*
Très bien, merci.	**Molto bene, grazie.**	*mol-to bé-né gra-tsi-é*
Ravi de faire votre connaissance.	**Piacere di conoscerla.**	*pi-a-tchèr-é di co-no-chèr-la*
À bientôt.	**A più tardi.**	*a pi-ou tar-di*
C'est parfait.	**Va bene.**	*va bé-né*
Où est/sont... ?	**Dov'è/Dove sono... ?**	*dov-é/dové so-no ?*
Combien de temps pour aller à... ?	**Quanto tempo ci vuole per andare a... ?**	*couan-to tèm-po tchi vou-o-lé pèr an-dar-é a... ?*
Comment aller à... ?	**Come faccio per arrivare a... ?**	*co-mé fa-tcho pèr arri-var-é a... ?*
Parlez-vous français ?	**Parla francese ?**	*par-la frane-tché-sé ?*
Je ne comprends pas.	**Non capisco.**	*none ca-pi-sco*
Pourriez-vous parler plus lentement, SVP ?	**Può parlare più lentamente, per favore ?**	*pouo par-la-ré pi-ou lèn-ta-mèn-té pèr fa-vo-ré ?*
Excusez-moi.	**Mi dispiace.**	*mi dis-pi-a-tché*

Quelques mots utiles

grand	**grande**	*grane-dé*
petit	**piccolo**	*pi-co-lo*
chaud	**caldo**	*cal-do*
froid	**freddo**	*fréd-do*
bon	**buono**	*bouo-no*
mauvais	**cattivo**	*cat-ti-vo*
assez	**basta**	*bas-ta*
bien	**bene**	*bé-né*
ouvert	**aperto**	*a-pèr-to*
fermé	**chiuso**	*qui-ou-so*
à gauche	**a sinistra**	*a si-ni-stra*
à droite	**a destra**	*a dèss-tra*
tout droit	**sempre diritto**	*sèm-pré diri-to*
près	**vicino**	*vi-tchi-no*
loin	**lontano**	*lone-ta-no*
en haut	**su**	*sou*
en bas	**giù**	*djou*
tôt	**presto**	*prèss-to*
tard	**tardi**	*tar-di*
entrée	**entrata**	*ène-tra-ta*
sortie	**uscita**	*ou-chi-ta*
les toilettes	**il gabinetto**	*il ga-bi-nèt-to*
libre	**libero**	*li-bé-ro*
gratuit	**gratuito**	*gra-tou-i-to*

Au téléphone

Je voudrais l'interurbain.	**Vorrei fare una interurbana**	*vor-reil far-é ouna ine-tèr-our-ba-na*
Je voudrais téléphoner en P.C.V.	**Vorrei fare una telefonata a carico del destinatario.**	*vor-reil far-é ouna té-lé-fo-na-ta a ca-ri-co dèl dés-ti-na-ta-rio*
Je rappellerai plus tard.	**Ritelefono più tardi.**	*ri-té-lé-fo-no pi-ou tar-dé*
Puis-je laisser un message ?	**Posso lasciare un messaggio ?**	*poss-o lach-a-ré oun mess-sa-djio ?*
Ne quittez pas.	**Un attimo, per favore.**	*oun a-ti-mo pèr fa-vo-ré*
Pourriez-vous parler plus fort ?	**Può parlare più forte, per favore ?**	*pouo par-la-ré pi-ou for-té, pèr fa-vo-ré*
Appel local	**la telefonata locale**	*la té-lé-fo-na-ta lo-ca-lé*

Le shopping

Combien cela coûte-t-il ?	**Quant'è, per favore ?**	*couane-té pèr fa-vo-ré ?*
Je voudrais...	**Vorrei...**	*vor-reil*
Avez-vous... ?	**Avete... ?**	*a-vé-té... ?*
Je ne fais que regarder.	**Sto soltanto guardando.**	*sto sol-tan-to gouar-dan-do*
Acceptez-vous les cartes de crédit ?	**Accettate carte di credito ?**	*a-tché-ta-té car-té di cré-di-to ?*
À quelle heure ouvrez-vous/ fermez-vous ?	**A che ora apre/ chiude ?**	*a qué or-a a-pré/ qui-ou-dé ?*
ceci	**questo**	*coué-sto*
cela	**quello**	*couél-o*
cher	**caro**	*car-o*
bon marché	**a buon prezzo**	*a bouon prét-so*
la taille (vêtements)	**la taglia**	*la ta-li-a*
la pointure	**il numero**	*il nou-mé-ro*
blanc	**bianco**	*bi-ane-co*
noir	**nero**	*né-ro*
rouge	**rosso**	*ross-o*
jaune	**giallo**	*djial-o*
vert	**verde**	*vèr-dé*
bleu	**blu**	*blou*
brun	**marrone**	*mar-ro-né*

Les magasins

l'antiquaire	**l'antiquario**	*lane-ti-coua-ri-o*
le boulanger	**la panetteria**	*la pa-nèt-tèr-ri-a*
la banque	**la banca**	*la bang-ca*
la librairie	**la libreria**	*la li-bré-ri-a*
le boucher	**la macelleria**	*la ma-tchèl-é-ri-a*
la pâtisserie	**la pasticceria**	*la pas-ti-kèr-i-a*
la pharmacie	**la farmacia**	*la far-ma-tchi-a*
le grand magasin	**il grande magazzino**	*il grane-dé ma-ga-dzi-no*
l'épicerie fine	**la salumeria**	*la sa-lou-mé-ri-a*
la poissonnerie	**la pescheria**	*la pés-ké-ri-a*
le fleuriste	**il fioraio**	*il fi-or-ail-o*
le marchand de légumes	**il fruttivendolo**	*il frou-ti-vène-do-lo*
l'épicier	**alimentari**	*a-li-mène-ta-ri*
le coiffeur	**il parrucchiere**	*il par-ou-ki-èr-é*
le glacier	**la gelateria**	*la dgé-la-tèr-ri-a*
le marché	**il mercato**	*il mèr-ca-to*
le marchand de journaux	**l'edicola**	*lé-di-co-la*
la poste	**l'ufficio postale**	*lou-fi-tcho pos-ta-lé*
le marchand de chaussures	**il negozio di scarpe**	*il né-go-tsio- di scar-pé*
le supermarché	**il supermercato**	*il sou-pèr-mèr-ca-to*
le débit de tabac	**il tabaccaio**	*il ta-bak-ail-o*
l'agence de voyages	**l'agenzia di viaggi**	*la-djen-tsi-a di vi-ad-ji*

Le tourisme

le musée	**la pinacoteca**	*la pina-co-té-ca*
l'arrêt de bus	**la fermata dell'autobus**	*la fèr-ma-ta dèl aou-to-bouss*
l'église	**la chiesa**	*la qui-é-za*
	la basilica	*la ba-sil-i-ca*
le jardin	**il giardino**	*il djiar-di-no*
la bibliothèque	**la biblioteca**	*la bi-bli-o-té-ca*
le musée	**il museo**	*il mou-sé-o*
la gare	**la stazione**	*la sta-tsi-o-né*
l'office du tourisme	**l'ufficio turistico**	*lou-fi-tcho tou-ri-sti-co*
fermé les jours fériés	**chiuso per la festa**	*qui-ou-so pèr la fés-ta*

À l'hôtel

Avez-vous une chambre libre?	**Avete camere libere ?**	*a-vé-té ca-mé-ré li-bé-ré ?*
une chambre pour deux personnes	**una camera doppia**	*ouna ca-mé-ra do-pi-a*
avec un grand lit	**con letto matrimoniale**	*cone lét-to ma-tri-mo-ni-a-lé*
une chambre à deux lits	**una camera con due letti**	*ouna ca-mé-ra cone dou-é lét-ti*
une chambre pour une personne	**una camera singola**	*ouna ca-mé-ra sing-go-la*
une chambre avec bain, douche	**una camera con bagno, con doccia**	*ouna ca-mé-ra cone ban-io, cone dot-tcha*
le portier	**il facchino**	*il fa-qui-no*
la clef	**la chiave**	*la qui-a-vé*
J'ai réservé une chambre.	**Ho fatto una prenotazione.**	*ho fat-to ouna pré-no-ta-tsi-o-né*

Au restaurant

Avez-vous une table pour...?	**Avete una tavola per... ?**	*a-vé-té ouna ta-vo-la pèr... ?*
Je voudrais réserver une table.	**Vorrei riservare una tavola.**	*vor-rei ri-sèr-va-ré ouna ta-vo-la*
le petit déjeuner	**colazione**	*co-la-tsi-o-né*
le déjeuner	**pranzo**	*prane-tso*
le dîner	**cena**	*ché-na*
L'addition, s'il vous plaît.	**Il conto, per favore.**	*il cone-to, pèr fa-vor-é*
Je suis végétarien/ne.	**Sono vegetariano/a.**	*so-no vé-gé-tar-i-a-no/na*
la serveuse	**cameriera**	*ca-mé-ri-èr-a*
le garçon	**cameriere**	*ca-mé-ri-èr-é*
menu à prix fixe	**il menù a prezzo fisso**	*il mé-nou a prèt-so fi-so*
le plat du jour	**piatto del giorno**	*pi-a-to dèl jor-no*
l'apéritif	**antipasto**	*ane-ti-pas-to*
l'entrée	**il primo**	*il pri-mo*
le plat principal	**il secondo**	*il sé-cone-do*
la garniture	**il contorno**	*il cone-tor-no*
le dessert	**il dolce**	*il dol-ché*
le supplément couvert	**il coperto**	*il co-pèr-to*
la carte des vins	**la lista dei vini**	*la lis-ta déi vi-ni*
saignant	**al sangue**	*al sangue-goué*
à point	**al puntino**	*al poune-ti-no*
bien cuit	**ben cotto**	*bèn cote-to*
le verre	**il bicchiere**	*il bi-qui-ér-é*
la bouteille	**la bottiglia**	*la bot-til-ia*
le couteau	**il coltello**	*il col-tèl-o*
la fourchette	**la forchetta**	*la for-quèt-ta*
la cuillère	**il cucchiaio**	*il cou-qui-aille-o*

Lire le menu

l'abbacchio	*la-baqu-qui-o*	l'agneau
l'aglio	*lal-io*	l'ail
il carciofo	*il car-tchoff-o*	l'artichaut
la melanzana	*la mé-lane-tsa-na*	l'aubergine
il burro	*il bour-o*	le beurre
la birra	*la bir-ra*	la bière
la bistecca	*la bi-stèque-ca*	le bifteck
il manzo	*il mane-tso*	le bœuf
lesso	*léss-o*	bouilli
il brodo	*il bro-do*	le bouillon
il caffè	*il ca-fé*	le café
l'anatra	*la-na-tra*	le canard
i funghi	*i foun-gi*	les champignons
gli zucchini	*li dzou-qui-ni*	les courgettes
il gelato	*il gé-la-to*	la crème glacée
i gamberi	*i gam-bèr-i*	les crevettes
l'acqua	*la-coua*	l'eau
l'acqua minerale gasata/ naturale	*la-coua mi-nèr-a-lé ga-za-ta/ na-tou-ra-lé*	l'eau minérale pétillante/ plate
al forno	*al for-no*	au four
le fragole	*lé fra-go-lé*	les fraises
patatine fritte	*pa-ta-ti-né fri-té*	les frites
il formaggio	*il for-mad-djo*	le fromage
frutta fresca	*frou-ta frés-ca*	le fruit frais
frutti di mare	*frou-ti di ma-ré*	les fruits de mer
la torta	*il tor-ta*	le gâteau
alla griglia	*a-la gril-ia*	grillé
i fagioli	*i fa-djio-li*	les haricots
l'aragosta	*la-ra-goss-ta*	le homard
l'olio	*lol-io*	l'huile
il prosciutto cotto/crudo	*il pro-chou-to cot-to/crou-do*	le jambon cuit/cru
succo d'arancia/ di limone	*sou-co da-ran-tcha/ di li-mo-né*	jus d'orange/ de citron
il latte	*il la-té*	le lait
i legumi	*i lé-gou-mi*	les légumes
l'uovo	*lou-o-vo*	l'œuf
la cipolla	*la tchi-pol-a*	l'oignon
l'oliva	*lo-li-va*	l'olive
l'arancia	*la-ran-tcha*	l'orange
il pane	*il pa-né*	le pain
le vongole	*lé vone-go-lé*	les palourdes
la pesca	*la pès-ca*	la pêche
il panino	*il pa-ni-no*	le petit pain
il pesce	*il pèch-é*	le poisson
il pepe	*il pé-pé*	le poivre
la mela	*la mé-la*	la pomme
le patate	*le pa-ta-té*	les pommes de terre
carne di maiale	*car-né di maï-ya-lé*	le porc
il pollo	*il poll-o*	le poulet
l'uva	*lou-va*	le raisin
il riso	*il ri-zo*	le riz
arrosto	*ar-ross-to*	rôti
la salsiccia	*la sal-si-tcha*	la saucisse
secco	*séc-co*	sec
il sale	*il sa-lé*	le sel
l'insalata	*line-sa-la-ta*	la salade
la zuppa, la minestra	*la tsou-pa la mi-nès-tra*	la soupe
lo zucchero	*lo tsou-quèr-o*	le sucre
il tè	*il té*	le thé
il tonno	*il ton-no*	le thon
la tisana	*la ti-sa-na*	la tisane
il pomodoro	*il po-mo-dor-o*	la tomate
il vitello	*il vi-tèl-o*	le veau
la carne	*la car-né*	la viande
vino bianco	*vi-no bi-ang-co*	le vin blanc
vino rosso	*vi-no-ross-o*	le vin rouge
l'aceto	*la-tché-to*	le vinaigre

Les nombres

1	**uno**	*ou-no*
2	**due**	*dou-é*
3	**tre**	*tré*
4	**quattro**	*couat-ro*
5	**cinque**	*tching-coué*
6	**sei**	*seille*
7	**sette**	*sét-é*
8	**otto**	*ot-to*
9	**nove**	*no-vé*
10	**dieci**	*di-é-tchi*
11	**undici**	*oune-di-tchi*
12	**dodici**	*do-di-tchi*
13	**tredici**	*tré-di-tchi*
14	**quattordici**	*coua-tor-di-tchi*
15	**quindici**	*couin-di-tchi*
16	**sedici**	*séi-di-tchi*
17	**diciassette**	*di-tcha-sét-té*
18	**diciotto**	*di-tchot-to*
19	**diciannove**	*di-tcha-no-vé*
20	**venti**	*vèn-ti*
30	**trenta**	*trèn-ta*
40	**quaranta**	*coua-ran-ta*
50	**cinquanta**	*tching-couan-ta*
60	**sessanta**	*séss-an-ta*
70	**settanta**	*sét-tan-ta*
80	**ottanta**	*ot-tan-ta*
90	**novanta**	*no-van-ta*
100	**cento**	*tchèn-to*
1 000	**mille**	*mi-lé*
2 000	**duemila**	*dou-é-mi-la*
5 000	**cinquemila**	*tching-coué mi-la*
1 000 000	**un milioneo**	*un mil-io-né*

Le jour et l'heure

une minute	**un minuto**	*oun mi-nou-to*
une heure	**un'ora**	*oun or-a*
une demi-heure	**mezz'ora**	*médz-or-a*
un jour	**un giorno**	*oun djor-no*
une semaine	**una settimana**	*ouna sét-ti-ma-na*
lundi	**lunedì**	*lou-né-di*
mardi	**martedì**	*mar-té-di*
mercredi	**mercoledì**	*mèr-co-lé-di*
jeudi	**giovedì**	*djio-vé-di*
vendredi	**venerdì**	*vén-èr-di*
samedi	**sabato**	*sa-ba-to*
dimanche	**domenica**	*do-mé-ni-ca*

Le centre de Rome

Le Vatican et le Trastevere
Pages 404-419
Atlas des rues plans 1, 5-6

Le quartier de la Piazza Navona
Pages 386-395
Atlas des rues plans 2, 3

Lignes d'autobus et de tramways

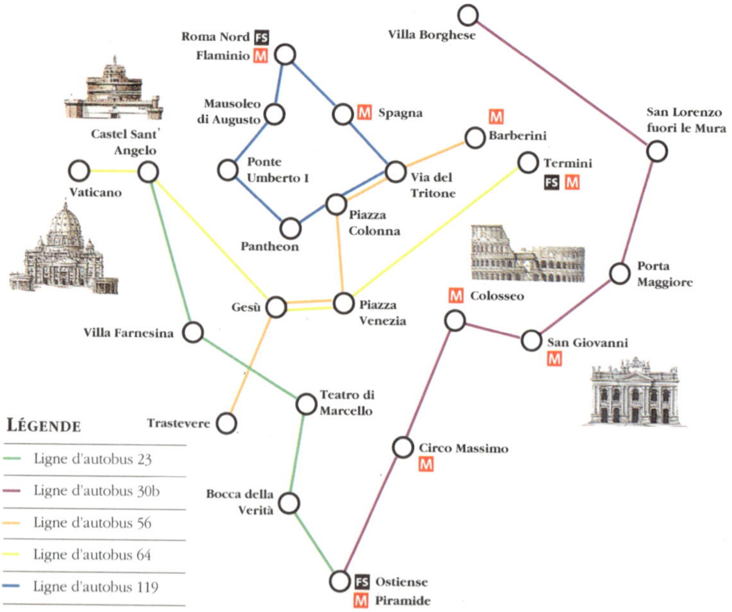